L'UNIVERS.

HISTOIRE ET DESCRIPTION
DE TOUS LES PEUPLES.

AFRIQUE AUSTRALE.

AFRIQUE ORIENTALE.

AFRIQUE CENTRALE.

EMPIRE DE MAROC.

PARIS.
TYPOGRAPHIE DE FIRMIN DIDOT FRÈRES,
RUE JACOB, 56

AFRIQUE AUSTRALE,

CAP DE BONNE-ESPÉRANCE, CONGO, ETC.

AFRIQUE ORIENTALE,

MOZAMBIQUE, MONOMOTAPA, ZANGUEBAR, GALLAS, KORDOFAN, ETC.

AFRIQUE CENTRALE,

DARFOUR, SOUDAN, BORNOU, TOMBOUCTOU, GRAND DÉSERT DE SAHRA.

EMPIRE DE MAROC,

PAR M. F. HOEFER.

PARIS,

FIRMIN DIDOT FRÈRES, ÉDITEURS,

IMPRIMEURS-LIBRAIRES DE L'INSTITUT DE FRANCE,

RUE JACOB, 56.

1848.

L'UNIVERS,

OU

HISTOIRE ET DESCRIPTION

DE TOUS LES PEUPLES,

DE LEURS RELIGIONS, MOEURS, COUTUMES, ETC.

AFRIQUE AUSTRALE.

COLONIE DU CAP DE BONNE-ESPÉRANCE,

PAR M. FERD. HOEFER.

I. APERÇU HISTORIQUE.

On a été longtemps dans une complète ignorance sur les régions qui se trouvent comprises entre le cap Negro, le cap de Bonne-Espérance et le cap Corrientes. On donnait à cette portion du continent africain le nom de *Cafrerie*, qu'on fait dériver de l'arabe *cafir*, infidèle, comme pour dire que ni le mahométisme ni le christianisme n'y avaient encore pénétré.

Le cap de Bonne-Espérance fut découvert en 1486, sous le règne de Jean II, par Barthélemy Diaz, amiral portugais. A cause des tempêtes qu'il y essuya, Diaz l'appela *Cabo dos todos Tormentos* ou Cap de tous les Tourments; mais le roi Jean, par une heureuse inspiration, changea ce nom en celui de *Cabo de Boa-Esperança* ou Cap de Bonne-Espérance, qui s'est conservé jusqu'à nos jours. Diaz n'y débarqua point, non plus que Vasco de Gama, qui fut chargé, après lui, du commandement de la flotte portugaise. L'amiral Juan de Infante, qui avait été capitaine du second vaisseau de Diaz, au temps de la découverte, fut le premier qui prit terre au Cap, en 1498. Sur le rapport de ce navigateur, le roi Emmanuel, qui régnait alors en Portugal, fit partir une nouvelle flotte, avec ordre d'y former un établissement. Mais les Portugais n'osèrent pas en courir les risques; ils se bornèrent à tuer quelques animaux et à s'approvisionner d'eau dans l'île de Robben. Ils trouvèrent dans cette île une caverne qui servit à les mettre à couvert du mauvais temps: elle a pris le nom de caverne des Portugais. François d'Almeida, vice-roi de l'Inde, toucha, en 1509, au cap de Bonne-Espérance; il y envoya un détachement pour se procurer quelques bestiaux par voie d'échanges. Mais, une querelle s'étant élevée, soixante-quinze Portugais furent tués par les naturels, et le vice-roi périt lui-même dans la bataille. Deux ou trois ans après, on résolut de venger cette défaite. Instruits de la passion des indigènes pour le cuivre, les Portugais débarquèrent une grosse pièce de canon, feignant de leur en faire présent. Mais, pendant qu'une troupe de ces indigènes la traînait joyeusement, les Portugais, qui l'avaient chargée à mitraille, y mirent le feu et firent un carnage effroyable : vengeance atroce, exercée par des hommes civilisés sur des barbares !

Durant près d'un siècle, les Portugais se plaisaient à faire de ces parages un tableau si sombre, que tous les navigateurs se hâtaient de les dépasser comme une terre maudite. D'ailleurs, la disette de vivres, les maladies, les tourments qu'entraînait un long séjour sur mer, les faisaient remonter avec précipitation dans le canal de Mozambique, pour relâcher enfin dans les établissements qui se trouvaient sur la côte de Sofala. Jean de Empoli aborda au Cap, en 1503 ; il vanta ce pays et l'accueil qu'il avait reçu des habitants, qui, disait-il, donnaient une vache pour une cloche (1). Mais il ne put, malgré ses récits, surmonter la crainte et la répugnance des navigateurs de son temps. Ce ne fut que vers la fin du seizième siècle, ou plutôt à dater du commencement du dix-septième siècle, que les relâches au Cap devinrent fréquentes, et que les voyageurs firent connaître cette contrée remarquable et les peuples qui l'habitent.

Les côtes furent d'abord les points les plus explorés. Livio Sanuto, le Strabon du seizième siècle, fait voir par sa carte de l'Afrique, d'accord avec sa description, que le littoral entre le cap Negro et la baie de Sainte-Hélène était plus fréquenté et mieux connu alors qu'il ne l'est de nos jours (2). Quant au cap de Bonne-Espérance, ce géographe nous apprend seulement que les navigateurs de son temps l'avaient nommé le *Grand lion*, et qu'on le considérait comme le cap le plus dangereux à doubler; il le place à trente-quatre degrés latitude sud ; ce qui s'accorde sensiblement avec les observations modernes.

Les premiers renseignements que nous ayons sur l'intérieur de la Cafrerie sont dus à E. Lopez, dont Pigafetta publia la relation en 1591 (3). Quoique ces renseignements n'aient été en partie recueillis que dans les royaumes de Congo et d'Angola, ils sont cependant les seuls qui aient servi longtemps aux géographes pour remplir le vide de leurs cartes ; et aujourd'hui encore, dans la connaissance imparfaite qu'on a de ces vastes régions, il est des noms que les cartes modernes présentent d'après cette source si ancienne et si incertaine. Au reste, les détails qu'il donne sur les pays situés entre « le royaume de Congo, le cap de Bonne-Espérance et le fleuve du Nil » (il ne se sert pas du nom de Cafrerie), ne sont pas bien longs. Comme ils offrent un grand intérêt pour l'histoire de la géographie, nous allons les reproduire en partie.

« Au delà d'Angola, dit Lopez, en se dirigeant vers le cap de Bonne-Espérance, est un roi, nommé Matama, dont le royaume se nomme Climbebe. Ce royaume s'étend depuis le royaume d'Angola à l'ouest jusqu'au fleuve Bravaghul ou Bavagal, au sud. Ce fleuve prend sa source dans les montagnes de la Lune, et se joint au fleuve Magnice, d'où sort le Nil d'Égypte. Dans ces mêmes montagnes, il y a, du côté de l'occident, un petit lac nommé Gale, d'où sort un fleuve qu'on nomme Camissa, mais que les Portugais désignent par le nom de Rivière douce, *Rio dolce*. Cette rivière coule au cap de Bonne-Espérance, et se décharge près de l'endroit qu'on nomme *cap Falso* (1). »

(1) Purchas's *Pilgrimage*, *relations of the world*, etc. ; 1626, in-fol., p. 762.

(2) Livio Sanuto, *Geografia* ; 1588, in-fol., p. 137.

(3) F. Pigafetta, *Relazione del realme di Congo e delle circonvicine contrade, tratti dalli scritti e ragionamenti di Edoardo Lopez, Portoghese* ; Roma, 1591, in-4°.

(1) Le fleuve Magnice dont parle Lopez est celui que d'Anville nomme Manica, ou le fleuve du Saint-Esprit, qui se décharge dans la baie de Lagoa. Le Camissa, ou Rio dolce, ne peut être que le Palmiet, ruisseau qui se perd dans la mer près du cap False, ou la rivière de Stellenbosch, qui se jette dans False-Bay. Ainsi, au moyen de ces lacs intérieurs qui faisaient communiquer à la fois les sources du Nil, du Zambèze, du Magnice et du Camissa, les voyageurs et les géographes du seizième siècle coupaient toute l'Afrique par des cours d'eau, et supposaient une facile communication entre les points les plus éloignés de ce continent du nord au sud, et de l'est à l'ouest. Quels prodigieux changements auraient été produits dans les

Lopez nous apprend, en outre, qu'au delà du tropique et du royaume de Matama, jusqu'au cap de Bonne Espérance, le pays est partagé entre plusieurs petits rois indépendants. Après avoir signalé le cap de Bonne-Espérance, qu'il place à trente-cinq degrés de latitude, puis le cap Falso, il indique le golfe Formoso, aujourd'hui Plettenberg-Bay, le golfe del Lago où se décharge le fleuve Saint-Christophe, qui a trois petites îles à son embouchure. On reconnaît ici la baie d'Algoa; la rivière de Saint-Christophe, ou le Keyskamma, paraît être confondue avec le Zondag-Rivier (1), à l'embouchure duquel se trouvent les trois petites îles de Santa-Cruz. Lopez mentionne ensuite la terre de Natal, « qui fut découverte et reconnue le jour de la Nativité de Notre-Seigneur, » jusqu'au cap de la Pescaria (Pêcherie). Ces dénominations ont été conservées. Entre le cap de la Pescaria et le fleuve Magnice (Saint-Esprit) est, selon Lopez, le royaume de Buttua, qui s'étend depuis les plaines ou les vallons qui sont au pied des montagnes de la Lune, jusqu'au pays de Monomotapa vers le nord, et vers l'orient jusqu'à la mer, en suivant les rives du fleuve Magnice. Lopez ne dit rien sur les habitants de ces vastes contrées, si ce n'est que ceux qui habitent la région du Cap sont noirs. Il s'étonne qu'on trouve des Nègres sous le trente-cinquième degré de latitude et que les montagnes si froides de la Lune soient habitées par des hommes entièrement noirs. Ces faits lui font croire que le soleil et l'intensité de la chaleur ne sont pas la seule cause de la couleur noire des Nègres, et qu'il y en a une autre plus cachée et inconnue (2).

destinées du continent africain si les fleuves imaginés par les voyageurs et les géographes de cette époque avaient réellement existé! (*Collection des Voyages en Afrique*, par M. Walckenaer, tome XV, p. 199.)

(1) Nom hollandais qui signifie *Rivière de dimanche*. *Rivier* est le nom hollandais, et *River* le nom anglais de *Rivière*.

(2) Un des plus savants naturalistes de nos jours, M. Flourens, a démontré que la couleur des Nègres est due au développement de la membrane pigmentale qui existe aussi, quoiqu'à un degré moins marqué, dans les races blanches. Là elle se développe quelquefois accidentellement chez des personnes qui habitent les régions de la zone tempérée.

Les naturels du Cap se trouvent, pour la première fois, décrits dans l'*Histoire de la navigation aux Indes orientales*, publiée à Amsterdam en 1598, et réimprimée en 1609, in-folio. On les y dépeint comme des hommes doux et d'un commerce facile, de moyenne stature, mais forts et agiles. « Leur couleur est d'un brun foncé tirant sur le rouge; ils vont nus, portant une peau de bœuf taillée en forme de manteau, le poil contre le corps, avec une large ceinture dont un des bouts pend en devant et recouvre les parties sexuelles. Ils ont des ornements et des bracelets d'ivoire et de cuivre rouge, et des anneaux d'or à leurs doigts, ainsi que des chapelets d'os et de bois. Leur peau, qui est tatouée ou marquée de diverses empreintes, est enduite de graisse et exhale une odeur fétide. Quelques-uns ont des planchettes de bois, au lieu de souliers. Ils mangent avec avidité les boyaux et les intestins des animaux qu'ils ont tués. Ils ont de grands troupeaux de bœufs; leurs moutons sont remarquables par leur beauté, et par leurs queues grandes et grasses; mais, au lieu de laine, ils ont du poil comme les chèvres. Les Hollandais entrèrent en commerce avec les naturels, et se procurèrent, pour une quantité de fer valant quatre florins de Hollande, trois bœufs et cinq moutons. Ils apprirent d'eux qu'ils nommaient le fer *cori*. »

Les Anglais suivirent de près l'exemple des Hollandais. Jacques Lancastre et Michel Burne touchèrent au Cap, en 1601 et 1605. L'un et l'autre confondent, dans leurs récits, la baie de la Table avec la baie de Saldanha. Burne parle d'une île située à l'entrée de cette baie; on y trouva un si grand nombre de lapins, qu'elle fut surnommée *Coney-Island* (île des Lapins). Keeling y relâcha, en 1607 et en 1609. Il remarqua la grosseur de la queue des moutons de ce pays; il en vit une qui avait vingt-huit pouces de large, et pesait trente-cinq livres. Sharpey, qui aborda, en 1608, dans la baie de la Table, fut charmé de la quantité d'oiseaux et de veaux marins qu'on prit dans l'île aux Pingouins (que les Hollandais ont nommée Robben-Eiland); il en remplit deux fois ses chaloupes, et en fit de l'huile pour ses lampes. Quant aux moutons, aux bœufs, aux volailles et aux poissons, il les acheta à bas prix des naturels. Mais il n'en était déjà plus de même deux ans après, lorsque Downton s'arrêta dans la baie de la Table : les naturels exigeaient du cuivre, ou une plus grande quantité de bestiaux, en échange de leur bétail. Ce navigateur donna une description plus détaillée de cette contrée et de ses habitants, « qui sont, dit-il, armés de lances, d'arcs et de flèches, qu'ils laissent dans les buissons quand ils viennent pour commercer; qui font des éventails avec des plumes d'autruche, et emploient pour parure des boyaux, des cercles de cuivre et des plaques d'ivoire. » Vers 1641 les Anglais eurent la pensée de former dans la baie de la Table un établissement semblable à celui de Botany-Bay; leur compagnie des Indes fit conduire dans l'île des Pingouins dix malfaiteurs qui, au lieu de former le noyau d'une colonie, apportèrent le désordre et eurent une mauvaise fin (1).

Cependant, la région du Cap aurait continué d'être bien imparfaitement connue si les Hollandais n'y avaient enfin fondé une colonie, sous la conduite de Van Riebeek (2). C'est à partir de ce moment que date une ère nouvelle pour cette importante contrée de l'Afrique.

Van Riebeek, chirurgien hollandais, revenant des Indes-Orientales, en 1648, avait observé que le pays du Cap de Bonne-Espérance était naturellement riche et susceptible de culture, les habitants d'un caractère traitable, et le port sûr et commode. Il communiqua ses observations aux directeurs de la compagnie; ceux-ci firent équiper trois vaisseaux et le mirent à la tête de l'entreprise. Arrivé au Cap, Van Riebeek fit un traité avec les habitants, qui cédèrent, dit-on, aux Hollandais la possession de leur pays pour la somme de cinquante

(1) Prévost, *Histoire générale des Voyages*, tome V, p. 144 (édition in-4°).

(2) Le journal de Van Riebeek a été publié dans la *Zuid-Afrikaansch tydscrift*, 1824 et 1825.

mille florins, en diverses sortes de marchandises (1). Il commença aussitôt à s'y fortifier par la construction d'un fort carré. Il forma dans l'intérieur du pays, à deux lieues de la côte, un jardin où il cultivait des plantes de l'Europe. Pour encourager cette colonie naissante, la compagnie hollandaise offrit à tous les émigrants soixante acres de terre par tête, avec droit de propriété et d'héritage, pourvu que dans l'espace de trois ans ils fussent en mesure de subsister sans secours et de contribuer à l'entretien de la garnison. A l'expiration de ce terme, il était permis aux colons de disposer de leurs fonds en toute liberté, s'ils n'étaient pas contents de leur marché ou de la qualité du climat.

Des avantages de ce genre attirèrent au Cap un grand nombre d'aventuriers. Ceux qui manquaient de bestiaux, de grains et d'ustensiles, en reçurent à crédit par les avances de la compagnie. On les pourvut aussi de femmes, qui furent tirées des maisons de charité et des communautés d'orphelines. Ces secours agrandirent la colonie dans très-peu de temps.

Les Hollandais s'établirent d'abord dans les vallées de la Table. Mais, reculant bientôt les limites de leur établissement, ils élevèrent, près de la rivière de Sel (Salt-River), un fort de terre et de bois, avec une garde pour contenir leurs troupeaux et s'opposer aux incursions des Hottentots. Près de ce même fort, ils construisirent une écurie pour cent cinquante chevaux, et des logements pour un nombre égal de soldats. Lorsque la colonie se fut étendue bien loin sur les bords de la rivière de Sel, le fort devint inutile, et tomba bientôt en ruines; mais l'écurie subsista longtemps et servit de maison de détention pour les déportés. Kolbe, lors de son voyage (1705—1713), y trouva quelques princes indiens, exilés pour cinq ans par le gouvernement de Batavia. Ils étaient réduits à vivre de leur travail; et, après le terme de leur bannissement,

(1) On a traité cet achat de fable absurde, inventée par les agents de la compagnie hollandaise. Il est vraisemblable que les Hollandais ont usé ici des droits du plus fort, et qu'il n'y a point eu d'acquisition légitime.

ils furent reconduits aux Indes sur un vaisseau de la compagnie.

II. DISTRICTS ET LIMITES DE LA COLONIE DU CAP.

Le pays que les Hollandais possédaient au Cap, vers le commencement du dix-huitième siècle, comprenait toute la côte depuis la baie de Saldanha, autour de la pointe méridionale de l'Afrique, jusqu'à la baie de Plettenberg à l'est, et s'étendait assez loin dans l'intérieur. Pour donner encore plus d'extension à cette colonie, la compagnie des Indes avait fait l'acquisition de toute la Terre de Natal. Les anciennes possessions, non compris la Terre de Natal, étaient, au commencement du dix-huitième siècle, divisées en quatre districts : 1° la péninsule du Cap; 2° Stellenbosch; 3° Draakenstein; 4° Waveren. Au commencement de notre siècle (en 1815), les limites des anciennes possessions ayant été de beaucoup reculées, la colonie se trouva divisée en onze districts, qui sont : 1° le Cap (*péninsule du Cap*); 2° Stellenbosch; 3° Caledon; 4° Tulbagh; 5° Clanwilliam; 6° Zwellendam; 7° George; 8° Uitenhage; 9° Graaff-Reynett; 10° Albany; 11° Tarka; 12° Somerset; 13° Cradock; 14° Beaufort. Cette circonscription politique est de jour en jour modifiée par l'établissement de nouveaux districts. Nous allons en donner ici une description succincte.

District de la péninsule du Cap. Chef-lieu : Cape-Town (*Ville du Cap*). Ce district s'étend au sud jusqu'à False-Bay (Baie fausse) et se trouve séparé du district de Stellenbosch par des sables qui bordent la ville du Cap. Il reçut, en 1712, une augmentation considérable par un décret du conseil suprême, à l'occasion de quelques démêlés entre le fiscal indépendant et le *landdrost* (bailli), qui avait été établi, en 1685, par le baron Van Rheede, alors commissaire général de la compagnie (1).— Les montagnes les plus considérables de la péninsule du Cap sont celles de la Table, du Lion, du Diable ou Vent, et du Tigre. Les trois premières environnent la vallée de la Table, où se trouve située la ville du Cap. La montagne de la Table (Tafelberg), *Tavoa de Cabo* des Portugais, a, selon La Caille, onze cent soixante-trois mètres de hauteur. Son sommet, vu de loin, paraît uni comme une table; après y être monté, on le trouve inégal et fort raboteux. Toute sa masse est stérile et entourée d'un grand nombre de fragments de roches de couleurs si variées, qu'elles ressemblent aux taches d'une peau de tigre. La montagne de la Table est plus accessible qu'on ne l'imaginerait, d'après son aspect. Un chemin, praticable presque partout, conduit jusqu'à son sommet. La vue y est extrêmement étendue; mais cette étendue même empêche de distinguer avec précision tous les détails du panorama qui se déroule devant les yeux. On prétend que lorsque le vent du sud-est s'élève on voit un petit nuage sur le sommet de la montagne; bientôt un autre vient s'y joindre, et en peu d'instants toute la cime est, pour ainsi dire, voilée. On juge de la violence que doit avoir le vent par l'épaisseur des nuages; quelquefois, pendant la tempête, une partie des nuées se précipite de la partie inférieure de la montagne et fond dans la plaine. C'est d'abord autour de la rade que l'on ressent les premiers effets du vent qui, augmentant progressivement, arrive jusqu'aux vaisseaux, et les soulève lentement. Mais bientôt la tempête enveloppe la ville elle-même, et fait tourbillonner des colonnes de poussière (1). Kolbe rapporte que peu de temps avant son arrivée au Cap on avait vu

(1) *Reise an das Africanische Vorgebürge der Guten-Hoffnung*, von P. Kolbe; Nürnberg, 3 vol. in-fol. Trad. en français par Jean Bertrand; 3 vol. in-12, 1743.

(1) Cornelius de Jong, *Reise nach dem Vorgebirge der Guten-Hoffnung*, etc., *in den Jahren* 1791-1797; Hambourg, 1803. Kolbe cite le même phénomène. Pendant la saison sèche, depuis le mois de septembre jusqu'au mois de mars, on voit, suspendue au sommet de cette montagne et de celle du Vent, une nuée blanche qu'on regarde comme la cause des terribles vents du sud-est qui se font sentir au Cap. Lorsque les matelots aperçoivent cette nuée, ils disent, comme en proverbe : « La table est couverte, ou la nappe est sur la table. » Et aussitôt ils se mettent en mouvement pour le travail.

paraître l'espace d'un mois, pendant la nuit, sur le sommet de la montagne, une escarboucle fort brillante, qui semblait couronner la tête de quelque serpent. Ce phénomène causa tant de frayeur, que personne n'eut la hardiesse d'approfondir la vérité. Middleton, dans son Traité de géographie, remarque que ce jeu d'imagination qui fait apercevoir un serpent couronné par une escarboucle dans une vapeur lumineuse sur le haut d'une montagne, n'est pas une illusion particulière aux habitants du Cap; il cite une histoire toute semblable, relative au cap de Samos, tirée d'un voyage au Levant. Il faudra voir là sans doute un phénomène d'électricité atmosphérique, que les physiciens n'ont pas encore suffisamment éclairci.

La montagne du Lion, séparée de celle de la Table par une vallée profonde et étroite, s'étend au nord jusqu'à l'Océan. Son nom est, dit-on, dû à la multitude de lions auxquels elle servait autrefois de repaire. D'autres prétendent qu'elle doit son nom à sa forme, qui représente, du côté de la mer, un lion couché et la tête relevée, comme s'il guettait sa proie. Le pied de la montagne est ouvert par une petite anse, sur le bord de laquelle Simon Van der Stell, gouverneur hollandais, fit bâtir un petit fort, garni de quatre pièces de canon, avec une guérite, pour s'opposer au commerce de contrebande. Mais les successeurs de Van der Stell ont laissé ce fort tomber en ruines.

La montagne du Vent ou du Diable n'est séparée de celle du Lion que par une pente étroite. C'est du sommet de cette montagne que les vents semblent quelquefois se précipiter comme de l'outre d'Éole. Suivant La Caille (1), il est de trente-deux toises plus bas que le sommet voisin de la Table. Les trois montagnes dont nous venons de parler, circonscrivent une vallée demi-circulaire où se trouve située la ville du Cap.

Environ vingt ans après le premier établissement des Hollandais dans la vallée de la Table, la ville du Cap se composait de deux cents maisons, avec des cours et des jardins. Voici comment en parle Kolbe, qui la visita en 1705 :

(1) *Journal historique*, p. 339.

« Ses maisons sont de briques, mais la plupart d'un seul étage, par précaution contre les vents d'est, qui les incommodent beaucoup, toutes basses qu'elles sont; et, par la même raison, les toits sont de chaume. L'église, qui est bâtie de pierre, est simple, blanchie au dehors et couverte aussi de chaume. Vis-à-vis est l'hôpital, grand bâtiment régulier, qui peut recevoir plusieurs centaines de malades. La forteresse où le gouverneur fait sa résidence, est un édifice majestueux, fort et de grande étendue, fourni de toutes sortes de commodités pour la garnison. Elle commande non-seulement la baie, mais encore tout le pays circonvoisin. Les officiers de la compagnie y ont leur logement, et l'on y entretient constamment une garnison considérable (1). »

La ville du Cap prit en peu de temps un accroissement considérable. Un peu plus de cent ans après sa fondation, elle comptait déjà onze cent quarante-cinq maisons et plus de dix-huit mille habitants. Tel est le résultat du dénombrement officiel de 1797 :

Hommes mariés.	1,566
Femmes.	1,354
Garçons.	1,451
Filles.	1,658
Hommes esclaves.	6,678
Femmes esclaves.	2,660
Enfants esclaves.	2,558
Total de la population. .	18,112

Aujourd'hui, c'est-à-dire au bout de quarante ans, le chiffre de la population de la ville du Cap n'a pas sensiblement augmenté. — Une vingtaine de rues se coupent à angles droits, et partagent la ville en plusieurs quartiers réguliers; les unes montent du rivage à la montagne de la Table; les autres sont parallèles à la côte. En général, elles ne sont pas pavées; mais elles sont ombragées par des allées de chênes et de pinastres. Les maisons, construites en briques et décorées de corniches, sont revêtues de stuc en chaux, qui sert à faire divers ornements en architecture. Devant chaque maison il y a une espèce de plate-forme, élevée d'en-

(1) Suivant Leguat, qui se trouvait au Cap en 1698, cette garnison était composée de trois cents hommes.

viron quatre pieds au-dessus du niveau de la rue. Les habitants l'appellent *stoep*, et ont coutume d'y prendre le frais le soir, ou d'y causer avec leurs amis. Les toits sont presque horizontaux, et on peut s'y promener commodément; ils sont blanchis à la chaux; ce qui donne de loin à la ville un aspect particulier. Pour se procurer de la chaux, on calcine les coquilles jetées par la mer sur la côte. Les bois le plus souvent employés dans la construction des maisons et à d'autres usages sont le *geel-hout* ou bois jaune, (espèce de *podocarpus*) et le *stink-hout* ou bois puant (*laurus bullata*, Burchell). Ce dernier arbre donne un beau bois, semblable, pour la couleur et la qualité, à l'acajou; on en fait des tables, des chaises et d'autres meubles. Le bois jaune ressemble au sapin, seulement il n'est pas résineux. En raison de la douceur du climat, les maisons n'ont pas de cheminées, si ce n'est dans la cuisine; au lieu de plafond, on voit les planches et les poutres, ce qui ôte aux chambres tout air d'élégance. Cependant, les appartements sont élevés et entretiennent une température fraîche pendant l'été. Au reste, l'intérieur des maisons, même des pauvres, est toujours soigné. Il est à remarquer que les points les plus beaux d'où l'on a une vue étendue sur toute la baie, sont occupés par des édifices qui ont le moins d'apparence. Il y a deux églises, une pour les réformés ou calvinistes, l'autre pour les luthériens, dont le nombre est considérable. Il y a, en outre, un assez grand oratoire, qu'on a mis à la disposition des prédicateurs de diverses sectes. Les Malais ont un édifice particulier où ils s'assemblent pour pratiquer le culte mahométan.

La ville du Cap, comme les autres endroits de la colonie, est habitée par des nations d'origine très-différente. On y trouve des Hollandais et des Anglais à côté des Malais, des Hottentots, des Malgaches et des Mozambiquois. Les Hollandais sont, en général, de riches propriétaires et agronomes, tandis que les Anglais sont négociants ou militaires. Dans la classe inférieure, les Malais forment la majorité. Cette race d'hommes est supérieure en intelligence et en activité aux Hottentots. Aussi les préfère-t-on de beaucoup comme domestiques; presque tous savent un métier, et leurs femmes sont couturières, cuisinières, nourrices ou servantes. Il n'y a pas de meilleurs cochers que les Malais; on les voit souvent, dans la ville, debout dans un chariot, et menant au grand trot un attelage de six chevaux sans le moindre embarras. Beaucoup de Malais, descendants d'esclaves affranchis, ont des boutiques et des ateliers; plusieurs amassent un capital assez considérable. Les Malais sont, en général, fidèles, honnêtes et industrieux; mais ils sont si irascibles, que la plus légère provocation les jette quelquefois dans des accès de frénésie, pendant lesquels il serait dangereux de les approcher. Barrow raconte un événement de ce genre arrivé pendant son séjour au Cap. Un Malais servait son maître depuis longtemps, et avec fidélité; il lui avait même payé diverses sommes du produit de son travail. Il crut avoir assez fait pour réclamer sa liberté, et la demanda pour prix de ses services; elle lui fut refusée. Le lendemain, il assassina un autre esclave qui vivait avec lui chez le même maître. Arrêté, il déclara dans son interrogatoire que le jeune homme qu'il avait assassiné était son ami, mais que le motif pour l'égorger avait été de se venger de son maître, et qu'il avait pensé que la meilleure manière de le punir n'était pas de lui donner la mort, mais de lui faire perdre mille risdalers en faisant périr cet esclave, et mille autres en sus, en se mettant lui-même dans le cas de mourir au gibet; perte si sensible, croyait-il, pour l'insatiable avarice de son maître, que le souvenir de cet événement empoisonnerait le reste de sa vie. Au rebours des Malais, les Hottentots, qui sont au service des habitants, ne parviennent jamais à quelque aisance. Les esclaves de Mozambique et de Madagascar sont aussi de bons serviteurs, et on les emploie aux travaux les plus rudes; ces esclaves proviennent la plupart des prises faites sur les négriers qui, malgré l'abolition de la traite, se livrent encore à ce trafic défendu. Les Hottentots préfèrent la vie pastorale, et se mettent rarement au service des bourgeois; aussi en voit-on peu dans la ville.

La maison du gouvernement est située dans un parc ou jardin de quelques acres; c'est une promenade agréable pendant les heures les plus chaudes de la journée. Un grand édifice sert d'hôtel de ville; il est situé sur la place de Groene-Plein, où se tient tous les jours le marché aux fruits et légumes. La plupart des paysans qui viennent de l'intérieur sur leurs chariots, attelés de bœufs, s'arrêtent sur la route, à trois milles de la ville, dans un hameau appelé Zout-Rivier (Rivière de sel), dont les bords sont garnis de plantes salines (1). Les bœufs y trouvent une pâture qui leur manque dans la ville; les pâturages sont surtout abondants lors des pluies de mars; c'est aussi la saison où il arrive le plus de chariots et de denrées. Ordinairement les paysans se rendent, à la pointe du jour, dans la ville, y font leurs ventes et achats, et reviennent avec leurs attelages, le même jour, à Zout-Rivier. Le manque de pâturages, et les landes sablonneuses qui entourent la ville du Cap, sont de grands inconvénients pour ses communications avec l'intérieur.

Une forteresse appelée le Château s'élève au sud-est de la ville; elle domine la jetée où se fait le débarquement, une partie de la baie de la Table, et la seule route qui, de la ville, conduise dans l'intérieur du pays. Au nord-ouest du Château s'étend la place ou plaine de la Parade, entourée d'une allée de pins et d'un rempart; auprès de la Parade est bâtie la caserne de la cavalerie, et entre celle-ci et le Château est située la douane. A l'entrée du jardin du gouvernement, on aperçoit un bel édifice, achevé en 1815; il renferme la cour de justice, les bureaux du secrétaire colonial, etc. On trouve une salle de spectacle sur la place Boers-Plein; mais on y joue rarement, faute de troupe; on a récemment bâti aussi une bourse et une halle de boucherie. La ville est pourvue d'eau excellente que fournissent en grande partie les torrents qui descendent de la montagne de la Table.

Sur le sommet de la montagne du Lion on a élevé un poste à signaux et une vigie, qui, au moyen d'un système télégraphique particulier, avertit de l'approche des vaisseaux, de leur force et de leur nombre; il existe aussi une communication télégraphique entre la ville du Cap et Simon's-Town, dans la False-Bay, station des bâtiments de guerre. Au sud de la ville, un grand nombre de maisons de plaisance sont disséminées entre les vignes, les plantations et les bosquets; delà et jusqu'à Ronde-Bosch, Wynberg et Constance, le pays est vraiment charmant, et ressemble aux contrées les mieux cultivées de l'Europe.

Ce qu'on appelle la péninsule du Cap comprend Cape-Town, Camps-Bay, Hout-Bay et Simon's-Town; c'est une chaîne irrégulière de montagnes qui commence à celle du Lion et se termine à la pointe du Cap proprement dit, le *Cabo tormentoso* de B. Diaz. — Le Cap jouit d'un climat non-seulement agréable, mais aussi très-salubre; situé dans l'hémisphère méridional, il a les saisons opposées à celles de l'Europe. Décembre et janvier sont les mois les plus chauds; juin et juillet les plus froids; le soleil échauffe et dessèche le revers septentrional des montagnes, tandis que le côté opposé offre une belle verdure et une végétation vigoureuse. L'aspect du ciel austral diffère naturellement de celui du ciel boréal; la constellation de la Grande-Ourse n'est pas visible au Cap; en revanche, on y voit des étoiles et des constellations remarquablement belles, telles que Canopus, Achernar, l'α et β du Centaure et la Croix du Sud, invisibles aux Européens. Les saisons les plus belles sont l'hiver et le printemps; en été et en automne, la sécheresse est à peu près constante; et le long de la côte, la verdure disparaît presque totalement. Dans les districts éloignés de la mer, la saison humide commence dans les mois d'été; la pluie tombe alors par averses, accompagnées fréquemment d'éclairs et de tonnerre. La ville du Cap est sujette à des ouragans, et les tremblements de terre s'y font sentir de temps en temps.

(1) Les plantes que Burchell a trouvées près de cette rivière, sont : *Chenolea diffusa*, Thunb.; *Frankenia nothria*, B.; *Falkia repens*, B.; *Statice scabra*, B.; *Scirpus maritimus*; *Cyperus textilis*; *Campanula procumbens*; *Cotula coronopifolia*; *Cliffortia sarmentosa*; *Polygala linophylla*; *Potamogeton marinum*; *Trifolium repens*; *Cyperus corymbosus*; *Cyperus lanceus*; *Juncus punctorius*; *Cliffortia strobilina*; *Tipha latifolia*; *Scirpus lacustris*; *Autherium fimbriatum*.

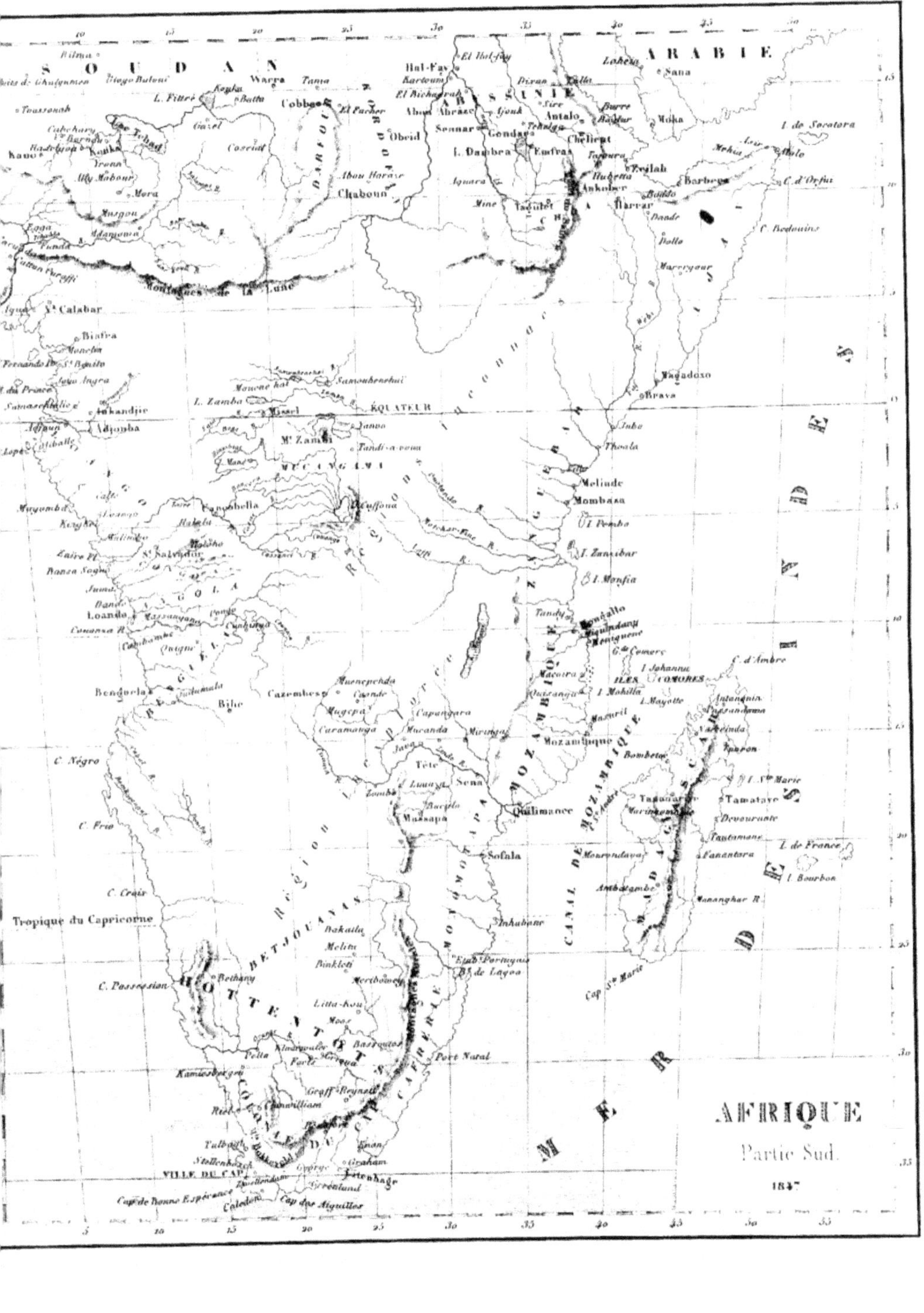
AFRIQUE
Partie Sud
1847
SOUDAN
ARABIE
Sana
Moka
Kartoum
Sennar
Gondar
Obeid
Cobbe
Antalo
Ankober
Harrar
Zeilah
Barbera
C. d'Orfui
I. de Socotora
Montagnes de la Lune
Calabar
Biafra
Fernando Po
ÉQUATEUR
Magadoxo
Brava
Melinde
Mombasa
I. Pemba
I. Zanzibar
I. Monfia
S.t Salvador
Loando
Benguela
Bihe
Cazembes
Tête
Sena
Quilimanee
Sofala
Mozambique
CANAL DE MOZAMBIQUE
MADAGASCAR
Tamatave
I. de France
I. Bourbon
C. Négro
C. Frio
Tropique du Capricorne
C. Passession
Bethany
HOTTENTOTS
BETJOUANAS
CAFRERIE
Port Natal
VILLE DU CAP
Cap de Bonne Espérance
Cap des Aiguilles
MER DES INDES

La température varie dans les diverses parties du district. Au Cap, la plus grande chaleur que M. Burchell ait observée était de 38° 8′ du thermomètre centigrade, à l'ombre; mais, en général, dans la saison chaude, le thermomètre marque de 27° à 32°. En hiver il descend rarement au-dessous de 10°; cependant, il gèle quelquefois en haut de la montagne de la Table, et pendant quelques jours les hauteurs de Stellenbosch et de Hottentotsch-Holland se couvrent de neige. Coudeveld, plateau des montagnes Neigeuses, passe pour le pays le plus froid dans toute la colonie. La neige y tombe souvent à la hauteur d'un pied, et séjourne deux à trois jours.

La plupart de nos maladies sont inconnues au Cap; la petite vérole n'y règne que quand elle est apportée par des étrangers; mais alors elle fait de terribles ravages. Lorsqu'elle vient à se manifester, chacun court se réfugier dans les montagnes, et la ville du Cap est déserte. Les maladies les plus ordinaires sont la consomption, l'hydropisie et l'apoplexie; et ce n'est pas tant au climat qu'il faut les attribuer qu'à l'imprudence ou à l'intempérance. Rarement on atteint au Cap un âge avancé; Jong n'y vit que deux femmes octogénaires (1).

Jong remarque d'abord que le mélange des individus de diverses nations qui vinrent s'établir successivement au Cap a dû produire une influence marquée sur le caractère de leurs descendants. Le sang nègre se trouve quelquefois mêlé dans celui des familles les plus anciennes et les plus distinguées. Cependant, il n'y a rien dans les traits des habitants du Cap qui puisse les faire remarquer. En général, ils sont assez heureusement constitués. La constitution de ceux qui habitent la ville est moins robuste que celle des campagnards; mais ils sont naturellement plus policés.

On voyage à cheval, ou dans des chariots attelés de chevaux ou de bœufs; il y a aujourd'hui des voitures publiques qui vont du Cap dans les districts plus éloignés. Une poste aux lettres transporte les dépêches aux diverses localités de la colonie. Faute d'auberges, le voyageur n'a d'autres gîtes que les fermes, si on veut l'y recevoir; la plupart des voyageurs emportent dans leurs chariots leurs provisions et leur lit.

Stellenbosch. Ce district doit son nom à la petite ville de Stellenbosch, à huit lieues environ de la ville du Cap, située à 33° 55′ latit. australe et 18° 22′ longit. orientale (de Greenwich.) Stellenbosch (bois de Stell) est une des villes les plus anciennes de la colonie; elle fut fondée en 1670, par le gouverneur Van der Stell, dans une contrée sauvage que les Hollandais avaient appelé Wild-Bosch (Bois sauvage). Cette contrée, presque entièrement couverte de ronces et de buissons, paraissait avoir été abandonnée par les Hottentots mêmes, et comme livrée aux bêtes féroces. Mais dès qu'elle fut défrichée, Stellenbosch devint bientôt la rivale du Cap par ses édifices, ses champs de blé, ses vignobles et ses jardins. Les rues de la ville de Stellenbosch sont régulières, et se coupent, comme celles de Cape-Town, à angle droit. Les maisons sont propres et d'assez belle apparence; une grande partie en fut détruite en 1803 par un incendie, mais cette perte fut bientôt réparée. L'église, qui se trouve à l'extrémité de la ville, fut construite en 1722. Tout à côté de l'église se trouve le *drostdy* (palais du landdrost), édifice grand et commode; derrière cet édifice passe la rivière de Stellenbosch ou Eerste-Rivier (Première rivière). La ville, à cause de sa proximité du Cap, reçoit sans cesse de nouveaux accroissements.

Le district de Stellenbosch comprend la Hollande-Hottentote (Hottentosch-Holland), pays qui a tiré son nom, non pas d'une ressemblance avec la Hollande d'Europe, mais de ce qu'étant fertile en pâturages et bien arrosé, il avait paru le plus propre à nourrir les bestiaux de la compagnie hollandaise. En revenant de Cape-Town et après avoir traversé Roodebloem et le Salt-River, on arrive d'abord aux dunes ou isthme sablonneux du Cap (Kaapsche-Duinen), puis à la Hollande-Hottentote dont les montagnes bordent la False-Bay. Ces montagnes, parmi lesquelles on remarque celle de Hang-lip (Lèvre pendante), dominent la montagne de la Table; elles sont couvertes, comme celle-ci, d'une nuée blanche, pendant toute la durée des vents

(1) Cornelius de Jong, *Reisen*, t. I, p. 129.

sud-est. Au centre est celle qui a reçu le nom de Schaapenberg (montagne des Brebis), de l'abondance des pâturages et des troupeaux qu'elle nourrit. Du sommet de cette montagne on a la plus belle vue du monde.

Le gouverneur Van der Stell tirait un immense profit des vastes campagnes, des vignobles et des jardins qu'il possédait dans ce district. Le nombre de ses bœufs s'élevait à plus de douze cents, et celui des moutons à plus de vingt mille. Ce gouverneur, qui fut révoqué, s'était mis en possession d'une étendue de plus de trente lieues de pays, à l'est, où il faisait multiplier ces légions d'animaux. Entre plusieurs somptueux édifices qu'il avait élevés dans ce district, il avait construit un superbe château que la compagnie l'obligea à démolir à ses propres frais, après avoir confisqué la plus grande partie de ses biens (1).

Le district de Stellenbosch comprend, outre la Hollande-Hottentote, les anciens établissements de Draakenstein, de Moddergat et de Bottelary.

Caledon. Ce district a fait partie de celui de Zwellendam jusqu'en 1810, époque où le comte de Caledon, alors gouverneur du Cap, fonda la ville qui porte son nom. Elle est située à 34° 28′ latit. australe, sur le Bath-River, branche du Kleene-River (Petite-Rivière), qui se jette dans la mer, près du cap Bluff. La ville de Caledon, qui a pris un rapide accroissement, se trouve dans le voisinage des célèbres eaux thermales de Zwartberg, auprès desquelles le docteur Hœssener avait fondé, en 1797, un établissement sanitaire. Ces eaux, qui jaillissent de plusieurs sources, marquent 47° 77′ au therm. centigrade. Elles déposent une matière jaune d'ocre, indice de la présence du fer. On ne les a pas encore analysées. M. Burchell a remarqué que la plupart des eaux qui sortent des Zwartberg (montagnes Noires) sont thermo-minérales (2).

Tulbagh ou *Tulbach* (Worcester). La petite ville de Tulbagh, chef-lieu de ce district (33° 16′ lat. austr., 19° 3′ long. orient., Greenwich), doit son nom au gouverneur hollandais Tulbach, qui mourut au Cap en 1772 (1). Il est situé à l'extrémité nord de la vallée de Roodezand (Sable rouge), dans un pays très-beau et bien choisi. La vallée de Roodezand, qui formait l'ancien district de Waveren, est traversée par le Breede-Rivier (Rivière large), qui est un des principaux fleuves de la colonie et se jette dans la baie de Saint-Sébastien. Tulbagh est situé sur la grande route du nord-est; mais il n'est accessible que du côté sud. Le nombre de ses habitants a augmenté en assez faible proportion, comparativement aux autres villes ou villages de la colonie. Il y a environ une centaine de maisons qui sont blanchies à la chaux et couvertes de chaume, dans le goût des villages de la Hollande. Les rues sont larges, et bordées de chênes et de pins. La résidence du landdrost est à peu de distance de Tulbagh. Le sol est fertile et suffisamment pourvu d'eau. Les montagnes environnantes sont le Roodezands-Kloof, le Winter-Hoek, le Mosterts-Hoek et le Oud-Kloof (Vieux défilé). La fondation de la ville de Tulbagh, érigée en chef-lieu de district, date de 1804.

Clanwilliam. Ce chef-lieu (32° 9′ lat. austr., et 18° 55′ long. orient. G.) fut fondé en 1814, sur les bords du Distel-Rivier (Zee-Koe-Rivier), un des affluents de l'Olifant's-Rivier. Indépen-

(1) Kolbe, qui rapporte ces détails, avait longtemps résidé, en qualité de secrétaire des colonies, dans les districts de Stellenbosch et Draakenstein.

(2) Les voyageurs ont signalé l'existence d'eaux thermales dans la vallée de l'Olifant's-Rivier occidental, dans le pays de Kamnasi, près de l'Olifant's-Rivier oriental, dans la conurée des grands Namaquas, aux environs de Graff-Reynett, d'Uitenhage, etc. *Voyez* F. Krauss, *Über die Quellen des südlichen Afrika*, dans les *Ann. de minéralogie* de Leonhardt, ann. 1843.

Ces eaux ne paraissent pas nuire à la végétation; car on y trouve différentes espèces de Lobéliacées, de Restiacées et de Géraniées (*Restio verticillatus*, *Pelargonium grossularoïdes*, *Athanasia trifurca*, *Cliffortia odorata*).

(1) C'était un des hommes les plus respectés de son temps. Il avait gouverné la colonie pendant cinquante ans et s'était fait aimer de tout le monde. C'était ce même gouverneur dont Bernardin de Saint-Pierre (Voyage à l'île de France, au Cap, etc.) a fait un portrait si touchant, et qui a fait construire l'observatoire de l'abbé La Caille. C'était un vieillard de quatre-vingts ans, quand Bernardin de Saint-Pierre l'a vu au Cap.

damment de la demeure et des bureaux du landdrost, le village de Clanwilliam consiste en une douzaine de maisons très-propres, rangées sur deux rues ; en 1838 il comptait deux cents habitants. La situation de Clanwilliam, dans une vallée sablonneuse à l'abri des monts du Cèdre, est très-chaude. Les oranges et d'autres fruits y sont excellents; mais il n'y a pas de débouchés suffisants. La rivière des Éléphants (Olifant's-Rivier), qui est la principale, ne peut être remontée, même par de petits bâtiments, et la baie Lambert, le lieu de débarquement le plus proche du drostdy, est trop ouverte et exposée aux coups de vent du nord-ouest.

Le district de Clanwilliam forme la frontière nord-ouest de la colonie. Il est aussi étendu que mal défini. C'est par l'agrandissement de ce district que la colonie paraît devoir reculer ses limites jusqu'à la rivière d'Orange et peut-être même au delà. Onder-Bokkeveld, Bedouw et Hantam sont les cantons les plus petits de Clanwilliam. On essaye, depuis très-peu de temps, d'y élever des troupeaux nombreux de mérinos. La population totale du district de Clanwilliam était en 1836 de huit mille quatre cent soixante individus, dont les deux tiers se composaient de Hottentots (1).

Zwellendam (2). Ce chef-lieu (34° lat. austr., et 20° 25′ long. or. G.) du district de même nom fut fondé en 1745. Il consiste en une rangée de maisons et en fermes dispersées aux environs dans un rayon d'une lieue. Les maisons sont habitées par des artisans, surtout par des charrons et forgerons, et les habitations isolées par des laboureurs. Le district, par lequel passe la grande route qui mène du Cap dans l'est de la colonie, comprend l'ancien pays des Essequas. Il se compose de toute la contrée comprise entre le Zwartberg (montagne Noire) et le bord de la mer ; il a pour limites à l'orient la rivière Camtoos, qui le sépare du district de Graaff-Reynett; à l'occident il a pour limite la rivière Zonderend (affluent de Breede-Rivier), qui le sépare du district de Stellenbosch.

Zwellendam fournit peu de bétail, et moins encore de moutons à la ville du Cap; mais il y envoie vendre un grand nombre de chevaux. Les revenus des fermiers proviennent du bois de construction qu'ils exploitent, de la vente de leurs grains, beurre, savon et fruits secs. A peu de distance de là, dans la vallée que parcourt la rivière Zonderend, est situé un établissement de missionnaires, fondé en 1800 par les frères moraves. Le nom de Baviaans-Kloof qu'il portait autrefois a été changé en celui de Gnadendal (vallée de Grâce).

George. Cette petite ville (33° 47′ lat. austr., et 22° 43′ long. or. G.), chef-lieu d'un des districts de l'est, fut fondée en 1812. En 1820 elle n'avait encore qu'une centaine d'habitants. Les maisons ont deux étages, et sont séparées l'une de l'autre par une seule rue à laquelle se joint, à angle droit, une autre rue récemment terminée, où il y a l'église, le presbytère et l'école. La ville reçoit l'eau par une petite rivière, le Zwart-Rivier, venant des montagnes et ne tarissant jamais. Le district de George se trouve au sud de la rivière des Éléphants; il coupe l'ancien pays des Outeniquas (Outeniqualand) et le Groëneland. Il a été organisé pendant que sir F. Cradock était gouverneur du Cap. Ce district a été célébré par les voyageurs, pour ses beautés naturelles et ses forêts inépuisables qui approvisionnent non-seulement la ville du Cap, mais aussi une grande partie de la contrée de l'intérieur, de bois de charpente et de chauffage. Il est expédié au Cap, par la baie de Plettenberg et par le cours du Knysna, ou transporté par terre, à travers le grand Karrou, jusque au drostdy de Beaufort et autres lieux dépourvus de bois (1).

C'est dans le district de George que Levaillant avait établi son camp, et enrichi sa collection d'histoire naturelle.

Uitenhage. Ce chef-lieu de district (33° 44′ lat. aust., et 25° 42′ long. or. G.) fut fondé en 1804. Situé entre le Camtoos-Rivier et le Zondag-Rivier, il est à dix-huit milles du Port-Élisabeth. Il pos-

(1) Ed. Alexander, *Expedition of discovery into the interior of Africa*, etc.; 2 vol. in-8°, London, 1838.

(2) Quelques-uns écrivent Swellendam.

(1) Q. Thompson, *Travels and adventures in the southern Africa*, etc.; 2e édition; London, 1827, 2 vol. in-8°.

sède plusieurs avantages qui ne sont pas communs dans l'Afrique méridionale. Il est plus abondamment pourvu d'eau fraîche et de facilités pour l'irrigation que toute autre ville de la colonie. Le terrain des environs est fertile, le climat y est doux et salubre. Les vents violents du sud-est et les chaleurs étouffantes de l'été, si incommodes au Cap, sont à peine connus ici. Toutes les denrées y sont à bon marché, et leur production peut être augmentée presque indéfiniment. A la vérité, Uitenhage est trop éloigné de la mer pour devenir un port; mais, par le moyen de bateaux à vapeur, l'embouchure du Zwart-Kop, sur les rives duquel il est situé, pourrait être rendue accessible, et on remonterait cette rivière jusqu'à trois ou quatre milles de la ville. Cependant, malgré sa position favorable, Uitenhage n'a pas fait récemment des progrès aussi rapides que Graham's Town et Port-Elisabeth. (Thompson.)

Il existe dans le district d'Uitenhage deux établissements de missionnaires anglais, Enon, fondé en 1818, et Bethelsdorp. Ces établissements ont acquis beaucoup d'importance dans ces derniers temps.

Le district d'Uitenhage a beaucoup souffert pendant la guerre des Cafres qui avaient des repaires inaccessibles dans les défilés des Zuurbergen (Montagnes aigres ou arides). C'est là qu'ils assassinèrent le landdrost de Stockestroem. — Dans ce pays où la population est clair-semée, il règne une grande uniformité dans les mœurs et le caractère des paysans. M. Cowper Rose (1) cite un fermier, nommé Hendrik van den Zephyr, comme type. « A la fin de la journée, dit-il, arrive le fermier, modèle du flegme et de l'apathie hollandaise; le chapeau quitte aussi peu sa tête que la pipe quitte sa bouche. On voit fondre ensuite dans la chambre les jeunes gens avec leur meester ou précepteur. Ce meester est ordinairement un ancien soldat anglais, et tient le milieu entre les maîtres et les domestiques. Il enseigne tout ce qu'il sait, et reçoit, en échange de son petit fonds de savoir, un mince salaire, une copieuse nourriture, et une bonne ration d'eau-de-vie. Au reste, il n'y a dans la chambre qu'un seul livre : c'est une grande et vieille Bible, munie de fermoirs en argent. Le souper se réduit à un seul plat, le même qui m'a poursuivi, dit M. Cowper Rose, dans tout mon voyage : c'est un mélange abominable de tête de mouton et de graisse de la queue du même animal. Cette graisse paraît constituer le fond de tous leurs plats, et les légumes même y nagent; heureusement il y avait aussi du bon pain, du beurre, du lait et des pêches séchées. Dans un pays aussi reculé, continue le voyageur, le fermier ne peut jamais s'enrichir, faute de débouché pour ses productions; mais il a peu de besoins, et, isolé comme il est, il mène ce qu'on peut appeler une vie patriarcale, c'est-à-dire qu'il élève ses propres chevaux, qu'il tue ses propres moutons, et qu'il porte des culottes de peau de mouton non tannée, et sans bas. Henri le fils vit et fume précisément comme faisait Henri le père; rien ne peut troubler cette vie d'apathie et d'ignorance si ce n'est la perte de la graisse des queues de mouton. La maison du paysan est souvent grande, et les dépendances sont vastes; mais tout cela présente un aspect peu riant : en dedans il n'y a rien pour la commodité; et au dehors tout est nu et aride. « Pourquoi, demanda un de mes amis à un paysan, ne plantez-vous pas des chênes, pour avoir de la verdure et de l'ombrage autour de votre maison. — Je serai mort avant que les arbres soient grands! — Ce serait alors pour vos enfants. — Eh bien, que mes enfants en plantent! » Et le dialogue finit là. »

Graaff-Reynett ou Graaf-Reinet. Cette ville (32° 15′ lat. austr., et 25° long. or. G.), chef-lieu de district, fut fondée en 1786 par le gouverneur Van den Graaff (1); son accroissement a été extrêmement rapide. En 1797 ce n'était encore qu'un assemblage de huttes de terre, élevées à d'assez grands intervalles les unes des autres, sur deux lignes et dans la forme d'une rue. Voici comment en parlait, à cette époque, Barrow, alors secrétaire de la colonie : « Le village n'est guère occupé que par des ouvriers ou par des personnes qui exercent

(1) *Four years in southern Africa*; vol. in-8°; London, 1829.

(1) Il y ajouta le nom de sa femme Reynett

quelques petits emplois sous le landdrost. Il a l'air plus misérable que le plus chétif village d'Angleterre. Les habitants n'ont ni vin ni bière, et ne boivent que l'eau de la rivière de Zondag, qui dans l'été est fortement imprégnée de sel. Il sera difficile de deviner quels sont les motifs qui ont fait choisir ce misérable emplacement pour y fixer la résidence du landdrost. Ils ne pouvaient provenir ni des avantages ni des commodités et douceurs de la vie que ce lieu aurait pu offrir; peut-être avait-on consulté le bien-être des colons, parce que cette situation est à peu près au centre des établissements; cependant, il me paraît plus probable que des motifs d'intérêt, le défaut de jugement ou quelque esprit de contradiction, auront fait assigner pour chef-lieu de canton un endroit aussi désavantageux, aussi retiré et aussi sauvage (1). »

Le district de Graaff-Reynett fut peuplé par des aventuriers européens, à qui le gouvernement hollandais avait distribué trop facilement des terres; ils y apportèrent leurs vices et leur turbulence; aussi ce district fut-il le plus mutin de toute la colonie. Voilà ce qui détermina le gouvernement à y fonder un village, avec un magistrat pour contenir les habitants; mais les premiers drostes qu'on y envoya ne furent pas choisis avec assez de discernement, et eurent peu d'influence sur la conduite de leurs subordonnés. Lorsque la révolution française eut changé aussi le gouvernement batave, il se forma dans la colonie un parti de patriotes, et une insurrection éclata, en 1794, dans le district de Graaff-Reynett; le landdrost Meinier, qui s'était fait détester, fut obligé de s'enfuir, et Graaff-Reynett devint le siége d'une autorité populaire, dont les procès-verbaux se trouvent encore aux archives du drosty, et sont, dit-on, fort curieux. L'insurrection avait déjà gagné les districts voisins, lorsque les Anglais débarquèrent et exigèrent le serment de fidélité : on le refusa dans le district de Graaff-Reynett; mais un détachement de troupes eut bientôt dispersé les mutins. Le gouverneur lord Macartney fit réinstaller par Barrow, son secrétaire, le même Meinier, qui s'était rendu odieux par son caractère dur et inflexible, et caserner un corps de Hottentots récemment organisé pour contenir les colons. Rien n'était plus humiliant pour ceux-ci que d'être gardés par leurs anciens bouviers devenus soldats au service d'Angleterre. En 1798 ils s'insurgèrent de nouveau; les troupes tirèrent des casernes sur les maisons où se rassemblaient les rebelles; quelques-uns s'enfuirent, d'autres furent saisis et conduits à la ville du Cap, où on leur fit le procès. Les Anglais envoyèrent un autre droste, et abandonnèrent du reste le district à son sort. Lorsqu'après la restitution de la colonie aux Hollandais, par suite du traité d'Amiens, le général Janssens vint visiter Graaff-Reynett, il le trouva dans l'état le plus déplorable. Beaucoup de familles avaient émigré; la moitié des fermes étaient abandonnées et en ruine par suite des invasions des Cafres. Les possesseurs des autres, obligés sans cesse de faire tête aux Boschjesmans, étaient à peine capables de payer leurs impôts; les caisses du district étaient vides, les édifices publics délabrés, et les charges de l'État remplies par des hommes ignorants ou faibles; bref, toute la population était démoralisée (1). — Le gouverneur essaya de porter remède à tant de maux, lorsqu'il fut rappelé, après que la colonie eut été reprise par les Anglais. Telles sont les premières pages de l'histoire politique de Graaff-Reynett, qui est aujourd'hui un poste de la plus haute importance; car c'est par là que la colonie s'agrandira en reculant ses limites vers le nord-est, comme Clanwilliam est le point de repère pour son agrandissement vers le nord-ouest.

En 1804 Graaff-Reynett ne comptait encore que quinze à vingt maisons; en 1812 il y en eut soixante-quatorze. La population blanche du district était déjà de six mille six cent quatre-vingt-trois individus, et le nombre des Hottentots et des esclaves de huit mille trois cent

(1) Barrow, *An account of travels into the interior of the southern Africa*, in the years 1797 et 1798; 2 vol. in-4°, Londres. Cf. Walckenaer, *Collection des voyages en Afrique*, t. XVII, p. 95.

(1) Lichtenstein, *Reise im südlichen Afrika*; Berlin, 1812, 2 vol. in-8°.

trente-six. La ville, avec ses jardins et ses champs, est presque entièrement entourée par le Zondag-Rivier, et abritée de deux côtés par de hautes montagnes revêtues d'une verdure perpétuelle, grâce à la quantité de speckboom (*portulacaria afra*) qui en tapisse les pentes (1). Le district de Graaff-Reynett est riche en bestiaux et en grains, et sa prospérité va toujours en croissant. Il y a de l'eau en abondance et le climat est salubre. « Ce climat, pour sa salubrité, n'a pas, dit Harris, son pareil dans toute l'Afrique australe. On y trouve des fruits de toute espèce et en abondance (2). »

Autrefois un commerce considérable se faisait entre Graaff-Reynett (qui devait en grande partie sa prospérité au capitaine Stockenstroem) et le Cap, par le moyen de chariots qui traversaient le grand Karrou, en hiver et au printemps, et revenaient avant que les ardeurs de l'été y eussent détruit les végétaux et tari les rivières. Les bouchers du Cap continuent à se procurer, par cette route, une grande partie de moutons et des bœufs nécessaires à la consommation de la ville et à l'approvisionnement des navires. Mais, depuis quelques années, presque toutes les marchandises envoyées du marché de Graaff-Reynett, entrepôt pour l'intérieur, sont apportées par mer à la baie d'Algoa, et de ce port à la ville par des chariots. (Thompson.)

Albany. Graham's-Town (Ville de Graham), située à 33° 18' latit. austr. et 26° 53' long. or. G., rivale de la ville du Cap, est le chef-lieu du district Albany qui forme en partie la frontière de la Cafrerie (3). Cette ville, fondée en 1813, par le colonel Graham, et qui en 1821 n'avait encore que quatre-vingts maisons, en compte aujourd'hui plus de six cents, avec une population de plus de trois mille habitants dont la plupart sont Anglais (4). L'église de Saint-George, qu'on avait commencé à construire en 1826, fut achevée en 1830. On y voit un monument en marbre, élevé à la mémoire du colonel Graham, qui était fort respecté dans toute la colonie. Les maisons sont construites en brique ou en pierre; les principales rues vont de l'est à l'ouest et sont croisées par d'autres à angles droits. Les jardins et les vergers qui s'y trouvent disséminés présentent, avec les collines environnantes, un coup d'œil fort pittoresque. Depuis 1830 on y a essayé la culture de la vigne, qui paraît produire un vin d'une qualité supérieure (1). Le principal affluent du Kowi a ici sa source; il traverse Graham's-Town et fournit en toute saison une eau excellente. Le climat est tempéré et très-salubre (2); entre les collines verdoyantes qui dominent la ville, s'enfoncent des ravins couverts de bois et parés de toutes sortes de fleurs qui croissent à l'ombre; on y trouve aussi des défilés ou *poorts*, garnis de précipices dont les parois sont tapissées de festons de feuillage. Le soleil du soir, en pénétrant dans ces ravins et dans ces précipices, y produit des accidents de lumière d'un effet magique. En revenant à la ville, on voit le bouvier hottentot ramener les bestiaux des habitants, ou une famille de fermiers dételer les bœufs de son chariot pour passer la nuit sur la pelouse auprès d'un ruisseau. Quelquefois, toute la population d'une ferme est là, serviteurs et animaux. La moisson une fois faite, le paysan est maître de son temps, et il ne dédaigne pas alors de charger son chariot de toutes ses denrées superflues pour aller au loin les échanger dans la ville contre les objets qui lui manquent. Le paysan est aussi chasseur; car ici la chasse se joint à l'agriculture pour nourrir les membres de la famille, comme dans l'enfance de la société. Aussi voit-on quelquefois emballés, avec les denrées destinées au marché de la ville, la peau du lion, la belle peau tachetée du tigre, celle du loup, du lynx rouge, les cornes monstrueuses du buffle, dont on fait des poudrières, celles de diverses antilopes, les œufs et les plumes d'autruche, et les

(1) W. Burchell, *Travels in the interior of southern Africa*; 2 vol. in-4°, London, 1824.

(2) Harris, *The wild sports of southern Africa*, etc.; 1 vol. in-8° London, 1839.

(3) On y publie depuis quelques années un journal (*Graham's-Town journal*) qui donne quelquefois des renseignements intéressants sur l'état actuel de la colonie.

(4) M. Kay, *Travels and researches in Caffreria*; 1 vol. in-8°; London, 1833.

(1) *South-African Almanac*, 1831. (*Almanach* publié à la ville du Cap par M. Greig.)

(2) *Graham's-Town journal*, april 1832.

tapis grossiers, faits en peau de spring-bocks. Si les chariots appartiennent à des paysans qui trafiquent avec les tribus des frontières, ils apportent aussi les dents d'éléphant et d'hippopotame, des manteaux en fourrure provenant des Betjouanas et des Griquas, et les singuliers objets de parure de ces peuples, par exemple des colliers auxquels sont suspendus des dents de loup et des griffes de tigre, ou bien des objets mystérieux en bois ou en argile, auxquels on attribue des vertus magiques; des bracelets en cuivre, qui sont quelquefois ingénieusement travaillés, de gros anneaux en ivoire, et des coiffures de femme, consistant en peau de bouc bleu couverte de verroterie, selon divers dessins. On y trouve encore les bassegaies cafres, javelots légers d'environ deux mètres, et munis de pointes en fer; au-dessus de ces pointes, quelques armes de cette espèce ont de part et d'autre de doubles crocs, dont les uns sont dirigés en haut et les autres en bas, et qui ont pour but de rendre la plaie plus dangereuse, soit que l'arme y pénètre, soit qu'on la retire, raffinement cruel qui s'exécute pourtant par des procédés grossiers; un quartier de roche sert d'enclume; une pierre tient lieu de marteau; et quelque vieux canon de fusil et d'autre ferraille fournissent le fer. Quelquefois on aperçoit aussi, parmi ces armes, des haches de guerre ayant un manche en corne de rhinocéros, provenant de hordes de sauvages très-éloignés, et l'arme si redoutable du faible Boschjesman, la flèche empoisonnée. D'autres fois arrivent les chariots de missionnaires, traînant à leur suite des indigènes à qui on fait voir le pays que les Européens leur ont enlevé, et où l'on déploie les arts de la civilisation aux yeux étonnés des sauvages.

Le tableau du mouvement commercial des fermiers d'Albany est également vrai pour les autres districts limitrophes.

La population du district d'Albany s'élève actuellement à environ sept mille habitants, dont seize cents noirs affranchis. C'est ce district qui a eu le plus à souffrir dans la guerre des Cafres. Cette guerre remplie de drames sanglants a eu pour cause la délimitation des propriétés coloniales. En 1810 la grande rivière des Poissons (Groote-Visch-Rivier) fut proclamée la limite orientale de la colonie. Dix ans après, Gaïka ou Chaka, chef des Cafres, fut obligé d'évacuer le riche terrain situé entre cette rivière et le Keiskamma. Gaïka et ses sujets en conçurent un vif ressentiment qui ne tarda pas à se traduire par des représailles sanglantes. — Si les Cafres, au lieu de se diviser continuellement, unissaient leurs forces pour attaquer les colons dispersés dans le district d'Albany, les halliers dont le pays est parsemé, et la grande étendue de la frontière, rendraient la défense très-difficile; heureusement la jalousie et la haine mutuelle entre les tribus empêchent une coalition générale, et, dans cet état de choses, elles se bornent à des larcins dont l'amour est souvent le motif. En effet, un Cafre sait qu'il ne peut avoir la jeune fille qu'il aime qu'en l'achetant au beau-père en bestiaux; s'il n'en a pas, il sait que les hommes blancs en ont; il réunit quelques amis, à qui il promet de rendre le même service dans l'occasion; ils vont se mettre en embuscade dans quelque hallier au haut d'une colline d'où ils peuvent apercevoir le troupeau d'un colon; quand ils voient que les bouviers s'éloignent, ou qu'ils ne sont pas en force pour résister, ils se glissent tout doucement dans le pâturage, quelquefois en rampant sous les buissons, et voilà les bestiaux enlevés. La première nouvelle que reçoit le fermier du vol de son troupeau, c'est en voyant les Hottentots qui devaient le garder garrottés et attachés aux arbres. Les Cafres s'enfuient avec leur butin à travers les ravins et les buissons, en sorte qu'il est difficile de suivre leurs traces et de les atteindre; puis, passant à gué le Visch-Rivier, ils sont bientôt dans leur pays, où, moyennant la cession d'une partie de leur proie, ils gagnent la protection du chef. Quand les Anglais viennent se plaindre, ce dernier témoigne de l'indignation du vol qui a été commis, déclare que sa tribu ne s'en est pas rendue coupable, et promet, néanmoins, de faire des recherches; si le fait est trop patent, et qu'il découvre les voleurs, il promet de les punir sévèrement, et rend le bétail.

Tarka. Ce district, que mentionne Burchell (*Travels in the interior of southern Africa*, vol. II, p. 581), sans en donner aucun détail, a été incorporé dans les districts (Somerset, Cradock) de l'est, qui touchent aux frontières de la Cafrerie.

Telle était la division politique de la colonie du Cap en 1820. Elle a été successivement modifiée, soit pour faciliter les communications et le service administratif, soit par suite de l'extension incessante des frontières au nord-est et au nord-ouest. Le gouvernement a créé des districts ou sous-districts nouveaux, tels que ceux de *Beaufort*, de *Cradock* et de *Somerset*. La fondation de Beaufort date de 1822; sur son emplacement se tenait autrefois une foire pour l'avantage mutuel des colons et des tribus sauvages qui vivaient au delà des limites de la colonie. La foire de Beaufort dépendait alors de Graaff-Reynett et était principalement fréquentée par les Griquas. Ils y apportaient des dents d'éléphants, du sel, des peaux de toutes sortes d'animaux, du froment, du miel et divers objets de curiosité. Cradock, situé dans le voisinage du Groote-Visch-Rivier, ne contenait en 1823 qu'une vingtaine de maisons. Quoique le pays offre un aspect aride et désert, il est riche en troupeaux de moutons et de bœufs; et, par le moyen de l'irrigation, il produit plus de grain que sa consommation n'exige. — En 1825 le gouvernement forma le nouveau district de Somerset. La ferme de Somerset fut le noyau d'une ville qui compte peut-être aujourd'hui trois mille habitants. Les maisons sont bâties au pied du Bosch-Berg, qui présente ici plus de mille mètres d'élévation. Le district de Somerset est limité au sud par une ligne imaginaire, tirée du Zondag-Rivier presque au point de jonction du Soso avec le Konap; à l'est, par le Konap et le Winterberg; au nord, par la rivière d'Orange, et à l'ouest, par le Zondag-Rivier. Sa population était en 1832 de dix mille cent soixante et un habitants. Au nord de Somerset on trouve plusieurs sources minérales sulfureuses (1). Il existe à Somerset un établissement de missionnaires wesleyens.

Dans tous ces districts de la frontière, sauf celui d'Albany, les fermes sont généralement de six mille acres. Cette grande étendue est regardée comme la plus convenable; mais elles ne sont, pour la plupart, destinées qu'à l'élève des bestiaux; car, sur toute leur surface, il est rare qu'il y ait plus de deux ou trois acres propres à la culture; quand même une plus grande quantité de terrain pourrait être arrosée, l'éloignement considérable d'un marché et l'incertitude des débouchés ne laisseraient guère de chances de profit à l'augmentation de la culture du blé. Les fermiers se contentent d'en récolter assez pour leur usage, ou pour des échanges avec leurs voisins qui n'ont pas le moyen d'en tirer de leurs fonds.

Chaque district est administré par un *drost* ou *landdrost*. Il est divisé en deux ou plusieurs sous-districts, dont chacun a pour préposé un *veldcornet*. En raison des changements qu'amènent sans cesse les relations du gouvernement avec les colons et les chefs de tribus sauvages, il est impossible d'indiquer les limites et la population exactes de chaque district ou sous-district. Cette circonscription politique, qui date du régime hollandais, a été singulièrement élargie dans un espace de trente à quarante ans, et se modifie tous les jours. C'est ce qui se comprendra facilement quand on saura que dans moins de cent cinquante ans la colonie du Cap a non pas doublé, mais centuplé pour le moins (1). Peut-être au moment où nous écrivons a-t-elle déjà pour limite, au nord, la grande rivière d'Orange. Elle serait alors comprise entre les 29° et 34° 55′ latitude australe, et les 18° et 27° longitude orientale de Greenwich. Un fait intéressant à constater, c'est qu'on entreprend de civiliser le continent d'Afrique, précisément par ses deux extrémités opposées : au nord, par la France, et au sud, par l'Angleterre.

(1) Kay, *Travels and researches in Cafraria*, etc.; London, 1833.

(1) Il suffit, pour s'en convaincre, de jeter un coup d'œil sur la carte de l'ouvrage de M. Kay (*Travels and researches in Cafraria*, London, 1833), où se trouvent indiquées les limites successives de la colonie du Cap depuis 1659 jusqu'en 1825.

III. APERÇU OROGRAPHIQUE, HYDROGRAPHIQUE ET GÉOGNOSTIQUE DE LA COLONIE DU CAP DE BONNE-ESPÉRANCE.

La division la plus naturelle d'un pays est celle qui repose sur sa configuration géographique; c'est cependant celle qui est le plus rarement adoptée surtout pour les colonies.

D'après le cours des rivières, on peut admettre, dans la constitution des montagnes, une pente occidentale, une pente orientale et une pente méridionale. Les montagnes du versant occidental, dont les chaînes s'étendent du nord au midi, sont, en commençant par le nord (pays des Namaquas), les Kooperberges ou montagnes de cuivre, les Kamiesberges, les Bokkevelds supérieur et inférieur, le Roggeveld et les terrasses ou plaines (*Karrous*) qui en dépendent. Les rivières et fleuves du versant occidental qui se jettent à l'occident dans l'océan Atlantique, sont, du nord au midi : la grande rivière d'Orange, Koussie ou Zand-Rivier, Zwart-linjes-Rivier, Bitter-Rivier (rivière Amère), Groene-Rivier (rivière Verte) et ses affluents, Zwart-doon-Rivier et Harte-Beest-Rivier, Olifant's-Rivier (rivière des Éléphants) et ses affluents Doorn-Rivier (Zwart-Clip-Rivier), Berge-Rivier, qui se jette dans la baie de Sainte-Hélène, et ses affluents (Matjes-Rivier et Zout-Rivier), et le Diep-Rivier qui se jette dans la baie de la Table.

Les chaînes de la pente méridionale, qui s'étendent de l'occident à l'orient, sont le Warm-Bokkeveld, le Middel- et le Klein-Roggeveld, le Nieuwveld, la terrasse du grand Karrou, le Zwarteberg et les Sneeuwberges (montagnes Neigeuses). Les rivières de ce versant, qui se jettent au midi dans le grand Océan austral, sont, en commençant par la péninsule du Cap : Eerste-Rivier (première rivière), Steenbrass-Rivier, Palmiet-Rivier, qui se jettent dans la False-Bay; Bot-Rivier, Onrust-Rivier, Kleine-Rivier, Breede-Rivier avec ses nombreux affluents (Zout-Rivier, Karnemelk-Rivier, Slang-Rivier, Buffeljagts-Rivier, Klip-Rivier, Keurboom-Rivier, Leewen-Rivier, Zonder-ende-Rivier, Hex-Rivier, Bussinka-Rivier), Duyvenhoks-Rivier et ses affluents (Krombeks-Rivier, Doorn-Rivier), Kafferkuils-Rivier et ses affluents (Zœtmelk's-Rivier, Vette-Rivier), qui se jettent dans la baie de Saint-Sébastien; Gaurits-Rivier (1) et ses nombreux affluents (Drooge-Rivier, Nouqua-Rivier, Tsunice-Kamma, Touw-Rivier, Buffalo-Rivier, Gamka ou Leewen-Rivier, Rhinocéros-Rivier, Olifant's-Rivier (2), Kat-Rivier, Zwart-Rivier), Geelbecks-Rivier, Kleine et Groote-Brakke-Rivier, Else-Rivier, qui se jettent dans Mossel-Bay; Schaapkops-Rivier, Gowkamma, Keurboom-Rivier, Koukamma, Karreeka-Rivier, Schiphout-Rivier, Taurau-Rivier, Varkiés-Rivier, Kraus-Rivier, Zwellendam-Rivier, Hooren-Rivier, Dol-Rivier, Storm-Rivier, Elands-Rivier, qui se jette dans la baie de Plettenberg; Zitzikamma, Slang-Rivier, Zeekœ-Rivier, Kabeljau-Rivier, Groote-Rivier ou Camtoos-Rivier et ses affluents (Karreeka-Rivier, Hottentots-Rivier, Zoutwater ou Salt-Rivier), qui se jettent dans la baie de Camtoos ou de Saint-François; Kuka-Rivier, Nukokamma ou Zondag-Rivier et ses affluents (Kleine-Zondag-Rivier, Witte-Rivier, Kleine et Groote Riet-Rivier, Platte-Rivier, Karnemelk-Rivier, Bull-Rivier, Camdebo-Rivier), Graauwe-Water-Rivier, qui se jettent dans la baie d'Algoa; Boschjesmans-Rivier, Karreeka-Rivier, Kowi-Rivier, Kassuka-Rivier, Kleine-Mond-Rivier, Groote-Visch-Rivier (grande rivière des Poissons) et ses affluents (3) (Bavians-Rivier, Kromme-Rivier, Riet-Rivier, Tarka-Rivier, Doornboom-Rivier, Brakke-Rivier), Beka-Rivier, Keiskamma. Ce dernier fleuve qui porte le nom de Rivière de Saint-Christophe (Rio Almiscar des Portugais), forme la limite orientale de la colonie, et la sépare de la Cafrerie.

La plupart de ces rivières ne sont que des torrents de montagnes qui se dessèchent pendant les fortes chaleurs, et se gonflent quelquefois prodigieusement

(1) *Rio-Formoso* des premiers navigateurs portugais.

(2) Il faut distinguer cette rivière d'une autre de même nom, qui se jette à l'ouest, dans l'océan Atlantique.

(3) *Rio-Infante* des navigateurs portugais.

pendant la saison des pluies. Nous ne ferons ici une mention spéciale que du fleuve ou rivière d'Orange (1), que Burchell considère comme le plus beau, sinon le plus grand fleuve de l'Afrique. Ce fleuve, qui jouera un rôle important dans les destinées de la colonie, parcourt de l'est à l'ouest des régions encore peu connues. Tous les voyageurs se sont extasiés sur la beauté de ce fleuve magnifique, bordé d'arbres verdoyants, parmi lesquels on remarque une espèce de saule pleureur, *Salix gariepina*, B., jusqu'à son embouchure près du cap Voltas. Ses principaux affluents sont le Nu-Gariep ou rivière Noire, le Ky-Gariep ou rivière Jaune (*Vaal-Rivier* des Hottentots de Klaarwater) et le Maap-Gariep ou rivière Vaseuse; leur cours n'a pas encore été examiné avec une précision suffisante. Ils se réunissent pour former le Gariep, à peu près à la hauteur de Campbells-dorp. Le Maap-Gariep est moins large que la rivière Jaune; mais il est plus profond, et il présente beaucoup de sinuosités. Les indigènes assurent qu'il reçoit plus haut une rivière considérable, et que le Maap ainsi que le Nu-Gariep viennent d'un pays très-éloigné. Le premier, dans la partie de son cours qui est entre le Karupny et le Gariep, approche beaucoup du Ky-Gariep ou probablement d'un des affluents de la rivière d'Orange. Les affluents du Gariep ont été l'objet spécial des recherches de M. Burchell et de M. Alexander, qui a particulièrement examiné l'embouchure de ce beau fleuve. Ce dernier voyageur trouva aux environs de l'embouchure de la rivière d'Orange de riches mines de cuivre et de fer qu'il signale aux tentatives des entrepreneurs (2). On trouve des poissons en grand nombre dans le Gariep. Après les pluies périodiques, les eaux, en se retirant, les laissent dans des mares peu profondes. Alors les indigènes les prennent avec des nattes de jonc qui leur tiennent lieu de filets. Il est à remarquer que les poissons de ce fleuve sont atteints a une maladie semblable à celle dont les hommes et les animaux qui boivent de cette eau sont attaqués après ses débordements périodiques; ce fait semble prouver que le Gariep acquiert une qualité insalubre de la terre qu'il a entraînée.

A l'inverse des autres rivières, le Kourouman ou Kruman est large à son origine et diminue à mesure qu'il avance, à cause de l'absorption causée par le soleil et par un sable chaud; à quelques journées de sa source il se perd dans les terres et disparaît totalement. On assure que dans la saison humide il reçoit les eaux de la Moschoua, et que dans les années où il tombe beaucoup de pluies les deux rivières réunies arrivent jusqu'au Gariep. On peut alors considérer le Kourouman comme une branche du Gariep.

Dans une grande étendue de son cours, le Gariep est accompagné, depuis Griqua-Town, d'une chaîne de montagnes d'une longueur de près de cinq cents milles : Thompson l'a nommée le *rempart Gariépin*. En se rapprochant des montagnes du duc d'York, il forme une cataracte fort remarquable. Les eaux du fleuve, confinées dans un lit très-resserré, descendent à la fois par une magnifique cascade de quatre cents pieds de hauteur. Voici le tableau qu'en fait Thompson, qui a le premier visité cette cataracte, à laquelle il a donné le nom du roi George : « Je me tenais sur un rocher escarpé, presque au niveau et directement en face du milieu de la chute; les rayons du soleil l'éclairaient en plein, et produisaient un arc-en-ciel magnifique. Le nuage de vapeurs humides qui s'élevait du sein des eaux agitées, les branches d'un vert brillant qui pendaient des rocs lointains, le fracas étourdissant de la chute, le bouillonnement tumultueux, et les tourbillons du fleuve qui, en bas, s'efforçait de s'échapper par un canal étroit, profond et sombre, formaient un ensemble d'une beauté et d'une majesté telles, que je n'en avais jamais vu de semblable. Pendant que je contemplais cette scène étonnante, je croyais rêver. Sa sublimité éloignait toute crainte de danger, et, après une courte pause, je quittai à la hâte le lieu où je me te-

(1) Il porte quelquefois le nom hollandais de *Groote-Rivier* (Grande-Rivière). Les indigènes (Korannas) lui donnent le nom de *Gariep* ou *Fleuve* par excellence.

(2) Alexander, *Expedition of discovery of the inferior of Africa*, vol. I, p. 108.

nais, pour mieux regarder du haut d'un rocher qui dominait le gouffre écumeux. Je venais de m'y placer, quand je me sentis empoigné à la fois par quatre Korannas, qui me prirent par les bras et par les jambes. Ma première pensée fut qu'ils allaient me lancer dans le précipice; mais cette idée, injurieuse pour ces bons sauvages, ne fut que momentanée. Ils sont naturellement timides; ils craignaient que ma témérité ne me fît courir des dangers; ils se hâtèrent de me retirer du bord de l'abîme, m'expliquèrent leur motif, et me demandèrent pardon. Je fus très-reconnaissant de leur soin, quoique leur obligeance me contrariât un peu. Je revins à mon premier poste pour dessiner le tableau que j'avais sous les yeux; mais il me fut impossible de rien faire de passable. Tous les rochers et les cavernes, les bois impénétrables qui entourent cette chute, et l'aspect désolé des monts Gariépins dans le lointain, complètent le tableau, dont la majesté ne s'effacera jamais de ma mémoire. »

La rivière d'Orange (*Gariep*), quoique ayant un cours étendu, est, sur la fin de la saison sèche, presque fermée à son entrée; et il y a très-peu d'eau jusqu'à quatre ou cinq milles de son embouchure. La mer se brise sur cette barre, à chaque changement de lune, parce qu'il y a à cette époque une grosse houle venant de l'ouest. On trouve quelques minéraux précieux dans cette rivière; et le capitaine Morell recueillit quelques grains de poussière d'or à son embouchure. Malgré l'aspect stérile du rivage, à vingt-cinq milles en dedans de la rivière, le sol est bon et le pays bien boisé. A quelques milles plus à l'est sont des plaines étendues. Le sol y est riche et susceptible de produire tout ce qu'on veut lui confier. Quelques-unes des forêts renferment de très-beaux bois (1).

Comme les contrées en deçà du fleuve diffèrent entièrement, par leur végétation et par la constitution géologique du sol, des contrées situées au delà, on peut diviser naturellement l'Afrique australe en *région cisgariépine* et en *région transgariépine*. Cette division, proposée primitivement par M. Burchell, ne tardera pas à être généralement adoptée, au moins par les naturalistes.

(1) *Nautical Magazine*, juillet 1844. — *Annales maritimes*, octobre 1844.

La baie d'Algoa (Algoa-Bay) ressemble, par la forme et par la position, à la baie de Plettenberg et à la Mossel-Bay. Étant ouverte au vent du sud-est, qui y souffle la plus grande partie de l'année, elle n'offre pas aux vaisseaux un endroit bien sûr pour le mouillage; il est même difficile d'y entrer lorsque d'autres vents soufflent, le sud-ouest excepté. Le seul lieu d'abordage est une petite étendue de plage sablonneuse, tout le reste de la côte étant hérissé d'écueils. La mer se brise d'ailleurs avec tant de force, qu'il faut employer des efforts extraordinaires pour faire passer les cargaisons des chaloupes sur la terre ferme. Voilà pourquoi il suffit, dans cette baie, d'une petite force militaire pour empêcher un débarquement de la part de l'ennemi. La baie est une des plus poissonneuses de toute la côte, et on s'y peut procurer facilement toutes sortes de vivres, ainsi que du bois, du sel, du savon. Il y a d'excellents pâturages; les contrées voisines de la baie pourraient produire beaucoup de fruits et de vin. Ce qui donne une importance particulière au fort Frédéric et à la baie d'Algoa, c'est le voisinage de la frontière de la Cafrerie. — Près de la baie d'Algoa se trouve une couche puissante de vingt pieds de sulfate manganoso-aluminique (alun naturel, dans lequel la potasse ou l'ammoniaque se trouve remplacé par de l'oxyde manganeux). Ce sel est blanc, en cristaux fibreux, brillants, semblables à ceux de l'asbeste, avec lequel quelques voyageurs l'ont confondu (1).

La baie d'Algoa n'est point un asile sûr pour les vaisseaux. Comme toutes les baies de cette côte, elle est directement ouverte aux vents du sud-est, qui toutefois sont moins dangereux, moins violents que ceux qui soufflent de l'ouest et du sud-ouest.

Une des principales rivières de la co-

(1) Voyez Berzelius, *Traité de Chimie*, tome III, p. 513 (traduction de MM. Hoefer et Esslinger).

lonie, le Zondag-Rivier (rivière de Dimanche), se décharge dans la baie d'Algoa. Cette rivière a sa source dans les Sneeuwberges (montagnes Neigeuses), près du Spitskop ou Mont-Boussole (Compasberg), qui est un des points les plus élevés de l'Afrique méridionale. La surface des pays vers le nord est au moins de cinq cents mètres élevée au-dessus de la rivière de Zondag; et la hauteur du pic au-dessus de cette surface est encore de cinq cents mètres, mesurés trigonométriquement. Les Sneeuwberges sont, suivant M. Burchell, la région la plus élevée de la colonie, à en juger par le froid qui y règne et par les rivières qui en descendent de tous les côtés. Ce groupe de montagnes est composé, d'après Barrow, de couches presque horizontales de grès. Leur sommet est rarement quartzeux, ainsi qu'on l'a observé dans les grandes chaînes plus voisines du Cap, et dans le Zwarteberg; mais, comme ces dernières, leur base repose sur un schiste bleu. Le sol de Sneeuwberg est, en général, argileux et talqueux. Il est entièrement dépourvu d'arbres et d'arbrisseaux; on n'y rencontre que des touffes de grandes herbes, des bruyères et des mésembryanthèmes. Les vents violents, plus que le froid, s'opposent à la croissance des arbres; car le chêne, qui résiste en Europe aux hivers les plus rigoureux, ne peut croître dans les Sneeuwberges. La culture des céréales y prospère; mais les récoltes sont souvent détruites par trois ennemis implacables, les Boschjesmans, la grêle et les sauterelles. Les plaines des montagnes Neigeuses sont très-favorables à l'élève des bestiaux et surtout des moutons. Ces derniers y sont bien supérieurs à ceux des autres districts, tant pour la taille que pour la qualité. La queue de quelques moutons ne pèse pas moins de vingt livres. Il est rare qu'un fermier possède moins de trois à quatre cents de ces animaux. Le beurre de ce pays passe pour le meilleur de la colonie; il est très-recherché au Cap.

Le Kamtky ou Groote-Visch-Rivier (grande rivière des Poissons) (1) prend également sa source dans les montagnes Neigeuses. Semblable à toutes les rivières d'Afrique qui se déchargent dans l'océan Austral, la grande rivière des Poissons a son embouchure barrée par un banc de sable; elle a cependant assez de violence pour tenir constamment un canal ouvert. En dedans de la barre, la rivière est très-profonde et assez large. Les Portugais la découvrirent dans leurs premiers voyages, et la nommèrent Rio-Infante. Dans l'espoir que les vaisseaux trouveraient un abri derrière cette barrière naturelle, ils construisirent un fort sur la rive gauche et y formèrent un petit établissement provisoire, jusqu'à ce qu'ayant découvert dans le nord-est la rivière de la Goa ou d'Algoa, ils s'en promirent des avantages plus solides, et abandonnèrent Rio-Infante. Les rives s'abaissent depuis les plaines élevées des deux côtés, par un talus insensible couvert de végétation, jusqu'au bord de l'eau. C'est là que les hippopotames vont se désaltérer la nuit; car l'eau de la rivière est salée jusqu'à une distance considérable de son embouchure. La grande rivière des Poissons formait autrefois la limite de la Cafrerie.

Au pied des monts Nieuveld, qui se prolongent à l'est jusqu'à la chaîne des montagnes Neigeuses, se trouve la source de la rivière de Camtoos (Camtoos-Rivier) et de ses affluents. Cette rivière, large et profonde, se jette dans la baie de Content ou de Camtoos. Ses bords sont ombragés de mimosas, et visités par des bêtes féroces. Vers le Soute-Kloof, le sol est jonché de fragments d'un quartz bleuâtre, mêlés de mica. En quelques endroits perce un schiste tendre; mais vers le fond reparaît le grès du Cap, coloré par l'oxyde de fer (1). — L'espace compris entre la rivière Camtoos et la baie d'Algoa forme une contrée riche et belle. La surface, semblable à un jardin anglais, est agréablement ornée de bouquets d'arbres majestueux, plantés par la main de la nature; les collines sont couvertes d'un épais gazon

(1) Il ne faut pas confondre cette rivière avec une autre du même nom, mais dont le cours (dans les pays des Damaras, sur la côte occidentale) est encore problématique.

(1) Latrobe, *Journal of a visit to southern Africa*, etc.; Lond., 1818, in-4°.

qui, faute de bestiaux, pourrit sur la terre et fait place aux jeunes pousses qui se développent immédiatement après les pluies.

La baie de Plettenberg présente la perspective la plus imposante, avec ses immenses rochers, son rivage hardiment dessiné et les hautes montagnes qui la dominent : « C'est, dit Semple, un paysage où sont groupés les plus sublimes accidents de la nature, et qui n'a d'autres bornes que l'Océan (1). » L'abordage est difficile, à cause de la violence des vagues, même dans les temps calmes; du reste, le mouillage est bon, mais il faut des câbles forts pour tenir les vaisseaux à l'ancre. Les colons voisins de la baie de Plettenberg, qui fournit d'excellentes huîtres, subsistent de la coupe et du sciage du bois; ils ne tirent de leur sol, peu fertile, que la quantité de grains et de fruits nécessaire à leur propre consommation.

A quelque distance de la baie de Plettenberg se trouve le Lange-Kloof (long défilé), formé en partie par la chaîne de Zwarteberg (montagnes Noires), où le Gauritz a sa source. Le Gamka et d'autres torrents descendent des hauteurs du Nieuwveld et des montagnes Neigeuses; après avoir arrosé le Karrou (plaine aride) inférieur, ils coupent le Zwarteberg en passant par des ravins resserrés, et grossissent par leur gonflement temporaire les eaux du Gauritz. Sans ces issues, le bassin du grand Karrou formerait probablement, au moins dans la saison des pluies, le fond d'un lac ou d'un marais immense. Le Gauritz pourrait donc, avec raison, se nommer l'égout général de la colonie. Toutes les eaux qui prennent leurs sources à la distance de cent cinquante milles à l'est, et à une pareille distance à l'ouest, tant sur le Karrou que sur les montagnes plus au nord, se réunissent dans une énorme crevasse située dans les montagnes les plus voisines de la mer, où elles se déchargent par le lit du Gauritz. C'est ce qui explique les inondations subites et excessives de cette rivière.

Non loin du Dwyka (Rhinoceros-Rivier), l'un des affluents du Gauritz, on voit, sur les flancs de Zwarteberg, les célèbres cavernes du Cango. Elles furent découvertes, en 1780, par un fermier qui chassait dans les montagnes. L'ouverture ressemble à un portail de forme irrégulière, sombre et haut d'environ sept mètres; elle est à trente-cinq mètres au-dessus du lit d'un ruisseau qui a sa source dans quelques ravins à l'est. Thompson visita ces cavernes en 1820; c'est le premier Européen qui y ait pénétré. « Après avoir parcouru à peu près deux cents pieds dans une direction tortueuse, mais horizontale, dit Thompson, nous arrivâmes à un précipice abrupte de trente-trois pieds, que nous descendîmes à l'aide d'échelles apportées exprès. Parvenus au bas, nous nous trouvâmes dans une salle longue de six cents pieds, large de cent, et dont la hauteur variait de soixante à soixante-dix pieds. Éclairée par les torches que portaient les esclaves, elle offrait un aspect magnifique, étant ornée de stalactites brillantes; les unes, en forme de colonne, s'élevaient à quarante pieds ; une seule n'en avait pas moins de soixante ; d'autres prenaient toutes sortes de formes fantastiques et même grotesques. Plusieurs étaient entièrement transparentes, et réfléchissaient la lumière des torches en produisant un effet brillant et magique. Cette salle portait le nom de Van-Zyl, d'après celui du fermier qui l'avait découverte. Une longue suite d'autres salles succèdent à celle-là, et sont désignées par diverses dénominations. La première est appelée le Greffe, parce que plusieurs des personnes qui y sont venues ont inscrit leurs noms sur ses parois; elle a environ quarante pieds de diamètre, et trente pieds de haut ; elle sert de vestibule à un autre qui a cent quarante pieds de longueur et de largeur, et cinquante de hauteur, et qui, de même que la première, est ornée de stalactites fort belles, mais moins magnifiques que celles de la première. On pénètre ensuite dans une sorte de galerie large de quinze pieds, et haute de vingt à l'entrée, mais qui se rétrécit peu à peu, et qui, à une distance d'une soixantaine de pieds, est terminée par une descente abrupte. Personne n'était encore allé au delà. Comme l'échelle de l'entrée ne pouvait être commo-

(1) Semple' *Walks and sketches of the Cape of Good-Hope*, etc.; London, 1805, in-8°.

dément apportée jusqu'ici, j'essayai de me glisser au bas du précipice, qui n'avait que quatorze pieds de profondeur. Trois esclaves me suivirent, mais si en désordre, que leurs torches s'éteignirent: heureusement la mienne brûlait encore; je les rallumai, et je me préparai à m'enfoncer dans cette grotte, la plus reculée de toutes. L'atmosphère m'en parut très-lourde; craignant donc que l'air n'y fût dangereux, je dis aux esclaves de rester à une certaine distance derrière moi, afin que leurs torches restassent en réserve, dans le cas où la mienne s'éteindrait. Cette salle avait cinq cents pieds de long, cinquante de large, et de vingt à quarante de haut. A son extrémité, je fus arrêté par un mur, ou rocher, au milieu duquel on apercevait une ouverture à une quinzaine de pieds du sol; supposant que ce pourrait être la continuation de la caverne, j'y grimpai à la manière des ramoneurs, entre deux colonnes de spath; je reconnus que cette cavité n'était qu'une fente étroite, et d'ailleurs peu remarquable par son étendue et ses ornements. Au delà, je ne découvris aucune ouverture, et je pensai que c'était la fin de la caverne. Je calculai que là je me trouvais à peu près à quinze cents pieds de l'entrée. Je retournai sur mes pas et je rejoignis mes compagnons, qui n'étaient pas sans inquiétude sur l'issue de notre dernière descente, et qui me félicitèrent sur le succès de ma tentative. Mon nom fut donné à la dernière salle que je venais d'examiner. Alors je considérai en détail cette immense caverne. On me fit voir beaucoup de petites chambres qui donnaient sur la grande galerie : il y en a une qu'on nomme le Bain, parce qu'il s'y trouve plusieurs bassins naturels, formés par des pétrifications, et semblables à des baignoires de marbre creusées par l'art dans le roc vif; ces bassins étaient pleins d'eau douce, limpide et d'une fraîcheur délicieuse. La roche schisteuse qui compose les parois et le plafond de cette caverne est dure et compacte, mais percée, en plusieurs endroits, de fissures à travers lesquelles l'eau filtre après de grandes pluies. Cette eau, fortement imprégnée de matières calcaires qu'elle entraîne des couches superposées forme, en tombant goutte à goutte, une multitude de stalactites dont ces souterrains sont remplis. Dans quelques endroits, le plafond et les parois étaient couverts de myriades de chauves-souris, dont quelques-unes, réveillées par une lumière et un bruit auxquels elles n'étaient pas accoutumées, commencèrent à voler; et ce ne fut pas sans difficulté que nous les empêchâmes d'éteindre nos torches. Le sol était dans divers lieux couvert, à une hauteur de plusieurs pieds, des excréments de cet animal, qui étaient aussi secs que de la paille; mais il est très-remarquable que la salle des Bains, probablement à cause de sa grande humidité, était entièrement exempte de cet inconvénient. En revenant au jour, je reconnus que j'avais passé près de sept heures sous terre. »

La baie de Mossel (Mossel-Bay), où Vasco de Gama aborda en décembre 1497, reçoit les eaux des torrents qui descendent du pays des Outeniquas. Comme les autres baies de la côte méridionale, elle est ouverte au vent du sud-est; mais elle est plus sûre pour les vaisseaux que la baie de Plettenberg. Les vents qui soufflent des points de l'horizon compris entre l'est et le sud y élèvent une très-grosse houle; mais les vents du sud-est n'y ont jamais la même violence qu'au Cap. Cette baie foisonne d'excellents poissons de toute espèce : on y trouve des moules très-grosses et d'une forte odeur. Les huîtres y sont excellentes; pendant l'hiver, elle était autrefois très-fréquentée par les baleines noires. Les plaines qui avoisinent Mossel-Bay sont couvertes d'aloès communs. L'extraction du suc de cette plante fut jadis un grand article de commerce. Mais le prix en est tellement tombé, que les habitants ne regardent plus cet objet comme digne de leur attention.

La rivière Large (Breede-Rivier), qui se jette dans la baie de Saint-Sébastien, reçoit la plupart de ses affluents du Karroû et du Bokkeveld. Cette rivière, justement appelée Large (Breede), est la seule de la colonie qui présente une nappe d'eau comme on en voit en Europe; ses bords sont couverts de buissons. Un grand nombre de ruisseaux viennent grossir le Breede-Rivier, et inondent en hiver ces bas-fonds où les prairies offrent d'excellents pâturages pour les bœufs et les chevaux.

Les pics les plus élevés de la chaîne de montagnes qui s'étend au nord de False-Bay, sont le Simon'sberg et le Paarlberg. Le premier est une des plus hautes montagnes qu'on puisse voir du Cap; son sommet fourchu ressemble à celui du Parnasse; l'hiver le couvre souvent de neige; dans l'été, les vents du sud-est l'enveloppent de nuages qui le dérobent à la vue. Ce Parnasse a son Hélicon qui s'abaisse à ses côtés; on y voit aussi une autre Hippocrène, dans laquelle aucune Muse n'a puisé jusqu'à ce jour. Le Paarlberg est un peu moins élevé. Il doit son nom à un chapelet de grosses pierres rondes qui ressemblent de loin aux perles (*paarl* en hollandais) d'un collier. Deux de ces perles, placées dans la direction du centre de la montagne et près de l'endroit le plus élevé, sont nommées par excellence la Perle et le Diamant. La chaîne de montagnes, à laquelle appartiennent le Simon'sberg et le Paarlberg, sépare si bien le Cap de tout le pays situé au delà, qu'un petit nombre d'hommes en possession de ces passages couperaient efficacement toute communication entre les bords de la mer et les cantons de l'intérieur. Trois de ces passages sont accessibles aux voitures; les colons les nomment *Kloofs*, c'est-à-dire gorges ou défilés. Ces passages sont Hottentotsch-Holland-Kloof, Roode-Zand-Kloof et Elend-Kloof. Le premier ouvre la communication du district de Zwellendam avec les parties de l'est de la colonie, vers les bords de la mer; le second, vis-à-vis de la baie de Saldanha, conduit à Graaff-Reynett et dans les parties les plus reculées de la colonie; le troisième, encore plus au nord, débouche dans un pays sauvage et presque inhabité.

La Baie-Fausse (*False-Bay*) a environ dix lieues de tour. On s'était imaginé assez longtemps que son fond était couvert de pierres, et qu'une ancre par conséquent n'y pouvait être en sûreté; mais cette opinion, ayant été trouvée inexacte, lui a fait donner le nom de *False-Bay*. L'endroit le plus sûr pour les vaisseaux, pendant que règne la mousson du nord-ouest, c'est une espèce de crique arrondie (la baie de Simon), située à la partie ouest de False-Bay. On découvre, au centre de la baie, un grand rocher appelé Witte-Klip (Écueil blanc), ou île aux Veaux-Marins, qui s'élève au-dessus des eaux, et sur lequel une multitude d'oiseaux de mer viennent pondre leurs œufs.

En lisant les récits d'anciens voyageurs, ils ne faut pas oublier que ce qu'on appelait autrefois baie de Saldanha (nom d'un des officiers de l'expédition d'Albuquerque) n'était que la baie de la Table, où est, comme nous l'avons vu, située la ville du Cap. Ce n'est qu'en 1601 que les Hollandais donnèrent le nom de Saldanha à une baie située sur la côte occidentale, et d'un degré plus au nord de celle de la Table. Dépourvue d'eau douce, la baie de Saldanha ne fut fréquentée, depuis le commencement du dix-septième siècle, que par les baleiniers. Au dix-huitième siècle, les Hollandais, en défrichant cette côte, furent étonnés de sa fécondité. Cette baie offre le plus beau port de toute l'Afrique méridionale : elle est assez vaste pour contenir plusieurs flottes, et protégée contre la fureur de la mer par cinq îlots, et contre les vents du continent, le vent du nord excepté, par les montagnes. De plus, elle abonde en poissons, et les environs sont susceptibles d'une culture très-productive. Tous ces avantages font que l'on s'étonne d'abord qu'on n'y ait pas fondé de ville, et que les navires ne mouillent pas dans la baie de Saldanha de préférence à celle de la Table, qui offre bien moins de sûreté : c'est que le défaut d'eau contre-balance la belle situation.— On voit sur les bancs de sable, laissés à découvert après la marée, des troupes de flamants se repaître d'insectes marins. Ces oiseaux, remarquables par l'immobilité de leur mâchoire inférieure, ce qui les force à tordre le cou en mangeant, ne couvent point dans la baie; ils disparaissent entièrement pendant la saison chaude, et quand ils reviennent, on ne voit jamais de jeunes parmi eux; ils restent probablement dans le lieu de leur naissance, jusqu'à ce qu'ils aient acquis assez de force pour traverser la mer. Des oiseaux marins, des serpents, des lézards et des lapins apportés d'Europe, sont les seuls habitants des petites îles de la baie, dont la végétation chétive se réduit à quelques mésembryanthèmes.

La baie de Sainte-Hélène, située

plus au nord, n'a pas, comme la baie de Saldanha, l'inconvénient de manquer d'eau douce. Un des plus grands fleuves de la colonie, le Berg-Rivier, y débouche; mais il est tellement barré de sable à son embouchure, qu'il ne peut recevoir de bateaux qu'à la marée haute. D'après les observations de Degrandpré, il ne serait pas difficile de faire sauter cette barre, et de faire du bassin intérieur un magnifique port marchand.

Les hippopotames sont aujourd'hui fort rares à l'embouchure du Berg-Rivier; ils sont extrêmement effarouchés, et ne viennent à terre que la nuit; ils remontent alors jusqu'à l'endroit où l'eau devient douce, c'est-à-dire où la marée cesse de se faire sentir. Le gouvernement, voulant conserver ces animaux dans la colonie, porta défense de les tuer, sous peine d'une forte amende (1).

Le pays voisin, n'ayant que des pâturages, diminue l'importance de la baie de Sainte-Hélène, qui en aurait bien davantage si elle se trouvait située sur la côte sud-est de la colonie.

« L'extrémité de l'Afrique méridionale, a dit Forster, est une énorme masse de granit, très-escarpée du côté de la mer. Le long de toute la côte occidentale de l'Afrique, jusqu'à la côte de Guinée, s'étendent des chaînes granitiques qui s'élèvent quelquefois jusqu'à la ligne des neiges. » Cette assertion de Forster est aujourd'hui en grande partie confirmée. Les promontoires des baies, sur la côte méridionale, les montagnes du Bokkeveld, le Piquet-Berg, les montagnes de Hottentotsch-Holland, reposent sur des assises granitiques. Les rochers ou aiguilles isolées qui surgissent partout des roches plus récentes, ne se trouvent qu'à la bordure extérieure, près de la côte. Les sommets de ces rochers ou aiguilles sont toujours couverts de roches stratiformes et horizontales, qui sont quelquefois de l'argile schisteuse comme dans les Karrous, quelquefois aussi de l'amygdaloïde comme dans les montagnes de Nieuwveld, où les amygdales sont entremêlées de chlorite, et où le conglomérat est semblable au toadstone de Derbyshire. Cependant, le plus souvent ce sont d'énormes masses de grès, ainsi que les plus hautes couches des Karrous; la couche supérieure des montagnes Neigeuses n'est autre chose que du grès à gros grains.

Les montagnes de Hottentotsch-Holland sont couvertes de couches de grès, qui paraissent être, tantôt du vrai grès, tantôt un agglomérat de cailloux, tantôt enfin de la brèche. Ces couches sont pour la plupart horizontales; en quelques endroits, elles s'inclinent de 20° à 40° vers le sud-est; par exemple, à Roode-Zand et près du Pikeniers-Kloof, où d'énormes masses de grès, entassées par la nature, sont inclinées du nord au sud, la plupart en couches régulières et parallèles. Ces couches, horizontales et continues, constituent la forme caractéristique des plateaux.

La base de granit de toute l'Afrique méridionale indique une pente considérable vers l'est. La limite de granit qu'on trouve à la Table, à la hauteur de cinq cents mètres, n'est élevée à la Mossel-Bay que de dix-sept mètres au-dessus du niveau de la mer. Plus à l'est, depuis les baies de Plettenberg et d'Algoa jusqu'à la grande rivière des Poissons, on voit se prolonger dans la mer les mêmes couches de grès, qui paraissent près de la ville du Cap, à la hauteur de huit cent trente mètres.

Le sable de l'Afrique méridionale contient presque toujours du fer, et souvent en grande quantité; il est généralement rouge, couleur due à la présence de l'oxyde ferrique. Mais on n'y a trouvé aucune trace d'or; et c'est en cela que la pente méridionale de l'Afrique se distingue de la pente septentrionale.

La presqu'île du Cap a été seule exactement étudiée sous le rapport géologique. En partant de l'amphithéâtre de la baie de la Table, où est située la ville du Cap, on arrive, à travers un ravin profond, à rencontrer d'innombrables blocs de granit détachés, qui encombrent le pied de la montagne de la Table et du Lion. Il paraît qu'ils ne se sont détachés que plus tard, puisque, d'après l'observation de Hesse (1), ils sont effleurés et dentelés

(1) Cette défense subsistait encore en 1818. Voyez *Mémoires du Muséum d'histoire naturelle*, t. VIII, p. 149.

(1) F. Hesse, *Anmerkungen zu C. J. Latrobe Tagebuch einer Besuchreise nach Süd-Afrika; Halle*, 1820.

de tous côtés, et même à leur base, tout comme les plus hautes cimes des rochers. Un peu plus loin, on trouve des traces évidentes de grauwacke schisteuse. Les couches sont ici ou verticales ou fortement inclinées. On entre ensuite dans la région du granit, où l'on reconnaît distinctement le contact des deux différentes roches à un grand nombre de filons de granit. S'étendant à d'innombrables ramifications, ces filons traversent et pénètrent en tous sens les couches de grauwacke. Ils s'accumulent en masses plus considérables à mesure qu'on s'élève; à trois cents mètres, la Table ne présente que des masses solides de granit; si l'on monte encore trois cents mètres, le granit disparaît; il est recouvert immédiatement par des couches horizontales de grès qui, uniformes partout, semblent s'être tranquillement déposées, par-dessus le chaos des masses primitives. Jusqu'à la hauteur de soixante-dix mètres, le grès est rouge; puis il devient blanc et toujours plus compacte à mesure qu'il approche du sommet; il se trouve aussi mélangé de cailloux de la grosseur d'un pois jusqu'à la grosseur d'un œuf. C'est la couche horizontale qui donne à la montagne de la Table sa forme plate, et dont la surface est tapissée des plus belles bruyères. La constitution géologique de la montagne du Lion ne diffère pas de celle de la Table; le sommet en est de grès; vient ensuite le granit qui surgit de la grauwacke; toute la masse de granit est, en outre, traversée par un filon de basalte.

La même formation se manifeste aussi plus ou moins visiblement dans les autres montagnes, et s'étend en général dans toute la presqu'île du Cap. Toute la côte de la False-Bay se compose également de granit, qui cependant ne dépasse pas la hauteur de sept mètres au-dessus du niveau de la mer, par la raison qu'ici les couches de grès s'inclinent davantage, quoiqu'elles aient la même épaisseur que sur les hauteurs de la Table. Cette élévation moindre s'accorde très-bien avec l'abaissement général des couches vers le sud-est, abaissement qui se manifeste dans toute l'Afrique méridionale.

Playfair considère ces faits remarquables comme une confirmation très-importante de la théorie de Hutton, sur la formation postérieure des masses de granit qui surgirent des profondeurs de la terre. Les filons de granit n'ont pas seulement pénétré à travers la grauwacke, mais ils ont encore enlevé à cette masse des parties qui s'élèvent, comme des îles, au-dessus du granit. Cette organisation serait une preuve évidente que les couches de grauwacke existaient déjà lorsque le granit, s'élevant tout à coup, vint la traverser comme une lave souterraine. Cette grande révolution de la nature a dû nécessairement s'opérer sous la surface des eaux; car le grès qui couvre le granit jusqu'à la hauteur de cinq cents mètres n'est autre chose qu'un dépôt de la mer. En conséquence, toutes ces masses n'ont pu s'élever qu'après que ce dépôt se fut formé tranquillement et avec une régularité parfaite. Il résulte, de ce système, que le granit est postérieur dans sa formation à la grauwacke qu'il traverse, et sur laquelle il s'étend en masses très-considérables; mais il est antérieur au grès qui le recouvre. Il est rare de trouver un semblable exemple, où le double rapport de masses déposées et de masses soulevées, avec des masses déjà existantes antérieurement, soit exprimé si clairement.

L'uniformité qui règne dans la constitution géognostique de ce pays nous en explique en quelque sorte l'irrigation et la culture. Partout où la base de granit perce les masses de grès et s'élève au-dessus d'elles, le sol est riche en sources et très-propre à l'agriculture, comme sur tous les terrains primitifs. De là, la fertilité des environs de la Table, et la surabondance de la végétation sur toute la terrasse littorale du sud. Il y a, au contraire, disette d'eau, partout où des masses de grès couvrent la surface du pays; l'eau des sources, des rivières et de l'atmosphère filtre à travers le sable jusqu'aux couches de schiste ou à la base de granit, d'où elle jaillit d'autant plus abondante dans tous les endroits où celle-ci est à découvert. Cela explique la grande disette d'eau des Karrous et de la côte occidentale. Les sources et rivières, qui se gonflent dans la saison pluvieuse, perdent souvent leurs eaux, qui s'infiltrent dans des masses de sable, et disparaissent complétement de la surface du sol. Dans les lits de ces rivières desséchées, on voit des animaux et des hommes, tourmentés par la soif, creuser des trous, où quelquefois ils trouvent encore un peu d'eau bourbeuse qui les préserve de la mort.

On ne rencontre des marais que dans les ravins étroits, comme le Roodezand-Kloof et le Lange-Kloof. On y trouve quelques végétaux, du riz, des bambous et d'autres plantes qui se plaisent dans des terrains humides. Ce qui a frappé tous les voyageurs en Afrique, c'est l'existence de ces lacs salés qui sont un des caractères géologiques les plus saillants de ce vaste continent. Ces lacs, dont la plupart sont desséchés, se trouvent fort en avant dans l'Afrique australe. Ils semblent indiquer d'immenses bancs de sel gemme, dont l'exploitation pourrait offrir de grandes ressources à la colonie.

Cette constitution géologique du sol explique différents phénomènes très-importants. Elle nous indique d'abord la cause de cette plus grande abondance d'eau que nous remarquons sur toute la côte sud et sud-est, voisine de la Cafrerie; elle nous apprend pourquoi toutes les hauteurs sont si dénuées d'eau, quoique, pendant deux tiers de l'année, elles soient tout aussi couvertes de nuages que d'autres pays situés sous la même latitude; pourquoi l'on trouve partout de l'eau, lorsqu'on creuse assez profondément dans la région du granit; pourquoi certains districts sont plus ou moins susceptibles de culture. Enfin, cette constitution du pays nous explique comment il se fait que tous les établissements de la colonie du Cap ne se composent, pour ainsi dire, que d'îles cultivées, isolées les unes des autres, et séparées par des déserts et des plaines de sable plus ou moins spacieuses; conformément au caractère général du continent africain, ce sont autant d'oasis dans un immense désert.

IV. NOTICES ZOOLOGIQUES ET BOTANIQUES SUR LE CAP ET LES PAYS ENVIRONNANTS.

Peu de pays ont été autant explorés par les naturalistes que la colonie du Cap. Nous n'avons pas la prétention de donner ici la faune et la flore complètes de l'Afrique australe; nous nous bornerons seulement à tracer les caractères les plus saillants et qui ont le plus attiré l'attention des voyageurs, tant anciens que modernes.

Il y a des pays qui se distinguent des autres non-seulement par leur configuration et leur constitution géologique, mais encore par les animaux qui les habitent et par les végétaux qui y croissent. La Nouvelle-Hollande et les contrées de l'Afrique australe en sont des exemples frappants. Une observation non moins remarquable, c'est que plusieurs espèces d'animaux, le rhinocéros, l'hippopotame, l'hyène (*crocottas* des anciens), qui peuplaient autrefois l'Égypte et l'Éthiopie, se retrouvent aujourd'hui, en grande partie, relégués aux environs du cap de Bonne-Espérance. Les animaux du nord de l'Afrique et du Sénégal sont-ils spécifiquement différents de ceux du Cap? Cette question a été posée à l'égard de l'hippopotame, de la girafe, du zorille, du caracal, de diverses antilopes, etc.; mais elle n'a pas encore reçu une solution définitive. Il est évident qu'il y a ici une grande difficulté, non pour telle ou telle espèce en particulier, mais pour un ordre très-général. Elle s'étend à la presque totalité des types que l'on retrouve à la fois, d'une part, au cap de Bonne-Espérance, de l'autre, au Sénégal ou dans le nord de l'Afrique, ou à la fois dans ces deux contrées, fort semblables l'une à l'autre par leur création zoologique. M. Isidore Geoffroy Saint-Hilaire, comparant entre eux les animaux des régions extrêmes du continent africain, est arrivé au résultat suivant: « Les mêmes types, à peu d'exceptions près, se trouvent dans l'une et dans l'autre, mais modifiés très-notablement, et même modifiés de telle sorte, que les différences observées sont généralement à la fois inférieures en valeur à celles par lesquelles les zoologistes caractérisent ordinairement les espèces, et supérieures à celles qu'ils sont habitués à rencontrer entre les variétés (1). »

Éléphant africain (*Elephas africanus*). On croyait autrefois qu'il n'exis-

(1) *Comptes rendus de l'Académie des sciences*, 5 octobre 1846.

tait qu'une seule espèce d'éléphant; mais Camper, Blumenbach et Cuvier démontrèrent que l'éléphant d'Afrique, qu'on rencontre aux environs du Cap, diffère essentiellement de celui des Indes, par la structure, le nombre des plaques des dents molaires, par les os du crâne, ceux de la face et ceux du squelette entier. Ainsi, l'espèce des Indes a la tête longue et le front plat ou même concave, tandis que celle d'Afrique a la tête ronde et le front convexe; la première a les plaques de ses dents molaires en forme de rubans ondoyants et festonnés; la seconde a ces mêmes plaques en losanges; celle-ci a ses défenses plus grandes, ses oreilles plus larges que la première, etc. La détermination des caractères spécifiques de l'éléphant africain a fait disparaître toute incertitude à l'égard de certains ossements fossiles.

Hippopotame (*Hippopotamus amphibius*). On ne connaît qu'une seule espèce vivante de ce pachyderme, bien qu'on en connaisse déjà plusieurs espèces fossiles. L'hippopotame, que les colons hollandais du Cap appellent *zeekoe* (vache marine), et les Cafres *imfoubou*, habite les rivières et les lacs de l'intérieur. Sa taille est d'un mètre et demi jusqu'aux épaules, et sa longueur d'environ deux mètres et demi. Son corps est lourd, porté sur des jambes très-courtes, terminées par quatre orteils. L'œil est très-petit, placé sur une éminence : incisives supérieures et canines extrêmement développées; peau rude, dure, très-épaisse, brune et dépourvue de poils.

Rhinocéros bicorne du Cap (*Rhinoceros africanus*). Caractères : six pieds de haut jusqu'aux épaules, et plus de treize pieds de longueur. Pieds courts, minces, et garni chacun de trois orteils. Yeux petits et latéraux; mufle armé de deux cornes. Peau nue, épaisse, rugueuse, d'un brun foncé. Il est très-commun au nord-est de la colonie. — Le rhinocéros bicorne du Cap se distingue essentiellement du rhinocéros des autres pays : il n'a que des molaires et point d'incisives; tandis que le *rhinocéros unicorne* des Indes a des incisives séparées des molaires par un espace vide. Le *rhinocéros de Sumatra* paraît former une espèce intermédiaire entre les deux précédentes; car elle a deux cornes comme le rhinocéros du Cap, et elle a des incisives comme celui des Indes.

Le *Rhinocéros blanc* (*Rhinoceros sinusus*), qu'on rencontre également aux environs du Cap, ne paraît être qu'une variété de l'espèce précédente (1).

Quagga (*Equus Quagga*). Le Quagga ou Qougga a les allures du cheval. Il habite, en immenses troupeaux, les plaines méridionales du Vaal-River. Caractères : Hauteur, jusqu'aux épaules, environ un mètre et demi; longueur, près de trois mètres. Oreilles et queue semblables à celles du cheval. Crinière dressée, marquée par des bandes alternativement brunes et blanches. Tête, cou et dos d'un brun rougeâtre, tachetés de raies foncées; ventre, jambes et queue de couleur blanche.

Le *Zèbre* (*Equus zebra*), ou *Wilde paard* (cheval sauvage des colons hollandais), qui vit également par troupeaux dans les régions montagneuses du Cap, a beaucoup de ressemblance avec le quagga; mais son port et ses allures sont plutôt ceux de l'âne ou du mulet.

Le zèbre de Burchell (*Equus Burchelii*) (2), ou le *Bonti quagga* des colons (*peechey* des Betjouanas), est une espèce intermédiaire entre le zèbre proprement dit et le quagga.

Parmi les carnassiers, on remarque les suivants, comme les plus nombreux :

Lion (*Felis leo*). Le roi des animaux se rencontre, aux environs du Cap, en quantité infiniment plus grande que dans l'Afrique septentrionale. Ses caractères sont connus. La couleur, qui varie du jaune au noir, dépend de l'âge de l'animal. Sa queue, d'un mètre de long, offre à l'extrémité une touffe de poils noirs. On remarque à chaque coin de la gueule une tache noire. Ses moustaches sont fortes et blanches. On le rencontre quelquefois en troupeaux.

Léopard (*Felis leopardus*). C'est le tigre des colons. Il a un peu moins d'un mètre de haut, mesuré jusqu'aux épaules, et plus de deux mètres de longueur. Sa couleur varie, suivant les individus, depuis le jaune fauve jusqu'au rouge brun; le corps est marqué de taches noires, qui diffèrent en nombre et en grandeur,

(1) Harris, *Wild sports of southern Africa*; London, 1839, p. 371.

(2) Dr. Smith, *Africain zoology*.

suivant l'âge et les saisons. Sa queue a plus d'un mètre de long ; les yeux sont jaunes. Il habite des fourrés épais, et ne vit point en troupeaux.

Le léopard chasseur (*Felis jubata*) est plus petit et plus rare.

Parmi les hyènes on distingue particulièrement trois espèces : 1° *Hyæna crocota;* c'est l'hyène tachetée, ou le loup des colons du Cap ; c'est l'espèce la plus commune; 2° *Hyæna fusca;* sa couleur générale est d'un gris rougeâtre, marquée de taches et de raies brunes et noires. Cette espèce est moins répandue que la précédente; 3° *Hyæna venatica;* c'est le *Wilde hond* ou chien sauvage des colons hollandais. Cette espèce, d'une couleur jaune ocreuse, irrégulièrement tachetée de noir, est la plus petite; elle chasse en troupes nombreuses, et fait beaucoup de mal au gibier ; ses pattes sont plus longues et plus grêles que chez les autres espèces.

C'est surtout dans l'ordre des ruminants qu'on rencontre les animaux les plus utiles et les moins bien connus.

La *Girafe* (*Camelopardalis girafa*), ou le chameau (*kameel*) des colons hollandais, est aussi commune dans l'Afrique australe qu'elle est aujourd'hui rare dans l'Afrique septentrionale. Elle vit en troupeaux de vingt à trente individus, et habite les grandes plaines de l'intérieur.

Bubulus Caffer. C'est le buffle du Cap, ou le *Bokolokolo* des Betjouanas. Il a près de deux mètres de haut, mesuré jusqu'aux épaules, et quatre mètres de longueur. Cou large; membres courts, vigoureux, bi-ongulés; queue d'un mètre de long, terminée par une touffe de poils noirs ; tête courte et petite en proportion du corps; yeux petits, farouches, et ombragés d'une spire d'épaisses cornes noires. Peau d'un noir bleuâtre et nue. La femelle est moins grande, et ses cornes sont disposées plus verticalement. — Le buffle du Cap habite, en grands troupeaux, les plaines et les forêts de l'intérieur.

Catoblepas Gnou; Wilde beest (bête sauvage) des colons hollandais; *Gnou* des Hottentots. Il a quelque ressemblance avec le buffle. Caractères : un mètre et demi de haut sur trois de longueur; tête large et carrée; yeux farouches et fiers; oreilles courtes et pointues; stries entourant l'œil comme les rayons d'un cercle. Au-dessous de chaque œil, une touffe de poils noirs, cachant une glande qui sécrète une humeur visqueuse. Cornes larges, contournées d'une manière menaçante; jambes minces et longues; queue de cheval, blanche et atteignant le sol; poil, brun foncé; sabot pointu, bleu foncé. Le gnou vit, en troupeaux nombreux, dans les plaines méridionales du Vaal-Rivier.

Le *Catoblepas Gorgon* ou le *Blauw wilde beest* (bête sauvage bleue) des colons hollandais, diffère du précédent par son poil plus foncé et par d'autres caractères peu saillants. Il vit également en troupeaux, et habite les plaines situées au delà de la rivière d'Orange.

Acronotus Caama; Harte beest des colons hollandais; *caama* des Betjouanas. C'est une espèce de daim qui se trouve en immenses troupeaux au delà de la rivière d'Orange. Il a près de deux mètres de haut sur trois de long. Les cornes sont disposées en forme de triangle; yeux rouges de feu; tache blanche triangulaire au-dessus de chaque cuisse et de chaque œil. « Tout l'animal, dit Harris, semble être un composé de triangles (1). »

Nous citerons encore comme approchant du genre Daim, le *Boselaphus orcas*, ou l'élan des colons, le *Strepsiceros koudou* et l'*Acronotus lunata*, ou le *Bastard harte beest* des colons; ces espèces vivent, en troupes nombreuses, dans les montagnes des Betjouanas.

L'intrépide chasseur Harris a trouvé dans le pays des Zoulas une espèce jusqu'à présent inconnue d'antilope, *Aigocerus Harrisi* (sable antilope), dont il décrit ainsi les caractères : « Hauteur, jusqu'aux épaules, quatre pieds et demi; cornes divergentes, jetées en arrière et placées immédiatement au-dessus des yeux. Tête un peu amincie vers le mufle, et comprimée latéralement; cou large et plat; sabots noirs, obtus; poil serré et doux, de couleur noire ou brun foncé. Au-dessus de l'œil, il existe une raie blanche qui s'étend jusqu'au mufle, qui est entièrement blanc;

(1) *Wild sports in southern Africa;* Lond., 1839, p. 377.

oreilles, dix pouces de long, étroites et pointues; jambes et queue noires. La femelle est un peu plus petite que le mâle, dont elle partage à peu près tous les traits. Cette espèce est très-rare (1). »

Les autres ruminants qui se rapprochent du genre *Antilope*, sont : *Aigocerus equina*, ou *Bastard Gemsbock* (chamois bâtard) des colons du Cap. On le trouve, en rares troupeaux, sur les chaînes élevées qui bordent les sources du Vaal-Rivier; *Aigocerus ellipsiprymnus; Oryx capensis*, ou *Gemsbock* (chamois) des colons du Cap; il vit en troupes, principalement dans les plaines ouvertes du pays des Namaquas; *Gazella euchore*, ou *Spring-bock* (bouc sauteur) des colons du Cap, très-nombreux partout; *Gazella albifrons*, *Blesbock* des colons du Cap, ou *Nunni* des Betjouanas, en immenses troupeaux sur les bords du Vaal-Rivier; *Gazella pygarga*, ou *Bonte-Bok* des colons du Cap; *Antilope melampus*, ou *Rooye-bock* des colons du Cap, dans la contrée des Betjouanas; *Tragelaphus sylvatica*, ou *Bosch-bock* (bouc des buissons) des colons du Cap : il habite particulièrement les forêts des côtes; *Redunca eleotragus*, ou *Reit-bock* des colons du Cap; *Redunca Lalandii*, ou *Rooye Rhee-bock* des colons du Cap; *Redunca capreolus*, ou *Rhee-bock* des colons du Cap; *Oreotragus saltatrix*, ou *Klipspringer* des colons du Cap; il habite par couples les rochers et les précipices; *Tragulus rupestris*, ou *Steenbock* des colons du Cap; *Tragulus melanotis*, ou *Grysbock* des colons du Cap, commun le long des côtes; *Cephalopus mergens* (Cephalopus Burchellii), ou *Duikerbock* des colons du Cap : il vit solitaire le long des côtes; *Cephalopus cærulea*, ou *Blauwbock* des colons du Cap : il vit solitairement dans les forêts des côtes.

Le pays des Damaras, limitrophe de la colonie du Cap (22° et 23° latitude australe, et 14° et 16° longitude orientale), qui a été exploré par M. Alexander, offre encore de plus grandes richesses zoologiques. Voici la liste des mammifères que M. Alexander a rapportés de son expédition. Presque le quart de ses mammifères sont des espèces nouvelles; on nous saura donc gré de les indiquer ici (1) :

I. QUADRUMANES.

1 *Cynocephalus porcarius* (Boddeart).

II. CHEIROPTÈRES.

2 *Nycteris affinis* (Smith).

III. INSECTIVORES.

3 *Chrysochloris Damarensis* (Ogilby), espèce nouvelle.
4 *Macroscelides Alexandri* (Ogilby), espèce nouvelle.
5 *Macroscelides melanotis* (Ogilby), espèce nouvelle.

IV. CARNIVORES.

6 *Gulo Capensis* (Schreber).
7 *Mustela zorilla* (Desmarest).
8 *Viverra folina* (Thunberg).
9 *Herpestes melanurus* (Smith).
10 *Cynctis Ogilbyi* (Smith).
11 *Proteles cristata* (Penny Cyclopædia, 1, 2).
12 *Canis megalotis* (Cuvier).
13 *Canis mesomelas* (Erxleben).
14 *Felis leo* (Linnæus).
15 *Felis nigripes* (Burchell).

V. RONGEURS.

16 *Bathyergus Damarensis* (Ogilby), espèce nouvelle.
17 *Graphycerus elegans* (Ogilby), espèce nouvelle.
18 *Geosciurus Capensis* (Smith).
19 *Lepus rupestris* (Smith).

VI. PACHYDERMES.

20 *Equus zebra* (Linnæus).
21 *Rhinoceros Africanus* (Desmarest).
22 *Rhinoceros sinnus* (Burchell).
23 *Hyrax Capensis* (Schreber).

VII. RUMINANTS.

24 *Antilope euchore* (Forster).
25 *Antilope tragulus* (Forster).
26 *Antilope traguloïdes* (Ogilby), espèce nouvelle.

La collection d'oiseaux que M. Alexander a rapportée de son voyage dans l'intérieur de l'Afrique australe se compose de trois cent vingt individus, et de cent vingt-cinq espèces, dont quelques-unes sont très-rares ou entièrement nouvelles.

(1) Elle a été pour la première fois décrite dans les *Transactions of zoological society*, de 1838, sur l'individu tué par Harris.

(1) *E. Alexander, Expedition of discovery into the interior of Africa*, etc.; London, 1838, vol. II, p. 159. — Ces nouvelles espèces ont été en grande partie déterminées par MM. Ogilby et Waterhouse.

Dans l'ordre des Rapaces, ou oiseaux de proie, on remarque trente-quatre individus et seize espèces, savoir : deux vautours, *Neophron percnopterus*, et *N. monachus;* trente-deux (dix espèces) de faucons, parmi lesquels il y en a un d'une grande beauté, à gorge rouge et à queue blanche, et un autre non moins remarquable par la petitesse de sa taille (il est de moitié aussi gros qu'un moineau), par la couleur rouge de son dos et sa queue tachetée; onze hiboux (quatre espèces), l'un du genre *Surnia*, deux du genre *Scops* et un du genre *Athene*. — L'ordre des Percheurs comprend soixante-dix espèces, savoir : parmi les fissirostres, une espèce de *Caprimulgus*, deux espèces de *Coracias*, dont l'une perche, d'après ce que racontent les indigènes, sur la corne du rhinocéros. Ces exemplaires sont très-intéressants en ce qu'ils forment en quelque sorte la limite méridionale de ces belles espèces tropicales. *Merops*, deux espèces; *Alcedo*, une. Dans la tribu des dentirostres, on remarque des individus appartenant aux genres suivants : *Lanius* (deux espèces), *Crateropus*, *Petrocincla*, *Saxicola*, *Ixos*. Les genres *Euplectes*, *Estrilda*, *Amadina*, *Ploceus*, *Pastor*, *Lamprotornis* et *Corvus* se trouvent richement représentés dans la tribu des conirostres. Enfin, les genres *Colius*, *Bucco*, *Picus*, *Corythaix* (très-rare), *Agapornius*, *Upupa*, *Rhinopomastus*, *Cinnyris*, etc., ont également des représentants dans la collection de M. Alexander. Cette collection n'est pas aussi riche en oiseaux de l'ordre des Palmipèdes.

Parmi les nouvelles espèces que M. Alexander a fait connaître, et qui probablement ne sont pas encore connues de tous les ornithologues, nous nous bornerons à décrire les trois suivantes :

Petrocincla brevipes (Waterhouse). — Famille des Mérulidés (dont le merle est le type); cou et dos gris cendré; sommet de la tête gris blanc; cette couleur s'étend jusqu'au cou, où elle se confond avec celle du dos; ailes et queue d'un gris foncé; le dessous des ailes et de la queue est, ainsi que tout le ventre, d'un brun orange luisant; les deux plumes centrales de la queue, noires; pattes et bec noirs.

	Pouc.	Lig.
Longueur totale (mesure angl.)	7	0
— de la queue.	2	10
— du tarse.	1	0 $\frac{1}{4}$
— du bec.	1	0 $\frac{1}{2}$
— de l'aile.	4	3

Il habite les montagnes du pays des Damaras. M. Waterhouse lui a donné le nom de *brevipes* pour le distinguer des autres espèces du même genre (*P. perspicax* et *P. explorator*), dont les tarses sont plus longs.

Laniolurdus torquatus (Waterhouse). — Famille des Laniodés. Couleur généralement grise; tête noire; bande frontale blanche; gorge blanche; ailes noires; une grande tache blanche à la base des remiges; queue blanche; les deux plumes centrales marquées de blanc à la pointe; ventre blanc; bec et pattes noirs.

	Pouc.	Lig.
Longueur totale (mesure angl.)	6	0
— de la queue.	1	9
— du tarse.	1	2 $\frac{1}{2}$
— du bec.	0	11
— de l'aile.	3	6

En caractérisant cette espèce voisine de celle des grives, M. Waterhouse a été obligé d'établir en même temps un genre nouveau (*laniolurdus*).

Francolinus adspersus (Waterhouse). — Famille des Tétraonidés. Dos gris foncé; remiges brun foncé nuancé de brun clair; pattes et bec rouges; tarse court.

	Pouc.	Lig.
Longueur totale (mesure angl.)	13	0
— du bec.	1	1
— du tarse.	2	0

Cette espèce habite le pays des grands Namaquas. Pour l'établir, M. Waterhouse n'a eu à sa disposition qu'un individu femelle.

L'hypothèse de Lamarck, d'après laquelle il existerait, pour chaque famille de plantes, un point central, se trouve exactement confirmée par la flore de l'Afrique australe. Trois familles, les *Diosmées*, les *Protéacées* et les *Restiacées*, caractérisent essentiellement la végétation du Cap. Ces plantes, qu'on voit disparaître graduellement vers les bords du Gariep, sont, comme les Hottentots, les véritables indigènes du cap de Bonne-Espérance.

Les espèces de plantes recueillies par M. Alexander ont été déterminées par le célèbre botaniste Lindley. On y remarque deux *Pappophorum*, plante à feuilles grises et à grandes fleurs, appartenant à la famille des Solanacées; plusieurs espèces d'Acanthacées, dont une à fleurs bleues luisantes et à feuilles épineuses, se rapprochant des *Barleria* et des *Acanthodium ;* l'*Oloptera Burchellii,* belle espèce rare, rapportée au genre *Sesamum ;* deux arbres appartenant à différentes espèces du genre *Ficus ;* plusieurs Amaranthacées, et une nouvelle espèce d'*Aptosimum*. Mais, de toutes les plantes la plus curieuse est celle que les indigènes appellent *Naras*; son fruit est épineux, de la grosseur d'une orange; mais il a été impossible d'en déterminer le genre et l'espèce. Elle ressemble singulièrement au *Schepperia juncea ;* mais elle en diffère complétement par ses graines, qui présentent l'aspect de celles des Cucurbitacées.

Parmi les voyageurs anciens qui ont fait une étude spéciale de l'histoire naturelle du Cap, nous citerons Sparrmann, Thunberg, Levaillant, et surtout Lichtenstein. Parmi les voyageurs plus récents, Burchell, Alexander, Harris, Smith, Krauss, méritent une mention spéciale.

Certains animaux sont devenus plus rares dans le voisinage de la colonie qu'ils ne l'étaient autrefois. Ainsi, l'île de Robben (île des Veaux-Marins), dans la baie de la Table, ne fournit plus qu'un petit nombre de phoques, depuis qu'elle est habitée. Cette espèce de phoques est la même que celle que Sparrmann a examinée avec Forster à la Nouvelle-Zélande, à la Terre de Feu et à la Thulé du Sud. Sa chair, quoique noire et d'un aspect désagréable, a un assez bon goût. Sa peau a peu de valeur au Cap; on en fait de petits sacs qui ont, dit-on, la propriété de conserver le tabac toujours humide et frais. Du temps de Sparrmann, on pêcha, dans False-Bay, une torpille (*Raia torpedo*). On mange au Cap une sorte de limaçon de mer ou pétoncle, nommé *Klipkaus* (*Haliotis* de L.), qui a depuis un demi-pied jusqu'à un pied et demi de diamètre. Ce mets est insipide; on peut dire la même chose du *Sepia loligo* et du *Sepia octopodia*, dont on fait du bouillon, et qui sont connus des matelots sous le nom de Poisson noir ou de Chat de mer, et des Anglais sous le nom de *Cattle fish* (1).

Thunberg, disciple de Linnée, porta plus particulièrement son attention sur l'étude des végétaux. Il remarque que les fleurs de l'Afrique australe ont des couleurs très-variées, principalement vers leur partie supérieure, tandis que la partie inférieure est presque toujours d'une seule couleur. Il signala le premier l'espèce d'aloès à laquelle Patterson a donné le nom d'*Aloe dichotoma* (2). Cette plante est nommée par les Hollandais *Koker-boom*, ou arbre à carquois, parce que c'est avec son bois que les naturels font leurs carquois. Patterson a mesuré plusieurs de ces aloès, qui avaient douze pieds de circonférence et plus de vingt pieds de hauteur; le circuit des branches avait plus de quatre cents pieds à leur extrémité. Les fleurs en sont jaunes. L'aloës dichotome habite principalement les bords de la rivière Koussie ou Zand-Rivier (3).

Lichtenstein est un des voyageurs qui, avec Burchell et Krauss, ont le mieux

(1) Sparrmann, *Reise nach dem Vorgebirge der guten Hoffnung*, etc., avec une préface par Forster; Berlin, 1784, 1 vol. in-8°. — Traduction française (*Voyage au cap de Bonne-Espérance,* etc.), par le Tourneur, 1787, 2 vol. in-4°. — Sparrmann, savant naturaliste suédois, fit, avec Forster, partie du voyage de Cook dans la mer du Sud. Il arriva au Cap le 30 avril 1772. — Thunberg a donné le nom de Sparrmann (*Sparrmannia africana*) à un genre d'arbres de la famille des Tiliacées.

(2) Thunberg, *Resa uti Europa, Asia, Africa, i aaren* 1770-1799; Upsala, 1788-1793, 4 vol. in-8°; trad. franç. par Langlès, avec des notes par Lamarck; Paris, 1796, 4 vol. in-8°, ou 2 vol. in-4°. — Thunberg se trouvait au Cap en même temps que son compatriote Sparrmann. Linnée a donné, en l'honneur de Thunberg, le nom de *Thunbergia* à un genre de la famille des Acanthacées.

(3) Patterson, *Narrative of four journeys into the country of the Hottentots and Cafraria*, in the years 1777-1779; London, 1790, in-4°. — R. Brown a donné, en honneur de Patterson, le nom de *Pattersonia* à un genre de plantes bulbeuses de la famille des Iridées.

fait connaître la flore et la faune du Cap.

« La végétation, dit Lichtenstein, est si rapide au Cap, qu'un chêne de vingt-quatre ans a déjà huit pieds de circonférence; c'est que la nature ne se repose qu'un mois ou six semaines, et la température ne s'abaisse jamais au point de congélation. Cette pousse rapide se fait aux dépens de la solidité : le chêne même n'a que son noyau de ferme, le reste est léger; le sapin ne peut servir à cause de sa porosité; beaucoup d'arbres d'Europe, tels que le tilleul, l'orme, l'aune, ne supportent point ce climat hâtif; plusieurs de nos arbres fruitiers, tels que le cerisier, le prunier, le pommier, le poirier, ne donnent que des fruits médiocres. Cette dégénération se manifeste également chez les animaux d'Europe naturalisés dans cette contrée, particulièrement chez les chevaux; on croit même l'observer dans le caractère physique et moral de la race humaine colonisée sur ce sol (1). »

Il existe dans le voisinage des montagnes du Roggeveld une immense plaine qui offre les phénomènes de végétation les plus singuliers (2). C'est le désert de Karrou (3), à l'entrée duquel croît en abondance le karree-hout ou *Rhus viminale* (4).

On en évalue la surface à un millier de milles carrés; sa pente se dirige un peu vers le sud, et les rivières qui le traversent suivent cette direction en coupant la chaîne de montagnes qui séparent le Karrou des terrains fertiles de la côte. La hauteur moyenne de cette plaine au-dessus de la mer est de mille pieds. Le sol consiste en un mélange d'argile et de sable, plus ou moins imprégné de parcelles ferrugineuses; cette terre provenant de la décomposition des roches couvre légèrement le roc nu; en été elle acquiert presque la dureté de la brique; alors la végétation disparaît, et il n'y a que les mésembryanthèmes et quelques plantes mucilagineuses qui résistent à la sécheresse, ainsi que les bulbes des Liliacées et les racines de quelques plantes que la nature a protégées par une enveloppe de fibres ligneuses. Quand la saison commence à se rafraîchir, ces fibres, s'imbibant d'humidité, se gonflent et soulèvent l'argile, en sorte que le germe de la bulbe peut se développer : aussi, quand les pluies viennent à tomber, la végétation est prête; et en peu de jours l'immense plaine se couvre d'un tapis de verdure; quelques jours encore, et on voit se développer des milliers de grappes et de bouquets de fleurs. Les mésanbryanthèmes et les gorteries déploient leurs corolles radieuses à couleurs ardentes. Le fond vert de la plaine devient tout bigarré. Toute l'atmosphère est embaumée; dans les temps calmes, après le coucher du soleil, un air chaud et aromatique continue de s'étendre sur cette végétation brillante. A ce moment, le Karrou cesse d'être un désert. Des troupes de cigognes et d'antilopes descendent des hauteurs ; le colon échange les plateaux couverts de neige contre les gras pâturages printaniers de la plaine. Les habitants du Bokkeveld viennent s'établir dans l'ouest du Karrou, auprès de ceux du Roggeveld ; on renouvelle connaissance et on redevient voisin pour une saison. La surveillance des troupeaux est facile : aucune brebis ne s'égare, aucun bétail ne court risque de tomber dans les précipices; on n'a pas à redouter le lion, le tigre, ou l'hyène, car il n'y a point de repaires pour ces animaux féroces; on ne craint pas davantage les épidémies : la végétation du Karrou offre une pharmacie pour toutes les maladies d'animaux. Enfin, on ne connaît pas ici les querelles au sujet de la propriété : le desert est assez vaste et appartient à tout le monde; les prés émaillés de fleurs ont de quoi nourrir tous les troupeaux qui y arrivent. Malheureusement le luxe que la nature prodigue au désert est de courte durée; la végétation n'y est dans toute sa magnificence que pendant un mois, à moins que des pluies inespérées ne viennent la prolonger encore. La force progressive des rayons solaires et l'accroissement des jours flé-

(1) Lichtenstein, *Reise im südlichen Afrika in den Jahren* 1803-1806; Berlin, 1812, in-8°.

(2) Les montagnes qui bordent le Karrou au nord s'appellent le Roggeveld; celles qui le bordent au sud, les Bokkeveld.

(3) *Karroo* ou *Karrou*, mot hottentot qui signifie *aride*.

(4) Arbre qui, pour son port et son feuillage, ressemble au saule. Les naturels (Boschjesmans) font leurs arcs avec les branches de cet arbre.

trissent promptement la parure végétale du sol; les fleurs tombent, les tiges se dessèchent; l'écorce de la terre, en se durcissant, étouffe les nouveaux germes; les troupeaux ne trouvent plus de pâture. Les rivières se réduisent; les sources donnent à peine un petit filet d'eau; elles finissent par tarir, et avertissent le colon qu'il est temps de regagner les plateaux des montagnes. Quelquefois il tarde encore, et les brebis, habituées à la soif, se nourrissent des feuilles succulentes des mésembryanthèmes et d'autres plantes de ce genre. Cependant, peu à peu, on abandonne le Karrou; vers la fin de septembre, ce n'est plus qu'un désert. L'argile durcit, se crevasse profondément sous les rayons dardés à plomb par un soleil d'Afrique. La verdure a disparu : s'il reste encore des plantes (*Atriplex albicans, Galenia africana* (1), plusieurs espèces de *Pelargonium*, de *Polygala, Salsola, Salicornia*, etc.), elles se revêtent d'une teinte grise; une poussière noirâtre, cendre des végétaux desséchés, couvre un sol dur et rougeâtre; elle sert, l'année suivante, d'engrais aux jeunes plantes dont la semence repose dans cette couche de plantes brûlées (2).

Le Karrou, ou plutôt les montagnes qui le bordent, forme la limite des Diosmées, des Éricacées, des Protéacées et des Restiacées, plantes caractéristiques de la flore du Cap.

Des rivières, des baies, etc., doivent leurs noms à des circonstances d'histoire naturelle. Ainsi, la rivière de Pisang (Pisang-Rivier), près de la baie de Plettenberg, tire sa dénomination du Pisang sauvage (*Strelitzia angusta*). On prétend que ce pays est aussi la patrie de la belle plante *Strelitzia reginæ*, justement admirée en Europe. Depuis la Mossel-Bay on ne voit plus d'aloès : cette plante cesse de croître là où commencent les forêts et les terres aigres; mais on retrouve sur les montagnes arides, au nord de la baie de Plettenberg, les petites espèces dont les feuilles ne donnent pas de bon suc; la véritable espèce, *Aloë perfoliata*, est la propriété exclusive du pays de Zwellendam et de quelques terrains plus éloignés (Lichtenstein).

La rivière de Keureboom (Keureboom-Rivier), qui sort des montagnes de Lange-Kloof (1) (près de Plettenberg), est ainsi appelée à cause d'un arbre (le *Sophora* ou *Podaliria capensis*) (2) qui en garnit les bords. Quand cette rivière grossit, elle interrompt les communications entre le Lange-Kloof et la baie de Plettenberg. Lichtenstein trouva, parmi les végétaux des montagnes, plusieurs espèces de *Brunia* (3) et de *Phylica* (4), dont les fleurs odoriférantes avaient attiré une foule de beaux scarabées. Une espèce d'abeilles, particulière à ces montagnes, tire du suc des fleurs de la Brunie un miel blanc, très-liquide, d'un goût délicieux, qu'elle dépose dans le creux des arbres et dans les fentes du roc (5). Les colons s'en servent au lieu de sucre.

La Mossel-Bay (6) doit son nom à une grotte de coquilles (Schulpegat) fort remarquable. Cette grotte s'enfonce sous les rochers qui, s'avançant dans la mer, forment le cap Saint-Blaise; et ce n'est pas sans danger qu'on parvient à l'entrée, qui ressemble à une large voûte. A cinquante pas au-dessous de la grotte, la mer se brise sur les rochers ;

(1) Petit buisson qui aime les terrains arides. Il a la propriété de teindre en vert les jambes des bestiaux qui y marchent.

(2) Lichtenstein, *Reise im südlichen Afrika*, etc.

(1) *Lange-kloof*, mot hollandais qui signifie long défilé.

(2) Cette plante est probablement identique avec celle que Burchell a rencontrée près de Graff-Reynett, et qu'il décrit sous le nom de *Sophora sylvatica : arbor pulcherrima, subtrigenti-pedalis, glabra*.

(3) Burchell (*Travels in the interior of Africa*) a collecté aux environs du Cap les espèces suivantes de *Brunia : B. abrotanoides, B. nodiflora, B. squarrosa*.

(4) Les espèces de Phylica décrites par Burchell sont : *P. buxifolia, P. Plumosa, P. secunda, P. stipularis*.

(5) Suivant Burchell, cette espèce d'abeille diffère peu de l'espèce que nous voyons dans nos climats. On pourrait tirer, au Cap, un grand parti de l'éducation des abeilles qui abondent dans la colonie et aux environs. Les Hottentots font la chasse au miel sauvage, en brûlant des branches d'arbres vertes, pour produire une épaisse fumée à l'entrée des cavernes où les abeilles ont déposé leur miel.

(6) *Mossel* signifie coquillage.

mais à la haute marée ces roches sont couvertes par les flots. Le sol de la grotte est formé par une couche épaisse de coquilles. Barrow croit qu'elles y ont été apportées par les oiseaux; cependant on ne voit pas de coquilles dans une autre grotte moins grande, qui se trouve au-dessus de celle-ci. On n'aperçoit, d'ailleurs, sur ces rochers d'autres oiseaux de mer que des hirondelles nichées dans les fissures des roches. En général, les oiseaux de mer qui fréquentent ces côtes préfèrent dévorer leur proie sur la plage, et n'habitent point le haut des rochers. On ne peut pas admettre non plus que le niveau de la mer ait été élevé autrefois jusqu'au sol de la grotte, et que les vagues aient apporté ces coquillages. Lichtenstein pense que ces coquilles proviennent de la nourriture des Hottentots qui ont pu habiter autrefois la grotte de Schulpegat. Il contredit formellement l'assertion de Barrow, qui prétend qu'au Cap les testacés vivent maintenant encore dans de pareilles cavernes.

Le long des roches qui forment la grotte, Lichtenstein trouva une espèce de lichen qui, selon les habitants, pourrait fournir une couleur bleue pour la teinture; elle lui parut pourtant avoir peu d'analogie avec les deux espèces employées dans la teinture, le *Lichen parellus* et le *Lichen roccella*. A une hauteur de cinquante mètres au-dessus de la mer, le sol était couvert de végétation; on y remarquait l'*Arduina bispinosa* (1), de belles espèces de *Pelargonium* (2), de *Rhus*, de *Zygophyllum* (3), etc. Toutes ces plantes étaient grandes et vigoureuses. Vasco de Gama aborda à Mossel-Bay en décembre 1497, et la nomma baie de Saint-Blaise, nom que les Hollandais donnent encore au promontoire. Cette baie servait autrefois de rendez-vous aux navires; mais, dans la suite, on préféra la baie de la Table.

Les racines du *Cussonia spicata* forment, pour ainsi dire, des forêts souterraines dans la baie de Saldanha. On voit, sur les bancs de sable laissés à découvert après la marée, des troupes de flamants se repaître d'insectes marins.

Sur les bords du Riet-Rivier on voit croître l'*Euphorbia officinarum*, plante qui acquiert ici une hauteur gigantesque, d'une dizaine de mètres, et dont chaque branche ressemble à un candélabre à plusieurs bras (1). Les pointes aiguës dont les branches sont armées lui ont valu, chez les colons, le nom de *Noortsche doornboom* (épinier du Nord). A quelques lieues de là, sur les bords de la rivière Van-Stade, il y a des mines de plomb dont les filons vont du nord-ouest au sud-est. Klaproth, à qui Lichtenstein en a apporté des échantillons, a trouvé, dans 100 parties de minerai, 53,2 de plomb, 13,3 de soufre, et des traces d'argent.

Les montagnes de Hottentotsch-Holland (Holland-Hottentotsch), qui dominent la False-Bay, ont procuré à Lichtenstein une riche collection de plantes. Il y a trouvé une espèce de *Gladiolus* qui avait échappé à l'attention d'autres botanistes, et qui est estimé dans le pays à

(1) Arbrisseau de huit à dix pieds de haut, armé d'épines très-fortes. Il produit des grappes de petites fleurs blanches ayant la forme et l'odeur de celles du jasmin. Ses fruits sont des baies semblables à celles de l'épine-vinette. Les Hottentots les mangent, et donnent au végétal le nom de *'Num'num*.

(2) Les espèces de *Pelargonium* observées par Burchell sont : *P. angulosum*, *P. grossularioides*, *P. melananthum*, *P. munitum*, *P. pinnatum*, *P. rapaceum*, *P. renifolium*, *P. saniculæfolium*, *P. tabulare*, *P. tragacanthoides*.

(3) *Zygophyllum sessilifolium*. Frutex tripedalis, ramosus.

(1) Burchell ne mentionne que les espèces suivantes d'*Euphorbia* : *E. genistoides*, *E. tuberosa*, *E. mauritanica*, et *E. tenax*, B. L'*Euphorbia tuberosa* est une petite plante qui passe, dans la colonie, pour occasionner la strangurie à ceux qui ont mangé la viande des bestiaux qui s'en sont nourris. Thunberg attribua le même effet à l'*E. genistoides*. L'*E. mauritanica* forme des buissons d'environ un mètre de haut. Son suc laiteux entre dans le mélange avec lequel les Boschjesmans empoisonnent leurs flèches. C'est une plante connue dans le Karrou; elle se plaît dans un sol sec, rocailleux; il se fait reconnaître de loin par sa belle couleur vert clair. L'*E. tenax* est une nouvelle espèce, ainsi caractérisée par Burchell : *Suffruticosa, inermis, glabra, ramosa, aphylla, sub-bipedalis, Rami teretes, virides, lactescentes. Ramuli oppositi. Inflorescentia paniculata.*

cause de son parfum délicieux (1). Willdenow lui a donné le nom de *Gladiolus papilionaceus*. « En Europe, s'écrie ici Lichtenstein, on n'a pas d'idée du changement que produisent la chaleur et la pluie sur la végétation d'Afrique. Les bruyères s'élèvent sous ce climat à des hauteurs gigantesques, et se couvrent de fleurs de toutes les nuances du rouge; ce sont surtout les diverses formes des Protéacées, justement nommées ainsi à cause de leur diversité, qui intéressent le botaniste : on les reconnaît à leur feuillage argenté et quelquefois laineux, ainsi qu'à leurs fleurs en grappes. Sur les hauteurs, ces plantes dominent parmi tous les autres végétaux; on remarque surtout le *Protea sceptrum*, dont les fleurs s'élèvent droites à l'extrémité de chaque branche. Bien d'autres espèces sont particulières à ces hauteurs, et ne se trouvent même pas dans la presqu'île du Cap; tandis que quelques Protéacées de cette presqu'île, telles que le Protée d'argent (*Protea argentea*), n'existent nulle part que là. On remarque encore, sur ces hauteurs, de jolies bruyères à fleurs jaunes et à grosses fleurs d'un rouge vif (*Erica Petiverii* et *Erica Pluknetii*). Sur le plateau de la montagne, une seule espèce de bruyère (*Erica Banksii*) couvre les roches et tapisse de ses longs festons les fissures (2).

Le Palmiet-Rivier, qui traverse les montagnes de Hottentotsch-Holland, tire son nom du roseau appelé Palmite (*Acorus palmita*); son lit est rempli de limon, propre à la végétation des Juncées (3).

Sur la rivière Sans-Fin (*Zonder-end*) Lichtenstein cueillit beaucoup de plantes intéressantes, entre autres l'*Halleria lucida* et l'*Halleria elliptica*, qui portent des fleurs d'un beau rouge. A Zoete-Melks-Valley il trouva une bruyère, *Erica urceolaris*, de quatre à cinq mètres de haut. Arrivé à Zwellendam, il fit une excursion de botanique au Duivels-Bosch (bois du diable). Les bords de Breede-Rivier (rivière large) sont embaumés par l'odeur camphrée des fleurs de Diosmées; dans le bois, d'immenses festons de *Cynanchum obtusifolium* passent d'un arbre à l'autre (1). Les colons les nomment cordes aux singes, parce que ces animaux s'en servent pour s'élancer; les tiges de cette plante rampante atteignent quelquefois une épaisseur de plus de six centimètres de diamètre : elles poussent toujours en avant, au lieu de pousser des rejetons latéraux : aussi une seule plante peut enlacer dix à douze arbres. Ce n'est qu'aux extrémités des dernières pousses que l'on voit des feuilles placées deux à deux. En Afrique, il ne saurait y avoir de bois que là où l'humidité est perpétuelle, dans les fissures des montagnes où l'eau s'infiltre, et sur les pentes abritées où le soleil ne peut exercer son pouvoir torréfiant. Là où les bois existent, ils deviennent eux-mêmes les protecteurs du sol, et empêchent l'humidité de s'évaporer. Voilà pourquoi tous les ravins couverts de bois donnent naissance à des ruisseaux dont l'eau a ordinairement une teinte brune provenant de la décomposition des végétaux.

Aux environs des sources thermales du Zwarteberg (près de Zwellendam) Lichtenstein trouva une espèce d'*Eucomis*, dont les fleurs, en forme de ruches, touchent immédiatement les feuil-

(1) Cette espèce de glaïeul est peut-être identique avec celle que Burchell appelle *G. tritonia*, remarquable par sa couleur orange et son odeur extrêmement suave. Le *G. edulis* B. est très-commun dans la grande plaine de Littakou. Les naturels en mangent la racine bulbeuse, connue sous le nom de *Lituin* ou *lituing*.

(2) Les Protéacées, si communes aux environs du Cap, disparaissent dans la région transgariépine pour reparaître, après un intervalle de sept degrés de latitude, dans le pays des Nuakketsis.

(3) Les eaux du Palmiet-Rivier, comme celles de la plupart des rivières qui ont leur source au côté sud de la grande chaîne méridionale, ont une couleur brune comme du marc de café. Par la jonction des petits ruisseaux qui s'y jettent, ces rivières perdent peu à peu leur couleur désagréable, qui rappelle, comme dit Burchell, les eaux du Cocyte dont parlent les poëtes : *Cocytus sinu atro*. Cependant, cette eau, lorsqu'on la puise dans un verre, est limpide, bien qu'elle ne permette pas de voir le fond des rivières, qui sont ainsi dangereuses à passer.

(1) Burchell mentionne *Cynanchum filiforme* et *Cynanchum viminale*.

les, qui couvrent la terre, tandis que dans nos serres chaudes cette plante s'élève en tige; ce n'est pas la seule plante africaine qui, dans la chaleur artificielle des serres, perde sa forme primitive et s'élance au lieu de se consolider. Le buisson à cire (*Myrica cordifolia*, le *Wachs-boschjes* des colons), qui croît également auprès des sources thermales du Zwarteberg, atteint dans les serres une hauteur de quatre mètres, mais sans produire de fleurs. Dans sa patrie, c'est une plante qui n'a pas un mètre de haut, mais dont la tige est solide et ligneuse, et toute cachée dans les fleurs et les grappes; ce sont les baies de ces grappes qui, étant cuites, donnent une espèce d'huile ou graisse, laquelle, en se figeant, présente l'aspect d'une cire particulière, qu'on peut aisément réduire en poudre. On fait la récolte des baies au mois de novembre; six à sept livres de fruits donnent une livre de cire. On tire cette substance encore d'une autre espèce du même buisson, le *Myrica cerifera* (1). Les colons ne mettent pas assez de soins à la préparation de la cire végétale; aussi est-elle rarement très-pure. On la mêle à du suif animal pour en faire des bougies, parce que, seule, la cire végétale ne donne qu'une lumière douteuse et une flamme bleuâtre. Les Hottentots mangent les baies cireuses, et beaucoup d'oiseaux en sont très-friands.

Sur les pentes des montagnes de Roggeveld, près du Sack-Rivier, Lichtenstein rencontra d'innombrables buissons à résine, que les colons appellent *Harpuis-boschjes*. La résine qui découle de cet arbuste, lors de la floraison, sert aux colons de baume contre les blessures : elle est visqueuse, transparente, et a une odeur pénétrante. Thunberg ne parle pas de cet arbrisseau, qui, selon Willdenow, appartient au genre *Cineraria* (2).

Dans une vallée fertile, près de la rivière d'Orange (dans les monts Karrec), Lichtenstein trouva des espèces inconnues, appartenant aux genres *Justicia*, *Salvia*, *Acanthus*, *Roella*, etc. Diverses espèces de *Lescium* et de *Cestrum* avaient attiré de brillants insectes, entre autres le *Buprestris interpunctata*, un des plus beaux scarabées de l'Afrique méridionale, et le *Gryllus mola*, animal d'une forme très-singulière. Sur les buissons Lichtenstein découvrit une plante parasite à laquelle Willdenow a donné le nom de ce naturaliste (1).

En se dirigeant à l'ouest, vers la contrée des Betjouanas, Lichtenstein remarqua, sur les bords des ruisseaux desséchés, des espèces inconnues de *Mimosa*. Plus loin, le pays était couvert de buissons de *Tarchonatus camphoratus* (2), que les Boschimans préfèrent pour s'y blottir. Les esclaves malais de la caravane mâchèrent avec délices les feuilles aromatiques de ce buisson, qui leur rappelaient, par le goût, les plantes de leur patrie.

Le Cap, comme la plupart des régions de l'Afrique et de l'Asie, est souvent infesté par des nuées de sauterelles. Le Vaillant et Lichtenstein en parlent. « On croirait, dit ce dernier, apercevoir de la neige tombant à gros flocons. » En approchant d'une de ces nuées de sauterelles, il entendit un bruit semblable à celui d'une roue de moulin. L'air était presque obscurci par ces insectes; une quantité énorme étaient tombées à terre, et chaque mouvement de la caravane en abattait plusieurs. Toutes les sauterelles que Lichtenstein ramassa étaient endommagées; il en conclut que c'étaient les malades et les blessés de la troupe, auxquels, dans le vol, les voisins avaient cassé les cuisses ou les ailes; celles qui volaient à une élévation d'une vingtaine de pieds étaient obligées de se reposer tous les cent pas; d'autres volaient à une hauteur de vingt-cinq à trente mètres. « La masse, dit-il, se dirigeait obliquement à l'égard du vent. Quoiqu'il n'y

(1) Les *Myrica* que mentionne Burchell sont : *M. cordifolia*, *M. æthiopica*, *M. quercifolia*, *M. serrata*.

(2) Suivant Burchell, le buisson à résine appartient au genre *Othonna* (*O. trifida*, Thunb. ?).

(1) Le *Lichtensteinia*, qui est un sous-genre du *Loranthus* de Linné.

(2) Le *T. camphoratus* est un arbrisseau d'environ deux mètres et demi de hauteur. Burchell a remarqué que les animaux s'abstiennent de brouter les feuilles d'aucune espèce de *Tarchonatus* ni de *Rhus*.

eût qu'une heure qu'elle s'était montrée, tous les buissons étaient déjà dépouillés de leurs feuilles. La nuée avait deux à trois mille pas de long sur une largeur d'une centaine de pas. Pour expliquer comment cette masse d'insectes peut naître et subsister dans un pays généralement dépourvu de feuillages, il faut supposer que les grandes pluies, en développant promptement la végétation, font sortir les jeunes insectes, et leur procurent pour le moment une pâture suffisante; cependant, il resterait à expliquer comment cette nuée fait pour subsister dans les grandes sécheresses et dans des contrées où il n'y a pas de végétation. » — La sauterelle qui fait de si grands ravages en Afrique et en Asie appartient, non pas au genre *Gryllus*, comme on l'a dit, mais au genre *Acridium*.

Dans les terrains appelés *zuure-velden* (champs aigres) par les colons du Cap, on trouve des amas de terre formés, comme des roches, par les termites. Ces terrains, composés d'argile et de sable, ne produisent que des espèces de joncs qui donnent d'abord aux bestiaux des aigreurs d'estomac, mais qui leur plaisent par la suite. Ils se trouvent toujours à une élévation d'au moins cent toises au-dessus du niveau de la mer. Les amas de termites les font connaître sur-le-champ, de même que les terrains appelés doux sont indiqués par la présence d'une plante, le *Kuhnia rhinocerotis*. Les termites qu'on trouve dans les terrains dits Karrou, appartiennent à une autre espèce qui ne bâtit jamais au-dessus de la terre. Les colons nourrissent de ces fourmis blanches la volaille; les amas d'argile sous lesquels on les trouve blotties ont un aspect spongieux, étant imprégnés du suc de la fourmi; les fragments de cette terre servent de combustible.

Dans le district d'Olifant's-Rivier (Rivière des Éléphants) et aux environs du Roggeveld (champ de blé), on rencontre des troupes de singes babouins (1) (*Simia cynocephala*, Lin.). « Ces animaux, dit Lichtenstein, font beaucoup de tort aux jardins; toute la vigilance des chiens ne suffit pas pour empêcher leur pillage; et quoique Kolbe exagère un peu leur intelligence, il est de fait qu'ils vont en troupe pour dépouiller les arbres, qu'ils se secourent mutuellement, et qu'ils mettent dans un lieu sûr les fruits qu'ils ont volés. »

Voici les principales notices d'histoire naturelle que nous avons extraites du magnifique ouvrage de J. Burchell : *Travels in the interior of southern Africa*; London, 2 vol. in-8°, 1824. La botanique et la zoologie paraissent avoir été le principal but du célèbre voyageur anglais.

Aux environs de la montagne de la Table, on voit voltigeant de place en place un petit oiseau très-beau, le *Certhia* (*Nectarinia*) *chalybea*; son chant, doux et suave, attire l'attention du voyageur. Les colons l'appellent *Suiker-vogel* (oiseau de sucre), parce qu'il suce les nectaires du *Suiker-bosch* (buisson à sucre), *Protea mellifera*.

Les environs du Riebeck-Rivier produisent en abondance le figuier des Hottentots (*Mesembryanthemum edule*). Dans toutes les saisons, il porte des fruits de la grosseur d'une petite figue, d'une saveur aigrelette assez agréable. Les Hottentots en mangent volontiers. Le mois de juin est la saison du *Kukumakranki*. C'est une petite plante (*Gethyllis ciliaris*) qui a conservé son nom hottentot; elle ressemble au colchique; sa racine bulbeuse est surmontée d'un fruit allongé, jaune, de la longueur et de la grosseur d'un doigt. Le fruit, qui s'élève peu au-dessus du sol, a une saveur agréable, légèrement sucrée, et une odeur des plus suaves. La saison des Kukumakranki est l'époque des réjouissances pour les enfants de la ville du Cap. — Les haies des fermes sont faites, au Cap, avec une très-belle plante, l'*Agave americana*, dont les feuilles épineuses, de deux mètres de long, garantissent les propriétés contre les hommes et les animaux. Les fleurs sont portées sur des pédoncules gigantesques de dix mètres de haut.

Une des plantes les plus répandues dans les parties extratropicales de l'Afrique australe, c'est la coloquinte (*Cu-*

(1) *Cercopithecus ursinus* de Burchell. On rencontre cette grande espèce de singes (*Baviaan* des colons hollandais) dans presque toutes les contrées montagneuses de l'Afrique australe.

cumis colocynthis), qui couvre quelquefois le sol dans une grande étendue, et ressemble de loin à un melon parfaitement globulaire. Le fruit de cette plante pourrait devenir un objet de commerce important, s'il était comme autrefois d'un usage fréquent en médecine. Un autre fruit de même espèce (*Cucumis prophetarum*) a porté, dans la colonie, le nom de *Gifft-appel* (pomme vénéneuse), à cause de ses propriétés toxiques et de son extrême amertume.

La flore des végétaux parasites est également intéressante à étudier. On remarque parmi ces végétaux le gui du Cap (*Viscum capense*, B.), extrêmement frêle, sans feuilles et couvert de petites baies blanches. Il croît sur les branches du *Cassine capensis*.

Les Diosmées, qui forment un des caractères principaux de la flore du Cap, se remarquent facilement par l'odeur aromatique qu'elles exhalent quand on les écrase. C'est en marchant sur une de ces plantes que Burchell a découvert une espèce qu'il n'aurait guère été possible de reconnaître que par l'odorat: c'était le *Diosma capitata*. Les Hottentots attribuent des propriétés médicales extraordinaires à leur *Buku-azyn* (Buku-vinaigre), qu'ils préparent en faisant macérer les feuilles du *Diosma serratifolia* dans du vinaigre froid. Plus la macération a été longue, plus le vinaigre est estimé efficace comme topique dans le traitement des plaies. Rien n'empêche qu'il ne prenne rang dans la matière médicale des Européens (1).

Le bois de construction est presque exclusivement fourni par les Protéacées et particulièrement par le witteboom (*Protea argentea*) et le wagenboom (*Protea grandiflora*). Le bois de ce dernier, qui est le plus grand arbre de la famille des Protéacées, est rougeâtre et marbré. Il croît dans des endroits secs rocailleux. Ses feuilles sont d'un bleu très-intense, et ses fleurs très-larges, d'un jaune pâle, moins larges cependant que celles du *Protea cynaroides*. Le bois du *Cunonia capensis*, que les colons appellent *Rood Elze* (aune rouge), est généralement employé pour la construction des voitures, ainsi que le bois du *Protea grandiflora*.

Les bords du fleuve Gariep (grande rivière d'Orange), près de la mission de Klaarwater, dans le voisinage des monts d'Asbeste, ont fourni à l'observation de Burchell les espèces de plantes les plus rares. Ce fut une sorte de délice pour notre voyageur de jouir de la fraîcheur des bosquets et de l'aspect d'une grande nappe d'eau (grande rivière d'Orange), large de trois cent cinquante mètres, après n'avoir vu, pendant plusieurs mois, que des déserts arides. Tout au bord du fleuve croissent des saules (1) qui ressemblent à nos saules pleureurs. Plus haut, les bords sont couverts de *Zwartebast* ou écorce noire (*Royena decidua*) (2), de bois de karree, dont le feuillage sombre reste sur l'arbre toute l'année, et d'épines à buffle (*Zizyphus bubalinus*, Licht.). Burchell fut surpris de voir fleurir sous cette latitude (3) une espèce de coquelicot. Parmi les oiseaux, il y rencontra: *Columba risoria*, *Bucco niger*, *Turdus nitens* et *Columba capensis*. — Les arbres occupent sur les bords du Gariep un espace large d'un mille; de distance en distance, ces bosquets sont interrompus par des terrains nus.

Les monts d'Asbeste (près du Kraal de Kloof, non loin des bords du Gariep) tirent leur nom d'une espèce d'amiante de couleur bleue, appelée par les Hollandais *doek-steen*, pierre à tissu. Cette pierre fibreuse se trouve en veines entre des bancs de roches de schiste argileux; ces veines ont trois à quinze millimètres d'épaisseur. Il est à remarquer que toutes les roches de cette contrée se composent de feuilles de schiste argileux qui n'ont que quinze millimètres d'épaisseur. En quelques endroits, ce schiste feuilleté est

(1) Les espèces de Diosma décrites par Burchell sont : *D. capitata*, *D. crenata*, *D. oppositifolia*, *D. pectinata*, *D. rubra*, *D. rugosa*, *D. serratifolia*, *D. villosa*.

(1) Burchell donne à cette espèce de saule le nom de *Salix gariepina*.

(2) Caractéristique : *Frutex 15-pedalis. Cortex nigrescens. Folia anguste-lanceolata, obtusiuscula, glabra. Flores axillares. Pedunculi longissimi, filiformes, penduli.*

(3) Burchell lui donne le nom de *Papaver gariepinum*.

même si mince, qu'il n'a que trois millimètres. Entre ces feuilles est intercalée une pierre tantôt bleue, tantôt d'une couleur dorée; c'est encore une espèce d'asbeste, mais moins fibreux, ou dont les filaments conservent la dureté de la pierre; taillée et polie, cette roche acquiert une belle apparence; les minéralogistes lui ont reconnu une grande ressemblance avec la pierre appelée vulgairement œil-de-chat. On rencontre encore dans les mêmes rochers une belle espèce de jaspe, d'un fond brun bariolé de noir, et une opale verte.

La contrée entre le Kloof et Klaarwater offre les plus grandes richesses botaniques. Le sol est couvert, dans l'espace d'un demi-mille, d'une jolie espèce d'amaryllis (*Amaryllis lucida* B.), à feuillage bleuâtre flabelliforme, des *Amaryllis toxicaria* et d'une nouvelle espèce d'uncaria (*Uncaria procumbens* B.) à fleurs pourprées. Au mois de septembre, Burchell n'avait pu recueillir que six plantes; au mois de février, il en trouva, dans le même endroit, cinquante-huit espèces, dont vingt-six de Graminées, toutes en fleurs. Les colons et les Hottentots redoutent les effets des bulbes vénéneuses de l'*Amaryllis toxicaria*, qu'ils appellent *gift bol* (bulbe vénéneuse). Les Boschjesmans expriment le suc laiteux de ces bulbes, le font cuire au soleil ou au feu, et le mêlent au poison des serpents ou d'une grosse espèce noire d'araignée du genre *Mygale;* c'est avec ce mélange visqueux qu'ils empoisonnent leurs flèches. Au reste, comme ces sauvages ne trouvent pas partout les mêmes plantes, la composition de leur poison doit varier. Mais on sait qu'ils ont généralement recours à des plantes munies d'un suc épais et âcre, telles que les Euphorbiacées, les Amaryllidées et les Apocynées. Ils choisissent de préférence certaines espèces de serpents, comme ayant un venin plus fort que d'autres. Les blessés ont peu d'espoir d'échapper à la mort, si la flèche a été fraîchement empoisonnée, à moins que la plaie ne se trouve dans une partie du corps où l'on puisse la cautériser immédiatement.

En herborisant sur les montagnes d'Asbeste, aux environs de Graff-Reynett, Burchell ajouta à ses collections plusieurs espèces de plantes nouvelles. Il y trouva une espèce de passiflores, la seule qu'on ait rencontrée dans cette partie du globe; il lui donna le nom de *Paschanthus repandus* (1). Il vit en pleine floraison une *Lantana*, qu'on n'élève dans les serres chaudes que moyennant les plus grands soins. Le persil commun croissait sur ces montagnes; et notre voyageur en fit cueillir et accommoder pour son dîner. « Il m'est, dit Burchell, arrivé rarement, pendant mes voyages, de pouvoir me servir de végétaux sauvages; la chaleur et la sécheresse du climat font qu'ils sont trop coriaces et trop peu juteux pour devenir mangeables à l'aide de la cuisson. Le persil est du petit nombre de plantes dont la graine a été disséminée dans des contrées de la terre bien éloignées l'une de l'autre. Dans l'île Sainte-Hélène, les collines rocailleuses en sont couvertes pendant la saison pluvieuse; cette plante suffit pour étendre un tapis de verdure sur les roches. Il en est de même sur les montagnes d'Asbeste. »

A Groote-Fontein, situé à 28° 49′ latitude australe, Burchell ajouta à sa collection plusieurs oiseaux qui étaient nouveaux pour lui, tels que le beau coucou-didri de Le Vaillant, dont le plumage a un reflet métallique vert et or, et un joli oriole, qui suspend son nid globulaire entre les roseaux au-dessus de l'eau. Il y avait peu d'insectes; le plus remarquable était un beau scarabée vert (*Cetonia bachapinica*), que Burchell trouva en bien plus grand nombre dans le pays des Bachapins (2). Il y recueillit entre autres une espèce d'asclépiade, que les Hottentots appellent *tky*, et qu'ils recherchent à cause de sa racine pâteuse, qui a la forme d'une rave. L'Afrique méridionale a, dit Burchell, beaucoup de plantes de ce genre, munies de bulbes mangeables, très-bien connues des indigènes. Auprès de l'eau croissait une menthe qui répandait une odeur très-

(1) Burchell, *Travels in the interior of Africa*, t. I, p. 541.

(2) Beau scarabée vert, que Burchell caractérise ainsi : Thorax fuscus, fulvo marginatus. Caput lineis duabus albis striatum. Corpus subtus album, lineis transversis rufis. Longa 8-11 lineas.

agréable; transplantée en Angleterre, ellé y a supporté, aussi bien que les espèces européennes, les hivers les plus rudes.

Aucune famille hottentote n'a de jardin où il n'y ait des légumes ou des fruits; ceux qui sont moins paresseux que les autres cultivent le tabac. Tous aiment l'eau-de-vie ; heureusement l'éloignement de la colonie les empêche de satisfaire souvent ce goût. On a essayé avec succès de distiller l'eau des baies du *Grewia flava* (1), que les Hollandais appellent le buisson à l'eau-de-vie; mais la peine de cueillir une quantité suffisante de baies a arrêté ces expériences. On y supplée plus aisément par l'hydromel fermenté. Les Hottentots aiment beaucoup le thé. A défaut de feuilles du *Thea chinensis*, ils se servent de feuilles de quelques plantes sauvages(2).

Spuigslang-Fontein (source aux serpents crachants), près des affluents du Gariep (grande rivière d'Orange), doit son nom à une espèce de serpent, déjà observé par Lichtenstein (*Coluber Lichtensteinii*), qui lance son venin de loin sur son adversaire. Si la moindre partie de ce poison entre dans l'œil on risque de perdre la vue, à moins de le laver sur-le-champ. Le voisinage de cette source est habité par des Boschjesmans, qui se nourrissent des petites bulbes du *Cyperus cesitatus*, qu'ils déterrent. Burchell y trouva un oiseau ayant la partie inférieure du corps d'un écarlate brillant, et le reste du plus beau noir; il différait du gonolek de Buffon et de Le Vaillant par sa tête noire et les raies blanches de ses ailes. Dans cette contrée croît aussi le guarri(*Euclea ovata*)(3), arbuste qui produit des baies noires de la grosseur d'un pois, et d'un goût un peu astringent, mais agréable. Burchell y rencontra le *Buchnera aurantiaca* (4), dont les fleurs sont d'une belle couleur orange. Sur les bords du Ky-Gariep croît un arbre (environ de la hauteur de quatorze mètres) que les Hottentots de Klaarwater appellent *roodeblatt*, feuille rouge (*Terminalia erythrophylla*) (1), à cause du beau cramoisi que présente son feuillage dans la saison automnale. Le tronc est d'un blanc verdâtre, et se trouve, dans beaucoup d'endroits, entrelacé par une espèce d'*Asparagus* (*A. rivalis* B.), sur laquelle Burchell découvrit deux insectes inconnus, du genre *Mylabris* (*M. asparagi* et *M. bifasciata*). On ne trouve le *Silurus gariepinus* B. (2), espèce de poisson à tête plate, que dans les rivières qui coulent à l'est du Cap.—En se promenant dans les bosquets d'acacias, le long du fleuve Gariep, Burchell arriva à un kraal de Boschjesmans entièrement désert, et situé au milieu d'une forêt des plus gros acacias qu'il eût encore rencontrés. Sur le tronc de ces arbres on voyait des masses de gommes, surtout aux endroits qui avaient été entamés par la hache des sauvages. « Cette gomme, dit-il, vaut probablement celle de la Guinée et de l'Arabie; et quand on pense que ces acacias couvrent les bords du Gariep et de ses affluents sur un espace de deux mille milles, en comptant les deux rives, on conviendra qu'il vaudrait la peine d'engager les indigènes à faire la récolte de la gomme. Ils y mettraient probablement beaucoup d'empressement, dès qu'ils seraient sûrs de pouvoir troquer cette denrée contre du tabac. La gomme du Cap pourrait finir par donner lieu à un commerce important. »

Sur les bords de ce même fleuve, Burchell prit plusieurs oiseaux rares, tels que l'isabelle ou moineau des roseaux, le

(1) Les autres espèces de *Grewia* que mentionne Burchell sont *G. occidentalis* et *G. robusta*.

(2) Burchell, *Travels in the interior of Africa*, t. I, p. 363.

(3) *Caractères :* folia acute ovata, rigida, subtus pubescentia, margine undulata sub-crenulata. Flores in racemulis nutantibus, 3-5-floris. Baccæ globosæ primum pubescentes, demum glabræ.

(4) Pubescens, basi divisa in caulibus pluribus sub-simplicibus. Folia bi-tripinnatifida. Flores aurantiaci, alterni.

(1) Folia acute ovata, integerrima, glabra. Ramuli juniores pubescentes. Flores omnes hermaphroditi, octandri. Calyx quadridentatus.

(2) Longitudo, pollices (angl.) 33 1/2. Inter oculos et pinnas pectorales, maxima est latitudo; poll. 5 1/2. Cirri 8, quorum longissimus (poll. 7), in angulo oris situs. Os edentule. Caput antice transversum, planum, plagioplateum. Corporis pars posterior valde cathetoplatea. Appendix branchiarum ruberrima arboriformis. Pinnæ omnes inermes.

plongeur, espèce de *Plotus;* une nouvelle espèce de pinson à bec rouge, un oiseau semblable au drongo de Le Vaillant, mais sans crête, et quelques autres. Il rencontra une troupe de Boschjesmans, dont quelques-uns portaient dans leur chevelure de petites coquilles ou *cowries* (*Cypræa moneta*). Burchell ne put obtenir de renseignements sur l'origine de ces coquilles, si ce n'est que les Boschjesmans les avaient obtenues de leurs voisins par le trafic. « Il est probable, dit-il, que ces coquilles qui circulent comme une monnaie dans maintes contrées de Nègres, et ne s'usent pas facilement, avaient passé par les mains de bien des tribus nègres et cafres, aussi inconnues à l'Europe que l'Europe l'est à ces tribus. Il peut s'être écoulé beaucoup d'années depuis que ces coquilles ont été apportées en Afrique; et dès lors, elles ont peut-être traversé cette partie du monde d'une extrémité à l'autre; peut-être ont-elles été souvent données en tribut à quelque despote africain; peut-être ont-elles servi à payer le louage d'un chameau ou quelques gouttes d'eau dans les déserts du Nord; peut-être ont-elles été données en aumône à quelque pèlerin de la Mecque; peut-être enfin sont-elles entrées dans la rançon d'un esclave. Elles peuvent avoir circulé dans des cités dont l'existence et le nom nous sont inconnus. » Voilà les réflexions que l'aspect de ces petites coquilles inspirait à un voyageur solitaire dans l'intérieur de l'Afrique.

Les Bachapins se servent d'une sorte de manteau fourré fait avec des peaux de chat d'une espèce particulière. Burchell donne à cette espèce le nom de *Felis nigripes,* que plusieurs zoologistes ont considérée comme identique avec *Felis cafra,* que Cuvier (*Règne animal,* tome Ier, p. 165) a ainsi caractérisée: « Haut sur jambes, gris, rayé en travers de noir. » Du reste, la distinction des espèces du genre *Felis* particulières aux pays chauds laisse encore beaucoup à désirer, ainsi que l'a parfaitement établi M. I. Geoffroy Saint-Hilaire (1).

Le Zondag-Rivier (rivière du Dimanche), près de Graff-Reynett, est bordé de saules, d'acacias, de clématites, et d'une belle espèce de *Periploca* (*P. africana*), dont le beau feuillage, d'un vert foncé luisant, est parsemé de fleurs d'un blanc éclatant; cette plante parasite cache entièrement l'arbre aux dépens duquel elle vit. Sur les branches des acacias sont implantés çà et là un beau *Loranthus,* autre parasite, et deux ou trois espèces de gui. Burchell a donné le nom de *Rumex scandens* à une espèce d'oseille grimpante qui s'élevait, à l'aide d'autres plantes, jusqu'à la hauteur de cinq mètres. Les montagnes des environs sont la patrie d'une plante fort remarquable, appelée *pain d'Hottentot.* Sa bulbe, étant entièrement hors de terre, parvient à une grosseur énorme; elle a souvent un mètre de diamètre. Cette bulbe est hérissée, à sa surface, de protubérances ligneuses qui lui donnent quelque ressemblance avec une écaille de tortue. Dans l'intérieur on trouve une substance charnue, comparable au navet pour la consistance et la couleur. Sur le haut de cette grosse bulbe s'élèvent des tiges annuelles dont les branches tendent à enlacer toutes les plantes qu'elles rencontrent. « Autrefois, dit Burchell, les Hottentots mangeaient la chair de la bulbe, coupée en morceaux et cuite sous la cendre; et les Boschjesmans seraient sans doute heureux d'avoir un légume aussi copieux, qu'on peut comparer au *Yam* de l'Inde. Ces deux plantes sont, en effet, sinon de même genre, du moins de deux genres alliés (1). »

Quoique l'Afrique méridionale abonde en acacias, il y a pourtant un vaste district de l'intérieur où cet arbre n'existe pas (2). Cette région a été désignée par Burchell sous le nom de *cisgariépine,* par

(1) *Voyez* Jacquemont, *Voyage dans l'Inde,* partie zoologique, p. 44.

(1) Burchell fait ici allusion au genre *Testudinaria* que Salisbury caractérise ainsi: Petala in cyanthum coalita, dein reclinata, oblonga, inferiora parum latiora. Filamenta 6, longiuscula in hoc ordine. Antheræ oblongæ, emarginulatæ. Styli coaliti. Stigmata recurva, obtusa. Semina apice alata. Radix in tuber grande areolatum supra terram eminens.

(2) Les nouvelles espèces d'acacia établies par Burchell sont: *Atomiphylla, A. capensis, A. detinens, A. elephantina, A. giraffæ, A. heteracantha, A. Litakunensis, A. robusta, A. stolonifera, A. viridiramis.*

opposition à la région *transgariépine*, qui s'étend au delà du fleuve. Son élévation et sa froide température expliquent l'absence des acacias, qui se plaisent dans les régions chaudes.

A Sensavan (rocher brillant) (1), Burchell vit une plante à laquelle les Bachapins attribuent une influence maligne, et qu'ils se gardent d'employer comme combustible; elle ne croît que parmi les rochers, et atteint une hauteur de deux à trois mètres; elle a de larges feuilles ovales avec de petites touffes de fleurs insignifiantes, auxquelles succède un fruit qui n'a pas moins de 8 centimètres de diamètre, mais qui n'est pas mangeable : c'est une espèce de *Vangueria*, la seconde espèce de ce genre, qui n'avait été encore trouvée que dans l'île de Madagascar. Il paraît y avoir beaucoup d'affinité entre la flore de cette île et celle de l'intérieur de l'Afrique méridionale; on en voit un exemple dans le Pisang sauvage, ou *Strelitzia angusta* du Cap, qui a une grande ressemblance avec l'*Urania speciosa* de Madagascar.

Burchell remarque que le buffle du Cap n'est pas le même que celui de l'Inde et du midi de l'Europe. Cet animal, fier et hardi, se distingue par ses cornes, qui, à leur base, sont tellement larges, qu'elles couvrent tout le devant de la tête; sa peau, épaisse et recherchée par les colons et par les Hottentots, est employée à faire des courroies et des câbles. On n'a pas réussi encore à le dompter; cependant il est possible qu'on y parvienne à la longue. Les Hottentots assurent qu'on trouve rarement des buffles qui aient les oreilles entières, soit que les épines les leur déchirent, soit qu'ils se les arrachent mutuellement en se battant. Sa chair a le goût du bœuf, mais elle est coriace.

En herborisant parmi les rochers de Klip-Fontein (près des bords du Gariep), Burchell trouva une espèce de croton (*Croton gratissimum*), jolie plante en forme de buisson, d'environ deux mètres de haut, et semblable à une espèce particulière de l'île Madagascar (1). Les Bachapins appellent ce croton *mulokha;* on en infuse les feuilles pour faire du *boukou* (poudre de plantes aromatiques que les naturels incorporent dans la graisse avec laquelle ils se frottent le corps). La liqueur qu'on obtient ainsi a une odeur beaucoup plus agréable que les autres sortes de boukou préparées par les Hottentots. Une petite espèce de basilic (*Ocymum fruticulosum* B.) exhale son parfum dans ce désert; une jolie espèce de *Celastrus* avec des branches de couleur rouge et de très-petites feuilles, tapisse les rochers (2).

(1) C'est un des lieux les plus renommés parmi les indigènes au delà du Gariep, attendu que c'est le seul endroit où l'on puisse se procurer le *sibilo*, cette poudre ferrugineuse luisante et onctueuse que les indigènes mêlent avec de la graisse pour s'en couvrir le corps, et surtout la tête; leur chevelure en est quelquefois tellement chargée, qu'elle ressemble à une masse de métal ou de minerai. Quand ils n'ont pas de coiffure, cette couche de poudre ferrugineuse les garantit au moins des coups de soleil. Toutes les peuplades voisines viennent se pourvoir ici de cette poudre tant estimée chez elles; et celles qui demeurent plus loin se la procurent par la voie des échanges; en sorte que le sibilo du Rocher luisant se trouve dans une étendue de pays équivalant à cinq degrés de latitude. Burchell a préparé, avec le sibilo, une couleur qu'on peut employer dans la peinture à l'huile et dans les dessins à l'aquarelle.

Notre voyageur visita la caverne de ce rocher; le sol y est couvert de poudre luisante; de petites chauves-souris s'étaient accrochées à la voûte; et sur les saillies du rocher venaient se reposer, la nuit, les pigeons de Guinée (*Columba guineensis*). Si la caverne a été creusée par les indigènes pour se procurer de la poudre, il faut que l'usage de se poudrer existe depuis très-longtemps.

(1) Cette affinité de la flore du Cap avec celle de l'île de Madagascar est encore confirmée par la présence des *Melhania prostrata* et *Vangueria infausta*. Voici comment Burchell caractérise le *Croton gratissimum :* Frutex pulcherrimus, 4-10 pedalis, ramosus, sempervirens. Folia ovato-lanceolata, integerrima, petiolata, alterna, supra viridia, nuda, subtus argenteo-albida. Spicæ terminales. Flores suavissimi odorati. Folia contusa odorem aromaticum (*Lauri nobilis*) spirantia. Calix patens, profunde 5-fidus. Petala 5, lanceolata, patentia, longitudine calycis. Stamina circiter 15, discreta.

(2) Burchell lui donne le nom de *Celastrus saxatilis :* Frutex rigidus, spinosus, 4-pedalis, glaber. Ramuli juniores castanei coloris. Spinæ sæpius nudæ, rectæ, patentes. Folia in-

Dans le pays des Bachapins, Burchell tua un vautour femelle dont les ailes avaient sept pieds d'envergure; la tête était couverte d'un duvet laineux; le plumage était d'un brun noirâtre en dessus et blanc en dessous, ainsi qu'au cou. Les longues plumes des ailes et de la queue étaient noires; le bec et les pattes étaient couleur de chair. La préparation de cet oiseau, pour la collection de Burchell, occasionna beaucoup de dégoût au Hottentot qui en fut chargé, à cause de la puanteur horrible de la chair. La grande quantité de vautours sous un climat aussi chaud que celui de l'Afrique paraît une sage disposition de la nature; car ces animaux, qui ne se nourrissent que de charogne, font promptement disparaître tous les cadavres exposés à l'air, et préviennent ainsi l'infection de l'atmosphère. On ne voyait guère de plantes dans la saison, où le thermomètre descendit quelquefois la nuit au-dessous du point de congélation. Cependant, Burchell découvrit, dans les plaines rocailleuses, une jolie espèce d'aloès, que les Bachapins appellent *tokwi*; il trouva aussi une nouvelle espèce de mésembryanthème (*M. aloides* B.) (1), qui doit être rangé au nombre des plantes dont les indigènes mangent les bulbes, faute d'une meilleure nourriture.

Dans la plaine qui s'étend depuis le Kourouman jusqu'à Littakou, Burchell ajouta à sa collection l'oie d'Égypte (*Anas ægyptiaca*), le canard au bec rouge (*Anas erythrorhyncha*), le pluvier armé (*Maradrius armatus*, B.) (2); une jolie espèce de perdrix, qu'il nomma perdrix bigarrée (*Tetrao variegatus*), à cause de son plumage brun, jaune et noir. Cet oiseau habite les plaines du pays des Betjouanas; il n'approche des sources que pour boire.

La plaine de Littakou, que traverse la rivière Makkwarin (1), repose sur un banc de calcaire primitif et compacte, dont la position est parfaitement horizontale, et que recouvre le sable. Dans quelques endroits, cette roche est à découvert; les sources abondent dans des endroits; elles sont rares là où le sable recouvre à une grande hauteur le banc calcaire. Ce banc paraît se prolonger sur un espace infini dans tout le pays transgariépin. Il sert probablement de base aux montagnes de schiste et de grès. En quelques endroits, on trouve du greenstone, de la serpentine et du granit; on ignore si ces roches reposent également sur le calcaire primitif. On remarque, au reste, dans toute la constitution géologique de ce pays une grande régularité; les bancs de rochers conservent probablement leur position primitive, et on ne voit pas de traces de bouleversement du sol, comme on en remarque ailleurs.

V. PRODUCTIONS NATURELLES DE LA COLONIE DU CAP.

Dans ce chapitre il sera surtout question des productions utiles pour la consommation et le commerce, tandis que les notices qui précèdent peuvent nous donner une idée de l'aspect général du sol et de la végétation. Parmi les productions étrangères qui offriraient des probabilités en faveur de leur culture au cap de Bonne-Espérance, on doit compter toutes les espèces de coton; plusieurs ont été déjà essayées, avec le succès le plus complet, dans le terrain léger et sablonneux qui généralement forme la plus grande partie de la colonie. Deux espèces d'indigo sont sauvages dans plusieurs endroits. Différentes espèces de cactus, plante sur laquelle se nourrit la cochenille, y croissent tout aussi bien que sur le continent d'Amérique. On y cultivait depuis longtemps quelques pieds de thé, mais on les avait négligés; c'est un arbrisseau robuste, qu'il n'est pas facile de détruire quand une fois on

tegerrima, in ramulis junioribus solitaria, ovata, in ramulis anni præcedentis fasciculata, elongate obovata. Pedunculi laterales ex fasciculis foliorum, pauciflori. Capsula majuscula coccinea.

(1) Les autres espèces de mésembryanthèmes établies par Burchell sont : *Mesembryanthemum arboriforme*, *M. campestre*, *M. coriarium*, *M. magnipunctum*, *M. turbiniforme*.

(2) Petit oiseau qui fait entendre, le jour et la nuit, un cri aigre, qu'on pourrait articuler par les paroles : *Brother keevit, brother keevit.*

(1) Cette rivière, comme tant d'autres rivières de l'Afrique méridionale, reste à sec dans certains endroits de son lit.

l'a planté : d'ailleurs, le sol, le climat, le pays, ressemblent infiniment aux provinces de Chine où cet arbrisseau est indigène. Le café est maintenant en plein rapport, et promet de réussir parfaitement, ainsi que la canne à sucre. Le territoire du Cap est susceptible de produire d'excellent tabac.

Le lin donne deux récoltes par an, et le chanvre y vient abondamment; les Hottentots le nomment *dacha;* on n'en fabrique ni toile ni cordage, mais les jeunes pousses, les fleurs et les graines servent aux naturels en guise de tabac. Le mûrier nain y croît aussi bien qu'en Chine. Mais le ver à soie n'existe pas dans la colonie. Cependant, le pays abonde en teignes sauvages, qui filent leurs cocons parmi tous les arbustes; il y en a une espèce particulière, presque aussi grosse que celle nommée Atlas, qui répond à la description du *Paphia* de Fabricius, insecte qui se nourrit sur le *Protea argentea*, arbre d'argent des Hollandais. Le docteur Roxburg pense que c'est précisément le même insecte qui file cette forte soie que les Indiens nomment *tussach.* Le palma-christi, de la graine duquel on retire l'huile du castor, l'aloès, qui fournit la drogue médicinale de ce nom, sont indigènes au Cap, et se rencontrent partout en abondance, ainsi que l'olivier.

Le bois de construction de toute espèce est rare et cher au Cap; et cependant on a pris, jusqu'à présent, peu de peine pour le rendre plus commun. Le bois de chauffage est si rare, qu'une petite charrette chargée de fagots se vend, dans la ville, jusqu'à cinq et même sept dollars.

La colonie possède et cultive avec succès la plupart des fruits d'Europe, et beaucoup de ceux du tropique. On peut, toute l'année, servir sur la table au moins dix espèces de fruits différents, mûrs ou conservés. On y trouve des oranges de deux sortes, la petite mandarine et l'orange commune de Chine, des figues, du raisin et des goyaves; les pêches et les abricots ne sont pas mauvais, et, dans la saison, on les achète à très-bon marché. Les pommes, les poires, les grenades, les coins et les nèfles y sont en abondance.

Il est rare qu'on se donne, au Cap, la peine de greffer les arbres; tous ceux qui y croissent sont sauvageons; les prunes et les cerises y sont médiocres. On y a essayé les groseilles et le petit raisin de Corinthe; mais ils n'ont pas réussi. Les framboises y sont passablement bonnes, mais rares. Quant aux fraises, on en trouve au marché toute l'année. Il n'y a ni avelines ni noisettes; mais on y trouve beaucoup d'amandes, de noix, de châtaignes, d'une excellente qualité, ainsi qu'une très-grosse espèce de mûres d'un parfum délicieux.

Quarante ou cinquante fermes, répandues sur la face orientale de la péninsule, fournissent abondamment au marché presque tous les légumes d'Europe. Quelques-unes de ces fermes sont plantées de vignes, et leur étendue est assez considérable pour produire annuellement une quantité de sept cents pipes, de cent cinquante-quatre gallons chacune, indépendamment des raisins verts, mûrs et secs qu'elles envoient au marché. C'est un vin doux, connu sous le nom de vin de Constance.

Nous allons consacrer à ce vin célèbre quelques détails, qui pourront intéresser les viticulteurs et les gastronomes. Nous en devons la communication à la bienveillance de notre savant ami M. le professeur Krauss, qui fut, il y a quelques années, envoyé en mission au Cap par le gouvernement wurtembergeois. Nous allons traduire à peu près textuellement la notice de M. le professeur Krauss, écrite en allemand.

Sur le penchant oriental de la chaîne de montagnes qui traverse la presqu'île du Cap, depuis la montagne de la Table jusqu'au cap de Bonne-Espérance, se trouvent les vignobles du célèbre vin de Constance et les établissements de *Groot en Kleen-Constantia* (grande et petite Constance). Adrien van der Stell, qui fut gouverneur de la colonie de 1699 à 1707, planta à *Groot-Constantia* le premier vignoble, et lui donna le nom de sa fille Constance. Il y introduisit les muscats rouge et blanc, provenant sans doute de l'Europe méridionale (la France), et dont on voit encore aujourd'hui quelques ceps très-gros. En 1778, l'aïeul du propriétaire actuel, Henri Cloete, acheta tout le terrain pour environ 38,000 fr.;

il l'agrandit, et l'amenda considérablement. En 1784, il fit venir du midi de la France les premiers plants de Frontignan, qui prospéraient rapidement; car, déjà trois ans après, on pouvait en vendre le produit. Ses descendants perfectionnèrent cette culture, et le propriétaire actuel, Jacques Cloete, ne néglige aucune dépense pour conserver au vin de Constance sa réputation universelle.

M. Krauss, qui a longtemps séjourné dans les propriétés de M. Cloete, a recueilli à ce sujet les renseignements suivants : Le vin de Constance doit, suivant M. Cloete lui-même, ses qualités et surtout son bouquet, non pas à un procédé particulier de vinification, mais à la composition du terroir. Les plants qu'on a cultivés dans d'autres districts, tels que la montagne des Tigres, Drakenstein, l'Olifant's-Rivier, donnent sans doute des vins de bonne qualité, mais qui ne sauraient soutenir la comparaison avec le véritable vin de Constance.

La montagne de Constance, au pied de laquelle se trouvent les principaux vignobles de ce nom, est à 700 mètres au-dessus du niveau de la mer; son penchant oriental présente plusieurs vallées profondes, garnies d'arbres et d'arbustes. Au pied de cette montagne on trouve du granit, distingué par de gros grains de feldspath, et surmonté d'une couche de grès bigarré. Le sol des vignes se compose donc, partie de débris granitiques, partie de grès bigarré. C'est de ce mélange en proportions convenables que dépend la qualité du terroir le plus estimé : il a une couleur jaunâtre et contient une multitude de grains de quartz. Ces grains quartzeux rendent le sol très-meuble, et permettent en plein hiver d'y pénétrer facilement, tandis qu'ils forment, pendant l'été, une couche compacte avec l'argile du granit. Dans un vignoble voisin de Constance, on voit des traces évidentes de décomposition de dolomite. Là, le sol est d'un brun rougeâtre (coloré par l'oxyde ferrique), et très-peu propre à la viticulture.

Dans les vignes de Constance on cultive trois sortes de raisins :

1° Le *raisin muscat rouge et blanc :* grappe elliptique, de la grosseur du poing, à baies rondes et très-serrées;

2° Le *Frontignan:* grappe elliptique, de la grosseur du poing, à baies rondes d'un rouge clair;

3° Le *Pontac :* grappe de la moitié moins grosse que les deux précédentes, à baies ovales serrées, très-petites, et d'un bleu foncé; tige rouge de sang; feuilles fortement velues.

Outre ces trois sortes principales, on y trouve le *steen-raisin* (raisin de pierre), à grappe pointue, de la grosseur de celle du muscat, à baies rondes, petites, blanches, non serrées, qui ne sont propres qu'à la fabrication d'un excellent vin mousseux.

Le raisin muscat, rouge et blanc, est cultivé en plus grande quantité : il fournit les vins blancs ou rouges ordinaires de Constance. Le Frontignan et le Pontac sont beaucoup moins cultivés (le dernier surtout), et donnent également des vins très-doux, qui se vendent à un prix plus élevé que les vins de Constance ordinaires.

L'établissement d'un vignoble est très-simple. La première année, on laboure le sol à plus d'un demi-mètre de profondeur, et on y plante, aux mois de septembre et d'octobre (printemps de ces régions), les pieds de vigne à un mètre environ de distance les uns des autres. La seconde année, on fume le terrain légèrement, à l'époque des pluies, dans les mois de juin et de juillet. Les jeunes ceps portent déjà, la seconde année, les premières grappes, qui sont petites; dans la quatrième année, le produit qu'ils donnent est si riche, qu'il peut servir à la vinification. Les vignes sont taillées très-bas, tous les ans, au mois de juillet. On les échenille depuis le mois de septembre jusqu'au mois de novembre. Parmi les insectes les plus nuisibles, on remarque principalement la larve du *Phlyctimus callosus*. La floraison a lieu au mois de novembre, et les raisins mûrissent à la fin de janvier ou au commencement de février. Pour obtenir le vin muscat, on laisse les grappes, au delà de leur maturité, se dessécher à moitié au soleil. A cet effet, on coupe au commencement de mars les feuilles, et on laisse les raisins qui s'y trouvaient à l'ombre exposés à la chaleur du soleil. A la fin de mars ou au commencement d'avril, on les coupe au milieu de la journée, en ayant soin d'élaguer les baies pourries ou non suffisamment desséchées. A partir de ce moment, il faut procéder rapidement à la vinification, parce qu'en raison de la chaleur du climat et de la grande quantité de sucre que renferment ces raisins, la fermentation ne tarde pas à s'établir.

Les vins de Constance s'épaississent en vieillissant; on ne peut donc pas les conserver longtemps. Les vignes de *Groot*, *Kleen* et *Hoch-Constantia* appartiennent aujourd'hui aux deux frères Cloete et à M. van Reeken. (*Fin de la communication de M. Krauss.*)

Le blé, on le laisse croître en terrain ouvert. La péninsule ne produit que de l'orge, que l'on donne aux chevaux de préférence à l'avoine. Le froment n'est cultivé qu'au delà de l'isthme et sur la côte de l'ouest, entre les grandes chaînes de montagnes du nord et du sud; et c'est au delà, dans les districts éloignés (le grand Karrou), que s'élèvent les chevaux, ainsi que les troupeaux de moutons et de bêtes à cornes. Barrow a essayé, avec un grand succès, au Cap la culture de la luzerne commune. La pimprenelle vient également bien.

Dans l'intérieur de la colonie, il y a plusieurs districts très-favorables à la culture des citrons, des oranges et des mandarins; mais la difficulté du transport empêche d'en tirer parti. Quelques colons industrieux expriment le suc des citrons, et le transportent en tonneaux à la ville du Cap; ils savent même tirer l'huile du zest, et en font commerce. L'orange amère ne réussit nulle part dans la colonie; mais la grosse limone (*Citrus decumana*) se voit assez fréquemment.

Les chevaux ne sont point indigènes au Cap. La première souche fut apportée de Java; il en est venu depuis de toutes les parties du monde. Les plus estimés pour leur beauté, leur douceur, et pour le service qu'on en retire, sont les chevaux espagnols noirs et grisâtres, dont la race fut apportée au Cap du sud de l'Amérique. Ils sont petits, souvent mal nourris, et n'en sont pas moins durs au travail; cependant on ne les attelle pas aux grands et lourds chariots de la campagne; ce sont les bœufs qu'on y emploie. Ceux-ci sont tous indigènes, excepté une race provenant de quelques individus d'Europe, nouvellement introduits dans la colonie. Le bœuf du Cap se reconnaît aux jambes longues, aux épaules hautes et aux grandes cornes. Le marché aux poissons est fourni d'une grande variété de poissons de mer, que l'on pêche dans la baie et sur toute la côte. Le meilleur est une espèce de perche d'un rose foncé, que l'on nomme *roman;* mais on ne le prend que dans False-Bay et sur la côte à l'est de cette baie. Après le roman vient le *steen-brassen* rouge et blanc, autrement la brème de roche; ce sont deux espèces, ou peut-être seulement deux variétés de perches. On en prend de différentes grandeurs, depuis une livre jusqu'à trente. Il y a plusieurs autres espèces du même genre, et toutes passablement bonnes à manger. Une de ces espèces, le cabillaud, pèse jusqu'à quarante livres; ce poisson a une nageoire sur le dos, la queue plate, et la naissance des nageoires pectorales est noire. Le poisson hottentot doit son nom à sa couleur d'un brun sale; il a une nageoire sur le dos; la queue est fourchue; il pèse ordinairement environ quatre livres. Une autre perche, nommée poisson d'argent, a une nageoire dorsale et la queue fourchue; le fond de sa couleur est une légère teinte rose, et de chaque côté elle a cinq bandes argentées longitudinales; vraisemblablement c'est celle qui est décrite sous le nom de *Perca striata*. Enfin une quatrième espèce a la nageoire dorsale et la queue fourchue; chaque côté est rayé de six bandes transversales noires, tachetées de blanc. On estime le harder, espèce de *Clupea*, assez semblable au hareng ordinaire; on fait de bonnes fritures du klipfisch ou poisson de pierre; c'est le *Blennius viviparus*. Le *Scomber trachurus*, espèce de maquereau, est d'un goût agréable, mais en général malsain; en conséquence on s'en abstient. Après le mauvais temps, on voit quelquefois dans la baie de grands bancs de maquereaux ordinaires. On fait grand cas du springer, à cause de la graisse épaisse qu'il a le long de la cavité de l'abdomen. Le speering est une espèce d'*Antherina;*

c'est un petit poisson transparent, ayant de chaque côté une large bande qui ressemble à une plaque d'argent. Le knorhaen est un bon poisson; c'est une espèce de *Trigla*. Il a deux forts dards en avant de chaque œil, et deux au-dessus des ouïes. La sole ordinaire vaut ici celle d'Europe. Il arrive quelquefois, après un coup de vent, de prendre des dauphins dans la baie.

Les pêcheurs ont appris à connaître une singulière espèce de raie, la torpille ou raie électrique; elle les électrise, et leur occasionne souvent des commotions lorsqu'ils marchent par mégarde sur les petits poissons de ce genre que la mer lance sur le rivage pendant l'hiver. On en mange d'une autre espèce, que les Anglais ont nommée *skate*. On pêche aussi dans quelques rivières un poisson d'eau douce: c'est un silurus électrique, mais on ne le mange pas. On prend dans la baie une autre espèce de silurus, nommé *bagre*, mais on ne le regarde pas comme un poison. Une espèce d'écrevisse, plusieurs espèces de crabes, une grande variété de moules trop odorantes (1), des huîtres aussi bonnes que celles d'Europe, mais un peu rares au Cap et aux environs, complètent la liste des animaux marins comestibles.

Pendant l'hiver, les baleines fréquentent toutes les baies de l'Afrique; les baleiniers les y pêchent plus facilement qu'en pleine mer. Elles sont inférieures en valeur et en grandeur à celles du Nord; cependant elles sont d'un assez grand prix pour avoir décidé une compagnie à former un établissement au Cap pour en faire la pêche dans la baie de la Table. Leur longueur est communément de quinze à vingt mètres; elles produisent chacune de six à dix tonneaux d'huile. Les barbes d'une aussi petite baleine n'ont que peu de valeur; il est à remarquer que toutes celles qu'on a prises jusqu'à ce jour étaient des femelles. Cette particularité porte à supposer qu'elles ne se jettent dans les baies que pour y déposer leurs petits à l'abri.

Les côtes de l'Afrique australe, et principalement les îles qui avoisinent ces côtes sont couvertes d'une substance organique qui porte le nom de *guano*, et qui est depuis quelque temps fort recherchée comme engrais. L'origine de cette substance, qui se rencontre aussi sur les côtes occidentales de l'Amérique, n'est pas encore bien connue. Cependant on s'accorde généralement à regarder le guano comme une agglomération séculaire d'excréments d'oiseaux marins. Les chimistes y ont constaté la présence d'un principe actif, la guanine, qui forme la base du guano considéré comme engrais (1). Le guano d'Afrique paraît être moins riche en guanine que le guano d'Amérique.

La notice suivante sur les gisements du guano d'Afrique est extraite du *Nautical Magazine*, année 1845 (2). Entre l'île Possession et Angra-Pequena se trouve une île qui n'est pas marquée sur les cartes, et à laquelle on a donné le nom de Ludovic. Cette île, qui a un mille de circonférence, est réunie au continent par une chaîne de roches sur lesquelles la mer se brise. Elle est par 25° 55' de latitude sud, et contient environ dix mille tonneaux de bon guano. A l'est de l'île, il y a mouillage par neuf brasses (16 mètres) pour trois ou quatre navires; mais cet ancrage est peu fréquenté, à cause de la grosse mer qui s'élève continuellement dans l'étroit canal qui se trouve à la pointe nord de l'île.

Sur l'île Hollam's-Bird il y a une masse de guano d'excellente qualité, d'environ dix mille tonneaux. On ne s'en est pas occupé à cause des dangers locaux et des risques que l'on court en cherchant à se procurer cette matière. L'état de la mer autour de l'île ne permet pas de construire un quai pour faciliter l'embarquement. L'île Hollam's-Bird est par 26° 38' de latitude; elle n'a pas plus d'un quart de mille de circonférence; elle laisse entre elle et le continent un chenal d'environ dix milles de large. Une chaîne de récifs qui, s'étendant de la pointe nord, contourne le côté ouest de l'île, et s'avance dans le

(1) M. Degrandpré remarque à ce sujet que les moules, et tous les poissons en général, prennent une odeur insupportable lorsqu'ils ont passé sur des fonds de corail.

(1) Voir *Annuaire de Chimie*, par MM. Reiset, Millon et Hoefer, année 1844.

(2) Voyez *Annales maritimes*, novembre 1845.

sud-ouest à cinq ou six milles de celui-ci, rend l'approche de cette île très-dangereuse, lorsqu'on vient du sud. Les navires mouillent au nord-est de l'île, par dix brasses (18 mètres), fond de roches.

Entre le cap de Bonne-Espérance et le cap Voltas, il y a cinq dépôts de guano:

1° Dans False-Bay, sur l'île Seal, il y en a un d'environ dix mille tonneaux;

2° Dans la baie Saldanha, sur les îles Saint-Julien, le guano est d'une extraction difficile, et n'est pas de bonne qualité; celui de l'île Marens, qui est mélangé de plumes et de coquilles brisées, ne peut servir s'il n'a été épluché et séché; celui de l'île Malga est d'excellente qualité et en pleine exploitation; sa quantité est de quarante-huit mille tonneaux;

3° Entre le cap Voltas et Benguela, on a découvert onze dépôts de guano, dont neuf sont épuisés : ce sont ceux de Pam-Pudding, de Boyds, de Bob, de Possession, de Merman, de Penguin-Seal, d'Ichaboe et de Mercury. Les deux autres qui restent à exploiter sont celui de Ludovic et celui d'Hollam's-Bird, qui sont d'une excellente qualité, mais d'une extraction difficile. Les dépôts de guano de la côte d'Afrique entre le Cap et Benguela étant épuisés, ou à peu près, les nombreux navires anglais qui se trouvaient sur cette côte en sont partis vers la fin de 1844 pour explorer la côte entre le Cap et la mer Rouge. Il paraît qu'à l'est du Cap il s'est formé un dépôt de guano dans la baie d'Algoa; mais il n'est pas de bonne qualité, et il a été abandonné, après avoir procuré un bénéfice de dix schellings par tonneau au gouvernement de Natal. Un autre dépôt de guano deux fois aussi considérable que celui d'Ichaboe, et d'aussi bonne qualité, se trouve sur l'île Tam, par 6° 42′ de latitude sud et 39° 54′ de longitude est de Greenwich (37° 34′ est de Paris). Le gouvernement du Cap en a pris possession; et un ordre récent du gouvernement, en vertu duquel tous les dépôts de guano qui ne se trouvent pas sur des propriétés particulières sont déclarés appartenir à la reine, semble confirmer ce bruit. On a découvert dernièrement un troisième dépôt de guano sur une île qui est quelque part au nord de l'île Latham, et dont la position n'est pas exactement connue. Mais cette île fait partie des possessions de l'iman de Mascate, qui a, dit-on, consenti à ce que les chargements se fissent sous la protection du gouvernement anglais.

VI. HISTOIRE POLITIQUE DE LA COLONIE DU CAP.

Depuis trois siècles que les Portugais ont ouvert, par leurs découvertes, l'Afrique à l'ambition des nations européennes, les Hollandais sont les seuls qui soient parvenus, au cap de Bonne-Espérance, à fonder sur le continent africain une colonie proprement dite. Les établissements en Sénégambie, en Guinée, au Congo et sur la côte orientale, ne sont que des comptoirs commerciaux ou des factoreries armées. Les Européens n'ont pu s'y propager ni s'y maintenir sans que de nouveaux colons de la mère-patrie ne vinssent remplacer ceux que le climat, les guerres ou l'émigration avaient enlevés. L'Algérie n'est une colonie, pour ainsi dire, qu'à l'état de projet. Ce n'est qu'au cap de Bonne-Espérance que l'on a vu l'habitant d'Europe croître et multiplier sur le sol africain, posséder la terre, et la cultiver sans l'assistance exclusive des esclaves.

L'avantage d'un climat tempéré, d'une position favorable au commerce, la douceur des naturels, et les ressources qu'ils offraient aux premiers colons par leurs nombreux troupeaux, ont été, en grande partie, cause de ce succès; mais une grande partie aussi est due à la sagesse et à l'habileté de Riebeek, le premier fondateur de la colonie. Sa distribution des terres, les avances qu'il fit aux premiers colons, l'activité qu'il mit à suffire à tous leurs besoins, les conseils qu'il institua pour faciliter l'administration de la justice et la sécurité intérieure et extérieure du pays, produisirent un accord parfait entre les gouvernants et les gouvernés. De là est résultée une période de plusieurs années de prospérité, qu'on a nommée l'âge d'or de la colonie. Mais il fut de bien courte durée.

La tyrannie des gouverneurs qui succédèrent au sage Riebeek, et surtout le monopole exercé par les agents de la compagnie des Indes, firent naître ces dispositions hostiles des colons qui, même avant toutes les révolutions d'Europe, les auraient portés à imiter l'exemple des Américains et à se rendre indépendants, si les événements ne les avaient depuis placés sous la domination de l'Angleterre. Ce n'est pas que le gouvernement de la mère patrie n'ait plusieurs fois essayé de détruire les abus, en envoyant des commissions d'enquête; mais le mal auquel on remédiait momentanément renaissait sans cesse, parce qu'il tenait aux vices de l'organisation d'une compagnie de marchands, dont les agents, pour s'enrichir promptement, se servaient de toutes sortes de moyens illégitimes. C'est en vain que la compagnie, par une ordonnance en date du 30 octobre 1706, leur enjoignit « de se contenter de leur salaire, et de ne point s'immiscer dans le commerce de blé, de vin et de bétail, en empiétant ainsi sur les priviléges des colons libres. » On trouva toujours quelque prétexte pour éluder ces ordonnances; les colons continuèrent d'être accablés d'impôts, de corvées et d'exactions de tout genre, sans que pour cela le gouvernement en fût plus riche.

Malgré l'accroissement de la population coloniale, malgré l'augmentation graduelle des impôts, la colonie du Cap fut toujours à charge à la compagnie des Indes de Hollande. Le général Mossel, en 1753, portait les dépenses à 404,000 florins, et les revenus à 140,000, ce qui présente un déficit de 264,000 florins. En 1779, cette différence fut encore plus considérable; les dépenses s'élevèrent à 505,269 florins, et les revenus à 195,168 florins; de sorte qu'il y eut un déficit de 300,000 florins, provenant en grande partie de l'augmentation de la milice.

La révolution française a fait le tour du monde. Elle fit donc aussi naître chez les colons du Cap un certain esprit de liberté et d'indépendance; nul doute qu'un mouvement n'eût éclaté si les Anglais n'avaient saisi l'occasion favorable pour s'emparer d'une colonie dont l'importance pour leurs vastes possessions indo-orientales ne pouvait échapper à leur politique aussi ambitieuse que persévérante.

Une flotte, commandée par l'amiral Elphinstone, fut envoyée en 1795; elle débarqua à la baie de Simon les troupes anglaises sous les ordres du général Craig. Ce général y reçut cinq cents hommes de renfort et un détachement de soldats de marine. Il s'avança par le défilé de Muisenberg, les Thermopyles du Cap. Les Hollandais, auxquels s'étaient réunis quelques Hottentots, abandonnèrent lâchement ce défilé, qu'ils avaient d'abord résolu de défendre, et se retirèrent à Wyneberg. Le général Craig, qui venait de recevoir de nouveaux renforts d'Europe sous le commandement du général Clarke', leur fit encore abandonner ce poste, et bientôt il atteignit la ville du Cap, qui se rendit le 16 septembre 1796. La loi martiale y fut aussitôt mise en vigueur; on laissa au fiscal la haute police et l'administration intérieure de la ville; mais le droit de vie et de mort fut déposé entre les mains du commandant en chef. A l'arrivée du gouverneur Macartney, l'autorité civile rentra dans ses droits.

Les Hollandais firent quelques tentatives pour reprendre leurs possessions. En août 1796, ils envoyèrent une flotte sous le commandement de l'amiral Lucas; mais elle fut cernée par la flotte anglaise, et obligée de se rendre à discrétion (1).

En vertu d'un article du traité de paix d'Amiens, la colonie du Cap fut rendue à la Hollande. Un commissaire hollandais, M. de Mist, avait été chargé de la recevoir des mains des autorités anglaises et de l'organiser; M. Janssens avait été en même temps désigné comme gouverneur de la colonie (2).

Dès le mois d'octobre 1803, le général Janssens commença ses fonctions. Il voulut lui-même parcourir la colonie, pour mieux juger de l'état des choses. Mais à peine avait-il commencé sa tournée qu'il reçut des dépêches qui lui annonçaient la rupture de la paix et la reprise des hostilités entre la France et l'Angleterre, ce qui le força à retourner promptement à la capitale, en laissant

(1) Robert Percival, *An account of the cape of Good-Hope*, etc.; London, 1804, in-4°. — L'auteur était capitaine dans le 18e régiment irlandais, et témoin et acteur de la prise de la flotte de Lucas.

(2) C'est auprès du fils du général Janssens que M. Lichtenstein, auquel nous devons tous les détails de la seconde prise de la colonie, avait la charge de précepteur.

sa suite en arrière. Il se hâta de mettre la colonie en état de défense contre une attaque de la marine anglaise. Les bourgeois et les colons furent inscrits dans la milice pour soulager la garnison, qui n'était que de deux mille hommes. Pour habituer son petit corps d'armée aux fatigues de la guerre, il campa avec ses troupes dans la plaine, à l'est de la montagne de la Table, et auprès de la rivière de Riebeek, tandis que la milice bourgeoise faisait le service de la garnison. Par suite d'une épidémie qui commença à décimer les troupes, on leva le camp, qui fut transporté sur le terrain appelé les Vignobles (Wyneberg). A la fin de 1805 on eut les premières nouvelles de l'approche d'une flotte anglaise qui devait prendre possession de la ville du Cap; le 4 janvier 1806, à la pointe du jour, on l'aperçut du haut des montagnes : elle se composait de soixante-trois voiles. Le soir, la flotte, sous le commandement de l'amiral Popham, jeta l'ancre entre le Robben-Eiland et la côte. Le 8 janvier, un combat décida du sort de la ville du Cap, qui fut obligée, le lendemain, de capituler. Le général Janssens se retrancha, avec les quinze cents hommes de troupes qui lui restaient, sur les hauteurs de Hottentosch-Holland; mais les Anglais ayant tourné cette position forte, il fut obligé de renoncer à la défense de la colonie. Une capitulation honorable, conclue le 23 janvier, au pied de la montagne, lui assura un libre départ avec ses troupes pour la Hollande.

Tel a été le sort de la colonie du Cap. Fondée par les Hollandais, prise par les Anglais, rendue aux Hollandais, et reprise par les Anglais, sa possession a été définitivement assurée à ces derniers par le traité de Vienne.

VII. ÉTAT ACTUEL DE LA COLONIE DU CAP.

1. *Administration de la colonie; finances, commerce*, etc. (1).

Administration politique. — Sous la domination hollandaise, la colonie du Cap était administrée par la compagnie des Indes. Un gouverneur, assisté d'un conseil, rendait compte de son administration aux directeurs de cette compagnie. Il promulguait des lois, levait des impôts, nommait aux fonctions civiles, et accordait des terres à perpétuité ou temporairement; seulement pour l'administration de la justice et la police générale, il recevait des ordres des états généraux de Hollande. Quand la colonie fut prise pour la première fois par les Anglais, en 1795, le gouverneur anglais fut investi de pouvoirs à peu près aussi illimités. Mais lorsque, conformément au traité d'Amiens, le Cap fut rendu, en 1803, à la république batave, le commissaire hollandais qui y fut envoyé déclara qu'à l'avenir la colonie serait régie par les mêmes lois que la république. Le commissaire promulgua des lois provisoires; le gouverneur et un conseil de neuf membres eurent le pouvoir exécutif. En 1806 les Anglais reprirent définitivement possession de la colonie; et depuis lors le gouverneur seul fut investi de tous les pouvoirs; il pouvait faire des lois et ordonnances, modifier ou annuler les anciennes; lever des impôts, fixer les baux des terres, faire des concessions de terrains, et émettre du papier-monnaie; il avait la juridiction d'appel dans toutes les causes où il s'agissait d'une somme de 200 livres sterling, ou 1,000 dollars, et dans tous les procès criminels, susceptibles d'appel, et qui ressortissaient auparavant de la haute justice de Batavia. Il réglait la procédure et contrôlait la conduite des juges dans le cas de plaintes. Il eut plus tard aussi le pouvoir de mitiger les punitions décernées par les juges; et à l'exemple des gouverneurs hollandais, il usait de la faculté de renvoyer de la colonie ceux qui avaient provoqué son ressentiment; en sorte que, malgré le changement de gouvernement, les colons étaient aussi arbitrairement régis par les Anglais qu'ils l'avaient été par les Hollandais. Le seul changement important qui eut lieu en 1812, ce fut l'abandon que l'autorité fit

(1) La plupart des détails qui suivent sont tirés d'un document officiel, imprimé en 1827 et 1828 par ordre du parlement anglais : *Reports of the commissioners of enquiry upon the administration of the government and upon the finances at the Cape of Good-Hope*; London, 1827-1828, in-fol.

des terres à ceux qui, sous le régime hollandais, n'avaient été considérés que comme les fermiers du gouvernement. Ce n'est que depuis lors que les propriétaires eurent un intérêt à améliorer leurs possessions. On permit aux colons d'exporter leurs denrées, le grain excepté, pour les places commerçantes de la Grande-Bretagne, avantage qui fut sensible, surtout lorsque l'Angleterre mit à Sainte-Hélène une garnison considérable, à cause de la captivité de l'empereur Napoléon. A cette époque, le Cap fournit une grande partie des approvisionnements.

Pour mettre les colons en sûreté contre les Cafres, la Hollande avait prohibé à ceux-ci l'entrée dans la colonie: Les Anglais mirent une force militaire assez considérable à Uitenhage, expulsèrent les Cafres de Zuureveld, et les rejetèrent sur la rive septentrionale de la grande rivière des Poissons, qui avait été désignée ou prise pour la limite de la colonie du côté de la Cafrerie.

L'exécution des ordres du gouverneur est confiée au secrétaire colonial, qui signe tous les actes du gouvernement. Quelquefois il est remplacé par un sous-secrétaire. Ses bureaux contiennent les archives administratives et le registre de toutes les demandes adressées au gouvernement. Ce secrétaire est un ministre au petit pied, et beaucoup de colons le regardent comme aussi puissant que le gouverneur même. Il exerce, en effet, une grande influence sur l'administration, et il est souvent plus important d'être protégé par lui que par le chef.

Dans les districts, la police, la justice et l'administration civile sont entre les mains des *landdrosts* et des *heemraden*, ou conseillers intimes. Suivant la population, le nombre de ces conseillers varie de quatre à huit. La grande étendue de quelques districts a forcé récemment d'établir des landdrosties subsidiaires, qui dépendent des landdrosties principales. A Simons-Town, l'officier qui a le commandement militaire exerce les fonctions de résident du gouvernement; c'est un landdrost sous un autre nom. C'est le gouverneur qui nomme les heemraden. Les deux plus anciens sortent annuellement du conseil de chaque landdrostie. Pour les remplacer, le landdrost et les autres heemraden désignent quatre candidats, parmi lesquels le gouverneur choisit deux heemraden nouveaux. Toutefois, les conseillers sortants sont rééligibles. Pour être apte à ces fonctions il faut être âgé de trente ans au moins, avoir résidé dans le district pendant trois ans, y posséder une terre en propre ou en bail, ou avoir des biens fonciers dans le chef-lieu. Sous la présidence du landdrost, les heemraden s'assemblent mensuellement pour expédier les affaires civiles et les procès criminels, pour contrôler les recettes et dépenses, dont les comptes passent dans les bureaux du secrétaire colonial à la fin de l'année. Chaque semaine, le landdrost et les heemraden siégent comme juges. Les administrations de district sont chargées, entre autres affaires, de donner leur avis sur les demandes adressées au gouvernement, et tendant à obtenir des concessions de terrain, ou à convertir les baux en titres de propriété, moyennant une somme une fois payée. Cet avis se donne ordinairement après une inspection du terrain faite par le landdrost, un des heemraden et un arpenteur juré du district.

Le conseil des landdrosts et heemraden a un secrétaire nommé par le gouverneur. Ce secrétaire unit fréquemment à sa charge celle de commissaire priseur, pour toutes les ventes à l'enchère qui ont lieu dans le district. Tous les secrétaires ont le privilége exclusif du notariat, et reçoivent en dépôt les actes civils des particuliers. Enfin, sous le rapport de la police, le landdrost est secondé par les *veldcornets*, que l'on prend parmi les notables de chaque district, et que le gouverneur nomme sur la présentation des landdrosts.

Depuis que la population de la colonie s'est accrue, surtout par l'émigration des Anglais à qui on a assigné des terres à cultiver, on a senti la nécessité de surveiller l'administration des landdrosts, dont quelques-uns sont à sept cents milles anglais du siége du gouvernement, et pourraient impunément enfreindre leurs devoirs.

Toute la colonie a été divisée en deux provinces : celle de l'Ouest, comprenant les districts du Cap, de Stellenbosch,

Zwellendam, Worcester et Clanwilliam; et la province de l'Est, composée des districts de Graaff-Reynett, Beaufort, Somerset, Albany, Uitenhage et George. Chacune de ces provinces a son chef; elles sont à peu près égales en étendue; en 1826, on comptait dans la province Occidentale quarante-cinq mille quatorze individus libres, et vingt-huit mille neuf cent trente-quatre esclaves; et dans la province de l'Est, trente-neuf mille cinq cent treize individus libres, et six mille cinq cent soixante-quinze esclaves. La première de ces provinces produit surtout des grains et du vin. La seconde est riche en pâturages, et convient essentiellement pour élever des bestiaux et des moutons. La ville du Cap, quoique fort éloignée de plusieurs districts, continue d'être le chef-lieu de la province occidentale, parce que c'est le lieu de débarquement et l'entrepôt des productions de la colonie. Pour le chef-lieu de la province Orientale on a désigné Uitenhage, ou bien Graham's-Town, qui, comme position militaire et étant dans le voisinage de la Cafrerie, mérite peut-être la préférence.

Le gouverneur de la colonie est assisté, comme nous l'avons dit, par un conseil composé des principaux fonctionnaires publics. Les anciens colons, habitués, depuis le régime hollandais, à cette forme de gouvernement, ne demandent pas autre chose. Mais il s'est élevé une génération plus exigeante : ce sont les fils des colons anglais qui se sont établis sous les auspices du gouvernement actuel : ils reçoivent de l'éducation, connaissent les avantages du régime constitutionnel, et désirent voir introduire la forme représentative dans le gouvernement de leur colonie. Ces vœux ne peuvent manquer de se fortifier de plus en plus, et méritent des égards. Aussi, a-t-il déjà été proposé de créer dans chacune des deux provinces une assemblée législative, l'une de vingt, et l'autre de huit membres. Ce ne peut être qu'un simulacre de représentation; mais on prétend qu'on trouve jusqu'à présent trop peu de personnes capables de siéger dans de pareilles assemblées, et qu'il faut attendre que l'éducation devienne plus générale; c'est à quoi tendront les écoles qui ont été fondées dans les derniers temps. Le gouverneur a des pouvoirs trop étendus relativement à l'assiette des impôts, à la faculté de faire grâce des peines et amendes encourues, de renvoyer des individus de la colonie, de nommer aux emplois.

La province de l'Ouest se compose, comme nous l'avons vu, de quatre districts ou landdrosties, dont l'un a une sous-drostie. Ces districts diffèrent en grandeur et en population. Le district du Cap, qui produit principalement du grain, a une population concentrée de huit mille neuf cent soixante-neuf âmes, dont trois mille six cent quatre-vingt-dix-neuf esclaves. Il a des fermes bien tenues; le landdrost siége au chef-lieu. Le district de Stellenbosch, bien plus étendu, compte seize mille quatre cent quarante-six âmes, dont huit mille six cent quatre-vingt-dix-neuf esclaves. Il produit beaucoup de vin de très-bonne qualité. Le chef-lieu, Stellenbosch, est trop reculé, et communique trop difficilement avec la ville du Cap; toutefois, une population considérable habite ce chef-lieu et les environs, et on ne pourrait, sans inconvénients, transférer ailleurs le siége de l'administration. Dans le district de Zwellendam, on compte treize mille sept cent quarante-six âmes, parmi lesquelles trois mille quarante et un esclaves.

Le sous-drosty de Caledon, qui dépendait auparavant du district, a maintenant un magistrat particulier. Dans le district de Worcester, qui comprend le sous-drosty de Clanwilliam et la sous-magistrature de Tülbagh, il y a onze mille six cent vingt-trois habitants, y compris quatre mille sept cent onze esclaves. Le siége du landdrost était d'abord à Tülbagh; mais il a été transféré à Worcester, au grand mécontentement des paysans du Nieuweveld, du Roggeveld et du Bokkeveld, qui se trouvent maintenant trop éloignés du chef-lieu; Tülbagh même est à trois ou quatre journées du nord et de l'est de ces contrées. Les paysans, allant toujours chercher de nouveaux pâturages pour leur bétail, finissent par étendre peu à peu les limites de la colonie; c'est ainsi qu'ils regardent déjà comme en faisant partie les bords du Sak-Rivier, où erraient encore il n'y a pas longtemps les malheureux Boschjesmans et

Village de [illegible]

quelques peuplades ou familles de la race mêlée des Hottentots bâtards. Le gouvernement ne gagne rien à cette usurpation; au contraire, en étendant la colonie sur des terrains peu productifs, on la force à augmenter les moyens de défense et les frais d'administration, d'autant plus que les paysans errants, qui commettent de graves injustices envers les sauvages indigènes, exigent une surveillance spéciale. Si nous nous tournons maintenant vers la province Orientale, nous y trouvons d'abord, le plus près du district de Worcester, celui de Graaff-Reynett, qui présente à peu près le même aspect et le même climat. Avec le sous-droste de Beaufort et une partie de Cradock, ce vaste district a une population de vingt-sept mille six cent quarante-sept individus, dont seulement trois mille cent vingt-quatre esclaves. C'est dans les montagnes de Graaff-Reynett que s'engraissent les bestiaux et les moutons destinés à l'approvisionnement de la ville du Cap.

Les herbagers ont fini par longer le cours de la rivière d'Hippopotame jusqu'à son confluent avec la rivière d'Orange; il a fallu tracer une nouvelle limite de ce côté : elle comprend maintenant le territoire qui s'étend depuis la chaîne de Winterberg jusqu'au nord de la rivière de Sak, sur la frontière de l'ouest. Beaucoup d'herbagers, au lieu de se contenter d'élever des bestiaux sur les terrains qui leur ont été alloués, profitent du voisinage de la frontière pour vendre illicitement des armes et de la poudre aux tribus des Griquas et Betjouanas. Cette contrebande est d'autant plus condamnable, que les tribus qu'on vient de nommer tendent à gagner de l'ascendant sur les tribus plus éloignées, et font une guerre d'extermination aux pauvres Boschjesmans, qui ne tiennent à aucun sol. C'est à ces guerres acharnées qu'il faut attribuer l'état de détresse auquel sont réduites plusieurs tribus, et qui a forcé un grand nombre de ces indigènes à se réfugier dans la colonie, où ils se sont mis au service des colons. Comme le chef-lieu est à six journées de ces contrées limitrophes, le gouvernement n'est guère capable de surveiller la conduite des paysans envers les peuplades sauvages et envers les individus qui se mettent à leur service. Le sous-drosty de Beaufort a été établi sur la lisière des plaines du Karrou, pour servir de communication entre le nord et le sud du district, et pour surveiller les esclaves et les Hottentots fugitifs qui se livrent quelquefois au brigandage avant de dépasser la frontière, et se joindre aux tribus sauvages. Le gouvernement a laissé pénétrer les missionnaires de ce côté plus loin qu'ailleurs. On ne remarque pas que les missions aient fait de grands progrès dans la civilisation des sauvages, ni que la colonie fasse plus de commerce qu'auparavant avec les tribus du dehors; seulement les missions ont produit cet avantage qu'elles ont répandu le nom européen, qu'elles rendent les blancs respectables aux yeux des nations barbares, et qu'elles aplanissent la voie pour des relations amicales à la place des mesures de sûreté militaires qu'on a été jusqu'à présent obligé de prendre contre elles.

Le district de Somerset, contigu à la partie de la Cafrerie où les tribus sauvages sont animées de l'esprit le plus hostile, a été composé d'une partie de Graaff-Reynett, du sous-drosty de Cradock, et d'une partie d'Albany. Ce district n'est ni très-étendu ni bien peuplé. Le but qu'on s'est proposé en le formant a été d'établir une autorité pour surveiller les colons qui, dans une partie de cette contrée, ont des habitudes blâmables et n'obéissent guère aux lois. Il ne reste au district d'Albany qu'une population de deux mille sept cent soixante-sept individus, dont quatre cents esclaves.

Outre le landdrost établi à Graham's-Town, on a cru devoir envoyer un magistrat à l'embouchure de la rivière Kousie, également pour surveiller la conduite des colons. Uitenhage est un district peuplé de huit mille trois cent quatre-vingt-dix-neuf habitants, parmi lesquels onze cent trente-deux sont esclaves. L'officier qui commande le fort de la baie d'Algoa a été chargé provisoirement des fonctions de magistrat dans la contrée voisine de cette baie. Enfin, dans le district de George, la population est de six mille sept cent trente-sept individus, y compris dix-neuf cent dix-neuf esclaves. Le sol y est en général pauvre; les communications y sont difficiles. Le village de George, qui en est le chef-lieu, s'est peu accru depuis qu'il est fondé. Dans le voisinage de George il y a un village hottentot plus peuplé que ce chef-lieu.

Une espèce de conseil municipal existe, dans la ville du Cap, sous le nom de sénat bourgeois (*Bürgersenat*); son origine date de l'an 1657, lorsque le commissaire du gouvernement hollandais ou de la compagnie, Van Goes, désigna deux magistrats pour juger en matière criminelle les hommes libres, c'est-à-dire ceux qui n'étaient pas au service de la compagnie de l'Inde. L'année suivante on doubla leur nombre, et on étendit leur juridiction sur les affaires civiles. Ils continuèrent d'exercer ces fonctions jusqu'en 1784; dans la même année une cour de justice fut établie; elle se composait d'un président et de douze juges, dont la moitié était prise parmi les fonctionnaires de la compagnie; l'autre moitié consistait dans le sénat bourgeois, qui fut porté alors à six membres permanents. Ils continuèrent ainsi d'exercer des fonctions judiciaires jusqu'en 1792, lors de la réforme de la justice au Cap. Ce sénat administrait et réglait en outre les affaires de la ville, et même du district entier du Cap, avant que celui-ci fût placé sous une juridiction particulière; ce qui eut lieu en 1809.

Lors de la reprise de la colonie, en 1804, le commissaire du gouvernement hollandais proposa d'accorder à la bourgeoisie du Cap la faculté d'élire les membres du sénat, à l'imitation des municipalités dans tous les États libres; cependant le gouverneur général Janssens maintint le vieux système colonial; les six membres du sénat furent même réduits à cinq. Les Anglais n'accordèrent pas à ce corps plus de franchise municipale que les Hollandais; lord Caledon le réduisit à un président et quatre membres qui devaient exercer chacun à son tour, et pendant deux ans, la présidence, à laquelle on attache un salaire de 3,500 rixdollars; ils sont chargés de l'administration des terres appartenant à la ville, de la grande et petite voirie, des conduits d'eau, de la taxation de la viande et des grains, de l'inspection des poids et mesures, enfin des pompes à feu. Ils ont le pouvoir de faire des règlements et de condamner à des amendes. Avant qu'il y eût un surintendant, le sénat bourgeois exerçait aussi la police sur les gardes de nuit et sur les étrangers. Actuellement il exerce une police vexatoire sur les noirs libres, qui ne peuvent s'éloigner de la ville, même pour quelques heures, sans un laisser-passer du directeur des pompes à feu. En cas de contravention, on les arrête, et on les conduit en prison. Le sénat bourgeois est autorisé aussi d'empêcher la mendicité et de prendre soin des indigents infirmes. A cet effet, l'hospice Somerset, acheté aux frais de la ville, a été confié à sa surveillance; c'est lui qui nomme les officiers et les employés de cet établissement. Ce qui lui donnait encore plus d'importance, c'est qu'il était chargé de la surveillance des écoles, qui est maintenant presque en entier entre les mains de la commission biblique et scolaire. D'après ses instructions, le sénat devait surveiller la moralité des habitants, et faire au gouverneur un rapport sur les excès et débauches des individus qui exerçaient de l'influence sur d'autres. En dernier lieu, le perception des revenus publics et la gestion des fonds provenant des impôts payés par les habitants de la ville, sont entre ses mains; il dresse le budget du chef-lieu de la colonie.

Finances de la colonie. Dans l'origine, la colonie du Cap ne devait servir qu'à fournir des vivres aux vaisseaux de la compagnie de l'Inde; elle ne s'étendait que jusqu'au Salt-Rivier, et l'on ne cultivait que quelques terres en grains et en tabac. La compagnie fournissait les outils de labourage et les bestiaux; elle accordait ces terres avec exemption de taxes pour trois ans; mais passé ce terme, elle exigeait des fermiers une rente consistant dans le dixième du produit des terres. Ils étaient obligés de vendre le produit entier à la compagnie, qui prélevait aussi le dixième du produit dont elle leur abandonnait l'usage. Elle leur accordait le droit de pêche pour leur consommation, et la libre disposition d'une partie du produit. Mais il leur était défendu de tenir des tavernes, de commercer en bestiaux avec les indigènes. La compagnie leur fournissait à crédit des marchandises, en prenant hypothèque sur leurs terres.

Quand la colonie s'accrut, il fallut bien se relâcher un peu de ce régime de tutelle. Les bourgeois francs de la ville du Cap obtinrent des facilités pour commercer avec les paysans; ceux-ci furent aussi moins restreints dans leurs relations commerciales; mais le système des revenus fut maintenu. En reléguant peu à peu les indigènes, on disposa de leurs terres en faveur des fermiers, qui furent obligés de payer à la compagnie une dîme en bétail. On fit des concessions de terrains arrosés de sources, en les abandonnant, moyennant une somme fixe, pour plusieurs années. Un collecteur faisait rentrer dans les magasins de la compagnie, avant la moisson, ce qui lui était dû en rentes; et pour tenir tout le monde dans l'ordre, il était défendu de cuire du pain sans une licence, sous peine d'amende et de travaux forcés pendant six mois. La compagnie poursuivait les boulangers qui achetaient du grain sans licence, ou qui faisaient moudre ailleurs que dans ses moulins. En 1711, l'esprit de fiscalité comprit aussi les vignes dans les dîmes. Outre le droit sur les bestiaux, qui équivalait à vingt-quatre rixdollars pour trois mille arpents de pâturages, la compagnie, sous prétexte de réparer les routes et de détruire les bêtes féroces, leva encore une taxe payable en bestiaux et en brebis. On voit, par un rapport d'un comité en 1792, que depuis 1781 jusqu'en 1791 on avait levé sur les colons, en taxes directes, la somme de 2,652,898 florins (176,889 livres sterling). Le produit de leurs terres était trop éventuel pour permettre une surcharge de taxes. La compagnie, au lieu de percevoir la dîme en nature, avait fini par accepter une somme d'argent; elle revint à l'ancien mode de perception des productions en nature; et ses magasins fournirent aux boulangers le grain nécessaire. Cependant la nécessité ne tarda pas à la faire renoncer au monopole des grains. Des greniers de prévoyance furent établis pour l'approvisionnement du chef-lieu, mais toujours sous l'obligation de payer une dîme à la compagnie. Le gouvernement batave eut soin aussi d'imposer des taxes sur le vin et sur l'eau-de-vie introduits du dehors; il s'attribua le monopole du vin en détail, et afferma à quatre personnes le droit du débit dans toute la colonie. Ces débitants privilégiés ont le nom de fermiers. Le monopole n'a été aboli en 1823 que dans la ville du Cap et dans le district d'Albany.

Outre les taxes sur les propriétés et les productions, on lève une taxe personnelle, ou une capitation, sur tous les individus; les hommes commencent à la payer à l'âge de seize ans, et les femmes à l'âge de vingt. Avant l'année 1813, on mettait en réquisition, pour le service public, les chevaux et les chariots des habitants, sans aucune rétribution; depuis lors, il a été ordonné de payer les relais. Il en est résulté des dépenses considérables dans les districts de l'est, où passe la route assez fréquentée de la Cafrerie. Il a fallu, dans ce pays, lever des taxes extraordinaires pour défrayer les voyages des fonctionnaires.

En 1812 on a établi une nouvelle taxe sous le nom de *commando-tax;* en voici le motif. De tout temps les habitants mâles de la colonie ont été obligés, depuis l'âge de seize ans, au service militaire, quand il s'est agi de défendre les frontières contre les tribus vagabondes. Cependant, comme ce service était très-onéreux pour les districts de l'ouest, dont les habitants étaient forcés de s'absenter très-loin et pour longtemps de leurs demeures, ils firent la proposition de se cotiser, afin de fournir de quoi défrayer un corps soldé pour la défense des frontières. Le gouvernement n'eut garde de refuser. Une somme de 61,000 dollars fut imposée et répartie sur la ville du Cap et sur les cinq districts les plus éloignés des frontières. La ville seule fut imposée à la somme de 15,000 dollars, c'est-à-dire à un quart à peu près.

En 1813, le gouverneur sir J. Cradock s'occupa d'assurer aux colons un droit de propriété, afin de les engager ainsi à mieux cultiver les terres, et à augmenter les revenus du gouvernement. On leur accorda la faculté de demeurer fermiers ou d'acquérir des titres de propriété; pour cela, il fallait faire lever les terrains par les arpenteurs, entendre les avis des landdrosts et leurs heemraden, examiner les réclamations des colons, etc. C'était beaucoup d'embarras pour le gouvernement. Les colons se plaignaient de payer toujours, et le gouvernement prétendait qu'il ne retirait pas d'avantage d'une mesure qui devait accroître ses finances. Quand les fermiers apportent leurs denrées au marché de la ville, leurs chariots subissent à l'octroi des visites longues et minutieuses; il en résulte des délais ajoutés à ceux que cause un voyage long et pénible, à cause des attelages de bœufs qu'on prend ordinairement. On lève un rixdollar pour jauger les barils de vin et d'eau-de-vie : cet impôt est destiné à faire un fonds pour l'entretien d'une bibliothèque publique. En 1824 il a rapporté 16,181 rixdollars; aussi le gouvernement a-t-il trouvé bon de joindre cet impôt aux autres, et de prendre la bibliothèque à sa charge. Au marché du Cap, il n'y a pas une seule denrée qui ne paye un impôt. Dans l'origine, c'était uniquement pour la construction d'un marché neuf, mais actuellement ces impôts servent à faire face à beaucoup de dépenses. Les bouchers ne peuvent abattre ou vendre, au Cap, une pièce de bétail sans payer à l'État deux rixdollars. En 1825, ils ont payé de cette manière 33,193 rixdollars. D'un autre côté, les boulangers payent un rixdollar d'impôt pour chaque double boisseau de farine qu'ils emploient. Cette taxe est appliquée à l'entretien des greniers publics, qui ont reçu ainsi, en 1825, la somme de 25,554 rixdollars. Pour lever plus facilement ces impôts, on ne laisse travailler d'autres bouchers ni d'autres boulangers que ceux qui ont obtenu des licences. Il paraît que dans les districts les landdrosts imitent ce système, qui détruit la concurrence et gêne l'industrie. On ne peut pas dire que les vivres soient chers au Cap; cependant ils seraient à meilleur marché si l'on ôtait les entraves du débit. Les anciens colons, qui sont généralement d'un caractère indolent, trouvent fort commode de faire faire tous les travaux des champs par des esclaves ou par des Hottentots qu'ils louent à leur prix. On espère que les colons anglais récemment arrivés répandront des habitudes plus laborieuses, et feront disparaître cette paresse, cause de la lenteur des progrès de la colonie dans l'agriculture et dans les arts mécaniques.

Il se fait dans la colonie une grande consommation de poudre, tant pour la destruction du gros gibier que pour la défense des fermes isolées. Le gouvernement s'était attribué le monopole de la poudre, surtout avec l'intention d'en surveiller la distribution et d'empêcher que les colons n'en vendissent avec des armes à feu aux tribus sauvages sur les frontières de la colonie. Cette précaution a été inutile. On a vendu sans cesse de la poudre et des armes par contrebande. Comme il faut nécessairement que les paysans, surtout vers les frontières, soient armés, on a conseillé au gouvernement de renoncer au monopole, et de laisser les paysans se munir d'armes comme ils voudraient.

Les douanes sont, dans la colonie, d'une institution récente. Dans l'origine, la colonie n'existait que pour la commodité de la compagnie de l'Inde; ceux qui s'y établissaient en cultivateurs étaient exclus du privilége de commercer avec le dehors; ils devaient se trouver heureux si, par leur propre travail ou par celui de leurs esclaves, ils produisaient assez de denrées pour pouvoir les échanger contre quelques articles de première nécessité. Pendant tout le temps du régime hollandais, le commerce avec le dehors ne fut jamais encouragé: ce n'est que depuis que les Anglais ont pris pour la seconde fois possession du Cap, que ce pays maritime a commencé d'avoir part aux affaires du monde commercial. Une nouvelle espèce de colons est venue s'y établir: c'étaient des consommateurs qui savaient subsister à l'aide de leur industrie, et qui avaient plus d'activité que les colons de l'ancienne race. En mettant en circulation un papier-monnaie soutenu par son crédit, le gouvernement facilita les transactions commerciales. Le commerce augmenta; on prit le goût de la vie aisée des Européens. La prohibition de la traite des noirs engagea les colons du Cap à tirer parti de leurs esclaves, en les louant pour un certain temps à ceux qui avaient besoin de leurs services. Ce qui avait surtout contribué à la prospérité de la colonie, c'étaient les approvisionnements de la flotte anglaise dans le temps de guerre. Mais la paix vint enfin; la flotte fut réduite ainsi que la garnison; le papier-monnaie perdit de sa valeur; de mauvaises récoltes et des spéculations manquées sur les vins du Cap produisirent de la gêne dans le commerce. Le gouvernement anglais avait d'ailleurs pris des mesures pour forcer la colonie à ne commercer qu'avec la Grande-Bretagne. Dix pour cent d'impôt sur l'introduction des marchandises étrangères mirent presque fin aux relations avec le dehors, surtout avec les ports de l'est, d'où le Cap tirait des vivres dans les mauvaises années, notamment du blé et du riz. En revanche, le Cap fut inondé de marchandises anglaises à bon compte. Il n'a point de marine pour faire un commerce important avec les Indes occidentales ou avec l'Amérique du Sud; il ne lui vient plus que peu de navires de l'Europe, si l'on excepte l'Angleterre; ceux qui arrivent apportent quelques articles de fabrique hollandaise, pour lesquels les colons de l'ancienne race marquent de la prédilection, et quelques marchandises françaises. Le gouvernement anglais, fidèle à son système colonial, persiste à maintenir l'impôt de dix pour cent sur les marchandises étrangères, et sur toutes les denrées quelconques des contrées orientales, tandis qu'il ne prend que trois et un quart pour cent sur toutes les productions et marchandises venant d'Angleterre sur des bâtiments nationaux. Ceux qui connaissent bien le Cap sont d'avis que la principale ressource de cette colonie consistera toujours dans l'approvisionnement des vaisseaux qui vont dans la mer des Indes ou qui en viennent.

La poste, au lieu de rapporter des bénéfices au gouvernement, n'a été jusqu'à présent qu'un sujet de dépenses. On expédie les malles aux lettres dans la colonie par le moyen de postillons hottentots, ou esclaves des paysans qui demeurent auprès des grandes routes, et qui sont désignés comme maîtres ou teneurs de postes. Ils reçoivent une indemnité calculée sur le nombre d'heures employées pour transporter les lettres au prochain relai. Sur les routes du nord et de l'ouest, c'est 3 rixdollars; sur la route de l'est, c'est jusqu'à 9 rixdollars qu'on paye par heure. Le bureau général des postes au Cap expédie et reçoit une malle par semaine. Quand le service public l'exige, on fait partir aussi des postes extraordinaires sur la route de l'est, où demeurent les colons anglais, et où s'expédient beaucoup de feuilles publiques. Il faut pour le transport de la malle deux et quelquefois trois chevaux. Ce sont les landdrostes qui désignent les teneurs de postes, et quelquefois les paysans retiennent le salaire, et n'en donnent qu'une faible part aux Hottentots qui se chargent du transport. La dépense annuelle du bureau des postes au Cap a été jusqu'à présent d'environ 4,875 liv. sterl. par an, et les postes n'ont rapporté que 1,950 liv. sterl.

Anciennement le gouvernement pourvoyait à tout; il avait donc aussi une imprimerie. Maintenant il existe au Cap des imprimeries particulières, et l'imprimerie du gouvernement n'est plus d'une grande utilité.

Depuis 1793 on a une lombard-bank ou caisse hypothécaire, où l'on prête sur les propriétés, et qui est dirigée par trois commissaires. Le trésor avança à cet établissement des fonds pour qu'on pût les prêter en détail, à raison de cinq pour cent, à ceux qui possédaient des biens-fonds ou des effets en or ou en argent, des meubles, etc. Quand les Anglais prirent possession de la colonie, en 1804, on ne prêta plus que des sommes modiques et pour un court terme à raison de dix pour cent d'intérêt. On créa un fonds d'un million de rixdollars en papier, indépendamment de celui dont la caisse était saisie; elle fut autorisée à escompter les billets de vente ou vendu-rolls. Cet établissement a été très-utile à la classe agricole et au commerce : c'est à cette institution qu'on attribue les perfectionnements et les améliorations qu'on a remarqués dès lors dans les constructions de la ville, dans les ateliers et dans les fermes.

Commerce. Depuis 1815 jusqu'en 1826 la valeur des importations a été, pour chaque année, de 3 millions et demi à 5 millions de rixdollars, dont le tiers et même la moitié consistait en marchandises anglaises importées par des navires de la même nation;

quant au reste, une petite quantité seulement avait été introduite par des navires étrangers. Les exportations pour la même époque se sont montées chaque année à 1 million et demi jusqu'à 3 millions un quart, dont la plus grande partie consistait en productions de la colonie. On verra, par le tableau suivant, le mouvement du commerce maritime du Cap dans les années 1827 et 1828 (1) :

Valeur des importations.

	En 1827.	En 1828.
	liv. st.	liv. st.
De la Grande-Bretagne. . . .	214,167	200,983
Des colonies anglaises. . . .	61,782	40,904
Des pays étrangers	10,103	19,125
	286,052	259,962

Valeur des exportations.

Pour la Grande-Bretagne. . .	145,521	134,156
Pour les colonies anglaises. .	48,220	90,962
Pour les pays étrangers. . . .	18,058	28,782
	211,799	253,902

Valeur des productions seules de la colonie, exportées en 1828.

	liv. st.
Pour la Grande-Bretagne. . . .	132,300
Pour les colonies anglaises. . .	75,465
Pour les pays étrangers.	26,082
	233,847

En 1829 il y a eu, comparativement à l'année précédente, une augmentation de la valeur de 25,086 livres sterling pour les exportations, et de 96,618 pour les importations. C'est surtout en vins (pour 20,000 livres sterling en plus), en froment, peaux et cornes, que les exportations ont haussé de valeur. Les importations diminueront en proportion des progrès de l'agriculture et de l'industrie. Déjà on a essayé de propager la culture de l'indigo et des mûriers ; on commence à feutrer la grosse laine pour la chapellerie en usage chez les Hottentots ; d'autres objets d'industrie seront introduits successivement. La Grande-Bretagne est pour plus de la moitié dans les importations, et reçoit plus des trois quarts des objets exportés. L'île Maurice et l'Inde entrent pour environ un quart dans les importations, et reçoivent très-peu du Cap ; les Pays-Bas envoient divers objets manufacturés ; l'Amérique méridionale, les Indes occidentales, Sainte-Hélène, en reçoivent des approvisionnements ; la France introduit ses produits, ainsi que l'île de Java et les États-Unis ; la Nouvelle-Galles méridionale en reçoit des vivres ; Madère, le Danemark, le Portugal, en introduisent ; quelquefois la Suède, l'Espagne et Malte en envoient aussi un peu ; enfin le Cap expédie quelques productions pour l'île Bourbon, Mozambique, et pour la Méditerranée.

Depuis 1820 jusqu'en 1826, le Cap n'a exporté en grains que pour la valeur de 758,125 rixdollars, et il en a reçu pour la valeur de 2,153,850 ; ce qui n'est pas propre à favoriser le commerce des colons. Ceux-ci sont encore peu versés dans les spéculations maritimes. On a essayé d'attirer sur les côtes, particulièrement à l'embouchure des grandes rivières, une population de marins. Ces essais n'ont pas encore donné de résultats. La pêche n'est pas florissante ; faute de capitaux, et par suite de la disparition des baleines, la pêche de ces cétacés est tombée. En 1820, on exporta encore pour 143,376 rixdollars d'huile de baleine ; et six ans après, l'exportation ne fut plus que de 13,386 rixdollars. Au total, il y a eu, depuis 1816 jusqu'en 1824, un excédant d'importations sur les productions exportées de 15,000,000 rixdollars ; à la longue, la colonie pourrait se ruiner, si elle ne fournissait pas de quoi payer les marchandises qu'elle reçoit. Cependant, il faut remarquer que le commerce de terre la dédommage en partie de l'infériorité de son commerce maritime.

Le gouvernement hollandais, loin de favoriser les relations mercantiles entre les colons et les Cafres, les avait prohibées. Sous ce rapport, la colonie a gagné depuis le régime anglais. Quand les Cafres eurent été repoussés, en 1819, un de leurs chefs, témoignant le désir d'entretenir des relations amicales avec la colonie, donna lieu à l'établissement d'une foire annuelle sur la frontière ; on prit des mesures semblables à l'égard des Griquas et d'autres tribus de la frontière occidentale. Ces foires ont réussi, et déjà elles donnent lieu à un commerce qui n'est pas sans importance. Un seul marchand de Graham's-Town a débité, depuis août jusqu'en décembre 1824, pour 32,700 rixdollars en verroterie, fils de cuivre et boutons, objets de pré-

(1) *South-African Advertiser*, sept. 1829.

dilection chez les Cafres. Cependant, depuis ce temps, ce peuple a acquis des notions plus exactes sur la valeur des objets qu'il aime, et qu'il payait très-cher aux marchands de la colonie. En 1826, les succès de l'établissement des foires sur la frontière de l'est ont engagé le gouvernement à autoriser l'établissement de foires semblables sur toute la ligne des frontières; mais on y a mis des restrictions : on ne laisse partir pour ces foires limitrophes que des marchands munis de licences qui doivent être renouvelées tous les ans; on a prohibé aussi le débit des armes, des munitions de guerre et les liqueurs spiritueuses. On se promet de ces foires des résultats très-utiles pour la civilisation des sauvages, et pour la paix de la colonie.

On s'est cotisé au Cap pour fonder un collége; il est ouvert à la jeunesse depuis le mois d'octobre 1829. Une société littéraire a commencé ses séances dans la même année; une société philanthropique, qui existe depuis 1828, a obtenu la faculté de racheter des enfants d'esclaves, pour leur faire enseigner des métiers et les mettre à même de gagner, dans la suite, leur vie dans une condition libre. Puisque la traite des esclaves est prohibée, il faut espérer que l'esclavage s'éteindra peu à peu. On s'est occupé aussi de rendre aux Hottentots un peu de ce qu'on leur a pris autrefois.

En 1829, le gouvernement a fait choisir un certain nombre de Hottentots, pour leur assigner des terres aux environs de la rivière de Kat (1) et du Winterberg. A la fin de la même année, on comptait déjà sur la rivière de Kat huit cent quatre-vingt-un colons de cette nation qui possédaient trois cent soixante-deux chevaux, sept cent quatre-vingt-douze bœufs d'attelage, dix-huit cent vingt-deux pièces de bétail, et huit mille deux cent vingt-sept chèvres et brebis. En colonisant ainsi les Hottentots, on les place entre les Cafres et les colons; les postes militaires seront portés au delà des établissements hottentots, et la colonie se trouvera agrandie et fortifiée. Malheureusement, il est difficile d'inspirer aux Hottentots le goût de la vie sédentaire : ils préfèrent courir à l'aventure; et il faudra peut-être beaucoup de temps avant qu'ils deviennent des colons utiles, et surtout des colons civilisés.

(1) Il a été fondé en 1829, près de Beaufort, un village sous le nom de New-Edinburg. Voy. *South-African Advertiser*, 1829.

Tels sont les renseignements fournis par le rapport de la commission d'enquête (*Reports of the commissioners of enquiry, etc.*) publié en 1828. Depuis lors, la colonie du Cap a été visitée par des personnes attachées au gouvernement britannique, et qui nous ont communiqué des documents encore plus récents. Il résulte de ces documents (1) que la colonie du Cap est loin d'être prospère. Les uns l'attribuent à l'émancipation des esclaves, les autres à l'état provisoire dans lequel se trouve la législation coloniale, d'autres enfin à l'émigration des fermiers de la colonie. A cela, il faut ajouter que les denrées y sont si chères, que les navires qui font le commerce des Indes aiment aujourd'hui mieux s'approvisionner à Sainte-Hélène qu'au Cap, où ils relâchaient autrefois. Cette cherté porte sur les denrées de première nécessité. Ainsi, le prix des pommes de terre n'est accessible qu'à un petit nombre de familles aisées; la farine, dont le muid de deux cents livres se vendait jadis 12 dollars, se vend maintenant 35 dollars. Les navires qui y achetaient annuellement pour environ 100,000 livres sterling (plus de deux millions et demi de francs) de provisions, n'en achètent plus au Cap que pour le quart de cette somme.

Les ouvriers et les domestiques demandent des salaires très-élevés. 36 dollars par mois (environ 180 francs) sont les gages ordinaires d'un cuisinier nègre; un laquais se paye 35 dollars. « C'est un miracle, dit M. Alexander, de garder un domestique plus de six mois. Les vins et les eaux-de-vie du Cap exercent sur les ouvriers un pouvoir si attractif, qu'il n'y en a pas un sur vingt qui y résiste. Ils vivent, pendant un petit nombre d'années, dans un état d'excitation alcoolique permanent, et passent de l'hôpital au ci-

(1) *An expedition of discovery into the interior of Africa*, by sir J. C. Alexander, captain in the british service; 2 vol.; London, 1838, in-8°; vol. II, p. 280.

metière; les bons ouvriers sont donc rares, et la main-d'œuvre est chère. »

Fermiers ou colons du Cap. Les voyageurs nous ont transmis des renseignements contradictoires sur le caractère des fermiers du Cap. Selon les uns, ce sont des hommes cupides, grossiers envers les étrangers et cruels envers les sauvages; selon d'autres, au contraire, ce sont des hommes polis, à mœurs paisibles et pastorales. Presque tous enfin diffèrent d'opinion, suivant qu'ils jugent les choses, comme les missionnaires, au point de vue religieux, ou qu'ils les jugent, comme les marchands, au point de vue des intérêts exclusivement matériels.

La vérité semble être entre ces deux opinions opposées, ainsi que Thompson l'a parfaitement démontré (1). En effet, les colons du Cap ne sont ni aussi grossiers que Barrow les dépeint, ni aussi polis que M. Lichtenstein les montre. La classe pauvre des cultivateurs voisins du cap des Aiguilles et d'autres cantons du district de Caledon, est généralement plus brutale, plus méchante et plus incommode que celle des fermiers nomades de la frontière du nord.

Au rapport de Thompson, la condition des colons du Cap a, depuis vingt ans, subi plus de changements que leurs mœurs. Il y a vingt ans, les vignerons étaient les plus riches; puis venaient les laboureurs; enfin, les éleveurs de bestiaux. Cette gradation a été singulièrement modifiée. L'abolition de la traite des nègres a fait hausser considérablement le prix du travail des esclaves, exclusivement employés à la culture de la vigne; l'augmentation des impôts; la variabilité de la législation anglaise concernant l'admission des vins du Cap dans la métropole, et d'autres causes ont singulièrement réduit les profits des propriétaires de vignobles; ils sont souvent très-gênés, et s'ils n'entament pas leur capital, ce n'est qu'en usant d'une économie extrême, ou en recourant à de petits profits auxquels d'autres ne songent pas.

(1) *Travels and adventures in southern Africa, eight years a resident at the Cape;* London, 1827, 2 vol. in-8°.

Les profits des laboureurs à quelque distance du marché du Cap, si leurs récoltes n'ont pas souffert de la rouille, fréquente depuis plusieurs années, sont peut-être un peu plus considérables que ceux des vignerons; mais la différence ne doit pas être très-grande. Les colons qui élèvent du bétail sur les frontières, n'étant pas assujettis aux impôts indirects, et pouvant étendre leurs pâturages à leur gré, augmentent rapidement leurs capitaux.

Les fermiers des districts intermédiaires, empêchés par la distance du marché du Cap, par de vieilles habitudes, et par les prohibitions d'exporter directement leurs productions par les ports les plus voisins, ne s'occupent pas de cultiver du blé, et dépendent entièrement de la vente du produit de leurs troupeaux, ou de leur travail, et de celui de leurs esclaves pour couper du bois, extraire du suc d'aloès, et se procurer d'autres objets qui sont vendus au Cap; ils fournissent aussi aux fermiers, éleveurs de bestiaux, des chariots, du vin, des liqueurs spiritueuses, des fruits et diverses marchandises venant du Cap; et plusieurs d'entre eux sont plutôt des charretiers que des fermiers.

Les causes qui retardent la prospérité de la colonie se trouvent, suivant Thompson, dans les lois hollandaises relatives aux successions, qui admettent tous les enfants à un partage égal des biens, et dans l'extension progressive des limites de la colonie. Les enfants des fermiers apprennent rarement un métier, et ceux qui ont embrassé une profession mécanique, ou se sont livrés au commerce, quittent ces carrières aussitôt qu'ils ont acquis le moyen d'établir une ferme. Les lois anglaises de la primogéniture ne remédieraient pas aux mauvais effets de ce système, tant que les frontières de la colonie ne seront pas fixées, parce que la population cherchera toujours à s'étendre comme elle le fait à présent. La vie errante et à moitié sauvage d'un fermier de canton reculé aura toujours, pour les hommes paresseux et aventureux, plus de charmes que celle de l'artisan, qui est moins pénible mais plus laborieuse.

Il ne faut pas un grand capital pour devenir fermier à pâturages; avec une

Lemaître direxit

Bojesman jouant de la Gorah.

somme équivalente à 3,225 francs, un homme achète un vieux chariot, un attelage de dix bœufs, un cheval et deux juments, cinquante vaches et bœufs, cinquante chèvres et moutons; il y ajoute un grand fusil, une hache, une doloire et un marteau, une couple de coffres, une baratte, un grand pot de fer pour cuire du savon, et un ou deux plus petits pour faire la cuisine : le voilà en état de commencer son entreprise; il se marie, prend à son service une famille de Hottentots, et s'enfonce dans le désert. Il cherche d'abord de l'eau et des pâturages; il campe près d'une mare, d'une source ou d'une rivière qui ne soit pas occupée, et change de station suivant que la nécessité ou son inclination l'exige, jusqu'à ce qu'il ait trouvé un lieu où il juge qu'il peut se fixer avec avantage. Quelquefois il convient avec un autre aventurier qu'ils demeureront près l'un de l'autre, afin de se secourir mutuellement, et ils se partagent le pays; on a déjà vu comment il parvient à obtenir la concession du terrain pour lui et ses héritiers, moyennant une faible redevance à perpétuité. Une fois établi, s'il ne lui arrive pas de calamité, s'il n'est pas trop indolent ou trop adonné à l'ivrognerie, l'augmentation progressive de son bétail au delà de ce qu'exige la consommation de sa famille et de ses domestiques, le rendra possesseur de troupeaux considérables. Le savon et le beurre, faits par les femmes, sont envoyés une ou deux fois l'an au chef-lieu; et deux à trois cents rixdollars que l'on obtient par là sont employés à acheter des habits pour la famille et à payer les impôts. Rarement ces fermiers cultivent du blé ou mangent du pain; mais l'eau-de-vie, le seul objet de luxe que les plus pauvres se permettent indépendamment du tabac, s'obtient des revendeurs qui parcourent les cantons de la colonie les plus reculés avec des chariots chargés de ce breuvage détestable.

Tandis que les colons nomades passent la moitié de leur vie à lutter contre une sorte d'indigence, vivant dans leurs chariots ou dans de misérables cabanes de roseaux, sans meubles, sans pain, sans aucune des commodités de la vie, chassant aux bêtes sauvages pour épargner les troupeaux, et nourrissant leurs serviteurs hottentots ou boschjesmans de la chair des quaggas, et que les fermiers à pâturages pauvres mènent ainsi une vie errante et pénible, les fermiers qui demeurent dans les districts anciennement habités (Sneeuwberg, Tarka, Buntjes-Hoogte) ont généralement des maisons bien bâties, commodes, bien meublées suivant le goût du pays, des jardins et des vignobles en bon état. Thompson les regarde comme les plus riches habitants de la colonie.

L'hospitalité, pour laquelle les fermiers africains ont toujours été célèbres, existe encore sans réserve dans le Sneeuwberg. Toutes les familles que Thompson visita dans ce canton refusèrent toute espèce de dédommagement pour le logement ou les vivres, et plusieurs lui firent des présents de pain excellent, de fruits secs, de confitures, etc.

Quant aux habitants d'origine hollandaise de la ville du Cap et des environs, ils deviennent de jour en jour plus anglais, et par conséquent moins ressemblants au portrait qu'en ont fait les voyageurs qui ont précédé Thompson; mais celui-ci pense que, s'ils changeaient au point de perdre les traits caractéristiques qui les distinguent, ce serait un sujet de regret. Ils sont francs, hospitaliers, et en même temps prudents et économes. Quelque vulgaire que puisse être l'habitude de vendre et d'acheter, elle est néanmoins plus propre à favoriser le progrès d'une société nouvelle, et par conséquent moins sujette au ridicule, qu'une affectation présomptueuse des airs d'un homme de qualité qui souvent cache, sous des dehors séduisants, autant d'avarice et de bassesse qu'on en peut trouver dans le brocanteur le plus sordide de la colonie. La colonie du Cap possède d'amples moyens de fournir une subsistance assurée et abondante à une population cinq fois plus nombreuse que celle qu'elle a présentement; mais près des deux tiers de la surface du terrain consistent en chaînes de montagnes stériles et en déserts arides qu'aucun travail humain ne peut rendre propres à satisfaire aux besoins de l'homme civilisé. Il est donc évident que la population ne pourra jamais être compacte dans l'intérieur. Les terres les plus convenables au labourage sont toutes contiguës à la côte maritime; elles forment une ceinture qui s'étend du Hottentotech-Holland aux rives du Keyskamma, sur une longueur de six cents milles, et dont à peine la centième partie a été jusqu'à présent exploitée par la charrue; presque partout on se contente d'élever du bétail; et ce n'est guère que dans le voisinage immédiat de la ville du Cap et de la baie d'Algoa que les fermiers cultivent du blé au delà de leurs besoins.

En 1836 il arriva un événement qui mit la colonie à deux doigts de sa ruine: plus de six mille colons, descendants en grande partie d'anciennes familles hollandaises, abandonnèrent leurs possessions dans la province Orientale, pour chercher dans des régions inconnues une nouvelle patrie. Ils alléguaient comme principal grief l'émancipation des noirs; ils accusaient les magistrats de protéger l'esclave contre le maître, et ne voulaient plus d'un gouvernement qui faisait de la philanthropie aux dépens des colons. « Tout cela, disait un colon à M. Alexander, est fort déplorable. Si je donne à un esclave une tape, il court aussitôt se plaindre chez le magistrat; je reçois, au milieu de mes champs, une assignation qui m'oblige d'interrompre mon travail, de monter à cheval, et de faire trente à quarante lieues pour comparaître devant le juge, et m'entendre condamner à une amende de cinq livres (environ 125 francs). Arrivé chez moi, je ne saurais m'empêcher de donner au même Hottentot une nouvelle tape; puis, on double l'amende. Enfin, pour se débarrasser des esclaves noirs, les Anglais réduisent en servitude leurs propres enfants, et nous les envoient ici (1). Quels mauvais chrétiens! Je quitterai ma ferme, et j'irai m'établir à Natal. »

Les fermiers se plaignaient, en outre, que les contrées fussent infestées de vagabonds de couleur, vivant de rapines, et que le gouvernement ne fit rien pour remédier à cet état de choses. Enfin, ils prétendaient que la ligne militaire, occupée par les Hottentots sur les bords de la rivière des Poissons, ne les protégeait pas suffisamment contre les incursions des Cafres, qui avaient déjà détruit tant d'établissements.

Telles sont les principales raisons qui déterminèrent plusieurs centaines de familles à émigrer de la colonie du Cap. On pourrait y joindre aussi le récit de quelques paysans qui avaient visité les environs de Natal et y avaient rencontré des Européens faisant un commerce lucratif de peaux de buffles. Frappés de l'abondance des pâturages, du bois et du gibier, ces paysans vantèrent outre mesure les charmes de la nouvelle contrée. Bien que le climat du Cap soit excellent et parfaitement sain, les pluies y sont cependant quelquefois rares, et les pâturages ne sont pas, en général, aussi riches qu'à Natal. Ce parallèle devait ôter toute indécision à des esprits déjà mécontents.

Effrayés de traverser en petit nombre les tribus sauvages et guerrières des Zoulas, ils essayèrent, par un système de protection mutuelle, d'établir l'émigration sur une grande échelle. En conséquence, des émissaires parcouraient toute la colonie, excitant les fermiers contre le gouvernement anglais, et faisant le tableau le plus séduisant des contrées du nord-est. « Là, disaient-ils, se trouve le paradis terrestre; on y rencontre tous les animaux, et les arbres sont chargés des plus beaux fruits. Les patates, entre autres, y sont si grosses, qu'il faut une paire de bœufs pour en emporter une (1). » La manie d'émigration devint alors générale. Des fermes de six mille acres, avec jardins et dépendances, se vendaient à vil prix, pour la somme de 200 à 250 livres sterling; elles furent achetées par des marchands et des spéculateurs de Graham's-Town. Les colons jeunes et vieux, robustes et infirmes, s'enfoncèrent avec leurs troupeaux dans des régions sauvages.

L'avant-garde, composée d'une trentaine de familles, se mit en route sous la conduite de Louis Trichard, fermier d'Albany. Pour éviter les tribus des Ca-

(1) A cette époque, il s'était formé en Angleterre une société dans le but d'aider à l'émigration d'enfants pauvres et orphelins. Cinq cent quatre-vingt-dix jeunes garçons et quatre-vingt-quinze jeunes filles furent alors recueillis dans les rues de Londres et envoyés au cap de Bonne-Espérance.

(1) Alexander, *Expedition of discovery*, etc., vol. II, p. 300.

fres, elle se dirigea vers le nord-est, en longeant la chaîne des montagnes qui séparent la Cafrerie du pays des Betjouanas. Les émigrants devaient ensuite tourner à l'est et gagner le voisinage de Port-Natal; mais ils s'égarèrent dans leur course et dépassèrent la hauteur de Port-Natal, de manière à se trouver, vers la fin de mai 1836, dans une plaine fertile, mais inhabitée, entre les 26° à 27° latitude australe, sur les rives orientales du Vaal-River ou Ky-Gariep (1). Ce premier corps fut bientôt suivi d'autres qui se perdirent dans l'intérieur du continent, tombèrent entre les mains des guerriers zoulas, commandés par Moselekatsi, et furent impitoyablement massacrés le 29 octobre 1836. Un petit nombre parvint à se réfugier à Thabu-Unchu, station du missionnaire Archbell.

Cependant l'émigration continua. Les débris s'étant ralliés, et ayant été rejoints par de nouveaux arrivants, les colons résolurent, sous la conduite de Moritz, de tirer vengeance des Zoulas, et de reprendre ce qu'ils avaient perdu. Ils surprirent leurs ennemis à Mosega, en tuèrent trois ou quatre cents, détruisirent la ville de Mosega, et recouvrèrent sept mille têtes de bétail (le 17 janvier 1837). Lorsque la nouvelle de cette victoire parvint dans la colonie, elle détermina les indécis à se mettre en marche et à rejoindre leurs amis. L'émigration, un moment suspendue, recommença avec une nouvelle fureur; et c'est en vain que le gouvernement fit intervenir son autorité pour l'arrêter. Le 1er avril 1837 on compta environ vingt mille blancs, y compris les femmes et les enfants, qui avaient quitté pour toujours leurs anciennes demeures. Ce fut là une grande perte pour la colonie, dont la population s'élevait en tout à cent cinquante mille âmes.

Les derniers arrivants ne furent guère plus heureux que les premiers. Après avoir été maltraités par les Zoulas de Moselekatsi, ils devaient devenir les victimes des tribus de Dingaan, autre chef des Zoulas. Au mois de février 1838, une grande partie des fermiers fut lâchement assassinée par ordre de Dingaan. Voici à quelle occasion. Retief, l'un des chefs émigrants, avait pris à un chef sauvage, ennemi de Dingaan, sept cents têtes de bétail et quelques chevaux. Pour gagner les bonnes grâces de Dingaan, il lui offrit ces dépouilles, et stipula, en échange, une cession de territoire. Il se rendit auprès de ce chef, avec une suite de soixante fermiers et quarante Hottentots. Il fut bien accueilli, et invité avec sa suite à boire du lait et à assister à une fête, mais sans armes. Les fermiers acceptèrent sans défiance l'invitation de Dingaan. Pour ajouter à la splendeur de la fête, deux mille Zoulas exécutèrent devant eux la danse guerrière, lorsque, sur un signal donné, ils se formèrent en demi-cercle, se précipitèrent avec rage sur les fermiers, et leur brisèrent le crâne avec des bâtons noueux (1). Un missionnaire, M. Owen, fut seul épargné; il apporta à Natal la nouvelle du massacre. Pour profiter du premier moment de confusion, Dingaan envahit le camp même des fermiers, et en tua plus de trois cents, sans compter les femmes et les enfants.

Dès que ce désastre fut connu à Port-Natal, tous les blancs, Anglais et Hollandais, se réunirent et formèrent une armée de mille hommes qui se mit en marche pour châtier Dingaan. Mais ce chef s'était enfui avec ses hordes, et l'armée revint à Natal sans avoir réussi dans son entreprise.

Tels furent les tristes résultats de cette émigration, dont le passage est marqué de sang inutilement versé de part et d'autre.

« On ne comprend pas en Angleterre, remarque ici M. Alexander, le caractère des colons de l'Afrique australe; on les regarde tous comme les oppresseurs impitoyables des sauvages indigènes, qui ne feraient alors qu'user du droit de talion. Mais ce jugement est trop exclusif; pour être dans le vrai, il faut diviser les colons en trois classes distinctes : la première classe comprend les fermiers hollandais, éleveurs de bestiaux, occupant les frontières nord et nord-est : ils sont sans cesse en contact avec les indigènes, et particulièrement avec les Boschjesmans; là, des cruautés exercées

(1) On l'appelle aussi *Likwa* ou *Lekoua-River*.

(1) Alexander, *Expedition of discovery*, etc., 2e vol., p. 303.

de part et d'autre sont inévitables. La deuxième classe renferme les habitants des villes et les fermiers hollandais, éloignés des frontières; ils sont fort paisibles et ne lèvent la main que pour châtier leurs domestiques. Dans la troisième classe se trouvent les colons anglais d'Albany, qui sont séparés des Cafres par une ligne militaire; ils s'occupent principalement d'agriculture, et commercent avec les Cafres. C'est de ce point de contact que dépendra, en grande partie, l'avenir de la colonie du cap de Bonne-Espérance.

POPULATIONS INDIGÈNES DE L'AFRIQUE AUSTRALE.

Les nations grandissent ou disparaissent sous l'empire des circonstances qui les dominent. Il y a deux mille ans à peine que le coin de terre où se décide aujourd'hui la civilisation du monde était peuplé de sauvages divisés en tribus comme celles de l'Afrique. Les peuplades errantes des Gaules et de la Germanie, sans cesse en guerre entre elles, étaient incapables de résister à l'ennemi commun; elles devaient peu à peu céder le terrain à la puissance organisée des Romains; les moins farouches subissaient le joug du vainqueur; les plus indociles, retirés dans leurs montagnes, aimaient mieux périr par le glaive et la famine. Tel fut le sort de nos ancêtres; ce sera celui des Hottentots, des Cafres, et des autres peuples de l'Afrique.

Envisagée sous ce point de vue, la description des parties les moins connues de l'Afrique est d'un haut intérêt pour le géographe, aussi bien que pour le philosophe et l'historien. C'est l'histoire primitive de ces vastes régions, qui dans une quinzaine de siècles d'ici seront certainement aussi peu reconnaissables que le sont aujourd'hui la Gaule de César et la Germanie de Tacite.

A. — HOTTENTOTS.

Les habitants primitifs du cap de Bonne-Espérance, connus sous le nom de Hottentots, ont peu à peu perdu leurs mœurs et leurs coutumes anciennes par le contact avec les Européens dont ils sont devenus les esclaves. Pour avoir quelques renseignements sur les anciens Hottentots il faut consulter le récit des voyageurs anciens, tels que Ten Rhyne, Kolbe, Thunberg, Sparrmann et d'autres. C'est ce que nous nous proposons de faire.

Ten Rhyne (1) distingue sept nations différentes, comprises sous le nom général de Hottentots. « Les Essequas, dit-il, réclament le premier rang par leur nombre, leur haute stature, leur force. Ils vivent à cent cinquante lieues dans l'intérieur. Le gouverneur hollandais du Cap leur envoie annuellement du tabac et divers objets en cuivre, pour lesquels ils donnent du bétail en échange. Ils sont toujours en guerre avec les Namaquas, leurs voisins. Ceux-ci se distinguent de tous les peuples hottentots, en ce qu'ils couvrent leurs parties naturelles avec des paniers faits avec de l'ivoire de dents d'éléphant, tandis que les autres emploient à cet usage des peaux de renards ou de chèvres. La troisième nation est celle des Sousvas, qui ne diffère pas par les mœurs et les habitudes des Hottentots soumis à la juridiction des Hollandais. La quatrième nation est celle des Sonquas, qui ayant été, par d'injustes motifs, dépouillée de ses troupeaux par les Hollandais, est réduite à vivre dans les bois, et subsiste de la chasse. Ils ont pour voisins les Grégoriques, qui confinent aux Honnimas, avec qui les Hollandais sont perpétuellement en guerre. La septième nation est celle des Hottentots proprement dits, qui habitent près de l'établissement hollandais, et dont ceux-ci se servent comme auxiliaires dans leurs guerres contre les peuplades ennemies. Leur chef, qui se nomme Claes, et son lieutenant Cuyper, sont très-braves. »

Ten Rhyne décrit ainsi les Hottentots : « Ils sont bruns; quelques-uns ont même une peau assez blanche; mais c'est chez ces peuples une difformité; ils regardent une peau noire comme un des caractères de la beauté; ils enduisent leurs cheveux de graisse mêlée avec certaines terres di-

(1) Ten Rhyne, *Schediasma de promontorio Bonæ Spei ejusque tractus incolis Hottentotis, accurante brevesque notas adjicente Henrico Secrete*; Schaffouse, 1686, in-8°. — Ten Rhyne, natif de Deventry, était médecin et membre du conseil de justice dans la Compagnie Hollandaise des Indes-Orientales. Il arriva à la baie de Saldanha en 1673.

versement colorées; ils ont la taille grande et élancée, les membres bien musclés, les jointures très-grosses, le nez plat, le front courbé, et les cheveux laineux, qu'ils coupent ou rasent de diverses manières; ils sont presque entièrement nus, et portent seulement par-devant un tablier de cuir. Les femmes sont plus laides que les hommes, et ont des épaules très-arrondies; mais un caractère très-particulier dans la conformation de leurs parties naturelles les distingue de toutes celles de leur sexe chez les autres nations. Ce sont deux languettes ou appendices charnus, semblables à deux portions de membre viril ou à l'allongement du clitoris que l'on remarque chez plusieurs femmes européennes (1). Elles sont si glorieuses de cette marque distinctive de leur race, que si un étranger entre dans leur kraal ou cabane, elles lèvent aussitôt leur tablier de peau pour la leur montrer. »

Kolbe (2), astronome allemand, séjourna douze ans (1705-1718) au cap de Bonne-Espérance; il s'attacha particulièrement à connaître les mœurs des Hottentots; il recueillit toutes les relations que voulurent lui fournir ceux qui se trouvaient dans le pays, et qui avaient sur lui l'avantage d'avoir pu observer les Hottentots à une époque où ils étaient plus voisins des Européens, et mêlés avec eux, sans crainte comme sans défiance.

Hottentot paraît être l'ancien nom des indigènes qui occupaient autrefois le territoire proprement dit de la colonie du Cap, c'est-à-dire la pointe de l'Afrique australe. Leur origine est fort obscure et fort incertaine. Ils racontent que leurs premiers pères sont entrés dans leur pays par une porte ou par une fenêtre; que le nom de l'homme était *Noh*, et celui de la femme *Hingnoh*; qu'ils furent envoyés par Ticquaa, c'est-à-dire par Dieu même, et qu'ils communiquèrent à leurs enfants l'art d'élever des bestiaux, ainsi que beaucoup d'autres connaissances. Ce qu'il y a de certain, c'est qu'ils constituent une race à part, qui n'a rien de commun avec les autres races du monde, et dont l'origine est encore enveloppée d'obscurité (1).

Il y a peu de peuples dont on ait fait des peintures aussi différentes que des Hottentots. Quelques-uns les représentent comme Nègres, d'autres prétendent qu'en naissant ils sont aussi blancs que les Européens. Tachard parle de quelques Hottentots blancs; mais Kolbe assure que les enfants des Hottentots apportent au monde une couleur d'olive luisante, qui se ternit dans la suite par l'habitude qu'ils ont de se graisser, mais qui ne laisse pas de s'apercevoir, avec quelque soin qu'ils la déguisent. La plupart des hommes ont de cinq à six pieds de hauteur. Ils sont en général plus minces que les Européens. Ils ressemblent aux Nègres par la grandeur des yeux, l'aplatissement du nez et l'épaisseur des lèvres. La racine du nez est fort basse, ce qui fait que la distance d'un œil à l'autre paraît plus grande que dans les visages européens. L'iris de leurs yeux est rarement clair; il est généralement d'un brun foncé (2). Leur chevelure est semblable à celle des Nègres, c'est-à-dire courte et laineuse. Les hommes ont les pieds gros et larges; ils ont la pommette de leurs joues si saillante, qu'ils paraissent toujours maigres. Les femmes ont les mamelles et les fesses souvent d'un volume extra-

(1) Ces deux languettes (*tablier des Hottentotes*) consistent dans un développement exagéré des nymphes ou petites lèvres. Ce caractère n'est pas général; c'est ce qui explique pourquoi Degrandpré et d'autres voyageurs en ont contesté l'existence. Quant à ces prolongements charnus, Degrandpré prétend que les Hottentotes ont cela de commun avec beaucoup d'Européennes, et que la différence n'est que du plus au moins. Suivant Le Vaillant, le *tablier* des Hottentotes est le résultat d'un tiraillement produit par des poids suspendus. Ce serait un goût particulier, un caprice de la mode, un raffinement de coquetterie. Enfin, il résulte des recherches exactes faites à cet égard par Péron (*Voyage aux terres australes*, partie historique; 1816, in-4°, tome II, p. 306) que ces prolongements des nymphes sont un caractère de race; qu'ils sont naturels, et non pas produits artificiellement.

(2) *Reise an das Afrikanische Vorgebirge der Guten Hoffnung* (Voyage au cap de Bonne-Espérance); Nüremberg, 1719; 3 vol. in-fol.

(1) Burchell, *Travels in the interior of southern Africa*; London, 1824; tome II, p. 549.

(2) Sparrmann, *Reise*, etc., t. I, p. 192.

ordinaire. L'usage de se couper les ongles, soit des pieds, soit des mains, n'est connu ni de l'un ni de l'autre sexe. On voit fort peu de Hottentots difformes; ils sont agiles, et d'une légèreté surprenante. Thunberg a observé que l'épine de leur dos est extrêmement courbée. « Quelques-uns, dit-il, sont si voûtés, ils ont une croupe si large, que deux personnes pourraient s'y asseoir. Un cavalier bien monté suit à peine le pas d'un Hottentot. C'est par cette raison que les gouverneurs hollandais du Cap entretiennent constamment une troupe de cavalerie, pour les occasions où la nécessité oblige de les poursuivre. »

Ils sont bons chasseurs, et d'une habileté si singulière dans l'usage de leurs sagaies et de leurs bâtons de kirris et de rakkum, qu'avec ces armes ils parent une flèche ou une pierre. A l'égard des qualités de leur esprit, quoiqu'ils aient été représentés par quelques écrivains comme une race d'hommes livrés à toutes sortes de vices, des voyageurs moins anciens et mieux informés nous assurent que ce reproche est une exagération, si ce n'est pas tout à fait une calomnie. Le vice favori des Hottentots est la paresse. Cette passion domine également leur corps et leur esprit. Le raisonnement est pour eux un travail, et le travail leur paraît le plus grand de tous les maux (1). Quoiqu'ils aient sans cesse devant les yeux le plaisir et l'avantage qu'on tire de l'industrie, il n'y a que l'extrême nécessité qui puisse les réduire au travail. La contrainte ne leur cause pas moins d'horreur, c'est-à-dire que si la nécessité les force à travailler, ils sont dociles, soumis et fidèles; mais lorsqu'ils croient avoir assez fait pour satisfaire à leurs besoins pressants, ils deviennent sourds à toutes sortes de prières et d'instances, et rien ne peut leur faire surmonter leur indolence naturelle. Un autre vice des Hottentots, c'est l'ivrognerie. Qu'on leur donne de l'eau-de-vie et du tabac, ils boivent jusqu'à ne pouvoir se soutenir; ils fumeront jusqu'à ce qu' ils ne puissent plus voir, ils hurleront jusqu'à ce qu'ils aient perdu la voix. Les femmes ne sont pas moins livrées que les hommes à cet excès d'intempérance; mais elles sont plus longtemps à s'enivrer; et dans les vapeurs de l'ivresse, elles poussent la folie jusque dans ses dernières limites. Cette passion désordonnée pour les liqueurs n'empêche pas qu'on ne puisse en confier à leur garde; car elles n'y toucheront jamais sans une permission formelle; exemple de fidélité qu'on ne trouvera guère dans tout autre pays. Leurs vertus et la partie la plus distinguée de leur caractère sont la bienveillance, l'amitié et l'hospitalité. Les Hottentots ne respirent que la bonté et l'envie de s'obliger mutuellement. Ils en cherchent continuellement l'occasion. Implore-t-on leur assistance, ils courent pour l'accorder; leur demande-t-on un avis, ils le donnent sincèrement; voient-ils quelqu'un dans le besoin, ils se retranchent tout pour le secourir. Un plaisir des plus sensibles pour les Hottentots est celui de donner (1).

A l'égard de l'hospitalité, ils étendent cette vertu jusqu'aux Européens étrangers. En voyageant autour du Cap, on est sûr d'un accueil ouvert et caressant

(1) Tous les voyageurs, tant anciens que modernes, sont d'accord là-dessus. Voici comment s'exprime Barrow : « L'indolence d'un Hottentot est vraiment une maladie dont rien ne peut le guérir, excepté la peur. La faim ne suffit pas pour les arracher à leur apathie; ils se passeront tout un jour de manger, pourvu qu'ils puissent dormir, plutôt que d'aller à la chasse ou de fouiller la terre pour y cueillir des racines propres à leur subsistance. Pour eux il n'est jamais question que de deux choses, manger et dormir; quand ils ne peuvent le satisfaire d'un côté, ils se consolent immédiatement de l'autre. » (*Collection de Voyages en Afrique*, par M. Walckenaer, t. XVII, p. 296.)

(1) Cet éloge est encore vrai aujourd'hui. « Un Hottentot, dit Barrow (*Travels*, t. I), partage son dernier morceau avec ses compagnons. Ils sont doux, tranquilles, timides, parfaitement honnêtes, et ont bien peu de cette adresse qui caractérise les sauvages en général. S'ils sont accusés d'un crime, et qu'ils l'aient réellement commis, ils l'avouent avec candeur; rarement ils se querellent ou s'insultent; quoique naturellement timides et poltrons, ils affrontent le danger lorsqu'ils sont conduits par leurs chefs, et ils savent souffrir avec patience. Ils ne manquent pas de talent, mais ils ont rarement lieu de l'exercer; et c'est là principalement la cause de leur destruction. »

dans tous les villages où l'on se présente. Enfin, la bonté des Hottentots, leur intégrité, leur amour pour la justice, et leur chasteté, sont des vertus que peu de nations possèdent au même degré. Une simplicité charmante accompagne toutes leurs actions. On en voit beaucoup qui refusent d'embrasser le christianisme, par la seule raison qu'ils voient régner parmi les chrétiens l'avarice, l'envie, l'injustice et la luxure.

Habits, aliments, maisons, meubles des Hottentots.— L'habillement des Hottentots est très-simple : une peau d'animal leur couvre les épaules et le dos jusqu'aux cuisses. C'est, comme le fait observer Burchell, la toge des Romains, moins l'élégance de la draperie. Ce vêtement, qu'ils appellent *krosse* ou *kaross*, est composé, pour les riches, de peaux de tigres ou de chats sauvages; ceux du peuple ne sont que de peaux de mouton, dont le côté laineux se tourne en dehors pendant l'été : elles leur servent de matelas pendant la nuit, et de drap mortuaire dans leur sépulture. Ces krosses sont de différentes formes ; quelques-uns les portent jusqu'aux genoux ; ceux de la nation des Attaquas descendent jusqu'aux talons; mais les Hottentots du Cap ne les laissent pas tomber au delà des hanches.

Pendant les chaleurs, tous les Hottentots vont tête nue, ou du moins sans autre couverture qu'un enduit de suif et de graisse. Ils en chargent tous les jours leur chevelure, sans prendre jamais soin de la nettoyer; ce qui forme une croûte ou un bonnet de mortier noir. Ils prétendent que ce mastic leur rafraîchit la tête. En hiver, ils portent une calotte de chat sauvage ou de mouton, soutenue par deux cordons, dont l'un fait deux fois le tour de la tête, et vient se lier avec l'autre sous le menton. Ils se servent aussi de ces calottes dans les temps de pluies.

Les Hottentots ont toujours le visage et le cou nus. Ils suspendent à leur cou un petit sac qui contient leur couteau, leur pipe, leur tabac ou leur dacha, et un ouza, petit bâton brûlé par les deux bouts, qu'ils portent comme un préservatif contre les sortiléges. Ces petits sacs, ou ces bourses, sont faits avec les vieux gants de peau qu'ils obtiennent des Européens. Ils portent généralement au bras gauche trois anneaux d'ivoire, qui sont tournés avec beaucoup d'art et de justesse. Ces anneaux sont une sorte d'arme défensive, et servent d'ailleurs à soutenir le sac dans lequel ils portent leurs provisions de voyage.

Comme leurs krosses sont le plus souvent ouverts, on leur voit l'estomac et le ventre nus jusqu'aux parties naturelles, qu'ils couvrent ordinairement d'une peau de chat dont le poil est extérieur. Ils ont les jambes nues, excepté lorsqu'ils gardent leurs bestiaux ; car ils couvrent alors leurs jambes d'une espèce de bas ou de bottes de cuir. S'ils ont une rivière à passer, ils portent des espèces de sandales de cuir de bœuf ou d'éléphant taillées d'une seule pièce, et liées avec des courroies.

Dans leurs voyages, les Hottentots portent deux bâtons de bois ou de fer, qu'ils nomment *kirris* et *bakkum*. La longueur du kirri est d'environ un mètre, et son épaisseur de trois centimètres. Il est sans pointe par les deux bouts : c'est leur arme défensive; mais le bakkum est pointu d'un côté, et peut passer pour une sorte de dard, qu'ils lancent avec une adresse admirable. Jamais ils ne manquent leur but. C'est l'arme qu'ils emploient à la chasse. Dans la main gauche ils ont ordinairement un petit bâton de la longueur d'un pied, auquel ils attachent une queue de chat sauvage ou de renard, ou quelque autre queue velue, qui leur sert de mouchoir. Lorsqu'ils la trouvent sale, ils ont soin de la laver dans la première eau qui se présente, et la font sécher au soleil en un instant. Ils nomment cette espèce de mouchoir *schjoo*.

La différence de l'habillement pour les femmes consiste dans l'habitude qu'elles ont de pórter des bonnets qui s'élèvent spiralement en pointe sur le haut de la tête, au lieu que ceux des hommes sont contigus à la peau, comme une véritable calotte. Les femmes portent aussi des krosses, qui ne sont jamais fermés par-devant, de sorte qu'elles n'ont la peau cachée que par un sac de cuir qu'elles ne quittent ni dans l'intérieur de leurs maisons ni dehors, et qui leur sert à renfermer leurs aliments, leur dacha, leur tabac et leur pipe. Elles se couvrent les parties sexuelles d'une espèce de tablier nommé kut-krosse, qui est toujours de peau de mouton, sans laine, et beaucoup plus grand que le kut-krosse des hommes, mais lié de la même manière; elles en ont un plus petit, qui leur couvre le derrière. Les jeunes filles, depuis l'enfance jusqu'à l'âge de douze ans, portent des cercles de jonc tressés autour de leurs jambes. Lorsqu'elles ont passé cet âge, elles changent la matière de ces cercles; au lieu de joncs, elles portent des courroies de peau de mouton ou de veau, de l'épaisseur du petit doigt; mais elles en ôtent le poil, et tournent en dedans le côté par lequel il tenait à la peau. On voit à la jambe de quelques femmes plus de cent de ces cercles, si proprement rangés qu'on les croirait d'une seule pièce. La longueur du temps leur donne la dureté du bois. Ils sont soutenus à la cheville du pied par un autre grand cercle de cuir ou de jonc (1).

Les Hottentots sont passionnés pour les ornements de tête; ils ont un goût prononcé pour les boutons de cuivre et pour les petites plaques du même métal, qui étaient du temps de Kolbe fort à la mode au Cap. Un petit fragment de glace de miroir est ici aussi estimé que les diamants en Europe.

Les pendants d'oreilles et les colliers de verre ou de cuivre sont des distinctions qui n'appartiennent qu'aux personnes du premier rang; mais leur mode est de les porter suspendus à leur chevelure. Ils donnent volontiers leurs bestiaux en échange pour toutes les bagatelles de cette espèce. Quelques-uns portent aux cheveux les vessies enflées des bœufs qu'ils tuent pour leur nourriture. Mais la principale parure des Hottentots, celle dont les hommes, les femmes et les enfants sont également avides, c'est l'usage de s'oindre le corps avec du beurre ou de la graisse de mouton, mêlée avec la suie de leurs chaudrons. Ils renouvellent autant de fois cette onction qu'elle se sèche au soleil. Comme le peuple n'a pas toujours du beurre frais ou de la graisse nouvelle, on sent de fort loin un Hottentot à son approche; mais les personnes riches sont plus délicates, et n'emploient que le meilleur beurre. Il n'y a point de partie du corps qui soit exceptée; et ceux qui sont assez riches pour ne pas manquer de graisse en frottent jusqu'à leurs krosses ou leurs vête-

(1) Cette partie de la toilette a été modifiée avec le temps. « Semblables aux femmes de toutes les nations, dit Barrow, les Hottentotes ont pour la parure une passion immodérée, à laquelle leurs maris sont redevables de leur ruine, qu'ils ont au surplus accélérée par leur amour aussi violent pour le tabac et les liqueurs spiritueuses : ces deux articles et quelques grains de verre ont payé leurs nombreux troupeaux. Ils ont troqué contre de telles bagatelles les seules ressources qui pussent soutenir leur existence. Les courroies qui jadis entouraient leurs jambes depuis la cheville jusqu'aux genoux, pour les préserver de la morsure des animaux venimeux, ont été rejetées avec mépris pour faire place à des perles de verroterie; ainsi, cette partie de leur vêtement, imaginée par la nécessité et la prudence, est devenue une affaire de mode. Leur cou, leurs bras, leurs jambes, furent bientôt chargés de grains de verre; mais ils réservèrent les plus gros et les plus brillants pour orner un petit tablier d'environ sept ou huit pouces de large, qui leur pend depuis la ceinture jusqu'à la moitié de la cuisse. Les femmes paraissent prendre un soin particulier pour attirer l'attention sur cette partie de leur personne. Elles attachent autour de ce petit tablier de grands boutons de métal, des cauris avec l'ouverture tournée en dehors, ou toute autre chose qui ait beaucoup d'apparence. Celles qui ne peuvent faire les frais d'une parure aussi recherchée, ou qui n'ont pas de goût pour les modes, portent un tablier différent et d'une façon assez originale : c'est la peau d'un animal, coupée par petits filaments, pendant comme un faisceau entre les cuisses, à la moitié desquelles il descend. Le reste de la cuisse est entièrement nu. Les fils de ces tabliers sont souvent trop usés ou en trop petite quantité pour ne rien dérober à la vue. Au lieu de la queue que portent les hommes, les femmes ajustent sur leurs reins une peau de mouton qui descend jusqu'au gras de la jambe, et tout juste assez large pour atteindre la partie extérieure des cuisses. Le bruit et le froissement de cette peau roide et sèche annoncent une petite maîtresse hottentote longtemps avant qu'elle paraisse. Le reste de leur corps est nu; quelques-unes cependant portent des bonnets de peau de différentes formes, et ornés suivant leur caprice. Dans l'hiver, les deux sexes s'enveloppent d'un manteau de peau. »

ments de peau. Les différences de cette graisse font la principale distinction entre les riches et les pauvres. Suivant Sparrmann, ils se parfument la tête et le corps avec une poudre composée de certaines herbes dont l'odeur est forte et aromatique; elle approche de celle du pavot mêlé avec des épices. Les plantes dont ils se servent pour la composer sont différentes espèces de *Diosma*, appelées par eux *Bucku*, et auxquelles ils attribuent des vertus médicinales.

Kolbe est persuadé que l'usage de s'oindre le corps a pour but de se garantir contre les ardeurs excessives du soleil (1).

Les Hottentots ne tuent guère leurs bestiaux que dans le cas d'une pressante nécessité; mais ils ne font pas difficulté de manger ceux qui meurent naturellement, ou de quelque maladie, et cette nourriture leur paraît fort saine. Les hommes qui ne se contentent point des fruits, des racines et du lait que les femmes leur préparent, ont pour ressource la chasse ou la pêche. Ils chassent toujours en troupes nombreuses. Les entrailles des animaux sauvages ou de leurs bestiaux sont pour eux un mets fort exquis. Ils les font bouillir ordinairement dans le sang des mêmes animaux, en y mêlant du lait; et quelquefois ils les mangent grillées; mais, avec l'une ou l'autre préparation, ils les avalent à demi crues, ou plutôt il les dévorent avec une avidité extrême et sans aucune sorte de décence (1). Les femmes sont chargées de la cuisine, excepté dans le temps de leurs infirmités périodiques; les hommes vivent alors chez leurs voisins, ou se préparent eux-mêmes leurs aliments. Ils les font cuire à l'eau comme en Europe; mais au lieu de broche pour les rôtir, ils emploient deux pierres plates, entre lesquelles ils placent la viande. Les heures de leurs repas ne sont jamais réglées : ils suivent leur caprice ou leur appétit, sans aucune distinction de la nuit ou du jour. Dans le beau temps, ils mangent en plein air. Pendant le vent ou

(1) C'est aussi l'opinion de Barrow. « Dans un climat brûlant, dit-il, où l'eau est extrêmement rare, il est naturel d'oindre le corps de quelque matière grasse, pour le garantir et empêcher la peau de se dessécher et de se rider par l'action des rayons brûlants du soleil. Presque toutes les nations situées dans un pays auprès de la zone torride ont adopté cet usage. L'huile qui, suivant l'Écriture sainte, ruisselait si abondamment sur la barbe d'Aaron et jusque sur le bord de ses vêtements, n'était probablement autre chose que la graisse de quelque animal; car pendant quarante ans que ce grand prêtre et Moïse occupèrent dans le désert les enfants d'Israël de l'espoir d'une terre promise, il n'est pas vraisemblable qu'ils eussent de l'huile végétale, et quoique certains peintres d'histoire aient habillé ces chefs du peuple saint de vêtements éclatants, bordés de franges ou de galons, il est très-douteux qu'ils aient pu se couvrir d'autre chose que des toisons de leurs troupeaux. Si l'usage de s'enduire le corps de graisse était adopté dans l'Amérique méridionale, il est probable qu'on n'y verrait pas autant de malheureux attaqués d'un mal aussi dégoûtant que terrible, l'éléphantiasis. Les Hottentots ne le connaissent point; et on n'a jamais vu que chez eux les maladies de peau fussent communes. »

(1) La voracité des Hottentots a été reconnue par tous les voyageurs. Mais ils ne se régalent plus, comme leurs ancêtres, des boyaux d'animaux. « Pour leurs repas, ils commencent, dit Barrow, par couper un animal en grandes et larges tranches plates; ensuite, les découpant en spirale de la circonférence au centre, ils en forment ainsi des lanières de deux ou trois aunes de longueur : en un instant toute la bête est coupée en semblables morceaux; et tandis que quelques-uns s'occupent à en suspendre aux branches voisines, d'autres en font griller sur la braise. A peine sont-ils chauds que, les saisissant à deux mains, ils en portent un bout à la bouche, et dans un instant une lanière de viande longue d'une aune se trouve engloutie. Les cendres sur lesquelles ils les ont fait cuire les assaisonnent en guise de sel; aussitôt que leurs mains sont vides, ils les nettoient en les frottant sur leur corps; cette onction, renouvelée de temps en temps, accumule au bout d'une année une quantité de graisse qui, venant à se fondre accidentellement auprès du feu, se charge de toute la poussière et de la malpropreté qui peut s'y attacher, et les couvre enfin sur tout le corps d'une cuirasse épaisse et noire, qui dérobe entièrement la couleur de leur peau. On ne peut plus la distinguer que sur la figure et sur les mains, parties qu'ils tiennent un peu plus propres que les autres en les frottant de bouse de vache; elle a la vertu d'enlever cette graisse, que l'eau ne saurait ni dissoudre ni détacher. »

la pluie, ils se tiennent renfermés dans leurs huttes. D'anciennes traditions les obligent de s'abstenir de certains mets, tels que la chair de porc et celle du poisson sans écaille, qui sont également défendus aux deux sexes. Les lièvres et les lapins sont défendus aux hommes et permis aux femmes. Le sang pur des animaux et la chair de taupe sont permis aux hommes et défendus aux femmes.

La malpropreté des Hottentots les expose à toutes sortes de vermines, surtout aux poux, qui sont d'une grosseur extraordinaire; mais s'ils en sont mangés, ils les mangent aussi; et lorsqu'on leur demande comment ils peuvent s'accommoder d'un mets si détestable, ils allèguent la loi du talion, et prétendent qu'il n'y a point de honte à dévorer des animaux qui les dévorent eux-mêmes. Ils ne paraissent point embarrassés, lorsqu'on les surprend à la chasse des poux, avec des tas de cette vermine autour d'eux.

Quoique les Hottentots n'aient l'usage ni du sel ni d'aucune sorte d'épices pour assaisonner leurs mets, ils aiment beaucoup les assaisonnements de l'Europe, et mangent avidement toutes les viandes de haut goût; quand ils ont soif, ils se désaltèrent au bord d'une rivière (1). Kolbe observe que ceux qui s'accoutument à nos aliments ne vivent pas si longtemps, et ne jouissent pas d'une si bonne santé que leurs compatriotes.

Les hommes et les femmes ont une passion désordonnée pour le tabac. Un Hottentot, dit Kolbe, aimerait mieux perdre une dent que la moindre partie de cette précieuse plante. Ils jugent mieux de sa bonté que l'Européen le plus délicat. Le tabac fait toujours une partie de leurs gages lorsqu'ils se louent au service d'un blanc. S'ils manquent de tabac, ils se servent d'une autre plante nommée *dacha*. Quelquefois ils les mêlent ensemble, et ce mélange se nomme *buspach*.

Les Hottentots demeurent dans des villages mobiles qu'ils appellent *kraal*. Ces habitations ne contiennent jamais moins de vingt huttes, bâties fort près l'une de l'autre, et le kraal qui n'a pas plus de cent habitants passe pour un lieu peu considérable. On trouve dans la plupart trois ou quatre cents personnes, et quelquefois cinq cents. Chaque kraal n'a qu'une entrée fort étroite. Les huttes sont rangées en cercle, sur le bord de quelque rivière, dans une situation commode, et ressemblent à des fours ou à de grandes ruches d'abeilles; elles sont composées de bâtons et de nattes. Ces bâtons ne sont pas plus gros que les manches ordinaires de nos râteaux ou de nos pelles, mais ils sont beaucoup plus longs. Les nattes, qui sont l'ouvrage des femmes, ne sont qu'un tissu de joncs desséchés au soleil, mais si serré que la pluie n'y peut pénétrer. La forme de ces huttes est ovale. Dans leur plus long diamètre, elles ont environ cinq mètres. Sur le plus court, qui n'en a guère que trois et demi, on fixe en forme d'arc une gaule qui est enfoncée dans la terre par les deux bouts, et dont le haut fait le sommet de l'édifice. Trois de ces arcs parallèles en forment l'entrée. La partie postérieure en a cinq. Ils sont couverts de nattes, dont les bords se touchent de si près, qu'ils laissent aussi peu de passage au vent qu'à la pluie. Les Hottentots plus riches y joignent une seconde enveloppe de peau. L'entrée de ces huttes n'a qu'environ un mètre de haut, sur deux tiers de large, de sorte que les habitants n'y peuvent pénétrer qu'en rampant sur les genoux et les mains. Une peau de bête, attachée en dedans et au-dessus de la porte, s'ouvre et se ferme comme un rideau, pour arrêter le vent. Comme il est impossible de se tenir debout dans un lieu si bas, les hommes et les femmes y sont accroupis sur les jarrets, et l'habitude leur rend cette posture aisée. Dans les grandes huttes, comme dans les petites, on ne voit jamais résider plus d'une famille, qui est ordinairement composée de dix ou douze personnes de tout âge. Le centre de la hutte est occupé par un grand trou, d'un

(1) Burchell (*Travels in the interior of Africa*, t. II, p. 314) nous apprend que les Hottentots ainsi que les Boschjesmans boivent au bord d'une rivière, non pas en puisant l'eau dans le creux de leurs mains, comme on pourrait le supposer, mais en tenant la bouche ouverte pendant qu'ils y jettent l'eau avec leurs mains.

demi-mètre de profondeur, qui sert de cheminée ou de foyer; il est environné de trous plus petits, qui servent de place aux habitants pour s'asseoir, et de lit pour dormir. Chacun a son trou séparé, hommes et femmes, dans lequel ils reposent tranquillement, avec leurs krosses ou leurs manteaux étendus sous eux. Les krosses de réserve, les arcs et les flèches sont suspendus aux murs. Deux ou trois pots pour les usages de la cuisine, un ou deux pour boire, et quelques vaisseaux de terre pour le beurre et le lait, composent tout le reste de l'ameublement. La fumée ne pouvant sortir que par la porte, il n'y a point d'Européen qui soit capable de demeurer dans ces huttes lorsque le feu est allumé. En considérant leurs dimensions, on est surpris que des matériaux si combustibles puissent échapper aux flammes. Chaque hutte est gardée par un chien, qui veille à la sûreté de la famille et du bétail.

Aussitôt que le pâturage leur manque, ou lorsqu'ils perdent un de leurs habitants par une mort naturelle ou violente, ils changent d'habitation. En quittant un canton pour s'établir dans un autre, ils ont la coutume de tuer une brebis et de célébrer une fête.

Réjouissances publiques, amusements et musique. Il n'arrive aucun changement dans la demeure ou la condition des Hottentots, aucun événement signalé dans leur vie, qui ne soit célébré par des offrandes et des fêtes. Pour exprimer ces solennités, ils ont emprunté de la langue hollandaise le terme d'*andersmaken*, qui signifie, changer pour le mieux. Ils élèvent au centre de leurs villages une salle de branches d'arbres, assez grande pour contenir tous les hommes. Les matériaux en doivent être neufs. Les femmes prennent soin de les orner de fleurs et de verdure. Ensuite on tue le plus grand bœuf de l'habitation, dont on fait rôtir une partie et bouillir l'autre. Cette viande est servie aux hommes dans leur salle; le partage des femmes est le bouillon. La nuit suivante se passe en concerts de musique et en danses, pour lesquelles la passion est égale chez les deux sexes. Leur principal instrument de musique est le *gomgom*, qui est commun à toutes les nations de Nègres sur cette côte de l'Afrique. On en distingue deux sortes; le grand et le petit. C'est un arc de bois d'olivier tendu d'une corde de boyau ou de nerf de mouton, qu'on a fait sécher au soleil pour la rendre propre à cet usage. A l'extrémité de l'arc, on attache d'un côté le tuyau d'une plume fendue, en faisant passer la corde dans la fente. Le joueur tient cette plume dans la bouche lorsqu'il manie l'instrument; et les différents tons du gomgom viennent des différents modulations de son souffle.

Un autre instrument des Hottentots est un pot de terre couvert d'une peau de mouton bien passée. Mais c'est une espèce d'instrument qui n'est pas susceptible de beaucoup de variété dans les sons.

La musique vocale des Hottentots consiste dans le monosyllabe *ho*, répété plusieurs fois, et dans deux ou trois chansons en mineur. Celle qui est particulière aux cérémonies religieuses consiste dans un petit cercle de notes. Mais, en général, toute leur musique est fort désagréable aux oreilles d'un Européen.

Leur manière de danser n'est pas de meilleur goût. Les hommes s'accroupissent en cercle, et laissent entre eux quelque distance pour le passage des femmes. Aussitôt que les gomgoms commencent à se faire entendre, les femmes battent des doigts sur leurs tambours. Toute l'assemblée chante *ho, ho, ho*, et frappe des mains; alors il se présente plusieurs couples pour danser; mais on n'en laisse entrer que deux à la fois dans le cercle. Leur situation est face à face; l'homme danse avec l'homme, la femme avec la femme. En commençant, ils sont éloignés entre eux d'environ dix pas, et cinq ou six minutes se passent avant qu'ils se rencontrent. Quelquefois ils dansent dos à dos, mais jamais ils ne se prennent par les mains (1). Chaque danse ne dure guère moins d'une heure. Leur agilité est surprenante, et leurs pas nets et dégagés. Pendant ce temps-là toutes les femmes se tiennent debout, les yeux baissés, et chantent *ho, ho, ho*, en battant des mains. Lorsqu'elles ont besoin d'hommes pour la danse, elles lèvent la tête et secouent les anneaux qu'elles

(1) C'est, comme on voit, une espèce de contredanse.

portent aux jambes. Le bruit qu'elles font en frappant du pied ressemble à celui d'un cheval qui se secoue sous le harnais. Les danseurs fatiguent ordinairement les musiciens; car il faut que chacun danse à son tour.

La chasse est un autre amusement que les Hottentots aiment beaucoup. Ils y font éclater une adresse surprenante, soit dans le maniement de leurs armes, soit dans la vitesse et la légèreté de leur course. Kolbe s'étonne qu'ils ne fassent pas plus souvent un mauvais usage de leur agilité, quoiqu'il leur arrive quelquefois, dit-il, d'en abuser. Il en rapporte un exemple. Un matelot hollandais, en débarquant au Cap, chargea un Hottentot de porter à la ville un rouleau de tabac d'environ vingt livres. Lorsqu'ils furent tous deux à quelque distance de la troupe, le Hottentot demanda au blanc s'il savait courir. Courir? répondit le Hollandais: oui, fort bien. Essayons, reprit l'Africain; et se mettant à courir avec le tabac, il disparut presque aussitôt. Le matelot hollandais, confondu de cette merveilleuse vitesse, ne pensa point à le poursuivre, et ne revit jamais ni son tabac ni son porteur. On aurait peine à s'imaginer quelle est l'adresse de ces hommes à tirer leurs flèches, ou à lancer leurs sagaies et leurs *rakkums*. Ils ont la vue si prompte et la main si certaine, que les Européens n'en approchent point. En poursuivant un daim, une chèvre sauvage ou un lièvre, s'ils peuvent s'avancer à la portée de leur rakkum, ils ne manquent presque jamais leur coup. A cent pas ils toucheront d'un coup de pierre une marque de la grandeur d'un sou; et ce qu'il y a de plus étonnant, c'est qu'au lieu de fixer, comme nous, les yeux sur le but, ils font des mouvements et des contorsions continuelles. Il semble que leur pierre soit portée par une main invisible. Ils remarquent avec plaisir l'admiration des Européens, et sont toujours prêts à recommencer la même expérience. Kolbe assure qu'ils n'excellent pas moins à tirer l'arc ou à lancer la sagaie.

Un Hottentot qui va seul à la chasse, ou qui ne prend avec lui que deux ou trois compagnons, se borne ordinairement à quelques pièces de gibier pour la subsistance de sa famille; et dans ces occasions il n'emploie point d'autres armes que le rakkum. Mais les grandes chasses sont celles où tous les habitants d'un village sortent ensemble, soit pour attaquer quelque bête féroce qui ravage leurs troupeaux, soit pour leur seul amusement. S'ils veulent tuer un éléphant, un rhinocéros, un élan ou un âne sauvage, ils l'environnent et l'attaquent avec leurs sagaies. Leur adresse consiste à ménager si bien leurs coups, que l'un ou l'autre frappe toujours l'animal par derrière; tandis qu'il se tourne vers celui qui l'a frappé, ils le font tomber couvert de blessures avant qu'il ait pu distinguer ceux qui le blessent. Ils réussissent de même à tuer les lions et les léopards, en se garantissant de la fureur de ces animaux par leur agilité. Le monstre s'élance quelquefois si impétueusement, et le coup de sa griffe paraît si sûr, qu'on tremble pour le chasseur, et qu'on s'attend à le voir aussitôt en pièces; mais on se trompe : en un clin d'œil il échappe au danger, et l'animal décharge toute sa rage contre la terre. Au même instant il est couvert de blessures par derrière : il se tourne, il se précipite sur un autre ennemi, mais toujours en vain; il rugit, il écume, il se roule de fureur. La promptitude des chasseurs est égale à se garantir de ses griffes et à s'entr'aider par de nouveaux coups, avec autant de vitesse que de résolution. C'est un spectacle dont on ne trouve d'exemple dans aucun autre pays, et qu'on ne saurait voir sans admiration. Si l'animal ne perd pas bientôt la vie, il prend enfin la fuite, en s'apercevant qu'il n'a rien à gagner contre de tels adversaires. Alors les Hottentots lui laissent la liberté de se retirer; mais ils le suivent à quelque distance, parce que, leurs flèches étant empoisonnées, ils sont sûrs de le voir tomber devant eux, et d'emporter sa peau pour fruit de leur victoire.

Ils ont une autre méthode pour attaquer les éléphants, mais moins pénible et moins dangereuse. Comme ces animaux s'approchent des rivières en troupe, et qu'ils marchent l'un après l'autre sur une même ligne, la trace de leurs pas est toujours facile à reconnaître. Les Hottentots ouvrent dans cette route une fosse de deux à trois mètres de profondeur et d'environ un mètre et demi de diamètre, au milieu de laquelle ils enfoncent un pieu pointu. Ils couvrent cette ouverture de petites branches d'arbres, de feuillages, d'herbe et de terre, avec tant d'art, que les yeux même d'un homme y seraient trompés. L'éléphant, qui avance sans crainte, tombe à demi dans la fosse; c'est-à-dire que le trou n'étant point assez grand pour le contenir tout entier, il n'y entre que les pieds de devant; mais dans cette chute il ne manque point de rencontrer le pieu, qui lui perce la poitrine ou le cou, et qui l'arrête assez pour donner le temps aux chasseurs de l'achever à coups de sagaies. Ils le portent alors en triomphe dans le village, et leur victoire est célébrée par une grande fête. Le rhinocéros et l'élan se prennent souvent dans le même piége.

Les Hottentots ont institué un ordre fort honorable, composé de ceux qui ont tué, dans un combat particulier, un lion, un tigre, un léopard, un éléphant, un rhinocéros ou un élan. L'installation du héros se fait avec beaucoup de cérémonie. Après son exploit, il se retire dans sa hutte. Les habitants du village lui députent bientôt un vieillard, pour l'inviter à se rendre au centre du kraal, où il est attendu par tous les honneurs dus à sa victoire. Il se laisse conduire par son guide. Toute l'assemblée le reçoit avec des acclamations. Il s'accroupit au milieu d'une hutte qu'on a préparée pour lui, et tous les habitants se placent autour de lui dans la même posture. Alors le vieux député s'approche, et pisse sur lui depuis la tête jusqu'aux pieds, en prononçant certaines paroles. Si le député est de ses amis, il l'inonde d'un déluge d'eau, et l'honneur augmente à proportion de la quantité de liquide. Le champion n'a pas manqué de se faire d'avance, avec les ongles, des sillons sur la graisse dont il a le corps enduit, pour recevoir plus immédiatement cette aspersion. Il s'en frotte soigneusement le visage et tout le corps. Kolbe a cru devoir donner à cette institution le nom d'*ordre de l'Urine,* parce qu'elle n'en porte aucun dans la nation. Après la cérémonie, le député allume sa pipe et la fait circuler dans l'assemblée, jusqu'à ce que le tabac ou le dacha soit réduit en cendres. Ensuite prenant les cendres, il en parsème le nouveau chevalier, qui reçoit en même temps les félicitations de l'assemblée sur l'honneur qu'il a fait au kraal, et sur le service qu'il a rendu à sa patrie. Ce grand jour est suivi pour lui de trois jours de repos, pendant lesquels il est défendu à sa propre femme d'approcher de lui. Le troisième jour, au soir, il tue un mouton, il reçoit sa femme, et se réjouit avec ses amis et ses voisines. Le monument de sa gloire est la vessie de l'animal qu'il a tué. Il la porte suspendue à sa chevelure comme une marque insigne d'honneur. Kolbe ajoute que la mort d'un tigre cause plus de joie aux Hottentots que celle de toute autre bête.

Ils entendent beaucoup mieux la pêche que les Européens du Cap. Leur adresse est égale au filet, à l'hameçon et au dard, dans les anses comme dans les rivières. Ils ne prennent pas moins habilement le poisson à la main. Ils sont d'une adresse incomparable à la nage. Leur manière de nager a quelque chose de surprenant et qui leur est tout à fait propre. Ils nagent le cou droit et les mains hors de l'eau; de sorte qu'ils paraissent marcher sur terre. Dans la plus grande agitation de la mer, et lorsque les flots forment autant de montagnes, ils dansent en quelque sorte sur le dos des vagues, montant et descendant comme un morceau de liége. Les pêcheurs enveloppent dans leurs krosses ou dans des sacs de cuir le poisson qu'ils ont pris, et nagent ainsi avec leur fardeau sur la tête.

Lorsqu'un jeune homme est âgé d'environ dix-huit ans, il se rend avec son père dans la famille où il se propose d'entrer, et son unique soin est de préparer du tabac ou du dacha, qu'il présente à la compagnie. Tous les assistants se mettent à fumer, sans qu'il soit question du sujet qui les assemble, jusqu'à ce qu'ils aient la tête étourdie de fumée. Alors le père commence à s'expliquer. Il demande au père de la fille s'il veut se défaire d'elle en faveur de son fils. L'autre sort aussitôt de la chambre pour aller consulter sa femme, et revient promptement avec une réponse favorable. Il est rare que cette demande soit refusée, à moins qu'une famille ne soit déjà liée par quelque autre engagement. Si la jeune fille n'a point de goût pour le mari qu'on lui propose, il ne lui reste qu'une ressource pour éviter d'être à lui : c'est de passer avec lui une nuit entière, qui est employée, suivant Kolbe, à se pincer, à se chatouiller, à se fouetter. Elle devient libre si elle résiste à cette dangereuse épreuve; mais si le jeune homme l'emporte, comme il arrive presque toujours, elle est obligée de l'épouser.

Après cette formalité, le jeune mari, accompagné de tous ses parents et de tous ses amis de l'un et de l'autre sexe, et précédé d'un ou de plusieurs bœufs, suivant le degré de ses richesses, retourne au kraal de sa femme, quelque éloigné qu'il puisse être du sien. Il y est reçu avec de grands témoignages de joie. Le bœuf est tué. Chacun se frotte largement de sa graisse et se poudre de buku. Les femmes se peignent le front, les joues et le menton avec de l'ocre rouge. Ensuite le mariage s'achève avec des cérémonies fort bizarres. Les hommes de l'assemblée commencent par s'accroupir en cercle. Le mari se place au centre dans la même posture, et à quelque distance; les femmes s'arrangent de même autour de la mariée. Ensuite le prêtre ou le surri entre dans le cercle des hommes, et pisse un peu sur le marié, qui emploie ses grands ongles à faire des sillons sur sa graisse pour ne rien perdre de cette sale liqueur. Le prêtre fait la même faveur à la mariée, et retourne de l'un à l'autre jusqu'à ce que le pouvoir lui manque pour cet office. Il prononce en même temps diverses bénédictions : « Puissiez-vous vivre heureusement dans votre mariage! Puissiez-vous obtenir un fils avant la fin de l'année! Puisse-t-il devenir bon chasseur ou bon guerrier! » Tous les assistants se joignent ensuite pour travailler aux préparatifs de la fête. On coupe le bœuf en pièces, on en fait cuire une partie à l'eau et rôtir l'autre. Kolbe explique ici plus clairement leur manière de rôtir. Ils font un grand feu sur une pierre, et la nettoient proprement lorsqu'elle est chauffée. Ils y mettent leur viande, et placent dessus une autre pierre, autour et sur laquelle ils renouvellent le feu, qui achève bientôt l'opération. Tous les mets paraissent dans des pots luisants de graisse. Quelques-uns des convives se servent de couteaux, les autres déchirent la viande avec leurs doigts, et tous mangent avec une voracité extrême. Le bout de leurs krosses leur sert d'assiette. Leurs cuillers sont diverses coquilles de mer. Ils boivent du lait ou de l'eau; car il ne paraît presque jamais de liqueurs fortes dans ces réjouissances publiques. Après le festin, ils fument du tabac. Chaque cercle n'a qu'une seule pipe. Celui qui est chargé de la remplir la donne à son voisin après s'en être servi. Elle fait ainsi successivement le tour du cercle. Quelques-uns avalent la fumée, et les discours s'échauffent à mesure que les vapeurs leur montent au cerveau. Toute la nuit se passe dans le même exercice, et le matin vient séparer l'assemblée. On recommence la fête pendant deux ou trois jours, c'est-à-dire jusqu'à ce que les provisions soient épuisées. Malgré la passion que les Hottentots ont pour la musique et la danse, ils ne les emploient jamais dans leurs fêtes nuptiales.

Ils ont l'usage de la polygamie; mais il est rare, même entre les riches, qu'on leur voie plus de trois femmes. Ils ne permettent ni le mariage ni la fornication entre les cousins au premier et au second degré. Ceux qui sont convaincus d'avoir violé cette loi reçoivent une mortelle bastonnade, sans aucun égard pour le rang et les richesses. Un père en mariant son fils lui donne une couple de vaches et le même nombre de brebis. Les filles se marient ordinairement sans dot, ou si leur famille leur fait présent d'une vache ou d'une couple de brebis, le mari est obligé de les restituer lorsque sa femme meurt sans lui laisser d'enfants. Les Hottentots, dit Kolbe, ne cherchent dans leurs femmes que l'esprit, la beauté et les agréments. Ainsi, la fille d'un pauvre habitant se trouve souvent mariée au chef de son kraal ou de la nation.

L'adultère est toujours puni de mort; mais le divorce est permis, lorsque le mari peut le justifier par de bonnes raisons. Alors il a la liberté de choisir une autre femme; tandis que celle qu'il a répudiée n'obtient pas toujours la liberté d'en épouser un autre pendant la vie du mari qui l'a quittée; d'ailleurs, une veuve qui se remarie est obligée de se couper la jointure du petit doigt, et de continuer la même opération aux doigts suivants chaque fois qu'elle rentre dans les chaînes du mariage.

Chaque kraal est fourni d'une sage-femme, que son expérience et son habileté font choisir pour le service public; mais son salaire se réduit à la nourriture, avec quelques petits présents qui doivent être volontaires. Les femmes accouchent à terre, sur un simple krosse dans l'absence du mari, qui est obligé de quitter sa hutte jusqu'à la fin du travail, sous peine de payer une brebis au kraal. Si le travail est lent, on fait bouillir du lait et du tabac, dont on compose une liqueur, qu'on laisse refroidir et qu'on fait avaler à la femme. Elle est délivrée immédiatement. Aussitôt que l'enfant est né, on lui frotte doucement toutes les parties du corps avec de la fiente fraîche de vache. On laisse sécher cette onction, pour en recommencer une autre avec le jus de la tige de figuier. Celle-ci venant aussi à sécher, on en fait une troisième avec de la graisse de mouton ou du beurre fondu. Enfin, lorsque le corps est bien imbibé de toutes ces onctions, on le saupoudre de buku, qui forme une sorte de croûte.

Si l'enfant naît mort ou meurt en naissant, surtout lorsqu'il est mâle, le village est transporté dans un autre lieu. On fait des réjouissances extraordinaires à la naissance de deux jumeaux mâles. Si ce sont deux filles, l'usage est de tuer la plus laide. Si c'est une fille et un garçon, la fille est exposée sur une branche d'arbre, ou ensevelie vive avec la participation et le consentement de tout le kraal. On a trouvé plusieurs de ces enfants abandonnés, que les Européens du Cap ont eu l'humanité de faire élever.

Le krosse, ou le manteau qui sert aux femmes dans leur accouchement, est enterré aussitôt, à cause d'une ancienne tradition qui fait craindre quelque sortilége pour la mère ou son fruit. On lie le nombril de l'enfant avec un nerf de mouton, qui lui pend au ventre jusqu'à ce qu'il tombe. Après les onctions, le droit de le nommer appartient à sa mère; elle lui donne ordinairement le nom de quelque animal favori, tel que *gamnan*, lion; *hacqua*, cheval; *ghouda*, mouton, etc. Il est défendu aux hommes de s'approcher de leurs femmes, après l'accouchement, jusqu'à ce qu'elles soient entièrement rétablies. L'infraction à cette loi les fait regarder comme impurs, et les oblige de présenter un bœuf gras au kraal pour se purifier. La purification des femmes après leurs couches se fait avec de la fiente de vache, dont elles se frottent le corps; ensuite elles se font une onction de graisse, qu'elles saupoudrent de buku, et, dans cet état, elles attendent leur mari, qui doit avoir fait les mêmes préparatifs. Alors ils s'accroupissent ensemble, ils s'entretiennent, ils se disent des choses tendres; ils fument jusqu'à ce que les vapeurs du tabac les fassent tomber endormis. Les réjouissances sont beaucoup plus vives pour un premier enfant que pour ceux qui le suivent. Aussi, le fils aîné jouit-il d'une autorité presque absolue sur ses frères et ses sœurs.

On s'est, dit Kolbe, persuadé mal à propos en Europe que les Hottentots naissent avec le nez plat. La plupart, au contraire, apportent en naissant un nez de la forme des nôtres; mais il passe dans la nation pour une si grande difformité, que le premier soin des mères est de l'aplatir avec le pouce.

C'est encore un usage général d'ôter un testicule aux garçons, vers l'âge de huit ou neuf ans; mais dans les familles pauvres on attend, pour cette cérémonie, l'occasion de pouvoir subvenir à la dépense. Kolbe a vu opérer de cette manière un jeune homme de dix-huit ans. Le jeune homme, après avoir été frotté de graisse fraîche de mouton, est étendu à terre sur le dos, les pieds et les mains liés; ses amis se couchent sur lui pour le rendre immobile. Dans cette situation, l'opérateur lui fait, avec un couteau de table, une ouverture, au scrotum d'environ quatre centimètres de longueur. Il fait sortir le testicule, et met à la place une petite boule de même grosseur composée de graisse de mouton et d'un mélange d'herbes pulvérisées; ensuite il recout la plaie avec un petit os d'oiseau, aussi pointu qu'une alêne; une artère de mouton sert de fil. Cette opération se fait avec une adresse qui surprendrait nos plus habiles chirurgiens, et jamais elle n'a de fâcheuses suites. Lorsqu'elle est achevée, l'opérateur recommence les onctions avec de la graisse de mouton qu'on a tué pour la fête. Il tourne le patient sur le dos et sur le ventre, comme un cochon de lait, dit Kolbe, qu'on se disposerait à rôtir. Enfin, il pisse sur toutes les parties du corps, et le frotte soigneusement de son urine. Après cette monstrueuse cérémonie, le jeune homme se traîne dans une petite hutte, bâtie exprès pour cet usage. Il y passe deux ou trois jours, au bout desquels il sort parfaitement rétabli (1).

Les jeunes Hottentots supportent cette opération avec une patience et une résolution surprenantes. Mais ceux qui n'ont point encore passé par les mains de l'opérateur n'ont pas la liberté d'y assister. Les spectateurs se rendent à la maison des parents, et mangent la chair du mouton, qu'ils trouvent préparée. Le bouillon est distribué aux femmes; mais le malade n'a point de part au festin. Le reste du jour et la nuit suivante sont employés à la danse. Si la famille est riche, le salaire de l'opérateur est un veau ou un mouton. Les enfants, parmi les Hottentots, sont confiés à la garde des mères jusqu'à l'âge de dix-huit ans. On reçoit alors les garçons au rang des hommes, avec lesquels ils n'ont point auparavant la hardiesse de converser, sans en excepter leur propre père. Tous les habitants s'assemblent, et les hommes s'accroupissent en cercle. Le candidat reçoit ordre de se mettre dans la même posture, mais hors du cercle. Il doit être assis sur ses jarrets, de manière qu'il reste au moins trois pouces de distance jusqu'à terre. Alors le plus vieux de l'assemblée se lève, demande le consentement des autres pour recevoir le candidat, s'approche de lui, et lui déclare qu'à l'avenir il doit abandonner sa mère, renoncer à la compagnie des femmes et aux amusements de l'enfance; en un mot, que dans ses actions et ses discours il doit se conduire en homme. Le candidat, qui n'est pas venu sans s'être bien frotté de graisse et de suie, reçoit immédiatement une inondation d'urine par le ministère de l'orateur. Aussitôt les hommes du cercle l'admettent dans leur société, et le félicitent sur l'honneur qu'il vient d'obtenir. Ils ajoutent des bénédictions à ce compliment. Kolbe en rapporte jusqu'aux termes : *T'kamma*, c'est-à-dire, que le bonheur l'accompagne; *dida*, vis longtemps; *quoaatzequa*, crois et multiplie; *t'kumi*, que la barbe croisse promptement. Un Hottentot qui est ainsi délivré de l'empire de sa mère a la liberté de l'insulter, et de la battre même, lorsqu'il lui plaît.

Ils n'ont pas de hutte séparée avant le temps du mariage. Les deux parties travaillent alors à s'en bâtir une, et doivent se fournir de meubles neufs. Après cet établissement, l'homme a le droit de s'abandonner à la paresse, et se repose sur sa femme de toutes les affaires domestiques. Outre l'éducation des enfants, elle est condamnée à tous les soins du ménage, tels que de chercher des racines, d'apporter du bois, de traire les vaches et de préparer les aliments. Sa seule récompense pour tant de travaux est d'avoir un lit séparé; car les deux époux ne couchent jamais ensemble, et ne paraissent pas se mêler des affaires l'un de l'autre. Ils se parlent rarement, et ne se donnent presque aucun signe de tendresse. Leurs secrets conjugaux sont impénétrables; et leur modestie n'est pas moindre à l'égard de toutes les actions que nous nommons indécentes.

Maladies, remèdes et funérailles des Hottentots. — Les Hottentots sont sujets à peu de maladies; et ceux qui se soumettent à la diète du pays s'en ressentent rarement. Kolbe en vit un au Cap qui n'avait pas beaucoup moins de cent ans, et qui se vantait de n'avoir jamais été attaqué de la moindre incommodité. Mais ceux qui font usage des liqueurs alcooliques abrègent leurs jours, et gagnent des maladies qui n'avaient jamais été connues dans leur nation. Les aliments mêmes, assaisonnés à la manière de l'Europe, sont pernicieux pour les Hottentots.

La médecine et la chirurgie sont deux arts qu'ils exercent conjointement. On leur voit faire des cures merveilleuses. Ils sont versés dans la botanique de leur pays. Ils ont quelques notions de la saignée, des ventouses, et des opérations

(1) La coutume de cette castration partielle et les cérémonies dont elle est accompagnée ou suivie ont été niées par plusieurs voyageurs.

plus difficiles, telles que l'amputation et l'art de remettre un membre luxé. Leur adresse est d'autant plus admirable, qu'ils n'ont pour instruments que des cornes, des couteaux, et l'os pointu dont on a déjà parlé. Pour les coliques et les maux d'estomac, leur remède ordinaire est l'application des ventouses.

Pour guérir la blessure d'une flèche empoisonnée, ils mêlent le venin de quelque serpent avec leur propre salive, et frottent ce mélange entre deux pierres. Ensuite, après s'être gratté le creux de l'estomac jusqu'à ce qu'il en sorte du sang, ils appliquent la moitié de la composition sur la partie qu'ils ont grattée. Ils avalent l'autre; et lorsqu'ils se croient délivrés du poison par ce remède, ils nettoient la blessure et la pansent avec des feuilles de tabac et de diosma. Pour ce qui concerne les fractures, ils ignorent entièrement la manière de les traiter, parce qu'ils sont peu sujets à cette sorte d'accident. Mais leur méthode pour traiter les luxations est de frotter beaucoup la partie avec de la graisse de mouton, et de remuer vivement le membre en pressant la jointure. Cette opération ne se fait pas sans de vives douleurs.

Dans les violents maux de tête, ils rasent une partie de la chevelure avec un couteau tranchant. La graisse leur sert de savon; cependant ils laissent autant de cheveux qu'ils en coupent, et leur manière de les couper est en sillons.

Pour se purger, les Hottentots emploient ordinairement le jus d'aloès dans un peu de bouillon chaud, et redoublent la dose jusqu'à ce qu'ils s'aperçoivent de l'effet qu'ils désirent.

Les poudres et les infusions qu'ils emploient pour d'autres maux intérieurs sont très-simples et en petit nombre; ils emploient, à cet effet, des figues sauvages, des feuilles de figuier, de diosma, de l'ail, du fenouil, et quelques autres plantes.

Mais ils ont recours aussi à la divination pour savoir si les malades doivent guérir. Ils prennent un mouton et l'écorchent vif, avec de grandes précautions pour empêcher qu'il ne perde du sang dans cette opération. Si l'animal, après avoir perdu sa peau, se lève et court librement, c'est un présage favorable. Mais s'il demeure sans mouvement, on interrompt l'usage des remèdes, et le malade est abandonné aux forces de la nature. Un Hottentot qui s'est rétabli d'une maladie dangereuse célèbre son andersmaken, c'est-à-dire la fête de sa convalescence, en tuant un bœuf ou une brebis, suivant ses facultés, pour traiter ses amis et ses voisins. Si c'est un homme, la chair est pour les hommes et le bouillon pour les femmes. Au contraire, les femmes mangent la chair, si la fête se fait pour une femme, et le partage des hommes est le bouillon.

Le médecin est ici la troisième personne de l'État. Les grands kraals en ont deux. On les choisit parmi les plus sages habitants pour veiller à la santé du public; mais ils ne reçoivent jamais de récompenses ni d'appointements, comme s'ils étaient assez récompensés par la distinction de leur office. Il ne manque rien à la confiance et au respect qu'on a pour eux. Dans chaque kraal, il se trouve de vieilles femmes qui s'attribuent de profondes connaissances en médecine. Elles ne sont pas fort aimées des docteurs; et comme en Europe, ajoute Kolbe, elles ne trouvent de crédit que dans leur propre sexe. Les notions obscures qu'ils ont de l'immortalité de l'âme ne vont pas jusqu'à leur faire implorer les faveurs du ciel pour un malade, ni jusqu'à le faire souvenir d'un autre état dans lequel il doit passer. Aussitôt qu'il a rendu le dernier soupir on l'enveloppe dans son krosse, les jambes repliées vers la tête comme un fœtus humain, et si bien couvert, qu'on n'aperçoit aucune partie du corps. On cherche ensuite un lieu pour l'enterrer. Tous les habitants du kraal s'assemblent et le conduisent à sa sépulture. C'est ordinairement quelque fente dans un rocher, ou quelque caverne; car les Hottentots ne se donnent pas la peine de creuser une fosse pour leurs morts, lorsque le hasard leur en offre une. Ils les enterrent ordinairement six heures après qu'ils sont expirés, à moins qu'étant morts le soir on ne soit obligé, par l'obscurité de la nuit, de les garder jusqu'au lendemain. Kolbe compare cet usage à celui des Juifs, et ne doute pas qu'une infinité de Hottentots ne soient enterrés vivants. Pour conduire le corps à la fosse, les hommes et les femmes s'assemblent devant la porte de la hutte, accroupis en différents cercles, frappant des mains et criant : *Bo*, *bo*, *bo*, jusqu'à s'épuiser. Au lieu de faire sortir le corps par la porte, ils ouvrent les nattes qui servent de mur, du côté le plus proche du mort, et le transportent par ce passage. Les porteurs le prennent dans leurs bras. Ils sont suivis d'hommes et de femmes, mais sans autre ordre que la séparation des deux sexes. La marche est accompagnée de hurlements et de grimaces qui seraient capables, dit l'auteur, de faire mourir un Européen de rire. Lorsque le corps est enterré, ils remplissent la fosse avec de la terre de nids de fourmis, et la couvrent de pièces de bois croisées et de pierres, pour la défendre des bêtes féroces. Au retour du convoi funèbre, les deux sexes reprennent leur posture devant la hutte, dans des cercles séparés, et continuent leurs exclamations. Enfin, l'heure du silence arrive. Deux vieillards, qui en donnent le signal, amis des parents du mort, entrent dans chaque cercle, et pissent sur toute l'assemblée. Ils vont prendre ensuite chacun une poignée de cendres dans le foyer, qui est au milieu de la hutte, et reviennent gravement les jeter par pincées sur les assistants, qui s'en frottent le corps avec beaucoup de soin. Si le mort a été riche, la même cérémonie se renouvelle pendant sept ou huit jours. Après les lamentations, l'usage est de tuer une brebis, pour terminer la cérémonie par un andersmaken. On suspend au cou de l'héritier la coiffe du ventre de la victime bien saupoudrée de buku, et cette parure doit être portée jusqu'à ce qu'elle tombe en pourriture. Telles sont les cérémonies de deuil pour les Hottentots riches. Le deuil des pauvres ne consiste qu'à se raser la tête.

Un Hottentot dont les affaires sont en désordre, ou qui ne trouve point de secours dans sa famille et ses amis, prend le parti de louer ses services à quelque riche habitant du même pays, ou à quelque Européen. C'est ordinairement pour la seconde de ces deux conditions qu'il se détermine, parce que les avantages en sont plus considérables. Il demande d'abord une ration journalière de tabac et de dacha comme une partie de ses gages, qui consistent toujours en bestiaux, et dans les meilleurs, car il n'accepterait pas une vache ou une brebis stérile. D'un coup d'œil, un Hottentot connaît les bonnes qualités ou les défauts d'un animal. Après avoir acquis, par cette voie, quelques vaches et quelques brebis, il en achète d'autres de ses épargnes de tabac, et s'établit enfin sur ses propres fonds parmi ses compatriotes.

Les femmes des Hottentots n'ont pas d'autre méthode que la nôtre pour traire leurs brebis et leurs vaches. Le lait de vache sert d'aliment aux deux sexes; mais l'usage du lait de brebis est réservé aux femmes, et même aux plus pauvres. Au lieu de baratte, ils se servent d'une peau de bête, cousue en forme de sac, avec le poil au dehors. Lorsqu'elle est à demi-pleine de lait, ils la lient soigneusement; et deux personnes, la prenant par les deux bouts, ne cessent pas de l'agiter fortement jusqu'à ce que le beurre soit formé. Ils le mettent alors dans des pots, soit pour s'en frotter le corps, soit pour le vendre aux Européens; car ils n'en mangent jamais. Mais, comme ils n'ont pas l'usage de le passer, il est ordinairement d'une saleté fort dégoûtante. Cependant les Européens l'achètent; et, prenant la peine de le nettoyer, ils le revendent avec beaucoup d'avantage aux vaisseaux qui relâchent sur la côte, ou le font manger à leurs domestiques.

La multitude d'animaux carnassiers qui infestent le pays oblige les Hottentots à des précautions continuelles pour la sûreté de leurs troupeaux pendant la nuit. Leur méthode ordinaire est de placer les vaches et les veaux au centre du kraal. Les vieux bœufs sont attachés en dehors contre les huttes, et liés deux à deux par les pieds pour empêcher toute mutinerie. Dans cette situation, ils n'ont pas besoin de sentinelle. L'approche du moindre danger leur fait pousser de longs mugissements, qui répandent aussitôt l'alarme dans le kraal. Chaque habitation entretient une hutte vide, où les agneaux sont gardés jour et nuit, jusqu'au temps où l'usage est de les mener au pâturage après les avoir sevrés. D'ailleurs, les Hottentots ont des chiens pour la garde ordinaire de leurs troupeaux. Ces animaux sont vigilants, fidèles, et d'une intrépidité sans égale.

Chaque kraal a ses vétérinaires. Quoique épizooties soient rares, on en voit souvent régner une fatale espèce, qu'on attribue, dit Kolbe, à l'abondance des pluies, et dont on ne peut trouver le moyen de garantir les bestiaux. Dans toutes sortes de maladies, les Hottentots leur tirent du sang, et leur font prendre de l'ail sauvage. Pour les rétentions d'urine, ils font infuser de l'ail dans leur eau. La guérison d'une bête est célébrée avec beaucoup de joie. Lorsque l'animal meurt, ils s'en dédommagent en faisant de sa carcasse un grand festin, auquel tous les habitants peuvent prendre part. Ils estiment beaucoup plus cette chair que celle des animaux qu'ils tuent volontairement.

L'adresse des Hottentots dans l'exercice de quelques métiers est une preuve assez claire de leur industrie, et du progrès qu'ils seraient capables de faire dans les arts, s'ils n'étaient arrêtés par l'excès de leur indolence. Les bouchers de l'Europe ne manient point le couteau avec plus d'habileté qu'eux. Leur méthode est singulière pour tuer un mouton. Après lui avoir lié les pieds, deux hommes l'étendent sur le dos, et le tiennent des deux côtés dans cette posture. Un autre lui ouvre le ventre avec un couteau et met les entrailles à découvert. Ensuite il tire d'une main les boyaux et les viscères nobles, tandis que de l'autre il remue le sang pour l'empêcher de s'épaissir. Il se garde soigneusement de briser les vaisseaux sanguins autour du cœur ; de sorte que l'animal est au moins un quart d'heure à mourir, et laisse aux assistants le spectacle de tous les mouvements de l'agonie. Les médecins du kraal, et les femmes qui se mêlent de médecine, sont toujours présents à ces exécutions. Ils en prennent les parties, et les conservent soigneusement. Les intestins sont lavés. On en fait griller une portion, qui est mangée sur-le-champ, avant que l'animal soit mort. Le reste est haché fort menu, pour le faire étuver dans le sang, que le boucher met dans un pot, avec la main ou quelque coquille. Lorsque l'intérieur du corps est vide et nettoyé, trois hommes se joignent pour l'écorcher. Ils mettent la carcasse sur la peau, et commencent à diviser les parties. C'est alors qu'on voit dans un instant la chair, les os, la membrane, les muscles, les veines, les artères, et tous les autres organes séparées avec une adresse si surprenante, qu'elle devrait faire donner aux bouchers hottentots le nom d'anatomistes. Leur méthode est à peu près la même pour tous les autres bestiaux. Ils n'en jettent que les excréments, les sabots et les cornes. Les os sont bouillis pour en tirer la moelle, qu'ils emploient à se frotter le corps. Les peaux de moutons servent à faire leurs krosses, ou des courroies pour les jambes des femmes. Avec les peaux de bœuf, ils font des nattes pour couvrir leurs maisons. S'ils n'en ont pas besoin pour ces usages, ils les emploient à leur nourriture. Leur manière de préparer les peaux ou les cuirs n'est pas moins propre à leur nation. Ils prennent une peau de mouton toute fraîche, et la frottent de graisse, pour la rendre tout à la fois dure et unie, et pour empêcher que le poil ou la laine ne tombe. Mais s'ils la destinent à l'usage de leur pays, ils ajoutent à la graisse une coction de fiente de vache, qu'ils laissent sécher au soleil. Cette opération se renouvelle jusqu'à ce que la peau ait pris une couleur noire, avec l'odeur de fiente qui est nécessaire à sa perfection. Les peaux de vache ou de bœufs demandent une autre préparation. Le pelletier hottentot frotte le poil avec de la cendre de bois, et, l'ayant arrosé d'eau, il roule le cuir, pour le faire sécher pendant quelques jours au soleil. Cette pratique renouvelée ne manque point de faire tomber entièrement le poil. On frotte ensuite la peau avec de la graisse. C'est à quoi se réduit l'art de tanner chez les Hottentots.

Leurs pelletiers exercent aussi le métier de tailleur, et ne manquent point d'adresse dans cette profession. Un os d'oiseau leur sert d'aiguille. Ils emploient moins de temps à faire leurs krosses, et les font peut-être mieux que nos plus habiles tailleurs. C'est encore un office du pelletier de couper les cuirs en courroies larges de deux pouces, pour les faire servir à lier les matériaux de leurs huttes et tous leurs ustensiles, lorsqu'ils changent d'habitation. Il exécute cet ouvrage avec une promptitude et une dextérité merveilleuses, sans autre règle que ses yeux, en étendant le cuir à terre par le moyen de quelques chevilles.

Les Hottentots ont des ouvriers en

ivoire, qui font les bracelets et les anneaux dont ils composent leur parure. Quoique ce travail soit fort ennuyeux, parce qu'ils n'ont pas d'autre instrument qu'un couteau, ils donnent à leur ouvrage une rondeur, un luisant, un poli, qui feraient honneur au plus habile tourneur de l'Europe.

Leurs nattes sont composées de roseaux et de joncs séchés au soleil. Cet ouvrage appartient aux femmes. Sans autre secours que leurs doigts, elles font des tissus si serrés, que le vent, la lumière et la pluie ne peuvent les pénétrer; mais ils durent peu. Leurs cordes, qui sont de la même matière que leurs nattes, ont autant de force et durent aussi longtemps que nos cordes de chanvre. Ils leur donnent rarement plus d'un mètre et demi de longueur, s'ils n'y sont obligés pour les vendre aux Européens du Cap. On peut joindre à cet article les cordes qu'ils font pour leurs arcs et pour leurs instruments de musique. Celles de leurs instruments sont composées de nerfs de mouton séchés au soleil; mais pour leurs arcs ils n'emploient que des boyaux. Deux hommes prennent un boyau, chacun par un bout, et le tordent jusqu'à lui donner la rondeur et la solidité de nos cordes à violon; ensuite, l'étendant entre deux chevilles, ils le font sécher au soleil. Lorsqu'il est sec, ils le frottent de graisse de mouton, et laissent à cette onction le temps de s'étendre. Cette préparation suffit pour le rendre propre à leurs usages.

Tous les Hottentots sont potiers de profession; car chaque famille fait sa poterie et ses autres ustensiles de terre. Leur matière est une sorte de terre glaise, dont les fourmis composent leurs habitations. Après l'avoir bien nettoyée, ils la pétrissent soigneusement, en y mêlant les œufs des fourmis qu'ils y trouvent dispersés; ensuite ils la tournent sur une pierre, ils unissent parfaitement le dedans et le dehors avec la main, et donnent à leur vase la forme de l'urne romaine, qui est celle de tous les pots de la nation. Deux jours d'exposition au soleil suffisent pour le sécher. L'ouvrier le sépare alors de la pierre, avec un tendon sec qu'il passe entre deux, et qui fait l'office d'une scie. Il ne reste qu'à le faire cuire au feu, dans un trou qu'on creuse sous terre. Cette dernière opération lui donne une dureté surprenante, avec une couleur de jais qui se conserve merveilleusement, et que les Hottentots attribuent au mélange des œufs de fourmis.

Leurs forgerons sont d'autant plus admirables, qu'ils forgent le fer tel qu'il sort des mines, sans y employer d'autre secours que des pierres. Ils ouvrent un grand trou sur un terrain élevé. Un demi-mètre plus bas, ils en font un autre pour recevoir le métal fondu, qui passe de l'un dans l'autre par un canal de communication. Avant de mettre le minerai dans le grand trou, ils font autour de l'ouverture un feu capable de le chauffer dans toutes ses parties; ensuite ils y jettent le minerai, sur lequel ils continuent d'entretenir le feu jusqu'à ce qu'il descende en fusion. Aussitôt qu'il est refroidi, ils le brisent en pièces avec des pierres fort dures, et remettent ces pièces au feu. Ils n'emploient que des pierres, au lieu de marteaux, pour en forger des armes et d'autres ustensiles. Ils fondent quelquefois le cuivre par la même méthode; mais l'usage qu'ils en font est borné à quelques bijoux pour leur parure. Ils le mettent en œuvre et le polissent avec une industrie surprenante.

Le commerce des Hottentots ne consiste qu'en échanges. Leur échange ordinaire avec les Européens se compose de bestiaux, de quelques dents d'éléphant, d'œufs d'autruche, de peaux de bêtes, surtout de chevaux et d'ânes sauvages, pour lesquels ils reçoivent du vin, de l'eau-de-vie, du tabac, du dacha, du corail, des grains de verre, des pipes, de petits miroirs, des couteaux, du fer, de petites pièces de cuivre, et des racines de kanna.

Religion et gouvernement des Hottentots. — Ce n'est point une entreprise aisée que celle d'approfondir les notions des Hottentots sur l'Être suprême et leurs véritables principes de religion. Ils évitent soigneusement toutes sortes d'explications sur ce sujet; et leurs réponses, comme à toutes les questions qui regardent leurs usages, sont pleines de réticences et de subterfuges. Quelques voyageurs ont douté s'ils ont, en effet, quelques idées de religion. Mais

Kolbe assure formellement qu'ils reconnaissent un Dieu créateur de tout ce qui existe; ils l'appellent *Gounja* ou *Gounja ticquoa*, c'est-à-dire Dieu des dieux. Ils disent de lui, « que c'est un excellent être, qui ne fait aucun mal à personne, de qui l'on n'en doit jamais craindre, et qui demeure fort loin au delà de la lune. » Mais il ne paraît pas qu'ils aient aucune espèce de culte institué pour l'honorer. Quand les questions qu'on leur fait sont pressantes, ils apportent pour excuse une tradition qui leur apprend, disent-ils, que leurs premiers parents ayant offensé ce Dieu, ont été condamnés, avec toute leur postérité, à l'endurcissement du cœur; de sorte que, s'ils le connaissent peu, ils confessent qu'ils n'ont pas beaucoup d'inclination à le connaître et à le servir mieux.

Ils rendent des adorations à la lune dans les assemblées qu'ils font la nuit en plein champ. Ils lui sacrifient des bestiaux, et lui offrent de la chair et du lait. Ces sacrifices se renouvellent constamment aux pleines lunes. Ils félicitent cet astre de son retour. Ils lui demandent un temps favorable, des pâturages pour leurs troupeaux, et beaucoup de lait. Ils le regardent comme un Gounja inférieur, qui représente le grand (1). Leurs adorations consistent dans des grimaces et des contorsions de corps, dans des cris, des sauts, des chants et des danses. Ils se prosternent à terre; ils répètent des mots inintelligibles. Ces dévotions durent toute la nuit, mais avec des intervalles et comme par accès; elles continuent souvent pendant une partie du jour. Les intervalles sont courts. Ils se tiennent alors accroupis, la tête entre leurs mains et les coudes sur leurs genoux.

Ils honorent aussi, comme une divinité favorable, certain insecte de l'espèce des cerfs-volants, qui est particulier à cette région. Sa grosseur est à peu près celle du doigt d'un enfant; son dos est vert, et son ventre tacheté de blanc et de rouge. Il a deux ailes et deux cornes. Dans quelque lieu qu'ils puissent l'apercevoir, ils lui adressent les plus grandes marques de respect et d'honneur. Lorsqu'il paraît dans un kraal, tous les habitants s'assemblent pour le recevoir, comme si c'était un Dieu descendu du ciel (1). Ils tuent, par reconnaissance, une ou deux brebis en son honneur, et prennent sa visite pour le plus heureux présage de bonheur et d'abondance; ils sont persuadés qu'elle les purifie de toutes leurs fautes. Un Hottentot sur lequel l'insecte viendrait se reposer serait regardé comme un saint, et traité dans la suite avec une vénération extraordinaire. Pour répondre à cette faveur, on tue le bœuf le plus gras du kraal, on saupoudre de buku la coiffe du ventre, on la suspend au cou de l'habitant favorisé, qui est obligé de la porter dans cet état jusqu'à ce qu'elle tombe en pourriture.

Les Hottentots rendent une espèce de culte ou de vénération religieuse à leurs saints, c'est-à-dire aux hommes qui ont acquis de la réputation par leurs vertus et leurs bonnes œuvres. Ils n'ont pas l'usage des statues, des tombes et des inscriptions; mais ils consacrent à la mémoire de leurs héros, es bois, des montagnes, des champs et des rivières. Ils ne passent jamais dans ces lieux sans s'y arrêter. Ils y marquent leur respect par un profond silence, par des danses et quelquefois par des battements de mains.

Ils reconnaissent aussi une divinité maligne, qu'ils appellent *tonquóa*, et qu'ils représentent petite, courbée, de mauvais naturel, ennemie des Hottentots, et source de tout ce qui arrive de mal dans le monde, au delà duquel ils ne lui attribuent aucun pouvoir. Ils lui offrent des honneurs et des sacrifices, pour l'adoucir en faveur de leur nation. Les douleurs, les maladies et les accidents

(1) Lacaille nie que les Hottentots adorent la lune; leurs danses ne seraient qu'un usage et non un culte. Une grande partie des nations d'Afrique, de Madagascar, et même d'Asie, quoique idolâtres ou mahométanes, dansent au clair de la lune lorsqu'elle est pleine. (*Journal historique*, p. 330.)

(1) Lacaille dit, au contraire, que cet insecte, qu'on appelle le dieu des Hottentots, est regardé par eux comme un animal de mauvais augure. Il est assez rare au Cap, et fort commun aux îles de France et de Bourbon. Le Vaillant nous apprend, dans une note manuscrite, que cet insecte est une mante, et que les Hottentots ne l'adorent pas.

qui surpassent la pénétration des Hottentots sont regardés comme l'effet de quelque sortilége. Aussi les enchantements et les amulettes sont-ils fort respectés.

Quoiqu'on ne leur ait point reconnu de notions d'un état futur, et bien moins encore l'espérance d'une résurrection, cependant quelques raisons portent à croire qu'ils sont persuadés de l'immortalité de l'âme. Ils adressent des prières et rendent des honneurs aux hommes vertueux, après leur mort; ils craignent les revenants ou les esprits des morts, et cette crainte leur fait changer de kraal lorsqu'ils ont perdu quelque habitant : ils croient que les sorciers et les sorcières ont le pouvoir d'attirer ces esprits; mais ils paraissent persuadés que les âmes des morts établissent leur domicile autour des lieux où leurs corps sont enterrés. Il ne paraît pas qu'ils redoutent un enfer, ou qu'ils espèrent des récompenses dans un état plus heureux.

Tel est le fond de la religion des Hottentots; ils y sont attachés avec beaucoup d'opiniâtreté.

Lorsqu'ils ont à passer quelque rivière dont le cours est rapide, ils s'arrosent d'abord de quelques gouttes d'eau, et, se frottant le front d'un peu de vase, ils prononcent certaines paroles mystérieuses. Si vous leur demandez la raison de cet usage, ils répondent : « Ne voyez-vous pas que le courant est dangereux? » Kolbe pense que cette superstition a sa source dans quelque idée religieuse.

Leur prêtre, ou leur maître des cérémonies, porte le nom de *suri*, qui signifie *maître*. Cet office est électif. Il ne consiste pas à réciter des prières, ni à donner des instructions au peuple sur des matières dont les Hottentots n'ont aucune notion, mais uniquement à présider aux offrandes et aux sacrifices, à diriger les cérémonies religieuses, les mariages, les enterrements, et à châtrer les jeunes Hottentots. Toutes ces fonctions lui donnent le quatrième rang dans le kraal. Cependant il n'a point d'autre revenu ni d'autre avantage que d'être invité à toutes les fêtes, et de recevoir quelquefois un veau ou un agneau dont on lui fait présent.

Les Hottentots ne vivent point sans gouvernement et sans règles de justice. Chaque tribu particulière a son chef, qui se nomme *kouque*, et dont l'emploi consiste à commander dans les guerres, à négocier la paix, avec le droit de présider aux assemblées publiques, au milieu d'un cercle que tous les capitaines forment autour de lui. Leur office est héréditaire; mais il n'en a pas plus de ressemblance avec la royauté. L'autorité d'un kouque se réduit au gouvernement de son propre kraal. Il n'a point de revenu établi pour le maintien de sa dignité, ni la moindre distinction personnelle. En prenant possession de son emploi, il s'engage à ne rien tenter contre les prérogatives des capitaines du kraal, et contre les priviléges du peuple. On tue un bœuf gras et deux brebis pour le festin, et son installation se fait avec beaucoup de solennité.

Le second officier du gouvernement hottentot est le capitaine du kraal, dont l'emploi consiste à maintenir la paix et la justice dans l'étendue de sa juridiction. Cet office est héréditaire, mais il ne peut rien changer dans les lois et les anciennes coutumes du kraal. Pendant la guerre, il commande les troupes de son propre village, sous l'autorité du kouque ou du chef de la nation. Il reçoit les plaintes du peuple, et juge, avec les hommes du kraal, toutes les disputes qui regardent les droits de la propriété. C'est à lui qu'appartient aussi le jugement du vol, du meurtre, de l'adultère et des autres crimes qui se commettent dans son territoire; mais les criminels d'État sont jugés par le kouque, assisté des capitaines de tous les kraals. Ces officiers sont distingués, non-seulement par de belles peaux de tigres ou de chats sauvages, qui leur couvrent les épaules, mais encore par une canne à pomme de cuivre, dont les Hollandais leur ont fait présent. On peut les considérer comme la noblesse des Hottentots, qui gouverne chaque nation sous l'autorité de son chef. Mais cette noblesse ne tire aucun profit de ses soins : les affaires se décident à la pluralité des voix, qui sont recueillies par le kouque. Il est rare que les Hottentots entreprennent une chasse ou quelque expédition d'importance, sans avoir consulté leur capitaine. Cependant il arrive quelquefois des désordres, que toute son autorité ne peût apaiser : le peuple en vient aux mains, et se bat furieusement, au mépris du capitaine. Dans ces occasions, pour sauver la bienséance de son emploi, il feint d'ignorer ce qui se passe; à moins qu'on n'aille jusqu'au meurtre, ou que la sédition ne devienne générale. Alors il ne balance point à se présenter; et le peuple, qui se reproche d'avoir été trop loin, ne manque jamais de rentrer, comme de concert, dans les bornes de la soumission.

Chaque kraal a son tribunal pour les affaires civiles et criminelles, formé, comme on l'a dit, du capitaine et des habitants, qui s'assemblent dans un champ libre et ouvert. Parmi eux, la justice n'a rien à souffrir, comme en Europe, de la corruption et du délai. Ils ne sont point exposés à la mauvaise foi des procureurs. Les deux parties plaident leur propre cause. La cour se rend attentive à leurs raisons, et juge à la pluralité des voix, sans appel et sans aucune sorte d'obstacle. Dans les matières criminelles, un coupable ne trouve aucun appui dans ses richesses et dans son rang. Le capitaine même n'obtient pas plus de faveur que le moindre habitant du kraal. Quelqu'un est-il soupçonné d'un crime, on en donne aussitôt connaissance à tous les habitants, qui, se regardant comme autant de ministres de la justice, cherchent le coupable et s'en saisissent. S'il prévoit qu'il ne saurait éviter une condamnation, il se retire ordinairement parmi les Boschjesmans; car il passerait pour un espion dans un autre village où il voudrait choisir un asile, et sur le moindre avis il serait remis entre les mains de ceux qui le cherchent; mais s'il est arrêté, on commence par l'enfermer sous une garde sûre, pour avoir le temps de convoquer l'assemblée. Il est placé au centre du cercle, comme au lieu le plus favorable pour écouter et se faire entendre. Ses accusateurs exposent le crime; on appelle les témoins. Il a la liberté de se défendre, et le tribunal écoute patiemment jusqu'au dernier mot qu'on allègue en sa faveur. Si l'accusation paraît injuste, les juges condamnent l'accusateur à des dédommagements, qui sont pris sur ses troupeaux; mais si le crime est avéré, ils prononcent aussitôt la sentence, qui s'exécute sur-le-champ. Le capitaine du kraal se charge de l'exécution. Il fond sur le coupable avec un transport furieux, et l'étend à ses pieds d'un coup de kirri qui lui casse ordinairement la tête. Toute l'assemblée s'unit pour l'achever, et son corps est enterré au même instant; mais sa famille n'en reçoit aucune tache. Le châtiment efface le crime, et la mémoire même du coupable ne reçoit aucun reproche. Au contraire, ses funérailles sont célébrées avec autant de respect que s'il était mort vertueux.

Lorsqu'il s'élève quelque différend entre deux villages de la même nation, la cause est portée devant la cour nationale, qui n'a pas moins d'autorité qu'un sénat romain pour l'exécution de ses décrets. Les Européens, ajoute Kolbe, peuvent vanter leurs sciences, leurs arts et leur politesse; mais où montreront-ils l'exemple d'un gouvernement si sage, basé sur la parfaite liberté du peuple?

Pour ce qui concerne les héritages, tous les biens d'un père reviennent à l'aîné des fils, ou passent dans la même famille au plus proche des mâles. Jamais ils ne sont divisés. Jamais les femmes ne sont appelées à la succession. Tout legs en faveur d'une femme est illégitime, sans le consentement du plus proche héritier. Un père qui veut pourvoir à la condition de ses cadets doit penser pendant sa vie à leur faire un établissement; sans quoi il laisse leur liberté et leur fortune à la disposition du frère aîné. Mais si l'héritier accorde une fois la liberté à ses frères, il n'est plus le maître de rétracter cette faveur. Son pouvoir est le même sur ses sœurs; elles ne peuvent ni le quitter ni se marier sans son consentement. Il leur donne la part qu'il lui plaît de sa fortune. La loi l'oblige seulement de prendre soin des femmes de son père jusqu'à leur mariage ou leur mort. Malgré tous ces avantages, s'il se marie avant la mort de son père il n'a pas plus de droit que ses autres frères à l'héritage paternel.

Les Hottentots ne sont point insensibles aux injures, surtout lorsqu'elles regardent toute la nation. Leur fureur s'allume au moindre tort qu'on fait à leurs droits. Ils courent aux armes, et marchent contre l'ennemi commun. Mais la guerre n'est jamais un fardeau pour le peuple. Ils ne connaissent ni caisse ni munitions, ni magasin, ni taxes, parce qu'ils n'ont jamais à compter plus d'une campagne. Une bataille décide ordinairement de la querelle; mais les deux partis combattent avec acharnement. Ils n'ont d'ailleurs aucune idée de discipline. Ils vont à la charge avec la dernière confusion; mais ils ont soin de ne jamais serrer assez leurs rangs pour s'ôter la liberté de manier leur sagaie et de voltiger d'un côté à l'autre pour diriger sûrement leurs coups. Ils commencent leur attaque avec des cris terribles. Aussitôt que les premiers ont fait leur décharge, ils se retirent derrière ceux qui les suivent, pour se remettre en état de reprendre leur place. La victoire dépend presque toujours de l'habileté du chef à découvrir l'endroit faible de l'armée ennemie, pour y porter le désordre avec ses meilleures troupes. Les causes de la guerre entre les Hottentots sont ordinairement le vol de quelques bestiaux, l'enlèvement d'une femme, ou l'usurpation des pâturages. De ces trois motifs, c'est le dernier qui trouble le plus souvent la paix; car, sans avoir des limites réglées, ils ont cependant quelques notions de l'étendue de leur territoire. L'insulte ne consiste pas toujours à mettre des bestiaux dans le pâturage d'autrui; mais, à l'époque de la sécheresse, il arrive quelquefois qu'une nation mécontente ou jalouse emploie le feu pour détruire l'herbe de ses voisins. L'enlèvement des bestiaux ou des femmes ne commence guère qu'après la résolution déjà formée de déclarer la guerre. Alors la nation offensée fait entendre ses plaintes, et demande des réparations par ses députés. Si la justice qu'elle exige est trop lente, on prend les armes, et on se venge aussitôt par des représailles.

Jamais les Hottentots ne dépouillent ou n'insultent les morts. Ils laissent leurs habits, leurs armes et tout ce qui leur appartient à la disposition de leur propre parti; mais ils tuent sur-le-champ leurs prisonniers. Les déserteurs et les espions n'obtiennent pas plus de grâce; ou si la vie leur est conservée, c'est pour essuyer le mépris de ceux dont leur lâcheté ou leur perfidie leur a fait rechercher la protection. A peine obtiennent-ils de quoi vivre après la guerre. Dans tous les traités de paix, on s'oblige de part et d'autre à les rendre, et le châtiment de leur infidélité est toujours la mort.

Outre le kirri et le rakkum, les armes des Hottentots sont la sagaie et les flèches. Leurs arcs sont de bois, de fer ou d'olivier; les cordes, de nerfs ou de boyaux de bêtes, attachées aux deux bouts avec un crochet de fer ou de bois. Leurs flèches sont de bois ou de corne, d'un mètre de longueur, armées d'un petit croissant de fer, dont les deux pointes forment un petit angle et sont toujours empoisonnées. Au milieu du croissant passe une autre pointe de fer, longue d'environ deux pouces, qui sert de sommet au bois. Le carquois est une sorte de sac, long et étroit, composé de peau de bœuf, d'élan ou d'éléphant, qu'ils se passent sur l'épaule avec une courroie liée aux deux bouts. Un crochet, qui est à l'extrémité de ce sac, leur sert à porter l'arc suspendu. On a déjà dit avec quelle adresse ils tirent leurs flèches; ils n'en ont pas moins à lancer la sagaie, qui est la meilleure de leurs armes. En visant, ils la secouent et l'agitent de tant de manières, qu'on ne s'imaginerait pas qu'ils se proposent un but; cependant le point vers lequel ils tirent doit être extrêmement petit s'ils manquent d'y toucher. La sagaie est une espèce de demi-pique, de la longueur et de l'épaisseur ordinaire d'un manche de râteau. Le plus épais des deux bouts est revêtu d'une petite plaque de fer, d'où part une pointe fort aiguë et tranchante des deux côtés, que les Hottentots entretiennent fort luisante, et qu'ils empoisonnent pour la guerre et la chasse.

Le kirri et le rakkum sont aussi des armes guerrières. Ils lancent le rakkum sur l'ennemi dans un combat, comme à la chasse sur les animaux féroces. A la portée de cette arme, ils sont sûrs d'en percer l'homme ou la bête. Le kirri leur sert à parer les coups de flèches, de sagaie et de rakkum, et même les pierres auxquelles ils ont recours dans les batailles, lorsque leurs autres armes sont épuisées. Ils emploient le kirri avec une adresse admirable. Pendant la paix, ils s'exercent souvent à des combats simulés.

L'engagement commence par des cris affreux et par une grêle de rakkums; ensuite on passe aux pierres, dont ils ont amassé des tas de part et d'autre. Un Hottentot qui se voit menacé d'être touché d'une pierre, d'un rakkum ou d'une sagaie, se met à couvert sous son kirri, c'est-à-dire qu'il se sert de ce bâton avec tant d'adresse pour arrêter le coup, qu'il y manque rarement, du moins dans ces combats d'exercice. Lorsqu'ils se lassent de combattre à coups de pierres, ils en viennent aux mains, comme ils font quelquefois dans les batailles; ils s'entre-choquent; ils se frappent à coups de rakkum, et leur habileté est toujours surprenante à parer. C'est par des exercices semblables que les anciens s'entretenaient dans la pratique des armes, et qu'ils formaient la jeunesse aux exercices militaires.

Les détails qu'on vient de lire sur les Hottentots s'appliquent aux indigènes du Cap d'il y a environ cent cinquante ans, et dont on peut aujourd'hui considérer la race primitive comme à peu près éteinte, soit par la destruction directe, soit par leur mélange avec les Européens. C'est ce qui explique le reproche mal fondé d'inexactitude que les voyageurs modernes ont fait à Kolbe et à d'autres voyageurs anciens.

Les enfants naturels provenus du mélange des blancs avec les femmes hottentotes, et de ces mêmes femmes avec les Nègres, sont connus sous le nom d'Hottentots-Basters (Hottentots-Bâtards). Cette dénomination néanmoins appartient plus particulièrement aux premiers, parce que les seconds sont moins nombreux. Les Hottentotes se livrent difficilement aux Nègres, pour lesquels elles ont une sorte de répugnance, au lieu qu'elles se regardent comme honorées d'avoir eu commerce avec les blancs, et de porter le titre de leur maîtresse. Le Baster blanc est bien fait, robuste ; sa peau, d'un jaune plus clair que celle du Hottentot, a la couleur d'une écorce de citron desséchée ; la vue en est désagréable; ses cheveux sont noirs, plus longs et moins crépus. De la communication des femmes de cette nouvelle race provient, comme il est naturel de le croire, une espèce encore plus blanche, dont la chevelure est bien moins frisée; et, quoiqu'en allant toujours graduellement il n'y ait plus, à la fin, de différence sensible pour les cheveux et la blancheur de la peau, la proéminence de la pommette des joues se fait toujours remarquer ; c'est un caractère qui subsiste jusqu'à la troisième ou quatrième génération. Cette race mixte est plus courageuse, plus active que la race hottentote pure. Elle s'est rapidement multipliée, car déjà du temps de Le Vaillant, en 1783, elle formait environ le sixième de tous les Hottentots. Les Basters et en général les Hottentots de la colonie affectent du mépris pour les autres sauvages, et les traitent en ennemis; il est vrai que ces derniers les payent de retour. Voilà comment une race primitive peut, indépendamment des accidents de la guerre, disparaître par suite d'un contact prolongé avec des étrangers. Déjà en 1775, on ne rencontrait plus que de faibles débris des nations hottentotes qui autrefois occupaient de vastes provinces.

Pour compléter ce tableau rétrospectif, nous allons indiquer ici quelques-unes de ces nations aborigènes dont le souvenir s'efface de plus en plus.

Les Hottentots qui habitaient le plus près du Cap étaient les Gungemans, ou, comme les appelle Thunberg, les Gouiemans. En 1686 ils vendirent, dit-on, leur territoire aux Hollandais, avec lesquels ils sont depuis longtemps mêlés. Le territoire des Gungemans ou Gouiemans s'étendait depuis le Cap et la False-Bay jusqu'à Stellenbosch.

Les Kokoquas ou Kohaquas (1) (*Saldanhaters* de Dapper) bordaient les Gungemans au nord. Leur territoire consistait en belles prairies; ils en furent dépossédés par les Européens chargés de fournir des provisions aux navires de la compagnie des Indes. Thunberg eut pour guides dans son voyage (en 1775) deux individus de cette nation. Les Kokoquas menaient, comme presque toutes les tribus hottentotes, une vie exclusivement pastorale. « Ils brûlent, dit Kolbe (en 1705), l'herbe jusqu'à la racine et changent de canton, pour changer dans un autre temps qui n'est

(1) *Qua* est un mot d'origine hottentote, et signifie *homme*.

jamais fort éloigné; car les cendres engraissent beaucoup la terre, et les pluies ne manquent pas pour la rafraîchir. L'usage de brûler les herbes est suivi par les Hollandais du Cap; ils creusent un fossé autour de l'espace qu'ils veulent brûler, pour arrêter la communication des flammes (1). »

Les Soussiquas ou Soussaquas habitaient dans le voisinage de la baie de Saldanha. Cette nation, jadis nombreuse et riche en bestiaux, fut de bonne heure ravagée et dispersée par les flibustiers hollandais. Au commencement du dix-septième siècle, le territoire des Soussiquas était mal peuplé; les villages y étaient rares et les troupeaux peu nombreux. Cependant le pays, quoique montagneux, produisait de l'herbe en abondance; au sommet des montagnes, comme dans les vallées, on voyait des tapis naturels de plantes odoriférantes.

Les Soussiquas avaient pour voisins les Oudiquas ou Odiquas, avec lesquels ils entretenaient une alliance contre les Chirigriquas. Ces trois nations ont été longtemps en guerre entre elles. Les Chirigriquas, puissants et nombreux, habitaient les bords de la baie Sainte-Hélène et de la rivière de l'Éléphant (Olifant's-Rivier). « Leurs terres, dit Kolbe, l'emportent beaucoup, pour la bonté, sur celles des Soussiquas et des Odiquas. Les vallées sont ornées d'une grande variété de fleurs d'une beauté et d'une odeur extraordinaires; mais elles servent de retraite à quantité de serpents entre lesquels on trouve le céraste ou serpent cornu. Les habitants de ce canton, persécutés par les flibustiers hollandais, qui leur enlevaient leurs bestiaux et qui ne ménageaient pas plus leur vie, cherchaient à se venger par la destruction de tous les Européens qui tombaient entre leurs mains. »

Les Koopmans habitaient au sud-est des Gungemans, au delà des montagnes de Hottentotsch-Holland. Leur territoire s'étendait beaucoup vers l'est. Les Européens s'y étaient établis de bonne heure, en chassant devant eux les anciens habitants. Le Palmiet-Rivier, qui prend sa source dans les montagnes de Drakenstein, reçoit, entre autres ruisseaux, le Zwart-Rivier (Rivière-Noire), qui parcourt la vallée du pays des anciens Koopmans.

Les Hessaquas ou Hassiquas, voisins des Koopmans, étaient renommés pour la beauté et la richesse de leurs bestiaux. C'était une nation peu belliqueuse, qui avait le goût du commerce; elle entra une des premières au service des colons. Leur pays était rempli de gibier et de magnifiques pâturages. Kolbe a été ici témoin d'un incident qui a quelque valeur historique. « En 1707, dit Kolbe, quelques députés des Hessaquas ayant fait au gouverneur Van-der-Stell un présent de plusieurs bœufs, il leur donna à son tour du tabac, de l'arack et du corail. Aussitôt qu'ils l'eurent reçu, ils s'assirent avec une troupe de Gungemans pour faire l'essai de leur arack. Les flacons passaient de main en main; mais à la fin, et peut-être parce que les Gungemans désiraient quelques bouteilles de plus et qu'elles leur étaient refusées, ils insultèrent les Hessaquas, qui se disposaient à partir; les deux partis en vinrent aux mains près du port. Leurs poings, leurs bâtons et quelques pierres étaient leurs seules armes; mais le bruit et la chaleur du combat ne faisant qu'augmenter, l'alarme se répandit dans la ville, et fit sortir les habitants. Le fiscal hollandais, quoique extrêmement respecté des Hottentots, entremit inutilement son autorité, et se vit même exposé à quelque danger. Enfin, pour rétablir la paix par la terreur, le gouverneur fit amener une grosse pièce d'artillerie qui fut chargée à leurs yeux. Cette vue même n'ayant produit aucun effet, il fit tirer le coup par-dessus leurs têtes; alors, effrayés par le bruit, ils se retirèrent chacun de leur côté sans prononcer un seul mot. »

A l'est des Koopmans se trouvaient les Sonquas. C'était une tribu pauvre qui habitait les montagnes le long des côtes, et vivait principalement de la chasse. Ils vendaient du miel sauvage aux colons, qui en faisaient une liqueur fermentée. Ils l'apportaient au Cap, dans des sacs de peau, et l'échangeaient pour la moindre bagatelle.

Le pays des Sonquas était suivi, plus à l'est, de celui des Dunquas. Il com-

(1) *Collection des Voyages en Afrique*, par Walckenaer, t. XV, p. 240.

mençait aux environs de la rivière de Zonder-End, et était arrosé par les affluents du Palmiet-Rivier. Le territoire des Dunquas abondait en gibier, ainsi que celui des Damaquas leurs voisins.

Après les Damaquas, on rencontrait les Gauros ou les Gauriquas, au delà desquels Tachard a placé les Cafres du Monomotapa. Les Gauros habitaient les bords de la rivière Gauritz ou Rio-Hermoso, près de Vleesch-Bay. Leur pays abondait en bestiaux et en bois.

Plus loin, le long des côtes de l'Océan, on arrivait chez les Houteniquas ou Outeniquas(1). Les Européens les ont laissés longtemps tranquilles dans leur pays froid et boisé. Le Vaillant (en 1782) fait un tableau enchanteur du pays des Houteniquas (Auteniquois) : « On ne peut, dit-il, y faire un pas sans rencontrer mille essaims d'abeilles; les fleurs naissent par myriades; les parfums mélangés qui s'en échappent y viennent délicieusement frapper l'odorat; leurs couleurs, leur variété, l'air pur et froid qu'on respire, tout vous arrête et suspend vos pas; la nature a fait de ces beaux lieux un séjour de féerie. » Du côté du nord, non loin du grand défilé qu'il faut passer pour arriver à Lange-Kloof (vallée longue), vivaient les Ataquas ou Attaquas, dans un territoire montagneux et riche en pâturages.

A l'est des Houteniquas, en longeant la côte, on rencontrait la nation des Chamtouers (2), qui possédaient un beau territoire, abondant en bois et en pâturages, sur les bords de la rivière Chamtoos. Plus loin, au nord-est, existaient les Heykoms; ils habitaient un pays fort montagneux, qui n'avait de fertile que les vallées. Enfin, au delà des Heykoms se trouvent les Cafres, qui, plus fiers et plus indépendants que les Hottentots, n'ont pas encore plié et ne plieront probablement jamais sous le joug des Européens.

Les Gonaquois forment, pour ainsi dire, le passage des Cafres aux Hottentots. Ils partagent les caractères des uns et des autres. La belle Narina de Le Vaillant était de la nation des Gonaquois. Voici le portrait que Le Vaillant a tracé de cette nation (1). « Les Hottentots-Gonaquois diffèrent des Hottentots proprement dits par la teinte de leur peau plus foncée, par leur nez moins camus, leur taille plus haute, mieux prononcée, par un air et des formes plus nobles. Lorsqu'ils abordent quelqu'un, ils présentent la main en disant *tabe* (je vous salue). Ce mot et cette cérémonie sont aussi d'usage chez les Cafres, et n'ont point lieu parmi les Hottentots. L'habillement des Gonaquois est le même que celui des Hottentots; seulement, comme ils sont d'une stature plus élevée, ce n'est point avec des peaux de mouton, mais de veau, qu'ils se font des manteaux; et ils les nomment également krosses. Mais ils en ont pour l'hiver et pour l'été; les premiers ont des poils, et les seconds en sont dépourvus, et sont plus amples. Tous les Gonaquois font usage de sandales, et les fixent avec des courroies. »

Le Vaillant conclut de toutes ses observations, et des renseignements qu'il a obtenus, que la race des Gonaquois est le produit du mélange des Cafres avec les Hottentots. « Les huttes des Gonaquois, continue-t-il, semblables pour la forme à celles des Hottentots de la colonie, ont tout au plus huit à neuf pieds de diamètre sur cinq à six pieds de hauteur; elles sont couvertes de peaux de bœuf ou de mouton, mais plus ordinairement de nattes; elles n'ont qu'une seule ouverture, fort étroite et fort basse. Quand les nuits sont trop fraîches, on se sert pour couverture d'une peau pareille à celle sur laquelle on couche; dès que le jour est venu, tous ces lits sont roulés et placés dans un coin de la hutte. Si le temps est pur, on les expose à l'air et au soleil; on bat l'un après l'autre tous ces meubles pour en faire tomber non pas les punaises, comme en Europe, mais les insectes et une autre vermine non moins incommode, à laquelle la chaleur excessive du climat rend fort sujets ces sauvages, et dont ils ne sont pas maîtres, avec tous leurs soins, d'arrêter la foison. Lorsqu'ils

(1) Ce nom se prononce en hollandais *Aouteniquas*; c'est ce qui explique l'orthographe d'*Auteniquas* adoptée par quelques auteurs.

(2) Thunberg écrit Kamtours (*Camtoors*).

(1) Le Vaillant, *Premier Voyage*, tome. II, p. 2.

n'ont pas pour l'instant d'occupations plus pressées, ils font une recherche plus exacte et plus scrupuleuse de cette vermine : un coup de dent les délivre l'un après l'autre de ces petits animaux malfaisants. Ils emploient cette méthode comme plus facile et plus prompte ; mais il est faux que ce soit pour eux une nourriture, et qu'ils y trouvent du plaisir. L'habillement des Gonaquoises ne diffère de celui des Hottentotes proprement dites, que par le tablier de pudeur, qui est chez elles plus large, et descend presque aux genoux. Elles chargent ce tablier de broderie, de rasades, et de toutes sortes d'ornements. Leurs bonnets sont de peau de zèbre, et leurs bras, leur cou, leur corps, sont entourés de bracelets, de colliers, de ceintures en verre, en ivoire, en métal. Du reste, elles ont l'horrible coutume de se barbouiller le visage de rouge et de noir, de se graisser la peau, et de se saupoudrer avec de la poussière de buku. On graisse de même le corps des enfants dès le plus jeune âge ; ce qui contribue beaucoup à les rendre souples et agiles. Les hommes ne peignent jamais leur visage ; mais souvent ils se servent de la préparation des deux couleurs mélangées pour peindre leur lèvre supérieure jusqu'aux narines, et jouir de l'avantage d'en respirer incessamment l'odeur. Les jeunes filles accordent quelquefois à leurs amants la faveur de leur en appliquer sous le nez. Les Gonaquois sont très-adonnés à la chasse ; ils y sont très-habiles, et tuent le gibier avec leurs sagaies et leurs flèches empoisonnées. Ces flèches sont faites de roseaux, et n'ont que dix-huit pouces ou deux pieds de longueur, bien différentes de celles des Caraïbes d'Amérique, qui portent six pieds. Les arcs des Gonaquois sont proportionnés aux flèches, et n'ont que deux pieds et demi, ou tout au plus trois pieds de hauteur ; la corde en est faite avec des boyaux. Du reste, les mœurs et les coutumes des Gonaquois ressemblent à celles des autres Hottentots. »

Les Gonaquois ont à peu près tous disparu ; ceux qui ne s'étaient pas mis sous la protection du gouvernement du Cap furent exterminés par les Cafres, avec lesquels ils étaient constamment en guerre.

Le même sort était réservé aux Houzouanas dont parle Le Vaillant. Ces indigènes habitaient primitivement les montagnes Neigeuses qui séparaient la colonie de la Cafrerie. De toutes les races de sauvages que Le Vaillant a connues, nulle ne lui a paru douée d'une intelligence aussi active et d'une constitution aussi infatigable. « Ils sont, dit-il, beaucoup moins noirs que les Hottentots, et ont la couleur plombée des Malais. Pour le nez, il est encore plus écrasé que celui des Hottentots, ou plutôt ils n'ont point de nez, et le leur consiste en deux narines épatées, qui ont tout au plus cinq ou six lignes de saillie. De cette nullité de nez il résulte que, vu de profil, l'Houzouana est laid et ressemble au singe. Mais une chose qui distingue la race des Houzouanas, c'est cette énorme croupe naturelle que portent les femmes, masse énorme et charnue qui, à chaque mouvement du corps, contracte une oscillation et une ondulation fort singulières. » Le voyageur français était porté à considérer l'Houzouana comme la souche primitive des nations qui peuplent l'Afrique méridionale. Il est probable que les Houzouanas de Le Vaillant n'étaient qu'une tribu de Boschjesmans.

Les Gossiquas ou Gheyssiquois étaient la dernière nation vers le nord qu'a vue Le Vaillant. Par les traits de leur physionomie et le claquement de leur langage, ils se rapprochaient des Hottentots ; ils pratiquaient, suivant Le Vaillant, la demi-castration pour se distinguer des tribus voisines.

En résumé, les Hottentots du Cap ont peu à peu perdu leur caractère primitif. Pressés entre les Cafres et les Européens, ils ont été détruits par les uns et absorbés par les autres. Tel a été aussi le sort des aborigènes qui ont anciennement peuplé les Gaules et la Germanie. C'est le sort de tous les peuples incapables de former des États indépendants et de défendre leur liberté contre des conquérants soit sauvages soit civilisés.

Les tribus qui se sont en partie soustraites au joug des colons, et qui appartiennent à la race hottentote, sont les Boschjesmans, les Namaquas et les Koranas. En voici la description.

TRIBUS DE RACE HOTTENTOTE.

A. Boschjesmans.

Le nom de Boschjesmans, qui s'écrit de différentes manières, est d'origine hollandaise, et signifie littéralement *homme de buissons*, c'est-à-dire sauvage vivant dans les bois (1). Ces sauvages déshérités et chassés de leurs anciennes possessions mènent aujourd'hui une misérable vie nomade : ils errent par troupes dans les contrées qui avoisinent la colonie, au nord et au nord-ouest. Il est difficile de déterminer avec précision l'étendue du pays des Boschjesmans ; car ces hommes vivent séparés les uns des autres, et changent fréquemment de demeure. Le plus grand nombre habite sur les bords du Malalarin, du Ky-Gariep et du Cradock-Rivier. Ils sont de race hottentote, et s'appellent eux-mêmes Saquas. Traqués comme des bêtes fauves par les colons, ils ne font qu'user du droit de talion lorsqu'ils pillent les fermes et qu'ils enlèvent les bestiaux ou qu'ils détruisent les récoltes.

La véritable patrie des Boschjesmans paraît être le pays situé entre la rivière d'Orange et les montagnes qui s'étendent du Roggeveld vers l'orient; c'est une contrée aride et inhospitalière. Le sol, couvert de cailloux roulés ou de débris de roches, ne produit qu'un petit nombre de plantes chétives. Il n'est arrosé ni par les pluies d'hiver qui contribuent tant à la fertilité du territoire de la colonie du Cap, ni par les averses d'orage qui fécondent la Cafrérie dans la saison chaude ; ce n'est qu'accidentellement que des nuages se déchargent dans le pays stérile des Boschjesmans. Il n'y est pas possible d'entretenir des bestiaux, et le nombre des quadrupèdes s'y réduit à peu d'espèces : ce sont le rhinocéros, l'antilope, et la frugale brebis. L'autruche habite également ces déserts. Le Boschjesman, ne pouvant subsister du bétail, vit de racines bulbeuses et d'œufs d'autruche que le hasard lui procure ; il se nourrit aussi de serpents, de lézards, de fourmis et de sauterelles. Les fourmis dont ces sauvages font leur principale nourriture sont de deux espèces : l'une noire, l'autre blanche ; ils regardent celle-ci comme la plus délicate : son extérieur l'a fait nommer par les colons *riz des Boschjesmans*. Cette substance a un goût acide, qui n'est pas désagréable ; mais il en faut une quantité considérable pour rassasier un homme affamé. Afin de remplir leur estomac, et peut-être pour neutraliser la trop grande acidité de cette nourriture, les Boschjesmans y joignent la gomme du mimosa.

La vie d'un Boschjesman ressemble à celle des animaux, ses compagnons dans les déserts qu'il habite. Il n'est point attaché au sol, car ce sol n'a aucune valeur ; aussi n'est-il pas sédentaire, et il ignore le droit de propriété. Il se fait une espèce de nid dans les buissons en recourbant les branches au-dessus de lui ; de là son nom. Des familles entières se tiennent pendant la nuit blotties dans ces huttes improvisées. Chacun se courbe et se plie pour ainsi dire en deux, en se couvrant d'une peau de mouton pour se garantir de la pluie.

La physionomie du Boschjesman a les traits caractéristiques de la race hottentote, mais les yeux sont beaucoup moins ouverts, plus vifs, et les gestes ont plus de prestesse. Grâce à son genre de vie, le Boschjesman est habitué aux plus dures privations: il supporte la faim, la chaleur et le froid, sans en être autrement affecté que par une maigreur de corps extrême. Il passe quatre à cinq jours sans manger; mais aussi quand il a de quoi satisfaire son appétit, il n'y met aucun frein : cinq Boschjesmans dévorent, dans l'espace d'une heure, une brebis grasse tout entière, et un quagga dans la moitié d'une nuit. Ainsi repus, ils se livrent à un repos absolu jusqu'à ce que la faim les force à chercher une nouvelle proie à dévorer; encore faut-il que la faim soit très-pressante, car ils aiment mieux se serrer le ventre par une courroie, que contrarier leur paresse naturelle.

Ce genre de vie, qui chez un Européen entraînerait des maladies très-graves, n'a d'autre effet sur le Boschjesman que de le faire passer, pour ainsi dire à vue d'œil, d'un état d'extrême maigreur à une forte obésité. Le capitaine Stoc-

(1) Ce nom s'écrit *Boschismans*, *Boschimans*, *Bosjesmans*, *Bushman* (anglais). Conformément à l'origine du mot, nous avons adopté l'orthographe hollandaise de *Boschjesmans*.

kenstrœm rapporte qu'il avait un jour rencontré dans un désert un Boschjesman qui pendant quinze jours n'avait vécu que d'eau et de sel. Ce pauvre homme semblait être sur le point de rendre le dernier soupir; il n'avait que la peau et les os; on craignait d'abord qu'en le laissant manger à sa fantaisie, il ne se fît du mal; enfin on se décida à ne pas le gêner, et il dévora la moitié d'un mouton. Le lendemain il était complétement arrondi, et se portait à merveille.

Les maladies auxquelles ils sont le plus sujets sont les fièvres intermittentes et la consomption; ils n'emploient d'autre médicament qu'une certaine racine. Ils ont aussi un usage superstitieux qu'ils appellent « ronfler sur le malade »; ils prétendent que par là ils lui retirent des animaux du corps. Si quelqu'un se casse un membre, ils cousent autour un morceau de peau. Quand quelqu'un est près de mourir, ils en sont singulièrement affectés, et poussent des lamentations qu'ils continuent pendant plusieurs jours. Les parents du défunt accompagnent son corps; et quand ils l'ont mis dans la fosse, ils y placent son arc et ses flèches, et l'entourent d'une haie. Quelquefois ils envoient chercher pour un malade un individu qui a la réputation d'être un sorcier, qui danse autour d'eux, et exerce une influence imaginaire. Ils croient que ces gens peuvent donner la mort, et que, s'il dépendait d'eux, personne ne mourrait.

Leurs armes sont, pour ainsi dire, leur seule propriété. L'arc dont ils se servent a d'ordinaire un mètre et demi de long; il est fait grossièrement en bois très-dur, et tendu par le moyen d'une corde de boyaux; les flèches ont généralement trois à quatre décimètres de longueur, et sont faites d'une tige de roseau, à laquelle on attache, d'une part, une plume, et de l'autre un os pointu (os du pied d'une autruche), et souvent aussi une petite plaque de fer triangulaire. Ils attachent cette pointe peu solidement, afin qu'en arrachant la flèche de la plaie on laisse la pointe, qui, étant empoisonnée, produit tout alentour un gonflement subit et souvent mortel. Ils reçoivent des contrées éloignées le bois employé à leurs arcs, ainsi que le fer dont ils font les pointes de flèches; ils achètent les sagaies ou hassagaies aux Cafres du voisinage. Pour travailler le fer ils ne connaissent point l'usage du feu, ils se bornent à marteler et à aiguiser les plaques à l'aide des pierres. La fabrication de ces flèches et la préparation du poison, dans lequel ils les trempent, forment la principale industrie des Boschjesmans (1). Les colons ont une confiance aveugle dans les médicaments que les Boschjesmans leur conseillent. Une des choses dont ils font l'usage le plus fréquent à l'extérieur contre les morsures de serpent est l'urine, mêlée avec de la poudre à canon; et l'on assure qu'il en résulte généralement un bon effet.

Le carquois est une tige d'aloès creusée et souvent recouverte de cuir, suspendu à une courroie sur l'épaule gauche. Pour décocher leurs flèches les Boschjesmans se placent ordinairement sur un plan incliné. Ils manquent souvent quant à la hauteur, mais jamais quant à la direction. Ainsi, quand ils tirent contre une haie élevée d'un mètre, leurs traits passent fréquemment par-dessus, tandis qu'ils manquent rarement un arbre dont la tige n'aurait que six pouces de diamètre. Ils tirent très-bien jusqu'à une distance de trente mètres; au delà ils ne sont plus sûrs de leurs coups. Une seule fois Lichtenstein a vu un Boschjesman atteindre le but à une distance de quarante mètres. Un de leurs chefs procura à Burchell le spectacle d'un exercice au tir : « On attacha une peau d'antilope à une perche, et on ficha celle-ci en terre à une distance de quarante yards. Le chasseur désigné par le chef

(1) La composition de ce poison est très-complexe. Selon la plupart des voyageurs, c'est un mélange de venin de serpents, de suc d'euphorbiacées et d'une matière noire, résineuse, qu'on rencontre sur les rochers de certaines cavernes, et dont on ignore l'origine. (*Voyez* plus haut, p. 40.) On lit dans le Voyage de Thompson que depuis quarante ans les Boschjesmans ont beaucoup perfectionné la préparation du poison dont ils enduisent leurs flèches; que ce poison subtil est composé d'ingrédients végétaux et minéraux très-délétères, que l'on fait bouillir soigneusement avec le venin des serpents les plus venimeux.

se mit à ramper tout doucement par terre comme pour approcher ou surprendre le gibier ou l'ennemi, selon leur usage; puis étant approché de vingt yards, il lança la flèche : cependant il manqua le but; mais à un second essai, il fut plus heureux. » Burchell conclut de là que les rapports qu'on lui avait faits de l'adresse extraordinaire des Boschjesmans dans le tir étaient fort exagérés, ou bien que ces sauvages cachaient à dessein leur habileté.

A la chasse, ils suppléent par la ruse à l'imperfection de leurs armes, et ils sont passés maîtres dans l'art de surprendre leur proie. Il faut, en effet, une grande adresse pour venir à bout de mettre le gibier à leur portée dans un pays uni et dégarni d'arbres, surtout lorsqu'il s'agit de surprendre des antilopes, qui s'effarouchent si aisément, et des autruches, qui voient le danger de si loin. Aussi les sauvages s'approchent tout doucement en se traînant sur le ventre; ils mettent dans ces ruses une patience incroyable, et ne calculent jamais le temps; ils se couvrent le corps et le vêtement de terre, et cessent de bouger dès que l'animal qu'ils veulent poursuivre paraît attentif au danger qui le menace.

Pour s'emparer des hippopotames, qu'ils ne peuvent attaquer ouvertement, ils creusent des fossés le long de la rivière, et les recouvrent de broussailles; dans ces fossés, ils plantent un pieu pointu : l'animal dans sa lourde chute s'enfonce ce pieu dans le corps, et expire d'une mort lente et cruelle. Dans les plaines, ils recherchent les œufs d'autruches, et en emportent autant qu'ils peuvent. Ils tuent les lions plus facilement et plus promptement que les meilleurs tireurs du pays n'en viennent à bout avec leurs armes à feu. Ils choisissent le moment où ce terrible animal s'est endormi après s'être gorgé de viande. Les Boschjesmans ont observé que c'est ordinairement vers le lever ou après le coucher du soleil que le lion dévore sa proie. En conséquence, quand ils en veulent tuer un, ils prennent garde à l'endroit où les spring-bocks pâturent au lever du soleil; et s'ils les voient courir de côté et d'autre, l'air effrayé, ils en concluent qu'ils ont été attaqués par un lion. Alors ils remarquent attentivement ce point, y reviennent vers onze heures, quand le soleil est dans toute sa force, parce qu'ils supposent que l'animal s'est livré au sommeil, et quand ils l'ont trouvé ils lui lancent une flèche empoisonnée qui lui perce le cœur. Aussitôt que le lion se sent blessé, il s'échappe en bondissant, et le Boschjesman sait que dans quelques heures il le trouvera mort ou à l'agonie.

Leur unique boisson est l'eau, qu'ils boivent en se couchant à plat ventre sur le bord d'une rivière. Ils peuvent se passer d'eau plusieurs jours de suite. Ils prennent du poisson à l'aide de paniers pointus, semblables à ceux dans lesquels on pêche des anguilles dans quelques contrées d'Europe.

Les Boschjesmans sont, comme nous l'avons dit, en guerre permanente avec les fermiers. Sur la frontière de la colonie, on redoute surtout leurs irruptions nocturnes pendant le dernier quartier de la lune, parce qu'alors l'obscurité leur garantit l'impunité. Ils aiment aussi à enlever les bestiaux en temps de pluies, sachant que les fusils des blancs sont peu à craindre quand il pleut. Quand ils se voient poursuivis et obligés de lâcher leur proie, ils préfèrent tuer les bestiaux ou leur couper les jarrets, que les laisser rentrer vivants dans la possession des propriétaires. Quelquefois ils surprennent un berger endormi dans une caverne, ils lui fracassent la tête d'un coup de pierre, et enlèvent les bestiaux qu'il est chargé de garder.

Leurs retraites sont faciles à découvrir; mais généralement de difficile accès, et les approches en sont dangereuses. Les torrents, en se précipitant du haut des flancs escarpés des montagnes stratifiées, forment des kloofs ou crevasses, dont les Boschjesmans choisissent les plus élevées, non-seulement parce que cette position les rassure davantage contre les dangers d'une surprise, mais encore parce qu'ils peuvent de là découvrir une plus grande étendue de pays. « On vit, dit Barrow, des traces très-récentes de leur séjour dans un de ces repaires; les feux étaient à peine éteints, et l'herbe sur laquelle ils s'étaient couchés était encore foulée. On aperçut sur les flancs unis de la caverne des dessins de plusieurs animaux, exécutés en différents temps par ces sauvages. Plusieurs n'étaient que des caricatures, mais les autres étaient trop bien exécutés pour ne pas attirer l'attention. Les différentes espèces d'antilopes étaient dessinées avec une telle précision, leurs caractères étaient si parfaitement saisis, qu'on reconnaissait immédiatement quelles étaient celles qu'on avait voulu représenter. On remarqua, entre autres, la figure d'un zèbre admirablement bien faite; toutes les raies, les caractères de cet animal, étaient fidèlement représentés, et les proportions en paraissaient correctes. On ne pourrait exiger de pareils sauvages cette rigueur de dessin, ces touches hardies et judicieuses, ces effets de lumière que produit le pinceau d'un maître; mais quant à la correction du trait, on a fait graver des dessins inférieurs à celui de ce zèbre. Ils se servent, pour ces figures, de charbon, de terre à pipe et de différentes ocres. Les animaux dont on vit les représentations étaient le zèbre, le quagga, le gems-bock, le spring-bock, le ree-bock, l'élan, le babouin et l'autruche. Toutes ces espèces, excepté le gems-bock, se trouvent sur les lieux mêmes. Des croix, des circonférences, des points, des lignes placées en longues files, paraissaient exprimer quelque chose; mais aucun autre objet ne désignait l'intention de représenter des objets inanimés. »

Dans le cours de ses voyages, Barrow avait souvent entendu les paysans parler des dessins des Boschjesmans, renfermés dans les montagnes, derrière le Sneuwberg; mais il ne s'attendait à y trouver que des caricatures grossières, semblables à ces mauvaises esquisses que les enfants tracent sur les murailles, et il fut bien agréablement surpris en voyant des ouvrages curieux. Quelques-uns de ces dessins paraissaient nouveaux, mais beaucoup d'autres étaient connus dès les premiers temps des établissements dans cette partie de la colonie. « Une partie, ajoute-t-il, de la surface supérieure et extérieure de la caverne était enduite d'une substance épaisse, noire, ressemblant à du brai; sa consistance, sa ténacité et sa couleur, d'un brun foncé, lui donnaient l'apparence de jus de réglisse; l'odeur en était bitumineuse, mais faible et un peu désagréable. Cette matière s'enflammait à la lumière de la chandelle, et se liquéfiait en un fluide léger tirant sur le brun; mais elle brûlait sans odeur. Le résidu était une substance noire, charbonneuse, réduite aux deux tiers de la première masse. Les parties de cette matière adhérentes au rocher étaient couvertes de myriades de petites mouches. » Barrow y monta pour en détacher un morceau à l'aide d'un couteau; mais tous ses compagnons de voyage lui crièrent de n'en rien faire, en l'assurant que la plus légère particule qui entrerait dans un œil l'aveuglerait sans retour; que c'était un poison mortel dont les Boschjesmans se servaient pour tremper la pointe de leurs flèches. Tout le monde s'accorda sur les funestes propriétés de cette substance noire, dont ils connaissaient les effets par expérience; plusieurs de leurs camarades ayant subi la mort avec beaucoup de souffrances, pour avoir été blessés de flèches empoisonnées par le klip-gift, ou poison de pierre.

Le défaut d'invention et d'esprit que l'on remarque dans la langue des Boschjesmans montre l'état d'infériorité de ce peuple. Le soin de soutenir son existence semble avoir absorbé toutes ses facultés. Quelques kraals de Boschjesmans ont de petits troupeaux, ce qui prouve que ces hommes ne sont pas aussi dépourvus de prévoyance qu'on le dit communément. Burchell rencontra près de la rivière d'Orange un de ces kraals, qu'on peut considérer comme une rareté.

« Ce village (Kaabi's Kraal), dit Burchell, consistait en une vingtaine de cabanes ou de huttes, rangées en cercle : il contenait environ cent vingt habitants, dont les deux tiers paraissaient se composer de femmes; c'est probablement un des plus forts kraals de Boschjesmans qu'il y ait au sud du Gariep. Il était placé dans un lieu aride, sur un plateau. C'est la position que les Boschjesmans préfèrent pour avoir moins de surprises à craindre. Il remarqua que toutes les cabanes avaient leur entrée en dedans du cercle où se tenait le bétail pendant la nuit. On ne pouvait entrer dans les huttes qu'en se baissant. La cabane du chef ne différait point des autres. Une peau servait de lit; chacun s'y couchait, enveloppé dans son kross, et roulé comme un paquet, ne laissant voir ni la tête ni les jambes. Les troupeaux se composaient de cinq à six bœufs, d'autant de brebis, et d'une centaine de chèvres. »

Burchell remarqua plusieurs individus qui paraissaient très-âgés : leur peau était comme tannée. La boue dont ils étaient couverts, et leurs cheveux collés par de la graisse, les rendaient dégoûtants. Quelques jeunes filles assez près de là pouvaient passer pour gentilles, à cause de leur jeunesse et de l'expression de leur physionomie; « mais, dit Burchell, peut-être n'y en avait-il pas une seule dans toute la nation que l'on trouvât jolie en Europe. Le matin, lorsqu'elles étaient venues pour avoir leur part dans la distribution du tabac, elles n'étaient pas encore parées; mais cette fois leurs charmes étaient rehaussés ou cachés par une bonne couche de buku et d'ocre rouge. Quelques femmes, à force de graisser et d'ocrer leurs cheveux de devant, les avaient en pelotes rouges, épaisses et dures. D'autres avaient le milieu de la tête rasé, en sorte qu'il ne leur restait qu'une couronne de cheveux comme aux moines; et cette couronne était entourée d'une autre, composée de boutons. Toutes les femmes portaient des bracelets, soit de cuivre, soit de boyaux tordus, soit enfin de cuir. Beaucoup d'entre elles avaient aux oreilles des ornements semblables. Leur taille était très-petite, et généralement au-dessous de cinq pieds, et leurs traits étaient délicats. » Une circonstance qui frappa Burchell, ce fut de voir chez les femmes âgées les os des cuisses courbés en dehors d'une manière extraordinaire. — Quelques hommes qui passaient s'amusèrent à entendre le voyageur questionner leurs femmes : il demanda à celles-ci si leurs maris les battaient quelquefois. Les hommes se mirent à rire, et répondirent aussitôt : « Non, non; » mais les femmes s'écrièrent : « Oui, oui; ils nous frappent sur la tête, comme ça! » En même temps elles imitaient par leurs gestes la brutalité de leurs maris. Burchell se leva pour visiter les cabanes. Dans l'une d'entre elles une famille était groupée, buvant du lait de chèvre dans un vase de cuir. Pour puiser du lait chaque membre se servait alternativement d'une brosse à long poil, qu'il trempait dans le liquide, pour la sucer ensuite. Plus loin, une vieille femme ayant appris que le voyageur s'informait de toutes leurs coutumes, l'arrêta pour lui montrer ses mains, où il manquait deux articulations au petit doigt de la droite, et une au petit doigt de la gauche. Elle lui expliqua que ces mutilations avaient été faites, en guise de deuil, à l'occasion de la mort de ses trois filles. Thompson vit, parmi les Boschjesmans, un vieillard auquel manquait également une des phalanges du petit doigt; interrogé sur la cause de cette mutilation, le sauvage répondit que sa mère, ayant perdu peu de temps après leur naissance tous les enfants dont elle était accouchée avant lui, avait coupé cette phalange pour empêcher qu'un semblable malheur ne lui arrivât.

Un des instruments de musique les plus anciens, et qu'on rencontre chez toutes les tribus de race hottentote, c'est le *gorah*. Il est en grande faveur chez les Boschjesmans, qui ne sont pas, en général, insensibles aux charmes de la musique. Le gorah a l'apparence d'un arc de violon, quoique ce soit en réalité une espèce d'instrument à vent. Il se compose d'un bâton ou arc, sur lequel est tendue une corde de boyau. A l'une des extrémités de la corde est fixé un tuyau de plume d'autruche, dans une étendue de quatre à cinq centimètres. Par le moyen de ce tuyau, appliqué aux lèvres, et soumis au souffle du joueur, la corde se met à vibrer, de manière à produire l'octave, la quinte, et toutes les notes de l'accord parfait. Burchell a mis en musique un des airs nationaux des Boschjesmans. (Voir la planche qui représente un Boschjesman jouant du gorah.)

Burchell, pendant sa visite au kraal de Kaabi, près de la rivière d'Orange, a eu l'occasion d'observer et de décrire avec exactitude, entre autres, la danse des Boschjesmans.

« Leur danse est, dit-il, fort singulière, et je doute qu'on trouve rien de semblable parmi toutes les tribus sauvages du globe. Le danseur tient l'un des pieds immobile, pendant qu'il remue l'autre d'une façon étrange, changeant peu de place, quoique le genou et la jambe soient tournés de côté et d'autre, autant que l'attitude du corps le permet. Ses mouvements s'accordent avec ceux de la musique; il se tord quelquefois le corps jusqu'à ce qu'il tombe comme épuisé par la violence de l'exercice. Mais, bien qu'étendu à terre, le danseur continue à chanter et à battre la mesure en accompagnant les voix des spectateurs. Au bout de quelques secondes, il se relève et recommence de plus belle. Autour des malléoles, le danseur porte une couple de grelots, faits d'oreille d'antilope cousus ensemble, et renfermant des fragments d'œufs d'autruche; chaque mouvement du pied produit un son de castagnettes qui n'est pas désagréable à l'oreille.

« Bien qu'il n'y eût qu'un seul danseur (à cause de l'étroitesse de la cabane), tous les spectateurs prenaient part à cet exercice par leur accompagnement, qui consiste à chanter et à battre le tambour. Chacun marquait la mesure en frappant dans ses mains. Le chant se composait des syllabes *aye o, aye o,* constamment répétées. Au son *o*, les spectateurs joignaient les mains, et le danseur ne faisait que répéter : *Wawakou, wawakou.* Hommes et femmes chantaient ensemble, sinon à l'unisson, du moins parfaitement en mesure; les voix des jeunes filles, d'une quinte ou d'une sixte plus élevées, pressaient cependant un peu la cadence. Une large tige de bambou, et recouverte d'un parchemin mouillé, servait de tambour, qu'une femme battait avec le doigt indicateur de la main droite, tandis qu'avec l'index et le pouce de la main gauche elle faisait varier le ton. Le son du tambour était exactement d'accord avec les voix de l'assemblée. »

Dans la langue des Boschjesmans, il n'y a point de termes pour distinguer l'état de vierge d'avec celui de femme, ou d'épouse; l'homme et la femme vivent en commun, et élèvent leurs enfants presque par le même instinct qui unit un couple d'animaux; la femme peut s'en aller s'il lui plaît, l'adultère n'est point un crime, et le plus fort enlève quelquefois la femme du plus faible. Lorsqu'une femme commence à vieillir, le mari en prend une seconde, quelquefois il ajoute plus tard une troisième. Ce sont les parents qui arrangent le mariage sans consulter la jeune fille.

Ils vivent en petites hordes dont quelques-unes seulement reconnaissent des chefs. Ces hordes sont nomades, et ont peu de communication entre elles.

Les Boschjesmans n'ont aucune connaissance de Dieu ou père commun des hommes; mais ils croient au diable, et assurent qu'il a tout fait avec sa main gauche. Ils pensent qu'ils ressusciteront après leur mort; car lorsqu'ils enterrent un corps ils placent une sagaie à côté, et couvrent le tout de pierres et de branchages. « Cette sagaie, disent-ils, servira au défunt pour se défendre et pour se procurer du gibier. » Une semblable croyance ne rappelle-t-elle pas la religion des Celtes? Ils supposent que quelque temps après la résurrection ils iront dans un pays où il y aura abondance de nourriture excellente. Cependant, ces notions paraissent être encore bien au-dessus de la portée de la plupart des Boschjesmans; elles se bornent à la partie du pays où ces sauvages ont eu des relations avec les colons (1).

Makoum, chef des Boschjesmans du Malalarin, raconta à M. Campbell que dans sa jeunesse sa tribu était beaucoup plus nombreuse qu'actuellement, et qu'elle avait été diminuée par les meurtres et par les maladies. Interrogé sur Dieu, il répondit que les Boschjesmans ne le connaissaient pas. Pressé de questions, il parut éprouver de la répugnance à parler. Enfin il dit : « Les Boschjesmans donnent un nom à Dieu qui est au-dessus d'eux, et un autre à celui qui est au-dessous. Goha, le premier, est mâle; Ko, le second, est femelle; les Gonnas sont ses serviteurs. Lorsque les Boschjesmans dansent, Ko vient quelquefois leur annoncer où ils trouveront du gibier. Quand un animal est tué, certaines personnes peuvent seules en manger telle ou telle partie. Ko est grande, blanche, et si brillante qu'on a de la peine à en soutenir l'éclat quand elle se montre : tous la

(1) Campbell, *Travels in the South-Africa*, etc.; Lond., 1822, 2 vol. in-8°.

voient et l'entendent quand elle danse avec eux. » Interpellé pour savoir s'il l'avait vue, il répondit affirmativement, après avoir un peu hésité. Il ajouta « qu'elle parlait la langue des Boschjesmans. » Il dit aussi que l'on ne pouvait pas la toucher; mais que lorsqu'un homme en avait la permission, ce qui arrive rarement, elle souffle fortement sur son bras. Elle ne mange que des racines bulbeuses. Après être sortie de terre et avoir dansé quelque temps avec les Boschjesmans, elle disparaît, et est remplacée par des nymphes, qui se joignent à leur danse. — En ce moment Makoum remarqua que c'étaient de vieux contes, dont il se souciait fort peu. On lui demanda ensuite si les Boschjesmans croyaient à un autre monde après la mort. Il dit qu'il ignorait ce que d'autres pensaient à ce sujet; mais qu'il savait qu'après sa mort il serait mangé par un loup, et que tout serait fini pour lui. Il ajouta que l'on enterrait les morts le visage tourné vers le soleil levant, parce que si on les plaçait dans la direction opposée le soleil se lèverait plus tard le lendemain.

Jamais les Boschjesmans ne boivent l'eau de la source la plus proche de leur kraal, parce qu'ils laissent après eux une odeur forte que les animaux connaissent. Si donc ils fréquentaient une source, cette émanation écarterait le gibier, et les priverait des moyens de subsister : c'est pour remédier à cet inconvénient qu'ils creusent, à une certaine distance des sources, des trous où ils vont chercher leur eau.

Ils aiment à l'excès le tabac; mais, quoique plusieurs cantons de leur pays conviennent à cette plante, ils n'ont jamais eu l'idée de la cultiver. Lorsque ceux qui habitent dans le voisinage de la colonie aperçoivent de loin un chariot de paysan, ils ne s'en approchent que dans l'espérance d'obtenir un peu de tabac. Comme un voyageur n'en porte pas toujours avec lui, ils ont un singulier moyen de s'assurer du fait : ils suivent la piste du chariot, et constatent, par les crachats qu'ils voient à terre, ou par l'odeur de la fumée de la pipe, si l'on a fait usage de tabac. Ils font des pipes en os qui conservent l'huile du tabac après qu'on a fumé. Quand leur provision est finie, ils versent un peu de cette huile sur des feuilles d'arbrisseaux qu'ils fument.

Thompson et d'autres voyageurs impartiaux attribuent la principale cause de la condition misérable des Boschjesmans aux empiétements successifs des blancs. Le voyageur anglais entendit répéter, par beaucoup de colons, que ces malheureux étaient un peuple de brigands, qui, ne voulant ni cultiver la terre ni élever du bétail, ne peuvent occuper avec avantage le pays qu'ils habitent, qu'ils vivraient bien plus à leur aise en se mettant au service des chrétiens, comme bergers et domestiques, et qu'enfin tous les moyens qu'on a tenté pour les civiliser ont échoué.

Ces plaintes sont en partie fondées, en partie exagérées. Il est certain que les Boschjesmans sont moins disciplinables que les Hottentots proprement dits; et ce trait moral distingue les Boschjesmans de la race hottentote pure, à laquelle ils appartiennent pourtant par un ensemble de caractères physiques. Mais, d'un autre côté, les colons traitant les Boschjesmans de brigands, ceux-ci ont bien le droit de traiter les premiers de cupides envahisseurs. L'issue de ce conflit est facile à prévoir : dans moins d'un siècle peut-être il n'y aura plus de Boschjesmans.

B. Namaquas. Pays des Grands et Petits Namaquas.

Les Namaquas sont de race hottentote; ils habitent au nord-ouest de la colonie du Cap, aux environs des bords de la rivière d'Orange. On les a divisés en Grands et en Petits Namaquas. Les premiers occupent le pays situé au delà de la rivière d'Orange (*Great Namaqualand*), et les derniers vivent en deçà de cette rivière (*Little Namaqualand*). Il est impossible d'assigner à ces contrées de limites certaines. Quelque étendu qu'ait pu être dans l'origine le pays des Petits Namaquas, il est aujourd'hui restreint à l'angle compris entre la rive gauche du Gariep (rivière d'Orange) et la côte maritime, et borné au sud et à l'est par le cours du Koussie (1) et par les monts

(1) Le nom de cette rivière s'écrit indifféremment *Kowsie*, *Koosi*, *Koussie*, *Kusi*.

Carlisle. Le pays des Grands Namaquas est beaucoup plus vaste : il se prolonge au nord presque vers le 27e degré, latitude australe, et à l'est, depuis le 15e degré jusqu'à 19e longitude occidentale (Greenw.). Il est séparé de la contrée des Betjouanas par un désert immense, absolument inhabitable à cause du manque d'eau. Au nord, il a pour limites le pays des Damaras. Une grande étendue du territoire consiste en une très-vaste plaine ou vallée dont les eaux sont reçues par la rivière des Poissons (Oup-River). Le Vaillant avait inexactement indiqué le cours de cette rivière. Thompson a reconnu que c'est un affluent du Gariep et l'a nommé Borradaile-River, d'après un de ses amis. Il se réunit au Gariep à environ vingt-cinq lieues de celui-ci. Comme la plupart des rivières de ces régions, il n'a qu'un cours temporaire, et ne présente souvent que des mares d'eau stagnante. Du reste, le cours du Borradaile ou rivière des Poissons, ainsi que les pays des environs ne sont encore qu'imparfaitement connus, malgré le voyage assez récent de M. Alexander (*Expedition of Discovery in the interior of Africa;* 2 vol. in-8 ; Lond., 1838).

En général, le pays des Grands Namaquas est sec et stérile, vivifié seulement, çà et là par quelques sources permanentes qui fournissent aux besoins des tribus nomades et de leurs troupeaux dans les saisons de sécheresse. La grande vallée du Borradaile est séparée de la côte maritime par une chaîne de collines raboteuses d'une hauteur médiocre. Le terrain est sablonneux et couvert d'herbes qui croissent à vue d'œil immédiatement après les pluies, et fournissent des pâturages suffisants à des troupeaux nombreux.

Le climat de la côte occidentale, habitée par les Namaquas, est beaucoup plus chaud et plus sec que celui de la côte orientale. Sur les rives du Gariep la chaleur en été est excessive; alors le thermomètre indique fréquemment 39° centigrades, température que les indigènes, et encore moins les Européens, ne supportent pas aisément. « Si dans ces moments, dit Thompson, une vache ou une brebis met bas dans un endroit qui ne soit pas ombragé, son fruit meurt à l'instant. » Les reptiles et les insectes, communs dans la colonie, deviennent beaucoup plus gros dans cette contrée, et y sont plus dangereux.

Les Namaquas sont un peuple doux, paisible, menant une vie pastorale et nomade. Les Grands Namaquas (qui ont été moins souvent en contact avec les Européens que les Petits-Namaquas) ont conservé la simplicité primitive de leurs mœurs. Ils désignent l'Être suprême par le nom de Suiquap (genou blessé), mais n'en ont aucune notion; ils ignorent qu'ils ont une âme, et croient qu'ils meurent tout entiers comme les bêtes. Une éclipse de soleil ou de lune les alarme beaucoup, et leur fait supposer qu'il s'ensuivra de grandes maladies. Quand certaines étoiles se montrent sur l'horizon, ils pensent que certaines racines dont ils se nourrissent sont mûres, et fouillent la terre pour se les procurer. Lorsqu'ils voient la planète de Jupiter, qu'ils nomment *Koum-Koup* (temps des agneaux), ils disent : Voici la saison de l'abondance. Ils appellent les trois étoiles du baudrier d'Orion, *Kourekou* (chevaux sauvages); le soleil, *Souri;* la lune, *Kaap;* toutes les étoiles, *Kamerou*. Un phénomène lumineux, semblable à l'aurore boréale, leur paraît de mauvais augure ; ils ne connaissent du monde que ce qui les entoure. Ils dansent au son de flûtes faites de roseaux et de racines d'un arbre épineux, et ont des tambours recouverts de peau. Ils fabriquent des gamelles, des jattes, des sagaies, des anneaux, des haches et des couteaux en fer; ils préparent des peaux et creusent des puits.

Ils ont beaucoup de bœufs, de chèvres et de moutons, dont la garde est la seule occupation qu'ils assignent à leurs enfants. Les femmes font des nattes en jonc pour couvrir les huttes, traient les vaches, construisent les cabanes, et creusent la terre pour en tirer les racines. Les jeux des enfants consistent à chevaucher sur des moutons, à se lancer mutuellement des flèches et de petites pierres. Souvent deux partis opposés se battent en règle; le vainqueur saisit les vaches de l'autre, boit leur lait, puis les restitue.

Pour tuer le gros gibier, tout un kraal entoure l'endroit où l'on suppose qu'il se tient; puis le cercle se resserre jusqu'à ce qu'on puisse lancer les sagaies sur les animaux.

Les parents semblent avoir beaucoup d'affection pour leurs enfants, et les battent rarement, même quand ils le méritent; mais souvent ceux-ci, en grandissant, les frappent. Si quelqu'un se casse un membre, on l'enveloppe d'éclisses, qui restent jusqu'à parfaite guérison. Les Namaquas sont généralement soigneux pour les malades, et frottent avec de la graisse les parties où ceux-ci ressentent les plus vives douleurs. Ils sont effrayés de l'approche de la mort. Les uns traitent avec beaucoup de bonté leurs parents âgés et infirmes; d'autres, au contraire, en se transportant d'un canton à un autre, font un petit enclos avec des branchages, y placent leur père ou leur mère qui ne peuvent plus marcher, et leur laissent de la nourriture et de l'eau, quelquefois un mouton pour soutenir leur existence; ensuite ils s'en vont. Il y en a qui sont trop pauvres pour leur laisser quelque chose. Ils enterrent les morts dans un trou rond. Leur médecine est mêlée de pratiques superstitieuses : lorsque quelqu'un ressent de grandes douleurs, ils exécutent fréquemment des mouvements sur la partie souffrante; quelquefois ils y laissent tomber de leur nez un petit morceau de bois, et assurent qu'il est sorti de la chair du malade; ou bien ils tuent un animal, font un emplâtre de sa graisse, et avec des contorsions bizarres l'appliquent sur le membre souffrant; quelquefois ils y font une incision. Ils ont une grande frayeur des étoiles filantes : ils les regardent comme un présage de maladie pour leurs bestiaux, et pour y échapper ils émigrent dans un autre canton. Il est très-rare qu'un Namaqua quitte son pays pour aller, même temporairement, dans un autre. Des guerres au dehors et des divisions intestines ont diminué la population des Namaquas. Les guerres sont généralement causées par des disputes relatives au bétail, qui compose la fortune des chefs, et fréquemment par la forfanterie d'une tribu, qui se vante de sa supériorité sur une autre, ce qui provoque l'orgueil et la colère de celle-ci : alors on court aux armes pour décider laquelle est la plus forte. L'unique objet des guerres est de se voler mutuellement du bétail; c'est ce qui donne lieu aux combats qui se livrent toujours près des enclos. A la fin de la guerre, une partie des prisonniers est tuée, et l'autre mise en liberté. Quelques Namaquas sont allés jusqu'à la ville du Cap; ils ont été émerveillés de ce qu'ils y ont vu, mais aucun n'a essayé d'imiter la moindre chose de ce qui l'a frappé, car ils n'ont pas l'ambition de différer en rien des usages de leurs pères.

On voit parmi eux beaucoup de vieillards, dont quelques-uns sont si vieux qu'ils ne peuvent marcher. Le fils aîné hérite de tout le bien du père; si un frère obtient quelque chose, ce doit être par suite d'un combat; la veuve n'a rien. La seule liqueur qu'ils connaissent est l'hydromel.

Quand un garçon parvient à la puberté on construit un hangar, on tue un animal, et on attache sa graisse autour de la tête du jeune homme, qui doit la porter jusqu'à ce qu'elle se putréfie et tombe. On lui fait, avec un instrument tranchant, des entailles à la poitrine; ensuite le jeune homme reste huit jours sous le hangar, où il ne vit que de lait de vache : s'il goûtait d'une autre nourriture il faudrait recommencer toute la cérémonie; enfin il y a une danse. Les entrailles de l'animal tué au commencement de la cérémonie étant desséchées et réduites en poudre, on la détrempe dans l'eau et on en frotte le jeune homme de la tête aux pieds, et il est déclaré homme en présence de tout le kraal. Quiconque ne subit pas cette épreuve ne peut manger qu'avec les femmes : il est méprisé. Un homme qui tue pour la première fois un éléphant, un hippopotame ou un rhinocéros, entoure ses bras des entrailles de l'animal; c'est une marque de distinction qu'il est fier de porter constamment.

Voici les noms des tribus du pays des Grands-Namaquas.

Kaminuquaas.
Karakakouis.
Okaïs, ou tribu de montagne.
Naumakasiis.
Kaup, tribu nombreuse.
Kaïkaup.
Koumiss.
Koukauss.

La nation des Namaquas a, en grande partie, disparu. Déjà du temps de Le Vaillant (en 1785) elle ne se montait pas à plus de six mille âmes. C'est avec les petits Namaquas que la colonie a entretenu ses plus anciennes relations. En 1661, treize Hollandais, envoyés par le gouverneur pour chercher de l'or et d'autres raretés, furent reçus de cette nation de la manière la plus amicale. Elle leur fit présent d'un mouton. Les musiciens du pays, rangés en cercle, au nombre de cent, portaient à la main chacun un roseau d'inégale grandeur, duquel ils tiraient un son semblable à celui de la trompette. Ils avaient au milieu d'eux leur directeur, qui battait la mesure. Après le concert, qui dura deux ou trois heures, les Hollandais furent invités par le roi à se rendre au palais, où ils furent traités avec du millet et du mouton. Ils présentèrent au roi quelques grains de cuivre, des grains de verre, de l'eau-de-vie, du tabac, dont il apprit bientôt l'usage (1).

Kolbe raconte qu'en 1708, à l'arrivée de L. van Assembourg, les Namaquas envoyèrent quelques-uns de leurs chefs au Cap, pour complimenter le nouveau gouverneur. Ils lui faisaient demander la même protection dont ils avaient joui sous ses prédécesseurs, et promettre une fidélité exacte au traité d'alliance. Les députés chargés de cette commission s'en acquittèrent avec tant de discrétion et d'habileté, que le gouverneur et tous les assistants en furent surpris. On les traita fort libéralement pendant quelques jours aux frais de la compagnie hollandaise (2).

Brink, en 1762, donne (*Journal d'un Voyage dans l'intérieur de l'Afriq., etc.*) sur les Petits Namaquas les détails suivants : « Ils habitent des cabanes faites de roseaux et de joncs. Une de ces cabanes est ordinairement la demeure de deux ou trois familles seulement. Les chefs et les riches, qui ont deux ou trois femmes, ont à eux seuls plusieurs cabanes. Les femmes sont chargées de les construire, et de tout ce qu'il y a de plus rude dans le travail. Les hommes ne s'occupent qu'à fabriquer leurs armes, c'est-à-dire leurs sagaies et leurs flèches, qui sont en fer. Les Namaquas, comme les autres Hottentots, s'enduisent tout le corps de graisse; ils s'enveloppent de peaux de brebis, de chacal et de blaireau. Ils rendent un culte à la lune : lorsqu'elle est en son croissant ils s'assemblent; les hommes s'asseyent en cercle, et se mettent à jouer sur des flûtes de roseaux et autres instruments; ensuite les femmes commencent à danser autour des hommes, en frappant dans leurs mains et criant sans interruption « que la lune précédente les a fort bien conservés, eux et leur bétail; qu'ils espèrent que la nouvelle les conservera de même. » Quoique la religion des Namaquas semble ne consister que dans ces pratiques superstitieuses, on a pourtant reconnu qu'ils avaient quelque idée d'un être suprême, qu'ils appellent Chuyn, c'est-à-dire grand et puissant. Aussi quand ils veulent donner à connaître que quelque chose dépasse leur conception, ils disent que c'est un ouvrage de Chuyn. Pour les autres usages, ils ont les mêmes que chez les Hottentots. Celui qui, chez ces peuples, veut se marier prend huit ou dix bœufs, va chez le père de la fille, et les lui présente. Si le père les accepte tous, il perd à jamais le droit de redemander sa fille; mais s'il n'en retient que deux, alors il conserve le droit de reprendre sa fille, dans le cas où elle éprouverait de mauvais traitements de la part de son mari. Si le mari vient à mourir, et laisse une femme et des enfants, le frère aîné du défunt est tenu de prendre la femme pour la sienne, et d'entretenir ses enfants comme les siens propres, à moins que la veuve n'ait des biens suffisants pour son entretien et celui de ses enfants; alors le frère du défunt a le droit de l'épouser ou de la laisser. Quoiqu'on ait trouvé des mines de cuivre chez les Namaquas, ce qu'ils possèdent de ce métal n'est point tiré de leurs pays, mais provient du commerce qu'ils font avec les Birimes. Les Namaquas sont très-habiles dans l'art de fondre et de travailler le cuivre. Ils préparent pour cet effet un creuset d'argile, qu'ils placent sur une espèce de foyer, fait de fiente de vache et de terre glaise, de la hauteur d'un pied et demi, auquel ils donnent une forme ronde et d'un pied de diamètre. Après quoi ils placent à la base du foyer deux cornes percées, au bout de chacune desquelles sont atta-

(1) Dapper, p. 380.
(2) Kolbe, I, p. 63.

chées des peaux en forme de sacs à vent, qu'on emploie à souffler continuellement sur des charbons placés sur ce foyer, ce qui allume les charbons au point qu'en peu de temps le cuivre est en fusion. Alors on le verse dans de petits tuyaux de la longueur d'un doigt, pratiqués dans la fiente de vache; ensuite ils donnent à ces petites barres de cuivre la forme qui leur convient; ils les façonnent en plaques, en bagues, en bracelets, et de toute autre manière, au moyen de deux pierres dures, dont l'une leur sert d'enclume, et l'autre de marteau. »

D'après Le Vaillant, le Petit Namaqua, quoique d'une belle stature, est néanmoins inférieur au Cafre. A cette occasion, Le Vaillant observe que pour les qualités morales et physiques les peuples de l'est sont de beaucoup supérieurs à ceux de l'ouest, tandis que les animaux de cette dernière contrée l'emportent infiniment sur ceux de la première. Barrow paraît être du même sentiment. « Les femmes, dit-il, sont d'une figure très-agréable, et très-élégantes dans leurs formes; elles ont beaucoup de vivacité; elles ont les nymphes allongées comme les Hottentotes. Elles portent un petit tablier de cuir carré; c'est aussi l'ornement le plus essentiel de leur parure. Ce vêtement est bordé de grains et de coquilles; elles y suspendent de surplus six ou huit chaînes placées par nombre pair. Le haut de ces chaînes est de cuivre, et le bas est de fer bien poli. Elles ont la gorge énorme et pendante. Elles portent leurs enfants sur le dos; la manière ordinaire de leur donner à teter est de leur jeter la mamelle par-dessus l'épaule. »

Les Namaquas, ainsi que les Cafres, ont le plus grand soin de leurs troupeaux, et, comme eux, ils donnent aux cornes de leurs bœufs des directions artificielles; mais en général ils les domptent en spirales, dans une forme à peu près pareille à celle de l'antilope Koudou. Ils paraissent connaître les poisons; cependant ils n'en font aucun usage. L'arc et les flèches, leurs anciennes armes, sont devenues inutiles : tous les animaux qui vivent dans l'état de nature ont déserté leur pays, et la crainte des Boschjesmans les empêche d'aller au loin chercher du gibier.

Les kraals des Namaquas (Petits Namaquas) voisins de la colonie ont été détruits depuis longtemps, ou réduits en servitude par les fermiers. Les vastes plaines situées entre le Gariep et les monts Kamies étaient, au récit des anciens voyageurs, occupées par des tribus nombreuses, possédant de grands troupeaux de bœufs, de moutons, de chèvres, et vivant dans l'aisance et l'abondance. Il ne reste plus de toutes ces tribus que celle qui vit à Pella et dans le voisinage; on l'a nommée Obsesès, d'après une espèce d'abeille, probablement parce que cette horde s'est formée de l'agrégation de plusieurs bandes peu considérables.

Si, d'un côté, les Namaquas sont refoulés par les colons, d'un autre côté, ils ont sans cesse à se défendre contre les incursions des Boschjesmans. Il y a environ trente ans, ils furent attaqués par des ennemis plus formidables, sous la conduite d'Africanir, ce chef audacieux qui a fait pendant quelque temps trembler toute la colonie. Après sa conversion, cet homme devint le protecteur des Namaquas et des Korannas, qu'il avait d'abord poursuivis et pillés. Par malheur, cet état de tranquillité ne fut pas de longue durée; Africanir mourut, et bientôt son fils et la plus grande partie de ses partisans reprirent leur ancien train de vie.

C. Korannas ou Koras.

Les Korannas sont également de race hottentote. Le nom de *Koras* ou *Korannas*, qu'ils se donnent eux-mêmes, signifie, dit-on, *porteurs de souliers*. Ils ne diffèrent pas beaucoup des Namaquas par l'extérieur et leurs mœurs; de même qu'eux, ils portent l'ancien manteau en peau de mouton, que Kolbe a décrit, mais que les Hottentots de la colonie ont depuis longtemps oublié ou abandonné. Les Korannas l'emportent par leur taille sur les autres tribus de race hottentote; plusieurs d'entre eux ont la tête bien faite, des traits saillants et un air de douceur et de bonne humeur qui prévient en leur faveur. Ils mènent une vie paisible et pastorale, subsistent principalement du lait de leurs troupeaux, et s'écartent rarement de la rivière d'Orange, à laquelle ils donnent le nom de *Gariep*. Le large désert, ou Karrou, qui est entre eux et la colonie les a protégés en partie contre les exactions des fermiers. Leur supériorité peut être jusqu'à un certain point attribuée aux avantages de leur situation locale. Un fleuve qui coule sans interruption est dans le midi de l'Afrique quelque chose de très-rare. On peut attribuer au manque d'eau la coutume qu'ont les peuples de ce pays de s'oindre le corps, ce que la grande rivière dont les Korannas habitent surtout les bords septentrionaux rend inutile. En conséquence, ils n'ont point cette apparence sale qui caractérise les autres tribus; leurs figures ont aussi quelque chose de plus distingué; enfin ils semblent être dans la partie septentrionale ce que les Gonaquas sont sur la côte orientale, une race qui tient le milieu entre le Hottentot et le Cafre.

Leurs habitations, de forme hémisphérique, ont environ deux mètres de hauteur; elles sont construites de la même manière que celles de Namaquas, et couvertes de plusieurs couches de nattes faites avec du jonc et d'autres graminées. Ils conservent le lait et l'eau dans des vases de bois ou dans des troncs de saule creusés. Toute connaissance d'agriculture paraît étrangère à ces hommes; mais ils possèdent de nombreux troupeaux de bêtes à cornes, de moutons, de chèvres; ils ont aussi beaucoup de chiens. Ils se nourrissent, comme les Cafres, en grande partie, de lait caillé, de fruits sauvages et de racines; comme eux aussi, ils donnent une attention particulière à leurs troupeaux, qu'ils accoutument à obéir à leur commandement. Quand ils croient qu'une vache ne veut pas donner son lait, ils se servent de la même méthode qu'employaient autrefois les Scythes, au rapport d'Hérodote, pour faire sortir de force le lait des tetines de leurs juments.

Leurs armes sont semblables à celles des Boschjesmans, seulement les flèches des Korannas sont plus grandes et mieux façonnées. Les seules choses qu'ils fabriquent, indépendamment de leurs nattes, de leurs vêtements et de leurs armes, sont des pots grossiers en terre, et des gamelles, qu'ils taillent avec beaucoup de travail dans de gros blocs de bois. Ils achètent leurs haches et leurs couteaux soit des Betjouanas, soit des colons, car ils ne travaillent pas le fer.

L'idiome des Korannas ressemble beaucoup au dialecte des Hottentots de la colonie et à celui des Namaquas. Ils sont bienveillants envers les étrangers, et enclins à vivre en paix avec toutes les hordes qui les entourent, excepté avec les Boschjesmans, contre lesquels ils nourrissent une haine implacable, à cause des déprédations continuelles que ceux-ci commettent sur leurs troupeaux. Le ressentiment dans ces guerres est poussé à un tel point, que de part et d'autre on n'épargne ni le sexe ni l'âge.

Les Korannas sont divisés en un grand nombre de hordes ou de kraals; on en compte, suivant Thompson, plus de trente qui, dans leur langue, sont désignés par diverses dénominations, marquant quelques particularités relatives à la matière de leur vêtement ou à leur manière de vivre. Au nord on les trouve répandus jusqu'à Littakou; et à l'est ils ont un kraal puissant et nombreux, appelé le Hort. Beaucoup de leurs villages mobiles se voient le long de la grande rivière, et du Ky-Gariep, un des affluents du Gariep. D'un côté les kraals des Korannas touchent ou se mêlent à ceux des Bachapins, de l'autre à ceux des Griquas, et au milieu ils se confondent avec les kraals hottentots de Klaarwater; partout ils se trouvent voisins des Boschjesmans.

Il y a dans chaque kraal un chef, dont le pouvoir n'est que nominal; car on ne lui montre pas beaucoup de déférence ou de respect. Ce chef porte le nom de *gougou;* son emploi est héréditaire, mais l'homme le plus riche, ou celui qui possède le plus de bétail, exerce toujours le plus d'influence dans la communauté. Il ne se tient pas d'assemblée publique pour discuter les affaires, soit publiques, soit privées. Quand les Korannas transportent leur village plus haut ou plus bas le long du fleuve, c'est uniquement parce que quelqu'un en a eu l'idée : les autres le suivent.

Les petits garçons gardent le bétail pendant le jour, à moins que l'on ne redoute une attaque de l'ennemi; alors les jeunes gens doivent les aider. Le bétail est tellement regardé comme la propriété

Bachapin. Armes des Bachapins.

commune de l'homme et de la femme, que l'un ne peut disposer d'aucun animal sans le consentement de l'autre. Les femmes s'occupent de traire les vaches; quelques bœufs sont exclusivement à leur usage. Il est rare que les hommes et les femmes mangent de la même bête.

Ce sont les femmes, au rapport de Campbell, qui construisent les habitations et tressent les nattes de jonc dont les toits sont couverts; les hommes font les enclos où le bétail est enfermé pendant la nuit. Ils vont à la chasse, et préparent les manteaux de peau pour eux et pour les femmes.

Les Korannas ne pratiquent pas la circoncision, comme les Betjouanas; mais quand un garçon arrive à la puberté on célèbre une fête appelée *doro*. Cette fête est plus ou moins splendide, suivant les facultés du père. Quelquefois huit à dix bœufs sont tués dans cette occasion. On en égorge un avant la naissance d'un enfant : il est entièrement réservé à l'usage de la mère; elle fait avec les tendons de l'animal des anneaux dont elle orne ses bras et ses jambes. Après la naissance de l'enfant, la mère n'a plus que la nourriture commune. Lorsqu'une femme est sur le point d'accoucher on enlève tout ce qui se trouve dans la maison, et on la place sur la terre nue; plus tard, on rapporte tous les objets.

Quand un enfant guérit d'une maladie dangereuse, on creuse une tranchée profonde, et on place au milieu une arcade, sur laquelle on fait tenir un bœuf; ensuite on amène l'enfant sous l'arcade. Cette cérémonie terminée, l'animal est tué, et mangé par les gens mariés qui ont des enfants; nul autre ne peut participer au régal. Si quelqu'un tombe malade on conduit un bœuf à l'endroit où il est couché; puis on fait à une des jambes de l'animal une entaille de haut en bas. La peau de la partie moyenne ayant été soulevée, l'opérateur y enfonce la main, pour frayer le passage à celle du malade, dont tout le corps est ensuite frotté avec le sang du bœuf.

La manière de tuer le bétail semble très-cruelle : on ouvre le ventre de l'animal, et on y plonge la main afin de saisir un viscère voisin du cœur, et en l'arrachant on cause immédiatement la mort.

Si un jeune homme a de l'attachement pour une femme et qu'il désire l'épouser, il va avec ses compagnons prendre un bœuf pour le placer devant sa maison. Si elle laisse tuer le bœuf elle est supposée avoir consenti à l'union, et les deux personnes sont regardées comme mariées. Quelquefois le bœuf est amené à plusieurs reprises avant que l'approbation de la jeune fille soit obtenue. Un chef qui meurt est enterré dans le kraal à bétail, la tête tournée à l'est; quand la fosse a été remplie on amène les bœufs, pour qu'ils foulent la terre sous les pieds, afin que le lieu de la sépulture ne soit pas reconnu. Les gens du commun sont enterrés dans les champs, et des pierres sont entassées sur leurs tombes.

La polygamie est permise parmi les Korannas. Les femmes ont rarement plus de quatre à cinq enfants; si elles accouchent de jumeaux, ce qui n'arrive pas souvent, l'un d'eux est sacrifié, comme chez les Boschjesmans. La dégoûtante cérémonie du mariage dont Kolbe a parlé comme étant pratiquée jadis chez les Hottentots de la colonie, n'a pas lieu chez les Korannas; mais on fait une sorte d'aspersion d'urine à l'époque où les jeunes gens atteignent l'âge de puberté.

Les Korannas aiment beaucoup le chant et la danse; et le soir, assis autour du feu, ils se plaisent à raconter des aventures et des légendes. De même que les autres indigènes de l'Afrique australe, ils possèdent l'art de faire une espèce d'hydromel très-enivrant, en laissant fermenter le miel avec le suc de quelques racines.

De même que toutes les tribus hottentotes, les Korannas sont très-sujets à la phthisie pulmonaire. Les uns l'attribuent à leurs fréquentes et brusques immersions dans les eaux du Gariep quand ils reviennent de la chasse trempés de sueur; et les autres pensent que cette maladie est due à la qualité insalubre de l'eau dans certaines saisons. Ils sont aussi sujets à une espèce de fièvre appelée sanguine. « En général, elle se manifeste, dit Thompson, par des bubons dans quelques parties du corps; dans ce cas ils font une incision tout autour, et y appliquent avec succès le fiel et la graisse de certains animaux; mais si le mal se porte dans l'intérieur il n'y a pas de remède, et le malade succombe. » Cette singulière fièvre, qui a de l'analogie avec l'anthrax, est limitée aux rives du Gariep; ses ravages ont lieu principalement dans les mois de février et de mars.

Plusieurs voyageurs ont remarqué parmi les Korannas des individus n'ayant qu'un testicule. On ignore si cette mutilation est le résultat de quelque opération subie dans l'enfance par un rit superstitieux, ou si c'est l'effet d'un accident ou d'une bizarrerie de la nature.

Les Korannas sont très-adonnés à une espèce de sorcellerie malfaisante, par le moyen de laquelle ils se tourmentent cruellement les uns les autres; ils paraissent même avoir quelquefois recours à des pratiques pires que des empoisonnements imaginaires, et qu'ils se servent réellement de poison.

Comme les Boschjesmans, ils exposent les gens âgés pour être dévorés par les bêtes sauvages. Afin de justifier cet usage cruel, ils disent que les vieillards ne sont bons à rien, et consomment la nourriture qui profiterait aux autres.

Ils ne pratiquent pas de cérémonies religieuses, et ils n'ont qu'une idée confuse d'un état futur. Quelques-uns disent que, suivant une tradition de leurs ancêtres, les esprits des hommes montent, par les nuages, dans un autre monde où ils continuent d'exister; mais bien peu ont confiance en cette tradition. « Les missionnaires, dit Campbell, n'ont pas encore trouvé de nation en Afrique plus indifférente que les Korannas à toute espèce d'instruction; s'il en arrive un dans un de leurs kraals, ils écoutent son discours; il peut rester si cela lui convient; quand il s'en va ils ne montrent nul désir de le retenir. Tout effort de l'esprit ou du corps paraît les contrarier. Si l'on demande à l'un d'eux combien il a d'enfants, il réfléchit un moment, en regardant à terre; puis, relevant la tête, il a l'air de compter sur ses doigts; cependant il finit par prier ses voisins de l'aider à résoudre la difficulté, calcule de nouveau sur ses doigts, regarde le questionneur en face, et dit qu'il a trois enfants. Il y en a beaucoup qui, pour ne pas déranger leur sommeil en se levant de bonne heure, ne veulent pas traire leurs vaches le matin. Après avoir passé une longue nuit à dormir, ils allument leurs pipes aux cendres ardentes du feu, et fument pendant quelques minutes; puis, lorsque le chaleur du soleil augmente, ils gagnent en rampant le lieu ombragé le plus proche, et s'endorment de nouveau; si les rayons puissants de cet astre les réveillent, ils se traînent à un coin plus ombragé. Vers midi le bétail revient des champs pour boire; alors ils font un grand effort pour se lever et pour le traire; ils boivent autant de lait qu'ils peuvent, fument, et se rendorment jusqu'à ce que la fraîcheur du soir semble les exciter un peu. Telle est leur manière ordinaire de vivre, excepté lorsqu'ils sont en voyage. Ils s'y préparent en tuant un mouton, et en mangent autant qu'ils peuvent; ensuite ils se mettent en route, et sont quelquefois absents cinq à six jours sans rien prendre. De même que la plupart des tribus sauvages, s'ils sont privés de nourriture, ils nouent une corde autour de leur corps, qu'ils serrent de plus en plus à mesure qu'ils se sentent pressés par la faim. »

Les Korannas qui habitent immédiatement les rives du Gariep emploient une singulière machine pour traverser le fleuve à la nage, et pour transporter à l'autre bord leurs troupeaux et leurs meubles. Ils prennent un tronc d'arbre, long d'environ deux mètres, dans lequel est enfoncée, près d'un des bouts, une cheville solide; la personne qui veut passer la rivière s'étend de tout son long sur le tronc, et tient fortement la cheville d'une main, pendant que de l'autre, et même quelquefois avec les pieds, elle rame de manière à tenir toujours l'extrémité inférieure de la souche dans une certaine direction, qui forme avec la rivière un angle de quarante-cinq degrés. L'obliquité de la souche opposée au courant fait qu'en descendant elle est poussée graduellement à la rive opposée, en décrivant une ligne qui est l'hypoténuse du triangle, dont la largeur de la rivière est la base.

Toutes les tribus des Korannas de la partie supérieure du Gariep et de ses affluents, vivent en amitié et en alliance avec les Griquas, et se liguent avec eux contre les Boschjesmans. C'est par ces relations que plusieurs d'entre elles se sont procuré des armes à feu. Il y a des hordes alliées avec celles des Bachapins. Celles du cours inférieur du Gariep ont eu beaucoup à souffrir des déprédations des troupes de bandits qui infestent les bords de ce fleuve.

Les Korannas des bords du Hartebeest-Rivier n'ont pas du tout de bétail, et vivent absolument comme les Boschjesmans. Quand ils ne peuvent ni tuer du gibier ni trouver des racines comestibles, ils ont recours aux fourmis, à la gomme, et aux jeunes branches des arbrisseaux. Ils ont généralement la taille plus grande que les Boschjesmans, et en diffèrent également par le langage, ainsi que par diverses particularités. Il paraît que, comme les autres tribus de leur nation, ils ont jadis possédé du bétail, et qu'ils ont été réduits à leur existence précaire par des hordes voisines, qui les ont pillés. Leur état actuel indique la marche des causes qui ont réduit les Boschjesmans, autrefois pasteurs, à devenir chasseurs et voleurs.

D. Griquas.

Les Griquas sont les alliés naturels des Korannas; comme eux ils habitent les rives du Gariep (rivière d'Orange). C'est dans cette alliance qu'ils puisent leur sûreté mutuelle. Thompson estimait en 1824 le nombre des Griquas à cinq mille. Depuis lors ce nombre est probablement allé en diminuant.

Ils ont de grands troupeaux de moutons et de chèvres. Ceux qui habitent Griqua-Town, poste de missionnaires, au delà de la rivière d'Orange, se livrent à l'agriculture et au jardinage. Ce sont les habitants de Griqua-Town qui, en 1824, sauvèrent les Bachapins de leur ruine totale. Ils reconnaissent que depuis qu'ils ont, grâce au zèle des missionnaires, embrassé la vie sédentaire, leur bétail et d'autres choses qu'ils possèdent se sont considérablement accrus.

L'industrie existe à peine dans le pays des Griquas; quelques-uns fabriquent des vases de bois pour contenir le lait ou l'eau; d'autres entendent un peu le métier de forgeron pour raccommoder les chariots. — L'aridité des terrains des environs de Griqua-Town et l'irrégularité des saisons apporteront toujours de grands obstacles aux progrès de l'agriculture et de la civilisation, qui en est la conséquence. Au rapport de Thompson, les pluies y tombent, non à des époques fixes, mais seulement en été pendant les orages. Leur absence prolongée détruit non-seulement les productions des champs et des jardins, mais brûle aussi les pâturages, de sorte que les Griquas sont obligés de se transporter, avec la plus grande partie de leurs bestiaux, à des sources lointaines où il y a de l'herbe. Le pays manque aussi de bois. Il y a cependant de gros mimosas dans le voisinage, mais le bois en est trop dur pour les usages ordinaires; on ne peut le façonner qu'avec beaucoup de difficulté, et souvent les outils se brisent. Les Griquas sont donc obligés d'aller chercher sur les bords du Gariep le bois de charpente dont ils ont besoin, quoiqu'il ne soit pas de la meilleure qualité, car il est fourni par le saule.

Les Griquas paraissent être provenus d'une race mêlée; ils portaient autrefois le nom d'Hottentots bâtards. « Mais lorsqu'on eut, dit Campbell, représenté aux principaux personnages que ce nom était choquant pour l'oreille d'un Anglais ou d'un Hollandais, ils résolurent d'en adopter un autre. Ils tinrent une consultation entre eux, et ayant reconnu que la plupart descendaient d'un nommé Griqua, ils choisirent cette dénomination. »

TRIBUS DE RACE CAFRE.

Les nombreuses tribus d'indigènes qui habitent à l'est et au nord de la colonie du Cap de Bonne-Espérance ne sont que des subdivisions d'une grande nation, à laquelle les voyageurs ont donné le nom général de *Cafres*. La grande extension de cette famille remarquable du genre humain est aujourd'hui un fait acquis à l'ethnographie. D'après divers témoignages concordants, on peut admettre comme suffisamment prouvé que les Kousas, les Tamboukkis, les Amapondas, les Amazizis, les indigènes de Natal et de la baie de Lagoa, les Damaras, sur la côte occidentale, les nombreuses tribus de Betjouanas qui habitent l'intérieur du continent, les habitants de Sofala, de Mozambique, etc., sont sortis d'une souche commune, et qu'ils se ressemblent tellement par la langue, les mœurs et les usages, qu'il est facile de les reconnaître comme des subdivisions d'une même race. C'est surtout par leur langue qu'on découvre leur parenté.

Sur les cartes anciennes on a représenté sous le nom de *Cafrerie* une des plus grandes parties du vaste continent d'Afrique. Au nord elle avait pour limites la Nigritie et l'Abyssinie, à l'ouest la Guinée et le Congo, à l'est l'océan Indien, et au sud le Cap de Bonne-Espérance. Aujourd'hui on donne à la Cafrerie une étendue beaucoup moins considérable. Le pays des Cafres, dont parlent Barrow, Patterson, Le Vaillant, Lichtenstein, Alberti, Brownlee, Kay, et tant d'autres voyageurs, est situé entre le 32° et le 34° de latitude méridionale, et le 25° et le 27° de longitude orientale (de Paris); il est borné à l'ouest par le Keyskamma, au sud et à l'est par l'océan Austral, et au nord par une grande chaîne de montagnes qui s'étend d'occident en orient. Les peuples qui habitent cette contrée, désignés vulgairement par le nom de Cafres, se nomment eux-mêmes *Amakosas*, *Amakosinas* ou *Kousas* (1). C'est de ceux-là dont il sera ici particulièrement question, parce que leurs mœurs et leurs usages semblent avoir en quelque sorte servi de modèle aux autres tribus.

Kousas, ou Cafres proprement dits.

Le pays des Kousas est arrosé par des ruisseaux et des rivières assez nombreux. Toutes ces eaux courantes prennent leur source dans la chaîne de montagnes au nord. La grande rivière des Poissons, le Keyskamma (2) et le Buffelrivier en reçoivent la plupart, et vont eux-mêmes se jeter dans la mer. En plusieurs endroits de la plaine, et principalement sur les montagnes, la nature a formé des réservoirs où l'eau de pluie se rassemble et se conserve longtemps; la rivière des Buffles, et plus encore les ruisseaux qui s'y rendent des deux côtés, au nombre de douze, fournissent de très-bonne eau; aussi trouve-t-on dans cette contrée beaucoup plus de hordes cafres qu'ailleurs. Toutes les autres eaux sont plus ou moins saumâtres en proportion inverse de l'eau de pluie qui s'y trouve mêlée.

Les montagnes qui bornent au nord le pays des Kousas, ou la Cafrerie proprement dite, sont les chaînes du Boschberg et du Winterberg. Au delà de ces montagnes il n'y a pas de descente rapide : on y voit un large plateau, formant de vastes plaines dépourvues de bois, mais ayant des sources et des flaques d'eau en abondance. Ces plaines sont occasionnellement et partiellement habitées par les Tamboukies et Boschjesmans, qui y trouvent une grande abondance de gibier de diverses sortes. Au sud les montagnes ont une inclinaison très-rapide, et leurs flancs sont garnis de bois. Le sol sur les limites de ces bois est une argile compacte, débris de la décomposition des couches des hautes terres. A mesure que l'on descend vers la mer le pays s'aplanit, et l'on ne voit d'autres chaînes que celles qui sont à la source de la rivière des Buffles. Il n'y a pas dans la Cafrerie une grande variété de minéraux; les hautes montagnes sont presque toujours composées de trapps, les collines et les monticules de grès et d'argile. Le trapp globulaire, la serpentine, le schiste alumineux et la pyrite sont communs partout. On trouve de la pierre calcaire sur la côte, mais elle n'y est pas commune. L'eau près de la montagne est bonne et pure, mais dans le milieu du pays les sources sont saumâtres et quelquefois sulfureuses.

A vingt milles de la côte l'aspect du pays change, et le sol est plus inégal, et garni de collines couvertes de buissons. Presque toujours les ruisseaux sont bordés par des terrains plats et élevés au-dessus de leur lit, sur lesquels croissent de grands arbres, le bois jaune, le bois de fer, l'*Erythrina cafra* (arbre corail).

Les rivières abondent en poissons, richesse inutile aux Cafres, qui les dédaignent comme impurs. Les hippopo-

(1) Ce nom s'écrit indifféremment *Koosas*, *Koousas*, *Koossas*, *Kousas*, *Amaxosas*.

(2) *Kamma*, dans la langue indigène, signifie rivière.

AFRIQUE Mozambique

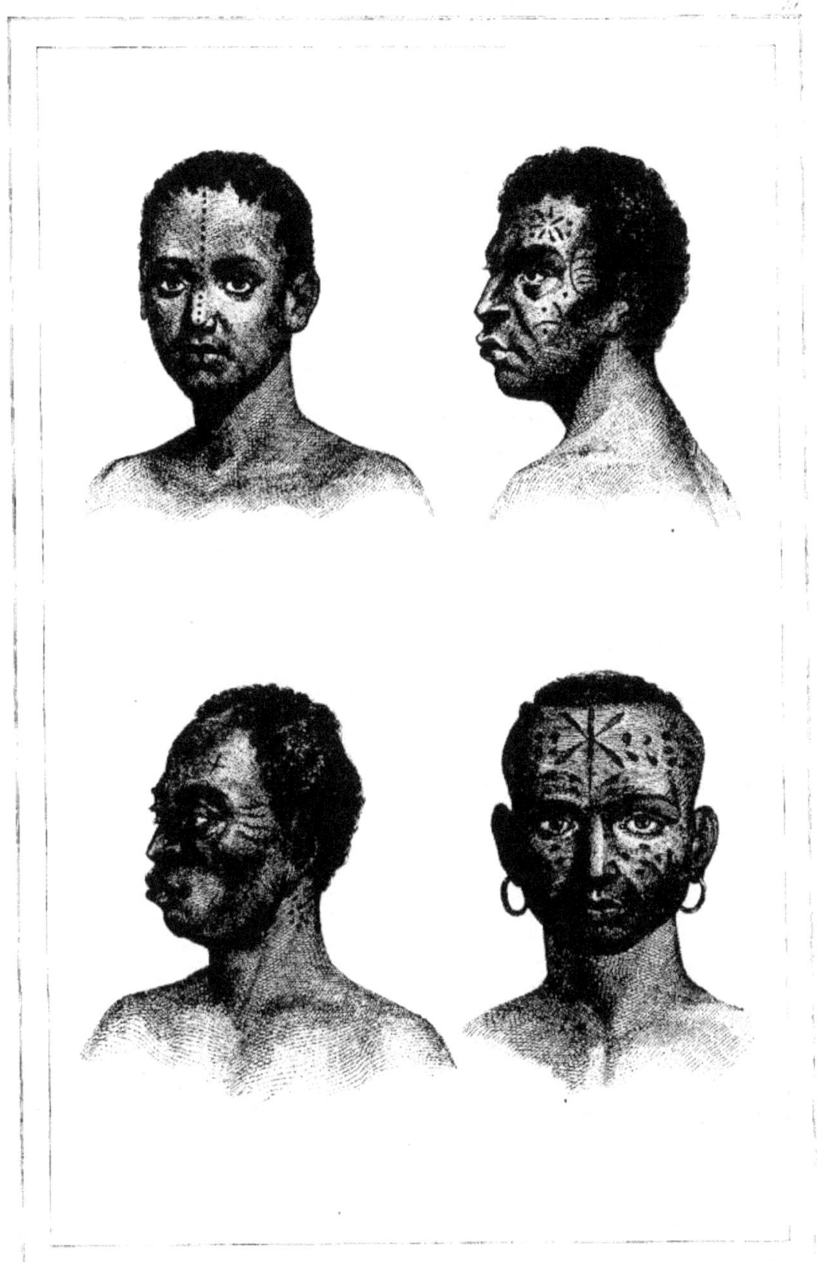

Peuples du Mozambique

tames y sont aussi très-communs. Près de la rivière des Buffles de grands arbres croissent sur un sol fécond : disposés par groupes jusque sur les plus hautes sommités, ils donnent au paysage un aspect riant et pittoresque. Près de son embouchure cette rivière a quarante verges environ de largeur; ses bords sont élevés, et ombragés par une grande variété d'arbres et de buissons. Au nord-est se déploient des paysages d'une grande beauté; les plantes y offrent plus de variété; on y observe plusieurs espèces d'acacias, le palmier sagou. Sur la rivière Gounoubi Brownlee (1) trouva une espèce de *Strelitzia* qui surpasse toutes celles de ses congénères par la beauté de son feuillage. Par son port elle ressemble tellement au *musa*, qu'on peut à peine l'en distinguer; mais ses semences sont beaucoup plus grosses que celles du *Strelitzia regina*, et ont un bon goût lorsqu'on les mange rôties. Les feuilles, en y comprenant leur pétale, ont environ un mètre de hauteur et plus d'un demi-mètre de largeur.

Entre la rivière Ikuku et la rivière Key tout le sol est couvert de larges blocs de roches trappéennes, parmi lesquels croissent des acacias. La terre végétale est un sédiment noir, évidemment formé par la décomposition des roches qui sont à sa surface. L'herbe y est très-abondante; l'eau y est de la meilleure qualité, et tout le pays est très-propre à la culture.

Sous le rapport zoologique, le Keys-Kamma fait une ligne de démarcation : à l'ouest de ce fleuve errent de nombreuses troupes de petites antilopes et de couaggas; des animaux féroces y infestent la contrée, tandis que les grandes espèces d'antilopes (surtout l'antilope orcas) n'habitent qu'à l'est du Keys-Kamma ainsi qu'une quantité énorme d'éléphants; le fleuve même est rempli d'hippopotames. Alberti assure avoir vu une troupe d'éléphants qui devait contenir au moins trois cents de ces animaux; et quant aux hippopotames, il en tua, dans un de ses voyages, vingt-deux de suite dans une seule rivière. La différence zoologique des deux rives vient de leur différence végétale : en deçà du Keys-Kamma les terres sont parsemées d'herbes, qui ne conviennent qu'à des animaux plus grossièrement organisés. (Lichtenstein).

Au nord-est de la rivière Key le pays est bien arrosé. Au fond de chaque vallée coule un ruisseau d'eau limpide et excellente à boire. Les lits de ces ruisseaux sont peu profonds et surchargés de plantes aquatiques, et à la source de chacun de ces ruisseaux sont des bosquets d'arbres élevés. A dix milles du kraal d'Hinza est une vaste carrière de minerai de fer que les Cafres exploitent pour se peindre le corps. Cette substance se trouve en masses noduleuses d'ocre jaune ou d'argile durcie; on les trouve près de la surface du sol, et en morceaux qui ne sont pas plus gros qu'un œuf de poule.

Le climat du pays des Cafres (Kousas) diffère essentiellement de celui du Cap; en effet, la saison hivernale, marquée au Cap par des averses fréquentes, est la plus sèche dans ce pays; depuis mai jusqu'en août, époque où la longueur des nuits et l'obliquité des rayons du soleil diminuent beaucoup la chaleur, il pleut rarement; pendant le jour le temps est frais et serein; la nuit il fait de la gelée blanche. En été, dès que les grandes chaleurs commencent on voit se former des orages; ceux-ci éclatent ordinairement vers trois heures après midi, et rafraîchissent l'atmosphère par des pluies abondantes. A peine se passe-t-il, dans cette saison, une semaine sans deux orages au moins. Van-der-Kemp, pendant seize mois de séjour, n'en a vu éclater qu'un seul le matin. Les coups de tonnerre sont terribles, et les éclairs ressemblent à des torrents de feu. Au milieu de la saison hivernale la température des plaines est rarement au-dessous de cinquante degrés du thermomètre de Fahrenheit; en été elle est presque toujours entre soixante-dix degrés et quatre-vingt-dix. Avant les orages on reçoit quelquefois des bouffées d'une chaleur insupportable, qui font monter le thermomètre F. un peu au delà de cent degrés. Pendant la saison chaude il s'élève quelquefois la nuit des brouillards épais qui ne se dissipent que vers midi, et hu-

(1) Dans *Thompson's Travels*, t. II, p. 336-372. Brownlee a résidé huit ans, comme missionnaire, chez les Cafres.

mectent la terre : ce phénomène, qui serait un bienfait extrême dans la colonie du Cap, ne se manifeste avec quelque régularité qu'au delà du Keys-Kamma (Thompson).

Origine et caractères physiques des Cafres.

Les Cafres offrent un contraste frappant avec leurs voisins les Hottentots, qui sont inférieurs en vigueur corporelle et en beauté, n'ont qu'une langue pauvre, une intelligence bornée, point d'organisation civile, etc. Pour expliquer ce contraste entre deux peuples voisins on est obligé de supposer que les Cafres sont un peuple venu du dehors. Rélegué à l'extrémité de l'Afrique, ce peuple présente plus de ressemblance avec la race caucasique qu'avec la race de Cham. Plusieurs voyageurs n'ont pas hésité à le rapporter au type arabe. « Très-certainement, dit Barrow, les Cafres ne sont point aborigènes de la pointe méridionale de l'Afrique. Environnés de tous côtés par des nations si différentes en tout point par leur couleur, leurs traits, leurs formes, par leurs dispositions, leurs manières et leur langage, il serait absurde de les regarder comme indigènes du petit pays qu'ils habitent maintenant. Si l'on voulait rechercher leur origine, peut-être serait-on bien près de la vérité en supposant qu'ils descendent de quelques tribus errantes d'Arabes, connus sous le nom de Bédouins. On sait que ces peuples ont pénétré dans presque toute l'Afrique. La figure des Cafres porte des caractères visiblement les mêmes que celle des Arabes; et leur manière de vivre, leurs habitudes pastorales, leur caractère et leur hospitalité envers les étrangers achèvent de compléter leur ressemblance. Ces Bédouins ont porté des colonies jusque dans les îles du midi de l'Afrique; entreprise plus difficile à exécuter qu'un voyage par terre jusqu'au Cap de Bonne-Espérance. En marchant le long de la mer Rouge, et tournant immédiatement au midi sur la côte, ils auront évité le grand désert qui divise l'Afrique en deux, et le pays est alors praticable partout, du moins aussi loin qu'on peut le connaître aujourd'hui. »

Mais Lichtenstein n'admet pas cette opinion, parce que dans ce cas ils auraient conservé quelques restes d'écriture et d'autres traces de la civilisation de leurs ancêtres. « La circoncision, que l'on cite comme preuve, se pratiquait aussi, dit-il, chez les Troglodytes de l'Éthiopie. » C'est dans ce pays que Lichtenstein cherche la patrie des Cafres; il présume que le midi de l'Afrique a été peuplé par les nations du nord de cette partie du monde, et que ces nations, en suivant les côtes, sont arrivées peu à peu, les unes à l'est du Cap, en donnant naissance à la race des Cafres; les autres, à l'ouest en y laissant la race hottentote. « A l'est, les tribus émigrées trouvaient un sol fertile et un beau climat; la civilisation pouvait s'y conserver en partie. Sur le sol desséché de l'ouest, au contraire, les hommes furent obligés de vivre de la chasse, et de s'étendre davantage vers le midi pour trouver quelque subsistance; en sorte que les Hottentots arrivèrent dans le midi quelques siècles avant les Cafres; ils s'étendirent même sur toute la Cafrerie et au delà; les rivières et les montagnes y portent encore aujourd'hui des noms hottentots. Cependant, se trouvant enfin en contact avec les Cafres, qui arrivaient du nord de l'Afrique, ils furent repoussés, et durent se resserrer dans le coin de terre qu'on leur laissa. »

Lichtenstein fait remarquer, à l'appui de sa conjecture, qu'il y a une ressemblance frappante sous le rapport de la taille, des mœurs, etc., entre les Cafres, les Mozambiquois, les Zanguebarois, les Abyssins, en un mot, entre tous les habitants de la côte orientale de l'Afrique.

Les Cafres ont la peau d'un gris noirâtre, qu'on pourrait comparer à la couleur du fer quand il vient d'être forgé. Ils n'ont de commun avec les nègres que l'épaisseur des lèvres. Mais le Cafre ne se contente pas de sa couleur naturelle : il se peint non-seulement le visage, mais tout le corps, en se frottant d'ocre rouge réduite en poudre, et délayée dans de l'eau. Quelquefois les hommes, et plus souvent les femmes, y ajoutent le suc de quelque plante odoriférante. Pour fixer ce premier enduit on applique par-dessus, après qu'il est séché, une couche de matière grasse, qui s'attache intimement à la peau, et rend celle-ci plus souple. Selon Brownlee, les deux sexes se tatouent le corps, particulièrement aux épaules; le rouge est la couleur favorite des Cafres : tout ce qui sert à leur vêtement est peint en rouge; ils n'aiment rien tant que les graines de cette couleur, et chez eux le cuivre rouge équivaut à l'or; le jaune a moins de prix à leurs yeux.

Leurs cheveux sont noirs, courts, laineux, rudes au toucher, et réunis en petits flocons épars. Il est rare de voir un Cafre avec une barbe bien garnie; ordinairement le menton seul est recouvert de légers flocons. Il en est de même des autres parties du corps où les deux sexes ont ordinairement des poils. On distingue aisément les hommes à leur taille noble : elle est ordinairement de cinq pieds six pouces, jusqu'à cinq pieds neuf pouces. Le Cafre a la tête bien conformée; elle n'est point allongée, comme chez les Hottentots et les Nègres : le frontal et l'occipital forment presque un demi-cercle (Barrow). Le front est haut et l'os du nez relevé comme chez les Européens (Lichtenstein); les bras et les cuisses annoncent la santé et la force; tous les membres sont parfaitement développés et dans la plus belle proportion; il porte le corps d'aplomb; son attitude indique la vigueur; sa démarche est ferme et assurée, et tout en lui annonce le courage et l'intrépidité.

Les femmes diffèrent beaucoup des hommes pour la hauteur de la taille; en général elles atteignent rarement celle d'une Européenne bien faite; au reste, elles sont aussi bien conformées que les hommes. Tous les membres d'une jeune Cafre ont ce contour arrondi et gracieux qui est le signe d'une santé parfaite; leur gorge, élastique, a les plus belles formes; le contentement, la gaieté, se peignent sur leur physionomie. Les deux sexes ont la peau unie et parfaitement saine.

On ne voit pas de Cafres nés difformes; la manière simple et naturelle dont ils élèvent leurs enfants les garantit de toute difformité. Le phénomène découvert d'abord chez les Hottentotes, et qui a donné naissance à tant de contes absurdes (tablier des Hottentotes), a de même lieu chez les femmes de la Cafrerie; c'est un prolongement extraordinaire des nymphes. Au reste, ce prolongement est l'ouvrage de la nature; et il est faux qu'on le provoque au moyen de poids, comme on s'est plu à le débiter. Cet allongement, qui a jusqu'à quatre pouces chez les Hottentotes, est beaucoup moindre chez les Cafres.

Nourriture des Cafres. La bonne santé dont jouissent les Cafres est due sans contredit, en grande partie, à la simplicité de leurs aliments. De nombreux troupeaux de vaches leur fournissent, en abondance, du laitage, qui fait leur principale nourriture : leurs autres aliments sont la viande ordinairement rôtie, le millet, le maïs, et les melons d'eau, qu'ils apprêtent de plusieurs manières. L'eau est leur unique boisson. Les Cafres ne boivent pas le lait frais, mais ils le laissent cailler et s'aigrir; ce qui se fait en très-peu de temps, dans des corbeilles qui, ayant servi plus d'une fois à cet usage, sont imbibées d'acide lactique. Ces corbeilles, de forme arrondie, ont ordinairement dix jusqu'à seize pouces de diamètre à la partie supérieure, et un peu plus de profondeur; la paroi a une ou deux lignes d'épaisseur, rarement davantage. Ce sont les femmes qui s'occupent de leur construction; elles y emploient une espèce de jonc très-délié, qu'elles savent tresser avec tant d'adresse, qu'une corbeille ainsi faite, et enduite de graisse, est impénétrable à l'eau. Pour manger le lait caillé, les Cafres se servent d'une coquille de moule, ou plus communément de la tige d'une plante qui croît particulièrement dans leur pays. Quand la plante est entièrement desséchée, ils en coupent un morceau d'environ un pied de long, dont ils battent le bout avec un caillou poli jusqu'à ce que tous les filaments s'écartent et forment un pinceau, qui leur tient lieu de cuiller pour manger le laitage.

La viande est pour les Cafres un aliment moins indispensable que le lait; ils l'aiment à la vérité, mais ils s'en abstiennent par économie. La viande se mange bouillie ou rôtie; pour la bouillir ils se servent de pots de terre cuite au feu, auxquels ils savent donner une forme assez élégante; avant de la rôtir ils la coupent par morceaux, qu'ils appliquent immédiatement sur la braise, ou les mettent en broche : ils tiennent cette broche de bois avec la main, ou la fichent en terre vis-à-vis du feu. Ils se passent entièrement de sel, sans le remplacer par quelque autre assaisonnement. Ils aiment néanmoins le sel, car ils en demandent aux étrangers qui viennent les visiter.

Le *Holcus Cafrorum* (espèce de millet) (1) et le maïs sont des productions dont les Cafres sont redevables à leur propre industrie. Il en est de même des melons d'eau, qui ne viendraient pas sans culture. Ils ont différentes manières d'apprêter le millet et le maïs pour les manger : ils en font bouillir les graines entières, et les mangent sans aucun assaisonnement; d'autres fois ils les écrasent au moyen d'un caillou uni, et en font cuire la farine dans du lait nouvellement trait. Quelquefois aussi ils mettent cuire dans l'eau la tige du millet, qui est mucilagineuse et très-sucrée, et en font une espèce de bouillie, en y mêlant une certaine quantité de farine. Enfin, de ces deux espèces de farines délayées dans de l'eau ils pétrissent des pains pesant environ trois livres, qu'ils font cuire sous la cendre. — Leurs greniers sont des espèces de souterrains, semblables aux *silos* des Arabes et d'autres peuples anciens. Le pillage de ces greniers est un crime dont aucun Cafre n'oserait se rendre coupable (2).

Les melons d'eau, qui croissent en abondance dans le pays des Cafres, ont un goût amer et désagréable; mais cette amertume se corrige par la cuisson. On peut manger ces melons bouillis, après les avoir pelés et coupés par morceaux; on en fait aussi une marmelade, à laquelle on mêle de l'une des deux espèces de farine dont nous avons parlé.

Outre ces aliments, le pays abonde en miel d'abeilles sauvages. On en rencontre les ruches dans les fentes des montagnes, dans les creux des arbres, dans les fourmilières et les ravins. Un petit oiseau, connu sous le nom d'oiseau de miel, sert de guide pour découvrir ces ruches sauvages. La voix de cet oiseau est une espèce de cri aigu, par lequel il attire l'attention du voyageur. Dès qu'on s'approche de lui il s'éloigne, va se percher à quelque distance, et recommence à crier jusqu'à ce qu'on l'ait rejoint. Il continue de la sorte jusqu'à ce qu'il se trouve dans le voisinage des abeilles, qu'il indique en criant plus fort qu'auparavant. Il laisse ensuite au voyageur le soin de découvrir lui-même la ruche; ce qui n'est pas difficile, puisque les abeilles, en allant et venant sans cesse, se trahissent elles-mêmes. Quelquefois, avant d'arriver à la ruche on est obligé de suivre ce guide pendant une heure et davantage.

L'eau fraîche est la boisson ordinaire et presque unique des Cafres. Ce n'est que rarement et pour se régaler qu'ils font usage d'une boisson artificielle, qu'ils préparent de la manière suivante : Ils font cuire dans l'eau de la farine de millet, jusqu'à ce qu'elle soit réduite en une bouillie épaisse; ils versent ensuite cette bouillie dans des corbeilles à lait, et l'arrosent d'eau. Dans cet état, la liqueur fermente; après quoi on la filtre à travers un nid d'oiseau, dont le tissu arrête au passage les particules de millet qui n'ont pas été dissoutes par la fermentation. Cette boisson est une espèce d'eau-de-vie.

Les Cafres sont loin de dédaigner les mets préparés à la manière d'Europe : ils aiment surtout notre pain; mais il n'est pas possible de les engager à manger la chair des cochons domestiques, des lièvres, des oies ou des canards, ni d'aucune espèce de poisson. Leur demande-t-on la raison de cette répugnance, ils répondent tous que les cochons se nourrissent de toutes sortes d'immondices, qu'après avoir mangé du lièvre on devient fou, que les oies et les canards ont un cri désagréable, et ressemblent aux crapauds, et que tous les poissons appartiennent à la race des serpents. Les Cafres en général ne sont pas de grands mangeurs, tels qu'on en trouve communément parmi les Hottentots; les femmes surtout sont très-sobres. La quantité journalière d'aliments dont se nour-

(1) La culture de cette céréale, plus connue sous le nom de blé de Cafre, *Kaffer-corn*, a été récemment introduite dans les établissements de la colonie du Cap. (Kay, *Travels and researches in Caffraria*, etc. London, 1833, in-8°.)

(2) Kay, *Travels and researches in Caffraria*, p. 145.

18.

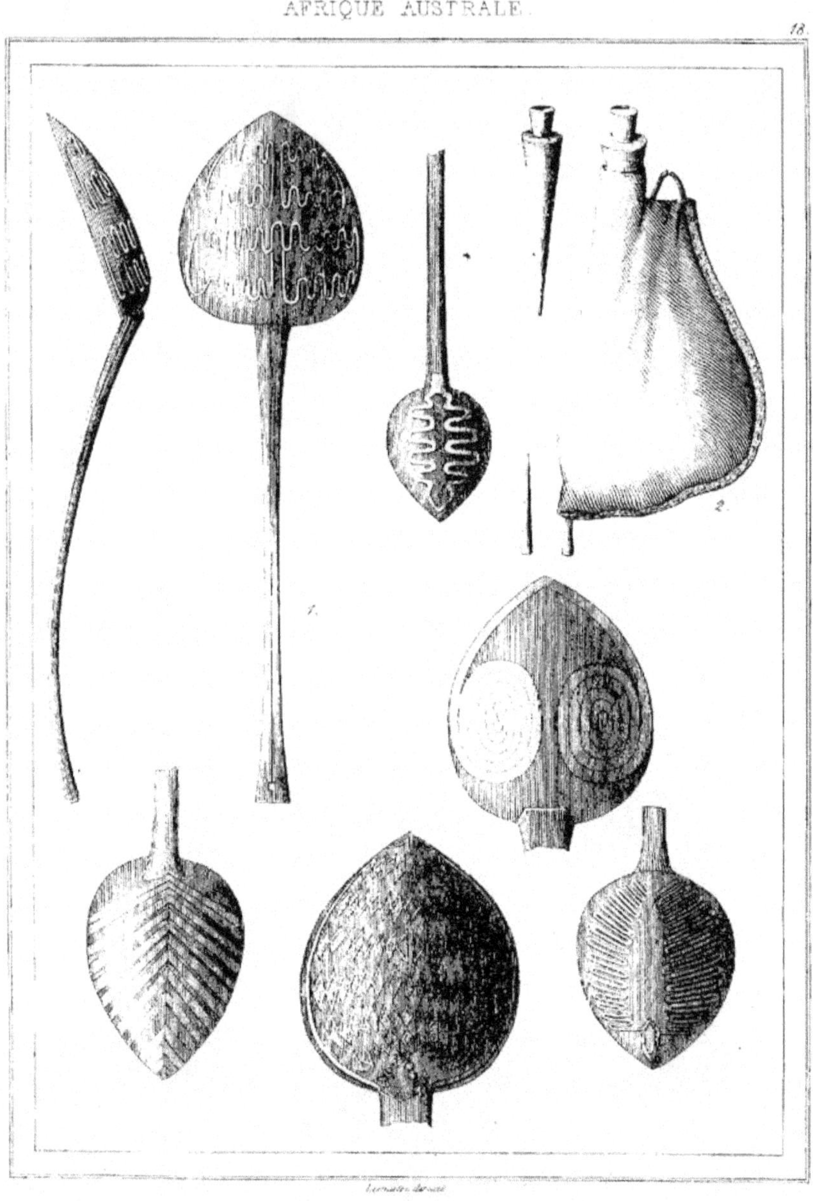

Lemaitre direxit.

Ustensiles de ménage des Bachapins

rit un Cafre est ordinairement proportionnée à sa taille. Quelques individus peuvent être taxés de gloutonnerie; mais la nation, en général, se contente de peu d'aliments. Ils ne sont pas moins sobres de boisson : ils ne boivent qu'autant que la nature l'exige dans l'état de santé.

Quoique le tabac n'appartienne point aux aliments, nous pensons néanmoins que c'est ici le lieu de faire mention du goût passionné des Cafres pour cette plante narcotique. Hommes et femmes, mais surtout les premiers, fument du tabac de leur propre crû, mêlé avec la feuille d'une autre plante, que les Hottentots nomment *dacha*. Leurs pipes sont faites de bois; la tête est de la même forme que celle de nos pipes de terre, mais beaucoup plus grosse; la tige en est droite, et a environ cinq à six pouces de long. Ils se servent aussi d'une autre espèce de pipe, mais qui est moins généralement en usage : la tête et la tige, qui dans celle-ci est plus longue, ne sont pas immédiatement jointes ensemble, mais séparées par une corne (ordinairement d'élan) adaptée à toutes deux, et remplie d'eau, dans laquelle la fumée perd son goût âcre. Dans les réunions de Cafres, la pipe fait le tour de la compagnie; chacun en tire avec force quelques bouffées de fumée, et la passe ensuite à son voisin. C'est ce qu'on voit aussi chez les peuplades sauvages de l'Amérique septentrionale.

Force physique; habillement. L'extérieur des Cafres ne permet pas de douter qu'ils ne soient doués de beaucoup de force; mais leur genre de vie et le peu de besoins qu'ils éprouvent les mettent rarement dans le cas de les exercer. L'usage du javelot et de la massue développe chez le Cafre les muscles du bras droit; des courses fréquentes l'exercent à marcher longtemps et à courir vite; mais veut-on l'employer à charger un pesant fardeau sur une charrette, à relever une voiture versée, à écarter une grosse pierre, etc., il semble alors n'avoir plus de force; et un Hottentot, petit et décharné, mais accoutumé à de rudes travaux chez le maître qui le nourrit, le surpasse et lui fait honte.

Les Cafres ont trop de vivacité naturelle pour donner beaucoup d'heures au sommeil. La nuit est le seul temps qu'ils destinent régulièrement au repos; il est rare de voir un Cafre s'y livrer pendant le jour, quelque fatigue qu'il ait supportée. Ils aiment la conversation, et lui consacrent souvent plusieurs heures encore après le coucher du soleil, quelquefois même jusqu'à minuit. Alors commence à régner dans toutes les huttes le plus profond silence, et ceux qui les habitent ne quittent ordinairement leur couche qu'après que le soleil a dissipé la rosée de la nuit. Le repos des Cafres est profond et tranquille; il ne paraît pas qu'il soit troublé par des songes effrayants. Si on les réveille ils n'éprouvent aucun étourdissement : leur réveil est serein, et leur sommeil en un instant dissipé. Appelle-t-on, par exemple, un Cafre pour l'envoyer faire une course, il se lève aussitôt, prend ses armes, et part, comme s'il n'avait pas sommeillé. Une natte, d'environ six pieds de long sur trois ou quatre de large, faite de joncs déliés, et roulée au chevet, leur sert de lit. Ils se couvrent, pour dormir, de leur manteau de peau. Ils dorment communément le corps étendu; ce n'est que quand il fait froid qu'on leur voit s'accroupir les membres. Le matin, à peine le Cafre a-t-il quitté sa couche, qu'on le voit content et gai; on entend partout chanter dans les hameaux; une allégresse générale annonce les plus heureuses dispositions du corps et de l'esprit.

Les habits des Cafres sont faits de peaux, qu'ils savent préparer avec beaucoup d'art. La différence des sexes se remarque simplement à la forme des habits; les femmes mettent dans la façon de leurs vêtements plus d'art et de luxe que les hommes. Ceux-ci sont contents si leur vêtement les garantit du froid et de l'humidité. Ils se couvrent, en général, de peaux de bœufs ou de vaches; les femmes, du moins, n'en emploient jamais d'autres. Les chefs sont les seuls qui s'habillent de peaux de léopards, à moins qu'ils n'en distribuent à leurs favoris; car celles de tous les léopards que l'on tue appartiennent de droit aux chefs.

La préparation des peaux se fait de la manière suivante : on étend la peau renversée sur des piquets fichés en terre, et on l'y laisse jusqu'à ce qu'elle soit entièrement séchée; ensuite on la suspend perpendiculairement entre deux perches, en la tendant aussi fortement que possible; on arrose avec de l'eau le côté qui a touché à la chair, et on le ratisse avec un fer de hache jusqu'à ce que la peau soit réduite à l'épaisseur d'une étoffe de drap passablement mince; puis on l'étend de nouveau sur les piquets pour la laisser sécher. Cette première opération faite, on frotte circulairement la peau, ainsi tendue, avec des feuilles d'aloès, ayant soin de l'arroser à plusieurs reprises : les pointes ou crochets dont ces feuilles sont pourvues font des égratignures sur la peau et en rendent la surface rude, d'unie qu'elle était. Ce frottement ne se fait que légèrement sur les peaux qui doivent servir pour les hommes; celles, au contraire, qu'on destine à l'habillement des femmes sont frottées au point qu'elles ressemblent à de la ratine. On laisse ensuite de nouveau sécher la peau; on l'enduit de moelle de bœuf ou de graisse fondue, quelquefois aussi de beurre, et on la broie entre les mains jusqu'à ce qu'elle ait acquis la souplesse qu'on veut lui donner. Enfin on frotte encore une fois le côté extérieur de la peau avec les mêmes matières onctueuses, et l'intérieur avec une pâte d'ocre rouge, qui adhérant à la graisse dont la peau est imbibée, y forme un vernis durable.

Le principal habillement des Cafres consiste en un manteau de peau, dont le côté garni de poil est tourné en dessous, et dont la forme varie suivant le sexe. Le manteau d'un homme n'a précisément qu'autant de largeur qu'il en faut pour pouvoir le fermer par devant. Il descend jusqu'au gras de la jambe, et se ferme avec une courroie sur la poitrine. Un coin du manteau forme autour du cou une espèce de collet renversé, qui remonte sur la nuque et la couvre entièrement. On tient ce manteau fermé sur la poitrine quand il fait froid ou humide; lorsque le temps est doux on le laisse ouvert, de manière que le ventre et les cuisses restent nus. S'il fait très-chaud, le Cafre se dépouille entièrement de son manteau; en voyage, il le porte sur une épaule, suspendu à un bâton. On trouve, mais moins communément, des hommes vêtus d'une espèce de scapulaire, à la manière des religieux, qui leur descend depuis la poitrine jusque sur les cuisses; ce scapulaire, fait de peau de chamois, s'attache au moyen d'une courroie passée autour du cou. Les hommes ont la tête entièrement nue. Dans les longues marches et les parties de chasse, ils portent aux pieds des sandales, ou des semelles de peau de bœuf attachées par des courroies qui passent autour du coude-pied et du gros orteil, ou par une seule pièce de peau qui couvre le dessus du pied tout entier, à l'exception des orteils. Dès l'âge de puberté les jeunes hommes cachent certaines parties du corps dans une espèce de bourse, faite de la membrane qui enveloppe les intestins des animaux, et à laquelle ils suspendent des grains de verre rouge, ou des anneaux de cuivre enfilés à une courroie. Les manteaux des femmes sont de forme à peu près circulaire; ils leur descendent jusque sur le gras de la jambe, et sont assez amples pour leur couvrir entièrement le corps. Le long du dos, et jusqu'à l'extrémité du manteau, pend un revers assez semblable au scapulaire que portent quelquefois les hommes, avec cette différence que ce revers fait partie du manteau même, auquel il est attaché par le haut. Par-dessus ce revers, qui est coupé dans sa longueur par bandes d'environ deux pouces de large, recousues ensemble, pendent des deux côtés, le long des épaules, des peaux entières de chats sauvages; ces peaux, nouées à des courroies, auxquelles sont enfilés des anneaux de métal, servent à essuyer la sueur du visage. Derrière l'épaule gauche, et à côté de la peau de chat, pend à une autre courroie une petite écaille de tortue, contenant de la poudre d'ocre rouge, et fermée d'un chiffon de peau tendre, qui sert en même temps à se farder. Enfin le mantelet, ou le revers, lui-même, qui s'attache de manière que le côté garni de poil soit en dessus, est orné de plusieurs rangs de boutons de toutes sortes de formes et de couleurs. Le manteau des femmes enveloppe le corps, de manière que l'un des bouts rentre sous l'autre et s'y trouve assujetti, sans qu'il soit nécessaire de l'attacher autrement. De cette manière la gorge se trouve aussi couverte, à moins qu'on n'aime mieux faire passer le manteau sous le sein. Quand ceci a lieu, les dames cafres portent par-dessus la gorge une espèce de voile ou de bavette, faite de membranes de bœuf, qu'elles attachent avec des courroies derrière le dos, et qu'elles ornent, suivant leur fantaisie, de grains de verre de différentes couleurs. Cette manière de se couvrir la gorge en conserve les formes bien mieux que quand c'est le manteau qui l'enveloppe : la pesanteur de celui-ci l'affaisse et rend les mamelles pendantes; au lieu que le voile particulier les soutient, sans rien présenter d'indécent aux regards. Il est rare de rencontrer une Cafre avec la gorge entièrement découverte : il n'y a que de très-jeunes filles ou des femmes âgées, qui n'y regardent pas de si près; mais alors cette nudité ne cause aucun scandale.

Outre le soin qu'ont les femmes de se couvrir le devant du corps avec leur manteau, elles portent encore par-devant une espèce de cotte de mailles, faite de lanières minces, et nouée au moyen d'une courroie plus forte, qui passe par-dessus les hanches. Ce dernier voile suffirait seul pour cacher aux regards ce que la nature et la pudeur défendent de montrer.

Les femmes ne vont pas, comme les hommes, la tête nue; elles se couvrent d'un bonnet fait de la peau de quelque antilope, dont le poil est tourné en dehors. Le fond de cette coiffure est composé de plusieurs pièces taillées en forme de coin, qui en se réunissant au haut du bonnet lui donnent la forme d'un cône. Au sommet de ce cône sont adaptées cinq à sept rangées d'anneaux de cuivre ou de fer, à côté les uns des autres; comme cette partie de la coiffure se porte recourbée en avant, les anneaux pendent presque jusque sur les paupières. Autour du bord sont attachées, à égale distance, quatre courroies qui servent à assujettir le bonnet autour de la tête. Les femmes riches, pour renchérir sur l'élégance de cette coiffure, en recouvrent les coutures de grains de verre enfilés. Ce sont les femmes qui font les habits pour les deux sexes; elles savent en joindre les pièces et en faire les coutures avec une adresse et une propreté qui feraient honneur à un bourrelier d'Europe. Au lieu de fil, elles se servent de tendons, partagés en filaments de la manière suivante : on fait d'abord sécher les tendons; on les écrase ensuite avec un caillou, jusqu'à ce que les fils se partagent; après quoi on les broie avec les mains, pour achever de les séparer.

Après l'habillement viennent les objets d'ornement. Un des principaux objets de luxe pour les hommes consiste en anneaux de dents d'éléphants; ils en portent quelquefois jusqu'à neuf ou dix autour du bras gauche. Toutes les dents d'éléphants appartenant de droit au chef de la horde; ces anneaux sont regardés comme autant de marques de la bienveillance du prince. On voit aussi des Cafres qui portent autour du bras gauche une courroie à laquelle sont enfilées des dents de léopard ou de sanglier; quelques-uns portent sur le front le bout de la queue d'une antilope, suspendu à un bandeau de cuir; d'autres, en plus grand nombre, se décorent le devant de la jambe, un peu au-dessous du genou, de la touffe de poil qui termine la queue du bœuf ou de l'espèce d'antilope que les colons appellent hartebeest. Beaucoup de Cafres portent autour du corps, en guise de ceinture, une courroie à laquelle sont enfilés de ces anneaux de cuivre ou de fer dont nous avons déjà fait mention. Un certain nombre d'anneaux équivaut à une pièce de bétail; ils tiennent donc lieu de monnaie. Les personnes des deux sexes ont des colliers composés de coquillages appelés têtes de serpent, enfilés au moyen d'une tresse de poils enlevés de la queue d'un éléphant. Au lieu de poils, on tresse aussi, pour enfiler ces coquillages, des brins d'une herbe odoriférante, et on entre-mêle aux coquillages de petits morceaux de bois de senteur. Souvent aussi les Cafres portent autour du cou plusieurs tours de grains de corail. Les hommes suspendent à ce collier un petit poinçon de fer, enfermé dans un étui qui leur descend sur la poitrine; ce poinçon sert à divers usages : à coudre les habits, à tresser les corbeilles à lait, à s'arracher une épine du pied, etc. Les hommes et les femmes se décorent, en outre, de bracelets composés de coquillages ou d'anneaux qu'ils portent immédiatement au-dessus du poignet. Les pendants d'oreilles, pour les deux sexes, consistent en grains de verre de différente grosseur, enfilés de manière que les plus petits touchent à l'oreille, et que les plus gros sont suspendus aux premiers. Ceux des Cafres à qui leurs moyens ne permettent pas de se procurer de ces grains se contentent de passer dans le trou dont l'oreille est percée, et qui est toujours fort grand, une courroie nouée par les deux bouts. D'ailleurs il paraît que le goût et la mode changent chez eux. Lors du séjour de Van-der-Kemp la vogue était pour de petits coraux qui venaient de la tribu des Imbas, et dont les Kousas étaient tellement épris, qu'ils donnaient une vache et un veau pour deux petites rangées; il paraît que ce n'était que de la verroterie. Lichtenstein présume qu'elle provient encore du temps de la domination Portugaise; mais on sait qu'aujourd'hui la verroterie passe en quantité de l'Europe dans le Soudan et les autres pays du nord de l'Afrique, et de là dans l'intérieur. Ne serait-il pas possible que celle qui arrive des Imbas chez les Kousas ait traversé toute cette partie du monde, depuis le nord jusqu'au sud?

Toutes les femmes cafres ont le dos, les bras et la poitrine, entre les mamelles, sillonnés de lignes parallèles et à égale distance. Ce tatouage, qui dans l'opinion de ces peuples sert à relever la beauté, se fait en introduisant un poinçon, en guise de bistouri, sous l'épiderme, et en le déchirant à mesure qu'on relève le poinçon.

Ni l'habit ni la parure ne servent à distinguer les rangs parmi les Cafres. Quoique les peaux des léopards tués à la chasse appartiennent toutes au chef de la horde, il ne s'en revêt pas moins d'un simple manteau de peau de bœuf, comme ceux que portent les Cafres de la plus basse classe; ceux-ci, de leur côté, n'ont rien qui les distingue, à cet égard, des classes supérieures. On laisse les enfants absolument nus, jusqu'à ce qu'ils commencent à marcher; alors on les revêt de simples manteaux de peau d'antilope, que les deux sexes quittent d'ordinaire quand le temps est sec et chaud; les filles seules ne se dépouillent jamais, même dans l'âge le plus tendre, de l'espèce de tablier dont nous avons parlé. A cela près, les jeunes filles vont tête nue jusqu'à l'âge de neuf ou dix ans: parvenues à cet âge, elles reçoivent de leurs aïeules ou de leurs tantes de vieux bonnets. Dès qu'elles sont nubiles elles assistent aux parties de chasse, et reçoivent, dans ces occasions, de leurs frères, de leurs oncles ou de quelques autres de leurs proches, des peaux d'antilope, pour s'en faire elles-mêmes des bonnets.

Les Cafres, en général, aiment à échanger leurs habits, et se revêtent volontiers des nôtres. Un mouchoir, pour se couvrir la tête ou la gorge, est considéré par les femmes comme un objet de très-grande valeur; le linge leur plaît surtout. « Pendant un voyage, dit Alberti, que fit en 1803 M. le lieutenant général Janssens, alors gouverneur du Cap de Bonne-Espérance, dans l'intérieur de la colonie et au pays des Cafres, et dans lequel j'eus l'honneur de l'accompagner, je fus témoin d'une scène qui prouve combien ce peuple aime l'ajustement. On fit vêtir le chef de la horde, depuis les pieds jusqu'à la tête, à la manière des Européens; ce travestissement lui causa la plus grande joie, et l'engagea à nous demander encore d'autres habits de ce genre pour une autre occasion. Ce jour-là, la mère du prince avait aussi quitté ses habits ordinaires, pour s'affubler d'une robe de chambre d'homme, qui lui avait été envoyée du Cap, et dont elle paraissait toute fière. Une autre fois on m'apporta, par ordre de M. le gouverneur, pour le même chef des Cafres, un uniforme de hussard complet et richement garni en or, avec tout l'équipage nécessaire, et non moins brillant, pour un cheval de selle. Bientôt après je me rendis de nouveau à son hameau, pour avoir avec lui une conférence sur divers sujets. Après la conférence, à laquelle avaient assisté les officiers de sa suite, j'engageai ceux-ci à sortir de ma tente, et je fis revêtir le prince de ce nouvel habillement, dont la vue lui causa la plus agréable surprise. Je le conduisis ensuite hors de la tente, où il trouva un cheval orné de la selle et de la housse que j'avais fait apporter. Dès qu'il fut monté à cheval, ce qu'il fit de la manière la plus leste, on lui présenta une glace de deux mètres de haut, que M. le gouverneur avait fait ajouter aux autres : rien ne peut être comparé à la surprise et à la joie qu'il témoigna à cette vue. Quand il fut un peu revenu à lui-même, son trouble fit place à un air de satisfaction et de fierté, qui se répandit sur toute sa personne; il se montrait, tantôt à pied, tantôt à cheval, à la troupe assemblée, qui consistait à peu près en trois cents personnes, et faisait retentir l'air de cris d'admiration. Je remarquai qu'il s'arrêtait de préférence auprès des groupes de femmes, et qu'il était particulièrement flatté de leurs applaudissements. »

Les Cafres, en général, donnent la préférence au costume européen, non-seulement parce qu'ils le jugent plus commode pour se préserver de l'intempérie des saisons, mais aussi parce qu'ils y trouvent quelque chose de plus distingué et de plus industrieux que dans l'habillement de leur pays.

Éducation des enfants. Circoncision chez les Cafres. L'éducation des enfants chez une nation non civilisée nous fait parfaitement comprendre le passage successif de l'état sauvage à l'état de civilisation. On y trouve quelquefois aussi des indications hygiéniques que l'homme civilisé pourrait suivre avec avantage. Le plus ou le moins de soin avec lequel on élève les enfants indique plus ou moins de culture ou de disposition à en acquérir. Ces considérations nous ont engagé à traiter très au long de l'éducation des Cafres, en profitant des documents que nous ont fournis Alberti et Brownlee. Dès qu'un enfant est né on le lave avec de l'eau tiède, et on lui en donne à boire, en la lui versant dans la bouche avec une écaille de moule. En même temps on lui frotte tout le corps avec une poudre de coquillages broyés et délayés dans de l'eau; cette friction se réitère plusieurs fois, et forme sur la peau un vernis, qu'on y laisse jusqu'à ce que le cordon ombilical soit tombé. Ce n'est qu'environ douze heures après l'accouchement que la mère présente le sein au nouveau-né. Si au bout de quelque temps l'enfant vient à maigrir et à s'affaiblir, ce qui a rarement lieu, on attribue ce détériorement à la mauvaise qualité du lait de sa mère, et on le nourrit alors de lait de vache nouvellement trait, qu'on lui verse dans la bouche. Jamais une Cafre n'allaite un enfant qui n'est pas le sien, pas même quand la mère serait absente. Dans ce cas on se contente aussi de nourrir l'enfant de lait de vache.

Il n'y a pas chez les Cafres d'accoucheuses de profession : les femmes s'entr'aident dans l'accouchement. D'ailleurs, chez ce peuple, où la nature a conservé toute sa pureté primitive, les secours de l'art seraient superflus. Après l'accouchement, et jusqu'à ce que le cordon ombilical de l'enfant soit tombé, la nourriture de la mère consiste en une bouillie de millet. Ce temps écoulé, le mari tue une pièce de bétail, dont il se régale avec sa femme et ses voisins; c'est l'accouchée elle-même qui doit faire les apprêts de ce repas. Jusqu'à cette époque la mère s'abstient de se peindre le corps; mais alors elle prépare de nouveau de la pâte d'ocre rouge, en frotte d'abord son enfant, et puis elle-même, comme avant ses couches.

La mère place son enfant nouveau-né à côté d'elle, sur une couchette d'herbe étendue sur le sol, et le couvre d'un bout de son manteau. Une Cafre ne laisse jamais un enfant seul dans la hutte; si elle est obligée de le quitter pour quelque temps, elle appelle auprès de lui un enfant plus âgé pour le surveiller. Dès qu'un enfant est assez fort pour se tenir assis et se traîner dans la hutte, on lui donne pour nourriture, outre le sein de sa mère, du lait de vache caillé. On n'observe pas toujours le même temps pour sevrer entièrement les enfants; cependant cela n'a lieu, d'ordinaire, qu'au bout de deux ans.

Des enfants nés de parents sains, et élevés de la manière la plus simple, doivent être sujets à peu de maladies : c'est ce qu'on observe, en effet, parmi les Cafres. Le temps seul où les dents commencent à percer est pour eux une époque douloureuse, et quelquefois fatale; ils sont alors ordinairement sujets à la diarrhée et à des convulsions qui en enlèvent plusieurs. Pour calmer les douleurs on met dans la bouche des enfants des feuilles pilées de la plante qui porte les figues des Hottentots; ces feuilles renferment un suc acide. Les enfants sont aussi quelquefois sujets à de violentes coliques, causées peut-être par l'eau saumâtre, qui dans ce pays est en bien plus grande quantité que l'eau douce. A cela près, ils ont, en général l'air bien portants, et beaucoup de vivacité dans la physionomie ; une preuve de la bonne santé dont ils jouissent, c'est qu'on ne les entend presque jamais crier.

Le père ne se mêle aucunement des soins physiques qu'exige son enfant, ni de sa première éducation morale ; il en abandonne entièrement le soin à sa femme, qui, de son côté, traite son nourrisson avec toutes les marques visibles de l'attachement maternel. On ne voit jamais un homme parmi les Cafres porter son enfant ; c'est toujours la mère qui le porte sur le dos, enveloppé et soutenu par son manteau, et les jambes écartées autour de ses reins. C'est d'elle aussi que l'enfant apprend à prononcer les premiers sons.

Dès que les enfants sont en état de faire quelque chose par eux-mêmes, on emploie les filles à aller querir du bois et de l'eau pour le ménage ; les garçons sont chargés de conduire les veaux au pâturage. C'est alors que le père commence à se mêler de l'éducation des derniers, tandis que les filles restent exclusivement sous la direction de leur mère. Les uns et les autres sont obligés d'exécuter ponctuellement les ordres de leurs parents : en cas de refus ou de désobéissance ils sont punis avec sévérité.

A l'âge de dix ou douze ans commence pour les enfants des deux sexes l'éducation proprement dite, ou l'instruction directe dans ce qui a rapport à la vie domestique et sociale. C'est principalement en servant le chef et sa famille qu'ils reçoivent cette éducation : on les partage en bandes, qui se relèvent à mesure que le service l'exige. Les garçons sont chargés de la garde des troupeaux, en même temps que les officiers du chef les exercent à lancer la javeline, en ne se servant d'abord que du bois ; à combattre avec la masse, à courir, etc. Les filles apprennent, sous les yeux des femmes du chef, à faire des habits, à préparer les aliments, et, en un mot, à s'acquitter de tous les travaux domestiques.

La circoncision est généralement en usage chez les Cafres ; on la pratique à l'âge où le jeune homme approche de la puberté. Les Cafres méprisent les Hottentots, les Boschjesmans, les Malais, et les autres peuples de couleur, parce qu'ils ne sont pas circoncis ; et ils ne veulent pas leur permettre de siéger parmi eux ou de manger avec eux. Quant aux Européens, il les regardent comme étant d'une race supérieure. L'époque de la circoncision est, chez les Cafres, pour le jeune homme celle d'un grand changement dans son genre de vie ; elle le place au rang des hommes faits ; aussi les Cafres, pour dire que l'un d'eux a été circoncis, emploient-ils l'expression, *il a été fait homme*. C'est aussi au temps de la circoncision que le jeune Cafre est tenu de jurer solennellement fidélité à son chef. Voici la manière dont se pratique cette cérémonie solennelle :

Lorsqu'il se trouve dans une horde un certain nombre de jeunes hommes qui ont atteint l'âge de puberté, ou qui sont près d'y arriver, on les rassemble pour subir la circoncision ; ordinairement on choisit pour cela le temps qu'un fils du chef est parvenu à l'âge requis pour cette cérémonie. Alors on les conduit tous ensemble à quelque distance de l'habitation du chef, dans une hutte préparée exprès pour leur servir de demeure, et on leur remet un nombre suffisant de vaches pour leur fournir du lait : ce breuvage est leur unique nourriture ; ils doivent rester trois mois isolés dans cette demeure. Le chef paraît ensuite avec un cortége nombreux, dont les femmes sont exclues ; en même temps arrive celui qui est chargé de faire l'opération. Personne, sous aucun titre, n'est exclusivement privilégié pour s'acquitter de cette fonction : il suffit pour être admis à l'exercer d'avoir l'adresse nécessaire. Ceux qui en font profession voyagent d'une horde à l'autre, et trouvent dans cet état de quoi gagner leur vie. On couche le néophyte sur le dos, on lui tient les bras et les jambes étendues, et un homme robuste se couche en travers sur sa poitrine pour empêcher jusqu'au moindre mouvement, dont les suites pourraient être funestes. La circoncision s'opère avec la pointe acérée d'un petit fer de javeline, dont le manche n'a, pour plus de commodité, qu'un pied de long. L'opération faite, on plonge ce fer, qui ne sert qu'à cet usage, dans la terre, et on l'y laisse jusqu'à ce que tous les circoncis soient guéris ; l'opérateur l'en retire alors, et le garde, en attendant une nouvelle occasion d'en faire usage. La partie du corps où s'est faite l'opération ne reste pas sans appareil : on y applique des simples qu'on assujettit au moyen d'une large feuille. Les nouveaux circoncis sont obligés de se peindre aussitôt tout le corps avec une lessive de chaux, et de répéter la même chose chaque jour, jusqu'au moment de l'entière guérison. Pendant ce temps ils ne sont assujettis à aucun travail ; ils cueillent sans opposition les fruits et le maïs dans les jardins et les champs cultivés; ils tueraient même un bœuf qu'on ne les punirait point. Ils passent le temps de ce noviciat, qui est de trois mois, à jouer et à danser avec ceux qui ont subi la même opération. Ils dorment à terre sans nattes, sur une couche de cendres dont on a couvert le sol de la hutte. Chaque matin ils sont visités par celui qui a fait l'opération, et qui leur apporte des herbes fraîches, dont ils doivent faire usage en sa présence ; il est accompagné d'un officier de la suite du chef, chargé d'examiner s'ils se sont blanchis ce jour-là avec de la chaux ; si les plaies sont pansées avec propreté; et surtout s'ils n'y laissent pas se former de croûte : on insiste particulièrement sur ce dernier point, et c'est pour cela qu'il se passe quelquefois deux mois entiers avant que la guérison soit entièrement achevée. Si l'officier en trouve qui ne se soient pas fraîchement lessivés, ou qui aient laissé se former quelque incrustation sur la plaie, il les punit sur-le-champ, en leur donnant des coups de baguette sur les bouts des doigts réunis.

Quand tous les nouveaux circoncis sont entièrement guéris, on rassemble tous les manteaux qu'ils portaient avant leur circoncision, ainsi que les outres et les corbeilles à lait dont ils s'étaient servis pendant leur réclusion du reste de la horde; on en fait un tas dans la hutte qu'ils ont habitée, et on les brûle, ainsi que la hutte elle-même. Les nouveaux circoncis se lavent ensuite pour enlever la couche de chaux qui les couvre, et l'officier qui les a visités les conduit devant le chef. Là, chacun reçoit de ses parents un manteau neuf, avec le revers en guise de collet, et qui est la marque distinctive de la virilité. Sur des nattes étendues sont étalées deux rangées de corbeilles, dont les unes sont remplies de millet bouilli et les autres de lait; les jeunes hommes se rangent à l'entour, et il est d'usage, dans ce repas de cérémonie, d'observer la plus rigoureuse sobriété. Après le repas, ils reçoivent de leurs pères et de leurs oncles des javelines et des massues. Leurs parents, ainsi que les officiers du chef, leur déclarent en même temps « qu'ils devront dorénavant se comporter en hommes ; qu'on leur met ces armes entre les mains pour s'en servir à la défense du chef, à qui ils doivent fidélité et obéissance, etc. » Là-dessus, ils sont tenus de donner des preuves de leur agilité à la course et de leur adresse à manier les armes ; enfin, la fête se termine par une danse.

Après avoir subi la circoncision, les jeunes gens restent encore quelque temps attachés au service particulier du chef; mais alors ils reçoivent un salaire. Ce service, dans lequel ils se relèvent tour à tour, consiste à traire les vaches, à tenir en ordre les parcs pour le bétail, etc. Ils se marient enfin, soignent leur propre maison, et ne sont plus, après cela, tenus de servir le chef, sinon à la guerre.

A l'égard des filles, c'est aussi la nature qui détermine l'époque à laquelle elles sont admises au rang des femmes. A la première apparition des marques de la puberté, une fille est conduite à quelque distance de l'endroit qu'habite la horde, dans une hutte construite tout exprès, et elle doit y rester aussi longtemps que dure son indisposition. En même temps on rassemble pour lui tenir compagnie et la servir toutes les jeunes filles de la horde qui n'ont pas encore atteint cette époque ; elles chantent, dansent, et se nourrissent de la chair du bétail qu'on a tué exprès pour elles; car le lait leur est interdit pendant tout ce temps-là, ainsi qu'au principal personnage de la fête. Quand le temps de la retraite est passé, la jeune fille se lave et se frotte tout le corps d'ocre rouge et de graisse ; après quoi, on lui fait présent de grains de corail, d'anneaux et d'autres ornements de ce genre. Ces premières cérémonies achevées, elle sort de la hutte en répandant devant elle de la poussière d'ocre. A quelque distance de là se tiennent toutes les femmes et les filles nubiles de la horde : dès qu'elle paraît une de celles-ci va à sa rencontre, la prend par la main, et la ramène, en courant à toutes jambes, au milieu de la troupe qui l'attend; on tue une pièce de bétail, et on en prépare un repas auquel toute la horde prend part. Après le repas, la jeune fille se rince la bouche avec du lait nouvellement trait; et dès ce moment elle est initiée dans la société des filles nubiles.

Ces filles sont, ainsi que les autres et jusqu'à ce qu'elles se marient, obligées de servir le chef, ou plutôt ses femmes, sans recevoir aucun salaire; tout ce qu'elles obtiennent alors du premier, c'est une peau de vache pour s'en faire un manteau.

Jusqu'à l'âge de puberté les enfants des deux sexes sont exclus de la table de leurs parents et d'autres personnes d'un âge mûr; ils prennent leurs repas à part, parce que jusqu'à cette époque ils sont réputés souillés. Les enfants en bas âge couchent dans la même hutte avec leurs parents, ceux d'un âge plus avancé n'y sont pas admis, surtout quand le père et la mère y passent la nuit ensemble.

Maladies, remèdes, durée vraisemblable de la vie des Cafres. Le Cafre, modéré dans ses appétits, ne vivant que d'aliments simples, menant une vie suffisamment active, satisfaisant sans contrainte ses désirs naturels, ne connaissant pas les passions qui naissent d'une imagination maladive, ne peut manquer d'être exempt d'une foule de maladies qu'occasionne chez d'autres peuples un genre de vie opposé; aussi les symptômes ordinaires qui annoncent une indisposition de la poitrine ou de l'estomac sont-ils extrêmement rares chez les Cafres. Quant aux maladies de la peau, elles y sont totalement inconnues. Une espèce de fièvre est presque la seule maladie sérieuse connue chez ce peuple; elle y devient même quelquefois épidémique, et cause alors de grands ravages. La petite vérole n'est pas non plus une maladie ordinaire chez eux; ils la connaissent néanmoins, et on rencontre un assez grand nombre de Cafres qui en portent les marques. Cette maladie leur a été vraisemblablement apportée, il y a quelques années, par l'équipage d'un vaisseau naufragé, et doit, suivant leur propre récit, avoir enlevé alors beaucoup de monde. La démence et la frénésie semblent leur être absolument inconnues; ils ne connaissent point les maladies vénériennes. Un homme qui apporta une maladie de ce genre de la colonie, où il avait travaillé, fut chassé sur-le-champ par les Cafres. Lichtenstein cite comme une singularité, qu'il n'a jamais vu un homme de cette nation éternuer, bâiller ou tousser; d'où il conclut qu'ils n'ont ni ennui, ni rhume, ni catarrhe pulmonaire.

Pour la guérison des plaies les Cafres emploient avec succès des feuilles, des racines, etc. « J'en ai vu, dit Alberti, plusieurs qui portaient les marques de coups de feu, dont la guérison eût fait honneur au meilleur chirurgien. Il est probable, néanmoins, que la bonté du tempérament n'y avait pas peu contribué. Ce sont les femmes qui appliquent ces remèdes, comme ce sont elles, en général, qui administrent tous les secours relatifs à la guérison des maladies. Quant aux maux intérieurs, ils les attribuent communément à quelque cause surnaturelle, et tâchent de les expulser par des moyens prétendus magiques. »

Dans le traitement des maladies topiques les Cafres ont ordinairement recours à la saignée; le moyen dont ils se servent pour tirer du sang ressemble assez à nos ventouses, et se pratique de la manière suivante : L'opérateur emploie deux instruments; le premier est une petit pièce de fer, aplatie et amincie par le bout, et exactement semblable à un bistouri de chirurgien; l'autre consiste dans la partie supérieure d'une corne de vache, tronquée et percée à l'extrémité. Après qu'on a ouvert la peau avec le bistouri à l'endroit où le malade ressent des douleurs, on y passe la plus large ouverture de la corne; on la fait tourner, jusqu'à ce qu'elle s'adapte assez bien à la peau pour intercepter le passage de l'air extérieur; on l'assujettit ensuite avec la main, et, en appliquant la bouche à l'ouverture opposée, on tire de l'incision une certaine quantité de sang. Cette opération se réitère autant de fois que le cas l'exige.

La fièvre paraît être la seule maladie intérieure que les Cafres n'attribuent pas à l'influence de la magie, surtout quand elle devient épidémique. Pour la guérir ils emploient aussi la saignée, et font prendre à leurs malades des remèdes à l'intérieur. En cas de faiblesse des muscles de la main ou des doigts ils ont coutume de se couper la dernière phalange du petit doigt.

Il n'est guère possible d'assigner précisément le maximum d'âge auquel les Cafres parviennent d'ordinaire, ni de dire s'il y a à cet égard beaucoup de différences parmi eux. Une telle recherche exigerait d'abord des idées de calcul et de combinaison chronologique dont ce peuple manque absolument. La plus grande mesure de temps qu'ils connaissent est le mois, et leur arithmétique est si bornée, qu'ils ne sauraient additionner autant de ces unités qu'il en faudrait pour exprimer même un nombre médiocre d'années. Ils ne savent désigner l'âge d'un enfant absent qu'en indiquant la hauteur de sa taille, ce qui se fait communément en posant l'une des deux mains plat à terre, et en élevant l'autre à la hauteur qu'on veut donner à connaître. Une femme indique son âge en disant qu'elle est âgée d'un, de deux, de trois ou d'autant d'enfants qu'elle en a mis au monde. On voit combien sont insuffisantes ces manières de désigner un nombre d'années, outre qu'elles ne peuvent s'appliquer qu'à l'âge des femmes ou des enfants; cependant les Cafres n'en ont pas d'autres qui puissent donner une évaluation précise pour une plus longue période. Au reste, à en juger par le simple aspect, il semble que le plus long terme de la vie se borne, pour les Cafres, à cinquante ou soixante ans; il est du moins extrêmement rare de trouver parmi eux des vieillards qui paraissent avoir atteint l'âge de soixante-dix ans.

On ne trouve parmi les Cafres aucune trace de peinture ni de dessin, soit comme simple amusement, soit comme un moyen de transmettre l'image et le souvenir des objets. L'écriture, ou l'art de représenter les choses et les idées par des caractères de convention, leur est également inconnue. Le seul moyen qu'ils emploient pour transmettre le souvenir de quelque événement est la tradition orale; encore ne remonte-t-elle qu'à des temps peu reculés.

Quant à leur arithmétique, elle se borne à l'addition. Ils emploient pour cela une méthode très-naturelle; c'est celle qui parmi les nations civilisées a été l'origine du calcul décimal, c'est-à-dire qu'ils comptent sur leurs doigts. Le Cafre opère en appuyant tour à tour sur chaque doigt, et compte ainsi jusqu'à dix; il lève ensuite tous les doigts à la fois, pour indiquer une dizaine d'unités, et recommence à compter par un : mais comme il manque de signes pour indiquer le nombre des dizaines, ce calcul est souvent sujet à erreur. La manière de compter des Cafres est, comme on voit, plutôt faite pour les yeux que pour l'oreille. Au reste, ils font peu d'usage du calcul : il est rare, par exemple, qu'un Cafre soit en état de désigner le nombre de bêtes que contient son troupeau; mais en revanche, il les connaît si bien à la vue, que s'il manque un seul individu dans un troupeau de quatre à cinq cents pièces de bétail, il s'en aperçoit sur-le-champ.

Cette ignorance du calcul rend, comme nous l'avons déjà dit, la chronologie des Cafres à peu près nulle. Ils sont hors d'état de déterminer, pour le passé comme pour l'avenir, une étendue de temps un peu considérable : tout se borne à l'espace de quelques mois. Ils réussissent mieux à indiquer avec précision une heure de la journée : c'est en étendant le bras vers l'endroit où le soleil se trouve alors sur l'horizon. Veulent-ils, par exemple, assigner un rendez-vous pour le lendemain à deux heures après midi, ils disent en montrant la région du ciel où le soleil se trouve à deux heures : « Demain, quand le soleil sera là, nous nous trouverons à tel endroit. » En tout autre cas les Cafres n'ont pour déterminer l'époque d'un événement quelconque d'autre moyen que de le rapporter, quand cela peut se faire, à l'époque d'un événement plus notable.

C'est à cette absence de chronologie qu'on doit surtout attribuer le défaut de renseignements que les Cafres eux-mêmes sont en état de donner sur leur origine et l'histoire de leur nation. Tout ce qu'il serait intéressant de connaître à cet égard, ainsi que sur les émigrations de ce peuple qui, très-vraisemblablement, ont eu lieu dans des temps antérieurs, sur les guerres de leurs ancêtres avec d'autres peuples, guerres qui ont pu être la cause ou l'effet de grandes émigrations, et en général sur tous les événements capables de répandre quelque jour sur leur histoire, ou du moins propres à faire naître des conjectures, est enseveli pour toujours dans les ténèbres de l'oubli. Ce qu'Alberti a pu recueillir se borne à un conte populaire, et évidemment fabuleux, que nous allons rapporter néanmoins, tel qu'Alberti le tient des Cafres eux-mêmes :

« Dans le pays où le soleil se lève était un antre, d'où sont sortis les premiers Cafres, et en général tous les peuples et les premiers animaux de toutes les espèces. En même temps parurent le soleil et la lune pour éclairer; les arbres, l'herbe et les autres végétaux, pour la nourriture des hommes et des bêtes. » Tous les efforts d'Alberti pour acquérir quelques détails sur leur histoire ont été inutiles : elle est ensevelie jusqu'à l'époque de la génération actuelle dans les plus profondes ténèbres, et pour peu qu'on retrograde dans les temps antérieurs, on se trouve ramené à la même fable.

Les organes de l'ouïe et de la vue sont très-exercés chez les Cafres, et portés à un degré de perfection étonnant : ils doivent apparemment l'exercice de ces organes à la chasse, à la guerre et aux alarmes continuelles que donne le voisinage des bêtes féroces. Dans un endroit où la vue ne peut s'étendre au loin, un Cafre, au moindre bruit, indiquera, avec la plus grande exactitude, s'il est causé par un homme qui passe, par un chien ou par quelque autre animal. De même, par un temps couvert, et dans un éloignement où l'œil d'un Européen ne pourrait rien apercevoir, les Cafres sont en état de découvrir les objets avec la plus grande précision : c'est en quoi ils excellent particulièrement. Alberti n'a vu chez eux aucun exemple de surdité ou de cécité.

Une qualité de l'esprit non moins remarquable que cette perfection dans les organes est l'attention prompte et soutenue dont les Cafres sont doués en général ; et comme cette qualité se trouve étroitement liée à la mémoire, ils ont celle-ci extraordinairement fidèle et tenace. Le Cafre se rappelle jusqu'aux moindres circonstances d'un événement peu intéressant par lui-même, et qui a eu lieu depuis plusieurs années ; il reconnaît sur le champ une pièce de bétail, un chien, etc., qu'il a vu il y a longtemps : on pourrait en citer des exemples sans nombre.

Religion, sortiléges, souillure morale. Les Cafres reconnaissent un Être suprême, qu'ils nomment *Oulhanga* (souverain), ou *Utiko* (très-beau) ; mais ils ne le représentent par aucune image (Lichtenstein). Ils croient aussi à l'immortalité de l'âme ; et cependant ils n'ont aucune idée des peines ou des récompenses dans l'autre vie. En guerre, et dans les grandes occasions, ils invoquent souvent les âmes de leurs parents ou amis décédés, et les appellent à leur aide. Ils nomment ces esprits *schouluga*. Ils croient que le tonnerre est lancé par la divinité ; et si quelqu'un est frappé, ils disent que l'Oulhanga est descendu parmi eux. Dans ces occasions ils changent de place, et sacrifient à Dieu un bœuf ou une génisse. Si un animal du troupeau est tué par le tonnerre, on l'enterre avec soin. Quelquefois ils font des sacrifices aux rivières dans les temps de sécheresse ; on tue alors un bœuf, et on en jette une partie dans leur lit. Si quelqu'un est tué accidentellement par un éléphant, on fait aussi un sacrifice, comme pour conjurer le démon dont l'animal est possédé. Si quelqu'un tue par accident un mahun (espèce de grue que les colons nomment bramvogel), il doit, en expiation, sacrifier un veau ou un jeune bœuf. Les Cafres s'imaginent aussi quelquefois que l'esprit ou le schouluga réside dans un bœuf particulier, et ils cherchent à se le rendre favorable par des prières. Il en est de même de certaines personnes qu'ils croient avoir le pouvoir de favoriser leurs entreprises, ou à l'influence desquelles ils attribuent leurs heureux succès. Ils n'ont ni prêtres ni aucune pratique religieuse. Quelquefois, à la vérité, ils paraissent attribuer un événement désastreux à l'influence de je ne sais quelle puissance invisible, irritée contre eux ; alors ils tâchent d'apaiser sa colère par des soumissions, ou de la détourner par des marques de respect ; mais il ne paraît pas qu'ils admettent une cause universelle, comme il ne paraît pas non plus qu'ils personnifient cette puissance obscure, ni qu'ils se la représentent comme une substance corporelle ou spirituelle. Quelquefois, par exemple, ils regardent une maladie comme la suite d'une offense faite à une rivière dans laquelle la horde a coutume d'aller puiser de l'eau; dans ce cas, ils s'imaginent pouvoir apaiser la rivière en y jetant les entrailles d'une bête de leur troupeau ou une certaine quantité de millet. Lorsqu'après bien des peines ils sont parvenus à tuer un éléphant, ils s'empressent de s'excuser auprès du cadavre, en alléguant que sa mort n'a pas été préméditée, mais qu'elle est l'effet d'un accident; ils enterrent ensuite sa trompe avec soin, pour lui ôter le pouvoir imaginaire de leur nuire et de venger sa mort, pouvoir que les Cafres expriment en disant: « L'éléphant est un seigneur puissant, sa trompe est son bras. » Pour attester la vérité ils emploient un serment, dans lequel ils invoquent le nom d'un de leurs chefs, mort ou vivant.

Les Cafres croient généralement aux sortiléges. Ils en admettent de deux espèces, les uns favorables, les autres nuisibles, et s'imaginent que les premiers ont le pouvoir d'anéantir l'influence des autres. Ordinairement ce sont des femmes âgées qui prétendent exercer la magie bénigne, et qui font tourner cette fraude pieuse à leur profit. Quand une maladie est causée par quelques sortiléges, on appelle la bonne magicienne; elle applique sur le ventre du malade, regardé comme le siége de toutes les maladies intérieures, un certain nombre de boules faites de bouse, les remue et les retourne à plusieurs reprises en accompagnant ce manége de grimaces et de contorsions, et finit par désigner une tortue, un serpent ou quelque autre animal, comme la cause de la maladie, en assurant que cet animal a été envoyé contre le malade par un sortilége. Avant d'entreprendre la guérison du malade, la magicienne a soin de se faire payer sa cure; et c'est en général l'usage parmi les Cafres d'exiger d'avance son salaire pour les services que l'on rend. Dans le cas de sortilége, l'honoraire consiste en une pièce de bétail. Si le désenchantement n'opère pas, et que le malade vienne à mourir, la magicienne se tire ordinairement d'affaire en disant que le terme de la vie était arrivé, et qu'il serait mort à la même époque, quand même il n'aurait pas été ensorcelé; quelquefois aussi elle s'excuse en disant que le mauvais sorcier l'a surpassé en adresse; mais, dans l'un comme dans l'autre cas, elle est tenue de restituer le salaire qu'elle avait reçu, sans qu'il en résulte néanmoins le moindre détriment pour sa renommée. Cependant, on ne se contente pas d'avoir découvert et éloigné l'objet dont le mauvais sorcier s'est servi pour causer la maladie; mais on veut le découvrir lui-même et le voir punir. Dans cette vue, la horde entière se rassemble, et la magicienne se rend seule dans une hutte, où elle fait semblant de dormir, pour voir les sorciers en songe. Ce sommeil dure une heure, et pendant ce temps la horde entière chante, danse et bat des mains. Après cette première cérémonie, les hommes se détachent de la troupe, s'avancent jusque devant la hutte où se tient la magicienne, et l'invitent à en sortir. Elle refuse d'abord; mais après qu'on lui a fait présent de quelques sagaies, elle se peint de blanc le contour de l'œil, le bras et la jambe gauche, et de noir les mêmes parties du côté droit; elle se passe ensuite une espèce de tablier autour des hanches, et paraît sans autre vêtement, à l'entrée de la hutte, tenant les sagaies qu'elle a reçues. Aussitôt on la couvre de manteaux, la troupe assemblée se presse autour d'elle, et on la sollicite de nommer le sorcier.

Pendant quelque temps elle fait semblant d'éluder cette demande en alléguant son peu d'habileté dans l'art de deviner; mais enfin elle se dépouille des manteaux dont elle était affublée, court à travers la foule assemblée en décochant des sagaies pour s'ouvrir un passage, et frappe, en courant, l'un ou l'autre du bois d'une de ces sagaies; celui que le coup atteint est reconnu pour le sorcier auteur du mal. Aussitôt il est saisi; mais avant de procéder au jugement de l'accusé on exige de la magicienne qu'elle indique le lieu où il a déposé les matières dont il fait usage pour ses sortiléges. Alors elle se rend, accompagnée de la troupe, dans un endroit où elle déterre un crâne, un morceau de chair, qu'elle dit être de la chair humaine, ou quelque autre chose de ce genre; après quoi le délit est regardé comme incontestablement prouvé, et l'accusé tenu pour convaincu. Là-dessus le chef de la horde délibère avec ses officiers sur le châtiment qu'il convient d'infliger au coupable. Le supplice le plus ordinaire consiste, après qu'on a couché le malfaiteur sur le dos, et qu'on lui a lié les bras et les jambes à des piquets enfoncés dans la terre, à lui secouer sur les yeux, sous les aisselles, sur les côtés et sur le bas-ventre, de grosses fourmis noires, rassemblées en grande quantité dans un sac; les fourmis s'attachent à ces parties, qu'on a préalablement humectées d'eau, et leur piqûre fait enfler tout le corps, et cause des douleurs insupportables. Un autre genre de supplice consiste à mettre sur la poitrine et sur le ventre du coupable des pierres qu'on a fait rougir au feu. Ces deux genres de châtiment sont ordinairement suivis de mort; si le supplicié ne succombe pas il est banni de la horde. Quelquefois l'accusé est condamné directement au dernier supplice; dans ce cas on l'assomme à coups de massue. Quel que soit, au reste, le châtiment qu'on inflige à celui qui est condamné pour cause d'ensorcellement, on met toujours le feu à sa cabane, et son bétail, avec tout ce qui lui appartenait, est confisqué au profit du chef de la horde, qui en distribue une partie à ses officiers; aussi n'est-il pas rare qu'un particulier possesseur d'un nombreux troupeau soit injustement accusé de sorcellerie, et condamné, à l'instigation du chef ou de ses employés. Souvent la magicienne se contente du salaire qu'elle a reçu pour la guérison du malade, sans indiquer le prétendu sorcier; il suffit, pour cela, qu'elle s'en tienne à l'assertion que celui-ci la surpasse en sagacité et se tient caché pour elle. Il arrive aussi quelquefois que celui qui a eu le malheur d'être accusé tâche de se disculper, en alléguant que le véritable auteur du sortilége a su le rendre suspect par son art pour éviter lui-même d'être découvert. Si la magicienne se rend à cet argument, l'accusé est déclaré innocent.

Un autre objet important qui parmi les Cafres est du ressort de la magie, c'est la pluie. Dans le cas d'une longue sécheresse on a recours à des sorciers; c'est quelquefois un Cafre, mais plus souvent un Hottentot, qui se charge de faire tomber la pluie : on lui paye pour cela, d'avance, plusieurs pièces de bétail. On commence par tuer un bœuf ou une vache; le prétendu magicien trempe une baguette dans le sang de la victime, et en arrose la foule; il se promène ensuite au milieu de l'assemblée, ou il se retire seul dans une hutte en chantant, tandis que la horde réunie danse et chante aussi. On attend sans murmurer l'effet du sortilége jusques environ un mois après la prédiction; mais si passé ce terme elle ne s'est pas accomplie, on va à la recherche du magicien, qui d'ordinaire a eu la précaution de s'évader avec le salaire de sa friponnerie. S'il a le malheur de tomber entre les mains de ceux qui le poursuivent il est assommé sans miséricorde.

Ces sorciers ont en quelque sorte une autorité sacerdotale; les missionnaires passent inévitablement pour des sorciers étrangers. Au rapport de Lichtenstein, Van-der-Kemp fut très-embarrassé un jour que la mère de Gaïka lui ordonna de faire venir de la pluie, sous peine d'être traité en ennemi; heureusement la pluie vint à tomber; mais dans d'autres occasions il ne fut pas si heureux, et c'est là ce qui détermina ce missionnaire à quitter la Cafrerie. Le roi Gaïka pensa à cet égard plus raisonnablement que ses sujets; mais il conseilla lui-même à Van-der-Kemp d'éviter leur ressentiment.

Les Cafres ont, comme les anciens Israélites, l'idée d'une souillure morale, qu'on encourt dans certains cas. La personne ainsi souillée est exclue, pour un temps déterminé, du commerce des autres, et il y a des règles prescrites à observer pour sa purification. D'abord il ne lui est pas permis de se laver ou de se peindre le corps pendant tout le temps de sa souillure; on lui interdit de même l'usage du lait, et tout commerce avec l'autre sexe; après que le temps de la souillure est écoulé, elle se purifie en se lavant de nouveau, en se peignant la peau, et en se rinçant la bouche avec du lait. Tous les enfants sont considérés comme souillés jusqu'à l'âge de la puberté. On regarde de même les femmes comme souillées pendant leur indisposition périodique ; les nouvelles accouchées, jusques un mois après leurs couches ; toute femme qui a eu commerce avec un homme, jusqu'à ce qu'elle se soit lavée. La souillure a lieu, pendant la moitié d'un mois lunaire, pour le mari dont la femme est morte, et pendant un mois entier pour la femme devenue veuve. La mère dont l'enfant vient à mourir est souillée pendant deux jours; et en général quiconque s'est trouvé dans le voisinage d'une personne au moment où elle a rendu le dernier soupir est censé souillé, quoique dans ce dernier cas la souillure ne dure que jusqu'à ce qu'on se soit lavé. Par la même raison, tous les hommes sont réputés souillés au retour d'une bataille, et doivent se laver avant de rentrer dans leurs cabanes. Si pendant un orage la foudre vient à tomber dans l'enceinte où habite une horde, la horde entière est souillée; on abandonne ce lieu, on se purifie en immolant quelques pièces de bétail, et dans l'intervalle tout commerce est interrompu entre la horde souillée et les autres hordes.

Occupations domestiques; agriculture. Les Cafres observent l'ordre et la régularité dans leur ménage. Dans chaque maison les travaux sont régulièrement partagés entre les membres de la famille, et surveillés par le père, qui en est le chef. L'habitation de chaque famille consiste en une cabane de forme circulaire, ayant environ trois mètres de diamètre. Les huttes n'ont pas assez d'élévation pour qu'on puisse s'y tenir debout ; l'entrée a environ un mètre et demi de haut, et la porte est faite de joncs entrelacés. Pour construire une telle cabane on commence par ficher en terre, autour de l'emplacement qu'on veut lui donner, des pieux minces d'un bois souple; on les courbe les uns vers les autres, et on les réunit par le sommet, ce qui compose une carcasse de forme conique, qu'on recouvre ensuite de joncs et qu'on enduit, en dedans et en dehors, d'un mortier composé de terre glaise et de boue. A une plus grande distance des limites de la colonie, où les hordes cafres sont moins sujettes à quitter ou à changer leurs demeures, ces habitations sont doubles; c'est-à-dire qu'on construit deux huttes vis-à-vis l'une de l'autre, et qu'on en clot l'intervalle qui les sépare; cet enclos tient lieu de chambre à coucher pour les enfants, et de magasin pour les ustensiles du ménage. La construction de la hutte, les travaux du ménage et de la cuisine, la confection des corbeilles à lait et toutes les occupations de ce genre sont, dans chaque maison, l'ouvrage de la mère et de ses filles.

Les Cafres subsistent principalement du produit de leur bétail. Pour qu'une famille soit à son aise, il faut qu'elle possède un nombre suffisant de bestiaux. C'est au père et à ses fils qu'est exclusivement confié le soin du troupeau. Le bétail tient lieu de tout au Cafre ; il est, pour ainsi dire, l'unique objet de ses pensées et de ses affections. Aussi le Cafre fait-il consister son bonheur dans la possession de son troupeau; c'est lui qui le matin le conduit au pâturage, et qui le soir le ramène auprès de sa hutte, dans un enclos formé d'épines entrelacées; il trait lui-même ses vaches, et se charge, en un mot, de tout ce qui a rapport à l'entretien de son bétail. Les cornes des bœufs qu'il chérit le plus sont diversement façonnées. A cet effet, il les chauffe avec un fer rouge jusqu'à ce que la chaleur les ait amollies assez pour se prêter à la direction qu'ils veulent leur donner.

Parmi leurs bêtes à cornes, Barrow en remarqua une espèce différente de toutes celles qu'il avait encore vues dans la colonie. « Les individus avaient, dit-il, les jambes et le cou courts; leur couleur était généralement noire et blanche; leurs cornes avaient tout au plus huit pouces, courbées intérieurement, presque partout de la même grosseur, à la pointe comme à la base, et l'extrémité dirigée vers les oreilles. Les cornes ne sont point attachées au crâne; elles ne tiennent qu'à la peau, et sont si peu fermes, qu'on les tourne dans toutes les directions; c'est au point que lorsqu'elles ont acquis leur plus grande dimension, elles retombent sur la face de l'animal, qu'elles frappent lorsqu'il marche. On regarde ces bœufs comme excellents pour la charge et pour la course; cette variété n'a point la bosse que l'on dit être un des caractères de la race à cornes lâches d'Abyssinie. »

Le chien le mieux dressé n'obeit pas plus ponctuellement à son maître, que les bêtes à cornes n'obéissent chez les Cafres à la voix de leur conducteur. Un coup de sifflet arrête tout à coup un nombreux troupeau de bœufs; un autre coup de sifflet suffit pour le remettre en mouvement; tantôt il se rassemble autour du berger, tantôt il le suit à la file et en tous sens, quelque direction que celui-ci donne à sa marche. Les Cafres élèvent beaucoup de chiens, tant pour la chasse que pour la garde de leurs troupeaux. Ces animaux sont, en général, mal entretenus et très-laids. Dans les hameaux plus éloignés de la colonie, on nourrit des poules, parfaitement semblables pour la forme à celles d'Europe, mais beaucoup plus petites; elles ont, ainsi que les coqs, la tête unie et sans crête, comme les perdrix.

Outre le bétail, l'agriculture fournit aussi aux Cafres une partie de leur subsistance; mais ils s'en occupent avec moins de soin. Ce sont les femmes qui sont chargées de ce qui concerne la culture des terres : les hommes forment, avec des amas d'épines, un enclos de forme irrégulière, et tel que le permettent les arbres, les buissons et les bancs de rochers; c'est à quoi se borne toute leur besogne. Les plantes cultivées particulièrement en Cafrerie sont une espèce de millet (*Holcus Cafrorum*), le maïs, les melons d'eau et le tabac; on a aussi vu des champs de pommes de terre, mais épars et en petit nombre. L'espèce de millet que récoltent les Cafres et leurs melons d'eau (différents des autres espèces par leur goût amer) ne sont point cultivés dans la colonie; d'où l'on peut conclure que ce n'est pas des Européens qu'ils ont reçu ces productions. On ne peut douter d'ailleurs que les Cafres ne se soient occupés d'agriculture longtemps avant l'établissement des Européens au cap de Bonne-Espérance.

Pour labourer leurs terres les femmes s'y prennent d'une manière différente de la nôtre. Elles commencent par semer, et remuent ensuite le sol avec une bêche de forme particulière : c'est un instrument de bois d'une seule pièce, aplati aux deux extrémités, et cylindrique dans le milieu, ressemblant à un aviron à deux pattes; le milieu, qui sert de manche, a environ deux pouces de diamètre; les extrémités aplaties ont à peu près quatre pouces de large et dix pouces de long. Quand l'un des bouts est émoussé, à force de s'en servir, on renverse l'instrument, et on bêche la terre avec l'autre bout; cette coutume de ne remuer la terre qu'après l'avoir ensemencée vient peut-être de ce qu'on n'a pas d'abord connu l'usage de la herse ou de quelque instrument de ce genre. Mais elle a un avantage dans ce pays où l'ardeur du soleil ferait souvent périr les jeunes plantes au sortir de la terre; les mauvaises herbes arrachées par le labour recouvrent la semence, et on les laisse sur le sol, jusqu'à ce que les germes aient acquis assez de force pour résister à la chaleur. On enlève ensuite ces mauvaises herbes desséchées, et on sarcle de temps en temps le champ, pour détruire celles qui poussent de nouveau. Quand le millet est mûri, on en coupe les épis avec des sagaies, et on en fait un tas, que l'on recouvre d'herbe sèche et de broussailles. Quelque temps après on bat ces épis avec des baguettes; et au lieu de vanner le grain on le jette en l'air avec les mains pour en séparer la balle. Pour conserver le millet on creuse dans l'enclos des vaches un trou circulaire, donnant au fond plus d'étendue qu'à l'embouchure, et on en durcit les parois en y tenant du feu allumé pendant quelque temps. On y dépose ensuite le millet; on bouche l'orifice du trou, d'abord avec de l'herbe sèche, puis avec une large pierre plate; enfin, on recouvre le tout avec du fumier, pour empêcher l'air extérieur de pénétrer dans ce magasin. Quant au maïs et aux plantes de tabac, on les suspend dans la hutte après la récolte, pour les sécher et les conserver. On sème ordinairement vers le milieu d'août, et la moisson est finie en novembre. Ils déterminent l'époque des travaux par la position des pléiades et d'autres constellations. Si la saison est favorable le maïs est mûr en janvier et le millet vers le milieu d'avril.

Conditions et mœurs des femmes chez les Cafres. Dans les occasions publiques les femmes se tiennent, en général, entièrement séparées des hommes et rassemblées dans un endroit particulier, à quelque distance du lieu où se traitent les affaires. Dans l'intérieur du ménage, au contraire, la femme exerce une influence et une autorité manifeste : par exemple, elle participe au droit d'aliénation de tout ce qui est possédé en commun par elle et son mari; et il arrive souvent, en pareil cas, que son avis décide; le mari ne troque pas la moindre bagatelle sans s'être assuré du consentement de sa femme. Les femmes cafres sont parfaitement en sûreté contre tout acte de violence. Lorsque l'une d'elles se trouve engagée dans une contestation, son mari ne s'en mêle ordinairement pas tant que la dispute se borne à des paroles; mais il prend sa défense aussitôt qu'on en vient contre elle à des voies de fait. En temps de guerre, lorsqu'on veut entrer en négociation avec l'ennemi, et qu'on craint pour la vie des ambassadeurs, on députe des femmes pour transmettre à la horde ennemie les propositions d'accommodement, bien persuadé qu'on ne leur fera aucun mal, et surtout qu'on n'attentera pas à leur vie.

Le sentiment de la pudeur se montre chez les femmes cafres, surtout dans le soin tout particulier qu'elles prennent de se couvrir et la retenue qu'elles observent en toute occasion. Quand une Cafre veut prendre son enfant sur son dos, et qu'elle est par conséquent obligée d'ouvrir son manteau pour l'envelopper, elle le fait avec une adresse admirable, qui ne laisse rien apercevoir de ce que la pudeur ordonne de cacher. « Toutes les fois que j'ai vu, dit Alberti, des femmes traverser une rivière à gué, j'ai admiré le soin qu'elles prenaient pour tenir leurs manteaux secs, sans trop se découvrir; dans la nécessité du choix, elles préféraient constamment l'inconvénient d'un manteau mouillé. » Il arrive même très-rarement qu'une femme se découvre la tête en présence d'un étranger; et se trouve-t-elle obligée de le faire pour rétablir quelque désordre survenu à sa coiffure, elle s'en acquitte toujours avec la plus grande célérité. Barrow prétend qu'une jeune fille cafre à qui l'on demande si elle est mariée ne se contente pas de répondre que non, mais qu'elle ouvre aussitôt son manteau pour montrer sa gorge, et qu'il lui arrive souvent de mettre en même temps d'autres appas à découvert. « Je n'ai trouvé nulle part, reprend Alberti, cette assertion fondée; au contraire, je puis assurer que c'est une calomnie manifeste contre la pudeur des femmes cafres. Si M. Barrow avait voulu nous faire part des circonstances particulières dans lesquelles son observation a été faite, il se trouverait peut-être qu'une Européenne aurait fait tout aussi peu de scrupule de se montrer à ses yeux, sans même avoir voulu prouver par-là qu'elle était encore fille. Ce genre de preuve a plutôt lieu parmi les Hottentotes; peut-être est-il aussi connu de quelques femmes cafres qui fréquentent la société de ces dernières; mais on aurait tort de le regarder comme un usage qui leur soit ordinaire. » Quelque scrupuleuses néanmoins que soient les femmes cafres à observer les règles extérieures de la pudeur, il s'en faut de beaucoup qu'elles soient sourdes aux agaceries des hommes, sans cependant pousser l'impudeur jusqu'à faire les premières avances. En général, les Cafres ont sur le commerce entre les deux sexes hors de l'état de mariage des idées toutes différentes des nôtres. Les femmes mariées sont astreintes à la fidélité conjugale; l'adultère de la part d'une femme est considéré comme un crime et puni comme tel, quoique le châtiment tombe en grande partie sur son complice; cependant le mari offensé se laisse apaiser au moyen d'une certaine rétribution. Une personne libre, fille ou veuve, n'est pas déshonorée pour avoir eu un commerce de galanterie avec un homme, pas même lorsqu'il y en a des preuves naturelles et évidentes; et un accident de cette nature ne l'empêche pas de trouver un autre mari. Tout voyageur qui sans avoir sa femme avec lui s'arrête quelque temps chez une horde étrangère, est sûr d'y trouver quelque personne non mariée à sa disposition; c'est même un devoir de l'hospitalité parmi ces peuples, de prévenir, en pareil cas, les désirs de l'étranger. Les faveurs d'une telle personne se payent au moyen d'un présent modique; mais si ce commerce intime a des suites, celui qui en a été favorisé est obligé d'épouser, à moins qu'il ne s'arrange avec les parents ou les proches de la femme qui a été mise à sa disposition.

Mariage chez les Cafres. Le tendre sentiment de l'amour et cette chaste union des cœurs qui naît de la sympathie et de l'estime mutuelle sont inconnus aux Cafres; l'instinct qui porte l'homme à la reproduction de son espèce et le besoin de secours mutuels dans les soins et les travaux domestiques paraissent être les seuls motifs qui engagent deux jeunes gens à s'unir; après le mariage, l'habitude de vivre ensemble et l'intérêt commun consolident et maintiennent cette union. A cela près, le beau sexe est, en quelque sorte, un objet de trafic : le jeune homme qui choisit une fille pour en faire son épouse doit en payer l'acquisition à ses parents; il s'arrange avec eux sur le prix, qui consiste en quelques vaches, et le marché se conclut, sans qu'il soit nécessaire d'obtenir le consentement de la jeune fille, qui dans ce cas est absolument passive et dépend uniquement de la volonté de ses parents. Cependant il arrive souvent que le jeune homme tâche de gagner l'affection de sa maîtresse avant de s'adresser à ses parents. S'il parvient à toucher le cœur de sa belle, elle ne le fait point languir, et il en obtient sur-le-champ les dernières faveurs; cependant, comme le consentement de la fille n'est pas absolument requis pour qu'il parvienne à son but, et qu'il lui suffit pour obtenir sa main du consentement de ses parents, il met ordinairement peu d'empressement dans ses amours; et s'il essuie un refus de sa maîtresse, son âme n'en est pas troublée le moins du monde; il est ordinairement beaucoup plus occupé d'obtenir sa femme à bon marché, que de gagner son cœur.

Lorsqu'un Cafre a choisi une épouse il s'adresse aux parents de celle-ci, soit qu'il ait réussi, ou non, dans les démarches qu'il a faites auprès d'elle-même. Les trouve-t-il disposés à lui accorder sa demande, il leur amène d'abord quelques pièces de bétail. Lui témoigne-t-on que le présent n'est pas assez considérable, il en amène d'autres, jusqu'à ce qu'on soit convenu du prix de part et d'autre, et que le nombre suffisant de vaches ait été délivré. Comme chacun de son côté marchande autant qu'il est possible, ces négociations se prolongent nécessairement plusieurs jours. Le nombre des vaches que comporte un tel marché ne va pas ordinairement au delà de dix; cependant on a égard à l'état du prétendu, et l'on exige de lui plus ou moins de bestiaux, suivant ses moyens. Au bout de quelques jours, les parents, les proches de la fiancée, et la fiancée elle-même, accompagnée de ses jeunes amies, se rendent au hameau habité par le futur, où se trouvent rassemblés en même temps le chef de la horde avec sa suite, la famille du jeune homme, et tout le voisinage. Là la fiancée est obligée de subir, dans un lieu écarté, en présence de tous les parents de son futur époux, un examen rigoureux de toutes les parties de son corps; on tue ensuite une quantité de bétail proportionnée au nombre des assistants; on s'en régale, on chante, on danse, et l'on passe de cette manière quatre jours dans l'allégresse. Au quatrième jour, les compagnes de l'épousée lui peignent tout le corps d'ocre rouge; deux d'entre elles, qui sont assises à ses côtés, la dépouillent de tous ses vêtements, à l'exception d'un tablier qui enveloppe les hanches, et lui font faire en cet état le tour de l'assemblée, pour convaincre les assitants qu'elle n'a aucun défaut de conformation; enfin on la conduit devant le chef, qui sur ces entrefaites est allé prendre place avec sa suite dans l'enclos des vaches. Après avoir témoigné à l'épousée sa satisfaction il l'avertit « qu'elle devra dorénavant soigner avec zèle et activité le ménage de son époux; il l'exhorte particulièrement à s'appliquer à la culture de la terre et en général à se conduire comme il convient à une honnête femme de ménage, afin qu'on n'ait pas à se plaindre d'elle. » Après cette exhortation, la fiancée remercie le chef de ses sages avis, et va rejoindre la compagnie. Alors l'époux comparaît en présence du chef, qui lui adresse le discours suivant : « Maintenant que tu quittes la cabane de ton père pour te mettre à la tête de ta propre maison, gouverne-la en homme; comporte-toi de manière que non-seulement la viande et le lait ne manquent point pour la nourriture de ta femme et de tes enfants, mais que tu puisses aussi recevoir convenablement le chef ainsi que tout autre hôte qui se présenterait chez toi, et que tu sois en état de payer au chef la taxe qui lui est due. » Pour terminer la noce, les hommes qui se trouvent présents offrent à l'épousée une corbeille remplie de lait, en lui disant qu'il provient des vaches appartenant à la famille de son époux : depuis le jour de ses fiançailles jusqu'à cette heure il ne lui avait pas été permis d'en goûter. L'épousée prend la corbeille et la porte à sa bouche, tandis que toute l'assemblée fait éclater sa joie par des sauts et des gestes, en répétant : « Elle boit le lait! » Cette cérémonie est regardée comme le sceau de l'alliance entre la fiancée et la famille de son époux. Après les noces, quelques-unes des proches de la nouvelle mariée restent quelque temps avec elle, pour l'aider à se construire une hutte et à monter son ménage.

Lorsque l'amant n'a pu gagner l'affection de sa maîtresse, et qu'il est néanmoins parvenu à obtenir le consentement de ses parents, il arrive quelquefois que la jeune fille témoigne son aversion pour lui, en chassant du parc le bétail qu'il leur a amené. Cependant, cette mesure ne lui sert à rien lorsque ses parents se trouvent intéressés à conclure le marché; et si elle s'obstine à refuser sa main, elle doit s'attendre à y être contrainte même par un châtiment corporel. Il arrive aussi quelquefois que les parents d'une fille à marier ont pour elle des vues particulières sur quelque jeune homme de la horde, et la lui offrent eux-mêmes en mariage. Quand cela a lieu, la jeune fille qu'on veut marier se rend, avec quelques-unes de ses jeunes compagnes, au lieu qu'habite celui qu'on veut lui faire épouser; c'est l'usage de n'y arriver qu'à la brune. Là, les jeunes filles s'asseyent à côté de la hutte où logent les parents du jeune homme qu'on a en vue, et se mettent à tousser. Alors quelqu'un sort de la hutte et demande : « Qui va là? » On lui répond que « ce sont des étrangers qui viennent d'une contrée lointaine; » c'est la formule ordinaire par laquelle on s'annonce en pareil cas, après avoir prévenu d'avance ceux à qui l'on rend cette visite. Aussitôt on indique aux pèlerines une hutte vide, pour leur servir de logement, et on leur fournit du bois et du feu; mais elles sont obligées d'apporter avec elles les choses nécessaires à leur subsistance, pour ne pas faire naître quelque soupçon d'indigence qui nuirait à leur projet. Le lendemain les parents du jeune homme se rassemblent et procèdent, comme nous l'avons indiqué plus haut, à l'examen de la jeune fille qu'on veut introduire dans leur famille. Ils font ensuite leur rapport à toute la parenté, et l'on demande au jeune homme s'il éprouve de l'inclination pour la personne qu'on vient lui offrir en mariage, en lui rappelant qu'il doit surtout prendre garde que sa future soit assez forte pour pouvoir s'acquitter des travaux du ménage. Ordinairement cette question est suivie d'une réponse affirmative de la part du jeune homme, en se réservant néanmoins le droit de faire connaissance de plus près avec celle qu'on lui présente. Ce dernier article s'exécute dès la nuit suivante : les compagnes de la jeune fille la lui amènent, et la laissent seule avec lui. Si cette première entrevue s'est passée au gré du jeune homme, on entre en négociation sur le prix à payer aux parents de la fille, chez qui celle-ci retourne en attendant la conclusion du marché; dès qu'on est d'accord sur ce point, la célébration des noces a lieu, comme nous venons de le décrire. Si le père d'une fille à marier est mort, son fils aîné le représente en cette occasion; c'est lui qui reçoit le nombre de bestiaux déterminé par le contrat de mariage; et s'il a d'autres frères, il leur en cède une partie. Si une veuve vient à se remarier, c'est un nouveau gain pour sa famille; quoiqu'on ne la paye pas aussi cher qu'une jeune fille. En général on pratique moins de cérémonies et l'on fait moins de régal à l'occasion de secondes noces que pour la célébration d'un premier mariage; on y observe néanmoins l'essentiel, qui consiste, pour la mariée, à sceler l'alliance en buvant du lait trait des vaches de la famille dans laquelle elle va être admise.

Jusqu'à ce qu'une femme ait mis son premier enfant au monde, ses parents ne font point usage du lait des vaches qu'ils ont reçues pour sa dot; mais après ses premières couches, ils font, à leur tour, présent d'une pièce de bétail aux parents de leur gendre, et celui-ci distribue des présents de moindre valeur aux frères et aux sœurs de sa femme. En général les familles unies par des mariages ne laissent passer aucune occasion de se donner mutuellement des marques d'affection, et de se témoigner combien elles se trouvent heureuses des liens qui les unissent. Si une femme vient à mourir sans laisser d'enfants, ses parents sont obligés de restituer au mari le bétail qu'ils en ont reçu. Mais il y a peu d'exemples d'une stérilité absolue.

Jamais un oncle n'épouse sa nièce, ni une tante son neveu; le mariage n'a pas lieu non plus entre cousins germains: les personnes apparentées à un degré si proche ne se permettent pas même un commerce secret entre elles, fussent-elles assurées que les suites en resteront cachées. Cette réserve des Cafres sur le mariage semble plutôt commandée par l'opinion, que prescrite par une loi expresse. Dès que le mariage a été confirmé par le chef de la horde, il n'est plus permis au beau-père et à sa bru de se trouver ensemble, si ce n'est en présence d'autres personnes; s'ils se rencontrent par hasard, la bru est obligée de prendre la fuite, il ne lui est pas même permis de se découvrir la tête en présence de son beau-père. La même chose a lieu entre le gendre et sa belle-mère; on peut juger par-là combien l'inceste est en horreur à cette nation. Pendant la durée de son indisposition périodique une femme vit séparée de son mari; au lieu de partager sa couche, comme à l'ordinaire, elle dort sur une natte à part. Quand une femme est accouchée son mari la quitte pour un mois entier; durant cet intervalle il s'abstient du lait de quelques-unes de ses vaches, exclusivement destinées à l'usage de l'accouchée; ils ne boivent ni ne mangent dans la même vaisselle. Le mois écoulé, le mari revient habiter la hutte de sa femme, et partage de nouveau ses repas avec elle; mais il ne prend pas encore de lait dans la même corbeille ou dans la même outre: cela n'a lieu qu'après que l'enfant est naturellement sevré. Jusqu'à cette époque le mari et la femme couchent séparément; mais il est libre au premier d'aller chercher compagnie ailleurs, sans que son épouse ait le droit de lui en faire le moindre reproche.

La polygamie est en usage chez les Cafres. On peut la regarder comme une suite de la continence que se prescrivent les femmes et à laquelle leurs maris ne sont pas assujettis. Cette circonstance rend la possession légale de plusieurs femmes à la fois moins nuisible à la société. Le nombre d'épouses permis à un Cafre n'est pas déterminé par la loi; il peut en prendre autant que bon lui semble, ou plutôt autant que ses moyens lui permettent d'en nourrir. Un homme d'une fortune bornée est réduit à se contenter d'une seule femme; ceux qui sont plus à leur aise en prennent deux, rarement davantage; il n'y a que les chefs à qui leur opulence permette d'en entretenir un plus grand nombre, et il s'en trouve parmi eux qui ont jusqu'à sept ou huit femmes. La pluralité des femmes, chez les Cafres, ne nuit aucunement à la paix du ménage. Ordinairement deux épouses habitent la même hutte avec leur mari commun; elles s'acquittent, avec un égal intérêt, des travaux qui leur sont imposés, et s'entr'aident comme des sœurs dans leurs maladies, ainsi que dans toute autre occasion. Lorsqu'une des deux épouses vient à mourir, l'autre se charge du soin d'élever ses enfants. Le père, de son côté, ne met jamais de différence entre les enfants nés de ses différentes femmes. S'il arrive cependant que deux femmes ne puissent vivre en bonne intelligence, la plus jeune est obligée de céder; alors elle abandonne la hutte commune, et va s'en construire une à part. En général, celle des femmes qui a vécu le plus longtemps avec le mari commun jouit de certains priviléges, dont lui-même n'a pas le droit de la priver pour favoriser une épouse moins ancienne. Les femmes cafres sont en général très-fécondes; cependant on trouve le plus d'enfants chez celles qui ne partagent pas la possession de leur mari avec une autre. Ces dernières mettent au monde jusqu'à huit et dix enfants, tandis que celles dont les maris ont plusieurs femmes, et qui vivent par conséquent dans une plus grande continence, en ont beaucoup moins. En général, la polygamie chez les Cafres ne favorise pas la population autant qu'on pourrait le croire. La séparation entre époux a rarement lieu, le divorce encore moins. Si une femme s'enfuit de chez son mari, le chef de la horde emploie son autorité pour la faire rentrer dans le devoir; le mari n'a pas non plus le droit de quitter arbitrairement sa femme. Il paraît, au reste, qu'on a rarement besoin de recourir à l'intervention du chef pour maintenir l'inviolabilité des mariages. L'adultère, suivant l'opinion des Cafres, ne peut être commis que par la femme; le mari n'est pas obligé à la fidélité conjugale. Ils ont coutume de dire : « L'homme est fait pour toutes les femmes; la femme, au contraire, n'est faite que pour son époux. » Conformément à ce principe, on sévit contre la femme infidèle, quoiqu'on la regarde comme moins coupable que son complice, et que le châtiment, par conséquent, retombe principalement sur celui-ci. Si un homme surprend sa femme en flagrant délit, il lui est permis de tuer sur-le-champ son rival; mais un mari offensé a rarement recours à cette vengeance : il trouve mieux son compte à se plaindre au chef de la horde, qui condamne le coupable à payer une amende de quelques vaches, dont la moitié retourne au profit du plaignant. Dans le cas où un mari découvre l'infidélité de sa femme au moyen d'une grossesse survenue à son insu, elle est obligée de nommer son complice au chef de la horde; et en cas de refus opiniâtre elle est condamnée elle-même à une peine corporelle. En pareille circonstance, c'est-à-dire quand le commerce illégitime a des suites, l'offenseur est puni plus sévèrement, quoique toujours du même genre de punition, et alors aussi la moitié de l'amende retourne au profit de l'époux offensé. A cela près, la femme adultère a peu de chose à craindre : on la considère comme une victime des ruses ou de la violence d'un séducteur, et on lui pardonne sa faute; le mari même n'en prend aucune vengeance, et, après avoir reçu sa part de la réparation imposée à son rival, il finit par adopter le fruit de l'adultère.

Penchant pour la chasse, et manière de chasser. Tous les Cafres aiment passionnément la chasse, et y vont par troupes nombreuses. Une horde entière, souvent même plusieurs hordes à la fois quittent leurs hameaux, emmenant un nombre suffisant de vaches à lait, et se rendent, sous la conduite de leurs chefs, dans un endroit qui leur promet une chasse abondante. Quelques femmes même font partie de ces caravanes; mais la plupart restent dans les hameaux, avec les enfants, les vieillards et le reste du bétail. Ces parties de chasse durent quelquefois deux ou trois mois.

Superstitieux en tout, les Cafres ont introduit une pratique bizarre jusque dans la guerre qu'ils font aux animaux. Avant l'ouverture de la chasse, l'un d'eux prend une poignée d'herbe, qu'il tient devant sa bouche, figurant ainsi une bête fauve; la troupe entière le poursuit en poussant de grands cris; l'animal, relancé, se laisse tomber, comme s'il était blessé; on se presse autour de lui, en criant *hi! hi! hi!* et on fait semblant de l'achever à coups de sagaies. Cette cérémonie est regardée comme indispensable pour le succès de la chasse. Les Cafres aiment surtout à faire la chasse forcée aux chevrotins, aux chamois et à toutes les petites espèces d'antilopes. Ils choisissent pour cette chasse une plaine dans laquelle les chasseurs forment d'abord une vaste enceinte, en se tenant éloignés les uns des autres; ils poussent ensuite des cris, qui retentissent au loin et qui forcent le gibier effrayé à se réunir au centre; alors ils se rapprochent lentement, serrant leurs rangs de plus en plus, jusqu'à ce que le gibier soit complètement cerné; après quoi ils l'assaillent de toutes parts, et tuent à coups de sagaies tout ce qu'ils peuvent atteindre. Comme il ne peut échapper qu'un petit nombre d'animaux, cette chasse détruit beaucoup de gibier à la fois. Chaque bête appartient à celui qui l'a tuée; mais il est d'usage qu'il en fasse part aux autres chasseurs, se réservant un pied de l'animal avec un lambeau de la peau, qu'il passe autour de son bras gauche : le nombre de ces pieds indique celui des animaux que le chasseur a tués. Si l'herbe de la plaine est sèche, on y met le feu avant de se retirer, pour retrouver les fers des sagaies.

On prend aussi plusieurs espèces

d'antilopes au piége, ce qui se fait de la manière suivante. On forme autour d'un taillis une haie de broussailles, qui a quelquefois plus d'une lieue de circuit, et on y laisse, de distance en distance, des intervalles, où l'on dresse les piéges. Le gibier, qui erre en paix dans cette enceinte, ne s'avise pas de franchir la haie pour en sortir; il la côtoie tranquillement jusqu'à ce qu'il arrive à l'une de ces ouvertures, où il est pris au passage. Pour faire la chasse aux hippopotames on choisit le temps de la nuit, parce qu'alors ces animaux sortent de l'eau pour aller paître. Dans les sentiers qu'ils se sont frayés à travers les roseaux épais qui bordent la rivière, on enfonce des pieus pointus et durcis au feu; on donne ensuite l'alarme aux hippopotames, qui, reprenant en hâte le chemin de la rivière, s'enfoncent ces pieus dans la poitrine, et tombent ainsi au pouvoir des chasseurs. Dans les endroits où les bêtes sauvages ont coutume d'errer par troupes, et surtout dans les lieux battus qui aboutissent à quelque source d'eau, on creuse des fosses profondes, dans chacune desquelles on enfonce un pieu pointu et qu'on recouvre ensuite de broussailles et d'herbe : ces piéges servent particulièrement à prendre les bufles et les plus grosses espèces d'antilopes. Pour prendre les léopards on enfonce au pied d'un arbre un pieu armé à la pointe d'un fer de sagaie; on suspend à l'une des branches, au-dessus du pieu, une grosse pièce de viande, et on en répand de menus morceaux autour de l'arbre. Le léopard, après avoir dévoré ceux-ci, finit par sauter obliquement pour saisir la viande suspendue à l'arbre, et retombe droit sur l'armure du pieu.

La chasse aux éléphants est la plus pénible. Il arrive rarement que les Cafres viennent à bout d'en terrasser un avec leurs sagaies; surtout quand ils vont par troupe, il est dangereux de s'en approcher, et on ne peut les atteindre qu'avec des armes à feu. Ce n'est que quand l'un d'eux s'écarte de la troupe et que les Cafres le rencontrent dans un lieu favorable à leur manière de chasser, qu'ils peuvent réussir à le tuer. Voici la manière dont ils s'y prennent : sachant par expérience que l'éléphant, quand il se voit entouré de flammes, ne bouge pas, au moins pendant le jour, ils mettent le feu tout autour à l'herbe sèche et aux buissons; ils s'approchent ensuite de l'animal ainsi cerné, et lui décochent une multitude de traits; mais il est difficile, à cause de l'épaisseur de sa peau, de le percer assez profondément, même aux endroits du corps où la blessure pourrait être mortelle; de sorte que l'éléphant s'échappe pendant la nuit, et les chasseurs sont obligés de le poursuivre souvent pendant plusieurs jours. Les défenses d'un éléphant tué sont remises, ainsi que ses oreilles et sa queue, au chef de la horde, qui suspend la dernière à l'entrée de son parc, comme un trophée.

Pour forcer un lion les Cafres commencent par former un cercle autour de lui, et se rapprochent peu à peu du centre, jusqu'à ce qu'ils soient à portée d'atteindre l'animal; alors ils lui lancent leurs flèches. L'animal, blessé, ne manque pas de se précipiter sur l'un des chasseurs, qui l'évite en se jetant subitement à terre et en se couvrant de son bouclier; aussitôt les autres s'approchent, et percent l'animal de leurs sagaies. Cette chasse est dangereuse : il arrive quelquefois que l'un des chasseurs y est blessé ou tué; mais elle est glorieuse, surtout pour celui qui a tué un lion ou qui lui a porté le premier coup. Au retour de la chasse, toute la horde se rend à l'entrée du hameau pour attendre le vainqueur; on forme un cercle autour de lui, et tandis que ses compagnons de chasse lui tiennent leurs boucliers devant les yeux, l'un d'eux s'avance au milieu de l'assemblée, et fait à haute voix l'éloge du héros, accompagnant son discours de gestes et de sauts; il reprend ensuite sa place, et un second orateur vient faire la même cérémonie, tandis que les assistants applaudissent par des cris répétés de *hi! hi! hi!* en frappant leurs boucliers de leurs massues. Ce charivari dure jusqu'à ce que la troupe ait ramené le chasseur triomphant au hameau. Quelque glorieux qu'il soit d'avoir tué un lion, cette action n'en emporte pas moins avec elle la souillure intérieure; toute communication avec la horde est interdite au vainqueur pendant quatre jours; on lui construit hors du hameau une méchante cabane, où l'accompagnent de jeunes garçons non circoncis, et par conséquent souillés comme lui; ils emmènent avec eux un veau gras pour sa nourriture, et lui rendent dans sa retraite tous les services dont il a besoin. Les jours de purification écoulés, il se peint de nouveau tout le corps d'ocre rouge, et un officier du chef de la horde vient le prendre pour le ramener au hameau. Alors on tue un second veau, dont il est permis à tout le monde de se régaler avec le vainqueur, considéré comme lavé de sa souillure.

Hospitalité ; divertissements. L'affection et l'attachement mutuels ne se bornent pas parmi les Cafres aux membres d'une même famille : un sentiment universel de bienveillance les unit tous; et pour peu qu'on observe leurs mœurs sociales, il est aisé de se convaincre qu'ils sont profondément pénétrés de ce sentiment naturel à l'homme. Si un Cafre réduit à la pauvreté ne trouve dans sa propre horde personne qui puisse le secourir, et qu'il ait recours à une autre horde, elle commence par donner sans délai des aliments à l'étranger, et celui-ci renouvelle chaque jour sa demande. Au bout de quelques jours, on croit pouvoir ajouter foi à sa détresse, persuadé que s'il n'était pas réellement malheureux il ne s'abaisserait pas à supplier si longtemps. Alors quelques particuliers se cotisent volontairement pour le mettre en état de rétablir ses affaires et de soutenir sa famille. Quelqu'un n'a-t-il pas assez de bestiaux pour l'entretien de son ménage, un autre lui en prête sans difficulté pour deux ou trois années. On stipule ordinairement, en faisant ces sortes de prêts, que la moitié des veaux nés dans l'intervalle reviendront au prêteur; quelquefois cependant celui-ci a la générosité de ne rien exiger pour prix du service qu'il rend.

Si une pièce de bétail vient à être dérobée, celui à qui elle a été enlevée peut compter sur le secours de ses voisins pour aller aussitôt à la recherche des voleurs; on les poursuit avec ardeur et on tâche de leur arracher leur proie, sans se laisser arrêter par la crainte d'être blessé, ou, ce qui arrive quelquefois, de perdre la vie. Des services de ce genre se rendent gratuitement; on les regarde comme l'acquit d'un simple devoir. En général, chaque individu considère le tort fait à un autre comme s'il était fait à lui-même, et prend souvent plus de peine pour le réparer que ne ferait l'offensé lui-même, de peur d'être soupçonné d'avoir manqué à son devoir.

L'hospitalité est aux yeux des Cafres un devoir sacré, dont ils s'acquittent avec zèle et désintéressement. Tout étranger est bien accueilli, et le voyageur, parvenu à un endroit habité par des Cafres, peut en toute sûreté compter sur un asile et des aliments; on fait plus, on lui offre une compagne pour la nuit; car cet usage fait pour eux partie de l'hospitalité. Si le voyageur est étranger à la famille chez laquelle il vient chercher un asile, on lui donne, outre du laitage, sa part du repas de ses hôtes; si c'est un parent, on tue un veau gras tout exprès pour le régaler, à moins que la famille ne soit pas assez opulente, en quel cas on lui témoigne son regret de ne pouvoir le traiter d'une manière plus convenable; y manquer quand on en a les moyens ce serait s'exposer au mépris de la horde entière. Tout économes que sont les Cafres, ils regardent comme un devoir de partager leurs aliments avec quiconque les vient visiter. Nous avons dit plus haut que le Cafre ne tue jamais une pièce de son bétail uniquement pour le plaisir de manger de la viande; mais s'il arrive qu'il y soit forcé, parce qu'il a besoin de la peau pour se faire un habit, parce qu'un de ses bœufs s'est blessé, ou parce qu'une de ses vaches n'est plus bonne à traire, il invite alors non-seulement ses proches, mais encore tous ses voisins à venir s'en régaler avec lui. « J'ai, dit Alberti, constamment vu celui qui se trouvait en possession d'un morceau de viande ou de pain le partager avec tous ceux qui étaient présents, quoique les parts fussent quelquefois si petites, qu'il y avait à peine de quoi les savourer. Quelquefois aussi j'ai vu des Cafres s'affliger de ce qu'on ne leur donnait pas d'un morceau de viande, parce qu'il était en effet trop petit pour le partager : ils imitaient alors le hurlement des loups, pour donner à connaître la gloutonnerie de celui qui mangeait seul. »

Le divertissement qu'ils prennent le plus souvent entre eux est une danse extrêmement uniforme. Un nombre d'hommes, ordinairement nus, se rangent sur une ligne; chacun d'eux passe son bras droit élevé et armé d'une massue dans le bras gauche de son voisin; les femmes se rangent sur une seconde ligne immédiatement derrière les hommes, mais sans se donner le bras. Tandis que les hommes sautent, toujours à pieds joints et sans changer de place, on remarque dans les femmes un mouvement convulsif de presque tous les membres et surtout des épaules, qu'elles poussent alternativement en avant et en arrière, en remuant la tête en mesure; chaque femme fait ensuite un demi-tour sur elle-même; elles se mettent en marche d'un pas lent, font à la file le tour de la ligne des hommes, et vont reprendre la place qu'elles occupaient d'abord. Cette marche s'exécute de l'air le plus sérieux, et aussi longtemps qu'elle dure les femmes tiennent constamment les yeux baissés. Pendant la danse les hommes et les femmes chantent en chœur; au reste, ce chant ne consiste que dans la répétition uniforme de quelques sons sans harmonie et sans paroles. On continue à danser jusqu'à ce qu'on soit couvert de sueur et épuisé de fatigue; de temps en temps quelques danseurs se détachent de la troupe et d'autres prennent leur place, jusqu'à ce que la compagnie entière renonce par lassitude au divertissement.

On ne trouve chez les Cafres aucun instrument de musique qui annonce de l'invention. « Le seul instrument particulier que j'aie vu chez eux, dit Alberti, consistait en une baguette sur laquelle était tendue une corde de boyau, ce qui formait une espèce d'archet. A l'une des extrémités de la corde est attaché un tuyau de plume, fendu sur toute sa longueur, et que la corde traverse au moyen de deux trous; on tient ce tuyau de plume devant les dents fermées, et en expirant l'air avec force on produit des sons assez semblables à ceux d'une trompe, mais plus obtus et plus sourds; encore n'ai-je entendu que rarement des Cafres jouer de cet instrument; il est plus particulier aux Gonaquas, anciens habitants du promontoire méridional de l'Afrique, qui depuis que la colonie européenne a étendu ses possessions ont cessé de faire un peuple particulier, et se trouvent actuellement en grande partie épars dans le pays des Cafres, dont ils étaient voisins. Il me paraît vraisemblable que ce sont eux qui ont appris aux Cafres à jouer de l'instrument que je viens de décrire. Hormis le chant qui s'exécute en chœur, et qui n'a lieu que pour accompagner la danse, on n'entend guère les Cafres chanter, si ce n'est dans la solitude, si l'on peut donner le nom de chant à des sons sans mélodie. »

Forme de gouvernement; impôts. Chaque horde a son chef, dont le rang et le pouvoir, comparés à ceux des autres chefs, dépendent du nombre des familles soumises à son autorité. Quelquefois la horde n'habite pas tout entière en un même lieu : elle peut être composée de deux ou trois sections qui habitent des cantons séparés; dans ce cas les sections qui sont privées de la présence du chef sont gouvernées par des officiers délégués. Le chef d'une horde s'appelle *inkoosie,* titre qui répond évidemment à celui de seigneur ou chef. Si, au contraire, plusieurs hordes avec leurs chefs se trouvent rassemblées dans un même canton, elles ont à leur tête un chef suprême, considéré comme le souverain du canton. Chaque chef de horde nomme, à son choix, un nombre d'officiers proportionné à celui de ses sujets. Cette charge n'est ordinairement accordée qu'à des hommes d'un âge mûr et qui ont de l'expérience; souvent aussi le prince ne choisit ses officiers que parmi les familles les plus aisées. Ils composent le conseil du chef, qui prend rarement une résolution sans leur avis; ce sont eux qui proclament ses ordres, qui exécutent ses sentences et tout ce qui concerne l'administration; en temps de guerre, ils rassemblent les hommes en état de porter les armes, et les conduisent à l'ennemi sous le commandement du chef suprême. Quant au conseil de celui-ci, il est composé en grande partie des autres chefs subordonnés à son autorité.

Chaque chef exerce sur sa horde un pouvoir presque absolu; il crée et abroge les lois; il exerce le droit de vie et de mort sur ses sujets; et pourvu que ses sentences soient équitables, on les voit exécuter sans murmure. Mais il doit s'abstenir de commettre des injustices ou d'usurper des droits nouveaux ; en cas d'injustice ou d'usurpation, son conseil lui fait des remontrances au nom du peuple, et sait quelquefois, quand il le faut, réprimer efficacement des abus d'autorité qui, sans cela, dégénéreraient en despotisme. Si le chef d'une horde particulière a commis quelque grave délit, le chef suprême peut aussitôt le dépouiller de sa dignité pour la donner à un autre; cependant il n'use que rarement de ce droit, parce que ces sortes de destitutions sont regardées moins comme des actes de justice, que comme des coups d'autorité arbitraire tendant à usurper le domaine du chef déposé. Celui des chefs actuels dont les États sont limitrophes de la colonie s'étant déclaré seul héritier de tous les biens de ses sujets, les chefs subordonnés à son autorité, après lui avoir fait des remontrances inutiles, ont pris le parti de le quitter avec leurs hordes, et d'aller s'établir ailleurs; de sorte qu'il s'est vu contraint de rétracter sa nouvelle loi. Les honneurs qu'on rend au chef répondent à l'autorité dont il jouit parmi ses sujets.

Quoiqu'il ne soit pas d'usage parmi les Cafres de se saluer mutuellement quand on se rencontre, on n'omet jamais le salut à l'égard du chef; ce qui se fait en le nommant simplement par son nom. Quand un chef arrive dans un hameau, soit qu'il appartienne à sa horde ou à une autre, on lui offre une pièce de bétail, qu'il fait aussitôt tuer par les officiers de sa suite; car il ne voyage jamais sans eux, et il la mange ensuite avec ceux-ci et avec ceux qui la lui ont offerte. On observe les mêmes égards envers les femmes des chefs. Le chef mène à sa suite, outre ses officiers, un nombre de personnes du peuple chargées de ce qui regarde son service. Les femmes des chefs jouissent également de prérogatives considérables : on les honore encore davantage si elles-mêmes descendent de quelque famille distinguée de chefs. Toutes les femmes du peuple sont tenues à servir la femme de leur chef; elles y sont requises à tour de rôle; elles lui tiennent compagnie, et se chargent pour elle de la culture des terres et des travaux du ménage : leur salaire consiste, outre la nourriture, en peaux de vaches qu'on leur donne pour se faire des habits.

Les Cafres sont aussi soumis à des taxes envers leurs chefs. Au temps de la moisson, chaque famille doit céder au chef de la horde une partie de sa récolte; on lui paye aussi chaque année une rétribution en bétail. Chaque père de famille qui marie une de ses filles est obligé de céder au chef une partie de la dot qu'on lui a payée pour elle en compensation de l'instruction qu'elle a reçue étant au service de ses femmes. La poitrine de tout bœuf qu'on a tué dans le lieu de la résidence du chef lui appartient de droit. Il en est de même des antilopes qu'on a prises : la poitrine en est envoyée au chef, dût-elle, à cause de l'éloignement de sa résidence, n'y arriver que toute gâtée. Enfin les dents d'éléphants, les peaux de léopards, les queues des autruches prises à la chasse, appartiennent au chef. Les peaux de léopards que le chef n'emploie pas à son propre usage sont distribuées à ses officiers favoris; les plumes d'autruche sont une marque distinctive à la guerre. En cas de retard ou de refus pour l'acquit des contributions qui consistent en fruits ou en bétail, le chef les enlève de force; le recel de la part du gibier qui doit lui être réservée est puni avec sévérité.

Tous les fils du chef héritent de la dignité de leur père. Le rang est héréditaire même aux filles, qui à leur tour le transmettent à leurs descendants. Cette distinction de rang, héréditaire par les femmes, est le fondement du droit à la dignité de chef suprême. Dès le vivant du chef ses sujets et ses troupeaux sont partagés en autant de portions qu'il a de femmes, et chaque portion de betail est distinguée par une marque particulière. Après sa mort, les fils de chaque femme partagent avec elle, en portions egales, les sujets et les bestiaux qui constituent leur part de la succession, et chacun d'eux est ainsi le chef-né de cette portion de la horde de son père qui lui est échue en partage; cependant l'aîné des fils, issu de la plus noble des femmes du défunt, obtient le rang sur tous ses frères et beaux-frères, qui par là deviennent autant de chefs subordonnés à son autorité. Cet ordre de succession rend raison du grand nombre de chefs suprêmes qu'on trouve chez les Cafres, et de la diversité de rangs qui existe parmi eux.

Si un chef en mourant ne laisse que des fils en bas âge, la régence et la tutelle passent, jusqu'à la majorité de l'aîné, entre les mains de la plus distinguée de ses femmes, assistée des officiers du défunt et quelquefois de l'un de ses frères ou de quelque autre parent. L'éducation des fils mineurs est confiée aux officiers de la portion de la horde échue en partage à leur mère ; quelquefois ces officiers ont pour adjoint un oncle ou un autre membre de la famille pour diriger et surveiller l'éducation des jeunes princes. La mère d'un chef conserve toute sa vie quelque influence sur l'administration de sa horde; son fils la consulte dans toutes les occasions importantes, et ne prend aucune résolution sans avoir préalablement obtenu son approbation.

Manière de rendre la justice chez les Cafres. L'exercice injuste et barbare du droit du plus fort n'est pas toléré chez les Cafres; il n'est permis à personne d'être son propre juge : tous les démêlés doivent être portés devant le chef de la horde à laquelle appartient l'accusé. L'intérêt et la partialité exercent quelquefois une influence évidente sur les jugements parmi les Cafres, comme cela n'a que trop souvent lieu dans l'administration de la justice chez des nations plus civilisées. Ceux qui prétendent que l'homme est naturellement méchant, et qui, par conséquent, ne regardent le sentiment intime du juste et de l'injuste que comme une suite de l'éducation, croiront peut-être trouver en ceci une preuve en faveur de leur opinion; quoiqu'il soit à souhaiter, pour l'honneur de l'humanité, que ce penchant à l'injustice ait été transmis aux Cafres par les Européens qui sont leurs voisins. « Je suis, dit Alberti, d'autant plus porté à le croire, que les hordes de cette nation établies à une grande distance de la colonie montrent beaucoup plus d'attachement à l'équité que celles qui en sont voisines. Suivant la loi, le meurtre volontaire doit être puni par la mort du coupable. C'est rarement le chef lui-même, ce sont plus souvent ses officiers, qui jugent et condamnent en pareil cas. Le bétail et tout ce qui appartenait au coupable condamné est confisqué au profit du chef. Cependant la rigueur des jugements dépend beaucoup de l'affection du chef pour la victime du meurtre, ou pour celui qui l'a commis ; de sorte qu'il arrive quelquefois que celui-ci se tire d'affaire en payant un certain nombre de bestiaux, qui retournent toujours au profit du chef. Si l'on a dérobé du bétail à quelqu'un, et que le propriétaire, en dénonçant le voleur, puisse donner des preuves évidentes du larcin, surtout en produisant, comme corps de délit, une partie reconnaissable de la peau, de la queue ou de la tête de l'animal dérobé, que les voleurs ont soin, pour cette raison, de couper en morceaux qui les rendent méconnaissables, et de cacher dans les lieux les plus écartés, non-seulement l'auteur du vol est condamné à une amende arbitraire, qui consiste toujours en bétail, mais encore tous ceux qui y ont participé, sans excepter même les enfants qui ont goûté de l'animal dérobé, sont obligés de payer chacun une pièce de bétail au chef, qui dédommage du produit de ces amendes celui à qui le bétail a été enlevé. Celui qui a dérobé des fruits, ou dont le bétail errant à l'abandon a foulé le champ d'un autre, est condamné de même, par forme de restitution ou d'indemnité, à une amende consistant en bétail, et proportionnée au dommage. Lorsqu'un créancier accuse devant le chef son débiteur de négligence à acquitter sa dette, le chef fait sommer celui-ci par un de ses officiers de remplir ses obligations. Si le débiteur obéit à la première sommation, le plaignant est obligé, au cas que sa créance se monte à plusieurs pièces de bétail, de payer au chef, pour frais de justice, un nombre de bestiaux proportionné au total de la dette, et, de plus, ce qui est dû à l'officier pour son exploit. Celui-ci reçoit, en outre, une pièce de bétail de la part du chef, ou, si l'honoraire de celui-ci n'a pas été assez considérable pour cela, une ou plusieurs javelines; quand la dette ne consiste qu'en une pièce de bétail, on ne paye rien pour frais de justice. Le débiteur qui obéit à la première sommation du chef en est quitte pour payer simplement sa dette ; mais en cas de désobéissance, il y est contraint par la force, et, en outre, condamné à une peine arbitraire. »

Manière de faire la guerre et de conclure la paix. Les Cafres ne sont pas une nation exclusivement belliqueuse; ils montrent, au contraire, un penchant décidé pour la tranquillité et le repos de la vie pastorale. Ils ne balancent cependant pas à prendre les armes quand il s'agit de défendre ou de faire valoir certains droits, réels ou imaginaires; ils montrent même alors du courage et de l'intrépidité. Ce n'est qu'avec leurs voisins du nord, les Boschjesmans, que les Cafres sont en guerre perpétuelle, à cause du brigandage que ceux-là exercent continuellement sur leurs troupeaux. Cette guerre ne donne cependant pas lieu à des batailles rangées : les Cafres traitent ces brigands comme des bêtes féroces, les suivent à la piste quand ils ont dérobé du bétail, et massacrent tous ceux qui tombent entre leurs mains. Quelquefois aussi ils tâchent de découvrir les repaires de ces bandes de voleurs, les y surprennent la nuit, et massacrent tout, sans distinction d'âge ni de sexe. L'acharnement des Cafres contre les Boschjesmans est tel, que partout où on les rencontre, et sans qu'ils aient commis la moindre offense, ces malheureux sont exposés à être massacrés. A leurs yeux, les Boschjesmans sont comme des bêtes féroces qu'il faut exterminer partout où on les trouve. Lichtenstein cite un exemple frappant de cette animosité. En 1804, le député d'une horde cafre ayant été accueilli dans la maison du gouverneur du Cap, aperçut par hasard, parmi les domestiques du général hollandais, un garçon boschjesman, âgé de onze ans. Malgré la ressemblance entre ce Boschjesman et les autres Hottentots, il le distingue aussitôt comme étant issu d'une race odieuse, et court sur lui pour le percer de sa hassagaie. On accourut aux cris de l'enfant, et on demanda au Cafre la cause de sa fureur. « Comment, s'écria-t-il encore tout agité, un Boschjesman dans cette maison. J'ai voulu délivrer le général d'un être malfaisant! »

L'orgueil et l'ambition sont les causes ordinaires des guerres entre les Cafres; l'intérêt se joint communément à ces guerres, et l'on tâche, de part et d'autre, d'enlever à l'ennemi autant de bétail qu'il est possible.

Les armes que les Cafres portent à la guerre sont offensives ou défensives : les armes offensives sont la sagaie ou hassagaie et la massue; l'arme défensive est le bouclier. La sagaie a ordinairement près de deux mètres de long, y compris l'armure de fer. Le manche est d'environ deux centimètres de diamètre à l'origine du fer, et va toujours en diminuant jusqu'à l'autre bout, où il n'a plus que quatre millimètres d'épaisseur. Les fers de javelines, à deux tranchants, et qui se terminent en pointe, varient souvent pour la forme; la plupart sont, dans toute la longueur, comme le devant d'une lame d'épée; d'autres n'ont cette forme que vers le milieu du fer, tandis que le reste est cylindrique. Quelquefois cette partie, au lieu d'être ronde, est taillée en arêtes et garnie d'aiguillons qui se croisent. On voit aussi des fers de sagaies arrondis en grande partie, et terminés par une pointe triangulaire; mais cette dernière forme est moins en usage que les autres. Pour monter une sagaie on introduit l'extrémité inférieure du fer, terminée en pointe, dans le gros bout de la flèche, en y versant de la poix fondue, et on les entortille avec une corde. La portée ordinaire d'une sagaie, projetée en ligne courbe, est d'environ vingt-cinq mètres. Alberti a fait souvent tirer des Cafres au blanc : il faisait tendre un mouchoir de couleur à la distance de quarante-cinq à cinquante pas, et le proposait pour prix à celui qui l'atteindrait de sa sagaie; mais, quelque ardeur qu'ils témoignassent pour l'obtenir, ils ne l'atteignaient, le plus souvent, qu'au bout d'une vingtaine de coups. « Cela prouve qu'une sagaie n'est pas fort à craindre, surtout parce qu'on la voit venir, et qu'on peut l'éviter ou la détourner, soit avec une massue, telle qu'en ont les Cafres, ou avec un bâton; elles sont plus à craindre lorsqu'il en tombe plusieurs à la fois dans le lieu où l'on se trouve. Cette arme n'est jamais plus dangereuse qu'entre les mains d'un homme déterminé, qui attaque son ennemi à outrance; il tient dans la main gauche un faisceau de sagaies, qu'il décoche l'une après l'autre de la droite, en courant sur son adversaire, et empoigne la dernière pour l'en percer au moment où il l'atteindra. »

L'arme des Cafres à laquelle on a

donné le nom de massue consiste en un bâton long d'environ un mètre sur deux centimètres d'épaisseur, et terminé par un nœud de la grosseur du poing; au défaut de massues naturelles, les Cafres savent en façonner; ils se servent de cette arme, dans les combats particuliers, avec une adresse étonnante, portant d'une main des coups avec leur massue, et parant de l'autre ceux de leur adversaire avec leur bouclier. Ces boucliers sont faits de peau de bœuf. Pour préparer la peau on commence par la tendre pour la faire sécher ; on la frotte ensuite avec un caillou de forme arrondie, qu'on dirige dans tous les sens, en appuyant fortement sur le milieu de la panne, jusqu'à ce qu'elle ait pris une forme concave; on la façonne en la taillant tout autour, de manière qu'elle représente un ovale assez large pour couvrir le corps ; enfin, on attache avec des courroies, sur le côté concave, et dans sa longueur, un bâton de moyenne grosseur, de manière qu'il dépasse le bord du bouclier de quelques pouces pour l'appuyer dessus, et qu'il puisse être saisi et soutenu avec la main par le milieu. Tout homme en état de porter les armes est obligé de se faire lui-même son bouclier, et de le remettre au chef de sa horde, qui le fait déposer dans une hutte construite tout exprès pour servir d'arsenal.

Attaquer son ennemi à l'improviste, et sans l'avoir prévenu par une déclaration de guerre, est considéré par les Cafres comme une lâcheté. L'agresseur doit donc envoyer à son adversaire, avant de commencer les hostilités, des hérauts d'armes portant devant eux une queue de lion ou de léopard, qui indique leur qualité et la nature du message dont ils sont porteurs ; en même temps, on avertit tous les guerriers de se rendre auprès de leur chef. Quand les guerriers sont rassemblés, on tue du bétail en abondance pour les régaler, on danse, et, jusqu'au moment du départ général, on se livre à la joie et à toutes sortes de divertissements. Quand un chef suprême entreprend la guerre, il n'y a ordinairement que les chefs subordonnés à son autorité et les officiers qui soient instruits du but de l'expédition ; le reste du peuple est obligé d'obéir aveuglément. Cependant, il n'est permis à personne, sous peine de confiscation de tous ses biens, de désobéir ou de se soustraire à cet appel aux armes. Après que tous les guerriers, munis de leurs armes, se sont rassemblés, on procède aux préparatifs ultérieurs requis pour l'ouverture de la campagne. Le chef suprême distribue aux autres chefs, à leurs officiers, et même à des particuliers dont la bravoure est reconnue, des plumes d'autruche, que ceux-ci portent sur la tête, et qui sont la marque distinctive des chefs de division. Cette distinction est regardée comme très-honorable; aussi, celui qui en est décoré doit-il s'en montrer digne. Dans les combats, il doit être constamment à la tête de sa troupe, et donner l'exemple de la valeur ; s'il a la lâcheté de reculer, il est condamné à la mort. La même peine est réservée pour tout autre combattant qui abandonne son capitaine. Quand tous les préparatifs sont achevés, l'armée se met en marche, emmenant avec elle autant de bestiaux qu'on juge nécessaire pour l'expédition. Aussitôt que l'armée de celui qui a déclaré la guerre est arrivée à proximité du camp de l'ennemi, elle fait halte, et envoie de nouveau des hérauts pour l'avertir de son approche, et lui répéter les motifs de la déclaration de guerre ; si celui-ci n'a pas encore rassemblé toutes ses forces, il en informe son adversaire, qui est obligé, pour livrer l'attaque, d'attendre que l'autre ait complété son monde, et soit prêt à le recevoir.

On choisit pour champ de bataille une plaine unie et sans buissons où rien ne puisse gêner la vue ni favoriser les surprises; là, les deux partis ennemis s'avancent l'un contre l'autre, en jetant de grands cris, jusqu'à la distance d'environ vingt-cinq mètres. On commence à se lancer des sagaies, qu'on ramasse de part et d'autre à mesure qu'elles tombent, pour s'en servir de nouveau. Pendant le combat, le général en chef se tient constamment au centre de sa ligne, sur laquelle une partie des chefs subalternes et des officiers ont aussi leur place, tandis que les autres se tiennent sur les derrières de la ligne, pour surveiller les soldats et prévenir la fuite ou la désertion. On continue à combattre dans cet ordre, les deux partis tâchant de se rapprocher de plus en plus. Si la résistance est opiniâtre, il s'ensuit un combat de corps à corps; et dans cette mêlée on fait usage des massues, jusqu'à ce que l'un des deux partis plie, et soit contraint d'abandonner le champ de bataille. Cependant, il arrive plus souvent que le parti le plus faible prend la fuite avant d'en venir aux mains de si près. Dès que l'ennemi est en déroute, on s'empresse de le poursuivre, surtout dans la vue d'enlever le bétail, les femmes et les enfants; la poursuite terminée, le chef victorieux fait tuer sur-le-champ une partie des bestiaux pour en régaler sa troupe. S'il arrive que la nuit sépare les combattants avant que la bataille soit décidée, on crie, d'une armée à l'autre, qu'on désire suspendre le combat jusqu'au lendemain. Alors les deux partis se retirent à la distance de quelque mille pas l'un de l'autre, et l'on détache des deux côtés des postes avancés, pour ne pas être exposé, pendant la nuit, à quelque surprise, quoique, même en pareil cas, toute attaque inopinée soit interdite par les lois de la guerre. Quelquefois les deux partis profitent de cette suspension d'armes pour faire des propositions d'accommodement; du moins les chefs subalternes tâchent de ramener leurs supérieurs à des sentiments de paix, en leur mettant sous les yeux les désavantages de la guerre, et les suites désastreuses qu'elle pourrait avoir pour leurs sujets. Si l'un des chefs prête l'oreille à ces remontrances, il envoie à son adversaire des hérauts avec des propositions d'accommodement. En cas que les négociations soient infructueuses, le parti qui s'obstine à la guerre ne peut néanmoins recommencer les hostilités le lendemain qu'après l'avoir fait annoncer dans les formes prescrites.

Lors de la conclusion d'une paix définitive, la première condition du traité est toujours que le vaincu reconnaisse le vainqueur pour son chef suprême, et lui jurera foi et hommage. Là-dessus on remet en liberté les femmes et les enfants pris à la guerre; le vainqueur rend au vaincu une partie, mais très-petite, du bétail qui a été enlevé, et distribue le reste du butin à ses guerriers. La restitution d'une partie du bétail à celui qui a été vaincu découle, chez les Cafres, d'un principe de générosité naturelle, ainsi formulé : « On ne doit pas laisser périr son ennemi de faim. » Après que les partis réconciliés sont retournés dans leurs habitations respectives, le vaincu envoie quelques bœufs au vainqueur, comme une marque de la sincérité de ses engagements, et celui-ci régale de nouveau son monde, comme il l'avait fait avant d'aller au combat.

Dans les batailles, les deux armées ne font pas d'aussi grandes pertes qu'on semblerait devoir l'attendre de leur manière de combattre. Un ennemi désarmé, saisi avec la main et fait prisonnier, ne peut être mis à mort; à la conclusion de la paix, on lui rend sa liberté sans rançon. Les femmes et les enfants pris à la guerre n'ont absolument rien à craindre pour leurs jours, et même les femmes et les enfants des colons qui, dans leurs guerres avec les Cafres, tombent au pouvoir de ces derniers, sont traités avec assez de ménagement. Il est vrai qu'on n'est pas si généreux à l'égard des colons eux-mêmes; mais aussi ces derniers n'ont pas droit de s'attendre à un meilleur traitement, puisqu'ils n'épargnent la vie d'aucun Cafre qui se trouve à portée de leur fusil. Il est défendu de mettre à mort les hérauts envoyés par le parti ennemi; si cependant l'acharnement mutuel est tel qu'on croie devoir redouter une pareille action, on envoie des femmes comme parlementaires, persuadé qu'on n'a aucun mauvais traitement à craindre pour elles. Ces députations de femmes comme parlementaires ont particulièrement lieu pendant la suspension d'armes. Lorsqu'un chef ne se croit pas assez puissant pour soutenir ses prétentions ou défendre ses droits par lui-même, il tâche de se procurer un allié; dans ce cas, celui dont on demande le secours pèse attentivement le sujet de la querelle avant de s'engager. Si la victoire favorise les alliés, le chef qui a fourni du secours obtient, pour sa part, la moitié du butin fait sur l'ennemi.

Cérémonies funèbres. Les nations sauvages, comme les peuples civilisés, ont de tout temps adopté la coutume d'ensevelir les morts avec plus ou moins de solennité, suivant l'esprit dominant du siècle ou l'opinion de la génération actuelle. On leur fait les derniers adieux par quelque cérémonie funèbre, ou bien on les abandonne aux bêtes sauvages pour en être dévorés. Ce dernier usage est celui qui se pratique le plus communément chez les Cafres à l'égard des défunts qui ont appartenu à la classe du peuple. Quant aux chefs, on les enterre après leur mort; et cet enterrement est accompagné de plusieurs cérémonies. Quand une personne du peuple est malade, on la porte hors de sa hutte et à quelque distance du hameau, dans un endroit ombragé par des buissons. On couche le malade sur un lit de gazon, on allume du feu auprès de lui, et on lui met entre les mains un vase rempli d'eau. Dans ces derniers moments le mari assiste sa femme mourante, ou la femme son époux mourant, et quelques-uns de leurs proches leur tiennent compagnie. Voit-on les marques d'une mort prochaine, on arrose d'eau le visage de l'agonisant, pour le rappeler à la vie s'il est possible; si ce remède n'opère pas, et qu'on soit convaincu que le malade a rendu le dernier soupir, on s'éloigne aussitôt du cadavre, et on l'abandonne aux loups, sans y toucher et sans rien enlever de ses habits ou de ses ornements. Il ne reste ordinairement, auprès du moribond que le mari ou la femme; toutes les autres personnes qui l'entouraient dans sa maladie s'en éloignent à quelque distance, et demandent de temps en temps, en criant de loin, des nouvelles du malade à celui qui est resté auprès de lui. Mais celui des deux époux qui a assisté à la mort de l'autre est considéré comme plus souillé, et doit s'assujettir en conséquence à certaines pratiques funéraires. La femme dont le mari vient de mourir prend quelques tisons du feu qu'elle a entretenu autour de lui, et se rend en pleine campagne dans l'endroit qui lui paraît le plus convenable pour y séjourner. Là elle allume de nouveau du feu, et doit prendre garde qu'il ne s'éteigne; tout le temps qu'elle reste là, il n'est permis à personne de s'approcher d'elle. Dès la première nuit, la veuve revient secrètement à son hameau, met le feu à la hutte qu'elle habitait avec le défunt, et retourne ensuite dans la solitude; elle y passe un mois entier, et ne se nourrit pendant ce temps-là que de plantes sauvages. Le mois de deuil écoulé, la veuve jette ses habits, se lave tout le corps, se meurtrit la poitrine, les bras et les jambes en les frottant avec des cailloux rudes, s'enveloppe les hanches d'un tablier d'herbes tressées, et revient au hameau au coucher du soleil. Là on lui donne, à sa prière, de nouveaux tisons pour allumer du feu auprès de l'endroit où était sa hutte; on lui fournit aussi du lait frais pour se rincer la bouche, et se purifier ainsi de sa souillure. Ce sont de jeunes garçons non circoncis qui remettent ces tisons et ce lait à la veuve; d'autres personnes ne pourraient le faire sans encourir la même souillure qu'elle. On ne trait plus après cela la vache dont on a tiré ce lait, parce qu'elle est devenue souillée; on ne la tue pas même pour en manger la chair, mais on la laisse vivre jusqu'à ce qu'elle meure de mort naturelle. Le lendemain de son retour, la veuve obtient une hutte pour s'y retirer d'abord; ses plus proches parents tuent une pièce de bétail, la mangent avec elle, et lui en donnent la peau pour s'en faire un manteau. Dès qu'elle est ainsi habillée de neuf, elle se construit, avec le secours de ses parents, une hutte nouvelle et solide, et à compter de ce moment elle est réintégrée dans tous les droits de la société.

C'est de la même manière qu'un mari prend le deuil après la mort de sa femme; il y a néanmoins quelque différence. Par exemple, le mari veuf ne passe en rase campagne que la moitié d'un mois; il revient ensuite dans la même hutte qu'il habitait avec la défunte, tue, après les purifications ordinaires, une pièce de bétail, dont il se régale avec sa famille, et se fait de la peau de l'animal un manteau neuf, qu'il est obligé de porter jusqu'à ce qu'il soit usé : ce n'est qu'alors seulement qu'il lui est permis de se faire un grand manteau comme à l'ordinaire. Il détache en outre quelques poils de la queue d'un bœuf, y enfile des anneaux de cuivre, et les porte en guise de collier jusqu'à ce que les poils soient usés. Le bœuf sur lequel ces poils ont été pris est souillé : on ne peut le tuer; on le laisse mourir de mort naturelle. S'il arrive qu'un adulte meure inopinément dans sa hutte, le hameau entier est considéré comme souillé; on l'abandonne absolument, sans même emporter les fruits, fussent-ils parvenus à maturité. On transporte même hors du hameau les enfants malades qui ont l'âge de cinq à six ans, quand on croit que leur maladie est mortelle; il n'y a que les enfants au-dessous de cet âge qu'on laisse mourir dans la hutte; quand cela arrive, on se contente de la fermer et de l'abandonner, sans que la souillure s'étende au reste du hameau. Par suite de ces superstitions, il leur arrive souvent de transporter dans les bois ou d'enterrer comme morts des individus qui sont encore vivants. Brownlee rapporte que, pendant son séjour parmi les Cafres, une femme, après avoir été mise dans la tombe, y appela sa mère, et qu'un Cafre reparut devant la sienne, et lui causa une grande frayeur, après quatre jours de résidence dans les bois, où il avait été transporté comme mort. Un chef malade reste dans sa hutte jusqu'à ce qu'il ait rendu le dernier soupir. Quand il est mort, on enveloppe le corps dans son manteau, et ses officiers vont l'enterrer au milieu d'un des parcs ou kraals aux bestiaux. On introduit ensuite dans le parc un certain nombre de bœufs, auxquels on fait fouler le sol à l'endroit de la tombe, jusqu'à ce qu'il ne soit plus possible de le distinguer du reste de la surface. Ces bœufs, comme ils sont souillés, on ne les tue pas, mais on les laisse mourir de mort naturelle. Les femmes du chef défunt se rendent, comme les autres veuves, en pleine campagne et y allument du feu; mais dès le troisième jour elles quittent leur habillement, se ceignent les hanches d'un tablier d'herbes tressées, et reviennent au lieu de leur habitation. Là elles pratiquent les cérémonies ordinaires de la purification. On tue ensuite autant de bœufs qu'il y a de veuves, on en mange la chair, et chacune d'elles obtient une des peaux pour s'en faire un manteau. On renouvelle en même temps tout le mobilier qui a servi en commun à l'usage du chef et de ses femmes, et qu'on a brûlé après sa mort, tels que corbeilles pour le laitage, cuillers et autres ustensiles. Après que tout cela est achevé, ce qui dure plusieurs semaines, on quitte généralement, et pour toujours, le lieu où le chef a terminé sa vie, sans que ce lieu puisse être dorénavant habité par des familles appartenant à la même horde ni à quelque autre horde de Cafres. Avant de partir, on ferme la hutte où le chef est mort, et on la couvre entièrement d'épines; jusqu'à ce jour, on garde continuellement l'endroit où il a été enterré, et même après le départ, on s'assure encore de temps en temps si les restes du défunt n'ont pas été troublés; une crainte superstitieuse semble dicter cette pratique. Les officiers seuls héritent des armes et des ornements du défunt. Le chef observe, après la mort d'une de ses femmes, les mêmes cérémonies que les hommes du peuple, avec cette différence que son séjour dans la solitude ne dure que trois jours. C'est l'unique cas où un chef se trouve seul, et c'est apparemment pour cette raison que le temps du deuil est plus court pour lui que pour les hommes de la classe du peuple.

Rapports de la colonie avec les Cafres. Les indigènes auraient probablement vécu en paix avec les Européens si ces derniers les avaient toujours traités avec humanité et loyauté. Les Cafres, formant un peuple pasteur, devaient aimer naturellement la paix; mais la conduite tenue à leur égard par les colons établis dans leur voisinage n'était guère propre à maintenir la bonne intelligence: des fraudes commises dans le trafic du bétail, des débats sur des limites de territoire, enfin les instigations de quelques colons eux-mêmes, ont occasionné des guerres dont les suites désastreuses se font encore sentir.

Pour se former une juste idée de la position actuelle où se trouve la colonie du Cap de Bonne-Espérance par rapport à la nation des Cafres, il est nécessaire de remonter plus haut dans l'histoire de celle-ci, et de jeter un coup d'œil sur ses anciennes divisions intestines. On verra, en même temps, que l'histoire des peuples sauvages ressemble en tout point à celle des peuples dits civilisés.

Palo dominait comme chef suprême sur une partie considérable de la nation cafre établie à l'est de la rivière Key, qui formait la limite entre la Cafrerie proprement dite et les terres de la colonie. Voici le tableau généalogique des descendants mâles de ce chef :

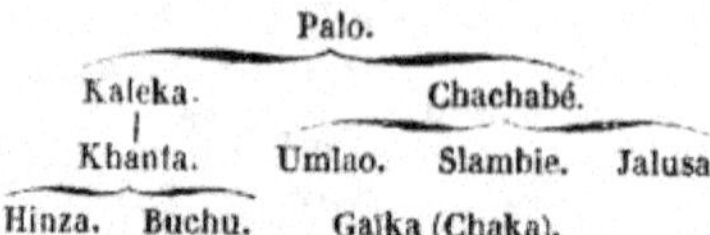

Après la mort de Palo, ses deux fils se disputèrent le titre de chef suprême. Kaleka et Chachabé n'étaient pas nés de la même mère; celle de Kaleka était d'une extraction plus noble, et par conséquent c'était à son fils qu'appartenait le droit de succéder à son père. Cependant Chachabé entreprit de se rendre maître du gouvernement, et souleva une partie du peuple contre son frère, prétendant que celui-ci lui avait fait tort dans le partage du bétail laissé par la mort de leur père. Tout le peuple embrassa cette querelle; et il se forma deux partis, dont l'un soutenait les intérêts de Kaleka, et l'autre ceux de Chachabé. On en vint à une guerre ouverte, dans laquelle les deux frères triomphèrent et furent vaincus tour à tour, jusqu'à ce qu'enfin Chachabé fût contraint d'abandonner le pays avec son parti, et de se retirer sur la rive occidentale du fleuve Key, ce qui le rapprochait des terres de la colonie. Le territoire dont il s'empara avait anciennement appartenu aux Gonaquas; il s'y trouvait même encore quelques hordes de cette nation, qui se réunirent aux Cafres. Les deux factions, ainsi séparées l'une de l'autre, firent la paix; chacune eut son chef indépendant de l'autre, et Chachabé considéra comme son domaine et sa propriété le territoire situé entre la rivière Key et la grande rivière des Poissons.

Umlao, fils et successeur de Chachabé, mourut jeune, et laissa pour successeur son fils Gaïka, encore enfant. La minorité du jeune prince exigeait une régence; elle fut confiée à Slambie, l'aîné des frères d'Umlao et oncle de Gaïka, conjointement avec la mère de celui-ci. Gaïka, parvenu à l'âge de majorité, voulut prendre en mains les rênes du gouvernement; mais son oncle refusa de les lui remettre, et sut même se faire un parti considérable parmi le peuple. De là naquirent encore une fois deux factions, et il s'alluma entre elles une guerre dont les suites furent très-préjudiciables à la colonie. Dans un combat qui se livra entre Gaïka et Slambie, celui-ci fut battu et fait prisonnier. Ceux de son parti prirent la fuite, pénétrèrent sur le territoire de la colonie, et s'établirent à l'ouest de la grande rivière des Poissons, le long de la côte, dans la campagne appelée Zuurveld (Plaines aigres).

Gaïka, mis par le sort des armes en possession de l'autorité suprême, retint pendant deux ans son oncle prisonnier dans son hameau. Depuis il lui rendit la liberté, mais sans cesser de le surveiller, parce qu'il le craignait toujours. Cependant, malgré les précautions de Gaïka, Slambie trouva enfin moyen de s'enfuir avec ses femmes et son bétail, et il fut rejoindre ses partisans, avec lesquels il continua d'habiter sur le territoire de la colonie. Depuis cette époque, les hordes émigrées et celles qui sont restées fidèles à Gaïka n'ont cessé de s'enlever réciproquement leur bétail.

Tel est le récit d'Alberti. Brownlee nous a laissé la suite de cette histoire (1). Vers le même temps, ou un peu auparavant, il y eut une grande émigration cafre; quelques hordes s'avancèrent au nord de la rivière d'Orange; d'autres se dirigèrent à l'ouest, et envahirent le Zuurveld et le pays qu'arrose Zwartkops-Rivier. Plusieurs de ces Cafres vivaient d'abord en bonne intelligence avec les colons européens; mais bientôt la discorde se mit entre ces deux races d'hommes si différentes; et en 1810 les Cafres, d'après les ordres du gouvernement, furent expulsés du territoire qu'ils occupaient, et furent tous forcés de se retirer au delà de la rivière des Poissons. On établit sur les bords de cette rivière des postes militaires, pour se mettre à l'abri de leurs incursions. Mais, ne pouvant envahir ouvertement le pays, ils continuèrent à faire de fréquentes incursions, à voler le bétail, à incendier et à détruire les habitations des colons. En 1817, le gouverneur du Cap eut une entrevue avec Gaïka, et prit avec lui des arrangements pour empêcher les hosti-

(1) Dans Thompson, *Travels*, tome II, p. 336.

lités. Gaïka fut fidèle aux conventions stipulées; mais Slambie et quelques autres chefs ne voulurent point se soumettre à son autorité, ce qui renouvela les haines et les inimitiés qui avaient existé entre eux. Ce fut alors qu'un Cafre intelligent, nommé Makanna (connu des colons sous le surnom de Lynx), s'acquit un grand crédit parmi les Cafres, en se faisant considérer comme prophète; et Gaïka perdit beaucoup de sa popularité en essayant de s'opposer à son influence. Ces circonstances, et d'autres moins importantes, amenèrent une guerre entre Slambie et un chef nommé Hinza, d'une part, et Gaïka, de l'autre. Ce dernier fut défait dans une bataille entre les rivières Buffalo et Debé. Gaïka, après sa défaite, s'enfuit à l'ouest, vers les sources de la rivière Kannap, et demanda du secours aux autorités européennes situées sur la frontière. On envoya aussitôt des forces pour châtier Slambie et ses partisans. En peu de temps on leur prit une quantité prodigieuse de troupeaux. Neuf mille têtes de bétail furent livrées à Gaïka, en compensation des pertes qu'il avait éprouvées. Les chefs confédérés tournèrent alors toute leur furie contre les colons européens : tout le pays entre les rivières des Poissons et Zwartkops fut envahi par les Cafres. On fut obligé d'évacuer plusieurs des postes militaires qu'on avait établis. Enhardies par ces succès, les tribus cafres, conduites par Dufani, fils de Slambie, et par Makanna, cherchèrent à s'emparer de la ville de Graham; mais elles furent repoussées, et obligées de faire retraite au delà de la rivière aux Poissons.

En 1819, le gouvernement du Cap ordonna une expédition guerrière sur le territoire cafre. On pénétra dans le district de Tanka et aux sources de la rivière Kat, puis le long de la côte jusqu'à l'embouchure de la rivière Key. Makanna se constitua prisonnier, fut envoyé à l'île de Robben, et se noya en voulant s'échapper. On s'avança ainsi le long des montagnes et à travers les bois jusqu'aux sources des rivières Keyskamma et Buffalo. On exaspéra les Cafres contre les Européens, en tirant indistinctement sur les femmes et les enfants, que ces peuples, que nous nommons barbares, respectent toujours dans leurs guerres les plus acharnées. On s'empara, dans cette expédition, de plus de trente mille têtes de bétail, qui furent prises principalement à Slambie et à ses partisans. Lorsque les hostilités eurent cessé, le commandant de l'expédition eut une entrevue avec Gaïka, et il fut convenu que tout le pays entre les rivières Keyskamma et des Poissons serait évacué, considéré comme terrain neutre, et occupé seulement par des postes militaires. Slambie fut déclaré hors la loi, et devait être livré par les Cafres eux-mêmes. Mais, malgré cet arrangement conclu entre Gaïka et le gouvernement colonial, Slambie, non-seulement n'a point été livré, mais il n'a pas été abandonné de ses amis, et il ne perdit rien de son influence dans le pays. C'est l'histoire d'Abd-el-Kader.

En exécution de la convention conclue, les troupes de cette expédition furent employées à bâtir un fort et des baraques sur les bords du Keyskamma. Ce fort a reçu le nom de Willshire. Gaïka, obligé d'évacuer avec sa tribu le terrain déclaré neutre, ne put s'empêcher de remarquer que ses alliés et ses bienfaiteurs étaient devenus ses oppresseurs.

Tels sont les principaux événements auxquels se réduit l'histoire des Cafres (Kousas), qu'il ne faut pas confondre avec les Zoulas, dont nous parlerons plus loin, et qui sont aujourd'hui des ennemis très-dangereux pour la colonie naissante de Port-Natal.

Tamboukkis; Amapondas; horde d'origine européenne; Amazizis; Mantatis.

Suivant une tradition cafre, il existe tout au nord de l'Amakosie une nation à longs cheveux plats et qui n'a rien de commun avec les Cafres; elle s'appelle *Mathola*. Sur la côte orientale, la tradition d'un peuple à longue chevelure s'était propagée depuis longtemps, lorsque Van-Reenen trouva chez les Hambouas quelques vieux Européens qui avaient donné lieu à cette croyance. Ce qui rend quelquefois les assertions difficiles à vérifier dans ce pays, c'est le changement de demeure et les émigrations des petites hordes, qui tantôt se réunissent, et tantôt s'éloignent les unes des autres; en sorte qu'au bout de quelques générations elles n'en ont plus qu'un souvenir confus, ou sont devenues complétement étrangères les unes aux autres.

Les Tamboukkis, connus également sous les noms de *Mathimbas* ou *Amatymbas*, ne diffèrent pas beaucoup des Cafres (Kousas) leurs voisins. Les deux peuples ont la même langue, les mêmes usages, et sont depuis longtemps alliés entre eux. Les Tamboukkis ont dans leur langage moins de ces sons claquants, particuliers aux Hottentots, et que les Cafres paraissent avoir imités depuis qu'ils sont établis dans le pays qu'occupaient autrefois les Hottentots, entre les montagnes Neigeuses, la côte et la rivière de Keyskamma.

Autrefois les Tamboukkis habitaient plus vers le nord-est au delà du Wittkay; ils étaient alors plus riches et plus puissants qu'actuellement. Il y a quelques années, les Tamboukkis furent surpris, battus et dépouillés par une horde de Fetchannas, dont l'origine est encore inconnue. Thompson en parle comme d'une troupe de brigands, et les appelle *Ficanis*. Chassés de leur sol natal, les Tamboukkis se retirèrent vers les frontières de la colonie; et après le départ des Fetchannas ou Ficanis leur pays fut occupé par une tribu de Cafres sous le commandement d'un chef appelé Boukhou, fils de Hinza. L'arrivée des Tamboukkis dans leurs demeures actuelles, entre les montagnes Neigeuses et les rivières Wittkay et Zwartkay, déplut d'abord aux colons blancs, voisins de la frontière, parce que ce pays desert leur avait servi comme pâturage à leur bétail et pour leurs chasses; et ils étaient assez disposés à repousser les nouveaux occupants. Cependant le landdrost leur fit sentir qu'ils n'avaient aucun droit aux terres hors de la colonie, et il les engagea, dans leur propre intérêt, à entrer en relations amicales avec les Tamboukkis. Les colons suivirent ce conseil, et s'en trouvèrent bien; car il s'est établi depuis entre les colons et les Tamboukkis des relations qui ont tourné au profit de l'un et l'autre peuple. Les sauvages viennent librement dans la colonie, et les paysans étendent leurs chasses jusque chez les Tamboukkis. Ceux-ci, loin de voler chez les colons, ont plusieurs fois contribué à la restitution des bestiaux dérobés par les Cafres et les Boschjesmans. Par reconnaissance, le district de Somerset fit présent à Bouana de trente pièces de moutons et de cent brebis et chèvres. Bouana demanda, soit spontanément, soit d'après l'avis des colons, au landdrost de Somerset, que des blancs vinssent s'établir sur son territoire, pour lui enseigner l'agriculture et le protéger contre les Fetchannas. Cette demande ne fut pas accueillie; mais on lui insinua qu'il fallait solliciter l'établissement d'une mission, ce qui serait pour lui un gain à la fois sous le rapport de l'instruction et de la sûreté. Toute la contrée habitée par les Tamboukkis qui sont gouvernés par Bouana n'offre, pour ainsi dire, qu'un seul tapis de verdure; car la plupart des collines mêmes sont couvertes de plantes en hiver; les troupeaux y trouvent de l'herbe en abondance. Partout jaillissent des sources considérables; la contrée, surtout au nord-est du séjour de Bouana, où les missionnaires se sont établis, est bien arrosée : deux rivières la traversent, l'Oskraal et le Klipplaet. Cependant le bois y manque; on n'a d'autre combustible que les saules le long des rivières, et les buissons d'épines dispersés dans la contrée. Pour trouver du bois de charpente il faut aller jusqu'au Zuurberg, qui fait partie des montagnes où la rivière d'Orange prend sa source.

Le climat du pays des Tamboukkis est plus froid en hiver que celui de la plus grande partie de la colonie du Cap; cependant il y fait moins froid qu'aux environs de la rivière des Baviaans, du Groenberg et des montagnes Neigeuses. Pendant le séjour du missionnaire Hallbeck au pays des Tamboukkis en 1827, dans la saison hivernale, le thermomètre n'y baissa jamais jusqu'au point de congélation. En été, la chaleur est assez modérée, grâce à l'élévation du terrain. C'est dans le voisinage de ce plateau que naissent plusieurs des principaux fleuves de l'Afrique méridionale, tels que la rivière d'Orange, le Wittkay, la grande rivière des Poissons; et, d'après plusieurs observations hypsométriques, les sommités les plus élevées des montagnes Neigeuses se trouvent également dans le voisinage. On ressent ici, comme dans la partie adjacente de la colonie et dans la Cafrerie, des vents violents; c'est là probablement la cause qui empêche les arbres d'y croître, et ce qui rendra difficile l'établissement des plantations. C'est peut-être aussi pour cela que les cabanes rondes de Tamboukkis sont ordinairement appuyées contre un ou plusieurs troncs de mimosas, qu'on entrelace dans les roseaux de ces chaumières. Il pleut rarement en hiver; mais il tombe un peu de neige, comme dans l'intérieur de la colonie du Cap. Au printemps et en été, des pluies d'orage viennent rafraîchir la terre. Il paraît que ces pluies ne manquent jamais; du moins les Tamboukkis n'ont pas encore eu l'idée de pratiquer des irrigations. Le pays abondait autrefois en gibier, tel que springbocks, couaggas, hartebeests, gnous, élans, etc.; alors il était infesté aussi de lions et d'autres bêtes féroces. Aujourd'hui les chasses ont réduit considérablement les diverses espèces de gibier et de bêtes féroces. Toutefois, le gibier n'y manque pas encore, et les lions causent quelquefois des ravages.

En s'avançant au nord-est le long de la côte, on trouve les *Amapondas* ou les *Hambonas*, qui sont également de race cafre. Les Amapondas sont d'une taille plus petite, mais mieux prise que les autres Cafres. Il y a aussi quelque différence dans leur manière de s'habiller : tandis que la femme cafre s'enveloppe de la tête aux pieds dans un ample manteau plissé de peau de bœuf, sur lequel pend une triple rangée de boutons, et tandis qu'elle porte pour coiffure un bonnet haut comme celui d'un grenadier, et chargé d'une verroterie qui coûte quelquefois au mari plusieurs pièces de bétail, la femme amaponda, moins riche, ne porte qu'un manteau chétif, sans ornement, et n'a d'autre coiffure que ses cheveux. Il y a environ une vingtaine d'années, le pays des Amapondas fut envahi par une partie de la nation des Zoulas, qui après la mort de Chaka (Tchaka) s'était divisée en deux tribus, dont l'une, commandée par Takou, fut chassée de son pays, et se jeta dès lors sur les Amapondas. Mais ceux-ci, aidés de quelques tribus cafres, les repoussèrent, et les forcèrent de rétrograder vers le nord.

Les Amapondas sont séparés des Tamboukkis par l'Umzoumvobo ou rivière des Hippopotames, qui est, selon M. Bain, la rivière de Saint-Jean du commodore Owen. C'est une belle rivière, qui abonde en hippopotames, et ses bords escarpés sont ombragés de beaux arbres de diverses espèces, dont plusieurs sont inconnues dans d'autres parties de la contrée. Le sol arrosé par l'Umzoumvobo est peut-être le plus riche de l'Afrique méridionale : tous les végétaux y atteignent une hauteur prodigieuse; l'herbe s'élève en beaucoup d'endroits à trois ou quatre mètres, et présente de magnifiques pâturages; les arbres atteignent jusqu'à trente mètres de hauteur, et les forêts qu'ils forment sont le repaire de nombreux troupeaux d'éléphants. Les champs produisent des cannes à sucre, du millet et du maïs; rien ne surpasse leur fertilité. Tel est du moins le tableau que MM. Bain, Cowie et Green nous font de ce pays.

Il y a dans le pays des Amapondas, aux environs de l'Umzoumvobo, une horde qui excite un vif intérêt. Elle descend d'Européens naufragés qui se marièrent avec les femmes du pays. Ce fait, qui avait d'abord été révoqué en doute, paraît aujourd'hui bien démontré. On sait que le *Grosvenor,* vaisseau de la Compagnie anglaise des Indes, périt en 1782 sur les côtes de la Cafrerie. Une expédition qui, neuf ans après, partit pour s'enquérir du sort des naufragés, arriva dans le territoire des Amapondas; elle rencontra dans le voisinage du lieu de l'accident une horde d'environ quatre cents individus, issus du mariage d'Européens avec les indigènes, et trouva encore parmi eux trois vieilles femmes blanches qui avaient entièrement oublié leur langue maternelle. La horde de mulâtres à laquelle elles appartenaient possédait des bestiaux, et avait de grands jardins plantés en sorgho, maïs, cannes à sucre, patates, bananes et haricots. « Elle devait, dit Thompson, évidemment son origine à l'équipage de quelque navire jeté sur cette côte longtemps avant la catastrophe du *Grosvenor* ».

M. Bain signale les *Amaclasabies* et les *Mujalies*, comme habitants au nord de l'Umzoumvobo. Mais on n'a pas d'autres renseignements sur ces deux tribus de race cafre.

Les *Amazizis* (Barapoutsas?) sont une tribu qui vit au nord des Zoulas, sur les bords du Mapouta (Amazizi). Le capitaine Owen, occupé de travaux hydrographiques relatifs à cette région, donne les renseignements suivants sur cette rivière, qui se jette dans la baie de Lagoa. « Le cours du Mapouta est à peu près de quatre-vingts à quatre-vingt-dix milles; il a son embouchure dans le coin méridional de la baie de Lagoa, vient du sud-ouest, et prend sa source vers le 27° de latit. australe, et 31° longit. orient. de Greenwich, dans un groupe de montagnes du pays des Vatouas ou Votouas (Zoulas). »

Les Amazizis ont beaucoup de gros bétail, de moutons, de chèvres et de volaille; ils ne connaissent pas les chevaux. Ils savent fondre le cuivre et le fer; leurs forgerons fabriquent des houes, des sagaies, des haches et des aiguilles. Les hommes et les femmes fouillent la terre avec des houes. Les femmes coupent les tiges du blé et les hommes battent le grain; on ne l'enterre pas comme chez les Cafres, on l'entasse sur la terre, et on le couvre avec de l'herbe. On cultive le sorgho, le maïs, les haricots, les melons d'eau et les courges. On prépare une boisson spiritueuse avec le sorgho. Les animaux sauvages sont les loups, les chacals, quelques espèces d'antilopes; plusieurs de ceux qui appartiennent à l'Afrique australe ne sont pas connus dans cette contrée.

Lorsque des indigènes sont privés de leur bétail, et réduits au désespoir, il faut qu'ils deviennent voleurs ou qu'ils meurent de faim. C'est ce qui est arrivé aux *Mantatis*. Incapables de résister aux Zoulas, qui les accablaient par le nombre, ils furent pillés et expulsés de leur pays, se joignirent à d'autres tribus qui avaient partagé le même sort, et se précipitèrent comme un torrent sur les tribus de l'intérieur, faibles et peu belliqueuses. Les Mantatis suivirent le cours de la branche principale du Gariep, subjuguant dans leur route plusieurs hordes de Kousas; ensuite, ils marchèrent au nord, pillant et dispersant toutes les tribus betjouanas avec lesquelles ils eurent quelque point de contact. Korrichané, capitale des Maroutzis, fut du nombre des villes saccagées et brûlées. Mais Makkaba, chef des Nuakketsies, tombant à l'improviste sur les Mantatis pendant qu'ils s'étaient divisés en deux troupes, les défit, et sauva ainsi son territoire. Après cet échec, les Mantatis dirigèrent brusquement leur marche au sud, et tombèrent avec furie sur une division des Barolongs, qu'ils pillèrent et dispersèrent sans opposition. Le succès leur ayant procuré du bétail et du grain en abondance, ils continuèrent leur route au sud, vainquirent aisément les Tammahas, et s'avancèrent enfin contre les Matchapis. Ceux-ci auraient succombé à leur tour sans le secours des Griquas, armés à l'européenne. Le bruit de la mousqueterie et les blessures faites par des armes invisibles leur causaient une surprise extrême; néanmoins, ils soutinrent l'attaque avec une fermeté bien plus digne de remarque que leur défaite finale. Cet événement eut lieu en 1822. Les déprédations des Mantatis avaient commencé deux ans auparavant. — Thompson pense que les Mantatis ont la même origine que les *Ficanis*, et qu'on doit les réunir en une seule bande ou tribu. En effet, le nom de *Mantati* signifie, en betjouana, *maraudeur*, de même que *ficani*, en cafre, signifie *pillard*.

BETJOUANAS (1); LES DIVERSES TRIBUS DE CETTE NATION, ET LES CONTRÉES QU'ELLES HABITENT.

On donne le nom de *Betjouanas* aux nombreuses tribus de race cafre qui parlent la langue setchouana et habitent au nord et au nord-est de la rivière d'Orange jusqu'au delà du tropique du Capricorne. Les Hottentots leur ont appliqué la dénomination générale de Cafres.

Les Betjouanas ont de commun avec les Cafres (Kousas) un grand nombre de traits caractéristiques; de sorte que ce que nous avons dit plus haut des Cafres peut s'appliquer en partie aux Betjouanas. Le Cafre (Kousa) est plus belli-

(1) Ce nom s'écrit indifféremment *Boutjouanas*, *Boutschouanas*, *Boutchouanas*, *Beetjouanas*, *Bitjouanas*, *Bichuanas* et *Betjouanas*. Nous adoptons la dernière orthographe. Le préfixe *ba*, *bé*, ou *ma*, signifie, suivant Burchell, *homme*, comme le suffixe *qua* dans la langue des Hottentots.

queux, il a des manières plus rudes et des mouvements plus passionnés; le Betjouana est plus persévérant, plus industrieux, et plus attaché à l'agriculture : cette différence s'exprime aussi dans leurs physionomies. Les Betjouanas se distinguent encore des Kousas par la solidité et la forme architecturale qu'ils donnent à leurs maisons, par l'art avec lequel ils fabriquent leurs armes et leurs outils, et par leur constitution hiérarchique.

Les tribus des Betjouanas voisines l'une de l'autre sont souvent en guerre, ou alliées entre elles contre une troisième. La principale de ces tribus c'est celle des *Bachapins* ou *Matchappis*. Ce que nous dirons de celle-ci s'appliquera en grande partie aux autres tribus moins connues, qui sont les *Nuakketsies* ou *Wanketzis*, les *Maroutzis* ou *Mouhourouzis*, les *Moquainas* ou *Macquinis*, les *Machaous*, les *Gohas* ou *Koyas*, les *Morrimessanis*, les *Mampours*, les *Karriharrys*, les *Tammakas* ou *Batammakas*, les *Barolongs* ou *Morolongs*, les *Makwins* ou *Bamakwiins*, les *Bamurchars* et les *Mokarraquas* (1).

BACHAPINS OU MATCHAPIS (2); VILLE DE LITTAKOU.

Les Bachapins ou Matchapis sont une tribu des Betjouanas, et appartiennent, par conséquent, à la race cafre. Ils vivent au nord des Korannas, dans une contrée ouverte, sablonneuse et assez bien arrosée. Ils doivent leur importance à la ville de Littakou, une des villes les plus considérables de l'Afrique australe, qu'ils habitent.

Leurs mœurs et leurs moyens de subsistance sont à peu près ceux des Betjouanas. L'autorité du chef passe du père au fils aîné; les frères et les parents les plus proches partagent avec lui le pouvoir, mais en sous-ordre. Ce pouvoir est d'ailleurs tempéré par l'influence des principaux propriétaires. Ils sont souvent convoqués par le chef pour donner leur avis : ces conseils s'appellent *picho*. Quand il s'agit d'une expédition guerrière, le chef ordonne une levée, et aussitôt tous les hommes ou ceux qui ont été désignés prennent les armes. Tous les Bachapins sont habitués, depuis leur enfance, à manier l'hassagaie, et ils ne quittent jamais leur demeure sans être munis de cette arme. Leurs guerres consistent plutôt en surprises et ruses, et en enlèvements de bestiaux, qu'en combats réglés. On cherche à envahir le pays de l'ennemi au moment où il s'y attend le moins, et à le surprendre au sommeil. C'est un honneur d'avoir tué un ennemi dans ces expéditions, n'importe de quelle manière; ils en conservent le souvenir glorieux en se faisant une incision à la cuisse, et en rendant cette marque ineffaçable par le moyen de quelques cendres qu'ils frottent dans la plaie fraîchement faite. Burchell et Lichtenstein ont vu des indigènes qui avaient une demi-douzaine de ces signes d'honneur.

Le but de leurs guerres est le pillage plutôt que la destruction de leurs ennemis : ils enlèvent des troupes considérables de bestiaux. Quelquefois ils font des prisonniers de guerre, qui deviennent leurs serviteurs; mais il ne paraît pas qu'ils les regardent tout à fait comme esclaves, ni qu'ils les vendent à une autre tribu. Ils les rendent d'ailleurs contre une rançon.

Dans leurs alliances, les Bachapins sont un peuple inconstant et égoïste. Ils sont alternativement les amis et les ennemis des tribus voisines; ils font alliance avec les uns pour piller les autres; mais ils ne sont jamais alliés avec les Boschjesmans, dont les brigandages leur inspirent une antipathie profonde.

Il y a dans cette tribu une classe misérable, qui n'a d'autres moyens de subsistance que la chasse et la recherche des racines sauvages; aussi est-elle d'une maigreur effrayante. Les serviteurs des riches n'ont qu'une portion de lait, et sont obligés de pourvoir au reste de leur subsistance comme ils peuvent. Le chef a droit au poitrail de tout animal tué par un de ses sujets. On prétend que la peine

(1) L'orthographe de ces noms et de tant d'autres est estropiée de la manière la plus déplorable par les voyageurs et les géographes. Chaque auteur adopte à cet égard une orthographe particulière. Il serait cependant bon de faire disparaître cette confusion de noms propres.

(2) Burchell écrit ce nom *Bachapins*; Campbell, *Matchappis*; Thompson, *Matchapis*; Kay, *Matclhapis*.

de mort attend quiconque enfreint cette loi.

Les Bachapins n'ont point de religion. Burchell n'a pu découvrir chez eux aucune notion d'un être suprême. Ceux qu'il interrogeait à ce sujet répondaient que chaque chose dans ce monde venait spontanément ; aussi ne pratiquent-ils aucune espèce de culte. Cependant ils redoutent un être malfaisant, auquel ils attribuent tout ce qui leur arrive de fâcheux : ils le nomment *Mouliimo,* ou diable. Afin de détourner les effets de sa malignité, ils se munissent d'amulettes, tels que des morceaux de cornes d'antilopes, arrangés d'une certaine façon.

Ils ont des idées superstitieuses relativement aux moissons. Pendant tout le temps qui précède immédiatement les moissons, la loi défend de tuer certains animaux; on s'abstient aussi du commerce d'ivoire. Ils croient aux présages et à la sorcellerie. « A ce sujet, dit Burchell, ils tombent dans les plus grandes absurdités. Moulihaban, chef des Bachapins, était mort quelques mois avant mon arrivée. Quoique cette mort fût l'effet des infirmités de son âge, ses sujets l'attribuaient aux sortiléges de Makrakki, chef des Nuakketzies, d'abord son ami, puis son adversaire. Mattivi et ses gens en étaient si fermement persuadés, qu'ils avaient résolu de se venger par des attaques et des pillages. En vain Makrakki, pour captiver la bienveillance de son ennemi, lui envoya-t-il des bœufs en présent : à Littakou on les déclara ensorcelés, et Mattivi s'en défit au plus vite. »

L'apparition des météores les alarme beaucoup ; si dans ce moment ils dansent, aussitôt ils se retirent dans leurs maisons. Ils attribuent à la saison des pluies tous les biens qu'ils éprouvent, et à un être surnaturel tous les maux, tels que les maladies, les mauvaises récoltes, la mort. On ne doit pas tuer d'éléphant pendant la croissance du blé, ni toucher aux défenses de cet animal avant qu'une certaine quantité de pluie soit tombée, parce qu'autrement celle qui est nécessaire ne rafraîchirait pas la terre. A l'apparition de la nouvelle lune tout travail doit cesser, et on observe une sorte de jour férié. Chez tous les peuples qui n'ont ni lampes ni chandelles il n'est pas étonnant que le retour de la nouvelle lune soit hautement apprécié ; un feu assez faible, qu'il faut sans cesse entretenir, ne supplée qu'imparfaitement à la clarté de la lune.

Quoique les Bachapins aiment beaucoup le sel, ils ne veulent ni entrer dans un lac salé, ni en prendre la moindre parcelle, parce que cela est contraire à leur loi ou coutume; mais si une autre personne leur apporte du sel, ils l'achètent, comme un objet de commerce.

Quand une femme accouche de jumeaux, l'un des enfants est mis à mort. La même chose se pratique pour les vaches; l'un des veaux est égorgé. La première matinée qui suit les récoltes, on laisse les vaches sortir du kraal sans les traire ; mais on les trait à midi. Dans cette même matinée on attache beaucoup de tiges de sorgho à l'enclos qui entoure la maison ; c'est pour que le bétail les mange, et qu'il ne devienne pas malade en se nourrissant de la paille laissée dans les champs. Quand le bétail meurt de maladie, le propriétaire doit fixer un roseau à l'entrée de l'enclos; on observe la même pratique quand quelqu'un de la famille est malade, afin que personne n'entre, à moins d'être invité.

Les Bachapins ont de bonnes qualités : ils sont laborieux, vivent généralement d'accord entre eux, et se comportent en public avec beaucoup de décence. Burchell ne vit jamais de querelles parmi eux, ni des accès de colère. Leurs femmes passent pour fidèles ; il est vrai que le mari a un pouvoir terrible sur elles. Les Bachapins aiment la propreté dans leurs demeures ; mais il ne faut pas la chercher sur leurs personnes. Des vices notables entachent aussi leur caractère : ils sont menteurs et rusés; ils n'exercent aucune hospitalité, et n'ont aucune horreur du meurtre. Quand la famille de la victime ne venge pas sa mort, le meurtrier peut demeurer impunément dans sa tribu ; personne ne lui reproche son crime.

Le défaut d'hospitalité a fait naître une coutume qui ressemble à celle des proxènes chez les anciens Grecs. Les Hottentots de Klaarwater qui vont à Littakou pour faire le trafic choisissent un correspondant, ou *maat,* chez lequel ils logent, et qui leur fournit ce dont ils ont besoin. Ils l'indemnisent en lui donnant du tabac. Quand ce *maat* vient à Klaarwater, il loge à son tour chez le Hottentot qu'il reçoit habituellement.

Les Bachapins aiment la musique, quoiqu'ils n'aient pour tout instrument qu'une flûte de roseau. Leurs chants ne sont pas dépourvus de mélodie.

On habitue les Bachapins, dès leur enfance, à pratiquer les métiers qui doivent les faire vivre dans l'âge mûr : ce sont les jeunes garçons qui gardent les troupeaux dans les pâturages, sous la surveillance de quelques hommes âgés. Les hommes se livrent à la chasse, vont au pillage, apprêtent le cuir et les vêtements, même ceux des femmes, qui, à la vérité, ne diffèrent guère de ceux des hommes; ils ont soin des bestiaux, et s'occupent à faire des outils et ustensiles de ménage, tandis que les femmes construisent des chaumières, sèment et moissonnent les grains, vont chercher de l'eau et du bois, et préparent les aliments. Les Bachapins ne montrent leur force physique que dans les longues marches qu'ils sont capables de faire, et dans la vigueur avec laquelle ils lancent leur hassagaye; dans d'autres exercices ils ne surpassent point les Européens. Ils ont les mains et les pieds plus gros que les Boschjesmans et les Hottentots. Les traits de leur visage manquent souvent de proportions comparativement à ceux de l'Europe. Quelques Bachapins ressemblent aux Nègres de la Guinée, et d'autres aux Hottentots ou aux Koras, avec lesquels ils s'allient fréquemment.

Les Bachapins n'ont pas en général le nez épaté et les lèvres épaisses des Nègres; leur menton n'est pas pointu, et le bas de leur figure n'est pas rétréci comme chez les Hottentots. Les femmes, étant d'une courte taille et sans grâce, offrent d'autant moins d'attraits qu'elles s'affublent au point de ressembler à des paquets de peaux : elles en portent une par-devant en forme de tablier, appelée *makkoabi* ou *mateino*, et une autre par-derrière, qu'elles nomment *mouseisy*. Leurs jambes sont entourées de gros anneaux de cuir, qui leur donnent un air lourd, mais qui les garantissent des épines dans les plaines. Elles ont de la vivacité dans leur jeunesse : mais dans un âge mûr les soins du ménage et la subordination à leurs maris les rendent graves et soucieuses. Les maris les achètent de leurs parents, et ne les considèrent que comme des servantes qu'ils ont acquises pour bâtir leurs chaumières et préparer leurs repas. Dix bœufs sont considérés comme un prix élevé pour une femme; la plupart se donnent pour moins de cinq. Les pauvres, qui ne possèdent souvent qu'un manteau sur le dos, ont leurs femmes presque pour rien.

Les bracelets que les Bachapins reçoivent des Maroutzis et d'autres tribus sont faits en poil de girafes ou d'autres animaux, et entourés de fils de cuivre. Quelquefois on fixe de petits anneaux, à distances égales, autour de ces fils (1). Il y a des femmes qui en entourent les coudes et les genoux. Leurs couleurs favorites sont le noir, le blanc et le bleu-clair.

Les femmes mettent un soin particulier à leur coiffure. Il semble d'abord qu'une chevelure laineuse n'est pas susceptible de beaucoup de façons; cependant elles sont parvenues à diviser cette laine en petites mèches très-fines, qui partent du sommet et pendent de tous les côtés de la tête. La graisse et le *sibilo* donnent de la consistance à ces mèches. Un étranger a de la peine à se persuader que c'est une chevelure naturelle, et que ce n'est pas une coiffe particulière, appliquée sur la tête. Les femmes pauvres ne donnent pas tant de soin à leurs cheveux.

Le costume ordinaire des hommes consiste en trois pièces : le *kobo* ou le manteau (plusieurs peaux cousues ensemble); le *pukoje*, ou le tablier, et les *lichaaku*, ou sandales de cuir de bœuf;

(1) Lichtenstein a fait analyser ce cuivre par Klaproth, qui l'a trouvé composé de quatre-vingt-treize parties de cuivre pur et de sept parties d'étain; c'est donc un alliage qui ressemble au bronze des anciens. Or, comme on n'a pas encore trouvé dans l'Afrique méridionale de métal de cette composition, Lichtenstein présume que le cuivre de cette nation leur vient du nord, et que c'est peut-être un bronze ancien que les Cafres auraient conservé dans leurs émigrations.

le *phuru* est une espèce de calotte de cuir. Ils y joignent, comme ornements, des anneaux d'ivoire portés autour du coude. Les personnes moins riches ont ces anneaux faits avec des boyaux d'animaux ou de l'écorce. On orne les bracelets de cuivre et de verroterie. Les plus superstitieux ont des amulettes suspendues au cou. Le *lekaaka*, ou boucle d'oreille, est une lame de cuivre assez épaisse et de deux à cinq pouces de longueur.

Quand les Bachapins peuvent se procurer des boutons de métal, ils ne manquent pas de s'en décorer. Sur la tête ils portent quelquefois des bouquets de poils, provenant de la crinière ou de la queue du kakung, du kaama, ou d'autres espèces d'antilopes. Ceux qui veulent y mettre quelque raffinement se font raser la tête par plaques, et sillonner, pour ainsi dire, leur chevelure touffue. Quelques-uns rasent toute la tête, à l'exception d'une mèche qu'ils laissent subsister sur le sommet, et qui pend par-derrière.

Les Bachapins ont leur peau tellement couverte d'ocre et de sibilo, qu'on en distingue rarement la véritable couleur. Ils portent suspendus au cou divers outils, tels que le *tipa* ou couteau, dont la gaîne est en bois ou en corne, quelquefois sculpté, et une aiguille ou alène (*thako*), renfermée aussi dans une gaîne de cuir. A l'aide de cette alène et du fil fait de boyaux, ils cousent ensemble leurs cuirs et leurs peaux. Souvent ils portent au cou un petit sifflet dont le son leur sert de signal à la chasse. Quand le soleil est très-ardent, ils portent quelquefois une espèce de parasol fait en plumes d'autruche, et d'une forme assez élégante. Ils emploient les petites plumes noires de l'autruche pour les attacher autour d'un bâton qu'ils emportent à la chasse. Quand un animal féroce s'élance sur le chasseur, celui-ci fiche le bâton en terre, et se sauve; l'animal se jette dessus, et l'homme a le temps nécessaire pour se mettre en sûreté, ou pour appeler ses compagnons.

Leurs connaissances métallurgiques sont très-imparfaites. Ils appellent le fer *tsipi*, et le cuivre *tsipi e kubilu*, c'est-à-dire *fer rouge*; par le nom de *tsipi e tseka* (fer jaune), ils désignent tout à la fois l'or et le laiton. Quant à l'argent, ils l'appellent *tsipi e chu*, ou fer blanc. D'après cette nomenclature, le fer *tsipi* serait la base des autres métaux : il n'y aurait de différence que dans la coloration. C'était aussi là l'opinion des alchimistes.

Dans un climat aussi sec que celui de la plaine de Littakou, les maladies sont en petit nombre. La variole a fait une ou deux fois quelques ravages; beaucoup d'habitants en moururent; d'autres en ont conservé les marques. Burchell n'y a vu aucune trace d'éléphantiasis ou de lèpre, quoique des tribus plus méridionales n'en soient pas exemptes. On rencontre chez les Bachapins quelques cas d'ophthalmie; mais Burchell n'a vu qu'un seul cas de cécité. Ils ont des gens qui font métier de traiter les malades; mais leurs connaissances médicales se réduisent à quelques pratiques superstitieuses. Cependant, ils font usage de remèdes chirurgicaux; ainsi, pour arrêter l'action du poison dans les plaies faites par les flèches empoisonnées des Boschjesmans, ils brûlent la chair tout à l'entour de ces plaies. Ils appliquent aux blessures faites par les hassagaies ordinaires un onguent composé de graisse et de charbon pulvérisé.

Leur agriculture est fort simple, et abandonnée aux femmes. Ils labourent les champs avec une espèce de houe, à la profondeur d'environ quatre pouces. Ils sèment leur blé en août ou en septembre, suivant l'arrivée plus ou moins tardive des pluies, et ils le moissonnent vers le mois d'avril. Ce blé (*Holcus Cafrorum*) ressemble au maïs, avec la différence que les épis, au lieu d'être fusiformes, sont groupés en bouquets. Les Betjouanas l'appellent *mabbele*; ils en mâchent les tiges, qui renferment une quantité notable de sucre. Pour s'en nourrir, on fait ordinairement bouillir le grain; quelquefois, après l'avoir broyé, on y mêle du lait, et on en fait une pâte qui finit par s'aigrir et qu'on appelle *boukobi*. Ils cultivent aussi beaucoup une espèce de petite fève appelée *lenowa* (*Dolichos catiang* B.). Cette plante a environ un demi-mètre de haut et n'est pas grimpante; les fleurs sont, suivant les variétés, d'un beau bleu, ou jaunes; les gousses sont droites et disposées par paires. Burchell se procura les graines de plusieurs végétaux que les Bachapins cul-

Chambre à Coucher du Palais.

Lemaitre direxit

Vestibule du palais des rois

tivent dans leurs jardins; on y remarque surtout le melon d'eau, qu'ils appellent *lekatoni*. Ils distinguent les variétés à pepins jaunes, rouges, verts et noirs. Ils ont aussi une espèce de melon d'eau appelé le *chuatze*, qu'ils mangent cuit, ainsi que le potiron ou le *poutzi*. La calebasse (*sikkwo*) est cultivée à cause de son fruit, qui leur sert de vase à boire et de pot au lait. Il est étonnant qu'étant si avides de tabac, ils ne cultivent point cette plante. Interrogés pourquoi ils ne cultivaient pas eux-mêmes le tabac, au lieu d'en mendier, ils répondirent que ce n'était pas la coutume. Ainsi, chez les Bachapins comme ailleurs, on est esclave de la routine. Cependant ils reçurent avec reconnaissance les pommes de terre et les noyaux de pêches que Burchell leur donna à planter.

La disette d'aliments se fait souvent sentir chez les Bachapins. Il n'y en a qu'un petit nombre qui vit dans l'abondance; les autres sont réellement tourmentés par la faim, et n'ont d'autre ressource que de parcourir la campagne pour déterrer des racines; car on ne trouve dans le pays d'autres fruits que les baies de quelques buissons rabougris. Les racines qu'on rencontre le plus fréquemment dans la plaine de Littakou appartiennent à des espèces particulières de *Gladiolus* (*Gladiolus edulis*, B.) et de *Babiana* (*Babiana hypogæa*). La racine que les indigènes appellent *tama* est remarquable par sa grosseur; elle appartient à la seule espèce de *Bauhinia* qu'on ait encore rencontrée dans l'Afrique méridionale. Cette plante a des branches longues et minces, se répandant sur le sol à une distance de deux à trois mètres; les feuilles sont rondes et bifides, les fleurs jaunes, très-grandes; les gousses, énormément longues, contiennent des graines brunes, semblables aux fèves. Elle ne croît que dans les plaines sablonneuses; sa racine atteint la longueur d'un demi-mètre sur un diamètre d'environ dix-sept centimètres. Séchée, elle a une couleur rougeâtre, et ressemble à la racine d'igname (*Dioscorea alata*); mais le goût en est astringent: les indigènes corrigent cette âcreté en faisant cuire la racine dans du lait. On mange aussi les graines de la plante appelée *tammani*; et on les enfile pour des colliers.

L'industrie des Bachapins ne se montre que dans la construction de leurs maisons et dans leur manière de coudre le cuir. Ils ne connaissent pas la tannerie, et c'est à force de frotter, gratter et tendre les peaux qu'ils les apprêtent. Leurs *kobos* ou manteaux sont composés quelquefois de soixante à quatre-vingts peaux artistement cousues ensemble; ces peaux proviennent de petits animaux, que les indigènes distinguent par les noms de *inghé*, *kotokwi*, *khaloui* et *nakeeri*; la première espèce est la plus commune. On prend aussi la peau d'une espèce de chat à fourrure tachetée; on le nomme *kakikan*: c'est le *Felis nigripes* de Burchell. Il est à peu près de la taille du chat domestique, de couleur rousse, et entièrement marqué de taches noires plutôt oblongues que rondes; le sommet de la tête est d'une couleur plus foncée que le corps. Les poils du corps ont environ un pouce de longueur. Pour garder leur lait, les Bachapins le mettent dans une peau de bœuf cousue en forme de sac, et munie d'une embouchure en bois. Comme ce vase n'est presque jamais nettoyé, le lait s'y aigrit promptement. Ils font aussi des pots de terre en argile bien pétrie, mêlée à de la cendre et de l'herbe hachée; mais ils ne savent pas vernir cette poterie, faite à la main. Leurs cuillers, qu'ils appellent *louchoua*, sont taillées en bois dur de *mokaala* ou d'acacia des girafes. Ils sculptent sur ces cuillers des arabesques qui ne sont pas dépourvues d'une certaine élégance; ils relèvent ces ornements en noircissant le fond à l'aide d'un fer chaud. (Voir la planche.) Au reste, les dessins par lesquels ils veulent imiter des objets naturels annoncent l'enfance de l'art. On montra des dessins d'animaux à Burchell, qui eut de la peine à reconnaître les animaux qu'on avait voulu représenter. On voit quelquefois entre leurs mains des couteaux et d'autres outils dont les manches ont des figures sculptées; c'est l'ouvrage des tribus qui demeurent plus au nord, et qui savent très-bien travailler le fer, indice d'un degré de civilisation plus avancé.

La ville de Littakou (1), qu'habitent

(1) Quelques-uns écrivent indifféremment *Litakoun*, *Takoun*, *Lattakou*.

les Bachapins, est, suivant Burchell, située à 27° 6' 44" latit. australe, et à 24° 39' 27" long. orient. (Greenwich); elle est éloignée du Cap d'environ neuf cent soixante-douze milles dans la direction du nord-est. C'est la ville la plus considérable de l'intérieur de l'Afrique australe; elle est le but de la plupart des voyages que les Européens ont entrepris pour visiter ce continent, en partant de la ville du Cap. La côte la plus proche est celle de Natal. On distingue l'ancien et le nouveau Littakou. L'ancien chef-lieu était situé sur le Kourouman, et avait été visité par Truter et Somerville en 1801, époque à laquelle il contenait environ douze mille habitants. La plupart émigrèrent dans la suite, en se portant au nord-est avec Makkraki, leur chef, qui avait eu une querelle avec Moulihaban, au sujet d'une femme que l'un avait enlevée à l'autre. Le chef-lieu actuel (Nouveau-Littakou) est situé dans une plaine qui était autrefois couverte d'acacias. Chaque *kosi* ou homme puissant a bâti sa maison à l'endroit qui lui a convenu, et ses parents, amis et serviteurs, ont groupé leurs demeures autour de la sienne. En 1812, Littakou se composait d'une quarantaine de groupes de maisons contenant de cinq à six mille habitants. Chaque demeure occupe une aire circulaire de quarante à soixante pieds de diamètre, entourée d'une haie épaisse, impénétrable à une hassagaie et aux bêtes féroces; elle fournit un bon abri contre les vents violents. Une entrée étroite, qu'on ferme le soir par une porte treillée, conduit dans l'enclos, dont la maison occupe le centre. La porte de la maison, qui est de forme circulaire, est un trou ovale, assez grand pour qu'un homme puisse y passer. Quelques maisons ont des cloisons qui forment deux ou trois petites chambres, probablement pour séparer les parents et les enfants; la chambre centrale a souvent la forme d'un cône ou d'une demi-ellipse. Les cloisons et l'aire de ces chambres sont en argile et très-lisses. Le toit est en chaume ou plutôt en gazon très-long que fournit la plaine d'alentour. Les habitants conservent leurs grains dans des espèces de jarres ovales, faites en branches d'arbres recouvertes d'argile. Chez les riches, toute la partie postérieure de leur habitation est remplie de ces jarres plus ou moins grandes. Ce qu'il faut louer surtout dans les maisons des Bachapins, c'est l'ordre et la propreté : on n'y voit point de poussière ni d'ordure; le sol est soigneusement nettoyé.

Les collines qui environnent Littakou sont de forme aplatie et garnies seulement de quelques arbrisseaux, parmi lesquels on distingue une espèce de *Vangueria*, à laquelle Burchell a donné le nom de *infausta*, probablement parce que les indigènes regardent cette plante comme ensorcelée (1). (Voir la planche.) Dans la plaine on trouve une demi-douzaine d'espèces d'acacias, parmi lesquelles on remarque l'*Acacia Litakunensis* de Burchell.

Littakou et Tombouctou sont les stations les plus importantes pour des voyages d'exploration qu'on pourrait tenter dans les régions inconnues de l'intérieur du continent africain.

Les *Nuakketsies* sont au nord des Bachapins. Leur chef-lieu est Mélitta, ville plus considérable que Littakou. Ils se distinguent des autres tribus par leurs connaissances métallurgiques; grâce à l'industrie du fer et du cuivre, dans laquelle ils excellent, ils se rendent en quelque sorte tributaires tous les peuples d'alentour. Ils fabriquent des ustensiles et des armes, parmi lesquelles on remarque surtout une espèce de hassagaie, dont le travail vraiment admirable ferait honneur au plus habile forgeron d'Europe. Suivant Campbell, les Nuakketsies ne fabriquent pas eux-mêmes les anneaux de cuivre qu'ils vendent aux Bachapins : ils les reçoivent d'une nation à l'est, ou plus voisine de l'océan indien. — Les Nuakketsies portent aussi le nom de *Wanketzens* ou *Wankitz*, d'après un de leurs anciens chefs. Leur langue et leurs mœurs diffèrent peu de celles des autres Betjouanas. Mais les Nuakketsies ont, dit Campbell, des magasins plus consi-

(1) Cette plante est remarquable en ce que c'est la seule espèce de *Vangueria* (famille des Rubiacées) qu'on ait rencontrée dans l'Afrique australe. Une autre espèce existe à Madagascar. Burchell en donne la caractéristique suivante : *Frutex* 4-9 *pedalis. Folia tomentosa ovato-subrotunda, sæpe acuminata, decidua.*

Habitation

Lemaitre direxit

Cour d'une habitation

dérables pour conserver leurs denrées, et de plus grands vases de terre pour leurs grains; ils cultivent plus de terre, et ont des pois, des fèves et des melons plus abondamment que leurs voisins. Ils ne se peignent pas autant que les Bachapins, et sont très-propres dans leur ménage. L'air de leur contrée est plus humide que le long de la rivière d'Orange; l'herbe est plus aigre, et ressemble à celle qui croît près de la côte. Dans quelques endroits il y a de vastes forêts. Le chef a plus d'autorité que ceux des autres tribus betjouanas.

Burchell nous apprend que les plantes de la famille des Protéacées, qui caractérisent la flore du Cap, réapparaissent dans le pays des Nuakketsies, après une interruption de sept degrés environ de latitude.

Les *Maroutzis* habitent, à l'est des Nuakketsies, une ville considérable, appelée Korritchané. Ils savent également travailler le fer. Ils fabriquent des pioches, des doloires, des haches de bataille, des couteaux, des sagaies, des rasoirs, des alênes, des tarières, des tenailles de forgeron, des marteaux, des anneaux; en ivoire, ils font des manches de couteau, des sifflets, des anneaux pour les bras et les jambes; en cuivre, des anneaux pour le cou, les bras, les jambes, des pendants d'oreilles; en jonc, des paniers et des bonnets; en cuir, des manteaux, des bonnets; des sandales, des boucliers; en bois, toutes sortes de plats et de cuillers; en pierre, des pipes. Leur fer équivaut à l'acier.

Ils cultivent beaucoup de tabac, pour leur usage et pour le commerce; ils en font cuire les feuilles, ce qui diminue beaucoup sa force, et le rend insipide pour les personnes accoutumées au tabac préparé d'une autre manière. — Ils font de la bière avec du sorgho moulu; elle est de la couleur du lait foncé, et aussi épaisse qu'une décoction de gruau. Son goût est à peu près celui de la bière anglaise, une heure après qu'elle a été brassée.

Les Maroutzis ont beaucoup de bétail; et il y a dans leurs kraals un enclos public où l'on tue les moutons et les bœufs. La tranquillité qui règne la nuit à Korritchané frappe un étranger : « Elle est si grande, dit Campbell, que lorsque le temps est calme, si quelqu'un tousse fortement, aussitôt tous les chiens d'alentour aboient. Le silence est peut-être prescrit, afin qu'on puisse mieux entendre l'approche de l'ennemi. La loi défend de faire usage d'un sifflet après l'entrée de la nuit, probablement parce que c'est le sifflement qui donne l'alarme quand l'ennemi arrive. »

L'usage des proxènes existe à Korritchané comme à Littakou. Le signe par lequel on s'engage à une hospitalité mutuelle consiste à prendre son hôte par le nez. Campbell remarqua que tous les enfants, de même que les adultes, avaient été vaccinés entre les deux sourcils. Le chef lui dit que les Maroutzis recevaient la matière de l'inoculation des Mahalasilas, nation du nord-est qui porte des habits, monte des éléphants, et se compose de dieux. Ils donnent le vaccin aux Maroutzis, mais ne leur disent point comment ni d'où ils l'obtiennent. — Les Maroutzis pratiquent la saignée en faisant une incision depuis la partie inférieure de la cuisse jusqu'au milieu de la jambe. Ils font aussi des incisions aux tempes, pour se guérir des maux de tête. Ils causent ainsi souvent des anévrismes par la lésion des artères.

Les mœurs et les coutumes des *Machâous* (*Bamuchars* de Burchell) diffèrent peu de celles des Bachapins. Leurs maisons sont bâties à peu près de la même manière, excepté qu'elles ont devant la façade une espèce de terrasse : c'est un espace large d'un mètre, élevé d'environ quinze centimètres au-dessus du sol, et dessiné en forme de croissant. — Les Machâous connaissent l'inoculation de la petite vérole, et font l'incision au front. Ils disent que la connaissance de ce moyen préservatif leur vient d'hommes blancs, établis au nord-est de leur pays; ils croient qu'il ne prévient pas la maladie, mais qu'il en diminue la violence. — Ils n'ont pas la coutume de loger les étrangers : ils les envoient dans un enclos particulier. Souvent il se passe un jour entier avant qu'on leur offre quelque chose à manger. Peut-être faut-il chercher l'origine de cet usage dans la disette dont la contrée est souvent affligée. Les Machâous habitent la ville de

Potani, à l'ouest de Littakou, sur les bords du Kourouman. Campbell comptait en 1820 dans le territoire Patani trois cent vingt-trois maisons, réparties dans huit quartiers séparés. A cinq individus par maison, on peut estimer le nombre des habitants à mille six cent quinze.

Les *Mokarraquas* habitent, au nord-ouest des Machâous, une contrée sablonneuse, et manquent d'eau. Ils sont peu nombreux.

Les *Tammakas* ou *Batammakas* habitent à l'est de Littakou. On les connaît aussi sous le nom de Cafres rouges. Leurs maisons ressemblent à celles des Korannas. Le chef-lieu de cette tribu se trouve, sur la carte de Burchell, à 26° 56' latitude australe, et à 25°48' longitude orient. (Greenwich).

Dans le pays des Maroutzis, le vent, en hiver, souffle généralement du nord-est; dans le pays des Machâous, du sud-est; et dans celui des Tammakas, pendant le jour, du nord-est, et pendant la nuit, du sud-est.

Les *Barolongs* ou *Morolongs* vivent au nord-est de Littakou; ils se divisent en deux sous-tribus, les *Marrouwonnas* et les *Maibous*.

Les *Gohas* (*Gokas* ou *Koïas*) habitent, à l'ouest des Mantatis, sur les bords du Donkin, l'un des affluents de la rivière d'Orange. Leur roi actuel se nomme Sakanna. Il y a dans le pays un tel manque de bois, qu'on n'en a pas pour faire les clôtures des kraals à bétail. Ils font des cordes avec la queue des gnous.

Les tribus des *Boquains*, des *Maquins* (Maquainas ou Moquainas), des *Merre-Moutzans* (Morrimessanis) vivent entre le 26e et 24e degré latitude australe, à l'est des Maroutzis. Leurs demeures ne sont pas stables. Tous ces peuples paraissent avoir eu des relations avec les Portugais par la baie de Lagoa.

Les *Mampours* demeurent sur les bords du grand désert. Ils sont en guerre continuelle avec les Kallikarris. On n'a sur eux que des renseignements très-vagues.

Les *Kallikarris* (Karrikarris, Makarrharis, Bokarrikarris, Kallibarrys) habitent, au nord-ouest de Littakou, sur la lisière du grand désert austral. Le chemin qui conduit de Littakou à Kallikarri est parsemé de différentes espèces d'acacias, parmi lesquelles il y en a d'entièrement inconnues. Le nom de *Kalli karris* signifie *Betjouanas pauvres*, parce qu'ils n'ont ni bœufs ni moutons. Quoiqu'ils aient un chef, ils se regardent comme indépendants. Ils se servent de la hassagaie, et, de même que les Boschjesmans, ils creusent des fossés pour prendre des animaux. Quand ils sont appelés pour une expédition de pillage contre leurs voisins, tout ce qu'ils gagnent doit être livré à leurs supérieurs, et il dépend de la générosité de ceux-ci de leur en donner une portion. Il leur est défendu de porter des manteaux de peau de cheval, ou tout autre vêtement qui indique un rang distingué: ils n'emploient que les peaux dont les riches ne font pas usage. Quoique nombreux, ils vivent éparpillés; un petit nombre seulement habite près du chef. Leurs pays est traversé par le Meloppo ou Melop (Nosop), rivière large et rapide jusqu'aux environs de Setaabi; coulant ensuite au milieu de cavités profondes, il diminue à un tel point, avant de se réunir au Kourouman, à Kuissy, qu'il est entièrement à sec, sauf dans la saison pluvieuse. Les rivières voisines du Meloppo, et toutes celles qui coulent entre Littakou et le Kourouman, se jettent dans ce dernier pendant la saison des pluies; alors seulement le Kourouman arrive à la rivière d'Orange, mais à toute autre époque il ne lui apporte pas une goutte d'eau.

Le plateau élevé et désert qui s'étend de 25° à 15° latitude australe, et probablement au delà, mérite le nom de *grand Sahara méridional*. L'horizon est borné par une plaine sablonneuse. Il n'y a pas d'Européen qui ait traversé ce désert en entier, de l'est à l'ouest, ou du sud au nord. Les premiers renseignements un peu précis qu'on ait de ce grand désert sont de Jean Hendric, instituteur griqua, dont parle Campbell. Hendric avait parcouru une partie de ce désert, dans l'ouest, parallèlement au pays des grands Namaquas; partout il l'a trouvé couvert de sable. La surface du sol est rarement unie : elle offre des renflements entre lesquels le terrain est couvert de touffes éparses d'herbe flétrie. Il n'y a pas un seul arbre; çà et là se montre un chétif arbuste. Mais Hendric y rencontra en abondance le melon d'eau sauvage, que l'on peut avec raison appeler l'ami du désert. Quoique d'un goût fade, c'est un mets précieux pour les habitants solitaires de ce Sahara du Sud : la partie aqueuse étanche la soif, et les graines dont ce fruit est rempli servent de nourriture. On a coutume de l'ouvrir et d'en retirer les graines, que l'on fait rôtir et que l'on mange; puis on fait cuire ce qui reste; on verse l'eau dans un vase; et après s'être nourri de la pulpe restée dans le pot, on conserve l'eau et on la boit quand elle est refroidie. On a aussi recours à une autre méthode : on creuse un trou en terre, on le remplit de ces fruits, on les recouvre de sable, et on allume un grand feu par-dessus. Lorsque les melons sont suffisamment cuits, on les retire; on verse dans des coquilles d'œufs d'autruche l'eau qu'ils contiennent, et l'on mange la pulpe. Ce fruit a été merveilleusement adapté par la Providence aux besoins des indigènes; car ordinairement il conserve sa fraîcheur pendant deux ans; de sorte que s'il ne tombait pas de pluie pendant cette période, les indigènes trouveraient dans cette production tout à la fois les moyens de se désaltérer et de se nourrir. Les habitants du désert font aussi la chasse aux éléphants, aux girafes et aux quaggas.

Hendric n'avait pas vu d'eau courante dans le grand Sahara austral ; mais après la saison des pluies il y a des mares dans les cavités du sol. Il avait aussi entendu parler d'un lac salé. Les habitants sont éparpillés à la surface de cette contrée ; ils fuyaient généralement la troupe dont Hendric faisait partie. Il apprit également que le désert se prolonge au nord jusqu'au pays des Quabis, dont le nom signifie herbe au genou. Ses courses au nord et dans l'est du désert ne s'étaient pas étendues au delà de Quisé, qu'il comparait, pour les dimensions, à la ville de Littakou.

Hendric fournit aussi quelques renseignements sur plusieurs tribus très-peu connues au nord-est de Littakou. Près des Moquainas vivent les *Magalatzinas* (Mahalasilas), qui vendent aux autres tribus des objets d'habillement et des verroteries de manufacture européenne ; ils montent des éléphants, et se servent de buffles pour traîner les charrettes ; ils ont le teint brun et la chevelure longue. Après eux et au sud-est des Nuakketsies, on trouve les *Makloutuas*; ensuite viennent successivement les *Mounchuyanès*, les *Moukoubès*, les *Makoanis*, les *Bora-Malizas*, les *Legoyas*, les *Botchakapilès*, les *Bamoutslaatzas*, les *Borapoutzanas*, les *Bakotès*, les *Mapantuès* (1).

COLONIE DE NATAL (PORT-NATAL).

Nous avons vu plus haut comment les fermiers de la colonie du Cap avaient, en masse, abandonné leurs anciennes possessions pour venir s'établir dans la contrée de Natal. Le gouvernement chercha d'abord à opposer une digue à ces émigrations; mais, n'ayant pu y réussir, il consentit à la fondation de cette nouvelle colonie. L'adoption de cette nouvelle colonie fut notifiée, en 1843, au conseil législatif du Cap par une dépêche de lord Stanley, secrétaire d'État des colonies. On remarque dans cette dépêche les articles suivants :

1° La loi ne reconnaîtra de supériorité ou d'incapacité d'aucune sorte, fondée sur une simple distinction de couleur ou d'origine, ou sur une différence de communion ou de langage.

2° Aucune agression contre les naturels qui vivent en dehors des limites de la colonie ne sera permise, sous quelque prétexte ou par quelque rassemblement de personnes que ce soit, à moins que ces personnes n'agissent sous la direction ou d'après les ordres du gouvernement.

3° L'esclavage, sous toute espèce de forme et de dénomination, est interdit et illégal, comme dans les autres parties de l'empire de sa majesté britannique (2).

La nouvelle colonie qui vient d'accroître encore la puissance britannique est située sur la côte orientale de l'Afrique du Sud, entre le 29e et le 32e degré de latitude australe; elle a une étendue de 300 milles le long de la côte, sur une profondeur de 100 milles dans l'intérieur du conti-

(1) Il est probable que ce sont là, en grande partie, les noms estropiés des tribus que nous avons déjà fait connaître.

(2) *Colonial Magazine*, avril 1843. — *Annales maritimes*, septembre 1843.

nent. Cette colonie contient environ 18 millions d'acres de terres fertiles et bien arrosées. Le climat y est sain, et les produits y sont très-variés. On y récolte des céréales de toutes espèces; le coton, la laine et l'ivoire y abondent. Sa position est extrêmement favorable pour le commerce. Le seul port qu'on y connaisse, le port Natal, est barré, et ne peut, à la vérité, recevoir des navires à voiles d'un tonnage supérieur à 150 tonneaux, mais il offrirait un abri sûr à des bâtiments à vapeur d'une grande capacité. Plusieurs tribus populeuses d'indigènes se sont fixées au sud-ouest et au nord-est de la nouvelle colonie. Port-Natal est à deux ou trois jours de distance de la colonie du Cap; à six jours de Madagascar, à quatorze des îles de Maurice et de Bourbon, et à un jour et demi de la baie de Lagoa, avec de bons vents. La population blanche et noire s'élevait en 1843 à vingt mille âmes.

Avec de sages institutions, Natal pourra devenir pour des milliers de naturels et d'émigrants la source de progrès rapides. Négligée, cette nouvelle colonie ne présentera qu'une répétition des scènes qui ont si souvent déshonoré le nom d'Européens.

M. le professeur Krauss est le premier Européen qui ait donné des notions précises sur la flore de Natal, qui diffère notablement de celle du Cap (1). Presque toute la côte est garnie de bois touffus, où l'on ne peut pénétrer que par des sentiers frayés par les buffles et les éléphants. Il est impossible de se faire une idée des richesses de végétation que recèlent ces forêts. A l'époque de la floraison, les arbres tels que *Calodendron capense*, Thunb.; *Phallaria lucida*, Hochst.; *Anaphrenium longifolium*, Bernch.; *Gardenia globosa*, présentent de loin l'aspect d'un immense bouquet. Mais ce n'est pas tant l'exubérance de la végétation, que plutôt la forme et le port des plantes, qui caractérisent cette contrée. Nous citerons ici, comme exemples, le magnifique et touffu *Zygia fastigiata*, E. Mey; le *Phœnix reclinata*, Jacq., à tige élancée, couronnée d'un bouquet; le *Milletia caffra*, Meisner, à fleurs blanches en grappes; l'*Annularia natalensis*, Hochst., à fleurs jaunes rosacées; le *Tabernæmontana ventricosa*, Hochst.; enfin les nouveaux genres établis par Hochstetter : *Monospora grandiflora*, *Xylotheca Kraussiana*, *Natalitia lucens*, *Podiopetalum reticulatum*, *Bracteolaria racemosa*, *Candelabra mucronata*.

En quittant les bois, on trouve çà et là, par groupes, le *Strychnos spinosa*, Lam., dont les rameaux fléchissent sous le poids de gros fruits jaune d'or; l'*Arduina grandiflora*, E. Mey, qui porte pendant une grande partie de l'année tout à la fois des fleurs odoriférantes et des fruits rouge-carmin d'une saveur exquise; le magnifique *Erythrina caffra*, dont la floraison est pour le Cafre l'époque des semailles du blé. Dans les prairies l'œil s'arrête sur les belles fleurs des *Polygala oppositifolia*, L.; *Passerina anthylloïdes*, L.; *Iatropha hirsuta*, Hochst.; *Thunbergia atriplicifolia*, E. Mey; et différentes espèces de *Gendarussa*, *Hedyotis*, *Ocymum*, etc. Les plaines humides et les rives des fleuves sont ornées d'innombrables graminées. Le *Strelitzia angusta*, si abondant autour du Pisang-Rivier de la colonie du Cap, tapisse les îles de la baie de Port-Natal; le *Musa paradisiaca*, qui produit les bananes, forme ici la limite de sa végétation tropicale; car on ne le rencontre pas plus loin au sud. M. Krauss n'a pu se procurer le fruit mûr de cette plante, parce que les Cafres le mangent vert et en font leurs délices.

A mesure qu'on s'éloigne des côtes, les bois disparaissent et on se trouve sur un immense plateau, dont la fertilité et les riches pâturages attirent de nombreuses familles d'émigrants. Les acacias, diverses espèces d'euphorbes et d'aloès rappelient en quelque sorte la végétation des Karrous. Les sommets des montagnes, surtout de celles qui se composent de grès bigarré, sont couvertes d'orchidées, de watsoniées, d'ixiées, d'hypoxidées et de cypéracées. Dans les fissures du grès on trouve le *Chirocalyx mollissimus*, Meisn., nouveau genre, à feuilles très-larges. Au bord d'une des

(1) Les détails qui suivent sont extraits de *Beitræge zur Flora des Cap-und Natallandes*; v. Prof. Dr. Ferd. Krauss; Ratisbonne, 1846, in-8°.

rivières de cette contrée, M. Krauss découvrit la première espèce africaine d'*Eriocaulon*, et un nouveau genre auquel M. Bischoff a donné le nom de *Sphærothyleax algæformis*. Malheureusement la guerre des Cafres et les troubles qui régnaient alors dans la colonie (années 1838—1840) ne lui permirent pas de pousser plus loin ses explorations scientifiques (1).

HABITANTS DE LA BAIE DE LAGOA.

Les indigènes de la baie de Lagoa appartiennent à la grande famille des Cafres. G. White en estime le nombre à six ou dix mille. Leur couleur est d'un beau noir. Les hommes sont grands et bien faits; ils portent au cou un sifflet de corne d'antilope ou de cerf, et s'en servent pour s'appeler, quand ils sont éloignés les uns des autres. Ils se coupent ordinairement les cheveux, excepté une grosse touffe sur le haut de la tête; ils lient cette touffe et la soutiennent avec de petits morceaux de bois, pour qu'elle conserve la forme d'un pain de sucre; quelquefois ils gardent de chaque côté de la tête deux grosses touffes de cheveux qu'ils passent dans des trous de morceaux de cuivre de la grosseur de nos boutons. Ils sont tous tatoués sur le visage, depuis le milieu du front jusqu'au bout du menton; le tatouage a la forme d'un demi-cercle avec une ligne de points qui descend du milieu; il figure un X sur les tempes; le corps et principalement l'estomac sont embellis de la même façon; chaque famille a une manière particulière de se tatouer. Au reste, ils ont les mœurs et les coutumes des autres tribus cafres.

Les indigènes ont autrefois entretenu un trafic suivi avec les Portugais, qui avaient établi un fort et un comptoir dans la baie de Lagoa. Les principaux objets de commerce étaient, comme aujourd'hui, la poudre d'or, les dents d'éléphants et l'ambre gris, la cire et la gomme. Les habitants les recevaient, par voie d'échange, des peuplades de l'intérieur. C'est ce qui explique l'existence de ces objets de fabrique européenne que des voyageurs ont rencontrés au centre de l'Afrique (1).

La baie de Lagoa (Lorenço-Marquez), située à 25° 52' latit. australe et 33° longitude orientale (Greenwich), a une étendue de trente milles de l'est à l'ouest, et de soixante du nord au sud. Elle est très-fréquentée par les navires qui vont à la pêche des baleines. Ces cétacés y entrent au mois de juin pour mettre bas, et la quittent en septembre, quand leurs petits sont assez forts pour les suivre en mer. Ils sont aujourd'hui devenus rares dans ces parages. — La baie offre un bon port, et plusieurs grandes rivières y ont leur embouchure. Le Mafumo, qu'on nomme aussi *English-River*, est navigable pour les gros navires; il a quatre milles de large, et dans les grandes marées quatre brasses d'eau sur la barre qui est à son embouchure. Plus haut son canal est large d'un quart de mille. Le mouillage que les vaisseaux prennent ordinairement est au delà de la barre, dans un endroit où l'eau est profonde. Il est facile de s'y procurer des vivres de toute espèce, tels que du bœuf excellent, des chèvres, des poules, du poisson, des patates, des choux et d'autres herbes potagères, des citrons, des bananes; l'eau de la rivière est très-bonne. Il y a dans la baie beaucoup de bas-fonds, d'écueils et de bancs changeants; mais un navire peut mouiller en sûreté dans plusieurs parties où il y a un bon fond à une profondeur suffisante. — Le climat est très-sain dans la saison sèche; mais pendant la saison chaude et pluvieuse, il règne aux environs une fièvre maligne, caractérisée par des pustules qui rappellent celles de la peste.

La baie de Lagoa, ainsi que la belle et fertile contrée de Tembe ou Tempe qui l'avoisine, appartiennent, depuis 1823, aux Anglais, qui ont ici remplacé les Portugais.

Au nord de la baie de Lagoa il y a le pays d'Inhambana, également habité par

(1) Le voyage de mon savant ami n'avait pas seulement pour objet la Flore de ces contrées, mais encore la Faune, particulièrement les crustacés et les mollusques. Les crustacés ont été déjà l'objet d'une publication sous le titre : *Die südafrikanischen Crustaceen ; eine Zusammenstellung aller bekannten malacostraca*, etc. ; v. Dr. Ferd. Krauss, avec 4 planches; Stuttgart, in-4°, 1843.

(1) *Annales maritimes*, février 1844.

des tribus de race cafre. Au nord, ce pays est séparé du royaume de Sabia par le cap de Corrientes et le fleuve d'Inhambana. La côte d'Inhambana, peu fréquentée, est sablonneuse et couverte de dunes jusqu'à la pointe de la baie de Lagoa.

DAMARAS.

Les Damaras sont la seule tribu de race cafre qui habite la côte occidentale de l'Afrique : toutes les autres tribus de cette race occupent, ainsi que nous venons de le voir, la côte orientale.

Campbell, en 1814, et Thompson, en 1824, sont les premiers voyageurs qui nous aient donné quelques vagues détails sur les Damaras; et encore n'en parlent-ils guère que par ouï-dire. M. Alexander est jusqu'à présent le seul qui ait visité cette nation. Pendant son voyage, entrepris en 1836, il a pénétré, sur la côte occidentale, jusqu'au 22° latit. australe; il donne ainsi les premières notions sur des pays qui étaient jusqu'alors à peu près inconnus.

Les Damaras sont partagés en Damaras des collines (*Hill-Damaras*) et en Damaras des plaines (*Damaras of the plains*). Les premières forment une nation nombreuse, entre le 23° et 24° latit. australe. Au sud, ils ont pour voisins quelques hordes errantes de Boschjesmans qui les séparent des grands Namaquas; au nord, ils ont pour voisins les Damaras des plaines. Ils vivent en petites communautés, sous l'ordre d'un chef qui n'a qu'une autorité nominale. Les Namaquas, qui sont souvent en guerre avec eux, les appellent *Koup-Damaps* ou *Dung-Damaras*. M. Alexander propose de leur conserver les noms de *Humis* ou *Hill-Damaras* (Damaras des collines).

Les Hill-Damaras ne cultivent pas de blé; ils mènent une existence misérable, et sont souvent, à défaut de gibier, réduits à se nourrir de lézards, de souris, de racines, de bulbes sauvages, et quelquefois de feuilles. Leurs coutumes sont aussi simples que leur nourriture. « Lorsqu'un homme veut épouser, dit Alexander, il va trouver le père de sa future, et lui offre, comme cadeau de noces, des bulbes et des souris dépouillées; s'il est agréé comme gendre, il joint aux oignons et aux souris une ou deux hassagaies, des arcs, des flèches, une couple de kaross et de peaux d'antilope. Puis ils dansent un peu, et le nouveau marié emmène sa femme avec lui dans sa hutte. » La danse des Damaras ressemble à celle des Boschjesmans : les femmes se tiennent au milieu du cercle, claquant des mains et chantant : *Hey, heheyo, hey he hey! ho hou!* pendant que les hommes, leurs sandales à la main et coiffés de cornes d'antilope (ce qui leur donne un aspect satanique), exécutent lentement leur danse et répondent en chœur. Leur instrument de musique est le gorah.

Les Hill-Damaras ne pratiquent pas la circoncision comme les autres tribus cafres, ce qui les rapproche des Namaquas. Ils prennent autant de femmes qu'ils en peuvent entretenir. La contrée qu'ils occupent est très-sablonneuse; elle est arrosée par des rivières dont le cours est encore peu connu, et qui restent à sec ou se perdent dans les sables pendant une grande partie de l'année. La principale de ces rivières est le Kuisip. Niais est la capitale des Hill-Damaras; elle est située à 23° 5′ latitude australe, et 17° 55′ longitude orientale de Greenwich, dans une espèce d'oasis où paissent de nombreux troupeaux; au nord elle est bordée par une chaîne de montagnes élevées, à laquelle M. Alexander a donné le nom de Beaufort, hydrographe de l'amirauté britannique; à l'est coule le Keikarup, dont les nombreux affluents se perdent dans le sable.

Les Damaras des plaines ou Kamaka-Damaras habitent au nord des Hill-Damaras; ils en sont séparés par la rivière de Swakop ou Bowel, dont le cours n'a pas encore été exactement déterminé, ainsi que par des chaînes de montagnes où aucun Européen n'a encore pénétré. M. Alexander n'a pas lui-même visité les Kamaka-Damaras; mais il a eu l'occasion d'en voir plusieurs à Niais, où ils étaient retenus comme prisonniers de guerre.

A en juger d'après ces prisonniers, les Kamaka-Damaras sont d'un noir d'ébène, ayant les membres bien proportionnés et bien musclés. Ils regardent comme une marque distinctive de leur nation de s'arracher les dents incisives supérieures. C'est un peuple pasteur, souvent en guerre avec les Namaquas et les Boschjesmans, à l'occasion des pillages et des vols de bestiaux. Leur langue est douce, chargée de voyelles, et exempte de ces claquements qui caractérisent la langue des Hottentots. Ils se donnent eux-mêmes le nom d'Oketenba ou d'Omotorondou. Les Kamaka-Damaras ont plus de ressemblance avec les Cafres que les Hill-Damaras. Ils croient à un grand Esprit, qu'ils redoutent beaucoup.

Ces tribus de la côte occidentale entretiennent-elles des relations avec celles de la côte orientale? en d'autres termes, existe-t-il des voies de communication directe de la côte ouest à la côte est, du pays des Damaras à Sofala ou à la baie de Lagoa? C'est ce que M. Alexander essaya d'éclaircir. Il voulut d'abord lui-même entreprendre ce voyage périlleux; mais il recula devant les renseignements que lui fournit Aramap, un des indigènes qui l'avaient accompagné dans son expédition. Il résulte de ces renseignements qu'un immense désert « où il n'y a pas une goutte d'eau, » sépare le pays des Damaras de celui des Betjouanas, et que pour aller de Niais à Littakou il faut faire un détour, en passant d'abord au midi, et suivant le cours du Nosop, l'un des affluents de la rivière d'Orange (1). Ce désert est le même que celui dont nous avons déjà parlé. (Voyez plus haut, p. 150.)

ZOULAS (*Zoulous.*)

La nation des Zoulas, de race cafre, s'est rendue, dans ces derniers temps, fort redoutable à la colonie du Cap de Bonne-Espérance. Chaka et son successeur Dingaan ou Dingarn, chefs des Zoulas, ont déployé, dans l'organisation de leurs troupes et dans leur gouvernement, une persévérance et une adresse que les Européens n'étaient pas habitués à rencontrer chez des sauvages. Ils sont parvenus, tantôt par la séduction, tantôt par la force, à soumettre à leur puissance presque toutes les autres tribus cafres, et à réaliser en grande partie ce que partout les colons ont le plus à craindre, une alliance offensive et défensive des indigènes entre eux. C'est particulièrement aux environs de Port-Natal que les Zoulas ont signalé leur présence par des actes de déprédation et de cruauté, actes que les missionnaires regardent comme de justes représailles; plus d'une fois ils ont ainsi mis la colonie naissante de Natal à deux doigts de sa ruine (1).

Dingaan, dont la puissance subsiste encore actuellement, semble avoir juré la perte des Européens dans la contrée de ses ancêtres; la paix n'est qu'un ajournement de ses desseins. Cependant il fait une exception à l'égard des missionnaires, auxquels il accorde volontiers sa protection en échange des présents qu'il en reçoit. Les missionnaires, d'ailleurs, prennent en toute occasion la défense des indigènes contre les colons; c'est ce que les indigènes eux-mêmes n'ignorent pas : et comme ils ne sont pas étrangers aux sentiments de reconnaissance, ils regardent les missionnaires comme leurs véritables amis. Nulle part l'intérêt religieux ne présente un contraste plus saisissant avec l'intérêt matériel. L'action du gouvernement devient souvent ici fort difficile. Au premier abord, il semble tout naturel que l'administration se range ouvertement du parti des colons, et qu'il défende formellement aux missionnaires de se mêler aux querelles des indigènes et des colons. Mais, on oublie que les missionnaires relèvent de la métropole, où l'élément religieux prédomine; et un gouverneur qui se déclarerait d'une manière trop absolue en faveur des colons au détriment des missionnaires, courrait risque d'être désavoué, sinon destitué par le ministère. Voila la véritable pierre d'achoppement de la politique du cabinet anglais.

Parmi les missionnaires qui nous ont donné, dans ces derniers temps, les renseignements les plus détaillés sur les Zoulas, je citerai N. Isaacs (2) et F. Gardiner (3).

Les Zoulas habitent au nord-ouest de la nouvelle colonie de Port-Natal. Cette contrée peut être considérée comme un camp permanent; tous les individus mâles sont soldats et divisés en trois or-

(1) *Expedition of discovery into the interior of Africa*, vol. II, p. 158. (Londres, 1838.)

(1) Comparez plus haut, pag. 65.

(2) *Travels and adventures in eastern Africa, descriptive of the Zoolas, their manners, customs*, etc., by Nathaniel Isaacs; 2 vol. in-8°, London, 1836.

(3) *Narrative of a journey to the Zoolus country, in South-Africa*, by Allen F. Gardiner; 1 vol. in-8°, London, 1836.

dres : les *umpagatis* ou vétérans, les *isimporthlos* ou jeunes guerriers, et les *amaboutos* ou conscrits. Les deux premiers se distinguent par des anneaux autour de la tête. Tout le pays est couvert de *ekandas* ou villes à baraques, où sont logés les régiments, composés chacun de six cents à mille hommes. On compte ainsi quatorze à seize *ekandas*, capables, à ce que l'on rapporte, de mettre sur pied une armée de cinquante mille hommes. Chaque régiment est commandé par deux à dix officiers principaux, appelés Indounas, dont l'un a le rang de colonel ; ceux-ci ont sous leurs ordres les officiers subalternes (sergents, fourriers, caporaux), qui sont particulièrement chargés de la distribution des vivres, des boucliers, etc. La danse est le principal exercice militaire. Pendant le règne de Chacka, il n'était permis à aucun soldat de se marier, à moins qu'il ne se fût distingué dans la guerre. Ce règlement a été depuis modifié. Cependant tout guerrier qui veut se marier doit obtenir auparavant le consentement du roi, qui ne l'accorde guère qu'aux vétérans.

Unkunginglove est la résidence actuelle du roi ; c'est à proprement parler un *ekanda*, mais le plus grand de tous. Les officiers qui y résident ont autorité sur tous les autres qui demeurent dans les villages plus éloignés de la résidence. Le roi surveille ainsi lui-même ses officiers supérieurs, et il envoie dans toutes les directions des espions pour surveiller la conduite de ses subordonnés. Il est ainsi au courant de tout ce qui se passe, et les moindres sujets de conversation lui sont fidèlement rapportés. Chaque colonel ou indouna en chef a le pouvoir de punition et de récompense : il tient toujours en réserve une multitude de bracelets et de colliers pour décorer les guerriers qui se sont distingués. Du temps de Chacka, chaque indouna en chef (colonel) avait droit de vie et de mort sur ses soldats ; mais le roi actuel, Dingaan, s'est seul réservé ce droit, et il le confère, dans quelques occasions, à ses trois ministres, Umthlella, Tambouza et Eoto. Ce dernier est le commandant de Congella, ville située sur les bords de l'Umthlatousi.

Les mœurs et coutumes des Zoulas rappellent, sous quelques rapports, celles des Juifs. La circoncision, usage autrefois de rigueur, est aujourd'hui tombée en désuétude. Le frère puîné est obligé d'épouser la femme de son frère décédé. Quand on redoute l'invasion d'une épidémie, l'un des *egeerkhas* ou docteurs parcourt la ville, et asperge la porte de chaque maison avec une sorte de goupillon fait en branches d'arbres qu'il trempe de temps en temps dans une large coupe d'eau. C'est une cérémonie de purification, qui était en usage chez beaucoup de peuples de l'antiquité. L'époque de la moisson du blé est une grande fête ; on offre au roi les prémices de la récolte. C'est aussi le moment de la danse et des exercices militaires. On célèbre aussi une fête en l'honneur de l'esprit de l'ancêtre immédiat du roi ; à cette occasion on sacrifie un taureau. M. Gardiner remarque ici que le nom Hham (qui paraît être d'origine hébraïque, de חם, *noir*) est très-commun parmi les Zoulas, et qu'il s'applique surtout aux hommes d'un appétit vorace. Les cérémonies et les conditions du mariage rappellent celles qui sont en usage chez les autres tribus cafres. La polygamie est permise. Une femme non mariée s'appelle *intomebi*, une femme mariée mais sans enfants *umfaz*, et une femme mariée ayant des enfants, *eneea*. Le roi n'avoue jamais ses enfants ; tout individu qui attribuerait des enfants au roi serait immédiatement mis à mort. Un jour on présenta à Chacka un jeune homme comme étant son fils ; il l'assomma d'un coup d'hassagaie, et en fit autant à la mère. Trois crimes sont punis de mort : l'adultère, la sorcellerie et la médisance contre le roi. La maison du malfaiteur est démolie ; les bâtons avec lesquels il a été tué, ainsi que les vêtements qu'il portait, sont jetés et déclarés impropres à aucun usage.

Les Zoulas, étant un mélange de plusieurs tribus conquises, présentent de grandes différences relativement à leurs costumes et vêtements. Leur peau même n'est pas chez tous d'une couleur uniforme. Ainsi, les uns ont le teint cuivré des Boschjesmans des frontières de la colonie du Cap, tandis que d'autres ont la peau d'un noir de jais, comme les habitants voisins de la baie de Lagoa. En général, le brun chocolat est la couleur

Lemaitre direxit

Chef Achantis dans son costume de guerre.

dominante. Ils sont, pour la plupart, d'une taille moyenne, actifs, bien proportionnés, et excellents à la course. Quoiqu'ils ne soient pas d'une grande propreté, ils aiment cependant à se baigner souvent dans les rivières. L'agriculture et l'élève des bestiaux fournissent leurs principaux moyens de subsistance. Ils savent très-bien forger le fer et le cuivre. L'habillement des guerriers consiste, autour des reins, d'une rangée de queues de chats descendant presque jusqu'aux genoux; les épaules et la partie supérieure du corps sont ornées de poils de queues de bœufs, et la tête est couverte d'un bonnet de peau de loutre; tout cet accoutrement leur donne un air vraiment martial.

Histoire des rois des Zoulas. Le roi actuel, Dingaan, est âgé aujourd'hui (en 1847) d'environ cinquante-deux ans. Ses prédécesseurs étaient Jama, Senzanakona et Chacka ou Charka. Ce dernier avait été élevé par Tingaswao, roi des Umtetwas, qui passe pour l'auteur de l'organisation militaire adoptée plus tard par Chacka. Les Umtetwas étaient alors une nation plus puissante encore que les Zoulas; Chacka commandait leur armée. A cette époque, les Umtetwas étaient engagés dans une expédition lointaine contre Sotchangan, souverain puissant d'une contrée située au nord-ouest de la baie de Lagoa; cette expédition échoua. En 1829, Dingaan et Umthlangan, assistés de Sataï, principal officier, conspirèrent contre la vie de leur frère Chacka. Celui-ci reçut, à un jour de marché, un coup d'hassagaie dans le dos; il essaya de se relever et de jeter son manteau; mais ses forces le trahirent. Ses dernières paroles étaient : « Que vous ai-je fait, fils de mon père ! » Sataï avait ourdi cette trame sanglante en faveur du plus jeune des frères, Umthlangan. Dingaan en conçut de l'ombrage; il tua son frère de sa propre main. Sataï s'échappa et vint vivre quelque temps dans le village d'Umthlatusi; mais il fut plus tard mis à mort par ordre de Dingaan. La royauté est héréditaire dans la ligne masculine directe. Un frère encore vivant de Dingaan est l'héritier présomptif. Il n'y a pas de souverain plus absolu et plus despotique que le roi des Zoulas.

SUR LES LANGUES DE L'AFRIQUE AUSTRALE.

I. LANGUES DES HOTTENTOTS.

Pour tous les indigènes de l'Afrique Australe, il ne peut être question que de la langue parlée; car la langue écrite, qui suppose une littérature, n'existe pas chez ces peuples, qui sont encore dans l'enfance de la civilisation. C'est ce qui explique en partie l'embarras qu'ont éprouvé tous les voyageurs pour représenter par des lettres les sons souvent étranges auxquels l'oreille de l'Européen n'est point accoutumée. Si l'on ajoute à cela que les Anglais, les Français, les les Hollandais, Allemands, les Espagnols, les Portugais écrivent ces sons chacun d'une manière différente et conforme à l'orthographe de leur nation, on comprendra les difficultés qu'on rencontre en traitant un pareil sujet de linguistique.

Ce qui caractérise les sons articulés des Hottentots, c'est un claquement particulier de la langue. Les Européens le représentent généralement par T', placé au commencement d'un mot ou d'une syllabe. Cependant ce claquement n'est pas uniforme : il varie suivant les circonstances, sans jamais manquer dans aucun des nombreux dialectes hottentots. Thunberg et Le Vaillant en ont signalé trois espèces : 1° *claquement dental :* c'est le plus usité, le plus doux et le plus facile à exécuter; on l'imite en appuyant la langue contre les dents incisives, puis la détachant avec vitesse en même temps qu'on ouvre la bouche; c'est ce petit bruit qui nous est familier dans un accès d'impatience ou de mauvaise humeur (1); 2° *claquement palatal :* il est plus bruyant que le premier; pour l'exécuter, il suffit de détacher la langue du milieu du palais, et d'imiter sans effort le moyen qu'emploie un écuyer pour faire partir les chevaux ou accélérer leur marche (2); 3° *claquement guttural :* c'est le plus difficile et le moins usité; il s'exécute par une contraction singulière de la langue qu'on retire brusquement du fond de la gorge pour la porter

(1) Le Vaillant le représente, dans son vocabulaire, par V.

(2) Le Vaillant le représente par V.

vers la partie antérieure du palais. Ces différents claquements précèdent immédiatement la prononciation des mots ou syllabes. Il y a, en outre, plusieurs sons gutturaux dont on trouve les nuances chez les Arabes. « Quand une demi-douzaine de Hottentots, dit Thunberg, parlent ensemble, on croirait entendre caqueter des oies. » Ce langage paraît être facile pour les enfants blancs, qui, suivant Sparmann, l'apprennent plus volontiers que le hollandais. Kolbe pense, au contraire, que la langue des Hottentots est fort difficile et peut-être impossible à apprendre pour un étranger, et que, de leur côté, les Hottentots prononcent si mal le hollandais et le français, qu'ils ne parviennent jamais à se faire bien entendre. Quoi qu'il en soit, ces claquements de langue que nous venons de décrire (1) sont absolument nécessaires à la prononciation; autrement on ne se ferait pas comprendre d'un Hottentot.

La langue des Hottentots sauvages se parle du creux de la poitrine, avec rudesse et une sorte d'enrouement; elle a de fortes aspirations, dans lesquelles on entend prédominer des diphthongues prolongées et ouvertes, telles que *oo*, *oou*, *aau*, *uu*. La prononciation des voyelles et les diphthongues est graduée à l'infini. Les Hottentots n'ont point les lettres *l*, *f*, *v* et *x*; ils n'ont pas non plus de sifflantes; ils confondent fréquemment le *d* et le *g*, le *b* et le *d*; enfin ils distinguent, par diverses aspirations, des mots qui pourraient nous sembler identiques.

Il n'y a point d'articles ni de déclinaisons; pour saisir les rapports des substantifs, il faut avoir égard au sens de la phrase, à l'intonation et aux gestes. Il n'y a pas non plus de verbes auxiliaires ni de conjugaisons; défaut auquel l'expression de la physionomie et la vivacité du geste ne suppléent qu'imparfaitement. La construction même paraît arbitraire, et M. Lichtenstein avoue qu'il n'a pu découvrir aucune règle à cet égard. On intercale fréquemment des particules qui ajoutent encore à la difficulté; ces intercalations sont surtout fréquentes dans les dialectes des Boschjesmans. Les substantifs, adjectifs et verbes qui expriment la même action ou le même état sont identiques; et on ne distingue point les pronoms personnels des pronoms possessifs. Le discours du Boschjesman se termine ordinairement par un son chantant prolongé pendant quelques secondes, et se perdant insensiblement dans un son plus grave.

L'idiome hottentot s'éteindra probablement; car il est parlé par des tribus sur lesquelles l'action civilisatrice des Européens se fait le plus sentir. Déjà les Hottentots du Cap ont, pour la plupart, oublié leur langue primitive : ils parlent une espèce de jargon hollandais. Les Boschjesmans parlent des dialectes très-différents, que les autres indigènes de même race entendent souvent difficilement; ces dialectes varient, dit-on, d'un kraal à l'autre. Les claquements de langue y sont très-marqués, et produisent sur l'oreille d'un Européen un effet désagréable.

Les Koras ou Korannas paraissent avoir conservé l'ancien idiome hottentot dans sa pureté primitive.

La langue des Namaquas est un dialecte éloigné de la langue des Hottentots proprement dits.

II. LANGUE DES CAFRES.

Ce que nous allons dire de cette langue s'applique principalement à l'idiome des Kousas; car le nom de Cafre (qui vient sans doute de l'arabe *Caffir*, infidèle) est inconnu chez les indigènes; ceux auxquels les premiers voyageurs ont donné ce nom s'appellent eux-mêmes Kousas.

La langue des Cafres diffère complétement de celle des Hottentots. « Elle diffère, dit Barrow, autant de la langue des Hottentots que celle-ci diffère de l'anglais. » On n'y remarque plus ces claquements de langue si difficiles à imiter. Suivant M. Lichtenstein, la langue des Cafres est pleine et sonore, et fait sur l'oreille de l'Européen presque l'effet de l'italien.

Rarement les mots ont plus de deux syllabes; on accentue la pénultième, et chaque voyelle n'est accompagnée que d'un petit nombre de consonnes. Les diphthongues *au*, *ou*, *eu* et *ai*, si fréquentes

(1) Van der Kemp, qui a composé et imprimé, en 1806, un catéchisme hottentot, compte dix espèces de claquements, qu'il indique par les chiffres 1, 2, 3, etc.

1 2 3

Lemaitre direxit

Peuples de la Sénégambie.

1. femme des environs de S.t Louis. 2 femme peul.

3 femme foulah du Cantorah.

dans la langue des Hottentots, et si diversement accentuées par ce peuple, sont étrangères à la langue des Cafres. Le dialecte des Kousas n'a pas non plus la lettre *r*; mais il a le *f*, ainsi que le *v* et *w*, qui manquent dans les dialectes des Betjouanas. Tous les dialectes cafres ont de commun les lettres mouillées, qu'on prononce avec une sorte de bégayement; ils n'ont point de sons sifflants; ils n'ont pas non plus le *x*. Apres le *k*, le *p* et le *t*, on fait entendre, dans beaucoup de mots, une forte aspiration.

Les Kousas parlent lentement et d'une manière très-distincte. Ils font des pauses entre les phrases, dont la construction est simple, et plus facile à saisir pour un Européen que celle de la langue des Hottentots. Leur déclamation est chantante et rhythmique. Quand ils veulent appuyer sur un mot, ils le répètent plusieurs fois de suite. Ces répétitions sont souvent de véritables fréquentatifs, indiquant que l'action a eu lieu plusieurs fois, ou rapidement, ou avec force. Avant de prononcer certains mots, surtout les substantifs commençant par une consonne, les Kousas serrent les lèvres, en sorte qu'on entend un *m* muet, ou bien *am*, *in*, *om* ou *oum*. Ils n'ont ni articles, ni verbes auxiliaires, ni déclinaisons, ni conjugaisons. Ils ne sauraient exprimer l'idée simple, mais abstraite, *je suis*; la différence des temps des verbes se marque par les pronoms. Ainsi *je* ou *moi*, au temps présent, se dit *dia*, au temps passé *di* ou *indi*, et au temps futur *do*. La plupart des verbes se terminent en *a* ou *biza* et sont de deux syllabes, à l'exception des dérivés, qui ont plusieurs syllabes. Au lieu de verbes neutres, on se sert ordinairement des substantifs ou adjectifs de la même signification. Par exemple, *lamba*, signifie la faim, et avoir faim; *kuhmba*, méchant, et se fâcher; *tsala*, content, et se réjouir. C'est le pronom qui donne à ces mots la forme de verbes. La terminaison *âle* ou *èle* est propre aux adjectifs qualificatifs; par exemple, *damma*, deuil; *dammâle*, triste; *longa*, droit; *longuèle*, sincere, franc.

M. Kay donne le tableau suivant de la conjugaison de la langue cafre, qui rappelle jusqu'à un certain point celle des langues sémitiques :

UKUBIZA, *Appeler*.

Singulier.	Pluriel.
PRÉSENT.	
Diabiza, j'appelle;	*Siabiza*, nous appelons;
Uabiza, tu appelles;	*Neabiza*, vous appelez;
Eabiza, il appelle.	*Piabiza*, ils appellent.
IMPARFAIT.	
Dibendibiza, j'appelais;	*Sibesibiza*, nous appelions;
Ubenubiza, tu appelais;	*Nebenebiza*, vous appeliez;
Ebenebiza, il appelait.	*Pebepebiza*, ils appelaient.
PARFAIT.	
Dabandabiza, j'ai appelé;	*Sabesabiza*, nous avons appelé;
Ubanabiza, tu as appelé;	*Nabenabiza*, vous avez appelé;
Eabaeabiza, il a appelé.	*Pabepabiza*, ils ont appelé.
PLUS-QUE-PARFAIT.	
Dikandabiza, j'avais appelé;	*Sikasabiza*, nous avions appelé;
Ukanabiza, tu avais appelé;	*Nekanabiza*, vous aviez appelé;
Ekeabiza, il avait appelé.	*Pakapabiza*, ils avaient appelé.
FUTUR.	
Dobiza, j'appellerai;	*Sobiza*, nous appellerons;
Uobiza, tu appelleras;	*Nobiza*, vous appellerez;
Eobiza, il appellera.	*Pobiza*, ils appelleront.

POTENTIEL.

Singulier.	Pluriel.
Dingabiza, je puis appeler;	*Singabiza*, nous pouvons appeler;
Ungabiza, tu peux appeler;	*Nangabiza*, vous pouvez appeler;
Engabiza, il peut appeler.	*Pangabiza*, ils peuvent appeler.

IMPÉRATIF.

Mandibiza, qu'on me laisse appeler;	*Masibiza*, appelons;
Maubiza, appeler;	*Manibiza*, appelez;
Maebiza, qu'il appelle.	*Mabibiza*, qu'ils appellent.

PASSIF.

Dibizwe, je suis appelé;	*Sabizwe*, nous sommes appelés;
Ubizwe, tu es appelé;	*Nebizwe*, vous êtes appelés;
Ebizwe, il est appelé.	*Pabizwe*, ils sont appelés.

La syllabe *na* donne au verbe la forme interrogative. Ainsi *dibizena*, signifie, appelé-je?

La forme négative est exprimée de la manière suivante :

PRÉSENT.	PARFAIT.
Andibiza, je n'appelle pas;	*Andibizanga*, je n'ai pas appelé.
Akubiza, tu n'appelles pas;	PASSIF.
Asibiza, nous n'appelons pas;	*Andibizwanga*, je n'étais pas appelé.
Nosibiza, vous n'appelez pas;	
Pakabiza, ils n'appellent pas.	

Le verbe reçoit pour préfixe la première lettre ou syllabe du sujet d'où il dépend.

EXEMPLES :

Hamba, marcher;
Untana uahamba, l'enfant marche;
Indodo ihamba, l'homme marche;
Ihashi iahamba, le cheval marche;
Inkobo ihamba, le bœuf marche;
Zinkobo ziahamba, etc.

Les adjectifs et adverbes empruntent des préfixes analogues aux substantifs auxquels ils se rapportent. Il y a aussi des diminutifs. Exemples : *indodo*, homme; *indodona*, petit homme.

Les idiomes que parlent les autres tribus de race cafre se rapprochent plus ou moins du dialecte kousa. Parmi ces idiomes dérivés, le *sichouana* (sechouana) occupe le premier rang; c'est la langue si répandue des Betjouanas : suivant Burchell, on en rencontre des traces dans toute l'Afrique Australe; elle ne disparaît complétement qu'au nord de l'équateur, et vers la côte occidentale.

La prononciation du sichouana est très-harmonieuse. Il y a peu de syllabes terminées par des consonnes; l'abondance des voyelles et des lettres mouillées la rend aussi douce qu'aucune langue d'Europe. On y trouve aussi un grand nombre de diphthongues. Ce qui prouve combien le sichouana est doux et harmonieux, c'est, selon Burchell, la volubilité étonnante avec laquelle s'expriment les Bachapins lorsqu'ils s'intéressent à quelque sujet de conversation. Il serait impossible, dans le hottentot, d'imiter cette rapidité de prononciation. Dans le sichouana, l'exactitude grammaticale paraît être souvent sacrifiée à l'euphonie; il y a une infinité d'inflexions qui n'ont peut-être d'autre règle que la coutume du moment. On intercale diverses particules entre les mots; et le pluriel paraît se former fréquemment d'une manière qui ne paraît pas s'astreindre à des principes fixes.

Le sichouana ou betjouana ne diffère que légèrement de la langue des Damaras et de celle des Delagoans (habitants de la baie de Lagoa), bien que ces deux peuples soient très-éloignés l'un de l'autre. On peut en dire autant des dialectes des autres tribus cafres, particulièrement des Zoulas, dont la langue est, suivant Gardiner (*A journey to the Zoolus country*, etc., Lond., 1836), généralement répandue depuis le 31e au 36e degré latitude australe; et, à l'exception d'un petit territoire voisin de la baie d'Algoa, depuis la côte jusqu'au 29e degré longitude orientale de Greenwich. Les termes de kross, kraal et d'hassegaie sont inconnus chez les Zoulas. Le manteau ou principal vêtement s'appelle *ingoubo*, le village *umzi*, le javelot *umkoulo*, le troupeau *issibaia*. M. Gardiner nous donne le vocabulaire suivant, fort court, de la langue des Zoulas :

Dakubona, je vous ai vu ;
Yearbo, oui ;
Debona wana, je vous vois ;
Dea fouma, j'accepte ;
Baba, père.

Le cafre, comme du reste toutes les langues à l'état d'enfance, manque d'expressions pour rendre les idées abstraites. Les missionnaires eurent, beaucoup de peine à faire comprendre à un Cafre la signification du mot hypocrisie. A la fin, saisissant l'idée, il s'écria : « Ah! oui, c'est endosser le kross de votre femme pour travailler au jardin! » Pour comprendre cette exclamation, il faut savoir que chez les Cafres, le travail du jardinage étant l'occupation obligée des femmes, les hommes croiraient se déshonorer en la partageant; en sorte qu'un homme qui voudrait travailler au jardin endosserait le vêtement de sa femme, pour n'être pas reconnu.

Enfin, le fond de tous les dialectes cafres est le même, quelle que puisse être la dissemblance de la syntaxe ; et lorsque des individus de différentes tribus se trouvent ensemble, ils ne sont pas longtemps sans se comprendre mutuellement. « Je n'entends pas, dit M. Thompson, décider jusqu'où ces affinités de famille et de langage s'étendent dans le nord ; mais j'ai vu un vocabulaire de l'île d'Anjouan, ou des Comores, fait par un missionnaire qui y a résidé ; il en résulte que ces insulaires, et probablement aussi les tribus aborigènes de Madagascar, parlent un dialecte qui a une relation intime avec ceux de la Cafrerie et de Mozambique. »

Dans l'intérêt des études linguistiques et ethnographiques, nous aurions désiré donner ici un vocabulaire comparatif des différents idiomes parlés par les peuples que nous venons de passer en revue ; mais cette entreprise est presque impossible en raison de l'incertitude et du manque des documents. Nous nous bornerons au tableau suivant, dont nous avons emprunté les mots les plus usités aux ouvrages de Sparrmann, de Thunberg, de Le Vaillant, de Barrow, de Lichtenstein, de Burchell, de Campbell, de Kay et d'Alexander.

HOTTENTOT parlé par les indigènes du Cap et les Boschjesmans.	KORANNA.	NAMAQUA.	CAFRE (Kousa).	BETJOUANA (Sichouana).	DAMARA (Hill-Damara).	VALEUR.
Ui	'Kui	'Koué	Ihnje	Mongaheela.	Emounge	Un.
T'kammi	'Kam	'Tam	Mabini	Babeeri	Embaré	Deux.
T"kona	"Gouna	'Ouna	Mathatou	Tharro	Datou	Trois.
T'hacka	Hakoa	Haka	Mani	Inni	Ené	Quatre.
T'gisi	Kourou	Kori	Maslanou	Houtchanou	Indan	Cinq.
T"golo	"Nanni	Nani	Sikana	T"hanno	Imbomé	Six.
K'natigna	Hongkou	Hou	Sithandatou	Liasjupa	Imbombari	Sept.
K'ninka	'Kysi	'Keisa	Thoba	Arrinni	Imbomdatou	Huit.
Tuminkma	Guési	Koésé	Ammasa *ou* Mamani	Quahera	Imboené	Neuf.
Gomatse	Dési	Disi	Saoumé	Choumé	Himorong	Dix.
Bo	Ahoob	Saop	Bao	Harra	Otalé	Père.
Mama	Eijoos	Saous	Mao	Ma	Komama	Mère.
T'go	T"kob	"Toai	Uhmtoana	Nuanjanua	Omaché	Enfant.
T'koara	Sorophb	Sores	Lelanga	Satzi	Eiouba	Soleil.
T'kauguh	"Tkchaaub		Umslaba	Mou		Terre.
		Nounoup	Isaoulaou	Huremo	Oboura	Ciel.
	'Kaam	Kahw	Indjanga	Kuylu	Omédé	Lune.
	'Kammarouka		'Kwinkweies.	Linari		Étoiles.
'Kamma	'Kamma	'Kums	Ammaenzi	Moutzou	Omeba	Eau.
Io	Aa		Eoua	I		Oui.
Aa	Haan		Akkaou	Nia		Non.

FIN DE L'AFRIQUE AUSTRALE.

AFRIQUE ORIENTALE,

PAR M. FERD. HOEFER.

COLONIES DES PORTUGAIS SUR LA CÔTE ORIENTALE DE L'AFRIQUE.

SOFALA, SABIA, MOZAMBIQUE.

Au temps de leur plus grande puissance, les Portugais possédaient toute la côte orientale de l'Afrique, depuis l'île de Socotora au nord, jusqu'au cap de Lagoa au sud. Aujourd'hui la domination, purement nominale, des Portugais comprend un espace d'environ 13 degrés de latitude, depuis le cap Delgado jusqu'à Inhambana. Ce dernier poste est une espèce de comptoir ou dépôt où ils rassemblent des dents d'éléphants, que les grandes forêts de la côte fournissent en abondance. Sofala même n'est qu'un pauvre village ; mais le pays d'alentour est des plus fertiles, et produit des fruits de toutes espèces. La côte plane et marécageuse est recouverte, jusqu'à la mer, de bois d'*Avicennia tomentosa*, qui sont habités par d'immenses troupeaux d'éléphants.

De Sofala jusqu'à Mozambique on ne rencontre plus que de petits établissements, faibles traces de ce titre pompeux de *Dominus Orientalis Africæ*, que prenait le roi de Portugal. Ces possessions étaient autrefois importantes par la grande quantité d'or et d'ivoire qu'elles fournissaient au commerce de la métropole. Pendant les trois derniers siècles, les Portugais en ont tiré tous les esclaves dont ils avaient besoin pour leurs colonies d'Asie et d'Amérique. Mais depuis l'abolition de la traite, et surtout depuis les guerres civiles et les désordres de la mère patrie, ces possessions ne présentent pas même l'ombre de leur ancienne splendeur : tout y indique le dépérissement et la misère ; elles appartiennent d'avance à la première puissance maritime qui voudrait s'en emparer.

SOFALA. COURS DU ZAMBÈZE. MONOMOTAPA. MATOUCA. ABOUTTOUA.

Le pays situé sur la côte orientale de l'Afrique, entre le cap Inhambana, au sud, et l'État de Mozambique, comprend, depuis 23° 25' et 13° 13' latitude australe, Sabia, Sofala, Monomotapa, Manica, Monga, Mocarangua et Iambara. Il est traversé, du nord au sud, par les monts Lupata ou Épine du monde. Ce pays était mieux connu, aux seizième et dix-septième siècles, qu'il ne l'est aujourd'hui. Les Portugais, qui y avaient formé quelques établissements, s'en arrogeaient autrefois, en partie, la souveraineté. Actuellement, il est soumis à des chefs indigènes, indépendants les uns des autres et presque constamment en guerre entre eux. Il est probable que toutes ces régions, sur lesquelles nous avons fort peu de renseignements certains, seront un jour absorbées par la colonie naissante de Natal.

En 1500, les amiraux portugais Pedro Alvarez et Abrilius Fidalcus trouvèrent, dans un endroit appelé *Zaphal* (Sofala), deux vaisseaux maures chargés d'or, qui faisaient voile pour Mélinde. Soupçonnant quelle pouvait être la source des richesses immenses des Maures de Mozambique, ils s'approchèrent des côtes. Un vaisseau naufragé, qu'ils rencontrèrent dans ces parages, ne tarda pas à confirmer les premières suppositions, et bientôt la nouvelle se répandit qu'il y avait plus d'or dans ce pays que dans tout le reste de la terre. De Barros, et, après lui, tous les Portugais appelèrent dès lors cette contrée le *Pays de l'or* (*Tracto do ouro*).

Bruce s'efforce d'établir que Sofala est l'*Ophir* des Hébreux. Son principal argument est fondé sur « le temps qu'il fallait à la flotte de Salomon pour l'aller et le retour », temps qui, comme il l'a dit, « était précisément de trois ans, jamais plus ni moins, » et que d'après cette particularité le voyage ne pouvait avoir été fait « avec des vents variables, mais avec les moussons. » Cependant l'Écriture n'est pas si positive : « une fois en trois ans » et « tous les trois ans une fois » sont des phrases très-vagues, qui pourraient faire admettre toute différence raisonnable, quant à l'espace de temps employé dans ce voyage. Salt a essayé de réfuter tous les arguments de Bruce; mais la route que suivent depuis un temps immémorial les marchands pour se rendre à Madagascar, et que Salt cite, nous semble plutôt venir à l'appui de l'opinion de Bruce. « Voici, dit Salt, la route que tiennent les vaisseaux marchands arabes : ils quittent la mer Rouge au mois d'août, temps avant lequel il est dangereux de sortir du golfe Arabique. Ils vont ensuite à Mascate, et de Mascate ils se rendent à la côte de Malabar. En décembre, ils traversent l'Océan jusqu'à la côte d'Afrique; ils visitent Mugdasho, Marea, Brava, Lamo, Mélinde et les îles Querimbo. Ils vont ensuite, en ligne droite, aux îles Comores et aux ports de la partie septentrionale de Madagascar, ou quelquefois ils descendent vers le sud, jusqu'à Sofala; cela les retient jusqu'au mois d'avril inclusivement. Ils remontent alors pour rentrer dans la mer Rouge, où ils arrivent à temps pour se réparer et pour qu'on puisse leur préparer une nouvelle cargaison pour l'année suivante. Telle est régulièrement la marche des vaisseaux marchands (1). »

La rivière de Sofala, qui a donné son nom au pays, et plusieurs autres rivières rapides, ont formé à leurs embouchures d'énormes bancs de sables qui s'étendent fort au loin dans la mer. Le banc de Sofala est connu de tous les navigateurs. Les bas fonds indiqués sur les cartes anciennes se sont augmentés, et il est probable que, pareils aux bancs de l'embouchure du Gange, ils sont sujets à changer de place, de sorte qu'on ne peut user de trop de précautions en longeant la côte. « Nul vaisseau, dit Salt, ne doit s'aventurer sur moins de douze brasses d'eau, profondeur sur laquelle on peut traverser en toute sûreté. Les Portugais connaissent si bien le danger d'en approcher de plus près, que jamais ils ne laissent leurs vaisseaux de haut bord le tenter, et qu'ils entretiennent toutes leurs communications avec Sofala par de petits vaisseaux côtiers de Mozambique. » Sofala n'est qu'un chétif village; mais les environs sont très-fertiles et fournissent beaucoup de riz, d'oranges et d'autres fruits exquis. Le petit port d'Inhambana, quelques établissements de fort peu d'importance, situés à l'embouchure du Louabo, et sur d'autres points de la côte, sont sous la dépendance du gouvernement de Mozambique.

L'intérieur a été visité par les Européens jusqu'à environ deux cents lieues de Sofala (1). Au delà de plusieurs chaînes de montagnes parallèles, du sud-ouest au nord-ouest, s'élève une terrasse vers l'intérieur de l'Afrique. D'Anville a le premier représenté cette terrasse dans sa carte de l'Éthiopie orientale, publiée en 1727. Suivant Ritter, à l'ouest de cette terrasse, se trouvent probablement de hautes plaines très-fertiles, habitées par des peuples pasteurs, et qui furent, dans les siècles précédents, le théâtre des expéditions désastreuses des Dschaggas. Tout ce que nous en savons se lie étroitement à la connaissance du cours du Zambèze, qui prend sa source dans l'intérieur du plateau d'Afrique. C'est le long de ce fleuve que les Portugais s'avancèrent jusqu'à cette terrasse, à la fin du quinzième et au commencement du seizième siècle.

Au rapport des indigènes, un lac étroit s'étend dans l'intérieur de l'Afrique, du nord au sud, et à peu près parallèlement à la côte de Mozambique; c'est un immense réservoir pour les eaux de pluies; il s'appelle *Maravi* au sud, *Zambre* ou *Zambèze* au nord. L'existence de ce lac est encore problématique; ce n'est peut-être que le cours élargi du Zambèze. (Voyez plus loin, pag. 169.)

De Barros a été longtemps la plus grande autorité pour ce qui concerne la

(1) Salt, *Voyage en Abyssinie*, etc., tome I, p. 133.

(1) F. de Barros, *Dos fectos que os Portugueses fizeran no descobrimento y conquista dos mares y terras do Oriente;* Lisboa, 1552, in-fol.

géographie, encore si obscure, de cette partie de l'Afrique. Voici, en résumé, les renseignements qu'il donne et qui s'accordent avec ceux des géographes arabes :

« Le plus grand lac de l'Afrique est situé dans l'intérieur du pays, à l'ouest de Sofala. Le fleuve qui sort de ce lac se dirige vers Sofala et se sépare en deux bras, dont l'un (celui qui se dirige vers Delagoa et qui portait autrefois le même nom) s'appelle maintenant Spirito-Santo, tandis que l'autre, qui est le Cuama ou Zambère, se dirige dans l'intérieur du pays. Le Zambère a beaucoup plus d'eau que le Spirito-Santo : il est navigable jusqu'à deux cent cinquante legoas (environ quatre cent cinquante lieues) de la côte. Il reçoit les eaux de six grands fleuves : du Panhamas, du Luanguo, de l'Arruya, du Manjovo, de l'Inadir et du Ruenia, qui tous appartiennent au domaine des souverains de Benemotapa ou Monomotapa, et contiennent de l'or; c'est entre le Cuama ou Zambère et le Spirito Santo qu'est situé, comme une île, le pays de Sofala. »

Le Zambère des Portugais est le Zambèze des géographes modernes. Les Portugais le prirent d'abord pour le lac de Ptolémée, prétendue source du Nil et de beaucoup d'autres fleuves, et crurent découvrir, dans les montagnes qui l'entourent, les montagnes de la Lune des anciens. André Battel (1) a le premier contredit cette hypothèse, en soutenant que le grand lac est beaucoup plus à l'ouest, et qu'il est séparé des montagnes de l'est par une immense plaine.

Suivant J. dos Santos (2), les sources de ce lac sont si avant dans l'intérieur, que jusqu'à présent on n'a pas encore pu les découvrir. Le Zambèze, qui tire son nom d'un peuple cafre, est navigable dans le pays de Chicowa. Les rochers à travers lesquels il se fraye sa route forment, selon Ritter, la pente orientale de la première haute terrasse de la Haute-Afrique. Cette pente porte le nom de *plaine d'argent de Chicowa*, et renferme aussi d'abondantes mines de cuivre et de fer, métaux que les tribus cafres savent très-bien travailler, ainsi que nous l'avons vu plus haut. Les anciens voyageurs portugais mentionnent ici deux tribus anthropophages, les Moumbos et les Zimbas (sans doute les mêmes que les Mouzimbas) : ils immolaient leurs esclaves et leurs prisonniers, et les dévoraient. Les Mouzimbas furent pour les Portugais de dangereux et terribles ennemis; depuis les invasions sur les côtes, en 1589 et 1592, ils leur livrèrent de rudes combats. Les Mouzimbas étaient alors aussi redoutables pour les Européens, que le sont aujourd'hui les Zoulas pour la colonie du Cap et de Natal. Si, comme le pense Salt, les Mouzimbas sont les mêmes que les Gallas qui envahirent, en 1625, l'Abyssinie, on pourra les comparer, avec Ritter, aux Huns qui vinrent de l'est pour envahir l'Europe.

Au-dessous des cataractes de Chicoronga, le Zambèze s'échappe de la haute plaine de Chicowa; il parcourt, dans la direction de l'est, une grande plaine où il devient de nouveau navigable, et continue son cours à travers un pays fertile, non loin de la ville portugaise Tete, jusqu'aux montagnes Lupata. En sortant de ces montagnes, le Zambèze, devenu alors un grand fleuve, inonde le pays chaque année, aux mois de mars et d'avril, et en fait un delta des plus fertiles. La terrasse littorale diffère par son aspect, des terrasses supérieures. La végétation y est luxuriante; le gibier, le bétail et les bêtes féroces s'y trouvent en abondance. Mais tout le long de la chaîne limitrophe le climat est malsain. Beaucoup d'étrangers, de Cafres, de Nègres et d'Européens en deviennent annuellement les victimes, dans la saison des débordements. Aussi cette côte est-elle la plus redoutée de l'Afrique. Les éléphants sont rares dans les environs du littoral, mais on les rencontre par troupes dans les immenses forêts de l'intérieur.

Salt nous donne, sur l'état actuel du Zambèze et des possessions portugaises situées sur les bords de ce fleuve, les renseignements suivants, qui sont en partie tirés du manuscrit d'un savant portugais :

« Un vaisseau peut, en trois ou quatre jours, faire voile le long de la côte, depuis l'île de Mozambique jusqu'au port de Quilimanci, à l'embouchure du Zam-

(1) Dans Purchas, *Pilgrimage*, etc., t. II, p. 1021.

(2) *Æthiopia orientalis*, dans Purchas, ibid.

bèze. Il est dangereux d'approcher de ce port sans un pilote, car on ne peut y entrer qu'à la haute marée, et durant la brise de mer, à cause de deux bancs de sable qui sont en avant du mouillage, forment une double barre, et rendent la navigation des plus périlleuses. L'ancrage est en face de la petite ville de Quilimanci, qui est située sur le continent, à quelques milles en remontant la rive septentrionale du fleuve. Les Portugais y ont une faible garnison et un entrepôt de marchandises. Les cargaisons sont déposées dans des pinasses et des barques appelées pangayes, le Zambèze n'étant pas navigable pour des navires qui tirent beaucoup d'eau. Lorsqu'on a fait environ cinq lieues en remontant le fleuve, l'eau devient douce et le courant rapide. Fréquemment on rencontre à ce point des caïmans d'une grosseur considérable, et l'on trouve le cheval marin en dedans de la ligne de l'eau salée. A trente lieues de son embouchure, le fleuve s'élargit extrêmement, et il s'en détache une autre branche qui court vers le sud et est appelée Louabo ; mais celle-ci est peu suivie à présent, à cause de la difficulté de la navigation. Cette branche passe pour avoir été plus fréquentée anciennement que le Couama; mais de tels changements surviennent toujours dans les fleuves situés entre les tropiques.

« Depuis le confluent de la branche de Louabo jusqu'à Sena, il y a environ trente lieues : ce qui fait la distance de cette place, à partir de Quilimanci, d'environ deux cent quarante-sept milles anglais, que, dans la saison la plus favorable, on peut faire en dix ou douze jours. Tout le cours de cette partie du fleuve est obstrué par des îles dont quelques-unes sont habitées, et dont quelques autres sont recouvertes par les eaux dans le temps des pluies, ce qui change leur configuration, comme cela arrive aux îles du Gange, et offre de nouveaux passages au courant. La rive gauche est possédée par les Portugais, et la rive droite est habitée par des tribus d'indigènes indépendantes. Sena est une grosse bourgade qui est située sur la rive méridionale du fleuve, et contient environ deux mille habitants. Elle est défendue par une bonne forteresse et gouvernée par un commandant qui aujourd'hui est nommé directement par la métropole. Cet officier commande tous les petits établissements formés sur le bord du fleuve, mais il est subordonné au gouverneur de Mozambique.

« Le marché principal pour la vente de l'or, dans l'intérieur des terres, est Manika, qui se trouve à environ vingt jours de marche au sud-ouest de Sena, et où il se tient annuellement une foire à laquelle les trafiquants se rendent avec leurs marchandises. La première partie du voyage se fait dans un pays soumis à l'influence des Portugais ; puis on traverse des districts qui appartiennent à des tribus indigènes que les trafiquants sont obligés de se concilier par beaucoup de présents. On continue aussi à payer au chef un tribut pour la permission qu'il accorde de faire le commerce; et en conséquence il part tous les ans de Sena une députation pour se rendre à Zimbaoa, sa capitale, où le tribut est déposé aux pieds du prince, qui le reçoit dans le plus grand appareil.

« Les indigènes ont deux manières de recueillir l'or. La première consiste à fouiller la terre. Elle exige de grands travaux, ce qui est cause que rarement on la met en pratique aujourd'hui. De l'autre manière, on enlève le sable du lit des torrents, et l'on en détache l'or par le lavage, qu'on renouvelle souvent. On dit qu'on en amasse de la sorte une quantité considérable tous les ans, quoique cependant elle décroisse; car en 1593, le gouverneur de Mozambique, Georges Mendez, en recueillit, tant pour lui que pour le vice-roi de l'Inde, pour la valeur de 100,000 cruzades.

« Les environs de Manika sont extrêmement fertiles et fournissent en quantité du bétail et du grain. Le pays est fort montagneux ; et comme il est très-froid pour la latitude, on suppose que le sol en est fort élevé au-dessus du niveau de la mer. Il y éclate souvent de violents orages, ce que les Portugais attribuent à l'immense quantité de substances métalliques que renferme la terre. Le commerce se fait par échange, et les marchandises du meilleur débit sont les toiles, la verroterie, la soie écrue, et le fer. On prend en retour de l'or, de l'ivoire, du beurre fondu, et du cuivre, qui est en petite quantité. Depuis Sena jusqu'à Teté, il y a environ soixante lieues en remontant le fleuve; mais la navigation est beaucoup plus dangereuse, plus fatigante que depuis Quilimanci jusqu'à Sena. A peu près à mi-chemin est le défilé de Lupata que forment deux montagnes de roche noire qui semblent prêtes à s'écrouler sur le voyageur; et le fleuve est si étroit dans ce passage qu'un enfant peut lancer une pierre d'une rive à l'autre. Au milieu du courant, qui est très-rapide, il y a, à fleur d'eau, un grand rocher appelé *Capucho*, et sur lequel un grand nombre de barques ont échoué. La rive septentrionale et le pays qui s'étend depuis Sena jusqu'à Teté, appartiennent aux indigènes; et les Portugais prétendent à la juridiction du pays méridional, quoiqu'ils reconnaissent qu'un peu à l'est de Lupata il y a un grand royaume nommé Sambara, qui abonde en vivres, qui fournit quantité d'ivoire, et est régi par un puissant prince, qui méprise leur autorité. De plus, du côté de l'ouest s'étendent les districts de Mussangani et de Tipoui, qui de même sont indépendants. Près de Tipoui se trouvent le village et le fort de Teté, où il y a un entrepôt de marchandises, et qui est considéré par les trafiquants comme l'établissement le mieux organisé qu'il y ait sur le Zambèze. Le gouverneur de Sena y fait sa résidence, et le territoire portugais comprend l'une et l'autre rive du fleuve.

« Le principal marché de l'intérieur qu'on fréquente depuis là est celui de Zambo, lieu où les habitants permettent aux Portugais d'avoir une petite factorerie. Il faut près d'un mois pour s'y rendre depuis Teté. On emploie la première quinzaine à gagner par terre, à cause de certaines cascades d'une rivière nommée Sacombe, un lieu appelé Chikowa, où l'on s'embarque dans de petits bateaux étroits. On parvient ensuite à Zambo, d'où les trafiquants envoient de divers côtés leurs agents, qui, en retour de leurs marchandises, leur rapportent de l'or, de l'ivoire, et d'autres objets précieux. On n'a pu obtenir aucune information sur le pays situé au delà de Zambo (1). »

(1) Salt, tome I, p. 83 et suiv.

Monomotapa. Ce nom (dérivé de l'arabe *Banou-Motaba*, mercenaire) éveille l'idée vague d'un royaume mal défini, dans l'intérieur de l'Afrique. C'est qu'en effet c'est moins le nom d'un pays que celui d'une domination, d'un empire, dont le chef était connu sous le titre de *quitève*. Cet empire était autrefois compris entre Sofala et la grande courbure du Zambèze. Il fut l'objet des premières entreprises des Portugais comme nous l'avons dit. Les Boutouas, ainsi que les princes indigènes de la côte, étaient jadis tributaires du souverain de Monomotapa. Aujourd'hui la puissance du *quitève* est très-limitée : il y a longtemps qu'il a cédé aux Portugais, pour un tribut annuel, tout le district de Sena; et il paraît qu'il ne possède plus que le district de Mocaranga, c'est là que se trouve sa fameuse résidence, construite de bambous et entourée d'une magnifique haie de dents d'éléphants.

C'est à de Barros et à J. dos Santos qu'on doit les premiers détails sur le souverain de Monomotapa et ses sujets. Les mœurs de ce peuple paraissent ressembler à celles des Abyssiniens. Le *quitève*, comme marque de distinction, porte sur le front une corne d'une espèce singulière. Si un prince a éprouvé la moindre mutilation, il est considéré comme incapable de régner. A la mort du monarque, on célèbre une fête appelée *pemberar*, qui ressemble beaucoup au toscar des Abyssiniens, et qui se termine de même par la débauche. Les naturels du Monomotapa ont également différents modes d'arranger leurs cheveux. Leur manière de chasser est la même. Ils sont gouvernés par des chefs qui ont une juridiction indépendante du roi.

Le pays de Monomotapa (terrasse moyenne de Ritter) renferme beaucoup de dépôts de sel gemme, comme on en trouve dans la terrasse moyenne à l'est de l'Abyssinie; il contient aussi beaucoup de lacs salants, de fleuves et de sources salées. Les terrains qui renferment l'or ne sont pas très-profondément situés; un arbre caractéristique indique, dit-on, les endroits où il faut les chercher. On choisit, pour ramasser le sable d'or, la saison des pluies, parce qu'alors seulement il y a assez d'eau pour le laver. Au rapport des anciens Portugais, l'or du Monomotapa est en paillettes ; cependant on en trouve aussi en grains, en masses et en pépites. L'or de Manica est entouré de beaucoup de gangues et passe pour être d'une qualité inférieure ; il s'appelle *matouca*, d'où le nom de tout le pays. Au delà de Manica, dans la direction du sud, on n'a encore trouvé aucune trace d'or, mais le fer y est très-commun, et les habitants en savent faire des haches très-tranchantes.

Le Monomotapa est borné à l'orient par les monts Lupata ou l'*Épine du monde ;* leur prolongement au nord nous est inconnu. Au sud se trouve la mission portugaise de Zimbao, jadis résidence des rois (1), dans une vallée déserte. Le versant oriental de cette chaîne de montagnes était, en 1600, habité par la nation belliqueuse des Mongas, qui disputèrent aux Portugais l'entrée du pays.

Au sud, le Monomotapa avoisine le Mateuca, comprenant la contrée de Manica. Ce pays est très-montueux et bien peuplé. Les montagnes élevées et couvertes de neiges y causent un froid très-vif. Au printemps, l'air est si pur, le ciel si serein, qu'on y aperçoit, dit-on, la nouvelle lune en plein jour. C'est de là que les Portugais entreprirent, en 1570, la fameuse expédition sous le commandement de F. Barreto (2).

Aboutoua ou *Boutoua*. Au sud-ouest de Chikowa, tout à fait dans l'intérieur, est, suivant de Barros, situé le royaume d'Aboutoua, dont le chef, appelé Bourra, est vassal du souverain du Monomotapa. Ce que nous savons de plus curieux sur cette contrée se rapporte à des monuments antiques, dont de Barros nous a donné la description : « On aperçoit au milieu d'une plaine, dans le royaume de Boutoua, près des plus anciennes mines d'or, un fort (*fortaleza*) quadrilatère, et très-bien construit à l'extérieur comme à l'intérieur. Les murailles, composées d'énormes pierres, sans ciment entre leurs assises, ont une épaisseur de vingt-cinq palmes ; leur hauteur n'est pas très-considérable en comparaison de leur largeur. Au-dessus de la porte est une inscription que ne peuvent lire ni les marchands maures ni les autres interprètes qu'on consulta ; les caractères mêmes leur étaient inconnus. De semblables monuments se voient encore sur les hauteurs qui entourent le fort ; ils sont construits de grosses pierres sans ciment. On remarque entre autres une tour qui a plus de douze brasses (environ 130 mètres) de hauteur. Tous ces édifices s'appellent, chez les indigènes, *zymbao*, nom qui est commun à toutes les demeures royales de Monomotapa. La surveillance en est confiée à un gardien pris dans la noblesse : c'est le *zymbacayo*. Les habitants, ne sachant pas écrire, n'ont pu conserver aucun document qui pût indiquer quand et par qui tous ces édifices ont été élevés. Ils les regardent comme une œuvre du diable, parce que, disent-ils, les hommes n'en pourraient pas construire de pareils. »

Ce récit, s'il est fondé, est propre à frapper toutes les imaginations ; de Barros croit voir dans le Zymbao (qu'il place entre le 20° et 21° latit. austr., à environ 250 lieues à l'ouest de Sofala), l'*Agyzymba* de Ptolémée, et il le suppose fondé par un ancien souverain de ce pays d'or (*Tracto do ouro*), qui, par la suite, aurait été dans l'impossibilité de le défendre. Ces ruines rappelleraient les mêmes souvenirs que celles d'Axum, dans le pays du prêtre Jean (Abyssinie). Dans les traditions orientales, la reine de Saba est la personnification de la richesse. Or, le Zymbao fit songer à un palais de cette reine qui aurait descendu le Zambèze avec sa flotte pour emporter en Arabie les trésors de l'Ophir. La même histoire se retrouve dans les fastes d'Axum.

Suivant A. Battel, le pays des Aboutouas est situé au sud-ouest de Monomotapa. Il traverse, de l'est à l'ouest, toute l'Afrique, jusqu'à la limite orientale d'Angola, s'inclinant à l'est vers le Monomotapa, à l'ouest vers le Massapa. Il occuperait ainsi une partie des hautes steppes du plateau d'Afrique, et ce serait à la pente orientale qu'il faudrait placer le fameux Zymbao. D'après dos Santos, les indigènes ne font aucun commerce avec les Portugais ; comme les Cafres,

(1) Ce nom s'applique à toutes les résidences royales de cette partie de l'Afrique.

(2) Voyez plus loin, page 170.

ils s'occupent presque exclusivement de leurs troupeaux, qui suffisent à leurs besoins, et ne sont pas très-avides de l'or qui se trouve dans le sol qu'ils habitent. Dos Santos nous assure aussi qu'il existe une communication entre la pente orientale et la pente occidentale de la Haute-Afrique. Lui-même vit à Sofala des marchandises portugaises que les Cafres d'Aboutoua avaient transportées de la côte d'Angola, à travers l'Afrique, à Manica, où les Portugais les achetèrent de nouveau.

Toutes les tentatives des voyageurs européens pour traverser le continent africain d'une mer à l'autre ont jusqu'à présent échoué. Tout est donc encore mystère sur l'intérieur de ce continent.

La Maravi ou N'Yassi. Dès le commencement du seizième siècle on trouve rapporté, comme un fait recueilli de la bouche des habitants du Congo, que le fleuve Zaïre et d'autres rivières sortent d'un lac de l'intérieur. D'autres peuples de l'Afrique australe parlent de l'existence d'un grand lac central, source de plusieurs rivières considérables (1). M. Cooley a recueilli à cet égard un grand nombre de documents anciens et modernes, qu'il serait trop long de reproduire ici (2). Il résulte de ces documents : 1° qu'il existe au centre de l'Afrique australe (entre les 32° et 33° longitude orientale de Paris, et 12° latitude australe) un lac d'une longueur très-considérable par rapport à sa largeur, et que l'on peut croire incliné du sud-est au nord-ouest ; 2° que le nom de *Maravi*, sous lequel ce grand lac intérieur était autrefois connu, n'est pas une dénomination géographique : c'est un titre de chefs qui a pu servir à désigner un territoire voisin de la pointe australe du lac ; 3° que ce lac porte, dans diverses parties de son étendue, beaucoup de désignations particulières, dont la plus générale paraît être celle de *N'yassi*, qui signifie la *mer;* 4° que certaines traditions indigènes placent dans ce lac l'origine du grand fleuve d'Abyssinie et d'Égypte ; que des rapports beaucoup moins douteux lui donnent un écoulement dans la mer des Indes par la rivière Lafidji, qui débouche vis-à-vis de l'île de Monfia, au nord de Quiloa ; 5° enfin, qu'aucun Européen connu n'a jusqu'à présent vu le grand lac intérieur.

(1) F. dos Santos, *Æthiopia*, II, c. 2, fol. 44, B.

(2) *The Journal of the royal geographical Society of London*, vol. XV, p. 2. — *Nouvelles Annales des voyages*, décembre 1845.

MOZAMBIQUE.

I. APERÇU HISTORIQUE.

Avant la découverte du cap de Bonne-Espérance et l'arrivée des Portugais dans l'océan Indien, on n'avait en Europe que des notions fort vagues sur la côte de Mozambique. Il suffit pour s'en convaincre de jeter un coup d'œil sur les cartes publiées au moyen âge (1).

Au commencement du seizième siècle les Portugais trouvèrent presque toute la côte soumise aux Arabes. Mais ils parvinrent bientôt à se substituer à ces premiers colons. En 1505-1506 ils obtinrent la permission de construire le fort de Sofala. Vers le même temps ils firent la conquête de Quiloa, et y élevèrent un fort ; et en 1508 ils en fondèrent un autre sur l'île de Mozambique. Ils se mirent ainsi à envahir successivement les possessions musulmanes de la rivière de Zambèze, qui conduit aux marchés où se vend l'or, dans l'intérieur des terres ; et vers 1570 ils assassinèrent tous les Arabes qui étaient restés. Les moyens employés dans l'Orient par les Portugais ne le cédèrent pas en atrocité à ceux que les Espagnols ont mis en usage dans l'Occident. Le succès cependant ne fut pas le même. Les naturels de l'Afrique n'étaient pas d'un caractère assez pacifique pour abandonner leurs pays sans combat, comme les faibles habitants de l'Amérique méridionale. Depuis la première tentative d'envahissement, ils entretenaient un état de guerre funeste aux projets des Européens. Ils combattaient, puis se retiraient ; ils abandonnaient

(1) H. Salt (*a Voyage to Abyssinia and travels into the interior of that country, executed under the orders of the British government*, en 1809-1810 ; London, 1814, in-8°) cite ici le fragment d'un manuscrit arabe de Zeïn eddyn Omar, qui contient la description très-succincte de la côte de Mozambique et Sofala. Malheureusement l'âge de ce manuscrit n'est pas indiqué.

leurs villages et leurs champs aux ravages de l'ennemi; mais à l'instant où celui-ci cessait la poursuite ils revenaient à l'attaque, et lui faisaient souvent cruellement expier les dégâts qu'il avait commis. Par ce système de défense ils empêchaient leur pays d'être totalement subjugué, et firent échouer toutes les expéditions des Portugais pour parvenir aux mines d'or de l'intérieur.

La plus audacieuse de ces entreprises fut faite en 1570, du commandement exprès de Sébastien Ier, par Baretto, qui, à cet effet, fut nommé gouverneur général de Mozambique. Il partit de Sofala, à la tête d'un puissant armement, dans le dessein de pénétrer dans le pays de Chikanga, et de s'emparer des mines de Manika. Pour y parvenir il fallait traverser les États et passer près de la capitale du quitève, ou chef principal du pays, dont le pouvoir s'étendait depuis Sofala jusqu'à l'angle fait par la courbure de la rivière de Zambèze. Ce pays est, comme nous venons de le voir, le Monomotapa; les auteurs en ont parlé d'une manière fort obscure, parce qu'ils ont confondu les noms des districts avec les titres des souverains, appelant indistinctement ceux-ci *quitève*, *monomotapa*, *benematapa*, *benemotasha*, *chikanga*, *manika*, *bokaranga*, *mokaranga*, etc. Le quitève rassembla sur-le-champ des forces pour s'opposer à la marche de Baretto, et surtout l'empêcher de gagner Chikanga, de peur que le roi de ce district, qui était son ennemi déclaré, ne se joignît aux Portugais. Ayant reconnu dans deux ou trois escarmouches l'infériorité de ses troupes, il prit la résolution plus sage de se replier devant l'ennemi, de le harceler dans sa marche, et de détruire les plantations pour lui couper les vivres. Les Portugais s'étant approchés de Zimbao, sa capitale, le quitève se retira dans une forêt voisine, et en même temps ses sujets tuèrent un grand nombre de traîneurs. Baretto, fort contrarié par ce système de guerre et par l'évacuation totale de Zimbao, brûla cette ville, et marcha vers Chikanga, dont le roi était musulman. Ce prince accueillit favorablement, en apparence, les Portugais, qui ne commettaient aucun acte d'hostilité envers lui, et qui se disaient ses amis. Cependant, quoiqu'il leur eût promis de les recevoir dans ses États, pour y trafiquer, il les satisfit peu relativement aux mines, ce qui est évident d'après cette déclaration faite pour couvrir leur mécontentement, « que les risques à courir pour se procurer de l'or, et les travaux nécessaires pour le purifier, n'étaient pas suffisamment compensés par le produit. » Ayant manqué de la sorte l'objet de leur entreprise, et perdu un grand nombre d'hommes, ils songèrent à faire retraite, et ils eurent le bonheur d'y parvenir, en concluant avec le quitève un traité par lequel *ils s'engagèrent à lui payer, à l'avenir, un tribut annuel de cent pièces de toile, pour obtenir le passage à travers ses États*. Telle fut la fin de ce que J. dos Santos appelle « la glorieuse expédition du grand Baretto, dont les hauts faits excitent au plus haut degré l'envie des autres nations. »

La seconde expédition se termina d'une manière bien plus fâcheuse encore. Elle partit de Sena sur la rivière de Zambèze, et elle était dirigée contre les Mongas. Après un combat sanglant, les Mongas furent défaits, à cause de leur confiance dans les promesses d'une vieille femme qui se disait sorcière, et qui à la première décharge fut tuée par un boulet de canon, mort dont le général portugais fut si enchanté qu'il détacha de son cou une chaîne d'or, et qu'il la donna au canonnier. Le résultat de cette victoire fut une trêve, en vertu de laquelle les Portugais furent admis dans le pays. Ils purent alors en examiner jusqu'à un certain point l'intérieur, et pour la première fois ils traversèrent les monts Lupata, qu'ils nommèrent fastueusement *l'Épine du monde*, « à cause des hauts et terribles rochers dont ils sont entourés, et qui paraissent, aussi bien que les arbres, cacher leurs cimes dans les nuages. » Cette description, probablement exagérée, est ce qui a enfanté cette formidable chaîne de montagnes qui, depuis, a fait l'ornement de toutes les cartes d'Afrique.

Des monts Lupata les Portugais s'avancèrent vers l'est, dans l'espoir de parvenir aux mines d'argent de Chikowa; et comme ils longèrent dans leur marche la rivière de Zambèze, ils rencontrèrent peu d'obstacles, les indigènes s'étant retirés dans les forêts. Cependant toutes leurs recherches furent infructueuses, et leur chef fut, à la fin, dit-on, trompé ingénieusement par un des naturels, qui enfouit de l'argent dans la terre, et persuada aux Portugais que c'était une mine. Bientôt, ne pouvant plus maintenir dans le pays des troupes en nombre assez considérable, ils se retirèrent à Sena, laissant, dans un fort construit à Teté, deux cents hommes, qui eurent ordre de poursuivre indéfiniment les recherches. Ce fut vainement; car tout le détachement, avec son chef Antoine Cardosa d'Almeïda, fut attiré dans une embuscade, et périt avec toute sa troupe.

Depuis ce temps les Portugais ont presque toujours été réduits à se tenir sur la défensive, à se contenter, comme les Arabes, leurs prédécesseurs, de faire le commerce d'une manière plus pacifique, et de maintenir leur influence en opposant les unes aux autres les puissances naturelles du pays, et en se bornant à la possession de la côte et de la ligne formée par le Zambèze. Pour conserver ces avantages, ils eurent même plusieurs luttes à soutenir, principalement dans les années 1589 et 1592 : ils furent attaqués sur les bords du Zambeze par la tribu errante et féroce des Muzimbas, qui, à ce qu'il paraît, venait du sud-ouest. Le portrait de ce peuple et le tableau de plusieurs de ses coutumes, de son activité, de sa vie errante, de sa manière de faire la guerre, et particulièrement de la direction qu'il a suivie, portent à conclure qu'il se composait de tribus de Gallas; car la dernière fois qu'il est question des Muzimbas, c'est-à-dire lorsqu'en 1593 ils parvinrent à Quiloa, et qu'ils poussèrent ensuite jusqu'à Mélinde, et la première fois qu'on entend parler des Gallas, c'est en 1625, époque où Jérôme Lobo les vit à Patté. Enfin, c'est environ vers ce même temps que les Gallas firent leur première irruption en Abyssinie.

Les efforts des Portugais pour introduire le christianisme dans le pays ont été tout aussi vains que leurs projets de conquête; car, quoique, par le moyen d'un fanatique nommé Pierre Gonsalve de Sylva, ils aient obtenu, en 1571, l'accès à la cour du quiteve, et qu'ils aient acquis de l'influence sur l'esprit de ce souverain, bientôt les trafiquants arabes reprirent de l'ascendant, et Sylva lui-même fut martyr de la cause qu'il avait embrassée. Quant au nombre des indigènes qu'on dit avoir reçu le baptême, il est probablement fort exagéré : les prêtres portugais auront fait plus de conversions nominales que de conversions réelles (1).

II. ÉTAT ACTUEL DE MOZAMBIQUE.

La colonie de Mozambique est depuis longtemps en pleine décadence, ce qui tient, non pas tant peut-être à l'abolition de la traite des nègres, que plutôt au mauvais système financier jusqu'alors adopté, ainsi qu'à des causes politiques. La ville de Mozambique (14° 49' latitude australe, et 40° 45' longitude orientale de Greenwich) est située dans une petite île du même nom, à l'entrée d'une baie profonde. Cette île, d'environ deux milles et demi de longueur, sur un quart de mille de largeur, a la forme d'un croissant dont les cornes regardent la mer. Les habitants présentent un bizarre mélange des costumes indien, arabe et européen. La place de débarquement est à une portée de fusil du mouillage. Des degrés construits de chaque côté d'un môle élevé sur des arches, et qui autrefois se prolongeait au loin dans la mer, la rendent fort commode. Le fort, de forme octogone, défendu par quelques vieilles pièces de canon, est en très-mauvais état. Parmi ces pièces il y en a qui paraissent être d'origine turque; d'autres portent le nom du roi Alonzo II, avec le millésime de 1660. L'emplacement du fort est judicieusement choisi, et si l'artillerie était bien servie, elle interdirait l'entrée du port. La garnison se compose d'un très-petit nombre d'hommes. On pourvoyait mieux autrefois à la défense de ce fort; car en 1608 il soutint vigoureusement l'attaque des Hollandais, qui, après avoir débarqué sur l'île des forces considérables, furent

(1) Jean dos Santos assure que « durant les quatre années qu'il fit sa résidence à Sofala, il baptisa 1,694 personnes, » et les dominicains ont, dit-on, administré le baptême à 16,000 dans les îles Querimbo, et à 20,000 sur les bords du Couama ou Zambèze. Les jésuites se vantent d'en avoir baptisé trois fois autant au Japon.

vigoureusement repoussés et obligés de se rembarquer. Ce siége fut signalé par des atrocités dont nous allons rapporter un exemple : « Le 17 août 1608 (la veille du rembarquement des Hollandais) on lia tous les prisonniers, on les conduisit à la tranchée, et l'on cria aux assiégés que s'ils ne rendaient à l'instant le déserteur (c'était un soldat qui avait déserté la veille) on les massacrerait tous à leur vue. La réponse fut que les Hollandais en useraient comme il leur plairait, et que s'ils maltraitaient leurs prisonniers, le vice-roi userait de représailles sur tous leurs gens qui pourraient être pris le long de la côte; que quand ils auraient cent Portugais, au lieu qu'ils n'en avaient que trente-quatre, il les laisserait périr plutôt que d'abandonner un homme qui s'était venu jeter entre leurs bras, et à qui ils avaient promis protection. Sur cette réponse on cassa la tête aux prisonniers à coups d'arquebuse. Le 18 l'armée fut rangée en ordre de bataille, et en même temps on brûla la ville, puis on marcha vers le bout occidental de l'île en pillant et ruinant tout ce qu'on rencontrait (1). »

La colonie de Mozambique tire presque toutes ses subsistances de la péninsule de Cabaceiro. Cette péninsule a environ onze milles de long sur quatre de large, et elle est jointe au continent par une bande de terre d'environ un mille de largeur, et appelée *Soué-Souah* (2).

Si l'eau était profonde de chaque côté de l'isthme, il serait facile de le mettre à l'abri de toute attaque du côté de la terre; mais il y a du côté du sud une large crique dont le sable reste à découvert à la marée basse, ce qui rend une attaque facile. Pour défendre le terrain on a construit sur une langue de terre, près du village de Mesuril, un fort qui couvre un emplacement considérable, et renferme une chapelle sous l'invocation de saint Jean, et au-dessus de laquelle s'élève une tour pour protéger les ouvrages. Ceux-ci sont dans le plus mauvais état et garnis de quelques pièces de canon rouillées, qui ne pourraient être d'aucune utilité.

Le village de Mesuril est la résidence favorite des colons, qui y ont construit un grand nombre de belles maisons. Les villages de Mapeita, de Cabaceiro et de Soué-Souah, qui se trouvent dans le voisinage de Mesuril, sont élevés sur un emplacement moins vaste. L'agriculture est à peu près nulle; les terres restent presque toujours en friche; mais elles offrent des pâturages à de nombreux troupeaux de bétail et à une multitude de porcs, dont on favorise la multiplication.

La nourriture habituelle des planteurs est extrêmement grossière, et c'est en grande partie à cela qu'on doit attribuer les maladies qui règnent parmi eux. On couvre la table d'une profusion de viandes bouillies, principalement de bœuf et de porc. Ces viandes sont servies pêle-mêle avec des légumes sur le même plat; les autres mets nagent dans de l'huile qui n'est pas remarquable par sa pureté. Les rafraîchissements qu'on trouve toujours prêts sont le lait de coco et le manioc rôti, qui a la saveur de l'igname.

Le rivage, du côté de la baie, est plat et entrecoupé d'un grand nombre de criques et d'échancrures, dont le fond de sable demeure à sec, à la mer basse. Les astéries, les madrépores, les crustacés et les mollusques y abondent. Ces derniers ne peuvent, pour la plupart, se conserver; car ils se dissolvent aussitôt qu'ils sont exposés au soleil ou qu'on les plonge dans de l'alcool. On voit toujours, à la mer basse, une foule d'hommes, femmes et enfants, occupés à chercher des coquillages; et le produit de leur peine constitue leur principal moyen d'existence. « Le tableau nouveau, dit Salt, que formaient ces figures, errant le soir sur la grève, à la lueur des flambeaux, était des plus singuliers; et lorsque la lune paraissait entre les arbres, et que les masses de lumières produites par les torches qu'on portait çà et là étaient réfléchies par les eaux, l'illusion était des plus extraordinaires et presque magique. »

(1) *Recueil des voyages de la compagnie des Indes Orientales, formée dans les Provinces-Unies. Amsterdam*, 1705, vol. IV, p. 23-27.

(2) C'est l'expression arabe d'*isthme*, et signifie littéralement *qui a la mer des deux côtés. Suez*, mot corrompu, est synonyme d'isthme.

Quelques pêcheurs se servent de paniers d'osier qui ressemblent à ceux avec lesquels nous prenons des anguilles : on les pose un peu au-dessous de la ligne qui marque la basse mer; le flot les couvre ensuite, et lorsqu'il s'est retiré, il est rare qu'on ne les trouve pas remplis de petits poissons. Il est à remarquer que le *Périple* fait mention de cette manière de pêcher, comme étant en usage à Rhapta. L'espèce d'huîtres appelée marteau, qu'on pêche sur la même côte, passe pour contenir des perles de grand prix. Ces huîtres *margaritifères* paraissent cependant être très-rares. Le rivage est couvert de troupes d'oiseaux aquatiques; les forêts fourmillent de gibier. Entre la ville de Mozambique et Cabaceiro le pays est très-pittoresque, et rappelle les côtes de l'île de Ceylan. Salt y trouva plusieurs *malumpavas* (espèce d'*adansonia*), arbres curieux, qui, à raison de leur grosseur, pourraient être appelés *arbres éléphants;* car il y en a dont le tronc, semblable à un énorme tonneau, n'a pas moins de vingt-cinq mètres de circonférence. Partout on voit des plantations de cocotiers. Au sortir des bois, la vue s'étend sur un canton couvert de manioc (*Jatropha manihoc*, L.), et divisé en compartiments par des rangées de pommiers d'acajou et de manguiers dont les fleurs embaument l'air. Ces bois servent de refuge à de nombreuses espèces d'oiseaux à plumage éclatant, parmi lesquels Salt nomme le *Merops chrysopterus* et le *M. superciliosus;* le *Certhias famosa* et le *C. senegalensis;* l'*Oriolus monacha* et l'*O. galbula*. Les orangers et les papayers attirent des volées de *Colius striatus* et de *Coriacius bengalensis*.

La culture du manioc est une grande ressource alimentaire. Il est intéressant d'observer que la fécule contenue dans les racines est comme suspendue dans un suc très-vénéneux. Il importe donc de s'en débarrasser. Voici comment on y parvient : d'abord on nettoie les racines avec de grandes coquilles qui se trouvent en quantité sur la côte; ensuite, on les expose au soleil; lorsqu'elles sont sèches, on les broie avec une roue à bras armée de pointes; on met la pulpe dans de grands sacs, puis on la presse pour en faire écouler le suc. Enfin on brise le tourteau qui reste, et on le fait sécher sur des plaques de cuivre chaudes, ce qui le réduit en farine. Délayée dans de l'eau, cette farine forme un aliment très-sain.

Près de Mesuril, le gouverneur a une maison de plaisance dont la vue est très-belle, prise du côté de l'eau; elle est bâtie sur une côte élevée, et précédée d'un petit jardin en terrasse, d'où un double rang d'escaliers conduit à un bosquet de limoniers, d'orangers, de citronniers et de papayers. Du côté de l'est, et derrière la maison, s'élève une épaisse forêt de cocotiers, de manguiers, de pommiers d'acajou (*Anacardium occidentale*) et d'autres grands arbres. Du côté de l'ouest est un escalier qui, depuis le bord de la mer, conduit à la villa. Celle-ci n'est pas très-vaste; elle ne consiste qu'en un rez-de-chaussée, dont la plupart des pièces n'ont point de meubles.

Le gouverneur porte le titre de *governador e capitão general do estado de Mosambique, rios de Sena et Sofala*. Lorsqu'il est en habit de cérémonie, il porte une chaîne d'or fort riche et parfaitement travaillée; il est suivi de deux ou trois cents esclaves noirs, qui semblent accablés sous le poids des ornements en or dont ils sont surchargés. Ce sont les derniers vestiges de la pompe et de l'éclat dont s'entouraient jadis les vice-rois de l'Afrique orientale. Le gouverneur est assisté d'un conseil composé de l'évêque ministre et du commandant des troupes. Les appointements de ces officiers et de leurs subalternes sont des plus médiocres. Le gouverneur reçoit un traitement annuel de 12,000 cruzades royales (environ 18,800 francs).

La population de la colonie, formée de Portugais européens et de planteurs issus des anciens colons, peut se composer d'environ quinze cents familles. Après ces deux classes d'habitants, viennent les descendants des colons arabes et les Banians. Les premiers sont, la plupart, marins; les autres, petits commerçants ou simples artisans. Ils forment un total d'environ huit cents individus. Le reste de la population se compose de Nègres libres et de soldats indigènes. La nécessité d'employer ces derniers provient du peu de fond qu'on peut faire sur les Européens, que leur vie débauchée, jointe à l'insalubrité du climat, rend incapables d'aucun effort physique. On rapporte que sur cent soldats il n'en reste pas cinq de vivants après cinq ans de service, et qu'il en est ainsi de presque toutes les personnes venues d'Europe.

Il est aisé de concevoir que cette population mélangée doit être insuffisante pour l'augmentation et même pour la défense de la colonie. Quant aux tribus voisines qui reconnaissent la domination portugaise, on ne sait si elles ajoutent plus à sa sûreté qu'à ses dangers. D'ailleurs, les Portugais reconnaissent eux-mêmes que c'est uniquement à l'ignorance de leurs ennemis qu'ils sont redevables de leur sûreté; et encore ne doivent-ils pas s'y fier. Un ennemi très-dangereux encore à la colonie, c'est un peuple de pirates qui habite la pointe nord-est de Madagascar, et que les Portugais nomment Sekelaves, mais dont le nom véritable paraît être Maratis. On fait de ces pirates un portrait affreux. Ils portent des crics comme les Malais, de qui ils paraissent descendre, et ils montrent dans leurs attaques une férocité épouvantable. Leur système est la guerre universelle. Les Portugais ne sont pas les seuls objets de leur haine.

La colonie de Mozambique n'entretient plus aujourd'hui qu'un commerce fort restreint avec l'Inde et le Brésil; ce commerce consiste principalement en ivoire et en poudre d'or.

Depuis l'abolition de la traite des Nègres la station anglaise exerce une surveillance très-sévère dans les parages de Mozambique, où l'on embarquait autrefois le plus grand nombre d'esclaves pour le Cap de Bonne-Espérance, Batavia, les îles de France et de Bourbon, et les vastes possessions du continent américain. Malgré cette surveillance, la traite y a continué jusque dans ces derniers temps.

En 1844 les agents du gouvernement portugais la favorisaient encore presque ouvertement, lorsque, vers la fin de la même année, le gouverneur de Mozambique fut révoqué, probablement à l'instigation de l'Angleterre. Depuis ce moment tout est changé à cet égard, d'après ce que nous apprennent les documents les plus récents (1). Le nouveau gouverneur a tout d'abord manifesté la ferme résolution de réprimer la traite. Pour mieux réussir dans l'exécution de son dessein il a, par une lettre datée de Mozambique le 7 novembre 1844, donné au commandant de la station anglaise l'autorisation de visiter toutes les baies, de naviguer dans toutes les rivières faisant partie des possessions du Portugal dans ces parages, à l'effet de poursuivre la répression de la traite, en arrêtant tous les navires employés au transport et au commerce des esclaves.

Cette conduite de M. Rodrigo Luciano d'Abreu de Lima a été imitée par les commandants des établissements secondaires relevant du gouvernement de Mozambique.

Depuis 1845 on n'a entendu parler que de deux négriers arrêtés, l'un dans la baie d'Inhambana, et l'autre aux environs de l'île Ibo. Le premier, poursuivi par les embarcations du croiseur anglais, se jeta à la côte. La mer déferla toute la nuit sur le pont. Au matin il était échoué. Lorsqu'on l'eut abordé, on reconnut que l'équipage l'avait abandonné en traversant les brisants, au milieu desquels toutes les embarcations avaient chaviré, et où quatre hommes avaient péri. Il ne restait plus que quatre cents esclaves sur huit cents que ce navire avait contenus. Ces malheureux, enfermés sous le panneau qui avait été cloué à poste fixe au moment de l'abandon du navire, couraient le plus grand risque d'être noyés. Après les avoir délivrés, on fut obligé de les laisser gagner la côte à la nage, car les brisants ne permettaient pas de l'aborder autrement. Le second navire était un boutre arabe. La saisie de ce boutre n'a pu être effectuée sans un échange de coups de fusil, qui a eu pour résultat de blesser dangereusement un des Arabes. Aussitôt qu'ils l'eurent vu tomber, la plupart de ceux qui composaient l'équipage du boutre ont sauté à la mer. On a trouvé à bord quatre-vingt-trois esclaves (soixante-un hommes et vingt-deux femmes). Le boutre n'avait ni papiers ni pavillon. Il était parti de

(1) *Annales maritimes* (Revue coloniale), mars 1847, p. 308.

la rivière de Masimba, et se rendait dans les États de l'iman de Mascate. C'est vers le nord des possessions portugaises que la traite des noirs paraît devoir conserver encore une assez grande activité. Les boutres arabes viennent en grand nombre pour embarquer des esclaves, principalement sur le territoire qui avoisine la frontière et qui n'est point colonisé. Aussi est-ce particulièrement pour réprimer leur trafic que l'autorisation de visiter les criques, les baies, les rivières, etc., a été donnée par le gouverneur général de Mozambique au chef de la station anglaise.

III. POPULATION INDIGÈNE DE MOZAMBIQUE.

Les voyageurs, et particulièrement Salt, mentionnent les Makouas et les Monjous comme indigènes du pays de Mozambique, et étendant des ramifications jusque dans l'intérieur du continent africain.

MAKOUAS.

Les Makouas, ou les Makouanas, sont un peuple qui consiste en un certain nombre de tribus très-puissantes, et dont le pays s'étend derrière Mozambique jusqu'à Melinde au nord, et jusqu'à l'embouchure de la rivière de Zambèze au sud. Des hordes de la même nation se trouvent aussi dans la direction du sud-ouest, jusqu'à peu de distance du pays des Cafres.

Les Makouas sont très-robustes et ont des formes d'athlètes. Ils sont très-redoutables, et font constamment des incursions sur le petit territoire que les Portugais possèdent sur la côte. La haine qu'ils portent à ceux-ci est invétérée, et on avoue qu'elle est due aux pratiques honteuses des marchands qui sont allés dans leur pays pour acheter des esclaves. Ils combattent principalement avec des lances, des dards et des flèches empoisonnées. Mais ils ont aussi un assez grand nombre de mousquets que les Arabes leur vendent dans les districts septentrionaux.

Ces dangereux voisins s'avancèrent, dans leur dernière irruption, jusqu'à la péninsule de Cabaceiro, et forcèrent les Portugais à quitter la campagne. Ils détruisirent les plantations, brûlèrent les huttes des esclaves, et tuèrent ou emmenèrent en captivité toutes les personnes qui étaient tombées entre leurs mains. Ils pénétrèrent même dans le fort de Mesuril, renversèrent l'image de saint Jean qui était dans la chapelle, convertirent la chasuble du prêtre en habit de cérémonie pour leur chef, et pillèrent la maison du gouverneur. Cette irruption fit ressortir encore davantage la situation précaire de la colonie de Mozambique.

Ce que les Portugais peuvent opposer de plus efficace à ces maraudeurs, c'est l'alliance qu'ils ont contractée avec certaines tribus qui habitent la côte, et qui parlent la même langue que les Makouas, mais qui sont tombées de bonne heure sous la domination des Arabes. Elles ont été conquises par les Portugais, qui les ont soumises au service militaire et au payement d'un tribut en nature, qui souvent est changé en un présent de quelques limons. Ces tribus sont gouvernées par des chefs que nomme le gouvernement de Mozambique. Plusieurs de ces chefs sont très-puissants et ont une juridiction fort étendue; mais il ne faut pas trop compter sur leur appui, car ils sont rarement d'accord entre eux. Les principaux sont les cheiks de Quintangone, de Saint-Cûl, et le souverain de Sereima. Le cheik de Quintangone est assez puissant; son district est situé au nord de Mozambique, et l'on dit qu'il peut fournir quatre ou cinq mille hommes en état de porter les armes. Son prédécesseur a été longtemps ennemi déclaré des Portugais, et a commis de grands ravages dans la péninsule de Cabaceiro, où il entrait par la voie de Soué-Souâli. A la fin, il tomba entre les mains d'un détachement de troupes portugaises, et le gouvernement le fit mettre à la bouche d'un canon, comme un exemple nécessaire pour tenir en respect tous les chefs voisins. Le district de Saint-Cûl, qui est situé au nord de Mozambique, fournit environ trois mille combattants. Les forces réunies de ces chefs leur suffisent à peine pour résister aux attaques des Makouas.

A la force corporelle des Makouas on peut ajouter la difformité de leurs traits, qui accroît infiniment la férocité de leur aspect. Ils aiment beaucoup à se tatouer, et ils font l'opération si rudement, qu'ils en portent les marques à un huitième de pouce au-dessus de la surface de la peau. Ils aiment surtout à faire descendre une ligne depuis le sommet du front jusqu'au bas du menton, et le long du nez. Ils coupent cette ligne à angles droits par une autre qui va d'une oreille à l'autre. Ils dentellent ces lignes de telle sorte, que la peau de leur visage paraît former quatre parties cousues ensemble. Ils taillent leurs dents en pointes, de façon que tout le râtelier a l'air d'une scie grossièrement faite; et ce qui est très-surprenant, c'est que cette opération ne nuit ni à la blancheur ni à la durée des dents. Les Makouas sont aussi fort capricieux dans la manière d'arranger leurs cheveux. Les uns les rasent d'un côté seulement, les autres des deux côtés; ceux-ci laissent une sorte de crête qui va depuis le sommet de la tête jusqu'à la nuque; ceux-là se bornent à conserver une touffe de cheveux au sommet. Tous se percent le cartilage du nez pour y suspendre des ornements en cuivre ou en os. Les femmes croient que c'est une marque de beauté; et elles ont soin de se l'allonger en introduisant au milieu une petite pièce ronde d'ivoire, de bois ou de fer. La tournure des femmes approche de celle des Hottentotes; car elles ont l'épine du dos courbée et les fesses fort saillantes.

Tout indomptables que les Makouas se montrent dans leur état sauvage, ils deviennent dociles lorsqu'ils sont réduits en esclavage; et même lorsqu'on leur a rendu en partie la liberté en les enrôlant comme soldats, ils font des progrès rapides dans le maniement des armes, et l'on peut se reposer sur leur fidélité. Ils n'ont que des notions vagues d'un être suprême, qu'ils désignent par le mot *Wherimb*, qui signifie le ciel. C'est ainsi que les Monjous se servent du mot *Molungo*, ciel, pour exprimer la divinité.

Les Makouas aiment passionnément la musique et la danse : le son du tamtam suffit pour les égayer. Ils ont un instrument favori nommé *ambira*, qui rend des sons assez harmonieux. Lorsqu'il est joué par des mains habiles, on croirait entendre des variations exécutées sur des cloches. Il est formé par un certain nombre de barres de fer fortement trempées, minces, de longueur inégale, et mises sur le même rang dans un morceau de bois creux, sur lequel on joue généralement avec un tuyau de plume. Un de ces instruments que Salt a rapporté en Angleterre a vingt barres. Purchas en décrit un qui n'a que neuf barres : « Ils ont, dit-il, un autre instrument, appelé *ambira*, entièrement composé de verges de fer, plates et étroites, longues d'une palme, et trempées dans le feu, de façon à rendre différents sons. Elles sont au nombre de neuf, et disposées sur un seul rang dans un morceau de bois creux, comme dans le manche d'une viole. Ils jouent dessus avec les ongles de leurs pouces, qu'ils laissent croître en conséquence, et ils s'en acquittent avec autant de légèreté que nos joueurs d'épinette. »

MONJOUS.

On ne sait rien de positif sur la véritable patrie des Monjous. On la place généralement, sur les cartes, entre l'équateur et 5° latitude australe, et les 30° et 35° longitude orientale de Paris. Une partie de cette peuplade s'est fixée dans l'État de Mozambique, au delà des montagnes d'Angoxa. Les Monjous sont les nègres de l'espèce la plus laide. Ils ont les pommettes des joues saillantes, les lèvres épaisses, les cheveux comme de la laine et souvent en petits nœuds comme des graines de poivre, et enfin la peau très-luisante et d'un noir de jais. Leurs armes sont des arcs et des flèches, et de très-courtes lances, avec une pointe de fer. La construction de leurs arcs est très-simple : ils sont forts, unis, et faits d'un bâton. Leurs flèches sont longues, barbelées et empoisonnées. Chaque homme, outre son arc et son carquois, porte un petit appareil pour allumer du feu, et consistant en deux morceaux de bois de couleur foncée. Un de ces morceaux est plat et l'autre arrondi comme un pinceau. Celui-ci, tenu droit au centre du premier, est frotté vivement entre les paumes des mains, jusqu'à ce qu'il produise une flamme, ce qui ordinairement ne demande qu'une minute. Bruce fait mention d'une pareille méthode d'allumer du feu, qui est pratiquée par une tribu de Nubas, qu'il a rencontrée dans le voisinage de Sennaar. Toute sa description de cette tribu s'accorde tellement avec le portrait des Monjous, qu'il n'est pas absurde d'admettre quelque relation entre ces peuples.

CÔTE DE ZANGUEBAR. SOMAULIS. SOWAULIS. GALLAS.

La côte qui s'étend depuis le cap Delgado jusqu'à Magadoxo a reçu le nom de *Zanguebar*. Les anciens géographes arabes l'appellent *Zanguig*. Les Portugais comptent 550 *legoas* de Mozambique au cap Guardafui; ils comparent la sinuosité de la côte du continent à la courbure de la côte d'un animal, et ajoutent que tout le littoral est plan, rempli d'eaux stagnantes et d'émanations pestilentielles (de Barros). C'est ce pays, ravagé par les fièvres putrides, qu'on pourrait appeler le Botany-Bay des Portugais; car c'est là qu'ils déportaient leurs criminels.

Au huitième siècle de notre ère, les Arabes de la tribu des Émozaydis se séparèrent des successeurs de Mahomet, et suivirent Zaïde, petit-fils d'Ali, dans des contrées lointaines, afin d'échapper aux persécutions des autres interprètes du Koran; ils vinrent ainsi s'établir sur les côtes de Zanguebar, et y fondèrent Brava et Magadoxo. Une autre secte, celle des Irméens, venue de Baharein, dans le golfe Persique, les suivit, et se fixa aux environs de Magadoxo. Ces partisans de la secte des Schiites étendaient de là leur commerce jusqu'à Sofala, et acquirent bientôt la domination de toute la côte orientale; cependant ils ne paraissent pas avoir dépassé, au sud, le cap de Corrientes.

Du mélange de ces Arabes avec les indigènes naquit une population bâtarde, qui s'éparpilla tout le long du littoral, probablement jusqu'au pays des Cafres; cette population devait s'éloigner de plus en plus du type primitif à mesure que les tribus soumises venaient s'y mêler. Telle est l'origine de ces Maures qui existaient à Mélinde, à Mombaza, à Quiloa, etc., lorsque Vasco de Gama, ouvrant aux Portugais la route des Indes par le cap de Bonne-Espérance, vint relâcher dans ces parages. On sait que les Portugais y trouvèrent un commerce actif avec l'Arabie et l'Inde, et comment, devenus maîtres de la côte, ils dirigèrent sur les marchés d'Europe, par une voie nouvelle, des produits dont l'origine n'y était que très-vaguement connue. Les produits particuliers à Mozambique et à Zanguebar étaient confondus avec ceux des autres possessions, et arrivaient dans les ports d'Europe sous la dénomination générale de *produits de l'Inde*. L'importance commerciale de la côte orientale d'Afrique ne fut alors qu'à peine entrevue par les Européens, et même aujourd'hui elle n'est encore que très-imparfaitement appréciée.

Patté avait des manufactures en soie et en coton. L'île de Zanzibar avait une petite marine, et dominait par sa position la navigation des côtes. Les historiens portugais ne disent pas que les rois ou cheiks arabes de cette côte aient été vassaux d'aucun iman de l'Arabie; mais les géographes arabes, extraits par M. Étienne Quatremère (Mémoire sur les *Zindges*), en donnant à un prince qu'ils appellent le *roi des Zindges* le surnom de *wakl-iman*, c'est-à-dire vicaire de l'iman, nous autorisent à supposer que l'iman, soit d'Yémen, soit plutôt d'Oman, ait de bonne heure exercé sur les petits États de Zanguebar une espèce de suzeraineté.

Les nations africaines de cette côte, dont les géographes arabes décrivent la condition misérable et les mœurs barbares, ne parurent guère plus civilisées aux Portugais; mais ceux-ci distinguèrent ici plusieurs races d'hommes différentes des nègres proprement dits. Ainsi, les Macacatos, quoique noirs, avaient les cheveux lisses et la physionomie européenne. Les Masseguсyos, qui buvaient le lait de leurs vaches mêlé avec du sang, et chez qui les adolescents devaient porter un bonnet pesant, en signe d'humiliation, jusqu'à ce qu'ils eussent tué un ennemi, étaient, selon les Portugais, une race de Cafres. Les Muzimbes ou Zimbes qui, avec une armée formidable, vinrent détruire Quiloa, étaient nègres. Encore aujourd'hui, d'après les observations de Salt, la côte de Zanguebar offre ce mélange singulier de trois races africaines distinctes. La comparaison des mots de la langue du Congo avec les noms géographiques de Zanguebar prouve que les Nègres de cette dernière côte sont de la même race que les Congos. *Pemba*, qui figure comme le nom d'une province au Congo, se présente ici deux fois comme nom d'une île et d'une ville. *Qui*, syllabe qui en congo signifie *petit*, commence également les noms de lieux du Congo et ceux du Zanguebar. Le mot *misa* ou *mêsi* paraît signifier fleuve ou eau dans l'une et dans l'autre langue. Si cette observation de Malte-Brun se trouve confirmée par des recherches ultérieures, la communication des peuples nègres à travers l'Asie centrale, ainsi que leur parenté, sera mise hors de doute (1).

Les Portugais ne paraissent jamais avoir poussé au delà de la lisière maritime leur faible et tyrannique domination. Leurs historiens nous ont laissé un trait assez curieux de leur manière de se conduire. L'île de Pemba, par la douceur de sa température, la limpidité de ses eaux, les suaves odeurs qu'exhalent ses bosquets, avait attiré un grand nombre d'habitants portugais. Ils dominaient avec hauteur sur le roi et son peuple. Si un chrétien, en passant devant la porte d'un Maure, se heurtait contre une pierre ou tombait à terre, le Maure était obligé de lui payer une amende; si une poule ou une chèvre appartenant à un Maure entrait dans la cour ou dans l'enclos d'un chrétien, le propriétaire, en venant la réclamer, recevait pour toute réponse : « Votre poule, votre chèvre a voulu se faire chrétienne (2). »

Après la destruction de leur puissance militaire et commerciale dans l'Inde, les Portugais n'étaient plus assez forts pour résister aux Maures : ils furent successivement chassés de tous leurs établissements au nord de Mozambique (État de Zanguebar); et Magadoxo, Brava, Patté, Luamo, Mombaza, Quiloa et Zanzibar recouvrèrent leur indépendance, ou plutôt rentrèrent sous la domination arabe.

A leur arrivée sur la côte de Zanguebar les Portugais y trouvèrent l'abondance et la richesse que procurent l'agriculture et le commerce. Les campagnes étaient soigneusement cultivées ; on connaissait l'industrie et les arts, et l'esclavage n'était qu'un mot. La domination portugaise, qui ne sut s'établir que par le fer, le feu et le pillage, n'y laissa que des ruines, la misère et l'exécration du nom chrétien. Cet état de choses subsista jusqu'à l'époque où Zanzibar, Quiloa et Mombaza, en subissant un nouveau joug, furent rendus sinon à la prospérité, du moins à leurs anciennes relations avec l'Inde, l'Arabie et la Perse. Ce retour à la vie commerciale devait être lent : les imans de Mascate, occupés de luttes intestines, ne pouvaient pas d'abord songer sérieusement à y asseoir leur autorité. Achmed-ben-Saïd organisa enfin l'administration des colonies de la côte orientale, dont Zanzibar devint le chef-lieu. L'iman y entretenait un gouverneur et une garnison. Cette administration, malgré ses vices, était encore un véritable progrès, comparativement à la sauvage anarchie qu'elle remplaçait. L'iman lui-même faisait le commerce; quatre de ses vaisseaux de guerre étaient employés à porter de Quiloa et de Zanzibar à Mascate les esclaves, les dents d'éléphant, la poudre d'or, etc.; chacun, selon ses moyens, suivait l'exemple, et chaque année voyait s'accroître les exportations de ces colonies pour l'Arabie et l'Inde. Le souvenir des Portugais et la différence des religions entretenaient chez ces populations un sentiment de haine et des préjugés qui rendaient leurs ports inabordables aux navires européens. Plusieurs de ceux-ci, que le besoin d'eau et de rafraîchissements poussa à y relâcher, virent leurs canots enlevés, les équipages massacrés, et furent obligés de prendre le large sans avoir pu se procurer ce qui leur manquait. Le commerce continua donc à y être fait par les Arabes seuls.

Le trafic des noirs, qui plus tard attira quelques navires étrangers à Quiloa et Zanzibar, n'amena pas cependant l'exportation directe, pour l'Europe, des produits de la côte; les capitaines se souciaient peu d'autres marchandises que de ce qu'ils appelaient, dans leur argot, « une cargaison de bois d'ébène. » Puis, après 1822, la traite n'étant plus permise aux chrétiens dans les posses-

(1) Malte-Brun, dans les *Nouvelles annales des voyages*, tome VI, p. 334. (Année 1820.)

(2) Ibid., p. 335.

sions de l'iman, ces ports furent de nouveau désertés, et pendant les années qui suivirent on ne vit à Zanzibar que quelques caboteurs de Bourbon, de Maurice et des Sechelles, qui y portaient du girofle, et qui rendaient de plus en plus rares les exactions de tout genre exercées à leur égard par les autorités locales elles-mêmes. L'ivoire, la gomme, l'ambre, etc., continuaient donc d'être portés par des barques arabes à Mascate, Cuth, Surate, Bombay, d'où ces produits arrivaient en Europe comme originaires de l'Inde; et il en fut ainsi jusqu'en 1834. Aussi entend-on encore aujourd'hui, dans le commerce, désigner sous les noms d'ivoire de Goa ou de Lisbonne l'ivoire qui vient réellement de la côte orientale de l'Afrique.

L'absence de toute relation avec les Européens depuis l'expulsion des Portugais explique suffisamment l'état de barbarie dans lequel sont encore plongés les habitants de cette côte; elle empêchera encore longtemps le commerce étranger d'y prendre de l'extension. M. Guillain, de qui nous tenons ces détails, donne un exposé intéressant des entreprises commerciales qui ont été faites, il y a quelques années, par les Américains et les Anglais (1). Cet exposé n'est guère propre à encourager de semblables entreprises.

C'est à l'expédition hydrographique de M. le capitaine Owen. que la géographie, encore si obscure, de l'Afrique orientale est redevable de quelques renseignements précis sur la côte de Zanguebar. Ce qui va suivre sur les points les plus éminents de cette côte est en partie emprunté à l'ouvrage intitulé : *Narrative*

(1) Extrait d'un rapport de M. le lieutenant de vaisseau Guillain; année 1841 (*Annales maritimes*, décembre 1843, p. 818):

« Les denrées d'exportation de la côte de Zanguebar sont les suivantes : *Ivoire*. Il est apporté de l'intérieur à la côte par les naturels du pays, de Moyaco, Mocamba, Mokami, Moussagara et Manamouczi, qui s'y rendent en juin, juillet et août; celui de Manamouczi est le plus estimé : les dents sont des plus grandes dimensions.

« *Résine copal*. Elle se trouve sur divers points de la côte comprise entre le cap Delgado et Mombaza; celle du sud de Quiloa est inférieure à celle de ce dernier endroit jusqu'à Pangani; au nord de Mombaza, on n'en trouve plus. Les indications pour choisir cette résine sont : couleur blanc jaunâtre ou jaune citron clair, transparence égale, grande dureté, cassure nette et vitreuse; elle se vend environ 5 piastres les 35 livres. On s'imagine en France que cette résine est un produit de l'Inde et de Ceylan, et cela parce que nous le recevons de l'Angleterre ou quelquefois par des bâtiments de Bordeaux venant de Bombay. C'est une erreur qu'il importe de signaler, car l'exportation du vernis, qui prend chaque année plus d'extension en France, fait de la résine copal un article intéressant pour notre commerce.

« *Sésame*. Il se trouve sur toute la côte jusque vers Mombaza, mais principalement dans la province de Quiloa. En octobre et novembre, époque de la récolte, on en fait une huile beaucoup plus délicate que l'huile de coco, et que les Arabes préfèrent pour la préparation des aliments à toute autre huile comestible. Le sésame est trois mois à lever pour donner sa graine; celle-ci rend 24 p. 100 d'huile environ. Il y a le sésame noir et le sésame blanc; à Zanzibar, ce dernier est un peu plus estimé, et s'achète 1 piastre les 20 mesures.

« *Millet*. Il est récolté sur toute la côte, où l'on paye 50 à 60 mesures 1 piastre-marchandise; il sert de nourriture aux équipages et à la partie la plus misérable de la population. A Zanzibar et sur toute la côte on l'emploie aussi comme monnaie dans les menues transactions.

« *Cornes de rhinocéros*. Elles viennent de la côte par Quiloa et par Brava; elles sont exportées pour l'Inde, et principalement pour Bombay.

« *Cire*. Celle qui entre à Zanzibar vient de la côte aux environs de Coueli, de l'île de Monfia et de Joanna. A la côte elle se paye de 2 à 3 piastres-marchandises le frazhéla; à Zanzibar on l'achète 5 à 6 piastres. La plus grande partie y est coulée en bougies, qui sont exportées à Mascate.

« *Girofle*. Les diverses plantations de girofliers, dans l'île de Zanzibar, ont donné, la dernière récolte, environ 9000 frazhélas de cette épice, vendus au prix moyen de 4 $\frac{3}{4}$ piastres le frazhéla. Les autres objets d'exportation sont l'*huile de coco*, l'*olibanum*, la *gomme arabique*, la *gomme-myrrhe*, l'*aloès* et l'*écaille*. Le marché aux esclaves est ouvert, à Zanzibar, en octobre et novembre, et dure environ quatre mois. Il n'y passe pas moins de 8 à 10,000 individus : 45 piastres, prix moyen. Ce nombre est réparti entre la mer Rouge, la côte d'Arabie, Mascate et le golfe Arabique. »

of voyages to explore the shores of Africa, Arabia and Madagascar; performed in H. M. ships Leven and Barracouta, under the direction of captain F. W. Owen R. N., by command of the lords commissioners of the Admiralty; 2 vol. in-8°; London, 1833.

Zanzibar, chef-lieu de l'île de ce nom, est aujourd'hui le point le plus important de la côte de Zanguebar. Il est situé à 6° 54′ 2″ latitude australe, et 39° 55′ 5″ longitude orientale de Greenwich (1). Son port peut contenir en sûreté et en tout temps un grand nombre de vaisseaux, avantage qu'il doit à une chaîne de bas-fonds qui rompt la force des flots en toute direction. L'île est de difficile approche, à cause d'un courant très-fort qui se trouve aux environs. La côte orientale est escarpée et boisée. Les habitants sont mahométans et d'origine arabe. Ils sont gouvernés par un cheïk que nomme l'iman de Mascate, souverain de l'île. On prétend qu'elle lui rapporte annuellement de trente à quarante mille piastres, provenant d'un commerce actif avec les îles de France, de Bourbon, de Madagascar et le golfe Arabique.

Au nord de Zanzibar est située l'île de Pemba (à 5° lat. austr.). Cette île est basse et assise sur un fond de corail; le terrain en est cependant fertile, et produit surtout du riz de très-bonne qualité. Le cheïk de Pemba, pour se soustraire à la domination de l'iman, s'est mis récemment sous le protectorat de l'Angleterre. L'île de Monfia (2), au sud de l'île de Zanzibar, est peu connue. La petite île de Latham ou Shoal (6° 54′ latitude austr., 39° 55′ long. G.) est également assise sur un fond de corail; elle n'est accessible que du côté sud-ouest; sa surface est plane et entièrement formée d'excréments d'innombrables oiseaux qui s'y réfugient. Dans quelques points la matière qui comble les interstices des branches de corail cède sous le pas de l'homme. Les oiseaux qu'on y trouve ne semblent pas avoir le moindre sentiment du danger : ils ne se dérangent pas même de place quand on menace de marcher sur eux, et lorsqu'on veut les toucher ils essayent de se défendre avec leur bec. Ce sont des espèces de goëlands, un peu moins gros qu'une oie. « Ces oiseaux, dit M. Owen, offraient un singulier aspect : présentant toutes les nuances, depuis le blanc de neige jusqu'au brun foncé, ils couvraient l'immense banc de madrépores qui borne la surface de l'île. Ils saluèrent notre approche par des cris aigus, et, sans se déranger, ils exprimèrent leur étonnement par la vivacité de leurs yeux d'un jaune d'or brillant, bordés d'un épais duvet blanc. La surface de l'île en était littéralement couverte. »

Cette observation explique, selon nous, l'origine de ces masses de guano qu'on découvre dans quelques îles voisines des côtes de l'Afrique et de l'Amérique.

Quiloa était avant l'arrivée des Portugais un des principaux établissements des Arabes. En 1505 François d'Almeida s'en empara, et y construisit un fort occupé aujourd'hui par une garnison arabe. Depuis une cinquantaine d'années Quiloa est au pouvoir de l'iman de Mascate. La ville est en partie tombée en ruines. Son port est un des plus beaux de la côte; les forêts environnantes sont remplies de bêtes féroces.

Mombas ou Mombaza paraît avoir été jadis une place importante. Les ruines et quelques descriptions qu'on y trouve attestent l'ancienne domination des Portugais, du temps de Fr. d'Almeida. La ville est aujourd'hui divisée en deux quartiers : l'un est habité par les Arabes, et l'autre par les Sowaulis (Sowhylese). Elle tenait sous sa dépendance l'île de Pemba et quelques autres districts, ainsi que le rappelle une inscription gravée sur la porte de Mombaza. Les Portugais étaient souvent en guerre contre les chefs de cette contrée, qui refusaient de payer tribut. Leur domination étant devenue odieuse, l'iman de Mascate n'eut pas beaucoup de peine à se rendre maître des possessions portugaises. Mais un des généraux qu'il avait chargés de cette expédition usurpa le pouvoir souverain en se déclarant chef indépendant de Mombaza et de Pemba. Redoutant le

(1) Saulnier de Mondevit (*Observations faites à la côte d'Afrique*, dans les *Nouvelles Annales des voyages*, tome VI, p. 338) donne 5° 56′ pour la latitude de Zanzibar, au mouillage.

(2) On écrit indifféremment *Mousia*, *Moufia* et *Monsea*.

châtiment qui l'attendait, cet usurpateur se jeta dans les bras de l'Angleterre.

Repoussé par les habitants de Mombaza, Vasco de Gama, à son retour de l'Inde, fut accueilli amicalement par les habitants de Mélinde, ville située un peu plus près de l'équateur que Mombaza. Sur un rocher escarpé, qui s'avance comme un promontoire, on voit encore la colonne qui porte à son sommet les armes des rois du Portugal et de Mélinde. Le territoire de l'ancien royaume de Mélinde est aujourd'hui occupé par les Gallas, peuplade qui entrave singulièrement la navigation des Arabes sur cette côte.

Patta ou Patté, ville située sur l'île qui forme la côte méridionale de la baie de Kwyhou, ne paraît pas avoir été longtemps sous le gouvernement des Portugais; plus tard, elle fut tour à tour indépendante et sous la domination de l'iman de Mascate ou du cheïk de Mombaza. Aujourd'hui la ville de Patta est occupée par une garnison de l'iman; elle est petite et composée de quelques misérables huttes bâties dans le style arabe. Lamou, non loin de là, est située au pied d'une rangée de collines sablonneuses, et contient environ cinq mille habitants, dont la plupart sont Arabes. Son gouverneur est également institué par l'iman de Mascate.

Magadoxo ou Mugdasho (2°1'8"lat. austr., et 45°19'5" long. G.) est la seule ville de quelque importance sur toute cette partie de la côte. Ses maisons sont grandes et bâties en pierre. On la divise en deux quartiers bien distincts : l'un s'appelle Chamgany, et ne renferme que des tombeaux de très-belle apparence, l'autre se nomme Umarwine, et se compose d'environ cent cinquante édifices en pierre, construits dans le style espagnol. Les Arabes y entretiennent un commerce d'échange très-actif. Le port est commode et formé par un long récif.

Tels sont les points principaux de la côte de Zanguebar, dont la connaissance laisse, pour le répéter, encore beaucoup à désirer sous le rapport géographique et ethnographique.

Au nombre des causes qui font que les Européens fréquentent si peu la côte de Zanguebar, il faut placer l'insalubrité du climat. Tous les voyageurs sont d'accord sur ce point. La *Topographie médicale,* publiée par M. Pommier, officier de santé de la marine, nous donne les renseignements les plus précis que nous ayons sur l'état sanitaire des îles de Zanzibar et de Quiloa (1). Toutes les causes des fièvres intermittentes se réunissent dans ces contrées pour nuire à la salubrité de l'air : chaleur excessive, terrain vaseux sur le rivage, marécages dans l'intérieur, etc. « La ville de Zanzibar n'est qu'un amas irrégulier de pagodes, mosquées, et d'autres édifices construits à la mode orientale; le défaut d'alignement des cabanes, la malpropreté des rues trop étroites, les amas d'ordures et de fumier entassés de tout côté, l'insouciance des naturels pour ce qui paraît exiger quelque travail; toutes ces causes réunies devaient faire de Zanzibar un foyer de maladies. Par une négligence complète de toutes les règles de l'hygiène, une exhalaison infecte frappe désagréablement l'odorat de celui qui parcourt ces espèces de rues. Il est cependant facile de les assainir. Les maisons sont la plupart en bois; quelques-unes sont en pierre; l'extérieur est recouvert d'un stuc blanchâtre. Devant la maison se trouve ordinairement une argamasse en pierre, sur laquelle les naturels restent couchés pendant la grande chaleur. L'intérieur est divisé pour le logement des hommes et celui des femmes; dans le logement des hommes, l'appartement le plus remarquable est celui du maître, qui est très-sale, peu meublé et livré à la discrétion des esclaves qui y entrent et en sortent continuellement... Si la structure de la peau rend les Nègres moins sujets aux maladies dans ces climats, il n'en est pas de même des Arabes et des Européens qui y viennent. Si le jour la chaleur est extrême, toute la nuit il règne une fraîcheur avec une rosée tellement abondante, que cette dernière remplace la pluie qui ne tombe qu'en novembre et en décembre. Ces variations de température, la chaleur humide, produisent des suppressions de transpiration qui déterminent des affections catarrhales très-graves. » (Pommier.)

Indépendamment des fièvres intermittentes qui prennent d'ordinaire un ca-

(1) *Annales maritimes*, t. XII, p. 423 (année 1820).

ractère fort grave, M. Pommier compte au nombre des maladies les plus fréquentes, à Quiloa et à Zanzibar, l'hydrocèle, la variole, la syphilis, les ulcères atoniques et les affections qu'entraînent les blessures faites par des armes empoisonnées.

Depuis Magadoxo jusqu'au cap Guardafui la côte ne présente pas la moindre apparence d'un lieu habité, bien que M. Owen y vit paître de nombreux troupeaux de bétail et de chameaux. Le commerce de cette contrée paraît être exclusivement dirigé, à l'aide des caravanes, vers la mer Rouge.

La partie de la côte qui s'étend depuis la rivière Juba jusqu'à la mer Rouge est habitée par la tribu aborigène des Somaulis ou Saumalis. C'est un peuple doux, de mœurs patriarcales, et entièrement relégué au littoral par la tribu féroce des Gallas, qui habitent l'intérieur du continent. On n'a pu jusqu'à présent recueillir que fort peu de renseignements sur ces Somaulis. Pauvres, ils n'ont eu rien à redouter de la cupidité des chrétiens et des mahométans; ils continuent à vivre dans l'indépendance, car leur pays n'a encore tenté aucun conquérant.

C'est par le pays des Somaulis que passe la principale route commerciale qui conduit de l'intérieur de l'Afrique à l'Arabie méridionale. Lorsque des navires échouent sur la côte, surtout près du Ras-el-fil et de Zeyla, ils ne manquent jamais de traiter hospitalièrement les naufragés; mais on dispose de la cargaison d'après le droit de varech. C'est presque toujours la faute des Européens, si, dans la plupart des endroits de la côte ils sont regardés par les indigènes comme leurs ennemis naturels. De Berbereh et de Zeyla, les deux principaux marchés des Somaulis, les caravanes se rendent dans les contrées de l'intérieur et particulièrement dans le Hurrur; des relations commerciales s'étendent de là à l'ouest, avec le royaume de Choa et les peuples qui habitent les environs des montagnes de Kourri. C'est dans ces contrées qu'on a cherché le pays des fabuleux Macrobiens. Ces relations paisibles paraissent exister depuis plus de mille ans. Déjà Ebn-Haukal (année 950) en parle d'une manière très-précise dans sa description de Zeyla (Zouilah). « Ce pays, dit-il, contient beaucoup de provinces; il est très-étendu, mais sec et riche en toute espèce de productions, comme en général tous les pays mahométans; ce dont il a besoin lui vient de l'ouest, parce qu'il n'est pas facilement abordable d'un autre côté. La peau de ses habitants est plus lisse et plus noire que chez les autres nègres. » Au rapport de lord Valentia, les Somaulis ne sont pas de vrais nègres, quoiqu'ils aient les cheveux crépus, les dents très-blanches et la peau très-noire. Ils s'en distinguent par la douceur de leur peau, le développement plus gracieux de leurs membres, et une physionomie absolument différente, surtout dans la conformation du nez, qui n'est nullement aplati.

Les Sowaulis ou Sowhylys paraissent être une tribu tout à fait différente des Somaulis. Avant l'arrivée des Européens, ils étaient la nation la plus puissante de la côte orientale d'Afrique; ils occupaient de nombreuses villes, et leurs possessions s'étendaient depuis Magadoxo jusqu'à Sofala, et peut-être au delà. C'étaient les Maures de Vasco de Gama et de François d'Almeida. La sultanie de Patté était un de leurs plus riches États; les ruines qu'on y voit témoignent de son ancienne splendeur. Leur langue se parle encore aujourd'hui depuis Patté jusqu'à Mozambique; et elle paraît avoir quelque affinité avec les dialectes cafres. Les Sowaulis sont, d'après Salt, de la race des Nègres.

Gallas.

Ce que les Goths et les Vandales furent pour l'Europe, les Gallas le sont pour l'Afrique. On ignore encore la véritable patrie des Gallas; selon leur tradition, ils habitaient le centre du continent quand ils en sortirent pour s'avancer vers le nord. La même tradition existait, du temps de Diodore de Sicile, à l'égard des Troglodytes. D'après les voyageurs modernes, les Gallas pénétrèrent du sud en Abyssinie, par Mélinde et Patté, où ils forment encore aujourd'hui une chaîne non interrompue. Ils envahirent successivement plusieurs contrées de l'Afrique; comme les Goths et les Vandales, ils se sont naturalisés en peu de temps sur le sol conquis, en adoptant la langue, les coutumes et les mœurs des peuples vaincus.

Les géographes du seizième siècle parlent pour la première fois d'un grand mouvement de hordes nomades qui s'ébranlèrent à la fois des steppes de l'Afrique centrale pour se répandre à l'ouest, à l'est et au nord. C'est la plus grande émigration connue des peuples africains, qui a sa cause, soit dans une révolution de la nature, soit dans une révolution politique. En 1537, des hordes de Gallas débordèrent de la province Bali en Abyssinie (1). D'autres hordes se précipitèrent, en 1552, dans les terres de Congo et d'Angola, avec une impétuosité féroce.

Bruce, Salt et d'autres voyageurs parlent des incursions répétées des Gallas dans les provinces de l'Abyssinie. Leurs incursions sont en quelque sorte périodiques comme les inondations du Nil; mais, au lieu d'apporter la fécondité et la vie, ils répandent la désolation et la mort. Ils forment, autour de l'Abyssinie, à l'est, au sud et à l'ouest, une ceinture terrible d'où chaque année leurs bandes pénètrent, à travers les défilés et les ravins, dans le pays d'Alpes, qui s'élève comme une presqu'île au milieu des flots menaçants des barbares.

Les Portugais proposèrent aux Abyssiniens d'élever des fortifications pour se mettre à l'abri de l'invasion des Gallas. Les Abyssiniens répondaient à cette proposition comme l'auraient fait les Spartiates. « Non, disaient-ils, nous avons des pierres pour bâtir des temples; mais pour défendre notre pays, nous avons nos bras. »

L'origine de ces peuplades, indifféremment désignées sous les noms de *Gallas*, *Agallas*, *Fagas*, *Agags*, *Giagags* et *Schaggas*, est fort obscure. Leurs mœurs, leur vie nomade, leurs brigandages, et la ressemblance de leurs dialectes, ont fait conjecturer qu'ils formaient un seul et même peuple. On leur a trouvé quelque analogie avec les Boschjesmans et les Cafres. On les a fait descendre de la Guinée, où (entre le cap Mesurado et la côte de Poivre) habite une race nègre appelée Gallas; mais cette dernière supposition paraît dénuée de fondement.

D'après les documents les plus anciens, le centre des Gallas semble être à Bizamo, pays situé entre le Nil et le Bahr-el-Abiad, où passe la route de Gondar à Narea. A partir de là, ils se divisent en de nombreuses tribus conduites par autant de chefs.

Ils diffèrent de noms suivant qu'ils se sont plus ou moins assimilés aux nations subjuguées. Ceux qui ont embrassé l'islamisme sont parvenus à un certain degré de civilisation; tandis que ceux qui possèdent encore leur caractère primitif forment, au rapport de tous les voyageurs, une race cruelle et féroce. Ils ne construisent point de huttes, se réfugient dans les bois, et vivent dans la condition la plus sauvage. En guerre avec tous les hommes, ils se conduisent et sont à leur tour traités comme des bêtes féroces. Semblables aux « peaux rouges » de l'Amérique septentrionale, ils scalpent leurs ennemis, et en conservent le cuir chevelu, comme un trophée (Owen). Leur vêtement se compose d'une peau de chèvre ou d'un autre animal, attachée autour des reins; comme les Hottentots, ils enduisent leurs cheveux avec de la graisse, et s'entourent le corps de boyaux de bœuf. Le wanzey (*Cordia abyssinica*, B.) est un arbre qui leur sert dans des cérémonies religieuses (1). Comme les Hébreux et les Chaldéens, ils regardent les nombres 7 et 3 comme sacrés. Ils passent à la nage les torrents les plus rapides. Une sorte de pâte faite avec du café grillé et du beurre est la seule provision qu'ils emportent avec eux. Ils supportent la faim et toutes les privations avec une patience étonnante. Leurs expéditions n'ont rien de régulier : ils tombent à l'improviste sur une contrée et la ravagent; tout leur est permis dans ces invasions. Mais dans leurs pays ils se soumettent avec docilité à la discipline sévère de leurs chefs. Leurs femmes sont extrêmement fécondes.

Les Gallas de l'est et de l'ouest semblent tous parler la même langue. Leur taille est moyenne; ils ont les cheveux noirs, longs et crépus; dans les vallées, leur peau est plus foncée. Ceux qui pénétrèrent il y a quelque temps en Abys-

(1) Ludolf, Hist. Æthiop., lib. I, 16, 19.

(1) Comparez M. A. N. Desvergers, l'*Abyssinie*, p. 29.

sinie, ne se nourrissaient que de lait, de beurre et de viande; l'exemple des Abyssiniens leur apprit à cultiver la terre et à cuire le pain. Ils n'avaient pour armes que des lances de bois aiguisées, dont la pointe était durcie au feu, et empoisonnée avec le suc d'un arbre vénéneux. En général, les Gallas redoutent beaucoup les armes à feu, et l'histoire suivante, rapportée par M. Owen, n'a fait qu'augmenter leur terreur. « Une troupe de Sowaulis, ayant entrepris une expédition commerciale dans l'intérieur, fut attaquée et pillée par des Gallas, en dépit de leurs stipulations réciproques. Parmi les dépouilles se trouvait une arquebuse qui, paraissant un objet inutile, fut brisée pour en ôter les pièces de fer; mais, afin d'aller plus vite en besogne, on résolut de brûler tout ce qui était en bois. Mais à peine l'opération commencée, l'arquebuse, qui était chargée à balle, fit inopinément explosion et tua roide mort celui qui la tenait. Cet événement a, dit-on, mis fin aux attaques des Gallas contre les Sowaulis. » (Owen.)

Voici comment un voyageur récent, M. Th. Lefebvre, trace la caractéristique des Gallas (1) :

— « Visage rond, crâne allongé suivant le diamètre antéro-postérieur, occiput très-développé, yeux grands, cils longs, sourcils épais et arqués, nez court, légèrement épaté, mais droit, lèvres épaisses surtout dans la partie médiane, bouche moyennement grande, oreille petite, cheveux crépus et longs, hanches développées, buste long, creux des reins prononcé, fesses saillantes, jambes grêles, mains petites; généralement peu musculeux.

« Les variations de ce type sont relatives à deux caractères :

« 1° Cheveux lisses, au lieu d'être crépus : ils se rencontrent avec le visage ovale, les lèvres minces, le creux des reins moins prononcé, les mollets plus saillants;

« 2° Nez épaté et retroussé, qui entraîne les caractères principaux de la race nègre : la mâchoire inférieure avancée et proéminente, les cheveux tout à fait laineux.

(1) *Voyage en Abyssinie*, tome III.

« L'état de civilisation et les mœurs des Gallas les séparent encore plus nettement du reste des Abyssins que les caractères physiques. A l'égard des mœurs, ils pratiquent en principe le pur patriarcat, ou l'uniprédominance de la famille, ce qui, par le fait, a engendré le gouvernement de la tribu par un seul chef. Les espèces de royaumes gallas qu'on trouve vers la frontière sud du Choa, et qui révèlent une certaine constitution politique, sont de création chrétienne, et n'ont rien que ces hordes barbares puissent indiquer. L'islamisme est venu, il est vrai, qui a desséché dans leur germe les fruits semés à cet égard par le christianisme.

« Chez quelques tribus gallas les sacrifices humains sont encore en usage; on m'a assuré que cette coutume subsiste chez les Djindgéro.

« Le caractère du Galla paraît bien divers, suivant qu'on le voit livré aux inspirations de sa nature, ou bien aux suggestions de ses préjugés. Franc, humain, hospitalier dans un cas, il étonnera dans d'autres par les détours de la ruse la plus subtile et les excès odieux d'une froide cruauté.

« Habitué à combattre les bêtes féroces, et vivant avec ses voisins dans un état permanent d'hostilité, ce peuple estime la bravoure comme la première qualité de l'homme, et entretient chez ses enfants ce goût du sang, qui peut s'accorder ainsi avec une âme sensible. Chez eux, non-seulement le lâche est honni et méprisé, mais même aucune considération ne peut s'attacher à un homme qui n'a pas à se prévaloir d'un de ces horribles trophées, preuve irrécusable de courage à leurs yeux. Lorsque les servantes gallas vont puiser de l'eau, celle qui a le pas est celle dont le maître a la plus grande renommée de valeur.

« Chez tous les peuples barbares, l'extrême surprise que leur cause le moindre objet inconnu tente outre mesure leur convoitise, et les efforts qu'ils font alors pour se l'approprier ne doivent pas être mis entièrement sur le compte d'une disposition native au vol. Les Gallas sont surtout cultivateurs et très-laborieux : leurs terres en plaine sont extrêmement fertiles, et donnent de magnifiques pâturages. Les femmes gallas s'occupent beaucoup de l'éducation des abeilles, ce qui, avec le filage du coton et les travaux du ménage, constitue à peu près leurs seules occupations.

« Au milieu de ces tribus gallas se sont intercalées d'autres peuplades, présentant les mêmes caractères, mais parlant des dialectes différents ; dans ce nombre, il faut citer le *sidama,* dont cependant on n'a encore aucun vocabulaire.

« Une vieille toile beurrée constitue souvent l'unique vêtement des hommes gallas : les plus aisés y ajoutent un caleçon et une jaquette, comme celle des Écossais. Leurs cheveux sont disposés en longues tresses flottant sur leurs épaules, ou bien ils les laissent dans leur état naturel, sans en prendre autrement soin que de les enduire d'une épaisse couche de beurre.

« Le costume des femmes est plus compliqué : elles s'enveloppent d'un cuir souple, en guise de jupe, et se couvrent le buste d'une espèce de chemisette qui tombe jusqu'aux hanches, et par-dessus le tout, elles ont la même toile que les hommes. Dans les endroits qui sont en contact avec les chrétiens ou les musulmans, le costume subit quelques modifications : chez les Azebo-Gallas, les femmes ont une robe longue comme celle des Éthiopiennes; chez les Ouellos et les tribus voisines du Choa, elles portent, par-dessus la robe longue, une chemisette, et se couvrent la tête d'un voile, dont l'étoffe est de l'espèce qu'on appelle *guinée;* elle est rouge ou bleue, suivant les endroits.

« Les hommes portent au bras des anneaux d'ivoire en nombre égal à celui des ennemis qu'ils ont vaincus; dans quelques tribus il est d'usage de se pendre un anneau d'argent à l'oreille. Les femmes ont des bracelets en cuivre ou en étain, et des colliers de verroterie à profusion, dont elles ne s'ornent pas seulement le cou, mais aussi les jambes et la ceinture. Leurs jupes de cuir sont garnies de cauris.

« Les armes ordinaires des Gallas sont la lance, le couteau à deux tranchants et le bouclier; les tribus voisines des chrétiens ont adopté le fusil, et quelques-unes ont acquis dans le maniement de cette arme une adresse consommée. »

Rien n'est plus propre que la linguistique à répandre quelque lumière sur les questions d'ethnographie les plus obscures. Nous croyons donc faire une chose utile, en communiquant ici un tableau comparatif de quelques mots gallas, somaulis, sowaulis (souhaïlis), monjous et makouas. On pourra comparer ces mots avec ceux de même signification donnée plus haut, page 162.

GALLA.	SOMAULI.	SOWAULI (Souhaïli).	MONJOU.	MAKOUA.	VALEUR.
Tako........	K'ow..........	Che-mo-je....	....	....	Un.
Lumma.......	Leb-ba	Mab-be-re....	....	....	Deux.
Seddé.......	Sud-dé........	Ma-da-tou....	....	....	Trois.
Affour.......	Affor..........	Mu-ché-ché...	....	....	Quatre.
Shun........	Shan..........	Ma-nou.......	....	....	Cinq.
Ia...........	Ieh............	Fun-ja-te.....	....	....	Six.
Tourbah.....	T'dubba.......	Muk-en-deh ..	....	....	Sept.
Sed det......	Se deid.......	Mun-na-ne....	....	....	Huit.
Sug-gul......	Sug-gal........	Ko-me........	....	....	Neuf.
Koudun......	Tubban	Mo-je	....	....	Dix.
Abbo........	Abbai..........	Babbe-akou ..	Atte-a-te.......	Te-te..........	Pere.
Addir.......	O-yu..........	Ama-vo.......	Amavo	Ma-ma	Mère.
Ilma........	Wél...........	Ma-to-to......	Manache.......	Bi-sho.........	Enfant (fils).
Addu........	Ghur-rah......	....	D'youva........	Ezou-ah........	Soleil.
Laffa........	....	....	Mouze..........	E-la-pou.......	Terre.
Gouba.......	....	....	....	....	Ciel.
Djea........	Tai-ya.........	....	Mouei-ze.......	Mar-e..........	Lune.
Ur-je........	Hed dugo......	....	To u'n-du-wan.	Tau-d'wa......	Etoiles.
Be-shan.....	Be-you	....	Méze..........	Maze...........	Eau.

Tout récemment M. Froberville (1) a essayé de comparer le souhaïli avec les idiomes des principaux peuples de l'Afrique méridionale, et d'abord avec l'arabe, que l'on signalait comme le fond de ce prétendu jargon. Le résultat de cette comparaison, quant à l'arabe, fut de démontrer que le souhaïli ne présente aucune affinité avec cette langue. Il renferme, il est vrai, un grand nombre de mots arabes, mais ce ne sont là que des emprunts rendus nécessaires par une conformité d'usages et de religion, qui existe depuis longtemps entre les habitants de Zanguebar et les Arabes souverains de la côte. La langue des Gallas et des Somaulis qui habitent au nord des Souhaïlis ne présente non plus aucune ressemblance avec l'idiome de ces derniers. Mais il paraît à peu près certain que les diverses nations de l'Afrique australe parlent des langues sœurs ; et en rapprochant ces idiomes du sichouana et des langues parlées sur la côte occidentale, on reconnaît qu'ils sont dérivés d'une source commune. M. Prichard avait déjà indiqué, dans son *Histoire physique de l'homme* (liv. III, chap. 14), cette parenté qui existe entre les langues austro-africaines, et les avait comparées à la famille des langues indo-européennes.

La météorologie et l'histoire naturelle s'enrichiraient considérablement par les observations que des commissions de savants pourraient faire sur la côte orientale, encore si peu explorée, de l'Afrique. Les rayons du soleil et les couches atmosphériques paraissent, surtout dans le canal de Mozambique et à l'entrée de la mer Rouge, éprouver des changements fort extraordinaires. Les anciens déjà avaient entendu parler de certains phénomènes, en apparence merveilleux, que nos commentateurs modernes ont eu grandement tort de traiter de fables. Ainsi, Agatharchide, cité par Diodore, raconte que sur la côte orientale de l'Afrique (pays des Troglodytes), « là où l'on ne voit pas la constellation de l'Ourse, » le soleil semble sortir de la mer comme un charbon ardent qui jette de grandes étincelles; qu'il ne se montre point, comme à nous, sous forme d'un disque, mais qu'il s'élève sur l'horizon comme une colonne dont le chapiteau serait un peu écrasé (1). Un fait tout semblable de réfraction atmosphérique a été observé par Salt, à 4° 53' latitude septentrionale. « Le soleil, dit-il, avant de se coucher offrit un aspect très-extraordinaire. Au moment où il sortait d'un sombre nuage et où son disque touchait à l'horizon, il parut s'étendre au delà de ses dimensions naturelles ; il devint d'un rouge pâle, et prit une forme qui ressemblait infiniment à une section de colonne. C'était un des singuliers effets de la réfraction produite par l'atmosphère, et connue dans cette partie du monde. »

Aux environs d'Aden, Salt eut l'occasion de faire une observation qui rappelle encore davantage celle que raconte Agatharchide. « A l'approche de la péninsule, nous fûmes extrêmement frappés de l'aspect que prit le soleil en se levant. Lorsqu'il fut à moitié au-dessus de l'horizon, il ressembla, par la forme, à un dôme de château ; lorsqu'il fut aux trois quarts, on eût dit un ballon; enfin, étant tout à fait dégagé, il parut comme un globe très-aplati. La même cause (réfraction atmosphérique) faisait que notre vaisseau, à l'ancre dans la baie, avait l'air d'être hors de l'eau, et que ses mâts, qui étaient nus, paraissaient entourés de voiles. Une pointe de terre et un rocher bas, qui étaient à vue, semblaient, l'une n'avoir d'autre base que l'air, et l'autre s'élever aussi haut qu'un vaisseau, l'espace transparent compris entre ces objets et l'horizon ayant une teinte grise très-distincte de la couleur plus foncée de la mer (2). »

M. Owen, pendant son expédition hydrographique sur la côte orientale de l'Afrique, a été témoin de phénomènes analogues. Ainsi, peu de temps après

(1) *Mémoire sur les langues et les races de l'Afrique orientale*; Paris, 1846.

(1) Diodore de Sicile, lib. III, c. 48.

(2) Cette réfraction extraordinaire des couches atmosphériques à l'horizon mériterait un examen plus approfondi; car elle est une grande source d'erreurs dans toutes les observations astronomiques et géodésiques, surtout dans les latitudes peu élevées.

le coucher du soleil, il prit un jour des météores pour des oiseaux à plumage brillant perchés au haut des mâts. Une autre fois, il lui arriva, à lui et à tout son équipage, de prendre des canots pour des albatros (oiseaux de mer); cette méprise dura jusqu'au moment où les canots touchaient presque le navire. Il faut que les couches atmosphériques soient singulièrement condensées ou modifiées dans ces parages pour produire des phénomènes de réfraction aussi insolites. Cet épaississement de l'air ne contribue peut-être pas peu à l'insalubrité du climat.

PAYS D'AJAN (HAZIM).

Nous possédons très-peu de renseignements sur tout le pays compris entre le 3° latitude nord et le cap Guardafui. Tous les navigateurs ont observé qu'à l'instant même où l'on tourne le cap Guardafui pour se diriger vers la mer Rouge, les vents s'apaisent comme par enchantement. Cela s'explique par la présence de cette courbe brusque qui forme le golfe d'Aden. Les vents alizés, qui soufflent le long de la côte assez unie de l'Afrique orientale, franchissent ce golfe pour se perdre sur la côte orientale de l'Arabie.

Le nom de Guardafui paraît être d'origine portugaise et signifier « Garde à vous. Les indigènes l'appellent Ras-Assere. Derrière ce cap, au sud, s'élève une haute montagne, le Gibel-Iordafoun, au pied de laquelle se trouve, dit-on, un grand lac d'eau douce; on ignore si c'est un ouvrage de la nature ou de l'homme. Une chose digne de remarque, c'est qu'à l'entrée du golfe qui est comme le vestibule de la mer Rouge, on rencontre sur le rivage l'oiseau sacré des anciens Égyptiens, l'ibis, vrai portier du pays des merveilles. « L'herbe, dit Salt, était rare, le sol sablonneux et fort imprégné de sel. Une lagune, qui commençait à peu de distance de la côte, s'étendait dans l'intérieur des terres, sur une plaine qui, d'après la vue éloignée que nous en eûmes, nous parut couverte d'arbres. Des oiseaux sauvages se montraient en foule sur cette lagune, au bord de laquelle on voyait aussi l'oiseau de l'espèce appelée *Abouhannes* par les Arabes, qui est le véritable ibis des Égyptiens décrit par Hérodote; ce qui est démontré par la tête et le cou, qui sont dépourvus de plumes, et sont d'un noir très-foncé. »

La côte, depuis le cap Guardafui jusqu'au cap d'Orfui, que les Arabes nomment Hafoun, abonde en moutons, chevaux et chameaux; elle est habitée par une tribu de Somaulis, les Mijertaynes, commandés par un chef qui reconnaît pour suzerain l'iman de Mascate. Ce chef réside dans le voisinage du point désigné sur les cartes sous le nom de cap Delgado, qu'il ne faut pas confondre avec le cap de même nom qui sépare l'État de Mozambique de la côte de Zanguebar. Les Arabes l'appellent *Ras-Maber*, qui signifie « Promontoire de départ, » parce que les caboteurs indigènes partent de ce point avec la mousson sud-est pour se diriger vers le nord en doublant le cap d'Hafoun (1). Ce cap apparaît de loin comme une île, et se trouve adossé à de hautes montagnes d'une forme singulière. L'amiral Beaulieu tint à l'ancre sous ce cap, en juillet 1620, durant une tempête violente, et il tenta vainement de communiquer avec les naturels du pays. Il décrit le mouillage comme étant à 10° 1' de latitude nord. La variation de l'aiguille aimantée était alors à 17° deux tiers ouest. En 1809 Salt ne la trouva que de 4°. Les Portugais avaient autrefois une factorerie aux environs d'Hafoun, jusqu'à l'époque où ils en furent chassés par les Arabes.

D'Hafoun à Ras-ul-Khyle (cap Bedouin de quelques cartes), la côte présente une masse granitique de plus de cent mètres de hauteur. Les Arabes la désignent sous le nom de *Hazim*, qui signifie *terrain rocailleux*. Au sud de Ras-ul-Khyle se trouve d'abord *Sef-Tewil*, ou *le rivage pelé*, puis l'*Herab* ou *contrée montagneuse*. C'est cette étendue du littoral que les cartes indiquent sous la dénomination d'Ajan, d'Azan ou Azamea, qui n'est probablement qu'une corruption du mot arabe *Hazim*. Les indigènes l'appellent *Barra Somauli*, c'est-à-dire *Terre des Somaulis*, et sont aujourd'hui, pour la plupart, tributaires de l'iman de Mas-

(1) Owen, *A narrative of voyages to explore the shores of Africa*, etc.; vol. I, p. 354.

cate. La mer qui baigne cette côte, dont l'aspect donne de la tristesse, est poissonneuse au delà de tout ce qu'on saurait imaginer. Un phénomène qui frappa singulièrement Salt, et qui se renouvela deux fois pendant le trajet du cap Das Baxas au cap d'Orfui, c'étaient des bancs de plusieurs milliers de poissons morts qui flottaient sur l'eau. Le navire, avec un vent favorable, mit plus d'une demi-heure à traverser l'un de ces bancs (à 8° lat. nord), qui se composait de poissons d'une grosseur considérable appartenant aux genres *Sparus*, *Labrus* et *Tetrodon*. « D'après la rougeur de leurs ouïes, dit Salt, on pouvait croire qu'ils n'étaient pas morts depuis longtemps. » Un autre banc, qu'il rencontra vers 10° lat. nord, était formé de poissons qui avaient déjà subi un commencement de putréfaction. Quelle est la cause qui frappe de mort simultanément des milliers d'êtres vivants? Est-ce une substance vénéneuse, accidentellement mêlée aux eaux de la mer? Les habitants de l'Océan sont-ils, comme ceux de la terre, affligés d'épidémies mortelles? Nous ne saurions faire à cet égard que des conjectures. Mais ce qui est incontestable, c'est que ces bancs de poissons pourris, jetés sur la côte, deviennent des foyers d'infection, et doivent contribuer à la mortalité des habitants du littoral.

PAYS D'ADEL (DES ADELS). BERBEREH. HARRAR.

En sortant du détroit de Bab-el-Mandeb, on trouve à la droite une contrée aride : c'est le pays d'Adel ou des Adels. On est désagréablement impressionné par l'aspect d'une grève blanchâtre et ardente où sont adossées les unes contre les autres les misérables huttes qui forment le village de Toujourra. Cette plage désolée est bordée à l'horizon par des montagnes d'origine volcanique, qui s'étendent du sud-est au nord-est, et présentent de l'est à l'ouest leurs gradins dépouillés. « Il n'y a, dit M. Rochet d'Héricourt, nulle part dans le monde autant de cratères éteints, autant de laves répandues sur le sol. Si les anciens avaient connu cette contrée, ce n'est point en Sicile qu'ils auraient placé la guerre des Titans, ou les ardents fourneaux des Cyclopes. Aucune eau fécondante ne parcourt les brûlants replis de cette terre ravagée de tout sens par les feux souterrains et embrasés par le soleil des tropiques. » Quelques arbres rabougris sont les seules traces de végétation qu'y rencontre la vue attristée. Le village de Toujourra est situé au fond d'une large baie dont l'entrée est défendue par un grand nombre d'îlots. Les trois cents cabanes qui le composent, groupées sur la rive droite de la baie, sont construites en forme cylindrique, avec des pieux enfoncés dans le sable; les toits, couverts d'herbes desséchées, s'arrondissent en dôme. Une population de cinq à six cents âmes s'abrite sous ces chétives cabanes. Les habitants sont musulmans et les intermédiaires du commerce qui se fait entre l'Abyssinie méridionale et l'Arabie. Ils obéissent à un chef qui porte le titre de sultan. Son autorité ne s'étend guère au delà de Toujourra; car le pays situé entre la province d'Éfate (royaume de Choa) et le Toujourra est occupé par des tribus arabes indépendantes, qui rançonnent les caravanes.

Au sud de Toujourra, on trouve Ambabo, sur la côte de l'océan Indien. C'est un très-petit hameau, et une ancienne station de caravanes. Le site d'Ambabo est moins désolant que celui de Toujourra. La chaîne de montagnes qui s'élève à une lieue de la mer est garnie de quelques bosquets touffus de mimosas; les torrents qui s'en précipitent pendant la saison des pluies, laissent sur la plage des flaques d'eau saumâtre, entourés de gazons vigoureux. Zeyla, à trente lieues environ plus bas de Toujourra, forme la limite du pays d'Adel et du pays des Somaulis. Son port était déjà célèbre au seizième siècle; les Portugais, maîtres alors de l'océan Indien, venaient souvent y relâcher. Aujourd'hui il entretient des relations fréquentes avec Moka; c'est un des points où se font des échanges commerciaux de cette partie de l'Afrique. Zeyla est entourée d'une muraille haute de trois à quatre mètres, qui lui sert d'abri contre les agressions des tribus somaulis du voisinage. Cette ville, où l'on voit trois ou quatre maisons de pierre, était autrefois soumise à l'autorité d'un gouverneur nommé par le chérif de Moka; mais la souveraineté du port a été récemment achetée par un Somauli, riche, intelligent et actif, nommé Ali-Cher-Markeh (1). C'est dans le port de Zeyla que furent assassinés, il y a près de deux siècles, les jésuites Maxado et Pereira, que le roi abyssinien Socinios avait appelés dans ses États (2).

Toute la côte d'Adel est parcourue par de nombreuses tribus de peuples nomades et pasteurs, connues de tout temps par leurs brigandages, et qui opposent de grands obstacles à l'exploration de cette contrée. Elle faisait autrefois partie du royaume de Dankali. C'est pourquoi ses habitants s'appellent encore aujourd'hui Danakiles. Ils se disent mahométans; mais ils n'ont ni prêtres ni mosquées. Ils exercent entre eux des vendettes terribles; jaloux de leur indépendance, ils ne se déplacent que pour chercher des pâturages pour leurs chameaux, et sont sans cesse prêts à prendre part à toutes les querelles, lorsqu'ils espèrent y trouver leur avantage. Ils sont très-actifs, résolus, rusés, mais pauvres et mal armés. Au sud de Zeyla habitent les tribus des Taltal, parents des Shiho; puis viennent les Dobas, les Guedéboursi, les Djibril-Habokor, les Bagobos, enfin les Somaulis, qui s'étendent jusqu'au mont Félix, près du cap Guardafui.

Le meurtre, partout en exécration, passe pour une action glorieuse dans le pays d'Adel. L'homme qui tue un homme conquiert parmi ces tribus le renom de guerrier : il a le droit d'attacher à sa chevelure, enduite de suif, une blanche plume d'autruche, de passer un bracelet de cuivre autour de son bras, et d'ajouter à ses armes quelques ornements d'argent. D'ailleurs, qu'il ait plongé son poignard au cœur d'un voyageur, ou qu'il ait percé son ennemi d'une lance en combattant, la gloire est la même. Les organes sexuels mâles que le meurtrier s'empresse de couper à la victime servent de trophée. Cette atroce coutume est aussi en vigueur dans le royaume de Choa. (M. Rochet d'Héricourt.)

(1) Rochet d'Héricourt (*Second Voyage sur les deux rives de la mer Rouge, dans le pays des Adels et le royaume de Choa*, p. 284.

(2) Lobo, *Voyage en Abyssinie*, première partie, p. 70.

A une certaine distance de cette côte si inhospitalière on trouve plusieurs lacs d'eau salée. Parmi ces lacs, on remarque particulièrement celui que les Danakiles appellent *Mel-el-Assal* (eau de sel), et qui est leur plus grande richesse. Le Mel-el-Assal présente un des pays les plus désolés du pays d'Adel. « Du haut des versants qui plongent vers lui, on voit ses eaux dormantes s'étendre en un bassin circulaire de plusieurs lieues de diamètre, autour duquel une ligne non interrompue de montagnes volcanisées forme une ceinture lugubre. C'est sur les parois de cette cuve que la chaleur solaire, pompant les eaux depuis des siècles, amène la cristallisation naturelle du sel. Le sel entoure la surface verdâtre du lac d'une frange blanche, large de près d'un kilomètre, assez solide pour porter les chameaux d'une caravane. Sur le bord de ce nouveau rivage flottent de grands dodécaèdres qui élargissent la croûte cristallisée, à laquelle ils finiront par adhérer. Une bande blanchâtre haute de cinquante pieds, qui couvre les montagnes autour du lac, indique sans doute le niveau primitif des eaux, et mesure les progrès de l'évaporation. C'est une vue affreuse au milieu du jour, sous un ciel incandescent, que le spectacle de cette véritable mer morte qui s'engourdit, qui s'épaissit, qui se solidifie lentement; de cette mer déserte de navires, emprisonnée par une révolution volcanique, et qui se laisse impunément insulter par le sabot du dromadaire (1). »

Ce qu'il y a de remarquable, c'est que le niveau de ce lac est considérablement au-dessous du niveau de la mer. M. Rochet, par des observations barométriques exactes, a trouvé cette dépression de 217 mètres 700 millimètres. Il pense que ce lac est le fond d'un ancien golfe qui aurait été séparé de la mer, et se serait trouvé intercepté par suite d'un soulèvement de terrain. Un ancien volcan coupe l'espace intermédiaire entre le lac et les bords de la mer, et deux coulages auraient répandu une lave diverse et inégale, l'un descendant vers la mer, et l'autre aboutissant au lac. Mais

(1) Rochet d'Héricourt (*Second Voyage*), p. 70.

la tourmente qui a soulevé ce volcan et les montagnes qui l'entourent a pu affaisser le lit du golfe dont elle faisait un lac; et c'est ce qui permet, selon M. Rochet, d'expliquer la dépression extraordinaire de ses eaux comparativement au niveau de l'Océan.

A l'est de ce lac salé se trouve un lac d'eau douce (Aoussa), dans lequel se jette l'Aouache, principale rivière du pays d'Adel, et qui parcourt une grande partie du royaume de Choa. L'Aouache prend sa source à plus de 100 lieues au sud, et coule du sud au nord-est. Son courant est très-rapide; la largeur de son lit est de 50 à 60 mètres. Pendant les grandes pluies il déborde, et prend en quelques endroits un développement considérable; ses rives sont garnies d'épaisses forêts. Ces forêts sont peuplées de lions, de léopards, d'éléphants, d'hippopotames, de zèbres, d'antilopes, et de milliers d'oiseaux aux plumages éclatants (1). A Malkakouyou, la hauteur de l'Aouache est, suivant les observations barométriques de M. Rochet, de 725m,660 au-dessus du niveau de l'océan Indien.

A plus de 80 lieues de Zeyla on trouve plus bas, sur la même côte, la ville de Barbara ou Berbereh. C'est le marché le plus considérable de cette partie de l'Afrique; il s'y tient tous les ans une foire très-renommée. Cette foire commence après les moussons du nord, et dure pendant trois mois. On y trouve un excellent mouillage dans un bassin formé par un banc de sable et de corail, qui s'étend parallèlement à la côte. La ville occupe le fond de ce bassin. Le banc de sable ressemble à une jetée qui aurait été construite dans l'intention d'établir un port pour la commodité des navires. Quatre à cinq cents huttes sont entassées les unes à côté des autres sur le rivage. Chacune d'elles se compose d'un toit formé avec des nattes de feuilles de palmier ou avec de longues herbes sèches, ou bien encore avec des peaux à demi tannées et étendues sur le bâton qui sert ordinairement de squelette à toutes les cabanes. Les habitations d'un petit nombre de marchands étrangers, des Banians et des Arabes, indiquent des prétentions à une certaine recherche : elles ont les murs formés avec des nattes d'une hauteur d'environ deux mètres; leur toiture inclinée se compose de bambous, posés transversalement sur des pieux et recouverts de feuilles desséchées. Berbereh est la propriété de quatre tribus somaulis (Yal-Horch, Yal-Chardone, Yal-Achmet, Yal-Guiditte). Tout étranger est obligé de choisir parmi ces Somaulis une sorte de protecteur, qui sert à la fois de cicerone et de courtier. Le principal personnage de la ville est le même Cher-Markeh, qui possède la souveraineté du port de Zeyla. Il y a environ quinze ans le gouvernement des Indes le récompensa généreusement de l'assistance qu'il avait prêtée à un brick anglais, *la Mary-Anne*, attaqué et brûlé pendant la nuit par des indigènes, lors d'un mouillage sur la côte; il lui conféra, en outre, les privilèges d'un sujet anglais, avec liberté d'arborer le pavillon britannique sur ses baquelas. Cher-Markeh est aujourd'hui le principal agent de l'Angleterre dans cette partie de l'Afrique (1).

Dans l'intérieur du désert des Somaulis, à peu près à moitié chemin entre Berbereh et le royaume de Choa, se trouve la principauté ou le royaume d'Harrar ou d'Hurrur, avec la capitale du même nom. Les Harraris appartiennent à la race des Somaulis, quoiqu'ils ne mènent pas, comme ceux-ci, une vie nomade. Dans ces plages désertes de l'Afrique orientale qui s'étendent entre l'Abyssinie les pays habités par des Gallas, et l'Océan, les Harraris sont la seule population qui ait un siége fixe, et qui soit réunie dans une ville. Aucun Européen n'a encore visité Harrar ; et les renseignements que M. Rochet nous donne sur la ville d'Harrar et ses habitants lui ont été fournis par le représentant de l'émir d'Harrar auprès du roi de Choa. « Harrar est bâtie dans le creux d'un vallon arrosé par plusieurs petites rivières ; ce vallon paraît être un des points les plus fertiles de la zone torride ; il est couvert de caféiers qui donnent un grain supérieur à celui de Moka, et qui alimentent le principal commerce des Harraris.

(1) Rochet d'Héricourt (*Premier Voyage*).

(1) Rochet d'Héricourt (*Second Voyage*), p. 288.

On y trouve aussi le safran, des cotonniers, avec le produit desquels on fabrique des étoffes pour vêtements. Une population de deux à trois mille âmes est enfermée dans la ceinture crénelée qui entoure la ville. Les Harraris sont doués d'aptitudes extraordinaires pour le commerce, auquel ils se consacrent exclusivement. Le commerce d'Harrar se divise en trois grandes branches. Une partie de la population mobile qui forme les caravanes se dirige sur le Choa, une autre parcourt les tribus voisines des Gallas, une troisième descend le territoire encore très-peu connu d'Augadène, au sud de la région occupée par les Somaulis; ceux qui vont dans le Choa en tirent des toiles de coton, du café, du tabac, des esclaves, etc., qu'ils rapportent à Harrar, et qu'ils vont ensuite vendre à Berbereh. Les caravanes qui font leur tournée chez les tribus gallas s'y procurent du safran, du café, de l'ivoire et des cornes de rhinocéros; enfin, celles qui se dirigent sur Augadène y achètent de la gomme, de la gomme-myrrhe, de l'ivoire, des plumes d'autruche (1). »

Si ces renseignements sont exacts, les habitants d'Harrar sont appelés à jouer un rôle important du moment où l'industrie européenne pourra jeter ses produits dans ces contrées de l'Afrique orientale.

ROYAUME DE CHOA.

A l'est du Nil bleu (Bahr-el-Asrek) et au sud-ouest du pays des Adels s'étend le royaume de Choa, dont les limites ne sont pas exactement définies. MM. Rochet d'Héricourt, Ch. Johnston, Krapf, Harris, Lefebvre et Petit paraissent être les premiers Européens qui aient bien visité ce royaume, sur lequel on n'avait encore que de vagues renseignements. C'est surtout à la relation toute récente de M. Rochet que nous en devons une connaissance exacte. Les traités de commerce que la France et l'Angleterre viennent de conclure avec le roi Sahlé-Salassi témoignent de l'importance que cette riche contrée pourra acquérir par la suite.

Quand on arrive dans le Choa, après avoir parcouru le pays des Adels, on est frappé du changement brusque qu'éprouvent la température, la configuration du sol et même l'aspect des hommes. C'est qu'on s'est élevé, par de véritables gradins, sur un immense plateau, qui est à plus de 1,000 mètres au-dessus de la plaine des Adels. « On escalade cette pente, dit M. Rochet (1), par une route, à chaque instant entrecoupée de rochers, qui se déroule en mille replis, qui rase souvent le bord d'effrayants précipices, et que l'on ne traverserait pas quelquefois sans péril, si l'on n'était protégé par l'adresse miraculeuse des mules d'Abyssinie. On monte jusqu'à Métatite par de véritables gradins; chaque coteau que l'on gravit se couronne d'un petit plateau, dominé lui-même par une colline supérieure. On avance à travers des sentiers embaumés, bordés de haies de jasmin toujours en fleur; à chaque pas, des ruisseaux limpides emportent brusquement devant vous les belles eaux des montagnes, que les accidents du terrain brisent en petites cascades. Partout, aux flancs et au sommet des collines, une culture soignée entretient une somptueuse végétation. Sur les pentes, de vertes oasis sont enchassées au milieu des roches; dans les plateaux, les cultures s'étendent en grands carrés symétriques divisés par des haies vives. A cette époque de l'année (commencement de novembre) tout était vert encore : le blé, les fèves, les pois, le coton. Les champs de dourah (maïs) pâlissaient déjà cependant; à l'approche de la maturité, les hautes tiges, au milieu desquelles l'homme le plus grand aurait disparu, s'inclinaient légèrement sous leur tête; le vent y faisait courir, aux reflets du soleil, des vagues argentées, au-dessus desquelles des troupes de cardinaux, aux plumes écarlates tachetées de bleu ou de noir, voltigeaient comme de petits nuages de flamme. »

M. Rochet nous dépeint le Choa, et particulièrement la province d'Éfate, comme un magnifique oasis, entouré de

(1) Rochet d'Héricourt (*Second Voyage*), p. 264.

(1) *Second Voyage sur les deux rives de la mer Rouge, dans le pays des Adels et le royaume de Choa*, par M. Rochet d'Héricourt; Paris (Arthus Bertrand), vol. in-8°; 1847.

contrées arides et désolées. Dénémali, dans la province d'Éfate, est la porte douanière du Choa. Les caravanes venant du pays des Adels sont obligées d'y acquitter un droit en nature de 10 pour 100. A deux lieues de Dénémali, à la station d'Asbouti (972 mètres au-dessus du niveau moyen de l'océan Indien), commencent les premiers mamelons du versant oriental du plateau du Choa. La montagne de Métatite est le plus élevé de ces mamelons; son sommet est, d'après les observations barométriques de M. Rochet, à 3,278 mètres au-dessus du niveau moyen de l'océan Indien. L'air, raréfié et très-frais, quoique à 9° latitude nord, y rend la respiration difficile. Sur le versant occidental, le terrain ne s'incline plus que par des ondulations douces et des pentes peu sensibles. La végétation ne cesse pas d'être vigoureuse; seulement on n'y trouve plus le dourah : la température n'est plus assez chaude pour cette céréale.

Au sommet d'une de ces montagnes coniques qui marquent les étages du plateau du Choa, est situé Aleyou-Amba. C'est le point d'intersection des routes commerciales de cette partie de l'Afrique. C'est là qu'arrivent les produits de l'intérieur, le café, le coton, le tabac, les esclaves que les marchands de Toujourra, de Zeyla et d'Harrar vont porter sur les côtes; c'est là que les verroteries, les cotonnades, les soieries qui arrivent de l'Inde viennent se troquer contre les productions du pays. La population d'Aleyou-Amba est très-mêlée : on y voit des Amharras, des Gallas, des Danakiles, des Somaulis et des Harraris. Les monnaies dont on se sert dans les transactions commerciales sont des pièces de sel elliptique, de deux centimètres d'épaisseur sur huit à dix de long; on les appelle *amoulehs*. A Aleyou-Amba, 20 amoulehs valent 1 talaro de Marie-Thérèse (environ 5 francs), la seule monnaie connue et reçue en Abyssinie, où, à cause de son effigie, les naturels l'appellent « la femme d'argent. » Les amoulehs sont exposés à des détériorations qui les mettent bientôt hors de cours; ainsi, dans la saison des pluies, ils sont en partie dissous par l'humidité, et on ne les reçoit plus qu'au prix marchand du sel. Pour deux pièces de sel on peut avoir un bel agneau, et le plus beau mouton ne coûte pas plus de 5 amoulehs (1 fr. 25 cent.) (1).

Angolola est la résidence ordinaire du roi, et située à six ou sept lieues du sommet de Métatite. C'est une agglomération de chaumières circulaires, surmontées d'un grand toit conique et entourées en partie de verdure. Le toit lui-même est coiffé d'un pot de terre par lequel s'échappe la fumée du foyer. Assises devant ces chaumières, les femmes sont occupées à broyer le blé sur un banc de pierre pour faire la farine nécessaire au repas du jour. Angolola est une ville toute récente : c'est Sahlé-Salassi qui l'a fondée, afin de se rapprocher des Gallas, auxquels il fait chaque année la guerre. Elle est située au confluent de deux rivières, dont la plus considérable s'appelle Tchia-Tchia. Elle couvre deux hauteurs : le roi s'est réservé la plus élevée. Il y a fait construire pour lui et sa garde plus de cinquante chaumières entourées d'une enceinte. La chaumière que le roi destine aux réceptions solennelles est divisée en deux étages : une porte basse, à fleur de terre, indique le rez-de-chaussée, et ce rez-de-chaussée sert d'écurie. Une autre porte s'ouvre au-dessus : c'est celle du premier étage, de l'appartement du roi; on y arrive par des degrés de bois. Voici le portrait que M. Rochet trace de Sahlé-Salassi, qui attendait avec une vive impatience l'arrivée des présents du roi des Français.

« Sahlé-Salassi est un homme de plus de cinquante ans, au teint cuivré, et dont la physionomie a conservé son caractère à la fois noble, spirituel et bienveillant, malgré l'infirmité qui a terni un de ses yeux; comme tous les Abyssins, il garde la tête nue, et ses cheveux sont frisés en mille boucles. Au moment où je parus devant lui, il était assis sur un pliant de cuir que l'on appelle en Abyssinie un *sérir*, couvert d'un matelas de velours cramoisi. Il avait sa petite croix d'or suspendue au cou par un cordon de soie bleue. Le taubé, bordé de broderies de plusieurs couleurs, dans lequel il était drapé, laissait voir sur sa poitrine une veste de brocart d'or des Indes,

(1) Rochet d'Héricourt (*Second Voyage*), p. 262.

et à ses poignets deux épais bracelets d'or massif. Lorsque je fus près de lui, il me tendit la main d'un air riant. Moi, sans me conformer aux usages du pays, qui forcent ses sujets à lui parler à genoux, je l'embrassai rondement et affectueusement, et, sans plus de façon, je pris place à côté de lui sur le sérir. « Bonjour, Rochet, me dit-il; bonjour, mon ami; bonjour, mon fils! Tu as surmonté le danger par ton courage; j'ai été souvent bien inquiet sur ton compte. Les Danakiles t'ont-ils maltraité? J'avais écrit à tous les ras; s'ils t'avaient chagriné, je t'aurais bien vengé. » Et il continua en me faisant de longues questions sur mon voyage; puis, voyant que je succombais à la fatigue de ma marche forcée, il me congédia. Il m'avait fait préparer une chaumière que j'avais déjà habitée pendant mon premier séjour : j'y trouvai une table copieusement servie de viandes rôties, de légumes bouillis et d'hydromel. Je mangeai, tandis que l'intérieur de ma chaumière était éclairé par des hommes qui tenaient dans leurs mains des torches formées d'épais rouleaux de toile de coton trempée dans de la cire : les bougies étaient aussi primitives que les flambeaux. Puis je me couchai sur un sérir que l'on avait recouvert de moelleuses étoffes de coton, et je m'endormis avec l'indicible bien-être qu'éprouve tout voyageur la nuit de son arrivée.

« Le lendemain, Sahlé-Salassi, qui la veille avait sacrifié sa curiosité à sa bienveillance, crut pouvoir se dédommager sans scrupule. Il me fit appeler de bonne heure; il me reçut, cette fois, dans l'intérieur de sa chaumière, auprès d'un brasier dont la fraîcheur de la température faisait apprécier le voisinage. Lorsque je me fus assis, il me demanda si la lettre qu'il m'avait chargé de remettre de sa part au roi des Français avait été bien accueillie, si j'avais fait ses commissions, si je lui avais apporté de bons remèdes. Je lui répondis que le roi des Français avait reçu sa lettre avec beaucoup de plaisir, et que la meilleure preuve que je pusse lui en donner était dans les cadeaux que j'étais chargé de lui présenter. Il me questionna alors sur les objets que je lui apportais : sa curiosité redoublait à mesure qu'il les voyait arriver dans la cour; ils n'y furent pas réunis avant la fin du jour; et comme il était trop tard pour les déballer, je demandai au roi la permission de me retirer, afin de mettre tous les ballots en ordre et de me préparer à lui en faire le lendemain l'exhibition complète(1). »

Les habitants de Choa sont pour la plupart chrétiens, d'après le rite abyssinien. Ils ont une vénération extrême pour la sainte Vierge : ils célèbrent en son honneur trente-trois fêtes dans l'année. Cette vénération est poussée si loin par un grand nombre, qu'ils vont jusqu'à mettre la sainte Vierge au-dessus de Jésus-Christ. Cette croyance est répandue dans la province de Fatigar; à Angobar et dans le célèbre monastère de Devra-Libanos, on repousse cette erreur. Les disputes religieuses s'échauffent souvent à un tel point, que le roi est obligé d'interposer son autorité. Le clergé est très-nombreux dans le royaume de Choa, et y forme la classe la plus éclairée de la population : il comprend les prêtres, les moines et la corporation des *defteras*, de laquelle sont tirés les écrivains, les chantres, les maîtres de cérémonie et les directeurs des biens temporels des églises, auxquels on donne le nom d'*alakas*. Tous les prêtres sont ordonnés par l'*aboune* (père), chef suprême de l'Église d'Abyssinie. L'aboune est institué, moyennant une forte redevance, par le patriarche cophte du Caire.

Dans la province d'Efate il y a beaucoup de musulmans. On distingue les femmes chrétiennes à leur costume : elles ont les cheveux courts et bouclés, et portent une longue tunique blanche, fermée au cou, descendant jusqu'aux pieds, serrée par un cordon autour de leur ceinture, et à laquelle sont attachées de longues manches. Les musulmanes ont la tunique d'un rouge sombre, et laissent croître leurs cheveux, qu'elles tressent, et dont elles rejettent les nattes derrière leur tête. Les unes et les autres ont pour principale parure des pendants d'oreilles. « Le matin, par le silence de ces lieux, où l'air est aussi sonore que limpide, on entend les femmes abyssiniennes causer du sommet

(1) Rochet d'Héricourt, p. 123-125.

d'une colline à l'autre et s'adresser d'une voix amicale des questions affectueuses. Si un Abyssin travaille au champ près duquel vous passez, il s'approche avec curiosité de la route, au bruit des grelots de votre mule, et vous salue avec cordialité (1). »

Dans le Choa, comme dans presque tout l'Orient, le souverain est considéré comme le propriétaire de toutes les terres. Il a seul le droit d'avoir un harem. Ses officiers sont investis du gouvernement des provinces. Les principaux habitants ne remplissent aucune charge, vivant dans une oisiveté à peu près complète, flânant au soleil, jouant à des jeux qui rappellent assez le trictrac et les échecs. Les grands personnages sont constamment entourés d'une cour de parasites. L'abondance des denrées leur permet de soutenir cette hospitalité, dont le roi donne si généreusement l'exemple. Comme pour tous les oisifs, les disputes et les procès sont ici une occupation. La justice se rend avec solennité : elle est confiée à un tribunal de dix-neuf juges. Le roi est le juge suprême. Tous les matins, de très-bonne heure, après avoir accompli ses devoirs religieux et visité ses écuries, Sahlé Salassi monte devant la porte de sa chaumière sur l'estrade qui lui sert de trône, et pendant des heures entières il juge les appels présentés devant lui contre les sentences du tribunal.

M. Harris porte la population du royaume de Choa à deux millions cinq cent mille âmes, dont un million de chrétiens, et un million et demi de païens gallas et de musulmans. Le royaume est divisé en quatre cents districts ou *choumats*, dont chacun a pour chef un gouverneur. Il faut y ajouter cinquante abogases, chargés de veiller à la sûreté des frontières, comme les margraves du vieil empire allemand. Les insignes de ces dignités sont le sabre, la lance, le bouclier de cuir garni d'argent, l'anneau, le bracelet d'argent et l'espèce de diadème d'où une triple chaîne descend sur le visage. Sahlé-Salassi, pour récompenser les services que M. Rochet d'Héricourt lui avait rendus dans une expédition contre les Gallas, conféra au voyageur français la dignité et les insignes de *challaga* : c'est le titre que portent les généraux et les gouverneurs dans le royaume de Choa.

Sahlé-Salassi fait remonter l'antiquité de sa race à la reine de Saba et à Salomon, parce que le royaume de Choa faisait autrefois partie de l'empire d'Abyssinie. Cet empire était arrivé, au seizième siècle, à sa période la plus critique : deux invasions terribles vinrent fondre sur lui, à l'ouest celle des Gallas, et à l'est celle de Somaulis conduits par une sorte d'Attila, nommé Mehemet Gragne. Resserrée entre ces deux débordements de peuples conquérants, la mère de l'empereur David appela au secours les chrétiens. Cinq cents Portugais arrivèrent en Abyssinie, en tournant l'Afrique par la route que Vasco de Gama venait d'ouvrir. Un soldat portugais tua dans une bataille cet affreux Mehemet Gragne, dont la légende s'est conservée jusqu'à ce jour. Les Adels et les Somaulis, privés de leur chef, se dispersèrent, et retournèrent à la vie nomade du désert. Mais pendant que l'Abyssinie portait à l'est tout l'effort de sa résistance, les Gallas l'avaient coupée au sud par le milieu : leurs tribus, introduites au cœur du Choa, s'accumulèrent et s'avancèrent vers le nord et vers l'est comme par une alluvion lente, mais irrésistible ; elles prirent racine sur le sol, qu'elles couvrirent de leurs hameaux et de leurs cultures. Ce n'était pas par le sort d'une bataille qu'on pouvait regagner sur eux tout ce qu'on avait perdu ; on ne pouvait pas les chasser : il fallait les soumettre et leur faire changer de mœurs et de coutumes ; c'est l'œuvre à la fois religieuse et nationale à laquelle ont travaillé les ancêtres de Sahlé-Salassi, œuvre que Sahlé-Salassi continue chaque jour.

C'est pendant une de ces expéditions que M. Rochet eut l'occasion de faire des recherches archéologiques d'un grand intérêt. Près de Fine-Fini, sur le sommet de la montagne Kathafo-Gallas, il trouva les ruines d'un édifice qui paraît avoir servi à des réunions religieuses à l'époque où le christianisme fut introduit en Abyssinie. « Le monument s'annonce par une chaussée creusée horizontalement dans une roche schisteuse ; à mi-

(1) *Second Voyage* de M. Rochet d'Héricourt, p. 119.

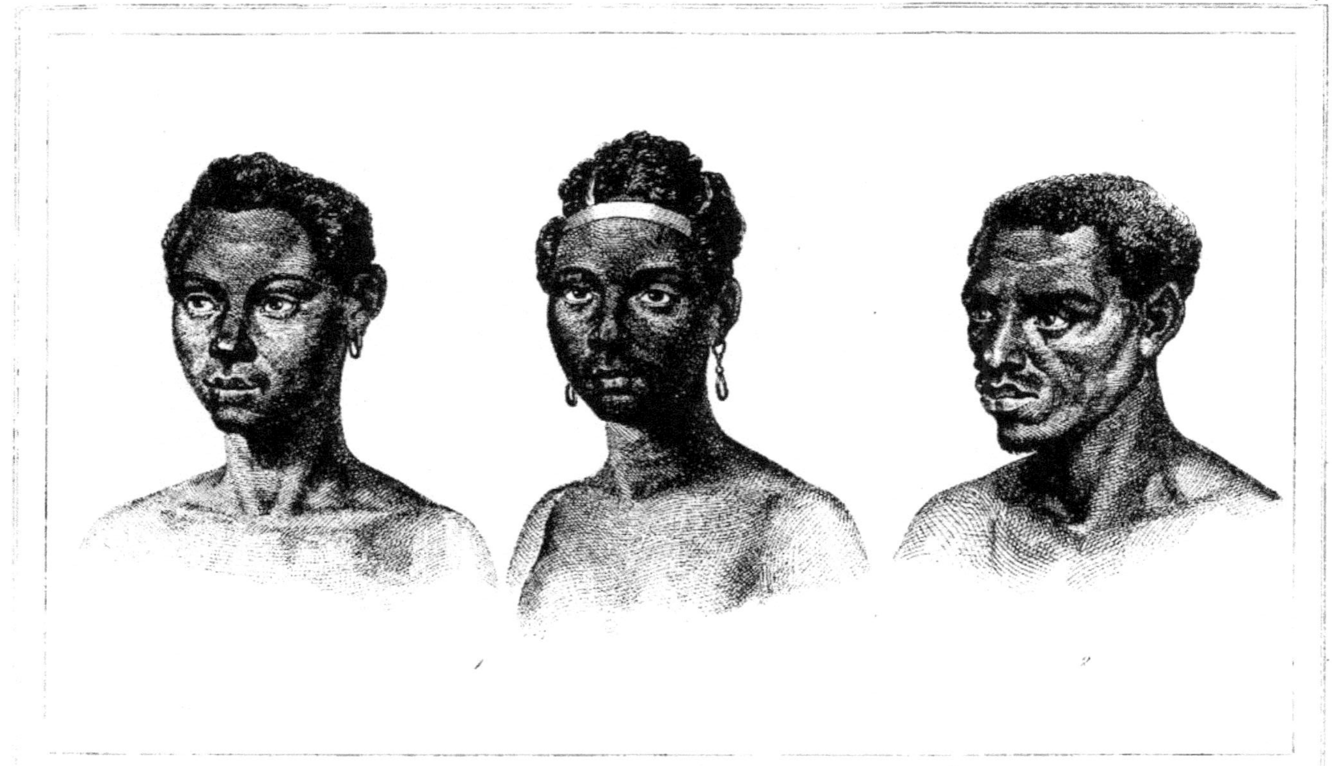

Peuples 1. de Benguela 2. d'Angola

chemin elle s'élargit en cercle, puis elle aboutit à une voûte qui perce le roc élevé verticalement comme un mur. On pénètre par la voûte dans une espèce de cour à ciel ouvert qui forme un carré long; au bas d'une des parois de cette cour, on voit l'entrée d'un souterrain aujourd'hui obstrué par des décombres. Le temps, en dégradant les roches, a ouvert une fissure par laquelle on entre dans une grotte creusée de main d'homme et à laquelle le souterrain maintenant fermé devait autrefois conduire. La grotte est partagée en deux pièces éclairées par des lucarnes percées dans le roc. Une sorte de banc de pierre est taillé au fond de ces chambres, et servait probablement de siége aux hôtes de cette mystérieuse retraite. Des piliers carrés, qui s'élargissent au sommet et à la base, soutiennent les voûtes; un filet est sculpté à la demi-hauteur de ces colonnes. Tout a été taillé dans le même roc; d'ailleurs aucune inscription ne peut mettre sur la voie de la date et de la destination de cette construction étrange. Au midi de la grotte, à 200 mètres de distance, on voit encore les fondements d'un édifice qui devait couvrir une vaste superficie, et dont la grotte était sans doute une annexe (1). »

Non loin de là, sur le bord de la rivière Galléna, M. Rochet trouva une grotte creusée dans une roche schisteuse. Cette grotte se compose de deux pièces circulaires dont le plafond s'arrondit en coupole, et elle est décorée au centre d'une petite guirlande de losanges entrelacés. Une corniche, située dans le bas, servait de support aux flambeaux. Dans la plus grande des chambres on remarque, sur un des côtés, trois grandes cuves taillées dans le roc, au-dessus desquelles le plafond est noirci de fumée; dans l'autre chambre il n'y a qu'une cuve, mais elle a été creusée au milieu de la pièce : on dirait qu'elle était destinée à des ablutions. On n'y voit aucune inscription. S'il nous était permis de hasarder quelque conjecture, nous dirions que cette grotte a servi jadis de demeure à quelque ermite. On sait que, dans les premiers siècles du christianisme la Thébaïde et l'Abyssinie étaient, pour ainsi dire, peuplées de cénobites.

(1) Rochet d'Héricourt, p. 210.

Le sol du royaume de Choa se compose généralement de granit, de porphyre, de syénites et de roches cristallines qui leur sont associées, tandis que, par suite des éruptions de basalte et de trachyte, les terrains anciens ont été surmontés de cônes qui atteignent souvent une hauteur considérable. On y trouve différentes variétés d'obsidiennes, déjà connues des anciens.

Parmi les plantes, dont il y a plusieurs espèces nouvelles, M. Rochet signale particulièrement le *Cousso*, employé pour expulser le ténia, dont la plupart des habitants du Choa sont affectés. Ce qu'il y a de singulier, c'est que la tige de ce végétal rappelle l'aspect du ver solitaire.

Les hippopotames sont fréquents dans les rivières d'Aouache et de Tchia-Tchia, qui va se jeter dans le Nil bleu. Mais, ce qu'il y a de plus remarquable, c'est que l'hippopotame d'Abyssinie, identique avec l'hippopotame du Sénégal, diffère complétement de celui du Cap. C'est pourquoi M. Duvernoy propose d'appeler le premier *Hippopotamus typus*, comme le plus anciennement connu, et le dernier, *Hippopotamus australis* (1).

Kordofan. Cours du Bahr-el-Abiad et du Bahr-el-Asrek. Montagnes de la Lune.

Le nom de *Kordofan* dérive, suivant M. Ruppel, de *kordu*, qui signifie *homme* dans la langue des indigènes ; il s'applique à la région d'Afrique comprise entre les 10e et 15e degrés de latitude nord, et les 25e et 29e degrés longitude orientale de Paris. Cette région est bornée au sud par le Bahr-el-Abiad ou fleuve Blanc, au nord et à l'est par des steppes arides. Bruce, G. Browne et Caillaud ont donné les premiers renseignements, quoique fort incomplets, sur le Kordofan (2). Cette contrée fut plus tard visitée (de 1824 à 1827) par M. Rup-

(1) Note de M. Duvernoy sur le squelette d'une tête d'hippopotame d'Abyssinie, rapportée du royaume de Choa par M. Rochet d'Héricourt (*Revue nouvelle*, t. V, p. 430).

(2) G. Browne, *Travels*, etc., 2 vol. in-8°; London, 1800.

pel, à qui nous devons à peu près tout ce que l'on sait de positif à cet égard (1). Les différents districts du Kordofan ne paraissent jamais avoir été réunis par un lien politique de manière à former un état ou un royaume indépendant. Ce qu'il y a de certain, c'est qu'à l'époque où la domination des rois de Sennaar s'étendait sur les pays baignés par le Nil jusqu'au 20ᵉ degré de latitude, le chef du pays plat, autour de la ville d'Obéid, était leur tributaire, et exerçait une influence indirecte sur les républiques nègres du voisinage. Il paraît que dès le milieu du dix-huitième siècle les princes du Darfour commencèrent à disputer aux souverains de Sennaar la suzeraineté du Kordofan. Enfin, dans les premières années du dix-neuvième siècle, le mélek (chef) Makdoum-el-Moussalem, commandant des troupes du Darfour, chassa le mélek El-Hachma, allié du roi de Sennaar. Moussalem établit sa résidence à Obéid, et y gouverna au nom de Mehemet ibn Fatel, sultan du Darfour. En 1820, il fut défait et tué à la bataille de Bara, par Méhémet-Bey-Tefderdar. Depuis cette époque, les musulmans (égyptiens) sont maîtres du pays. Ils ont établi près d'Obéid un camp retranché, et placé de petites garnisons à Bara, à Molfat et à Abou-Haraza; chaque année ils font des incursions dans les montagnes habitées par les Nubas (Nègres); ils s'y emparent de tous ceux qui ne se sauvent point par la fuite, et, en vertu du droit du plus fort, les emmènent en esclavage. On a calculé qu'ordinairement les deux tiers de ces infortunés périssent faute de nourriture avant d'arriver au Caire; là un grand nombre meurt de maladie (2).

La ville d'Obéid, capitale du Kordofan, où résidait jadis le mélek qui gouvernait au nom du sultan du Darfour, a été en partie détruite par les troupes du vice-roi. Aux environs de ces ruines se sont formés trois établissements : 1° *Wadi-Naghélé*, gros bourg habité par les marchands indigènes et étrangers; 2° *El-Orta*, ou le camp retranché des Égyptiens, renfermant des casernes et des magasins : ce sont des baraques en terre; 3° *Wadi-Safi*, village dont la population se compose presque exclusivement de Nègres habitant jadis une chaîne de montagnes, situés plus au sud et qui furent transportés ici par Mélek Moussalem. Le seul édifice public dans ces trois établissements est la mosquée de Wadi-Naghélé, construite en briques. L'aire des habitations consiste en une surface dure faite de petits fragments de quartz; ce qui les protége longtemps contre les termites. Trois à quatre maisons appartenant à une même famille sont entourées d'une épaisse haie d'épines; il y a ordinairement au centre de l'emplacement un puits d'environ sept mètres de profondeur : il fournit en abondance une eau un peu saumâtre, qui est assez malsaine, surtout pour les étrangers; aussi font-ils, ainsi que plusieurs indigènes, presque exclusivement usage de *bilbil* et de *mérisé*, boisson fermentée préparée avec du doura.

La nourriture habituelle des indigènes est l'*asidé*, espèce de galette faite de farine de doura, et arrosée d'une décoction de bananes sèches. Jadis les habitants d'Obéid mangeaient presque tous les jours de la viande; car avant l'invasion des Égyptiens le marché de la ville était bien pourvu de très-beau bœuf, ainsi que de beurre, de miel, de doura : toutes ces denrées étaient à très-bon marché. Aujourd'hui le Kordofan partage le sort des pays possédés par Méhémet: ses habitants, écrasés par les impôts, sont réduits à la pauvreté; le gouvernement s'est même réservé exclusivement le droit de trafiquer avec les Nègres libres. Autrefois ce commerce était une source intarissable de richesses pour les marchands du Kordofan; ils recevaient des caravanes de l'Égypte une grande quantité d'objets fabriqués qu'ils allaient revendre aux Nègres libres de leur voisinage; ceux-ci leur donnaient en échange les productions de leurs pays; les Kordofani faisaient de très-gros bénéfices : ils avaient ordinairement de grands approvisionnements d'objets fabriqués, et traitaient les affaires assez rondement. Maintenant cette res-

(1) Dr. Ed. Ruppel, *Reise in Nubien, Kordofan*, etc., in-8° ; Francfort, 1829. — *Nouvelles Annales des voyages*, t. LXXII, p. 265.

(2) Ruppel, *Reise*, etc., p. 134.

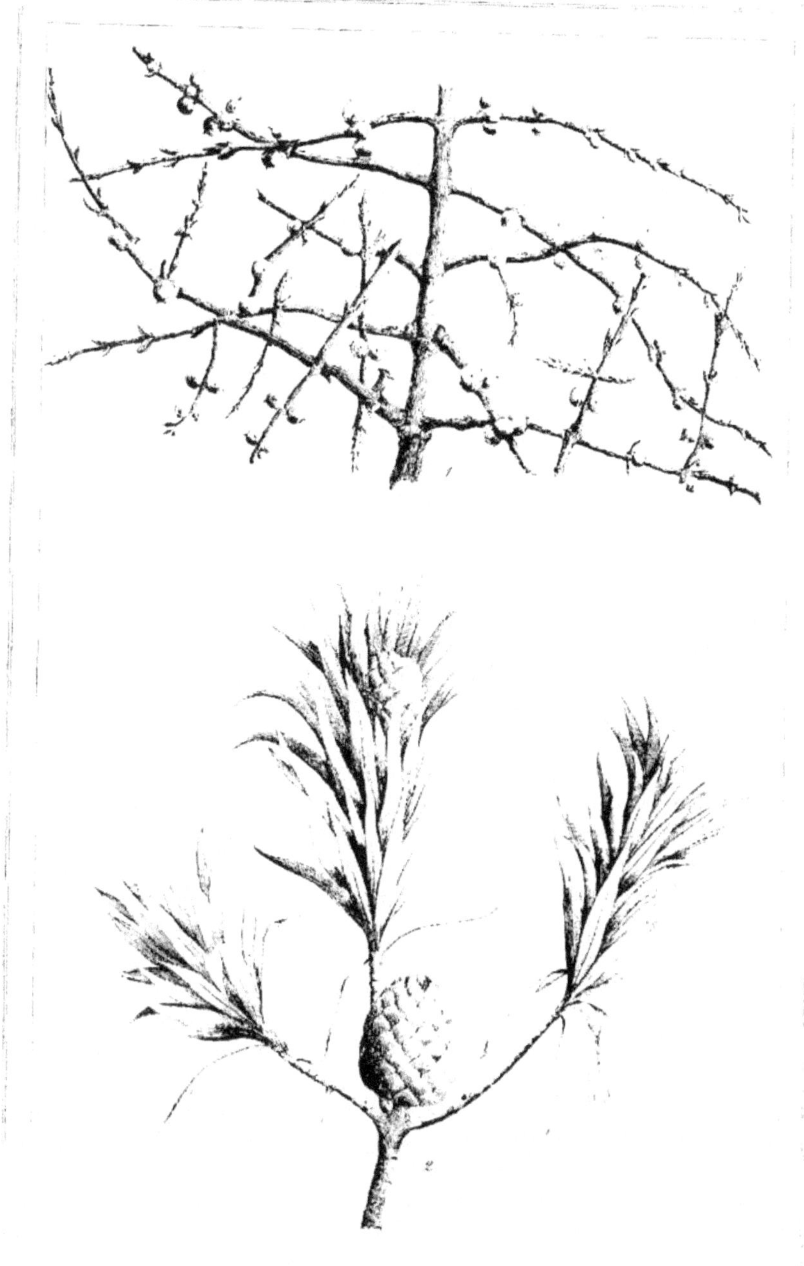

1 [illegible] 2 [illegible]

source est complétement tarie pour eux.

La population des trois établissements situés sur l'emplacement de l'ancien Obéid parut à M. Ruppel être de 5,000 âmes, dont 2,000 appartiennent à Wadi-Naghélé, 2,000 à El-Orta, et 1,000 à Wadi-Safi. Naghélé possède beaucoup d'esclaves des deux sexes, chargés de tous les travaux du ménage; les esclaves mâles adultes sont rares, parce que, faute de jardinage, on n'a pas d'occupation constante pour eux : ils ont, de même qu'à Bara, généralement les fers aux pieds, et on a peu d'attachement pour eux, parce qu'on ne peut pas compter sur leur fidélité.

Les femmes des marchands sont généralement très-belles; leurs traits rappellent plus ou moins ceux des Dongolaoui, leurs ancêtres; elles vivent dans une oisiveté complète, et restent ordinairement couchées à l'ombre sur un lit de repos; aussi leur teint est-il d'un brun clair plutôt que noir. Leurs mœurs sont extrêmement dépravées. Le costume est le même que celui des habitants des bords du Nil; toutefois, les vêtements n'y sont pas autant noircis par la saleté. Les sandales sont faites artistement en cuir de couleur. Les femmes ont, outre leurs ornements en or, en argent, en succin et en grains de verroterie, des bagues de bois d'ébène et d'ivoire. Les hommes se rasent la tête, portent de grandes tuniques à manches très-larges et de petits bonnets blancs.

On fait à Wadi-Naghélé de très-jolies corbeilles et des plats avec les feuilles du *Palma thebaïca* coloriées : on les tresse si artistement, que l'eau ne peut s'en échapper. On se sert, pour les menues dépenses, d'une monnaie particulière : ce sont des morceaux de fer longs de trois pouces et de la forme d'un T dont la barre transversale serait courbée : on les appelle *hachache;* autrefois on en échangeait 150 contre une piastre forte, aujourd'hui on en a 250 pour la même valeur; le gouvernement actuel, de même que le précédent, en a mis en circulation. Dans les marchés considérables, le prix des choses était représenté par une mesure déterminée de doura ou par une toile de coton grossière, fabriquée dans le pays. Trois pièces équivalaient à une piastre forte. Autrefois, il ne circulait parmi les marchands que des piastres à l'effigie de Charles IV, et, par une singulière bizarrerie, ils exigeaient que ce nombre fût exprimé sur la pièce par quatre traits perpendiculaires et parallèles, IIII. La présence des soldats du vice-roi a mis en circulation forcée les piastres d'Égypte et les petites pièces d'or turques de bas aloi.

Habitants du Kordofan. Trois races d'hommes différentes habitent le Kordofan; mais le profil de la plupart annonce qu'aucune d'elles ne s'est maintenue pure de tout mélange de sang étranger. Les Nubas ou Nègres, les véritables indigènes, se subdivisent en Nègres libres et païens, qui vivent dans la contrée montagneuse au sud d'Obéid, et en Nubas musulmans asservis, demeurant dans les plaines autour d'Obéid, et reconnaissant depuis longues années l'autorité du chef qui y réside. Les Dongolaoui, venus dans le Kordofan à différentes époques, forment la seconde race. La troisième se compose des tribus d'Arabes-Bédouins arrivés du Hedjaz après que l'islamisme se fut répandu en Égypte. Chacun de ces peuples a sa langue particulière; cependant les Nubas agriculteurs établis dans la partie septentrionale du Kordofan parlent de préférence l'arabe, quoiqu'ils paraissent savoir bien leur langue maternelle, qui est presque identique avec les dialectes de Haraza et de Koldagi.

L'absence d'uniformité dans la physionomie des Nubas indique de fréquents mélanges avec les autres races; ils ont, à la vérité, les cheveux laineux et les lèvres passablement grosses, mais le nez bien proportionné plutôt que plat et écrasé. Ils habitent de petits villages. Leur principale occupation est l'agriculture; cependant tout leur travail se borne à nettoyer la terre des broussailles qui la couvrent, à enlever le gazon avec un instrument de fer; et, lorsque la saison des pluies a commencé, à semer du doura, du doghen ou du simsin. Quand le temps est favorable, la moisson mûrit à merveille, sans qu'on s'en occupe davantage. Les ondées fréquentes, qui dans la plaine sont très-avantageuses, nuisent aux récoltes dans les cantons montagneux du sud, ce qui provient de la différence des terrains;

au sud il est argileux, au nord sablonneux : cette dissemblance aide puissamment au commerce entre les deux territoires. On se contente de couper les épis, et on laisse manger les tiges par le bétail. On extrait de la graine du simsin une huile employée principalement à oindre la peau et la chevelure. Les Nubas cultivent aussi du coton pour leur propre consommation, et fabriquent eux-mêmes les étoffes dont ils s'habillent. Ils ont peu de moutons et de chameaux, mais de très-beaux troupeaux de bœufs, dont la chair n'est pas bonne; ils ne se servent de ces animaux que pour bêtes de somme; de leurs peaux, qu'ils tannent parfaitement avec la gousse du séné, ils font de grandes outres à eau, appelées *rat*, meuble indispensable pour les voyages dans le désert. Ils tannent aussi très-bien et teignent en vert, en rouge ou en jaune, avec le suc de diverses plantes, les peaux de moutons et de chèvres. Du reste, l'usage de ce cuir est très-borné, puisqu'on se contente d'en orner les sandales, les gaînes des couteaux, et d'en recouvrir les formules magiques. Tous ces Nubas sont musulmans; ils passent pour pacifiques et méfiants. Chaque village a un chef électif; sa dignité est héréditaire dans sa famille : il n'a pas le droit de lever des impôts; et tout son revenu fixe consiste dans une sorte de dîme de toutes les récoltes : en revanche il est tenu d'exercer l'hospitalité envers tous les étrangers; quelquefois ces chefs abusent de leur autorité en s'emparant par force, et à un prix qu'ils fixent, du bien de leurs subordonnés, pour le vendre avec profit aux marchands. Un tribut régulier en bétail et en esclaves est envoyé à Obéid.

Voici les noms des tribus arabes qui, à différentes époques, ont quitté le Hedjaz pour aller dans le Kordofan, en traversant l'Égypte : *Haouasmé*, *el-Ghiommé*, *Liserra*, *Habanié*, *Derihamat*, *Mousirir*, *Hammer*, *Seiattié*, *Maghianié*, *Ghelidat*, *Moalem*, *Habahin*. Les cinq dernières se sont récemment retirées dans le Darfour, pour échapper au joug du gouvernement égyptien; les quatre premières sont désignées par le nom générique de *Bakara* (pasteurs), parce qu'elles s'adonnent principalement à l'éducation du bétail; elles habitent les campagnes au sud et au sud-ouest d'Obéid, et possèdent de grandes richesses en bœufs, en chevaux, et en esclaves. Les autres tribus arabes établies, soit à l'ouest, soit au nord-ouest d'Obéid, élèvent beaucoup de chameaux, et, après la saison des pluies, sèment du doura et du doghen. M. Ruppel a eu l'occasion d'observer de près les Hammer, ayant passé un mois au milieu d'eux près du puits de Nedjer. Ils vivent dans des huttes de paille, dont ils changent l'emplacement à volonté, quand les termites les y contraignent. Tout le pays est couvert de broussailles; les collines sont également revêtues de terre végétale; les puits sont dans la plaine argileuse, et ne tarissent pas. A l'ouest de Nedjer, les Arabes ont défriché des étendues considérables de terre, où ils sèment du doghen dans la saison des pluies. Au temps de la récolte, on creuse dans la terre des trous profonds, et on y enfouit les grains, qui s'y conservent plusieurs années en très-bon état. Le froment réduit en farine sert à la nourriture des hommes; on le donne entier aux chevaux, et on en fait du mérisé. Une autre boisson, très-recherchée, se compose d'un mélange de lait de brebis et de miel; on la tire des cantons méridionaux habités par les Nubas libres. Les chevaux du Kordofan proviennent en partie de la race dongolaoui, en partie de la race barabra, et ressemblent à toutes les deux par la forme de la tête, la hauteur et la vigueur du corps. On les laisse boire du lait de vache à discrétion jusqu'à l'âge de quatre ans; outre le foin, on leur donne tous les jours une ration de doura, et on les laisse constamment courir en plein air. Ce régime paraît contribuer à leur donner la force et la vitesse qui les distinguent : il y en a qui atteignent à la course les girafes et même les autruches. Les bons coureurs sont appréciés, et quelques-uns ont été payés jusqu'à mille francs.

Les Bakaras font régulièrement la chasse aux éléphants. Ces animaux arrivent par grandes troupes, durant la saison des pluies, dans les cantons que les Arabes habitent. Voici comment on a dépeint à M. Ruppel cette chasse : quelques cavaliers, munis chacun de plusieurs javelots, vont à la recherche d'un éléphant qui s'est séparé des autres ; quand ils en ont trouvé un, ils se partagent en deux bandes ; tandis que les uns s'efforcent de tenir l'éléphant en échec par-devant, les autres lui lancent par-derrière leurs javelots pour le blesser aux jambes. Dès qu'il se sent atteint il se retourne furieux contre les assaillants, qui se sauvent en toute hâte ; alors les autres cavaliers poursuivent l'animal, et, à leur tour, lui lancent leurs javelots. Ces attaques se répètent jusqu'à ce que l'animal tombe vaincu par la douleur et la perte de son sang ; alors les chasseurs lui font de larges blessures avec un sabre très-tranchant, et l'achèvent. La peau de l'éléphant est trop épaisse et trop pesante pour être employée à autre chose qu'à faire des boucliers ; sa chair est très-estimée, et quand elle a été convenablement séchée à l'air, elle se conserve longtemps. Toutefois, on lui fait principalement la chasse pour se procurer ses défenses ; les marchands d'Obéid les achètent à bas prix ; il en est de si colossales, que deux composent une charge de chameau.

Indépendamment des tribus arabes nommées plus haut, celles des Kababiches, des Hassanié et des Béni-Gérar, toutes les trois très-puissantes, habitent la partie orientale du Kordofan, dans le voisinage du Bahr-el-Abiad ; les deux premières passent pour être de sang arabe pur ; la dernière, au contraire, s'est fortement mélangée avec les Nègres, parce que ses dissensions continuelles avec les deux autres l'ont souvent obligée de se retirer dans les montagnes occupées par les Nègres libres. Pour le combat les Arabes du Kordofan s'arment d'un casque de fer hémisphérique, d'une cotte de mailles et de brassards fabriqués soit en Égypte, soit au Yémen, et qui sont apportés par les caravanes. Quelques chefs garantissent même leurs chevaux au moyen d'une sorte de cuirasse en fer, ou de couvertures de coton ouatées qui sont faites dans le pays.

Les Nègres des cantons montagneux du Kordofan se subdivisent en un grand nombre de petites peuplades ; chacune habite ordinairement une montagne particulière ; elles parlent des dialectes un peu différents les uns des autres, et qui paraissent dériver, d'après M. Ruppel, de quatre langues dissemblables entre elles ; savoir : celles de Koldagi, de Chaboun, de Tackelé et de Deïer. Toutes ces peuplades ont beaucoup d'affinité entre elles : cheveux complétement laineux et peu fournis, lèvres épaisses, nez camard, voilà les traits qui les caractérisent ; cependant ils n'ont ni les mâchoires aussi proéminentes, ni les pommettes des joues aussi saillantes que les peuplades nègres plus méridionales. Les hommes sont, en général, bien faits et de taille moyenne. Un singulier usage déforme la plupart des filles dans leur jeunesse : elles ont coutume de porter toute la journée les petits enfants, qui s'accrochent sur leurs hanches ; il résulte de cette habitude que la colonne vertébrale forme peu à peu un angle obtus avec le bassin, de sorte que les parties postérieures deviennent plus saillantes qu'elles ne le seraient naturellement. Cette difformité ne se retrouve pas chez les jeunes Nubiennes amenées dès leur bas âge en Égypte ou au Dongola ; mais on l'observe chez toutes celles conduites en esclavage chez l'étranger, après leur quatorzième année. Le teint des Nègres du Kordofan est souvent châtain, comme celui des Barabras ou des Abyssins. La peau des enfants, au moment de leur naissance, est d'un gris-clair ; on assura à M. Ruppel qu'on la leur lavait avec une décoction végétale qui contribue à la noircir ; le but de cette opération est probablement de garantir la peau des rayons du soleil. Au bout de quelques semaines l'enfant est complétement noir. On rencontre aussi des Albinos ou Kakerlacs : on dit que leur chevelure est lisse et blonde ; ils sont en horreur à leurs compatriotes, quoique l'on sache que leur couleur est due à une maladie.

Les villages des Nubas libres sont bâtis sur des rochers d'un accès difficile, et défendus contre toute surprise par de fortes haies d'épines. Tous les Nubas adultes ont les reins enveloppés d'une pagne de toile qu'ils fabriquent avec le coton qu'ils ont récolté. Le bonheur suprême des femmes et des filles paraît consister dans les colliers de grains de verroterie dont elles ornent leur cou, et elles en parent même la conque de leurs oreilles, qui est, à cet effet, percée en plusieurs endroits; elles portent aussi des bracelets de verre et d'ivoire. Des entailles faites avec la pointe d'un couteau, dans un ordre symétrique, sur les bras et le ventre des filles, sont regardées comme une parure. Les Nubas ne se servent, dans le commerce, d'aucune monnaie d'or ou d'argent : toutes les affaires se font par échange. Leurs armes sont des lances empoisonnées, qu'ils décochent avec beaucoup d'adresse, et qui peuvent même percer les cottes de mailles des cavaliers ennemis; ils fabriquent des *kourbatchs* ou sabres recourbés dont la poignée est garantie d'un côté par une saillie droite, et avec lesquels ils parent très-adroitement les coups des ennemis; enfin ils ont des boucliers de cuivre de diverses formes. Les arcs et les flèches semblent être entièrement inconnus. En temps de guerre, les femmes se mêlent aux combattants pour les encourager; la mêlée est opiniâtre et sanglante; sûrs d'être réduits en esclavage s'ils sont vaincus, les Nubas aiment mieux périr les armes à la main que de se rendre. Quant aux femmes et aux enfants, ils deviennent, sans murmurer, la propriété du vainqueur. Quoique permise, la polygamie est rare chez les Nubas. La jeune fille est achetée de ses parents.

Plusieurs des tribus nubas du Kordofan ont embrassé l'islamisme; la plupart sont restées païennes. Chacune a un fakir ou grand-prêtre héréditaire. Les Nubas croient à un être suprême, dont ils pensent que la lune est l'image, et lui adressent leurs prières. Ils n'ont pas d'idoles; ils observent des jours de jeûne vers la fin du mois lunaire. Après la première pluie d'été, et après la moisson, ils immolent des victimes dont les fakirs mangent la chair. Les Nubas croient à une vie future, où la vertu sera récompensée dans la maison de Dieu. La morale de la religion naturelle semble régler leurs actions, tant que les passions ne sont pas en jeu, et celles-ci ont souvent le dessus. Quant aux événements malheureux, les Nubas les attribuent tous à l'influence des génies malfaisants, auxquels, du reste, ils ne rendent aucun culte. Les Nubas de Koldagi déposent leurs morts avec beaucoup de soin dans des fosses profondes, sur des lits de repos en bois, et enterrent avec eux des vivres. Dans quelques contrées on a la coutume de circoncire les garçons; mais cette coutume ne paraît impliquer aucune idée religieuse. Ils ont une division du temps en sept jours, empruntée sans doute des phases de la lune. Chez les Koldagi, le premier jour de la semaine est, dit-on, le mardi; ils calculent d'ailleurs le temps d'après les mois lunaires; comme ils ne savent ni lire ni écrire, leurs dates ne sont pas très-exactes. Sous le nom d'année ils entendent le temps qui s'écoule entre la fin de deux saisons de pluies, sans avoir égard au nombre des mois. Le ciel est leur calendrier. Quand Ankareb n'est plus visible après le coucher du soleil, ils disent que la saison des pluies approche. Aussitôt que les sept étoiles de la grande Ourse paraissent à l'horizon avant le lever du soleil, la saison des pluies tire à sa fin : ils donnent à cette constellation le nom de *Dareihé*.

Les Nègres des montagnes du Kordofan sèment, vers la fin de la saison des pluies, du doura, du doghen et du simsin. La terre est extrêmement fertile; les tiges de doura atteignent une dimension gigantesque. L'étendue du sol cultivable étant très-grande en proportion de la population, et la culture exigeant peu de travail, chaque récolte fournit des provisions pour plusieurs années; cela est d'autant plus nécessaire que parfois la moisson tout entière d'une tribu est détruite par des pluies excessives, par des essaims de sauterelles, par les dévastations d'une troupe d'éléphants, ou par celles d'une tribu ennemie d'Arabes nomades. Dès que la récolte de l'année est achevée on donne presque tout le reste de la récolte précédente aux cochons et aux chèvres, et très-peu aux chameaux et aux chevaux. Leurs moutons, quoique de petite taille, ressemblent, par la longueur de la laine de leur tête pendant sur la partie antérieure du cou, à l'*Ovis tragelaphus*, qui est sauvage dans cette contrée. Les chèvres sont petites, sans barbe, à petites cornes peu courbées. Les bœufs ont généralement des cornes courtes, et sur le garrot une bosse pleine de graisse.

L'industrie de ces Nubas est très-bornée; cependant ils savent façonner le fer en armes, mais ils ignorent l'art de le tremper; ils coulent toutes sortes d'ornements en étain, métal que les marchands leur apportent d'Égypte. Ils s'entendent assez bien à préparer et à travailler le cuir; leur poterie est grossière et peu solide. Ils cultivent le coton et en fabriquent des étoffes, seulement pour leur propre usage; il n'y a que les habitants de Takelé qui en vendent beaucoup aux marchands, qui les exportent. Sans être aussi paresseux que le sont, en général, les Nègres, les Nubas du Kordofan ont de l'aversion pour tout travail prolongé. Habitués à l'indépendance, ils sont emportés, entêtés et extrêmement sales sur leur personne et dans leurs demeures; ils sont obligeants entre eux, et on peut se fier à leur parole mieux qu'à celle d'un Arabe ou d'un Dongolaoui. Chaque tribu est subdivisée en familles indépendantes les unes des autres: cependant, elles reconnaissent un chef politique, qui, de concert avec le grand fakir, juge les différends, mais dont le pouvoir exécutif est très-restreint. L'influence de ces chefs tient surtout au droit qu'ils se sont arrogé de faire seuls le commerce avec les marchands étrangers qui visitent leur horde, et qui achètent leur protection par des présents. Les principaux objets d'exportation sont: la gomme, les plumes d'autruche, le tamarin, le miel, et surtout les esclaves. Dans les temps de disette, malheureusement trop fréquents dans ces montagnes, il arrive que le plus fort vend le plus faible comme esclave; le père met en vente son fils, le frère adulte sa sœur en bas âge. « Ces famines périodiques, s'écrie M. Ruppel, dans les contrées intertropicales, ne seraient-elles pas la cause primitive du commerce des esclaves qui y existe depuis un temps immémorial? »

M. Ruppel entendit parler d'un serpent long de huit mètres, dont les écailles ont un éclat métallique. Ce serpent habite, dit-on, les marécages, et fait la chasse aux chèvres et aux petites antilopes; il n'est pas venimeux. Dans les lacs périodiques qui se dessèchent en été, on trouve de nombreuses espèces de poissons. Les indigènes parlent aussi d'un animal qui paraît avoir beaucoup d'analogie avec la licorne des anciens. M. Ruppel ne l'a point rencontré.

Climat et maladies du Kordofan. « Du 15 au 18 février 1823, dit M. Ruppel, étant au puits de Nedjer, nous eûmes de l'orage et des ondées de pluie, avec un vent d'est variable; cela parut extraordinaire aux indigènes, et leur causa des inquiétudes. Je cherchai vainement à m'instruire de la signification fâcheuse de ce météore; on me répondait toujours par cette phrase si usitée parmi les musulmans; « Tout vient de Dieu. » A peu près à la même époque, M. Hey, compagnon de voyage de M. Ruppel, éprouva, dans la Haute-Égypte, des orages accompagnés de pluie, et qui furent également regardés comme quelque chose d'étrange. L'été suivant la sécheresse fut très-grande dans le nord-est de l'Afrique équinoxiale, et l'insuffisance de l'inondation du Nil fit manquer partout la récolte. Arrive-t-il donc constamment que les pluies d'orages, en hiver, dans la Haute-Égypte et la Nubie, annoncent un été comparativement sec dans les montagnes des contrées équinoxiales situées plus au sud? Alors cela expliquerait ce que dit Hérodote (livre III, ch. 10), qu'à Thèbes en Égypte la pluie passe pour un pronostic très-mauvais; ce qui doit s'entendre des pluies d'hiver, puisque aujourd'hui quelques personnes prétendent avoir observé que lorsqu'en mai les orages du sud s'étendent jusqu'à la Haute-Égypte il y a inondation complète du Nil. Il est également singulier que ces orages d'hiver éclatent ordinairement dans les monts Gourna, près de Thèbes: c'est peut-être une des causes qui firent regarder ce lieu comme sacré.

« On m'a dit, au Kordofan, que les mois d'avril et de mai sont les plus chauds de l'année, parce que l'air est alors absolument calme. Les terribles fièvres pernicieuses qui se développent vers le milieu de la saison des pluies, en juillet, sont probablement produites par l'usage de l'eau chargée d'animalcules infusoires; c'est la même maladie qui règne à cette époque dans le Dongola, le long du Nil. Au Kordofan, dans les étés pluvieux, les étrangers sont attaqués d'une inflammation de poitrine d'un genre particulier; elle emporta, en 1822, une grande partie de l'armée du vice-roi. La petite vérole est un fléau horrible pour les Nègres libres. Les fièvres de la saison des pluies leur paraissent bien moins dangereuses qu'aux habitants de la plaine, vraisemblablement parce qu'ils boivent de l'eau de source, et que ceux qui vivent dans les montagnes respirent un air plus pur. Mais à la même époque ils sont exposés à une dyssenterie violente, qui est, dit-on, fréquemment mortelle. Chez les Nubas on observe aussi des cas de lèpre et de maladies du même genre. Le ver de Médine est très-commun parmi eux dans le temps des pluies. C'est un entozoaire qui se développe dans la masse charnue des pieds à une certaine époque; il perce la peau probablement pour déposer ses œufs au dehors; car on a remarqué que les personnes qui foulent le sol sur lequel a passé un Nègre atteint du ver de Médine gagnent facilement la même affection. »

Le Kordofan et les pays environnants ont été explorés en 1837, particulièrement sous le rapport géologique, par M. Russegger (1). Au sud, la contrée que parcourt le Bahr-el-Abiad est unie et couverte d'une belle forêt primitive, très-intéressante pour le zoologiste, moins pour le botaniste, s'il arrive avant la saison des pluies. Du Bahr-el-Abiad jusqu'à Obéid s'étend une plaine cultivée, entièrement plate, qui pendant la saison des pluies se couvre de graminées; elle est peuplée des animaux les plus intéressants des régions équatoriales, tels que des girafes, des antilopes, des lions, des autruches, etc. Rien dans cette plaine ne vient reposer l'œil, si ce n'est quelque groupe de montagnes qui s'élève isolément et sans se rattacher à rien. Les montagnes dans le nord du Kordofan sont : Djebel-ed-Diour, Djebel-Araschkol, Djebel-Mongnos, et plusieurs autres de moindre importance; elles sont composées en général de porphyre et de granit, ou bien de granit porphyroïde. Des fragments qui en ont été détachés roulent dans la plaine en blocs disséminés, sans qu'on puisse rien en connaître de plus particulier. En approchant d'Obéid, à peu près vers le milieu de cette vaste plaine, le nombre des îlots montagneux augmente, et à une distance de vingt lieues de la ville on aperçoit les groupes d'Abou-Sounoun, de Kourbatsch, de Djebel-el-Kordofan, vers les limites du Darfour. On reconnaît là une nouvelle formation géologique. Le Djebel-el-Kordofan, d'après les mesures hypsométriques de M. Russegger, est à 1,833 pieds au-dessus du niveau de la mer, et seulement à 705 pieds au-dessus d'Obéid. « Toutes ces montagnes, dit M. Russegger, vues de loin, paraissent plus élevées qu'elles ne le sont réellement; elles sont d'une couleur bleue si foncée, que si je les avais vues figurées ainsi dans un tableau je ne les eusse pas crues naturelles. Cette nuance est probablement un effet d'optique produit par la surface unie de la plaine et par l'intensité de la lumière du soleil, qui, lorsqu'il est arrivé au zénith ou dans le voisinage, atteint ce brillant qu'on voit difficilement ailleurs que dans les régions équatoriales. » La grauwacke granitique est la roche qui domine autour d'Obéid, et qui fait le fond de toutes les citernes : elle retient la nappe d'eau, à laquelle on n'arrive quelquefois qu'après avoir traversé deux cents pieds de terre végétale ou de terrain de transport. La plupart des chaînons isolés viennent se réunir à l'est à une masse montagneuse, nommée Teghelé, habitée par un prince nègre qui exerce sur les Nubas un certain empire, modifié de diverses manières. Les Teghaouis ne permettent à aucun blanc de pénétrer dans leur pays; et comme ils sont très-nombreux, il n'est pas aisé d'y entrer de force. M. Russegger s'est avancé jusqu'à deux journées de Tisin, résidence de ce prince nègre. Tous ces divers groupes de montagnes paraissent se rattacher à trois lignes principales qui traversent le Kordofan et le pays des Nubas du sud-ouest au nord-ouest. Leur roche constituante est le granit à grain moyen, dont le mélange de feldspath, de quartz et de mica est très-intime. On y trouve, dit-on, de riches minerais de fer, de cuivre et de quartz aurifère (1).

(1) *Journal* de MM. Leonhardt et Bronn, 1838.

(1) Nous ne saurions passer ici sous silence quelques observations de M. Russegger, du plus haut intérêt pour la géologie. Ces obser-

Bahr-el-Abiad (fleuve Blanc ou Nil blanc). — Ce fleuve parcourt, de l'ouest au nord-est, toute la partie méridionale du Kordofan. Le long de ses rives se trouvent répandus les Nègres Fertits et Chilouks. Ces peuples se sont avancés en remontant le fleuve, jusqu'aux cantons dont les Mehamoudies, les Hassanié, Béni-Gérar et les Kababiches, quatre tribus de Bédouins, se sont emparés. Le Bahr-el-Abiad est un des affluents les plus considérables du Nil. Ses sources sont dans le pays de Dinka (Donga des Arabes). M. Russegger a remonté le Bahr-el-Abiad depuis Khortoum, dans le Sennaar, jusque dans le pays des Nègres Chilouks. Dans tout ce trajet la contrée est plate et couverte de belles forêts. Le cours méridional et occidental est beaucoup moins connu. M. Hey, compagnon de voyage de M. Ruppel, trouva que ce fleuve présente, dans une étendue assez considérable, une masse d'eau stagnante dont on ne saurait indiquer le courant. Il paraît aussi, au rapport des indigènes, que dans son trajet méridional le Bahr-el-Abiad présente une masse d'eau bien plus considérable que le Nil après la jonction de ses deux affluents, Bahr-el-Abiad et Bahr-el-Asrek.

vations viennent à l'appui de l'opinion qui admet que primitivement les roches ignées, granitiques, ont exercé une action vitrifiante sur les grès. « Je suis arrivé, dit M. Russegger, dans une localité où le phénomène était si palpable, que j'appelai les autres membres de l'expédition pour me servir de témoins sur le lieu et sur le fait, car à peine si j'osais en croire mes yeux. Dans le voisinage du granit (près de Syène, vers la première cataracte, où la formation de grès est traversée par une puissante chaîne granitique), la texture schistoïde du grès a disparu, l'action du feu l'a fondu en une masse vitreuse, et elle a calciné l'argile et la marne au point qu'elles ressemblent à la brique. J'ai trouvé dans le désert, près de la mer Rouge, un plateau de grès d'un quart de mille d'étendue, au-dessus duquel s'élèvent une quantité innombrable de petits cônes de granit à l'entour desquels le sable est vitrifié. » Un autre fait non moins remarquable, ce sont les concrétions siliceuses qui ressemblent à des bois silicifiés, et qu'on trouve particulièrement entre Suez et le Caire. Suivant M. Russegger, aucune matière organique n'a pris part à la formation de ces concrétions, qui imitent les fibres ligneuses; elles seraient dues à une sorte de cristallisation par voie ignée au sein d'une masse calcaire.

Bahr-el-Asrek (fleuve Bleu, Nil bleu). — Le cours de ce fleuve, égalant un affluent du Nil, a été relevé par M. Russegger depuis Khortoum, dans une étendue de 132 lieues. Ses rives sont en général formées d'un terrain d'eau douce; on y remarque, depuis la surface jusqu'aux couches inférieures : 1° le limon ordinaire du Nil; 2° le limon du Nil mêlé de sable, arraché par les *khors* ou torrents dévastateurs que produisent les eaux pluviales vers l'époque des solstices; ce sable est amené, soit des montagnes de formation keupérienne de l'intérieur, soit des roches granitiques ou même des collines de schiste argileux situées au sud; 3° des couches d'alluvions, très-dures, dans lesquelles on trouve des rognons de grosseur variable, de calcaire argileux et de marne sablonneuse; 4° des conglomérats de sables venant des montagnes de l'intérieur; il en résulte une roche solide, employée comme pierre à bâtir; 5° le calcaire d'eau douce compacte, d'un gris noirâtre, sonore, montrant une tendance à la structure cristalline. Tous ces terrains sont disposés horizontalement; les strates sont de puissance très-variable. Les pétrifications qu'on trouve dans les masses d'argiles calcaires sont des fragments de *Mimosa nilotica*, d'*Asclepias procera* (que M. Russegger a trouvés aussi dans le bassin du Bahr-el-Abiad), d'*Ostræa nilotica*, etc. (1). Sur les deux rives du Bahr-el-Asrek l'œil n'aperçoit, à perte de vue, que des plaines et des prairies immenses, entrecoupées de forêts de mimosas, d'adansonias, de palmiers, de broussailles impénétrables qui servent de repaire à de nombreuses troupes d'é-

(1) M. Russegger signale ici un fait très-curieux : c'est que les fragments de Mimosas, d'un bois très-dur et complétement enveloppés dans les marnes calcaires-argileuses, présentent souvent dans leur centre une structure en cristaux rayonnant du centre à la circonférence, tandis que les asclépias, dont le bois est très-tendre et spongieux, imbibé d'un suc laiteux, ont souvent conservé leurs anneaux ligneux, qui, ainsi que la partie centrale, sont remplis par la substance environnante.

léphants, de girafes, de lions, de léopards,etc. Les alluvions du Bahr-el-Asrek, près de Dundaï, contiennent des ossements humains. La texture de ces os est bien conservée, mais la matière animale est entièrement détruite. L'extérieur est enduit d'une couche d'un noir brun brillant; la matière est dure, sans que l'os soit pétrifié.

Le Bahr-el-Asrek, qui est le fleuve du Sennaar par excellence, commence à se gonfler dans la Haute-Nubie, vers le milieu du mois de mai, par suite des pluies qui tombent dans les montagnes de l'Abyssinie. A cette même époque le fleuve du Kordofan, le Bahr-el-Abiad, subit aussi un commencement de crue, mais dans une proportion bien plus faible; enfin, les premiers jours de juillet il décharge brusquement dans le Nil une masse d'eau si énorme, qu'au commencement d'août la crue monte, au Caire, de plus d'un mètre et demi dans l'espace de quelques jours. Cette eau, d'abord très-faible, et puis tout à coup si forte, est un phénomène très-singulier (1). Pour l'expliquer, M. Ruppel admet comme probable l'existence d'un lac de l'intérieur, immense réservoir avec lequel communiquerait le Bahr-el-Abiad. Ce lac, débordant à des époques régulières, verserait périodiquement ses eaux dans l'affluent du Nil. Cependant M. Ruppel avoue qu'il n'a pu se procurer le moindre renseignement sur l'existence d'un pareil lac central. Ce lac est sans doute le Tchad, dont nous parlerons, en faisant la description du Soudan.

Le pays de plaine où se circonscrivent les deux affluents du Nil, le Bahr-el-Abiad et le Bahr-el-Asrek, a été comparé avec raison par Ritter à la Mésopotamie de l'Euphrate, au Pendjab de l'Indus, et au Duab du Gange. Ce pays, c'est le Sennaar.

Montagnes de la Lune. Il règne encore une obscurité profonde relativement à l'existence des montagnes de la Lune, dont il est question chez les anciens géographes. Ptolémée parle, sur la foi d'un ouï-dire, d'une montagne de la Lune, τὸ τῆς Σελήνης ὄρος, dont les neiges, en fondant, fournissent de l'eau aux marais du Nil. Le géographe arabe Edrisi (1) cite trois chaînons de montagnes que M. Ritter n'hésite pas à rattacher au mont de la Lune de Ptolémée. Il appelle le premier Djebel-Heikal-Masour, ou montagne du Temple peint; le second, Djebel-Addeheb, ou montagne d'Or, et le troisième, la montagne des Serpents. Macrizi distingue deux différentes chaînes de montagnes : le Djebel-el-Komr, ou montagne des Colombes, et le Djebel-el-Kamar, ou montagne de la Lune. C'est à des renseignements aussi peu certains que M. Ritter a rattaché son système de terrasses du continent africain. « Il est probable, dit-il, que la montagne ou le pays des Serpents forme le dernier gradin qui unit le plateau aux basses terres. La chaîne moyenne est le pays de l'Or; car toutes les terrasses qui contiennent de l'or nous apparaissent dans le Monomotapa, le Bambouck, etc., comme terrasses moyennes et absolument dans les mêmes rapports. La première chaîne appartiendrait alors au plateau même, et correspondrait aux chaînes des montagnes limitrophes qui entourent aussi Narea. »

Cependant, Ludolf (2) avait déjà nié l'existence des montagnes de la Lune, que les cartes placent vers les sources du Bahr-el-Abiad. M. Russegger partage l'opinion de Ludolf. Voici comment il s'exprime à cet égard : « J'avais touché au but de mon voyage : je m'étais avancé jusqu'à 10° 34' lat. nord; d'après mes calculs, je n'étais guère éloigné que de quarante à cinquante milles au plus des prétendues *montagnes de la Lune,* en supposant qu'elles se trouvent là où les placent quelques géographes. Tous les individus que j'ai pu questionner là-dessus, Nubas ou autres, n'ont aucune notion d'une chaîne de montagnes située plus loin au sud; personne ne parle de montagnes couvertes de neige. Le nom de Djebel-el-Kamar est totalement inconnu; et lorsque du sommet du Cheiboun (à 1983 pieds au-dessus du niveau de la mer), je portais mes regards vers le sud, je ne voyais que la plaine im-

(1) Ruppel, *Reise*, etc., p. 172.

(1) Edrisi, *Africa, cura Hartmann ;* 1796, p. 82.

(2) *Historia Æthiop.*, p. 122.

11

Vue du Cap, la montagne de la Table

mense du Fertit, des pâturages et des bois. Voici ce que j'ai appris : Depuis le pays des Nubas jusqu'aux sources du Bahr-el-Abiad, dans le pays de Dinka, il existe effectivement des montagnes qui n'égalent pas en hauteur celles de Nuba, mais qui, comme elles, forment des groupes isolés, sans être jamais en chaînes continues comme les Alpes, les Pyrénées, le Caucase, les Andes. Ces montagnes ne dépassent point le fleuve; car sa rive droite est toujours plate. Ses sources sortent d'un canton marécageux et presque inaccessible, et là où sont ces marais on ne voit point de montagnes. Ceci me semble très-probable; car je connais dans l'intérieur de l'Afrique plusieurs bassins pareils, dans lesquels, au temps des pluies, se ramassent des quantités d'eau considérables ; et quand le temps de la sécheresse est arrivé, le sol en reste assez imbibé pour qu'en enlevant seulement un peu de terre, on obtienne une assez bonne provision d'eau. Un amas de ce genre ne peut se former que dans un bassin et dans un marais disposé pour recevoir toutes les eaux d'un pays de montagnes comme la Nubie, qui, par leur affluence, viennent sans cesse l'alimenter. La chaîne du Djebel-el-Kamar (montagnes de la Lune) me paraît donc purement imaginaire. Cette fable se transmet de bouche en bouche ; mais en réalité ces monts sont un simple groupe comme ceux qu'on rencontre si fréquemment dans ces contrées, et qui, ne contenant aucun minerai précieux, offre un trop faible intérêt aux indigènes pour qu'il soit connu au loin; je ne pense donc pas qu'il existe dans la contrée dont je m'occupe une chaîne de montagnes développée comme les Alpes.

« Il est certain qu'une ligne de roches primitives traverse l'Afrique, dans le voisinage de l'Équateur, du nord-est au sud-ouest; cette ligne se jalonne par de petits groupes isolés; quelques montagnes sont assez étendues, mais elles sont toutes indépendantes entre elles et séparées alternativement par de vastes plaines. Ainsi, en allant du sud au nord, vient la masse rocailleuse d'Abyssinie, avec ses pics élevés où la neige tombe fréquemment : mais elle n'y séjourne pas; puis les plaines interposées entre le Bahr-el-Asrek et le Bahr-el-Abiad; les monts du Nuba, du Fertit et du Darfoungara; les plaines du Borgou, du Bornou, de Tombouctou; enfin, les montagnes du Djoliba, du Sénégal et de la Gambie. Mais nulle part je ne vois une ligne centrale, comme il y en a une en Amérique, en Asie et en Europe. »

BERTAT (DAR-EL-BERTAT).

Au sud-est du Kordofan sont les pays nommés Akaro, Koely, Tabavo, Kassan, Oby, Kamamil et Changalla, habités par des Nègres indépendants, et compris sous le nom générique de *Bertat.* Tout le Bertat est une contrée montueuse, c'est-à-dire un plateau élevé (à près de 1,000 mètres au-dessus du niveau de la mer), parsemé d'un grand nombre de montagnes isolées comme les îles sur la mer. Ces montagnes ont une direction générale du nord-est au sud-ouest. Les montagnes les plus hautes de ce plateau sont dans le Galla et le Changalla, qui forme le point austral du système; cependant M. Russegger n'en a point vu dont la hauteur excédât 1,800 mètres au-dessus du niveau de la mer. C'est là probablement qu'il faut placer les montagnes de la Lune des anciens. Toute cette région est sillonnée par plusieurs rivières importantes, comme le Bahr-el-Asrek, le Toumat, l'Yabous, le Djounbo, et par une quantité innombrable de khors ou torrents qui tous se dirigent vers le nord. « Au sud de cette chaîne de montagnes, dit M. Russegger, dans la grande plaine des Gallas, qui se déroule aux yeux du spectateur placé au sommet du Gevesch, coule la branche principale du Bahr-el-Abiad, dans la direction de l'est à l'ouest; elle prend sa source dans les montagnes du Galla, au sud-est de Fadassi; arrivée à la plaine de Dinkous, elle se réunit avec les autres branches qui viennent de la partie méridionale de la Nubie et vont à l'ouest; puis elle baigne la masse montueuse du Bertat, et s'échappe vers le nord. Ces indications manquent sur toutes les cartes que j'ai sous les yeux (1). » — Tout le pays montagneux

(1) *Nouvelles Annales des voyages*, tom. LXXXII, p. 318.

du Bertat est formé de granit et de gneiss, tout à fait semblables à ceux de nos Alpes.

Suivant M. Russegger, le pays de Bertat s'étend en longueur de 9° 30′ à 11° latit. nord, en largeur de 31° à 33° longit. orient. de Paris. Le territoire est divisé en petits royaumes dont le chef prend le titre de roi (mélek); ces petits États nègres sont continuellement en guerre entre eux. Au Djebel-Toul, le point le plus occidental du Changalla, l'or se trouve dans un quartz grenu, gris, si riche, qu'on en tire plus de 400 grammes par quintal. A Toul, les Nègres ont plusieurs coutumes particulières; ainsi, pour la chasse et la guerre, ils se servent d'arcs et de flèches, tandis que ceux du Bertat emploient le javelot et l'épée. Tous font usage de grands boucliers ronds.

FIN DE L'AFRIQUE ORIENTALE.

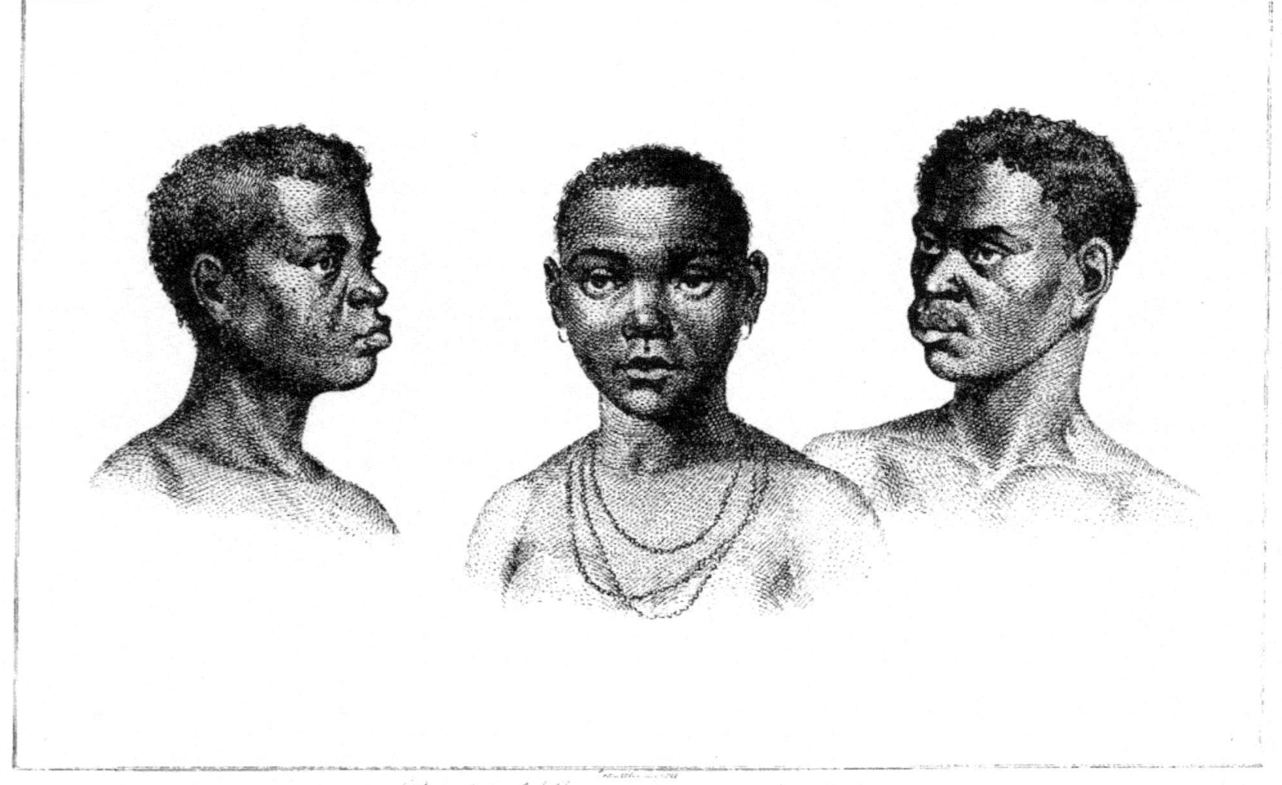

Peuples du Congo. État de servitude au Brésil.

AFRIQUE CENTRALE,

PAR M. FERD. HOEFER.

DARFOUR.

Le nom de Darfour (1) s'applique au pays situé à l'ouest du Kordofan et compris entre le 11° et 15° 30' latitude nord. Le Darfour est, comme le Kordofan, sous la domination musulmane; sa circonscription politique est fort incertaine. Le sultan ou souverain du pays est souvent en guerre avec les peuples voisins, ce qui entrave les relations commerciales et s'oppose à une connaissance plus exacte de ces régions. Celui qui y règne aujourd'hui est très-soupçonneux, et regarde tout homme blanc comme un espion du vice-roi d'Égypte. Les provinces sont gouvernées par des *meleks* (de מלך, roi) espèces de pachas indépendants. Abd-el-Rahman était sultan du Darfour à l'époque où Browne y séjournait (2). C'était un usurpateur dont voici l'histoire. Le sultan Bokar avait trois fils : Mahomet Teraub, El-Khalife et Abd-el-Rahman. Le surnom de Teraub avait été donné à l'aîné, parce que, étant enfant, il avait coutume de se rouler dans la poussière. Ce fut lui qui succéda à son père. Il en occupa, dit-on, le trône pendant trente-deux ans lunaires, ce qui est un des plus longs règnes dont fasse mention l'histoire de ces contrées. A la mort de Teraub, son frère puîné, prétextant la minorité de ses neveux, et aimé des troupes, s'empara des rênes du gouvernement. Le règne de ce prince fut de courte durée. Peu de temps après son avénement au trône, une foule de mécontents se réunit aux habitants du Kordofan, qui continuaient contre le Darfour une guerre dans laquelle Teraub avait péri. El-Khalife jugea à propos d'aller aussi les combattre en personne. Abd-el-Rahman qui, durant la vie de Teraub, avait pris le titre de *faquir*, et feint de se consacrer entièrement à la religion, était alors dans le Kordofan. Il profita de la disposition des rebelles, et excita si bien le mécontentement des soldats, qu'ils le choisirent pour chef. Rentré sur le territoire de Darfour, il marcha contre son frère, lui livra bataille, et remporta la victoire. El-Khalife y perdit la vie.

Cependant ceux à qui appartenait de droit la couronne, les fils de Teraub, furent mis à l'écart. Abd-el-Rahman monta sur le trône, et crut devoir quelque temps affecter une grande modération. Extrêmement dissimulé, comme tous ses compatriotes, il parvint à leur persuader qu'il ne songeait qu'au bonheur d'une autre vie, et qu'il était peu touché de l'éclat du trône. Après sa victoire, il refusa d'abord de voir les esclaves, l'or et le reste des objets qui avaient appartenu à son frère. Quand il entra dans le palais, il se couvrit les yeux avec un bout de l'étoffe roulée autour de son turban, en disant que la tentation était trop forte pour lui, et en priant l'Être suprême de l'empêcher d'y succomber. Il se borna aussi, pendant quelque temps, à n'avoir que les quatre femmes légitimes qu'accorde la loi musulmane. Cependant dès qu'il vit qu'il n'avait plus à craindre de prétendants, et que son autorité était affermie, il crut ne plus devoir se couvrir d'un voile de sainteté; il donna libre cours à son ambition et à

(1) *Dar*, en arabe, signifie village, district; et *four*, daim.

(2) C'est à Browne que nous devons les premiers renseignements détaillés sur le Darfour. (L'ouvrage de Browne a été traduit en français par J. Castéra : *Nouveau voyage dans la Haute et Basse-Égypte, la Syrie, le Dar four, où aucun Européen n'avait pénétré;* 2 volumes in-8°. Paris, 1800.

son avarice. Abd-el-Rahman monta sur le trône en 1787.

Les habitants ne possèdent pas de documents écrits. L'histoire politique de Darfour antérieure à Bokar est donc à peu près inconnue. On sait seulement qu'Abd-el-Casim avait succédé à Bokar, et ce dernier à Omar. On parle de quelques autres princes qui régnèrent avant ceux-ci, et qu'on nomme Soliman, Mahomet, etc. On cite le règne de Soliman comme celui sous lequel l'islamisme pénétra dans le Darfour. Les habitants du Dageou, pays situé vers l'ouest, et, dit-on, dans le voisinage de Borgou, envahirent autrefois le Darfour, et en conservèrent la souveraineté jusqu'au moment où, épuisés par des divisions intestines, ils y furent remplacés par la race de rois actuellement régnante. Quant aux peuples dageous, ils étaient, selon la tradition, venus originairement des environs de Tunis. On raconte qu'il était d'usage parmi eux d'allumer, au moment de l'inauguration de chaque souverain, un feu qu'on entretenait soigneusement jusqu'à l'instant de sa mort.

Browne évalue la population du Darfour à environ deux cent mille âmes. Les habitants sont de différente origine. Les uns viennent des bords du Nil; les autres sortent des contrées occidentales : ils sont ou fouakkaras (prêtres) ou marchands. Il y a beaucoup d'Arabes, dont quelques-uns se sont fixés dans le pays. Ces Arabes appartiennent à diverses tribus. Ils mènent, pour la plupart, une vie errante sur les frontières du Darfour, où ils font paître leurs chameaux, leurs chevaux et leurs bœufs. Ils ne sont pas assez soumis au sultan pour lui donner toujours des secours en temps de guerre, ou pour lui payer tribut en temps de paix. Après les Arabes, viennent les Zéghawas, qui formaient autrefois un État indépendant, dont le chef pouvait, dit-on, mettre en campagne mille cavaliers pris parmi ses propres sujets. Ils parlent un dialecte différent de celui du Darfour.

Chaque habitant s'établit près du terrain qu'il cultive; les maisons sont ainsi séparées par de grands intervalles. Le nombre des villages est considérable; mais les plus grands ne contiennent que quelques centaines d'habitants. Les maisons ou huttes, construites de tiges de maïs et de terre glaise, sont ordinairement entourées d'un petit mur d'argile; mais, il y a au delà une autre clôture faite avec des branches d'acacia sec et d'autres bois épineux, pour empêcher les esclaves et le bétail de sortir. Les meleks sont les seuls qui se servent de tentes. Le bagage de chaque soldat consiste en une légère natte dont les dimensions sont proportionnées à sa taille. Les Darfourains manquent de propreté. Quoiqu'ils observent les formalités qui accompagnent les prières mahométanes, ils ne se lavent le corps et ne se peignent que rarement. Ils s'épilent et s'enduisent la peau d'une matière grasse. Ils recherchent beaucoup les femmes, et font très-peu de cas de la réserve et de la décence. La manière dont leurs maisons sont construites ne permet pas que ce qui s'y passe soit bien secret. D'ailleurs, ils ne prennent pas toujours la précaution de s'y retirer pour se livrer aux plaisirs de l'amour; l'ombre d'un arbre ou l'herbe un peu haute leur suffit; le père et la fille, le fils et la mère y satisfont souvent un penchant incestueux.

Les Darfourains ont les traits différents de ceux des Nègres de la côte de Guinée. Leurs cheveux sont ordinairement courts et laineux; mais il y en a qui les ont très-longs, ce qu'on regarde comme une beauté. Ils ont en général la peau très-noire. Les Arabes qui se trouvent établis dans le Darfour sont faciles à distinguer des autres habitants par leurs traits, leur teint et la langue qu'ils parlent. Les esclaves qui viennent du Fertit (1) ressemblent aux Nègres de Guinée, et ont un idiome particulier.

Dans la plupart des villes du Darfour on parle l'ancienne langue du pays; cependant on y entend assez bien l'arabe. Les procès sont plaidés dans les deux langues en présence du monarque. Après les officiers du gouvernement, les faquirs ou prêtres savants tiennent le premier rang dans le Darfour. Quelques-uns de ces faquirs ont été élevés au Caire. En général, ils sont ignorants dans tout, excepté les préceptes du Koran. Les

(1) Mot arabe qui signifie *pays des idolâtres*, et qui s'applique souvent à toutes les contrées situées au sud du Darfour.

Darfourains sont de la secte de l'iman Malek, qui ne diffère que peu de celle de Schafeï. Ils ont contre les habitants du Kordofan une animosité invétérée. Les principales causes de cette animosité résident sans doute dans la position relative des deux pays et la rivalité du commerce. Le Kordofan se trouve sur la route qui conduit du Darfour au Sennaar, route qui est, sinon la plus courte, au moins la plus commode pour se rendre à la Mecque. Les principaux objets de commerce sont les esclaves, les bœufs, les chameaux, et les objets dont les Darfourains se servent pour se vêtir ou se parer, tels que les toiles de coton, la verroterie, l'ambre.

La ville de Cobbé ou Kôbeïh (14° 11' latitude nord, et 28° 8' longitude orientale de Greenwich) est la principale résidence des marchands, et doit être considérée comme la capitale du Darfour. Tendelti est la résidence impériale. (1) Les maisons de Kôbeïh sont construites chacune dans une vaste enceinte de palissades, et les enceintes sont séparées par un grand espace de terrain en friche. La ville est ainsi remplie d'arbres de plusieurs espèces; parmi ces arbres on remarque beaucoup de palmiers, et surtout des *hegligs* et des *nebkas*, qui présentent un coup d'œil pittoresque. Durant la saison des pluies Cobbé est environné d'un torrent.

Du côté de l'est il y a une montagne, peu élevée, remplie d'hyènes et de chacals. Cette montagne fait partie d'une chaîne de monticules qui va du nord au sud, dans une étendue de plusieurs lieues. Les habitants de Cobbé sont presque tous d'origine étrangère. Ils sont venus primitivement du Dongola, du Sennaar, du Kordofan. On les distingue facilement des indigènes : leur teint est olivâtre, et leurs traits ont quelque ressemblance avec ceux des Européens (2). La population de Cobbé est d'environ six mille habitants. A peu de distance de cette ville il y a plusieurs petits villages qui en dépendent, et qui augmentent sa population.

Les autres principales villes du Darfour sont Sweini, Kourma, Coubcabia, Ril, Choba, Gidid, Gellé. Sweini est le rendez-vous de tous les marchands qui font le commerce d'Égypte; ils y passent en allant et en revenant. Kourma est situé à cinq heures de marche de Cobbé; il est entièrement peuplé de marchands connus sous le nom de Jeïaras, et pour la plupart nés dans la haute Égypte. Coubcabia est la clef des routes de l'Occident, et l'entrepôt de toutes les marchandises qui viennent de ce côté-là. Il s'y tient, deux fois par semaine, un marché dans lequel le sel sert de principal moyen d'échange, pour les articles de peu de valeur. Pour se procurer ce sel les habitants ramassent la terre des endroits où des chevaux, des ânes et d'autres animaux ont séjourné, et ensuite ils la font bouillir (1). On vend sur ce même marché une grande quantité de *tokeas* et de grands sacs de cuir, qui se fabriquent dans le pays, et qui, bien tannés, sont employés à conserver du blé, de l'eau, etc. Les tokeas sont des pièces de toile de coton qui servent à vêtir les habitants pauvres. — Ril était autrefois la résidence des sultans; c'est la clef des chemins du sud et de l'est. Il y a dans le voisinage un grand étang qui fournit de bonne eau et qui ne tarit jamais. Les environs sont très-fertiles. Il y a près de Choba des carrières de craie qui étaient en pleine exploitation du temps de Browne. Gidid est située sur la route de Cobbé à Ril; elle est habitée par des foukkaras, gens peu hospitaliers. Gellé a été la résidence d'un iman à peu près indépendant.

Ruppel indique trois routes qui con-

(1) *Voyage au Darfour*, par le cheik Mohammed ben-Omar-el-Tounsy, réviseur en chef de l'école de médecine du Caire, traduit de l'arabe par M. le docteur Perron, et publié par les soins de M. Jomard. (Paris, 1845; 1 vol. in-8°).

(2) Browne avait entendu raconter qu'à l'est de Darfour il y a une tribu d'Arabes qui frise ses cheveux de manière qu'ils ressemblent à une grosse perruque ou à la coiffure des figures qu'on voit dans les ruines de Persépolis. Il est probable qu'il existe des restes d'anciennes nations dans l'intérieur de l'Afrique. Des Carthaginois y fuirent quand Scipion eut détruit leur ville, et des Vandales s'y dérobèrent aux fers dont les menaçait Bélisaire.

(1) Ce sel est sans doute le chlorure d'ammonium (sel ammoniac), qui partage les propriétés du sel marin.

duisent de la capitale du Kordofan à Cobbé. Par la plus fréquentée on va en une forte journée d'Obeïd à Abou-Haraza, lieu florissant, habité par des Éthiopiens agriculteurs. On marche ensuite pendant six jours à l'ouest-nord-ouest, dans une plaine sans eau et couverte de broussailles, et on arrive à Ril, qui est à trois journées de Cobbé. C'est cette route à laquelle les marchands donnent ordinairement la préférence (1).

Pendant la saison des pluies, le pays est arrosé par de nombreux torrents. Cette saison dure depuis la mi-juin jusque vers la fin de septembre. On la désigne par le nom de *harif*. La pluie est ordinairement très-forte et accompagnée d'éclairs. Elle tombe le plus souvent depuis trois heures après midi jusqu'à minuit. Le sol, jusque-là d'apparence stérile, se tapisse alors d'une riante verdure. Les changements de vents ne sont pas réguliers. Le vent du sud amène les plus grandes chaleurs, et remplit l'air d'une poussière épaisse; celui du sud-est apporte les plus fortes pluies. M. Jomard, dans une notice intéressante, insérée dans la traduction de l'ouvrage du cheik Mohamed, essaye d'établir, d'après un ensemble de données, que le Darfour appartient au bassin du Nil.

Au commencement de la saison des pluies, qui est le temps des semailles, le roi, accompagné de ses melcks, se rend dans les champs où les cultivateurs sont occupés à leurs travaux, et il creuse de sa main plusieurs trous pour y semer du grain. Le même usage existe, dit-on, dans d'autres contrées de l'Afrique. Il rappelle une ancienne coutume dont Hérodote fait mention en parlant des rois d'Égypte.

La récolte du blé se fait d'une manière fort simple. Les femmes et les esclaves cueillent les épis avec la main, et ils laissent les tiges debout, parce qu'on les ramasse ensuite pour les employer à la construction des maisons. On conserve les grains dans des fosses qu'on recouvre de terre fortement battue. On fait généralement fermenter la farine (de maïs) avant de la réduire en pain ou en gâteaux très-minces, appelés *kisseris*, qu'on mange avec du lait.

Le maïs (*simsin*) et le millet (*dokn*) sont les principaux grains qu'on sème. Les pastèques et les melons, qu'on appelle au Caire *abd-el-awi*, abondent dans le Darfour.

(1) Ruppel, *Reisen*, etc., 177.

Pendant sept ou huit mois de l'année la surface du sol, dans les districts du nord, est entièrement desséchée par le soleil, et les petites plantes qui croissent spontanément durant la saison des pluies ont alors disparu. Les arbres même perdent leurs feuilles et présentent, au milieu des chaleurs tropicales, l'image de l'hiver du nord. Les principaux arbres qu'on remarque dans le Darfour sont le tamarin, le sycomore, le platane, le nebbek (*Palicerus Athenæi*), le sophar (*Cassia sophora*), etc. Il paraît que le nom d'*hachiche* ne s'applique pas seulement au chanvre, mais à toutes les plantes narcotiques. Les Darfourains mâchent la graine du chanvre; ils fument, comme les Égyptiens, les feuilles, et les mêlent avec d'autres plantes pour en faire un électuaire.

Le Darfour paraît être riche en mines de fer et de cuivre. Mais l'art métallurgique y est dans l'enfance. « La méthode, dit Browne, par laquelle j'ai vu un ouvrier suppléer au défaut de fourneau pour fondre les métaux mérite sans doute d'être connue. Il avait un sac de cuir auquel était adapté un tuyau de bois, et qui lui servait de soufflet. Le feu était dans un petit trou creusé dans la terre, et sur ce feu il avait mis un fragment de jarre. Tout simple qu'était ce mécanisme, il eut un effet rapide et assez considérable. » L'or qu'on trouve au Darfour y est apporté des contrées de l'ouest et de l'intérieur.

SOUDAN (1).

Le Soudan, que les anciens connaissaient sous le nom de *Nigritie*, comprend une grande étendue de la portion centrale du continent africain. Limité à l'ouest par le Darfour, à l'est par la Sénégambie et la Guinée, au nord par le grand désert de Sahara, et au sud par des contrées centrales complétement inconnues,

(1) L'étymologie de ce mot est obscure; il paraîtrait signifier *pays aux esclaves*. Suivant Browne, les Arabes appellent *Ber-es-Soudan* l'endroit où arrivent les caravanes dans le premier canton habitable du Darfour.

le Soudan est compris environ entre le 7° et le 22° latit. nord, et entre le 13° longitude occident., et le 22° longit. orient. de Paris. C'est peut-être de toutes les régions de l'Afrique celle qui offre le plus d'intérêt sous le rapport ethnographique. C'est aussi là que les voyageurs pourront faire les plus riches moissons de découvertes.

En parcourant les relations de Mungo-Park, Horneman, Clapperton, Denham, Oudney, Laing, Caillé, R. et J. Lander, de ces intrépides voyageurs qui ont mis leur vie au service de la science, on est frappé surtout de deux choses : 1° du mouvement industriel et commercial dans ces cités populeuses que personne n'aurait imaginées dans l'intérieur de l'Afrique; 2° de ces races d'hommes diverses, encore imparfaitement connues, et auxquelles se trouve mêlée la race caucasique, et peut-être la race malaise.

En comparant ces données avec les événements historiques, on est naturellement porté à croire que ce pays a servi de refuge aux peuples industrieux que le glaive des Romains et des Vandales a chassé de la côte où florissait jadis Carthage. En sécurité derrière cet immense boulevard qu'on nomme le grand désert de Sahara, ils pouvaient se livrer en paix au développement de leur commerce, de leur industrie et de leurs arts, et se dédommager en partie de la perte de leur ancienne patrie. Voilà comment nous essayerons d'expliquer la civilisation jusqu'à présent énigmatique du Soudan. On nous saura donc gré de traiter ce sujet un peu plus au long.

Les documents, sans doute, nous manquent sur ce déplacement des anciennes populations civilisées de l'Afrique septentrionale. Mais ce déplacement n'en est pas moins un fait réel. En présence d'un ennemi comme le sénat romain, il fallait, personne ne l'ignore, ou se soumettre loyalement ou s'attendre à une guerre d'extermination. Les indigènes montrèrent alors ce qu'ils sont encore aujourd'hui. Jaloux de leur indépendance, ils étaient tous animés d'une haine implacable contre l'ennemi commun. Quand les chances de la guerre tournaient contre eux, ils feignaient la soumission; et la trêve n'était qu'un moyen de se préparer à une nouvelle guerre. Dans cet état d'hostilités incessantes, que devenait la population paisible, livrée au commerce et à l'industrie? elle devait se prêter au joug du vainqueur ou se condamner volontairement à l'exil. Le premier parti répugnait au caractère national. La recherche d'une nouvelle patrie devait parfaitement convenir à des peuples déjà habitués à la vie nomade. Telles sont les observations que suggère naturellement l'étude de l'histoire. En examinant l'état actuel du pays adoptif de ces peuples, nous trouverons en quelque sorte la contre-épreuve des idées que nous venons d'émettre.

L'histoire d'un pays se lie souvent au cours d'un fleuve. C'est le cas de l'Égypte; c'est aussi en grande partie vrai pour le Soudan. Hérodote nous a donné les premiers renseignements sur le Niger, le grand fleuve du Soudan; il le fait couler de l'est à l'ouest, entre le 10° et le 20° lat. nord. Plus tard, on rejeta cette opinion, comme fausse; enfin, des découvertes récentes la confirmèrent pleinement. Ce n'est que depuis ces dernières années que de nouveaux voyages ont permis d'en tracer le cours.

Les premiers voyageurs portugais avaient considéré le Sénégal comme identique avec le Niger d'Hérodote. Cependant, Barros s'étonnait déjà que son Canaga (Sénégal) eût si peu d'eau. Les Mandingues racontèrent à Bruë, dans son voyage au pays de Galam, que le Niger coule à l'ouest, à travers le lac Maběria (Debbo?); qu'il se sépare ensuite en deux bras, dont l'un est le Sénégal et l'autre la Gambie. Cette opinion erronée fut propagée par un grand nombre de géographes. Bruë rectifia ensuite ces renseignements, après avoir appris que le Niger coule à l'est et qu'il passe près de la ville de Tombouctou. Delisle et d'Anville, par un examen consciencieux de tous les renseignements contradictoires, reconnurent que le Niger et le Sénégal sont deux fleuves absolument différents. C'est ce qu'on trouve la première fois indiqué sur la Mappemonde de Delisle, de l'année 1714 : le Niger et le Sénégal, sortant de deux lacs voisins, y sont représentés coulant, l'un à l'ouest, l'autre à l'est vers la Nigritie, ainsi que l'avait indiqué Edrisi. Cependant, d'Anville admettait la communication du Sénégal avec le Niger supérieur, dans son cours à travers le Bambarra. Cette communication a été démontrée fausse par Mungo-Park, qui le premier a clairement exposé les rapports des trois fleuves parfaitement distincts, le Niger, le Sénégal et la Gambie.

Mungo-Park offrit, en 1795, ses services à l'Association africaine. Ses offres étant acceptées, il partit pour rechercher le Niger. Suivant la route du major Houghton (1), il remonta la Gambie, et arriva promptement à Médina. Là, quittant la rivière, il se dirigea encore plus au nord, et traversa le Falehmé, tributaire du Sénégal, près de Fatteconda. Ayant aussi traversé le Sénégal et passé Kemmou, il arriva à Jarra, où il trouva les dernières traces du major Houghton. Quittant Jarra, il prit la route du sud-est; et, après avoir eu à supporter des privations cruelles, par suite de la guerre des naturels, il atteignit Ségo, capitale du Bambara. A quelque distance de là, il vit enfin le Niger couler de l'ouest à l'est. « Regardant devant moi, je vis, s'écrie-t-il avec enthousiasme, le grand objet de ma mission, le majestueux Niger, que je cherchais depuis si longtemps. Large comme la Tamise à Westminster, il étincelait du feux du soleil, et coulait lentement vers l'orient. Je courus au rivage; et, après avoir bu de ses eaux, je levai les mains au ciel, en remerciant l'ordonnateur de toutes choses de ce qu'il avait couronné mes efforts d'un succès si complet (2). »

Poursuivant sa route, le célèbre voyageur passa par Kabba, Sansanding, Nyara, Modibou, Mourzan, et s'arrêta à Silla, ville considérable. Là il recueillit les renseignements suivants sur le cours du Niger à l'est et les contrées que ce fleuve traverse : « A deux petites journées de marche à l'est de Silla, est la ville de Djenné. A deux autres jours de distance, la rivière s'étend et forme un lac considérable, appelé Djibbie (ou le lac Obscur). La distance entière, par terre, de Djenné à Tombouctou, est de douze jours de marche. Kabra est situé à une journée de Tombouctou; et à onze journées au-dessus de Kabra, le fleuve passe au sud de Houssa, qui en est à deux jours de marche.

« Sur la rive septentrionale du Niger, à une petite distance de Silla, est le royaume de Massima, qui est habité par des Foulahs. Au nord-est de Massima est le royaume de Tombouctou. Houssa, capitale d'un vaste royaume de ce nom, et situé à l'est de Tombouctou, est un autre grand marché du commerce maure. L'espace que renferment les deux bras du Niger, au-dessus de Kabra, forme un petit royaume d'une grande fertilité, connu sous le nom de Djinbala. Au sud de Djinbala est le royaume nègre de Gotto, que l'on dit être d'une grande étendue. A l'ouest de Gotto est le royaume de Bacdou, et à l'ouest de ce dernier, Maniana, dont les habitants sont, dit-on, anthropophages, et que les habitants du Bambarra nomment, par cette raison, *madoummoula* (mangeurs d'hommes). »

Les Nègres ont conservé pour le Niger un respect religieux, et ils se transmettent sur son cours une foule de traditions superstitieuses. Ceux qui tenteraient de puiser de l'eau à sa source, disent-ils, se verraient arracher la calebasse des mains par un pouvoir invisible, et courraient même risque de perdre le bras. A sa source, ce fleuve porte le nom de *Tembie*, dans la langue du Kassi; plus loin il s'appelle *Ba-ba* ou *Djoli-ba* (grand fleuve); et au delà de Tombouctou, il prend le nom de *Quorra* (grande eau).

Dans son premier voyage, Mungo-Park acheva la découverte de la Sénégambie jusqu'à son extrémité orientale; il résolut le grand problème de l'existence d'un grand fleuve coulant vers l'est, dans le centre de l'Afrique, et prenant sa

(1) Le major Houghton eut dans le Bambouk des renseignements fort exacts sur le grand fleuve qui coule dans le Soudan. Le chérif Mamadou lui apprit que ce fleuve, nommé Joliba ou Djoliba, se dirige d'abord du sud au nord jusqu'à ce qu'il ait atteint la ville de Djinnie, et qu'ensuite il coule directement de l'est jusqu'à Tombouctou. Ce voyage, qui coûta la vie au major Houghton, fut exécuté dans les années 1790-1791. (*Proceedings of the association for promoting the discovery of the interior parts of Africa*; 1810, in-8°, tom. I, p. 241.)

(2) *Travels in the interior of Africa performed under the direction and patronage of the African association in the years*, 1795, 1796 et 1797; London, 1799, in-4° (3e édition).

source dans la même chaîne de montagnes qui, à l'occident, déverse les eaux du Sénégal, de la Gambie, du Rio-Grande, dans l'océan Atlantique. Il explora particulièrement le Niger entre Bammakou et Silla; la première ville était, d'après son estimation, à dix journées de distance de la source du fleuve.

Profitant des diverses notions jusqu'alors acquises à la science, le major Rennel essaya d'établir que le Niger, après avoir passé à Tombouctou, coulait à l'est pendant un millier de milles, et se terminait dans un lac appelé Wangara. Cette opinion, d'accord avec les géographes anciens, fut d'abord reçue avec confiance. Cependant, des doutes assez fondés s'élevèrent sur la singulière embouchure de ce fleuve. M. Reichard supposa que, se dirigeant au sud-ouest, après avoir coulé de l'est à l'ouest, le Niger allait tomber dans le golfe de Guinée. Jusqu'à Wangara, on s'étayait de l'autorité des anciens; au delà, personne ne savait plus rien, et la théorie de M. Reichard demeura isolée jusqu'à ce qu'elle fut mise hors le doute par des découvertes ultérieures (1).

En 1805, Mungo-Park entreprit un second voyage pour observer d'une manière plus précise le cours du mystérieux fleuve. Il suivit à peu près la même route que dans son premier voyage. Le 19 août, il vit, du sommet de la chaîne qui sépare le Niger du bras du Sénégal, le Djoliba (2) roulant son immense nappe au milieu de la plaine. Le 28 octobre il s'embarqua à Ségo, pour descendre le fleuve jusqu'à Tombouctou. A dater de ce fatal moment l'intrépide voyageur cessa de donner de ses nouvelles. Quelques années après, on apprit des indigènes que, au delà de Tombouctou, des blancs, les premiers qui fussent venus dans ce pays, avaient péri traîtreusement dans les eaux du Djoliba.

Cette fin malheureuse n'empêcha pas d'autres voyageurs de tenter la même entreprise. Le major Laing visita Tombouctou, cette ville mystérieuse dont parle déjà Léon l'Africain. Riche de découvertes, il allait revoir l'Europe, lorsqu'il fut assassiné à l'entrée du désert de Sahara. Un Français, René Caillé, cachant sa qualité de chrétien sous les haillons d'un mendiant arabe, accomplit le premier heureusement le grand voyage de Tombouctou. Parti du Sénégal en 1824, il arriva en 1828 dans le Maroc, après avoir traversé le Soudan et le désert de Sahara. Il fut ainsi à même de compléter les renseignements de Mungo-Park sur le cours du Niger et d'en ajouter de nouveaux. En voici le résumé.

Caillé rencontra le Niger à Galia ou Cougalia. Dans cet endroit le fleuve coule lentement de l'ouest au nord-est; sa vitesse est d'un nœud et demi par heure; ses eaux ont une légère teinte blanchâtre; ses rives, généralement découvertes et très-basses, sont composées de sable gris argileux. Un bras secondaire du Djoliba, et venant du nord, forme une grande île, où se trouve la ville de Jenné ou Djenné. M. Caillé le passa à gué, ayant de l'eau jusqu'à la ceinture; le courant y était très-rapide et le lit large et sablonneux. Djenné est à dix milles environ du Niger, qui a ici la largeur de la Seine au Pont-Neuf. De Djenné à Tombouctou il fait de nombreuses courbures; ses rives continuent à être basses, ce qui explique l'existence des marais et lacs qu'on y rencontre; elles sont garnies de tamarins et de mimosas. Près du lac Débo, le fleuve se divise en plusieurs îles, dont deux plus grandes que les autres. Sur l'une des deux, il y a quelques huttes de pêcheurs et de bergers : les troupeaux paissent dans d'immenses marais, couverts d'oiseaux aquatiques de toute espèce. Il y a une infinité d'autres petites îles verdoyantes et inondées lors du débordement du fleuve. Pendant ce débordement, le lac paraît beaucoup plus grand : on n'aperçoit plus ses bords, et on le prendrait pour une mer intérieure. M. Caillé donne à l'une de ces petites îles le nom d'*îlot Saint-Charles*.

(1) Cependant, Leon l'Africain dit déjà expressément que le Niger se jette dans l'océan Atlantique : « Le fleuve Niger dresse son « cours par le milieu de la terre des Noirs, « lequel sourd en un désert appelé Ceu,...... « puis vient à se détourner devers le Ponant « jusqu'à ce qu'il se joint avec l'Océan. » *Description de l'Afrique*, p. 3 (édit. Lyon, 1556, in-fol.)

(2) Ce nom que les indigènes donnent au Niger, signifie, comme nous l'avons dit, *grand fleuve*.

C'est un rocher énorme, dénué de toute végétation : il s'élève en pain de sucre tronqué. A quelque distance de là se trouvent deux autres îlots : M. Caillé appela l'un *île Henri*, et l'autre *île Marie-Thérèse*. On voit la terre de tous les côtés du lac, excepté à l'ouest, où il se déploie comme une mer intérieure. Une langue de terre plate divise le lac Débo en deux : l'un supérieur, l'autre inférieur. Celui où se trouvent les trois îlots nommés est très-grand ; il se prolonge un peu à l'est, et est entouré de vastes marais.

La navigation du Niger entre Djenné et Tombouctou se fait sur des pirogues d'une construction particulière. On rencontre souvent des flottilles de soixante à quatre-vingts embarcations, toutes chargées de divers produits, tels que riz, millet, beurre, miel, oignons, pistaches, noix de colats, étoffes de coton, etc.

« L'équipage se compose de seize à dix-huit mariniers, deux hommes pour gouverner, et un patron qui tient lieu de capitaine. La manière dont ces embarcations sont construites démontre leur peu de solidité. De grandes planches de cinq pieds de long sur huit pouces de large et un pouce d'épaisseur à peu près, sont bien ajustées et attachées ensemble, au moyen de cordes faites avec le chanvre du pays et avec des feuilles de ronnier ; ces cordes ont la propriété de se conserver assez longtemps dans l'eau, avantage bien précieux, puisque, dans ce pays, les hommes n'ont pas l'habitude de se servir de fer dans leurs constructions.

« Les ouvriers joignent d'abord les planches par une première couture, qui laisse toujours beaucoup de jour, parce que les planches ne se rapprochent jamais complétement; on les calfate avec de la paille pilée, réduite en étoupe, et mêlée avec de la vase argileuse qu'ils se procurent dans les marais et sur les bords du fleuve. Quand les trous sont ainsi bouchés avec ce mastic, ils mettent par-dessus la couture une quantité suffisante de paille fraîche, qu'ils ajustent fortement par une seconde couture, et par ce moyen parviennent à la consolider assez pour faire la navigation du fleuve. Ils posent dans le fond, de distance à autre, des tringles pour consolider cette masse; on en met de même dans le haut, à la place où devrait être le pont. L'embarcation finie, on la couvre avec de petits morceaux de bois flexibles, tournés en forme de berceau, auxquels ils attachent en travers d'autres morceaux de bois plus minces; c'est ce qui forme le pont, qui est élevé de trois pieds et demi au-dessus des bords, et recouvert de nattes faites dans le pays avec des feuilles de ronnier ; on place sur ce pont ou dunette les marchandises les plus légères ; on les attache fortement sur les bords des deux côtés, et elles forment une espèce de bordage qui n'est pas très-élevé, mais suffit toutefois pour empêcher les esclaves qui y couchent de tomber dans l'eau; on charge l'embarcation à deux pieds et demi ou trois pieds au-dessus de son niveau, jusque sur l'avant. Comme ils ne connaissent pas l'usage des pompes, ils laissent au milieu de la pirogue un espace découvert, destiné à placer deux hommes qui sont continuellement occupés à jeter l'eau qui filtre à travers les coutures; malgré la vitesse avec laquelle ils la versent, il y en a toujours un demi-pied dans l'embarcation. Ces hommes font le quart comme à bord de nos navires ; ils se relèvent de six en six heures. Ils se servent de grandes calebasses pour épuiser l'eau. J'ai vu cet endroit de la pirogue toujours plein de byssus d'une belle couleur verte. C'est aussi dans cet endroit que les femmes allument du feu pour faire la cuisine de l'équipage : elles ont, à cet effet, des fourneaux en terre qu'elles transportent à volonté; ce sont de grands réchauds, de forme ronde, évasée, faits en terre glaise, et fabriqués à Djenné ou dans les environs; ils ont à peu près quatre pieds de circonférence ; il y a sur le plateau dans lequel on fait le feu, trois petits supports en forme de trépied qui soutiennent la marmite destinée à cuire le riz de l'équipage. Au moyen de ces fourneaux portatifs, on ne craint pas de mettre le feu à bord de l'embarcation. Avant d'embarquer les marchandises, on garnit la cale de gros morceaux de bois, afin de les préserver des avaries qu'occasionnerait la grande humidité.

« Ces embarcations n'ayant pas de voiles, ne peuvent marcher que par des temps très-calmes; elles sont si fragiles, que le moindre vent qui soulève les eaux du fleuve, dont les rives sont très-basses, forme des vagues qui, en frappant contre les bords, pourraient les briser ou les submerger : ce danger oblige à relâcher très-souvent, et rend cette navigation lente et périlleuse. Lorsque les rives sont entièrement dégarnies de broussailles, les matelots tirent l'embarcation à la cordelle, et, quand ils peuvent atteindre le fond avec leur perche, ils poussent. Cette manière est celle par laquelle on fait le plus de route; c'est par le moyen de ces morceaux de bois, qui ont douze à quinze pieds, que je jugeais de la profondeur du fleuve. Comme les perches de cette longueur sont très-rares dans cette contrée, ils en ajoutent deux ensemble par les bouts. Il arrive quelquefois que les rives étant boisées et le fleuve d'une profondeur à ne pouvoir atteindre le fond avec ces perches, les mariniers naviguent avec des pagaies de trois pieds de long : on laisse, tout à fait sur le devant, un espace découvert, n'occupant que douze ou quatorze pieds, pour l'emplacement des rameurs; ils se tiennent tantôt debout, pressés contre le bord, et d'autres fois assis sur les marchandises; ils ont à peine de la place pour se retourner, tant la pirogue est chargée; ils sont nus, rament très-vite et en observant la mesure. Le patron se tient derrière, et gouverne assez difficilement avec une grande perche qui lui tient lieu de gouvernail; il a beaucoup de peine à diriger cette grande machine; aussi se mettent-ils souvent deux pour y parvenir. Un gouvernail dans le genre de ceux des embarcations qui descendent la Seine, leur serait bien nécessaire; mais ils n'en connaissent pas encore l'usage. Chacune des embarcations a un capitaine qui conserve beaucoup d'autorité sur son équipage; je ne me suis jamais aperçu qu'il en ait abusé, comme cela arrive quelquefois chez nous, surtout dans la marine marchande. Tous les mariniers nègres qui naviguent sur le fleuve sont esclaves; il y a aussi quelques patrons qui sont de cette classe; leurs maîtres leur donnent la moitié des salaires qu'ils gagnent. Les hommes libres croiraient se dégrader en se livrant à ce métier (1). »

(1) Caillé, tome II, p. 241.

La partie moyenne du Niger, depuis Tombouctou jusqu'à Yaourie, nous est encore à peu près inconnue. On sait seulement par le second voyage de Clapperton, que Mungo-Park a descendu ce fleuve jusqu'à Boussa, à une grande distance de Tombouctou, sans nous laisser malheureusement aucun document. Quant à la portion terminale du Niger qui porte alors le nom de Kouara ou Quorra (grande eau), nous en avons des renseignements positifs par le voyage des frères Lander, et par l'expédition de Laird et Oldfield, entreprise pendant les années 1832-1834 (1). Enfin il est aujourd'hui démontré que le Niger ou Quorra se jette par plusieurs branches, vers 5° latitude nord, dans l'océan Atlantique. Les rivières Bénin, Bonny, Nun ou Formose, ne sont autres que des branches de ce fleuve, qui forme, comme le Nil à son embouchure, un vaste delta marécageux, aussi fertile que malsain. Voici, en résumé, les observations de M. R. Lander (2) concernant la portion terminale du Niger.

Au nord de Boussa, le Niger se trouve divisé en plusieurs branches. Près de Garnicassa, à cinq milles de Boussa, toutes ces branches se réunissent, et forment une belle nappe d'eau, d'environ sept à huit milles de large. Que devient cette richesse du fleuve à Boussa, où la rivière n'a pas plus d'un jet de pierre de largeur, et une profondeur proportionnée? C'est ce qui est vraiment inexplicable, d'autant plus qu'à la distance d'une heure de marche, la rivière reprend sa largeur ordinaire. Ce fait singulier semble favoriser l'opinion qu'une grande partie des eaux du Niger fuit par des passages souterrains, de la ville de Garnicassa jusqu'à quelques milles au-dessous de Boussa. Des roches basaltiques s'élèvent au milieu du fleuve, et y

(1) *Narrative of an expedition into the interior of Africa, by the river Niger,* in the steams vessels Quorra and Alburkah, in 1832, 1833 and 1834, by Macgregor Laird and R. A. K. Oldfield, surviving officers of the expedition. 2 vol. in-8°. London, 1837.

(2) *Journal d'une expédition, entreprise dans le but d'explorer le cours et l'embouchure du Niger*, etc., par Richard et John Lander; traduit de l'anglais par madame Louise Belloc. 3 vol. in-8°. Paris, 1832.

forment des tourbillons fort dangereux. C'est là que périt Mungo-Park. Un peu plus loin se trouve un des passages les plus périlleux : un mur de roches noires barre le courant en travers, et ne laisse qu'une étroite ouverture où les eaux se précipitent avec fureur, tourbillonnant, entraînant tout ce qu'elles rencontrent. Au delà de ce passage, le fleuve déploie toute sa majesté : pas un roc, pas un banc de sable, n'entravent ses eaux, et ses rives reprennent leurs aspects les plus riants. Pendant la sécheresse, il n'y a plus ni commerce, ni communication par eau entre Boussa et les pays situés plus bas, à cause des dangereux rochers que nous venons de signaler. Mais, dans la saison humide, alors que toutes les rivières versent leur trop plein dans le sein du *Père des grandes eaux*, nom emphatique du Niger, des canots vont et viennent de Yaourie à Nyssé, à Boussa et à Funda. C'est immédiatement après les pluies que le Niger, par la hauteur et la rapidité de son courant, nettoie ses rives, balayant les joncs vigoureux qui y croissent. A cette époque, îles, rochers, tout est complétement submergé, et les canots passent pardessus sans difficulté. Les canots dont on se sert sur cette partie du fleuve sont fort longs, et façonnés de la manière la plus grossière : ils sont formés de deux blocs de bois, liés par une grosse corde, et la suture est mastiquée dehors et dedans avec de la paille pour empêcher l'eau de pénétrer. Les bords du fleuve depuis Boussa jusqu'à Yaourie et au delà sont habités par une race d'hommes paisibles. Ils parlent un idiome particulier. Ils s'adonnent à l'agriculture et cultivent de grands espaces de terrain en blé, riz et oignons. La pêche est aussi une de leurs principales occupations; un grand nombre d'entre eux remontent le Niger jusqu'à trois journées de distance pour pêcher. Leurs huttes sont soutenues par des piliers de pierres qui n'ont pas plus d'un pouce d'épaisseur. En guise de portes, elles n'ont qu'une seule petite ouverture près du faîte, où il faut grimper.

Les palmiers qui ornent les rives deviennent plus nombreux à mesure qu'on remonte le fleuve; mais nulle part MM. Lander n'ont vu le cocotier, ce qui tient peut-être à l'éloignement de la mer.

A mesure qu'on approche de l'embouchure la navigation semble être plus perfectionnée que dans l'intérieur. Les canots sont spacieux et le fond est fait d'un seul tronc d'arbre, auquel sont adaptées des planches qui élèvent les bords à une hauteur considérable. On y a pratiqué des cases dans lesquelles on allume du feu; on y prépare les mets, les gens y couchent et y vivent presque entièrement. Le toit est circulaire et couvert en paille. C'est grâce à ces cahutes que les marchands peuvent voyager avec leurs femmes et leurs enfants, remontant et descendant le Niger plusieurs jours de suite, soit pour acheter des provisions ou pour leur plaisir. A défaut de poix ou de goudron, les naturels se servent de crampons de fer pour lier les planches ensemble et les rapprocher, quand un canot fait eau, ou, ce qui arrive fréquemment, se dessèche et se fend aux rayons du soleil.

Parmi les nombreuses îles formées par le Niger, il y en a de très-considérables. L'île de Patashie, à cinquante milles environ de Boussa, est très-populeuse et d'une beauté inexprimable. Elle est riche en chevaux, ânes, bœufs, chèvres, moutons, volailles, etc.; elle produit beaucoup de blé et d'*ignames* (1). Les habitants sont si industrieux, qu'il n'y a pas un acre de terrain qui ne soit cultivé. L'île de Tiah est située tout près de Patashie; elle n'en est séparée que par un canal fort étroit. Ces deux îles, également belles, se ressemblent par le charme des sites, la fécondité du sol et l'abondance des productions. Toutes deux sont peuplées d'individus de la même nation, qui s'enrichissent par leur travail et leur industrie; toutes deux enfin ont eu le bonheur d'échapper à ces querelles intestines qui pendant si longtemps ont désolé et appauvri la « Grande-Terre. »

Avant d'arriver à Rabba, on voit le mont *Kesa*, roc élevé au milieu du fleuve, et semblable au *Pfalz*, dans les eaux du Rhin. Il forme à lui seul une

(1) L'igname ou *yams* est une plante (*Dioscorea bulbosa*) appartenant à une famille voisine des Liliacées. Sa racine bulbeuse et pleine de fécule rend dans ces pays les mêmes services que chez nous la pomme de terre.

petite île ; il a près de cent mètres de haut, et l'aspect en est imposant. Excessivement escarpé, et sortant brusquement du lit du fleuve, son effet est prodigieux ; sa base est frangée de vieux arbres, tandis que de jeunes rejetons essayent de s'accrocher à ses flancs arides. La hauteur du mont Kesa, sa position isolée, sa forme étrange, le rendent l'objet d'une espèce de culte ; il est grandement vénéré par les indigènes, qui y attachent une tradition très-romanesque. Ils croient qu'un génie bienfaisant demeure sur le mont Kesa, et dispense autour de lui de célestes influences : ici les affligés sont soulagés de leurs misères ; les larmes se changent en sourires ; les inquiétudes de l'avenir y font place aux jouissances du présent. Mais surtout, disent les naturels, c'est ici que le voyageur harassé trouve repos pour ses membres fatigués, et abri contre l'orage. Il n'a qu'à faire connaître ses désirs à l'esprit de la montagne, la réponse à ses supplications est instantanée. Il reçoit de mains invisibles la nourriture la plus délicate ; et quand sa vigueur est revenue il peut en liberté continuer son voyage ou s'arrêter pour jouir quelque temps des bénédictions de l'esprit. Telle est la tradition de ce lieu.

A partir de là, les indigènes conseillèrent à MM. Lander, pour plus de sécurité, de se faire escorter par le roi des *Eaux-Noires*, qui perçoit des droits de barrages. « Le roi des Eaux-Noires, disent les frères Lander, est un homme de bonne mine ; sa peau est couleur de charbon, ses traits bienveillants, et sa stature imposante. Il était vêtu d'un bournous de drap bleu commun ; dessous, il portait un tobé bizarre, d'une imitation de satin, et de damas cramoisi, cousus ensemble ; son bonnet était de drap rouge ; de larges pantalons et des sandales de cuir de couleur complétaient sa toilette. Deux jolis petits enfants d'environ dix ans, tous deux de même taille, le suivaient en qualité de pages. Leurs habillements étaient propres, et leurs petites personnes fort soignées ; chacun d'eux tenait une queue de vache enjolivée d'ornements ; et se plaçant, l'un à droite, l'autre à gauche du chef, ils chassaient loin de lui les insectes, et l'approvisionnaient de noix de gourra et de tabac. Le roi était aussi accompagné de dix de ses femmes, très-jolies filles, à teint brillant, couleur de jais, portant de gracieux bonnets du pays, brodés en soie rouge ; des étoffes coton et soie étaient attachées autour de leur taille, et leur tunique de dessous était très-courte(1). »

Le canot du roi des Eaux-Noires était d'une longueur extraordinaire. Au centre s'élevait une tente bigarrée, appuyée contre le mât, et au-devant tombait une large pièce de drap écarlate, ornée de morceaux de galon d'or, cousus en divers points.

En face de Rabba, ville grande et industrieuse, est située l'île de Zangoshie. Le séjour en est malsain dans la saison des pluies. Les habitants de Zangoshie font de leurs canots l'objet de leur orgueil. Le Niger est couvert de leurs légers esquifs. Le gouverneur de l'île en possède environ six cents. Tout le commerce dans cette partie de l'Afrique est entre leurs mains. Ils sont maîtres du bac de communication avec Rabba. Le sol est bien cultivé, et divers objets de manufacture témoignent de l'adresse des ouvriers. La toile qu'ils fabriquent, comme leurs compatriotes du Nyffé, ferait honneur à une manufacture européenne. Les vêtements qu'ils en font, sont recherchés des chefs et des nations voisines, qui s'efforcent en vain de les imiter. « Dans nos promenades sur l'île, nous rencontrons des groupes de naturels filant du coton et de la soie ; d'autres fabriquant des vases et des plats de bois, des nattes de différents dessins, des souliers, des sandales, des parures, des bonnets. On en voit qui façonnent des éperons en cuivre, en fer, des mors de bride, des houes, des chaînes, des lances. D'autres enfin font des selles, des équipages de cheval. Tous ces articles, qui sont destinés au marché de Rabba, montrent beaucoup de goût et d'invention (2). » Les Zangoshiens ne reconnaissent d'autre autorité que celle du roi des Eaux-Noires, et ils ne lui obéissent que parce qu'il est de leur intérêt de n'obéir qu'à lui. Il paraît difficile d'estimer au juste la population de l'île de Zangoshie. Le

(1) Journal de MM. Lander, t. II, p. 299.
(2) Ib., p. 339.

terrain plat sur lequel la ville est située, l'absence de toute colline dans les environs, d'où l'on puisse embrasser l'ensemble, rendent impossible tout calcul approximatif. C'est une des cités les plus étendues, aussi bien qu'une des plus importantes places de commerce de tout le royaume du Nyffé.

A quelque distance au-dessous de Rabba, le Niger décrit une légère courbe; au sud-est, le courant continue d'être très-rapide, et la largeur du fleuve varie de trois à cinq milles. L'île de Gungo, qu'on y rencontre, est beaucoup moins grande que Zangoshie. Les habitants sont inoffensifs et paisibles. Ils vivent de pêche, et échangent du poisson avec leurs voisins contre du blé et des ignames. Le chef porte le costume mahométan.

Depuis Egga jusqu'à Kakunda le Niger forme plusieurs sinuosités, se dirigeant tantôt au sud, tantôt au sud-est. Il est semé d'îles, toutes cultivées et habitées. A une journée de Kakunda, en descendant le fleuve, on rencontre, à gauche, la rivière Tchadda, qui se jette, près de Cattumcurrafi, dans le Niger. Cette rivière, qui paraît sortir du lac Tchad, est très-grande et presque aussi large que la Quorra (Niger). Au rapport des indigènes, des canots remontent la Tchadda jusqu'à Bornou, et, par cette voie, ce royaume n'est qu'à quinze journées d'ici. « Les pays de Iacoba et d'Adamowa sont, disaient-ils à MM. Lander, en paix avec le Bornou; et les communications sont libres entre ces contrées. La Tchadda offre une navigation sûre, et est très-fréquentée par les canots (1). » La Coudounia se jette également dans le Niger, un peu au-dessus de la Tchadda, mais elle est moins grande que la dernière.

A Kirri, le Niger se divise et envoie une branche dans le golfe Bénin. Ce fleuve a été longtemps connu sous le nom de rivière Bénin. A Eboe, il se divise de nouveau, et ses nombreux rameaux forment un vaste delta, comme nous l'avons dit.

Ainsi, nous connaissons aujourd'hui le Niger depuis sa source jusqu'à Tombouctou, et depuis Yaourie jusqu'à son embouchure. Sa portion moyenne laisse seule le champ libre aux conjectures On se rappelle que les anciens supposaient que le Niger communique avec le Nil. Des géographes plus récents admettaient que les eaux du Niger s'écoulent dans un vaste réservoir central, le lac Tchad. Au premier abord, ces opinions semblent devoir être rejetées comme absolument erronées. Cependant en y regardant de plus près, on reconnaît qu'elles ne sont pas tout à fait absurdes. En effet, nous venons de voir que la portion terminale du Niger communique avec le lac intérieur par la rivière Tchadda. Une communication analogue, probablement en sens inverse, peut exister pour la portion moyenne. D'un autre côté, rien n'empêche de croire que le lac Tchad contribue à alimenter les nombreux torrents qui se réunissent dans le Darfour, pour former le Bahr-el-Abiad, l'un des principaux affluents du Nil.

Le lac Tchad, espèce de mer Caspienne, joue, comme l'on voit, un rôle important dans la géographie de l'Afrique. Malheureusement il nous manque encore des renseignements précis sur ce lac que MM. Denham et Clapperton ont vu en 1824. D'après la carte du capitaine Clapperton, le lac Tchad est situé entre le 12° 20′ et le 14° 22′ 30″ latitude nord, et entre le 14° et 17° longitude est de Greenwich. Il a presque la forme d'un cœur, et reçoit deux grandes rivières, l'Yéou et le Chary. L'une et l'autre sont supposées avoir des communications avec le Niger. Les bords du lac sont en général très-bas, marécageux, infestés d'insectes, et présentent des traces de débordements. Ils sont couverts de graminées et surtout de roseaux, où se cachent des troupes d'éléphants, d'hippopotames et de buffles. Le Tchad est très-poissonneux; parmi les poissons qu'on y prend, il paraît y en avoir d'espèces nouvelles. Son eau est douce; dans quelques endroits elle prend le goût des herbes qui y croissent. Au centre et au nord-est, il est couvert d'îles. Ces îles sont occupées par les Biddoumaks, qui passent pour un peuple de brigands. M. Denham recueillit de Tahr, chef indigène, les détails suivants: Le Tchad s'écoulait autrefois dans le Bahr-el-Ghazal (rivière de la Gazelle),

(1) Journal de MM. Lander, tome III, p. 70.

par une rivière dont le lit desséché se voit encore; ce Bahr-el-Ghazal est ombragé de grands arbres et situé entre N'Gossom et Kangarah, et habité par des Kanembous Ouadayis. Dans sa jeunesse, Tahr avait entendu dire à son grand-père que le Tchad se perdait graduellement dans un marécage immense qui aujourd'hui était entièrement à sec.

Un Tibbou de Bergou avait dit au major Denham que le Bahr-el-Ghazal venait originairement du sud et recevait les eaux du Tchad, mais qu'actuellement il était complétement à sec, et qu'on trouvait dans son ancien lit les ossements d'un très-grand poisson.

Tahr ajouta : « Tout le monde pense que les débordements du lac diminuent tous les ans, quoique d'une manière presque imperceptible. Du lieu où nous sommes au lac Fittré, on compte quatre journées : on ne rencontre d'autre eau sur la route que celle de deux puits. Le Fittré est grand, moins cependant que le Tchad. J'ai passé mon enfance sur ses rives. J'ai souvent entendu nommer le Fittré l'eau du Darfour et du Chillouk. Une rivière sort du Fittré, qui ne ressemble pas au Tchad, puisque tout le monde sait que celui-ci n'est pas une eau dormante. Une rivière qui vient du sud-ouest forme le lac Fittré. Cette rivière et le Nil sont la même chose. Je crois que c'est aussi le Chary : mais je ne connais rien à l'ouest. Je sais seulement que cette rivière vient du Bosso, pays kerdy; en la descendant, on amène au Fittré des esclaves qui ont toutes les dents pointues et les oreilles coupées ras contre la tête (1). »

Suivant une tradition des Chouâas, il sort du mont Tama, au sud-est du Ouaday, une rivière qui passe près du Darfour, et forme le Bahr-el-Abiad; cette eau est le Tchad, que des remous et des tourbillons poussent du centre du lac dans des passages souterrains. Après avoir ainsi coulé sous terre pendant plusieurs milles, son cours étant arrêté par des rochers de granit, il sort d'entre deux montagnes, et continue à courir vers l'est.

Ces renseignements sont fort vagues, et prouvent suffisamment qu'il reste encore beaucoup de découvertes à faire dans cette région de l'Afrique.

Les pays qui avoisinent le lac Tchad sont au nord, le pays des Tibbous, le Ouanghara, le Kanemi, le Borghou; à l'est, le Baghermy; au sud, le Mangara; et à l'ouest, le Bornou. Ces contrées, dont les noms mêmes paraissent très-défectueux, ne nous sont en grande partie connues que par l'expédition de Denham, Clapperton et Oudney; car les indications qu'on trouve à ce sujet dans les géographes et les relations des voyageurs arabes sont très-incomplètes, et laissent tout à désirer sous le rapport scientifique.

Bilma est la capitale des Tibbous; c'est la résidence de leur sultan. Elle est entourée de murs en terre et située dans un pays couvert d'incrustations salines. Au sud de la ville, il y a des marais avec des étangs d'eau stagnante. A peu près à deux milles au nord, il y a plusieurs lacs dans lesquels se trouvent des masses de sel marin cristallisé. Les Tibbous recueillent le sel à la fin de la saison sèche; ils mettent dans des sacs celui qui est transparent, et l'expédient dans le Bornou; le moins pur est tassé en piles, dont chacune pèse environ 5 kilogr., et se vend quatre à cinq piastres. Les Tibbous, industrieux et pacifiques, ont beaucoup à souffrir des déprédations des Touariks, ou Touaregs, leurs voisins. A un mille environ de Bilma, il y a une belle source d'eau limpide, qui arrose un espace de trois cents mètres de circonférence, couvert d'herbes. Mais au delà de cet endroit, le voyageur doit dire adieu à toute apparence de production végétale; il entre dans un désert dont la traversée est de dix jours. Il est très-probable que cette vaste contrée était autrefois un immense lac salé; son élévation n'est rien comparativement à son étendue dans l'intérieur. Près de Dibla, qui est borné au nord par des collines de grès noir et de quartz, on trouve, dans le sable, de petits cailloux ronds à demi-vitrifiés; ils supposent une fusion ignée.

(1) *Voyages et découvertes dans le nord et dans les parties centrales de l'Afrique*, exécutés pendant les années 1822, 1823 et 1824, par le major Denham, le capitaine Clapperton et le docteur Oudney. Traduit de l'anglais par MM. Eyriès et de Larenaudière (3 vol. in-8°; Paris, 1826), 2ᵉ volume, p. 199.

Ces espèces de cailloux, qu'on trouve aussi dans d'autres parties de l'Afrique, et dans lesquelles les géologues ont cru trouver une preuve de leurs théories, ne doivent probablement leur origine qu'à l'action de la foudre. Les indigènes assurent que ces corps se forment en grande quantité après les pluies qui tombent par intervalles. Les Tibbous traversent facilement ces déserts de sable. Ils sont montés sur de petits chevaux très-agiles; leurs selles sont en bois, petites et légères, ouvertes au milieu dans leur longueur, et composées de deux morceaux attachés avec des courroies; elles sont rembourrées de poils de chameau, tordus, et tressés de manière à faire un bon coussin. La sangle et les étrivières sont de même des courroies tressées; les étriers sont de fer, très-petits et légers : on n'y place que quatre doigts du pied, le gros orteil reste en dehors. Les Tibbous-Gondas sont tous au-dessus de la taille moyenne; ils ont le visage cuivré, le front élevé; l'air intelligent, le nez épaté, la bouche grande, les dents bien rangées, mais d'une teinte rouge foncée, à cause de l'usage immodéré de mâcher du tabac. Ils portent leur turban très-haut, d'un bleu d'indigo foncé, et le ramènent sous le menton et sur le visage, dont il couvre toute la partie au-dessous du nez. Ils ont quelquefois une vingtaine de charmes ou d'amulettes dans des étuis de cuir rouge, attachés aux plis de leur turban. La plupart ont sur le visage des balafres qui dénotent généralement leur rang.

Après avoir traversé le pays des Tibbous-Gondas et des Tibbous-Traïta, on arrive à la ville de Lari, située sur le bord du lac Tchad, dont on ne voit pas le bord opposé. Sa population paraît être de deux mille âmes. Les cabanes sont construites avec des joncs qui croissent sur les rives du lac; elles ont le toit conique, et ressemblent beaucoup à des meules de blé. Elles sont entourées d'une clôture faite avec la même plante; des passages tortueux conduisent à la porte. On voit dans l'enclos une ou deux chèvres, des poules et quelquefois une vache. Les femmes filent du coton qui croît près du lac. L'intérieur de ces cabanes circulaires est propre; l'air et la lumière n'y pénètrent que par une porte qui est fermée avec une natte. En se promenant le long du lac, le major Denham fut surpris de voir combien l'eau était montée depuis la veille. Une étendue de plus de deux milles était inondée entièrement : l'eau avait couvert les plantations de coton. Woudie est à un mille à l'ouest du lac Tchad, et à quatre petites journées de marche du Bornou. Il s'y tient un fsog ou marché une fois par semaine. Les femmes y arrivent en foule des villages voisins, montées sur des bœufs auxquels on passe une longe de cuir à travers le cartilage du nez. Une peau est étendue sur le dos de l'animal; on y suspend les denrées, et la femme s'y assied. On dirait une paysanne bretonne allant à la foire de Quimperlé. Ces denrées consistent en lait aigre et doux, un peu de miel, de la volaille, du gossob, de la graisse, du beurre et du malohi, herbage vert qui, assaisonné de graisse, est mangé avec avidité par tous les nègres.

En continuant à longer les bords du lac Tchad, extrêmement riches en gibier de toute sorte, on arrive à Beurwha. C'est une ville fortifiée, et son aspect a quelque chose d'imposant; elle couvre une étendue de terrain égale à trois quarts de mille carrés, et renferme environ six mille habitants. Le mur qui l'entoure a quatorze pieds de haut, et est entièrement entouré d'un fossé à sec. Il y a un chemin couvert pour lancer impunément des projectiles contre les Touariks, dont on redoute les brigandages. Il n'y a que deux portes, l'une à l'est, l'autre à l'ouest; comme ce sont les parties les plus exposées aux attaques de l'ennemi, elles sont protégées par une espèce de bastion, prolongé au moins à trois mètres en avant de la porte, et dont les flancs sont presque perpendiculaires. Les postes sont toujours bien garnis de soldats. Les environs sont infestés de lions et d'hyènes.

Au sud de Beurwha, on rencontre l'étang de Tcheghelarem, qui se dirige d'abord à l'est, puis au nord, et revient enfin à l'est. Cet étang est considérablement accru par le débordement du lac Tchad dans la saison des pluies; le fond en est vaseux. Un peu plus loin, on traverse l'Yéou qui se jette dans le Tchad. Selon le récit des indigènes, cette rivière est la même que le Niger. Son cours est fort lent, et pendant la sécheresse son lit et quelques trous pleins d'eau sont tout ce qui atteste son existence. Les habitants du pays assurent que durant la saison des pluies ses eaux croissent et diminuent alternativement tous les sept jours. Sur la rive droite se trouve la ville d'Yéou, également entourée d'un mur, mais moins grande que Beurwha. De là jusqu'à Kouka, capitale du Bornou, il n'y a que deux journées de marche. A peu de distance de Kouka, le chef arabe Bou-Khaloum, avec lequel voyageaient Denham et Clapperton, fut reçu par un détachement d'honneur. Les officiers étaient revêtus de cottes de maille, composées de chaînettes de fer, qui les couvraient depuis le cou jusqu'aux genoux, se partageant par derrière, et tombant sur chaque côté du cheval; quelques-uns étaient coiffés de casques de fer avec une mentonnière, et assez forts pour garantir d'un coup de lance. La tête des chevaux était également défendue par des plaques de fer, de cuivre et d'argent, qui laissaient une ouverture suffisante pour les yeux de l'animal (1). » Pour compléter la merveille, il ne faut pas oublier que nous sommes ici au centre de l'Afrique, où aucun Européen n'avait encore pénétré.

Royaume de Bornou. Ce royaume s'étend à l'ouest du lac Tchad. Il est à regretter que les voyageurs anglais nous aient donné si peu de détails sur Kouka, la fameuse capitale du Bornou, qui était en grande partie le but de leur voyage. Ils la nomment souvent; c'était le centre de leurs excursions; ils y ont séjourné longtemps, et pourtant ils n'en disent que peu de chose. Pourquoi tant de mystères?

« Le 16 août, disent-ils, nous dîmes un dernier adieu à Kouka; ce qui ne fut pas sans de vifs sentiments de regret, tant nous étions, et moi surtout (le major Denham), accoutumés à vivre avec ses habitants. Le matin j'avais pris congé du cheik dans son jardin; il m'avait remis une lettre pour le roi et une liste de demandes..... » Nous sommes tentés de croire que Kouka deviendra un jour l'entrepôt de tout le commerce de l'Afrique centrale. Les voyageurs anglais parlent d'une foire renommée qui se tient devant une des principales portes de Kouka. C'est là qu'ils ont eu l'occasion d'observer les costumes des différentes nations du Soudan..... « Les denrées et les marchandises étaient presque toutes vendues par des femmes, dont les costumes variaient à l'infini; celles du Kanem et du Bornou étaient les plus nombreuses; les premières avaient un air aussi agréable que celui des dernières l'était peu. Du reste, la différence ne consiste que dans la coiffure. Les Kanembouses ont de petites tresses de cheveux pendantes tout autour de la tête jusque sur la nuque, avec un rouleau de cuir ou de petits grains de cuivre tombant du front sur chaque côté du visage, ce qui ne sied pas mal; quelquefois elles ont des cordons d'anneaux d'argent sur le front. Les femmes esclaves du Mosgo, grand royaume au sud-ouest du Mandara, sont fort laides; mais on les estime parce qu'elles sont fidèles et laborieuses; leur chevelure est roulée, comme celle des Bornouennes, en trois grandes tresses, qui vont du front jusque derrière le cou, une grande au milieu et deux plus petites de chaque côté. Elles ont des aiguilles d'argent passées dans le nez, et précisément sous la lèvre inférieure une grande, de la grosseur d'un shilling, qui pénètre dans la bouche. Pour faire place à cet ornement, on enlève quelquefois une dent ou deux (1). »

Birmi, l'ancienne capitale du Bornou, était située sur la rive droite de l'Yeou, à quelque distance du lac Tchad. Elle fut détruite par les Fellatahs. On dit que sa population était de 200,000 âmes. Les restes des murs subsistent encore: ce sont d'énormes masses de briques rouges, semblables aux ruines de Babylone. Ces murs avaient plus d'un mètre d'épaisseur sur six de hauteur. Le cheik tire des ruines de Birmi la plus grande partie du nitre employé à faire sa poudre à canon. Tout près de là, on trouve les ruines de la ville de Gambarou, qui existait encore en 1809. C'était la rési-

(1) Denham, Clapperton, Oudney, *Voyages dans les parties centrales de l'Afrique*, etc., t. I, p. 221.

(1) Ouvrage cité, t. I, p. 230.

dence favorite des sultans du Bornou. A en juger d'après ses ruines, Gambarou devait avoir des édifices magnifiques. On remarque les murs d'une mosquée qui a plus de dix mètres carrés, et ceux du palais du sultan, qui a des portes sur la rivière. Tous les bâtiments étaient en briques.

Dans le Bornou, la chaleur est excessive, mais non uniforme; c'est de mars à la fin de juin que le soleil a le plus de force. Dans cette saison, vers deux heures après midi, le thermomètre monte quelquefois à 33° centigr. Alors règnent des vents suffocants et embrasés du sud et du sud-est. Vers le milieu de mai, les orages violents, accompagnés de tonnerre, d'éclairs et de pluie, sont fréquents. Cependant à cette époque, la terre est si sèche, et absorbe l'eau avec une telle promptitude, que les indigènes ressentent à peine les incommodités d'une saison si humide. C'est alors que l'on prépare la terre pour les semailles. Celles-ci sont terminées avant la fin de juin, quand les rivières et les lacs commencent à déborder; le pays étant extrêmement plat, des espaces de plusieurs milles carrés sont bientôt convertis en vastes nappes d'eau. Des pluies presque continuelles couvrent alors le pays d'une atmosphère nébuleuse, humide et accablante. Les vents sont chauds et impétueux, et soufflent généralement de l'est et du sud. L'hiver commence en octobre; les pluies sont moins fréquentes, et près des villes on rentre la récolte; l'air est plus doux et plus frais, le temps serein; le vent souffle du nord-ouest; l'atmosphère est pure. Vers décembre, et dans les premiers jours de janvier, il fait plus froid au Bornou qu'on ne serait porté à le croire d'après la latitude de ce pays. A aucune heure du jour le thermomètre ne monte au-dessus de 18° ou 19°, et le matin il baisse jusqu'à 11° et 12°. Ce sont ces vents frais du nord et du nord-ouest qui rendent la santé aux habitants : durant la saison humide, ils éprouvent des attaques cruelles de fièvres intermittentes et continues, qui tous les ans en enlèvent un grand nombre.

Le pays est très-peuplé; on y compte treize villes principales; on y parle dix idiomes différents, ou dialectes de la même langue. Les Chouâs y ont apporté l'arabe, qui est parlé presque dans toute sa pureté; ils sont divisés en tribus, et portent encore les noms de quelques-unes des hordes des Bédouins d'Égypte les plus formidables. Ils sont arrogants, rusés et artificieux; écrivains de charmes, et se donnant pour doués du don de prophétie, ils trouvent un accès facile dans les maisons des habitants noirs des villes, où leur penchant à la rapine se manifeste souvent. Leur grande ressemblance par la physionomie et les habitudes avec quelques bandes de bohémiens (Zingaris) est vraiment frappante. On dit que le Bornou peut mettre en campagne 15,000 cavaliers chouâs. Ce sont eux qui élèvent la plus grande quantité de bétail; ils fournissent tous les ans au soudan deux à trois mille chevaux.

Les Bornouens ou Kanôri ont des visages larges et insignifiants, un gros nez comme celui des Nègres, la bouche très-fendue, les dents belles, le front haut. Ils sont paisibles, tranquilles et civils; ils se saluent les uns les autres avec beaucoup de politesse et de franchise; il y a dans toute leur personne une bonhomie et une rondeur qui plaisent. Leur manière de vivre est très-simple : de la farine, convertie en pâte assaisonnée de miel et de graisse, forme la nourriture de tout le monde, et même du sultan. Ne connaissant pas l'usage du pain, ils cultivent peu de froment; on n'en trouve que chez les grands personnages. Le grain le plus en usage est le gosob, espèce de millet; la récolte en est abondante et facile; les pauvres le mangent cru ou grillé au soleil, et pendant plusieurs jours de suite ne prennent pas d'autre nourriture. Broyé et détrempé dans de l'eau, il compose la provision de voyage des pèlerins et des soldats; dépouillé de son enveloppe, pilé et formé en pâte légère à laquelle on mêle de la graisse fondue, c'est un mets recherché, que l'on appelle *kaddell*. Le *kacheia* est la graine d'une graminée qui croît spontanément en abondance près de l'eau; on la fait sécher au soleil, on la concasse, et on la dépouille de son enveloppe. On la mange cuite en guise de riz, ou bien on en fait de la farine; mais c'est un mets de luxe. On cultive en grande quantité quatre espèces de haricots, nommés *mossaquoua*, *maraya*, *klimy* et *kinmay*, connues en général sous la dénomination de *gafouli;* c'est la nourriture des esclaves et des pauvres. Le sorgho, le coton et l'indigo sont les productions les plus précieuses du sol ; les deux dernières croissent spontanément près des bords du Tchad, et dans les terrains inondés ; le séné est également indigène et commun. L'indigo est de très-bonne qualité; on l'emploie pour teindre les tobés en bleu foncé, qui est de la plus belle nuance qu'il soit possible de voir. Les travaux des champs sont principalement exécutés par les femmes. Presque tout le grain est récolté deux à trois mois après qu'il a été répandu sur le terrain.

Le peuple ne possède rien au delà des premières nécessités de la vie. Les richesses consistent en esclaves, bœufs et tobés. Le vêtement est composé, suivant la fortune, d'un, deux ou trois tobés, ou chemises amples; les personnes de rang ont la tête coiffée d'un bonnet bleu foncé; les autres vont tête nue : on l'épile, de même que les autres parties du corps. Les gens de distinction portent des bâtons longs d'environ un mètre, avec une grosse tête; ils en touchent la terre à chaque pas qu'ils font, et marchent avec beaucoup de solennité, suivis de deux ou trois esclaves. Les bonnets rouges qu'apportent les marchands de Tripoli et de Mesurate ne sont achetés que par les sultans ou les personnes qui leur sont immédiatement attachées.

Musulmans, et scrupuleux observateurs des préceptes qui ordonnent la prière et l'ablution, les Bornouens sont moins tolérants que les Arabes. Un Bornouen, même riche, a rarement plus de deux à trois femmes à la fois. Les pauvres se contentent d'une seule. Les femmes sont très-propres, mais peu jolies. Leur manière de se coiffer est moins agréable que celle des autres négresses; les cheveux sont ramassés sur le sommet en trois rouleaux épais, un gros au milieu et deux plus petits de chaque côté, juste au-dessus des oreilles, se joignent, sur le devant du front en formant une pointe, et bien mastiqués avec de l'indigo et de la cire; derrière la pointe s'élève une tresse mince, tortillée en queue de dragon.

Le skêria, ou tatouage, consiste en une vingtaine d'entailles ou balafres minces de chaque côté du visage, allant des coins de la bouche vers les angles de la mâchoire inférieure et de la pommette des joues. Les Bornouens ont aussi une entaille au milieu du front, six sur chaque bras, six aux jambes et aux cuisses, quatre sur chaque sein, et deux de chaque côté du corps au-dessus des hanches. Les femmes n'approchent de leurs maris qu'à genoux; elles ne parlent à un homme que la tête et le visage couverts. Il paraît qu'il y a plus de jalousie avant qu'après le mariage. L'adultère est rare; la punition, très-rigoureuse, si les coupables sont pris sur le fait et saisis sur le lieu; c'est le seul témoignage sur lequel la conviction s'établisse. Les deux délinquants sont jetés pieds et poings liés à terre, et le mari outragé, aidé de ses parents du sexe masculin, leur fait sauter le crâne à coups de massue.

Rarement les filles se marient avant l'âge de quatorze à quinze ans, et souvent plus tard. La puberté est plus tardive dans le Bornou qu'en Barbarie, où assez fréquemment on voit des mères âgées de onze ou douze ans; au Bornou, un tel exemple est inconnu. Il y a peu de jumeaux : il serait difficile de faire croire aux habitants que dans d'autres pays du monde une femme accouche de plus d'un enfant à la fois.

Les animaux domestiques sont le chien, le mouton, la chèvre, le bœuf, qui composent des troupeaux immenses. Les Chouâa des bords du Tchad ont probablement plus de 20,000 têtes de bétail, près de leurs villages; sur les rives du Chary, on en compterait peut-être un nombre double de celui-là. On élève aussi beaucoup de chevaux, avec lesquels on approvisionne les marchés du Soudan.

La volaille est commune et à très-bon marché : pour une piastre, on peut acheter quarante poules; elles sont petites, mais ont un goût excellent.

Les abeilles sont si nombreuses, que dans quelques endroits elles gênent le passage des voyageurs. Le miel n'est recueilli qu'en partie. La sauterelle, cet insecte destructeur, se montre fréquemment. Il en paraît, dans l'air, des nuées, que les Bornouens tâchent, par des cris et de grands bruits, d'empêcher de fondre sur les champs. Les Bornouens les mangent avec avidité, rôties ou bouillies, et réduites en boulettes comme une pâte.

Le gibier est abondant : il consiste en antilopes, gazelles, lièvres, kourigam, animal de la taille d'un cerf avec des cornes annelées; grosses perdrix, petites outardes, canards sauvages, oies, bécassines et autruches, dont la chair est très-estimée; les pélicans, les spatules, les grues des Baléares, sont nombreux dans les marais; les pintades abondent dans les forêts.

Dans la saison humide les lions s'approchent des murs des villes; les panthères et une espèce de chat-tigre sont très-communes dans le voisinage du Mandara; le léopard, l'hyène, le chacal, la civette, le renard, des légions de singes noirs, gris et bruns, et l'éléphant, sont les animaux sauvages qu'on voit le plus fréquemment; les derniers sont si nombreux, que près des rives du Tchad on en aperçoit quelquefois des troupeaux de cinquante à quatre cents individus. Les Bornouens chassent cet animal pour sa chair et pour ses défenses. Le buffle, dont la viande passe pour une friandise, a un goût de gibier exquis. On mange également la chair des hippopotames et des crocodiles, qui tous deux se trouvent abondamment dans les rivières; la chair du crocodile est très-fine, sa graisse verte et ferme ressemble à celle de la tortue; la partie musculaire égale par sa blancheur, sa fermeté et son goût, le meilleur veau. Les chasseurs de buffles tuent la girafe dans les forêts et les terrains marécageux près du Tchad. La quantité des reptiles y est prodigieuse; il y a des scorpions, des millepieds et de grands crapauds d'un aspect dégoûtant.

Les lois du Bornou sont arbitraires et les jugements sommaires. Le meurtre est puni de mort; le coupable convaincu est livré aux parents du défunt, qui vengent celui-ci en assommant son assassin à coups de massue. La peine du vol récidivé est d'avoir la main coupée, ou d'être enterré jusqu'au cou, la tête ointe de beurre ou de miel, et de rester ainsi exposé, pendant douze ou dix-huit heures, aux rayons d'un soleil brûlant et aux essaims des mouches et des moustiques, que personne ne vient troubler. Ces châtiments sont souvent commués en d'autres plus doux.

Les villes sont, en général, grandes et bien bâties; elles ont des murs hauts de douze à quinze mètres, et épais d'environ sept mètres; elles ont quatre entrées, munies chacune de quatre portes, faites de planches solides, épaisses et jointes fortement par de gros crampons de fer. Les habitations consistent en plusieurs cours entourées de quatre murs avec des chambres extérieures pour les esclaves; puis il y a un passage et une cour intérieure qui conduit aux maisons des femmes : chacune a sa petite cour close de murs, et une jolie case couverte en chaume. De là un large escalier d'une demi-douzaine de degrés mène à la maison du propriétaire; elle est composée de deux corps de logis, ressemblant à des tourelles, qui communiquent ensemble par une terrasse ayant vue sur la rue par une fenêtre crénelée. Les murs sont en argile rougeâtre, aussi unis que du stuc; les toits sont voûtés intérieurement avec beaucoup de goût par des branches, et couverts extérieurement avec une herbe connue en Barbarie sous le nom de *lidthour*. Les cornes de gazelle et d'autres antilopes tiennent lieu de clous et de chevilles; elles sont fixées dans plusieurs points des parois, et l'on y suspend les carquois, les arcs, les lances et les boucliers des chefs. Les chevaux et les autres animaux ont ordinairement un enclos près d'une des cours qui forment l'entrée.

Jusqu'en 1809 le Bornou a été une monarchie absolue et élective; quelquefois le frère du sultan succédait, à l'exclusion du fils. Ahmed-Ali, dont les ancêtres avaient depuis longtemps exercé l'autorité souveraine, régnait en 1808; il était depuis plusieurs années en guerre avec les Fellatahs, peuple puissant de l'ouest. Les Fellatahs, dont pendant plus d'un demi-siècle la puissance avait graduellement augmenté, s'étaient solidement établis dans le Soudan. Bello, leur chef, dictait des lois à une population nombreuse et forte.

Peu de temps après la conquête du Bornou par les Fellatahs, El-Kanêmy forma le projet de délivrer son pays de leur domination. Il alla chez les Kanembous, et les excita à se soulever et à l'aider, en leur racontant qu'une vision l'avait déterminé à tenter cette entreprise. Il fit sa première campagne avec quatre cents hommes au plus ; néanmoins il défit une armée de huit mille Fellatahs, et poursuivit sa victoire avec promptitude et résolution. En moins de dix mois il devint vainqueur dans quarante batailles. On lui offrit la souveraineté ; il refusa, et plaça sur le trône Mohammed, frère d'Ahmed, lui rendit hommage le premier, et insista pour que toute l'armée suivît son exemple. Il fit bâtir pour ce monarque le nouveau Birnie, ville où il réside aujourd'hui ; s'établit à Angornou, qui en est éloigné de trois milles, et garda temporairement le pouvoir dictatorial. Cette conduite fut très-politique ; mais son esprit ambitieux ne pouvait se contenter toujours de cet arrangement.

Toute la population vint se ranger sous son étendard, et parut disposée à l'investir du pouvoir suprême et à lui donner les moyens de le soutenir. On lui offrit d'abord de lui fournir vingt cavaliers par jour, jusqu'à ce qu'une armée plus régulière fût organisée ; ce qui continua pendant quatre ans. Tyrab, le chef chouâ qu'il aimait le plus, fut chargé de cette opération, et en acquit le surnom de Bagah-Ferby (collecteur des chevaux). Alors il leva le drapeau vert, l'étendard du prophète, et de tous les titres ne voulut accepter que celui de serviteur de Dieu. Après avoir débarrassé le pays des Fellatahs, il marcha pour punir toutes les nations qui les avaient secondés. Les esclaves prisonniers de guerre servirent à récompenser ses fidèles Kanembous et d'autres guerriers qui lui avaient donné des preuves de dévouement. Ces succès avaient fait naître chez quelques Bornouens le goût des conquêtes ; auparavant ils étaient humiliés et découragés : ils prirent des habitudes guerrières, et devinrent intrépides.

Depuis 1815 le cheik a fait une guerre acharnée et sanglante au sultan du Begharmi, qui règne sur un peuple puissant et belliqueux, habitant un vaste pays au sud du Bornou, et sur la rive orientale du Chary. Quoique le cheik ait essuyé des revers et perdu son fils aîné, qui était très-aimé de ses sujets, il a en général été vainqueur ; on dit qu'il a tué ou réduit en esclavage plus de trente mille Begharmiens, détruit et brûlé plusieurs villes, et enlevé les troupeaux du pays.

Le dernier sultan du Bornou, qui accompagnait toujours le cheik, perdit la vie dans ces guerres ; on attribua sa mort à son extrême corpulence et à sa pesanteur. Le cheval qu'il montait, épuisé de fatigue, refusa de marcher, quoiqu'il ne fût pas à six cents pas des portes d'Angornou ; c'est ainsi que ce prince tomba entre les mains de l'ennemi. Il mourut avec beaucoup de dignité : comme, suivant l'usage des sultans du Bornou, il n'était pas armé, il s'assit sous un arbre, et six de ses eunuques et autant de ses esclaves, qui ne voulurent pas l'abandonner, se placèrent autour de lui ; il attendit tranquillement les Begharmiens, se cacha le visage avec le châle qui lui couvrait la tête, et fut percé de plus de cent coups de lances. Les hommes qui l'entouraient partagèrent son sort.

Le Bornou était infesté de voleurs qui tendaient des embûches aux voyageurs et les pillaient à la vue des murs de la capitale ; ces accidents n'arrivent plus : les routes sont, dans le gouvernement du cheik, aussi sûres qu'en Europe.

Quoique harassé par des guerres continuelles, le cheik n'ignore pas les bienfaits qu'un grand commerce procurerait à ses peuples, ni l'importance d'améliorer leur condition morale, en excitant chez eux le désir d'acquérir, par l'industrie et le négoce, des avantages plus durables et plus certains que ceux qui s'obtiennent par un système de guerre, de pillage et de destruction. Les marchands arabes ou maures, les seuls qui se soient jusqu'à présent aventurés dans ce pays, ont été encouragés et traités de la manière la plus libérale. Quelques-uns, après un séjour de moins de vingt ans dans le Kouka, sont retournés chez eux avec des fortunes de quinze à vingt mille piastres ; un commerçant plus intelligent aurait peut-être doublé cette somme, les marchandises avec lesquelles ils font leurs échanges étant généralement de fabrique européenne, et achetées à Tripoli, à un prix qui est de deux cent cinquante pour cent au-dessus du prix primitif.

Déjà le désir d'échanger les productions de leur pays contre les marchandises des nations du Nord, plus civilisées qu'eux, existe chez les Bornouens à un assez haut degré ; on remarque chez eux du goût pour le luxe et l'envie d'imiter les étrangers qui visitent leur pays. Une partie de l'habillement d'un personnage riche se distingue toujours par quelque chose qui vient des pays étrangers, quand même ce ne serait qu'une bagatelle.

Les dents d'éléphants, les cornes de buffles, que l'on peut se procurer à très-bas prix, et en échange de marchandises anglaises, sont achetées à très-haut prix, même à Tripoli et dans tous les ports européens de la Méditerranée. La culture de l'indigo, qui croît sauvage dans les contrées centrales de l'Afrique et y est de très-bonne qualité, pourrait être étendue, de même que celle du séné, dans beaucoup de pays où l'on n'en voit pas encore.

« Je considère, dit le major Denham, comme une chose de la plus haute importance, sous tous les rapports, l'établissement de relations amicales avec ce potentat au delà du grand désert, par le moyen duquel les parties de l'Afrique encore inconnues pourront être visitées à une époque peu éloignée. En encourageant des relations commerciales, on fera faire des progrès à tout ce qui est lié aux découvertes en Afrique ; non-seulement les sciences y gagneront, mais le véritable philanthrope doit voir avec plaisir qu'on vient de pratiquer une ouverture par le moyen de laquelle, en prenant des arrangements judicieux, des milliers de ses semblables pourront être arrachés à l'esclavage. »

Le territoire de Bedigouna, ou petite Bedi, appartenait jadis au Bornou. Il produit abondamment du millet, du froment et du coton. Le principal instrument aratoire est une houe qu'on fabrique dans le pays. On moissonne avec un couteau recourbé, et l'on coupe seulement les épis qu'on entasse dans des huttes d'argile et portées sur des billots de bois. Le grain est mondé à la main, et moulu entre des pierres.

Le pays au sud-est et au sud-ouest n'est qu'un immense marécage, inondé pendant la saison des pluies. Le lac de Zoumbroum est à environ douze milles au sud-sud-ouest de Bedigouna. La ville de Sansan (en arabe, *lieu de réunion*), située à 12° 20′ 18″ lat. nord, a pris ce nom depuis que le dernier sultan du Bornou y réunit son armée avant de partir pour la conquête du Haoussa. L'endroit où sa tente était placée est encore en vénération. Sansan, ainsi que Bedigouna, dépendent du gouverneur de Katagoum, reconnaissant lui-même l'autorité de celui de Kano. Sansan est composé de trois villes distinctes : Sansan-Birni, Sidi-Bouri et Sansan-Bana.

Katagoum. C'est la capitale (à 12° 17′ 11″ latitude nord) de la province du même nom. Cette province formait la frontière du Bornou avant la conquête des Fellatahs ; maintenant elle renferme les provinces conquises de Sansan et de Bedigouna. Elle se prolonge à environ une journée de marche au nord, et à cinq journées au sud, où elle est bornée par un territoire indépendant, appelé par les indigènes Korry-Korry. A l'est, elle touche au royaume de Bornou, et à l'ouest à la province de Kano. Le Katagoum peut mettre sur pied quatre mille hommes de cavalerie et vingt mille fantassins armés d'arcs, d'épées et de lances. Les productions consistent principalement en grains et en bœufs. C'est là que les cauris commencent à servir de monnaie ; car, dans les provinces orientales du Soudan, la toile du pays ou quelque autre marchandise sert de moyen d'échange.

La ville de Katagoum est bien fortifiée. Sa figure est celle d'un carré dont les quatre côtés regardent les points cardinaux, et ont chacun une porte qu'on ouvre et qu'on ferme régulièrement au lever et au coucher du soleil. Elle est défendue par deux murs parallèles en argile rouge, et par trois fossés à sec, dont un intérieur, un extérieur, et le troisième entre les deux murs. Ces murs, hauts de sept mètres, en ont trois d'épaisseur à la base, et diminuent progressivement jusqu'au sommet, où ils n'ont que la largeur d'un sentier, qui est protégé par un parapet ; on y monte par plusieurs escaliers placés à certaines distances. Les deux murs sont de la même hauteur, sans embrasures ni tours, et ondulés à leur sommet, au lieu d'être crénelés. Les portes sont défendues par une plate-forme intérieure, où un corps d'habitants de la ville monte la garde. Les trois fossés, de même dimension, ont à peu près cinq mètres de profondeur et sept de largeur. La demeure du gouverneur, au centre de la ville, occupe un grand espace. Les maisons des principaux habitants sont entièrement construites en terre ; elles ont une toiture basse, quelquefois deux étages, et des ouvertures carrées ou demi-circulaires pour fenêtres. La ville peut contenir environ huit mille habitants.

Non loin de Katagoum, au sud, est le pays de Yacoba. Les musulmans l'appellent Bouchy, ou pays des Infidèles (*Kaffirs*). Il est couvert de montagnes calcaires qui renferment, dit-on, de l'antimoine et de l'argent. Les habitants ont reçu le nom de *Yemyems* (Cannibales) par les musulmans. Cette épithète ne paraît avoir d'autre motif que la haine des croyants pour les Kaffirs.

C'est à quelques lieues de Katagoum, au village de Mourmour, que mourut (le 12 janvier 1824) le docteur Oudney, l'un des membres de l'expédition anglaise, qui nous a fourni les premiers renseignements sur les contrées orientales du Soudan. Il souffrait depuis longtemps de la poitrine, et avait, en grande partie, entrepris ce voyage pour fortifier sa santé.

Loggoum. Au sud du Bornou est le pays de Loggoun, dont la capitale, Kernok, située à 11° 7' latitude nord, a au moins quinze mille habitants. L'idiome de Loggoun ressemble beaucoup à celui du Begharmy, contrée voisine. Le Loggoun est tout entouré par les Chouâas, qui l'approvisionnent abondamment de denrées. On y trouve la seule monnaie métallique qu'on voie dans le Soudan : elle consiste en plaques minces de fer, ayant à peu près la forme d'un fer à cheval ; on en fait des paquets de dix à douze, suivant le poids ; dix de ces paquets représentent la valeur d'une piastre. Mais le cours de cette monnaie éprouve des fluctuations ; il est fixé publiquement tous les vendredis, au commencement du marché hebdomadaire. Les joueurs à la hausse et à la baisse en profitent pour faire des spéculations. La proclamation du cours excite toujours beaucoup de tumulte, comme cela arrive partout quand les uns perdent et que les autres gagnent par suite des jeux de bourse.

Les Loggouniens sont bien plus beaux et plus intelligents que les Bornouens. Les femmes surtout l'emportent par la tournure, le maintien et les manières sur les autres négresses. Elles aiment passionnément le girofle ; quand il est broyé et mêlé avec de la graisse, elles s'en frottent les cheveux et la peau. Les habitants des deux sexes sont très-laborieux, et d'habiles tisserands. C'est là que se fabriquent les toiles de coton les plus belles et du tissu le plus serré. On voit quelquefois dans une seule maison jusqu'à six navettes en mouvement ; ce sont ordinairement les hommes libres qui font ce travail : les femmes esclaves préparent le coton, et lui donnent, au moyen de leur incomparable indigo, la belle couleur bleu foncé que ces peuples aiment tant. La toile, avant d'être teinte, est façonnée en tobés, ou en bandes longues de 13 à 14 mètres, dimensions ordinaires d'un torkadi. Après avoir été trempée trois fois dans la teinture, et exposée autant de fois au soleil, le tissu, encore humide, est posé sur un bloc fait du tronc d'un grand arbre, aplani exprès ; on le bat avec un maillet, en l'arrosant d'un peu d'eau de temps en temps, et y jetant de la poudre d'antimoine (*kohal*). Cette préparation lui donne un beau lustre. Le bruit du maillet annonce au loin un pays où règne l'industrie.

Pendant les guerres qui ont désolé le Bornou, la politique naturelle du Loggoun a été de garder la neutralité ; il a quelquefois fait des sacrifices pour la conserver, mais la prospérité de la paix en a été la récompense. — Le Loggoun doit sa fertilité ainsi que sa salubrité au voisinage de la grande rivière Chary. Cependant, vers Kossery, les bords du Chary passent pour malsains ; mais c'est à cause de la nature marécageuse du canton qui les entoure. Les habitants des bords du fleuve paraissent souffrir beaucoup plus des essaims innombrables d'insectes que de la chaleur du climat ; on a souvent vu des poussins sortant de la coquille dévorés par cette engeance ailée.

A Chowy, près de son embouchure, le Chary a plus d'un demi-mille de largeur, et coule au nord avec une vitesse de deux à trois milles à l'heure. La rivière se divise ici en plusieurs branches, qui changent de direction par des détours gracieux. Les bords sont couverts d'arbres touffus, tous entrelacés de plantes grimpantes. D'énormes crocodiles y font leur sieste. L'île de Djoggabah s'étend au nord jusqu'au Tchad, à une distance de douze ou quinze milles; les deux bras du Chary qui la bordent, se dirigent l'un au nord-est, l'autre au nord-ouest, et forment l'embouchure du Chary dans le lac Tchad. Cette île abonde en gibier.

Mandara et *Karowa*. Le Mandara et le Karowa, pays situés au sud-ouest du Bornou, étaient autrefois gouvernés par un sultan kerd; le Mandara lui fut arraché par les Fellatahs. Le fils du sultan de Karowa, celui qui règne actuellement, réussit à recouvrer le Mandara; il n'a pu le conserver qu'en devenant musulman. Il se crut d'abord si peu en sécurité contre les Fellatahs, dans les murs de Delo, alors sa capitale, qu'il fonda Mora, située au nord d'un demi-cercle de montagnes très-pittoresques, espèce de rempart naturel. Plus tard, il conclut avec le sultan du Bornou un traité d'alliance qui permit de combattre avec succès les Fellatahs, leur ennemi commun. L'armée du Mandara consiste principalement en cavalerie dont les montures sont excellentes. Quelques villes de Kerdis fournissent un petit nombre d'archers; mais leur seul objet étant le pillage, ils se retirent dans leurs montagnes au moindre échec.

Les principales villes du Mandara, au nombre de huit, sont toutes situées dans la vallée; leurs habitants sont tous musulmans. Les Kerdis sont bien plus nombreux; on voit partout leurs habitations réunies en groupes sur les flancs et même sur le sommet de toutes les montagnes qui entourent la capitale du Mandara. Ces montagnes, dont la plus haute, dans le voisinage du Mandara, s'élève à environ mille mètres, s'étendent au sud à plus de deux mois de route; les Mandarans ne savent pas à quelle distance elles se prolongent au delà. La seule communication qui existe dans cette direction a lieu par le moyen d'affranchis aventureux; ils y pénètrent avec des verroteries et des tobés, marchandises très-recherchées, et reçoivent en échange des esclaves et des peaux. Les nations qui habitent ce pays de montagnes sont très-nombreuses; elles se peignent généralement et se barbouillent le corps de différentes couleurs, et vivent en commun, sans égard au degré de parenté. On rencontre fréquemment de grands lacs très-poissonneux; les mangues, les figues sauvages, les arachides, abondent dans les vallées. Le fer est très-commun dans les montagnes.

Le terrain s'élève graduellement à mesure que l'on s'avance vers l'équateur. En approchant de Delo, où commence le point le plus septentrional de la chaîne du Mandara, on trouve le sol couvert de mica brillant, qui provient de la décomposition de roches granitiques.

Un homme qui se faisait passer pour le fils du voyageur Hornemann, raconta au major Denham qu'il avait voyagé dans l'Amadova, pays à dix journées de route au sud du Mandara; il le décrivait comme situé au milieu d'une plaine entourée de montagnes dix fois plus hautes que celle dont nous venons de parler; il était d'abord allé à Mona ou Monana, à cinq journées de distance; puis à Bogo, qui est à sept journées plus loin. Youssouf (c'était le nom du prétendu fils d'Hornemann) appelait ces montagnes *Kou Kora* (grandes montagnes). Le pic le plus méridional que Denham ait pu apercevoir était le Mandify : « Il s'élançait en l'air avec une hardiesse singulière. » Ce pic est à deux journées de distance de Mosféia. « Il présentait, ajoute Denham, l'aspect d'un pic alpin; j'apercevais avec la lunette d'autres montagnes, qui se prolongeaient sur ses côtés, et dont les formes, comparées avec les pics arides et escarpés qui les surmontaient, étaient plus tranquilles. Le tout ressemblait aux aiguilles de Chamouni, telles qu'on les voit de la mer de Glace (1). »

L'industrie du fer est dans ces montagnes aussi florissante que dans le pays des Betjouanas, de l'Afrique australe. Les portes extérieures de toutes les huttes sont en pièces de bois réunies par des

(1) Ouvrage cité, tome I, p. 363.

morceaux de fer. On y façonne des gonds, de petites barres, et une sorte de houe pour sarcler le coton. Ces objets sont expédiés au Bornou. « J'entrai, dit le major Denham, chez un forgeron; il y avait quatre ouvriers; la forge était un trou creusé dans le sable; les soufflets consistaient en deux peaux de chevreau avec un tube de fer qui était fixé à des chaumes et passait sous le feu. Un homme y introduisait l'air par la partie supérieure, qui était ouverte. Les marteaux étaient deux morceaux de métal pesant à peu près deux livres chacun; un autre morceau grossier du même métal servait d'enclume. En considérant la nature de tous ces instruments, on peut dire que ces gens ne travaillent pas mal (1). »

Les Mandarans sont d'une race plus belle que les Bornouens. Ils ont le front haut, de grands yeux brillants, les cheveux fins et frisés, le nez presque aquilin, en général les traits moins aplatis que ceux des Bornouens, la physionomie vive et intelligente. La figure agréable des femmes a passé en proverbe; elles ont les mains et les pieds très-petits, et les fesses très-saillantes, perfection inappréciable pour un Turc. Aussi une esclave mandara se paye-t-elle toujours très-bien.

Haoussa. Le pays de Haoussa occupe à peu près le centre du Soudan. Il est divisé en sept provinces, gouvernées chacune par un prince. Tous les habitants parlent la même langue. Kachenah est la province centrale de ce royaume; la plus étendue est Zeg-Zeg; la plus belliqueuse est Goubri, et la plus fertile, Kano (2). La capitale de cette dernière province, et qui s'appelle aussi Kano (à 12° 0′ 19″), est une des principales villes du Soudan. Elle contient environ 40,000 habitants. Dans ce nombre ne sont pas compris les étrangers, qui pendant une partie de l'année arrivent ici en foule de la Méditerranée, de l'intérieur du Sennaar et de l'Achanti. Un grand marais qui divise presque la ville en deux parties, contribue à la rendre malsaine. Au nord de la ville sont deux montagnes d'environ cent mètres de hauteur, très-rapprochées l'une de l'autre, et formées d'une argile ferrugineuse. La ville, dont la circonférence est un ovale irrégulier d'environ quinze milles, est entourée d'un mur en argile de dix mètres de haut, et de deux fossés à sec, dont l'un intérieur, l'autre extérieur. Elle a quinze portes en bois, recouvertes de lames de fer, qui s'ouvrent et se ferment régulièrement au lever et au coucher du soleil. Chaque entrée est défendue par une plate-forme intérieure où sont placés deux corps de garde. Les maisons n'occupent guère que le quart du terrain compris dans l'intérieur du mur; le reste est employé en champs et en jardins. Le large marais qui coupe la ville de l'est à l'ouest, et qui traverse une langue de terre où se tient le marché, est entièrement submergé pendant la saison des pluies. Les maisons, construites en argile, sont presque toutes carrées, avec un appartement dans le centre, dont le toit est soutenu par des troncs de palmier, et où l'on reçoit les étrangers. Les appartements du rez-de-chaussée donnent sur cette salle d'audience, et servent ordinairement de magasins. Un escalier conduit à une galerie donnant aussi sur cette salle, et servant de passages aux chambres du second étage, qui sont éclairées par de petites fenêtres. Dans une cour, sur le derrière, se trouve un puits. L'enclos où sont les maisons, contient aussi de petites cases en argile, dont le toit est formé par de longues herbes et des tiges de millet; elles sont extrêmement propres, et plus grandes que celles du Bornou. La demeure du gouverneur ressemble à un village entouré de murs; elle renferme jusqu'à une mosquée, et plusieurs tours de trois ou quatre étages, avec des fenêtres à l'européenne, mais sans vitres ni contrevents. On traverse deux de ces tours avant d'arriver aux appartements intérieurs occupés par le gouverneur. Le marché est fourni de toutes les provisions et de tous les objets de luxe à l'usage des peuplades de l'intérieur. Placé sur une langue de terre resserrée entre deux marais, il n'est praticable qu'une partie de l'année. Les étrangers, ainsi que les habitants, y affluent alors en

(1) Ouvrage cité, p. 364.

(2) Extrait d'un manuscrit arabe, apporté de l'intérieur de l'Afrique par le capitaine Clapperton. (*Voyage*, etc., tome III, p. 201.)

grand nombre, et il n'en est pas en Afrique d'aussi bien ordonné. Le cheik du marché loue les boutiques au mois, et ce loyer forme une partie du revenu du gouverneur. Il fixe aussi le prix des marchandises, et a droit à une commission de cinquante cauris sur chaque marché de quatre piastres, ou huit mille cauris. Il est un autre usage régulièrement observé : le vendeur rend à l'acquéreur une partie du prix, qu'ils nomment *bénédiction*, et que nous pourrions appeler le denier à Dieu; c'est communément deux pour cent. Mais si le marché a lieu dans une maison à loyer, c'est le propriétaire qui reçoit le denier à Dieu. Chaque marchandise se trouve dans des quartiers différents.

La farine de froment est pétrie et cuite en pains de trois espèces différentes. On fait aussi de petits gâteaux de riz. On tue chaque jour des bœufs et des moutons. La viande de chameau est quelquefois en vente, mais elle est presque toujours maigre; car on ne tue guère l'animal que pour l'empêcher de mourir. Lorsqu'il est gras, cependant, les Arabes en sont très-friands. Les bouchers du pays sont aussi raffinés que les nôtres; ils pratiquent quelques coupures pour mettre la graisse en évidence; ils soufflent la viande, et quelquefois même ils collent un morceau de peau de mouton à un gigot de chèvre. Les cornes d'un bœuf gras qu'on va tuer au marché sont peintes en rouge avec du henné écrasé et réduit en pâte. Les tambours l'accompagnent, et la foule des acheteurs se rassemble Près des boucheries sont de petites cuisines en plein air, dont tout l'attirail consiste en un feu entouré de petites brochettes de bois, où l'on fait rôtir des morceaux de viande alternativement gras et maigres, de la grosseur d'un sou : le tout est fort propre. Des femmes, avec un plat couvert sur leurs genoux, servent les consommateurs qui les entourent, et versent de l'eau de gossob à ceux qui peuvent ajouter cette boisson à la dépense de leur repas. Dans l'intérieur du marché se trouvent des salles construites en bambous, qui forment des rues. On y vend les marchandises les plus chères, et l'on y fabrique ou raccommode les objets d'habillement et tout ce qui est d'ornement ou d'usage. Des musiciens cherchent à attirer les chalands. On voit, étalées de tous côtés, diverses marchandises de manufacture française, apportées du nord de l'Afrique, des ciseaux et des couteaux faits dans le pays; de l'antimoine et de l'étain, produits de la contrée; de la soie rouge, dont on fait des ceinturons et des frondes, ou qu'on tresse pour faire des tobés; des bracelets en cuivre, des grains de verroterie, du corail, de l'ambre, des bagues d'étain, quelques bijoux en argent, des torkadis, des châles à turbans, de la toile de coton grossière de toute couleur, du calicot, des habillements mauresques, des pièces de toile d'Égypte, unie ou brodée en or, des lames d'épée de Malte, etc. Chaque jour, sans en excepter leur sabbat, qui répond au jeudi, le marché est encombré de monde, du lever au coucher du soleil. Les marchands entendent le monopole aussi bien que qui que ce soit au monde. Si le prix d'une marchandise vient à baisser, ils la retirent pour quelques jours. Les prix sont établis avec la plus grande régularité, et scrupuleusement observés. Si un tobé ou un torkadi acheté était emporté sans avoir été déployé, et qu'on s'aperçût ailleurs qu'il est d'une qualité inférieure, il serait renvoyé sur-le-champ, avec le nom du *dylala* ou fripier écrit sur chaque coupon. Celui-ci, dans un cas semblable, est obligé de trouver le vendeur, qui restitue l'argent qu'il a reçu.

Le marché aux esclaves se tient sous deux hangars, l'un pour les femmes, l'autre pour les hommes. Ils y sont assis sur une file, et habillés avec soin pour en favoriser la vente, et leur maître ou un chef d'esclaves se tient auprès d'eux. Jeunes et vieux, vigoureux et débiles, bien ou mal conformés, ils sont exposés en vente sans distinction; mais l'acheteur les examine très-minutieusement, et avec le même soin que nos officiers de santé visitent les conscrits de l'armée. Il regarde tour à tour la langue, les dents, les yeux et les membres, et les fait tousser pour s'assurer que leur poitrine est en bon état. On peut les renvoyer au bout de trois jours si on leur trouve quelque imperfection, ou même sans en donner aucune raison. Arrivés chez l'acheteur, on les dépouille de leurs vêtements de parade, qui sont renvoyés au premier maître.

Des différents peuples qui fréquentent Kano, les plus laborieux, et reconnus pour tels, sont les Nyffeens. Aussitôt qu'ils arrivent, ils achètent du coton, qu'ils font filer par leurs femmes. Si elles ne s'occupent pas à ce travail, elles préparent du *billau* destiné à la vente. C'est un mets composé de farine et de tamarin. Les esclaves nyffeens, qui entendent parfaitement le commerce, sont très-recherchés. Ceux qui peuvent s'en procurer ne les revendent jamais hors du pays.

Ce qu'on admire surtout à Kano, ce sont des fabriques de coton et de toiles peintes. Ce sont les femmes qui travaillent le coton. Elles séparent d'abord adroitement le duvet de la graine; elles le cardent ensuite avec un petit os, de la forme à peu près d'un de nos outils de chapellerie; enfin elles le placent dans un panier et le filent sur un fuseau très-léger. Elles ont grand soin d'avoir, dans le même panier, un petit miroir dans lequel elles admirent leurs traits à chaque minute. Le métier des tisserands, extrêmement simple, a des montants et des pédales comme les nôtres, mais pas de flèche. La trame est fixée à une pierre, et la navette est conduite par la main. On dit qu'un bon ouvrier fait de vingt à trente aunes de toile par jour. On y prépare l'indigo d'une autre manière que dans l'Inde et en Amérique. Lorsque la plante est mûre, on coupe l'extrémité des jeunes pousses, qu'on entasse et qu'on laisse fermenter dans une auge en bois d'un pied de profondeur, et d'un pied et demi de large. Il conserve en séchant la forme de l'auge, et ressemble à de la terre mêlée avec des herbes pourries. On lie ensemble trois ou quatre de ces pains avec des tiges de millet, et c'est dans cet état qu'on les vend. On se sert pour teindre d'un pot en argile enfoncé dans la terre, et ayant environ trois mètres de profondeur. On y jette l'indigo mêlé avec des cendres du résidu d'une vieille teinture, provenant de la lie enlevée aux parois des pots, séchée au soleil, et brûlée. L'eau froide est seule employée pour la teinture. Les objets que l'on veut teindre demeurent dans le pot trois ou quatre jours, et on les remue fréquemment avec un bâton. On les retire chaque soir, on les fait égoutter avec soin, et on les laisse sécher jusqu'au matin. Pendant ce temps, le pot est recouvert d'une natte en paille. Lorsque les tobés et les torkadis sont teints, on les envoie chez le catisseur, qui les place entre des nattes posées sur un gros billot de bois; deux hommes, avec un maillet de chaque main, frappent le drap, en y jetant un peu d'eau de temps en temps, jusqu'à ce qu'il ait pris un beau lustre. La pièce de bois qui sert à cet usage est formée d'un gros tronc d'arbre, que le propriétaire fait annoncer, aux portes de la ville, par le bruit de trois ou quatre tambours; à cette invitation, la foule se rassemble, et roule gratuitement le tronc jusqu'à l'atelier. La teinture d'un tobé en bleu foncé coûte ordinairement 3,000 cauris, c'est-à-dire une piastre et demi, et le lustre 700 cauris.

Pour tanner les peaux on se sert du suc laiteux d'une herbe appelée en Arabie *brombogh*, et au Bornou, *kyo*. C'est une plante annuelle, qui croît dans les endroits secs et sablonneux, et dont la tige, d'un pouce de diamètre, s'élève à cinq ou six pieds de hauteur. Elle a des feuilles larges et épaisses et de petites fleurs dont la forme et la couleur se rapprochent de celles de l'œillet. Le fruit est vert, et renferme une substance soyeuse, mêlée de graines ressemblant à celles du melon. Il mûrit un peu avant la saison des pluies, pendant lesquelles la plante meurt. On recueille le suc dans des cornes ou dans des calebasses, au moyen d'une incision faite à la tige. On le répand sur la surface intérieure des peaux qu'on veut tanner, et qu'on met ensuite dans des baquets. Bientôt elles exhalent une très-forte odeur, et les poils se détachent avec beaucoup de facilité. On pile ensuite dans un mortier les graines d'une espèce de mimosa appelée en arabe *gorad*. Elles donnent une poudre noire, qu'on jette dans de l'eau chaude, où l'on fait tremper les peaux pendant un jour, en les foulant à plusieurs reprises pour les imprégner parfaitement. On les étend au soleil, on les fait sécher, et on finit par les manipuler jusqu'à ce qu'on leur ait donné la souplesse nécessaire. Pour leur faire prendre la couleur rouge, on les enduit d'un mélange de trona et de feuilles extérieures de millet pulvérisées et pétries avec de l'eau.

Les Nègres de ce pays sont extrêmement polis et cérémonieux, surtout envers les personnes âgées. Pour se saluer ils posent la main sur la poitrine, s'inclinent et disent : *Kona lafia, ki ka kiki. Fo fo da rana.* « Comment vas-tu? j'espère que cela va bien. Comment as-tu passé la chaleur du jour? »

Les jeunes filles, esclaves ou libres, ainsi que les jeunes garçons, portent un long tablier bleu et blanc, frangé en laine rouge, attaché par deux grandes bandes, et descendant au-dessous du genou. Il est particulier au Soudan, et constitue la seule différence du costume de Bornou.

Les hommes et les femmes teignent également leurs dents et leurs lèvres avec les fleurs du gourgi ou celles du tabac.

On mâche la noix de goura, ou on la prise pulvérisée et mêlée avec le trona. L'usage de priser n'est point particulier au pays de Haoussa; on le retrouve au Bornou, où il est interdit aux femmes. L'habitude de fumer est générale, autant chez les Nègres que chez les Maures.

Les médecins de ce pays remplissent aussi, comme jadis ceux de l'Europe, les fonctions de barbiers, et sont habiles pour ce qui concerne leur état.

La cécité est très-commune à Kano. Il y a dans l'intérieur des murs un quartier ou village assigné aux malheureux affligés de cette infirmité. Le gouverneur leur accorde quelques secours, qui ne les empêchent pas de mendier dans les rues et les marchés. Leur quartier est de la plus grande propreté, et les couzis en sont bien bâtis. Il n'y a que des aveugles et des esclaves qui puissent l'habiter, et ce n'est que par faveur qu'un borgne peut y être reçu. Il paraît que les boiteux ont un établissement semblable.

Soccatou, situé à 13° 5′ 42″ latitude nord et 6° 12′ longitude est, au nord-est de Kano, doit son agrandissement à Bello, sultan actuel du Haoussa. C'est la ville la plus considérable que le capitaine Clapperton ait vue dans l'intérieur de l'Afrique. Le mot *Soccatou* signifie *halte*, parce qu'elle fut bâtie par les Fellatahs, après la conquête de Goubir et de Zamfra. Elle est située au confluent de plusieurs petites rivières qui se jettent dans le Niger. Ses maisons, assez bien construites, forment des rues régulières, au lieu d'être réunies en groupes, comme dans les autres villes du Haoussa. Elles touchent presque aux murs, qui furent construits par le sultan actuel, après la mort de son père, en 1818. Ses murs ont de huit à dix mètres de hauteur et douze portes, qu'on ferme régulièrement au coucher du soleil. Il y a deux grandes mosquées, y compris celle que fait actuellement construire le godado; un marché spacieux au centre de la ville, et une grande place carrée devant la demeure du sultan. Les demeures des principaux habitants sont entourées de hautes murailles, renfermant de nombreux couzis et des maisons en terrasse dans le genre mauresque; d'énormes gouttières en argile cuite ressemblent, au premier coup d'œil, à des canons. Les habitants, dont la plupart sont Fellatahs, ont de nombreux esclaves, dont quelques-uns occupent des maisons particulières, et travaillent à différents métiers, au profit de leurs maîtres. Ils sont ordinairement tisserands, maçons, cordonniers ou forgerons. Ceux qui sont employés à la culture des terres ou au soin des troupeaux habitent des villages hors des murs. Il est d'usage d'affranchir un certain nombre d'esclaves chaque année, pendant les fêtes qui succèdent au rhamadan. Il est rare que ces affranchis retournent dans leur pays; ils continuent à rester auprès de leurs anciens maîtres, qu'ils regardent toujours comme leurs supérieurs, et auxquels ils offrent annuellement une partie de leur gain. Les denrées ne sont pas chères à Soccatou; la viande de boucherie est abondante et de bonne qualité. Les objets d'exportation sont le musc et des tobés bleus manufacturés par les esclaves de Nyffé, dont les hommes passent pour les meilleurs tisserands, et les femmes pour les plus habiles fileuses. On importe de l'Achanti des noix de goura, de Nyffé, de la laine, de la poterie et quelques épiceries. Les Arabes de Tripoli apportent aussi chaque année de la soie crue, de l'essence de rose et de la verroterie. Les Touaricks apportent beaucoup de millet qu'ils échangent contre du sel. Le marché, très-bien fourni, se tient chaque jour, du matin au soir. Au nord de la ville est une plaine, avec quelques marécages, qui occasionnent des fièvres. C'est une de ces fièvres qui enleva le capitaine Clapperton dans son second voyage à Soccatou (1).

Les autres villes importantes du Haoussa sont: Kashna, Zirmi et Kouarra. La première est située à 12° 59' latitude nord. Elle s'appelait jadis Sangras. Elle est entourée de murailles en terre, qui embrassent une grande étendue de terrain; mais, comme à Kano, les maisons n'occupent pas la dixième partie de cet espace, dont le reste est couvert de champs et de bois. La résidence du gouverneur, qui ressemble à un grand village, est à un demi-mille environ des autres bâtiments. Les fruits des environs sont des figues, des melons, des grenades et des citrons. Il y avait autrefois beaucoup de raisin; mais toutes les vignes furent coupées lors de la conquête des Fellatahs. C'est aussi depuis ce moment que, le commerce des environs ayant été transporté à Kano, la plupart des maisons de Kashna furent abandonnées. Cependant il y a encore beaucoup de mouvement : deux marchés sont, l'un au nord, l'autre au sud de la ville. Ce dernier est principalement fréquenté par les marchands de Ghadam et de Touat; l'autre par les Touariks. Les premiers apportent de la soie crue, du coton, de la verroterie, de la cochenille, qu'ils vendent pour des cauris, et font acheter à Kano, par leurs agents, des tobés et des torkadis; ils envoient les marchandises dont ils n'ont pu se défaire à Tombouctou, où elles sont échangées contre du musc, de l'or et des esclaves. On fabrique à Kashna des objets de cuir, tels que coussins jaunes et rouges, outres et brides en peau de chèvre; on exporte aussi à Tripoli des peaux de bœufs tannées. Le pays est renommé pour la préparation du bœuf séché, dont s'approvisionnent les Arabes avant de traverser le désert. On prétend que Hornemann est mort à Kashna; il avait pénétré dans cette ville par Tripoli et le Fezzan, et y vivait encore en 1803, comme marabout.

(1) *Journal of a second expedition into the interior of Africa, from the bight of Benin to Soccatoo;* London, 1829, 1 vol. in-4°.

Zirmi est le chef-lieu de la province de Zamfra. Cette ville occupe une péninsule formée par la rivière qui passe à Kashna. Les bords de cette rivière sont, en cet endroit, élevés et couverts de mimosas et de buissons épineux, à travers lesquels un sentier conduit aux portes de la ville, entourée d'un fossé et d'un mur en terre. Ses habitants passent pour les plus fameux voleurs du Haoussa.

La ville de Kouarra est entourée d'un mur en terre de sept mètres environ de haut, et renferme de cinq à six mille habitants, qui sont presque tous Fellatahs. Elle est située dans une vallée formée par des collines peu élevées.

Tombouctou (Tenboctou, Timboctou, Temboutou). Les contrées occidentales du Soudan nous sont tant soit peu connues, principalement par les voyages de Mungo-Park et de Caillié. Le commerce et l'industrie y sont également arrivés à un haut degré. Tombouctou rivalise avec Kano et Kouka.

On avait pendant longtemps entendu parler en Europe de la ville africaine qu'on appelle indifféremment Tombouctou, Timboctou, Temboctou, Timbouctou. Léon l'Africain a le premier parlé de la puissance et des merveilles du royaume de Tonbouctou. Voici ce qu'il nous apprend à cet égard :

« *Tombut*, *royaume*. Ce nom a été par les modernes à ce royaume imposé, à cause d'une cité qui fut édifiée par un roi nommé Mense Suleiman, en l'an de l'hégire six cent et dix; prochaine d'un bras du fleuve Niger, environ douze milles. Les maisons d'icelle sont de tortis plâtré et couvertes de paille. Il y a bien un temple de pierre et de chaux, construit par un excellent maître de Grenade, et semblablement un somptueux palais, auquel loge le roi.

« La cité est bien garnie de boutiques, de marchands et artisans, et mêmement de tisseurs de toiles de coton. Les marchands de Barbarie transportent plusieurs draps d'Europe en cette cité. Les femmes vont ordinairement le visage couvert, fors les esclaves, qui vendent toutes les choses de bouche. Les habitants sont fort opulents; principalement les étrangers, lesquels y viennent faire leur résidence, tellement que le roi a donné en mariage ses deux filles à deux marchands frères pour leurs grandes richesses. En cette cité il y a plusieurs puits d'eau douce, combien que au bord du Niger elle s'écoule par certains canaux tout au plus près de la cité, qui est abondante en grains et bétail; au moyen de quoi leur beurre est fort commun, mais le sel rare et fort cher, pour ce qu'il s'apporte de Tegaza, distante de cinq cents milles de Tombut; là où me retrouvant une foys je vey comme la somme ne se laissait à moins d'octante ducats. Le roy est fort opulent en platines, et verges d'or, dont les aucunes sont du poids de mille treys cents livres, et tient une cour bien ordonnée et magnifique. Quand il lui vient envie de s'aller ébattre d'une cité à l'autre, accompagné de ses courtisans, il chevauche des chameaux, et les estafiers mènent les chevaux en main. Mais en ce cas qu'il s'achemine en quelques assemblées de guerre, on attache les chameaux, et montent lors tous les soldats sur les chevaux. Ceux qui ne firent jamais la révérence au roi, et qui ont quelque ambassade à lui faire, mettent les genoux en terre; puis prenant la poussière, l'épandent sur leur tête, et le saluent en cette sorte-là. Il tient environ trois mille chevaux et une grande infanterie usant de certains arcs qui sont faits de bâton de fenouil sauvage, avec lesquels ils décochent fort dextrement des flèches envenimées. Outre ce, il a coutume de mouvoir guerre contre ses ennemis prochains, et contre tous ceux qui refusent de luy rendre tribut; étant par lui surmontés, il les fait vendre à Tombut, jusqu'aux petits enfants. En ce païs ne naissent nuls chevaux, fors aucunes petites haquenées, que les marchands ont coutume de chevaucher allans par le païs, et aucuns courtisans parmi la cité. Mais les bons chevaux qui s'y trouvent viennent de Barbarie, qui ne sont pas plus tôt arrivés avec la caravane, que le roi envoye savoir et mettre par écrit le nombre d'iceux; et en cas qu'ils excèdent le nombre de douze, il retient celui qui lui semble le meilleur et de plus belle taille; en payant ce qu'il est raisonnablement estimé. Ce roi-ci est mortellement ennemi des juifs, qui ne les endurerait pour rien du monde mettre le pied en sa cité; et s'il était averti que les marchands de Barbarie eussent la moindre familiarité qui soit ou qu'ils trafiquassent avec eux, il ferait incontinent confisquer leurs biens. Il porte grand honneur à ceux qui font profession des lettres, et pour ce regard on apporte dans cette cité des livres écrits à la main, qui viennent de Barbarie, lesquels se vendent fort bien, tellement qu'on en retire plus grand profit que de quelque autre marchandise qu'on sache vendre. Il y a plusieurs prêtres et docteurs qui sont tous assez raisonnablement par le roi salariés; et, en lieu de monnaies, les habitants de ce lieu ont coutume d'employer quelques pièces de pur et fin or, et aux choses de petite conséquence, employant des petites conques ou coquilles qui sont apportées de Perse, dont les quatre cents font le ducat des leurs. Les habitants de cette cité sont tous de plaisante nature, et le plus souvent s'en vont jusqu'à une heure de nuit, dansant parmi la cité. Les citoyens se servent de plusieurs esclaves d'un et autre sexe. Cette cité est fort sujette au feu, et à la seconde fois que je m'y trouvai je le vey embraser en moins de cinq heures. Il n'y a aucun jardin ou lieu produisant fruits (1). »

Tel était Tombouctou au seizième siècle, lorsque Léon l'Africain le visita.

R. Caillié fut le premier Européen assez heureux pour nous apporter de l'intérieur de l'Afrique des renseignements détaillés sur Tombouctou, qu'il avait visitée environ trois siècles après Léon (2). Voici la description qu'il fait

(1) P. 325 de la *Description de l'Afrique*, par Léon l'Africain; Lyon, 1556, in-fol.

(2) Si l'on excepte Léon l'Africain et les Portugais, sur lesquels nous n'avons que des notions incertaines, transmises par Marmol et Barros, le premier Européen qui soit parvenu à Tombouctou est le Français Paul Imbert, né aux Sables-d'Olonne, c'est-à-dire dans la même province que Caillié; son voyage est antérieur à 1670. Il accompagnait son maître, un Portugais renégat envoyé à Tombouctou par le gouverneur du Tafilet. Il résulte du peu que l'on sait de ce voyage que la distance

de la ville de Tombouctou qu'il vit en 1828 :

« La ville de Tombouctou est habitée par des nègres de la nation Kissour ; ils en font la principale population. Beaucoup de Maures se sont établis dans cette ville, et s'y adonnent au commerce ; je les compare aux Européens qui vont dans les colonies dans l'espoir d'y faire fortune. Ces Maures retournent ensuite dans leurs pays, pour y vivre tranquilles. Ils ont beaucoup d'influence sur les indigènes ; cependant le roi ou gouverneur est un nègre. Ce prince se nomme Osman ; il est très-respecté de ses sujets, et très-simple dans ses habitudes : rien ne le distingue des autres ; son costume est semblable à celui des Maures du Maroc ; il n'y a pas plus de luxe dans son logement que dans celui des Maures commerçants.

« La ville de Tombouctou peut avoir trois milles de tour ; elle forme une espèce de triangle : les maisons sont grandes, peu élevées, et n'ont qu'un rez-de-chaussée ; dans quelques-unes, on a élevé un cabinet au-dessus de la porte d'entrée. Elles sont construites en briques de forme ronde, roulées dans les mains et séchées au soleil ; les murs ressemblent, à la hauteur près, à ceux de Djenné. Les rues de Tombouctou sont propres, et assez larges pour y laisser passer trois cavaliers de front ; en dedans et en dehors, on voit beaucoup de cases en paille, de forme presque ronde, comme celles des Foulahs pasteurs ; elles servent de logement aux pauvres et aux esclaves qui vendent des marchandises pour le compte de leurs maîtres.

« Tombouctou renferme sept mosquées, dont deux grandes, qui sont surmontées chacune d'une tour en briques, dans laquelle on monte par un escalier intérieur. Cette ville mystérieuse, qui depuis des siècles occupait les savants, et sur la population de laquelle on se formait des idées si exagérées, comme sur sa civilisation et son commerce avec tout l'intérieur du Soudan, est située dans une immense plaine de sable blanc et mouvant, sur lequel il ne croît que de frêles arbrisseaux rabougris, tels que le *mimosa ferruginea*, qui ne vient qu'à la hauteur de trois à quatre pieds. Elle n'est fermée par aucune clôture ; on peut y entrer de tous côtés. On remarque dans son enceinte et autour quelques *balanites ægyptiaca*, et un palmier situé au centre.

« Tombouctou peut contenir au plus dix ou douze mille habitants, tous commerçants, en y comprenant les Maures établis. Il y vient souvent beaucoup d'Arabes, amenés par les caravanes qui séjournent dans la ville et augmentent momentanément la population. Au loin dans la plaine il croît quelques graminées, mêlées de chardons, dont les chameaux se nourrissent. Le bois à brûler est d'une grande rareté aux environs : on va très-près de Cabra pour s'en procurer ; on en fait un objet de commerce, et les femmes le vendent au marché. Les riches seuls en brûlent ; les pauvres font usage de fiente de chameau. L'eau se vend également sur le marché : les femmes en donnent une mesure d'environ un demi-litre pour un cauri. Tombouctou, quoique l'une des plus grandes villes que j'ai vues en Afrique, n'a d'autres ressources que son commerce de sel, son sol n'étant aucunement propre à la culture. C'est de Djenné qu'elle tire tout ce qui est nécessaire à son approvisionnement, le millet, le riz, le beurre végétal, le miel, le coton, les étoffes du Soudan, les effets confectionnés, les bougies, le savon, le piment, les oignons, le poisson sec, les pistaches, etc. Si les flottilles venant à Cabra étaient arrêtées en route par les Touariks, les habitants de Tombouctou seraient dans la plus affreuse disette. Pour éviter ce malheur, ils ont soin que leurs magasins soient toujours amplement fournis de toute espèce de comestibles.

« Tous les habitants natifs de Tombouctou sont zélés mahométans. Leur costume est le même que celui des Maures, et ils ont quatre femmes comme les Arabes ; mais ils n'ont pas, comme les Mandingues, la cruauté de les battre : elles sont cependant chargées de même des soins du ménage. Il est vrai que les habitants de Tombouctou, qui ont continuellement des relations avec les peuples

de Maroc à Tombouctou est de quatre cents lieues, et que l'on mettait deux mois à la parcourir. Cette route fut à peu près la même que celle de Caillié.

demi-civilisés de la Méditerranée, ont quelques idées de la dignité de l'homme. J'ai toujours vu, dans mes voyages, que c'était chez les peuples les moins civilisés que la femme était le plus asservie. Ainsi, le beau sexe d'Afrique devrait donc faire des vœux pour les progrès de la civilisation. A Tombouctou, les femmes ne sont pas voilées comme dans l'empire de Maroc; elles sortent quand elles le veulent, et sont libres de voir tout le monde. Les habitants sont doux et affables envers les étrangers : ils sont industrieux et intelligents dans le commerce, qui est leur seule ressource : la plupart des négociants sont riches et ont beaucoup d'esclaves. Les hommes sont de taille ordinaire, bien faits, se tenant très-droit, ayant une démarche assurée; leur teint est d'un beau noir foncé; ils ont le nez un peu plus aquilin que chez les Mandingues, et, comme eux, les lèvres minces et de beaux yeux. J'ai vu des femmes qui pouvaient passer pour très-jolies. Tous se nourrissent bien, mangent du riz et du couscous fait de mil cuit avec de la viande ou du poisson sec; ils font deux repas par jour. Les Nègres qui ont de l'aisance, ainsi que les Maures, font leur déjeûner avec du pain de froment, du thé et du beurre de vache; il n'y a que les Nègres d'une classe inférieure qui mangent du beurre végétal. En général, les Nègres ne sont pas aussi bien logés que les Maures : ceux-ci ont sur eux un grand ascendant, et se croient eux-mêmes bien supérieurs. Les habitants de Tombouctou sont d'une propreté recherchée pour leurs vêtements et l'intérieur de leurs maisons. Leurs ustensiles de ménage consistent en quelques calebasses et quelques plats de bois; ils ne connaissent pas l'usage de cuillers ni de fourchettes, et ils croient qu'à leur exemple tous les peuples de la terre prennent les mets avec les doigts; ils n'ont d'autres meubles que quelques nattes pour s'asseoir; leur lit se compose de quatre piquets fichés en terre à une extrémité de la chambre, sur lesquels ils tendent des nattes ou une peau de bœuf. Les riches ont un matelas en coton, et une couverture fabriquée, chez les Maures des environs, avec le poil des chameaux et la laine de leurs moutons. J'ai vu une femme de Cabra occupée à tisser de ces couvertures (1). »

R. Caillié donne la description d'une grande mosquée, du haut de laquelle sa vue dominait toute la ville :

« Du haut de la tour, dit-il, je découvrais, à une très-grande distance, une plaine immense de sable blanc, où il ne croît que des arbrisseaux rabougris, (*mimosa ferruginea*); quelques dunes ou buttes de sable, s'élevant çà et là, rompaient un peu l'uniformité du tableau. Je regardais avec étonnement cette ville, que le besoin du commerce a fait élever dans un affreux désert, sans autres ressources que celles qu'elle se procure par les échanges. La partie ouest de la mosquée me parut d'une construction très-ancienne; toute la façade de ce côté est tombée en ruine; on y remarque encore des arcades voûtées, dont le crépi est entièrement détaché. Cet édifice est construit en briques séchées au soleil, à peu près de la forme des nôtres. Les murs sont enduits d'un sable gros, semblable à celui dont sont faites les briques, mêlé avec de la glume de riz. Dans quelques parties du désert on trouve une terre couleur de cendre, très-dure, où domine le sable; c'est avec cette terre que les briques de la mosquée sont faites. Les autres parties de l'édifice paraissent avoir été bâties bien postérieurement aux ruines de l'ouest; quoique l'ouvrage en soit fait assez bien pour un peuple qui ignore les règles de l'architecture, il est bien inférieur à la partie la plus ancienne. Ce ne fut pas sans étonnement que je remarquai dans celle-ci trois galeries soutenues par dix arcades chacune aussi bien bâties que si elles avaient été construites par un homme de l'art : ces arcades ont six pieds de large et dix de hauteur; leur enduit, en assez bon état, paraît avoir été blanchi à la chaux, à en juger par la couleur blanchâtre qu'il conserve encore. Cette construction se rattache aux ruines, soit par le style, soit par la position. J'ai été porté à croire qu'anciennement la mosquée ne contenait que cette partie,

(1) *Journal d'un voyage à Tombouctou et à Djenné, dans l'Afrique centrale*, par René Caillié. Tome II, p. 306 et suiv. (Paris, 1830, 3 vol. in-8°.)

et que depuis on y a ajouté de nouvelles constructions; cette circonstance m'a paru remarquable. La partie de l'est est composée de six galeries; celles de l'ouest sont soutenues par dix-neuf piliers; les ouvertures ont chacune six pieds et demi de large sur dix à onze de hauteur. Le travail, quoique assez correct, est loin de ressembler à celui de l'autre partie, comme je l'ai déjà fait observer. Les trois premières galeries du côté de l'est ont cent quatre pas ordinaires de long et deux et demi de large; les trois suivantes n'en ont que soixante-quatre; celles de la partie ouest n'ont que trente-neuf pas; dans leur prolongement est la grande tour, qui fait face à une cour intérieure, fermée à l'ouest par les ruines; elle est de forme carrée et terminée par une petite pyramide tronquée, aussi en briques, surmontée d'un pot en terre cuite. Elle peut avoir, à prendre de sa base jusqu'au sommet, de cinquante à cinquante-cinq pieds d'élévation. Les marches de l'escalier pratiqué intérieurement sont soutenues par des morceaux de bois scellés dans les murs, et recouverts de terre : le mauvais état des marches ne m'a pas permis de les compter exactement; tous les angles en étaient usés; cependant j'ai reconnu l'empreinte de trente-deux. Les murs de la mosquée ont quinze pieds de hauteur et vingt-cinq à vingt-six pouces d'épaisseur. Celui de la façade de l'est est dentelé au sommet en forme de créneaux, dont les parties saillantes sont surmontées de pots en terre cuite, semblables à celui qui est placé sur le dôme de la tour. Une autre tour massive, de forme conique, est située sur cette façade; sa hauteur est d'environ trente pieds : on voit sur le dôme saillir des morceaux de bois qui paraissent y avoir été mis pour lier la maçonnerie. Le toit de la mosquée est en terrasse, ainsi que le haut de la tour, qui de plus est environné d'un parapet de dix-huit pouces de haut. Des troncs de ronnier fendu en quatre soutiennent le toit de l'édifice; ces poutres sont à un pied de distance les unes des autres : des morceaux de bois de *salvadora*, qu'on apporte de Cabra, où ce végétal croît en quantité, coupés à la longueur de la distance des poutres, sont posés obliquement à double rang et en croix; des nattes de feuilles de ronnier sont placées dessus et recouvertes de terre.

« Cette mosquée a cinq portes de différentes grandeurs à l'est, trois au sud et deux au nord. Du côté de l'ouest, ce sont les ruines qui forment les limites de la mosquée, en même temps que celles de la ville. A l'est et au nord, le terrain est de niveau; mais du côté du sud on y entre en montant quatre marches. Sur le mur de l'est, à l'intérieur, il y a des ornements appliqués et faits de terre jaune; ils sont en forme de chevron ou de feston triangulaire, d'un pied et demi d'ouverture et de deux pieds de haut; ils commencent à un pied et demi au-dessus du sol. Les piliers qui soutiennent les arcades, en face, ont aussi quelques dessins faits de même matière et qui sont assez corrects; il y en a beaucoup d'effacés. Une espèce de niche creusée au milieu du mur de l'est est destinée au marabout qui fait la prière; dans un autre enfoncement de ce genre, on voit une grande chaire en bois, dans laquelle ce ministre du culte monte par deux ou trois gradins, les jours qu'il donne lecture de quelques passages du Coran. Le sol de la mosquée est couvert de nattes sur lesquelles on se prosterne pour prier. Ayant pensé que la description seule ne donnerait pas une idée juste de la construction de cette mosquée, je me suis hasardé à en prendre un croquis, ainsi qu'une vue de la ville : l'un et l'autre rendront peut-être mieux que des paroles les objets que je désire faire connaître au lecteur.

« Pour faire l'esquisse de la mosquée, je m'assis dans la rue, en face, et je m'entourai avec ma grande couverture, que je repliai sur mes genoux; je tenais à la main une feuille de papier blanc, à laquelle je joignais une page du Coran; et lorsque je voyais venir quelqu'un de mon côté, je cachais mon dessin dans ma couverture, et je gardais la feuille du Coran à la main, comme si j'étudiais la prière. Les passants, loin de me soupçonner, me regardaient comme un prédestiné, et louaient mon zèle. La mosquée de l'est est beaucoup plus petite que celle de l'ouest. Elle est également surmontée d'une tour carrée, de même forme et de même dimension que celles de la grande; les murs sont entièrement dépouillés de leur crépissage : on a mis beaucoup de contre-forts pour soutenir l'édifice : il y a trois avenues d'arcades; les galeries ont six pieds de large, et trente pas de long. La mosquée elle-même a trente pas de long sur vingt-cinq de large; les arcades, qui ont trois pieds et demi d'ouverture et sept et demi de hauteur, sont construites en mêmes briques que celles de l'ouest; il y a une cour intérieure dans laquelle on entre pour monter dans la tour. Cette mosquée n'a aucune de ses parties en ruine; mais elle paraît très-ancienne : la construction en est peu régulière. J'y ai remarqué deux portes au sud et une au nord. Les côtés de l'ouest et de l'est n'ont pas d'ouvertures. Auprès de la mosquée, à l'orient, on voit une petite dune de sable peu élevée, et quelques maisons couvertes par les sables mouvants poussés par le vent de l'est. Au milieu de la ville, on voit une espèce de place entourée de cases rondes; on y trouve quelques *palma-christi* et un palmier-doum, le seul que j'aie vu dans le pays : au centre de cette place, on a pratiqué un grand trou pour recevoir les immondices. Deux énormes buttes élevées hors de la ville, au sud de la mosquée, m'ont paru aussi n'être qu'un amas d'ordures ou de décombres; je suis monté plusieurs fois dessus pour examiner la ville dans son ensemble et en faire l'esquisse.

« Une troisième mosquée, un peu remarquable, se trouve à peu près au centre de la ville; elle a aussi une tour, mais moins élevée que les autres : il n'y a que des arcades carrées; les nefs ont sept pieds de large et vingt-cinq de long; le mur de la façade de cette mosquée est garni de beaucoup d'œufs d'autruche; il y en a au sommet de la tour. Une cour très-grande se trouve dans la partie de l'est : il y a au milieu un *balanites ægyptiaca* qui en fait l'ornement. Derrière la mosquée, à l'ouest, il croît quelques pieds de *salvadora*. On compte encore cinq autres mosquées : mais elles sont petites et faites comme les maisons particulières; seulement elles sont dominées chacune par un minaret; toutes ont une cour intérieure; on s'y rassemble le soir pour faire les cérémonies religieuses. Les crieurs qui appellent à la prière ne reçoivent pas de salaire; mais à des époques fixes ils crient du haut des minarets pour rappeler aux fidèles que le moment est venu de les payer de leur peine. Je me suis trouvé à l'une de ces époques à Tombouctou : chacun s'empressa de leur faire son offrande, qui consistait en pain, millet, riz, poisson sec, pistaches et cauris; tout fut deposé sur une natte étendue par terre devant la porte de la mosquée (1). »

La petite ville de Cabra, située à l'ouest, est en quelque sorte le vestibule de Tombouctou. C'est là qu'on débarque les marchandises qu'on transporte ensuite à Tombouctou, à dos d'ânes ou de chameaux. Cette occupation fournit aux habitants de Cabra, au nombre d'environ douze cents, leurs principaux moyens de subsistance. L'inondation continuelle des marais qui avoisinent Cabra ne leur permet pas de cultiver le riz. Les Sourgous ou Touariks reçoivent à Cabra les droits qu'ils exigent des embarcations; ils rôdent souvent autour de la ville, où ils commettent des actes de brigandage.

Djenné ou Djennie est, après Tombouctou, la plus forte ville commerciale du Soudan occidental. Puis viennent, dans leur ordre d'importance, Ségo, Sansanding et Yamina. La ville de Djennie est située sur une île formée par une des branches du Niger; elle peut avoir deux milles et demi de tour; elle est entourée d'un mur en terre d'environ quatre mètres de haut. Les maisons sont bâties en briques cuites au soleil; elles sont aussi grandes que celles des villages en Europe. La plupart n'ont qu'un étage, et les chambres, n'ayant pas de fenêtres à l'extérieur, ne reçoivent d'air que par une cour intérieure. Leur unique entrée, de grandeur ordinaire, est fermée par une porte en planches assez épaisses. Les murs sont très-bien crépis en sable. Les rues sont assez larges pour que neuf personnes y puissent marcher de front; elles sont très-propres et balayées presque tous les jours. La ville est bruyante et animée; tous les jours il part et arrive des caravanes nombreuses, chargées de produits

(1) Journal de Caillié, etc. Tome II, p. 334.

de toutes sortes. On y remarque une grande mosquée en terre, dominée par deux tours massives et peu élevées; elle est abandonnée à des milliers d'hirondelles qui y font leurs nids. Tous les habitants de Djennie sont mahométans; les Foulahs sont les plus fanatiques : ils ne permettent pas l'entrée de leur ville aux infidèles; et quand les Bambarras idolâtres viennent à Djennie, ils sont obligés de faire la prière, sans quoi ils seraient impitoyablement maltraités. Caillié estime la population de cette ville à huit ou dix mille habitants. On y parle le mandingue, le foulah, le bambarra et l'arabe, et, de plus, un idiome particulier, appelé *kissour*, qui est la langue adoptée jusqu'à Tombouctou. La ville de Djennie, autrefois indépendante, fait aujourd'hui partie d'un petit royaume dont Ségo-Ahmadou est le chef. L'industrie y est très-florissante. On y trouve des tailleurs, des forgerons, des maçons, des cordonniers, des emballeurs; enfin tout le monde se rend utile. Pour emballer les marchandises, on se sert de nattes faites en feuilles de ronnier; ce sont les habitants des villages voisins qui les fabriquent et les apportent au marché; on recouvre ce premier emballage d'un second en cuir de bœuf, si toutefois les marchandises en valent la peine. Les emballeurs sont aussi chargés d'ensacher les grains; et pour qu'il en entre davantage dans le sac, ils les foulent avec un grand piquet en bois; dès que le sac est plein, ils mettent une poignée de paille par-dessus, et la cousent avec le sac.

Les Djennéens se nourrissent très-bien. Ils mangent du riz, qu'ils font cuire avec de la viande fraîche; ils font avec le millet du couscous mêlé de poissons frais ou secs. Ils assaisonnent très-bien leurs mets. Une personne dépense à peu près vingt-cinq à trente cauris pour sa nourriture (1); la viande est à vil prix : un morceau de la valeur de quarante cauris (vingt centimes) suffit pour le repas de quatre personnes. Les enfants comme les grandes personnes sont habillées très-proprement; ils portent un coussabe fait d'étoffe du Soudan, le plus ordinairement bleu, qui est la couleur préférée; un pantalon qui leur descend jusqu'à la cheville; la ceinture en est à coulisse : on y passe un cordon qui s'attache au-dessus de la hanche. Les habitants ne vont jamais pieds nus, pas même les enfants ni les esclaves; leurs souliers, faits avec assez de goût, ressemblent à nos pantoufles et sont tous de différentes couleurs. Les Maures ont des magasins bien fournis en marchandises d'Europe, telles que toile de coton, guinée blanche, indiennes, papier, fusils, poudre, quincaillerie, aiguilles, soieries, soufre, etc.; ils vendent toutes ces marchandises en gros; ils ont aussi du sucre blanc et du thé; mais il n'y a que les personnes très-riches qui s'en permettent l'usage. Comme il n'y a pas d'auberge dans la ville, les étrangers prennent un logement chez les particuliers; ils payent le loyer en marchandises. Presque tous les habitants savent lire l'arabe.

La ville est ombragée de baobabs, mimosas, dattiers et ronniers. Les environs de Djennie sont marécageux et dénués d'arbres. Les plaines sont labourées un peu avant les pluies, et toutes ensemencées en riz. Les esclaves sont chargés de la culture; sur les bords du fleuve ils récoltent un peu de gombo, de tabac, et des giraumons. Dans les endroits qui ne sont pas exposés aux débordements du fleuve on ne cultive que du millet et du maïs.

Le chef de Djennie, Ségo-Ahmadou, est un musulman fanatique et un brave guerrier : avec une poignée de soldats il a conquis plusieurs parties du Bambarra; il y a établi son culte et s'y fait obéir. Trouvant que le grand commerce de Djennie troublait ses habitudes religieuses et détournait les vrais croyants de leur dévotion, il fonda une nouvelle cité sur la rive droite du Niger, et lui donna le nom de *El-Hamdou Lillah* (à la louange de Dieu). Il y a établi des écoles publiques où tous les enfants vont s'instruire gratis. Les hommes ont aussi des écoles suivant les degrés de leurs connaissances. Ségo-Ahmadou est frère du roi de Massina, pays situé sur la rive gauche du Niger. Ce pays est habité par des Foulahs mahométans; ils portent presque tous leurs cheveux en tresses fines, et viennent fréquemment à

(1) Deux cauris équivalent à un centime.

Djennie pour y faire le commerce : ils y vendent des bœufs et des moutons de la plus belle race.

Caillié se loue beaucoup de l'hospitalité des Djennéens : « Pendant tout mon séjour à Djennie, les Maures, dit-il, me comblèrent de soins; ils me traitèrent très-bien ; je ne fis aucune dépense pour ma nourriture, et ce que je paraissais désirer on s'empressait de me le donner. A la vente de mes marchandises près, je n'eus qu'à me louer de leur conduite. J'étais souvent assis avec eux, sur une natte tendue à l'ombre, devant la porte : je les voyais faire leurs marchés; je voyais aussi beaucoup de Nègres qui, en passant devant le chérif, venaient le saluer et lui baiser la main. Ce dernier leur donnait beaucoup de cauris; il en avait auprès de lui un petit sac destiné à cet usage. Un jeune Maure, nommé Hassan, qui me faisait un très-bon accueil, me conseilla, quand je serais arrivé à Tombouctou, de prendre la route de Tafilet et de Fez, d'où je partirais pour Alger, et irais de là à Alexandrie. J'appris de lui qu'il était venu à Tombouctou un chrétien qui avait été arrêté dans la route et accablé de coups; qu'il était resté longtemps dans cette ville pour se rétablir, mais qu'il y était mort; il ne put me dire comment. Je lui demandai ce qui avait pu amener ce chrétien à Tombouctou; il me dit que c'était seulement pour *écrire la terre* (*Iektoub torab*). Je supposai bien que cet Européen était le major Laing, que je savais être parti de Tripoli pour arriver à cette capitale du Soudan par le grand désert. Je déplorai le destin malheureux de l'intrépide voyageur, et je pensai tristement que si l'on venait à connaître mon travestissement je subirais le même sort (1). »

Bambarra. Ségo est la capitale du Bambarra. Mungo-Park est le premier Européen qui l'eût visitée. Elle se compose en quelque sorte de quatre villes distinctes : deux sont situées sur la rive septentrionale du Djoliba (Niger), et s'appellent Ségo-Korro et Ségo-Bou; les deux autres sont sur la rive méridionale, et portent les noms de Ségo-Sou-Korro et Ségo-Si-Korro. Toutes sont entourées de grands murs de terre. Les maisons sont construites en argile; elles sont carrées, et leurs toits sont plats; quelques-unes ont deux étages; plusieurs sont blanchies à la chaux. Les rues, quoique étroites, sont assez larges pour tous les usages nécessaires dans un pays où les voitures à roues sont absolument inconnues. Le roi du Bambarra réside à Ségo-Si-Korro; il emploie un grand nombre d'esclaves à transporter les habitants d'un rivage à l'autre du fleuve. Le salaire qu'ils reçoivent, quoiqu'il ne soit que de dix cauris par personne (cinq centimes), fournit au roi, dans le cours d'une année, un revenu considérable. Mungo-Park estima la population de Ségo à près de trente mille âmes. L'aspect de cette grande ville, ces nombreux canots qui couvraient la rivière, cette population active, les terres cultivées qui s'étendaient au loin à l'entour, présentaient au célèbre voyageur un tableau d'opulence et de civilisation qu'il ne s'était pas attendu à rencontrer dans le centre de l'Afrique (1).

La ville de San-Sanding est située au nord-est de Ségo, à peu de distance du Niger. Elle paraît contenir onze mille habitants. On n'y remarque aucun édifice public, à l'exception des mosquées, dont deux, quoique construites en terre, ne sont pas sans élégance. La place du marché forme un grand carré; et les différents articles de marchandises sont étalés sous des échoppes couvertes de nattes, pour les mettre à l'abri des rayons du soleil. La foule remplit le marché depuis le matin jusqu'au soir. Quelques-unes des boutiques ne contiennent que des grains de colliers; d'autres, de l'indigo en boules; d'autres encore, des cendres de bois en paquets; d'autres enfin, des étoffes de Haoussa et de Djennie. Mungo-Park remarqua une boutique qui ne contenait que de l'antimoine en petits morceaux; une autre, que du soufre; et une troisième, où il ne vit que des bagues et des bracelets de cuivre et d'argent. Dans les maisons qui bordaient le marché on vendait du drap écarlate, de l'ambre, des

(1) Journal d'un voyage à Tombouctou, tome II, p. 221.

(1) *Travels in the interior of Africa*, in the years 1795-1797. (Premier voyage de Mungo-Park.)

soies de Maroc, du tabac semblable à celui du Levant, et qui est apporté par la voie de Tombouctou. Le marché au sel occupe un coin de cette place. Une barrique de sel se vend ordinairement huit mille cauris. Au centre de cette même place est une vaste échoppe de boucher, où l'on vend tous les jours de la viande, aussi bonne et aussi grasse que celle que l'on mange en Angleterre. A quelque distance de là, on a établi le marché à la bière, sous deux grands arbres, où sont étalées ordinairement quatre-vingts ou cent calebasses de bière, contenant environ chacune deux gallons de cette boisson (1).

Les fabricants de bière, boisson commune dans tout le Bambarra, s'établissent les jours de fête dans les lieux d'assemblée, et ils sont bientôt entourés d'une foule d'amateurs, qui le soir rentrent ivres dans leurs maisons. On se croirait transporté en Angleterre ou en Allemagne.

C'est à Sansanding que s'arrête la relation du second voyage de Mungo-Park. A partir de ce moment on n'en eut d'autres nouvelles que le bruit de sa mort tragique à Boussa, qu'on n'apprit d'une manière certaine que vingt ans après.

La ville d'Yamina présente de loin un fort bel aspect. Elle couvre presque la même étendue de terrain que Sansanding. Quatre ans avant l'arrivée de Mungo-Park elle avait été pillée par Daisy, roi de Kaarta. Cette ville est située à 13° 52′ latitude nord (correction de Bowdich (2)).

Bammakou, ville moins grande que Yamina, est célèbre par son marché de sel. Ses habitants passent pour très-riches. Mungo-Park s'y arrêta quelque temps dans son premier voyage.

(1) Second voyage de Mungo-Park. (*Collection des voyages en Afrique*, par Walckenaer, tome VII, p. 83.)

(2) Il importe de rappeler ici que toutes les déterminations de latitude que Mungo-Park a faites pendant son second voyage, à dater du 1er mai, sont entachées d'erreur. Cette erreur provient de ce qu'il avait compté trente et un jours pour le mois d'avril. Or, la déclinaison du soleil (d'après laquelle Park avait déterminé les degrés de latitude) variant chaque jour, il se trompait, dans son calcul, d'une quantité appréciable. Les déterminations de Park ont été plus tard corrigées par Bowdich.

Kankan, visité par Caillié, est une ville très-commerçante. Il s'y tient un marché trois fois par semaine. Le voisinage de Bouré contribue à la richesse des habitants. En temps de paix, ils vont à Bouré vendre du riz, du millet et d'autres denrées qu'ils échangent contre de l'or. La ville de Bouré est le chef-lieu du pays de ce nom. Ce pays est couvert de montagnes, riches en mines d'or. Des esclaves sont continuellement occupés à tirer le minerai ; ils emploient à cet usage des paniers faits avec des branches d'arbres : les femmes lavent le minerai dans des calebasses; elles l'inondent d'eau, et après l'avoir bien remué, elles le transvasent. Après plusieurs lavages, les morceaux d'or se déposent au fond de la calebasse. Cet or est ensuite fondu et réduit en lingot. L'or de Bouré se répand dans tout l'intérieur, ainsi que dans les établissements français et anglais de la côte.

Le Ouassolo est un pays habité par des Fellatahs idolâtres, pasteurs et cultivateurs. Le sol est très-fertile et bien arrosé. Les habitants sont doux et très hospitaliers. Ils mangent le fruit du baobab délayé dans de l'eau ou du lait Les femmes fabriquent de la poterie, en outre de leurs travaux domestiques. Elles tissent la toile, et filent le coton qu'on cultive dans le pays. Il y a des forgerons qui font des poignards, des bracelets en fer et des instruments aratoires.

Le Bambarra comprend la plus grande partie du Soudan occidental. Il est gouverné par une multitude de chefs indépendants qui se font la guerre entre eux. La religion mahométane n'y a point encore pénétré. Les habitants vont presque tout nus. Ils portent ordinairement une ceinture brodée en cauris, qui leur passe autour des reins, entre les cuisses, et vient se rattacher sur le devant. Ces ceintures sont garnies de petites tresses en coton, qui leur descendent devant et derrière jusqu'au genou. Les femmes ont des pagnes, qu'elles se passent autour des reins, et font descendre jusqu'au genou. Les hommes se rasent la tête, mais ils laissent quelques touffes de cheveux plus ou moins grosses, suivant le goût de chacun. La couleur de leur teint est la même que celle des Fellatahs; ils ont comme eux le nez aquilin, les cheveux crépus et les dents aiguës ; ils se font tous des incisions à la figure et sur le corps. Ils s'enivrent avec une espèce d'hydromel fait avec du miel et du millet fermentés.

Les Bambarras, en général, parlent le mandingue, mais ils se servent aussi d'un idiome particulier. Ils passent chez les Mandingues, leurs voisins, pour voleurs; cependant leurs petits magasins en paille, situés au milieu de leurs cours, sans défense, sont toujours respectés. Ils suspendent au dehors de leurs cases les têtes désossées de tous les animaux qu'ils mangent, ce qui est regardé comme une espèce de luxe. Ils connaissent l'industrie du fer. Caillié, étant un jour logé chez un forgeron bambarra, décrit ainsi le procédé employé pour fondre et forger le fer : On concasse avec un marteau les minerais de fer, et l'on fait, dessus et dessous, un grand feu, dans des espèces de hauts fourneaux. Le fer étant fondu, on lui donne une forme convenable; on le porte ensuite à Djennie, pour l'échanger contre du sel. Les soufflets sont faits de deux peaux de mouton ou de cabri; deux marteaux frappent sur une petite enclume. On emploie le charbon de bois, quoique très-rare. L'emplacement des forges est un bâtiment long et étroit.

Dans quelques contrées du Bambarra, on fait de petits pains avec les fruits du *Rhamnus lotus*, qui paraît être le même arbre que celui des Lotophages dont parle Homère. Ces pains ont la couleur des pains d'épice, et sont un peu aigrelets. Caillié leur trouva un goût très-agréable.

Parmi les peines que les Bambarras infligent à ceux qui sont convaincus de vol ou de tout autre crime, on est étonné de trouver l'épreuve du feu, si commune au moyen âge. Cette épreuve consiste à passer un fer rouge sur la langue : l'accusé est acquitté si le fer ne la brûle pas; mais alors l'accusateur est obligé de subir la même épreuve : celui des deux qui s'y refuse est condamné.

Sur les confins de la Guinée et du Soudan se trouve le Sangara. C'est une vaste contrée riche en bétail, en chevaux, en pâturages, en blé et en riz. Les naturels, qui sont divisés en un grand nombre de petites tribus, sont aussi guerriers que les Soulimas, leurs voisins, et les surpassent tellement en courage, qu'avec un peu plus d'union ils eussent réduit ces derniers à leur obéissance. Plus grands et mieux faits que les Soulimas, ils portent le même costume, à l'exception des chefs, qui dédaignent de se couvrir du manteau noir. Leurs manufactures d'étoffes sont célèbres; ils en échangent les produits à Bouré, près de Ségo, contre de l'or. Ce précieux métal est ensuite transporté par eux chez les Foulahs et les Soulimas, et échangé pour des marchandises venues de Sierra-Leone, qui, au moment où elles tombent dans leurs mains, ont déjà produit un bénéfice de deux cents pour cent.

L'arc et la lance sont leurs armes ordinaires; on voit peu de fusils sur la rive du Niger qu'ils occupent. Le major Laing remarque que ces peuples sont dans un état moral très-favorable à l'introduction de la religion chrétienne parmi eux. Le monarque étant mahométan, et les sujets idolâtres, il résulte de cette dissidence même une sorte de tolérance qui existe rarement chez les peuples où domine une seule religion, surtout lorsque cette religion est le mahométisme. Le roi est aussi éloigné du fanatisme ordinaire aux adorateurs du prophète, que les simples particuliers eux-mêmes sont loin de croire aux grossières superstitions des autres nègres (1).

Au sud du Sangara est situé le pays de Baleya. Les habitants sont guerriers et cultivateurs. Ils fabriquent de la poterie et des toiles blanches, qu'ils échangent pour du sel. Les femmes y sont vives, jolies et coquettes : elles mettent beaucoup de soin à leur coiffure, qui consiste en deux touffes de cheveux de chaque côté de la tête; plusieurs en ont quatre; elles y ajoutent des grains de verre de couleur, artistement arrangés. Elles portent au cou un collier de petits grains de verre noirs, parmi lesquels elles mettent un peu de verroterie dorée; ce collier est large de trois doigts, et leur serre le cou comme une cravate. Leur coiffure serait agréable si leurs cheveux n'étaient couverts d'une couche de beurre, dont elles se graissent aussi le corps, ce qui leur rend la peau luisante, et leur donne une odeur forte.

(1) Major Q. Laing, *Travels in the western Africa*; London, in-8°, 1825.

Elles sont très-enjouées et douces; elles ont le teint noir foncé, de beaux traits, les cheveux crépus, le nez légèrement aquilin, les lèvres minces et grandes. Leur vêtement consiste en une bande de toile de cinq pieds de long et de deux de large, dont elles s'enveloppent les reins. Pendant les jours de fête elles en mettent une seconde sur leurs épaules, et se couvrent le sein; elles portent aussi des sandales. C'est à peu près le costume général des femmes du Soudan (1).

Au nord du Sangara est située la ville de Timbo, dont le territoire forme en quelque sorte la pointe orientale de la Nigritie. C'est jusque-là que pénétra, en 1818, M. Mollien, qui avait si miraculeusement échappé au naufrage de *la Méduse*. Cette ville, coupée par de nombreuses rues, peut contenir environ neuf mille habitants. On y voit une grande mosquée, et trois forts, dont les murailles en terre tombent en ruines. La ville paraît être fort ancienne. Ses habitants entretiennent des relations de commerce avec le Rio-Nuñez et Sierra-Leone (2).

Dans ces derniers temps, les Anglais ont tenté de pénétrer dans le Soudan par une voie qui semble être la plus naturelle, par le golfe de Bénin, en remontant le cours du Niger depuis son embouchure. Mais cette route, quelque facile qu'elle paraisse, n'est pas sans de grandes difficultés, comme le prouve l'expédition de MM. Laird et Oldfield, qui essayèrent de remonter le Niger sur deux bateaux à vapeur.

Le capitaine Clapperton, le même qui avait pénétré jusque dans le Mandara par la voie de Tripoli, parvint, dans un second voyage, jusqu'à Soccatou, où il mourut en 1827, ainsi que nous l'avons déjà raconté. Richard Lander, qui avait accompagné le capitaine Clapperton dans ce dernier voyage, fut chargé, par l'Association africaine, de renouveler l'entreprise commencée. Il retourna donc en Afrique, et arriva en 1830 jusqu'à Yaourie, à plusieurs journées au-dessus de Boussa, où avait péri Mungo-Park; et le premier il exécuta ce que Clapperton lui-même avait regardé comme impossible : il descendit le Niger jusqu'à son embouchure dans la mer. Richard Lander, accompagné de son frère John, déchira ainsi le voile qui nous avait si longtemps caché un des points les plus obscurs de la géographie. Nous allons communiquer ici sommairement les documents précieux sur les contrées que ces derniers voyageurs ont parcourues dans le Soudan méridional et oriental.

« Yaourie est un royaume étendu, florissant, uni; borné à l'est par le Haoussa, à l'ouest par le Borgou, au nord par le Cubbie, et au sud par le royaume de Nyffé. La couronne est héréditaire, et le gouvernement despotique et absolu. Le dernier sultan a été déposé par ses sujets pour sa violence et sa mauvaise conduite. Son successeur règne depuis trente-neuf ans. Il a sur pied une force militaire considérable, qui a repoussé avec succès, dit-on, les attaques répétées que les turbulents Fellatahs ont dirigées depuis nombre d'années sur la ville et le royaume de Yaourie. L'armée est maintenant employée à réprimer, dans une province éloignée, une insurrection naissante, causée en partie par l'impossibilité où sont les naturels de payer le tribut accoutumé, et en partie par les mesures acerbes qu'on a prises pour les y forcer. La ville de Yaourie est d'une étendue prodigieuse, et on la croit une des plus populeuses de tout le continent, ou du moins de la partie du continent que visitent les marchands arabes. Ses murailles, de vingt à trente milles de circuit, sont hautes et fortes, quoique de terre. Elle a huit vastes entrées ou portes, bien défendues à la manière du pays. Les habitants fabriquent une sorte de poudre à fusil grossière et de qualité très-médiocre. Cependant, c'est la meilleure, et, à ce que nous croyons, la seule manufacture de ce genre qui existe dans cette partie de l'Afrique. Ils font, en outre, de très-jolies selles, des toiles, etc., et cultivent l'indigo, le tabac, les oignons, le froment, diverses sortes de grains, et quantité de riz d'une excellente qualité. Les habitants ont aussi des chevaux, des bœufs, des chèvres, etc.; mais, malgré leur industrie et les avantages dont ils jouissent, ils sont pauvrement vêtus, ont peu d'argent, et se plaignent

(1) Journal de Caillié, tome I, p. 363.

(2) Mollien, *Voyage aux sources du Sénégal*, en 1818.

sans cesse de leur misère. Un marché assez mal fourni se tient tous les jours dans la ville sous des hangars commodes. Toutes les denrées que nous venons d'indiquer y sont exposées en vente. Les femmes les plus distinguées, ou celles qui disposent de leur temps et de leur argent, portent leurs cheveux très-artistement tressés et teints en bleu avec de l'indigo; leurs lèvres sont également barbouillées de jaune et de bleu, ce qui leur donne un air des plus étranges. Elles se noircissent aussi les yeux avec de la poudre d'antimoine, ou quelque autre drogue qui a les mêmes propriétés, et que l'on apporte d'un pays appelé Jacoba. Il en est de même du henné; les femmes les plus riches s'en servent avec profusion; elles appliquent simplement les feuilles pilées de la plante sur les dents, et en font une pâte dont elles couvrent les ongles des mains et des pieds le soir en se couchant (1). Quant aux femmes pauvres, elles se privent, par nécessité, de ces ornements, et le tatouage est le seul artifice qu'elles emploient pour rehausser leurs charmes naturels.

« Ainsi que les maisons de plusieurs des principaux habitants de la ville, la résidence du sultan a deux étages; un escalier en terre massive et grossière conduit aux appartements supérieurs, qui sont assez élevés. Les portes de toutes les communications sont assez hautes pour qu'on puisse les traverser sans être obligé de se courber. La plupart des maisons sont de forme circulaire. Quelques habitants en ont cependant de carrées; et celles du sultan, groupées ensemble, n'ont aucune forme régulière. il est assez extraordinaire que les naturels de l'ouest, du centre, et aussi du nord de l'Afrique, arrosent les planchers de leurs cabanes et les parois intérieures des murailles, deux ou trois fois par jour, avec un mélange de bouse de vache et d'eau, et ils répètent cette opération aussi souvent qu'ils peuvent se procurer les ingrédients nécessaires. Cette ablution, qui offense l'odorat d'un Européen, entretient dans l'intérieur de l'habitation une fraîcheur à laquelle contribue encore l'obscurité qui y règne.

(1) Le *henné* est un arbre (*Lawsonia alba*) de la famille des Lithrariacées.

« Entre les groupes de huttes qui forment la ville de Yaourie, beaucoup de terrains fertiles sont abandonnés aux bestiaux ou consacrés au jardinage et à l'agriculture. Dans l'intérieur même de la ville, il y a une grande variété d'arbres : citronniers, palmiers, arbres à beurre et dattiers. Ces derniers, qui paraissent se plaire dans le terrain, et qui sont de la plus belle végétation, ne donnent cependant jamais de fruits (1). »

En descendant le Niger, depuis Yaourie à Boussa, les frères Lander exécutèrent la dernière partie du voyage tracé par Mungo-Park. La navigation ne devient réellement dangereuse qu'aux environs de Boussa, ainsi que nous l'avons dit plus haut. La ville de Boussa se compose d'un amas de huttes, à peu de distance les unes des autres. Elle est défendue d'un côté par le Quorra (Niger), et de l'autre par une muraille garnie de tourelles et entourée d'un fossé demi-circulaire. Malgré sa forte assiette, cette ville a été prise par les Fellatahs, il y a plusieurs années : les habitants s'enfuirent avec leurs biens dans une des petites îles du Niger; mais les chefs de Niki, de Wowou, de Kiama, à la nouvelle de ce désastre, se réunirent, et, se joignant aux habitants de Boussa, repoussèrent leurs ennemis communs, les Fellatahs, dans le Niger, où il en périt un grand nombre. Depuis lors la ville n'a jamais été envahie.

Le territoire de Boussa est fertile, et produit en abondance du riz, du blé, des ignames. Le *dowah*, grain d'une espèce particulière, y réussit parfaitement; il forme la principale nourriture des habitants, riches ou pauvres. Il y croît, suivant MM. Lander, une autre espèce de blé, qui donne huit épis sur une seule tige; ce grain est petit et d'un goût agréable. L'arbre à beurre (*Bassia butyracea*) fleurit dans la ville et aux environs. L'huile de palmier est apportée du Nyffé, mais n'est employée que comme nourriture, et seulement par le roi et ses officiers, car elle est rare et fort chère. On retire de très-bon sel d'un lac salé qui se trouve sur les bords du fleuve,

(1) Richard et John Lander, *Journal d'une expédition pour explorer le cours du Niger* (trad. de Mme Belloc), tome II, p. 53 et suiv.

à environ dix jours de marche, au nord de Boussa. Le poivre croît dans toute la contrée. Le poisson du Niger, quoique coriace et sans saveur, forme une partie de la nourriture journalière de toutes les classes d'habitants. Les daims, les antilopes, la pintade, le faisan, la perdrix et quantité d'oiseaux aquatiques y sont très-abondants.

Les nombreuses villes entourées de murs, et les villages ouverts qui se pressent sur les bords du Niger et sur ses îles, sont, pour la plupart, habités par les Cumbriens, race méprisée, mais industrieuse et infatigable au travail. Les Cumbriens habitent aussi certaines parties du Haoussa et d'autres contrées; ils parlent plusieurs idiomes différents, mais conservent des mœurs semblables. Leurs superstitions, leurs amusements, sont uniformes, et tous tiennent scrupuleusement à leurs coutumes traditionnelles dont ils ne s'écartent ni chez eux ni à l'étranger, malgré le mépris et les railleries qu'elles leur attirent. Ils sont connus pour s'attacher jusqu'à la mort à leurs usages nationaux, avec autant de constance que les Hébreux en montrent pour la foi de leurs pères. D'une nature paisible et timide, ils sont une proie facile pour ceux qui veulent les exploiter. Ils baissent le cou sous le joug sans murmurer, et l'esclavage est pour eux un état comme un autre. Il n'y a peut-être pas au monde de peuple moins capable de sentiments passionnés. Enlevé à ses occupations, à ses amusements favoris, arraché du sein de sa famille, le Cumbrien se résigne à tout sans plainte. Des milliers de ce peuple vivent dans le royaume de Yaourie et dans la province d'Éngarski, qui en fait partie. La redevance qu'ils payent au sultan pour la terre qu'ils cultivent consiste en une charge d'homme, en blé, pour chaque portion de terrain. Cependant quand la récolte manque ils sont libres de donner une somme de cauris à la place de l'impôt ordinaire de grain.

Les Cumbriens cultivent du blé et des oignons en abondance. C'est leur moisson qui nourrit en grande partie les sujets des monarques de Boussa et d'Yaourie, dont ils sont en quelque sorte les esclaves. La plupart sont malpropres, et le peu d'ornements qu'ils portent sont de l'espèce la plus commune. Ils se percent d'énormes trous dans la partie charnue de l'oreille, où ils placent des morceaux de bois de couleurs variées, et à travers la partie molle du cartilage du nez, perforé de même, ils passent un long morceau de verre bleu. Les femmes coquettes se percent les deux lèvres avec une dent de crocodile, dont la saillie en avant égale celle du nez. Ces ornements donnent à leur physionomie l'expression la plus féroce.

« Dans tous nos rapports avec les Cumbriens, disent MM. Lander, nous les avons trouvés doux, innocents, et même aimables dans leurs manières, et ils se sont conduits avec toute la civilité, l'hospitalité, la bonté de leur naturel, ne nous montrant jamais ni tiédeur ni fausseté (1). »

Les Cumbriens qui habitent les bords du Niger ont des huttes portées sur des pilotis de bois. Il n'y a point de marches pour y monter, et les propriétaires y grimpent comme ils peuvent. La porte, seule ouverture de ces espèces de ruches, se ferme par une natte suspendue à l'intérieur. Les Cumbriens y passent seulement la nuit pour dormir ; car c'est la cougie (hutte commune) qui leur sert pour les usages de la cuisine. Ces huttes à dormir ont environ trois mètres de large ; elles sont presque circulaires, faites d'argile, couvertes de feuilles de palmier, et élevées au-dessus du sol, afin de préserver les habitants de l'humidité et des attaques des fourmis, des serpents, et même des alligators qui rôdent la nuit cherchant leur proie. Ces animaux ont plus d'une fois dépecé les bras ou les jambes des naturels qui s'étaient exposés imprudemment à leurs attaques. Les Cumbriens tuent les alligators à l'aide d'un pesant épieu d'environ trois mètres de long. Un des bouts est fait d'un pesant morceau de bois de fer destiné à lui donner de la force, et l'autre d'une longue pointe de fer acérée et barbelée. Cette arme formidable est attachée par le haut à la proue du canot, à l'aide d'une corde d'herbes tressées. Un épieu plus petit et de même forme sert à tuer les poissons, exercice dans

(1) *Journal d'un voyage*, etc., tome II, p. 100.

lequel les indigènes sont très-habiles.

Borgou ou *Niki*. Le monarque de Niki prend le titre de sultan ou de roi de Borgou. Voici les noms des différents États qui composent son empire, rangés d'après l'ordre de leur importance :

1° Niki,	5° Kingka,
2° Bouoy,	6° Korokou,
3° Kiama,	7° Lougou,
4° Sandero,	8° Pundi.

Niki paye un léger tribut au roi de Boussa, dont il reconnaît la supériorité, car, dit un sage du pays, au commencement du monde, le Tout-Puissant établit l'ancêtre de ce monarque pour régner sur toute l'Afrique centrale ; néanmoins le présent roi est trop faible pour exiger le payement de ce tribut. Dans l'origine, offert volontairement, ce tribut fut continué par courtoisie jusqu'à ce jour; mais le zèle du Niki commence à se refroidir singulièrement.

La disposition suivante pourra donner un idée approximative des cinq principaux États du Borgou :

BOUOY,
N.;
KINGKA, O.; NIKI, E.; KIAMA,
S.;
SANDERO.

Niki est à sept jours de marche à l'ouest de Wowou, et les quatre États qui l'environnent sont situés à trois journées, chacun dans sa direction respective.

Korokou est à seize jours à l'ouest de Wowou; Lougou, à vingt jours sud-ouest de la même ville, et Pundi à vingt jours à l'ouest.

Niki, le plus étendu et le plus puissant des États du Borgou, possède une capitale du même nom, dont la population est très-nombreuse. Cette ville est, dit-on, aussi grande que celle de Yaourie. Le monarque n'a pas moins de mille chevaux, qui sont sa propriété particulière, et il est riche en proportion. Ses soldats ont la réputation de gens braves, hardis, entreprenants; les fantassins ont un côté de la tête rasée pour se distinguer des autres habitants. Niki est presque le seul royaume de l'ouest que les Fellatahs n'aient pas encore osé attaquer. On y compte au moins soixante-dix villes, grandes et importantes, qui toutes ont dans leur dépendance plusieurs petites villes et villages, affranchis de tout tribut en argent. Ces soixante-dix villes sont soumises à une redevance fort singulière : une fois dans sa vie le gouverneur de chacune d'elles est obligé d'envoyer en présent à son souverain une jeune et jolie fille, pour être admise au rang de ses femmes. S'il arrive qu'elle ne plaise pas au sultan, si même par la suite il lui découvre quelque vice ou imperfection, elle est renvoyée sur-le-champ, et le gouverneur qui l'a fournie est obligé de la remplacer. Cette taxe entretient le sérail du roi.

Après Niki vient Bouoy, État qui, comme le précédent, possède soixante-dix villes importantes, et acquitte également sa contribution en femmes. On trouve beaucoup de chevaux dans la principauté de Bouoy et dans celle de Sandero; mais il n'y en a pas un seul dans Kingka, Lougou et Korokou. A l'exception de Lougou, on y trouve toutes les choses nécessaires à la vie. Des milliers de marchands, qui tous les ans traversent le pays et vont à Gonja chercher des noix de goura, accroissent la prospérité de cet État, dont le chef est le plus opulent de tout le Borgou.

Pundi était autrefois une dépendance du Niki; mais depuis peu cet État s'est proclamé indépendant. Cette liberté, acquise par la révolte, a bientôt dégénéré en licence. Sans chefs, sans lois reconnues, les habitants, affranchis de toute contrainte, ont passé du vol privé au pillage public; ils ont rançonné et dévalisé sans miséricorde tous les étrangers ou voyageurs obligés de traverser leur pays. Ce même esprit d'anarchie et de rapine existe encore à Pundi; les habitants commettent chaque jour de nouvelles violences; aussi sont-ils redoutés et évités par tous. Même parmi leurs voisins les moins estimés, ils passent pour le plus méchant peuple du monde.

Tels sont les renseignements que MM. Lander ont recueillis sur les différents États du Borgou, qu'ils n'ont pas eu l'occasion de visiter par eux-mêmes.

Yarriba. Le royaume de Yarriba est séparé de celui de Borgou par la rivière Moussa. Les habitants passent pour indolents et beaucoup moins industrieux que ceux des autres États du Soudan. Les

Yarribanis diffèrent complétement des Borgounis, bien qu'ils soient leurs voisins. Les premiers sont toujours occupés à trafiquer d'une ville à l'autre; les derniers ne quittent jamais leurs demeures qu'en cas de guerre, ou pour quelque expédition de pillage; les uns sont pusillanimes et poltrons, les autres hardis, courageux, entreprenants, pleins d'énergie, et ne semblent jamais plus à l'aise qu'au milieu d'anciens guerriers; les Yarribanis, généralement doux, tranquilles, sont humbles, honnêtes, mais froids et apathiques; les Borgounis, hautains, orgueilleux, sont trop vains pour être civils, trop rusés pour être probes; cependant ils comprennent la passion de l'amour, les affections sociales, ils sont ardents dans leurs attachements, et vifs dans leur haine. On a peine à croire que deux nations d'un naturel aussi différent soient séparées l'une de l'autre par une simple rivière.

Katunga est la capitale du Yarriba. Tous les jours il y a marché où l'on vend toutes sortes de denrées. On y trouve aussi des couteaux, des hameçons, des aiguilles, produits de manufactures indigènes. Il y a des bagues en plomb et en étain; des bracelets et des anneaux de fer, des objets d'antiquaire, des verroteries, du savon, etc. « On offre aux passants, disent MM. Lander, quantité de comestibles, du bœuf, du mouton, roulés en petites boules de deux onces environ, d'une mine peu appétissante. Nous remarquâmes aussi des rats, des souris, des lézards, les uns cuits, les autres crus, tous avec la peau, et enfilés par légions (1). »

Katunga ressemble à la ville de Gand en Belgique : elle est très-grande, mais peu peuplée. Elle est située dans une vaste plaine fertile. Le roi, qui s'appelle Mansolah, est aussi pusillanime que ses sujets sont timides : il ne prend aucune mesure pour empêcher des bandes d'étrangers de s'établir dans les plus belles provinces de l'empire; encore moins pense-t-il à les en expulser une fois qu'ils en ont pris possession. Cette incurie a servi la cause des Fellatahs, qui se sont attaché un parti puissant, composé d'individus de différentes nations de l'intérieur, qui ont émigré à diverses époques dans le Yarriba, et qui secondent de toutes leurs forces les entreprises des ambitieux envahisseurs. Les Fellatahs sont, de fait, solidement établis au centre même du royaume; ils se sont retranchés dans de fortes villes murées, et ont, tout récemment encore, arraché à Mansolah la déclaration de leur indépendance. Outre Raka, entièrement peuplée de Fellatahs qui l'ont parfaitement fortifiée et rendue excessivement populeuse, on a vu surgir depuis peu une nouvelle ville d'une immense étendue, et qui surpasse de beaucoup Katunga en richesse et en population. Dans l'origine, c'était le rendez-vous d'une bande de Fellatahs. Ils lui donnèrent le nom d'*Alorie*, et encouragèrent tous les esclaves à venir y chercher un refuge contre l'oppression de leurs maîtres. Ils leur promirent, en échange des maux qu'ils enduraient, liberté, protection, et mille autres avantages, s'ils se déclaraient indépendants du Yarriba. Les mécontents accoururent à Alorie de plusieurs milles à la ronde, et furent bien reçus. Cela se passait il y a cinquante ans environ ; depuis lors, d'autres Fellatahs de Soccatou et de Rabba ont rejoint leurs compatriotes; et malgré les guerres, si l'on peut donner ce nom à de misérables brigandages qui se réduisent à l'enlèvement de quelques individus, Alorie est devenue la plus grande et la plus florissante ville du Yarriba, sans en excepter la capitale même. Sa circonférence est, dit-on, de deux jours de marche, c'est-à-dire de quarante à cinquante milles. Une forte muraille et des fossés la mettent à l'abri d'un coup de main. Les habitants possèdent de grands troupeaux de gros et petit bétail, et plus de trois mille chevaux, nombre qui paraît considérable lorsqu'on pense qu'à Katunga on en compte à peine trois cents. Jamais on n'a fait le dénombrement de la population d'Alorie, mais suivant MM. Lander elle doit être immense. Assez récemment son indépendance a été proclamée, et il a été permis aux habitants de trafiquer avec les naturels, à condition qu'on n'admettrait plus de nouveaux Fellatahs dans la ville. Celle-ci est gouvernée par douze chefs, chacun de nation diffé-

(1) *Journal d'un voyage*, etc., tome I, p. 248.

rente, et tous égaux en pouvoir, le chef fellatah n'ayant ni plus d'influence ni plus d'autorité que les autres. Raka n'est qu'à une journée de Katunga au nord-est, et Alorie à trois journées au sud-est.

Les Fellatahs qui habitent Acba sont tous nés dans cette ville, et y ont été élevés. L'époque où leurs ancêtres vinrent s'y établir est si reculée, qu'il a été impossible de se procurer des renseignements sur ce point. Il semble même qu'il n'existe à cet égard aucune tradition. Enfants du sol, menant une vie douce, tranquille, que des événements passagers ne viennent jamais troubler, ils n'ont point l'ambition de se réunir à leurs compatriotes, plus remuants et plus entreprenants, qui se sont emparés d'Alorie et de Raka, et ne cherchent pas même à se mêler des affaires publiques ou particulières de leurs proches voisins de Kishi. Formant un peuple distinct et à part de tous les autres, ils ont conservé le langage de leurs pères, la simplicité de leurs mœurs, et leur existence s'écoule sereine, heureuse, embellie par la jouissance de ces plaisirs domestiques, et de cette bienveillance réciproque, qui font le charme des sociétés les mieux civilisées, et dont leurs compatriotes vagabonds n'ont pas même l'idée (Lander).

Kakunda est la capitale d'un État ou royaume du même nom, voisin du Nyffé et du Yarriba. Elle se compose de trois à quatre petites villes, isolées et à très-petite distance les unes des autres. Le chef ou roi gouverne en souverain absolu. Cependant, dans les cas graves, il ne s'en remet point à son propre jugement, mais en appelle aux anciens du peuple. Kakunda trafique presque exclusivement avec les divers peuples qui habitent au sud, les bords du Niger, et les esclaves achetés ici sont, dit-on, dirigés vers la mer. Les naturels sont grands, bien faits et robustes; ils portent peu d'ornements. Celui qu'ils affectionnent le plus est un collier de cornalines rouges, taillées un peu en forme de cœur, plates, minces et du plus beau poli. Pour tout vêtement, ils se ceignent les reins d'un morceau d'étoffe de coton, fabriqué par eux, et teint de diverses couleurs. Les femmes portent de petits pendants d'oreilles en argent, mais ne se teignent ni ne se barbouillent le corps. Les marques distinctives des habitants de Kakunda sont trois cicatrices des tempes au menton, ce qui leur donne un aspect étrange. Du reste, la population est douce, inoffensive et très-laborieuse.

Egga est la principale ville du Nyffé. Elle est, suivant MM. Lander, d'une étendue prodigieuse, et sa population est immense. Comme presque toutes les villes des bords du Niger, elle est souvent inondée. Le sol des environs se compose d'un terrain gras et noir, extraordinairement fertile, et qui produit abondamment et presque sans culture toutes les denrées nécessaires à la vie. Aussi les provisions y sont-elles à très-bas prix. Les habitants mangent fort peu de viande et beaucoup de poisson. On assure que les hyènes, qui se trouvent par bandes dans les bois voisins, sont si audacieuses et si rapaces, qu'elles ont emporté presque tous les moutons des habitants. La moitié de la population est mahométane, l'autre moitié professe le paganisme primitif. Le drap portugais qu'on remarque ici est apporté par eux d'un endroit appelé Cuttumcurrafi: c'est un marché célèbre pour les toiles de Nyffé, le trona (soude), les esclaves, les couteaux de fabrique indigène, brides, éperons, ornements de cuivre, cuir teint, et autres articles. Les grands canots qui sont ici dans la crique ou port d'Egga apportent toutes ces marchandises du marché de Rabba.

La plupart des villes du Borgou, du Haoussa, du Yarriba, du Nyffé, que nous venons de mentionner, avaient été déjà visitées, avant le voyage des frères Lander, par Clapperton, dans son second voyage au Soudan (1). Ce serait nous répéter que d'en donner ici un résumé.

Tout le bassin du Niger est, comme nous venons de le voir, en grande partie occupé par les Foulahs ou Fellatahs, qui paraissent appelés à jouer un grand rôle dans les destinées de cette partie centrale de l'Afrique. Ce sont, suivant le major Rennell, les *Leucœthio-*

(1) *Journal of a second expedition into the interior of Africa*, etc.; London, 1829, vol. in-4°.

pes de Pline et de Ptolémée. Cette nation diffère, au physique comme au moral, des Nègres, dont ils forment une race bien distincte. Elle conserve une tradition qui en fait remonter l'origine à une race blanche. M. Gustave d'Eichthal (1) a comparé l'idiome des Fellans ou Fellatahs avec les langues parlées dans l'archipel Indien, et il est arrivé à ce résultat remarquable, que ce peuple africain se rattache à la filiation des races polynésiennes, et particulièrement à la race malaise. M. Hodgson (2) hésite à admettre l'opinion de M. d'Eichthal; et M. Pritchard (*Histoire naturelle de l'homme*) pense que les Foulahs sont une nation aborigène de l'Afrique.

L'expédition de Laird et d'Oldfield, conduite par Richard Lander, n'a pas ajouté beaucoup de nouvelles connaissances à ce qu'on savait déjà sur le cours inférieur du Niger. Dans cette expédition, on essaya de remonter en bateaux à vapeur la rivière Tchadda, pour pénétrer jusqu'au lac Tchad. Mais les dispositions hostiles des naturels obligèrent les hardis navigateurs de rebrousser chemin (3). Il reste donc encore à découvrir si la rivière Tchadda se jette dans le lac Tchad (4).

Les différentes routes qu'on a suivies jusqu'à présent pour tenter l'exploration du Soudan sont : 1° par la Gambie; c'était la voie la plus ancienne (Thompson en 1588, et Rob. Johson en 1620); 2° par l'Égypte et le Nil supérieur (Hornemann, Browne); 3° par l'embouchure du Niger (Lander, Laird et Oldfield); 4° par le Maroc; 5° par Tripoli et le Fezzan. En prenant les deux dernières routes, on a le grand désert de Sahara à traverser. Le chemin par le Maroc paraît être connu et suivi depuis fort longtemps, ainsi que nous l'atteste le récit d'Ibn-Batouta (*Voyage dans le Soudan, entrepris dans l'année* 753 *de l'hégire*, année 1352 de J. C.) (1).

GRAND DÉSERT DE SAHARA OU SAHRA.

Le grand désert de Sahra, limité au nord par l'empire de Maroc et les États barbaresques, au sud par le Soudan, à l'ouest par l'océan Atlantique, et à l'est par l'Égypte et la Nubie, est ce grand boulevard de sable derrière lequel se sont retirées et se retirent encore toutes les populations jalouses de leur indépendance et indociles au joug de l'étranger. Les Arabes l'appellent *Bahar billa ma* (mer sans eau). C'est à l'abri de cette mer sans eau que se sont élevées ces grandes cités de l'Afrique centrale, objets de notre curiosité autant que de notre admiration, et que l'industrie et le commerce ont pu se développer à leur aise. C'est ainsi que cet océan de sable, épouvantail des voyageurs, est devenu un bienfait pour l'humanité opprimée.

Le désert de Sahra n'a pas seulement l'étendue que nous lui voyons; il s'étend encore, invisible à nos yeux, fort au loin dans la mer qui baigne la côte occidentale de l'Afrique, entre les 18° et 30°

(1) *Histoire et origine des Foulahs ou Fellans* (dans les Mémoires de la Société Ethnologique de Paris).

(2) *Notes on northern Africa*, etc.; New-York, 1844.

(3) Pag. 422-23. 1 vol. *Narrative of an expedition into the interior of Africa, by the river Niger, in the steam-vessels Quorra and Alburkeh, in* 1832, 1833 *and* 1834; by Macgregor Laird and Oldfield. (Lond, 2 v. 1837.)

(4) Le Soudan est un vaste champ ouvert aux investigations des naturalistes; car les voyageurs si peu nombreux qui ont visité cette contrée ne nous ont donné que des détails botaniques et zoologiques très-incomplets. Caillié, Lander, Clapperton, parlent souvent de l'arbre à beurre (*Shea*, *Micadania*), du calebassier et de quelques autres plantes utiles auxquelles ils auraient dû, à défaut d'herbier, consacrer une plus longue description. Ainsi, l'arbre à beurre du Soudan est-ce le *Bassia butyracea*, Roxb., de la famille des Sapotilées, ou bien y a-t-il d'autres arbres de genres tout différents, dont les graines donnent une espèce d'huile épaisse ou stéaroptène? Les calebasses sont-elles exclusivement fournies par le *Crescentia cujete*, Plum., de la famille des Gesnéraciées? Il est permis d'en douter. Déjà l'on sait que le *Tanæcium Jarowa* mérite tout aussi bien que le *Crescentia cujete*, le nom de *calebassier;* et que le *Croton sebiferum* donne, tout comme le *Bassia butyracea*, une matière butyracée. Le petit nombre de plantes recueillies par le docteur Oudney dans le Bornou, aux environs de Kouka, a été classé par Robert Brown. On n'y trouve pas un seul genre nouveau.

(1) Voyez la traduction de ce voyage dans le *Journal asiatique*, mars 1843.

latitude nord. C'est sur cette côte brûlante et inhospitalière que le courant circulaire de l'océan Atlantique et la violence des vagues ont causé la perte de bien des navires : une atmosphère remplie de sable couvre la mer comme un brouillard (*hazy weather* des Anglais), et cache aux marins l'approche du danger qui les menace.

Tout nous retrace dansle désert l'image de lamer : une surface plane, offrant quelques rares élévations, borne uniformément l'horizon ; des tourbillons de sable rappellent l'Océan et ses dangers. Des caravanes entières sont englouties par des ouragans qui se déchaînent annuellement sur cet océan sablonneux, à l'époque des équinoxes; les vents prédominants s'y dirigent, comme les moussons, de l'est à l'ouest.

Un fait qui frappe l'observateur, et qui s'explique par la direction constante des vents, c'est que toute la partie orientale du Sahra est beaucoup moins garnie de sable que la partie occidentale: elle présente beaucoup de strates calcaires et des écueils dégarnis de sables. C'est aussi ce qui explique pourquoi la partie orientale du désert est plus riche en oasis que la partie occidentale.

Les oasis, ces bouquets de végétation où les caravanes viennent prendre de nouvelles forces pour continuer leur voyage périlleux, sont un des traits les plus saillants de la physionomie du sol africain. Nulle part on ne trouve un sol fertile séparé aussi nettement par des terrains d'une stérilité désolante; il n'y a pas de transition : tout est contraste. Les contrées les plus riches y sont des oasis d'étendue très-variable, bordées par des plaines de sable et entrecoupées par des lacs de natron. C'est ce qu'on rencontre au nord comme au midi, à l'ouest comme à l'est de l'Afrique.

Au nombre des maux qui affligent le plus le voyageur du désert, il faut mettre la soif et la chaleur. La nature du sol rend parfaitement compte du manque d'eau : le sable est le contraire de l'argile ; au lieu de retenir l'eau et de l'empêcher de se perdre au sein de la terre, il la laisse passer comme un filtre. Plus la couche sablonneuse est épaisse, plus il faudra creuser profondément pour atteindre une nappe d'eau. Dans les grandes oasis du Sahra oriental, où il y a moins de sable, l'eau jaillit presque à fleur de terre, ou du moins on n'a pas besoin de creuser profondément pour en trouver. Dans la partie occidentale, au contraire, où le sable est beaucoup plus accumulé, on ne rencontre nulle part de sources vives, et les puits sont forés, avec une peine inouïe, à une très-grande profondeur.

Il y a d'excellentes sources sur la route de Siwah ; Macrizi en compte quarante; Hornemann et Browne y trouvèrent un wadi (ruisseau) et plusieurs sources d'eau douce ; mais ces dernières étaient presque tièdes, ce qui fait supposer qu'elles ne jaillissent qu'à peu de distance de la surface du sol. L'eau ne manque pas non plus sur la route d'Augila au Fezzan ; mais elle n'est pas toujours potable, à cause des parcelles salines qu'elle renferme.

Dans cet océan de sable, garni de quelques îles verdoyantes (oasis), points de stations pour les caravanes, les règnes de la nature n'ont que de faibles représentants. Quelques espèces rabougries d'*acacia*, de *mimosa*, d'*hedysarum*, de *tamarix*, de *palmiers* et de *lichen* paraissent former, en grande partie, la Flore du Sahra. D'après un rapport tout récent de M. le docteur Raymond, on rencontre dans le désert une espèce de lichen, peut-être identique avec le *lichen esculentus*, riche en fécule, qui peut servir d'aliment à l'homme et aux animaux. Ce lichen se développe surtout après la saison des pluies; puis à l'époque de la sécheresse, il se détache du sol, en présentant l'aspect d'une membrane racornie, à cassure blanche, amylacée. Si l'on parvient à le priver du principe amer propre à tous ses congénères, ce lichen du désert pourra avantageusement remplacer le blé et toutes les autres céréales. Quant à la Faune, elle y est principalement représentée par quelques ophidiens ou des serpents énormes, par des autruches et des gazelles de diverses espèces. Les Touaricks et les Tibbous y représentent tristement la race humaine.

Mais nous devons ici une mention spéciale au *navire du désert*. Avec le vaisseau et la boussole, on a franchi l'Océan ; sans le chameau et l'étoile polaire on n'aurait jamais franchi le grand-désert.

« Plongé dans nos réflexions, s'écrie un célèbre voyageur, au milieu du Sahra, je pensais à la sagesse de la Divinité, qui a su tout prévoir. Le chameau, me disais-je, n'est-il pas un des plus beaux chefs-d'œuvre de la nature! Sans le secours de cet animal étonnant, qui reste huit jours sans manger et même sans boire, comment connaîtrait-on ces déserts? Nul mortel n'oserait y pénétrer sans lui. S'il s'en trouvait un assez téméraire pour l'entreprendre, une mort certaine serait le prix de sa témérité. Ces réflexions ne sont pas neuves; mais elles étaient naturelles dans la position où je me trouvais: j'ai cru devoir compte de mes pensées comme de mes sensations et de mes souffrances (1). »

Cet animal patient, après avoir reçu sa charge à genoux, s'achemine lentement sans qu'on ait besoin de lui indiquer la route. Les feuilles de quelques plantes épineuses, que dédaigneraient tous les autres bestiaux, lui servent d'aliments (2). Son lait, et même l'eau de son estomac, empêche l'homme égaré dans le désert de mourir de soif et d'inanition. Son cou allongé, levé perpendiculairement, écarte sa tête du sol et des vagues sablonneuses; ses yeux sont défendus par des paupières charnues, fortement garnies de poils et à demi fermées; les vestiges de sa marche sont peu profonds, à cause de la forme des pieds en moignons; ses longues jambes lui facilitent les moyens de franchir le même espace en faisant la moitié moins de pas qu'un autre animal, et par conséquent avec la moitié moins de fatigue. Ces avantages lui procurent une marche ferme et aisée, dans un terrain où les autres animaux ne vont qu'à pas lents et mal assurés.

(1) Caillé, *Journal d'un voyage à Tombouctou*, tome II, p. 398.

(2) Caillé décrit ainsi une de ces plantes épineuses: « Les feuilles sont très-courtes et flexibles; le piquant est assez court, mais très-dur. Par une sage prévoyance de la Nature, cette plante, seule ressource des animaux dans le désert, a la propriété de se conserver verte toute l'année, malgré les vents brûlants de l'est, qui se font sentir si souvent; les chameaux, quoique peu délicats, ne mangeraient pas la feuille desséchée. Cette plante est vivace; elle pousse de longues racines à fleur de terre, et ne s'élève pas à plus de dix-huit pouces au-dessus du sol; elle croît dans les endroits sablonneux. Les racines sont grosses et remplacent le bois à brûler. » Cette plante paraît être l'*Hedysarum alhogi*.

Le chameau a une valeur à la fois historique et géographique; il caractérise essentiellement l'ancien monde, et vit dans des limites qu'il ne dépasse jamais. Ainsi, on ne le rencontre point au delà de l'équateur. La *zone du chameau*, comme l'appelle M. Ritter, comprend, en Afrique, toute l'ancienne Libye, la Mauritanie, le pays des Magrebins, des Berbères, des Bédouins, et tout le Sahra. Cette zone s'arrête vers les régions tropicales, où commence la division caractéristique des saisons, en sèches et en pluvieuses. Le chameau se plaît dans les vastes steppes de sable de l'Afrique et de l'Asie, où le regard ne se repose que sur quelques rares herbes salines (*salsola*), ou sur des arbrisseaux épineux des genres *acacia* et *mimosa*. Il fuit la végétation luxuriante tant de la zone tempérée que de la zone tropicale. M. Ritter remarque, en outre, que le chameau trouve dans le règne végétal un compagnon fidèle et inséparable, le dattier (*phœnix dactylifera*): là où l'un existe, on est sûr de rencontrer l'autre, de même que l'absence de l'un indique aussi celle de l'autre. Le chameau s'arrête devant le pays du renne, et fuit la contrée des éléphants. Il était inconnu aux Carthaginois: Hérodote, Strabon, Pline, n'en parlent pas comme d'un animal propre à l'Afrique. Hirtius Pansa (*Bellum Africanum*, cap. 68) fait, pour la première fois, mention des chameaux libyens au service de l'armée du roi Juba. C'est dans les steppes sablonneux de l'Arabie qu'il faut chercher la véritable patrie de l'inappréciable compagnon des peuples nomades. Les Ismaélites, et en général toutes les nations sémitiques, ont leur existence matérielle en quelque sorte subordonnée aux services que leur rend le vaisseau du désert (1).

Parmi les tribus nomades qui se dispu-

(1) *Comptes rendus de l'Académie de Berlin*, année 1847.

tent l'empire peu enviable du désert de Sahara, on remarque les Touaricks ou Touareggs et les Tibbous. Ces tribus, et particulièrement les Touaricks, s'arrogent sur toutes les caravanes ou kafilahs le droit de pillage, et le font racheter par de fortes rançons. Ce droit est exactement celui que les chevaliers, au moyen âge, exerçaient sur les passants. C'est, pour parler plus clairement, le droit du brigand qui arrête le voyageur par ces mots sacramentels : La bourse ou la vie. C'est un exemple de plus, ajouté à tant d'autres, que dans tous les pays du monde l'homme est le même; sa peau seule varie.

Ces nomades, quelquefois féroces et cruels, se mettent en possession des puits et des oasis où les caravanes viennent se rafraîchir; et ils vendent à des hommes exténués de fatigues la permission de se désaltérer. Ils monopolisent l'eau, comme ailleurs on monopolise le sel.

Les Touaricks occupent la portion centrale du Sahra, et infestent la grande route qui va du Soudan au Tafilelt ou au Maroc. C'est aussi la route qu'avait suivie Caillié. Les principales localités qu'il rencontra, en allant du midi au nord, sont El-Araouan, Bir-el-Télig, Amoul-Taf, Maraboudy, et Mayara.

El-Araouan est une petite ville située dans un bas fond, entourée de hautes dunes de sables qui s'étendent à l'ouest. Les maisons, environ au nombre de cinq cents, sont construites dans le genre de celles de Tombouctou; seulement elles sont plus basses et moins solides. Le devant des portes est crépi avec du sable jaune qu'on trouve en creusant à une certaine profondeur. Cette ville est l'entrepôt des sels de Toudeyni, qui s'exportent à Sansanding, sur le Djoliba. Le sol ne présente pas la moindre trace de végétation, et les nombreuses caravanes qui le sillonnent vont très-loin pour trouver du fourrage. Le bois est si rare, qu'on ne brûle que du crottin de chameau, que les esclaves ramassent soigneusement. Les puits qui sont aux environs d'El-Araouan ont une soixantaine de pas de profondeur : l'eau est saumâtre, malsaine, et toujours chaude; le fond est argileux. Les Maures abreuvent leurs chameaux dans des auges en cuir tanné, supportées par trois tiges de bois flexibles; ils puisent l'eau avec des cordes de paille. El-Araouan est le point d'arrivée des caravanes qui viennent de Tafilelt, du cap Mogador, du Drah, de Tahouât, des villes d'Agdâmas et de Tripoli. A peu de distance de là on rencontre la tribu des Zaouâts, chez laquelle fut assassiné le major Laing.

Bir-Télig est situé presque au centre du Sahra. On y trouve de riches mines de sel, qui ne sont qu'à trois ou quatre pieds au-dessous du sol. On en retire le sel par blocs, et on le scie en planches. Le terrain est composé d'un sable jaune à gros grains. Les puits de Bir-Télig attirent le passage des caravanes. « Nous trouvâmes, dit Caillié, comblés par les sables, ces puits tant désirés. Les Maures se mirent aussitôt à les déblayer, et l'on fit boire enfin les pauvres chameaux, qui, sentant le voisinage de l'eau, étaient indomptables : quand on les chassait à coups de corde, ils couraient dans la plaine, et revenaient en ruminant s'accroupir autour des puits, en posant leur tête sur le sable frais qu'on en retirait. La première eau fut très-noire et bourbeuse; et malgré la quantité de sable qu'elle contenait encore, les chameaux se la disputaient avec acharnement. A l'est de ces puits on voit les ruines de quelques maisons construites en briques de terre blanche; elles sont presque couvertes de sable (1). »

Les puits d'Amoul-Taf sont situés entre les roches de granit gris. Ils sont souvent comblés de sable. L'eau en est douce, mais peu abondante. Les environs sont peuplés de quelques tamarix. — Les puits de Maraboudy, situés plus au nord, ont également peu de profondeur, et sont de même comblés. Les traces et les excréments des chameaux les font cependant aisément découvrir. L'eau des puits de Mayara est salée. Ces puits ne sont pas très-éloignés de la frontière du Maroc.

Touaricks ou *Touareggs*. Les Touaricks et les Sourgous ne sont qu'un même peuple. Le premier nom leur est donné par les Maures, et le second par les Nègres. Les Touaricks sont d'excellents ca-

(1) *Journal d'un voyage à Tombouctou*, tome II, p. 404.

valiers; ils sont belliqueux, mais cruels; ils sont armés de trois ou quatre piques et d'un poignard qu'ils portent au bras gauche. Ils ont, en outre, des boucliers en cuir de bœuf tanné, qui sont travaillés avec beaucoup de goût, et ont la forme de ceux des anciens chevaliers, excepté qu'ils sont carrés au bout; ces boucliers, enjolivés de dessins, sont assez larges pour les couvrir tout entiers. Les Touaricks ne se battent qu'avec la lance et le poignard; ils sont toujours à cheval, et ne font point usage de l'arc. Une espèce de chemise très-ample (tobé), dont les manches sont aussi larges que le corps, compose leur habillement : elle est de toile de coton bleue ou rayée de bleu et blanc. Ils portent aussi des casaques de cuir, et des chemises de peau d'antilope bien préparées et proprement cousues. Leur pantalon n'est pas tout à fait aussi large que celui des Maures; il ressemble plutôt à celui des Cosaques; il est en toile de coton, et presque toujours bleu. Leurs sandales, la partie la plus élégante de leur habillement, sont en cuir noir, et s'attachent aux pieds avec des courroies rouges. L'intérieur de la semelle est brodé avec une délicatesse admirable. Tous portent un fouet, qui pend à un baudrier qui va de l'épaule gauche à la hanche droite.

Les Touaricks sont généralement bien faits; ils ont les cheveux longs, le teint très-brun, comme les Maures, le nez aquilin, les yeux grands, une belle bouche, la figure longue et le front un peu élevé. L'expression de leur physionomie est sauvage. On les regarde comme une race d'Arabes; mais ils parlent un idiome particulier. Ils sont très-superstitieux; quelques-uns sont entièrement couverts d'amulettes pour se préserver de maladies et d'accidents; ils en entourent leurs bras, leurs jambes, leur cou; ils en suspendent en travers de la poitrine; enfin, ils en mettent partout où ils peuvent trouver une place : leurs fusils et leurs lances en sont de même garnis.

Ces peuples sont musulmans : ils récitent leurs prières en arabe, dont un grand nombre ne comprennent pas une syllabe. Beaucoup ne prient pas; ceux qui prient se contentent de répéter la profession de foi; ils sont, en somme, fort ignorants.

Ils habitent l'immense étendue de pays qui comprend la plus grande partie du Sahra central; ils sont divisés en plusieurs tribus; quelques-unes n'ont pas d'habitation fixe, mènent une vie errante comme les Arabes, et vivent de pillage. Ils ne sont pas cruels quand on ne leur oppose pas de résistance; mais si la troupe attaquée essaye de se défendre, sa mort est certaine. Les tribus touarickes sont toujours en guerre avec les différents états du Soudan, d'où elles emmènent une quantité incalculable d'esclaves. Leur habileté à manier les armes et leur courage les rendent très-redoutables. Les Touaricks exigent des caravanes qui traversent leur pays un tribut ou une sorte de droit de péage. Ils imposent leur volonté à toutes les peuplades voisines, telles que les Dirincans, les Ginbalas, les Kissours et les tribus de Zaouât et de Salah. Si ces peuples étaient réunis ils seraient bien supérieurs aux Touaricks, et pourraient facilement secouer un joug avilissant et ruineux.

Tibbous. Ces nomades parcourent la partie orientale du Sahra; comme les Touaricks, ils rançonnent les caravanes qui traversent le désert. Ils sont également divisés en plusieurs tribus, dont Hornemann a donné les noms. Un passage d'Hérodote (IV, 183) fait présumer que les Tibbous sont les Éthiopiens Troglodytes, auxquels les Garamantes donnaient la chasse. Or, les Garamantes sont les Fezzaniens. Ceux-ci font, en effet, une rude guerre aux Tibbous, qui habitent en partie dans des cavernes, et qui, de même que les Éthiopiens Troglodytes, sont d'une agilité extrême. Hérodote dit encore que leur langue n'a rien de commun avec celle des autres nations, et que lorsqu'ils parlent on croirait entendre des chauves-souris. — Les Tibbous sont minces et lestes; ils ont le visage spirituel; leur agilité est passée en proverbe. Les tribus qui habitent la partie méridionale du Fezzan ont des mœurs paisibles, mais celles de l'intérieur vivent principalement de pillage. Les Tibbous font sans cesse des incursions chez leurs voisins. Ils n'ont pas précisément les penchants cruels, mais ils passent pour les voleurs les plus impudents que l'on puisse imaginer. Leur caractère bien connu leur assure le commerce presque exclusif du Ouaday et du Begharmy. La plupart sont mahométans; ils ne se couvrent pas la tête, et sont vêtus de peaux de bêtes; quelques-uns se procurent chez les peuples voisins de grosses toiles, dont ils ont un morceau par devant et un autre par derrière qui descend jusqu'aux genoux; d'autres n'ont pour tout vêtement qu'une enveloppe de cuir autour des reins. Ils demeurent dans des creux de rochers ou dans de misérables cabanes d'herbe. Grâce à la vitesse de leurs chameaux, ils peuvent en une journée parcourir de très-grandes distances, ce qui leur donne la facilité de changer constamment de demeure.

Depuis quelques années, des relations fréquentes s'étant établies entre le sultan du Fezzan et le cheikh du Bornou, les Tibbous servent de courriers entre les deux pays. Denham et ses compagnons en rencontrèrent, dans le désert, qui portaient les dépêches du Bornou au Fezzan.

Les Tibbous, hommes et femmes, aiment immodérément le tabac; leur bouche en est presque continuellement remplie. Toutefois, leurs dents sont blanches, parce qu'après chaque repas ils les nettoient soigneusement.

Le pays habité par les Tibbous produit beaucoup de dattes; il est rempli de rochers isolés et de blocs erratiques de formes singulières jetés au milieu des plaines sablonneuses. Leurs flèches et les grosses pierres qu'ils font rouler du haut des collines, leur donnent le moyen d'éloigner tout ennemi qui est, comme eux, dépourvu de fusils.

Quand les Arabes ont l'intention d'attaquer un village de Tibbous, ils s'arrêtent, le soir, à deux ou trois milles de distance. Vers minuit, ils laissent leurs tentes et leurs chameaux à la garde d'un petit détachement, et marchent en avant, de manière à arriver au point du jour; alors ils cernent le lieu, et généralement réussissent à prendre tous les habitants. Les Tibbous qui échappent à la première bande des assaillants, en rencontrent d'autres placés aux aguets et armés de fusils; de sorte que leur chance d'échapper est bien faible. Sur un terrain élevé et situé à une distance convenable, les Arabes placent un étendard autour duquel sont postés des hommes préparés à recevoir et à lier les captifs. C'est de cette manière que dans une matinée une troupe de deux à trois cents Arabes s'empare de mille à quinze cents esclaves.

Le pays des Tibbous, de Borgou et de Kawar a été plusieurs fois désolé par le sultan du Fezzan; ils s'en vengent sur tous les blancs infortunés qui tombent en leur pouvoir. Ceux de l'intérieur ont pour armes trois javelots légers, une lance, un poignard, une épée et une espèce de dard très-meurtrier. Les tribus les plus sauvages vivent principalement de dattes et de la chair de leurs troupeaux.

Les Tibbous ne cultivent guère le blé, et ne connaissent pas l'art de faire du pain. Quelquefois ils enlèvent, pendant la nuit, un chameau, qui est mangé tout entier avant l'aube du jour. Les grains du khandal (coloquinte) forment un article essentiel de la nourriture des Tibbous et de Kawar. Lyon trouva à ces graines un goût agréable; elles n'avaient rien de cette amertume insupportable de l'enveloppe extérieure de la coloquinte. Ces peuples ne se tatouent pas.

Les Tibbous qui habitent le désert du côté du Borgou sont, dit-on, fort timides; ils redoutent tellement les armes à feu, que la seule vue d'un Arabe, et surtout d'un cavalier, suffit pour en mettre en fuite une troupe entière; ils courent avec beaucoup d'agilité, et pour échapper ils emploient toutes sortes de ruses qui souvent leur réussissent. Par exemple, s'ils sont poursuivis sur un sol rocailleux, ils s'agenouillent brusquement, et de telle manière qu'on les prendrait pour une pierre ou pour un rocher; s'ils se trouvent dans un lieu où il y a du bois, ils embrassent le tronc d'un arbre; s'ils sont sur un terrain sablonneux, ils se tiennent sur une éminence jusqu'à ce que l'homme qui les poursuit soit dans l'enfoncement voisin; alors ils courent dans l'enfoncement qui est plus loin, et changent de route, ou bien s'enterrent dans le sable avant qu'il gagne le terrain élevé. Lorsqu'ils sont pris, ils montrent une adresse égale pour se dérober à la vigilance de leurs gardiens. C'est pourquoi les Arabes disent : « Si après avoir arrêté un Tibbou vous ne le liez pas à l'instant, tournez-vous, il s'enfuit. »

Les femmes tibbouses sont minces et bien faites; leur costume leur sied très-bien; elles ont le nez aquilin, les dents belles, les yeux vifs, les lèvres comme celles des femmes européennes. Leur teint est du noir le plus brillant; elles se tiennent droites, et leur démarche est très-gracieuse; elles ont les pieds et le bas de la jambe très-mignons, et ne les chargent pas d'anneaux de fer ou de cuivre; elles se contentent de les orner d'un cercle léger en cuivre ou en argent poli qui fait ressortir avec beaucoup d'avantage leur peau, noire comme le jais; elles se chaussent avec de jolies pantoufles rouges. Leurs cheveux, nattés de chaque côté, leur tombent le long des joues comme un éventail; un morceau de cuir fait le tour de la tête; elles y passent une trentaine d'anneaux d'argent enchaînés les uns aux autres, et se terminant par derrière en une grande plaque d'argent. Elles ont de chaque côté de la tête un joyau en or et en agate grossièrement taillée, et tout autour, au-dessus des oreilles, un bandeau de corail, de cauris ou d'agate. Plusieurs chaînes légères d'argent, au bout desquelles il y a des grelots, sont attachées à leurs cheveux. Leur cou est chargé de colliers riches; leur draperie est disposée de manière qu'elles montrent la moitié de leur sein bien arrondi. Leurs bras sont nus jusqu'à l'épaule; elles y placent, au-dessus du coude, un élégant anneau d'argent de la grosseur d'une plume d'oie; au poignet, elles en ont un ou deux plus larges et aplatis; elles passent dans leurs oreilles trois ou quatre anneaux d'argent de différentes dimensions; le plus grand, qui est au centre, pend le plus bas. La pièce la plus curieuse de leur parure est un morceau de corail fixé dans la narine droite. Une grande pagne de coton bleu ou rayé est attachée au-dessus d'une épaule en travers de la poitrine, et tombe en plis gracieux, de manière à laisser voir le dos, le sein et le bras droit. Ce vêtement très-court ne cache la jambe que jusqu'au mollet. Néanmoins, rien de plus modeste que l'air et le maintien de ces femmes.

Les Tibbouses ne cachent pas leur visage comme les femmes arabes. Elles se conservent bien plus longtemps, sont plus propres, meilleures femmes de ménage, et prennent grand soin de leurs enfants, dont elles ont un grand nombre. Il paraît que leur principale occupation est de faire des paniers; elles font aussi, avec les feuilles du palmier, des jattes pour boire, qu'elles ornent de bandes de cuir coloré. Ces ustensiles sont recherchés dans le Fezzan.

Les enfants des deux sexes sont entièrement nus. Les Arabes, pour excuser leurs cruautés envers les Tibbous, prétendent que ces enfants du désert ne connaissent pas le mariage, que les femmes sont en commun, que les frères et les sœurs cohabitent ensemble, enfin qu'ils n'ont aucune connaissance de Dieu. Ceux que Lyon interrogea sur ce point reconnaissaient l'existence d'un grand esprit; mais ils se mirent à rire quand il leur demanda où cet esprit demeurait. Ils s'imaginent que le tonnerre et les éclairs sont occasionnés par leurs amis défunts : aussi craignent-ils beaucoup les orages. Ils mangent le sang des chameaux cuit au feu, et se nourrissent aussi de la chair des animaux morts de maladie.

La musique des Tibbous consiste principalement en tambours qui sont faits de troncs de palmiers creux; une peau est tendue à chaque extrémité : on frappe sur l'une avec une baguette, et sur l'autre avec la main. Cet instrument s'appelle *gouyan*. Ils ont aussi une sorte de cornemuse grossière, et des tambours plus petits que le gouyan.

Les Tibbous, en se revoyant après une longue absence, ne se prennent pas la main comme les Arabes : ils s'accroupissent sur leurs talons à une certaine distance l'un de l'autre, et, tenant leurs lances à la main droite, ils se tournent le dos, en répétant pendant quelque temps : « La! la! la! la! la! la! » C'est leur manière de saluer; ensuite ils se relèvent, et, s'approchant l'un de l'autre, entrent en conversation.

Les Tibbous parlent très-vite; leur langue, qui est pleine de labiales, est agréable à l'oreille; elle ne ressemble nullement aux idiomes nègres (1).

Quant aux autres tribus nomades qui

(1) Voyez *Nouvelles Annales des voyages*, tome XXXI, p. 68.

vivent dans le désert de Sahra, tels que les Touâts au nord, les Tajacantes au sud-ouest, les Trassarts, les Labdesebahs, les Wadeli, les Gualatas, les Mongearts et les Monselmins, à l'ouest, on n'en a que des renseignements fort vagues. Leurs noms mêmes paraissent défectueux.

FIN DE L'AFRIQUE CENTRALE.

EMPIRE DE MAROC;

PAR M. FERD. HOEFER.

I. PARTIE TOPOGRAPHIQUE; POPULATIONS; MOEURS; RELIGION; CLIMAT; PRODUCTIONS NATURELLES, ETC.

L'empire de Maroc est situé dans l'Afrique septentrionale, entre 28° et 36° de latitude nord, et entre 3° et 14° de longitude occidentale de Paris. C'est le *Maghreb el aksa* (extrême occident) des Arabes de l'Orient. Borné à l'ouest par l'océan Atlantique, au nord par la Méditerranée, au nord-est par l'Algérie, au sud-est et au sud par le désert, cet empire comprend une superficie d'environ 5,775 myriamètres carrés; il est par conséquent un peu plus grand que la France, qui a 5,300 myriamètres carrés. Sa délimitation est assez incertaine: ses limites ont d'ailleurs varié avec la puissance et l'humeur guerrière des souverains. On y trouve aussi plusieurs contrées dont la dépendance a toujours été très-contestable.

La Mauritanie Tingitane des Romains est aujourd'hui représentée par la partie septentrionale du Maroc : elle ne s'étendait, au sud, que jusqu'aux environs de Sla (Salé) et de Fês (Fez). La partie méridionale formait un royaume indépendant, assez peu connu des Romains. Divisé longtemps en deux royaumes particuliers, l'empire de Maroc ne forma un tout unique que sous les deux dominations berbères, pour se diviser de nouveau en royaumes de Fês et de Maroc sous les dynasties arabes qui leur succédèrent. Enfin, depuis le commencement du quinzième siècle, ces deux royaumes ont été définitivement réunis, et n'ont été divisés que momentanément par des guerres civiles.

La Mlouia (Malouia) inférieure a formé, de temps immémorial, la frontière orientale du Magreb. A différentes époques, cependant, le royaume de Tlemsen et même l'Algérie ont dépendu du Maroc; mais les révolutions politiques ont toujours ramené la frontière dans le voisinage de cette rivière. Les limites orientales de l'empire marocain ont été définitivement arrêtées par le traité du 18 mars 1845 (articles 3, 4, 5) (1).

(1) Voici le texte de ces articles du traité :

Article 3. La désignation du commencement de la limite et des lieux par lesquels elle passe est ainsi qu'il suit :

Cette ligne commence à l'embouchure de l'Oued (c'est-à-dire cours d'eau) Adjeroud dans la mer : elle remonte avec ce cours d'eau jusqu'au gué où il prend le nom de Kis; puis elle remonte encore le même cours d'eau jusqu'à la source qui est nommée Ras-el-Aïoun, et qui se trouve au pied des trois collines portant le nom de Menasseb-Kis, lesquelles, par leur situation à l'est de l'Oued, appartiennent à l'Algérie. De Ras-el-Aïoun, cette même ligne remonte sur la crête des montagnes avoisinantes jusqu'à ce qu'elle arrive à Drâ-el-Doum, puis elle descend dans la plaine nommée El-Aoudj. De là elle se dirige à peu près en ligne droite sur Haouch-Sidi-Aïed. Toutefois, le Haouch lui-même reste à 500 coudées (250 mètres) environ, du côté de l'est, dans les limites algériennes. De Haouch-Sidi-Aïed, elle va sur Djerf-el-Baroud, situé sur l'Oued-bou-Naïm; de là, elle arrive à Kerkour-Sidi-Hamza; de Kerkour-Sidi-Hamza à Zoudj-el-Beghal; puis, longeant à gauche le pays des Ouled-Ali-ben-Talha, jusqu'à Sidi-Zahir, qui est sur le territoire algérien, elle remonte sur la grande route jusqu'à Aïn-Takbalet, qui se trouve entre l'Oued-bou-Erda et les deux oliviers nommés El-Thoumiet, qui sont sur le territoire marocain. De Aïn-Takbalet elle monte avec l'Oued-Roubban jusqu'à Ras-Astour; elle suit au delà le Kef, en laissant à l'est le marabout de Sidi-Abd-Allah-ben-Mohamed-el-Hamdili; puis après s'être dirigée vers l'ouest, en sui-

Dans le reste de leur étendue, les frontières sont bien moins déterminées.

vant le col de Et-Mechêmiche, elle va en ligne droite jusqu'au marabout de Sidi-Aïssa, qui est à la fin de la plaine de Missiouin. Ce marabout et ses dépendances sont sur le territoire algérien. De là, elle court vers le sud jusqu'à Koudiet-el-Debbagh, colline située sur la limite extrême du Tell (c'est-à-dire le pays cultivé). De là elle prend la direction sud jusqu'à Keneg-el Hada, d'où elle marche sur Teniet-el-Sassi, col dont la jouissance appartient aux deux empires.

Pour établir plus nettement la délimitation à partir de la mer jusqu'au commencement du désert, il ne faut point omettre de faire mention, et du terrain qui touche immédiatement à l'est la ligne susdésignée, et du nom des tribus qui y sont établies.

A partir de la mer les premiers territoires et tribus sont ceux des Beni-Mengouche-Thata et des Aâttïa. Ces deux tribus se composent de sujets marocains, qui sont venus habiter sur le territoire de l'Algérie, par suite de graves dissentiments soulevés entre eux et leurs frères du Maroc. Ils s'en séparèrent à la suite de ces discussions, et vinrent chercher un refuge sur la terre qu'ils occupent aujourd'hui, et dont ils n'ont pas cessé jusqu'à présent d'obtenir la jouissance du souverain de l'Algérie, moyennant une redevance annuelle.

Mais le commissaire plénipotentiaire de l'empereur des Français, voulant donner au représentant de l'empereur du Maroc une preuve de la générosité française et de sa disposition à resserrer l'amitié et entretenir les bonnes relations entre les deux États, a consenti au représentant marocain, à titre de don d'hospitalité, la remise de cette redevance annuelle (500 francs pour chacune des deux tribus); de sorte que les deux tribus susnommées n'auront rien à payer, à aucun titre que ce soit, au gouvernement d'Alger, tant que la paix et la bonne intelligence dureront entre les deux empereurs des Français et du Maroc.

Après le territoire des Aâttïa vient celui des Messirda, des Achache, des Ouled-Mellouk, des Beni-bou-Saïd, des Beni-Senous et des Ouled-el-Nahr. Ces six dernières tribus font partie de celles qui sont sous la domination de l'empire d'Alger.

Il est également nécessaire de mentionner le territoire qui touche immédiatement à l'ouest, la ligne susdésignée, et de nommer les tribus qui habitent sur ce territoire : à partir de la mer, le premier territoire et les premières tribus sont ceux des Ouled-Man-

Ainsi, l'empereur de Maroc n'a aujourd'hui aucune autorité réelle sur l'oasis de Touât, qui deviendra probablement un jour une dépendance de l'Algérie.

Les rives du Guîr, qui fait partie de la limite orientale, sont habitées par un peuple pauvre mais laborieux, que le besoin force à venir louer ses bras à Fez; ce sont les Savoyards ou les Auvergnats du Maroc.

Entre la Sebkha du Guîr et El-Arîb, il nous manque des documents précis sur les véritables limites d'un pays qui ne nous est guère connu. Au midi d'El-Arîb, la frontière est occupée par une

sour-Bel-Trifa, ceux des Beni-Iznêssen, des Mezaouir, des Ouled-Ahmed-ben-Brahim, des Ouled-el-Abbès, des Ouled-Ali-ben-Talha, des Ouled-Azouz, des Beni-bou-Hamboun, des Beni-Hamlil, et des Beni-Mathar-et-Ras-el-Aïn. Toutes ces tribus dépendent de l'empire du Maroc.

Art. 4. Dans le Sahra (désert), il n'y a pas de limite territoriale à établir entre les deux pays, puisque la terre ne se laboure pas et qu'elle sert de pacage aux Arabes des deux empires, qui viennent y camper pour y trouver les pâturages et les eaux qui leur sont nécessaires.

Les deux souverains exerceront de la manière qu'ils l'entendront toute la plénitude de leurs droits sur leurs sujets respectifs dans le Sahra; et toutefois, si l'un des deux souverains avait à procéder contre ses sujets, au moment où ces derniers seraient mêlés avec ceux de l'autre État, il procédera comme il l'entendra sur les siens, mais il s'abstiendra envers les sujets de l'autre gouvernement.

Ceux des Arabes qui dépendent de l'empire du Maroc sont : les M'béïa, les Beni-Guil, les Hamian-Djenba, les Eûmeur-Sahra et les Ouled-Sidi-Cheikh-el-Gharaba.

Ceux des Arabes qui dépendent de l'Algérie sont : les Ouled-Sidi-el-Cheikh-el-Chéraga et tous les Hamian, excepté les Hamian-Djenba susnommés.

Art. 5. Cet article est relatif à la désignation des kessours (villages du désert) des deux empires. Les deux souverains suivront, à ce sujet, l'ancienne coutume établie par le temps, et accorderont, par considération l'un pour l'autre, égards et bienveillance aux habitants de ces kessours. Les kessours qui appartiennent au Maroc sont ceux de Yiche et de Figuigue.

Les kessours qui appartiennent à l'Algérie sont : Aïn-Safra, Sfissifa, Assla, Tiout, Chellala, El-Abiad et Bou-Semghoune.

population de pasteurs qui se répand en hiver et au printemps dans des contrées plus favorables.

Depuis El-Arîb jusqu'à la mer la limite s'écarte peu du cours de l'Ouad-Dra'a (rivière de Drah). Cependant tout le pays compris entre cette rivière et les plaines du Maroc est entièrement indépendant. Au midi de Sous se trouve ce que M. Renou, membre de la commission scientifique d'Algérie, appelle l'état de Sidi-Hechâm, comprenant le pays gouverné actuellement par Ali-ebn-Hechâm et celui d'Ouad-Noun, gouverné par le cheik Beirouk. Le vaste pays montagneux, situé entre Sous et l'Ouad-Dra'a, et que Léon l'Africain appelle Guezoula (Gétulie?), ne paraît jamais avoir réellement appartenu à la dynastie des chérifs. Toutes les entreprises pour le soumettre ont échoué.

En résumé, autant la délimitation politique de l'empire de Maroc est vague et incertaine, autant ses frontières naturelles sont nettes et précises : la sécheresse et la stérilité des plaines auxquelles succèdent immédiatement de hautes et âpres montagnes, n'ont laissé, du côté du continent, que deux communications, l'une par le Tell, l'autre par le Sahra. La Méditerranée et l'Océan achèvent ces limites naturelles.

L'empire de Maroc ne porte aucun nom particulier parmi les indigènes; en Algérie, on l'appelle généralement *Beled-moula-Abd-er-Rahman*, le pays du sultan Abd-er-Rahman (1).

Populations diverses. — Nous manquons de données exactes sur le chiffre de la population du Maroc. C'est ce qui explique la différence des indications que nous fournissent à cet égard les voyageurs et les géographes. C'est entre cinq et huit millions que se trouve le nombre véritable. Jackson porte le total de la population du Maroc, y compris le Tafilelt, à 14,886,600 (2).

(1) M. Renou, *Description de l'empire de Maroc*, p. 359 (tom. X de l'*Exploration scientifique de l'Algérie;* Paris, 1846).

(2) *An account of the empire of Marocco, and the districts of Suse and Tafilelt*, etc.; by James Grey Jackson; London, 1811, volume in-4° p. (28).

Cette évaluation, adoptée par M. Mordtmann (1), est évidemment exagérée; M. Charles Didier (2) en fixe le nombre à huit millions et demi, ainsi réparti :

Amazirgues (Berbères).	2,300,000
Schelloks.	1,450,000
Maures.	3,550,000
Arabes.	740,000
Juifs.	340,000
Nègres.	120,000
Chrétiens.	300
Renégats.	200

Pour bien comprendre l'histoire de l'Afrique septentrionale, il importe au plus haut degré de ne pas confondre entre elles trois nations parfaitement distinctes : les *Amazirgues* ou *Berbères*, les *Arabes* et les *Maures*.

Les *Berbères* sont les véritables indigènes ou autochthones du nord de l'Afrique (3). Ce sont les Numides des Romains, qui leur donnaient aussi quelquefois le nom de *Mauri*, ou plus généralement celui de *Barbari*. Il ne faut pas les confondre avec les Maures d'Espagne, qui sont des Arabes purs. Jusqu'à l'invasion musulmane, ces indigènes occupaient toutes les régions comprises entre la Méditerranée, l'océan Atlantique, la rive droite du Sénégal, le cours moyen du Djoliba, et la route de Bornou à Mourzouk; ils s'étendaient, au nord-est, jusqu'aux confins de l'Égypte.

Les hypothèses d'après lesquelles on fait descendre les Berbères des armées d'Hercule, des Mèdes, des Perses, des Amalécites, des Cananéens, sont, la plupart, dénuées de fondement (4). La lan-

(1) *Kurze Beschreibung von Magreb el Aksa;* Hambourg, 1844.

(2) *Promenade au Maroc;* Paris, 1844, p. 241.

(3) Suivant M. Delaporte, le nom de *Berber*, pluriel *Braber*, n'appartient point à la langue des Berbères. Viendrait-il du syriaque *barbar*, qui a la signification du mot latin *hostis?* D'après Ebn-Khaldoun, le nom de *Berber* vient de *berberat*, mélange de sons inintelligibles, par allusion à la langue de ce peuple. *Voyez* Ebn-Khaldoun, *Histoire de l'Afrique*, etc., trad. par M. A. Noël Desvergers; Paris, 1841, p. 15, note 9.

(4) Ebn-Khaldoun s'exprime ainsi sur l'origine des Berbères : « Quelques généalogistes les font descendre d'Abraham, par son fils *Nakschan;* d'autres les font venir de l'Yémen,

gue des Berbères ne prête d'ailleurs à aucune de ces hypothèses, dont le seul mérite est d'être plus ou moins ingénieuses (1). La langue des Carthaginois, jadis les maîtres d'une grande partie de l'Afrique septentrionale, était une sœur de la langue hébraïque, conséquemment d'origine sémitique ; c'est là un point absolument incontestable. Or, ceux qui prétendent avoir retrouvé dans les Berbères les descendants des Carthaginois se trompent évidemment ; l'idiome berbère n'appartient pas même à la famille des langues sémitiques, à moins de prétendre que les fils aient entièrement renié la langue de leurs pères, ce qui n'est pas admissible, quand nous voyons le contraire arriver dans des pays qui ne se font pas autant remarquer pour la stabilité de leurs coutumes et traditions (2). D'un autre côté, le peu de fusion de ce peuple avec les Romains, malgré la puissance assimilatrice des derniers, prouve la résistance presque instinctive des Berbères à tout ce qui est étranger. On ne trouve que très-peu de mots latins dans la langue berbère (1).

Les Berbères se divisent, au Maroc, en Schelloks et Amazirgues. Ces deux fractions d'aborigènes parlent des dialectes peu différents entre eux. C'est dans l'Atlas que se trouve l'antique langue berbère ; en Algérie, elle est mêlée de beaucoup de mots arabes. Ces indigènes changent de nom suivant les contrées qu'ils habitent : ils s'appellent Kabyles dans l'Algérie, Zouaves dans la régence de Tunis, Adems dans celle de Tripoli, Touates ou Touaricks dans le grand désert.

Les Berbères qui habitent le versant septentrional de l'Atlas sont aussi

lors de la rupture de la digue ; quelques autres leur donnent pour patrie la Palestine, d'où ils furent chassés par un roi de Perse ; d'autres font remonter les Berbères à Goliath. Suivant Tabari, ils sont formés d'un mélange de Cananéens et d'Amalécites, qui se dispersèrent après la mort de Goliath. D'autres auteurs les font descendre de Cham, par Berber, fils de Tamla, fils de Mazigh, fils de Canaan, fils de Cham ; une autre opinion les veut de race sémitique. Mais la version authentique, c'est que les Berbères descendent de Chanaan, fils de Cham, fils de Noé. » (Ebn-Khaldoun, etc., trad. par M. A. Noël Desvergers, page 15, note 9.)

(1) M. d'Avezac a inséré dans le *Bulletin de la Société géographique*, tome XIII, 2e série, p. 223, une notice fort intéressante sur les documents recueillis jusqu'à ce jour pour l'étude de la langue berbère. Le domaine de cette langue s'étend depuis l'Égypte jusqu'à l'océan Atlantique, et depuis la Méditerranée jusqu'aux derniers confins du Sahra, et même par delà Tombouctou et le lac Tchad.

(2) La Société de géographie a publié un ouvrage posthume de Venture, premier secrétaire interprète de l'expédition française en Égypte, sur la langue berbère (*Grammaire et Dictionnaire de la langue berbère*, composés par feu Venture de Paradis, revus par A. Lambert; Paris, 1844, in-4°). Venture incline à croire que la langue berbère a une parenté étroite avec l'ancienne langue punique, sœur de la langue hébraïque. Cependant les documents qu'il a réunis servent plutôt à faire rejeter cette opinion. En comparant les mots berbères de ce dictionnaire avec les mots hébreux de même valeur, nous nous sommes convaincu qu'il n'existe pas la moindre similitude entre ces deux langues. Quant à la construction syntactique des affixes, préfixes et suffixes, elle ne caractérise pas seulement les langues sémitiques : on la retrouve même dans les différents dialectes de l'idiome des Cafres et d'autres nations indigènes de l'Afrique. Nous pensons donc que la langue berbère est une langue d'aborigènes, légèrement altérée par le contact successif avec les dialectes sémitiques (phénicien, carthaginois, arabe), et avec les dialectes indo-germaniques (latin, grec, etc.); et que c'est dans le Soudan ou dans l'intérieur de l'Afrique qu'il faut chercher les filiations de la langue berbère. Nous pouvons même citer à l'appui de notre opinion les premières lignes de l'ouvrage même de Venture :

« La langue berbère ne possède aucun terme abstrait; c'est l'idiome d'un peuple sauvage qui n'a de mots que pour exprimer ce qu'il voit et ce qu'il palpe. Les Berbères empruntent aux Arabes tous les mots relatifs aux sciences, aux arts et à la religion, en ajoutant un ت, *t* au commencement et à la fin du mot. On a évité d'insérer ces mots dans le présent ouvrage, à l'exception des termes les plus usuels. Les Berbères n'ont aucune conjonction pour lier les parties du discours, comme *et*, *mais;* pour dire : *Je bois et je ris*, ils disent simplement : *Je bois, je ris.*

(1) On cite, comme exemples, les mots *djens* (gens), nation ; *rif* (ripa), rivage ; *tamnicht* (amnis), rivière et vallée.

blancs que nos paysans du midi de la France; dans les contrées méridionales, leur teint devient plus foncé : on ne saurait donc conclure d'une simple différence de couleur à une différence de race. On a cru reconnaître dans les noms de quelques tribus des dénominations employées par les historiens romains : par exemple, les Guedala ou Guezoula seraient les Gétules; les Amazirgues, les Mazices.

Les Amazirgues sont répandus depuis le Rif et la région de l'Atlas jusqu'au Tafilelt. Tous les voyageurs nous les dépeignent comme un peuple robuste, fier, guerrier, astucieux, et extrêmement jaloux de son indépendance. Retirés dans des lieux inaccessibles, ils vivent principalement de l'élève des bestiaux et des abeilles. Comme les Troglodytes, ils habitent des cavernes creusées aux flancs de leurs arides montagnes. Infatigables à la course, ils aiment passionnément la chasse; ils tiennent avant tout à leur fusil, d'une longueur extraordinaire, et font les plus grands sacrifices pour l'orner d'ivoire et d'argent. Ils sont vindicatifs comme les Corses, et plus fanatiques que les Espagnols sous le règne de l'inquisition. Cependant ils ne méprisent pas les juifs autant que leurs coreligionnaires, ce qui tient, dit-on, à une tradition ancienne qui les fait descendre d'une colonie venue de la Palestine. La couleur blonde des cheveux et la rareté de la barbe sont alléguées comme des caractères distinctifs des Amazirgues. Leur principal vêtement est une espèce de chemise sans manches (tobé).

L'empereur de Maroc n'a qu'une autorité nominale sur la plupart des tribus berbères, qui obéissent à des chefs souvent héréditaires, *omzargh*, semblables aux *seniores* ou *grafen* (de *grau*, gris, à cheveux gris) des tribus de l'ancienne Germanie. Ces chefs sont des marabouts : ils cumulent à la fois le pouvoir civil, militaire et sacerdotal. L'empereur a tout intérêt à les ménager, à flatter leur ambition ou leur vanité. C'est à eux qu'il s'adresse pour faire percevoir les impôts auxquels ces fiers montagnards ne se croient nullement obligés. Et lorsque la persuasion reste sans effet, l'empereur doit longtemps hésiter à recourir à la force : l'expérience lui enseigne combien ce moyen est dangereux. Un de ces chefs, Sidi El-M'hausse, s'est rendu fameux par son génie militaire; c'est lui qui suscita, en 1819, contre le sultan Souleiman une insurrection redoutable, et soutenue avec acharnement pendant plusieurs années. Des faits semblables ne sont pas rares dans les fastes de l'empire marocain.

Les *Schellocks* (1) forment, comme nous venons de le dire, une autre fraction des habitants aborigènes du nord de l'Afrique. Leur langue ne paraît pas beaucoup différer de celle des Berbères, avec lesquels ils contractent cependant rarement des alliances. D'après Léon l'Africain, qui connaissait si bien le Maroc, « ce sont des hommes terribles et robustes, qui méprisent le froid et la neige. Leur vêtement est une simple tunique de laine par-dessus laquelle ils portent un manteau; ils s'enveloppent les jambes de bandelettes en guise de bas, et vont nu-tête en toute saison. Ils ont de grands troupeaux de mules et d'ânes. Ce sont les plus grands voleurs et assassins du monde. Ils vivent en inimitié ouverte avec les Arabes, et les volent la nuit. Toutefois ces montagnards sont vaillants, et en guerre ne se rendent jamais vivants. Ils vont au combat à pied, armés de l'épée et du poignard, et on ne réussit à les vaincre qu'à force de cavalerie. »

Les Schellocks habitent les chaînes méridionales de l'Atlas, et se livrent à l'agriculture et même à divers arts industriels. Au lieu de tentes et de cavernes, ils ont des villages (*douars*) : les maisons, construites en pierre, ont des toits de brique ou d'ardoise. Plus intelligents que les Amazirgues, ils sont d'une civilisation plus avancée, et se regardent comme les vrais aborigènes; ils considèrent les Amazirgues comme les descendants des Philistins; aussi ont-ils moins de pitié qu'eux pour les juifs. Quelques familles de Schellocks font remonter leur origine aux Portugais qui avaient jadis occupé plusieurs villes de la côte. A l'est de la ville de Maroc, près de Dimenet, sur une des montagnes de

(1) Ce nom s'écrit différemment *Chellocks*, *Chelleuh* (Renou), *Scelloks* (Didier), *Shelluhs* (Jackson), *Schellouhs* (Drummond Hay).

l'Atlas, se trouvent les ruines d'une église bâtie par les Portugais, et où l'on voit encore, dit-on, plusieurs inscriptions latines.

Les Schellocks ne sont guère plus soumis à l'autorité de l'empereur de Maroc que les Amazirgues. Cela prouve que rien ne saurait effacer le caractère fondamental d'une nation : on retrouve dans les Amazirgues et les Schellocks d'aujourd'hui les Numides et les Maures des Romains ; il n'y a de changé que le nom. C'est ainsi que ces paroles de César : *Galli..... rerum novarum cupidi*, sont encore vraies après un intervalle de près de vingt siècles.

Il serait intéressant d'indiquer la filiation des différentes tribus qui composent les deux grandes divisions des indigènes. Malheureusement nous sommes à cet égard dans une ignorance presque complète; et le peu de renseignements que nous possédons sont loin de mériter une confiance absolue. C'est pourquoi il vaut mieux s'abstenir d'en parler (1).

Les Berbères (Amazirgues et Schellocks) forment presque la moitié de la population de l'empire de Maroc. Ce qui les caractérise surtout, c'est qu'ils se passionnent pour les querelles religieuses autant que pour leur indépendance. Là gît le secret ressort que des chefs habiles savent faire jouer à leur profit.

Les *Maures* sont certainement de race sémitique, conséquemment d'une origine différente de celle des Berbères. Ils paraissent descendre des colonies venues successivement de la Phénicie, de la Palestine et de l'Arabie, à des époques antérieures à la domination romaine. Dans leurs veines coule le sang des Carthaginois. C'est à eux que les Romains reprochaient déjà moins leur esprit d'indépendance que leur perfidie et leur mauvaise foi, *fides punica*.

Les Maures parlent l'arabe, mêlé de mots berbères, latins ou espagnols. Ceux qui habitent la côte de la Méditerranée descendent, en partie, des Maures d'Espagne, chassés d'Europe après la conquête de Grenade; ils forment la population la plus riche des villes, occupent les premiers emplois du gouvernement, et entretiennent des relations directes avec les peuples chrétiens, que leur fanatisme fait cependant détester cordialement.

Comme les Romains, nous retrouvons encore chez les Maures les mêmes vices radicaux : l'avarice et la perfidie. On ne saurait, suivant quelques voyageurs, s'imaginer rien de plus vil ni de plus abject que ce peuple. *Tutto quello*, dit Hemso, *che havvi nel cuor dell'uomo di piu vile, e di piu disprezzabile, compone il carattere generale di questi Affricani*. Les Berbères, du moins, ont pour eux l'audace, le courage, la résolution. Les Maures n'ont rien de grand : lâches, pusillanimes, humbles avec les forts, insolents avec les faibles, ils ne connaissent ni le désintéressement ni la générosité; ils ignorent les plaisirs de l'intelligence, et vivent plongés dans les fanges d'une volupté brutale. Dignes fils de leurs ancêtres, les Carthaginois, ils n'ont d'autre ambition que celle des richesses : ils les recherchent par toutes les voies, et quand ils les ont acquises, leur plus grand soin est de les cacher (1). M. Ch. Didier raconte d'un Maure le trait suivant, où l'avarice le dispute à la perfidie. Un homme était en prison pour un crime d'homicide; il avait la mort en perspective, et d'un jour à l'autre on attendait la sentence impériale. Un de ses amis prit à cœur sa délivrance, et se mit en devoir de le sauver. Il s'adressa à un des geôliers, qui consentit, moyennant une forte somme d'argent, à couper les liens du prisonnier et à le rendre à la liberté. Il fut convenu qu'il le remettrait à son ami à trois heures du matin. A minuit, le geôlier se rendit chez le plus proche parent du mort, et lui laissa soupçonner l'évasion du meurtrier, s'engageant toutefois, moyennant une nouvelle somme d'argent, à lui livrer son ennemi à deux heures s'il voulait venger sur lui l'affront fait à sa famille. La somme est comptée, et à

(1) M. de Slane a annoncé, en 1842 (*Journal Asiatique*, t. XIII, 3e série, p. 64), la publication de l'*histoire des Berbères* d'Ebn-Khaldoun. Il serait à désirer que cette importante publication fût bientôt terminée.

(1) Charles Didier, *Promenade au Maroc*, p. 240.

l'heure dite le parent trouve en effet le prisonnier au lieu du rendez-vous; il le poignarde froidement, et s'en va. Trois heures sonnant, l'ami arrive, et ne trouve plus que le cadavre de celui qu'il avait voulu sauver. Il se répand en imprécations contre le perfide libérateur, qui lui répond sans se déconcerter : « J'ai rempli ma promesse et mérité ma récompense. N'ai-je pas tiré votre ami de prison? Tout ce qui est arrivé depuis ne me regarde pas. Une fois libre, c'était à lui de veiller sur sa vie. »

Dans leur jeunesse les Maures sont généralement petits de taille et bien pris; mais à l'âge mûr ils tournent à l'embonpoint, grâce à leur vie indolente et oisive. Les femmes sont, dit-on, gracieuses; leur teint est d'un blanc plombé, à cause de leur genre de vie, qui les éloigne du contact du grand air et de la lumière; elles deviennent très-grasses avec l'âge, ce qui passe, dans le pays, pour un signe de beauté. Afin de se rendre plus belles, elles se teignent les sourcils et les paupières avec du henné (1).

Les habitudes d'un Maure de condition sont très-simples. Il se lève avec le soleil; sa toilette lui donne d'autant moins de peine qu'il dort à peu près habillé; il fait sa prière dès que la voix du muezzin lui rappelle l'unité de Dieu et la venue du prophète (2). Il déjeûne avec une tasse de café et quelques confitures sèches. Quelquefois il s'accorde la douceur de fumer une pipe de kîf ou fleur de chanvre. Ensuite il monte à cheval, et galope deux ou trois heures. Vers midi il mange du pilau, de la viande fortement épicée; mais l'orgueil de sa table, c'est le classique couscous. Après dîner il va au café, quelquefois à la mosquée; le soir il soupe, ou plutôt fait un second dîner, et s'étend pour dormir sur les coussins qui lui servent de lit.

Le costume des Maures est connu. Ils portent des babouches et des bottines très-larges; aussi n'ont-ils jamais de cors. C'est en voyant ces stigmates européens sur l'orteil d'Ali-Bey, autrement dit Badia l'Espagnol, tandis qu'il était au bain, que les musulmans élevèrent les premiers soupçons sur sa qualité de vrai croyant. On se rappelle qu'après avoir joui de la faveur de l'empereur de Maroc, Ali-Bey fut tout à coup disgracié, et quitta l'empire.

Parmi la classe la plus pauvre il est d'usage de raser de très-près la tête des jeunes garçons, et de la leur laisser constamment au soleil et à la pluie. Les crânes des Maures acquièrent ainsi une épaisseur aussi extraordinaire que celle qui, au dire des historiens, distinguait jadis les têtes des Cophtes. Quand les petits garçons maures se battent, ils donnent de la tête l'un contre l'autre comme des béliers, et celui qui tombe est sûr que la force de son crâne sera à l'épreuve des pierres. « J'ai souvent entendu, dit M. Drummond Hay, résonner sur des crânes maures des coups qui auraient infailliblement fracturé la tête d'un porteur de chapeau; et pour la bagatelle d'un

(1) *Lawsonia alba*, plante de la famille des Lythrariées. Par la décoction des feuilles et de l'écorce on obtient une matière colorée jaune ou rouge, suivant le degré de concentration.

(2) Voici les paroles que le muezzin crie, du haut des tours des mosquées, cinq fois par jour, pour appeler les fidèles, ou pour annoncer au peuple l'heure de la prière : *Allahou akbar, Allahou akbar; Achahahdou anna la ilaha ila Allah; Achahahdou anna la ilaha ila Allah; Achahahdou anna Sidina Mouhhamed rassoul Allah; Achahahdou anna Sidina Mouhhamed rassoul Allah. A-ï-a-e Sallah; a-ï-a-e- Sallah; a-ï-a el felah; a-ï-a-el felah; Allahou akbar; allahou akbar; la ilaha ila Allah.* (Dieu très-grand! Dieu très-grand; j'atteste qu'il n'y a d'autre Dieu que Dieu; j'atteste qu'il n'y a d'autre Dieu que Dieu; j'atteste que notre seigneur Mohammed est le prophète de Dieu; j'atteste que notre seigneur Mohammed est le prophète de Dieu: venez à la prière, venez à la prière; venez dans l'asile (temple), venez dans l'asile. Dieu très-grand! Dieu très-grand! Il n'y a point d'autre Dieu que Dieu.) — C'est la litanie qui précède toutes les prières canoniques des musulmans. Chacun peut faire la prière où il se trouve, excepté celle du *douhour* ou vendredi, qui doit être faite à la mosquée, en commun. A la convocation du matin, après le second *a-i-a-el felah*, on ajoute : *Es salatou khairoun minn en naoum* (la prière est meilleure que le sommeil), qu'on répète deux fois.

felou (liard), il n'est pas de polisson à Tanger qui ne s'offre avec empressement à rompre sur son crâne nu une brique bien cuite, et qui n'en vienne à bout avec plus de facilité que je n'en aurais à casser un biscuit sur la mienne (1). »

Superstitieux à l'excès, les Maures ont grand'foi aux astrologues. Ils croient aux mauvais génies, craignent les démons, vénèrent les amulettes, et leur supposent une efficacité indépendante de la religion, puisqu'ils en conseillent l'usage aux chrétiens. Bigots et fanatiques, ils contestent les merveilles de la science, mais n'hésitent pas à croire qu'il y a un espace de soixante-dix mille journées de marche entre les deux yeux de l'ange fatal du troisième ciel. De cette crédulité naît leur respect pour les marabouts, les santons, et autres saints, qui rôdent autour des sépulcres, comme les démoniaques de l'Évangile.

Les *Arabes* du Maroc sont issus de la dernière race conquérante venue après les Romains. Dans les premières années du huitième siècle, ils franchirent le détroit de Gibraltar, et reçurent en Espagne le nom de *Maures*, et en France celui de *Sarrasins*. Les Maures d'Espagne et les Sarrasins sont donc des Arabes pur sang, qui dans les premiers siècles de l'hégire propagèrent par le glaive la nouvelle religion de Mahomet, et l'imposèrent aux peuples soumis. Expulsés de l'Espagne, ils se réfugièrent sur la côte de l'Afrique, où ils fondèrent la plupart des villes actuelles. Là, traités en ennemis par les indigènes, ils n'eurent de relations qu'avec les Turcs et les renégats de toutes les nations. Ils se vantent de parler la langue du Koran dans toute sa pureté. Cette race conquérante a conservé le caractère typique, les habitudes pastorales et guerrières des Arabes de l'Yémen.

Les Arabes sont de taille plus belle et de mœurs plus douces que les Maures. Ils sont aussi plus braves, moins perfides et plus hospitaliers. Leur costume est le haïk blanc; ils portent les cheveux courts et ceints d'une longue bandelette. Entourés de leurs troupeaux et campés sous leurs tentes, ils échappent aux atteintes du despotisme; ils payent néanmoins un tribut à l'empereur, le *garahne,* ou impôt territorial. Ils sont, de plus, obligés de fournir aux troupes qui passent dans le voisinage de leurs douars, le blé, le beurre, le miel et la viande. De même qu'en Arabie, ils plient leurs tentes après la récolte, et vont chercher ailleurs une terre vierge et de gras pâturages. Ces migrations rappellent le temps des patriarches. Chaque douar a un cheik ou chef, qui jouit d'une autorité assez étendue. Chez ces peuples primitifs, la naissance d'un enfant et celle d'un poulain sont également fêtées. Ils justifient encore leur ancien renom d'hospitalité en dressant une tente vide destinée aux voyageurs. Au centre des douars les plus nombreux on voit souvent une mosquée où se disent les prières et où le taleb, maître d'école, enseigne aux enfants à lire le Koran.

Les *Juifs*, malgré le mépris et les vexations qu'ils subissent, sont très-nombreux dans les États du Maroc. M. Charles Didier en donne le portrait suivant, tracé de main de maître : « Les juifs sont plutôt tolérés qu'acceptés, et on leur vend cher cette tolérance. Sans compter les contributions extraordinaires, ils sont soumis à un tribut annuel considérable et payent pour tout, même pour porter des souliers qu'ils doivent ôter vingt fois le jour, devant les mosquées, devant les sanctuaires, devant la maison des santons et des grands. Ils sont condamnés à une espèce d'uniforme noir, couleur fort méprisée des Maures. Il leur est défendu de lire et d'écrire l'arabe, n'étant pas dignes d'entendre le divin Koran. L'usage du cheval leur est également interdit : c'est un animal trop noble pour eux; ils ne peuvent monter que des ânes ou des mulets, encore faut-il pour cela qu'ils payent un droit. Un juif ne peut s'approcher d'un puits lorsqu'un musulman s'y désaltère, et il serait rudement châtié s'il osait s'asseoir en présence d'un croyant.

« Telles sont les conditions auxquelles on les supporte; on les traite moins

(1) Drummond Hay, *le Maroc et ses tribus*; trad. de l'anglais par madame Belloc, p. 127 (Paris, 1844).

en hommes qu'en animaux. Parqués dans leur quartier, j'ai presque dit leur ménagerie, et enfermés la nuit comme des bêtes fauves, ils vivent là sous la discipline d'un kaïd hébreu, élu par eux, mais soumis à un cheik ou ancien, nommé par le sultan. Ils ont le libre exercice de leur culte, auquel ils sont fort attachés, et se gouvernent d'après leur loi. Ridiculement superstitieux, ils mêlent aux rites mosaïques toutes les folies de la cabale. Ils parlent tous espagnol, et descendent, pour la plupart, surtout ceux des côtes, des Juifs chassés d'Europe, et d'Espagne en particulier, à diverses époques du moyen âge. Cependant il y a dans les montagnes des tribus hébraïques dont l'établissement paraît remonter à des temps antérieurs au christianisme. On les appelle et ils s'appellent eux-mêmes *Philistins*, et vivent confondus avec les Amazirgues (Berbères), qui les souffrent au milieu d'eux et ne les persécutent pas comme les Maures persécutent leurs coreligionnaires. Les Philistins ne reconnaissent d'autres livres que l'Ancien Testament, auquel ils adjoignent certaines paraphrases chaldéennes, et sont tenus pour hérétiques par les autres Juifs. On a cru quelque temps qu'ils descendaient des anciens sadducéens; mais cette opinion ne paraît pas fondée, de l'aveu même des rabbins. Le peuple hébreu se console des affronts dont il est l'objet en trafiquant et en reprenant par la ruse ce que ses tyrans lui arrachent par la force. Si astucieux, si fourbe que soit le Maure, le Juif est encore son maître, et le dupe dans toutes les transactions. C'est la seule vengeance qui lui soit permise, et il l'exerce sans miséricorde. Il lui revient toujours quelque chose des tributs qu'il paye; cela fait qu'il s'y résigne avec moins de désespoir. D'ailleurs, c'est pour lui une condition d'existence. Les Juifs ont un proverbe qui dit : *Con los Moros plomo o plata*, « Avec les Maures du plomb ou de l'argent. » N'ayant pas de plomb à leur envoyer dans la tête, ils donnent l'argent; seulement ils en donnent le moins possible, et ils mettent tout leur génie à jouer l'indigence : plus un Juif est riche, plus il fait le pauvre; et ce mensonge, qui ne se dément pas un instant, ne finit qu'avec la vie.

« Ainsi, les passions les plus basses de l'humanité, l'avarice et la peur, sont les deux traits distinctifs de ces malheureux esclaves; ils en portent l'empreinte indélébile sur leur visage et dans toute leur personne. Leur regard est oblique, inquiet; ils masquent la terreur dont leur cœur est possédé sous un sourire mielleux qui fait mal à voir quand on l'étudie. Le Juif ne parle pas, il chuchote comme un prisonnier qui craint de réveiller ses bourreaux endormis. Le Juif ne marche pas, il se glisse le long des murs, l'œil au guet, l'oreille aux écoutes, et il tourne court à tous les angles comme un larron qu'on poursuit. Souvent il tient sa chaussure à la main, pour faire moins de bruit, car rien ne l'effraye plus que d'attirer l'attention; il voudrait marcher dans un nuage et se rendre invisible. Si on le regarde, il double le pas; s'arrête-t-on, il prend la fuite. Il tient à la fois du lièvre et du chakal. Sa laideur est une laideur toute particulière et qui n'appartient qu'à lui. Il n'a pas les traits physiquement difformes; mais, fidèle miroir de sa vie interne, sa physionomie a quelque chose d'ignoble et de brutal qu'on ne saurait définir, qui déplaît au premier coup d'œil, et repousse invinciblement. C'est une laideur morale; c'est l'âme qui est difforme, et qui se reproduit dans chaque trait du visage. Il faut avoir vu ce peuple avili pour se faire une idée exacte de ce que peut sur les hommes un long système d'intimidation. La vie de l'intelligence est éteinte depuis des siècles dans ces êtres infortunés; ils n'ont plus rien de l'homme que les instincts inférieurs et les grossiers appétits; aucune pensée supérieure ne saurait germer dans ces cerveaux pétrifiés, *métallisés*, si j'ose le dire; pas un sentiment généreux ne fait palpiter ces poitrines d'airain. L'argent, voilà leur dieu, voilà leur culte. Ils adorent, comme leurs ancêtres, le veau d'or.

« Si on suit les Juifs du comptoir à la synagogue, on les retrouve semblables à eux-mêmes : esclaves de pratiques dont l'esprit est mort et le sens perdu, ils confondent tout, Moïse et la cabale, les prophètes et les rabbins. Les superstitions les plus folles sont les mieux observées, et les cantiques sublimes du Psalmiste sont traduits en vociférations si monstrueuses, qu'on se demande, à les entendre, si ce ne sont pas des sauvages ivres qui rugissent autour de leur fétiche.

« Voilà ce que sont aujourd'hui sous la verge des tyrans africains les descendants du prophète Isaïe et du grand roi Salomon.

« Par un phénomène qui ne s'explique que par la différence des occupations, les femmes juives ont échappé à la dégénération physique dont les hommes sont frappés : elles sont aussi belles qu'ils sont laids. On ne saurait voir nulle part des têtes plus parfaites, plus idéales, et l'on se demande avec surprise comment de tels pères engendrent de telles filles. Pourquoi faut-il que de si charmantes fleurs soient jetées en pâture à de pareils êtres? La beauté des Juives, comme la laideur des hommes, a un cachet original qui ne se retrouve en aucun lieu. C'est l'éclat oriental uni à la finesse européenne, le point où les deux types se rencontrent et se confondent. La délicatesse des traits est surtout remarquable, et la coupe du visage, sans être ni la coupe grecque ni la coupe romaine, participe de l'une et de l'autre; elle est moins pure que la première, elle est plus gracieuse que la seconde. Toutes les Juives ont de beaux yeux noirs pleins de flamme, et la peau très-blanche; elles sont de moyenne taille, mais sveltes et bien faites. N'étant pas soumises, comme les hommes, à une livrée uniforme, elles ont pu conserver le costume de leurs mères. Cet habit, riche et brillant, leur sied à ravir; il prend bien les formes et rehausse singulièrement leur beauté. Leur jupe, *faldeta*, de couleur voyante, est ouverte par le bas et ornée de deux larges revers brochés en or qui se renversent sur le genou; leur corset, *punta*, de drap ou de velours, également brodé en fil d'or, se lace sur la poitrine, et elles passent par-dessus le *caso*, espèce de gilet, vert, rouge ou bleu, qui n'a pas de boutons, et flotte librement des deux côtés. Le *caso* est brodé comme le reste. Les Juives n'ont d'autres manches que celles de la chemise, lesquelles sont larges et pendantes, de manière à laisser voir le bras jusqu'au coude. Leurs petits pieds nus se cèlent dans des pantoufles rouges. La *sfifa* est un diadème de perles, d'émeraudes et d'autres pierres précieuses, qui s'attache sur le haut du front et couronne dignement ces gracieuses têtes. Les jeunes filles portent leurs cheveux à longues tresses, comme les Bernoises; les femmes mariées les coupent ou les cachent. Cet ensemble est pittoresque; cet éclat, cet or, contrastent avec les couleurs sombres auxquelles les hommes sont condamnés. Cependant, si la police maure n'intervient pas dans la toilette des Juives, elle les oblige à se découvrir en public la moitié du visage, pour les distinguer des Mauresques, qui laissent voir à peine un œil. Les Juives sortent peu, car elles craignent toujours, de la part des musulmans, quelque insulte qui demeure toujours impunie, ou si on la venge, ce n'est pas sur l'agresseur, c'est sur la victime : telle est la justice distributive du pays. Le moindre faux pas fait par une Juive, une démarche équivoque, ne fût-ce même qu'un soupçon, sont punis par le fouet; et ces exécutions se font avec une brutalité révoltante. Les femmes maures sont châtiées en secret par l'*ahrifa ;* on n'a pas tant d'égards pour des filles de mécréants : le premier soldat venu se saisit d'elles, et les fouette en pleine rue, sans pudeur et sans pitié! On conçoit qu'exposées à de tels affronts, elles restent au logis; leur vie, surtout celle des jeunes filles, est très-sédentaire; leur teint n'en a que plus d'éclat. Elles passent toute leur journée à vaquer aux soins du ménage, à faire des *puntitas*, ou à broder, tandis que les pères, les frères et les maris fraudent et trafiquent (1). »

En résumé, quatre peuples, de mœurs et d'habitudes différentes, les Berbères, comprenant les Amazirgues et les Schellocks, les Maures, les Arabes et les Juifs se partagent la population de l'empire de Maroc. Les chrétiens et les renégats y sont en trop petit nombre pour entrer en ligne de compte. Les Nègres qu'on y trouve sont presque tous originaires du Soudan; ce sont des observateurs rigides des lois du prophète; ils forment le noyau de l'armée.

Tel est le tableau rapide des popula-

(1) *Promenade au Maroc*, p. 144 et suiv.

tions du Maroc. Il faut toujours l'avoir présent à l'esprit pour bien comprendre l'histoire de ce pays.

Religion; état de l'enseignement. — La seule religion reconnue et protégée est l'islamisme. L'empereur, en qualité de chérif ou descendant du prophète, est à la fois chef spirituel et chef temporel. Comme l'élément religieux joue un immense rôle dans toutes les transactions avec la cour marocaine, et que les habitants de race maure ou arabe sont des sectateurs zélés de Mahomet, nous allons insister un peu sur ce sujet, afin d'en faire mieux ressortir toute l'importance.

La religion musulmane est extrêmement simple : elle n'a point de mystères, point de sacrements, point d'intermédiaires entre l'homme et Dieu ; elle n'a point d'autels, point d'images, ni d'ornements. Dieu est invisible ; le cœur de l'homme est son autel, et tout musulman est grand prêtre. Selon El-Hhadiss, qui est la tradition canonique, le prophète déclara l'essence de sa religion par cette sentence célèbre :

« L'islam est édifié sur cinq fondements, qui sont : Faire la profession de foi : Il n'y a point de Dieu qu'un Dieu, et Mouhhammed est l'envoyé de Dieu ; faire la prière ; donner des aumônes ; observer le Ramadan ; et accomplir le pèlerinage à la maison de Dieu la prohibée. » Malgré sa simplicité, il n'y a peut-être pas de religion qui ait eu autant d'interprètes et de commentateurs. Plusieurs de ces interprètes ont fait naître des sectes dont le fanatisme a souvent ébranlé le trône des khalifes et des sultans.

Le culte est divisé en quatre rits orthodoxes, nommés le *hhaneffi*, le *mâleki*, le *hhânbeli*, et le *schâffi*, du nom des quatre *imâms*, leurs fondateurs. Le premier de ces rits est celui des Turcs ; le second est celui des Maghrebins (Arabes occidentaux). Les deux autres sont suivis par différentes tribus indigènes de l'Arabie et de l'Asie. Ces rits sont à peu près identiques quant aux dogmes ; leur différence est seulement dans les cérémonies religieuses. Par exemple, quand on est debout pour faire la prière, les hhaneffis croisent les bras, et les mâlekis les ont pendants. Dans l'ablution légale, lorsque les uns commencent par la pointe des doigts pour aller jusqu'aux coudes, les autres commencent par les coudes pour aller jusqu'à la pointe des doigts.

Pour se présenter convenablement devant le Créateur, les musulmans pensent qu'il faut que le corps de l'homme soit d'abord purifié. C'est pour cela que les ablutions légales furent instituées : elles consistent à se laver trois fois de suite les mains, l'intérieur de la bouche, l'intérieur des narines, le visage, les bras, la tête, l'intérieur des oreilles, la nuque et les pieds. Il y a, en outre, des ablutions générales qu'on pratique en se lavant tout le corps de la tête aux pieds, le vendredi avant la prière de midi, et après certains actes, tels que celui de la cohabitation, etc. Dans les endroits où l'on ne trouve point d'eau, on peut faire l'ablution avec de la terre ou du sable ; c'est ainsi qu'on le fait dans le désert. On peut encore pratiquer l'ablution en se frottant avec les mains, après les avoir appliquées sur une pierre : c'est ainsi que se font les ablutions des marins dans les navigations, parce qu'on regarde l'eau de la mer comme étant impure et entièrement inutile pour cet usage.

Tout musulman doit réciter cinq fois par jour la prière ; la première fois au lever de l'aurore, ou quand le soleil est à dix-huit degrés environ au-dessus de l'horizon ; cette prière se nomme *Es-sebâh*. La seconde prière a lieu après midi, au moment où l'ombre d'un gnomon ou d'un bâton perpendiculaire serait égale à la quatrième partie de sa longueur ; cette prière s'appelle *Ed-dôuhôur*. La troisième est dite au moment où l'ombre du bâton ou du gnomon serait égale à sa longueur : c'est *El-âssar* ; la quatrième doit avoir lieu dans le moment qui suit l'entier coucher du soleil, et on la nomme *El-mogarêb* ; enfin, la cinquième oraison est récitée au dernier moment du crépuscule de la nuit, ou quand le soleil est à dix-huit degrés sous l'horizon du côté de l'occident : c'est celle qu'on appelle *El-askha*. Chaque prière canonique est composée de l'invocation, de plusieurs *rikats*, et de la salutation. Un rikat est composé de sept positions du corps avec différentes prières (1)

(1) Voici la forme et la teneur de la prière

Après la croyance de l'existence d'un seul Dieu tout-puissant, et la foi dans la mission du prophète, comme aussi l'obligation des prières canoniques, il faut observer le précepte de faire l'aumône : cette loi est absolument obligatoire pour tout musulman en état de l'accomplir. Ce précepte comprend la dîme aumônière, l'aumône pascale, le sacrifice pascal, les donations ou les fondations pieuses, et les aumônes éventuelles de charité.

Le jeûne dans le mois de *Ramadan* est le quatrième précepte divin. Il con-

canonique. *Invocation :* le corps droit, les deux mains élevées à la hauteur des oreilles, on dit : *Allahou akbar!* (Dieu très-grand!) *Premier rikat* ou 1re position : Debout, les bras et les mains pendants pour les mâlekis, ou les bras croisés pour les hhaneffis, on récite le premier chapitre du Koran, appelé *el fatha : Alhamdou lillahi, rab ilaalmin, arrahman irrahim, malek yaoum iddin, eyàka naaboùdou oua eyàka nastaaïn, ihdina sirata el moustakim, siràta elleddina anaàmta aaleïhìm, ghaïr el magdoubi aleïhim, ouà la addulina. Amìn.* (Louange à Dieu! seigneur des mondes, très-miséricordieux, roi du jour du jugement dernier, nous t'adorons et nous implorons ton assistance; dirige-nous dans le chemin droit, le chemin de ceux que tu as comblés de tes bienfaits, de ceux qui sont sans corruption, et qui ne sont pas du nombre des égarés. Amen.) — Après cela, on récite quelques versets du Koran, dans la même attitude. — 2e position : On fléchit toute la moitié supérieure du corps, appuyant les mains sur les genoux, et on s'écrie à haute voix : *Allahou akbar!* (Dieu très-grand!) — 3e position : On se redresse, en disant : *Semeh Allahou, limann hamidahhou* (Dieu entend quand on lui adresse des louanges). — 4e position : Prosterné, les genoux, les mains, le nez et le front à terre, on dit : *Allahou akbar!* (Dieu très-grand!) — 5e position : Assis sur les talons et les mains sur les cuisses, on s'écrie : *Allahou akbar!* — 6e position : On se prosterne comme auparavant, en prononçant : *Allahou akbar!* — 7e position : On se met debout, sans appuyer les mains à terre, s'il est possible, et on fait entendre l'exclamation : *Allahou akbar!* C'est ainsi que se termine le premier rikat; après lequel on en recommence un second. A ce second rikat, après avoir exécuté les six premières positions, on prend la septième, qui consiste à s'asseoir sur les talons comme à la cinquième, en répétant : *Allahou akbar!* Puis on ajoute : *Atahaiatoùl lahi, oua salaouatoù, ouà ataiabatou, assalamoù aaléïkia ioha ennebiyou, oua rahmantoul lahi, oua barakatahou assalamou aalèïna, oua aàla nabadou l-lahi assalaheïna aschahàhdou ànna là ilàha ila Allàh ouahadahoù, ouà aschahàhdou annà Mouhhammedoùn abadoù ouà rassoulouhoù.* (Les veilles sont pour Dieu, comme aussi les prières et les aumônes; salut et paix à toi, ô prophète de Dieu! que la miséricorde du Seigneur et sa bénédiction soient aussi sur toi! Salut et paix à nous et à tous les serviteurs de Dieu justes et vertueux! J'atteste qu'il n'y a point de Dieu sinon Dieu unique, et que Mouhhamed est son serviteur et son prophète.)

Si la prière ne doit avoir que deux rikats, on récite dans la même posture l'*addition* suivante, après la prière que nous venons de transcrire : *Ouà aschahàhdou anna elletzi fi dja-à bihi Mouhhamed houa, oua en e djennàta hoùa, ouà en e nàra hoùa, ouà en essiràta hoùa, ouà en el mizan hoùa, oùa en essaàta ataita la raïba fihi, oua inna Allàhi iabaàz min fil cobor. Allàhou sallè aàla Mouhhamedin ouà aàla èli Mouhhamedin, cama saléita aïla Ibrahima, ouà barik aàla Mouhhamedin ouà aàla èli Mouhhamedin, cama baràkta aàla Ibrahima ouà aàla eli Ibrahima, innaka Hhamidoun mesjidoun.* (Et j'atteste que ce fut lui qui appela à soi Mouhhamed; et j'atteste l'existence du paradis, et celle de l'enfer, et celle du *sirat* (pont d'enfer, aussi mince que le tranchant d'un sabre), et celle de la balance, et celle du bonheur éternel, accordé à ceux qui n'en doutent pas, et qu'en vérité Dieu les ressuscitera de la tombe. O mon Dieu! donne ton salut de paix à Mouhhamed et à la race de Mouhhamed, comme tu as donné ton salut de paix à Abraham; et bénis Mouhhamed et la race de Mouhhamed, comme tu as béni Abraham et la race d'Abraham. Les grâces, les louanges et l'exaltation de gloire sont en toi et pour toi.)

Conclusion ou *salutation* : Assis, le visage tourné à droite, puis à gauche, on répète de chaque côté la salutation : *Assalàmou a leikom!* (Que la paix soit avec vous!)

Voilà ce qui constitue une prière canonique. Quand elle doit avoir trois rikats, on ne récite l'*addition* et la conclusion qu'à la fin du troisième, qui est en tout semblable au second. Si la prière doit avoir quatre rikats, à la fin du second, et sans l'*addition*, on récite les deux derniers comme les deux premiers; on ajoute ensuite l'*addition* et la conclusion au quatrième. Avant de commencer la prière, on prononce la convocation, que le muezzin crie du haut des minarets. (Ali Bey.)

siste non-seulement dans l'abstinence de tout aliment solide et liquide : il faut encore s'abstenir de fumer, et de respirer l'odeur d'aucun aromate, dès le moment du *fegher* ou aurore, depuis le lever du soleil jusqu'à son coucher. Ce jeûne est obligatoire pour tous les hommes et les femmes, à l'exception des malades, des voyageurs, des femmes enceintes ou dans l'état d'impureté légale, des nourrices, des mineurs, des vieillards faibles, des aliénés et des personnes dont l'abstinence pourrait compromettre la santé. Si on interrompt le jeûne par mégarde ou par distraction, par cause de maladie, de voyage, ou pour tout autre motif légitime, on est obligé de jeûner autant de jours dans un autre temps; mais si la transgression du jeûne d'un seul jour a été volontaire, sans cause légitime, alors on doit jeûner soixante et onze jours pour expier ce péché. Dès que le soleil a disparu de dessus l'horizon, il est permis de manger, de boire, de fumer et de se divertir pendant toute la nuit jusqu'à l'heure de la prière du matin. Pendant le ramadan les inimitiés cessent, les familles se réunissent, et les pauvres sont plus que jamais soulagés par des aumônes abondantes.

Comme tout le temps que le soleil se trouve au-dessus de l'horizon est consacré à une abstinence sévère, on comprend l'impatience avec laquelle on attend l'heure du maghreb (soir). Au premier cri du muezzin, tout le monde se met en mouvement pour satisfaire son appétit. Il y a des personnes qui font jusqu'à quatre repas pendant la nuit. Pour le riche, le jeûne du ramadan n'est que l'interversion de l'ordre de ses jouissances : il dort le jour, et veille la nuit en mangeant et buvant. C'est, au contraire, une rude pénitence pour le pauvre qui vit du travail journalier de ses mains. Le moment de commencer le ramadan est annoncé à Fez par des coups de fusil tirés d'une hauteur voisine, et par le son lugubre des trompettes que les crieurs font entendre du haut des minarets. Le mois du ramadan commence dès l'instant où le premier quartier de la lune se dégage des rayons du soleil couchant. Cet instant est épié avec anxiété par des hommes postés sur des hauteurs comme sur des observatoires.

On sait que le pèlerinage à la Mecque est le cinquième précepte du prophète. Tout musulman doit au moins une fois dans sa vie faire ce voyage personnellement, ou payer quelqu'un qui le fera à sa place. Ce dernier cas est aujourd'hui bien plus fréquent qu'autrefois. C'est une preuve (à laquelle on en pourrait ajouter bien d'autres) que l'indifférence en matière de religion a fait autant de progrès chez les musulmans que chez les chrétiens.

Il n'entre pas dans notre plan d'énumérer ici tous les autres préceptes de la religion de Mohammed. Il nous importait d'en rappeler les principaux traits; car, nous le répétons, nulle part peut-être on ne professe un attachement aussi fanatique à l'islamisme que dans certaines parties de l'empire de Maroc. Ceci est surtout vrai pour les Maures et les Arabes. Quant aux Berbères, leur foi est beaucoup moins inébranlable : ils se permettent, au grand scandale des croyants, des infractions fréquentes aux préceptes du prophète. Il est à remarquer que ces germes d'indifférence religieuse se manifestent chez la portion à la fois la plus brave et la plus indépendante de la population marocaine.

C'est autour des mosquées que se trouvent les écoles, *mektib*. Les enfants y apprennent à lire des versets du Coran, écrits sur de petites planches. On leur fait répéter les mêmes versets jusqu'à ce qu'ils les retiennent par cœur ; et quand ils les savent, on les leur fait copier. C'est ainsi qu'ils apprennent à lire et à écrire par une méthode qui ressemble beaucoup à la méthode lancastrienne, et qui se pratique au Maroc depuis un temps immémorial. « Qu'on se figure, dit M. Didier, un troupeau de bambins nus ou couverts de guenilles, couchés pêle-mêle dans une salle obscure et fétide ; un vieux magister en robe sale et en turban froissé, accroupi sur une table, comme le grand Mogol sur son trône, tenant pour sceptre une formidable verge, et passant ses doigts décharnés dans une barbe hérissée, verdâtre, et l'on aura l'idée des aménités scolastiques du Maroc. Les malheureux captifs, entassés dans cet antre, répètent en chœur jusqu'à extinction les versets du livre saint. A chaque faute, le pédagogue les reprend avec dureté, si même il ne fait intervenir la férule (1). »

En sortant de ces écoles, les enfants passent aux lycées appelés *mudaris*, c'est-à-dire lieux d'étude. De là, on entre à l'université de Fez, appelée *dar-el-ilm*, maison de science, nom qui correspond à celui de *sapienza*, donné à plusieurs universités d'Italie. L'université de Fez fut en grande réputation pendant le moyen âge; elle proposait des concours de poésie, qui attiraient tous les nourrissons des muses africaines. Les lauréats recevaient, entre autres prix, un beau cheval et une belle esclave (2). Les *talebs* (licenciés) et les *allems* qui sortent de l'université de Fez n'ont qu'une très-légère teinte des sciences mathématiques et physiques. On y apprend les éléments de la géométrie d'Euclide. Leur cosmogonie est celle du Koran, fille du Pentateuque. La cosmographie est celle de Ptolémée. L'astronomie se borne à quelques notions nécessaires pour prendre l'heure au soleil avec des astrolabes extrêmement grossiers. La géographie est exclue du plan des études. La physique est celle d'Aristote. La métaphysique est l'arène où les talebs exercent le plus leur esprit. La chimie se réduit à quelques manipulations alchimiques. L'étude de l'anatomie est interdite par des motifs religieux. La médecine consiste dans quelques pratiques superstitieuses. L'histoire naturelle rencontre les mêmes obstacles que l'anatomie.

Les astronomes y sont des astrologues: ils prédisent le sort du sultan, de l'empire et des particuliers Ils sont fort considérés, et parviennent facilement aux premières charges de la cour, à cause de leur influence sur les affaires publiques. Il y a dans l'empire quelques historiographes, qui ignorent complétement l'histoire des autres pays.

« La langue, dit Ali-Bey, se trouve dans un état de dégradation extrême. Ils n'ont point d'imprimerie; et la grande imperfection de l'écriture vient de ce qu'ils confondent fréquemment les lettres, les points et les accents : voilà une foule de causes réunies pour anéantir le peu de connaissances scientifiques qui restent, en sorte que les habitants souvent ne s'entendent pas entre eux; enfin il leur en coûte beaucoup pour lire un papier, qui très-souvent ne peut être déchiffré par celui qui l'a écrit. C'est ce qui explique pourquoi lorsque le célèbre orientaliste chrétien Golius vint dans ce pays, il ne put entendre un mot d'arabe, et qu'il lui fallut toujours avoir un interprète. Cette imperfection de la langue et de l'écriture les force à lire toujours en chantant; ce qui fait confondre le sens des phrases, qui d'ailleurs ne sont pas distinguées par la ponctuation orthographique, mais seulement par les cadences, ce qui donne au lecteur le temps nécessaire pour comprendre la parole écrite qu'il ne pourrait comprendre s'il voulait lire couramment. Si l'on voit des hommes lire rapidement le Coran ou quelque autre livre, c'est parce qu'ils l'ont appris par cœur. Je n'en parle qu'après en avoir fait différentes fois l'épreuve : en arrêtant les lecteurs, quoiqu'ils eussent le livre sous les yeux, comme s'ils avaient lu, ils ne pouvaient plus continuer ni reconnaître dans la page l'endroit où ils devaient en être restés; de sorte que ces gens lisent absolument comme des perroquets : le livre qu'ils ont devant eux ne sert à rien, sinon qu'à leur donner un air de savant ou d'importance. Tel est l'état des sciences à Fez, ville qu'on peut regarder, s'il est permis de se servir de cette comparaison, comme l'Athènes de l'Afrique, par le grand nombre de docteurs et de soi-disant savants, enfin par les écoles, qui sont ordinairement fréquentées par deux mille élèves à la fois (1). »

Déjà au seizième siècle, et même bien avant cette époque, l'université de Fez était fort renommée dans les États chrétiens d'Europe. Nicolas Clenard, célèbre grammairien, y alla étudier en 1541; c'est de la ville de Fez qu'il a daté plusieurs de ses lettres, si remarquables par l'élégance et la correction du style (2).

(1) *Promenade au Maroc*, p. 199.
(2) Ibid., p. 198.

(1) *Voyages d'Ali-Bey el-Abbassi*, etc., tom. I, p. 136.
(2) Nicolai Clenardi *de rebus Machometicis Epistolæ*. Lovanii, 1560, in-12.

Sectes religieuses; croyances superstitieuses. — Les *santons* sont des espèces d'ermites qui vivent dans le désert, ou à l'écart dans les villes. On en compte trois espèces : les fous ou idiots, qui sont réputés saints; les fanatiques de bonne foi, et les imposteurs comme partout. Tout leur est permis; ils peuvent impunément se passer leurs caprices. Les fous et les idiots sont vénérés dans tout le Maghreb : chaque Maure vous dira que tandis que les corps des pauvres d'esprit errent ici-bas, Dieu retient là-haut leur raison prisonnière, et ne la lâche qu'au moment où ils vont proférer quelques mots. Leurs paroles doivent donc être recueillies, comme une révélation perpétuelle. Ils se promènent en toute liberté, et parcourent les rues dans un état de nudité presque complet. Plus d'une fois leur rencontre est devenue funeste à des Européens qui ne se tenaient pas assez sur leurs gardes (1).

Il paraît qu'il y a aussi des santons femelles. En justice, le témoignage d'une sainte compte comme celui d'un homme, tandis que pour les autres femmes il en faut six ou sept pour faire un témoin (2). Le tombeau d'un santon est un lieu d'asile, qui protège même le voleur et l'assassin; c'est aussi un but de pèlerinage. Un de ces lieux les plus célèbres, c'est le *Zaoûiat* ou sanctuaire de Mouley-Abd-Selam; il est situé sur le mont de Beni-Hassen, dont on voit de Gibraltar les cimes neigeuses, dominant la ville de Tétouan. C'est aux premiers jours du printemps que les caravanes de pèlerins vont visiter les reliques sacrées. La kaffila, rassemblement de quelques centaines d'âmes, hommes, femmes, enfants, montés sur des bêtes de somme de toutes dimensions, depuis le gigantesque chameau jusqu'aux plus petits ânes, étant réunie, et chaque famille étant pourvue de sa petite tente, la procession s'achemine, bannières et banderoles déployées, à travers les rues de Tanger, tandis que le *ghaita* et le *tebel* (le fifre et le tambourin) marient leurs sons discordants pour faire une musique infernale. La première nuit, on s'arrête au village de Malioga, à peu de distance au sud de Tanger. Le jour suivant, on traverse une plaine ondulée, d'une vaste étendue, et, après avoir franchi une abrupte chaîne de collines, on campe au pied du Beni-Hassen, vers midi. Le lendemain, la tombe, toujours fraîchement badigeonnée, de Sidi-Abd-Selam frappe les regards charmés des pèlerins, qui voient le roc de *Sakht el Oualaden* (la malédiction de la mère) surplomber le bienheureux sépulcre. Ici, les tentes sont de nouveau dressées pour une cérémonie qui consiste à franchir la *pierre du saut* : c'est le nom d'une espèce de table ronde en marbre blanc, que l'on croirait poli de main d'homme. Cette pierre plate est l'objet d'une vénération religieuse. Le pèlerin qui peut la franchir d'un saut est considéré comme béni du ciel.

Après avoir franchi la *pierre du saut*, la kaffila passe devant la maison qu'habitait Mouley Yezid, lorsqu'il cherchait un refuge contre la vengeance de son père, le sultan Mohammed. Alors tous mettent pied à terre, même les femmes et les enfants, car la sainte montagne de Mouley-Abd-Selam est des plus escarpées. Les piétons frayent leur route à travers un bois d'oliviers sauvages et d'autres arbres forestiers, qui tous s'inclinent respectueusement du côté du saint sépulcre. Même dans les mois les plus chauds, l'air est froid sur cette cime sacrée, où le pèlerin ne monte que le cœur tremblant de vénération et de crainte. A peine approche-t-on des confins du village, qu'on est assailli par une importune troupe de petits saints (la sainteté, héritage ici comme en d'autres lieux la noblesse, descend toujours de père en fils). Ces marmots sont les fils des chérifs, postérité du santon, nés gardiens des restes de l'ancêtre commun. On a eu soin

(1) M. Sourdeau, consul général de France à Tanger, fut assailli, en 1820, par un de ces insensés. Étourdi et renversé d'un coup de bâton sur la tête, il en demanda réparation à Mouley-Soliman, qui régnait alors. Le sultan lui répondit qu'il lui ferait justice s'il l'exigeait; mais que le coupable étant privé de raison, il était de la magnanimité d'un chrétien de lui pardonner. M. Sourdeau pardonna.

(2) Charles Didier, *Promenade au Maroc*, p. 23.

de se pourvoir d'avance de biscuits et de petits gâteaux pour amadouer l'essaim tapageur, et tandis que les bambins se disputent les friandises, la kaffila s'empresse de passer. Le village où elle fait halte et dresse définitivement ses tentes se compose de quelques huttes couvertes de chaume. Le soir, le camp est visité par les chérifs, à chacun desquels tout pèlerin est tenu d'offrir un présent en rapport avec ses moyens. Le matin suivant, levée avec le jour, la kaffila, accompagnée des chérifs, se rend en procession solennelle vers l'*emkaddem* ou l'ancien. C'est le chef du sanctuaire, et il a droit, lui aussi, à une offrande. Les pèlerins peuvent ensuite continuer leur route et gravir, à l'aide de marches taillées dans le roc, jusqu'à une caverne, dont l'ouverture est tellement basse, que les enfants même n'y pénètrent qu'en rampant sur les mains et sur les genoux. Il n'est permis que d'entrevoir la vaste cavité creusée dans le roc et surmontée d'une voûte qui se trouve au fond de la grotte, car les guides retiennent les fidèles à l'entrée, et leur font remarquer de loin les *images gravées;* c'est ainsi qu'on désigne les figures d'une femme et d'un homme nus, dont l'une tient à la main un tambourin ou une sphère. Devant eux un serpent à demi roulé dresse la tête. Ce bas-relief, très-profondément fouillé, est sculpté à environ cinq pieds de terre. Les chérifs ont soin de persuader à la foule crédule que ce sont là des personnages pétrifiés, et retenus dans cet état par le pouvoir du santon. En quittant la grotte, la procession se rend au fameux rocher de la Malédiction de la mère. C'est une étroite fente qui descend perpendiculairement, et se termine, à ce qu'on assure, par un gouffre sans fond. Un rebord de quelques pouces de large a été taillé en dedans, le long d'un des côtés de la fissure, et sert de point d'appui aux courageux pèlerins qui se hasardent à traverser ce dangereux passage. Le hardi dévot déterminé à l'effrayante épreuve appuie son dos contre le roc opposé au rebord sur lequel il place ses pieds, et avance ainsi de côté avec la plus grande circonspection; durant tout le chemin, son corps se trouve suspendu sur le noir abîme. C'est à l'extrémité de la fente que l'on rencontre le plus d'obstacles. Les côtés de la crevasse se rapprochent tellement, qu'il est à peine possible de se glisser entre eux. Celui qui arrive au bout obtient pour grâce spéciale le don de « n'avoir plus de haine au cœur contre sa famille; » mais pour l'homme pervers qui tenterait l'épreuve le roc se ferme, et le pécheur est retenu prisonnier jusqu'à ce que les chérifs, à l'aide de quelques versets mystiques, et de quelques invocations au nom d'Allah, aient rouvert la crevasse et permis au prisonnier de se dégager, et de revenir au point d'où il était parti. Enfin, au retour, les pèlerins, après avoir prié sur la tombe de Mouley-Abd-Selam, reprennent la route de Tanger (1).

Il y a au Maroc de nombreuses sectes ou confréries religieuses. Une des plus puissantes est celle de *Hamdoucha* ou *lemdoucha*. M. Didier rencontra un jour une procession de cette secte. « On ne peut, dit-il, rien se figurer de plus sauvage. Le chef, *mukaddem,* était un grand vieillard enveloppé tout entier dans un vaste haïk blanc; il montait un cheval blanc, et portait à la main un étendard blanc, comme les *hermandades* espagnoles, qui n'ont peut-être pas d'autre origine. Il affectait une majestueuse immobilité, tandis que ses adeptes, à pied et demi-nus, exécutaient au son de la musette, *agnal*, et du tambour, *tebel,* des danses ou plutôt des trépignements de possédés. Rangés autour du mukaddem, et la tête courbée en avant jusqu'aux jambes de son cheval, ils s'abandonnaient, avec une fureur qui allait jusqu'au vertige, aux mouvements les plus bizarres; tout leur corps se tordait en contorsions frénétiques. Au lieu de les calmer, la musique ne faisait que les exciter, en précipitant la mesure, et le peuple les animait encore par ses cris. Dans cet état d'irritation nerveuse, les lemdoucha deviennent féroces : ils se jettent sur les animaux, les déchirent avec les dents et les ongles, les mangent crus et sanglants.

(1) Drummond-Hay, *Le Maroc et ses tribus nomades* (trad. par madame Belloc, Paris, 1844), p. 244.

J'en ai vu dépecer de cette manière un mouton ; on en a vu dévorer jusqu'à des ânes. C'est là leur spécialité et leur superstition particulière. Ils se vantent en outre, nouveaux psylles, et fils peut-être des anciens, de toucher impunément à tous les poisons, et jouent sur les places publiques avec des serpents. A défaut d'animaux, ils se ruent quelquefois sur les Juifs, pour lesquels ils sont, on le conçoit, un objet d'épouvante : le peuple d'Israel se cache en tremblant à la première note de la formidable musette. Il n'est pas prudent non plus pour les chrétiens de se trouver sur le passage de ces forcenés, que l'on évite soigneusement. Leur rage est quelquefois telle, qu'on est obligé de leur faire une haie de soldats pour les contenir. Il, paraît que toute cette fureur carnassière est jouée ; les esprits forts parlent des Iemdoucha comme d'une secte qui exploite par ses simagrées effroyables la crédulité du peuple. Quoi qu'il en soit, ils sont en grande vénération ; pressée autour du mukaddem, toujours impassible et muet sur son cheval, et qui faisait ce jour-là son entrée à Tanger, la population lui baisait religieusement le genou. Le soir, il y eut de nouvelles processions aux flambeaux et force coups de fusil, comme aux processions espagnoles (1). »

On parle encore d'autres sectes, telles que les *gilalas*, les *ahmatchas* et les *derkaouas*, qui paraissent être des espèces de déistes : ils courent les villes et les campagnes, habillés en arlequins, et reçoivent les offrandes des fidèles. Mais toutes ces sectes sont beaucoup moins connues que celle de *Sidna Aïser* (2) ou les *Aïsaoua*. Ceux-ci ont à Fez un vaste sanctuaire, qui est en quelque sorte la maison centrale de la communauté ; vers le mois de juillet, ils se rendent par troupes dans la province de Sous, pour y faire provision de serpents, et se répandent de là dans toutes les parties de l'empire. M. Drummond Hay, qui a eu souvent l'occasion de voir de ces charmeurs de serpents, en raconte ainsi les opérations miraculeuses : « Tandis que nous errions çà et là sur la place de Larrache, nous y rencontrâmes une bande d'Aïsaouas ou charmeurs de serpents. C'étaient quatre Amazirgues, natifs de la province de Sous ; trois d'entre eux étaient musiciens, et avaient pour instruments de longs roseaux en forme de flûtes, percés aux deux bouts, dans l'un desquels ils soufflaient, produisant des sons mélancoliques, qu'ils prolongeaient d'une façon assez harmonieuse. Les Aïsaouas, invités à nous montrer leurs serpents, y consentirent de bonne grâce. D'abord ils élevèrent leurs mains comme s'ils soutenaient un livre, murmurant à l'unisson une prière adressée au patron des enchanteurs ; à peine finissaient-ils leur invocation, que la musique reprit : le principal enchanteur, dans une sorte de danse frénétique, se mit à tourbillonner avec vélocité autour d'un panier de joncs, contenant les reptiles, que recouvrait une peau de chèvre. Tout à coup, le jongleur s'arrête, plonge un bras nu dans le panier, et en retire un *cobra-capello*, ou plutôt un *haje :* effrayant reptile, qui peut gonfler sa tête en écartant les plaques qui la recouvrent, et qu'on croit être l'aspic de Cléopatre, le serpent d'Égypte. On le nomme *buska* dans le pays. L'enchanteur plie, replie, contourne comme une souple mousseline ce corps verdâtre et noir ; il l'enroule, en turban, autour de sa tête, continue de danser, et le serpent conserve sa position, paraissant obéir à tous les mouvements, à toutes les volontés du danseur. Le buska fut ensuite posé à terre, et se dressant sur sa queue, posture qu'il prend dans le désert pour attaquer les voyageurs, il commença à se balancer de droite à gauche, en se conformant à la mesure de l'air. Pirouettant alors en cercles, de plus en plus rapides, de plus en plus rapprochés, l'Aïsaoua plongea de nouveau sa main dans le panier pour en tirer successivement deux des plus venimeux

(1) *Promenade au Maroc*, p. 18.

(2) Il ne faut pas confondre *Sidna Aïser*, le patron des charmeurs de serpents, avec *Sidna-Aïsa*, qui est le nom que les Arabes donnent à Jésus-Christ, qu'ils appellent aussi *Rouh Allah* (le souffle de Dieu). Cette dernière désignation rappelle רוח אלהים (*rouahh elohim*) de la Genèse. Suivant une tradition arabe, ce n'est pas Jésus-Christ que les Juifs crucifièrent, mais un homme fait à sa ressemblance et miraculeusement substitué au Sauveur, tandis que celui-ci était ravi au ciel.

reptiles des déserts de Sous, serpents plus gros que le bras d'un homme, longs de deux à trois pieds, dont la brillante et écailleuse robe est tachetée de noir et de jaune, et dont la morsure fait pénétrer dans les veines un feu qui brûle et qui consume; c'est probablement le *torrida dipsas* des anciens. Les Arabes nomment en maghrebin cette espèce *el effah*, probablement parce que la posture qu'elle prend pour s'élancer sur sa proie rappelle la forme de la vingtième lettre de l'alphabet arabe. Les Francs ont fait de ce nom Leffah, comme d'*el Khoran* ils ont fait Alcoran, changeant l'article et le réunissant au nom. Les deux leffahs, plus ardents et moins dociles que le buska, se tenant à demi roulés, la tête penchée de biais, prêts à l'assaut, suivaient d'un œil étincelant les mouvements du danseur. Dès qu'il se trouvait à portée, ils se jetaient sur lui, les mâchoires ouvertes, dardant leur corps en avant avec une incroyable vitesse, sans que leur queue eût l'air de bouger de place, et se rejetant aussitôt en arrière. L'Aïsaoua, à l'aide de son long haïk, parait les attaques dirigées contre ses jambes nues, et les leffahs semblaient imprégner le vêtement de leur poison. L'homme saisit ensuite par la nuque un des deux serpents, qu'il tint, toujours dansant en rond, et invoquant tout haut Sidna-Aïser; puis il sépara les élastiques et puissantes mâchoires du reptile avec une baguette, et montra aux spectateurs ébahis les crochets qui laissaient suinter une substance blanche et huileuse. Il présenta aussitôt son bras au leffah, qui le mordit immédiatement, tandis que le danseur multipliait de hideuses contorsions, comme dans une agonie de douleur, en appelant son saint patron. Le reptile continua de mordre jusqu'au moment où l'Aïsaoua, l'arrachant de son bras, nous montra le sang qui coulait de la blessure. Replaçant à terre le leffah, il appliqua sa bouche sur sa plaie, et, la serrant entre ses dents, il dansa encore quelques minutes, tandis que les musiciens pressaient de plus en plus la mesure : épuisé, enfin, il s'arrêta.

« Persuadé que c'était une habile jonglerie, et que d'avance on avait enlevé au leffah son venin, en sorte que sa morsure n'était pas plus dangereuse que celle d'un rat, je demandai à manier le serpent à mon tour. « Êtes-vous Aï-« sowy? me demanda l'homme de Sous, « ou bien avez-vous une foi inébranlable « dans le pouvoir de notre saint patron?

« Ni l'un, ni l'autre, » répliquai-je?

« Alors, si le serpent vous mord, votre « heure est venue, » reprit-il.

« Qu'on m'apporte un poulet ou tout « autre animal, et je vous en donnerai la « preuve évidente. »

« On apporta une poule, on lui enleva quelques plumes; l'enchanteur reprit son serpent et le laissa mordre un instant l'oiseau; le pauvre volatile, remis à terre, tourna sur lui-même convulsivement l'espace d'une minute, chancela et tomba mort. Presque aussitôt sa chair prit une teinte bleuâtre. Il est inutile d'ajouter que je ne fus plus tenté de jouer avec le leffah (1). »

Il n'y a que deux moyens d'expliquer ces faits étranges, qu'il n'est plus permis de révoquer en doute : ou les Aïsaouas savent empêcher les serpents de mordre avec les crochets venimeux, ou ils possèdent quelque antidote que, tout en dansant, ils appliquent sur la morsure. On a remarqué aussi que ces hommes peuvent toucher impunément les scorpions et toute espèce de reptiles venimeux.

Les sectateurs de Sidna-Aïser ont de l'analogie avec les derviches sauteurs de l'Orient. Comme eux ils se réunissent, à certains jours de fête, dans des maisons consacrées à la célébration de leurs rites. Leur danse furibonde, balancement violent qu'ils impriment à tout leur corps, les jette dans un état d'étourdissement et de folie qu'ils attribuent à la vénération inspirée par leur saint patron. Cet état est aussi provoqué par l'usage du *hachiche* (espèce de chanvre). Sidna Aïser, patron des charmeurs, vivait, dit-on, il y a deux siècles; c'était un savant, un sage, qui prêchait l'unité de Dieu. On raconte que voyageant dans le désert de Sous il y fut suivi d'une grande multitude, ardente à recueillir les préceptes du saint. Ces nombreux auditeurs avaient long-

(1) *Le Maroc et ses tribus nomades*, p. 192 et suiv.

Vestibule de la Maison à la Citadelle de Tanger

temps cheminé, ils venaient de loin, et pressés par la faim ils en appelèrent à Sidna-Aïser, lui demandant du pain. Le sage, perdant patience, se retourna vers la foule, et lui cria d'une voix irritée : « *Koul sim,* » malédiction arabe qui veut dire : *Mangez du poison.* Prenant les paroles du saint à la lettre, les affamés qui le suivaient mangèrent les reptiles du désert, et échappèrent ainsi à la faim et à l'épuisement. Depuis lors, leurs descendants et tous ceux qui croient à la puissance de Sidna-Aïser peuvent manier sans crainte les plus dangereux reptiles.

Parmi les croyances et les pratiques superstitieuses de la population marocaine, il y en a dont l'origine paraît remonter au paganisme. Ainsi, à l'époque de la germination du blé, les villageoises façonnent, en figure de femme, une grande poupée, l'habillent le plus somptueusement qu'elles peuvent, et l'affublent d'un haut bonnet pointu. Elles la promènent en procession tout autour des champs, criant et chantant sans relâche. La femme qui marche en tête porte cette image, qu'elle doit céder à celle de ses compagnes assez agile pour la dépasser, ce qui devient l'occasion de beaucoup de courses et de luttes. Les hommes exécutent la même cérémonie, mais à cheval : ils nomment l'image *mata.* D'après les croyances populaires, ces cérémonies portent bonheur, bien qu'elles soient en opposition directe avec la foi de l'islamisme; car les pratiques superstitieuses et la sorcellerie sont défendues par le Koran. Il est bon d'ajouter que ces croyances ne sont guère conservées que chez les Berbères. Les éclipses de soleil et de lune répandent, comme chez tous les peuples peu civilisés, une terreur générale, et deviennent l'occasion de cérémonies superstitieuses. Les Maures sont extrêmement attentifs à observer le ciel; ils ont pour cela les organes de la vue singulièrement exercés. Ali-Bey raconte à ce sujet que nombre de fois ils lui indiquaient l'endroit où ils voyaient la nouvelle lune, qu'aucun autre œil n'aurait pu apercevoir. La déclaration de deux témoins qui attestent devant le kadi avoir vu la lune suffit pour faire proclamer l'entrée du mois (1).

(1) *Voyages d'Ali-Bey*, tome I, p. 169.

Tribunaux; Code pénal. Le sultan, chef du temporel et du spirituel est à la fois juge et législateur suprême. Son code est le Koran, qu'il interprète souverainement dans des cas litigieux. A certains jours de l'année, le sultan reçoit lui-même les plaintes de ses sujets, et prononce sur-le-champ des sentences irrévocables. Dans les provinces, ce sont les gouverneurs qui ont entre leurs mains le pouvoir judiciaire. Ils sont en même temps administrateurs civils et militaires, et chargés de la perception des impôts. Mais ils ne peuvent faire exécuter aucune sentence capitale, sans en avoir préalablement référé à l'empereur. La peine capitale est d'ailleurs plus rarement appliquée dans l'empire de Maroc (1) qu'on ne le dit généralement : elle ne l'est guère qu'aux contrebandiers et à ceux qui voudraient frauduleusement s'approprier une partie des revenus de l'empereur. Les hauts fonctionnaires siégent accroupis en dehors de leurs maisons; c'est ainsi que le kadi rend la justice et que le *mohtesib* fait la police. On amène le délinquant; le cas est examiné sans phrases, et la sentence exécutée promptement. Dans les affaires correctionnelles et même criminelles, les riches s'en tirent d'ordinaire au prix d'une amende. Ne pouvant payer de leur bourse, les pauvres payent de leur personne. Suivant la gravité du délit, on les frappe par devant ou par derrière. L'instrument du supplice est un nerf de bœuf appelé *osfil*, que les exécuteurs ont coutume de porter sur l'épaule. Dans aucun cas, on ne peut infliger au patient plus de neuf cent quatre-vingt-dix-neuf coups ; on les compte sur un rosaire; si c'est un voleur, on lui coupe la main.

Suivant M. Didier, il y a au Maroc une grande variété de supplices :

« Tantôt on jette le condamné en l'air, de manière qu'en retombant il se casse un bras, une jambe ou la tête, suivant la sentence, et les exécuteurs sont si bien dressés qu'ils ne manquent jamais leur coup ; tantôt on l'enterre jusqu'au cou, livrant sa tête à tous les ou-

(1) Dans l'espace de dix ans (de 1830 à 1840) il n'y a eu à Tanger que trois exécutions. (Drummond Hay.)

trages des passants. D'autres fois, on l'enferme vivant dans un bœuf mort, ou bien on l'attache à la queue d'une mule au galop. Souvent encore on lui remplit de poudre le nez, la bouche et les oreilles, puis on y met le feu. Le pal, l'auge, la mutilation des membres, le croc, sont autant de genres divers de cette effroyable pénalité. Mais la loi par excellence, la loi de prédilection, est toujours la loi du talion; on ne manque jamais de l'appliquer toutes les fois qu'elle est applicable. En voici un exemple récent, dont l'idée seule fait frémir. Un charcutier, convaincu d'avoir vendu de la chair humaine frite à l'huile, fut coupé en petits morceaux; et jetés un à un dans une chaudière bouillante, ces affreux lambeaux étaient donnés aux chiens à la vue de l'agonisant (1). » — Il est à croire qu'il y a beaucoup d'exagération dans le récit de ces supplices.

Pour arracher l'aveu de richesses cachées on a recours aux plus horribles tortures. La victime est mise dans un four lentement chauffé, ou tenue debout des semaines entières dans un étui de bois : on lui enfonce des chevilles pointues entre la chair et les ongles. Des chats furieux sont enfermés dans les larges caleçons des hommes, et leur déchirent la peau. Aux femmes, on tord les mamelles avec des tenailles; jusqu'à des enfants qui, serrés entre les bras de quelques puissants athlètes, sont étouffés sous les yeux de leurs parents. Un riche marchand de Tanger, que l'amour de l'or avait soutenu au milieu des plus cruelles tortures, ne put résister à une dernière épreuve. On l'enferma dans une chambre avec un lion affamé, enchaîné de manière à pouvoir atteindre l'homme de ses griffes, à moins que, réfugié dans un coin et roulé sur lui-même, il restât constamment dans cette posture si pénible (2).

Nul homme ne pouvant mettre la main sur une personne de l'autre sexe, il y a une exécutrice des hautes œuvres pour les femmes, laquelle se nomme par euphémisme *ahrifa*, la tolérante; c'est ainsi que les Grecs appelaient les Furies *bienveillantes*, Euménides.

(1) *Promenade au Maroc*, p. 51.
(2) Drummond Hay, p. 261 (note).

Forces militaires; discipline. Il n'y a pas de troupes permanentes dans l'empire de Maroc. Les seuls soldats que l'empereur entretient constamment sont ceux qui forment sa garde, et dont on évalue le nombre de dix à onze mille. Plus de la moitié de cette garde (environ huit mille hommes) se compose de nègres du Soudan; on les appelle *bokhari*. Le reste (environ trois mille hommes) sont des Maures tirés d'une tribu appelée Oudaïas; on les nomme *ludajas*. La formation de cette garde remonte au règne de Mouley-Ismael, qui mourut en 1727. Il avait fait bâtir pour ses troupes noires, dans les plaines au nord de Salé, une ville maintenant en ruines. Le surnom de *bokhari* leur vient d'un saint qu'ils ont adopté pour patron, et dont ils se disent les serviteurs. C'est là l'armée régulière, qui se trouve répartie dans les villes suivantes :

Tanger	2,400	hommes.
Larache.	1,400	»
Rabat.	350	»
Salé	550	»
Safi	300	»
Mogador	700	»
Maroc.	4,000	»
Fez	1,200	»
Tétouan	100	»
Total...	11,000	hommes.

Chaque homme reçoit par an deux chemises, deux paires de pantalons, un caftan de drap rouge et un sulhem ou surtout bleu. La solde journalière est de un à quatre musune (10 à 40 centimes), sans compter les armes et les munitions de guerre. Un grand nombre n'a pas de solde fixe; ils sont alors obligés, pour se nourrir, de cultiver la terre ou d'exercer un métier. Ils sont désignés pour servir d'escorte aux consuls ou aux étrangers qui viennent visiter les États du Maroc: cela leur procure encore le moyen de se faire quelques petits revenus. Dans certaines occasions, ils reçoivent aussi des cadeaux ou des indemnités de la part de l'empereur. En temps de guerre, au moment de marcher contre l'ennemi, chaque soldat des troupes régulières cantonnées dans les villes de

Tétouan

garnison reçoit 12 à 20 piastres pour toute la durée de la guerre (1).

Au rapport de M. Drummond Hay, il existe parmi la troupe qui fait partie de la maison du sultan divers emplois que certains hommes peuvent seuls exercer. Leurs titres sont : les assommeurs, les fouetteurs, les sabreurs, les tireurs, les lanciers. Ces officiers sont seuls autorisés à frapper, à fouetter, à taillader, à viser, à percer de coups de lance les fidèles sujets de l'empereur, selon ce qu'en décide le caprice du maître, quand il se montre à son peuple.

Ce n'est que dans des cas extraordinaires, lorsque l'empereur proclame le *djehad* ou guerre sainte, qu'il y a des levées en masse. Alors les gouverneurs des provinces fournissent chacun leur contingent. Il y a probablement exagération à dire que ces levées irrégulières et désordonnées pourront mettre sur pied jusqu'à cent mille hommes, car il faut se rappeler que la population marocaine, qui est à peine le double de celle du royaume de Bavière, se compose d'éléments fort divers : indépendamment que les Amazirgues et les Schelloks n'obéissent qu'autant que ça leur plaît, ils causent, par leur indiscipline, souvent de graves embarras à l'administration intérieure.

Les troupes provenant de ces levées irrégulières sont réparties dans les différents services, sans avoir reçu aucune instruction préalable. On fait peu de cas de l'infanterie. Aussi ce corps est-il formé du rebut de la population, de ceux qui sont trop pauvres pour entretenir un cheval : mal équipés, sans ordre ni discipline, ils sont armés de mauvais fusils qui ratent neuf fois sur dix; quelques-uns portent des lances, des massues et d'autres armes semblables. Ils se rassemblent, dans les places qu'on leur désigne, pour recevoir les drapeaux que les cheiks leur distribuent (2).

L'exercice de ces hordes consiste à décharger leurs fusils, à pousser de grands cris au moment de l'attaque, et à tomber sans ordre sur l'ennemi, le sabre ou le yatagan à la main. Toute la troupe alors se débande, et il serait impossible de rappeler les soldats à leur rang.

On comprend ce que peut valoir une pareille infanterie. Abrités derrière les murs des forteresses, ou agissant en guérillas dans des montagnes escarpées, ces fantassins pourront encore rendre quelque service. Mais en rase campagne ils se disperseront, comme une troupe de chacals, à la première décharge d'un bataillon européen.

La cavalerie a plus d'importance, non-seulement par le nombre, mais surtout par l'usage des chevaux que les Marocains acquièrent dès leur enfance. Chaque cavalier reçoit du sultan une terre, et il s'engage, en retour, à nourrir un cheval et à fournir l'équipement nécessaire. C'est ce qui a lieu du moins pour ceux qui habitent des douars et des villes. Un *kaïd* commande un escadron de 500 cavaliers; il a sous ses ordres plusieurs *emkadems*, dont chacun commande cent hommes. Les kaïds sont choisis, en général, dans les familles des gouverneurs; ils se distinguent des autres cavaliers par leurs vêtements plus fins, leurs chevaux et leurs armes plus belles. Les emkadems sont choisis parmi les cheiks; les officiers subalternes ne se distinguent du commun de la troupe que par des armes mieux fabriquées et par une espèce de tunique rouge ou bleue. Le commandement en chef est presque toujours confié à un fils, neveu ou à tout autre proche parent de l'empereur. Le parasol tient lieu de bâton de maréchal. L'uniforme du simple cavalier ne diffère guère du costume ordinaire des Arabes ou des Maures; son bournous est d'une très-belle étoffe de poils de chameau, qui a l'avantage d'être à la fois léger et de garantir suffisamment de la pluie et des rosées si abondantes pendant la nuit; le fès rouge très-haut, quelquefois entouré d'un turban blanc, compose sa coiffure, qu'il recouvre du capuchon de son bournous. Les armes consistent en un fusil, un sabre, un ou deux yatagans, un pistolet et quelquefois une baïonnette. Le fusil est si long, qu'il ressemble de loin à une lance. Le canon en est lourd, grossièrement fa-

(1) *Kurze Beschreibung von Maghreb el aksa*, v. Mordtmann, p. 31 (Hambourg, 1844).

(2) *Marokko, in seinen geographischen, historischen, militärischen, etc., Zuständen*, (p. 60), par M. le baron Augustin; Pesth, 1845.

briqué, fixé à la culasse par plusieurs capucines d'argent, et porte environ vingt-quatre grammes de plomb. Le bassinet est muni d'une espèce de mécanisme pour empêcher le fusil de partir spontanément par suite de fortes secousses; mais ce mécanisme, plutôt nuisible qu'utile, contribue à la détérioration rapide de la batterie. Le fusil est chargé, non pas avec des cartouches, mais avec de la poudre contenue dans des poudrières en bois que les cavaliers tiennent suspendues à d'épais cordons de soie. Ce mode de chargement fait perdre non-seulement beaucoup de temps, mais encore beaucoup de poudre. Pour se servir de ce fusil, le cavalier en appuie la crosse, non pas contre l'épaule, mais sur le devant de la poitrine; en même temps il le tient de la main droite aussi allongée que possible, et lâche la détente avec la main gauche, qui tient la bride. On peut se figurer la justesse du tir (1)!

La baïonnette, si toutefois le soldat s'en sert, est fixée au canon du fusil à l'aide de cordons. Les pistolets sont d'ordinaire à canons très-longs, les Marocains ne paraissant guère habitués à s'en servir. Le sabre n'est pas recourbé comme celui des Orientaux: la lame est presque droite, et engaînée dans un fourreau de cuir qu'on suspend à un cordon de soie passé autour de l'épaule. Ils sont assez habiles à manier ce sabre, et surtout à parer les coups de l'adversaire. Mais de toutes les armes c'est le yatagan qui rend le plus de service aux cavaliers, principalement dans la mêlée. C'est, comme on sait, une espèce de long coutelas, à lame tantôt droite tantôt recourbée comme le handjar turc. Le fourreau est souvent orné de marqueteries d'argent. Ils le portent au côté droit, suspendu à un épais fil de soie; souvent ils le cachent sous leur vêtement, et s'en servent pour couper la tête à l'ennemi mort ou vivant. Les cavaliers sont solidement assis sur des selles à grand dossier, et leurs pieds reposent sur des étriers courts, dont le fer est très-large; leurs éperons ont des pointes de plusieurs pouces de longueur, qu'ils enfoncent presque constamment dans les flancs du cheval. Le mors serre la langue au point de faire craindre une fracture de la mâchoire: il est destiné à arrêter le cheval sur-le-champ et à le faire immédiatement retourner en arrière. Aussi, après l'exécution de quelques manœuvres, les chevaux ont-ils presque tous l'écume sanguinolente, et les pieds estropiés.

Tel est l'armement ordinaire du cavalier marocain. Il va sans dire que grâce à l'industrie anglaise il y a à cet égard des modifications qui se perfectionneront probablement de jour en jour.

La tactique des Marocains est à peu près la même dans toutes les batailles. Elle consiste à s'approcher de l'ennemi à la distance d'environ cinq cents pas. Là, ils se déploient par un mouvement soudain, et cherchent à présenter le plus grand front possible; puis ils courent de toutes leurs forces, le fusil appuyé contre la poitrine. Arrivés à la demi-portée, ils font face: ils arrêtent le cheval par un fort mouvement de bride, et lâchent la détente; puis, tournant le dos, ils battent en retraite avec la même vitesse. Ils rechargent l'arme tout en se retirant; si l'ennemi recule, ils continuent à tirer en gagnant du terrain. Mais si l'action s'échauffe, quel doit être l'embarras de ces hommes qui, sans aucune espèce d'ordre, tiennent chacun de la main gauche la bride et leur long fusil, et l'épée de la droite! Quel doit être sur de tels escadrons l'effet d'une ligne de bataille européenne! Aussi le cavalier marocain évite-t-il, autant que possible, de s'engager à l'arme blanche; il fonde sa supériorité sur la vitesse de son attaque et de sa retraite. Sans doute, cette cavalerie devait être formidable pour les chevaliers pesamment armés du moyen âge; mais depuis le perfectionnement de la tactique et des armes modernes, elle n'inspire plus la moindre épouvante: elle fait plus de vacarme qu'elle ne cause de dommage réel, et se disperse le plus souvent devant une décharge opportune de quelques bataillons d'infanterie. La partie la plus difficile du problème à résoudre, quand il s'agit de la soumission de ces peuples, tient plutôt au caractère individuel, qui est un mélange d'astuce et de fanatisme. Grâce à la vitesse de leurs chevaux

(1) M. d'Augustin, *Marokko in seinen militärischen, etc., Zuständen*, p. 63.

infatigables, ils se montrent soudain là où on les attend le moins; rampant comme des serpents dans l'herbe, ils tuent les sentinelles avancées et disparaissent comme des ombres. Avec de tels ennemis il ne peut y avoir qu'une guerre d'extermination.

La marine du Maroc est dans un état de décadence toujours croissant. La flotte, qui en 1793 comprenait 10 frégates, 4 bricks, 14 galiotes et 19 chaloupes canonnières, ne se compose aujourd'hui que d'une frégate à 36 canons, de 2 corvettes à 26, de 4 bricks a 16 (dont deux ont été fortement endommagés, le 3 juin 1829, par les Autrichiens bombardant le port de Larache), et de quelques chaloupes canonnières. Tout le matériel ainsi que les équipages paraissent être dans l'état le plus déplorable.

Cour de l'empereur; revenus; monnaies. — L'empereur réside tour à tour, et suivant les saisons, à Fez, à Maroc ou à Méquinez. Cette dernière ville, qui renferme la plus grande partie des trésors, est sa résidence favorite. La cour de l'empereur se compose d'un lettré, qui est son vizir, de plusieurs secrétaires ou ministres, personnages dont le principal talent consiste en une belle écriture. Les employés des ministères sont peu nombreux et non rétribués. Les officiers de la couronne sont une espèce de chambellans avec de nombreux adjoints pour le service en dehors du sérail. Pour le service intérieur, il y a un kaïd eunuque. Le garde des sceaux remplit une charge importante. Il n'y a pas de ministre des finances : l'empereur administre lui-même son trésor. Le jour des audiences publiques il y a trois *yassis*, ou maîtres des cérémonies, qui introduisent les plaignants ou les pétitionnaires, car l'empereur est visible pour tous ses sujets indistinctement. Il y a, en outre, des drogmans pour traduire les paroles des négociants étrangers qui pourraient avoir affaire au sultan.

L'*al-zephit*, ou grand maréchal, a sous sa direction les chevaux et haras impériaux. L'*al-cahar* est chargé de tout ce qui concerne la vénerie : les fusils, les chiens et tout l'attirail de chasse. Le *selictar* porte le sabre de l'empereur; le *kosby* est chargé du soin de sa lance; le *cheket* a pour fonction de porter la montre du sultan et de lui dire l'heure. Le reste de la cour se compose d'un *talib* ou médecin, d'un armurier, de deux astrologues, de trois imans qui doivent faire des prières pour l'empereur, de douze pages conduisant les voitures basses, et de deux porteurs de bassins dans lesquels l'empereur lave ses mains. On compte, en outre, cinq officiers de bouche, obligés de goûter aux mets, préparés sous leur surveillance.

Ici, comme dans tous les États fanatiques et ignorants, le clergé domine; et par cela même les motifs de religion entrent pour beaucoup dans les décisions de l'empereur. On a, selon moi, une idée souvent inexacte de l'absolutisme de l'empereur de Maroc et en général de tous les princes musulmans. Leur pouvoir est en effet illimité pour tout ce qui concerne les affaires fiscales et judiciaires; mais dans les rapports avec les puissances chrétiennes, leur volonté est complétement enchaînée par les préjugés religieux de leurs sujets. Plus on est maître absolu des personnes, plus on est esclave des idées. Voilà ce qu'il ne faut jamais oublier.

Comme descendant de la famille de Mahomet, l'empereur de Maroc prend le titre de *emir el-moumenin*, prince des fidèles; il s'appelle aussi *Chérif*, c'est-à-dire noble par excellence. Ses sujets le désignent par *Sidna* ou *Moulana*, notre seigneur. La succession au trône n'est déterminée par aucune loi. Elle échoit le plus ordinairement à l'aîné des fils, ou bien à celui qui parvient à s'emparer des trésors impériaux. Les oncles, les fils et autres proches parents composent le conseil intime de l'empereur. Il n'y a pas, à proprement parler, de conseil d'État ni de divan.

L'étiquette ne permet pas de prononcer le mot *mort* devant l'empereur. C'est pourquoi les courtisans se servent d'une périphrase pour annoncer la mort de quelqu'un : *Ousah amerouh* (un tel a accompli sa destinée) est la locution ordinaire. En prononçant le nom d'un Juif ils ont soin de le faire suivre du mot *ashacok*, qui signifie *sauf votre respect.* Il est également indécent de prononcer le nombre qui signifie *cinq* : on dit *arbaât ou ouahhed*, quatre et cinq (1).

Revenus. — Suivant Ali-Bey, les revenus du sultan peuvent s'élever à 20 ou 25 millions de francs. Comme l'empereur a très-peu d'employés, et que ceux-ci n'ont d'autre traitement que le casuel de leur emploi et quelques gratifications qu'on leur apporte rarement; comme aussi il n'entretient pas d'armée permanente, puisque en cas de guerre tout musulman est soldat par religion, la plus grande partie de cet argent va s'engouffrer dans les trésors de Maroc, de Fez et surtout de Méquinez. On évalue les sommes accumulées dans ce dernier trésor à plus de 200 millions de francs. L'empereur en garde lui-même, dit-on, la clef.

M. Mordtmann, sans indiquer la source des documents sur lesquels il s'appuie, donne l'état suivant des recettes et des dépenses dans l'empire de Maroc (2) :

RECETTES :

	Piastres (*).
Aschra (dixième des revenus)	450,000
Naïba (impôts directs)	280,000
Djisia (impôt des Juifs)	30,000
Elankes (droits réunis)	950,000
Kesb-ed-drubb (revenus de l'hôtel des monnaies)	50,000
Aouid el gumrug (douanes) :	
A Tetouan	32,000
A Tanger	40,000
A Arzille	3,000
A Larache	6,000
A Mamora	4,000
A Salé et Rabat	70,000
A Dar el Beida	20,000
A Asamar	10,000
A Masagan	15,000
A Asfi	10,000
A Mogador	90,000
A Agadir	3,000
Tahhnit (monopole du soufre, de la cochenille, du fer.)	25,000
Kera (revenus des domaines de l'État).	40,000
Deial (revenus provenant des confiscations, etc.)	150,000
Hadeia (présents des gouverneurs, des agents consulaires, des puissances étrangères)	225,000
Total	2,503,000

(1) Jackson, *An account of the empire of Marocco*, p. 165.

(2) *Kurze Beschreibung*, etc.; Hambourg, 1844, p. 28.

(*) Piastre à 5 fr.

DÉPENSES :

	Piastres.
Liste civile, apanages, etc.	110,000
Entretien des palais impériaux, des jardins, des forts	65,000
Présents pour la Mecque, diverses mosquées, etc.	65,000
Solde de quelques gouverneurs (Tétouan, Tanger, Mogador)	50,000
Dépenses des troupes de terre	650,000
Dépenses de la marine	30,000
Entretien des consuls à l'étranger	15,000
Frais de courriers	5,000
Total	990,000

Il résulte de là un excédant de recettes d'au moins 1,500,000 piastres, que l'empereur encaisse annuellement dans le *beït-el-mal* (chambre du trésor), à Méquinez.

Monnaies, mesures. — Le *boutaka* (père de la force), d'où l'on a fait, par corruption, le mot *pataque*, est la principale monnaie d'or, qui vaut à peu près 10 francs. Le *mitzakel* (monnaie d'argent) vaut environ 3 francs. Le *musune* est une monnaie de cuivre égale à 10 centimes. Le titre des monnaies d'or et d'argent paraît être très-variable; leur exportation est interdite.

Le *mudd* de céréales (à Tanger et à Mogador) est de 14,387 litres, et pèse 12,5 kilogr. Quatre *mudds* font un *sahh*. Pour l'huile, on se sert du *kula*, mesure de 15,156 millimètres cubes. La mesure de longueur s'appelle *dhraa*; elle est de 5 déc. 51 cent.

Les banqueroutes frauduleuses sont sévèrement punies. D'après un édit de 1817, les frères ou parents de celui qui a fait faillite sont tenus de satisfaire les créanciers; s'ils sont insolvables, le banqueroutier reçoit tous les jours la bastonnade, après le coucher du soleil (1).

Caravanes; relations commerciales. — Les caravanes ont un but tout à la fois religieux et commercial. Elles relient, par les impénétrables sentiers du désert, l'Afrique à l'Asie. Le pèlerinage à la Mecque dure souvent plusieurs années, pendant lesquelles le quart des voyageurs succombent; ceux qui en échappent reviennent chez eux avec le titre honorable de *Hadji*; ils deviennent les conseillers et les sages de leur pays. Les caravanes du Maroc ont deux points de

(1) Mordtmann, *ouvrage cité*, p. 25.

départ bien distincts : les vallées du Tafilelt, et les villes de Fez ou de Maroc. Les dernières suivent la lisière fertile de la Méditerranée, tandis que les premières prennent le chemin du désert.

La caravane de la côte septentrionale est complétement désorganisée depuis la conquête de l'Algérie. Partie de Maroc et de Fez, et longeant les bords de la Méditerranée, elle correspondait successivement avec Alger et Constantine, Tunis et Kaïrouan, et, passant par Tripoli et Barquah, elle allait aboutir au Caire et à la Mecque. Elle était commandée ordinairement par un prince de la famille impériale, et se renouvelait périodiquement tous les deux ou trois ans. Quand l'époque du départ approchait, les divers groupes qui devaient faire partie de la caravane s'organisaient d'abord isolément dans chaque ville ou tribu; puis ils se réunissaient tous à Fez, rendez-vous des voyageurs du nord et capitale religieuse de l'empire (1). Cette caravane entrait dans l'Algérie par l'intérieur des terres, et se dirigeait sur Tlemcen, Médéah, Constantine ou Biscara, derrière le petit Atlas; elle se ramifiait à gauche sur Oran et Alger, pour y vendre des draps et des sandales de maroquin, prendre des objets d'échange ou un supplément de provisions, et s'adjoindre de nouveaux voyageurs. Ceux-ci apportaient les tissus de laine de Blidah et les riches soieries d'Alger, préférées pour la toilette des femmes et l'ameublement des harems; ils y joignaient des armes, des cuirs travaillés avec la plus grande perfection, de l'huile de rose blanche, des nattes, des corbeilles tressées avec des feuilles de palmier. En avançant, la caravane rencontrait sur sa route de riches marchés, comme celui d'Arbah-Djendel, dans la plaine du Chélif, à dix lieues de Méliana, où, de nos jours encore, on voit se réunir jusqu'à dix mille Arabes, et mettre en vente des milliers de bœufs, une immense quantité de blé, de laine, de tissus, etc. En quittant la plaine du Chélif, la caravane se dirigeait, suivant les circonstances, tantôt sur Médéah, Hamza et les Portes de fer, ou plus au sud, pour atteindre Constantine, tantôt sur Alger en passant par Blidah. Dans ce dernier cas, tous les pèlerins et marchands qu'aucun intérêt ne retenait plus sur la route continentale poursuivaient le voyage de la Mecque, et tous ensemble s'embarquaient directement d'Alger pour Alexandrie (1).

Aujourd'hui les pèlerins accomplissent, pour la plupart, leur voyage en s'embarquant immédiatement à Mogador, Salé, Tanger ou Tétouan. Ils se servent, pour cela, de l'intermédiaire de la navigation chrétienne, dont la marche intelligente et rapide a laissé si loin derrière elle la navigation des régences barbaresques. Dès lors les plus pressés d'arriver au Caire ou à la Mecque se sont séparés des traînards, les pèlerins des marchands. Par contre-coup, ces derniers, qui spéculaient sur le transport et la nourriture des autres, n'ont pu former des caravanes aussi considérables. Ainsi a été brisée l'unité de l'association voyageuse du nord, qui contribuait tant à la prospérité commerciale des États barbaresques.

La caravane du sud part, chaque année, de Fez, sous la conduite de l'*émir-el-hadji,* espèce de dictateur investi, durant tout le voyage, d'une autorité absolue. Elle franchit le petit Atlas, et pénètre dans le désert d'Angad; laissant sur la gauche Alger, Tunis et les autres villes de la côte, elle marche droit sur Tripoli, et de là sur l'Égypte à travers le périlleux désert de Barca, peuplé de Bédouins toujours prêts à dévaliser les pèlerins. Enfin, la caravane passe l'isthme, elle entre en Arabie, et, après un

(1) Le départ est réglé selon le cours de l'année lunaire de l'hégire; il a lieu six ou sept mois avant la fête d'*Aydalmylad*, qui doit être, à l'arrivée au Caire, célébrée par les pèlerins, en commémoration de la naissance de Mahomet. La marche s'ouvre ordinairement sous les yeux de l'empereur après des prières et des sacrifices publics. Chaque jour, on fait la prière dans la tente du chef au son des tambours et des hautbois, escorte indispensable du chameau sacré qui porte le Koran aux feuillets d'or, et les présents destinés à la maison de Dieu. Les pèlerins ont encore soin d'aller prier partout où sur la route se rencontrent des marabouts, nom donné aux tombeaux des cheiks et des santons, morts en odeur de sainteté. (Thomassy.)

(1) M. Thomassy, *Le Maroc et ses caravanes*, etc., p. 37 (Paris, 1845).

voyage de près de deux mille lieues, elle arrive à la Mecque pour la grande fête du Kourban-Beïran, célébrée en mémoire du sacrifice d'Abraham (1). C'est la route que prennent actuellement les pèlerins, détournés de l'Algérie depuis les guerres d'Abd-el-Kader.

Il faut distinguer ces caravanes, dont le but est surtout religieux, de celles qui ont exclusivement pour objet le commerce. Ces dernières, parties du Maroc, font le voyage du Soudan à travers le désert de Sahara. Deux embranchements viennent y aboutir, celui qui part d'Oran et de Tlemcen, et celui de Fez et de Méquinez, dont le commerce embrasse tout le nord du Maroc. Ces dernières villes, en effet, reçoivent de Salé, de Tanger et Tétouan, toutes les marchandises européennes destinées à l'intérieur de l'Afrique, et en y joignant les produits de leur sol ou de leur industrie, elles les font parvenir jusqu'au Tafilelt, rendez-vous de tous les marchands du sud de l'Atlas. Pendant l'hiver et le printemps les tribus qui composent ces caravanes, font paître leurs chameaux sur la lisière du Sahara. Vers la fin du printemps elles vont charger des marchandises dans les oasis limitrophes du grand désert, où la culture permanente du palmier a de tout temps fait établir des demeures fixes et amené la fondation de petites cités. Les tribus s'acheminent ensuite vers le nord avec des dattes et des étoffes grossières, et arrivent dans le Tell, c'est-à-dire dans la zone cultivée de l'Atlas, au moment de la moisson. C'est alors qu'elles échangent les produits du Sahara contre les céréales, la laine brute, les moutons et le beurre de cette région plus tempérée. Quand vient la fin de l'été les tribus retournent vers le sud, et se mettent en marche à petites journées pour atteindre les oasis à l'époque de la maturité des dattes, c'est-à-dire vers le milieu d'octobre. Après la récolte de nouveaux échanges s'opèrent; le blé, l'orge, la laine brute du nord, se donnent pour les dattes et pour les tissus de laine ou de poil de chameau, produit annuel du travail des femmes, qui est fort recherché des nomades. Ces opérations une fois terminées et les marchandises déposées dans les magasins, les tribus s'éloignent encore des villes, et vont conduire leurs troupeaux de pâturages en pâturages dans les landes voisines du grand désert, jusqu'au moment où le retour de l'été nécessitera les mêmes voyages et les mêmes travaux.

(1) Ch. Didier, *Promenade au Maroc*, p. 37.

Tel est le mouvement périodique et général qui établit d'intimes relations entre la chaîne d'oasis qui borde le grand Sahara et les terres moins arides qui forment le versant méridional de la chaîne de l'Atlas (1).

Relations commerciales. — M. Thomassy fait remonter au commencement du quinzième siècle, à l'époque de l'expédition de Jean Béthencourt, les premières relations de la France avec le Maroc (2). Ce n'est toutefois qu'en 1577, sous Henri III, qu'un consulat et une agence du gouvernement français furent officiellement établis dans le Maroc. Deux ans après, cet établissement consulaire fut consolidé, en faveur du Marseillais Bérard, par un arrêt du roi, qui lui attribua les mêmes priviléges « qu'aux consuls establis ès parties d'Alexandrie et Tripoli de Syrie, Tripoli de Barbarie, Gelby, Thunis, Bonne et Algier; et cela à cause des grands services rendus à notre commerce et à l'affranchissement des François esclaves chez les Maures. » Déjà, vers la fin du seizième siècle, plusieurs Français étaient établis dans le Maroc; l'un d'eux, Pierre Treillant, devint officier de la maison du sultan Hamed, et assista à la bataille de 1578. (*Voir*, plus loin, la partie historique.) En 1617 un nommé de Castellane, consul à Fez, commit un abus de confiance en s'appropriant un dépôt de livres que lui avait confié le plus jeune des fils de l'empereur Al-Mansor; il fut désavoué par son gouvernement, et tous les Français qui, par représailles, avaient été mis en prison, furent rendus à la liberté. En 1629 Richelieu sut choisir à la fois le marin et l'historien les plus propres, l'un à diriger une expédition sur les côtes du Maroc, et l'autre à la raconter à la France, de manière à y propager le goût de semblables entre-

(1) Thomassy, p. 66.
(2) *Le Maroc et ses caravanes*, p. 98.

prises. Le premier fut le commandeur de Razilly, le second Jean Armand, dit Mustapha, Turc de nation (1), converti au christianisme par le cardinal lui-même. Nos relations avec le Maroc se maintinrent sur le pied où les avait mises Richelieu jusqu'en 1666, époque à laquelle elles prirent tout à coup un nouveau développement. Le chérif Mouley-Arxid était alors en guerre avec l'alcaïde Gaïland, l'allié des Anglais. Louis XIV profita de cette circonstance pour envoyer auprès de Mouley-Arxid un chargé d'affaires, qui, moyennant des promesses de secours, obtint les assurances les plus positives en faveur du commerce français (2). Cependant, plusieurs tentatives, et notamment l'ambassade de Saint-Amand, pour conclure des traités de commerce échouèrent, et ce ne fut qu'en 1699 que Louis XIV parvint à nouer, pour la première fois, des relations durables entre la France et l'empire de Maroc. La mission de Saint-Olon auprès de Mouley-Ismael avait été infructueuse, uniquement par son peu d'intelligence de la société musulmane et de l'élément religieux auquel y est subordonné l'élément politique.

L'ambassade de Ben-Aïssa, amiral de l'empereur de Maroc, auprès du roi de France fut un véritable événement; cependant elle n'eut pas non plus de résultats immédiats. Cet ambassadeur fut partout fêté et choyé; on lui fit admirer les richesses de Versailles et toutes les magnificences de la cour; on lui prêta surtout une foule de bons mots, et les journaux du temps le dépeignent comme un homme d'une extrême galanterie (3). Ainsi, lorsqu'on lui demanda un jour pourquoi dans son pays les hommes épousaient plusieurs femmes : « C'est, répondit-il, afin de trouver réunies en plusieurs les qualités que chaque Française possède à elle seule. » Comme on le menait à Saint-Cloud, on lui raconta, en passant sur le pont, l'histoire de l'architecte. On sait, d'après la légende, que celui-ci, n'en pouvant achever la construction, promit au diable, qui lui apparut, la première chose qui passerait dessus, et pour s'acquitter de sa parole y fit passer un chat que le diable prit, à son grand désespoir, faute de mieux : sur quoi l'ambassadeur s'écria : « Comment peut-on espérer de gagner quelque chose sur les Français, et de vaincre des gens qui savent vaincre le diable? » Le château de Saint-Cloud appartenait alors au duc d'Orléans, et plut singulièrement à Ben-Aïssa, qui avait déjà été comblé des bontés de ce prince. Aussi l'ambassadeur, en comparant sa demeure à Versailles : « J'aime autant, dit-il, ce qui me fait plaisir que ce qui m'étonne. » En parlant des eaux de Versailles, il avait dit que la parole et les expressions lui manquaient; et à la vue d'un des plus hauts jets d'eau : « Il suit la renommée de son maître, il voudrait aller jusqu'aux cieux. »

C'est ce même ambassadeur qui fut cause de la demande en mariage de la princesse de Conti par Mouley-Ismael (*Voir* la partie historique). C'est lui encore qui demanda à Cassini des instructions pour les astronomes de Fez et de Maroc. Voici le contenu de la lettre que l'illustre Cassini remit, en 1699, à Ben-Aïssa :

« L'ambassadeur de votre grand roi, qui pendant le temps de son séjour en France a donné dans toutes les occasions des marques d'esprit et de sagesse, étant venu à l'Observatoire royal, a considéré la magnificence de ce bâtiment destiné aux observations astronomiques, comme un monument éternel de la protection que notre grand monarque, Louis le Grand, prend des sciences les plus sublimes et les plus utiles à la société humaine.

« Il a admiré la construction singulière, et considéré attentivement les instruments et les machines dont cet établissement est fourni, et en a voulu savoir distinctement les usages; il aurait souhaité que vous eussiez les mêmes commodités d'exercer le talent que vous avez pour l'astronomie; il nous a assuré que vous en avez des écoles nombreuses, et que vous

(1) Son ouvrage a pour titre : *Voyages d'Afrique faits par le commandement du roi et dédiés au duc de Richelieu*; Paris, 1631. L'auteur y raconte les navigations des Français entreprises en 1629 et 1630, sous la conduite de Razilly, sur les côtes de Fez et de Maroc, ainsi que les négociations pour le rachat des esclaves français et le traité de paix conclu avec les habitants de Salé.

(2) Roland Fréjus, *Relation d'un voyage en Mauritanie*, etc.; Paris, 1670.

(3) *Voyez* le *Mercure galant* de 1699, mois de février, mars, avril, mai, juin.

vous assemblez en certain temps de l'année pour comparer vos observations et en tirer des conséquences. Vous êtes dans un climat tout propre pour les observations du ciel, où elles ont été cultivées par les plus célèbres astronomes de toute l'antiquité.

« Nous ne considérons pas comme de simples fables les découvertes d'Atlas, roi de Mauritanie, qui, ayant inventé la sphère artificielle, donna sujet aux poëtes de dire qu'il soutenait le ciel, et que dans ce travail il fut soulagé par Hercule, qui fut son disciple dans l'astronomie.

« Les plus célèbres de nos anciens poëtes héroïques relèvent magnifiquement ce qu'Atlas enseigna des éclipses du soleil et de la lune et des constellations du ciel, qu'il fait le sujet des cantiques qui se chantaient sur les instruments en Afrique, aux festins des princes, avant l'empire des Carthaginois. Les plus anciens poëtes de la Grèce, en reconnaissance de ces belles inventions, ont porté au ciel les noms de toute la famille d'Atlas, les donnant aux étoiles de la plus petite, mais plus remarquable constellation, qui est celle des Pléiades, dont chaque étoile porte le nom propre de ses filles, tel qu'on le lit encore aujourd'hui dans nos catalogues modernes. On les comptait anciennement au nombre de sept; mais on rapporte qu'il y en eut une qui se cacha dans l'embrasement de Troie : ce qui peut être pris pour une époque de l'observation de quelques étoiles fixes, qui se voient pendant quelque temps et se rendent ensuite invisibles.

« Nous en avons observé plusieurs de nos jours, et je crois que vous en aurez observé aussi ; car M. l'ambassadeur m'assure qu'il y a parmi vous un astronome qui découvrit, il y a trente ans, une nouvelle étoile qui s'est depuis vue tous les ans. Je ne sais pas si elle ne serait pas une des étoiles qui se sont vues diverses fois en ce siècle paraître et disparaître dans la constellation du Cygne, ou une dans le cou de la Baleine, qui depuis un siècle a été prise ici plusieurs fois pour nouvelle, et qu'on a depuis trouvé qu'elle se cache tous les ans, et retourne au même degré de clarté d'onze en onze mois, avec quelque irrégularité.

« Je donnerai à M. l'ambassadeur quelques exemplaires d'une carte qui comprend toutes les constellations visibles dans ce climat de Paris, où cette étoile est décrite.

« J'y ai aussi marqué deux chemins par où sont retournées des comètes que j'ai observées : ce sont des endroits du ciel qui méritent d'être regardés attentivement de temps en temps pour voir s'il n'y passe pas d'autres comètes. Les dernières qu'on a vues ici étaient si petites, qu'elles n'ont été aperçues que des astronomes exercés dans les observations. Nous ne savons pas si elles ont été vues ailleurs. Les observations qu'on aurait faites, tant de ces comètes que des autres apparences célestes, me seraient très-agréables. Je prie M. de la Croix, interprète du roi et professeur royal de la langue arabe, d'ajouter à la carte que j'envoie les éclaircissements qui sont nécessaires dans votre langue.

« Je prie Dieu de tout mon cœur de vous donner les plus hautes et les plus importantes connaissances du ciel. »

Le manque de notions statistiques ne nous permet pas d'apprécier le capital que le commerce français avait engagé dans ses relations avec le Maroc. M. Thomassy a constaté qu'en 1696, époque de vive mésintelligence entre Mouley-Ismael et Louis XIV, il y eut, en moins de cinq mois, douze bâtiments français qui, dans le seul port de Salé, rapportaient à la douane marocaine plus de 20,000 francs du droit de 10 pour 100, ce qui suppose pour toute l'année, un capital d'environ 500,000 francs en marchandises exportées de France. Sur cette valeur représentative d'environ un million de notre monnaie actuelle, il y avait au moins, année moyenne, un bénéfice de 25 pour 100; et en joignant à ce profit celui de sortie ou de retour en produits africains, qui devait être égal au premier, on trouve, pour le million en question, un intérêt de 50 pour 100 ou 500,000 fr., qui pouvait revenir annuellement au commerce français dans le port de Salé. Mais il y avait aussi d'autres ports tout aussi commerçants, tels que ceux de Tétouan, Tanger et Safy et Sainte-Croix. On peut ainsi se faire une idée du développement du commerce français dans le Maroc, lorsqu'il s'y trouvait secondé par la prépondérance de Louis XIV (1).

« L'avantage que la France trouve dans le commerce avec le Maroc, dit Saint-Olon (2), est qu'elle y débite ses propres denrées, qu'elle y fait valoir ses manufactures, que les marchands n'y portent point d'argent, et qu'ils en rapportent toujours des marchandises de plus de valeur que celles qu'ils y ont

(1) M. Thomassy, *Le Maroc et ses caravanes, etc.*, p. 185.

(2) *Relation de l'empire de Maroc*, p. 143 (Paris, 1695).

Porte à la Citadelle de Tanger.

portées. C'est ce qu'il est arrivé cette année-ci (1688) au sujet des laines, dont nos marchands ont fait des profits considérables.

« Le trafic de la Provence consiste en tartre et papier, dont la consommation est grande en Barbarie, aussi bien que celle des bonnets de laine rouge fins et communs, draps de Languedoc, cadissons de Nîmes, futaines, peignes, soies, toileries de Lyon, fil d'or, brocarts, damas, damasquins, velours, cotons, et autres denrées du Levant de peu de prix et d'un meilleur produit. Celui de Rouen, Saint-Malo et autres villes du Ponant est presque tout en toiles, dont on estime qu'il s'en transporte et débite tous les ans, dans l'Afrique, pour plus de deux cent mille livres.

« L'échange qu'on y fait de toutes ces marchandises consiste en cire, cuirs, laines, plumes d'autruche, cuivre, dattes, amandes, alquifoux (1), et des ducats d'or qui servent aux Provençaux pour leur négoce du Levant.

« Ce sont les juifs et les chrétiens, ajoute Saint-Olon, qui font tout le commerce en ce pays, et principalement celui du dehors, auquel les Maures ne s'adonnent pas.

« Salé et Tétouan sont les endroits du plus grand abord, et d'où les marchandises sortent plus facilement; Safy et Sainte-Croix ont aussi leur négoce pour ce qui vient de Maroc, Tafilelt et Suz, mais il n'y est pas si fréquent.

« La ville de Fez est comme le magasin général de toute la Barbarie; c'est là que se tiennent les meilleurs négociants et le plus grand nombre des juifs, qui se monte à plus de cinq mille; ils achètent tout ce qui vient d'Europe et du Levant, et le repartissent dans les provinces, d'où ils retirent aussi ce qu'elles produisent, pour en négocier dans les villes maritimes. C'est dans celles-ci que se fabriquent les peaux de maroquin rouge et les plus belles de toute la Barbarie.

(1) Nom arabe du sulfure de plomb. Cette matière entre, en Égypte et en Syrie, dans les pâtes cosmétiques qui servent à teindre en noir le bord libre des paupières. En Europe, elle est employée pour le vernis des poteries.

« Le commerce d'Espagne consiste en cochenille et vermillon. — Celui d'Angleterre, en draps et en cauris de Guinée, qui sont des coquilles servant de monnaie en ce pays-là. — La Hollande y transporte des draps, toiles, épiceries de toute sorte, fil de fer, laiton, acier, benjoin, storax, cinabre, petits miroirs, mousselines pour les turbans, et de temps en temps des armes et autres munitions de guerre. — L'Italie fournit de l'alun, du soufre en canon, et quantité de babioles de terre qui se font à Venise. — Il y vient du Levant de la soie, du coton, de l'orpiment, du vif-argent, du réalgar et de l'opium.

« On ne rapporte en ces lieux-là, pour toutes ces sortes de marchandises et drogues, que les mêmes choses que j'ai notées dans l'article de France, à proportion de l'usage qu'on y en fait.

« C'est Cadix qui sert présentement d'entrepôt à toutes les marchandises d'Angleterre et de Hollande, auxquelles sa proximité en facilite ensuite le transport commode et sûr, par le moyen de bâtiments portugais qui vont y charger. »

La disgrâce dans laquelle tomba plus tard Ben-Aïssa, la guerre de la Succession et l'étoile pâlissante de la fortune de Louis XIV firent décliner peu à peu le commerce de la France avec le Maroc. Toutes les relations avec cet empire se bornaient au rachat ou à l'échange de quelques esclaves. En 1709, il y avait au Maroc 130 esclaves français sur 800 esclaves chrétiens, dont 400 espagnols et 200 Portugais. Plusieurs tentatives pour racheter les premiers échouèrent (1).

Cependant Mouley-Ismael, qui, dit-on, avait pris en tout Louis XIV pour modèle, offrit à ce dernier, ce qu'on n'avait jamais vu encore de la part d'un prince musulman, un secours de troupes contre la maison d'Autriche. La lettre dans laquelle il exprime cette offre, et dont on a voulu révoquer en doute l'authenticité, est vraiment curieuse. La voici :

« Nous avons autrefois envoyé à votre cour, dit-il à Louis XIV, deux de nos serviteurs; le premier se nommait Iach-Ali-

(1) *Relation des trois voyages dans le Maroc*, entrepris en 1704, 1708 et 1712 pour la rédemption des captifs; Paris, 1724.

Manino, et le second est le capitaine de la mer, Abdalla-Ben-Aïssa, lesquels y ont été chacun pour une fin particulière : le premier à la prière et à la demande de nos alcaïdes, de qui il se prévalut, parce qu'un de ses fils était esclave en votre pouvoir, et, craignant qu'il ne se fît chrétien, il se servit de ce moyen pour solliciter sa liberté, comme nous l'avons su depuis. Le second, qui est le capitaine de la mer, a été envoyé par nous comme étant homme expérimenté dans les affaires des chrétiens, à cause des fréquentes communications qu'il avait eues avec eux, afin de nous informer avec certitude de quelle manière vous vous conservez en paix et amitié avec la maison Ottomane. En effet, il nous touche de droit, et pour plusieurs motifs, de faire attention à tout ce qui regarde ladite maison, d'abord à cause du zèle avec lequel elle sert et assiste en notre saint temple et dans la sainte maison du Dieu très-haut; ensuite à cause de la sainte Jérusalem; enfin à cause de notre sainte loi, qu'elle défend contre ses ennemis, et aussi parce qu'elle tient en son pouvoir l'Égypte et la cité si sainte, et nommée du Dieu très-haut dans toutes ses saintes Écritures : ladite maison devant être pour toutes ces raisons respectée de tout ce qui se dira maure et connaîtra un seul Dieu tout-puissant. De plus, voyant que sa longue et constante opposition à la maison Autrichienne a discontinué dans le temps présent pour des raisons particulières, et qu'elle s'est ainsi rattachée à vos ennemis; voyant encore qu'au milieu de tant de guerres dans lesquelles vous êtes engagé, vous conservez toujours avec ladite maison Ottomane une bonne paix et amitié, nous vous écrivons pour vous faire savoir que si dans la conjecture présente vous nous envoyez votre ambassadeur, vous trouverez également avec nous toute la satisfaction possible, autant qu'il nous sera permis de vous la donner. Et bien que la maison Ottomane ait une haine particulière contre les Arabes qui sont sous notre domination, et dont la multitude tarirait le plus grand fleuve s'ils venaient à se réunir tous du fond de leur désert; bien que, d'un autre côté, craignant qu'ils ne lui fassent éprouver un jour quelque revers, elle n'ose leur témoigner à l'extérieur l'amitié qu'elle leur doit; cependant, si vous avez besoin d'un secours de troupes pour vous défendre contre la maison Autrichienne, donnant l'assurance convenable dans un tel cas, je vous l'enverrai tant en cavalerie qu'en infanterie, parce que nous considérons que vous êtes meilleur voisin que les Autrichiens, et qu'il y a une meilleure correspondance avec vous qu'avec eux. Ainsi, cela vous étant agréable, vous nous répondrez par vos religieux ou votre ambassadeur, et on vous donnera une entière satisfaction. Dieu vous conserve beaucoup d'années! »

A cette lettre, écrite en 1709, Louis XIV ne répondit qu'un an après. Dans sa réponse, il montra pour la première fois, mais trop tard, qu'il comprenait enfin la nature des relations à établir avec le Maroc, c'est-à-dire la parfaite analogie de ces relations avec celles qu'il entretenait depuis si longtemps avec la Porte Ottomane. Tout en remerciant Mouley-Ismael de ses sentiments d'amitié, il insista, quoique inutilement, sur le rachat des esclaves.

« Si vous vouliez, dit-il, nous donner une marque sensible de votre amitié, ce serait de renvoyer nos sujets qui sont esclaves dans vos États. La protection que nous leur donnons, et l'humanité qui doit être la vertu plus recommandable aux princes qu'aux autres hommes, nous ont toujours obligé à désirer leur liberté, et à la leur faciliter par le renvoi de notre part de ceux des vôtres qui sont sur nos galères. La condition qui, dans les règles de l'équité naturelle, devrait être égale, au moins pour l'échange d'un nombre à un autre nombre pareil, puisque ce sont des hommes pour hommes, ne le sera point : les religieux trinitaires, chargés de la rédemption, offrent encore de l'argent pour chacun des Français qui seront rendus (1). »

L'établissement des Anglais à Gibraltar contribua encore au déclin de l'influence française dans le Maroc; et bientôt les discordes civiles qui suivirent la mort de Mouley-Ismael ouvrirent à ces derniers l'accès de ce pays. Enfin, l'abandon de notre consulat à Salé, en 1718, porta le dernier coup aux rapports commerciaux de la France avec le Maroc. Cet abandon devait être en partie expié par les résultats des négociations au sujet des esclaves; ainsi, tandis que les Anglais rachetèrent les leurs 350 piastres par tête, le marquis d'Antin, commandant d'une petite escadre, n'obtint, en 1737, la liberté de soixante-quinze Français qu'au prix de 45,000 piastres mexicaines.

L'état précaire de nos relations commerciales dura jusqu'en 1767. A cette époque, Louis XV conclut, par l'intermédiaire du comte Breugnon, son am-

(1) Thomassy, p. 201.

Citadelle de Tanger

bassadeur, avec Sidi-Ismael, un traité de paix dont les principaux articles sont encore aujourd'hui en vigueur. Voici, entre autres, les articles relatifs aux consuls :

ARTICLE 11. L'empereur de France peut établir dans l'empire de Maroc la quantité de consuls qu'il voudra, pour y représenter sa personne dans les ports dudit empire, y assister les négociants, les capitaines et les matelots, en tout ce dont ils pourront avoir besoin, entendre leurs différends et décider des cas qui pourront survenir entre eux, sans qu'aucun gouverneur des places où ils se trouveront puisse les empêcher. Lesdits consuls pourront avoir leurs églises dans leurs maisons pour y faire l'office divin; et si quelqu'un des autres nations chrétiennes voulait y assister, on ne pourra y mettre obstacle ni empêchement; et il en sera usé de même à l'égard des sujets de l'empereur de Maroc quand ils seront en France : ils pourront librement faire leurs prières dans leurs maisons. Ceux qui seront au service des consuls, secrétaires, interprètes et courtiers ou autres, tant au service des consuls que des marchands, ne seront point empêchés dans leurs fonctions, et ceux du pays seront libres de toute imposition et charge personnelle. Il ne sera perçu aucun droit sur les provisions que les consuls achèteront pour leur propre usage, et ils ne payeront aucun droit sur les provisions et autres effets à leur usage qu'ils recevront d'Europe, de quelque espèce qu'ils soient; de plus, les consuls français auront le pas et préséance sur les consuls des autres nations, et leur maison sera respectée et jouira des mêmes immunités qui sont accordées aux autres.

« Art. 12. S'il arrive un différend entre un Maure et un Français, l'empereur en décidera ou bien celui qui représente sa personne dans la ville où l'accident sera arrivé, sans que le cadi ou le juge ordinaire puisse en prendre connaissance; et il en sera usé de même en France, s'il arrive un différend entre un Français et un Maure.

« Art. 13. Si un Français frappe un Maure, il ne sera jugé qu'en la présence du consul, qui défendra sa cause, et elle sera décidée avec justice et impartialité; et, au cas que le Français vînt à s'échapper, le consul n'en sera pas responsable; et si par contre un Maure frappe un Français, il sera châtié suivant la justice et l'exigence du cas.

« Art. 14. Si un Français doit à un sujet de l'empereur de Maroc, le consul ne sera responsable du payement que dans le cas où il aurait donné son cautionnement par écrit : alors il sera contraint de payer; et par la même raison, quand un Maure devra à un Français, celui-ci ne pourra attaquer un autre Maure à moins qu'il ne soit caution du débiteur.

« Si un Français venait à mourir dans quelque place de l'empereur de Maroc, ses biens et ses effets seront à la disposition du consul, qui pourra y faire mettre le scellé, faire l'inventaire, et procéder enfin à son gré, sans que la justice du pays ni le gouvernement puissent y mettre le moindre obstacle.

« Art. 17. A l'arrivée d'un vaisseau de l'empereur de France en quelque port ou rade de l'empire de Maroc, le consul du lieu en avisera le gouverneur de la place, pour prendre les précautions et garder les esclaves pour qu'ils ne s'évadent pas dans ledit vaisseau; et au cas que quelque esclave vînt à y prendre asile, il ne pourra être fait aucune recherche à cause de l'immunité et des égards dus au pavillon; de plus le consul ni personne autre ne pourra être recherché à cet effet; et il en sera usé de même dans les ports de France, si quelque esclave venait à s'échapper et à passer dans quelque vaisseau de guerre de l'empereur de Maroc. »

Après ce traité conclu, le comte de Breugnon se rembarqua le 18 juin 1767, ramenant tous les captifs rachetés et laissant dans le Maroc Chénier, qui s'y établit comme consul général. Chénier, d'abord fixé à Safi, se transporta plus tard à Salé, en 1768. Le règne de Louis XVI, auquel Sidi-Mohamed se refusa obstinément de donner le titre de sultan, fut signalé par un des plus beaux résultats de la civilisation moderne, l'abolition de tout esclavage entre chrétiens et musulmans. A dater de ce moment, la France commença à reprendre son influence dans le Maroc.

L'expédition de Bonaparte en Égypte fit retentir le nom français dans toute l'Afrique septentrionale. Par l'éclat de ses conquêtes, par sa tolérance religieuse et la protection accordée aux pèlerinages, le futur empereur perpétua la supériorité de la France dans l'opinion des races musulmanes. Pendant le blocus continental et les guerres avec l'Angleterre, les relations commerciales furent ici, comme partout, interrompues avec le Maroc. Plus tard, ces relations reprirent avec une nouvelle activité, et la conquête de l'Algérie leur a donné depuis une importance de premier ordre.

A aucune époque la France n'a payé tribut à l'empereur de Maroc comme le font encore aujourd'hui, par une tradition honteuse, la Suède et le Danemark; mais elle a dépensé en cadeaux pour le sultan souvent des sommes très-considérables, dons gratuits, sollicités l'escopette à la main, à la façon de ce fameux mendiant de Gil-Blas. Le consul français réside aujourd'hui à Tanger, comme les autres consuls européens; il reçoit 20,000 francs d'appointements, et occupe une maison appartenant au sultan, mais pour laquelle il ne paye pas de loyer. A Tétouan, Larache, Rabat et Mogador il y a des agents consulaires, presque tous juifs; leurs fonctions ne sont pas régulièrement rétribuées.

L'Angleterre commença à se mettre en rapport avec le Maroc sous les règnes d'Élisabeth et de Charles Ier; cependant, ce n'est qu'en 1721 que le roi Georges Ier conclut le premier traité de commerce avec l'empereur de Maroc. Ce traité, composé de quinze articles, renferme entre autres, les dispositions suivantes : « Les munitions de guerre, les armes, les matériaux de navire, seront exemptés des droits de douane ainsi que les marchandises de transit. Les bâtiments anglais trouveront dans les ports marocains un refuge contre les ennemis et les tempêtes. Les procès entre des Anglais et des musulmans seront jugés par l'empereur; ceux des Anglais entre eux le seront par le consul britannique. » Ce traité ne fut définitivement ratifié que le 10 juillet 1729, par Georges II et Mouley-Abdallah, et reçut quatre articles additionnels, en vertu desquels les sujets marocains eurent la permission de séjourner, pour but d'affaires de commerce, trente jours à Gibraltar ou à Mahon. Les sujets hanovriens ou anglais capturés par des bâtiments marocains devaient être immédiatement mis en liberté et envoyés à Gibraltar; tous les approvisionnements de la flotte britannique et de Gibraltar devaient pouvoir être achetés, exempts d'octroi, dans les ports du Maroc. Ce traité fut suivi de plusieurs autres (le 15 décembre 1734, le 15 janvier 1750, le 1er février 1751, le 28 juillet 1760, le 24 mai 1783, et le 8 avril 1791) qui modifièrent en partie ou confirmèrent le dispositif de l'ancien traité de 1729. En 1801 le cabinet de Londres conclut un nouveau traité qui ne fut ratifié que le 19 janvier 1824, par le sultan actuel.

L'Angleterre n'a jamais payé, il est vrai, de tribut fixe à l'empereur de Maroc; mais il résulte des papiers communiqués au parlement que le gouvernement britannique a fourni, dans l'intervalle de 1797 à 1814, environ 16,277 livres sterling de subsides. Le consul anglais à Tanger reçoit, en outre, annuellement, 400 livres sterling destinées à des cadeaux pour les ministres du sultan. Il gère en même temps les affaires du Hanovre et celles des villes anséatiques.

Les relations du Maroc avec l'Autriche datent de l'empereur Rodolphe II. Mais ce n'est qu'en 1783 que le cabinet de Vienne conclut le premier traité avec le Maroc; ce traité fut renouvelé en 1799 et en 1805. L'Autriche n'a jamais payé tribu au chérif, et n'a pas établi de consulat au Maroc. François Ier poussa son indifférence pour le sultan de Maroc jusqu'à ce manque d'étiquette que les souverains ne pardonnent jamais : il n'envoya pas féliciter le sultan actuel à son avénement au trône. Pour se venger de cette offense, Abd-er-Rhaman fit capturer, en 1828, un bâtiment autrichien, *le Véloce*; mais une escadre, sous les ordres de Bandeira, vint le 3 juin 1829 bombarder Larache, et força le sultan à rendre le bâtiment capturé et à renouveler (19 mars 1830) l'ancien traité, avec quelques modifications, toutes à l'avantage de l'Autriche. On remarque (article 10) que le pavillon autrichien couvre dans les eaux du Maroc une marchandise appartenant même à un ennemi.

Les états généraux de Hollande firent, en 1732, avec Mouley-Abdallah, un traité qui fut renouvelé en 1755 et 1778. Aux termes de ce traité, peu favorable aux intérêts de la Hollande, le gouvernement était tenu de payer un tribut annuel de 15,000 piastres. Le payement de ce tribut, fondé sur des prétentions de piraterie, cessa à l'époque de l'occupation française, et le roi actuel ainsi que son prédécesseur n'ont point consenti à s'en acquitter. Le consul hollandais reçoit un traitement de 3,000 piastres, dont 500 pour cadeaux, frais de bureau, etc. La maison consulaire est un présent du sultan Sidi-Mohamed. Il y a des vice-consuls hollandais à Rabat et à Mogador.

Le roi de Danemark Frédéric V envoya, en 1751, deux frégates, sous le commandement du capitaine Longueville, pour conclure avec le Maroc un traité de paix et de commerce. Mal informé sur l'état des affaires du Maroc, et trompé par ses agents, le gouvernement danois crut pouvoir facilement construire un fort à Sainte-Croix (Agadir) pour protéger un comptoir qu'il se proposait d'y établir. Le sultan, irrité de cette manière d'agir sans façon, confisqua les navires chargés des matériaux de construction, et fit même arrêter l'envoyé danois et sa suite. Le commandant Lutzow, envoyé pour calmer ce différend, obtint, par un traité signé le 18 juin 1753, la restitution des biens saisis et l'élargissement des prisonniers. Mais sous le règne de Christian VII le sultan ne consentit à la prolongation de la paix et du traité conclu qu'à la condition que le Danemark payerait un tribut annuel de 25,000 piastres. On blâme cet État d'avoir continué jusqu'à present de payer le tribut au chef d'un empire qu'on est encore habitué à traiter de barbare. On fait le même reproche à la Suède, qui depuis 1763 paye à l'empereur du Maroc un tribut de 20,000 piastres.

Les relations commerciales de l'Espagne et du Portugal sont entièrement subordonnées à la prépondérance plus ou moins grande de la politique anglaise dans la péninsule ibérique.

La Toscane fit, le 6 février 1778, un traité avec le Maroc, mais elle n'y envoya pas de consul. Offensé de ce procédé, Sidi-Mohamed captura deux bâtiments toscans, et en vendit les hommes comme esclaves. Cependant par l'apparition d'une frégate dans les eaux du Maroc la cour de Florence se fit accorder toutes les indemnités exigées.

Les États-Unis ont traité pour la première fois avec le Maroc en 1795; la durée du traité fut fixée à cinquante années lunaires, conséquemment jusqu'en 1843.

La Sardaigne conclut son premier traité avec le Maroc en 1820; mais il ne fut complétement ratifié qu'en 1825. Gênes est du petit nombre des ports européens où réside un consul marocain. — Aucun de ces États ne paye tribut, à moins qu'on ne veuille considérer comme tel les présents qu'ils font de temps en temps à l'empereur, et qui s'élèvent à des sommes quelquefois fort considérables.

Le royaume de Naples conclut, en 1827, avec le Maroc un traité qui ne fut jamais ratifié. En mai 1834 le sultan déclara la guerre au pavillon sicilien; mais il paraît que cette déclaration n'a pas eu de suites sérieuses (1).

Le commerce du Maroc a pris depuis quelques années un nouvel essor. Mieux éclairé sur ses propres intérêts, le souverain actuel a senti les immenses avantages qu'il recueillerait en levant les prohibitions que ses prédécesseurs avaient maintenues. Aujourd'hui le commerce est à peu près libre, quoiqu'il ne soit pas inutile de se munir d'une licence de l'empereur. Il serait trop long d'énumerer tous les articles que le Maroc est susceptible de produire; chaque jour on en rencontre de nouveaux. Par exemple, il est des provinces où l'on trouve en abondance des mines de plomb, de cuivre, de fer et même d'or; mais le souverain ne laisse pas exploiter ces dernières, qu'il se réserve pour battre monnaie. Plusieurs mines de plomb, déjà ouvertes, paraissent être de nature à attirer l'attention par leur qualité supérieure, mais l'exploitation en est difficile (2). Les mines de cuivre qu'on rencontre aux environs de Sainte-Croix sont depuis longtemps renommés.

Il s'est formé récemment une compagnie pour l'exploitation des mines de l'empire du Maroc. Mais avant d'y engager ses capitaux elle a voulu avoir des détails précis sur la constitution géologique de cette contrée. Voici quelques-uns des résultats du voyage d'exploration de M. Coquard : Trois grandes formations s'étendent depuis le Rif jusqu'au promontoire de Ceuta. C'est d'abord la zone littorale

(1) Mordtmann, *Beschreibung von Maghrib*, etc., p. 33-46.

(2) *Voyez* Extrait d'une lettre écrite par un négociant français établi au Maroc, dans *Promenade au Maroc*, etc. (Appendice, p. 351).

formée des contre-forts du petit Atlas, qui s'abaissent graduellement jusqu'à la mer, en donnant lieu à des promontoires allongés, entre lequels s'ouvrent de grandes plaines alluviales. Cette première zone est entièrement occupée par le terrain tertiaire. Aux roches cristallines primitives succèdent les anagnites, les grauwackes, les schistes argileux, les calcaires noirs fossilifères. Le massif de roches est couronné par un dépôt très-épais de grès rouge, de conglomérats rouges et de marne amarante, dont les détails de composition ne diffèrent en rien des grès bigarrés de vert. A Ceuta, à Rostorf, et à l'extrémité de presque tous les promontoires, on observe de beaux filons de granite et de pegmatite tourmalinifères, incrustés dans du micaschiste. Ces filons se rattachent probablement à une grande masse éruptive, que la Méditerranée recouvre en ce moment (1).

Climat; état sanitaire; produits naturels. — En raison de sa position, le Maroc doit jouir d'un climat plus doux que l'Algérie. Les amplitudes des variations thermométriques, surtout sur la côte occidentale, doivent être beaucoup moins grandes que dans les parties continentales situées sous la même latitude (2). Quoi qu'il en soit, nous manquons d'observations exactes pour déterminer ici les températures moyennes, dans les différentes contrées du Maroc. M. Renou estime que la température moyenne de l'année est à Tanger, comme à Oran, d'environ 18°. « Maroc, dit-il, situé à 422 mètres au-dessus de la mer, doit avoir la même température; Fez, avec une hauteur probable de 400 à 500 mètres, peut avoir de 16 à 17°; à la frontière méridionale cette moyenne doit être de 21° environ, au niveau de la mer (1). »

L'expérience ne nous a pas encore permis d'apprécier la justesse de ces assertions. Cependant nous ne pouvons pas nous empêcher de faire observer que M. Renou s'expose à commettre de graves erreurs s'il fait dépendre les températures moyennes de l'année exclusivement *de la variation de latitude et de la variation de hauteur au-dessus de la mer.* Ces deux causes sont profondément modifiées suivant que les pays sont situés sur la côte occidentale, ou dans l'intérieur des continents, ou sur la côte orientale. Ainsi, à latitude et à hauteur égales, les pays maritimes occidentaux ont un climat bien plus tempéré que les pays maritimes orientaux. Il suffit, pour s'en convaincre, de jeter les yeux sur les courbes que décrivent les lignes isothermes. Outre cette cause, qui paraît tenir à la prédominance des vents d'occident, et dont l'action est constante, il existe beaucoup d'influences locales parmi lesquelles la barrière que la chaîne atlantique oppose aux vents embrasés du désert occupe le premier rang. Mais il y en a d'autres dont les effets échappent souvent aux prévisions ordinaires. Que deviennent alors ces principes météorologiques d'après lesquels il y aurait une diminution d'environ 0°4 du thermomètre par degré de latitude, et de 1 degré par 180 mètres de hauteur? Ces principes peuvent être vrais pour des localités données; mais ils sont inapplicables à d'autres localités quelquefois tout à fait voisines.

Autant la température est douce et assez constante sur les côtes du Maroc, autant elle est excessive et variable dans l'intérieur, surtout dans les parties voisines de l'Atlas. Là on gèle en hiver, et on est brûlé par le soleil de l'été. Léon l'Africain raconte lui-même comment il faillit y mourir de froid. Le prince Mouley-Achmed fut sur le point d'être

(1) *Comptes rendus de l'Académie des Sciences*, séance du 10 mai 1847.

(2) A l'appui de cela nous citerons le témoignage de Chénier, qui a longtemps résidé au Maroc en qualité de chargé d'affaires. « Les hivers, dit-il, ne sont point rigoureux dans cet empire, et l'on peut se dispenser de se chauffer; le thermometre, dans les plus grands froids, ne baisse guère qu'à cinq degrés au-dessus de la glace, et dans une longue résidence je ne l'ai jamais vu plus bas que deux degrés et demi. On n'éprouve pas dans ces climats les inégalités qu'on éprouve à Paris, où l'on voit quelquefois au mois de juin une variation de 24° en vingt-quatre heures; cette variation à Salé, sur la côte occidentale, fait la différence précise de l'hiver à l'été. » (*Recherches historiques sur les Maures et histoire de l'empire de Maroc*, tome III, p. 82, in-8°; Paris, 1787.)

(1) *Description géographique de l'empire de Maroc*, p. 372.

Vue intérieure d'un Nymphée à Zaghouan (d'après [illegible])

enseveli, avec toute son armée, dans les neiges des montagnes qui séparent Sous de Draha.

Cependant le climat du Maroc est généralement sain. Depuis le mois de mars jusqu'au mois de septembre le ciel est presque toujours serein; et même pendant la saison des pluies, c'est-à-dire depuis le mois de septembre jusqu'au mois de mars, il y a rarement des jours où l'on ne voie le soleil se montrer par intervalle. En hiver, les pluies tombent à des intervalles réguliers, et sont même assez abondantes. En été, la chaleur est régulièrement tempérée par les brises de mer. Lorsque la saison des pluies se prolonge au delà du mois de mars, elle amène quelquefois des fièvres contagieuses (1).

Léon l'Africain, dans un chapitre intitulé : *Mutations de l'air naturelles en Afrique, et de la diversité qui provient d'icelles*, nous communique à peu près tout ce que nous savons sur les variations climatériques du Maroc. Nous croyons donc devoir reproduire presque intégralement ce chapitre, qui pourra en même temps intéresser l'histoire de la météorologie :

« La moitié d'octobre n'est pas plutost passée que les pluyes et froidures commencent à venir quasi par toute la Barbarie; et environ le moys de décembre et janvier le froid y est plus véhément, mais le matin seulement, de sorte que personne n'a besoin de s'approcher du feu pour se chauffer. En mars il se lève des vents terribles et si impétueux du côté de Ponant et Tramontane, qui font boutonner les arbres et avancer les fruits de la terre, lesquels en avril prennent leur forme naturelle (2). Tant qu'aux plaines de Mauritanie, au commencement de may, et encore à la fin d'avril, on commence à manger des cerises nouvelles, et ainsi qu'on est dans le moys de may environ troys semaines on se met à cueillir les figues qui sont meures, comme si c'estoit au cœur de l'esté, puis troys semaines dedans, les raisins commencent à taveler et devenir meurs; de sorte qu'on en mange dès ce temps-là (1). Les pommes, poires, abricots et les prunes meurissent entre juin et juillet. Les figues de l'automne deviennent meures au moys d'aoust, semblablement les jujubes; mais au moys de septembre vient l'abondance des figues et pesches. Passée la my-aoust, ils s'adonnent à faire secher les raisins, les mettant au soleil; et si d'aventure il pleut en septembre, de ce qui leur est resté de raisins ils en font des vins et mousts cuits, principalement en la province de Rif. A my-mois d'octobre, les habitants de ce pays cueillent les pommes, les grenades et les coings; puis venant le moys de novembre, ils cueillent les olives, non pas avec l'échelle comme c'est la coutume en Europe, mais les prennent avec la main.

« Généralement les troys moys de la primevère (printemps) sont tempérés, et commence la primevère le quatrième de février, puis finit le dix-huitième de may; durant laquelle saison l'air se rend doux, le ciel clair et serein. Mais si le temps n'est pluvieux depuis le vingt et cinquième avril jusques au cinquième de may, la cueillette de l'année sera petite, et l'eau qui tombe en cette saison est par les habitants appelée naisan, laquelle ils estiment estre bénite de Dieu, tellement que plusieurs en gardent soigneusement dans des vases et fioles en leurs maisons, par une très-grande et singulière dévotion. L'esté dure jusques au sixième d'aoust, durant lequel il fait de grandes et extrêmes chaleurs, spécialement aux moys de juin et juillet, pendant lesquels il fait toujours beau. Mais si d'aventure il vient à pleuvoir par les moys de juillet et d'aoust, les eaux engendrent une tres-grande corruption d'air, tant que plusieurs en tombent malades, avec une fièvre continue dont l'on en voit peu réchapper. La saison

(1) G. Jackson, *An account of the empire of Marocco*, p. 11-12.

(2) En janvier la campagne est couverte de verdure et émaillée de fleurs; en mars, on moissonne l'orge, mais on ne moissonne le froment que dans le courant du juin. (Chénier, *Histoire de l'empire de Maroc*, t. II, p. 80.)

(1) Chénier dit y avoir mangé du raisin passablement mûr le 30 mai; mais il ajoute que c'est un cas extraordinaire, et que les vendanges se font au commencement de septembre. (*Histoire de l'empire de Maroc*, t. III, p. 81.)

de l'automne entre au dix-septième d'aoust, finissant au seizième de novembre, et sont ces deux moys, à savoir aoust et septembre, moins chaleureux. Au quinzième de novembre le temps d'yver commence, et s'étend jusques au quatorzième de février. A l'entrée de cette saison l'on commence à semer les terres qui sont en la plaine, et celles qui sont en la montagne à l'entrée d'octobre.

« Au mont Atlas l'on n'est que de deux saisons, à cause que depuis octobre jusques en avril ce n'est qu'yver, et d'avril jusques en septembre été; mais à la sommité de cette montagne les neiges y sont continuelles. En Numidie le cours des saisons est plus soudain qu'aux autres lieux, pour ce que les grains se cueillent en may, et les dates en octobre. Depuis la moitié de septembre jusqu'en janvier est la plus grande froidure de l'année. S'il tombe de la pluye en septembre tous les datiers ou la plus grande partie se gâtent, au moyen de quoy il s'en fait une bien pauvre et maigre cueillette. — Si le temps se change à la my-aoust aux déserts de Libye, et que les pluies ne cessent jusques au moys de novembre, et au semblable pour tout décembre, janvier et quelque peu de février, elles causent une grande abondance d'herbes, d'où provient qu'on n'a faute de laict (1). »

Les fièvres contagieuses et la peste doivent, dit on, en partie leur origine à l'infection de l'air par des troupes de sauterelles putréfiées. Cette opinion nous semble assez probable. Ainsi, on a remarqué que ce fut après le passage de myriades de sauterelles qu'éclata, au mois d'avril 1799, la terrible peste qui décima les populations des villes de la Barbarie. Dans le petit village de Diabet, à deux milles de Mogador, sur cent trente-trois habitants, trente deux seulement survécurent. On cite une bourgade où de six cents personnes il n'en resta que quatre. Les Arabes du désert se réjouissent de voir les nuées de sauterelles se diriger vers le nord, dans la prévision de la mortalité qui doit s'en suivre. Ils nomment la peste *el khir*, le bien, car en ravageant les peuples elle leur en livre le sol. Ils sortent alors de leur aride désert, et viennent dresser leurs tentes dans des lieux dépeuplés, mais fertiles. C'est ce que fit une tribu des Kabyles de Touât, au printemps de 1800 : remontant le cours de la rivière Draha, ces demi-sauvages vinrent s'établir le long de ses rives, où ils campent encore aujourd'hui (1).

Le souffle embrasé des vents du désert, si connus sous le nom de *simoun* (2), occasionne souvent des maladies inflammatoires, parmi lesquelles les ophthalmies occupent le premier rang. Ces dernières paraissent avoir pour cause immédiate l'irritation que les particules de sable chaud exercent sur la conjonctive oculaire. Aux ophthalmies se joignent souvent des maux de gorge qui tourmentent beaucoup les voyageurs. L'intrépide mais imprudent Davidson en eut beaucoup à souffrir. Selon sa propre expression, son gosier se desséchait entièrement et son palais tombait; et après avoir vainement employé les remèdes que lui indiquait la science, il lui fallut recourir à celui que l'expérience a fait adopter dans le pays. Il consiste à enfoncer dans le gosier du malade une baguette enduite de goudron, dont il doit aspirer la fumée. Les souffrances infligées par ce topique sont atroces.

« Décrire l'ouragan du désert, s'écrie M. Davidson, c'est plus que je ne puis faire ; je ne sache point de mot, de comparaison, de couleur pour le peindre. Ailé par le tourbillon, emporté par la foudre, le simoun poursuit son effroyable course, flétrissant la nature entière d'une haleine mortelle. La lueur vibrante qui l'accompagne, comme le reflet d'un vaste incendie dont la fumée remplit l'espace immense, raye l'horizon de clartés rougeâtres. Elles rendent visible et plus effrayant encore le bouleversement du désert. Les regards effarés des hommes, les mugissements, les cris des animaux sont en vain lancés vers le ciel; ils retombent, repoussés par la tempête de

(1) Léon l'Africain, p. 38-40 (édition de Lyon, 1556, in-fol.).

(1) Drummond-Hay, *le Maroc et ses tribus nomades*, p. 117.

(2) Les Arabes (Maghrebins) appellent le vent du désert *el kabli*.

Costumes et vue de Bizerte.

sable, contre laquelle l'énergie, le courage, la science de l'homme ne peuvent rien. Le tourbillon nous renversa, passa sur nos têtes enterrant un de nos chameaux, et quand nous nous levâmes du sol embrasé, ce fut pour découvrir un autre désastre. La langue de feu du fléau avait bu jusqu'à la dernière goutte liquide conservée au fond de nos outres; à peine échappés à ses atteintes brûlantes, nous étions menacés d'être consumés par la soif (1). »

Les descriptions que Jackson, Ali-Bey et d'autres voyageurs nous ont laissées du simoun ne sont pas moins effrayantes. « Tant que ce vent dure, dit ce premier, il est impossible de respirer dans les villes de toute la province de Suse. Obligés de quitter les appartements élevés au-dessus du sol, les habitants se réfugient dans des caves souterraines, dans des magasins cachés sous terre. Là, ils ne vivent que de fruits, de melons d'eau, et de figues sauvages; toute viande, durant cette époque, est malsaine, dégoûtante; à peine refroidie, elle se charge de vers. Pour rendre les chambres habitables la nuit on arrose, à grands baquets d'eau froide, les murs de pierre, tellement brûlants qu'ils font entendre un bruit comme du fer rougi. »

Contrairement à ce que l'on avait supposé, le simoun ne paraît pas exercer d'influence sensible sur l'aiguille aimantée.

Les productions du sol de Maroc sont à peu près les mêmes que celles de l'Algérie. Les habitants des plaines ne cultivent guère que le froment et l'orge. Autour des villes on cultive quelques légumes et des arbres fruitiers.

Le terroir est en général très-fertile, léger et sablonneux sur la côte occidentale. Là l'air paraît être doué au plus haut degré de la propriété oxydante. L'acier, le fer et les métaux y sont promptement attaqués par la rouille. Les clefs et les ciseaux qu'on porte dans la poche s'oxydent rapidement.

Le terrain le plus fertile est dans l'intérieur du pays; celui de la côte occidentale serait aussi propre au vignoble et aux oliviers qu'à la culture du froment. On brûle tous les ans, avant les pluies de septembre, les chaumes, que l'on laisse assez longs; cette préparation et les excréments des bestiaux sont le seul engrais que la terre reçoive; elle exige peu de travail, et le labour se réduit à la gratter si superficiellement que le soc de la charrue pénètre à peine à six pouces de profondeur; aussi voit-on que dans quelques provinces on se sert de socs de bois. Au rapport de Chénier, le blé rend souvent à Maroc soixante pour un; quand il n'en rend que trente, c'est une récolte médiocre. Comme l'exportation des céréales est entravée par les préceptes d'une religion qui ne permet pas de céder aux infidèles le superflu, et que d'ailleurs les propriétés sont tout à fait précaires, chaque particulier n'ensemence guère qu'en raison de ses besoins. Il résulte de là que quand les récoltes sont insuffisantes, par le ravage des sauterelles ou par l'intempérie des saisons, le peuple est exposé à une misère dont l'Europe n'a aucune idée.

Les orangers et les citronniers, on les laisse venir en pleine terre. Cependant il y en a des plantations magnifiques qu'on a soin d'arroser pour les rendre plus fertiles. Les vignes, qui produisent de très-bon raisin, sont plantées presque vers le 33e degré; elles sont élevées, en forme de treilles, à cinq ou six pieds au-dessus du sol. Les figues sont très-bonnes dans une partie de l'empire; mais à mesure qu'on approche du sud à peine sont-elles mûres qu'elles sont pleines de vers; la chaleur du jour et les rosées de la nuit contribuent peut-être à cette prompte corruption. Les melons, par la même raison, sont rarement mangeables: ils n'ont qu'un instant de maturité, qui passe si rapidement qu'on a de la peine à le saisir. On cultive les melons d'eau dans tout l'empire, et il est des provinces où ils sont très-bons. Les abricots, les poires et les pommes viennent assez bien dans les environs de Fez et de Méquinez; mais dans la plaine qui prolonge la côte occidentale ces fruits sont très-médiocres: ils ont peu de suc et peu de goût. Les oliviers abondent sur presque tout le littoral, mais plus particulièrement au sud; les plantations en sont alignées, et forment des allées d'autant plus belles que ces arbres sont plus gros et

(1) John Davidson, *African Journal*.

plus élevés; on a soin de les arroser pour qu'ils conservent mieux leur fruit. On pourrait y faire des extractions d'huile très-abondantes si les impôts étaient fixes et modérés; mais les variations que ces impôts éprouvent ont fait négliger cette culture, au point que l'huile que le pays produit suffit à peine à la consommation. Sur le versant méridionale de l'Atlas on trouve des forêts d'arganiers : c'est un arbre épineux, d'une forme irrégulière, qui produit une espèce d'amande très-dure, couverte d'une écorce astringente comme celle des noix; son fruit consiste en deux amandes âpres et amères, d'où l'on extrait une huile précieuse pour la friture. Quand les habitants font cette récolte ils amènent leurs chèvres sous les arganiers; à mesure qu'on en abat les fruits, ces animaux les dépouillent de leur écorce, qu'ils mangent avidement. Dans la province de Sous, entre le 25e et le 30e degré, on récolte des amandes dont l'espèce est petite, ce qui tient à ce qu'on ne soigne nullement les arbres, qui s'abâtardissent avec le temps. Il y a beaucoup de dattiers dans les provinces du Maroc; mais les dattes y mûrissent difficilement : il n'y en a guère de bonnes que dans les provinces de Sous et de Tafilelt. Du côté de Salé il y a des forêts de chênes qui produisent des glands doux (1), de près de deux pouces de long; ils ont le goût des châtaignes, et on les mange crus ou cuits; on en envoie à Cadix, où les dames espagnoles en font beaucoup de cas (2).

La flore du Maroc est encore à faire (3). Parmi les plantes les plus utiles et les plus communes Jackson mentionne : 1° le figuier d'Inde, *Opuntia vulgaris*. Il est très-répandu dans toute l'Afrique septentrionale, quoiqu'il soit originaire de l'Amérique. Les Arabes appellent son fruit *kermous en nasran* (figue de chrétien); il est très-aqueux et rafraîchissant. 2° le figuier, l'amandier, l'olivier communs; 3° *el rassul, tizrah, snobar*, plantes peu connues, dont on se sert pour tanner le cuir; 4° le *thuya*, et d'autres arbres résineux; 5° le chanvre (*hachiche*), dont les habitants emploient les feuilles en guise de tabac; 6° le lotus aquatique (espèce de nénuphar), qui croît principalement dans les rivières d'El-Garb. Le *rhamnus lotus*, voisin du *zizyphorus* ou jujubier, célèbre par les lotophages, abonde dans les montagnes de l'Atlas, à l'est de Maroc; 7° le *khobbaïza*, ou *melokia*, auquel les médecins arabes attribuent des propriétés fébrifuges; 8° *el hendal* (coloquinte), qui croît sur la côte sablonneuse d'Agadir à Oued-noun, dans une étendue de plusieurs centaines de milles; 9° le *surnag*, qui croît sur les penchants de l'Atlas et passe pour aphrodisiaque; 10° le *terfez*, semblable à la patate, et dont les racines portent des tubercules amylacés de la grosseur d'une orange. Les descriptions que Jackson fait de la plupart de ces plantes ne permettent pas d'en déterminer rigoureusement les genres et les espèces. Il donne dans son livre les figures du *bubon gummiferum*, ombellifère qui fournit la gomme ammoniaque, et de l'*euphorbium officinarum* (variété à fleurs rouge cramoisi), dont le suc est un purgatif violent. — Le *lawsonia inermis*, Lin. (*henné*), sert, en décoction, à donner aux mains et aux pieds des femmes arabes ou mauresques une belle couleur orange et une agréable fraîcheur.

Dans les montagnes de l'Atlas on trouve le cèdre du Liban, plusieurs espèces particulières de *juniperus, pinus, thuya*, le chêne à glands doux, le chêne-liége, dont d'écorce est l'objet d'un commerce d'exportation. Dans les parties méridionales, le palmier-dattier (*phœnix dactylifera*, Lin, *nekhla* des Arabes) fournit aux habitants leur principal moyen de subsistance (1). On y trouve

(1) *Quercus ballota*, Desfont.

(2) Chénier, tome III, p. 85 et suiv.

(3) Schousboe (*Betrachtungen über das Gewæchsreich*, etc.; Copenhague, 1802) et Jackson ont fourni sur la flore du Maroc quelques renseignements utiles, mais très-incomplets. La *Flora Atlantica* de Desfontaines ne parle que des végétaux des environs de Tripoli, Tunis et Alger.

(1) Jackson rapporte au sujet des dattes le conte arabe suivant : La Vierge Marie (le Koran en parle comme la Bible) se retira dans le désert sous un dattier; surprise là par les douleurs de l'enfantement, elle pleurait, lorsque l'Ange du Seigneur lui dit : « Ne

aussi en abondance la *chamærops humilis*, *doume* des Arabes. C'est pour ces peuples un des végétaux les plus utiles. Les pâtres, les muletiers, les conducteurs de chameaux en ramassent les feuilles, et, chemin faisant, ils en font des tresses et des cordonnets dont ils forment des corbeilles, des chapeaux, des *chouaris* ou grandes besaces pour transporter les grains, des cordes, etc. Cette plante, qu'on emploie aussi pour chauffer les fours, produit un fruit douceâtre et résineux, qui mûrit en septembre et octobre : il a la forme d'un raisin dont chaque grain a un noyau; ce fruit est astringent et tempère les effets des fruits aqueux et laxatifs, dont les habitants font un usage immodéré (1).

La faune du Maroc, surtout en ce qui concerne les animaux invertébrés, est bien moins connue encore que la flore. Parmi les carnassiers sauvages on remarque le lion, l'hyene, l'ours, le chacal et le renard. Les Arabes donnent au chacal le nom de *taleb Youssouf*, scribe Joseph. Se rattache-t-il à quelque antique croyance religieuse? Le chacal figure dans l'Amenthes ou Jugement des morts chez les anciens Égyptiens; il y tient ordinairement l'un des plateaux de la balance où l'âme est pesée devant le tribunal d'Osiris; quelquefois il y remplit les fonctions de scribe. Nous livrons ce sujet aux méditations des archéologues.

L'hyène passe chez les Arabes pour un animal très-stupide. Ils l'appellent *dubbah*, et le mot *M'dabbah*, qu'on pourrait rendre par *hyénisé*, est synonyme d'imbécile. Pour désigner une personne niaise on dit, comme en proverbe : *Kulu ras dubbah*, « elle a mangé de la tête d'hyène. »

Les autres animaux que mentionnent les voyageurs, sont : différentes espèces d'antilopes (1), entre autres la gazelle,

t'afflige pas, Marie; secoue l'arbre, mange le fruit, bois et lave tes yeux. » La superstition arabe, d'accord avec le Koran, ajoute que Marie dans ses angoisses s'écriait : « Oh! si je pouvais seulement avoir une datte! » Aussitôt l'exclamation de sa bouche virginale alla se graver dans l'intérieur des fruits : tous depuis lors portent une marque circulaire semblable à la lettre O, qui se voit en effet sur tous les noyaux de dattes.

(1) Chénier, tome III, p. 90.

(1) Il y a des animaux qui par leur présence caractérisent toute une contrée. Tel est le cas des antilopes. Ces intéressants ruminants habitent presque exclusivement l'Afrique, et surtout la chaine atlantique. Sur environ trente espèces connues, il n'y en a que deux qui vivent en Europe : le chamois (*antilope rupicapra*), qu'on rencontre dans les Alpes, et le saïga (*antilope saiga*), remarquable par le prolongement extraordinaire du nez, qu'on trouve en immenses troupeaux dans la Russie méridionale. Presque toutes les autres especes sont originaires de l'Afrique : celles qui habitent le nord ont les cornes annelées, tandis que celles du midi ont les cornes lisses. Parmi les premières on remarque : 1° *Antilope dorcas* (la gazelle) : cet animal, de la grosseur d'un chevreuil, se rapproche de la forme du cerf; il vit en grands troupeaux, dans l'Afrique septentrionale. 2° *A. cervicapra :* c'est l'antilope commun; il tient, par sa forme, le milieu entre le cerf et la chèvre; même patrie. 3° *A. euchore :* c'est le *Springbock* des Allemands; il se distingue par un pli de la peau situé à la partie postérieure du dos, et garni de poils blancs; ce pli s'élargit quand l'animal court. 4° *A. bubalus :* il rappelle, à son aspect, le genre bœuf; sa forme s'éloigne le plus de l'élégance de la gazelle. 5° *A. dama :* corne à courbure simple, dont la pointe est en avant; l'Afrique occidentale est la patrie du daim. 6° *A. oryx :* c'est de tous les antilopes celui qui ressemble le plus à la chèvre : ses cornes sont très-longues et droites, excepté à la partie supérieure où elles sont légèrement infléchies en arrière. Sa patrie est l'Afrique australe. 7° *A. leucophræa ;* poils d'un gris bleu clair; cornes très-longues, fortement infléchies en avant; grandeur du cerf. Patrie : le Cap. Parmi les antilopes à cornes lisses on remarque, outre le *A. rupicapra* et le *A. picta* de l'Inde, 1° le *A. gnu*, qui tient, par son extérieur, tout à la fois du cheval et du bœuf; il est remarquable par l'espèce de crinière qui garnit le cou de la nuque; sa patrie est l'Afrique Australe. 2° *A. orcas* (canna) : cornes fortes, droites, cunéiformes; grandeur du cheval; queue assez longue; crinière courte sur le dos; même patrie. 3° *A. strepiceros* (coudou) : cornes à lames spirales contournées; grandeur du cerf; crinière sur le dos et le cou; même patrie. — Les antilopes, comme on vient de le voir, sont des animaux en quelque sorte intermédiaires entre le bœuf, le cheval, la

dont les yeux sont pour les Arabes un type de beauté (1), le sanglier, le rhinocéros, différentes espèces de singes, le caméléon, des serpents très-venimeux, etc. Nous devons ici dire un mot des sauterelles, qui deviennent quelquefois un fléau aussi redoutable que la peste (2). Elles sont vertes quand elles sont récemment écloses; puis en vieillissant elles deviennent jaunes et enfin brunes. Il y en a qui acquièrent jusqu'à un décimètre de longueur. Avant qu'elles aient déposé leurs œufs, les sauterelles passent pour un mets fort délicat. Les Maures en font une grande consommation. Après les avoir fait bouillir dans de l'eau pendant une demi-heure, ils les assaisonnent avec du sel, du poivre et un peu de vinaigre. On jette la tête, les ailes et les pattes; ce qui reste ressemble à la crevette, et en a le goût. A la longue cette nourriture rend, dit-on, maigre et indolent; mais comme les pauvres en mangent avec excès, surtout à l'époque où la présence de ces insectes et la dévastation qui en est la suite suspendent forcément tout travail, on a peut-être confondu l'effet avec la cause. Beaucoup de personnes en mangent de deux à trois cents à la fois sans en être incommodées. Le sanglier, le chacal, le renard se régalent des larves; les cigognes, les éperviers et une multitude d'autres oiseaux font la chasse à l'insecte ailé, mais ils ne suffisent pas à le détruire (Jackson et Drummond-Hay).

Suivant Chénier, ces insectes dévastateurs viennent des contrées méridionales; ils envahissent les campagnes, et s'y multiplient à l'infini lorsque les pluies du printemps ne sont pas assez abondantes pour détruire les germes qu'ils déposent dans le sol. Les grandes sauterelles ne sont pas celles qui font le plus de dégâts : en volant elles cèdent à l'impulsion du vent, qui les précipite dans la mer ou dans des déserts sablonneux, où elles périssent. Les jeunes sauterelles, qui ne peuvent pas voler, sont les plus malfaisantes; elles sont de la grosseur d'un tuyau de plume d'oie, sur quinze lignes de long; en rampant elles ne laissent pas un brin d'herbe sur leurs traces, et le bruit qu'elles font en la dévorant annonce au loin leur arrivée. Les dévastations des sauterelles font augmenter le prix des denrées, et occasionnent souvent la disette; mais les habitants s'en dédommagent en se nourrissant eux-mêmes de ces insectes : on en vend des quantités prodigieuses salées ou fumées comme les harengs. Elles ont un goût huileux et rance, auquel on a de la peine à s'accoutumer; mais les gens du pays les mangent avec plaisir (1).

Quant aux animaux domestiques, ils sont, sauf les chameaux, les mêmes que ceux de l'Europe. Nous pouvons donc nous dispenser d'en parler.

Topographie. Nos connaissances concernant la division politique de l'empire de Maroc sont encore fort incomplètes. Jackson et d'autres voyageurs en ont donné la division suivante :

I. *Provinces du nord* (royaume de Fez) :

Er-Rif.
El-Gharb (El-R'rab)
Beni-Hacen
Temsna.
Chaouïa.
Fez.
Tedla (Tâdla).

chèvre et le cerf, c'est-à-dire qu'ils participent de la plupart de nos ruminants domestiques. Ces derniers descendraient-ils de quelques-unes de ces espèces d'antilopes? La question est encore controversée. Ce qui paraît certain, c'est que presque tous les antilopes sont susceptibles d'être apprivoisés, sinon d'être réduits à l'état de races domestiques. Un travail intéressant à faire, ce serait de comparer les espèces de l'Afrique septentrionale (de la chaîne de l'Atlas) avec les espèces australes. Il pourrait en résulter des données utiles non-seulement pour la zoologie, mais encore pour l'histoire des différentes parties du continent africain. Malheureusement ce travail est impossible tant que nous ignorerons la faune des montagnes, si peu explorées, de l'Atlas.

(1) *Andik ainin el ghazala, ia lella*, Vous avez, madame, des yeux de gazelle, est le plus grand compliment qu'un Arabe puisse faire à une femme.

(2) Les entomologistes modernes classent ces sauterelles dévastatrices dans le genre *acridium*, qu'ils séparent du genre *locusta*.

(1) Chénier, *Histoire de l'empire de Maroc*, tome III, p. 80.

II. *Provinces centrales* (royaume de Maroc) :

Dekkala (Dukella).
Abda.
Chedma (Chiâdma).
Haha.
Rhamna.
Maroc.

III. *Provinces méridionales.*

Draha (Dra'a) ou El-Drah.
Sous (Suse).

IV. *Province orientale.*

Tafilet (Tafilelt).

La division la plus naturelle, applicable d'ailleurs à tous les États occupés par des peuples de race sémitique, est celle par tribus ; malheureusement nous manquons à cet égard de documents suffisants. Une autre division, officielle et fiscale, est celle en kaïdys : elle comprend un certain nombre de territoires gouvernés par des kaïds, chargés de percevoir les contributions (1). Mais ici encore nous sommes arrêté par l'insuffisance de nos renseignements.

Avant d'aborder la description des diverses provinces de l'empire, nous devons dire un mot de la grande chaîne des montagnes de l'Atlas, qui forme le véritable squelette des États marocains.

On connaît le mythe qui a fait donner à cette chaîne de montagnes le nom qu'elle porte. Les indigènes l'appellent *Deren* ou *Daran*, qui rappelle le *Dyris* de Pline (*Hist. nat.* V, I) et le *Russa-Diron* de Ptolémée. Aboulfeda, Bekri et Edrisi donnent le nom de *Daran* aux montagnes les plus occidentales de l'Afrique du nord (2). La principale direction de la chaîne atlantique est du nord-est au sud-ouest. On la divise en petit Atlas et en grand Atlas. Le petit Atlas n'est qu'une ramification du grand, lequel se bifurque au midi de Fez ; la grande chaîne s'étend de là vers l'est pour entrer dans l'Algérie ; la petite descend presque en ligne droite à la Méditerranée, et se trouve toute enfermée dans les limites du Maroc. Elle prend divers noms, suivant les provinces où elle passe, et se ramifie à l'infini. La principale chaîne (grand Atlas) s'étend de la colline du Singe jusqu'à Chtuka et Aït-Bamaran, et passe à trente milles est de la ville de Maroc ; ses cimes sont d'une grande hauteur et couvertes de neiges (1). Par un temps clair, de Mogador, à cent quarante milles de distance, on découvre cette partie de l'Atlas ; elle présente la forme d'une selle, et se voit en mer à plusieurs lieues de la côte.

Les géographes arabes ont donné le nom d'*Ile du Maghreb* (île de l'Occident) à cette vaste étendue de pays qui est traversée par les innombrables ramifications de l'Atlas et séparées du reste de l'Afrique par cette immense mer de sable qui, près des caps Noun et Boyador, touche à l'Océan, et rejoint la Méditerranée, près du golfe de Gabès, sur le rivage de Tripoli. Cette île du Maghreb, comprenant le Maroc, l'Algérie et la régence de Tunis, rappelle l'Atlantide de Platon. Ali-Bey, considérant le désert de Sahara comme le lit d'une mer desséchée, n'hésite pas à prendre cette portion du continent africain pour l'Atlantide de Platon. Ce qu'il y a de certain, c'est que l'Atlas caractérise tout l'aspect géographique et la nature géologique de l'*île du Maghreb*. Il en détermine les bassins, et partage tous les cours d'eau qu'il verse, soit au sud, dans les sables du grand Sahara, soit au nord et à l'ouest, dans l'Océan et la Méditerranée.

Tel est le plateau général de l'Atlas : sorte d'*Afrique mineure*, circonscrite par les deux mers et par les sables de l'in-

(1) Suivant M. Mordtmann, le nombre de ces kaïdys ou gouvernements est de trente dans tout l'empire de Maroc.

(2) Ce nom paraît être une corruption de *idrar*, pluriel *idourar*, qui en berbère signifie montagne.

(1) On ne connaît encore la position et la hauteur que d'un très-petit nombre de ces sommets. M. Arlett donne à l'un d'eux, situé à 22 kilomètres au nord d'Agadir, une élévation de 1344 mètres au dessus de la mer. Cochelet donne au Bibaouân la hauteur du Righi, c'est-à-dire environ 1500 mètres. M. Washington a déterminé, en 1830, la position du Mittsin, situé en vue de Maroc, et celle des Glâoui, un peu plus à l'est ; le premier a 3475 mètres de hauteur au dessus de la mer. Le Mittsin est probablement le Hentêta de Léon et de Marmol. Cette montagne, qu'ils placent dans les environs de Maroc, est selon eux la plus élevée de l'Atlas.

térieur. La chaîne commence à s'élever vis-à-vis de l'archipel des Canaries, qu'on ne doit pas séparer de son système; puis elle s'étend entre la province du Tafilelt et celle de Maroc, en se dirigeant vers le nord, presque en vue de la ville de Fez. Cette cordillère, qu'on peut appeler le haut Atlas, après avoir été légèrement oblique à la ligne de l'Océan, se replie tout à coup parallèlement à la Méditerranée. C'est là que se dessine le long des rivages de la mer la chaîne du petit Atlas, tandis que plus au sud l'Atlas moyen abaisse ses terrasses à travers l'Algérie, et s'étend jusqu'aux monts Fosseto dans la régence de Tunis, et aux monts Gharian dans la province de Tripoli. Là, en face de la Cyrénaïque, de mythologique mémoire, s'arrête le plateau de l'Atlas ou l'île de Maghreb (1).

Quant aux peuples qui habitent les chaînes de l'Atlas, dans l'empire de Maroc, nos connaissances ne sont guère plus avancées qu'au seizième siècle. Voici ce qu'en dit à cette époque Léon l'Africain : « Ce mont (Atlas) est bien habité et enrichy de villes et bourgades, dont les habitants ne sont sustantés d'autre chose que de leurs chèvres, orge et miel. Ils n'usent pour habillement d'aucune chemise, ny d'autre chose faite à l'aiguille, pource qu'entre eux ne se trouve personne qui sache l'art de couture; mais portent des draps autour d'eux, attachés au moins mal qu'ils peuvent et savent. La coutume des femmes est de porter quelques anneaux ou bagues d'argent et massives aux oreilles, en chacune desquelles il s'en trouve beaucoup qui en y portent jusques à quatre, et usent semblablement de certains anneaux en forme de boucle, de telle grosseur qu'ils viennent à peser une once, et avec iceux attachent leurs habillements sur les epaules, puis portent encore aux doigts et jambes certains cercles d'argent, mais les nobles et riches seulement, pource que les pauvres, n'ayant le moyen de charger si gros état, n'en portent que de fer ou cuivre. Il y a quelques chevaux de petite taille, qui ne sont jamais ferrés; néanmoins ils sont tant agiles et légers qu'ils sautent contre-bas à guise de chats. Là y a force gibier, cerfs et chevreuils; mais les habitants n'en tiennent compte, et plusieurs fontaines y sourdent en grande quantité. Il y croît des arbres innumérables, dont la plus grande partie est en noyers. Ce peuple icy est, comme les Arabes, se transportant de lieu à autre. Leurs armes sont poignards larges et tors de la même forme desquels sont les épées qui ont l'échine grosse comme celle d'une faux à faucher de l'herbe. Et quand ils veulent aller en quelque combat ils prennent en main trois ou quatre pertuisanes. Là ne se trouve aucun juge, prestre, temple, ny homme qui sache aucune doctrine, et sont généralement traîtres et malins. Il fut dit au prince sérif en ma présence que ce peuple de cette montagne pouvait faire jusques au nombre de vingt mille combattants (1). »

Tel est le portrait que Léon l'Africain nous a donné des montagnards de l'Atlas. Voici ce qu'il ajoute sur le climat et les productions naturelles de cette chaîne : « La montagne de l'Atlas (2) est fort froide et stérile, produisant peu de grains, tant par toutes ses parties chargées de boys obscurs et touffus, et d'icelle descendent quasi tous les fleuves d'Afrique. Les fontaines qui y sourdent sont fort froides au cœur de l'esté. La froidure ne continue pas également en toutes les parties de la montagne, pource qu'il y a aucuns lieux qui sont comme tempérés, lesquels ne sont moins habitables qu'habités. Les parties qui sont inhabitables sont ou trop froides ou trop aspres; ce qui est au-devant de Temesne sont les aspres, et ce qui regarde la Mauritanie sont les froides. Si est-ce que ceux qui gardent le bétail ne laissent à s'y acheminer en temps d'esté et y conduire leurs troupeaux pour pasturer, ce que seroit à eux grande folie et chose impossible d'entreprendre en temps d'yver, pensant y pouvoir résider en sorte que ce soit, pource que la neige n'est pas plus tost tombée qu'il se lève un grand vent de Tramontane, si transperçant et dommageable qu'il tue tous les animaux

(1) Thomassy, p. 26.

(1) *Description de l'Afrique*, pag. 60 (Lyon, 1556, in-fol.)

(2) Léon parle ici du grand Atlas, au midi de Fez.

qui se trouvent en ces lieux-là, et beaucoup de personnes y donnent fin à leurs jours, à cause que là est le passage d'entre la Mauritanie et Numidie. Et comme c'est la coutume des marchands de dattes de faire leur charge et de partir à la fin d'octobre, quelquefoys ils sont surpris de la neige, si bien qu'il n'en demeure pas un en vie. Car si la nuit la neige commence à tomber, le lendemain l'on trouve les voituriers avec leurs charges plongés et ensevelis dans icelle, et non-seulement la caravane, mais les arbres aussi s'en voyent tous couverts, tellement qu'on ne sauroit apercevoir sentier ny route pour savoir en quel pas gisent les corps morts; vous assurant que par deux foys, et par grande aventure, je suis eschappé d'un tel genre de mort, du temps que je passois par ces dangereux chemins (1). »

Parmi les provinces de l'empire de Maroc on remarque d'abord le Rif (*Er-Rif*) (2). Comme du temps de Léon l'Africain, on désigne sous le nom de *Rif* la contrée située entre Tétouan et Mlila. C'est une série non interrompue de montagnes (chaîne du petit Atlas) qui s'étend presque parallèlement à la côte, sur une longueur de 330 kilomètres et une largeur moyenne de 50. Ces montagnes, qu'on ne connaît qu'en bloc, sont la continuation de celles de l'Algérie; elles paraissent se rattacher à la zone montagneuse comprise entre Cherchêl et Tenez, laquelle porte aussi chez les Berbères le nom de Rif. Toute cette contrée est presque exclusivement peuplée de Berbères, qui ne sont guère soumis que de nom. Elle est riche en blé et en troupeaux; la partie voisine de Tétouan produit les oranges les plus délicieuses du monde. On y trouve des figues, des raisins, des melons, des citrons et la plupart de nos fruits en abondance. Le Rif est encore peu connu. « Nous n'y connaissions, dit M. Renou, ni le détail ni le nom des cours d'eau, pas un seul nom de montagne, mais quelques noms de tribus donnés par Léon, il y a plus de trois siècles; depuis cette époque on n'a eu aucun renseignement sur cette contrée (1). »

(1) *Description de l'Afrique*, p. 34.

(2) Le nom de *Rif* signifie littoral ou rive, et vient évidemment du latin *ripa*. Il est synonyme du mot arabe *sahel*. De là les habitants du littoral s'appellent indifféremment *Rifi* sur la côte marocaine, et *Souahli* sur la côte algérienne.

La province El-Gharb (El-R'rab) est située au sud-ouest du Rif. Depuis le port d'El-Araiche jusqu'au pied de l'Atlas s'étend une plaine fertile, célèbre par le camp de Mouley-Ismaël, aïeul de l'empereur actuel. On y rencontre des forêts de chênes-liéges (*quercus suber*). A cette immense plaine se lient les régions plates formées par les autres provinces du nord et par presque toutes les provinces du centre. C'est la zone des plaines que nous connaissons le mieux; elle renferme les principales villes du Maroc. Presque toute la population, assez clair-semée, est arabe, vit sous des tentes, et se livre à l'agriculture. Sans cesse exposée aux exactions des kaïds, et au pillage de ses voisins, elle mène une existence des plus misérables.

Indépendamment des tribus arabes, la zone des plaines est occupée par un mélange de Berbères. Tels sont les Chaouïa, qui se divisent en un grand nombre de sous-tribus, parmi lesquelles on remarque comme les plus indomptables les Zahir et les Beni-Mtîr.

La province centrale de Haha présente un pays bien accidenté par des montagnes et des vallons. Les habitants d'Haha sont des Schelloks; ils occupent des villages, tandis que dans presque toutes les autres provinces du nord et du centre les indigènes vivent sous des tentes. Les maisons de ces villages sont bâties en pierres; elles sont garnies de tourelles et situées généralement sur des points élevés. Les principales productions naturelles sont l'huile d'olive, la cire, la sandaraque, outre les fruits qu'on trouve dans les contrées du littoral. Les Schelloks de Haha paraissent, par leur physionomie, leur langage et leurs mœurs, différer des Berbères de l'Atlas ainsi que des autres habitants de l'empire.

La province de Sous, au midi de celle de Haha, comprend une grande étendue de la côte occidentale. Le chef-lieu est

(1) *Description de l'empire de Maroc*, p. 377.

Taroudant (Terodant), résidence d'un kaid. On y compte un certain nombre de grands villages. Le Stouka, qui termine la province de Sous au sud ouest, est le dernier pays soumis à l'empereur; il renferme, suivant Davidson, une vingtaine de villages.

La rivière de Draha (Oued-Dra'a), qui donne son nom à la province d'El-Drah, communique, à son extrémité méridionale, avec le grand lac Ed-Debaïa, puis continue sa course pour se jeter dans la mer, un peu au sud-ouest d'Oued-Noun. Cette province n'est qu'une vallée étroite, d'environ trente-cinq myriamètres, et couverte de villes et de villages dans toute son étendue.

L'El-Drah s'étend de l'est à l'ouest et du sud au nord, entre le Maroc et El-Harib. C'est là que les habitants d'El-Harib vont souvent pour acheter de l'orge et des dattes; ils n'osent faire ce trajet que sous la conduite de quelques Berbères, et moyennant une rétribution. Les habitants d'El-Drah cultivent du froment, de l'orge et quelques légumes. Ils distribuent leurs terres, très-fertiles, en petits carrés, et font autour une chaussée où s'amasse l'eau de pluie, qui sert à l'irrigation du sol. On fait usage de la charrue, à laquelle on attelle le mulet ou le chameau. Chaque propriétaire a au milieu de son champ un puits dont l'eau est claire et bonne à boire. Ces puits n'ont pas plus de sept à huit mètres de profondeur; ils sont creusés dans du sable compacte, mêlés de cailloux noirs et jaunes. De chaque côté des puits, les habitants mettent deux piliers de cinq metres de haut; ils y attachent une traverse en bois, à laquelle est adaptée une grande perche, qui porte à son extrémité postérieure une masse lourde pour faire contre-poids au seau; il faut ainsi très-peu d'efforts pour amener l'eau qui sert à arroser leurs plantations. Le bois est très-rare dans ce pays; on ne brûle que les feuilles sèches des dattiers et les troncs des arbres morts. Le dattier est employé comme bois de charpente pour la construction des maisons.

La ville de Zaouât, dans le district d'El-Drah, est fondée à quelque distance des ruines du village de même nom, abandonné depuis longtemps de ses habitants. Les maisons construites en pierres sont à terrasse, et n'ont que le rez-de-chaussée; elles sont mal bâties et ressemblent aux huttes des Bambarras. De tous côtés, dans les environs, on ne voit que des forêts de dattiers, qui élèvent majestueusement leur sommet dans les nues.

Mimcina est la ville la plus considérable du district d'El-Drah. Elle est habitée par des Berbères et des Maures cultivateurs. Entourée de murs de quatre mètres de haut, cette ville est située entre deux chaînes de petites montagnes, qui se prolongent dans la direction de l'ouest à l'est et dont le sol présente une teinte rougeâtre, indice de l'oxyde de fer. Les habitants, quoique grands cultivateurs, ont peu de bestiaux; ils élèvent cependant quelques moutons, des chèvres et de la volaille. C'est des dattiers qu'ils tirent leur principal revenu. Les maisons de Mimcina sont, comme celles de Tombouctou, terminées en terrasse, et ne reçoivent d'air que par une cour intérieure.

A six jours à l'est de Mimcina est située la ville de Tabelbât, sur la route de Taouât. Les habitants de Taouât sont cultivateurs; ils ont beaucoup de dattiers, font le commerce avec Tombouctou, et viennent au Tafilelt et à El-Drah acheter des chèvres et des moutons.

El-Harib. Le district d'El-Harib, situé à deux jours à l'ouest de celui d'El-Drah, se trouve entre deux chaînes de petites montagnes, qui se prolongent de l'est à l'ouest, et le séparent, vers le nord, de l'empire de Maroc, dont il est tributaire. Les habitants sont divisés en plusieurs tribus nomades; ils élèvent une grande quantité de chameaux, qui dans la saison des pluies leur fournissent beaucoup de lait, dont ils se nourrissent. C'est là leur principale richesse. Tous les Maures d'El-Harib font les voyages du Soudan; ils vont à Tombouctou, à El-Araouan et à Sansanding; ce sont, en quelque sorte, les hommes d'affaires des négociants du Tafilelt, d'El-Drah et du Soueyah, qui leur donnent des chargements pour leurs chameaux : ils n'emportent pour leur compte, et en petites pacotilles, que du froment et quelques dattes. Arrivés dans le Soudan ils y séjournent plusieurs mois, et s'y livrent

Femmes à Tripoli

au négoce. Ils font les voyages de Toudeyni, où ils achètent du sel, qu'ils vont ensuite revendre dans les principaux entrepôts; ils reçoivent, en échange, du blé, des étoffes du Soudan, et de l'or. Ce trafic achevé, ils prennent un chargement pour le Tafilelt ou d'autres pays, et reviennent dans leur patrie, auprès de leurs familles. Ces voyages les occupent souvent neuf à dix mois : ils apportent en retour de l'or et quelques esclaves, qu'ils vendent au Maroc. Rendus dans leur pays, ils sont obligés de payer une petite rétribution à leur cheik. Toutes les marchandises qui viennent du Soudan à El-Harib ne sont transportées de là au Tafilelt ou ailleurs que par les Berbères, ou sous des escortes qu'ils fournissent à prix convenu; sans ces précautions, les marchands seraient volés et massacrés en route.

Pendant que les hommes font les voyages du Soudan, les femmes s'occupent à faire des cordes avec de l'herbe, pour attacher les bagages, et pour tirer l'eau des puits dans le désert; elles filent le poil de leurs chameaux, avec lequel elles tissent l'étoffe pour faire leurs tentes; elles travaillent le cuir, le tannent, font des sandales pour leurs maris, et consacrent le reste du temps aux soins du ménage. Comme dans tous les pays musulmans, elles ne mangent pas avec les hommes.

Les habitants d'El-Harib sont si pauvres qu'ils ne peuvent acheter que des provisions de qualité inférieure, principalement des dattes; celles qui tombent avant d'être parvenues à parfaite maturité sont ramassées soigneusement par les propriétaires, qui les font sécher au soleil, après quoi ils les renferment dans des sacs de cuir, où elles acquièrent une dureté inconcevable. C'est avec ces dattes qu'ils se nourrissent pendant le jour. Le soir, vers huit ou neuf heures, ils mangent pour leur souper un couscous d'orge, trempé le plus souvent avec de l'eau chaude, dans laquelle ils ont fait bouillir une poignée d'herbe qu'ils se procurent dans les environs des camps. Ils élèvent quelques moutons; lorsqu'il leur arrive d'en tuer un, ce qui est fort rare, ils font sécher la viande, et la mettent dans des sacs de cuir pour la conserver quelquefois six mois; ils ont recours à cette provision de réserve lorsqu'ils traitent des étrangers, surtout des Berbères, qu'ils redoutent encore plus qu'ils ne les aiment.

Les Maures d'El Harib sont vêtus comme ceux des bords du Sénégal, excepté qu'ils mettent par-dessus leur coussabe une couverture de laine, fabriquée dans le pays d'El-Drah ou du Tafilelt. Ils n'épousent guère qu'une femme, mais ils en changent souvent. Ils sont tous musulmans; mais ils ne connaissent du Koran que les premiers versets, et n'apprennent pas à écrire. Aussi les marabouts sont très-considérés chez eux. Ils sont généralement méprisés de tous leurs voisins : on leur donne le nom de *caffirs* (infidèles).

El-Harib contient, suivant Caillé, onze tribus, dont voici les noms : Oulad-Rossik, Oulad-Ouébâl, Oulad-Gonessim, Oulad-Foulh, Oulad-Ouraff, Oulad-Rouziun, Oulad-Rahân, Oulad-Nasso, Oulad-Body, Oulad-Boulaboï, Oulad-Sidi-Ayché.

Le Tafilelt. C'est un pays beau et fertile. Il produit tout ce qui est nécessaire à la vie de ses habitants. Les nombreux dattiers qui entourent chaque propriété procurent une nourriture abondante et une branche de commerce considérable. Chaque propriétaire a l'habitude de protéger ses terres par un mur et un fossé. Tous les villages sont de même murés, et n'ont généralement qu'une porte d'entrée, qui se ferme tous les soirs. Le sol, formé d'un sable gris cendré, est très-fertile. On y cultive beaucoup de blé, toutes sortes de légumes et de fruits d'Europe. Les indigènes élèvent des moutons, dont la laine est très-blanche; ils l'emploient à faire des couvertures, qui sont tissées par les femmes. Ils ont quelques bœufs, d'excellents chevaux, des ânes et beaucoup de mulets. Les chevaux appartiennent en grande partie aux Berbères, qui sont moins pillards que ceux d'El-Drah, et ne sont guère redoutables que pour les étrangers.

Les habitants du Tafilelt font un grand commerce avec le Soudan. Ils y envoient du tabac en feuilles, qu'ils récoltent dans leur pays; ils expédient aussi des marchandises d'Europe, et reçoivent, en échange, de l'or, de l'ivoire, de la gomme, des plumes d'autruche, des effets confectionnés et des esclaves. « Les marchandises que les négociants expédient à Tombouctou par le moyen des Maures nomades d'El-Harib, que l'on peut considérer comme les voituriers du Soudan, sont transportées sur les confins du désert par les chameaux des Berbères, qui les remettent aux Maures chargés par engagement de les conduire à leur destination. Les Berbères reçoivent pour cela une rétribution ; c'est une espèce d'indemnité qu'on est convenu de leur donner; car ils ne font pas, comme les Arabes, les grands voyages des pays nègres. Sans cette sage précaution des négociants leurs caravanes seraient pillées par ces barbares, comme quelquefois elles le sont par les Touariks (1). »

Les habitants du Tafilelt sont très-industrieux; ils font du beau maroquin, très-estimé dans le commerce, et qui trouve à Fez un prompt débouché. Dans les marchés, chacun apporte le fruit de son travail : on y voit en abondance des couvertures de laine, des coussabes, des cuirs tannés, des pagnes, des souliers, des nattes, des plats de bois. La population est divisée en plusieurs catégories : les hommes qui travaillent à la journée ou au mois, soit pour la culture des terres, soit pour tout autre ouvrage, sont regardés comme appartenant à la dernière classe; ceux qui se croient d'une condition plus relevée les traitent comme des êtres inférieurs. Il y a aussi au Tafilelt beaucoup d'esclaves nègres et quelques affranchis; jamais ils ne contractent des alliances avec les Maures; les enfants même nés d'une négresse et d'un Maure par une union clandestine sont toujours relégués au dernier rang de la société. Les juifs du Tafilelt sont très-malpropres, et ne vont que pieds nus, peut-être pour éviter la peine d'ôter trop souvent leurs sandales, en passant devant une mosquée ou devant la porte d'un chérif, obligation qui leur est imposée. Ils sont vêtus d'un mauvais coussabe, et d'un manteau blanc très-sale, qui ne vaut guère mieux; il leur passe sous l'aisselle gauche, et vient s'attacher sur l'épaule droite. A l'exemple des Maures, ils se rasent la tête; mais ils y laissent une touffe de cheveux qui tombe sur le front. La plupart sont brocanteurs; quelques-uns font des souliers, et des nattes en feuilles de dattiers. Ils prêtent leur argent à intérêt usuraire aux marchands qui font le commerce du Soudan, et n'y vont jamais eux-mêmes. Tous les juifs évitent de paraître riches; car les Maures ne manqueraient pas de les rançonner. D'ailleurs, non-seulement ils payent tribut à ceux-ci et à l'empereur, mais ils sont encore harcelés par les Berbères.

Les habitants du Tafilelt payent quelques impositions à l'empereur de Maroc. Celui-ci y entretient un gouverneur, lequel fait sa résidence à Rassant, ville qui se distingue des autres par une grande porte entourée de petits carreaux en faïence, de diverses couleurs, plaqués symétriquement sur le mur. Au sud-est de Rassant se trouvent, sur la même ligne, les petites villes de Ghourlann, El-Ekseba, Sosso et Boheim (1).

(1) Caillé, tom. III, p. 85.

Sur les confins du Sahara et de l'empire de Maroc on rencontre plusieurs États indépendants, parmi lesquels on remarque, à l'ouest, l'Ouad-Noun et l'État de Sidi-Hecham. Ce dernier, reconnu par le gouvernement marocain, subsiste, dit-on, depuis 1810; mais probablement son indépendance remonte à une époque plus reculée. Il a maintenant pour chef Ali-ben-Hecham, fils du marabout Sidi-Hecham, qui se déclara souverain en 1810. Les bourgs d'Ilir et Tellent servent de résidence au chef de l'État.

Le pays d'Ouad-Noun a pour souverain le cheik Beirouk, le protecteur du voyageur anglais Davidson, qui mourut pendant son voyage dans l'intérieur de l'Afrique. Ce cheik a sous sa dépendance environ quarante villages et vingt-cinq mille habitants (2). Il paraît désirer

(1) Les détails que nous venons de communiquer sur l'El-Drah, El-Harib et le Tafilelt, sont extraits de l'ouvrage de Caillé (*Voyage à Tombouctou*, etc., tom. III), auquel nous devons les premiers renseignements tant soit peu précis sur ces contrées encore si peu connues de l'empire de Maroc.

(2) Davidson's *Africain Journal*, p. 97.

Porte de la Ville de [illegible] (d'après Adanson)

vivement établir des relations avec les États de l'Europe ; c'est sur ses instances que le gouvernement français a fait, il y a quelques années, explorer la côte de Noun. Malheureusement cette côte n'offre point de ports; on trouve, au sud du cap Noun, un mouillage qui n'est bon qu'en été. Ouad-Noun, bourgade de six à huit cents habitants, est le point d'arrivée des caravanes qui tous les ans, au printemps, reviennent de Tombouctou. Pour écouler leurs marchandises les négociants sont obligés de passer d'abord sur le territoire d'Ali-ben-Hecham, puis sur celui de Maroc; ils se rendent à Soueira en payant des taxes assez lourdes, et augmentant encore leur route de deux fois la distance de Noun à Soueira, c'est-à-dire de 850 à 900 kilomètres (1).

DESCRIPTION DES PRINCIPALES VILLES DE L'EMPIRE DE MAROC.

Fês ou *Fez* (à 34° latitude nord et 7° 18' longitude occident. Paris) est une des plus anciennes villes de l'empire de Maroc (2). C'est la ville sainte de l'empire, et l'une des trois résidences du sultan. L'époque de sa fondation remonte vers l'an 800 de J. C. Edris-ben-Edris passe pour le fondateur de cette ville.

La ville de Fez est située dans une sorte d'entonnoir formé par des montagnes bien boisées, d'où descendent plusieurs ruisseaux qui arrosent la campagne et fournissent une très-bonne eau. Sa population a été diversement évaluée; Ali-Bey la porte à cent mille âmes, d'autres à quatre-vingt mille. M. Renou, tenant compte des exagérations, ne l'estime que de trente à quarante mille habitants. Cette ville paraît avoir été plus peuplée au seizième siècle qu'elle ne l'est aujourd'hui; car, selon Nicolas Clénard, elle contenait en 1540 environ quarante mille familles, sans compter quatre mille juifs (1). La ville est entourée d'une vaste enceinte de murailles fort dégradées. Dans cette enceinte sont compris le Nouveau-Fez (Fâs-Djedid) et plusieurs grands jardins. Sur deux hauteurs à l'est et à l'ouest on voit deux châteaux forts très-vieux; ils consistent en un simple carré de murs d'une vingtaine de mètres de face. Ces espèces de forteresses communiquent, dit-on, avec la ville par des mines souterraines; on y place des canons avec quelques soldats toutes les fois que le peuple se révolte contre le sultan. La ville passe pour très-facile à prendre. Ses rues sont étroites, tortueuses, obscures et non pavées (2). « Pendant les pluies, dit Ali-Bey (3), on ne peut marcher dans les rues sans avoir de la boue jusqu'aux genoux. Cependant lorsqu'il ne pleut pas elles sont assez propres, parce qu'on a soin de ne pas y laisser d'immondices; mais leur aspect est toujours aussi désagréable que dans les autres villes de l'Afrique. » Caillé nous apprend tout le contraire : « Les rues de Fez, dit-il, sont de la plus grande malpropreté; j'y ai vu dans quelques endroits des chiens et des chats morts depuis longtemps, qui exhalaient une odeur infecte. » A qui faut-il ajouter foi?

Les maisons sont assez élevées et construites en briques; elles ont au premier étage une saillie qui contribue beaucoup à l'obscurcissement des rues. Cet inconvénient est augmenté par des espèces de galeries qui réunissent des deux côtés la partie supérieure des maisons,

(1) Renou, *Description de l'empire de Maroc*, p. 379.

(2) Le nom de *Fês*, qu'on écrit indifféremment *Fâs* et *Fez*, signifie en arabe une *pioche*. Suivant Léon l'Africain, *Fes* signifie *or*. Ebn Saïd rapporte, d'après El-Hedjâzi, qu'en creusant la terre pour jeter les fondements de la nouvelle ville, on trouva une hache de fer (*fâs*), dans le lieu où l'on creusait. *Voy.* Aboulféda, *Description des pays du Maghreb*, trad. par Solvet, p. 53 (Alger, 1839, in-8°).

(1) Dans sa lettre datée de Fez le 12 avril 1541, Nic. Clénard s'exprime ainsi : *Fesa bipartita est: urbs vetus populosa ad L millia familiarum, longoque tractu ferme semileucæ...... Hic rex vivit et proceres aliqui, et populus item reliquus ad numerum justi oppidi; huic adjacet Judæa, suis etiam septa muris, suntque hic Judæorum circiter quatuor millia; inter hos habito, propterea quod nec in urbe vetere nec nova familiam ausim alere.* (Nic. Clenardi *Peregrinationum ac de rebus mahometicis Epistolæ elegantissimæ*; Lovanii, 1561.)

(2) Caillé (*Voyage à Tombouctou*, tom. III) dit, au contraire, que les rues de Fez sont pavées.

(3) *Voyages en Afrique*, etc., tom. I, p. 113.

ainsi que par des murailles élevées de distance en distance et percées sous forme d'arceaux. Ces arceaux se ferment pendant la nuit, de manière que la ville se trouve divisée en plusieurs quartiers, qui ne peuvent nullement communiquer les uns avec les autres. Chaque maison se compose d'une cour entourée de colonnes qui soutiennent des arcades et qui forment des corridors en bas et en haut. C'est par ces corridors qu'on entre dans les chambres attenantes, qui ordinairement ne reçoivent le jour que par la porte, à laquelle on a soin de donner beaucoup d'ouverture. Ces chambres sont très-longues et très-étroites; le plafond, fait de planches, est extrêmement haut, sans aucun ornement dans les maisons ordinaires. Dans quelques autres, les plafonds, les portes des chambres et les arcades de la cour sont ornés d'arabesques en relief, peints en toutes sortes de couleurs, même en or et en argent. Le sol de toutes les pièces et celui de la cour sont en briques, et dans les maisons riches en carreaux de faïence ou de marbre, formant des dessins variés. Les escaliers sont tous étroits et les marches hautes. Les toits sont couverts de terre glaise à la hauteur de plus d'un pied; cette lourde charge écrase les murs, sans les garantir des pluies, et donne bientôt à toute la bâtisse un aspect de ruine ou de dégradation.

Fez renferme une multitude de mosquées. Clénard en porte le nombre à trois cent soixante. Mais il n'y en a que trois où l'on récite la *khothba* (1). Ce sont les mosquées métropolitaines. La principale s'appelle *El-Caroubin*. On y voit trois cents piliers, un grand nombre de portes et plusieurs belles fontaines. Au milieu de la muraille du fond, qui regarde au sud-est, se trouve *el mehreb*, ou la niche dans laquelle l'iman se place pour diriger la prière; au côté gauche, on voit le petit escalier ou la tribune appelée *el menbar*, pour la prédication des vendredis. Comme dans les autres temples de l'islamisme, il n'y a aucun ornement de peinture, et le sol est couvert de nattes. La tour contient trois mauvaises pendules servant à régler les heures des prières; sur la terrasse sont placés deux cadrans solaires horizontaux, pour observer le point de midi. On trouve encore dans la tour un globe terrestre, une sphère armillaire et un globe céleste. Le tout fut construit en Europe il y a plus d'un siècle; et comme on ne doit pas en faire usage, ces instruments sont abandonnés à la poussière, à l'humidité et aux rats (1). La mosquée la plus vénérée est celle de Mouley Edris, fondateur de Fez. Ce temple a une cour entourée d'arcades; la partie couverte est un grand salon carré, sans arcs ni piliers. La toiture, très-élevée, est en bois et ornée d'arabesques; elle forme une pyramide octogone, appuyée seulement sur les quatre murailles du salon. Le sépulcre d'Edris est placé à la droite de la niche de l'iman et couvert d'une toile bigarrée de différentes couleurs. Aux deux côtés du sépulcre sont placés deux grands coffres, pour recevoir l'obole des fidèles. Cette mosquée, garnie d'un très-beau minaret, est située au centre et dans la partie la plus basse de la ville. C'est le sanctuaire le plus respecté de l'empire. Tout criminel y est en sûreté : personne n'oserait l'y arrêter.

Le palais du sultan se compose d'un grand nombre de cours, les unes à demi construites, les autres à demi ruinées; elles servent d'entrée aux appartements intérieurs, qui n'ont encore été visités par aucun Européen, pas même par le célèbre Badiana l'Espagnol, voyageant sous le nom d'Ali-Bey, et fort bien accueilli auprès de l'empereur. Au milieu de l'une des cours du palais se trouve une maisonnette en bois; on y monte par quatre degrés; elle est tapissée d'une toile peinte; un lit avec des rideaux est placé vis-à-vis de la porte; d'un côté est un fauteuil, de l'autre un petit matelas. Ce cabinet n'a pas plus de cinq mètres carrés. C'est l'endroit où le sultan, assis dans le fauteuil ou couché sur le lit,

(1) La *khothba* est le *domine salvum* de l'islamisme, elle précède la prière solennelle du vendredi; on prie pour Mahomet, sa famille, ses compagnons, les quatre premiers califes, et enfin pour l'empereur régnant, regardé comme le chef et le pontife suprême de tous les croyants. Le droit de *khothba* et celui de battre monnaie sont les droits régaliens des potentats musulmans.

(1) *Voyages d'Ali-Bey*, tom. I, p. 117.

reçoit les personnes qui ont obtenu la permission de lui être présentées, et qui ne franchissent jamais la porte; les favoris seuls y entrent, et s'asseyent sur un matelas. Dans la même cour est une chapelle ou petite mosquée où le sultan fait sa prière journalière; les vendredis seulement, il se transporte dans la grande mosquée du palais, qui est ouverte au public au moyen d'une porte donnant sur la rue. Dans la seconde cour du palais se trouve le bureau du ministre. C'est une pièce étroite, humide, de chétive apparence; il n'y a d'autres meubles qu'un vieux tapis qui couvre le plancher. Dans un coin de ce réduit, le ministre se tient ordinairement accroupi par terre; à son côté est placée une écritoire de corne; quelques papiers sont dans un mouchoir de soie, ainsi qu'un petit livre ou un mémorial pour des notes. Quand il sort, il ferme son encrier, enveloppe dans le mouchoir les papiers et le livre, et emporte ainsi avec lui toutes ses archives (1).

Il existe auprès du palais impérial un jardin qui n'est qu'un simple potager, avec quelques arbres et quelques édifices d'ornement. Suivant Ali-Bey, ce jardin s'appelle *Bouchelou*(2). La rivière de Fez traverse le palais, qui est situé dans l'un des faubourgs. En entrant dans la ville, elle se divise en deux bras, qui fournissent des fontaines à presque toutes les maisons, et alimentent un grand nombre de moulins (3). Léon l'Africain parle déjà de ces moulins à eau : « Dedans cette cité (Fez) il y a, dit-il, près de quatre cents moulins (4), c'est à savoir des lieux auxquels sont les moules, car autrement il en pourroit y avoir un millier, pource qu'ils sont faits en manière d'une grande salle, soutenue par des colonnes, et dans aucuns endroits il y aura quatre, cinq et six moules, tant qu'une partie du territoire vient moudre dans la cité, où il y a certains marchands qu'on appelle fariniers, qui arrêtent les moulins où ils font moudre le bled qu'ils achètent, puis vendent la farine dans des boutiques qu'ils tiennent à louage, et de cecy en retirent un grand profit. Car tous les artisans qui n'ont pas la puissance de faire leur provision de bled achètent la farine en ces boutiques; puis font faire leur pain en leur maison. Mais ceux qui ont bien le moyen achètent le bled, qu'ils font moudre aux moulins, estant dépêché pour les citoyens; et payent un grand blanc pour faire moudre le setier. La plus grande partie de ces moulins dépend des temples et colléges, de sorte qu'il se trouve peu de citoyens qui en ayent, et est grand le louage comme de deux ducats pour moule (1). »

Les différents métiers se divisent par classes dans des rues séparées; le quartier où se trouvent les magasins de draperie, de soierie, s'appelle *El-Caïssaria* (2). Ce quartier, ainsi que beaucoup d'autres rues, présentent des galeries qu'on pourrait en quelque sorte comparer aux galeries du Palais-Royal à Paris. Caillé rapporte que pour la sûreté des boutiques on lâche toutes les nuits des chiens dans les rues. « Ces animaux, dressés exprès, font leur service avec une telle ardeur que si des hommes couchés à proximité ne les surveillaient pas, ils dévoreraient les passants que le hasard ou quelque affaire conduirait vers le lieu confié à leur garde (3). »

Fez renferme un grand nombre de bains publics. Quelques-uns sont composés de différentes pièces graduelle-

(1) Ali-Bey, tom. I, p. 122.

(2) Ali-Bey n'a point donné ce nom au palais, ainsi que le dit M. Renou (*Description de l'empire de Maroc*, p. 272). Comparez Ali-Bey, *Voyages en Afrique et en Asie*, tom. I, p. 122. D'après M. Delaporte, *bou-djeloud* signifie père des peaux, c'est-à-dire tannerie.

(3) « Les eaux de la rivière, dit Abou'l-féda, coulent dans les marchés, les maisons, les bains, de sorte que, soit dans l'Occident soit dans l'Orient, la ville de Fâs n'a pas sa pareille sous ce rapport. » (*Description des pays du Maghreb*; trad. par Solvet; Alger, 1839, p. 53.)

(4) Abou'l féda porte le nombre de ces moulins ou meules à six cents. Ouvrage cité, p. 53.

(1) *Description de l'Afrique*, p. 137 (édition de 1556 in-fol.).

(2) Léon l'Africain (p. 143) fait venir ce mot de *César*, ajoutant que les empereurs romains tenaient dans toutes les villes africaines des quartiers où les questeurs gardaient les tributs.

(3) Caillé, *Voyage à Tombouctou*, tom. I, p. 115.

ment plus chaudes les unes que les autres. Dans toutes ces salles on trouve des vases qui reçoivent continuellement de l'eau chaude; il y a aussi des cruches pour faire les ablutions légales. La température des bains est de 22 à 30° Réaumur. Toutes les salles sont voûtées et sans fenêtres; elles ont seulement de petites ouvertures au toit pour recevoir le jour, et ces ouvertures sont fermées par des verres. Le sol est très-bien carrelé en couleurs. Les bains sont ouverts au public toute la journée; les hommes y vont le matin, et les femmes le soir.

Les *fondacs* ou hôtelleries de Fez ne ressemblent point à nos auberges. Les étrangers n'y trouvent qu'un abri et une natte pour se coucher. Quant aux vivres, ils sont obligés de les acheter et de les apprêter eux-mêmes. Les voyageurs qui ont des bêtes de somme y vont coucher par terre à côté d'elles, et se pourvoient de fourrage pour les nourrir. C'est à la mosquée qu'ils vont ordinairement prendre leurs repas; ils y passent la majeure partie du jour, et ils y dormiraient si on voulait le leur permettre (1). Léon l'Africain comptait deux cents de ces hôtelleries à Fez. « Elles sont, dit-il, somptueusement fabriquées, dont il s'en trouve aucunes fort grandes, qui sont faites à troys étages; la plus spacieuse contient cent vingt chambres, et y en a encore d'autres qui en ont encore davantage, estant toutes garnies de leurs fontaines, et latrines avec canals, par où se vident toutes les immondices hors la cité. Toutes les portes des chambres répondent sur les galeries; mais on est souvent trompé par la belle montre de ces hôtelleries, car il y fait très-mauvais loger, à cause qu'il n'y a lict ni couches; mais les hôtes donnent à ceux qui y logent une esclavine ou quelque natte pour dormir dessus; et s'ils veulent manger, il faut qu'eux-mêmes voisent acheter la viande (2). »

Cependant Ali-Bey nous apprend qu'on trouve à Fez, comme dans les grandes villes d'Europe, des salons de restaurateurs où l'on vend des mets tout préparés. Il y a des marchés en grand nombre où l'on vient vendre des denrées de toutes

(1) Caillé, *Voy. à Tombouctou*, t. I, p. 115.
(2) *Description de l'Afrique*, p. 135.

sortes; on apporte du Tafilelt beaucoup de dattes et de cuirs tannés; les montagnards y vendent du miel et de la cire. Les aliments sont sains. Le couscous forme la base de la nourriture du peuple. On mange beaucoup de viande, et très-peu de légumes. La viande de mouton est préférable à celle de bœuf. La volaille est abondante; pour quatre ou cinq francs on peut avoir une douzaine de poules. Pour le même prix on a une vingtaine de livres de viande. Le pain des boulangers est assez bon; mais presque tous les habitants sont dans l'habitude de pétrir chez eux. De petits enfants vont par les rues, et sont chargés de porter au four une planche sur laquelle sont quatre à six pains qu'on leur donne dans chaque maison; après la cuisson, ils les rapportent à ceux à qui ils appartiennent (1).

Les fabriques de Fez fournissent des haïks en laine, des ceintures, des mouchoirs de soie, des pantoufles ou babouches en cuir parfaitement tanné, des bonnets rouges, connus sous le nom de *fez*, de la toile de lin, d'excellents tapis, de la mauvaise faïence, des armes, des objets de sellerie et des ustensiles en cuivre. Il y a aussi des orfèvres, des bijoutiers, etc.; mais comme on craint de faire paraître trop de luxe, les arts manquent d'encouragement, et restent infiniment au-dessous de ceux d'Europe, excepté dans la préparation des cuirs, des tapis et des haïks, que les ouvriers savent faire aussi fins et aussi transparents qu'une gaze.

Fez possède un hôpital richement doté et particulièrement destiné au traitement des aliénés. Ce qu'il y a de singulier, c'est qu'une partie des fonds a été léguée dans le but de soigner et d'enterrer dans le même hôpital les grues ou les cigognes malades ou mortes. On croit que les cigognes sont des hommes de quelques îles lointaines qui, à une certaine époque de l'année, prennent la forme d'oiseaux pour venir dans ce pays; qu'à un moment donné ils retournent chez eux, et redeviennent hommes jusqu'à l'année suivante. C'est pourquoi on regarde comme un crime de tuer ces oiseaux, au sujet desquels on fait mille contes absurdes.

(1) Ali-Bey, tom. I, p. 140.

La ville contient un très-grand nombre d'écoles; les plus considérables sont établies près des mosquées El-Caroubin et de Mouley-Edris. Fez est le siége de l'université marocaine, des sciences et des lettres. Nous en avons déjà parlé à l'occasion de l'état de l'enseignement dans l'empire de Maroc (1).

Maroc (Marrokesch). La ville de Maroc (31° 37' latitude nord et 9° 55' longitude ouest de Paris) fut fondée en 1073 par Youssouf-ben-Tasfin (2). Elle jouissait anciennement d'un haut degré de splendeur, mais aujourd'hui elle tombe en ruines et ne fait que déchoir de plus en plus. Au commencement du seizième siècle c'était encore une des villes les plus considérables de l'Afrique, comme nous l'apprend Léon (3). L'auteur de la *relation du royaume du Maroc* porte la population de Maroc à cinq ou six cent mille âmes vers le commencement du dix-septième siècle (4). Mais sa population a rapidement diminué, soit par des maladies épidémiques, soit par suite d'un gouvernement despotique; maintenant on n'y compte guère plus de trente à cinquante mille habitants. Les murailles qui forment l'enceinte de la ville embrassent une circonference de trois lieues, et cet espace est en partie couvert de ruines ou transformé en jardins; le reste compose la ville actuelle. Les rues et les maisons ressemblent à celles de Fez. Les murailles, construites en *tabby*, ou terre battue avec de la chaux, sont garnies de tours et percées de neuf portes. Les avenues des principales maisons sont presque toujours formées par des ruelles tellement étroites et tortueuses qu'un cheval y passe difficilement; quatre ou six hommes suffisent pour défendre une de ces ruelles. C'est ce qui facilite les révoltes des chérifs et marabouts contre l'autorité de l'empereur. Parmi le grand nombre de mosquées on remarque celles d'El-Koutoubia, El-Moazinn et Benious. Le palais de l'empereur est en dehors de l'enceinte de la ville du côté du sud-est. C'est un groupe de bâtiments très-vastes, qui, outre les habitations du sultan, de ses fils et de leurs femmes, contiennent les logements des personnes de la cour, du service et des gardes. Il y a aussi deux mosquées et des cours immenses dans lesquelles le sultan donne ses *mechouars* ou audiences publiques. Tous ces édifices forment un labyrinthe de murs, et comme une seconde ville, dont l'enceinte extérieure peut avoir une lieue et demie de circonférence. Pour entrer au palais proprement dit il faut traverser d'abord les trois immenses cours du mechouar; on passe ensuite dans une quatrième cour, où se trouve le corps de garde; enfin on pénètre dans une cinquième cour, au milieu de laquelle est un *cobba* ou pavillon carré, élevé de quelques pieds au-dessus du sol. L'intérieur de ce pavillon est couvert de tapis et garni de quelques coussins. C'est l'endroit où les officiers de service restent assis en attendant les ordres du sultan; c'est une espèce d'antichambre. De là on entre dans un vestibule où se tiennent les pages de service; enfin on arrive dans un jardin où sont deux cobbas, dans l'un desquels le sultan reçoit ordinairement. Ce jardin, de forme régulière, est planté d'orangers; il est beau et bien orné de végétaux aromatiques. Les femmes n'y entrent point; elles ont des jardins qui leur sont exclusivement réservés, et dans lesquels on ne pénètre pas. Le sultan (père du sultan actuel) montra un jour à Ali-Bey, dans

(1) *Voyez* pag. 270

(2) « Ce prince y fit arriver de l'eau par des aqueducs, et le peuple y multiplia les jardins. Mais cette ville est très-insalubre; un étranger peut à peine y échapper à la fièvre. Marrokesch a sept milles de circonférence et dix-sept portes. La chaleur y est extrême. » (Abou'l-féda, *Description du pays du Maghreb*; trad. par Solvet, p. 57.)

(3) *Description de l'Afrique*, p. 69-75 (édition de 1556).

(4) « Marroque, ville plus grande que Paris; où il (le roi) a son palais, plus somptueux et plus magnifique qu'aucun autre du monde; il y réside ordinairement, et ne s'en éloigne jamais plus de trente ou quarante lieues, crainte que ses ennemis ne viennent le saisir. Ladite ville est située à sept lieues du mont Atlas, vingt-trois lieues de Safi. Il peut y avoir cinq à six cent mille habitants; mais ils ne savent défendre leurs murailles, et ne sont aguerris comme les autres Maures. » (*Relation du royaume de Maroc et des villes qui en dépendent*, dans le n° 778 des manuscrits français de la Bibliothèque du roi (fonds Saint-Germain).

l'intérieur de son palais, de beaux appartements construits à l'européenne, avec de grandes croisées donnant sur le jardin, et un très-beau salon carré, mais qui n'avait d'autres meubles que quelques tapis (1).

Sidi-Belabbès est le patron de la ville de Maroc. Sa mosquée, comme celle de Mouley-Edris, à Fez, se compose d'une salle carrée, surmontée d'une coupole octogone, dont les poutres sont taillées et peintes en arabesques, et couvertes en dehors par des tuiles vernissées de couleur. Ce sanctuaire sert d'asile aux malheureux persécutés par le despotisme. Tout à côté se trouvent plusieurs cours avec des arcades et des chambres destinées à loger les pauvres, les estropiés, les invalides ou les vieillards. Le chef de cet établissement porte le titre de *el emkaddem*, et passe pour un saint personnage.

Le quartier des juifs est situé entre l'enceinte du palais et la ville. Il est occupé par environ deux mille juifs, qui ne peuvent entrer dans la ville que pieds nus. Les femmes juives sont la plupart blondes et d'une rare beauté.

La ville de Maroc était jadis entourée de jardins et de plantations qui s'étendaient à une très-grande distance. Pour arroser ces jardins, on avait amené l'eau par des aqueducs ou des conduits souterrains; de ces vastes ouvrages il ne reste plus que des ruines.

L'arbre le plus commun aux environs de la ville est le dattier. Il s'élève à une hauteur prodigieuse, mais ses fruits ne sont pas aussi bons que ceux du Tafilelt; on les appelle *billoh*, et il est impossible de les conserver secs pendant toute l'année. On aperçoit de la ville la chaîne des sommets neigeux des monts Atlas. Ali-Bey en estime la hauteur à 13,200 pieds au-dessus du niveau de la mer.

Tanger (Tandja). C'est de toutes les villes de Maroc celle que les Européens connaissent le mieux. Elle est bâtie sur la pente orientale d'une colline qui termine à l'ouest une baie peu abritée des vents; sa position, assez pittoresque, présente quelque analogie avec celle d'Alger. La ville a une forme presque carrée, et ses remparts ont un mur flanqué de tours assez rapprochées; la partie qui regarde la mer a beaucoup souffert du dernier bombardement (6 août 1844). Tanger paraît occuper l'emplacement de l'ancienne Tingis, capitale de la Tingitane; seulement le sol paraît s'être exhaussé, soit par l'entassement des décombres, soit par l'effet de quelque tremblement de terre.

Les seuls édifices de quelque apparence sont les maisons des consuls d'Europe. Toutes les autres maisons sont basses, irrégulières et toutes taillées sur le même modèle. Ce sont de grands cubes blancs, uniformes et sans croisées. Parmi les rues, étroites, pleines de cailloux et d'immondices, il n'y en a qu'une seule de passable : elle traverse toute la ville du haut en bas, et descend vers les bords de la mer. Cette rue est coupée en deux par une place, l'unique de Tanger, et bordée dans sa partie supérieure de deux rangs de boutiques. Ces boutiques sont des espèces d'antres noirs, creusés dans le mur, sans porte, avec une fenêtre à hauteur d'appui, où la marchandise est étalée, et par laquelle on sert le chaland, qui reste en dehors. Le château ou kasba, bâti au sommet d'une colline, est la seule partie de Tanger qui attire l'attention du voyageur. On y monte par un rude sentier en zig-zag, et l'une des portes donne sur la campagne. Le château fort est aujourd'hui délaissé et tombe en ruines. On pénètre dans l'intérieur par un couloir obscur, et l'on entre dans une première cour, ornée de colonnes évidemment romaines, et sur laquelle s'ouvrent plusieurs appartements dans le style de l'Alcaçar de Séville. Les plafonds, concaves et sculptés en bois avec une délicatesse extrême, sont encore charmants quoique à moitié tombés. Les portes, qui ont été sculptées avec le même art que les plafonds sont vermoulues et hors d'usage; du reste, il n'y a rien à fermer, car tous les appartements sont abandonnés aux hirondelles et aux palombes. Les cours sont pavées de dalles de pierre, quelques-unes avec assez de goût. Un escalier dégradé, comme tout le reste, mène aux terrasses supérieures. L'ascension est difficile; mais en atteignant le faîte on est bien dédommagé des difficultés de l'entreprise, par l'air

(1) Ali-Bey, tom. I, p. 275.

pur qu'on y respire et par le vaste horizon qu'on a sous les yeux. Ces terrasses ne composent point une plate-forme unie, mais elles sont échelonnées en gradins inégaux et séparés par les cours intérieures (1).

La campagne de Tanger est pittoresque. Les jardins des consuls, situés très-près de la ville, l'environnent d'une ceinture de verdure fraîche et parfumée. On y trouve beaucoup de figuiers d'Inde, que les Maures, en nous rendant le compliment, appellent figuiers des chrétiens, *khermous en-nasran*. A quelques milles de la ville, en allant au cap Malebatte, on rencontre une ruine romaine, le vieux Tanger (2). Les Maures en avaient fait une batterie qui commandait la baie, et qui est aujourd'hui réduite à un canon sans affût. Aux pieds des murs de Tanger, du côté de la campagne, est une place toute creusée de fosses profondes et circulaires où l'on conserve le blé. Le sol résonne et même quelquefois s'enfonce sous le pied des chevaux. C'est sur cette place que se tient deux fois la semaine, le lundi et le jeudi, le marché ou *sauk* (3).

La fondation de Tanger remonte à une époque fort reculée. Cette ville passa successivement au pouvoir des Romains et des Goths. Au commencement du huitième siècle elle fut prise par les Arabes, qui la conservèrent jusqu'à l'année 1471, où elle tomba au pouvoir des Portugais. En 1662 la princesse Catherine apporta cette ville en dot au roi d'Angleterre Henri II. Mais, rebuté par les attaques réitérées des Maures, le gouvernement anglais se décida, après vingt-deux ans d'occupation, à abandonner cette place, en ruinant le môle et les fortifications.

Depuis lors Tanger est reste sous la domination de l'empereur du Maroc ; il n'y est pas arrivé d'événements dignes de remarque jusqu'au 6 août 1844, où la ville fut bombardée par l'escadre du prince de Joinville.

A l'ouest de Tanger est situé le cap Spartel, l'*Ampelusium* des anciens. Il regarde la mer de Ceinture, la mer des ténèbres, *Bahr-ed-Dholma*, ou la grande mer, *Bahr-el-Kibir*; c'est ainsi que les Arabes appellent l'océan Atlantique, pour le distinguer de la Méditerranée. C'est un promontoire taillé en pic et jeté en éperon dans les flots. La vague a creusé dessous plusieurs cavernes, dont une, plus spacieuse que les autres, était consacrée à Hercule, le patron du détroit. Aujourd'hui elle est toute percée à jour. Les habitants en extraient des meules, qu'ils détachent des parois après les avoir taillées sur place, de manière que la grotte se trouve criblée d'une énorme quantité de trous ronds à travers lesquels on voit le bleu du ciel et de la mer (1).

Au nord-est de Tanger se trouve Ceuta (*Septa*), qui doit son nom aux montagnes que les Romains avaient appelées *Septem Fratres*. Cette ville, qui appartient aujourd'hui à l'Espagne, a été tour à tour romaine, vandale, gothe, arabe, génoise. Elle était encore très-fortifiée du temps d'Aboul-féda. Elle fut attaquée par les Portugais en 1409, et enlevée aux Maures six ans après par le roi Jean; elle resta deux siècles et demi au pouvoir du Portugal, qui la regardait comme une sorte d'école militaire où les jeunes gens allaient apprendre la guerre en ferraillant contre les infidèles. Le célèbre poëte Camoens y fit lui-même son apprentissage de soldat, et perdit un œil dans une affaire contre les Maures. Quelque temps après, Cervantes, également soldat et poëte, perdit une main à la bataille de Lépante. En 1668, le Portugal céda Ceuta à l'Espagne par un article du traité de Lisbonne. Ceuta est bâti sur une presqu'île; à l'est se trouve le mont Abyla, aujourd'hui Acho, qui, avec la montagne de

(1) Charles Didier, *Promenade au Maroc*, p. 47, 58, 64.

(2) L'ancien Tanger paraît avoir été habité encore au treizième siècle. « Cette ville, dit Aboul-féda, est ancienne ; mais dans les temps modernes les habitants en ont bâti une autre à un mille au delà sur le haut d'une montagne, pour s'en faire un rempart. L'eau est apportée de loin à Thandjah, au moyen de canaux souterrains, et le sol de cette ville produit beaucoup de fruits, particulièrement du raisin et des poires. Les habitants sont connus par leur faible intelligence. » *Description des pays du Maghreb*, p. 49.

(3) *Ibid.*, p. 67 et 79.

(1) Charles Didier, p. 291.

Calpé (Gibraltar) sur la côte d'Espagne, formait les fameuses colonnes d'Hercule, au delà desquelles il n'y avait que des ténèbres, *nec plus ultra*.

Arzille (Acéla). Cette ville, baignée par l'Océan (à 35° 25' latitude nord et 8° 20' longitude orientale de Paris) n'intéresse que par ses souvenirs historiques. C'est le *Zilia* des Carthaginois et la *Julia Traducta* des Romains. Plus tard elle passa des mains des Goths dans celles des Arabes, vers 713 de J. C. D'après Léon l'Africain et Marmol, elle fut, à l'instigation des Goths, saccagée par les Anglais, vers l'an 940. Elle resta environ trente ans déserte, jusqu'à ce qu'elle fût rebâtie par le khalife de Cordoue Abd-el-Rhaman-ben-Ali. En 1471 elle fut prise par les Portugais, qui la conservèrent pendant quelque temps, ainsi que la contrée environnante. Enfin elle repassa sous la domination mahométane après la bataille d'El-Kaçar. Arzilla n'est plus aujourd'hui qu'un bourg de six cents habitants. Voici la description qu'en donne un voyageur, au commencement du dix-septième siècle : « Argille ou Arzille est une petite ville située sur le bord de la mer océane; ses murailles sont basses et ruinees, et ne paraissent que comme vieilles masures; elle est néanmoins assez peuplée et abondante en blé, qui fait que les navires y abordent. Les habitants sont maures; ils ont quelques doubles chaloupes pour la pesche, et mesme se meslent depuis peu d'estre pirates, attaquant les vaisseaux marchands, lorsqu'ils les connaissent faibles (1). »

C'est près d'Arzille que débarqua, en 1578, l'armée portugaise de ce chevaleresque don Sébastien qui venait à la conquête du Maroc. A quelque distance de là, dans les plaines d'El-Kaçar-Kébir, il perdit la bataille et la vie.

El-Kaçar-Kebir (le grand palais). Cette ville, qu'on nomme ordinairement Alcassar ou Alcazar, fut fondée par le calife El-Mansor. Léon l'Africain raconte qu'un soir ce prince, s'étant égaré à la chasse, reçut l'hospitalité dans la cabane d'un pêcheur; il lui fit construire pour récompense plusieurs maisons et palais, entourés de murailles, qui devinrent l'origine d'une ville. El-Kaçar est situé dans une plaine riche en pâturages; il y a des inondations fréquentes, qui amènent des fièvres intermittentes. Cette ville est, suivant Ali-Bey, plus grande que Tanger. Les maisons sont construites en briques, et les toits couverts de tuiles comme en Europe. On y voit un grand nombre de boutiques tenues par des Maures, et beaucoup d'ateliers dans lesquels les juifs travaillent. Du temps de Léon l'Africain il y avait plusieurs temples, un collége et un hôpital. « Mais, ajoute ce géographe, il ne s'y trouve puys ni fontaine, faute de quoy les citoyens s'aident de citernes, et sont gens de bien et libéraux; mais plutôt simples qu'autrement, se tenant bien en ordre, avec certains draps en manière d'un linceil qu'ils entortillent autour d'eux. Hors la cité se trouvent plusieurs jardins et possessions, ayant le terroir qui produit merveilleusement bons fruits, entre lesquels le seul raisin se trouve de mauvais goût, à cause que toutes les terres son en prez (1). » — Cette ville compte aujourd'hui de trois à cinq mille habitants. C'est sous les murs d'El-Kaçar qu'était campé Abd-el-Mélek, en 1578, lorsque don Sébastien quitta Arzille pour marcher contre lui. C'est aussi près de cette ville que tomba, en 1673, Ghaïlan, chef rebelle, dans un combat contre Mouley-Ismael.

El-Araiche (Larache), c'est-à-dire *jardin des fleurs*. Cette ville ne paraît pas être fort ancienne; sa fondation remonte au quinzième siècle. Au seizième siècle elle y avait environ trois cents familles espagnoles. D'après M. Graberg de Hemso, elle contient actuellement quatre mille habitants, et d'après M. Arlett, deux mille. Au rapport de M. Drummond Hay, El-Araiche exporte principalement du liége, de la laine, des peaux, des écorces, des fèves, des grains, et reçoit, en échange, du fer, du drap, des cotonnades, des mousselines, du sucre et du thé. Son commerce a

(1) *Relation du royaume de Maroc*, n° 778 des manuscrits français, de la Bibliothèque du roi (fonds St. Germain).

(1) *Description de l'Afrique*, p. 191 (édition de 1556).

été autrefois plus important qu'il ne l'est aujourd'hui.

La rivière voisine d'El-Araiche s'appelle El-Kos ou Loukkos; elle présente à son embouchure une barrière de sable; elle est assez profonde cependant pour admettre des navires de cent tonneaux, et des bâtiments de guerre de moyenne dimension. Les environs sont beaux, fertiles et riches en bois de construction. Les anciens y avaient placé, dit-on, le jardin des Hespérides (1). Tout près d'El-Araiche on voit les ruines de Lixus, ville romaine qui occupait un mamelon situé sur la rive droite du Loukkos. Vers la fin du quinzième siècle, El-Araiche fut fortifié par Mouley-ben-Nassar; en 1610, cette ville fut livrée aux Espagnols, et en 1689 reprise par Mouley-Ismael. En 1765 les Français échouèrent dans une tentative qu'ils firent pour s'en emparer.

Tétouan (Titâouân). Cette ville fort ancienne, au sud du cap Negro, est située à six kilomètres de la mer (Méditerranée), sur le penchant d'une colline rocailleuse. Sa population est de douze à seize mille habitants dont les juifs forment le quart. Tétouan a un caractère plus maure que Tanger. Beaucoup de rues sont couvertes et forment de véritables souterrains comme la grotte de Pausilippe ou les sombres galeries du Simplon. Ces obscurs couloirs ont des portes ou des grilles qui se ferment la nuit. D'autres rues sont couvertes de treilles, et cette verdure inattendue entretient une précieuse fraîcheur. Les boutiques s'y trouvent en grand nombre, et presque toutes sont tenues par des Algériens, dont le costume brillant contraste avec la simplicité marocaine. Il y a une vingtaine de mosquées.

La ville a de loin l'apparence d'une place fortifiée. Elle est ceinte de murailles flanquées de tours carrées de distance en distance, et commandée par un château isolé. Elle est séparée de la Méditerranée par une lande solitaire et triste. Le fleuve Martil ou Martine traverse silencieusement ce désert, et va se jeter dans la mer à deux lieues au-dessous de la ville. L'embouchure de ce fleuve est assez large et assez profonde pour recevoir des navires (1).

Tetouan fut saccagé par les Castillans au commencement du quinzième siècle. Beaucoup de Maures vinrent s'y réfugier après leur expulsion d'Espagne. Cette ville fut la résidence des consuls européens jusqu'en 1770. Un Anglais ayant tué un Maure, tous les consuls reçurent l'ordre de quitter la place et de s'établir à Tanger. C'est à Tétouan que s'approvisionne en grande partie la garnison anglaise de Gibraltar. Avant la bataille d'Aboukir, la flotte de Nelson stationna longtemps dans la baie de Tétouan (2).

Parmi les villes de la côte méditerranéenne du Maroc nous mentionnerons la ville de *Mélilla* (Mlila), qui appartient à l'Espagne depuis 1496, époque où elle fut prise par le duc de Médina-Sidonia. Elle a été souvent en butte aux attaques des Marocains, notamment en 1563 et en 1774. La dernière fois elle fut assiégée par l'empereur Sidi-Mahomed-ben-Abdallah. Le préside espagnol de Mélilla renferme aujourd'hui environ deux mille habitants. C'est le *Ryssadirium* des Romains, près du cap Ras Ed-dir (*Tres Forcas* des Espagnols). Suivant Léon l'Africain, le port de Mélilla était jadis célèbre pour la pêche des huîtres aux perles : c'est la contrée au sud-est de Mélilla, connue sous les noms de *Garet*, *R'aret* ou *Akkalaya*, qui a souvent servi de refuge à Abd-el-Kader. On y trouve le village d'*Ouchda*, dont la position a été fixée par Ali-Bey à 34° 40′ 54″ latitude nord, et à 4° 8′ longitude occidentale de Paris. Il renferme environ cinq cents habitants. Les maisons, construites en terre, sont petites et si basses qu'on peut à peine y rester debout. Une source assez abondante, qui jaillit à une demi-lieue d'Ouchda, donne une eau très-bonne; elle arrose les jardins ou vergers qui entourent le village.

Téza (Taza). Cette ville est à moitié chemin de Fez en partant de la frontière occidentale de l'Algérie. Elle avait acquis une certaine importance par la po-

(1) G. Jackson, *An account of the empire of Marocco*, p. 34.

(1) Charles Didier, *Promenade au Maroc*, p. 203, 183, 194, etc.

(2) G. Jackson, *An account*, etc., p. 31.

sition qu'y avait prise récemment Abd-el-Kader. Nous n'avons pas de documents précis sur l'état actuel de cette ville de l'intérieur. Nous devons nous contenter de la description qu'en a donnée Léon l'Africain : « Têza, dit-il, est voisine de l'Atlas environ cinq milles, et distante de Fez de cinquante; elle peut avoir environ cinq mille feux, mais elle est pauvrement bâtie, hors les palais des nobles, temples et colléges, qui sont d'assez belle montre et bien édifiés. De la montagne d'Atlas provient un petit fleuve qui traverse la cité, entrant par le temple majeur; mais les montagnards parfois détournent son cours, quand ils ont quelque chose à démesler avec les habitants de la cité, ce qui porte grand dommage aux citoyens, à cause qu'ils ne sauroient faire moudre leur blé ni avoir bonne eau pour boire. Cette cité est la tierce (de l'empire) en civilité, honneur et dignité; il y a un temple qui surpasse en grandeur celui de Fez. Outre plusieurs gens de lettres qui se trouvent là, les habitants sont courageux et très-libéraux à comparaison de ceux de Fez, et riches, parce que leurs terres rapportent le plus souvent trente pour un. Autour de cette cité il y a de grandes vallées, parmi lesquelles s'écoulent divers fleuves, avec plusieurs beaux jardins, où sont produits des fruits fort savoureux et en grande abondance. On voit encore dans la cité une grande et grosse forteresse (là où demeure le gouverneur de Fez), que les rois ont coutume de bailler à leur second enfant. Mais certes ils la devroient retenir pour eux-mêmes, et y colloquer le siége royal pour la douceur de l'air bien tempéré tant yver comme été, et aussi pour défendre leur pays des Arabes du désert, lesquels s'y acheminent tous les ans pour se fournir de vivres, et apportent des dattes de Segelmesse pour les troquer contre des grains. Les citoyens retirent une grande somme de deniers de leurs grains, qu'ils délivrent pour bon prix à ces Arabes, tellement que cette cité est fort bonne pour les habitants, et n'y a autre incommodité sinon qu'en temps d'yver elle est toujours pleine de fange. »

Nous avons lieu de croire que ces renseignements sont parfaitement exacts, et qu'ils sont en grande partie vrais encore aujourd'hui.

Segelmesse (Sedjelmâsah). Nous n'avons pas sur cette ville d'autres renseignements que ceux d'Abou'l-féda. Voici comment s'exprime ici le prince des géographes arabes : « Sedjelmâsah est à l'orient de Dar'ah. C'est la métropole d'une province bien connue. Elle a une rivière qui vient du sud-est, et sur les bords de laquelle il y a nombre de jardins : cette rivière se partage en deux bras, et passe à l'est et à l'ouest de la ville. Il y a à Sedjelmâsah huit portes, et quelle que soit celle d'où l'on sorte, on aperçoit la rivière, les palmiers et d'autres arbres. Tous ses jardins et toutes ses plantations de palmiers sont entourés d'un mur dont l'étendue est de quarante milles, pour les mettre à l'abri des incursions et des déprédations des Arabes. Cette ville touche au désert qui sépare les pays du Magreb des pays des Noirs, et il n'y a pas de lieu habité auprès d'elle ni du côté de l'occident ni du côté de l'orient. Ibn-Saïd dit que ses habitants engraissent les chiens pour les manger, et que son territoire est un sol mou et imprégné de sel (1). »

Méquinez (Mekness). Cette ville (à 34° latitude nord) est la résidence favorite de l'empereur. C'est la capitale du nord, comme Maroc est la capitale du midi. Nous devons à M. d'Augustin les renseignements les plus récents et les plus détaillés sur la ville de Méquinez (2). Cette ville est située sur le penchant d'une colline qui s'étend, au milieu des branches de l'Atlas, jusqu'à l'Océan. Elle est entourée de fossés et d'une triple muraille. L'enceinte immédiate est assez bien conservée. La population est évaluée à quinze mille âmes. La ville, de forme ovale, a quinze portes et douze mosquées; le palais du sultan occupe

(1) Abou'l-féda, *Description des peuples du Maghreb*, p. 68-69. Segelmesse paraît avoir été connu des Romains. Léon l'Africain dit qu'elle s'appelait anciennement *Messa*, victoire, et qu'un général romain, y ayant vaincu les Numides, lui donna le nom de *Sigillum Messæ*, le sceau de la victoire.

(2) *Marokko, in seinen geographischen, historischen*, etc. *Zustænden*; Pesth, 1845.

avec ses dépendances un vaste emplacement. C'est là que se trouve le trésor impérial. Le quartier des juifs est situé en dehors de la ville; il est environné de murs élevés, qu'on ferme la nuit. Au nord de Méquinez coule un petit fleuve, le Misley, sur lequel est jeté un pont de pierre; il reçoit plusieurs ruisseaux, et se gonfle considérablement pendant la saison des pluies. Ses rives sont ornées d'une riche végétation; les environs forment les plus beaux jardins du monde : tous les voyageurs en parlent avec enthousiasme.

Au nord de Méquinez, on trouve, dans une belle vallée de l'Atlas, la ville de Sarhaoun (Zaraon), qui conserve le tombeau de Mouley-Edris, santon le plus vénéré du pays. L'entrée de cette ville sainte est absolument interdite aux chrétiens. Au nord de Sarhaoun on voit les ruines d'une ville romaine. Les archéologues y trouveraient de riches moissons à faire. M. d'Augustin a déchiffré, sur deux pierres détachées d'un arc de triomphe, les traces de cette inscription latine :

I.	II.
MAX. BI. . . .	MAX. C. . . .
ET IVLI.	. . . . VG. PIÆ
ITANO.	. . . . X OBSI. .
CIPE.	. . . . GENTI. .
EETI.	. . . . C. M. . .

A cent quarante pas de cet arc de triomphe on rencontre les vestiges d'un temple; plusieurs chapiteaux et d'autres ornements d'architecture sont parfaitement conservés. Malheureusement il est difficile d'examiner à loisir ces ruines, auxquelles le fanatisme des indigènes rattache des croyances superstitieuses.

Aux villes maritimes de la côte océanique, qui jadis servirent de refuge à de nombreux pirates, nous ajouterons les suivantes :

Salé (Slâa). Cette ville (à 34° 4' latitude nord) était jadis riche et florissante; elle jouissait même de quelques libertés municipales. Aux quinzième et seizième siècles, les habitants de Salé étaient les plus audacieux pirates de toute la côte. « Ils se sont, dit l'auteur de la *Relation du Maroc*, grandement enrichis du butin qu'ils ont fait sur la mer, où ils ont depuis dix ans pris et pillé plus de mille vaisseaux chrestiens de toutes nations, faisant les hommes esclaves et les traitant comme chiens, à la honte et confusion de la chrestienté, dont le moindre prince, voire la moindre ville maritime peut ruiner ces forbans infidèles par le moyen de trois ou quatre bons vaisseaux de guerre qui les tiendroient assiégés dans leur port, comme M. de Razilly a fait ces deux annés passées (1629 et 1630), en sorte qu'après leur avoir pris et bruslé dix navires et harassé les autres qui ne pouvoient entrer dans leur port, il les a contraints à demander la paix au roi de France, rendre tous les esclaves françois, et promettre n'en prendre plus à l'advenir (1). »

En 1782 il y avait encore un conseil composé des habitants les plus notables, qui jugeaient toutes les questions en dernier ressort. Tous les ans, au mois de mai, deux gouverneurs, l'un de la citadelle, l'autre de la ville, y étaient élus; et ces deux chefs ou kaids, assistés de quatre ou cinq de leurs prédécesseurs, y décidaient souverainement de tout ce qui ne touchait pas aux affaires d'État. Quant à l'administration de la justice civile et criminelle, elle appartenait aux cadis, qui continuaient à l'exercer dans les formes rapportées d'Espagne par les anciens Maures fugitifs (2). Aujourd'hui la ville de Salé est complétement déchue de son ancienne splendeur; ses murs et sa citadelle tombent en ruines. Les maisons et le caïssaria ou bazar ressemblent à ceux des autres villes maures. Jackson y vit le cachot souterrain où l'on entassait autrefois les malheureux chrétiens tombés au pouvoir des pirates marocains (3).

Salé est situé sur la rive septentrionale d'un fleuve formé par la jonction des rivières Bouragrag et Ghérou. Ce fleuve, qui est très-grand, reçoit le flux de la mer Atlantique. Le sol des environs est un sable rouge. Sur la rive opposée se trouve la ville de Rabat. A l'embou-

(1) Manuscrit n° 778 de la Bibliothèque du roi (fonds Saint-Germain).

(2) Thomassy, *Relations de la France avec le Maroc*, p. 322.

(3) *An account of the empire*, etc., p. 36.

chure du fleuve est un vaste banc de sable qui rend difficile l'approche des navires.

Rabat (Rbat), *Mahadyyah* d'Aboulféda. Cette ville est moins ancienne que la précédente. Elle fut fondée par Abd-el-Moumen. Les maisons sont d'une meilleure apparence, mais leur distribution intérieure est la même qu'ailleurs. Comme la ville est bâtie sur une hauteur, les rues ont des montées et des descentes, ce qui les rend fort incommodes. Du côté de la mer elle est défendue par quelques batteries mal montées; le port est assez sûr tant que les forts vents d'ouest ne soufflent pas. Les vivres et l'eau sont de bonne qualité. Les habitants sont intelligents, et beaucoup plus spéculateurs que ceux des autres villes. On y trouve plusieurs familles d'origine espagnole ou portugaise.

Près de l'embouchure du fleuve on voit, sur une éminence, le vieux château d'El-Mansour, bâti au douzième siècle. On y trouve quelques batteries mal construites et des magasins à l'épreuve des bombes. Au sud de ce château existe le mausolée de Sidi-Mohamed, qu'on ne permet pas aux chrétiens de visiter. Il y a aux environs les ruines de l'antique cité de Chella, que Chénier pense avoir été la métropole des colonies carthaginoises. On y remarque une tour très-élevée, qui paraît avoir anciennement servi de fanal. Suivant Léon l'Africain, Rabat fut bâti sur le modèle de Maroc; c'était le séjour favori du calife El-Mansour, qui pour approvisionner la ville d'eau fit construire plusieurs aqueducs remarquables dont on voit encore les vestiges.

En continuant à longer la côte océanique du nord au midi on rencontre successivement les villes d'Asfi ou Safi, Mogador et Agadir ou Sainte-Croix.

Asfi (Safi, Assafi). Cette ville, qui avait appartenu quelque temps aux Portugais, fut jadis le centre d'un commerce important; mais depuis la fondation de Mogador elle perdit peu à peu son ancienne splendeur. Asfi est situé dans le fond d'une baie de ce nom, et s'élève en amphithéâtre entre deux petites collines; sa population est de six à sept mille habitants. La ville a trois portes, et quelques rues mal percées; elle est commandée par un château servant de demeure à l'un des fils de l'empereur. Quelques mauvaises fortifications la défendent du côté de la mer. Les brisants rendent la côte presque inabordable à nos chaloupes; mais les Maures ont pour les franchir des canots à fond plat et très-élevés aux deux extrémités. Ils affrontent avec ces canots les plus grosses lames, d'où ils retombent avec une rapidité effrayante pour ceux qui ne sont pas habitués à un pareil spectacle. Chénier, qui de 1767 à 1768 passa à Asfi la première année de son consulat, décrit les environs comme tristes et déserts. Les marchands hollandais et anglais entretenaient jadis avec Safi un commerce très-relatif.

Au rapport d'Abou'l-féda, la ville d'Asfi n'a d'autre eau douce que celle des pluies. Son eau de source n'est pas bonne à boire; car elle est imprégnée de sel. Ce n'est qu'auprès des puits à roues que l'on trouve des jardins. D'Asfi à Marrokesch (Maroc) il y a quatre journées de marche (1).

Mogador. Cette ville moderne (31° 32′ 40″ lat. nord, 11° 55′ longit. ouest Paris), appelée *Souéra* (2) par les Arabes, a été fondée en 1760 par le sultan Sidi-Mahommed. Elle est bâtie sur une plage sablonneuse stérile, qui la sépare de la contrée cultivée. Elle est défendue contre l'envahissement de l'Océan par des rochers qui s'étendent de la porte septentrionale à la porte méridionale. Elle est de forme régulière; ses édifices, qui sont assez élevés, présentent une asez belle apparence; le grand marché est entouré d'arcades; les rues sont tirées au cordeau, mais trop étroites. La ville est entourée de murailles, et défendue du côté de terre par quelques pièces de canon qui la garantissent des incursions des Arabes. On a établi du côté de la mer une batterie très-élevée, qui bat de face; mais les embrasures sont disposées de manière que les canons ont peu de jeu, et le service ne peut se faire que difficilement. Le port est formé par le canal qui circonscrit une île au sud-ouest

(1) *Description des pays du Magreb*, trad. par Charles Solvet; p. 37.

(2) *Soura* signifie, dessin, peinture, par allusion à la régularité du plan de la ville.

de la ville. L'embouchure de ce port est occupée par une batterie beaucoup plus élevée que l'autre. Entre ces batteries sont placés de grands magasins, d'assez bonne construction. L'île qui ferme le port a, d'après Jackson, deux milles de circonférence; sa distance de la terre est d'environ un demi-mille. Quelques pièces de canon servent à sa défense; on y renferme les prisonniers d'État.

Malgré ces fortifications, Mogador ne pourrait tenir contre une attaque tant soit peu vigoureuse; car sa position est tout à fait isolée, et la ville ne peut avoir d'autre eau que celle d'une rivière qui est à plus d'un mille de distance. Mogador est la résidence des vice-consuls et d'un grand nombre de négociants européens. C'est la ville commerciale la plus importante de cette côte. Sa population est de cinq à sept mille habitants.

Au dix-septième siècle Mogador n'était qu'un petit château royal, occupé par une garnison de quatre-vingts hommes. « Enfin, il y a, dit l'auteur de la *Relation du Maroc*, une île inhabitée, qui commande le chasteau et le port, car elle est tellement située que d'un bout elle commande audit fort et le peut battre en ruine, et de l'autre elle commande dans le port, qui est la retraite ordinaire des forbans pendant l'hiver; il y a une rivière d'eau douce, dont les navires prennent de l'eau en despit de tous les Maures (1). »

Agadir (2) ou *Santa-Cruz* est le dernier port de la côte occidentale de l'empire de Maroc. C'est la ville de *Guarguessem* de Léon l'Africain. Cette ville, est située sur le sommet de l'Atlas, et tout à fait imprenable. Ses murs sont défendus par des batteries dont la principale domine l'entrée de la baie. La ville, que les Portugais appellent *Fonté* et les Berbères *Agurem*, est située au pied de la montagne et regarde la mer. C'était l'entrepôt des marchandises des négociants de Santa-Cruz. La construction des murs et des batteries qui défendent la cité remonte à l'année 1503. Cette place appartenait primitivement aux Portugais, elle fut prise par les Maures en 1536. La baie d'Agadir est large, profonde, bien abritée contre les vents; c'est, suivant Jackson, le meilleur point de mouillage de toute la côte marocaine. Les environs abondent en plantations d'oliviers, de dattiers et d'orangers. La ville entretenait autrefois un commerce très-actif avec le Soudan, et particulièrement avec Tombouctou.

D'après Davidson, Agadir n'est plus qu'un misérable village, renfermant 47 musulmans et 62 juifs. Fonti est un village de 200 habitants, tous musulmans (1). A trente milles d'Agadir, dans l'intérieur du pays, se trouve la ville de *Taroudant* (30° 13' lat. nord, et 11° 20' long. occidentale). C'est une ville assez ancienne; en 1516 les chérifs l'agrandirent considérablement; quant à son étendue, elle est comparable à Kaçar-el-Kébir ou à Tanger. La route d'Agadir à Taroudant a été parcourue par Lemprière et Cochelet; c'est un chemin très-facile, quoiqu'il passe à travers des landes incultes et des broussailles. Taroudant était autrefois la capitale du royaume de Sous; c'est aujourd'hui la résidence d'un gouverneur. Sa population est beaucoup diminuée. Les environs sont d'une fertilité extrême. Suivant Abou'l-féda, la ville de Taroudant est située sur le bord septentrional d'une rivière venant du versant oriental du mont Lamthah (2).

Tout le littoral depuis Ceuta jusqu'à Santa-Cruz mérite de fixer l'attention des archéologues et de tous ceux qui s'intéressent à l'histoire des peuples de l'antiquité. On y trouve, en effet, des ruines nombreuses, vestiges d'établissements phéniciens, carthaginois et romains sur cette côte, d'où les regards plongeaient dans l'océan de l'inconnu. Une exploration intelligente de ces ruines permettrait peut-être de combler quelques lacunes regrettables de l'histoire de la civilisation.

(1) Manuscrit n° 778 de la Bibliothèque du roi (fonds Saint-Germain).

(2) Le mot *agadir* ou *agader* est, dans le langage vulgaire, synonyme de *sour*, qui signifie le mur d'une ville.

(1) Davidson's *African Journal*, pag. 73 et 176.

(2) *Description des pays de Magreb*, traduit par Charles Solvet; Alger, 1839, in-8°.

II. PARTIE HISTORIQUE.

Nous ne parlerons ici de l'histoire du Maroc qu'à partir du septième siècle après Jésus-Christ, c'est-à-dire depuis les conquêtes des successeurs de Mahomet en Afrique ; car l'histoire de la Mauritanie Tingitane, comprenant l'empire de Maroc, a été traitée dans un autre volume de l'*Univers pittoresque* (1).

La première expédition des Musulmans dans la province d'Afrique et dans le Maghreb eut lieu l'an 27 de l'hégire (647 de J. C.). Othman, troisième calife, venait de succéder à Omar.

Les détails de cette expédition, si imparfaitement connue de la plupart des historiens occidentaux, nous les emprunterons à Nowaïri, l'un des chroniqueurs orientaux qui s'est le plus étendu sur les événements de l'occupation de l'Afrique par les Arabes (2).

Avant de mettre à exécution le projet de subjuguer l'Afrique, Othman consulta les anciens compagnons du prophète ; ils furent tous d'avis qu'il fallait y envoyer une armée. Un seul d'entre eux, Saïd-ebn-Yésid, désapprouva ce projet, en rappelant ces paroles d'Omar : *Aucun musulman n'y fera une expédition tant que je vivrai.* L'affaire en resta là pendant quelque temps; mais Othman fit alors venir Zeid-ebn-Thabit et Mohamed ebn Moslema pour leur demander leur avis; et comme ils lui conseillèrent d'y envoyer une armée, il appela les musulmans à la guerre sainte. Cette armée fut nommée *Djeisch-el-Abadila* (l'armée des Abdallah) (3). Othman fournit à ses frais mille chameaux et un grand nombre de chevaux pour servir de montures aux musulmans pauvres; ensuite il distribua des armes aux soldats, et leur accorda une gratification. Ceci se passait au mois de moharrem de l'an 27 de l'hégire (octobre 647 de J. C.). Othman exhorta ses troupes à combattre pour la cause de l'islamisme, et leur dit : « J'ai mis à votre tête El-Harith-ebn-el-Hakem, qui vous conduira auprès d'Abd-Allah-ebn-Saad, lequel prendra alors le commandement; et maintenant je vous recommande à la garde (1) de Dieu. »

L'armée se mit en mouvement; arrivée en Égypte, elle fut renforcée par un corps considérable qu'Abd-Allah-ebn-Saad avait ressemblé, et le nombre des combattants se trouva ainsi porté à vingt mille. Nowaïri donne ici, sur l'autorité d'Ez-Zohri, le récit suivant que lui avait fait un témoin oculaire, soldat dans cette expédition :

« A notre arrivée, Abd-Allah envoya en avant des éclaireurs et des corps avancés, et moi-même j'accompagnais les éclaireurs aussi souvent que cela me fut possible; et, par Allah! nous voilà arrivés devant Tripoli, et nous trouvâmes que les Grecs l'avaient mis en état de défense pour nous résister. Abd-Allah y mit le siége; mais ensuite, ne voulant pas se laisser détourner du but qu'il avait en vue, il donna l'ordre de décamper. Pendant que nous faisions nos préparatifs, nous aperçûmes des vaisseaux qui venaient d'aborder la côte ; aussitôt nous courûmes sus, et nous jetâmes à l'eau ceux qui s'y trouvaient. Ils firent d'abord quelque résistance; puis ils demandèrent grâce, et nous leur liâmes les mains derrière le dos. Ils étaient au nombre de quatre cents. Abd-Allah, qui vint nous joindre, leur trancha la tête. Nous prîmes ce qui était dans les vaisseaux, et cela fut notre premier butin. Abd-Allah marcha alors sur Cabès, et y mit le siége (2);

(1) L'*Afrique ancienne*, etc., par MM. d'Avezac, L. Lacroix et J. Yanoski.

(2) M. de Slane a donné une traduction complète du chapitre de Nowaïri qui expose les premières conquêtes des musulmans dans l'Afrique. Cette traduction est faite d'après les manuscrits arabes de la Bibliothèque royale nos 792, 702 A et 638. Nowaïri est mort en 1332 de J. C. (*Journal Asiatique*, 3e série, tome XI, p. 97.)

(3) Nowaïri donne ici les noms des tribus et de leurs chefs qui ont pris part à cette guerre. *Journal Asiatique*, tome cité, p. 99.

(1) Abd-Allah-ebn-Saad était gouverneur de l'Égypte, déjà conquise par les musulmans. L'Égypte était exclue de l'Afrique des Arabes, qui comprenait particulièrement la Zeugitanie, la Numidie et la Mauritanie. Celle-ci, formant la partie la plus occidentale de ce continent, s'appelle le *Maghreb*, ainsi que nous l'avons dit pag. 297.

(2) Cabès, probablement la Tacape des anciens, est une ville grande et bien peuplée ; elle

mais les compagnons du prophète lui conseillèrent d'y renoncer, pour ne pas être détourné de son projet contre la province d'Afrique. Il se mit donc en route, et envoya dans toutes les directions des détachements qui lui ramenèrent des bœufs, des moutons et du fourrage.

« Le chef des Grecs se nommait Grégoire, et son autorité s'étendait depuis Tripoli jusqu'à Tanger; il gouvernait au nom d'Héraclius (1). Averti de l'approche de l'armée musulmane, il rassembla des troupes, et se disposa à combattre. Le nombre de ses soldats s'élevait à cent vingt mille (2).

« Nous marchâmes à sa rencontre pendant qu'il faisait ses préparatifs, et nous passâmes quelques jours en pourparlers. Nous l'invitâmes à embrasser l'islamisme; mais il répondit avec hauteur qu'il n'y accéderait jamais (3). Nous lui fîmes alors la proposition de payer un tribut annuel (*kharadj*); mais il répondit : « Si vous me demandiez un dirhem, je ne le donnerais pas ! » Nous nous apprêtâmes donc à le combattre. Abd-Allah-ebn-Saad disposa son armée en aile droite, aile gauche et centre; le prince des Grecs en fit autant, et la rencontre eut lieu dans une plaine étendue, nommée Yacouba. Cette plaine est a une journée de marche du siége du gouvernement grec, Sobeïtala (1); elle est située à la même distance de Carthage.

« Cependant il n'y eut pas de combat décisif, et la guerre se prolongea. Les musulmans et les Grecs se battaient tous les jours jusqu'à l'heure de midi; alors les deux partis se retiraient dans leurs camps, et le combat cessait. Othman, ne recevant plus de nouvelles des siens, fit partir Abd-Allah-ebn-ez-Zobéir avec douze cavaliers de sa tribu. Ebn-ez-Zobéir pressa sa marche, et son arrivée, qui eut lieu de nuit, excita la joie de l'armée. Ebn-ez-Zobéir présida le lendemain à la prière du matin, et marcha ensuite au combat avec les musulmans; ce jour-là les Grecs éprouvèrent des pertes immenses. Mais Ebn-Zobéir n'avait pas vu Ebn-Saad au nombre des combattants; ayant demandé où il était, on lui répondit que depuis plusieurs jours il ne sortait plus de sa tente. Comme Ebn-ez-Zobéir n'avait pas encore eu d'entrevue avec lui, il alla le trouver, et après l'avoir salué il lui communiqua les instructions d'Othman, et demandait le motif qui le retenait loin du combat. Ebn-Saad lui répondit : « Le prince grec a fait faire, par la voix d'un hérault, cette proclamation en langues grecque et arabe : *Grecs et musulmans! quiconque tuera Abd-Allah-Ebn-Saad aura ma fille en mariage avec cent mille dinars.* (Or sa fille était d'une beauté merveilleuse; elle l'accompagnait à cheval au combat, habillée des étoffes les plus riches, et portant sur sa tête un parasol en plumes de paon). Et il n'ignore pas, continue Ebn-Saad, que la plupart de ceux qui m'accompagnent ont été nouvellement convertis à l'islamisme : ainsi je dois craindre que

est située au fond de la petite Syrte. Voyez l'*Arabie* par M. Noël Desvergers, p. 252.

(1) L'empereur Héraclius, fils d'Héraclius Constantin, qu'il ne faut pas confondre avec Héraclius contemporain de Mahomet et de Chosroès, et qui régna de 610 à 641. Héraclius légua le pouvoir suprême à ses deux fils, Héraclius Constantin et Héracléonas. Le premier mourut au bout de quatre mois de règne; le dernier, après n'avoir conservé le sceptre que six mois, fut forcé de céder le trône à son neveu, fils d'Héraclius Constantin, et plus généralement connu sous le nom de Constant II. C'est celui-là dont il est ici question. Son premier acte de souveraineté fut de couper le nez à son oncle Héracléonas, et la langue à sa tante Martine.

(2) Ce nombre est sans doute exagéré.

(3) Les princes musulmans, dans leur ardeur de prosélytisme, prenaient pour modèle la conduite du prophète. Dans l'an 7 de l'hégire, Mahomet écrivit à Chosrou Parviz, roi de Perse, à l'empereur Héraclius, au roi d'Égypte, au roi d'Éthiopie, et à différents princes de l'Arabie, en les invitant à embrasser sa nouvelle religion. Tous ces souverains, il est aisé de se l'imaginer, répondirent à cette invitation par un refus, si toutefois ils daignaient y répondre. Les successeurs de Mahomet devaient donc avoir à cœur de faire respecter la volonté du prophète; c'étaient de fidèles exécuteurs testamentaires : tous les pays aux souverains desquels le prophète avait écrit professent aujourd'hui l'islamisme.

(1) L'ancienne Sufetula dans la Byzacène; c'est aujourd'hui un des lieux les plus remarquables par l'étendue et la magnificence de ses ruines.

l'offre de Grégoire ne les porte à me tuer. Voilà la raison de mon absence du combat. » — « Chasse cette crainte de ton âme, répondit Ebn-ez-Zobéir, et fais proclamer dans ton armée, et de sorte que les Grecs puissent t'entendre : *Musulmans et Grecs! quiconque tuera le prince Grégoire aura sa fille et cent mille dinars*. Cette proclamation vaudra bien l'autre. » Ebn-Saad suivit ce conseil; et quand le prince des Grecs entendit la proclamation, son cœur fut rempli de crainte et celui de notre général en fut délivré.

« La guerre continuait de la même manière qu'auparavant, sans cependant aucun résultat. Ebn-ez-Zobéir retourna auprès d'Ebn-Saad, et lui dit : « J'ai réfléchi sur l'affaire dans laquelle nous nous sommes engagés, et je sais qu'elle traînera en longueur. L'ennemi est chez lui; il vit dans l'abondance pendant que nous voyons diminuer nos ressources, et j'ai appris que le commandant ennemi a envoyé de tous côtés rassembler des troupes, et faire des recrues. Maintenant je vois que ses gens, lorsqu'ils entendent annoncer chez nous l'heure de la prière, remettent l'épée dans le fourreau et se retirent dans leurs tentes; les musulmans en font de même, selon leur coutume. Ainsi donc, je te conseille de laisser les plus braves d'entre les musulmans dans leurs tentes avec leurs chevaux et leurs armes, pendant que les autres iront se battre comme à l'ordinaire, et feront durer le combat jusqu'à ce que l'ennemi soit accablé de fatigue; alors, quand il sera rentré dans le camp et aura déposé ses armes, les musulmans monteront à cheval et l'attaqueront pendant qu'il ne s'y attendra pas.

« Ebn-Saad ayant entendu ce conseil fit venir Abd-Allah-Ebn-Abbas avec ses frères, ainsi que les compagnons de Mahomet et les chefs de tribus, pour leur soumettre la proposition d'Ebn-ez-Zobéir : ils l'approuvèrent en rendant grâces à Dieu, et tinrent le projet secret. Ils passèrent ensuite la nuit en prières, se dévouant à Dieu pour l'exaltation de sa religion et la manifestation de sa parole. Le matin arrivé, les *braves de l'islamisme* restèrent dans leurs tentes, tenant leurs chevaux prêts, pendant qu'Ebn-ez-Zobéir et Ebn-Saad marchèrent au combat sans les autres troupes. On se battit avec acharnement; et comme il faisait très-chaud ce jour-là, on en ressentait des deux côtés une lassitude extrême. Le prince des Grecs était à cheval, et encourageait ses troupes; il avait avec lui la croix (1), et portait un diadème sur la tête. Le conflit se prolongea jusqu'à ce que l'appel à la prière de midi se fit entendre, et les Grecs allaient se retirer, comme d'habitude, quand Ebn-ez-Zobéir fit durer le combat une heure de plus. La chaleur était excessive et si accablante, que les soldats des deux côtés ne pouvaient plus supporter le poids de leur armure. Ils rentrèrent donc dans leurs tentes, y déposèrent leurs armes, puis lâchèrent leurs chevaux et se jetèrent sur leurs lits. Alors Ebn-ez-Zobéir fit lever les *braves des musulmans*, qui mirent aussitôt leurs cottes de mailles et montèrent à cheval dans leurs tentes; lui-même s'habilla comme un ambassadeur (ayant passé une robe par-dessus son armure), et se dirigea vers l'ennemi, après avoir ordonné à ses guerriers de charger comme un seul homme lorsqu'ils le verraient près du camp. Quand il s'en fut approché, les musulmans poussèrent des cris d'*Allah akbar* (*Dieu est grand*)! et fondirent sur leurs adversaires. Les Grecs se hâtèrent de mettre leurs cuirasses et de monter à cheval; mais ils furent mis en déroute, et un nombre immense en fut tué ainsi que leur prince. Le reste se sauva dans la ville; les musulmans pillèrent le camp ennemi, et firent prisonnière la fille du prince. On l'amena à Ebn-Saad, qui lui demanda ce qu'était devenu son père. « Il est mort, répondit-elle. — Savez-vous, dit-il, qui l'a tué? — Je le reconnaîtrais, si je le voyais, fut la réponse. » Or, il y avait plusieurs musulmans qui tous prétendaient l'avoir tué; mais quand on les présentait à la fille du prince grec, elle disait que ce n'était aucun de ceux-là. On fit alors venir Ebn-ez-Zobéir; et comme elle le reconnut pour être celui qui avait tué son père, Ebn-Saad lui dit : « Qui t'a empêchée de nous en informer, afin que nous puissions te don-

(1) Les Grecs portaient une croix en guise de drapeau.

ner ce que nous t'avons promis? — Puisse Dieu te disposer au bien! lui répondit Ebn-ez-Zobeir; ce n'est pas pour obtenir ce que tu as promis que je l'ai tué, mais bien pour plaire à celui qui sait ce que j'ai fait, et m'en donnera une récompense bien meilleure que celle que tu m'as destinée, et je n'ai pas besoin d'une autre. » Ebn-Saad lui fit alors cadeau de la fille du prince, et l'on dit qu'elle devint sa concubine. Les musulmans prirent ensuite position contre la ville, et, après un blocus rigoureux, Dieu les en rendit maîtres. Ils y firent beaucoup de prisonniers, et s'emparèrent de leurs richesses, dont la majeure partie consistait en or et en argent. Ebn-Saad réunit le butin en masse, et en fit le partage après en avoir prélevé le quint (1). La portion de chaque cavalier fut de trois mille dinars, et celle de chaque fantassin de mille.

« Cette défaite abattit le courage des Grecs qui restaient encore en Afrique, et les frappa de terreur : les uns se réfugièrent dans les forteresses; mais la majorité se réunit dans Fahs-el-Adjom (plaine des Roseaux), autour du château qui était un des plus forts de la province d'Afrique. De là ils envoyèrent à Ebn-Saad pour lui offrir trois cents kintars (talents d'or), à condition qu'il ferait cesser les hostilités, et qu'il évacuerait le territoire. Après avoir fait quelques difficultés, il accéda à cette proposition (2).

« L'armée resta quinze mois dans la province d'Afrique, et elle ne perdit qu'un petit nombre d'hommes. Ebn-Saad, en partant de Sobeïtala, y laissa un nommé Djenaba (3) comme gouverneur à la place de Grégoire. »

Tel est le récit d'Ez-Zohri, cité par Nowaïri (1).

La marche de cette expédition fut un moment interrompue par l'assassinat du calife Othman, et par les dissensions sanglantes qui s'élevèrent entre Ali et Moawia. Nous ne savons rien de ce qui s'est passé en Afrique depuis l'année 27 jusqu'à l'année 45 de l'hégire (647 à 665 de J. C.). Les historiens arabes Nowaïri et Ebn-Khaldoun, qui sont ici nos principaux guides, nous laissent à cet égard dans l'ignorance la plus complète. Ce qu'il y a de certain, c'est que l'empereur grec ne reconnut pas d'abord la légitimité de cette conquête; car il continuait à y envoyer des gouverneurs, et à percevoir les impôts. C'est ce qui fit naître des factions qui se combattaient, les unes au nom de l'empereur, les autres au nom du calife. Dans cet état de choses, Djenaha, qui avait été nommé gouverneur à la place du prince grec, se rendit en Syrie pour exposer à Moawia la situation de l'Afrique.

Une seconde expédition fut résolue. Djenaha étant mort à Alexandrie, Ebn-Khodaïdj en prit le commandement (2), et vint camper au pied d'une montagne, non loin du fort Kamounia et de Djeloula (3). Il envoya immédiatement un détachement de cavalerie à la rencontre de Nicéphore, général grec, qui venait de débarquer avec trente mille hommes (4). Dans le combat qui s'ensuivit

(1) D'après les lois musulmanes, le droit du souverain sur le butin est d'un cinquième; le reste appartient à l'armée. Ce cinquième est au profit des pauvres. (Voy. d'Ohsson, *Tableau général de l'empire othoman*, code militaire.)

(2) Suivant un autre récit, il leur accorda la paix moyennant une somme de deux millions cinq cent mille dinars qu'on lui compta, et une des conditions du traité portait que les musulmans garderaient tout le butin qu'ils avaient fait pendant la guerre, mais qu'ils rendraient ce qu'ils avaient enlevé depuis le commencement des pourparlers.

(3) Djenaha est probablement le nom arabisé de *Gennadius* (Voyez Noël Desvergers, *Arabie*, p. 275.)

(1) Voyez Ebn-Khaldoun, *Histoire de l'Afrique sous la dynastie des Aghlabites*, etc., traduit de l'arabe par M. Noel Desvergers; Paris, 1841.

(2) Suivant Ebn-Khaldoun, Moawia-ebn-Khodaïdj était gouverneur de l'Égypte. L'Égypte, comme nous l'avons dit, n'était pas comprise dans la province d'Afrique (Maghreb).

(3) Djeloula, d'après Édrisi, est une petite ville, située au milieu de beaux jardins et de palmiers. C'est l'*Usila* des anciens. (Voyez Shaw, *Voyage en Barbarie*, tome I, p. 248.)

(4) Le lieu de débarquement s'appelait *Santabarta*. (Voyez Procope, *De ædificiis*, édit. de Venise, p. 472.)

les troupes grecques furent défaites et forcées de regagner leurs vaisseaux. Ebn-Khodaïdj lui-même dirigea les attaques contre Djeloula ; chaque matin il livrait combat aux habitants, mais, aussitôt passé midi, il se retirait dans son camp à Karn. Un jour, Abd-el-Mélik, un des lieutenants d'Ebn-Khodaïdj, s'aperçut, au moment de rentrer dans le camp, qu'un côté de la ville venait de s'écrouler. Il revint alors sur ses pas, rappela les troupes, et, après un combat acharné, la ville fut prise d'assaut. Les musulmans s'emparèrent de tout ce qu'elle renfermait, tuant les soldats et faisant esclave le reste. Abd-el-Mélik se rendit ensuite auprès d'Ebn-Khodaïdj, qui l'attendait dans son camp à Karn. Il lui remit le butin; mais une dissidence s'éleva au sujet du partage : Abd-el-Mélik réclama le tout pour ses compagnons, et Ebn-Khodaïdj voulait en faire la distribution à tous les musulmans. Les deux partis ne pouvant s'entendre, on écrivit au calife Moawia, qui répondit qu'il fallait rappeler les corps détachés et faire le partage du butin entre tout le monde. Dans la distribution qui eut lieu, chaque cavalier reçut trois cents dinars.

Cette seconde expédition porta le dernier coup à la domination byzantine en Afrique. Le Maghreb devint définitivement une province de l'empire des califes. Cette province, indépendante de celle de l'Egypte, eut ses gouverneurs particuliers, plus ou moins dociles aux ordres de leurs souverains. Nowaïri et Ebn-Khaldoun seront encore nos guides dans cette partie si peu connue de l'histoire, jusqu'à la fondation de la monarchie du Maroc par les Édrissites.

Après l'expulsion des Grecs, les musulmans n'eurent plus à lutter que contre quelques tribus indigènes, particulièrement contre les Berbères. Mais cette lutte, hâtons-nous de le reconnaître, n'était pas comparable à celle que les Romains et les chrétiens avaient eu à soutenir; elle était bien moins opiniâtre, parce que les mœurs, la langue et la religion des Arabes étaient plus conformes au caractère des indigènes. Si l'on savait toujours tenir compte de l'affinité qui existe entre toutes les populations musulmanes de l'Asie et de l'Afrique, ainsi que de l'espèce de répulsion profonde qu'elles ont pour toutes les nations chrétiennes, on comprendrait aisément, de la part de ces dernières, la témérité de toute tentative de conquête et d'assimilation à l'égard des premières.

En 670 de Jésus-Christ, le calife Moawia nomma Okba-ebn-Nafi au gouvernement de la province d'Afrique. Un grand nombre de Berbères qui venaient d'embrasser l'islamisme se joignit à l'armée d'Okba, qui extermina les chrétiens qui y restaient.

A cette époque fut fondée en Afrique la première ville musulmane, Kaïrewan, ou Caïrouan (1), dans le but de faciliter la propagation de la nouvelle religion. Voici ce que nous racontent à cet égard les historiens arabes : Quand Okba et les musulmans se furent accordés sur la nécessité de fonder la ville de Kaïrewan, il les mena à l'emplacement qu'elle devait occuper, et qui était alors couvert d'un fourré impénétrable. « Voici, dit-il, notre affaire. » — « Comment! lui répondirent ses camarades, tu nous ordonnes de bâtir dans un fourré marécageux où personne ne puisse pénétrer, et où nous aurons à craindre les animaux féroces, les serpents et les autres reptiles de la terre! » Alors Okba, dont les vœux furent toujours exaucés, se mit à prier le Dieu tout-puissant, et ses compagnons d'y répondre *amen*. Il y avait aussi dans l'armée dix-huit des compagnons du prophète; les ayant réunis, il cria à haute voix : « Serpents et bêtes féroces! nous sommes les compagnons du prophète béni; ainsi retirez-vous, car nous allons nous établir ici, et nous tuerons quiconque de vous s'y trouvera après cet avertissement. » Alors on vit, ce jour-là, les animaux féroces et les serpents emporter leurs petits, et à ce spectacle beaucoup de Berbères se convertirent. Okba ordonna, par procla-

(1) Suivant Ebn-Khallikan, Kaïrewan fut ainsi nommée parce qu'une caravane, *Kirwan*, avait fait halte sur le lieu où la ville fut fondée plus tard. (*Voyez* Ebn-Khalliwan, trad. par M. de Slane, tome I, p. 35. *Voyez* aussi l'*Arabie*, par M. Noël Desvergers, p. 277.)

mation, de les laisser partir sans leur faire injure ; et quand ils se furent retirés, il marcha, accompagné de ses principaux officiers, vers le lieu qu'il avait choisi, et fit cette prière : « O mon Dieu ! remplis cette ville de science et de la connaissance de ta loi. Fais qu'elle soit habitée par des hommes pieux et dévoués à ton service, et protège-nous contre les puissants de la terre. » Il descendit alors en suivant le cours du ruisseau, et ordonna à ses hommes de jeter les fondations de la ville et d'arracher les arbrisseaux. Okba traça lui-même le plan de l'hôtel du gouvernement et de la grande mosquée. La construction de celle-ci était à peine commencée, qu'il y fit célébrer la prière. Alors un différend s'éleva parmi le peuple au sujet de la *kibla* (1). Ils disaient que les Arabes se régleraient d'après la *kibla* de cette mosquée, quand ils en construiraient d'autres, et qu'ainsi le commandant devait faire tous ses efforts pour en déterminer la vraie position. On laissa donc écouler un temps considérable afin d'observer les levers des étoiles dans l'hiver et dans l'été, et de prendre les azimuts du soleil à son lever (2). Cette incertitude fut pour Okba une cause de soucis, et s'étant adressé au Dieu tout-puissant, il vit, pendant le sommeil, une figure qui vint à lui et lui dit : « Favori du maître de l'univers ! quand le jour se lèvera, prends ton étendard et mets-le sur ton épaule ; tu entendras alors devant toi des cris d'*Allah akbar* (Dieu est grand) ! et nul autre ne les entendra ; à l'endroit où ces cris cesseront, là seront la *kibla* et le *mihrab* (3) de ta mosquée ; car Dieu tout-puissant a agréé cette ville et cette mosquée ; par elle il exaltera sa religion et humiliera les infidèles jusqu'à la fin des siècles. » Okba se réveilla saisi d'une sainte terreur, et, après avoir fait une ablution, il se mit, avec les principaux d'entre les musulmans, à prier dans la mosquée dont il venait de tracer le plan. Au moment où il faisait sa prosternation, il entendit distinctement le cri d'*Allah akbar !* Ayant demandé aux personnes alentour si elles entendaient quelque chose, elles répondirent que non. « C'est donc un ordre du Dieu tout-puissant ! » s'écria-t-il. Prenant alors l'étendard sur son épaule, il suivit le cri qui se faisait entendre devant lui, et dès qu'il fut arrivé au lieu où le *mihrab* devait être placé, ce cri cessa. Okba ficha son étendard dans la terre, et dit aux assistants : « Voici votre *mihrab*. » On commença ensuite à bâtir des palais, des maisons et d'autres mosquées, et la ville se peupla. Sa circonférence était de trois mille six cents toises. La ville de Kairewan fut achevée en l'an 55 de l'hégire (675 de J. C.) (1). »

Nous avons cru devoir reproduire ces détails malgré leur teinte romanesque ; ils font, mieux que des descriptions arides, ressortir le génie des conquérants arabes et leur esprit essentiellement religieux.

Okba administra sa province avec habileté ; il combattit les tribus berbères, et pénétra jusque dans l'intérieur du Maghreb. Ses services cependant furent payés d'ingratitude. Par suite de quelques intrigues de palais, il fut remplacé par Moslema-ebn-Mokhalled-el-Ansari (2), qui parvint à réunir dans ses mains les gouvernements d'Égypte et de l'Afrique proprement dite. Mais Moslema fit choix d'un de ses affranchis, nommé Dinar-Abou'l-Mohadjir, pour être son lieutenant dans la province d'Afrique. Ce dernier envahit le Maghreb, parvint

(1) La *kibla* est le point de l'horizon qui se trouve dans la direction de la Mecque. C'est le point qu'il faut connaître dans une mosquée, pour savoir de quel côté se tourner quand on fait la prière.

(2) Il s'agissait de déterminer les coordonnées donnant la latitude et la longitude du lieu, et de les comparer avec celles de la Mecque.

(3) Le *mihrab* est une niche pratiquée dans le mur de l'intérieur de la mosquée ; il marque la direction de la *kibla*.

(1) Nowaïri, Ms. 702, f° 4, de la Bibliothèque royale. *Journal asiatique*, tome XI 3e série, p. 117. Ebn-Khaldoun, par M. Desvergers, p. 13. — Les historiens cités ici par Nowaïri sont Ebn-el-Athir, Ebn Scheddad, Ebn er-Rakik et Ebn-Reschid.

(2) On appelle *ansars* (aides) les Médinois qui avaient assisté Mahomet. Voyez dans le *Telkih* d'Ebn-el-Djewzi, ms. n° 631, les noms des principaux *ansars*.

jusqu'à Tlemcen, et dévasta la ville de Kaïrewan, fondée par Okba. Le khalife Yézid, fils de Moawia, répara les torts du père : il rétablit Okba dans le gouvernement de la province d'Afrique, et fit relever la ville de Kaïrewan. Ceci eut lieu en 62 de l'hégire (682 de J. C.).

A son arrivée, Okba mit Abou'l Mohadjir aux fers (1), et ordonna la destruction de la ville que celui-ci avait commencé à bâtir. Puis il entreprit une expédition dans l'extrême Maghreb, en laissant à Kaïrewan une partie des milices sous les ordres de Zobaïr-ebn-Kéis. En partant il dit à ses fils : « J'ai vendu mon âme à Dieu, et j'ai fait un excellent marché : je dois combattre l'infidélité jusqu'à ce que je comparaisse devant lui. Je ne sais si vous me reverrez jamais, mais mon souhait est de mourir dans la voie de Dieu. Tenez ferme à l'islamisme. O mon Dieu ! accueille mon âme avec bonté (2). » Okba défit les Berbères dans diverses rencontres, chassa devant lui le reste des garnisons grecques, et fit beaucoup de butin aux environs des villes de Lamisch (Mélisch) et Baghaya (3). De là il pénétra dans le Zab, et vint camper près de Tanger. Là, au rapport de Nowaïri, un Grec, nommé Julien, vint se présenter à Okba, et eut l'adresse de se le concilier en lui offrant de beaux cadeaux et en se mettant entièrement à ses ordres (1). Okba le questionna relativement à la mer d'Espagne, et ayant appris qu'elle était bien gardée, il lui dit : « Dirige-moi où je puisse trouver des hommes parmi les Grecs et les Berbères. » — « Quant aux Grecs, répondit Julien, tu les as laissés derrière toi ; mais devant toi sont les Berbères et leurs cavaliers ; Dieu seul en sait le nombre. » — « Où se tiennent-ils ? » demanda Okba. — « Dans Es-Sous-el-Adna, répondit l'autre ; c'est un peuple sans religion ; ils mangent des charognes, ils boivent le sang de leurs bestiaux, et ils sont comme des brutes, car ils ne croient pas en Dieu et ne le connaissent même pas (2). » — Sur cela, Okba dit à ses camarades : « Marchons avec la bénédiction de Dieu ! » — De Tanger il se dirigea du côté du midi, vers Es-Sous-el-Adna, et il vint jusqu'à la ville de Taroudant. Là il rencontra les troupes berbères, et en fit un grand carnage ; le reste prit la fuite ; sa cavalerie se détacha à leur poursuite et pénétra dans Es-Sous-el-Adna. Les Berbères se réunirent alors en nombre si grand que Dieu seul pouvait les compter ; mais Okba les attaqua avec un acharnement inouï. Il en fit un grand massacre, et s'empara de quelques-unes de leurs femmes, qui étaient, dit-on, d'une grande beauté. Il continua sa marche victorieuse, et vint jusqu'à l'océan Atlantique (*Bahr-el-mohit*) ; il entra dans la mer jusqu'à ce que l'eau atteignît le poitrail de son cheval ; levant alors la main vers le ciel, il dit : « Seigneur ! si cette mer ne m'en empêchait, j'irais dans les contrées éloignées et dans le royaume de Zou'l Karneïn (3), en combattant pour

(1) Il lui rendit plus tard la liberté. Mais Ebn-Khaldoun ne prête pas à Okba cette conduite généreuse.

(2) Ebn-Khaldoun (ouvrage cité), p. 15. Le récit de Nowaïri est plus détaillé : Ayant de la répugnance à se fixer dans la ville fondée par Okba, Dinar alla camper à deux milles de là, et y traça les fondations d'une autre ville, afin de perpétuer le souvenir de son nom et de rendre inutile l'ouvrage de son prédécesseur. Cette nouvelle ville fut nommée par les Berbères *Bi-Geirewan*. Quand la construction en fut commencée, il ordonna qu'on détruisît la ville d'Okba ; et celui-ci en fut tellement indigné, qu'il se rendit auprès du khalife Moawia, et lui adressa ces paroles : « C'est pour toi que j'avais attaqué et subjugué cette province ; j'y ai bâti des mosquées, établi des lieux de halte et donné au peuple des domiciles fixes ; et tu viens d'y envoyer un esclave des Ansars, qui m'a remplacé en m'insultant ! » Moawia lui fit alors des excuses, et promit de le rétablir dans son gouvernement ; mais l'affaire traîna en longueur jusqu'à la mort du khalife.

(3) Suivant Edrisi, Baghaïa était une grande ville placée au fond de la province d'Afrique.

(1) Ce Julien, qu'il ne faut pas confondre avec le comte Julien qui appela plus tard les Arabes en Espagne, était, suivant Ebn-Khaldoun, prince de Ghomarah, district montagneux à deux journées de Fez.

(2) Suivant Ebn-Khaldoun (p. 19), les habitants de l'Oualili, Handzeroun, Masmoudah, Sous, dans le Maghreb, professaient le magisme, et n'étaient pas convertis à la religion chrétienne.

(3) Allusion à l'histoire du Koran, dans

ta religion, et tuant ceux qui ne croient pas à ton existence, ou qui adorent d'autres dieux que toi. » Okba retourna donc sur ses pas. Arrivés à la hauteur de *Mâ-el-férès* (eau du cheval), lui et ses troupes furent réduits à la dernière extrémité par la soif. Il fit, en conséquence, une prière de deux *rikats* (1), et invoqua le Dieu tout-puissant. Aussitôt son cheval commença à gratter la terre avec son pied, et en fit sortir de l'eau. Alors Okba ordonna à ses troupes de creuser la terre; ils ouvrirent soixante-dix puits, lesquels leur fournirent assez d'eau pour étancher leur soif et faire leur provision. Ce fut alors que ce lieu reçut le nom de *Mâ-el-férès*. Après cette expédition, Okba revint à Kaïrewan (2).

Les armes des musulmans reçurent bientôt un rude échec. Les Berbères, sous la conduite de Koseila (Kacila), défirent les troupes d'Okba, et se rendirent maîtres de toute la province. Voici comment Nowaïri raconte ces événements : « Koseila était un des hommes principaux parmi les Berbères. Devenu musulman pendant le gouvernement d'Abou'l-Mohadjir, il fut si sincère dans sa conversion, que celui-ci en parla à Okba et l'instruisit de la grande influence que Koseila exerçait sur les Berbères (3). Okba ne fit aucun cas de cette recommandation; il ne témoigna, au contraire, pour Koseila que de l'indifférence et du mépris. Parmi les traits insultants qu'il se permit envers lui, on rapporte le suivant : il venait de recevoir des moutons, et, voulant en faire manger un, il ordonna à Koseila de l'égorger (4). « Puisse Dieu diriger l'émir au bien ! » lui dit le chef berbère; « j'ai ici mes gens et mes esclaves, qui pourront m'éviter cette peine. » Mais Okba répondit par des paroles offensantes, et lui ordonna de se lever. Koseila se retira en colère, et ayant égorgé un mouton, il essuya sa main encore sanglante sur sa barbe. Les Arabes présents lui dirent : « Que fais-tu, Berbère ? » et il répondit : « Cela est bon pour les poils. » Mais un vieillard qui passait dit aux Arabes : « Ce n'est pas pour cela ; c'est une menace que ce Berbère vous fait. » Alors Abou'l Mohadjir s'adressa à Okba, et lui dit : « Qu'as-tu fait ? Voilà un homme qui exerce une grande influence sur son peuple, un homme qui était encore idolâtre il y a peu de temps, et tu prends à tâche de faire naître la rancune dans son cœur ! Je te conseille de lui faire lier les mains derrière le dos, car je crains que tu ne sois victime de sa perfidie. » Okba n'écouta pas ces paroles. Quant à Koseila, il profita d'un instant favorable pour prendre la fuite. Bientôt il se trouva entouré de ses cousins, de ses gens et de plusieurs Grecs qui se rallièrent à lui. Koseila évita d'abord de combattre Okba en rase campagne, afin de donner aux mécontents le loisir de venir grossir son armée. Puis, se sentant assez fort, il attaqua les musulmans, et en fit un terrible massacre; Okba et Abou'l Mohadjir, qui avaient tous deux recherché le martyre, restèrent sur le champ de bataille. Les débris de l'armée musulmane se réfugièrent à Barka. Après cette victoire, Koseila se dirigea sur Kaïrewan, et s'empara de cette ville, qui était la clef de la province d'Afrique. »

Des troubles intérieurs ne permirent pas aux califes de venger immédiatement cette sanglante défaite. Enfin l'autorité d'Abd-el-Mélik ayant été raffermie, ce calife ordonna à un ancien compagnon d'Okba, Zohéir-ebn-Kéis, qui tenait garnison (1) à Barka, de combattre Koseila et de reprendre Kaïrewan.

la sourate de la Caverne, verset 72. Zou'l Karnéin, y est-il dit, pénétra dans l'extrême occident, où il vit le soleil couchant descendre dans un puits rempli de boue noire.

(1) Chaque *rikat* est composé d'un certain nombre de prières, invocations et prostrations. Voyez pag. 267.

(2) Nowaïri, *Journal asiatique*, tome XI, 3e série, p. 124 et suiv.

(3) Okba menait partout avec lui Abou'l-Mohadjir, qu'il retenait dans les fers.

(4) Au rapport d'Ebn-Khaldoun, Okba faisait venir chaque jour Koseila, et lui ordonnait d'écorcher les moutons qu'on tuait pour sa cuisine.

(1) *Morabit*, garnison, signifie *demeure dans un ribat*. Les *ribats* étaient des espèces de casernes ou cloîtres fortifiés ; dans la guerre contre les infidèles, les musulmans s'y retiraient pour y passer leur temps en dévotions, lorsqu'ils ne combattaient pas l'ennemi.

Là rencontre eut lieu aux environs de cette ville. De chaque côté il y eut des pertes immenses; mais la bataille se termina par la mort de Koseila et d'un grand nombre de ses partisans. Ceci eut lieu en 681 de J. C.

En retournant à Barka, Zohéir trouva la place occupée par les Grecs, qui venaient de débarquer avec des forces considérables. Les Arabes succombèrent, et Zohéir lui-même périt dans le combat. Pour réparer cet échec, le calife Abd-el-Mélik ordonna à Haçan-ebn-Omar de se rendre avec une armée dans la province d'Afrique. Arrivé à Kaïrewan, ce chef releva le courage des musulmans, et marcha contre Carthage, ville qui n'avait pas encore été prise, et contre laquelle Okba avait échoué. Haçan prit la ville d'assaut, et la détruisit de fond en comble. Les habitants, Grecs ou Francs, qui avaient échappé au massacre, se réfugièrent en Sicile et en Espagne. Quelques Grecs et Berbères, rassemblés à Setfoura et à Bizerte, essayèrent de la résistance; mais ils furent à leur tour vaincus et dispersés. Les musulmans non-seulement reprirent tout le territoire qu'ils avaient perdu, mais ils ajoutèrent encore à leurs conquêtes.

Depuis la mort de Koseila, les Berbères s'étaient mis sous l'autorité d'une femme nommée *El-Kahina* (la devineresse), qui vivait retirée dans les montagnes d'Aouras (1). Haçan marcha contre elle, et lui livra bataille sur le bord de la rivière Nîni. Après un combat acharné, les musulmans furent mis en déroute, et plusieurs des compagnons de Haçan furent faits prisonniers (2). Haçan se retira avec les débris de son armée à Barka, d'où il écrivit à Abd-el-Mélik pour l'informer de sa position. Le calife lui enjoignit de rester où il était jusqu'à nouvel ordre. Haçan demeura dans la province de Barka pendant cinq ans, et l'endroit où il s'était établi reçut le nom de *Kosour-Haçan* (les châteaux de Haçan). A la fin, Abd-el-Mélik fit parvenir à Haçan des troupes destinées à renverser la puissance d'El-Kahina. A l'approche de Haçan (l'an 74 de l'hégire), la reine des Berbères dit à son peuple : « Les Arabes veulent s'emparer des villes, de l'or et de l'argent, et nous ne désirons posséder que des champs pour la culture et le pâturage. Je pense donc qu'il n'y a qu'un seul plan à suivre : c'est de dévaster le pays afin de les décourager. » En conséquence, elle envoya ses partisans de tous côtés pour détruire les villes, démolir les châteaux, couper les arbres et enlever les biens des habitants. Tout le pays, depuis Tripoli jusqu'à Tanger, n'était, au rapport d'Ebn-Ziad, qu'un seul bocage et une succession continuelle de villages; mais tout fut détruit par cette femme.

Pendant sa marche, Haçan reçut la soumission volontaire de Cabès, de Castiliya et de Nifzawa. Il atteignit enfin l'armée de Kahina, et lui livra bataille. Cette fois la victoire se déclara pour les Arabes; Kahina, qui avait elle-même prédit sa mort, périt pendant la fuite. Les Berbères obtinrent une amnistie, à la condition de fournir aux Arabes un corps auxiliaire de douze mille hommes. Dès cette époque, l'islamisme se propagea parmi les Berbères.

Tant de services auraient dû recevoir une magnifique récompense. C'est tout le contraire qui arriva. Par suite d'obscures intrigues, Haçan fut disgracié. Abd-el-Aziz-ebn-Merwan, oncle du nouveau calife El-Wélid, et gouverneur d'Égypte, qui s'était arrogé une espèce de suprématie sur le gouverneur de la province d'Afrique, fit ôter à Haçan son commandement et le dépouilla d'une partie de ses richesses et de son butin. Haçan se rendit en Syrie pour se plaindre au calife El-Wélid, fils d'Abd-el-Mélik. « Commandeur des croyants, lui dit-il, je suis parti avec l'unique intention de combattre dans la voie de Dieu, et je n'ai trahi mon devoir ni envers lui ni envers le calife. » — « Retourne dans ton gouvernement, lui répondit El-Wélid, et sois assuré de ma bienveil-

(1) Les montagnes d'Aouras commencent, suivant Edrisi, à quelques milles de la ville de Baghaïa. D'après Procope (*De Bello Vandalico*, I, 8), le mont *Aurasius* était à treize journées au sud de Carthage.

(2) Au rapport d'Ebn-Khaldoun, El-Kahina leur rendit la liberté, à l'exception de Khalid-ben-Yézid-el-Caïçi, qu'elle retint auprès d'elle, et qu'elle fit élever avec ses deux fils.

lance. » Haçan refusa fièrement, jurant que jamais il n'accepterait un commandement sous la dynastie des Omeyides (1); en même temps il remit au khalife le reste de ses richesses, consistant en pierres précieuses, perles et or qu'il avait cachés dans des outres pour les dérober à la cupidité d'Abd-el-Aziz. Par sa probité, Haçan s'était acquis le titre d'*Es-scheïk-el-amin* (le vieillard intègre). Il fut remplacé (an 89 de l hégire) dans le gouvernement de l'Afrique par Mouça-ebn-Noçaïr.

Le nouveau gouverneur, que le calife venait de déclarer indépendant de celui de l'Égypte, eut d'abord à lutter contre les partisans de Haçan. Il fit ensuite une expédition vers Tanger, où il soumit les Berbères qui avaient osé lui résister. Mouça fit périr le prince qui les commandait, et leur donna un nouveau chef. Tarik-ebn-Ziad reçut de lui le commandement de Tanger et des environs; il eut sous ses ordres dix-neuf mille cavaliers berbères et un petit nombre d'Arabes que Mouça lui avait laissés pour leur apprendre le Koran et les devoirs de l'islamisme. Il ne se trouvait plus alors en Afrique, ajoute Nowaïri, ni Berbères ni Grecs disposés à la résistance.

Nous voici arrivés à l'un des événements les plus importants de l'histoire. Les sectateurs de Mahomet, partis de l'Orient, allèrent franchir le détroit de Gibraltar pour envahir l'Europe par l'Occident. Le croissant, étendard du prophète, avait suivi, dans sa marche victorieuse, le mouvement apparent du soleil. Comme cette invasion a été diversement racontée, surtout par les historiens chrétiens, on nous saura peut-être gré de donner ici le récit détaillé d'un historien arabe, Ebn-el-Athir, qui vivait à une époque très-rapprochée de cette expédition des Arabes en Espagne (710-711 de J. C.) :

« Les princes d'Espagne avaient coutume d'envoyer leurs enfants des deux sexes à Tolède, où ils entraient au service du roi, qui ne prenait pas d'autres serviteurs. Quand ils avaient reçu une éducation convenable et atteint l'âge de puberté, le prince les mariait entre eux et se chargeait de la dot. A l'avénement de Roderic, Julien, seigneur d'El-Djeziret-el khadra (1), Ceuta et d'autres lieux, plaça sa fille à la cour, et le roi, frappé de sa beauté, lui fit violence; elle écrivit à son père pour l'en informer, et celui-ci, pénétré d'indignation, adressa à Mouça, gouverneur d'Afrique, une lettre dans laquelle il se déclara prêt à reconnaître son autorité. Sur l'invitation de Mouça, Julien se rendit auprès du chef musulman, et l'introduisit dans les villes dont il était le maître; il prit aussi l'engagement d'obéir aux volontés de Mouça. Il lui dépeignit l'état de l'Espagne, et le pressa de s'y rendre Ces choses se passaient vers l'an 90 de l'hégire (709 de J. C.). Mouça écrivit en conséquence à El-Wélid pour obtenir de lui l'autorisation de faire une descente en Espagne, et ce calife donna son consentement à cette entreprise avec d'autant plus de facilité qu'il n'y avait qu'une mer étroite à traverser. Mouça fit alors partir un de ses affranchis (*mewla*) (2), nommé Tarif, accompagné de quatre cents fantassins et de cent cavaliers; quatre navires les transportèrent dans l'île nommée depuis île de Tarif (*Tarifa*). De là il fit une incursion dans Algésiras, et revint sain et sauf avec un riche butin. Ce fait se passa au mois de ramadan de l'an 91 (juillet 710 de J. C.). Témoin de l'issue heureuse de cette entreprise, les autres musulmans s'empressèrent de prendre part à une nouvelle expédition. Mouça fit alors venir son *mewla*, Tarik-ebn-Ziad (3), qui commandait son avant-garde, et il l'envoya en Espagne, à la tête de sept mille musulmans pour la plupart berbères. S'étant embarqué, Tarik se dirigea vers une montagne qui s'élève dans la mer et touche d'un côté au continent. Ce fut là qu'il aborda; cette montagne

(1) D'après ce refus, ainsi formulé, il serait permis de croire que Haçan favorisait secrètement la cause des Alides, ennemis mortels des Omeyides. Ce fut là peut-être le motif de sa disgrâce.

(1) *El-Djeziret-el-khadra* signifie île verte; c'est Algésiras.

(2) Le *mewla* signifie tout à la fois affranchi et maître.

(3) Tarik venait d'être investi du commandement de Tanger.

reçut alors le nom de *Djebel Tarik* (1). Le débarquement de Tarik s'effectua au mois de redjeb de l'an 92 de l'hégire (avril mai — 711 de J. C.). Quand tout le monde fut débarqué à la montagne, Tarik descendit dans la plaine, et pénétra dans Algésiras, où une vieille femme vint à sa rencontre et lui parla en ces termes : « J'avais un mari qui prévoyait l'avenir; il annonça au peuple qu'un émir entrerait dans la ville et en prendrait possession; il lui décrivit la figure du conquérant, qui devait, selon lui, avoir une grosse tête et une tache velue sur l'épaule. » Tarik se dépouilla aussitôt de ses vêtements, et eut le plaisir de voir qu'il s'y trouvait, en effet, une tache telle qu'elle avait été décrite. »

« Lorsque Tarik eut quitté la forteresse de la montagne et subjugué Algésiras, la nouvelle en fut portée à Roderic, qui était alors engagé dans une expédition militaire. Ce dernier trouva cette nouvelle si grave, qu'il renonça à son expédition, et rassembla une armée de cent mille hommes pour l'opposer aux Arabes. Tarik écrivit alors à Mouça pour l'instruire de son succès et lui demander des renforts; il obtint un secours de cinq mille hommes, et le nombre des musulmans se trouva ainsi porté à douze mille. Julien les accompagna, pour les diriger vers les endroits faibles du pays et leur procurer des renseignements. Sur ces entrefaites, Roderic vint avec son armée leur livrer bataille; le choc eut lieu sur le bord de la rivière Leka (2), dans le gouvernement de Sidonia, le vingt-huitième jour du mois de ramadan de l'an 92 (18 juillet 711 de J. C.). Huit jours se passèrent en combats successifs. Les deux fils de l'ancien roi commandaient chacun une aile de l'armée de Roderic, et, comme ils le détestaient, ils résolurent, d'accord avec d'autres princes, de prendre la fuite ; « car, disaient-ils, quand les musulmans auront la main remplie de butin, ils s'en retourneront dans leur pays, et le royaume nous restera. » Ils se retirèrent alors en désordre, et, Dieu ayant mis Roderic et les siens en fuite, ce prince se noya dans le fleuve. Tarik les poursuivit jusqu'à la ville d'Ecija, dont les habitants, ainsi qu'un grand nombre de fuyards qui s'étaient ralliés à eux, vinrent lui livrer bataille. Après un combat acharné, les Espagnols furent défaits (1). »

Nous interrompons ici le récit d'Ebn-el-Athir, pour ne pas empiéter sur le domaine de l'histoire de l'Espagne, qui tomba au pouvoir des Arabes. L'année suivante (712 de J. C.), Mouça franchit lui-même le détroit, et acheva la conquête que son lieutenant Tarik avait si bien commencée. Déjà il allait porter ses armes victorieuses au delà de l'Espagne, lorsqu'un ordre du calife le rappela en Syrie. Mouça partit, emmenant avec lui, dit l'historien arabe, trente mille jeunes vierges, filles des princes des Goths et de leurs chefs, et emportant les dépouilles de l'Espagne, la table de Salomon ainsi qu'une quantité immense de pierreries et de toutes sortes d'objets précieux. A son arrivée en Syrie, il apprit la mort d'El-Wélid et l'élévation de Soliman-ebn-Abd-el-Mélik. Le nouveau calife, qui n'aimait pas Mouça, lui ôta toutes ses charges, le bannit de sa présence, et lui imposa une amende si considérable que pour l'acquitter Mouça fut obligé de faire des emprunts aux Arabes du désert. On ne comprend pas bien le motif d'une pareille injustice envers un serviteur aussi fidèle, qui venait d'agrandir l'empire des califes.

Le gouvernement de l'Espagne fut réuni à celui de la province d'Afrique. Soliman y envoya comme gouverneur Mohammed-ebn-Yézid. Celui-ci eut d'abord à lutter contre les partisans et les fils de Mouça, qui étaient maîtres des principales places et d'une partie des troupes. Les fils de Mouça furent assassinés par l'ordre du calife. Leur père fut mis à la torture jusqu'à ce qu'il mourût (en 718 de J. C.). Mohammed fit ensuite gouverner l'Espagne par un de ses lieutenants, et lui-même resta dans la province d'Afrique jusqu'à la

(1) C'est-à-dire la *montagne de Tarik*, Gibraltar.

(2) Wadi-Leka (*Guadalète*).

(1) Ebn-el-Athir dans Nowaïri, *Journal asiatique*, tome XI, 3e série p. 569 et suiv. Comparez l'*Arabie*, par M. Desvergers, p. 289.

mort de Soliman et l'avénement d'Omar-ebn-Abd-el-Aziz.

A dater de ce moment jusque vers l'année 800 de J. C., l'histoire du Maghreb offre fort peu d'intérêt. On peut lire dans Nowaïri, Ebn-Khaldoun, Ebn-el-Athir, etc., le récit des luttes incessantes qu'entraînaient les nominations successives des gouverneurs de la province d'Afrique. Ceux-ci étaient les jouets du caprice des califes, qui, de leur côté, avaient souvent toute la peine du monde pour soutenir leur autorité. Les gouverneurs, à leur arrivée, avaient à combattre les influences de leurs prédécesseurs. Aux luttes de l'amour-propre et de l'ambition il faut ajouter les guerres religieuses soulevées par des sectaires. Ces guerres absorbaient toutes les forces des musulmans; et les Berbères y prenaient eux-mêmes une part plus ou moins active.

Un mot sur ces sectes, tout à la fois politiques et religieuses (1), qui étaient la principale cause de ces révolutions intér eures, de ces déchirements permanents qui ont signalé l'empire des califes. Les *Kharidjites* parurent pour la première fois dans l'islamisme pendant les querelles d'Ali et de Moawia; ils rejetaient également l'autorité de ces deux califes. Par la suite, ils se divisèrent en plusieurs sectes, dont les plus remarquables étaient les *Nedjdia*, les *Azarika*, les *Ibadites* et les *Safrites*. Ces deux dernières jouent un grand rôle dans l'histoire de l'Afrique, où leurs doctrines avaient été introduites par les troupes arabes venant de l'Irak. Les Ibadites (2) rejetaient l'autorité du calife, et traitaient d'infidèles tous ceux qui n'admettaient pas leurs croyances; ils enseignaient que tout musulman qui commet un péché grave est par là même déclaré schismatique, car les œuvres font partie intégrante de la foi; ils regardaient comme infidèles Ali et la plupart des compagnons de Mahomet; ils croyaient aussi que celui qui ne répondait pas à l'appel pour la guerre sainte était infidèle, par conséquent digne de la mort, et sa famille digne de l'esclavage; que la différence de foi brisait les liens du sang, et que les enfants de ceux qu'ils jugeaient infidèles méritaient la mort. Les Safrites (1) professaient les mêmes doctrines, à l'exception des trois dernières.

Ces principes, marqués au sceau de l'intolérance, étaient, pour la plupart, opposés à l'islamisme orthodoxe, et l'on comprend combien ils devaient être funestes dans leur application.

Les Berbères, toujours jaloux de leur antique indépendance, se firent remarquer par leurs fréquentes apostasies; et lorsque l'islamisme fut définitivement établi parmi eux, ils étaient toujours les premiers à embrasser toute hérésie nouvelle comme un moyen de secouer le joug de l'étranger.

Dès que les Arabes eurent satisfait leur soif de conquêtes et de prosélytisme, et qu'il ne leur restait plus d'ennemis sérieux à combattre, ils tournaient leurs armes contre eux-mêmes et se déchiraient par des factions sans cesse renaissantes. Autant la première partie de cette histoire est attrayante, autant la dernière nous inspire de la tristesse.

L'occupation de l'Afrique, qui avait été d'abord une source de prospérité, devint bientôt pour les califes une lourde charge. Les gouverneurs, tour à tour destitués et rétablis, les guerres inutiles que se livraient des ambitieux déçus ou des hommes injustement punis, coûtaient au trésor des sommes immenses, qui, loin de rapporter des avantages, affaiblissaient encore les forces des vicaires du prophète.

Cette situation dura jusqu'au moment où les gouverneurs de l'Afrique se rendirent à peu près indépendants des califes, et parvinrent à transmettre leurs fonctions en héritage à leurs

(1) Ce qui a toujours profondément caractérisé la domination musulmane, c'est l'alliance étroite et inséparable de la politique avec la religion. Les califes présidaient aux prières publiques, comme ils commandaient les armées; et ils ne conféraient qu'à leurs lieutenants l'autorité sacerdotale en même temps que le pouvoir militaire.

(2) Ainsi appelés du nom de leur fondateur Abd-Allah, fils d'Ibad, qui était contemporain d'Ebn-ez-Zobéir.

(1) Abd-Allah-ebn-Safar passe pour l'auteur de cette secte. De là le nom de *Safrites*.

enfants. Une nouvelle ère commence donc à partir de l'établissement des Aglabites et des Edrissites. Mais, afin de ne pas interrompre l'ordre chronologique des événements, nous allons ici passer en revue les chefs qui gouvernèrent successivement la province d'Afrique depuis Mouça, le conquérant de l'Espagne, jusqu'à l'établissement des Aglabites.

Mohamed - ebn - Yézid fut nommé gouverneur de l'Afrique (en 717—718 de J. C.,) par le calife Soliman-ebn-el-Mélik. Au bout de deux ans et quelques mois, il fut remplacé par Ismaïl, créature du calife Omar-ebn-Abd-el-Aziz, qui venait de succéder à Soliman. Ismaïl fut destitué, en 720 de J. C., par Yézid-ebn-Abd-el-Mélik, successeur d'Omar, et remplacé par Yézid-ebn-Abi-Moslim. Ce dernier fut tué par les habitants, qui se mirent sous l'autorité de leur ancien gouverneur Mohamed-ebn-Yézid. Ce choix révolutionnaire fut ratifié par le calife. Peu de temps après, en 722 de J. C., Bischr-ebn-Safwan fut chargé d'administrer la province d'Afrique. Il fit une expédition en Sicile, d'où il revint avec un riche butin. Il mourut à Kaïrewan, en 728 de J. C. Son successeur fut Obéida-ebn-Abder-Rahman, neveu d'Aboul-Awer, qui avait commandé la cavalerie de Moawia. Obéida fut bientôt destitué, et remplacé par Obéid-Allah-ebn-el-Habhâb, qui confia le commandement de Tanger à Omar (1). Celui-ci causa, par ses exactions, le soulèvement des Berbères, en 740. Les sectaires connus sous le nom de *kharidjites* prirent une part très-active aux troubles qui éclatèrent alors. Les Berbères, sortis vainqueurs des combats qu'ils avaient eu à soutenir contre les troupes du gouverneur, se joignirent aux dissidents, et décernèrent le pouvoir suprême à Khalid-ebn-Homéid, qu'ils saluèrent du titre de calife. C'était déclarer la déchéance du calife de Syrie. Un conflit terrible eut lieu. Les Arabes les plus braves et leurs cavaliers les plus intrépides succombèrent dans la *bataille dite des nobles* (*wakât-el-aschraf*). La révolte se propagea dans le pays, et les musulmans faillirent perdre, dans l'espace de quelques mois, tous les fruits de leur conquête. Le calife Hischam, en apprenant ces nouvelles, se fâcha, pour nous servir des expressions d'un historien arabe, de la colère d'un Arabe. « Je leur enverrai, s'écria-t-il, une armée telle qu'ils n'en virent jamais dans leur pays : la tête de la colonne sera chez eux pendant que la queue en sera encore chez moi. Je ne laisserai point de château berbère sans établir à côté un camp de guerriers de la tribu de Kéis ou de celle de Temîm (1). » Cette menace fut d'abord suivie du rappel d'Obéid-Allah, que le calife remplaça par Kolthoum, de la tribu de Koschéir (en 741 de J. C.). Kolthoum se rendit à marches forcées dans l'extrême Maghreb ; il y rencontra l'armée des Berbères aux environs de Tanger. Le choc fut terrible : Kolthoum périt avec les principaux Arabes; le reste prit la fuite : les uns se réfugièrent en Espagne, les autres à Kaïrewan. Cette nouvelle défaite ralluma le zèle des safrites et d'autres sectaires qui faisaient cause commune avec les Berbères. Les rebelles allèrent jusqu'à s'opposer de force à l'installation du nouveau gouverneur Hanzala, que le calife Hischam venait d'envoyer dans la province d'Afrique. Leurs chefs, Okasa et Abd-el-Wahid, ayant compris le danger de manœuvrer isolément, vinrent, avec leurs troupes réunies, présenter le combat à Hanzala, dans la plaine d'El-Asnan (des idôles), à trois milles de Kaïrewan. Nowaïri porte le nombre, sans doute exagéré, des Berbères à trois cent mille. « Dès le matin, dit cet historien, les Arabes marchèrent au combat après avoir brisé les fourreaux de leurs épées (2). Les fantassins attaquèrent avec impétuosité la cavale-

(1) Chaque gouverneur, à son arrivée dans la province, renouvelait le personnel de son prédécesseur, ce qui donnait lieu à d'étranges désordres. — Les commandants des villes, nommés par le gouverneur, étaient principalement chargés de la perception des impôts. C'est ce qu'indiquait aussi leur nom *aamil*, collecteur de revenus.

(1) Ces deux tribus avaient particulièrement à se venger des Berbères et des dissidents.

(2) C'était la coutume de briser le fourreau

rie ennemie, et gagnèrent du terrain; l'aile gauche des Berbères et celle des Arabes fléchirent en même temps; mais cette dernière revint à la charge, et culbuta l'aile droite des Berbères, dont la déroute fut complète. Abd-el-Wahid y perdit la vie, et sa tête fut portée à Hanzala, qui se prosterna pour remercier Dieu. On dit que jamais un conflit aussi sanglant n'eut lieu sur la terre, et que cent quatre-vingt mille Berbères restèrent sur le champ de bataille. Ces hommes étaient safrites; ils regardaient comme permis de répandre le sang des musulmans, et de réduire leurs femmes en servitude. Hanzala se fit ensuite amener son prisonnier Okasa, et, l'ayant mis à mort, il écrivit à Hischam pour l'informer de sa victoire. Cette bataille, qui mit fin à la ligue des Berbères et des safrites, eut lieu en 742 de J. C.

Vers cette époque il se déclara une maladie pestilentielle, qui pendant sept ans ravagea les populations du littoral de l'Afrique. En 745 Hanzala céda la place de gouverneur à Abd-er-Rahman, qui lors de la défaite de Kolthoum s'était réfugié en Espagne, où il avait essayé, mais infructueusement, de s'emparer du pouvoir. A la mort de Merwan, Abd-er-Rahman s'empressa de proclamer la souveraineté de la famille d'Abbas, qui venait de s'établir sur les ruines de la dynastie des Omeyides; plus tard il annonça à El-Mansour que toute l'Afrique professait l'islamisme, qu'on avait cessé, par conséquent, d'y faire des esclaves, et qu'ainsi le calife ne devait pas exiger ce qu'on ne saurait lui donner. Cette déclaration fit naître une haine profonde entre El-Mansour et Abd-er-Rahman. Le gouverneur invoqua contre le calife la loi de l'islamisme : « Je m'étais imaginé, dit-il, que ce tyran voulait propager et maintenir la vérité; mais je viens de découvrir qu'il tient une conduite tout opposée à la vérité et à la justice, bien qu'il se fût engagé à les défendre lorsque je lui faisais serment de fidélité. » En prononçant ces paroles, il déchira la robe d'honneur (*khilat*) (1) qu'il avait reçue d'El-Mansour. Le calife n'osa pas punir cet outrage, qui touchait à une question religieuse très-délicate.

A l'avénement des Abbassides, les fils de Wélid-ben-Yézid s'étaient réfugiés en Afrique. Abd-er-Rahman les avait bien accueillis; mais informé qu'ils aspiraient au pouvoir suprême, il les fit mettre à mort. Le frère du gouverneur, El-Yas, fut chargé de la vengeance de ce crime : excité par sa femme, cousine des fils de Wélid, il tua Abd-er-Rahman au milieu de son palais. Habib, fils d'Abd-er-Rahman, et ses oncles, prêts à s'entr'égorger, conclurent un accommodement, par suite duquel Imran garda le gouvernement de Tunis, de Satfoura (Bizerte) et de la presqu'île de Scherik (1), Habib conserva le commandement de Kafsa, Kastiliya et Nefzawa (2), et El-Yas obtint le reste de la province d'Afrique et le Maghreb. Peu de temps après, Habib provoqua son oncle à un combat singulier : « Ne souffre pas, lui disait-il, que notre querelle particulière devienne funeste à nos partisans; si tu me tues, tu n'auras fait que m'envoyer rejoindre mon père, et si je te tue, j'aurai vengé sa mort. » D'un coup d'épée El-Yas blessa Habib à travers ses habits et sa cotte de mailles; Habib riposta en lui portant un coup qui le renversa de son cheval; sautant aussitôt à terre, il se jeta sur son oncle, et lui coupa la tête. Après cet événement, Abd-el-Warith, second oncle de Habib, pour échapper au sort qui l'attendait, se réfugia chez une tribu berbère nommée El-Werfadjjouma (année 755 de J. C.). De là il suscita à Habib de grands embarras. Enfin ce dernier périt (757 de J. C.) en combattant les Berbères soulevés par Aasim, qui avait donné l'hospitalité à Abd-el-Warith.

Les Berbères s'emparèrent de Kaïre-

de l'épée quand on voulait se vouer à une mort certaine en combattant pour l'islamisme.

(1) Vêtement d'investiture, avec lequel les gouverneurs, comme délégués du calife, présidaient à la prière publique. Ce vêtement était d'une étoffe noire; c'est la couleur qu'avaient adoptée les Abbassides.

(1) Trois villes de la Byzacène. *Voyez* El-Bekri, dans les *Notices et extraits des manuscrits*, t. XII, p. 499.

(2) Cette presqu'île, qui est située à l'est de Tunis, se termine par le cap Bon.

wan, et l'occupèrent pendant quelque temps. Toute la province d'Afrique fut livrée à l'anarchie. Les Arabes étaient près de perdre leurs conquêtes, lorsque le calife Abou-Djafer-el-Mansour fit partir Mohamed-ebn-el-Aschâth pour prendre le gouvernement du pays. Mohammed s'établit dans la province d'Égypte, et envoya un de ses lieutenants contre le rebelle Abou'l-Khattab, qui remporta la victoire. Celui-ci et ses partisans étaient hérétiques : ils suivaient, les uns les doctrines des safrites, les autres celles des ibadites. Le calife expédia alors à Aschâth l'ordre écrit de marcher en personne contre les rebelles ; en même temps il lui envoya un renfort de troupes, sous les ordres d'El-Aghlab-ebn-Salem, de la tribu des Temim (1). Dans le cas où le général en chef aurait péri, le commandement devait être confié à El-Aghlab. Mohamed rencontra Abou'l-Khattab à Sort; les Berbères furent mis en déroute, et Abou'l-Kattab succomba avec la plupart des siens (761 de J. C.). Aschâth prit ensuite la ville de Kaïrewan, et rétablit l'autorité des Arabes. Dépouillé du pouvoir à la suite d'une intrigue qui cherchait à lui substituer un certain Mouça, Aschâth quitta le pays, en 765 de J. C. Dans la même année, le calife envoya à El-Aghlab, qui se trouvait à Tobna (2), l'investiture de la province d'Afrique. Ce gouverneur eut encore à combattre les Berbères, et il s'avança jusqu'au pays de Zab (3). Il périt dans une bataille contre le rebelle Haçan (en 767 de J. C.). Le calife El-Mansour le remplaça par Omar-ebn-Hafs, qui essaya d'abord de rétablir la paix. Mais les Berbères, mécontents de toute domination étrangère, se rassemblèrent devant Tripoli, et mirent en déroute les troupes musulmanes. Omar fut assiégé dans la ville de Tobna par douze corps d'armée berbères, dont les chefs appartenaient à la secte des ibadites et des safrites. Omar, n'étant pas de force à lutter contre cette coalition redoutable, sema la discorde, et s'échappa de Tobna clandestinement pour accourir au secours de Kaïrewan, assiégé depuis huit mois par une armée de Berbères sous la conduite d'Abou-Hatim. Il parvint à se joindre aux assiégés, qui souffraient de la plus affreuse disette ; mais il périt dans une sortie (en 771 de J. C.) (1). La ville, réduite à la dernière extrémité, demanda à capituler aux conditions qu'Abou-Hatim n'exigerait pas des assiégés de renoncer à l'autorité de leur souverain ni à déposer le vêtement noir (la livrée des Abbassides) (2); que les Berbères ne se vengeraient pas sur eux du sang déjà répandu; qu'enfin aucun soldat de la milice ne serait obligé de se défaire de ses armes ni de sa monture. Ces conditions ayant été acceptées, les habitants ouvrirent aux Berbères les portes de la ville. Abou-Hatim démantela les murailles et détruisit les principales mosquées.

Instruit de la mort d'Omar et de la prise de Kaïrewan, le calife fit aussitôt partir Yézid à la tête d'une forte armée. Celui-ci atteignit les troupes d'Abou-Hatim à trois journées de Tripoli, et en fit (en 772 de J. C.) un grand carnage. Trente mille Berbères restèrent,

(1) C'est le premier des Aghlabites qui vint en Afrique.

(2) Tobna était, selon Édrisi, une jolie ville, à six journées au sud de Bougie.

(3) Le Zab est un territoire étroit, situé au pied de l'Atlas, et qui s'étend de Mesilah jusqu'à Constantine.

(1) Un historien, Khirasch, qui était probablement le secrétaire du gouverneur, raconte ainsi les derniers moments d'Omar :

« Omar demanda à me voir ; en arrivant, je le trouvai le front inondé de sueur, ce qui manifestait en lui un violent accès de colère. Pendant que je lisais la lettre de sa femme (qui lui conseillait de revenir), je versais des larmes. « Qu'avez-vous, me dit-il ? — Et vous-même ? quel mal y a-t-il qu'un membre de ta famille vienne te délivrer et te rendre au repos ? — Oui, reprit-il, c'est un repos qui durera jusqu'au jour de la résurrection. Sois donc attentif à mes dernières volontés. » Il me les dicta, et sortant alors comme un chameau furieux, il se précipita sur les assiégeants, et ne cessa de frapper à coups de lance et à coups d'épée jusqu'à ce qu'enfin il reçut lui-même un coup mortel. » Les paroles de ce témoin oculaire sont citées par Nowaïri. (Voyez M. de Slane, *Journal asiatique*, t. XII, 3e série, p. 477.)

(2) Les Berbères hérétiques ne reconnaissaient pas la légitimité des califes, et ils forçaient les vaincus d'adopter leurs croyances.

dit-on, sur le champ de bataille; leur chef fut au nombre des tués. A dater de ce moment jusqu'en 787 de J. C., la province d'Afrique jouit de la paix, grâce à la bravoure et à l'habile administration de Yézid. Les chroniqueurs arabes citent plusieurs traits qui font honneur au caractère de ce gouverneur, qui se plaisait à dire que les richesses n'avaient jamais pu l'empêcher de rester pauvre.

A la mort de Yézid, son fils Daoud gouverna la province d'Afrique jusqu'à l'arrivée de Rouh-ebn-Hatim, auquel le calife Er-Reschid venait de donner l'investiture. Dans cet intervalle, les ibadites essayèrent quelques soulèvements; mais ils furent facilement comprimés. Rouh arriva a Kaïrewan en 788 de J. C.; il gouverna l'Afrique sans interruption jusqu'en 791 de J. C.

De 791 jusqu'en 797, la province d'Afrique fut successivement gouvernée par Neséir-ebn-Habib, El-Fadl-ebn-Routh, Herthema-ebn-Oaïn. Hormis les intrigues ordinaires, qui se croisaient sans cesse sur la route de Kaïrewan à Bagdad, siége d'Haroun-er-Reschid, nous n'avons aucun événement important à signaler dans ce laps de temps. Herthema fut un des gouverneurs les plus aimés du peuple. Il éleva la muraille de Tripoli du côté de la mer, et construisit le grand château de la ville de Monastir. Mais, abreuvé de chagrins et dégoûté des sourdes menées de factions ennemies, il écrivit à Er-Reschid pour lui demander un successeur et obtenir la permission de se retirer en Orient. Le calife obtempéra à cette double demande, en donnant l'investiture à Mohamed-ebn-Mokatil, qui arriva à Kaïrewan en 797 de J. C. Par ses manières hautaines et sa mauvaise administration, Mohamed indisposa contre lui le peuple et une grande partie des troupes. Temmam, commandant de Tunis, se révolta contre lui; sans l'intervention d'un général brave et dévoué, Mohamed serait tombé au pouvoir du rebelle. Ce général était Ibrahim-ebn-el-Aghlab, commandant du Zab. Les populations, toutes disposées en sa faveur, lui insinuèrent de demander à Reschid le gouvernement de leur pays. Ibrahim écrivit à ce prince, et lui promit, s'il voulait le nommer, non-seulement de renoncer à la subvention de 100,000 dinars qui étaient annuellement remis au gouverneur d'Afrique, mais encore de lui en envoyer 40,000 chaque année. Reschid, en recevant cette demande, prit le conseil de ceux qui l'entouraient, et l'avis d'Herthema (1) fut de faire à Aghlab une réponse favorable. En conséquence, le calife lui écrivit, vers le milieu de l'an 184 (800 de J. C.), pour lui accorder l'investiture du gouvernement d'Afrique (2). »

Ibrahim-ebn-Aghlab rendit le gouvernement d'Afrique héréditaire dans sa famille; il ne reconnut au calife qu'une autorité purement nominale, et devint le fondateur de la dynastie des Aghlabites. A la même époque, une dynastie rivale, celle des Édrissites, s'éleva dans le Maghreb-el-Aksa (Extrême occident). Pour se dédommager de la perte de l'Extrême occident, les Aghlabites cherchèrent à étendre leur domination ailleurs.

Conformément à notre plan, nous laissons ici la dynastie des Aghlabites pour suivre l'histoire des Édrissites.

I. *Dynastie des Édrissites.*

Nous venons de voir avec quel empressement les Berbères acceptaient tous les moyens qui se présentaient pour ressaisir leur indépendance. Parmi ces moyens, les schismes religieux occupaient le premier rang. Ils écoutaient avidement toutes les prédications qui tendaient à semer la discorde parmi les musulmans. Ils se ralliaient aux hérésiarques comme à leurs chefs naturels, et leur accordaient le pouvoir suprême. C'est là qu'était tout le danger pour la stabilité de la domination des califes. Ce qui était facile à prévoir arriva.

Au milieu des dissensions politico-religieuses qui déchiraient le trop vaste empire des califes, *Edris* se réfugia

(1) On voit que Herthema, après son rappel, qu'il avait lui-même sollicité, devint le conseiller du calife.

(2) Ebn-Khaldoun, *Histoire de l'Afrique sous la dynastie des Aghlabites*, trad. par M. A. Desvergers, p. 83-84.

dans la Mauritanie pour se soustraire à d'odieuses persécutions. Par ses mœurs austères et ses dévotions ardentes, Édris avait su conquérir la réputation d'un saint homme. En cénobite, en apparence étranger aux affaires de ce monde, il fixa son domicile sur une montagne voisine de l'endroit où devait plus tard s'élever la ville de Fez (1). Il enflamma par ses prédications le fanatisme et l'ardeur guerrière des populations d'alentour. Celles-ci le proclamèrent leur chef, et l'investirent de la souveraineté des territoires de Tlemcen, Tedla et de quelques autres districts. Ceci eut lieu à peu près vers le même temps où Aghlab essayait de s'affermir dans le gouvernement de la province d'Afrique et d'y rendre son autorité héréditaire. Édris et Aghlab, fondant chacun une dynastie séparée, l'un aux dépens de l'autre, devaient se haïr mortellement. Le premier faisait jouer, au milieu d'un peuple ignorant, le puissant levier de la religion; le dernier ne savait manier que l'épée. Édris avait pour lui le prestige d'une descendance directe du prophète, et pouvait légitimement prétendre à l'héritage des Alides, tandis qu'Aghlab n'était que le fils d'un simple gouverneur. Dans ce conflit d'intérêts contraires, on comprend que le calife devait joindre sa haine à celle d'Aghlab, pour terrasser un rival aussi redoutable.

Le plus judicieux des historiens arabes, Ebn-Khaldoun, a tracé de la manière suivante les commencements de la puissance des Édrissites.

« Lorsque Hoçaïn, le descendant d'Ali, fils d'Abou-Taleb, se révolta à la Mecque, au mois de dzoul-kaada de l'an 168 (de l'hégire), sous le règne d'El-Hadi, ses parents, parmi lesquels se trouvaient ses deux oncles, Édris et Yahia, vinrent se réunir à lui; mais bientôt ils furent attaqués par Mohammed, fils de Soliman, fils d'Ali, qui les défit à Fadj, situé à trois milles de la Mecque. Hoçaïn ayant été tué dans le combat, ses parents et ses partisans furent anéantis, pris ou mis en fuite. Quant à Édris, il passa en Égypte. Wadhih, affranchi de Saleh-ben-el-Mansour, connu sous le nom d'El-Meskin, avait la surintendance des ports de cette province, et c'était un partisan des Alides, à peine eut-il appris le sort d'Édris, qu'il vint le trouver dans le lieu où il s'était caché, et, favorisant sa fuite à l'aide des relais dont il pouvait disposer, le fit partir pour le Maghreb. Arrivé dans le Maghreb-el-Aksa, Édris, accompagné de son affranchi Raschid, s'arrêta, dans l'année 172 (de l'hégire) à Oualili, où se trouvait alors Ishak-ben-Mohamed-ben-Abd-el-Hamid, émir d'Aourba, ainsi que les principaux chefs de la nation, qui lui prêtèrent serment d'obéissance; il députa ensuite Ishak dans les tribus pour appeler les Berbères à reconnaître sa suprématie, et ils répondirent à cet appel. Les Zouaghah, les Lawatah, les Sadaratah, les Gayyathah, les Nefzah, les Meknaçah, les Ghomarsah, enfin généralement tous les Berbères du Maghreb se rassemblèrent autour de lui et le reconnurent pour leur chef. Une fois solidement établi dans le pays, Édris marcha contre ceux des Berbères qui professaient la religion des mages, le judaïsme ou le christianisme, tels que les Fendalawah, les Bahlonah, les Madiwanah; il pénétra aussi dans le pays de Fazaz, s'empara de Tamesta, conquit les villes de Salé et de Tedla. La plus grande partie de ces tribus étaient juives ou chrétiennes; il les soumit de gré ou de force à l'islamisme. Après plusieurs expéditions heureuses, dans l'une desquelles il s'était emparé de Tlemcen, il revint à Oualili, où il devait bientôt succomber sous les ruses d'Haroun-er-Reschid. Ce calife, jaloux de son pouvoir, se servit contre lui d'un des affranchis de son père, El-Mahdi. Cet homme, qui s'appelait Soliman-ben-Hariz, surnommé El-Schemakh, fut envoyé par le calife à Ibrahim-ben-el-Aghlab, qui après lui avoir donné des instructions le fit partir pour le Maghreb. Il se rendit auprès d'Édris, feignant d'avoir à se plaindre des Abbassides, afin de capter la confiance de ce chef; et, se faisant passer pour médecin, il sut si bien gagner l'affection d'Édris, qu'un jour où ce prince se plaignait fortement d'un mal de dents qui

(1) Cette montagne, située entre Fez et Mequinez, portait le nom de Zaaron. (Chénier, *Recherches historiques sur les Maures*, t. III, p. 259.)

lui faisait souffrir les douleurs les plus vives, il lui administra un prétendu remède, qui n'était autre qu'un poison violent (1). Ce fait se passa en 175 (de l'hégire). Édris fut enterré à Oualili, et El-Schemakh avait déjà pris la fuite lorsqu'il fut poursuivi par Reschid, qui l'atteignit sur les bords de la rivière Malouia. Là ils se livrèrent un combat dans lequel Raschid abattit d'un coup de sabre la main d'El-Schemakh, en sorte qu'ayant voulu traverser le fleuve, ce dernier ne put parvenir à l'autre bord. Après la mort d'Édris, les Berbères d'Aourba et d'autres tribus se réunirent pour donner la couronne à son fils, Édris le jeune. Ce prince était encore dans le sein de sa mère, ce qui n'empêcha pas qu'il ne fût reconnu comme le chef futur de la nation; plus tard on l'éleva dans ce but, depuis l'enfance la plus tendre jusqu'à l'adolescence; et lorsqu'il fut parvenu à l'âge de onze ans, en 188 (de l'hégire), on lui prêta serment d'obéissance dans la mosquée de Oualili. C'était deux ans auparavant qu'Ebn-el-Aghlab, répandant l'or de toutes parts pour pouvoir réussir dans son dessein, était parvenu à faire mettre à mort l'affranchi Raschid, qui eut pour successeur, dans l'éducation d'Édris, Abou-Khalid-ben-Yézid-ben-Élyas-el-Abdi. Ce dernier occupa ce poste jusqu'à la majorité d'Édris (2). »

Nous avons dit qu'Édris avait pour lui le prestige de la descendance directe de la famille du prophète. Voici sa généalogie :

Ali, gendre du prophète.

Haçan. Houçeïn.

Saïd-Haçan, père de 13 fils et 4 filles.

Abdallah et d'autres enfants.

Ibrahim, Mohamed, Mouça, Yaaya, Édris, Ali, Soliman (1).

Le fils posthume (2) de l'alide Édris, *Édris-ebn-Édris* est le véritable fondateur de l'empire du Maghreb-el-Aksa, c'est-à-dire de l'empire de Maroc (3).

A l'âge de douze ans il prit lui-même les rênes du gouvernement, et le peuple lui renouvela ses hommages de sujétion. Édris II acheva la construction de la ville de Fez, qui devint sa résidence (4). Il fit bâtir la mosquée qui porte son nom, et où l'on vénère encore son tombeau. Il soumit plusieurs tribus indigènes; dont on porte le nombre à six cents : il méditait la conquête de l'Espagne, lorsque la mort le surprit en 829, à l'âge de trente-trois ans (5). Ce prince passait pour libéral, éloquent, rempli d'humanité; il était adoré de ses sujets.

(1) Ce poison était, dit-on, si actif, qu'Édris, après l'avoir appliqué sur la dent, expira sur-le-champ dans des tourments affreux. (Cardonne, tome II, p. 58.) Suivant Abou'l-Haçan (*El-Kartas*), le poison qui tua Édris était contenu dans un petit flacon de senteur; dès que ce prince y eut porté le nez pour aspirer l'odeur d'un prétendu arome, il tomba privé de ses sens; il mourut dans un assoupissement profond, après un règne de cinq ans et sept mois. (Franc. Dombay, *Geschichte der Mauritanischen Kœnige*. 1 vol. Agram, 1794, in-8°, p. 22.)

(2) Ebn-Khaldoun, etc., trad. par M. Desvergers, p. 89, note 97. Ce même récit se retrouve, avec quelques variantes, dans le *Kartas*, traduit en portugais par le père Moura (*Historia dos soberanos mohametanos que reinarao na Mauritania*).

(1) Le manuscrit arabe, n° 853, de la Bibliothèque royale donne les détails les plus complets sur la généalogie des descendants d'Ali. Voyez aussi S. de Sacy, *Chrestomathie arabe*, tome I, p. 63.

(2) Sa mère était d'origine berbère, et s'appelait Kinza. Abou'l-Haçan dépeint ainsi le fils d'Édris : « Sa taille était celle de son père; il avait les cheveux noirs, crépus, une belle figure, le nez aquilin, de beaux yeux, de larges épaules, les mains et les pieds rudes et gros, les doigts très-écartés. Il était éloquent, bien instruit dans la religion et l'histoire du prophète; il craignait Dieu; il était généreux, vaillant et sage. » (F. Dombay, v. I, p. 26.)

(3) Il ne vint au monde que six mois après la mort de son père.

(4) On n'est pas d'accord sur la date précise de la fondation de Fez. On admet généralement l'année 806 comme l'époque de la fondation de cette ville. Voyez *El-Kartas*, trad. par Dombay, p. 34-56.

(5) D'après Bernousi, cité dans le *Kartas*, il mourut d'une baie de raisin, qui s'était arrêtée dans le larynx. Il laissa douze fils.

Son fils aîné, *Mohamed-ben-Édris*, lui succéda; mais, pour exécuter les volontés du père, il dut partager entre ses frères la plupart des provinces de l'empire. Omer, l'un des frères de Mohamed, eut en partage les provinces de Sanhadje et Ghomara. Mais bientôt après il les dépouilla, sous différents prétextes, de leur héritage. Il mourut, en 835 de J. C., après un règne de huit ans. Il fût enterré à côté de son père et de son grand-père, dans la partie orientale de la grande mosquée, à Fez.

Mohamed-ben-Édris eut pour successeur *Ali*, son fils aîné. Ce prince eut un règne tranquille, qui dura treize ans. *Yaya*, son frère, monta sur le trône après lui. Yaya embellit la ville de Fez; sa fille y fit construire la magnifique mosquée El Caroubin. Son fils et successeur, *Yaya-ben-Yaya*, excita, par sa conduite immorale, le mécontentement de ses sujets; il perdit la vie dans un soulèvement populaire. Comme on craignait que le fils, monté sur le trône, ne vengeât la mort du père, on porta au souverain pouvoir un de ses parents, *Omer-ben-Édris*. Celui-ci justifia, par ses grandes qualités, le choix de sa nation. Son fils, *Yaya-ben-Omer*, lui succéda. Il aurait eu un règne tranquille et heureux si son amour pour les sciences ne lui eût pas fait oublier les affaires du gouvernement. Il s'était entouré d'une multitude de théologiens, de poëtes, d'astrologues; et sa cour ressemblait à une espèce d'académie. Cet amour pour l'étude lui devint funeste. Ben-Omer devint le but des intrigues de ses neveux, Yaya-ben-Haroun et Yaya-ben-Édris, et fut détrôné. Mais l'usurpateur ne jouit pas longtemps de son triomphe : il tomba victime d'un ambitieux fanatique, qui extermina presque tous les membres de la famille des Édrissites (en 908 de J. C.). Plus tard on rencontra encore quelques faibles débris de cette illustre famille, à laquelle appartenait aussi le célèbre géographe Édrisi.

Les historiens ne sont pas d'accord sur la durée de la dynastie des Édrissites. Selon les uns, cette dynastie régna depuis 782 jusqu'en 908 de J. C., c'est-à-dire jusqu'à l'époque de la fondation de la dynastie des Fatimites par Mahdi; suivant d'autres, les Edrissites régnèrent de 788 à 919 (172 à 307 de l'hégire) (1). Selon Abou'l-Haçan (*El-Kartas*), la dynastie des Édrissites finit à Haçan-ben-Kenoun, qui fut assassiné en 986.

Tableau de la dynastie des Édrissites qui ont successivement occupé le trône de Fez.

ÉDRIS.

ÉDRIS-BEN-ÉDRIS (ÉDRIS II),

MOHAMED-BEN-ÉDRIS,

ALI-BEN-MOHAMED, YAYA-BEN-MOHAMED.

YAYA-BEN-YAYA.

OMER-BEN-ÉDRIS.

YAYA-BEN-OMER (2).

(1) Voyez *Abulfedæ Annales ed. Reiske*, t. II, p. 56, 152, 336; et Hammer-Purgstall, dans *Wiener Jahrbücher*, t. LX, p. 6.

(2) Telle est la liste des Édrissites, que donnent Casiri et Hoest (*Nachrichten von Marokko*; Copenhague, in-4°, 1781). D'après le *Kartas*, il faudrait y ajouter encore : Haçan-ben-Mohamed, surnommé le *Chirurgien*, Mouça-ben-Ebilafija, Elcasim-ben-Mohamed, Abou'l-Aich-ben-Elcasim, Haçan-ben-Kennoun. Abou'l-Haçan (Dombay, p. 106 et suiv.) énumère les événements naturels suivants, arrivés sous la dynastie des Édrissites : en 846 de J. C. il y eut une famine qui désola principalement l'Espagne : les arbres et la vigne furent brûlés par le soleil; les sauterelles se multiplièrent à l'infini. — En 867 il y eut une nouvelle disette au Maroc et en Espagne, occasionnée par la sécheresse; elle dura jusqu'à l'année 878. — En 868 il y eut une éclipse totale de la lune, qui dura une grande partie de la nuit. — En 738 il y eut dans tous les pays musulmans une si terrible famine, que la Mecque était vide de pèlerins, et la Caba abandonnée. En même temps, la peste décima les populations du Maroc et de l'Espagne. — En 878, le samedi 20 du mois de safar, on vit au ciel une lueur rouge qui dura depuis le commencement jusqu'à la fin de la nuit (*aurore boréale*). — En 880, le jeudi 22 du mois de schouval, il y eut un violent tremblement de terre, qui renversa les palais et fendit les montagnes; la secousse s'étendit depuis Tlemcen jusqu'à Tanger; on en éprouva les effets même en Espagne. — En 899 toute l'Espagne et la Mauritanie eurent à souffrir de la disette qui occasionna la peste : les morts fu-

Vers le commencement du dixième siècle, la tribu des Zénètes s'empara de plusieurs provinces et fonda la ville de Méquinez. Des prédicateurs de doctrines nouvelles ne cessèrent d'exciter le peuple à la révolte. Parmi ces fauteurs de troubles, il y en eut un qui se donnait le titre de *El-Mohadi*, le pontife (des musulmans), et se disait descendant d'Ali et de Fatimeh. Il déclama contre la race d'Édris, et l'accusa d'être hérétique, de la secte d'Ali. Il parvint ainsi à réunir une troupe de mécontents, avec laquelle il se rendit maître de plusieurs

rent entassés dans des fosses communes. — En 912, le mercredi 29 du mois de schouval, il y eut, dans l'après-midi, une éclipse totale du soleil, qui dura presque jusqu'au coucher. Les étoiles étaient visibles pendant la durée de cette éclipse. — En 916 il mourut tant d'hommes, par suite de la disette, qu'on ne put pas les enterrer tous. — L'année 918 fut signalée par de si grands incendies à Fez, à Méquinez et à Cordoue, qu'on l'appela l'*année des incendies*. — En 820 il y eut au Maroc beaucoup de maladies contagieuses. Les habitants furent épouvantés par un ouragan qui déracinait les arbres et renversait les maisons. — En 949 il y eut des grêles terribles; des hommes et des animaux furent tués par des grêlons, qui pesaient jusqu'à une livre. A ces grêles succéda une grande famine. — En 956 l'Espagne fut ravagée par la peste. — En 962 un ouragan violent déracina les arbres, fit écrouler les maisons, et beaucoup d'hommes périrent sous les décombres. — Le 18 du mois de redjeb on vit un phénomène fort extraordinaire : une colonne de feu, au milieu de la mer, répandait pendant la nuit les clartés du jour. — En 972 les champs de la Mauritanie furent ravagés par les sauterelles. — En 989 il y eut au Maroc de grandes inondations. — En 990 le vent d'est régna au Maroc pendant six mois de suite; il fut suivi de la peste et de beaucoup de maladies contagieuses. — L'année 991 se fit remarquer par l'abondance des récoltes; les greniers n'étaient pas assez grands pour contenir le blé.

Ces documents, quelque incomplets qu'ils soient, sont très-précieux pour l'histoire de la météorologie, de l'astronomie, et même de la médecine. Ainsi, en lisant que la peste était précédée d'un vent d'est dominant on se rappelle le choléra, qui en 1831 succéda aussi à un vent d'est constant.

villes. Dans cette circonstance critique, le roi de Fez sollicita l'envoi de secours de l'Espagne; mais cet envoi arriva trop tard. El-Mohadi eut le temps de faire périr les descendants d'Édris et de s'emparer de leurs trésors. Il se proclama souverain absolu, et se dirigea vers les contrées de l'Atlas pour y étendre sa domination. Le gouverneur de Segelmesse le fit arrêter comme un imposteur; mais il lui rendit bientôt la liberté.

Sur ces entrefaites, Habib-el-Mansour, général du roi de Cordoue, débarqua avec une armée pour venir au secours des Édrissites. Ce général s'empara d'une partie du royaume de Fez, fortifia Arzille; et cette ville resta quelque temps sous la dépendance des souverains de Cordoue. Le règne de Mohadi en Mauritanie fut de courte durée. Cet usurpateur fut obligé de porter ailleurs ses vues ambitieuses : il marcha à la conquête de la partie orientale de la province d'Afrique. Après avoir d'abord essuyé quelques échecs, il vint mettre le siége devant Alexandrie, et emporta la ville d'assaut. Puis, il fonda, sur les ruines d'Aphrodisium, la ville de Mehédié, qui devait être le siége de son empire. Mohadi y régna tranquillement jusqu'à sa mort, qui arriva en 933 : il avait soixante-trois ans. — Il y eut alors en Afrique plusieurs imposteurs, qui, sous le nom de *El-Mohadi*, abusèrent de la crédulité des peuples et aspirèrent au pouvoir suprême. C'est ce qui rend cette partie de l'histoire si obscure et souvent si embrouillée.

Achmed, surnommé *Caïm-Biemlillah*, succéda à son père, Mohadi. A la suite d'une révolte, suscitée par son premier ministre, Achmed fut obligé de se renfermer dans Méhédié, où il mourut en 945. Son fils, *Ismael-Abou-Thaer*, surnommé *Almansor-Billah*, marcha contre les révoltés, et les mit en déroute. Il passa pour un des princes les plus éloquents de son époque. Il fonda la ville de Mansouriah, et mourut après sept ans de règne, en 952. *Abou-Tammim-Moad*, surnommé *Moez-Ledinillah*, succéda à son père. Moez-Ledinillah confia, en 968, la conquête de l'Égypte à un renégat grec, Giaohar. Il s'empara de ce royaume presque sans coup férir. Giaohar fonda une ville à laquelle il donna le nom de *Cahérah* (Victorieuse) (1).

De retour d'une visite à l'île de Sardaigne, qui appartenait alors à l'empire du Maghreb, Moez vint aborder à Alexandrie. De là il se rendit à la nouvelle ville de Cahérah, et en fit la capitale de l'Égypte (en 972). Souverain absolu des provinces de l'Afrique et de l'Égypte, Moez fit supprimer dans les prières publiques le nom des califes de Bagdad, pour y substituer le sien (2). C'est ainsi qu'il prit tout à la fois l'autorité et le titre de calife. Vers la fin de son règne, il fit transporter au Caire les corps de ses ancêtres, auprès desquels il voulait être inhumé. La généalogie de ce prince, qui prétendait descendre d'Ali, était fort contestée. On raconte qu'un certain Thabethba lui demanda un jour, en présence de l'armée, de quelle branche de la maison d'Ali il sortait; Moez tira son sabre, et, le faisant briller à ses yeux : « Voilà, dit-il, mon origine et mes titres; » puis jetant à pleines mains de l'or à ses soldats : « Voilà, ajouta-t-il, tous mes parents (3). »

Dans toutes les occasions, les princes musulmans de l'Occident faisaient voir leur prédilection pour les pays de l'Orient et en particulier l'Égypte. A peine la conquête de cette contrée fut-elle achevée, et la ville du Caire fondée, que Moez y établit le siége de son empire. Il devint ainsi le chef de la dynastie des Fatimites en Égypte; et il renonça au gouvernement du Maghreb en faveur de *Youssef-ben-Zéiri* en 972. Mais celui-ci et ses successeurs se rendirent tellement indépendants du calife d'Égypte, qu'on peut, à dater de ce moment, considérer la dynastie des Fatimites comme déchue dans le Maghreb.

(1) Le Caire, la capitale de l'Égypte. Les fondements de cette ville furent jetés sous l'horoscope de Mars, que les astronomes arabes appellent *Caher*, vainqueur.

(2) Toutes les prières publiques se faisaient, dans les pays musulmans, au nom des califes. Ceux-ci présidaient eux-mêmes à ces prières dans les endroits où ils résidaient, et ils déléguaient ce pouvoir à leurs gouverneurs de provinces.

(3) Cardonne, *Histoire de l'Afrique*, tome II, p. 69. (Paris, 1765, in-12.)

Tableau de la dynastie des Fatimites dans le Maghreb :

MOHADI.

ACHMED, surnommé CAÏM-BIEMLILLAH.

ISMAEL-ABOU-THAÏR.

ABOU-TAMMIM-MOAD, surnommé MOEZ LEDINILLAH (1).

La famille de Youssef-ben-Zéiri fondateur de la dynastie des *Zeirites* (2), jouissait depuis longtemps d'une grande autorité auprès des populations de l'Atlas (3). C'est ce qui avait sans doute déterminé Moez à lui envoyer le manteau et l'épée, signes de l'investiture royale. Le calife d'Égypte, non content d'avoir donné à Youssef un royaume, voulut encore lui apprendre à le bien régir, et lui faire part de toutes les connaissances qu'il avait dans l'art difficile de régner. Il lui recommanda surtout de ne point conférer le gouvernement des provinces à ses frères, dans la crainte qu'ils ne se servissent de leur autorité pour exciter les peuples à la révolte.

Le commencement du règne de Youssef fut signalé par des troubles, qui ne furent comprimés qu'après des rencontres sanglantes. Plusieurs rebelles, auxquels s'étaient jointes des tribus berbères, contestèrent d'abord l'autorité du nouveau souverain. Mais, grâce à des mesures sévères, ils furent bientôt contraints à la soumission. Youssef, pour statuer un exemple, ordonna que tous les chefs de rebelles fussent garrottés sur des chameaux et promenés par toute la ville de Kaïrewan; puis il les fit périr par la main du bourreau. Il choisit parmi les autres prisonniers quatre mille hommes des plus braves, leur pardonna, et les incorpora même dans son armée. Mais il eut bientôt lieu de se

(1) Depuis que Moez eut transporté la dynastie des Fatimites en Égypte, il n'en est plus guère question dans le Maghreb. Adhed, le onzième et dernier calife fatimite de l'Égypte, fut détrôné en 1200 par Saladin, qui rétablit en Égypte l'autorité de Mostadhi, trente-troisième calife abbasside.

(2) *Zenates* de quelques historiens.

(3) L'un de ses ancêtres avait fondé la ville d'Aschir.

repentir de sa clémence. Un de ces nouveaux enrôlés poignarda Ibrahim, oncle de Youssef. Ce prince regretta vivement Ibrahim, qui avait toute sa confiance. Aussi sa vengeance fut-elle proportionnée à son ressentiment : elle s'étendit jusque sur les quatre mille enrôlés, qu'il fit mettre à mort.

En 979, Youssef porta ses armes du côté de Fez et Segelmesse. Après la reddition de ces deux villes, il s'empara de toutes les places qui appartenaient, en Afrique, aux califes ommiades d'Espagne. Il ne restait plus à ces califes que la ville de Ceuta. Mais, faute de marine, il fallut renoncer à la tentative de la prendre. Youssef ne jouit pas longtemps du fruit de ses conquêtes : il mourut en 983, à la suite d'une colique violente ou plutôt de sa vie par trop voluptueuse : il avait plus de mille concubines, et, au rapport de l'historien Abou-Mohamed, il lui naquit dix-sept enfants dans le même jour.

Abil-Hassem-Mansour était à Aschir lorsqu'il apprit la mort de son père. Il se rendit aussitôt à Kaïrewan, où il reçut les serments de fidélité des principaux chefs. Il sut tout mettre en usage pour gagner l'affection de ses sujets. Il leur distribua de l'or, en disant que son père avait tout subjugué par la force des armes, mais que pour lui c'était par les bienfaits qu'il voulait gagner l'amour des peuples.

Cependant les villes de Fez et de Segelmesse, récemment soumises par Youssef, secouèrent le joug dès qu'elles apprirent la mort de ce prince. Hassem envoya des troupes pour les réduire ; mais ces troupes furent défaites, et les deux villes recouvrèrent leur liberté. — Les historiens arabes citent de ce prince plusieurs traits qui prouvent qu'il était défiant, lâche et cruel. Ainsi, sur une intrigue habilement ourdie, il assassina lui-même son premier ministre, dont il n'avait eu qu'à se louer. Dans une autre occasion, il poussa la cruauté jusqu'à la frénésie : un certain Abou'l-Fehm était venu s'établir en Afrique ; fier de ses richesses et de la protection du calife d'Égypte, il voulut affecter des airs de souverain. Hassem en fut indigné, et voulut lui-même châtier l'orgueilleux. Abou'l-Fehm s'enfuit, et se cacha dans une caverne ; mais il fut découvert et conduit devant Hassem. « La fureur du roi redouble à la vue de son ennemi : il ne peut plus se contenir ; il lui porte plusieurs coups qui l'abattent à ses pieds. Voyant Abou'l-Fehm prêt à rendre le dernier soupir, ce prince lui ouvre le ventre, en arrache le cœur encore palpitant, et le mange. Les esclaves de Hassem, à l'exemple de leur maître, découpent le cadavre du malheureux étranger et en dévorent les chairs toutes sanglantes (1). »

C'est ce genre de cruels que les Grecs ont si bien désignés par le nom d'ὠμοφάγοι, *mangeurs de chair crue*.

Hassem mourut en 996, après un règne de douze ans et deux mois ; son fils *Abou-Menad-Badis* lui succéda. Il fit un voyage dans l'île de Sardaigne, qui dépendait alors des souverains d'Afrique. Après y avoir fait un assez long séjour, il revint dans ses États pour s'opposer aux progrès des Berbères révoltés. Badis associa son fils à la couronne, ce qui excita le mécontentement des plus proches parents. De là des séditions que la mort même du jeune prince ne put arrêter. Un engagement sanglant eut lieu : les rebelles furent mis en déroute. Mais Badis ne jouit pas longtemps de sa victoire : il mourut peu de temps après, à l'âge de trente et un ans. Son fils *Moaz*, encore enfant, fut supplanté pendant quelque temps par Kéramé, frère de Badis. Mais celui-ci remit bientôt le pouvoir au successeur légitime, et rentra dans la vie privée. Ce fut sous le règne de Moaz qu'eut lieu le massacre général des hérétiques connus sous le nom de *schiites*. On sait que ces hérétiques de l'islamisme sont exécrés des *sunnites*, ou orthodoxes. Ces derniers regardent Aboubekr, Omar et Othman comme les légitimes successeurs de Mahomet, tandis que les premiers soutiennent que ces trois califes sont des usurpateurs, et que le souverain imanat appartient de droit divin à Ali, gendre de Mahomet, et à ses descendants. Circonvenu par de faux rapports, le jeune Moaz fit lâchement assassiner ces hérétiques jusque dans les mosquées. Ce massacre est la Saint-Barthélemi des musulmans.

(1) Cardonne, tome II, p. 95.

Moaz eut à combattre plusieurs révoltes qu'avaient fait naître ses injustices. Il fit une guerre heureuse aux Berbères, et se rendit maître de plusieurs places importantes dans la province du Zab. En 1038 il s'empara de l'île de Djabé, et fit périr par le fer tous les habitants. Ce prince eut bientôt une guerre plus grave à soutenir. Le calife d'Égypte, El-Mostansir, qui s'était toujours considéré comme le suzerain de Moaz, écrivit à celui-ci de se démettre de la royauté. Une mésintelligence profonde éclata entre les deux princes : elle fut fomentée par El-Haçan, premier ministre du calife. Ce ministre était irrité contre Moaz, qui lui avait refusé dans ses lettres un titre qui ne lui était pas dû, et qu'il exigeait par une vanité ridicule. Une cause aussi légère fit verser des torrents de sang. Les premières hostilités commencèrent en 1050. Les Égyptiens entrèrent dans le Maghreb, du côté de Zenata, et s'emparèrent de la ville de Tripoli. Effrayé des forces de l'ennemi, Mounis, gouverneur de Kaïrewan, conseilla à Moaz de préférer un accommodement à une guerre dont l'issue ne pourrait que lui être funeste. Moaz ne tint aucun compte de ce sage avis. Le gouverneur, irrité de voir ses conseils méprisés, passa du côté des ennemis, et devint l'âme de leurs opérations.

« Les Égyptiens, dit Cardonne, voulaient d'abord s'emparer de la province de Kaïrewan, qui était le centre du royaume. Mounis les en détourna par un expédient assez singulier : il fit apporter un grand tapis, et, l'étendant par terre, il leur demanda si quelqu'un était assez habile pour s'asseoir au centre de ce tapis sans marcher auparavant sur ses extrémités. Tous convinrent que la chose était impossible. Il roula alors entièrement le tapis par les quatre coins; et, se mettant au milieu, il commença à en étendre un des coins; puis déployant successivement les trois autres coins, il se trouva assis au milieu du tapis, sans avoir marché sur les bords. Se tournant ensuite du côté des Égyptiens, il leur dit qu'ils devaient faire la même chose pour la conquête de l'Afrique, et s'avancer pas à pas; que quand ils seraient maîtres de toutes les autres provinces, la capitale tomberait d'elle-même (1). »

(1) Cardonne, tome II, p. 115.

Les Égyptiens s'avancèrent d'un pas lent, mais sûr. Moaz se décida enfin à leur livrer bataille. Il fut battu; les ennemis prirent d'assaut la ville de Kaïrewan, et y laissèrent des traces de leur fureur : ils détournèrent le cours de la rivière qui traversait cette ville, comblèrent les puits, détruisirent les palais construits par les anciens rois, et changèrent en solitudes les jardins qui environnaient ces palais. Tant de revers accablèrent Moaz, et le mirent au tombeau, l'an 1061.

Témim, son fils aîné, lui succéda (1). Dès le début de son règne, Témim eut à combattre Nasir, proche parent de Moaz : ce rebelle s'était emparé de plusieurs villes, et avait formé de Tunis une principauté indépendante. En 1065, Témim assiégea Tunis; et après des efforts inutiles pour se rendre maître de la ville, il conclut la paix avec Nasir.

En 1088, les Grecs, ligués avec les Francs, équipèrent une flotte de quatre cents voiles, abordèrent à l'île de Kousa, et mirent tout à feu et à sang. Puis ils s'emparèrent de Zuveilé. Témim, n'ayant point d'armée à leur opposer, acheta leur retraite, moyennant deux cent mille pièces d'or.

En 1100, Témim prit la ville de Sfax, et en rasa les fortifications. Ce fut son dernier exploit. Il mourut en 1107, à l'âge de soixante-dix-neuf ans, après avoir eu le chagrin de voir tous ses États démembrés. Pendant le règne de ce prince, l'extrême Maghreb s'érigea en royaume indépendant. Aboubekr-ben-Omar, secondé par Youssef-ben-Tasfin, y devint le fondateur de la dynastie des *Molathénides* ou *Morabéthoun* (2). Témim

(1) Quelques historiens arabes l'appellent *Aboul-Kemal*.

(2) Les historiens espagnols leur donnent le nom d'*Almoravides*. Ben-Djenoun, cité dans le *Kartas* (F. Dombay, vol. I, 275), trace le tableau suivant du règne de cette dynastie : « Les Lemtouns (Morabéthouns ou Morabides) étaient zélés pour la religion, généreux, justes et fidèles à leur constitution. Leur autorité s'étendait en Europe, depuis la France jusqu'à l'océan Atlantique, et en Afrique, depuis Bougie jusqu'aux montagnes d'Or de la Nigritie; les provinces étaient prospères, et

fut dans l'impossibilité de s'opposer à la fondation de cette nouvelle dynastie, en 1069. A partir de cette époque les Zéirites n'eurent déjà plus aucune autorité sur les pays qui composent aujourd'hui en partie l'empire de Maroc; ils continuèrent à occuper la province de Kaïrewan jusqu'à l'invasion des Siciliens, sous la conduite de Roger, vers 1148.

Les Zéirites qui, après la mort de Témim, occupèrent la province d'Afrique sont Yaya, Ali, et Haçan-ben-Ali. Le premier s'occupa principalement d'alchimie et d'astrologie. Trois alchimistes prétendaient avoir trouvé le grand œuvre. « Yaya, entraîné par l'espoir du gain, voulut les faire travailler sous ses yeux, et leur fit donner des fourneaux avec tout ce qui leur était nécessaire. Ils eurent beau souffler, ils ne purent parvenir à la transmutation des métaux. Le roi, irrité de se voir la dupe de ces imposteurs, tira son poignard et en perça un des alchimistes; ses courtisans se jetèrent sur les deux autres, et les massacrèrent (1). » Yaya mourut en 1115, après un règne de huit ans et demi. Sous son fils, Ali, qui ne régna que cinq ans et quatre mois, eut lieu la rupture d'un traité de paix avec le roi de Sicile. En 1125, une flotte sicilienne aborda à l'île de Gerbes, et s'en empara. Ce premier succès enhardit les chrétiens. Quelques années après, une nouvelle flotte se présenta devant Tunis, et prit d'assaut cette place importante.

Une affreuse disette désola alors l'Afrique pendant plusieurs années (de 1142 à 1148). Elle fut si violente en 1147, que l'on fut réduit à se nourrir de cadavres. Un grand nombre d'habitants, pour échapper à une mort certaine, se réfugièrent en Sicile. Roger, roi des Siciliens, profita de cette occasion pour étendre ses conquêtes. Une flotte, partie sous le commandement de l'amiral Georgi, apparut devant la ville de Méhédié, au moment où les habitants, trompés par un faux message, croyaient l'ennemi loin d'eux (1). Sur l'avis du gouverneur, les habitants abandonnèrent la ville, et les troupes chrétiennes en prirent tranquillement possession. Haçan, ne pouvant opposer aucune résistance sérieuse aux conquêtes des Siciliens, résigna le pouvoir, en 1148. Ce fut le dernier membre de la dynastie des Zéirites en Afrique.

Dynastie des Zéirites :

Zéiri.

Youssef-ben-Zéiri.

Abou'l-Hacem.

Abou-Menad-Badis.

Moaz.

Témim (fin de la dynastie des Zéirites dans l'extrême Maghreb).

Yaya.

Ali-ben-Yaya.

Haçan-ben-Ali.

ne payaient qu'un léger tribut. On disait la *Khotba* pour les Morabides dans plus de deux mille mosquées. Pendant leur règne, les vivres étaient à bon marché et en abondance; on vivait en paix et heureux. Les routes étaient sûres; on n'entendait parler ni de vols, ni de brigandages, ni de révoltes. Le peuple était soumis à ses princes, et les aimait. » C'était, comme on voit, l'âge d'or du Maghreb.

(1) Cardonne, tome II, p. 128.

(1) Ce faux message avait été apporté par un pigeon. Voici comment Cardonne raconte cette histoire, d'après les chroniqueurs arabes : « La flotte (sicilienne), sous le commandement de Georgi, voguait vers l'île de Corse, lorsqu'elle fit la rencontre d'un vaisseau africain. Ce navire, qui était parti de Méhédié, fut pris, et le capitaine maure fut conduit devant le général chrétien. Il l'interrogea sur le nombre des troupes qui étaient dans Méhédié, et sur les forces de cette ville. Il y avait sur le vaisseau africain une cage de pigeons; Georgi résolut de joindre la ruse à la force. Il savait que les Maures étaient instruits de son départ : il força son prisonnier d'écrire aux habitants de Méhédié une lettre qu'il lui dicta lui-même. Cette lettre du capitaine musulman portait que l'amiral sicilien, bien loin de songer à aller en Afrique, avait fait voile, depuis plusieurs jours, pour Constantinople. La lettre écrite, on l'attacha sous l'aile d'un des pigeons qui étaient dans la cage, et on lui donna la liberté. Le pigeon prit son vol, et retourna à Méhédié. Le billet qu'il portait fut lu publiquement; et chacun se félicitait de se voir délivré d'un ennemi redoutable, lorsque la flotte sicilienne parut devant la ville. »

Une tribu arabe nommée *Marbouth* (1), sortie du pays de Hénicar, vint, du temps d'Aboubekr, s'établir en Syrie. De là elle passa en Égypte et s'avança jusque dans la partie la plus occidentale de l'Afrique. Elle se fixa dans une contrée déserte pour vivre séparée des autres hommes, auxquels elle semblait avoir juré une haine mortelle. Le vol, le pillage, le meurtre, l'adultère, étaient pour eux des choses licites.

Cette colonie prit peu à peu de l'extension, et révéla tout à coup sa puissance sous le nom de *Molathemins* [de *Molathem*, visage couvert (2)]. Djafar, un des principaux chefs, Abdallah-ben-Yassin, prédicateur fanatique, et Aboubekr-ben-Omar, parent du premier, surent bientôt inspirer à ce peuple ignorant et pauvre le goût des conquêtes. Après quelques succès obtenus sur les nations voisines, les Molathemins proclamèrent *Aboubekr* leur chef, et lui donnèrent le titre d'*emir-el-moumenim*, prince des croyants. C'est lui qu'on doit considérer comme le fondateur de la dynastie des *Morabethoun* ou *Almoravides*. Bientôt après, Aboubekr remporta une victoire complète sur les habitants de Sous; puis il força la ville de Segelmesse à lui ouvrir ses portes, et à se rendre à discrétion. Il donna le gouvernement de cette place importante à *Youssef-ben-Tasfin*, son parent. Par la mort d'Aboubekr, qui arriva en 1059, Youssef réunit toute l'autorité dans sa personne.

Ce nouveau souverain pénétra dans les parties les plus occidentales de l'Afrique, jusque sur les bords de la mer Atlantique et du détroit de Gibraltar : il se rendit maître de Salé, de Safi, de Tanger et de Ceuta. Enfin, il joignit à la gloire de conquérant celle de fondateur de la seconde ville du Maghreb. *Marokkesch* (Maroc) fut le nom qu'il donna à cette ville, qui devint la capitale de ses États (en 1069) (1). Plus tard, il subjugua non-seulement tous les États mahométans en Afrique, mais encore les contrées d'Espagne qui étaient alors soumises aux Arabes (2).

L'histoire de l'Afrique et du Maghreb en particulier se lie intimement à celle de l'Espagne. Les principaux événements arrivés dans l'un des deux pays se reflètent dans l'autre. La décadence de la dynastie des Zéirites coïncide avec la décadence de la dynastie des Ommiades. Youssef-ben-Tasfin trouva une grande partie des difficultés aplanies par la marche naturelle des choses. Une multitude de princes souverains, tant chrétiens que musulmans, se disputaient la possession de l'Espagne. Le plus puissant de ces princes était alors le roi de Cordoue et de Séville, Méhémet-ben-Abad. Il était brave, mais astucieux et cruel (3).

(1) Ce mot signifie *étroitement lié* (aux exercices de la religion).

(2) Ce nom vient, dit-on, de ce que les hommes de cette tribu avaient la coutume de se masquer le visage. Cette coutume fut introduite en mémoire d'une bataille. L'armée des ennemis étant beaucoup supérieure à la leur, les femmes prirent les armes, et combattirent vaillamment, le visage voilé, suivant la coutume orientale. Leurs maris, qui étaient à côté d'elles, furent obligés de se voiler également, de crainte que les ennemis ne reconnussent la nouvelle espèce de milice qui les attaquait avec tant d'intrépidité. (Cardonne, t. II, p. 146.)

(1) Voyez J. B. Grammaye, *Africæ illustratæ libri decem, in quibus Barbaria gentesque ejus ut olim et nunc describuntur.* Tornaci Nerviorum, 1622, in-4°.

(2) Abou'l-Haçan (*El-Kartas*, par F. Dombay, vol. I, p. 158) énumère les événements naturels suivants, arrivés au Maroc depuis 979 jusqu'en 1069. — En 990 il y eut un grand tremblement de terre, qui se fit sentir dans une grande partie de l'Afrique et de l'Espagne; il fut suivi d'inondations et d'une affreuse disette, qui dura jusqu'en 992. Dans la même année, le jeudi 20 du mois de réchid, on vit le soir un astre de grandeur extraordinaire, allant de l'est à l'ouest et répandant de nombreuses étincelles. Le peuple en fut si épouvanté, qu'il se précipitait en masse dans les mosquées pour implorer la miséricorde de Dieu. L'année se termina par une pluie continue et fécondante. — En 993 le Maroc fut dévasté par des sauterelles; il y eut encore des inondations, et les tempêtes firent beaucoup de ravages. En 1020 la population de Tahort et des environs de Segelmesse fut décimée par la famine. — En 1038 mourut à Kaïrewan le savant Abou-Amran, natif de Fez.

(3) Les historiens arabes rapportent de lui le

C'est ce souverain qu'Alphonse, après la conquête de Tolède, avait le plus à cœur de combattre et de vaincre comme le dernier rempart de la domination maure en Espagne. Enivré des succès qu'il venait de remporter sur les Arabes, il envoya au sultan de Cordoue et de Séville un ambassadeur pour le sommer de rendre toutes les villes et forteresses qu'il possédait. Le sultan, transporté de fureur, fit arracher les yeux à l'envoyé et massacrer les cinq cents chrétiens qui l'accompagnaient.

Pour conjurer l'orage qui allait fondre sur sa tête, le prince musulman implora le secours de Youssef-ben-Tasfin. Celui-ci saisit avec joie l'occasion de porter ses armes en Espagne. Les deux rois arabes se joignirent à Séville, comme ils en étaient convenus. Leurs armées marchaient séparément, à quelque distance l'une de l'autre. Ben-Abad essuya le premier l'attaque d'Alphonse. Les chrétiens enfoncèrent les bataillons arabes, et les mirent en désordre. Ils se croyaient déjà sûrs de la victoire, lorsqu'ils se trouvèrent tout à coup en face de l'armée auxiliaire d'Afrique. Il fallait recommencer le combat. Les chrétiens, accablés de fati-

trait suivant, qui pourrait servir de canevas à un drame plein d'intérêt : « Un jour Ben-Abad avait traité les principaux seigneurs de sa cour; le repas fut poussé assez avant dans la nuit; et le vin, malgré la défense du Koran, n'y fut pas épargné. Quand les convives se furent retirés, Ben-Abad monte à cheval, suivi d'un seul domestique, et prend la route de Carmone. Cette ville était sous la domination d'Ishak-ben-Soléiman-el-Berzali, ennemi déclaré du roi de Cordoue, et avec lequel il était actuellement en guerre. Ben-Abad, à qui les fumées du vin avaient fait oublier une circonstance aussi intéressante pour lui, frappe à la porte de la ville. La sentinelle court au palais d'Ishak, et lui apprend que le roi de Cordoue, accompagné d'une seule personne, est à la porte de Carmone, et demande à entrer dans la place. Ishak était alors à table avec les principaux de la ville; il se lève avec précipitation, va au-devant du prince, et le conduit dans son palais : à peine est-il entré, qu'il fait servir de nouveaux mets; la joie, le plaisir, semblent animer tous les convives. Ben-Abad, cependant, revenu à lui-même, est étonné de se trouver au milieu de ses plus cruels ennemis : le danger qu'il court se présente tout à coup à son esprit, et le glace d'horreur. Il prend le parti de dissimuler, et s'efforce de surpasser les autres en gaieté. Quelque temps après, il contrefait l'homme endormi, et paraît se laisser aller au sommeil. Les convives saisissent cet instant, et pressent Ishak de faire périr un ennemi qui est venu lui-même se livrer à sa vengeance. Un des principaux seigneurs de Carmone, appelé Méad-Ibis-Couvé, bien loin d'adhérer à leur avis, le combat avec chaleur. Il fait sentir à Ishak que c'est une lâcheté horrible de faire périr un homme sans défense, et avec lequel il venait de boire et de manger; que son nom deviendrait en exécration à toutes les tribus arabes, pour avoir violé les droits sacrés de l'hospitalité. Ben-Abad ne dormait pas si bien, qu'il n'entendit tout ce qui se disait. Ce prince, pour ne point donner le temps à ses ennemis de décider la question agitée, et pour profiter de l'impression favorable qu'avait faite sur leurs esprits le discours de Méad, se lève sur-le-champ et prend congé des convives. Avant de les quitter, il les prie d'envoyer quelqu'un, de leur part, à Séville pour recevoir les présents qu'il leur destinait. Ceux qui, un instant auparavant, délibéraient de le faire périr l'accompagnent jusqu'à la porte. Le roi de Cordoue fut fidèle le lendemain à acquitter les engagements qu'il avait pris la veille; et il envoya des esclaves de l'un et l'autre sexe, des chevaux de prix et de riches étoffes à tous ceux qui s'étaient trouvés avec lui chez Ishak. Il ne cessa pendant six mois entiers de les combler de bienfaits et de leur donner des marques d'amitié, d'autant plus fortes qu'elles étaient simulées. Quand ce temps fut écoulé, il les invita à Séville, pour traiter, disait-il, ceux qui l'avaient si bien reçu à Carmone. Ils y vinrent au nombre de soixante. Ce prince, au premier abord, ne leur épargna pas les démonstrations de la joie la plus vive, et leur fit l'accueil le plus gracieux. Il les invita, suivant l'usage du pays, à prendre le bain, avant de se mettre à table : à peine furent-ils entrés, que des ouvriers, qui avaient été apostés, en murèrent la porte. Ces infortunés y périrent, après avoir lutté longtemps contre la mort. Ce prince, qui sous quelque prétexte avait empêché Méad d'entrer dans ce bain avec les autres, le fit venir, et lui dit qu'après avoir satisfait sa vengeance, il voulait payer le prix qu'il devait à la reconnaissance. Dans le dessein de pouvoir mieux lui témoigner celle qu'il conservait pour lui, il l'engagea de rester à Séville, où il lui assigna des revenus considérables. » (Cardonne, t. II, p. 168-173.)

gue, succombèrent à la tâche. Alphonse fit de vains efforts pour rallier ses troupes dispersées ; il fut lui-même blessé, et faillit d'être fait prisonnier. Des chameaux venus d'Afrique contribuèrent, dit-on, beaucoup au gain de cette bataille. Les chevaux espagnols, effarouchés à la vue de ces animaux, reculaient d'épouvante, et mirent le désordre dans la cavalerie chrétienne, qui faisait la principale force de l'armée. Cette bataille fut livrée en 1087.

Après avoir séjourné quelque temps à Séville, Tasfin repartit pour l'Afrique. L'année suivante il aborda de nouveau en Espagne. Il forma, de concert avec les rois de Séville et de Grenade, le siége de Lebta, ville forte appartenant aux chrétiens. Mais la place tint bon, et les princes arabes furent obligés de se retirer. Avant de se rembarquer, le souverain d'Afrique voulut visiter le royaume de Grenade. Il fut enchanté de la beauté du pays, et, s'abandonnant à son ambition, il ne tarda pas à détrôner Abdoullah, roi de Grenade, et à s'emparer de ses trésors. Pour mieux assurer sa nouvelle conquête, il mit une forte garnison dans la ville de Grenade, et emmena avec lui Abdoullah et ses frères. Tasfin ne s'arrêta pas en si beau chemin : il aborda en Espagne, pour la troisième fois, en 1091, à la tête d'une armée nombreuse Il marcha droit à Séville. Le siége de cette ville fut long et meurtrier. Mais enfin, accablé par le nombre, les assiégés rendirent la place. Ben-Abad, ses fils et ses filles furent chargés de chaînes et conduits en Afrique. Les filles de l'ex-roi furent réduites à filer de la laine pour nourrir leur père et pour subsister elles-mêmes. Abad mourut en 1096, après six ans de captivité.

Les historiens ne nous disent pas de quel prétexte Tasfin s'était servi pour dépouiller ainsi les princes d'Espagne, ses co-religionnaires, et leur infliger un traitement aussi barbare. Mais les conquérants ambitieux n'ont guère d'autre raison que leur volonté : *Sit pro ratione voluntas.*

Les Arabes d'Espagne souffraient impatiemment le joug que venait de leur imposer le sultan du Maghreb. Ils regrettaient la domination de leurs anciens souverains, et regardaient le monarque africain comme un usurpateur. Ils lui reprochaient que son pouvoir était illégitime, puisqu'il ne le tenait point des califes d'Orient. Il faut se rappeler ici que les chefs arabes, après avoir dépouillé les califes de la plus grande partie de leurs États, voulaient bien leur en faire hommage, et en recevoir l'investiture de leurs mains. C'était une concession que ces chefs indépendants faisaient aux peuples musulmans qui continuaient de prononcer dans leurs prières les noms des vicaires de Mahomet. Tasfin, pour ôter à ses sujets tout prétexte de révolte, envoya un ambassadeur à Mostansir-Billah, cinquième calife des Fatimites en Égypte. Ce prince, flatté de l'hommage d'un aussi grand conquérant, lui accorda sur-le-champ ce qu'il demandait, et lui donna le titre de *sultan des musulmans en Espagne.*

Un semblable voisin inspira aux chrétiens d'Espagne les plus vives alarmes. Le roi Alphonse fit prendre les armes à tous ses sujets, et appela à son secours les Français. Ceux-ci accoururent, sous la conduite des comtes de Bourgogne et de Toulouse. Alphonse envahit avec une armée nombreuse l'Andalousie ; mais au lieu d'engager l'ennemi dans une bataille décisive, il se contenta de ravager cette province.

Tasfin mourut de dyssenterie, en 1106, après avoir régné trente-huit ans en Afrique, et douze en Espagne. Il fut le second prince de la dynastie des Almoravides. *Ali,* son fils aîné et son successeur, arriva en Espagne avec une armée, et mit au pillage les villes de la Castille. Les Africains pénétrèrent même jusqu'aux environs de Tolède, où Alphonse VI, roi de Castille et de Léon, avait depuis quelque temps fixé son séjour. L'armée chrétienne envoyée à la rencontre des Arabes fut mise en fuite ; mais, malgré tous leurs efforts, ils ne purent empêcher la reprise de la ville de Balbastre, en Aragon, par les chrétiens.

Sur ces entrefaites, Alphonse VI mourut après un règne de quarante-trois ans, en 1109. Le roi de Maroc fit alors une seconde irruption dans la Castille ; et, à la vue même des habitants de Tolède, il brûla la forteresse d'Arech et le monastère de Sanche. Après avoir ravagé la campagne, il vint assiéger Tolède.

Les fortifications dont cette place avait été entourée, et le courage d'Alvarez Fanio, firent perdre à Ali l'espoir de s'en rendre maître. Après huit jours de siége il fut obligé de se retirer. Il se rabattit alors sur Madrid et Talavera, qu'il mit au pillage, et retourna dans ses États, chargé des dépouilles des chrétiens.

Ces succès furent balancés par les pertes qu'essuyèrent les Arabes dans d'autres parties de l'Espagne. Alphonse, frère et successeur de Pierre au royaume d'Aragon, leur enleva, en 1110, la ville d'Exca, et il défit, en bataille rangée, Abousalem, gouverneur de Saragosse.

Après un armistice, nécessité par un affaiblissement réciproque, les hostilités reprirent en 1118. Le roi d'Aragon mit le siége devant Saragosse, place principale des Arabes. La nouvelle de ce siége attira sous les étendards du roi un grand nombre d'étrangers, surtout de Français. Parmi ces derniers se trouvaient les comtes de Béarn, de Bigorre et de Perche, qui vinrent à la tête de leurs vassaux. Persuadés que la durée de leur empire dépendait de la conservation de cette place, les Arabes assurèrent tous leurs moyens de défense. Témim, fils d'Ali, roi de Maroc, accourut d'Afrique et vint, avec une armée, camper sur les bords de la Guerva, petite rivière peu éloignée des murs de Saragosse; mais, n'osant pas engager un combat avec des forces supérieures aux siennes, il se retira dans la Celtibérie. Ce départ mit le désespoir au cœur des assiégés, et déjà les chrétiens ne doutaient point d'emporter la place, lorsqu'ils apprirent qu'un autre fils du roi de Maroc était parti de Cordoue, avec ordre de tout risquer pour pénétrer dans la ville bloquée. Pour prévenir cette jonction, Alphonse laissa une partie de ses troupes devant la place, et marcha avec le reste à la rencontre des Arabes. Il les mit en déroute, et retourna en triomphant devant Saragosse. Cette victoire lui ouvrit les portes de la ville, qui se rendit après un siége de huit mois. Les villes de Tarasone, d'Alagon, d'Épila, Calatraind, Haziza et Aroca suivirent l'exemple de la capitale.

Pendant que les chrétiens et les Arabes se disputaient la possession de l'Espagne, une nouvelle révolution fit remplacer, en Afrique, les Almoravides par les *Almohades*. Les mêmes moyens qui avaient été employés pour précipiter du trône les Zéirites réussirent encore ici pour amener un changement de dynastie : la religion servit de prétexte à l'ambition.

Mohamed-Abdallah-ben-Tomrut, retiré dans les montagnes de l'Atlas, passa les premières années de sa jeunesse dans une dévotion ascétique et dans l'étude de la théologie. Il fit un voyage en Orient, alors le séjour des sciences et des lettres. De retour dans sa patrie, il rencontra dans le bourg de Mélila un savant nommé *Abd-el-Moumen*, qui se joignit à lui et ne le quitta plus. Tomrut, de la tribu des Mossanéides, parut au Maroc en 1129, et se mit à prêcher une doctrine nouvelle. Il déclama contre les Almoravides, et les accusa d'hérésie dans les points les plus essentiels du dogme. Pour donner plus d'autorité à ses paroles, il se disait descendant d'Ali, en ligne directe par Hosséin, et prétendait être le douzième pontife que les musulmans assurent devoir paraître un jour (1).

Les progrès que faisait la nouvelle secte alarmèrent Ali, roi de Maroc. Pour convaincre Tomrut d'imposture, il fit assembler les plus célèbres docteurs de l'Islam. Mais le succès de cette conférence fut bien loin de répondre à son attente. L'éloquence entraînante de Tomrut triompha de tout, et força au silence ces oracles de la loi.

Le proverbe *Personne n'est prophète dans son pays* n'est pas vrai pour les Arabes. Ici les prédicateurs habiles peuvent compter sur l'appui inaltérable de la tribu à laquelle ils appartiennent. C'est le noyau de leur force, que le fanatisme et l'ignorance agrandissent. La tribu des Mossanéides était fière d'avoir donné naissance à un si grand théologien; et elle était prête à soutenir par les armes les doctrines et les prétentions de Tomrut. C'est là, il ne faut pas l'oublier, l'histoire de presque toutes les révolu-

(1) *Voyez* J. B. Grammaye, *Africa illustrata*, p. 113. *Excogitata nova quædam et africano ingenio magis accommodata interpretatione Alcorani, infinitos nactus asseclas.*

tions qui ont renversé les dynasties musulmanes.

Tomrut se retira dans la province d'Agmat pour y continuer ses prédications. Il n'oublia rien pour rendre odieuse aux yeux du peuple la domination des Almoravides. Il déclara leur pouvoir illégitime, délia les sujets du serment de fidélité, et leur représenta la révolte comme un devoir que leur imposait la religion. Le roi comprit alors tout le danger qui le menaçait. Il résolut de recourir à la force pour détruire l'effet de ces discours séditieux. De son côté, Tomrut, pour mieux s'assurer de la fidélité de ses disciples, feignit d'être touché des malheurs qu'entraîne après elle une guerre civile. Il les conjura de le laisser partir, puisque lui seul était la cause de tous ces troubles. Les disciples et partisans, émus de ce que leur maître paraissait plus touché de leurs intérêts que des siens propres, lui demandent en grâce de ne les point abandonner. Ils lui font le serment qu'ils sont prêts à verser leur sang pour sa défense. C'était là le point où il voulait les amener : il profita de leur ardeur, et alla à la rencontre du roi. Le combat fut sanglant. Les disciples de Tomrut chargèrent les troupes du roi avec tant de furie, qu'elles furent forcées de plier et de prendre la fuite. Cette victoire attira à Tomrut de nouveaux partisans. Dès ce moment il crut permis tous les moyens qui conduisaient au trône. Il s'empara de plusieurs places, et s'y fortifia.

Cependant sa conduite cruelle avait augmenté le nombre de ses ennemis. Ne pouvant pas s'en défaire par la force, il recourut à la ruse. « Il était lié secrètement, dit Cardonne, avec un homme appelé *Vésinichi*. La conformité de caractère les avait réunis. Tomrut, qui prévoyait les services qu'il pourrait lui rendre un jour, se l'était attaché par des promesses magnifiques. Pour préparer les esprits et les disposer en faveur de celui qu'il protégeait, il ne cessait de dire que Dieu avait de grands desseins sur Vésinichi. Ce dernier, de son côté, contrefaisait l'idiot, et feignit de ne savoir ni lire ni écrire. Cependant il apprenait par cœur le Koran, et s'instruisait secrètement des points les plus épineux de la loi. Tomrut, à qui la fidélité des peuples devenait tous les jours plus suspecte, résolut de le faire paraître sur la scène. Il ordonna à Vésinichi de se trouver de bonne heure dans une mosquée qu'il lui indiqua. Le peuple rassemblé, Tomrut se transporte à la mosquée; il aperçoit Vésinichi près de l'autel : il lui demande d'un ton d'autorité ce qu'il vient faire dans ce lieu, lui qui ne sait seulement pas prier. Vésinichi répond qu'un ange du Seigneur lui a apparu ; qu'il lui a appris le Koran, et qu'il lui a expliqué les points les plus difficiles de la loi ; que non content de ces faveurs, il a lavé son cœur et l'a purgé de ce qu'il avait de terrestre. Tomrut, contrefaisant l'incrédule, et comme pour l'éprouver, lui fait réciter quelques passages du Koran, et lui en demande le sens. Vésinichi les explique en homme profond, et ravit l'assemblée par son éloquence. Vésinichi, qui voit le succès de la fourberie, élevant la voix : « Musulmans, s'écria-t-il, Dieu m'a révélé ses décrets éternels. Il m'a fait connaître ceux qu'il destine à partager sa gloire, et ceux qui seront l'objet de sa vengeance. Il vous ordonne, par ma bouche, de mettre à mort ces derniers. Si vous ne vous en rapportez pas à moi, vous en croirez du moins un ange du Très-Haut, qui est descendu dans un tel puits. Il vous assurera de la vérité de mes paroles. » Tomrut et le peuple se transportent aussitôt au lieu indiqué. Vésinichi, arrivé sur le bord du puits, se prosterne la face contre terre, puis, se relevant tout à coup, il dit : « Ange du Seigneur, rendez témoignage à la vérité. Ce que j'ai annoncé à ce peuple n'est-il pas l'ordre du Tout-Puissant ? » Une voix sortie du fond du puits se fait entendre, et prononce ces paroles : « C'est véritable, c'est véritable. » Alors Tomrut déclare au peuple que ce puits est sacré, puisque l'ange du Seigneur l'a habité, et qu'il faut le combler, de peur qu'il ne soit souillé. Lui-même il donne l'exemple, et jette une pierre dedans, le puits en fut rempli dans un instant ; et l'infortuné qu'on avait fait cacher dedans pour jouer ce rôle fut ainsi assommé. Vésinichi et Tomrut profitèrent de l'impression qu'avait faite sur le peuple cette fable, toute grossière qu'elle était.

Sous le spécieux prétexte d'exécuter les ordres de Dieu, ils firent égorger tous ceux dont la fidélité leur était suspecte, et vengèrent ainsi leur injure particulière. Plus de soixante et dix mille hommes périrent dans ce massacre. Depuis cet instant, l'autorité de Tomrut devint inébranlable. Il la partagea avec Vésinichi, qui lui avait été si utile, et avec Abd-el-Moumen, qui de docteur de la loi était devenu général d'armée. Ali, roi de Maroc, se vit enlever par ces trois hommes la plus grande partie de ses États (1). »

Le roi se renferma dans sa capitale, bien décidé à se défendre jusqu'à la mort. Tomrut leva une armée de quarante mille hommes, et vint mettre le siége devant Maroc. Le gouverneur de Segelmesse, fidèle à l'appel du roi, rassembla un corps de troupes, et présenta la bataille aux assiégeants. Tomrut, pris entre deux forces, se vit abandonné de la fortune : il perdit son meilleur général, Vésinichi, et lui-même fut blessé mortellement. Avant de rendre le dernier soupir, Tomrut, étant sans enfants, nomma Abd-el-Moumen son successeur. Il mourut à l'âge de cinquante et un ans.

Abd-el-Moumen fut proclamé souverain, et prit le titre de *prince des croyants :* comme les califes, il réunissait dans sa personne le sacerdoce et l'empire (en 1133). Pour s'attacher ses nouveaux sujets, il les traita avec beaucoup de douceur, et diminua les impôts.

Le roi de Maroc rappela Tasfin, son fils, de l'Espagne, et le fit marcher avec une armée contre Abd-el-Moumen, qui s'était retiré dans les montagnes de l'Atlas. La rigueur de la saison (c'était en hiver) et le défaut de troupes ne permirent à Tasfin aucune démonstration sérieuse contre son ennemi. Le fidèle gouverneur de Segelmesse se mit alors en marche pour amener au fils du roi un nouveau corps d'armée. Instruit de son approche, Abd-el-Moumen, détacha Abdoullah, un de ses lieutenants, pour le combattre avant sa jonction avec Tasfin. Le choc eut lieu dans la plaine de Merd-el-Djemr. Le gouverneur de Segelmesse fut tué, et ses troupes prirent la fuite. Le roi de Maroc survécut peu de jours à cette bataille, dont la perte acheva de l'accabler. Son fils et successeur tomba bientôt victime des traîtres dont il était entouré depuis que l'étoile de sa dynastie avait pâli.

Ali-ebn-Tasfin était un prince éclairé; il aimait les sciences et les lettres; c'était le protecteur d'Avicenne et d'Avenzoar (1).

Abd-el-Moumen se rendit ensuite maître d'Oran, de Tlemcen, de Tanger, de Salé, de Méquinez et de Fez. Cette dernière ville, grande et bien fortifiée, soutint un long siége. Il ne resta plus que la ville de Maroc à *Ishak,* fils de Tasfin. Abd-el-Moumen vint bientôt investir ce dernier boulevard du roi. Il établit son camp à l'occident de cette place; prévoyant que le siége serait long, et pour mettre ses troupes à l'abri de l'intempérie de l'air, il fit bâtir une ville dans l'endroit même où était son camp. Après avoir soutenu un siége long et meurtrier, la ville de Maroc fut enfin livrée par trahison. Ishak ne trouva pas grâce devant le vainqueur : il eut la tête tranchée, en 1149. (2) Dans ce malheureux prince finit la dynastie des Almoravides, dont voici la liste généalogique :

ABOUBEKR-BEN-OMAR.

YOUSSEF-BEN-TASFIN.

ALI-BEN-YOUSSEF (3).

TASFIN-BEN-ALI.

ISHAK-BEN-TASFIN.

(1) Cardonne, *Histoire de l'Afrique*, t. II, p. 239 et suiv.

(1) J. B. Grammaye, *Africa illustrata*, p. 113.

(2) Événements naturels arrivés, suivant le *Kartas* (Dombay, vol. I, p. 275), sous la dynastie des Almoravides : En 1074, au mois de dilhidje, on vit un astre chevelu (comète). En 1078 il y eut une éclipse totale de soleil; dans la même année, au mois de rebioulachye, il y eut au Maroc un violent tremblement de terre : les secousses se répétèrent pendant un mois, tous les matins et tous les soirs; beaucoup d'hommes et d'animaux périrent sous les décombres.

(3) C'est déjà à partir de ce prince que la dynastie des Almoravides commençait à perdre son autorité, ainsi que nous venons de le voir.

Abd-el-Moumen affermit son autorité par de nouvelles victoires. Il défit l'armée des derniers partisans restés fidèles aux Almoravides : il emporta d'assaut la ville de Deukalé, où ils s'étaient retranchés.

Pendant que ces choses se passaient en Afrique, les chrétiens portèrent de rudes coups à la puissance des Arabes en Espagne. Dans leur détresse, ces derniers implorèrent le secours d'Abd-el-Moumen. Leurs envoyés allaient jusqu'à offrir au roi la souveraineté de tout ce que les Arabes possédaient en Espagne. Abd-el-Moumen s'empressa d'envoyer des troupes au secours des musulmans qu'Alphonse tenait alors assiégés dans la ville de Cordoue. L'arrivée de ces troupes fit lever le siége.

Abd-el-Moumen essaya d'étendre sa domination à l'est du Maroc. Il soumit successivement Bougie et Constantine, et en chassa les princes souverains. Les principales places du littoral, Tunis et Méhédié, qui appartenaient alors aux Siciliens, tombèrent également au pouvoir du roi de Maroc, la première par trahison, la dernière après une longue résistance. Enfin, il réprima heureusement les révoltes qu'on avait tentées contre son autorité.

Vers la fin de ses jours, Abd-el-Moumen associa à la couronne *Mohamed*, son fils aîné, et distribua le gouvernement des provinces entre ses autres enfants. Il n'avait rien oublié pour leur éducation : il leur avait donné les précepteurs les plus habiles pour les instruire dans les lettres, et les avait formés lui-même dans la science militaire et dans l'art de régner.

Abou-Saïd, auquel était échu en partage le gouvernement d'Algésiras, chassa de Grenade et de Malaga Méiman-Zéidan, prince de la dynastie des Almoravides. Abd-el-Moumen songeait à passer lui-même le détroit et à s'assurer la domination de l'Espagne, lorsque la mort le surprit à Salé, en 1160. Quelques instants avant de mourir, il assembla les principaux chefs, et leur déclara qu'ayant reconnu son fils aîné incapable de régner, il allait mettre la couronne sur la tête d'*Abi-Yacoub*, son second fils. Ils consentirent tous aux dernières dispositions du monarque expirant, et jurèrent, en sa présence, une fidélité inviolable à Abi-Yacoub. On tint la mort d'Abd-el-Moumen secrète, et on mit son corps dans une litière pour le transporter de Salé au Maroc, comme si ce prince n'eût été que malade. Pendant ce temps Abi-Yacoub s'assura de l'armée et de toutes les places fortes. Quand il vit qu'il n'avait plus rien à redouter, il publia la mort de son père, deux mois après qu'elle était arrivée.

La mort de ce redoutable conquérant, qui avait su réunir sous son sceptre presque toute l'Afrique alors connue, moins l'Égypte, fit respirer les chrétiens d'Espagne et renaître à l'espoir les tribus jalouses de leur indépendance. Alphonse, nouveau roi de Castille, conclut une alliance offensive et défensive avec le roi d'Aragon. Ces deux princes ligués enlevèrent successivement aux Arabes les places les plus fortes. Ferdinand, roi de Léon, remporta, de son côté, des avantages signalés sur les Maures.

La nouvelle de l'arrivée d'Abi-Yacoub en Espagne à la tête d'une armée de cent mille hommes releva le courage abattu des musulmans. Ce prince, impatient de réaliser les projets de son père, aborda en Espagne, et marcha droit à Séville. Cette ville, ainsi que Murcie et Valence se rendirent. Il pénétra jusqu'aux portes de Tolède, lorsque la nouvelle de l'Afrique agitée par de nouveaux troubles le rappela dans ses États.

Après l'apaisement de ces troubles, qui avaient éclaté à Tripoli et dans une partie du littoral voisin, le monarque espagnol aborda une seconde fois en Espagne, en 1184. Il ouvrit la campagne par le siége de Santarem. Mais, presque au début de ce siége, il fut blessé mortellement par une flèche, et mourut quelques jours après, dans la vingt-deuxième année de son règne ; son corps fut transporté à Séville. Abi-Yacoub avait hérité des grandes qualités de son père. Il savait unir l'art de la guerre à celui de la politique.

Il eut pour successeur son fils aîné, *Yacoub II*. Sous le règne de ce prince les Almoravides exilés firent des tentatives pour rentrer en Afrique. Ils avaient encore un parti nombreux, qui regardait les Almohades comme des usurpateurs. Ali-Ishak, chef de la dynastie déchue et souverain des îles Baléares, équipa une flotte de vingt navires, s'empara de la ville de Bougie, et se fit proclamer prince des Musulmans. Mais il ne tarda pas à être chassé de cette place, et se réfugia à Tripoli. Là, fort de l'appui d'une troupe de rebelles, il mit en déroute l'armée du roi. Yacoub marcha alors lui-même contre le prétendant, l'abattit, et passa les rebelles au fil de l'épée.

Pendant ces troubles, les chrétiens d'Espagne avaient pris aux Arabes la ville de Chelva. Yacoub passa le détroit, et vint mettre le siége devant cette place. Les habitants se rendirent. Le monarque africain s'empara encore de quatre villes qui étaient depuis quarante ans au pouvoir des chrétiens. Après ces succès, il conclut une trêve de cinq ans, et retourna au Maroc.

La trêve expirée, la guerre recommença avec plus d'acharnement que jamais. Le roi Alphonse VIII, de Castille, entra le premier en campagne, et ravagea l'Andalousie. A l'arrivée d'Yacoub, il implora le secours des rois de Navarre et d'Aragon. Mais la bataille s'engagea avant la jonction de ses alliés. Les chrétiens eurent d'abord l'avantage; mais le nombre l'emporta sur la valeur, et ils furent obligés de prendre la fuite. Cette bataille fut livrée aux environs de Cordoue (près d'Alarcos), dans la plaine de Merdy-Djedid, en août 1195 (1).

Cependant Alphonse ne fut pas abattu par cet échec; l'année suivante, il leva une nouvelle armée; il risqua un second combat, qui lui fut aussi fatal que le premier. Le monarque africain, maître de la campagne, entra dans la Castille, détruisit les villes d'Eulalie et d'Escalone, et assiégea Tolède pendant dix jours, mais inutilement. En 1198 il poursuivit sa marche victorieuse, et pénétra dans les Asturies; mais des troubles nouveaux le rappelèrent en Afrique. Avant de s'embarquer, il conclut avec les chrétiens une trêve de dix ans. Un an après son retour, il mourut dans la ville de Salé, à l'âge de quarante-huit ans.

(1) La bataille d'Elarak (Alarcos) est racontée avec beaucoup de détails dans le *Kartas*. (Fr. Dombay, *Geschichte der Mauritanischen Kœnige*, vol. II, p. 119.)

Mohamed-el-Nacir (le Vert), son fils aîné, lui succéda. Ce prince perdit toutes les provinces que ses ancêtres avaient conquises en Espagne. Après avoir châtié le gouverneur de Méhédié, qui avait voulu se révolter, Mohamed passa le détroit avec une armée nombreuse pour attaquer la ligue des rois chrétiens. Divisée en trois corps, l'armée de la ligue s'empara de plusieurs places fortes, s'avança jusqu'au pied de la chaîne de la Sierra-Morena. Instruit de cette marche, Mohamed vint occuper le principal passage par lequel on pouvait pénétrer dans ces montagnes.

Pendant que les chrétiens délibéraient sur le parti qu'il fallait prendre, un berger, dit-on, se présenta, et leur promit de conduire leur armée sur des hauteurs dominant les troupes de l'ennemi. L'offre fut acceptée, et les chrétiens parvinrent, à l'insu des Arabes, sur le sommet des montagnes. On se prépara, de part et d'autre, à une bataille décisive. Mohamed divisa son armée en quatre corps, et ferma l'entrée de son camp, assis sur une éminence, par une chaîne de fer. Le centre de l'armée chrétienne commença l'attaque, et fut soutenu par les rois de Navarre et d'Aragon, qui commandaient les ailes. Les chrétiens furent d'abord repoussés, mais, revenant aussitôt à la charge, ils enfoncèrent les bataillons ennemis, et firent des Arabes un carnage affreux (1). Cette bataille, si fatale à la domination musulmane, porte le nom de *Llanos de Tolosa* (plaine de Tolose); les Arabes l'appellent *Akhab* (maudite). Elle fut livrée dans l'été de l'année 1212. Mohamed se retira d'abord à Biatia, puis à Jaen. Il s'embarqua enfin pour l'Afrique, dans le dessein de lever une nouvelle armée. Mais la mort (en 1213) ne lui laissa pas le temps d'exécuter ce projet.

(1) Les Espagnols font monter le nombre des Arabes morts sur le champ de bataille à cent quatre-vingt-cinq mille, tandis que de leur côté il n'y aurait eu que vingt-cinq hommes de tués. C'est le nombre qu'indique Alphonse dans sa lettre au pape Innocent. Quoi qu'il en soit, les historiens arabes avouent eux-mêmes que de six cent mille hommes, dont se composait l'armée de Mohamed, il n'en retourna qu'un petit nombre en Afrique.

Son fils et successeur, *Youssef*, surnommé, sans doute par dérision, *El-Mostansir* (*le Victorieux*), était trop absorbé par les plaisirs et les débauches pour songer à relever le pouvoir des Almohades en Espagne. Il mourut en 1223, après un règne de dix ans. Comme il n'avait pas laissé de postérité, les grands de l'empire mirent sur le trône *Aboûl-Mélek-Abd-el-Vahed*, oncle de Mostansir. On l'avait jugé d'autant plus digne de régner qu'il avait été instruit par l'adversité. Malheureusement, Abd-el-Vahed trompa les espérances qu'on avait fondées sur lui : il n'eut pas plus tôt l'autorité en main, qu'il s'en servit pour se livrer plus facilement à tous les excès qu'entraînent le luxe et la mollesse. Neuf mois après, ceux qui lui avaient mis la couronne sur la tête la lui ôtèrent avec la vie, et lui donnèrent pour successeur son neveu *Abou-Mohamed-Abd-Allah*, qui était alors en Espagne. Ce prince partit en abandonnant à son frère Édris-ben-Yacoub la souveraineté de quelques villes qui étaient encore soumises aux Almohades.

La faiblesse des successeurs d'Abd-el-Moumen et les troubles intérieurs avaient diminué, en Espagne, la puissance des Arabes, pendant que celle des chrétiens allait toujours en augmentant. Les Arabes, trop faibles pour s'opposer à la marche victorieuse du roi de Castille, se réfugièrent à Grenade, et donnèrent à la partie supérieure de cette ville le nom d'Alhambra, d'après la place, située sur un rocher, qu'ils venaient d'abandonner.

Abd-Allah, en butte à mille intrigues et exposé aux coups des rebelles, ne fut pas même assez fort pour défendre sa vie. Il tomba entre les mains des rebelles, qui l'assassinèrent. *Yayah*, fils de Mohamed-Nacir, succéda à Abd-Allah; bientôt après il fut chassé par les rebelles, et se réfugia dans les montagnes. *Édris-ben-Yacoub*, frère d'Abd-Allah, alors en Espagne, fut proclamé émir, en 1226. Il s'embarqua pour l'Afrique, et alla combattre les tribus berbères chez lesquelles Édris s'était réfugié. Les montagnards furent défaits, et Yayah ayant été pris, Édris le sacrifia à sa sûreté. Puis il dirigea ses armes contre tous ceux qui avaient trempé dans le meurtre de son frère. Mais, malgré toute son énergie, Édris ne put complétement étouffer l'esprit de sédition. Un de ses frères se proclama souverain de Ceuta, dont il venait de s'emparer. Édris marcha contre lui; mais il apprit bientôt que les habitants de Maroc avaient profité de son absence pour se soulever. Plein de fureur, il abandonna le siége de Ceuta, et mourut en chemin d'une attaque d'apoplexie (en 1231), après un règne de cinq ans.

Son fils *Abd-el-Vahed*, surnommé *El-Réchid* (le Juste), lui succéda. Toute sa vie fut également employée à combattre des rebelles. Il mourut accidentellement (1) en 1242, après onze ans de règne. Son frère, *Saïd-Aboul-Haçan*, qui lui succéda, occupa le trône pendant six ans. Il fut tué, en 1248, devant la ville de Tlemcen, qu'il assiégeait.

Omar-ben-Ibrahim-ben-Yacoub, surnommé *Mortéda* (agréable à Dieu), lui succéda. Après un règne de dix-neuf ans, *Vasik-Abd-Allah*, son parent, lui ôta la couronne et la vie. Cet usurpateur se vit successivement enlever ses États par ses ennemis; bloqué dans Maroc, il fut tué pendant le siége de cette ville (2) Dans Vasik-Abd-Allah finit la dynastie des Almohades, qui avait régné en Afrique et dans une partie de l'Espagne, pendant près de cent cinquante-quatre ans, sous les différents princes dont nous venons de résumer l'histoire,

(1) Il se noya dans un bain.

(2) Événements naturels arrivés sous la dynastie des Almohades : En 1168 il y eut une grande inondation à Séville. En 1172 un tremblement de terre fit crouler une grande partie de la ville de Damas, et fit sentir ses secousses dans les contrées environnantes. En 1213, un an après la bataille de Tolose, la peste décima les populations de l'Afrique et de l'Espagne. En 1220 il y eut une grande disette; les sauterelles ravagèrent les campagnes. En 1232 la peste et la famine désolèrent la Mauritanie. En 1237 les mêmes fléaux se renouvelèrent : les habitants furent réduits à manger des cadavres, ce qui occasionna une des pestes les plus violentes. (*Geschichte der Mauritanischen Kœnige*, d'après le *Kartas*, par F. Dombay, vol. II, p. 202.)

et dont les noms sont répétés dans le tableau suivant :

MOHAMED-ABDALLAH-BEN-TOMRUT.

ABD-EL-MOUMEN.

YOUSSEF-ABOU-YACOUB.

YACOUB-BEN-YACOUB.

MOHAMED-EL-NACIR.

YOUSSEF-EL-MOSTANSIR.

ABD-EL-VAHED, oncle de MOSTANSIR.

ABOU-MOHAMED-ABD-ALLAH.

YAYAH, fils de MOHAMED-EL-NACIR.

ÉDRIS-BEN-YACOUB, frère d'ABD-ALLAH.

ABD-EL-VAHED surnommé RECHID.

ABOUL-HAÇAN, frère de RECHID.

OMAR-BEN-IBRAHIM.

VASIK-ABD-ALLAH.

Trois nouvelles dynasties s'élevèrent sur les ruines des Almohades : les *Merinis,* les *Abou-Hafs,* et les *Beni-Zian.* Les prémiers, de beaucoup les plus puissants, s'emparèrent des royaumes de Fez et de Maroc ; les seconds se rendirent maîtres de la province d'Afrique proprement dite (Tunis et Tripoli), et les troisièmes fondèrent le royaume de Tlemcen.

Les Merinis, comme souverains du Maghreb-el-Aksa, nous intéressent ici plus particulièrement. Cette dynastie était originaire de Teza, ville du royaume de Fez. On raconte, de *Abdoulhak-Yayah-ben-Merini*, à peu près les mêmes fables qu'on rapporte de presque tous les fondateurs de dynastie. Une nuit qu'il dormait profondément, il eut un songe : il vit sortir de ses entrailles une flamme dévorante qui embrasait toute la Mauritanie. Ben-Mérin crut voir dans ce songe un indice de sa grandeur future. Pour se frayer la route au pouvoir, il secoua le joug des Almohades, et se rendit indépendant dans sa province.

Aboubekr-ben-Abdoulhak, son fils, avait hérité de l'ambition du père : il enleva aux Almohades la ville de Fez et ses environs. Il méditait la conquête de Maroc, lorsque la mort le surprit. Son frère, *Yakoub-ben-Abdoulhak-el-Mérin,* continua la guerre commencée contre les Almohades : il mit le siege devant Maroc. Il avait pour auxiliaires la puissante et nombreuse tribu de Zénata, à laquelle il appartenait du côté de sa mère. La ville ouvrit ses portes au vainqueur, après avoir essayé une longue résistance. Après la soumission du Maghreb, il porta ses regards vers l'Espagne, où l'appelaient les Arabes pressés par les armes des chrétiens. Mais il mourut à Algésiras, en 1286, après un règne de trente et un ans.

Youssef-Abou-Yacoub lui succéda. Dès le début de son règne, il eut à se défendre contre Abou-Saïd, souverain de Tlemcen, de la dynastie des Béni-Zian. Il le battit et le dépouilla de tous ses États, sauf Tlemcen, qui soutint, dit-on, un des plus longs siéges dont l'histoire fasse mention : il dura quatorze ans. Youssef bâtit vis-à-vis de la place assiégée une ville, à laquelle il donna le nom de Tlemcen la Nouvelle. Il mourut sans pouvoir s'en rendre maître.

Il eut pour successeur son fils, *Abou-Salem-Ibrahim;* mais celui-ci périt bientôt par la trahison d'*Abou-Yayah*, son oncle, et d'*Abou-Cabir-Omer,* son cousin. Ces deux derniers se partagèrent pendant quelque temps l'empire. Mais le ministre du roi défunt, mécontent de ce changement qui le dépouilla de son autorité, souffla le feu de la discorde entre l'oncle et le neveu. Par des intrigues habilement ourdies, il parvint à irriter Abou-Cabir contre Yayah, et l'engagea enfin à consentir à la perte du dernier. Par ce parricide, Abou-Cabir régna seul, ou plutôt Abdoullah sous son nom. Mais il ne tarda pas à rejoindre son oncle assassiné. Malgré l'opposition de Youssef-Zeriha, frère d'Yayah, le ministre réussit à faire donner la couronne à *Aboul-Rabikh-Souléiman*, jeune prince de dix-sept ans, et frère d'Abou-Cabir-Omer. Souléiman mourut en 1310, après un règne de trois ans.

Son oncle, *Abou-Saïd-Osman-el-Rodi*, monta sur le trône. Un de ses premiers soins fut de se venger du ministre ambitieux qui avait porté le trouble dans sa famille. L'amour extrême qu'il portait à un de ses fils, Omer, l'engagea à abdiquer en faveur de lui. Mais bientôt le père se repentit de son action. De là une guerre ouverte entre le père et le fils. Les troupes du père furent défaites. Omer vint l'assiéger dans la place où il s'était renfermé; il était sur le point de s'en rendre maître, lorsqu'une maladie violente l'obligea d'abandonner le siége de cette place. Osman profita de cet événement pour remonter sur le trône; il s'y maintint jusqu'à sa mort, arrivée en 1330.

Aboul-Haçan-Ali-ben-Osman, son second fils, lui succéda. A peine arrivé au pouvoir, il se débarrassa de son frère aîné, dont il redoutait l'ambition. Son règne fut malheureux. Aboul-Haçan eut à combattre des rebelles jusque dans sa propre famille. Les rois ligués de Castille et de Portugal remportèrent sur lui une victoire complète, en automne 1340. Cette bataille porte le nom de *Rio-Salado*. Les historiens espagnols font, sans doute par exagération, monter la perte des mahométans à plus de deux cent mille hommes (1). Au nombre des morts il y eut deux fils du sultan; Fatimah, sa femme préférée, fille du roi de Tunis, tomba dans la captivité.

Une guerre violente s'était élevée entre les deux maisons rivales de Tlemcen et de Tunis. Abd-er-Rahman, souverain de Tlemcen, s'était emparé de presque tous les États d'Abou-Yayah, qui vint implorer le secours du roi de Maroc. Celui-ci fit sommer Abd-er-Rahman de mettre bas les armes et de rendre au roi de Tunis toutes les places qu'il avait prises. Abd-er-Rahman chassa avec indignation l'envoyé marocain. Aboul-Haçan fit alors avancer ses troupes, et mit le siége devant Tlemcen. Il s'empara de la ville sans coup férir. La citadelle, où s'était retranché Abd-er-Rahman, lui opposa une plus longue résistance : elle ne fut emportée d'assaut qu'après un siége de trois ans. Abd-er-Rahman fut pris, et eut la tête tranchée. Bientôt l'occasion s'offrit à Aboul-Haçan de se rendre maître de Tunis, comme il venait de s'emparer de Tlemcen. Abou-Yayah eut pour successeur son fils Omer. Celui-ci fit périr son frère, et excita par ses cruautés l'indignation des principaux chefs, qui appelèrent Aboul-Haçan pour les délivrer d'un tyran. Le souverain de Maroc se mit aussitôt en campagne : Bougie, Constantine, Alger et d'autres places lui ouvrirent leurs portes; Tunis suivit le même exemple. Enfin, Omer tomba entre les mains d'Aboul-Haçan, qui le fit périr.

C'est ainsi que presque toute l'Afrique fut soumise à la domination du sultan de Maroc. Mais la fortune lui devint bientôt contraire. Des révoltes éclatèrent sur différents points de l'empire. Pendant qu'Aboul-Haçan était occupé à châtier les Tunisiens, qui s'étaient insurgés contre son autorité, son fils aîné, qui avait réuni autour de lui un fort parti, s'empara de la ville de Maroc, et s'arrogea le suprême pouvoir. Aboul-Haçan marcha contre son fils : les deux armées se rencontrèrent dans un vallon. Les troupes du père furent battues, et il fut lui-même réduit à se réfugier dans la montagne de Hautera. Il y mourut peu de temps après, accablé de chagrins (en 1351). *Faris-Abou-Anan*, son fils et successeur, lui éleva un tombeau magnifique dans la ville de Salé.

Les Beni-Zian et les Beni-Hafs avaient profité de cette guerre civile pour reconquérir leurs États. Abou-Anan dirigea ses armes contre Osman, de la famille des Beni-Zian. Il prit la ville de Tlemcen, et la détruisit de fond en comble. Osman et son frère furent sacrifiés à la sécurité du vainqueur. Tunis, capitale d'Aboul-Abbas-Beni-Hafs, se rendit également à discrétion. Mais, Abou-Anan ne jouit pas longtemps de ses succès; il mourut un an après la prise de Tunis (en 1357).

La mort d'Abou-Anan fut le signal d'une nouvelle guerre civile : chacun des fils prétendait au trône, ou voulait du moins se rendre indépendant dans sa province. Le sort fut décidé par les armes. *Aboubekr-el-Saïd* l'emporta sur ses frères, et fut proclamé sultan.

Sur ces entrefaites, les Beni-Zian avaient relevé la tête : ils étaient rentrés dans leurs États, et avaient élu pour souverain Abou-Hamou. Le sultan du Maroc marcha contre lui, mais il ne parvint pas à le détrôner.

(1) *Recherches historiques sur les Maures*, par Chénier, t. II, p. 221.

Abou-Anan, pendant son règne, avait exilé en Espagne plusieurs de ses frères et de ses neveux, qui lui faisaient ombrage. A la mort de l'oncle, l'un de ces neveux exilés, *Ibrahim*, revint en Afrique avec de nombreux partisans. Les villes de Ceuta et de Tanger, où il aborda, se déclarèrent pour lui. La révolution devint bientôt générale. Aboubekr, abandonné de l'armée, se réfugia dans les montagnes. Il y fut découvert et mis à mort avec son fils (en 1358). Ibrahim n'usurpa pas longtemps le trône ; il en fut chassé par un de ses parents. Ce nouvel usurpateur fit bientôt place à un autre, qui s'appelait *Méhémet-Abou-Zian.*

Mouley-Abou-Saïd, son fils, lui succéda ; c'était un prince mou et efféminé. Il n'eut pas la force de s'arracher du sein des plaisirs, lorsque don Juan de Portugal vint assiéger Ceuta, qui tomba au pouvoir des chrétiens. Les Arabes se révoltèrent contre un prince si indigne de régner. Les rebelles, conduits par le premier vizir, le mirent à mort au milieu de son palais (en 1409). Deux frères d'Abou-Saïd se disputèrent la couronne; ils s'accordèrent enfin, après une guerre de huit ans, à mettre sur le trône *Abdallah*, fils de Mouley-Abou-Saïd. Ce jeune prince, fils d'une chrétienne espagnole, avait été dérobé par sa mère aux atteintes des rebelles. Sorti de sa retraite, il fut reçu par les démonstrations les plus vives. Mais, à peine Abdoullah se vit-il revêtu de l'autorité suprême, qu'il en abusa. Ses cruautés excitèrent un soulèvement général. Un des principaux habitants se mit à la tête des insurgés, fit périr Abdoullah, et s'empara de la couronne (en 1423).

Cependant Saïd-Oatas, gouverneur d'Arzilla, ne voulut point souffrir que le trône des Mérinis passât en des mains étrangères. Ce gouverneur était de la famille des Mérinis, mais d'une branche cadette. Il vint avec une cavalerie nombreuse investir la ville de Fez. L'usurpateur, abandonné des habitants, se réfugia à Tunis, et *Saïd-Oatas* fut proclamé sultan, en 1472.

C'est avec ce prince que commence le règne de la branche cadette des Mérinis. Il nous manque des documents précis sur les événements qui se sont passés en Afrique sous le règne de cette branche cadette ; et même l'histoire de la branche aînée des Mérinis offre, comme on a pu s'en apercevoir, de grandes lacunes. On sait seulement que les Mérinis continuèrent d'occuper le trône jusqu'à l'année 1550, où ils en furent chassés par les chérifs.

Ce silence de l'histoire sur les derniers membres de la dynastie des Mérinis coïncide, chose remarquable, avec l'époque de cette lutte suprême qui se termine par la chute du royaume de Grenade et par l'expulsion des Arabes de l'Espagne.

La domination des *Mérinis* en Afrique avait duré trois cent trente-sept ans.

I. *Branche aînée.*

ABDOULLAH-YAYAH-BEN-MÉRIN.

ABOUBEKR-BEN-ABDOULHAK.

YACOUB-BEN-ABDOULHAK.

YOUSSOUF-ABOU-YACOUB.

ABOU-SALEM-IBRAHIM.

ABOU-CABIR-OMER.

ALI-BEN-YOUSSEF-ZÉHIRA.

ABOU-SAÏD-OSMAN.

ABOUL-HAÇAN-BEN-OSMAN.

ABOU-ANAN.

ABOUBEKR-EL SAÏD.

IBRAHIM, neveu d'ABOU-ANAN.

MÉHÉMET-ABOU-ZIAN (1).

MOULEY-ABOU-SAÏD.

ABDOULLAH-BEN-ABOU-SAÏD.

II. *Branche cadette.*

SAÏD-OATAS.

MÉHÉMET-OATAS (2).

(1) L'histoire présente ici une lacune dans l'ordre de succession légitime.

(2) Entre ces deux princes de la branche cadette il y a un vide de soixante-dix ans. Cardonne, malgré ses recherches dans les chroniques espagnoles et arabes, n'est pas parvenu à combler ce vide. (Voy. *Histoire de l'Afrique et de l'Espagne*, tome II, p. 372.)

Nous ne raconterons pas ici les rivalités sanglantes qui ont divisé, pendant des siècles, les dynasties des Mérinis, des Beni-Zian et des Abi-Hafs. Les Beni-Zian possédaient Tlemcen, et les Abi-Hafs Tunis (1). Les souverains de ces deux places importantes ont pendant longtemps lutté avec des succès variables contre la puissance des Mérinis. Ces luttes furent à peine suspendues par l'invasion des chrétiens à des époques différentes, sous le roi saint Louis et sous Charles-Quint. Ces expéditions, ainsi que beaucoup d'autres événements graves, appartenant à l'histoire de Tunis, nous n'avons pas à en parler ici.

Une réflexion qui frappera tout le monde en lisant l'histoire du Maroc, c'est que tous les fondateurs de dynasties se sont fait passer pour descendants de la famille du prophète : ils ont fait servir la religion à l'exécution de leurs projets.

Vers l'an 1500, *Mahommed-ben-Achmet*, qui se disait *chérif* ou descendant du prophète, commença à s'acquérir dans la province de Drah la réputation d'un saint. Il savait cacher sous les dehors de la dévotion une ambition sans bornes. Les troubles qui agitaient l'empire des Mérinis lui firent concevoir le dessein de les détrôner. Ce chérif avait trois fils : *Abd-el-Kébir*, *Mahommed* et *Hamed* (*Achmet*). Il leur fit faire le voyage de la Mecque, et les initia à ses desseins. De retour de leur pèlerinage, ces trois frères se firent bientôt remarquer par leur dévotion et l'étalage de leur savoir. Méhémet-el-Oatas régnait alors à Fez. Il confia l'éducation de ses enfants à Mahommed; ce dernier fit bientôt venir ses frères auprès de lui, et leur procura des places importantes à la cour. Les trois frères s'insinuèrent dans l'esprit du sultan; ils obtinrent le commandement des armées et le gouvernement de quelques provinces. Ils ne se virent pas plus tôt les armes à la main, qu'ils les tournèrent contre leur bienfaiteur. En vain Méhémet-el-Oatas voulut leur résister : les chérifs remportèrent plusieurs victoires, et lui enlevèrent presque tous ses États. Bientôt il ne lui resta plus que la ville de Fez, qui tomba également (en 1550) au pouvoir de Mahommed, après un siége de deux ans. Le chérif, pour légitimer en quelque sorte sa domination, épousa la fille du sultan Méhémet-el-Oatas, qui mourut dans l'exil (1).

Cependant cet auteur avait composé son ouvrage, ainsi qu'il nous l'apprend lui-même, sur les documents les plus précieux. Ainsi parmi les manuscrits arabes de la Bibliothèque royale qu'il a consultés il cite : Chehabeddin-Aboul-Abbasi, pars 23 *Historiæ universalis*, n° 642 ; Ahmed-ben-Adoulvahabi (Nowaïri), *Historiæ Ommiadarum qui in Hispania regnarunt*, n° 645 ; ejusdem *Historia Africæ et Occidentis*, n° 702 ; *Historia de regibus Beni-Zian*, auctore Mohamed-Abdoul-Giali, n° 703 ; Ahmed ben-Mohamed-el-Magrébi, *Historia Hispaniæ*, n° 705 ; Ebn-el-Kautir, *De redactis in Arabum potestatem Hispanis*, n° 706 ; *Historia Lenazzedini viziri ultimorum Granatæ regum, ex familia El-Ahmar*, n° 758 ; *Historia universalis* Chehabbeddin-Ahmed-el-Mokri, n° 761 ; *Historiæ Compendium* auctore Ebn-Khaldoun ; *Lunæ resplendentes Marocci*, auctore Abdallah-ebn-Batuta, n° 825 ; *Historia califarum et regum arabum in Hispania usque ad annum hegiræ* 765, auct. Ben-Abdallah-el-Khateb-el-Khortoubi.

(1) La dynastie des Abi-Hafs s'éteignit en 1570, par la mort de Hamida, fils de Mouley-Hassan, qui s'était constitué le vassal d'un prince chrétien à la suite de l'expédition heureuse de Charles-Quint. Elle avait possédé le royaume de Tunis pendant trois cent quarante-quatre ans.

(1) N. Clénard, résidant à Fez vers le milieu du seizième siècle, aurait pu nous donner les meilleurs renseignements sur cette partie encore si obscure de l'histoire du Maroc. Malheureusement il n'en dit que quelques mots : il se borne à nous apprendre qu'il y avait dans ce pays des guerres comme chez les chrétiens ; que le chérif du Maroc menaçait les habitants de Fez, que le beau-frère du roi avait commencé les hostilités, et que les habitants venaient d'être molestés par un troisième ennemi, savoir, les sauterelles, qui avaient ravagé tous les champs : *Bella sunt hic ut inter Christianos. Seriphius rex Marrochii valde Fæsensibus imminet. Nuper etiam novus hostis exortus est, is qui sororem hujus regis habet in matrimonio. Tertius hostis molestus est parti utrique. Nam hoc anno* (1541) *nobis cum locustis res est, quæ multis in locis omnia sata devorant : vidisses nuper cœlum totum obductum agminibus locustarum.* Cf. Ni-

Cependant, les provinces du nord virent avec peine ce changement de dynastie; fidèles à l'ancienne maison des Mérinis, elles s'insurgèrent. Mouley-Mahommed y envoya ses trois fils, à la tête de troupes nombreuses. Tlemcen et les principales places du littoral ne firent leur soumission qu'après une longue résistance. Il eut ensuite à soutenir, dans l'intérieur, des luttes qui faillirent lui faire perdre le trône. Il serait trop long d'en donner ici l'historique. Bientôt cependant les chances, qui lui étaient d'abord contraires, se déclarèrent pour lui; il rentra victorieux dans Fez, d'où il avait été chassé. Il s'en prit aux habitants, qu'il traita avec la plus grande sévérité; il exigea que la ville l'indemnisât de la perte de son trésor et des frais de la guerre. Il fit mettre à mort les plus riches pour en confisquer les biens. Puis il fixa sa résidence à Maroc, et laissa à Fez son fils Abd-Allah, en qualité de gouverneur. En 1556, Mouley-Mahommed périt dans une expédition contre les Berbères montagnards.

Son fils *Abd-Allah* lui succéda. Ce prince se rendit odieux par le meurtre de ses frères et de ses neveux, qu'il avait attirés auprès de lui sous différents prétextes. Abd-el-Moumen seul parvint à s'échapper; il se réfugia auprès du dey d'Alger, Hassen, fils de Barberousse, qui lui donna une de ses filles en mariage, et lui confia le gouvernement de Tlemcen. Quelque temps après il tomba victime d'une trahison.

Malgré sa conduite cruelle, Mouley-Abd-Allah n'était pas entièrement dépourvu de bonnes qualités : il employa ses revenus à des travaux utiles; il construisit des palais et ajouta des colléges aux mosquées; il fit bâtir, en 1572, le château du cap d'Agadir, pour garantir le littoral contre les tentatives des Portugais. Il mourut en 1574, et laissa pour successeur Mouley-Mohamed, son fils aîné.

Mouley-Mohamed, surnommé *le Nègre* (parce qu'il était né d'une négresse), était à peine monté sur le trône qu'il imita la politique féroce de son père : il fit périr deux de ses frères et enfermer le troisième pour jouir plus tranquillement de la souveraineté. Il s'aliéna ainsi l'affection de ses sujets. *Mouley-Abd-el-Mélek*, un de ses oncles, profita de cette circonstance pour soulever les populations, et le détrôna sans difficulté. Mouley-Mohamed vint à Lisbonne implorer le secours de don Sébastien. Le jeune roi de Portugal saisit cette occasion pour donner libre carrière à son esprit aventureux. Ni les conseils de son oncle, le cardinal Henri, ni les larmes de sa mère, Catherine, rien ne put détourner le roi de son projet de passer en Afrique. Don Sébastien n'était pas encore marié; il ne restait après lui que son oncle, déjà bien vieux; de sorte qu'en cas de mort du souverain le Portugal se voyait exposé à des guerres interminables par le nombre des prétendants à la couronne. Toutes ces réflexions ne purent rien sur l'esprit du jeune roi, aussi avide de gloire qu'obstiné dans ses résolutions.

Don Sébastien partit de Lisbonne, le 25 juin 1578, pour se rendre à Lagos, où était le rendez-vous de la flotte et de l'armée. De là, il passa à Cadix, où il s'embarqua pour Tanger : il y descendit avec une partie de ses troupes; le reste de l'armée débarqua à Arzille, et y attendit l'arrivée du roi. Cette armée, très-mal fournie d'artillerie, ne dépassait pas quinze mille hommes; elle se composait, en grande partie, d'aventuriers de tous les pays, principalement de Français, d'Allemands et d'Italiens. Don Sébastien se mit en marche le 29 juillet, et vint camper à deux lieues d'Arzille. Le roi avait avec lui ce même Mouley-Mohamed qui avait réclamé du secours contre son oncle Mouley-Abd-el-Mélek, et qui avait remis son fils en otage comme un garant de sa fidélité. Mohamed avait prédit à son allié une victoire facile; il lui avait assuré que plusieurs tribus berbères viendraient se joindre à lui. Mais les choses se passèrent tout autrement : don Sébastien ne vit que des ennemis à combattre.

Mouley-Abd-el-Mélek, appelé Moluk, était avec son armée sous les murs d'Alcassar, lorsqu'il apprit que celle du roi de Portugal était campée aux environs d'Arzille, et se mit en marche pour al-

Nicolaï Clenardi *Peregrinationum ac de rebus machometicis epistolæ elegantissimæ*, Lovanii, 1561, in-12.

ler à sa rencontre. Il était alors si malade, qu'il se faisait porter dans une litière. De son côté, don Sébastien brûlait de se mesurer avec le sultan; et il s'avança dans la campagne, malgré les représentations de ses officiers et de Mohamed lui-même, qui lui conseillaient de se porter sur Larrache et d'en faire le siége. L'armée de Mouley-Abd-el-Mélek se composait de quarante mille hommes de cavalerie et de dix mille d'infanterie. Les deux adversaires se trouvèrent en face dans la plaine de Tamista, entre Arzille et Alcassar, le 4 août 1578. Abd-el-Mélek, averti de la faiblesse de l'armée des Portugais, n'hésita pas à livrer bataille. Il fit disposer ses troupes de manière à pouvoir l'envelopper; son infanterie formait un croissant dont les cornes dépassaient presque entièrement l'armée de don Sébastien; sa cavalerie se tenait en arrière dans la même position; l'artillerie, composée de trente-cinq pièces de canon, était au centre. Les Marocains commencèrent l'attaque par une décharge d'artillerie, qui ne fit d'abord pas grand mal; puis les lignes se rapprochant, un combat acharné s'engagea de part et d'autre. Dans cette mêlée, les Marocains profitèrent de la supériorité numérique : ils serrèrent les Portugais de près, et ne leur laissèrent aucune voie pour la retraite. L'intrépidité des chrétiens ne fit qu'enflammer davantage la fureur des musulmans; don Sébastien fit des prodiges de valeur; mais il fut malheureusement tué; presque toute la jeune noblesse portugaise, qui faisait ses premières armes sous les ordres du roi, resta sur le champ de bataille; l'armée fut entièrement mise en déroute; une partie fut massacrée, le reste tomba dans l'esclavage. Abd-el-Mélek, qui voyait de sa litière l'acharnement du combat, voulut en sortir pour monter à cheval; mais il mourut à la suite des efforts qu'il fit. D'après ses ordres, on laissa ignorer sa mort, jusqu'à ce qu'on fût assuré de la victoire.

Mouley-Mohamed, qui était dans l'armée des Portugais, y perdit également la vie, de sorte que dans cette journée, qu'on appela la *bataille des Trois Rois*, il mourut trois souverains, dont le plus âgé, Abd-el-Mélek, n'avait que trente-trois ans. Don Sébastien fut enterré à Alcassar, d'où son corps, selon les historiens espagnols, fut ensuite transporté à Ceuta, à la sollicitation du roi d'Espagne.

Mouley-Achmet, frère d'Abd-el-Mélek, qui avait contribué à la victoire, fut proclamé sultan par l'armée et par les gouverneurs des provinces. Ce prince se disposait à étendre ses conquêtes lorsqu'il apprit, en 1594, l'arrivée de Mouley-Nacer, un des prétendants, soudoyé par Philippe II, roi d'Espagne. Nacer et ses partisans furent mis hors de combat après un engagement avec les troupes qu'Achmet avait envoyées sous le commandement de son fils.

Mouley-Achmet, aimé de ses sujets, continua à régner tranquillement jusqu'en 1603. Quelque temps avant sa mort, il avait renvoyé, pour une rançon convenable, les principaux seigneurs portugais qui avaient été faits prisonniers à la bataille d'Alcassar.

Mouley-Sidan (Zeydan), le plus jeune fils d'Achmet, fut proclamé sultan. Mais ses frères, Mouley-Abdalla et Mouley-Chek (Sech), virent cette élection d'un œil jaloux; ils fomentèrent des troubles, réunirent des partisans et essayèrent de se partager entre eux le reste de l'empire. L'occasion était belle, pour les souverains étrangers, d'intervenir dans les affaires du Maroc. Aussi le roi d'Espagne soutenait-il tour à tour l'un et l'autre frère. Les guerres civiles qui s'ensuivirent remplissent les premières années du dix-septième siècle. Nous allons communiquer sur ce point de l'histoire assez peu connu quelques détails fournis par de l'Isle, envoyé de Henri IV, roi de France, et fort lié avec l'ambassadeur du Maroc en Espagne. Voici comment de l'Isle s'exprime, dans sa lettre au roi Henri IV : « A mon arrivée en cette cour, j'ay trouvé le sire Jean Latino, gentilhomme genevois, ambassadeur du roi de Fez, et don Diego Marin, ancien pensionnaire du roi d'Espagne (1) en Afrique, avec lesquels je communique tous les jours comme avec mes amis intimes. A ce que j'ay pu conclure, tant par les propos que m'a tenus le dit ambassadeur que par ceux que nos gens ont appris des serviteurs du dit ambassadeur, il a esté dépé-

(1) Philippe III.

ché seulement pour empescher que ce roy ne fomente davantage la guerre d'Afrique et donne secours d'armes et d'argent à Muley-Zeydan, et chassé de Maroc par la victoire que Muley-Abdalla a obtenue contre lui le huitième décembre dernier (1); le victorieux entrant dans les châteaux de Maroc a trouvé des lettres que Sa Majesté catholique escrivoit à Maroc à Muley-Zeydan, lequel après sa déroute s'est sauvé avec fort peu de gens et a passé de l'autre part des montagnes d'Atlas dans les plaines du royaume de Huz, borné et bordé du costé du ponant par la grande mer Atlantique qui baigne les Canaries. Le roy de Fez, qui recognoist l'esprit remuant de ce dit prince et son courage invincible, craint qu'il ne s'embarque sur la dite mer pour venir gagner le destroit de Gibraltar et à passer à Tetouan, et de là qu'il ne brouille les cartes dans toutes les villes du royaume de Fez et le plat pays qui a toujours desiré et desire encore le dit Muley-Zeydan pour la bonne police qu'il tient ez-lieux où il commande, et au contraire veut mal à Muley-Sech pour la trop grande licence qu'il donne à ses chefs de guerre et à ses soldats.

« L'ambassadeur susdit de Fez m'a dit que la principale cause de perte de Muley-Zeydan arriva par la mauvaise situation de cinquante pièces d'artillerie qu'il avoit au front de son armée, pour avoir esté tant soit peu plus élevée qu'il ne falloit, qui fut cause que les dites cinquante pièces ne tuèrent pas dix hommes de l'ennemi et néanmoins chaque pièce tira sept ou huit coups, la dite artillerie estoit gouvernée par plus de mil Anglois que Flamands, la plupart pirates qui s'échouèrent l'année dernière en plusieurs endroits de Barbarie étant poursuivis par les navires de guerre des Hollandois, qui leur donnèrent la chasse suivant l'avis que j'avois donné à messieurs des États des lieux où il convenoit surprendre les dits pirates. Muley-Abdalla, voyant le peu d'effet du canon de son ennemi, se jeta à corps perdu avec deux gros bataillons de cavalerie sur la dite artillerie, foula aux pieds les chrétiens qui la gouvernoient, et passa outre le coutelas au poing, choqua rudement un gros esquadron de mousquetaires, l'ouvrit par les flancs, faute d'être couvert de long bois et le mit en déroute. La nuit survenant empescha que la chaleur ne fust longue, et donna moyen à Muley-Zeydan de se sauver.

« Depuis que l'ambassadeur de Fez est ici, il y a une nouvelle d'un subit changement arrivé en l'État de Maroc plus par le mauvais gouvernement des alcaydes que par la faute du jeune prince Muley-Abdalla, qui a eu l'honneur d'avoir baillé en quinze mois quatre batailles rangées et avant d'avoir vingt et quatre ans accomplis; son courage, accompagné d'une vigilance extrême, l'avoit rendu victorieux de trois des dites quatre batailles; la présomption de ses alcaydes lui fit perdre la bataille du vingt-cinquième février 1607, et leur avarice et cupidité démesurée est cause que maintenant il a été contraint d'abandonner Maroc et d'être privé du fruit des deux dernières victoires.

« Muley-Abdalla étant rentré dans Maroc après la victoire obtenue contre Muley-Zeydan, fit publier une abolition générale et rappeler tous ceux qui s'étaient absentés pour avoir conspiré contre lui, et d'autant qu'il se souvenoit que ceux de Maroc avoient appelé l'an passé Muley-Zeydan pour les défendre des outrages que ceux de Fez leur faisoient, il fit défense à ses soldats sur peine de la vie d'entrer dans la ville, et les fit demeurer sous des pavillons éloignés d'un quart de lieue de la dite ville, maintenant ses ordonnances avec telle sévérité qu'il fit cette fois exécuter quarante et cinquante soldats pour être entrés dans la dite ville ou avoir commis quelque petite faute contre ceux de Maroc. Mais son jeune âge ne lui donnoit telle autorité sur les chefs de son armée qu'il étoit requis pour gagner l'amitié de ceux de Maroc, n'osant refuser à ses alcaydes les maisons et autres héritages des principaux de la dite ville quand ils lui demandoient; lesquels dons injustes commencèrent à émouvoir le peuple à une secrète inimitié contre ce jeune prince victorieux, le prièrent et firent prier de mettre tout le pays en repos afin d'avoir pleine liberté de commerce et moyen de faire leurs semailles.

(1) De l'an 1607. Cette lettre est en date du 18 avril 1608.

« Il y avoit pour lors un jeune prince nommé Muley-Mehemet Bembrisson, petit neveu du gendre de feu Muley-Achmet, qui s'étoit retiré dans les montagnes après la perte de Muley-Zeydan, lequel étant adverti que Muley-Abdalla tenoit sa mère prisonnière pour tirer d'elle grande quantité d'argent, assembla des soldats et vint courir les plaines de Maroc. Muley-Abdalla tira de son camp mille chevaux et deux mil arquebusiers qu'il envoya contre ledit Muley-Mehemet, le battit et le fit poursuivre bien avant dans les montagnes. Les montagnards, irrités des pilleries et insolences des soldats, s'assemblèrent et donnèrent nouvel aide et secours à Mehemet, lequel, reprenant courage et ralliant ses forces, donna sur les trois mille hommes et les défit. Muley-Abdalla leva son camp qu'il tenoit près Maroc pour châtier ceux de la montagne qui favorisoient Mehemet, et n'étoient pas encore éloignés de la ville plus de huit ou neuf lieues que les principaux citadins, fâchés de ce que Abdalla donnoit leurs héritages à ses alcaydes et chefs de guerre, firent soulever le peuple, lui remontrant le peu de justice que leur rendoient Muley-Abdalla et son père, qu'ils ne seroient jamais en repos ni assurés de l'insolence des gens tant que les dits princes le gouverneroient. Sur ces remontrances, le peuple prend les armes, se barricade, et appelle Muley-Mehemet, lequel venu, le proclamèrent leur roi. Muley-Abdalla, sachant ces nouvelles, retourna dans Maroc et entra dans l'Alcassarie, qui est la forteresse de la ville. Le vingt-huitième janvier dernier, il fit publier, durant quatre journées, qu'il s'en retournoit à Fez et que tous ceux qui étoient de son parti eussent à le suivre. Il emmena avec lui toute l'artillerie et munitions de guerre avec tout ce qu'il y avoit de beau et de bon dans le chasteau, et s'acheminant en bel ordre vers Fez sans montrer aucun acte d'hostilité à ceux de Maroc ni laisser aucune garnison dans le fort (1). »

Malgré les révoltes fomentées par Philippe III, roi d'Espagne, qui soutenait les prétentions de Mouley-Chek, *Zeydan* (Sidan) resta maître de l'empire. Il passa tranquillement les dernières années de son règne. En 1620, il reçut un ambassadeur de Hollande, accompagné du savant Golius. Le sultan fut, dit-on, étonné du savoir de cet orientaliste. qui écrivait très-bien l'arabe, mais ne savait pas le parler. Zeydan mourut à Maroc, en 1630. Il eut pour successeur son fils aîné, *Mouley-Abd-el-Mélek*. Ce fut le premier souverain de Maroc qui, à l'exemple des sultans de Constantinople, prit le titre d'*empereur* dans ses relations avec les cours étrangères. Il se rendit odieux à son peuple par son ivrognerie et sa conduite contraire aux préceptes du prophète; et les habitants de Fez mirent sur le trône Achmet, son frère. Mais celui-ci manifesta les mêmes penchants que son frère, auquel il céda bientôt la place. Mouley-Abd-el-Mélek fut assassiné dans sa tente, en 1635; un esclave, le trouvant ivre de vin, lui tira un coup de pistolet.

Mouley-el-Walid, frère d'Abd-el-Mélek, fut tiré de prison, et proclamé empereur. Il se fit aimer de ses sujets par son caractère doux et généreux. Il eut à combattre un frère rebelle, Siman, dont les partisans furent mis en déroute. Mouley-el-Walid mourut après douze ans de règne. Ce fut sous ce règne que Sanson, ambassadeur de France, parvint à traiter pour la rançon de plusieurs Français détenus au Maroc.

Mouley-Achmet-Chek, le dernier des enfants de Mouley-Zeydan, fut appelé au suprême pouvoir en 1647. Ce prince, s'abandonnant aux plaisirs du harem, négligea entièrement les affaires de l'État. Pendant ce temps, les gouverneurs excitèrent, par leur cupidité, un mécontentement général. Les montagnards furent les premiers à se révolter; ils firent périr Mouley-Achmet, et proclamèrent *Crom-el-Hadji*, un de leurs chefs. Cet usurpateur, d'origine obscure, fit assassiner tout ce qui restait de chérifs qui auraient pu troubler son règne. Cependant son pouvoir ne s'étendit jamais sur toutes les parties de l'empire. Crom-el-Hadji confia toute son autorité à un juif qui, pour se venger des humiliations dont ses coreligionnaires étaient l'objet, abusa souvent de son crédit. La

(1) N° 778, Manuscr. français de la Bibliothèque du roi (fonds Saint-Germain).

conduite de Crom-el-Hadji et cette confiance déplacée, qui bravait les préjugés religieux, le rendirent l'opprobre des musulmans. Après un règne de sept ans, il périt comme Holopherne. La fille de Mouley-Labis, dont le frère était au nombre des victimes du sultan, consentit à épouser ce dernier. Le jour des noces, elle lui fit prendre une boisson narcotique, et, comme une autre Judith, elle saisit cette occasion pour le poignarder. Mais ce qui diminue le mérite de cette femme, c'est qu'elle épousa le fils de l'usurpateur, Mouley-Chek, qu'elle s'empressa de prévenir de la mort de son père. Mouley-Chek perdit le suprême pouvoir par une nouvelle révolution, qui mit sur le trône de Maroc la dynastie actuellement régnante.

Chérifs de la maison régnante du Maroc.

Lors de l'extinction des chérifs qui détrônèrent la famille des Mérinis, il y eut dans le Tafilelt plusieurs années de disette. Des pèlerins ramenèrent alors de la Mecque un chérif (1) appelé *Mouley-Ali*, descendant de Mahomet, né à Iambo, ville voisine de Médine. Selon la tradition des Maures, avant l'arrivée du chérif les palmiers ne portaient pas de fruit; par un rétablissement soudain de la température des saisons, les récoltes devinrent si abondantes, que les habitants attribuèrent à la présence du saint personnage un changement aussi bienfaisant. Ils crurent que la Providence leur avait envoyé Mouley-Ali pour mettre fin à leurs calamités, et le proclamèrent roi du Tafilelt. Toutes les provinces de l'empire imitèrent cet exemple, à l'exception de Maroc et de ses environs, qui étaient encore au pouvoir de Crom-el-Hadji.

Mouley-Ali resta dans le Tafilelt, où les habitants l'entouraient des plus grandes marques de respect et de vénération; il confia à des hommes probes le gouvernement des provinces qui s'étaient déclarées pour lui, et se fit aimer de tous par sa bonne administration. Il eut une nombreuse postérité; car on lui connut quatre-vingt-quatre fils et un plus grand nombre de filles. Il porte, ainsi que ses descendants, le surnom de *Faletti* (le Tafileltien). A sa mort, les habitants élurent comme roi son fils aîné, *Mouley-Mahomet*. Celui-ci régnait paisiblement au Tafilelt, lorsque *Mouley-Archid* (les Portugais écrivent *Arxid*) se révolta contre lui.

Archid avait conçu le projet de diviser l'empire. Retiré du côté d'El-Drah, il se trouva bientôt à la tête d'un parti considérable. Mouley-Mahomet marcha contre son frère, se saisit de lui et châtia les rebelles. Archid parvint, par le secours d'un esclave nègre, à s'échapper de sa prison; rendu à la liberté, il trancha d'abord la tête à son libérateur et se réfugia dans les montagnes du Rif. Il offrit ses services à Ali-Soliman, souverain de ce pays. Archid se conduisit avec tant d'adresse, qu'il gagna promptement toute la confiance de Soliman. Mais il ne s'en servit que pour mieux tromper son maître. Il sema l'indiscipline parmi les troupes dont il avait reçu le commandement, et fit éclater une révolte contre Soliman. Une rencontre eut lieu. Soliman, abandonné de ses soldats, tomba au pouvoir d'Archid, qui le fit périr. Archid employa l'or de Soliman à augmenter le nombre de ses partisans. Puis il s'avança contre son frère, Mouley-Mahomet, et en battit l'armée. Mahomet mourut peu de jours après sa défaite, en 1664.

Archid n'eut plus alors d'adversaire sérieux à combattre. Il se rendit avec son armée dans la province du Rif, et s'en empara ainsi que de la ville de Teza, où il passa l'hiver. Au printemps de 1665, il marcha sur Fez, et prit la ville d'assaut. Il fit périr dans des tourments affreux le gouverneur, qui lui avait refusé d'indiquer le lieu où étaient cachés ses trésors. Tous les petits chefs des environs, qui s'étaient érigés en souverains indépendants, intimidés par les succès rapides d'Archid, s'empressèrent de venir lui rendre hommage. Il ne lui restait plus à conquérir qu'une partie des provinces de la côte occidentale. Archid, à la tête d'une armée de quarante mille hommes, marcha sur Arzille, prit la ville d'assaut, et en chassa le gouverneur, qui se réfugia à Alger. La ville de Salé envoya sa sou-

(1) Le nom de *chérif* est le titre de noblesse que portent les descendants de la famille du prophète.

mission. D'autres villes, et plusieurs tribus des montagnes, suivirent cet exemple. Le cheik-Ben-Bouker essaya seul une résistance sérieuse; mais, abandonné de ses troupes, il fut livré au vainqueur, qui le fit mettre à mort. Après avoir ainsi détruit plusieurs petites souverainetés naissantes, et grossi son armée d'un grand nombre de volontaires, Mouley-Archid se mit en route, en 1667, pour Maroc, ville occupée par Mouley-Chek, dont le père, Crom-el-Hadji, venait d'être tué par sa femme. Le fils de Crom-el-Hadji fut à son tour abandonné de ses troupes, au moment où il allait se défendre contre l'agresseur aux portes de sa capitale. Il voulut se réfugier dans les montagnes; mais, arrêté en chemin, il fut conduit devant Archid, qui le fit traîner dans la ville attaché à la queue d'une mule. Le corps de Crom-el-Hadji lui-même ainsi que celui du juif son ministre furent exhumés, brûlés sur un bûcher, et leurs cendres jetées au vent.

Dès qu'Archid fut maître de Maroc, les tribus des environs vinrent faire leur soumission. La tribu des Chabanets, descendant de familles espagnoles jadis établies à Rabat, fut soumise par Achmet, neveu d'Archid. Sidi-Ali, marabout vénéré, s'était retranché dans la capitale de Sous, et refusait de se soumettre. Archid vint mettre le siége devant la place, qui se rendit. Sidi-Ali, pour se soustraire à la férocité du vainqueur, se réfugia dans le Soudan, où il fut accueilli hospitalièrement.

Mouley-Archid venait d'étendre son empire depuis le détroit de Gibraltar jusqu'au cap Noun; c'était le souverain le plus puissant de l'Afrique, et comme il voulait en être aussi le plus riche, il mit tous ses soins à augmenter son trésor. Les gouverneurs rivalisaient de zèle pour le servir dans cette intention. Il envoya des détachements dans toutes les provinces pour y lever des contributions extraordinaires, avec ordre de tout ravager au moindre refus. Quelques tribus des montagnes voulurent résister à ces exactions. Le sultan ordonna alors qu'on lui apportât, au lieu d'argent, les têtes des récalcitrants. Les vieillards, les femmes et les enfants devinrent seuls les victimes de cet ordre barbare. Tant de cruautés firent vivement regretter le règne de Mouley-Mahomet. Les fils de celui-ci trouvèrent partout de nombreux partisans, tous prêts à combattre pour leur cause. Mais le complot fut découvert, et les conspirateurs sévèrement punis.

Archid mourut peu de temps après, par suite d'un accident, en 1672, à l'âge de quarante et un ans. Il se cassa la tête contre un arbre, dans une joute à cheval. On cite de ce prince une foule de traits qui témoignent d'un caractère féroce et cruel. Ainsi, on raconte qu'il infligea un jour à des femmes la torture la plus atroce; il fit placer leurs mamelles entre les bords de l'ouverture d'un coffre, et les comprima de son propre poids. Une autre fois, un de ses kaïds voulant lui vanter la sûreté qui régnait sur les routes, lui dit avoir rencontré un sac de noix que personne n'avait ramassé. « Et comment sais-tu qu'il y avait des noix dans le sac? » lui dit l'empereur. « Je l'ai touché avec le pied, » répliqua le kaïd. « Eh bien, qu'on lui coupe le pied, repartit le prince, pour punir sa curiosité (1). »

A la mort de Mouley-Archid, Haran, son frère, accourut à Fez pour s'emparer du trésor, comme un moyen assuré d'avoir l'empire. Mais *Mouley-Ismael*, à qui cette nouvelle fut apportée par un dromadaire, arriva à Fez avant son frère, et fut proclamé souverain. Haran se rendit alors dans le Tafilelt, auprès de son neveu Mouley-Achmet, et y forma un parti nombreux. L'empire que Mouley-Archid avait eu tant de peine à consolider, commença encore une fois à se diviser. Pendant que Mouley-Ismael se faisait reconnaître roi de Fez, son neveu Mouley-Achmet se fit proclamer roi de Maroc, grâce à la connivence du gouverneur de cette ville. Les deux souverains rivaux eurent une rencontre, en 1673, dans la plaine de Maroc; la victoire se décida en faveur de Mouley-Ismael, qui avait des troupes plus aguerries; Achmet fut blessé, et eut de la peine à gagner les montagnes, où il se retira.

Après cette rencontre, Mouley-Ismael s'empara de la ville de Maroc, où il resta

(1) Chénier, *Histoire de l'empire du Maroc*, t. III, p. 363.

quelque temps pour recevoir l'hommage des provinces et des tribus voisines. Puis il marcha vers les provinces du nord, et châtia le kaïd Gailand, qui avait levé l'étendard de la révolte; il réprima les troubles qui venaient d'éclater à Fez, à Teza et à Alcassar, et ne pardonna aux habitants que grâce à l'intercession d'un marabout vénéré, Abd-el-Kader Fessi. L'année suivante (1674), Mouley-Ismael eut encore à combattre son neveu ; mais celui-ci fut de nouveau défait, et se réfugia dans la province de Drah, pour épier l'occasion de reprendre les armes. Mouley-Ismael alla ensuite châtier quelques tribus berbères qui avaient refusé le tribut. Ces montagnards s'étaient retranchés dans des lieux inaccessibles. Mais un des généraux de Mouley-Ismael tourna la montagne, avec quatre mille chevaux, pour mettre les rebelles entre deux feux : ils prirent alors la fuite, abandonnant leurs femmes et leurs enfants, qui furent massacrés, et le butin fut distribué aux soldats. De là Mouley-Ismael se rendit à Fez, où il exigea des habitants une contribution de cinquante quintaux d'argent, qu'il réduisit, par une grâce spéciale, à trente-trois (1).

En 1675 il arriva à la cour de Mouley-Ismael un ambassadeur anglais, qui venait négocier un traité de paix et de commerce. L'empereur lui fit l'accueil le plus gracieux; mais, au moment de conclure, un marabout, couvert de haillons, vint lui annoncer que la nuit dernière le prophète lui était apparu, et lui avait ordonné de dire au sultan qu'il l'aiderait à vaincre ses ennemis s'il voulait se refuser à faire la paix avec les infidèles. L'empereur baisa respectueusement la tête du saint homme, et s'excusa auprès de l'ambassadeur sur ce qu'il ne pouvait pas faire la paix avec lui, pour ne pas encourir la disgrâce du prophète.

Dans la même année, Achmet sortit de sa retraite de Drah, et vint, avec une petite troupe d'hommes dévoués, s'emparer de la ville de Maroc. Mouley-Ismael était à Salé, lorsqu'il fut informé de l'entrée d'Achmet à Maroc. Il détacha sur-le-champ un de ses lieutenants pour s'opposer au progrès du prétendant; mais il fut entièrement défait. Cette victoire fit rapidement accroître le nombre des partisans d'Achmet, et bientôt Mouley-Ismael ne se vit plus en état de combattre son neveu à forces égales. Il se retira alors dans les montagnes pour gagner à sa cause quelques tribus berbères; il écrivit aux habitants d'Agadir pour les exhorter à lui demeurer fidèles. Mais ils lui renvoyèrent ses lettres sans réponse. Il ne resta à Mouley-Ismael d'autre espoir que dans les chances d'une bataille. Il se rapprocha promptement de la ville de Maroc; son neveu l'attendait. Il y eut un carnage affreux; Mouley-Ismael perdit plus de trois mille hommes. Achmet, maître du champ de bataille, ne sut pas profiter de sa victoire; au lieu de poursuivre l'ennemi, son armée se livra à des réjouissances qui donnèrent à Mouley-Ismael le temps de rallier ses troupes, et d'en venir à un second engagement où la fortune se décida en sa faveur. Achmet se renferma dans la ville de Maroc, où il soutint un long siége avec les débris de son armée. Enfin, grâce à l'entremise de Haran, roi du Tafilelt, Achmet et Mouley-Ismael se réconcilièrent : il fut convenu que le premier garderait la souveraineté de la province de Drah, qu'il abandonnerait Maroc à Mouley-Ismael, et qu'il y aurait une amnistie générale. Mouley-Ismael, ne pouvant pas maîtriser ses ressentiments, viola ce dernier article : il saccagea la ville de Fez, et infligea aux habitants les plus indignes traitements.

Quelque temps après, Mahomet-el-Hadji, soutenu par le sultan de Constantinople, fit éclater des troubles dans la province de Chavoia et aux environs de Méquinez. Mouley-Ismael marcha contre le rebelle, défit avec son artillerie des troupes mal disciplinées, et envoya dix mille têtes à Maroc et à Fez,

(1) Le quintal d'argent au Maroc est un numéraire de convention; sa valeur est d'environ 6,600 francs, quoiqu'un quintal d'argent monnayé vaille plus de 10,000 francs. On voit dans Salluste que l'usage de payer les contributions en Afrique par un poids déterminé d'argent métallique est très-ancien. Lorsque Jugurtha, roi de Numidie, réclama la clémence de Rome, Métellus, qui commandait en Afrique, exigea de lui un tribut provisoire de deux cent mille livres pesant d'argent. (Chénier.)

pour y être attachées aux murs, en guise de trophées. Ce prince se retira ensuite à Méquinez, pour y jouir des douceurs de la paix.

En 1678 la peste décima les populations de l'Afrique septentrionale, et principalement celles du Maroc. On prétend que ce fléau fit périr plus d'un million d'habitants (1).

L'autorité de Mouley-Ismael n'était pas encore reconnue par toutes les tribus berbères de l'Atlas. Le sultan marcha contre les tribus qui se montraient les plus indépendantes. Celles qui n'étaient pas assez fortes pour s'opposer à ses armes se soumirent, et payèrent le tribu exigé; mais celles qui étaient favorisées par la position des lieux résistèrent au sultan avec tant d'intrépidité qu'il fut forcé de renoncer à son entreprise, et promit de les laisser tranquilles. Cette promesse fut garantie solennellement par le sacrifice d'un chameau, égorgé au pied de la montagne (2).

La résistance de ces montagnards releva le courage des peuples voisins. Ismael, pour effrayer les Berbères rebelles, les menaçait de les faire manger par les chrétiens, dont ces peuples s'étaient fait une idée monstrueuse (1). Mais ils se rassurèrent en voyant, disaient-ils, que les chrétiens avaient la tête, le corps, les bras et les jambes faits comme les autres hommes. L'armée de l'empereur eut à lutter, dans ces montagnes, non-seulement contre des tribus indisciplinables, mais contre des ennemis plus redoutables encore, le froid, la neige et la famine. Mouley-Ismael perdit dans cette expédition désastreuse la meilleure partie de ses troupes, trois mille tentes et les richesses qu'il avait amassées. Ainsi humilié, il reprit lentement le chemin de Méquinez. A son arrivée dans cette ville, il fit mourir dans l'affreux tourments son principal ministre, Abd-er-Rhaman, accusé de prévarication. Après lui avoir cassé le bras d'un coup de pistolet, il le fit traîner dans son camp, cousu dans une peau de bœuf. Tous ses complices furent taillés en pièces.

Mouley-Ismael eut le premier l'idée d'organiser un corps de troupes permanent, destiné à lui servir en même temps de garde. A cet effet, il fit venir, principalement du Soudan, un grand nombre de nègres des deux sexes. Il les maria, leur assigna des terres, les fit élever dans l'islamisme, les familiarisa avec l'usage des armes, et en fit une excellente pépinière de soldats. Méprisés par les Maures, ils étaient tout dévoués à leur maître; en remplissant leurs obligations, ils se vengeaient en même temps de la haine que les blancs avaient pour eux. C'est par cette espèce de rivalité entre ses soldats et ses sujets, que Mouley-Ismael réussit à soumettre et à contenir pendant un long règne toutes les provinces d'un empire si accoutumé à changer de maître.

A l'exemple d'Amurat, sultan de Constantinople, qui fit bénir par Hadji-Bectasch le corps des janissaires qu'il venait de créer, Mouley-Ismael donna à ses noirs pour patron et pour signal de ral-

(1) Il est à remarquer que la peste se déclare presque toujours à la suite de guerres très-meurtrières, ou après des temps de disette causée par les sauterelles. Cette remarque vient à l'appui de l'opinion que la peste est occasionnée par des matières animales en putréfaction, empoisonnant l'air à de grandes distances. Ce qu'il y a de certain, c'est que dans l'antiquité, où l'on avait la coutume de brûler ou d'embaumer les cadavres, ce redoutable fléau était infiniment plus rare qu'à notre époque, où cette coutume n'existe plus. On peut même soutenir que les anciens ne connaissaient pas du tout notre peste, et que ce qu'on a traduit par ce nom n'était qu'une espèce de typhus, comme le λοῖμος ou *peste* qui ravagea Athènes du temps de Périclès. Enfin, on n'a qu'à comparer les ordonnances des Grecs et des Romains relatives aux sépultures, avec la police des inhumations si déplorables dans les pays musulmans, pour se convaincre que la négligence des hommes n'est peut-être pas tout à fait étrangère à la production du fléau qui les décime.

(2) Ces sacrifices sont des serments inviolables, qui paraissent avoir été de tout temps en usage chez les Africains. Annibal, à la veille de combattre Scipion, promit de grandes largesses à ses soldats. Il prit en outre un agneau et pria les dieux de le faire périr s'il manquait à sa parole, comme il allait faire mourir cet agneau. (Tite-Live, I, 3e décad.)

(1) Il est à remarquer que les chrétiens du moyen âge avaient, de leur côté, traité les musulmans d'anthropophages.

liement, Sidi-Boccari, un des commentateurs du Koran, sur le livre duquel il leur fit prêter serment de fidélité (1). De là les noirs destinés au service immédiat du souverain prirent le surnom d'*Alboccari*. Cette troupe devint la garde particulière de Mouley-Ismael, et il n'en eut jamais de plus fidèle. Ses successeurs ont adopté cette institution, en y apportant toutefois quelques légères modifications.

Mouley-Ismael profita des loisirs de la paix pour faire construire de nombreux palais et embellir ceux qui existaient déjà. Les esclaves chrétiens employés à ces travaux étaient souvent l'objet de ses caprices barbares. Si les briques se trouvaient trop minces, il les faisait casser sur la tête de celui qui les avait fabriquées; tous les ouvriers étaient punis par des peines pécuniaires ou par des châtiments analogues à leur profession. Pour se distraire, il faisait combattre des criminels avec plusieurs lions qu'il tenait enfermés dans un parc (2). D'autres fois, il faisait démolir ce qu'il avait bâti à grands frais, afin d'occuper les personnes qui étaient auprès de lui, et de ne pas leur laisser le temps de conspirer. Pour peindre l'esprit changeant des hommes, il disait judicieusement que s'il avait une quantité de rats dans un panier, et qu'il ne les remuât pas sans cesse, ils perceraient le panier pour s'en aller.

En 1680, le chevalier de Château-Renaud, chef d'une escadre française, se présenta devant Salé avec dix vaisseaux de guerre, autant pour bloquer ce port que pour tâcher de ménager la paix. Le kaïd Amar-Habou, qui devait conduire cette négociation, eut plusieurs conférences avec les personnes commises par le commandant français. Ces conférences furent infructueuses, et ne servirent qu'à multiplier les dépenses. Selon l'usage de la cour de Maroc, on promit tout, mais on ne put convenir de rien.

A la fin de 1680, Mouley-Achmet, neveu d'Ismael, souverain de Drah et de Sous, entreprit de pénétrer dans le Soudan, à la tête d'une armée. Beaucoup de tribus voisines vinrent se joindre à lui. Dans la traversée du désert de Sahara, il eut beaucoup à souffrir de la disette d'eau, et plus de quinze cents hommes périrent dans les sables mouvants. Arrivé dans le Soudan, Achmet mit le siége devant Tagaret. Les noirs renfermés dans cette place, n'ayant que des piques à opposer à des armes à feu, se rendirent à discrétion. Le vainqueur y trouva, dit-on, de grandes richesses, et une immense quantité de poudre d'or; il en chargea cinquante chameaux. Il exigea du roi du Soudan un tribut de dix mille esclaves noirs. De retour à Taroudant, il en fit remettre une grande partie à son oncle, auquel il s'empressa d'annoncer le succès de son expédition.

Mouley-Ismael, ayant échoué dans une tentative d'envahir la régence d'Alger, se rabattit sur les principales places de la côte. Il investit Mamora, fort mal défendue par les Espagnols depuis la mort de Philippe IV. Cette place, malsaine à cause des marais du voisinage, se rendit sans résistance, et livra toutes ses munitions, y compris près de cent pièces de canon. Tanger tomba de même au pouvoir d'Ismael. Cette place, dont l'occupation était plutôt une charge qu'un avantage pour l'Angleterre, avait déjà été abandonnée en 1684. En se retirant, les Anglais avaient fait sauter le môle et les fortifications que Charles II avait fait construire. Mouley-Ismael trouva donc là une conquête facile. El-Araiche soutint un siége de cinq mois; enfin cette ville se rendit, en 1689; sa garnison fut échangée à raison de dix Maures contre un chrétien. Les tentatives de l'empereur pour s'emparer de Ceuta échouèrent devant les forces mieux organisées des chrétiens.

Sur ces entrefaites, le chevalier de Château-Renaud vint de nouveau mouiller dans la rade de Salé, avec une escadre de quatre vaisseaux. Il renoua les négociations concernant le rachat des esclaves. Mouley-Ismael invita Louis XIV à lui envoyer une personne de confiance pour traiter d'affaires, tandis qu'il offrait lui-même d'envoyer un ambassa-

(1) Depuis lors ce livre se porte avec respect dans les armées; pendant le combat, il est déposé dans la tente du commandant en chef.

(2) Chénier, t. III, p. 395.

deur à la cour de France. Sur cette invitation, Louis XIV dépêcha Saint-Olon à Méquinez. Mais cette mission fut sans résultat, soit que des deux côtés on ne sût pas pénétrer ses intimes pensées, soit qu'on ne voulût rien sacrifier à certains préjugés dominants.

Ce fut à cette époque qu'eut lieu la fameuse demande en mariage, pour l'empereur de Maroc, de la princesse de Conti (mademoiselle de Blois), fille naturelle de Louis XIV et de mademoiselle de la Vallière. Cette demande fut faite à M. de Pontchartrain par Abdella Ben-Aïssa, envoyé du chérif auprès du roi de France. Ben Aïssa, dans les cercles de la cour, avait eu l'occasion de voir et d'admirer la princesse, dont il fit à son maître un tableau séduisant.

« Je lui avais fait le portrait de cette princesse, dit l'ambassadeur marocain en parlant de Mouley-Ismael, et lui en avais raconté les merveilles et la modestie admirable qu'elle garde envers son frère, monseigneur le Dauphin; de son bel esprit, de son air royal, et de sa parfaite intelligence aux exercices du bal et des instruments de musique que nous vîmes une nuit au Palais-Royal, chez le prince leur oncle, Monsieur, où M. de Saint-Olon me mena. J'ai parlé des grandes honnêtetés que j'ai reçues de ce prince, et des manières civiles et charmantes qu'ils observaient les uns envers les autres en notre présence. Nous avons fait l'éloge de tout cela, et une description au roi notre maître; tellement que cela lui est demeuré gravé dans l'esprit, et qu'il y pense avec soin et inquiétude. Sur quoi il m'a dit : « Il faut que tu écrives au vizir Pontchartrain, ton ami, « afin qu'il demande pour moi en mariage au roi son maître cette princesse « sa fille, sœur du Dauphin, à part sa « mère, qui n'a point d'époux à présent. « Notre roi la prendra pour femme selon la loi de Dieu et de son prophète « Mouhammed, assurant qu'elle restera « dans sa religion, intention et manière « de vivre ordinaire. Elle trouvera en « cette cour tout ce qu'elle désirera qui « pourra lui faire plaisir selon Dieu et « justice, s'il plaît à Dieu (1). »

Mouley-Ismael, qui faisait tenir ce langage à son ambassadeur, n'avait point osé faire directement une démarche dont il ignorait le succès. Il écrivit donc au roi de France par la même voie, mais sans faire la moindre mention de ce qu'il avait le plus en vue. Il se contentait de demander à Louis XIV « une cotte d'armes *à la kongrine*, de celles que les Arabes portaient avant que l'on eût inventé l'usage de la poudre, et en même temps les livres arabes qui étaient en France, et dont on ne se servait pas; car ces livres pouvaient servir à l'échange des esclaves. »

Le ton affectueux de cette lettre, joint à la réserve observée sur l'article le plus essentiel, « servit, ajoute Saint-Olon, de divertissement à la cour pendant quelques jours, et donna lieu à quelques vers et couplets de chansons assez jolis sur ce sujet (1). Cependant, comme on ne jugea pas qu'une semblable proposition méritât quelque réponse, on permit seulement au sieur Jourdan, correspondant de Ben-Aïssa, de mander à celui-ci qu'il n'avait osé faire voir à la cour des lettres si peu convenables à la religion, à la piété du roi, et à la différence de mœurs et coutumes des deux nations; et que quand le roi de Maroc serait assez touché des vérités du christianisme pour l'embrasser, il serait alors en droit beaucoup plus apparent de se faire écouter (2). »

Les troubles qui éclatèrent en Espagne après la mort de Charles II donnèrent à Mouley-Ismael l'espoir de

(1) Journal manuscrit de Saint-Olon.

(1) Le duc de Nevers fit à cette occasion une pièce de vers qui a été insérée dans le *Nouveau Siècle de Louis XIV* (Paris, 1793, t. IV, p. 133); et J. B. Rousseau composa les vers suivants :

Votre beauté, grande princesse,
Porte les traits dont elle blesse,
Jusques aux plus sauvages lieux;
L'Afrique avec vous capitule,
Et les conquêtes de vos yeux
Vont plus loin que celles d'Hercule.

Ce couplet de Périgny fut composé dans la même circonstance :

Pourquoi refusez-vous l'hommage glorieux
D'un roi qui vous attend, et qui vous croira belle!
Puisque l'hymen à Maroc vous appelle,
Partez; c'est peut-être en ces lieux
Qu'il vous garde un amant fidèle.

(2) Journal manuscrit de Saint-Olon; Thomassy, *Relations de la France avec le Maroc*, p. 173 et suiv.

s'emparer de Ceuta, dont il avait jusqu'alors vainement essayé de se rendre maître. Il fit construire, aux environs, des maisons pour les chefs de corps, des cabanes pour les soldats, et ordonna de reprendre le siége. Les Marocains tenaient Ceuta depuis vingt ans bloqué, lorsque Philippe V se détermina à leur faire une guerre sérieuse. En 1720, le roi d'Espagne fit passer en Afrique une armée sous les ordres du marquis de Lède. L'armée espagnole attaqua celle des Marocains par le centre, en même temps que les vaisseaux l'incommodaient par les flancs avec tant de succès, qu'ils la mirent en désordre. Depuis cette époque, les Espagnols ne furent troublés qu'à de rares intervalles dans la possession de Ceuta.

Mouley-Ismael nourrissait depuis longtemps le projet de s'emparer de la régence d'Alger. Mais il fut encore malheureux dans l'entreprise qu'il tenta; son armée fut battue par les Algériens. Ce prince, d'un âge déjà fort avancé, justifia par son exemple ce mot énergique de Frédéric le Grand : « La Fortune est une courtisane, qui aime les jeunes gens et tourne le dos aux vieux. » Aux échecs qu'éprouvèrent ses armes vinrent s'ajouter de nombreux chagrins domestiques. Des intrigues de sérail, fomentées par des femmes rivales, et particulièrement par Léla Zidana, amenèrent la mésintelligence entre le père et son fils Mouley-Mahomet. Ce dernier parvint à réunir quelques partisans, et se déclara rebelle. Mais sa troupe fut défaite, et lui-même subit un châtiment atroce. Lorsque ce prince demanda pardon de ses fautes, son père lui présenta la pointe de sa lance. Ismael, inflexible, présida lui-même au supplice d'un fils qu'il avait chéri (1); il ordonna à deux hommes de le saisir, et à un boucher de lui couper le poignet droit. Celui-ci refusa, préférant, disait-il, la mort à l'action sacrilége de tremper sa main dans le sang d'un cherif. L'empereur, irrité de ce refus généreux, trancha lui-même la tête au boucher; il en appela un autre qui exécuta ses volontés, et coupa la main et le pied droit à Mouley-Mahomet. « Hé bien, malheureux, lui dit alors Ismael, à présent connais-tu ton père? » A ces mots, il prit un fusil, et tua le boucher qui avait coupé la main et le pied à son fils. Mahomet, malgré la douleur qu'il éprouvait, ne put s'empêcher de faire observer l'inconséquence atroce d'un souverain qui tue celui qui exécute ses ordres comme celui qui refuse de lui obéir. On plongea dans du goudron liquéfié le bras et la jambe de cet infortuné prince, pour arrêter l'hémorragie; et l'empereur, souillé du sang de son fils, ordonna à ses gardes de le porter vivant à Méquinez, sous peine de la vie (1). Mahomet mourut treize jours après la mutilation de ses membres. Son père lui fit élever un superbe tombeau, qui conserve à la postérité le souvenir d'un acte barbare.

Mouley-Zidan, débarrassé d'un frère rival, se crut assez fort pour prétendre au pouvoir suprême. Chargé du commandement de l'armée, il commettait dans les provinces, surtout dans celle de Sous, des exactions de toutes sortes afin d'accumuler des trésors et d'acheter des hommes. Le père eut bientôt lieu de se repentir d'avoir mis sa confiance en un pareil fils; il chercha, sous divers prétextes, à l'attirer auprès de lui, à Méquinez; mais en vain. Bien au courant des intrigues de sérail, il resta même sourd aux invitations de sa mère, à laquelle l'empereur avait fait croire qu'il était malade. Quelque temps après, on trouva Zidan étouffé entre deux matelas. Le corps de ce prince fut porté de Taroudant à Méquinez, par ordre de sa mère; on lui éleva un magnifique mausolée, qui sert encore aujourd'hui d'asile aux criminels. Mouley-Ismael fit venir les femmes qu'on accusait d'avoir tué son fils. Léla Zidana les sacrifia à sa vengeance; elle traita trois de ces femmes avec un raffinement d'atrocité inouïe :

(1) Mouley-Mahomet était fils d'une esclave géorgienne que l'empereur avait achetée à Alger. Cette femme, d'une grande beauté, exerça un certain ascendant sur l'esprit indomptable d'Ismael. Elle fut étranglée par Léla Zidana, femme noire, jalouse de sa rivale. C'est ce qui explique la haine mortelle que Mouley-Mahomet avait jurée à la meurtrière de sa mère; l'empereur et Mouley-Zidan, fils de Léla Zidana, furent plus tard enveloppés dans cette haine.

(1) Chénier, tome III, p. 413.

elle leur fit couper les mamelles et les leur fit manger avant de les étrangler.

Après la mort de Zidan, Abd-el-Mélek, son frère, reçut, en 1721, le gouvernement de la province du sud, et se conduisit d'abord avec sagesse. Mais l'éloignement de la résidence de l'empereur le rendit bientôt hardi; et il commença à agir en maître absolu, en refusant d'envoyer à son père le tribut de la province. L'empereur, auquel le grand âge ne permettait plus de franchir les déserts pour faire respecter son autorité, écrivit à son fils des lettres pleines de tendresse pour l'engager à revenir à la cour, en lui insinuant que c'était pour lui céder le trône. Sur le refus d'Abd-el-Mélek de se rendre à Méquinez, Mouley-Ismael désigna Achmet-Deby, son cadet, pour successeur à l'empire.

L'empereur mourut enfin le 22 mars 1727, âgé de quatre-vingt-un ans, après en avoir régné cinquante-quatre. Ce prince, habile politique, actif, bon guerrier, a terni l'éclat de son règne par de nombreux actes de cruauté. Il avait une quantité prodigieuse de femmes, et il ne savait pas lui-même le nombre exact de ses enfants. Les mâles étaient, dit-on, au nombre de huit cents, et l'on voit encore dans le Tafilelt toute une population de chérifs qui sont les descendants de Mouley-Ismael, de ses frères ou de ses aïeux. Les gens du pays racontent que le dernier enfant de ce souverain naquit dix-huit mois après la mort de son père, et que les talebs décidèrent que la douleur de l'enfantement avait changé, à cet égard, l'ordre de la nature (1).

Mouley-Achmet-Deby succéda à Mouley-Ismael, au préjudice de ses frères aînés Abd-el-Mélek et Abd-Allah. Se trouvant à Méquinez à la mort de son père, il profita de cette circonstance pour gagner les chefs de la garde noire et les grands officiers de la cour : il leur fit distribuer des sommes d'argent considérables. Mouley-Achmet avait trouvé dans le trésor que son père avait amassé des valeurs de plus de cent millions de francs. Ce prince négligea le soin des affaires, et ne s'occupa que de ses plaisirs. En se livrant à la boisson, contrairement aux préceptes de Mahomet, il s'aliéna l'affection des croyants. Pour faire cesser les murmures, il réduisit les impôts à la perception du dixième des revenus, prescrit par la loi du prophète. Mais cette sage ordonnance ne produisit pas l'effet espéré : les kaïds, se prévalant de la faiblesse du gouvernement, ne firent qu'augmenter leurs extorsions, et déterminèrent l'explosion d'un mécontentement général. Quelques provinces se déclarèrent pour Abd-el-Mélek, plus rigide observateur de l'islamisme. Pour conjurer l'orage, Mouley-Achmet redoubla ses libéralités envers sa milice prétorienne, la garde noire, qui détestait les Maures autant pour le moins que les Maures méprisaient les noirs enfants du Soudan. La guerre civile éclata. Les provinces du midi arborèrent, les premières, l'étendard de la révolte. Les habitants de Fez et de Tétouan se soulevèrent, et chassèrent leurs gouverneurs. L'insurrection eut lieu dans des points trop nombreux et trop éloignés, pour être à même de la contenir avec l'armée la plus dévouée. Abd-el-Mélek se dirigea sur la ville de Maroc, déclarant que s'il parvenait à l'empire il n'aurait jamais de noirs à son service. Cette déclaration imprudente inspira aux noirs un courage de désespérés, car il s'agissait non-seulement de combattre pour leur roi, mais pour eux-mêmes. Une bataille acharnée s'engagea sous les murs de Maroc : les troupes d'Abd-el-Mélek furent entièrement défaites. Cette victoire arrêta soudain les progrès de l'insurrection.

Malheureusement Mouley-Achmet se replongea dans les excès les plus crapuleux, et devint indifférent à tout ce qui l'environnait. On raconte qu'un jour, étant à la mosquée, il était si ivre que dans le moment où il se prosternait, d'après le rite musulman, il vomit tout son vin, ce qui causa le plus grand scandale. Les choses en vinrent au point que les soldats eux-mêmes se joignirent aux Maures, pour mettre sur le trône Abd-el-Mélek, alors retiré à Sous. Ce prince arriva à Méquinez le 10 avril 1728; il déposa son frère, et l'exila dans le Tafilelt. Mais Abd-el-Mélek se conduisit avec tant de dureté et d'injustice, qu'on se repentit bientôt de l'avoir pro-

(1) Chénier, t. III, p. 420.

clamé empereur. Mouley-Achmet, au bout de trois mois, fut rappelé de l'exil par un parti nombreux. Les deux frères se livrèrent une guerre ouverte; Mouley-Achmet vint investir Fez, où Abd-el-Mélek s'était renfermé. Les habitants, mal approvisionnés, demandèrent à capituler. La seule condition qu'Achmet leur imposa fut de lui livrer son frère. Abd-el-Mélek fut donc livré au vainqueur, qui le fit étrangler. Peu de jours après cette exécution, Mouley-Achmet mourut lui-même, en mars 1729, par suite d'une hydropisie.

Son frère, *Mouley-Abdallah*, s'empara du trône au mépris des droits légitimes de Mouley-Bouffer, fils de Mouley-Achmet. Ce prince était à la fois cruel et généreux jusqu'à la dissipation. Six fois déposé, six fois remis sur le trône, il fut, dans les premières années de son règne, le jouet des caprices de la fortune, de l'inconstance des peuples et de l'indiscipline de la troupe. Mouley-Bouffer, son neveu, voulut lui disputer la couronne; mais n'ayant pour la défendre qu'un marabout et quelques soldats fanatisés, son parti fut bientôt défait par la milice noire; il fut lui-même pris avec le marabout, son conseiller. Mouley-Abdallah pardonna à son neveu, et lui rendit la liberté. Mais quant au marabout, il lui trancha la tête, bravant les préjugés d'un peuple superstitieux et ignorant.

Mouley-Abdallah se fit détester par ses actions sacriléges et cruelles. Il mit à mort, sous les plus légers prétextes, une multitude d'habitants de Méquinez. « Mes sujets, disait-il, n'ont d'autre droit à la vie que celui que je leur laisse, et je n'ai pas de plus grand plaisir que celui de les tuer moi-même. »

En 1730 les tribus des montagnes de Tedla se soulevèrent. L'empereur marcha lui-même contre ces Berbères indomptables; mais, vaincu dans plusieurs engagements, il ne ramena à Méquinez qu'environ le dixième de ses troupes. Cette défaite ne le rendit que plus sanguinaire : il égorgea de sa main plusieurs soldats auxquels il reprochait d'avoir manqué de courage.

Deux ans après les montagnards des environs de Tétouan se soulevèrent à leur tour. Retranchés dans des lieux inaccessibles, ils attendaient de pied ferme l'armée envoyée pour les combattre. Cette armée, composée de trente mille hommes, fut entièrement mise en déroute; la tente royale tomba au pouvoir des rebelles.

Mouley-Abdallah fut également malheureux dans une expédition entreprise pour châtier les provinces du midi, qui s'étaient aussi soulevées. La milice noire, enrichie par les libéralités calculées des empereurs, montra elle-même quelques velléités de révolte. Pour conjurer l'orage Abdallah conçut le plan de faire périr les principaux officiers des noirs. Mais le secret fut éventé; justement irrité, ce corps prétorien déposa publiquement Mouley-Abdallah, le 29 septembre 1734, et porta sur le trône Mouley-Ali, l'un de ses frères.

Mouley-Abdallah se réfugia dans les montagnes avec six cents cavaliers, laissant sa mère, ses femmes et ses enfants à la merci de ses ennemis. Il parcourut la chaîne de l'Atlas, depuis Méquinez jusqu'à Taroudant, et trouva des partisans partout où la milice noire était exécrée.

Mouley-Ali était dans le Tafilelt quand il reçut la nouvelle de son avénement. Il arriva à Méquinez en octobre 1735. Malheureusement ce prince était pauvre; il trouva le trésor épuisé, et ne put payer sa dette à la milice cupide qui l'avait proclamé. La mère d'Abdallah, femme fort vénérée des Maures (elle avait fait le voyage de la Mecque), saisit l'occasion pour rétablir son fils sur le trône : elle promit trente ducats à chaque soldat qui l'aiderait dans ses projets. Mouley-Abdallah fut rappelé en mai 1736. Mouley-Ali se retira dans les environs de Tlemcen avec quarante hommes qui voulaient partager son sort.

Mais Abdallah ne voulut accepter de nouveau le pouvoir qu'à la condition que les noirs lui livreraient Selim-Douquelli, leur général, et il leur promit une récompense de quatre cent mille ducats. Quelque avides d'argent que fussent ces prétoriens, ils refusèrent de livrer leur chef; craignant sans doute pour leur propre sécurité, et voyant les hésitations de ce prince, ils proclamèrent *Mouley-Mahomet-Ouled-Ariba*. Mouley-Abdallah fut déposé presque le jour même qu'il fut rappelé à l'empire.

Cette élection précipitée fit naître la discorde parmi les soldats : on en vint aux armes, et le parti de Mouley-Abdallah ayant prévalu, celui-ci fut proclamé pour la troisième fois, avant l'arrivée de Mouley-Mahomet. Ce prince fut obligé de s'arrêter en route.

Les soldats implorèrent la grâce de leur général. Celui-ci s'était réfugié dans un asile sacré; il en sortit sur la parole de l'empereur. Il fut conduit à Teza, et, couvert du drap du sanctuaire où il s'était retiré, il se prosterna devant Mouley-Abdallah. Ce prince baisa respectueusement le drap du sanctuaire; puis l'ôtant brusquement, il plongea sa lance dans le corps de l'infortuné général.

Cette violation de la parole et du droit d'asile excita une indignation générale. Mais les soldats noirs étaient encore plus cupides que religieux. Mouley-Abdallah ne pouvant pas leur remettre sur-le-champ les sommes qu'il leur avait promises, demanda un délai de deux mois. Ce terme expiré, ils réclamèrent leur argent, comme une dette. Abdallah demanda un nouveau délai. Les noirs lui reprochèrent alors tous ses méfaits. Enfin, les murmures de cette milice turbulente le déterminèrent à s'évader et à se réfugier dans les montagnes. Instruits de la fuite de leur souverain, les noirs nommèrent de nouveau, en octobre 1736, Mouley-Mahomet, à la sollicitation des habitants de Fez, qui s'engagèrent à payer pour ce prince les quatre cent mille ducats qu'Abdallah leur avait promis.

Le premier soin de Mouley-Mahomet fut d'envoyer une armée pour combattre son rival. Mais cette armée fut repoussée par les Berbères, retranchés dans leurs montagnes.

D'un autre côté, les habitants de Fez n'ayant pas tenu parole, les soldats, plus occupés de leurs intérêts que du maintien de l'autorité souveraine, ne dissimulèrent plus leur ressentiment. Mouley-Mahomet aima mieux résigner le pouvoir que s'exposer aux caprices de cette milice indisciplinée. Les noirs nommèrent à sa place, en 1738, son frère *Mouley-Zin-Lahabdin*. Ce prince ne régna qu'un instant. Mouley-Abdallah fut proclamé empereur, pour la quatrième fois, par les provinces du sud. Les noirs ratifièrent, quoiqu'à regret, cette élection. Cependant leur mécontentement ne tarda pas à se manifester; la mère de Mouley-Mustadi, qui entretenait des négociations avec leur général, les disposa en faveur de son fils : *Mouley-Mustadi* fut proclamé empereur en 1740, et Mouley Abdallah reprit encore le chemin des montagnes.

Mouley-Mustadi, pour se soustraire aux caprices des soldats, attira dans ses intérêts les gouverneurs des provinces du nord. Cette conduite inspira de la jalousie aux troupes, qui, pour ne pas donner à Mouley-Mustadi le temps de renforcer son parti, rappelèrent pour la cinquième fois Mouley-Abdallah. Cette déposition ne se fit pas aussi tranquillement que les autres : il y eut des rencontres sanglantes entre les deux partis opposés. Mouley-Abdallah, soutenu par les noirs et par les Ludaya, l'emporta sur la ligue des provinces du nord. Mouley-Mustadi, sans renoncer au trône, se retira à Arzille, où il faisait un commerce considérable en grains avec la côte d'Espagne.

L'empire fut alors un instant divisé entre Mouley-Mustadi et Mouley-Abdallah. Cette division fit naître une guerre civile, qui se concentra surtout dans les villes de Rabat et de Salé, séparées l'une de l'autre par une rivière. Salé avait reconnu Mustadi; Rabat tenait pour Abdallah. Mustadi assiégea Rabat pendant quatorze mois, et n'ayant pu réduire cette place, il se retira à Tedla. Impuissant à résister à la faction des noirs et à rétablir la tranquillité dans un empire constamment agité, il renonça au trône, et se retira de nouveau à Arzille, où il continua son commerce avec l'Espagne.

Mouley-Abdallah resta pour la sixième fois maître de l'empire. Pour ne plus devenir le jouet des noirs, il résolut d'anéantir cette milice cupide. Il leur suscita donc des querelles avec les montagnards, et ménagea des intrigues secrètes pour les rendre odieux aux provinces. Sous prétexte de contributions forcées, il mettait les noirs en rapport avec les Berbères qui les détestaient. D'intelligence avec ces montagnards,

Mouley-Abdallah envoyait des troupes affidées pour mettre les noirs entre deux feux, et les sacrifiait ainsi à sa vengeance et à son repos.

Par cet affaiblissement de la milice noire, l'empereur demeura paisible possesseur du trône jusqu'à sa mort. Il fit sa résidence alternativement à Méquinez et à Maroc. Il construisit près de Fez le palais d'Arbiba, où il passa les dernières années de sa vie.

Ce prince avait hérité du caractère cruel et capricieux de Mouley-Ismael. Cependant plus généreux que son père, et moins esclave des préjugés de la religion, il ne l'imita pas dans son éloignement pour les Européens. Il conclut la paix avec les Hollandais et les Anglais, qui depuis longtemps faisaient presque exclusivement le commerce de l'Europe. Il s'éleva plusieurs factoreries à Tétouan, Salé, Safi et Sainte-Croix, et les commerçants y jouissaient de quelques droits.

La peste, qui avait décimé les populations du Maroc sous le règne de Mouley-Ismael, fit encore de nouveaux ravages sous celui de Mouley-Abdallah; elle se manifesta en 1752, par les communications avec Alger et Tunis, où elle avait été apportée de Constantinople.

Nous devons ici dire un mot du fameux duc de Riperda, dont l'histoire romanesque se rattache au règne de Mouley-Abdallah. Le duc de Riperda avait été ministre de Philippe V, roi d'Espagne. Après sa disgrâce, il se vit exposé à toutes les vicissitudes du sort. S'étant échappé de la prison de Ségovie, il passa en Angleterre et en Hollande. De là il se rendit en 1732 à la cour de Maroc, à l'instigation de l'ambassadeur marocain, avec lequel il avait fait connaissance à la cour de la Haye. Plein d'animosité contre le cabinet de Madrid, il forma le projet d'assiéger Ceuta, et il mit tout en œuvre pour faire agréer son projet par l'empereur; mais Mouley-Abdallah était trop occupé à affermir son autorité pour écouter les propositions de Riperda. Ce duc entra ensuite dans les idées du baron de Neuhoff, qui, sous le nom de Théodore, fut un instant roi de Corse. Il fit bien des voyages à Méquinez pour engager l'empereur de s'unir aux Tunisiens, disposés à soutenir cette monarchie naissante; mais on ne lui donnait des espérances que pour attirer des présents, et on ne s'embarrassait guère de ses vues politiques.

« Il n'est pas vrai, dit Chénier, que le duc de Riperda se soit fait mahométan, ni qu'il ait jamais commandé les armées de Maroc, comme quelques écrivains l'ont annoncé; des gens du pays qui l'ont particulièrement connu m'ont assuré qu'il a terminé à Tétouan sa vie et son roman à la fin de 1737, sans avoir changé ni d'habit ni de religion (1). »

Usé par les tribulations de son règne, Mouley-Abdallah mourut le 12 novembre 1757, à Fez. Chénier cite plusieurs traits pour dépeindre le caractère de ce prince. Abdallah tua un jour deux marabouts qui s'annonçaient à lui comme des saints. « Vous n'êtes pas des saints, leur dit-il, vous êtes des imposteurs qui, abusant de la superstition des peuples, venez ici pour espionner. » A ces mots, il leur tira un coup de fusil à chacun, et les étendit morts à ses pieds. — Un santon vénéré lui représenta un jour combien sa façon de vivre était contraire à la loi de Mahomet. « Le prophète, lui dit-il, m'a ordonné lui-même de venir vous faire cette représentation de sa part. — Et le prophète, lui dit Abdallah, t'a-t-il dit comme je te recevrais? — Il m'a dit, lui répliqua le santon, que vous seriez touché de ce qu'il m'a ordonné de vous dire, et que vous en feriez votre profit. — Il t'a trompé, » lui dit l'empereur en le tuant d'un coup de fusil; et il ne permit pas même qu'il fût enterré. Un kaïd, coupable d'insubordination, se rendit à Méquinez pour implorer la clémence de l'empereur. Mouley-Abdallah lui fit couper la tête; il ordonna ensuite de servir à dîner aux officiers qui avaient accompagné ce kaïd, et de mettre sur le couscous cette tête encore dégouttante de sang, pour leur graver dans la mémoire le châtiment d'une insubordination.

Mouley-Abdallah ne laissa qu'un fils, *Sidi-Mahomet*, qui lui succéda. Sidi-Mahomet avait été longtemps gouverneur de Safi, où il avait eu l'occasion de faire

(1) Chénier, *Recherches sur les Maures*, t. III, p. 456.

connaissance avec plusieurs négociants européens; et vers la fin du règne de son père, il avait été chargé de l'administration de l'empire. Il avait ainsi appris à commander et à faire respecter son autorité. Son avénement au trône eut lieu sans aucune opposition.

Sidi-Mahomet s'occupa d'abord des moyens de rétablir promptement l'état des finances, fort délabré. Voyant dans le commerce sa principale source de revenus, il se mit à traiter avec les puissances de l'Europe (1). Pour faciliter les relations commerciales, il jeta les fondements de Mogador (2); en octroyant quelques priviléges, il encouragea les négociants étrangers à faire construire des maisons dans cette nouvelle cité, munie d'un excellent port. Il rétablit les forteresses d'El-Araiche et de Rabat, et embellit ces villes de quelques édifices et marchés publics. Aimant l'architecture, il fit venir des ouvriers européens pour agrandir son palais de Maroc et y ajouter quelques pavillons. En 1773, il commença à bâtir la ville de Fédale, mais il ne l'acheva pas.

Les vues politiques de l'empereur firent multiplier les établissements de commerce : il s'en éleva à Sainte-Croix, à Mogador, à Safi, à Rabat, à El-Araiche et à Tétouan. Sidi-Mahomet augmenta successivement les douanes, dans l'espoir d'augmenter ses revenus; mais ses entraves fiscales firent ralentir le commerce. Enfin, il se fit lui-même commerçant, ce qui augmenta le mal, car il n'y eut plus alors aucune liberté dans les transactions : forcés tour à tour d'acheter et de vendre leurs effets au prix que le souverain voulait y mettre, les négociants devinrent eux-mêmes ses agents, et se transportèrent dans les divers ports qui leur étaient arbitrairement assignés. La production fut tuée par la spéculation : l'industrie et l'agriculture, ces deux grandes artères du commerce, furent presque anéanties.

Pour relever l'industrie agricole, Sidi-Mahomet exécuta, en 1766, ce qu'aucun de ses prédécesseurs n'avait osé faire. On se rappelle que la loi du prophète défend aux musulmans de vendre du blé aux infidèles. Il convoqua une assemblée d'imans, et leur soumit une question de la plus haute gravité pour un prince musulman. « J'ai besoin, leur dit-il, d'armes et munitions pour la défense de notre religion, et en les faisant acheter j'épuise le trésor de l'État; serait-il contraire à la loi de se les procurer en échange des droits sur l'exportation du blé qui est superflu à nos besoins et qui se gâte dans nos silos? » L'assemblée, applaudissant au discours de l'empereur, vota pour la légitimité de l'échange. L'exportation du blé fut d'abord permise contre des canons et de la poudre; puis, elle fut aussi permise pour de l'argent, car avec de l'argent on a des armes et des munitions. L'empereur amassa, dans peu de temps, un grand nombre de canons, de mortiers, de bombes, et quelques millions d'argent; par la vente du blé, les provinces furent aussi à même de payer les impôts; enfin, souverain et sujets furent, ce qui est rare, contents de leurs opérations. Le prophète seul aurait pu s'en plaindre.

Sidi-Mahomet eut soin de nommer au gouvernement des provinces des kaïds d'une probité reconnue. Il eut pour principal ministre Mouley-Dris, homme éclairé et tout dévoué à son maître. Ce ministre mourut en 1772, par suite d'un usage immodéré d'hachiche.

Après s'être bien approvisionné d'armes et de munitions, l'empereur se disposa, au commencement de 1769, à faire le siége de Mazagan, occupé par les Portugais; cette place se rendit au mois de mars de la même année. Enhardi par ce succès, il médita des projets plus ambitieux. Il rassembla, dans le centre de l'empire, des troupes, de l'artillerie et des munitions, et après avoir déguisé ses vues sous des prétextes d'hostilité, tantôt contre la ville de Fez, tantôt contre les montagnards, il se mit en marche pour faire le siége de Melilla, préside espagnol. « Je ne suis, disait-il, en paix avec mon ami Don Carlos que par mer; mais nous ne le sommes pas par terre. » Le siége de Melilla occasionna des dépenses, et fit éprouver des obstacles qu'on n'avait pas prévus. L'empe-

(1) Voyez pag. 285.

(2) Cette ville, une des plus importantes de l'empire de Maroc, fut construite d'après les plans d'un ingénieur français, qui s'appelait Cornut.

reur se vit forcé de l'abandonner, et pour détruire l'impression fâcheuse que sa retraite pouvait faire sur l'esprit des peuples, on fit répandre le bruit que roi d'Espagne devait remettre Melilla dès qu'il serait parvenu à assoupir la fermentation des moines, qui avaient manifesté une grande répugnance à la cession de cette place. Un changement dans les affaires amena plus tard des explications entre les deux cours, et la paix se rétablit en 1780.

Le règne de Sidi-Mahomet, quoique moins agité que celui de ses prédécesseurs, ne fut pas exempt de révolutions. En 1778, un marabout, exalté par le fanatisme et l'ambition, partit du sud, berceau des anciennes dynasties, avec un grand nombre de sectateurs enthousiastes.

Ces visionnaires, au nombre de trois mille, vinrent à Maroc annoncer à Sidi-Mahomet la fin de son règne. Ils n'avaient pour armes que des bâtons, qui, par une intervention surnaturelle, devaient se changer en fusils, tandis que les armes de leurs adversaires se métamorphoseraient en bâtons. La prédiction ne s'accomplit pas; ces illuminés furent massacrés par une poignée de soldats, et leur chef, qui s'était réfugié dans une mosquée, fut arraché de son asile, conduit devant l'empereur, et mis à mort au sortir de l'audience.

L'épuisement du trésor avait obligé l'empereur d'ordonner de nouveaux impôts. Les noirs, dont la solde était arriérée, éclatèrent en murmures, s'emparèrent de la ville de Fez, et offrirent l'empire à Mouley-Ali, fils de Sidi-Mohamet. Mouley-Ali refusa cette offre, et se retira à Rabat. Les noirs appelèrent alors au trône Mouley-Yézid, qui ne montra pas le même scrupule. Mais ce prince n'avait ni argent ni crédit; c'est ce qui fit avorter l'émeute. Sidi-Mohamet accourut de Maroc sur le théâtre de la révolte. Les habitants de Fez et de Méquinez, qui avaient trempé dans le complot des noirs, firent des protestations de dévouement et de soumission réitérées. L'empereur dissimula sa colère; il se contenta d'arrêter son fils rebelle et de l'envoyer à la Mecque, pour calmer ses passions et le rendre plus circonspect.

Mais l'empereur n'oublia pas la conduite audacieuse des noirs. Il prit sérieusement des mesures pour affaiblir cette milice turbulente, dont son père avait si souvent éprouvé l'inconstance et l'insatiable cupidité. En 1780 il congédia une partie de ces étrangers; pour déguiser son projet, il les fit partir par détachements, sous prétexte de les cantonner dans les provinces; puis envoyant un contre-ordre par des détachements plus forts, il les fit désarmer, et leur assigna des terres dans différentes contrées assez éloignées les unes des autres pour n'avoir rien à craindre de leur intelligence. De cent mille noirs armés il ne resta bientôt plus que quinze mille hommes.

Sidi-Mahomet témoignait la plus grande bienveillance aux résidents français, et faisait le plus souvent droit à leurs réclamations. Il affranchit en 1784 les naufragés dont Saugnier nous a laissé la relation (1). Au milieu de ses préoccupations politiques, il ne cessa jamais d'agir avec énergie et prudence. Il avait créé une marine et formé une vingtaine de bâtiments corsaires de dix-huit à cinquante canons, parmi lesquels on comptait onze frégates. Les Maures avaient repris leurs courses de mer, et s'aventuraient jusqu'à la latitude de Belle-Ile.

Dès l'année 1777 l'empereur de Maroc s'était accordé avec Louis XVI pour abolir l'esclavage entre chrétiens et musulmans. C'est depuis lors qu'il introduisit encore dans ses États un grand nombre de réformes et d'améliorations, dont la plupart étaient empruntées à la civilisation européenne. Il s'entoura d'hommes de talents, esclaves chrétiens ou renégats. La Suède et le Danemark lui fournirent des architectes, des peintres, des jardiniers. Le Marseillais Samuel Sumbel fut longtemps premier ministre de Sidi-Mahomet. En 1784 deux cent cinquante Français, commandés par un chapelier de Paris, nommé Boiselin, vinrent se mettre au service du Maroc; ils composèrent la garnison de Mogador, sous le commandement immédiat de l'empereur, qui les combla de faveurs (2). La cour marocaine avait

(1) *Voyages de M. Saugnier*; Paris, 1792.
(2) *Voyez* Graberg de Hemso, *Specchio di*

pris une forme européenne; on y avait imité la cour de France jusqu'à l'organisation intérieure du service du palais, ainsi que le montre la notice des dignitaires de l'empire du Maroc, rédigée par le kaïd Driss (1).

En 1784 Joseph II, empereur d'Autriche, conclut avec Sidi-Mahomet un traité de paix et de commerce dans lequel l'Autriche est mise sur un pied d'égalité parfaite avec les autres nations. En 1787 le sultan de Constantinople envoya un ambassadeur chargé de riches présents, avec la mission de demander à l'empereur du Maroc un emprunt de 20 millions de piastres. Sidi-Mohamet répondit à cette alliance par des mesures hostiles contre le commerce russe et autrichien.

Une grande mésintelligence régnait entre l'Angleterre et le Maroc. Le 9 mai 1788 Sidi-Mahomet menaça les consuls européens de Tanger de leur déclarer la guerre s'ils transportaient les moindres secours à Gibraltar. Rappelant le refus des équipages qu'il avait demandés à l'Angleterre pour conduire deux de ses frégates à Constantinople, il se répandit en plaintes contre cette nation : il la traita de méchante, de perverse, et finit par attribuer au châtiment de Dieu l'événement qui venait de soustraire les États-Unis d'Amérique au joug de l'Angleterre. Malgré leur politique remuante, les Anglais restèrent dans la disgrâce jusqu'à la mort de Sidi-Mahomet, arrivée le 11 avril 1790.

Un des derniers actes de ce souverain fut un trait de générosité envers la France. Deux navires, l'un français, l'autre anglais, avaient fait naufrage, au sud de l'Oued-Noun, sur les rivages du Sahara, « là où de nos jours les tombeaux chrétiens attestent encore que la plupart des pays de l'Europe ont fourni leur triste contingent à ce grand désert de l'Afrique (2). » Sidi-Mahomet racheta d'abord neuf matelots français, et envoya un de ses officiers avec les huit cents piastres demandées pour le rachat du reste de l'équipage, retenu encore par les nomades du désert. Quant aux matelots anglais, ils ne furent rachetés qu'avec de grands sacrifices de la part de l'Angleterre. (1)

Tous ceux qui ont connu cet empereur l'ont décrit comme un prince doué des qualités les plus éminentes; les courtisans l'entouraient des plus grands témoignages de respect. Sidi-Mahomet avait une belle taille, les yeux noirs et fiers, la barbe fourchue et grise, le teint basané, le nez aquilin, une grande bouche et les lèvres épaisses. En l'abordant, les grands officiers de son empire s'inclinaient trois fois jusqu'à terre. Quand le prince crachait, ils recevaient respectueusement ses crachats dans un mouchoir; quelques-uns même les recevaient dans leurs mains, et, autant par superstition que par flatterie, s'en frottaient le visage comme d'une essence purifiante (2).

Chénier, qui avait eu souvent occasion de voir cet empereur, en trace le portrait suivant (Sidi-Mahomet avait alors soixante-seize ans) (3):

« Ce prince, haut de cinq pieds huit pouces, est assez bien proportionné; il louche un peu d'un œil, ce qui donne à son regard quelque dureté. Il reçoit les étrangers avec politesse, et s'entretient volontiers avec eux. Ami de la simplicité, et sans aucun goût pour le luxe, il n'est distingué des grands de sa cour que parce qu'il est toujours à cheval, et à l'abri d'un parasol, qui est à Maroc la marque distinctive de la souveraineté. Une suite nombreuse d'officiers, de soldats, de pages et de secrétaires attachés à la cour, annoncent la présence du souverain. Ce prince ne paraît en public qu'à cheval ou dans une calèche; on ne le voit à pied que dans son palais, à la prière, et rarement dans ses jardins. Des esclaves négresses sont chargées du

Marocco, p. 271, et *Voyages de Saugnier à la côte d'Afrique*, etc., p. 103.

(1) *Voy.* Thomassy, pag. 302.

(2) Expressions de Charles Cochelet, qui se trouva sur le brick français *la Sophie*, perdu sur la même côte où tant de navires ont échoué.

(1) Thomassy, p. 315.

(2) Voy. *Voyages dans les États barbaresques*, ou Lettre d'un des captifs rachetés par les chanoines de la Trinité, en 1785; Paris, p. 46.

(3) Il était né en 1710.

service de l'intérieur, ainsi que de la cuisine du palais. Ce souverain a fait venir quelquefois des cuisiniers et des boulangers d'Europe; mais, étrangers aux usages des Maures, n'entendant pas la langue, et ne pouvant pas s'accoutumer à une vie presque errante, ces Européens n'ont jamais pu se fixer à cette cour. Ce prince, d'ailleurs naturellement sobre, fait peu de cas de la bonne chère, et n'a pas même d'heure fixe pour le manger. La table du palais est très-uniforme : les Maures ne mangent que pour vivre, ne connaissant point cette multitude de plats, cette variété de ragoûts qui font, en Europe, un objet de recherche et de dépense. L'empereur mange presque toujours seul, et de sa table on porte aux officiers attachés à sa personne. Chaque dame du palais, épouse de l'empereur, est servie séparément, et dans des plats assez abondants pour suffire aux personnes de sa suite. Le couscoussou est le fond de la cuisine des Maures chez l'empereur et chez ses sujets; on en fait même des plats si copieux, qu'il faut un brancard pour les porter (1). »

La mort de Sidi-Mahomet replongea le Maroc dans les discordes civiles et dans l'état de barbarie d'où ce hardi réformateur avait essayé de le faire sortir. Son fils rebelle, *Mouley-Yézid*, quitta l'asile sacré, près de Tétouan, où il s'était retiré après son pèlerinage de la Mecque, et se fit proclamer empereur. Jaloux d'imiter Mouley-Ismael, il réunit autour de lui les soldats noirs dont son père avait affaibli la puissance, et ordonna aux consuls résidant à Tanger de venir le trouver à Tétouan. Dès le 20 avril 1790 il leur notifia qu'il ne voulait conserver la paix qu'avec l'Angleterre et la république de Raguse, et donna quatre mois aux autres nations pour sortir de ses États. Cependant, quelques jours après il en vint à de meilleurs sentiments; il invita les diverses puissances accréditées auprès du Maroc à lui envoyer des ambassadeurs pour ratifier la paix, c'est-à-dire pour apporter de nouveaux présents (2).

A peine affermi dans sa puissance, Mouley-Yézid traita ses sujets avec une cruauté révoltante. Il infligea les plus affreux tourments à ceux qui s'étaient opposés à son autorité; quelques-uns furent pendus par les pieds; d'autres expirèrent dans les angoisses de la faim. Il y en eut un grand nombre de mis en croix, aux portes de la ville, et plusieurs ministres de la religion, d'un rang supérieur, ainsi que beaucoup d'officiers de l'empire, eurent les yeux crevés. C'est principalement aux juifs qu'il fit sentir sa férocité sanguinaire. Ceux de Tétouan, de Larache et d'Alcaçar furent livrés au pillage des troupes noires. Six jeunes juives qui eurent le courage héroïque d'intercéder pour leurs parents, furent brûlées vives (1). Sidi-Mahomet el-Arabi-Effendi, ancien ministre de Sidi-Mahomet, eut les deux mains coupées, sur le refus qu'il fit de déclarer où étaient ses trésors.

En 1792 la guerre éclata entre l'Espagne et Mouley-Yézid, qui avait fait des préparatifs pour assiéger Ceuta. Le roi d'Espagne envoya une frégate qui, sous le prétexte d'apporter des présents à l'empereur, ne déposa que des balles de chiffons, et ramena tous les nationaux de Tanger; chemin faisant, elle surprit deux galères marocaines et les enleva sous les yeux mêmes de l'empereur. A la vue de cette prise, Mouley-Yézid fut saisi d'un accès de frénésie; sa fureur retomba sur tous ceux qu'il soupçonnait de connivence avec les Espagnols. Il tua de ses propres mains le chef des noirs, le kaïd Abbas, le meilleur officier de son armée.

Tant d'actes de cruauté firent naître des insurrections. Plusieurs provinces levèrent l'étendard de la révolte; mais Mouley-Yézid vint à bout de les réduire. L'armée rebelle fut cernée et taillée en pièces dans une bataille livrée sous les murs de Maroc. Mouley-Yézid y ayant été blessé grièvement, on le transporta au palais pour lui prodiguer les soins que réclamait sa blessure. Mais

(1) Chénier, *Recherches historiques sur les Maures*, etc., t. III, p. 476 et suiv.

(2) *Voyez* Lemprière, *A tour from Gibraltar to Tangier, Sallee, Mogador*, etc.; London, in-8°, 1791.

(1) J. Buffa, *De l'empire de Maroc*, etc. (trad. de l'anglais par M. Servois), p. 22 (Cambrai, 1826, in-8°).

on lui fit subir un traitement si mal dirigé, qu'après avoir langui quelques jours, au milieu d'atroces douleurs, il expira en février 1793 (1).

Mouley-Selamé et Soliman, frères de Yézid, furent aussitôt proclamés sultans dans les provinces du nord; le premier par les villes maritimes : Araiche, Tanger et Tétouan; le second, par Fez et Méquinez. En même temps Mouley-Aïchem prit Maroc, et occupa une vaste étendue de pays. Les provinces de Drah et de Tafilelt reconnurent Mouley-Abd-er-Rhaman. Mouley-Aïchem et Mouley-Abd-er-Rhaman étaient également frères de Yézid. Enfin, quelques tribus berbères portèrent au suprême pouvoir Sidi-Ali-Yaya, fils d'un santon très-vénéré. Voilà les germes de guerres civiles que produisit, à cette occasion comme dans tant d'autres, l'absence d'une loi pour régler la succession au trône.

Mouley-Soliman était le plus jeune des quatre frères; la fortune se déclara en sa faveur. Il était à Fez, aspirant, par ses études, aux fonctions de grand prêtre, quand il reçut la nouvelle de son avénement. Il se dirigea aussitôt sur Méquinez, où l'un des prétendants s'était retiré; il parvint à le faire arrêter, et l'obligea de reconnaître son autorité. Il marcha ensuite contre Mouley-Aïchem, qui s'était renfermé dans Maroc; cette ville s'empressa d'ouvrir ses portes à Soliman. Il ne lui restait plus qu'à soumettre deux autres de ses frères, réfugiés à Tanger; il y réussit également : il força l'un à s'exiler dans la régence d'Alger, et relégua l'autre dans le Tafilelt. Enfin, vers la fin de l'année 1796, Mouley-Soliman fût solennellement reconnu dans toutes les provinces de l'empire. Ce prince mit sa gloire à régner avec justice, en renonçant aux principes barbares de quelques-uns de ses prédécesseurs. Un de ses premiers actes fut de nommer son frère Mouley-Taïbi gouverneur de Fez et de tout le nord de l'empire; il trouva dans cet ancien rival son plus fidèle serviteur.

Les puissances étrangères envoyèrent des présents au nouvel empereur, et s'empressèrent de le complimenter sur son avénement. L'occupation de l'Égypte par l'armée française ne troubla point la bonne intelligence qui avait toujours existé entre la France et la cour de Maroc. Ce résultat était dû en grande partie à la tolérance religieuse que Napoléon avait partout proclamée et à la protection spéciale qu'il avait accordée à la caravane partie de Méquinez, en 1798, pour accomplir le pèlerinage de la Mecque. Toutes les intrigues de l'Angleterre et du Portugal pour détruire la bonne harmonie entre la France et le Maroc échouèrent. Les Anglais et les Portugais essayèrent alors de troubler le nord de l'empire. Dans ce but, ils allèrent jusqu'à répandre le bruit de la mort de Soliman et du débarquement d'une armée française à Ceuta; mais les révoltes qu'ils provoquèrent furent bientôt réprimées, malgré l'or répandu à profusion.

De 1799 à 1800 la peste fit de nouveaux ravages dans le Maroc; elle y avait été apportée par des pèlerins revenus de la Mecque. La ville de Maroc perdit, dit-on, 50,000 habitants; Fez, 65,000; Mogador, 4, 500; Safi, 5,000. Au nombre des victimes nombreuses de ce fléau était le premier ministre de l'empereur, Ben-Othman, politique habile et doué d'un esprit conciliateur.

Les traités de commerce que Mouley-Soliman conclut avec l'Espagne et d'autres puissances chrétiennes méritent d'être rappelés. Soliman s'y révèle comme le continuateur des œuvres de réforme que son père avait commencées. Le *Moniteur* (1) fit à cette occasion les réflexions suivantes : « Les principes sacrés du droit des gens ont passé des livres de philosophie jusqu'aux cabinets barbaresques, et commencent à régler leur conduite. La différence des préjugés religieux des peuples divers est déjà un obstacle moins puissant à leur rapprochement réciproque; et ces mêmes musulmans, qui n'offraient jadis aux infidèles que l'alternative du glaive ou de l'esclavage, ne parlent aujourd'hui que d'amitié, de bonne intelligence et d'harmonie envers les puissances chrétiennes. Enfin, un empereur de Maroc écrit et signe qu'il fait des vœux

(1) J. Buffa (ouvrage cité, p. 22) place la mort de Mouley-Yézid dans l'année 1794.

(1) Vol. de l'an VIII, p. 61.

pour que le nom odieux d'esclavage soit effacé de la mémoire des hommes. »

En 1801, les montagnards berbères des environs de Fez et de Méquinez se révoltèrent sous le prétexte que l'empereur ne remplissait pas ses engagements envers ceux qui l'avaient les premiers soutenu lors de son avénement au trône. Ces Berbères avaient été soulevés par Mouley-Ibrahim, fils de Mouley-Yézid : ils furent défaits dans une rencontre où ils perdirent six cents hommes, et se réfugièrent dans les montagnes. Cependant, Mouley-Ibrahim, qui aspirait au trône, persista dans ses projets de rébellion. On en vint à une bataille décisive. Soliman remporta une victoire complète : il tua à son ennemi huit mille hommes, et fit deux mille quatre cents prisonniers. Ibrahim demanda à capituler ; l'empereur accepta sa soumission en lui faisant prêter serment de fidélité sur le Koran.

Peu de temps après l'apaisement de cette rébellion, Mouley-Soliman déclara la guerre aux États-Unis, alléguant pour grief le blocus mis par l'escadre américaine devant Tripoli, que l'empereur comptait parmi ses meilleurs alliés. Mais dès l'année suivante le blocus cessa, et la paix se rétablit.

Le désastre de Trafalgar interrompit momentanément les relations commerciales de la France avec le Maroc. Ainsi Marseille, qui en 1804 y figurait encore pour plusieurs exportations importantes, disparut entièrement de ce théâtre, si productif pour ses industrieux habitants. L'Angleterre y eut la prépondérance.

Cependant les relations politiques ne furent en rien altérées. Mouley-Soliman envoya Hadji-Édris, descendant d'une illustre famille, complimenter Napoléon sur son avénement au trône des Français. C'est le 6 septembre 1807 que Napoléon reçut l'ambassadeur marocain au palais de Saint-Cloud. Hadji-Édris lui adressa, en arabe, le discours suivant :

« Louange à Dieu! Au sultan des sultans, au plus glorieux des souverains, le magnifique et auguste empereur Napoléon.

« Nous offrons à votre majesté un nombre de salutations infinies et proportionnées à l'étendue de notre amitié pour elle. Notre seigneur et maître Soliman, empereur de Maroc (que Dieu fortifie et éternise la durée de son empire), nous a envoyé auprès de votre majesté pour la féliciter sur son heureux avénement au trône de la puissance. Il est à votre égard ce que ses prédécesseurs ont été constamment à l'égard des vôtres, fidèle aux traités. Vous êtes à ses yeux le plus grand, le plus distingué parmi tous les souverains de l'Europe, et l'amitié de votre majesté lui est extrêmement précieuse. Il m'a envoyé auprès d'elle avec des présents. Qu'elle daigne les accepter. Nous prions le Tout-Puissant qu'il continue à accorder à votre majesté un bonheur et une satisfaction inaltérables. »

Un des principaux résultats de cette mission fut de faire reprendre et d'activer les relations de commerce de la France avec le Maroc. Mais ces relations reçurent bientôt une grave atteinte par l'établissement du blocus continental.

Au milieu de la guerre presque universelle soulevée par Napoléon, le Maroc seul conserva la neutralité entre les parties belligérantes. Tous les autres États barbaresques, au contraire, exerçaient la piraterie contre les chrétiens et ne respectaient que le pavillon anglais.

En 1817 Mouley-Soliman désarma toute sa marine militaire ; il en donna deux bâtiments au dey d'Alger, et il mit fin pour jamais à la piraterie du Maroc, en défendant toute espèce de course contre les chrétiens. Ce prince généreux poussa l'humanité jusqu'à faire racheter, par l'intermédiaire du gouverneur de Sous, tous les naufragés chrétiens retenus par les nomades du Sahara et de l'Oued-Noun (1). Au nombre de ces malheureux

(1) Il ressort des Relations de Saugnier, Cochelet et Riley que la plupart des naufrages ont eu lieu au sud du cap Bojador, que les anciens ne paraissent pas avoir osé dépasser. Il existe dans ces parages des courants marins (branche méridionale du *Gulf-stream*) dont la violence est telle, que le bâtiment peut dévier de sa route de plus de quarante lieues en moins de trois jours. Les calmes ajoutent encore à la puissance irrésistible de ces courants : privés de l'action des voiles, les navires ne peuvent se dérober à l'impulsion des eaux, et vont échouer sur la côte africaine,

se trouvaient Charles Cochelet et les naufragés de *la Sophie*, en 1819, ainsi que le capitaine Riley et son équipage, délivrés antérieurement (en 1817).

Les dernières années du règne de Mouley-Soliman furent troublées par la révolte des tribus les plus commerçantes. L'orthodoxie rigide de l'empereur avait été funeste à l'industrie indigène et à l'introduction des produits manufacturés de l'Europe. L'exemple de son humilité imposa à ses sujets l'obligation de se servir des vêtements les plus grossiers. Comme les rigoristes avaient regardé l'usage du tabac comme une souillure, il fit arracher toutes les plantations de tabac qui existaient dans l'empire, et qui fournissaient à la subsistance de quelques milliers de familles.

s'ils ont eu l'imprudence de s'en trop rapprocher. Les naufragés n'ont plus alors d'autre parti à prendre que de se résigner à d'affreuses privations, en tombant esclaves entre les mains des sauvages habitants de ces côtes. Heureusement ces derniers sont intéressés à les vendre aux Maures qui viennent du Sahara. Vendus ainsi dans les divers camps du désert, les captifs passent de main en main jusqu'aux frontières du Maroc; déjà chez les tribus indépendantes de l'Oued-Noun, leur rachat commence à se négocier, soit avec les agents européens de Mogador, soit avec le gouverneur marocain de la province de Sous.

Les récits ne s'accordent pas sur le caractère des peuplades du littoral du Sahara. Selon les uns, ce sont des sauvages féroces, inaccessibles à toute civilisation. Selon les autres, au nombre desquels se trouve Saugnier, ce sont les hommes les plus doux peut-être de l'univers quand on sait se conformer à leurs habitudes. Saugnier parlait ainsi quand il proposa, en 1792, au gouvernement français de tenter un voyage dans l'intérieur de l'Afrique, au moment où la mort de l'Anglais Houghton venait de révéler tous les dangers de ce continent.

Cochelet recommande aux naufragés d'avoir à la fois de la soumission et de la fermeté avec ceux qui les tiennent esclaves : de la soumission pour plaire au maître et l'intéresser à conserver des chrétiens, devenus sa propriété; mais en même temps de l'énergie, soit en résistant si on voulait vendre séparément les captifs, soit en montrant l'audace et l'intrépidité qui sont les qualités familières des Maures, et peuvent seules relever à leurs yeux des esclaves chrétiens.

En 1806 Jackson portait à trente le nombre des naufragés arrivés aux environs du cap Bojador depuis la mort de Sidi-Mahomet. Sur ces trente il y avait dix-sept Anglais, cinq Français, cinq Américains, et trois Allemands (Danois et Suédois).

L'année 1818 fut signalée par un soulèvement qui faillit coûter à Soliman le trône et la vie. Les montagnards, particulièrement les Schellocks de Zayne, mécontents des entraves apportées au commerce, commencèrent à se révolter en refusant de payer l'impôt et en pillant un convoi d'argent qui se rendait de Fez au Tafilelt. A cette nouvelle, le gouverneur de Fez, Mouley-Ibrahim, fils aîné de l'empereur, partit aussitôt pour combattre les rebelles; mais, loin de les soumettre, il fut complétement défait et obligé de se renfermer dans la ville. Ce premier succès engagea les tribus voisines à se joindre aux rebelles; l'insurrection se propagea comme un incendie. Mouley-Soliman se rendit alors lui-même avec des troupes à Tedla; sa présence aurait peut-être suffi pour rétablir l'ordre, si un acte barbare de son fils Ibrahim n'était venu provoquer les plus sanglantes représailles. Voici à quelle occasion :

Les habitants de Tedla livrèrent, en signe de soumission, une grande quantité de bœufs, et, selon l'usage observé en pareille circonstance, ils envoyèrent en procession vers le sultan une trentaine de femmes liées les unes aux autres par les cheveux et tenant leurs couteaux entre les dents; les enfants portaient leurs tablettes d'école sur la tête, et les vieillards leur Koran. Cette procession, accueillie d'abord par Soliman, se rendit ensuite auprès de Mouley-Ibrahim, qui, dans un accès de colère féroce, fit fusiller tous ces malheureux. Quatre des enfants, quoique blessés, parvinrent à s'échapper de cette boucherie et donnèrent le signal de la vengeance. Chaque cheik réunit aussitôt cinquante des plus braves de sa tribu, et tous montés à cheval, au nombre de cinq cents, se rendirent, à l'approche de la nuit, au camp de l'empereur. Celui-ci, les voyant descendre de cheval et marcher le fusil baissé en signe de soumission, croit qu'ils viennent implorer sa clémence. Mais, au milieu de cette sécurité trompeuse, les Schellocks déchargent leurs armes sur les soldats de l'empereur dispersés dans le camp ou livrés à leur premier sommeil. Aussitôt les autres habitants accourent de tous côtés et mettent en déroute l'armée, attaquée à l'improviste. Mouley-Ibrahim devient une des premières victimes de cette vengeance provoquée, et bientôt après la tente de Soliman est livrée aux flammes, qui éclairent un moment cet horrible spectacle. Soliman lui-même y est surpris presque nu par un montagnard qui lui demande son nom; se voyant maître de la personne sacrée de l'empereur, le Schellock conçoit le projet de lui sauver la vie : il l'enveloppe de son haïk, dit à ses compagnons qu'il emporte un frère blessé, et va le déposer dans sa tente, d'où il parvient à le conduire au sanctuaire d'Abou-Masser et de là à Méquinez.

A son arrivée dans cette ville, Soliman combla de présents son libérateur. Cependant la révolte se propagea de plus en plus, et devint presque générale : elle était entretenue par plusieurs santons et dirigée par Sidi-el-M'hause, chef de la milice des Amazirgues. Les Berbères, se joignant aux Schellocks, vinrent assiéger l'empereur dans Méquinez, où il venait d'arriver. Ils se contentèrent toutefois de l'y bloquer; car l'intention des rebelles était d'attendre l'abdication volontaire de l'empereur pour élever sur le trône son neveu, Mouley-Ibrahim, fils aîné de Mouley-Yézid. Mais ce prince, qui vivait retiré à Fez, rejeta les propositions des rebelles, parce qu'il avait juré sur le Koran de ne jamais conspirer contre son oncle.

Les rebelles, voyant que leur révolution allait avorter dans leurs mains, offrirent à Mouley-Soliman plusieurs voies de transaction; mais l'empereur n'était animé que d'amers ressentiments : il voulait à tout prix venger la mort de son fils. Il accueillit les députés qui lui furent envoyés en cette occasion ; mais ce fut pour emprisonner les uns et faire périr les autres. Alors les troubles se rallumèrent; plus de quinze mille Berbères vinrent investir Méquinez, et livrèrent aux troupes impériales plusieurs combats sanglants. La garde noire, qui défendait la place, commit elle-même toutes sortes d'excès. Le favori de l'empereur, Mouley-Élaï, nègre doué d'une rare intelligence, fut massacré sous les yeux de son maître.

Tandis que Mouley-Soliman attendait patiemment son sort de la volonté de Dieu, l'anarchie allait en augmentant dans les principales villes de l'empire. Le fanatisme des Maures rendait fort critique la position des chrétiens à Tanger. M. Sourdeau, consul général de la France, y fut frappé par un santon, qui lui asséna un violent coup de massue. Une éclatante réparation fut aussitôt demandée. Mouley-Soliman répondit au consul par une lettre fort curieuse; car l'empereur s'y pose, non-seulement en docteur musulman, mais en appréciateur orthodoxe des doctrines chrétiennes (1).

(1) Voici le texte de cette lettre : « Au nom du Dieu clément et miséricordieux. Il n'y a de puissance et de force qu'avec le Dieu très-haut et très-grand. Amen.

« Au consul de la nation française, Sourdeau. Salut à quiconque marche dans le droit chemin! Comme tu es notre hôte, placé sous notre protection, et consul d'une grande nation dans notre pays, nous ne pouvons que te souhaiter la plus haute considération et le plus sublime honneur. C'est pourquoi tu comprendras combien nous a paru intolérable ce qui t'est arrivé, quand même la faute en eût été au plus cher de nos fils et amis. Et, bien qu'on ne puisse s'opposer aux décrets de la divine Providence, nous ne pouvons tolérer que semblable chose se fasse même au plus vil des hommes ou bien aux bêtes. Aussi ne laisserons-nous pas certainement de t'accorder justice, s'il plaît à Dieu! Cependant vous autres chrétiens, vous avez le cœur plein de pitié et êtes patients dans les injures, d'après l'exemple de votre prophète (que Dieu l'ait dans sa gloire) Jésus, fils de Marie, lequel, dans le livre qu'il nous apporte au nom de Dieu, vous recommande, lorsque quelqu'un vous a frappé sur une joue, de lui présenter encore l'autre; et lui-même (qu'il soit toujours béni de Dieu!) ne se défendait pas lorsque les Juifs vinrent pour le tuer; c'est pourquoi Dieu le retira auprès de lui. Dans notre livre, il nous est dit aussi, par la bouche de notre prophète, qu'il ne se trouvera aucun peuple plus rapproché par la charité des vrais croyants que ceux qui disent : Nous sommes chrétiens! Ce qui est très-vrai, puisque parmi eux il y a des prêtres et des hommes saints, qui certainement ne sont point orgueilleux. Notre prophète nous dit

M. Sourdeau se rendit à cette argumentation, et pardonna.

Malgré le siége de Méquinez, quelques ordres émanés de l'empereur parvenaient encore dans les diverses parties de l'État, et y maintenaient une ombre d'autorité, lorsque *Mouley-Ibrahim*, pressé de nouveau par les insurgés, consentit à se faire proclamer sultan. Il fut successivement reconnu dans les villes d'Alcaçar, Araiche, Tanger et Tétouan; mais il mourut peu de temps après, en février 1821, et laissa le pouvoir à son frère *Mouley-Zéid*. Ce prince jura sur le Koran de ne déposer les armes qu'après avoir tué Soliman. Il réussit d'abord à s'emparer de Fez; mais, bientôt battu par son oncle, il fut obligé de se réfugier à Tétouan. Soliman, qui disposait encore d'une armée de seize mille hommes, l'assiégea dans cette ville; il parvint à le faire prisonnier, et se contenta de le reléguer au Tafilelt, résidence habituelle des chérifs. Cet acte de clémence ne désarma pas complétement les mécontents (1).

L'insurrection dont nous venons d'indiquer les principales phases coïncide avec l'apparition de la peste, en mai 1818, qui décima la population de l'empire. Ce fléau avait été apporté à Tanger par la frégate anglaise *le Tage;* elle venait d'Alexandrie, et avait à son bord un grand nombre de pèlerins de retour de la Mecque, au nombre desquels se trouvaient deux fils de l'empereur. Le 2 juin suivant, un autre navire anglais, venant aussi d'Alexandrie avec quatre cents pèlerins, se présenta également dans la baie de Tanger. Les consuls réunis sollicitèrent en vain l'établissement d'une quarantaine : les musulmans, tous fatalistes, regardent les précautions des chrétiens comme de misérables enfantillages. La peste se propagea rapidement. Dans l'espace de quelques mois, sur une population de dix à onze mille habitants, la ville de Tanger seule perdit deux mille deux cent trente-quatre individus. La famine se joignit à la peste et à la guerre civile; la désolation fut portée à son comble. Les Européens qui n'avaient pu s'éloigner se tinrent renfermés chez eux pendant plus d'une année entière.

Au milieu des discordes civiles qui menaçaient de se prolonger, Mouley-Soliman mourut le 28 novembre 1822, après un règne de trente ans. Par un testament solennel, il avait désigné comme son successeur Mouley-*Abd-er-Rhaman,* fils de Mouley-Hischem.

Mouley-Soliman était doué de toutes les qualités de l'intelligence et du cœur qui avaient distingué Sidi-Mahomet. Grâce à sa politique habile et conciliante, il avait conservé la paix extérieure au milieu des circonstances les plus difficiles. On ne peut douter de sa fermeté, quand on songe comment il résista à Napoléon, qui essaya de le faire sortir de la stricte neutralité dont il s'était fait une loi à l'égard des princes chrétiens. Mouley-Soliman était un des meilleurs souverains de la dynastie des chérifs. Sa figure portait l'empreinte de la bonté, et sa conduite avait été toujours rigoureusement conforme aux lois de l'islamisme. L'éclat du trône n'ôta rien à son humilité religieuse. Sa sobriété était extrême, et sa table ne se distinguait point de celle de ses sujets. La dépense de sa cour n'était considérable qu'à cause du grand nombre de ses femmes et de ses enfants. Comme aux termes de la loi il était juge suprême, il répudiait souvent ses femmes légitimes pour en prendre de nouvelles, ayant soin d'assigner aux premières une pension pour leur subsistance. Souvent des pères, tantôt par fanatisme, tantôt par intérêt,

encore, qu'on n'imputera point à fautes les actions de trois sortes de personnes, savoir : de l'insensé, jusqu'à ce qu'il ait recouvré son bon sens; du petit enfant, et de l'homme qui dort. Or, l'homme qui t'a offensé est insensé, et n'a pas son jugement; cependant nous avons ordonné qu'il te fût rendu justice de son outrage. Si pourtant tu lui pardonnes, tu feras l'œuvre d'un homme magnanime, et tu en seras récompensé par le Très-Miséricordieux. Mais si tu veux absolument qu'il te soit fait justice dans ce monde, cela dépendra de toi, attendu que dans mon empire personne ne doit craindre ni injustice ni voie de fait avec l'aide de Dieu. »

(1) *Voyez* sur cette révolution le *Specchio di Marocco*, par M. Graberg de Hemso, p. 275; la *Relation du naufrage de la Sophie*, par M. Charles Cochelet, tome II, p. 216; *Relations de la France avec le Maroc*, par M. Thomassy, p. 410.

lui présentaient leurs filles, qui entraient alors au harem sous le nom de servantes, en attendant leur élévation au rang de sultanes ou leur répudiation. Aux yeux des musulmans, c'était là une conduite irréprochable. Leur vénération pour l'empereur n'en était donc nullement ébranlée : elle était la conséquence de leur respect absolu pour le vicaire de Dieu, ayant le droit de disposer tout à la fois de l'âme et du corps de ses sujets.

On s'exposerait à d'étranges méprises si l'on voulait apprécier les mœurs d'un prince musulman au point de vue de notre civilisation. Ici, bien des actes qui chez nous sont regardés comme des atrocités passent pour une preuve de fermeté et d'attachement à la religion du prophète. A ce propos, nous rapporterons le trait suivant : En 1820, un juif de Maroc, pris de vin, entra dans une mosquée; pour échapper à la mort, il se fit sur-le-champ musulman. Le lendemain, revenu de son ivresse, il court chez le gouverneur et témoigne le désir de renoncer à la religion qu'il regrette d'avoir embrassée. Le gouverneur écrit aussitôt à l'empereur, et lui demande ses ordres. « Qu'à l'arrivée du courrier, répondit Soliman, la tête du juif tombe et me soit envoyée. » Une demi-heure après l'arrivée de ce message, la tête du juif était coupée, salée, mise dans un sac de cuir et envoyée à l'empereur (1). Il faut dire à l'honneur de Mouley-Soliman que, contrairement à l'usage de la plupart des princes de sa dynastie, il ne s'était jamais fait l'exécuteur des hautes-œuvres, bien que ses sujets musulmans eussent préféré mourir de sa main, à laquelle ils attachent tous une vertu sanctifiante et réparatrice pour l'autre vie.

Mouley-Soliman avait régné, au préjudice de son frère aîné Hischem, réputé incapable de gouverner, mais en réservant la souveraineté à la descendance mâle de ce dernier. C'est en conséquence de cette stipulation, et par la volonté même de son prédécesseur, que l'empereur actuel, *Abd-er-Rhaman* (2), occupe, depuis 1822, le trône de Maroc.

(1) *Voyez* Thomassy, p. 424.

(2) *Abd-er-Rhaman* signifie, en arabe, *esclave du miséricordieux*.

Avant son avénement Abd-er-Rhaman remplissait à Magador les fonctions de gouverneur; il était ainsi tout à la fois intendant des finances, percepteur des impôts, payeur provincial et directeur des douanes. De là sans doute les habitudes fiscales que ce souverain a montrées dans toutes ses transactions.

En 1823 et 1824, le nouvel empereur châtia par la force des armes les Berbères, qui lui avaient refusé une soumission complète, et qui gardent encore le souvenir hostile de ce châtiment. Les Oudayas, janissaires du Maroc, le servirent d'abord avec fidélité et dévouement; mais pendant les années 1830 et 1831 ils se révoltèrent, et l'empereur fut obligé de les assiéger dans le nouveau Fez. Ce siége dura six mois; les Oudayas se rendirent enfin, faute de vivres. Mouley-Abd-er-Rhaman leur fit grâce de la vie; et au lieu de les exterminer, comme Mahmoud avait fait des janissaires, il se contenta de les licencier et de les disperser dans les différentes parties de son empire.

En 1834 ou 1835, un marabout de Fez, connu pour sa sainteté, Sidi-Mohammed-Ebn-Taïeb, réussit à soulever la population, en proclamant que l'empereur était atteint d'aliénation mentale et incapable de gouverner. Abd-er-Rhaman marcha aussitôt contre le théâtre de l'insurrection; il assiégea Fez, et la réduisit bientôt à capituler. Sidi-Mohammed-Ebn-Taïed fut livré et condamné à être promené garrotté par toute la ville, et à être ensuite déposé dans le Tafilelt, espèce de Botany-Bay politique du Maroc. Les chefs de l'insurrection, au nombre de vingt-six, furent condamnés à être bâtis vivant dans un mur. Cent cinquante autres rebelles furent emprisonnés dans la petite île de Mogador, où ils ne tardèrent pas à périr.

La conquête de l'Algérie modifia profondément les relations politiques et commerciales du Maroc avec la France. Dans les premiers moments, la cour marocaine vit peut-être avec une joie secrète l'humiliation de sa rivale, la cour de Constantinople; mais elle changea bientôt de conduite lorsque cette conquête, loin d'être éphémère, se consolida et s'étendit de jour en jour. Les frontières orientales de l'empire fixèrent toute l'attention d'Abd-er-Rhaman. Dès 1831 l'empereur chercha à s'emparer de Tlemcen ; et c'est dans la crainte que toute la province ne tombât entre les mains de ce voisin puissant, que le général Clausel fit occuper la ville d'Oran le 4 janvier 1832. En même temps, le colonel d'état-major Auvray fut envoyé vers l'empereur pour le sommer de respecter le territoire algérien, comme étant une dépendance de la France. Le colonel Auvray ne dépassa pas Tanger, où il fut retenu par le gouverneur de la province ; cependant la cour de Maroc promit d'évacuer la province d'Oran, et de ne plus se mêler des affaires de l'Algérie. Mais cet engagement ne fut pas respecté.

Lorsqu'il s'agit, bientôt après, d'imposer des beys aux provinces de Constantine et d'Oran, les principaux chefs de cette dernière envoyèrent une députation à Mouley Abd-er-Rhaman pour l'inviter à venir prendre possession de la province menacée. Au nombre des personnages chargés de cette mission figuraient les chefs des Douairs et des Zmélas, et à leur tête Mustapha-ben-Ismael et El-Mezari, devenus ensuite deux de nos plus fidèles serviteurs ; ils furent accompagnés par les chefs de Tlemcen, parmi lesquels se distinguait au premier rang Ben-Nouna, institué plus tard par l'empereur kaïd de Tlemcen.

Mouley-Abd-er-Rhaman accepta avec empressement la proposition qui lui était faite, et se hâta d'envahir le territoire algérien avec une armée de douze mille hommes, commandés par Mouley-Ali, son neveu, et un autre chef, appelé Ben-Amri. Le premier vint occuper Tlemcen et ses environs ; le second s'avança jusqu'à Miliana, d'où il fut repoussé par le bey Hadj-el-Sghir, et alla s'installer à Médéah.

Le successeur du maréchal Clausel, M. le duc de Rovigo, écrivit au consul général de France à Tanger, pour l'engager à faire à ce sujet des remontrances à l'empereur de Maroc ; mais cette négociation secondaire vint bientôt se fondre avec celle que dirigea M. Charles de Mornay, envoyé extraordinaire de la France.

Quelque temps après, M. de Mornay informa le duc de Rovigo, par une dépêche datée de Méquinez le 4 avril 1832, que le gouvernement marocain renonçait d'une manière positive à ses prétentions sur la ville de Tlemcen et sur les districts environnants, dépendants de l'ancienne régence d'Alger. En conséquence, Abd-er-Rhaman s'engageait à ne plus entrer dans les démêlés que ces contrées pourraient avoir à débattre avec la France. Enfin la conduite du bey Amri était reconnue blâmable et contraire aux traités, et il était rappelé avec les chefs marocains placés sous ses ordres.

Forcé ainsi de renoncer à agir directement sur la régence d'Alger, l'empereur de Maroc voulut du moins exercer une influence occulte sur les affaires de la province d'Oran, qu'il espérait réunir tôt ou tard à son empire. A cet effet, il se mit aussitôt en relations intimes avec le jeune Abd-el-Kader, qui commençait déjà à briller d'un certain éclat, et qui, à raison de son âge, lui parut devoir se soumettre à son ascendant avec plus de docilité que les autres chefs. Abd-el-Kader, en homme habile, accepta le patronage qui lui était offert, se réservant de l'employer à son propre agrandissement.

Nous n'avons point ici à retracer l'historique des luttes mémorables d'Abd-el-Kader contre les Français, luttes qui rappellent en partie celles de Jugurtha contre les Romains (*Voir* l'ALGÉRIE, partie historique).

L'empereur Abd-er-Rhaman s'était jusqu'alors abstenu d'intervenir directement, lorsque le 30 mai 1844 le camp français de Lalla-Maghnia fut attaqué à l'improviste par plusieurs milliers de cavaliers marocains. Voici la cause de cette brusque attaque : un personnage allié à la famille impériale, Sidi-el-Mamoun-ben-Chérif, arriva dans la matinée à Oudjda (Ouchda) avec un contingent de cinq cents Berbères, envoyés de Fez par le fils de Mouley-Abd-er-Rhaman. Sidi-el-Mamoun, emporté par un fanatisme aveugle et stimulé par les partisans d'Abd-el-Kader, déclara qu'il voulait au moins voir de près le camp des infidèles ; en conséquence, il se mit en marche, malgré les observations du gouverneur d'Oudjda, El-Djenaoui, qui, tout en objectant les ordres de l'empereur, n'osait opposer un refus absolu à un prince de la famille impériale. L'indiscipline des Berbères, le fanatisme de la cavalerie nègre s'exaltèrent de plus en plus en présence des troupes françaises, et le combat s'engagea.

A la nouvelle de cet événement, le gouverneur général, M. le maréchal Bugeaud, se rendit en toute hâte sur les lieux, et jugea lui-même la situation comme très-grave : il ordonna la concentration des troupes vers Tlemcen. Le 16 juin, M. le prince de Joinville appareilla de Toulon avec une petite escadre pour se rendre en croisière sur les côtes du Maroc.

Cependant les agressions hostiles des Marocains continuèrent sur la frontière occidentale de l'Algérie. Le combat du 30 mai fut suivi, le 15 juin, d'un second engagement qui est venu brusquement rompre une conférence pacifique entre le général Bedeau et le lieutenant de l'empereur El-Djenaoui (1). Cette nouvelle insulte exigeait de promptes représailles. Le 19 un corps français, sous les ordres de M. le maréchal Bugeaud, entra, sans coup férir, dans la petite ville d'Oudjda, protégée par une forteresse (kasbah). Après une occupation de vingt-quatre heures, il revint au camp de Lalla-Maghnia, emmenant environ deux cents familles originaires de Tlemcen, et empressées de retourner dans leurs foyers, d'où Abd-el-Kader les avait arrachées violemment.

Cependant, ces représailles ne mirent pas un terme aux provocations des Marocains. Le 3 juillet ils attaquèrent de nouveau une des colonnes françaises sur la Haute-Malouiah ; et Abd-el-Kader fut lui-même présent au combat. Ces provocations réitérées devaient, avec raison, être prises pour une véritable déclaration de guerre.

M. le maréchal Bugeaud adressa, le 15 juillet, au ministre de la guerre un long rapport, daté du camp de l'Oued-Bou-Eurda, au sud de Lalla-Maghnia, sur la frontière du Maroc. Ce rapport se termina par ces paroles : « Le bruit de l'arrivée de l'armée du fils aîné de l'empereur avec une force considérable s'accrédite de plus en plus. Les uns disent que c'est pour faire la paix, d'autres que c'est pour pousser la guerre avec plus de vigueur. Quoi qu'il en soit, la prudence exige que je me mette en mesure de faire face aux forces qui peuvent se présenter. En conséquence j'appelle à moi M. le général de Lamoricière. »

Par une dépêche télégraphique datée du lendemain, 16 juillet, du bivouac de Zidi-Zaër, M. le maréchal annonça que, provoqué par une nouvelle attaque des Marocains, il les avait culbutés et poursuivis jusqu'à trois journées d'Oudjda.

Sur les informations de M. le maréchal Bugeaud, annonçant la continuation des hostilités sur la frontière marocaine, M. le prince de Joinville quitta, sur *le Pluton,* les eaux de Cadix, pour se rendre à Tanger. Là il fit immédiatement appeler le consul général de France, M. de Nion, et lui donna ordre de faire prévenir nos nationaux qu'il était prêt à les recevoir à son bord. Cet ordre fut sur-le-champ exécuté. Le consul général, sa famille et une vingtaine de Français s'embarquèrent, non sans quelques difficultés, et furent conduits à Cadix. Trente-trois autres Français, y compris le chancelier du consulat, ne purent s'embarquer qu'au bout de quelques jours. En même temps, le bateau à vapeur *le Véloce* fut envoyé le long de la côte occidentale du Maroc jusqu'à Mogador pour mettre en sûreté les autres agents consulaires et nationaux établis à El-Araich, Rabat, Dar-el-Beïdah, Mazaghan, Safi et Tétouan.

La déclaration tout à la fois évasive et insultante faite au nom d'Abd-er-Rhaman, par l'intermédiaire de son minis-

(1) Dans la conférence avec El-Djenaoui, le général Bedeau avait demandé, au nom de la France, qu'Abd-el-Kader fût chassé du territoire marocain ou forcé d'y vivre en simple particulier, et de se retirer dans l'intérieur du Maroc ; enfin, que les forces régulières de l'empereur sur la frontière fussent employées à y rétablir la tranquillité et à en éloigner Abd-el-Kader. A ces demandes, Djenaoui répondit par la prétention de limiter la frontière algérienne à la rive droite de la Tafna. Cette prétention, qui n'avait jamais été précédemment élevée, était même contraire à l'état des choses sous la domination turque ; car la Malouiah avait toujours été la limite entre le Maroc et l'Algérie.

tre, Sidi-Mohamed-ben-Dris, hâta le moment d'un conflit sérieux. Dans cette déclaration, datée du 11 juillet et parvenue le 22 seulement à Tanger, l'empereur reconnaissait les agressions commises sur le territoire algérien et promettait la punition des kaïds qui s'en étaient rendus coupables; mais, par compensation, il demandait le rappel du maréchal Bugeaud, à raison de l'occupation d'Oudjda; et il ne s'expliquait en aucune façon au sujet d'Abd-el-Kader (1).

Les négociations, qui avaient duré près de deux mois, n'amenèrent aucun autre résultat. Pendant que Mouley-Abd-er-Rhaman protestait de son désir de vivre en bonne harmonie avec la France, et qu'il faisait écrire par le kaïd d'El-Araich, qu'il était disposé à accorder toute satisfaction à la France, ses généraux attaquaient de nouveau nos troupes, et l'on acquérait la certitude que les chefs les plus acharnés contre les Français étaient portés en triomphe, tandis que l'influence d'Abd-el-Kader grandissait de jour en jour dans la province de Fez. L'émir continuait à exploiter l'impuissance de l'empereur contre ses sujets et les dispositions hostiles des Berbères contre leur maître. Après s'être imposé à Mouley-Abd-er-Rhaman comme son califat, et lui avoir arraché en quelque sorte le gouvernement absolu de la province du Rif, il s'était fait envoyer par Sidi-Mohamed, fils de l'empereur, un approvisionnement considérable de fusils anglais, avec des instructions pour le tir du canon, imprimées en anglais et en arabe. Il tenait des assemblées publiques, auxquelles assistaient de hauts personnages de l'empire. Les discours prononcés dans ces réunions étaient de la dernière violence; c'étaient des prédications fanatiques qui avaient pour effet d'exalter les passions et de pousser les musulmans à la guerre sainte contre la France.

M. de Nion adressa, le 23 juillet, à l'empereur de Maroc, une nouvelle lettre, demandant une réponse précise et définitive, et donnant huit jours de délai avant l'ouverture de la guerre. Cet ultimatum n'amena aucun résultat.

Le 6 août l'escadre française, sous les ordres de M. le prince de Joinville, commença ses opérations contre le Maroc par le bombardement de Tanger. Embossée sous les murs de la ville, elle ouvrit le feu vers huit heures du matin. En une heure de temps, les batteries de la place furent démantelées. Le feu toutefois ne cessa entièrement qu'à onze heures; il continua, pendant tout cet intervalle, avec un ordre et une justesse de tir auxquels doit être en grande partie attribuée la rapidité du succès obtenu.

Tous les bâtiments de l'escadre y prirent une part glorieuse (1). Malgré les

(1) La preuve des hésitations de l'empereur semble résulter des deux faits suivants : Le 8 juillet, un de ses ministres, Sid-el-Bias, récemment rentré en faveur, après une disgrâce pendant laquelle il avait été promené dans les rues de Maroc, monté sur un âne, la tête tournée vers la queue de l'animal (ce qui est pour un musulman le comble de la dégradation civique), se plaignait, dans une lettre officielle, adressée au consul général de France à Tanger, M. de Nion, de ce que les généraux français avaient franchi la frontière, approuvant la conduite des chefs marocains, et demandant que les généraux français fussent blâmés. Mais le lendemain, 9 juillet, une seconde lettre, signée par un autre ministre, disait au consul que l'empereur, ayant appris, au contraire, que ses généraux avaient attaqué le camp français, s'était arraché la barbe en jurant qu'il les punirait sévèrement. Le ministre implorait humblement l'intercession du consul pour que les bonnes relations avec la France ne fussent pas rompues. La reprise des hostilités montra quel cas il fallait faire de ces déclarations.

(1) La flotte française se composait des bâtiments suivants : vaisseaux : *le Suffren*, 90 canons, portant le pavillon amiral, *le Jemmapes*, 100 ; *le Triton*, 80. — Frégates : *la Belle-Poule*, 60 canons. — Frégates à vapeur : *le Labrador, l'Asmodée, l'Orénoque*. — Corvettes à vapeur : *le Pluton, le Gassendi, le Véloce, le Cuvier*. — Bâtiments à vapeur de moindre force : *le Phare, le Castor, le Cocyte, l'Etna, le Tartare, l'Euphrate, la Chimère, le Rubis, le Var, le Grégeois, le Météore*. — Bricks de guerre : *l'Argus, le Cassard, le Pandour*. — Gabarres : *l'Aube, la Provençale, la Perdrix*.

La flotte anglaise dans les eaux du Maroc se composait de quatre vaisseaux de ligne, de plusieurs frégates à vapeur et quelques bâtiments à voile, sous le commandement

difficultés de la plage, tous vinrent prendre leur poste d'embossage. Le vaisseau amiral, *le Suffren*, monté par M. le prince de Joinville, porta son mouillage par six brasses et demie, fond de roche, au poste le plus rapproché des batteries ennemies. La résistance avait été plus vigoureuse qu'on n'aurait pu le croire. Quatre-vingts pièces avaient répondu au feu de la flotte.

La division espagnole, un vaisseau et une frégate anglaise, des bâtiments de guerre sardes, suédois et américains, assistaient à cette brillante journée (1).

La flotte continua sa marche victorieuse le long de la côte occidentale du Maroc; et le 11 août elle vint s'embosser devant Mogador. Le 15 août, à trois heures après midi, *le Suffren*, *le Jemmapes*, *le Triton* commencèrent leur feu sur les batteries de la marine, qui, au bout d'une heure, furent délabrées et abandonnées par leurs canonniers. *La Belle-Poule* était mouillée dans la passe même du port, dont elle écrasait le feu, pendant que *le Cassard*, *l'Argus*, et *le Volage* donnaient dans le port et écrasaient trois batteries de l'île (1). Les troupes et les matelots de débarquement, mis à terre, s'emparèrent de la plage, puis de la batterie du centre de l'île, où trois cent vingt hommes, Maures et Kabyles, bien embusqués derrière des murailles et des rochers, se défendaient avec le courage du désespoir. La plupart périrent; cent quarante d'entre eux, renfermés dans une mosquée, finirent par se rendre. La perte de la flotte dans cette journée ne s'éleva qu'à quatorze tués.

Le 16 au matin, au moment où le prince faisait enclouer et démanteler les batteries de l'île, l'ordre lui fut apporté

du vice-amiral Owen : *le Caledonia*, 120 canons; *l'Albion*, 90; *le Formidable*, 84; *le Warspite*, 50; *l'Eagle*, 24; *le Scout*, 18; *le Vesuvius*, *le Sydenham* et plusieurs autres sloops à vapeur.

(1) M. le prince de Joinville ne s'était déterminé à attaquer les fortifications de Tanger qu'après avoir reçu, le 4 août, la réponse que le kaïd d'El-Araich, Sida-Bou-Selam-Ben-Ali, faisait au nom de l'empereur à l'*ultimatum* de la France. Cet ultimatum avait été porté à El-Araich et remis au pacha le 25 juillet, à quatre heures du soir, par M. Warnier, membre de la commission scientifique de l'Algérie. Le délai de huit jours accordé pour recevoir la réponse de Mouley-Abd-er-Rhaman expirait le 2 août. Bien qu'à ce jour la réponse attendue ne fût point arrivée, M. le prince de Joinville consentit à suspendre le commencement des hostilités jusqu'à ce que le consul anglais, M. Drummond Hay, envoyé officieusement sans doute par son gouvernement auprès de l'empereur pour terminer le différend à l'amiable, fût de retour de Maroc et que le résultat de sa démarche fût connu. Dans la nuit du 2 au 3 août, on fut informé que l'empereur avait donné pleins pouvoirs au pacha d'El-Araich pour traiter de la paix, et qu'il allait écrire lui-même au prince de Joinville une lettre qui en assurerait le rétablissement. En même temps, M. le maréchal Bugeaud apprenait dans son camp de Koudiat-Abd-er-Rahman, qu'Abd-el-Kader, par ordre de l'empereur, avait dû abandonner la frontière et se retirer près de Fez avec sa déira, et que l'exécution de cette mesure était confiée au fils aîné du sultan, qui s'avançait à la tête d'une nombreuse armée. Malgré ces avis et ces assurances pacifiques, la réponse du pacha d'El-Araich à l'*ultimatum* fut loin d'être satisfaisante. Elle ne disait rien touchant le renvoi des troupes marocaines réunies sur la frontière de l'Algérie, et dont le nombre allait, par l'arrivée du prince Sidi-Mohamed, s'augmenter d'un corps de vingt à vingt-cinq mille hommes. Elle renouvelait la promesse d'une punition exemplaire des chefs marocains coupables d'agression sur notre territoire, mais en la subordonnant au rappel de M. le maréchal Bugeaud. (Dans une lettre précédente, les ministres marocains avaient demandé que M. le maréchal Bugeaud fût blâmé, rappelé, destitué et même bâtonné.) Enfin, la partie de la réponse à l'*ultimatum* relative à Abd-el-Kader était rédigée en termes vagues, obscurs, embarrassés et pleins de restrictions. Elle n'avait évidemment d'autre but que de gagner du temps, et fut, avec raison, jugée inacceptable.

(1) Il faut se rappeler que Mogador est situé à cent vingt lieues environ de Tanger; c'est le premier port commercial du Maroc. La ville était défendue par de nombreuses batteries, bien armées. L'île qui forme le port et qui domine complétement la ville était également protégée par quatre batteries et une garnison composée des meilleures troupes de l'empereur. Des canonniers renégats, que l'on suppose Espagnols, armaient les batteries et les servaient avec une précision peu ordinaire chez les Maures.

par le bateau à vapeur *le Véloce* d'occuper temporairement l'île de Mogador, en attendant les réparations exigées de l'empereur. L'île ainsi occupée, il ne restait plus qu'à détruire les batteries de la ville qui regardent la rade; le canon les avait déjà bien endommagées : il fallait les mettre complétement hors de service. Sous les feux croisés de trois bateaux à vapeur et de deux bricks, *le Cassard, le Pluton, le Pandour, l'Asmodée* et *le Rubis*, cinq cents hommes furent jetés le même jour sur le débarcadère du port; ils s'en emparèrent sans la moindre résistance. Cent vingt canons tombèrent au pouvoir des Français. La plupart étaient des pièces en bronze magnifiques, moitié espagnoles, moitié anglaises; l'une d'elles était un chef-d'œuvre de l'art : son affût, également en métal, représentait un lion en pleine course; les quatre pattes de l'animal formaient les quatre roues; sa tête portait la pièce. Quelques canons seulement furent emportés; on encloua les autres et on les jeta à la mer. Les magasins à poudre furent noyés, les barques emmenées ou défoncées, et les pavillons marocains emportés.

La mesure de l'occupation de l'île fut complétée par la déclaration du blocus du port de Mogador. Une garnison de cinq cents hommes fut installée dans l'île. Pour en simplifier l'administration, on la traita comme un vaisseau au mouillage. On y laissa donc tout ce qui se trouve sur un vaisseau, tels qu'approvisionnements de bouche et de défense.

Parmi les cent quarante prisonniers faits à la prise de l'île se trouvaient trente-cinq blessés. Le docteur Warnier fut chargé de les faire embarquer et de les ramener à terre.

Cet acte d'humanité ne resta pas stérile. Le vice-consul britannique à Mogador, M. Wilshire, avait à plusieurs reprises sollicité du gouverneur l'autorisation de se retirer lui et ses nationaux. Cette autorisation lui avait été toujours refusée, parce que les chefs de ces familles anglaises, y compris le vice-consul, devaient à l'empereur des sommes considérables. Les bâtiments britanniques *le Vesuvius* et *le Warspite*, arrivés le 13 août devant Mogador, n'avaient pas davantage réussi à embarquer leurs compatriotes. Mais ce que n'avaient pu obtenir les réclamations pressantes de l'Angleterre, les Français l'obtinrent par le noble exemple de leur générosité. En échange des trente-cinq prisonniers rendus à la liberté, le kaïd de Mogador fit rendre le consul anglais, sa femme et son secrétaire.

Pendant que ces événements avaient lieu sur la côte occidentale du Maroc, la frontière orientale de cet empire était le théâtre d'une guerre vivement engagée.

On se rappelle que Sidi-Hamida, nouveau kaïd des troupes marocaines à Oudjda, avait fait des ouvertures pacifiques à M. le maréchal Bugeaud. Selon ce kaïd, l'empereur désirait la paix avec le chef des chrétiens, et quand le fils aîné du sultan Sidi-Mohamed serait arrivé, « il n'y aurait que le bien. » Le maréchal s'était porté en vue du camp marocain, pour mieux reconnaître par lui-même les forces qui s'y trouvaient et pour hâter l'effet des négociations entamées. Ce mouvement semblait, au surplus, commandé tout à la fois par la conduite de Sidi-Hamida et par celle d'Abd-el-Kader. Dans ses premières communications, en effet, le chef marocain avait promis d'obliger l'émir à se retirer dans l'intérieur de l'empire avec sa déira; mais, après une conférence avec Abd-el-Kader, son langage avait complétement changé; ses assurances d'amitié ne s'exprimaient plus qu'en termes vagues, obscurs, figurés, à double sens, suivant l'usage si familier aux Arabes. En même temps, des groupes de cavaliers détachés par Abd-el-Kader, qui était campé lui-même près des Marocains, sur l'Oued-Isli (rivière d'Isli), parcouraient le pays entre Oudjda et le camp français de Lalla-Maghnia, avec ordre d'arrêter et de tuer comme traître tout porteur de dépêches d'un camp à l'autre.

Cependant, sur de nouvelles protestations de Sidi-Hamida, M. le maréchal Bugeaud consentit à rentrer dans son camp. L'intensité de la chaleur (45 à 48° centigr.) exigeait d'ailleurs que les troupes prissent quelque repos. Depuis lors, les forces marocaines ne cessaient de s'accroître; leur rassemblement était une grande levée de guerre sainte, officiellement prêchée dans toutes les provinces. La reprise des hostilités était donc imminente. Dans cette prévision, le maréchal Bugeaud fit sur-le-champ tous les préparatifs nécessaires pour soutenir la lutte avec avantage. La position de Lalla-Maghnia, convenablement retranchée, fut munie de constructions provisoires, et devint une place de dépôt et d'approvisionnement de toutes les troupes françaises campées sur la frontière du Maroc. Un petit corps d'armée, sous les ordres du général Lamoricière, fut échelonné en avant de Lalla-Maghnia, sur l'Oued-Malouiah et l'Oued-Isli. D'une vigie à signaux, établie sur une butte élevée à l'ouest de Lalla-Maghnia, on observait l'armée marocaine, campée sur les collines de la rive droite de l'Isli, à huit kilomètres environ en arrière d'Oudjda.

Les approvisionnements ne manquaient pas à l'armée française. Une petite plage de débarquement, Djama-Ghazouat (mosquée des Rhazias), à dix lieues du camp, facilitait les arrivages d'Oran par mer, et de cette plage ils étaient transportés au camp par les Kabyles du pays de Medroma. On avait déjà en magasin pour un mois de vivres, quand un convoi de deux cent soixante mille rations vint assurer la subsistance du corps d'armée pour vingt-cinq à trente jours au plus. Les Arabes soumis apportaient des fruits et des œufs; enfin l'établissement de fours et l'arrivée de bétail en quantité suffisante avaient permis de faire des distributions complètes.

L'état moral et sanitaire du camp français était ainsi très-satisfaisant, lorsque le maréchal Bugeaud fut informé par les Arabes soumis du Sahel de Medroma et de la Haute-Tafna, que l'armée marocaine s'était considérablement accrue par les troupes nègres amenées par Feradj, vieillard confident de Mouley-Abd-er-Rahaman, et par la jonction de Sidi-Mohamed, fils aîné de l'empereur. L'absence de toute communication avec Oudjda, les salves d'artillerie et de mousqueterie, tirées matin et soir au camp marocain, l'insolente demande faite par Sidi-Mohamed de l'évacuation de Lalla-Maghnia, comme condition de la paix, tout annonçait des projets hostiles. L'orgueil s'augmentant avec le nombre, on parlait ouvertement dans le camp marocain, non plus seulement de faire évacuer le poste de Lalla-Maghnia, mais de prendre Tlemcen, Oran, Mascara, et même Alger. C'était une véritable guerre sainte pour rétablir les affaires de l'islamisme. On n'attendait pour prendre l'offensive que l'arrivée des contingents d'infanterie des Beni-Snassen et du Rif, qui devaient assaillir les Français par les montagnes au pied desquelles se trouve Lalla-Maghnia, pendant qu'une immense cavalerie les envelopperait du côté de la plaine.

Le 10 août, un millier de cavaliers vinrent reconnaître le camp français, pensant peut-être que les troupes françaises avaient quitté Lalla-Maghnia, parce que depuis quatre jours elles étaient allées chercher un abri contre les grandes chaleurs, dans un bois, au confluent de l'Oued-el-Atbas et d'Oued-er-Fout. En se retirant, ces cavaliers mirent le feu aux maisons entre Lalla-Maghnia et Oudjda. Dans l'attente d'une grande journée, le maréchal Bugeaud avait successivement appelé auprès de lui, outre la colonne aux ordres du général Lamoricière, une seconde, commandée par le colonel Eynard, son premier aide de camp, enfin une troisième colonne, conduite par le général Bedeau, qui le rallia le 12 avec trois bataillons et six escadrons.

Le 13, à trois heures d'après-midi, le maréchal Bugeaud se porta en avant, en simulant un grand fourrage et trompant l'ennemi sur son mouvement offensif. A la tombée de la nuit, les fourrageurs revinrent sur les colonnes, et celles-ci campèrent dans l'ordre de marche, en silence et sans feu. A deux heures du matin, elles se remirent en mouvement, et passèrent une première fois l'Isli, au point du jour, sans rencontrer l'ennemi. Arrivées le 14, à huit heures du matin, sur les hauteurs de Djerf-el-Akhdar, elles aperçurent les camps marocains encore en place, s'étendant sur les collines de la rive droite. Toute la cavalerie s'était avancée pour disputer le second passage de la rivière. Au milieu d'une grosse masse qui se trouvait sur la partie la plus élevée, on distinguait le groupe du fils de l'empereur, ses drapeaux et son parasol, signe du commandement.

Le combat allait s'engager. L'ordre dans lequel le maréchal Bugeaud avait disposé les troupes rappelle le *coin* d'Épaminondas, ainsi que l'indique le tracé ci-dessous :

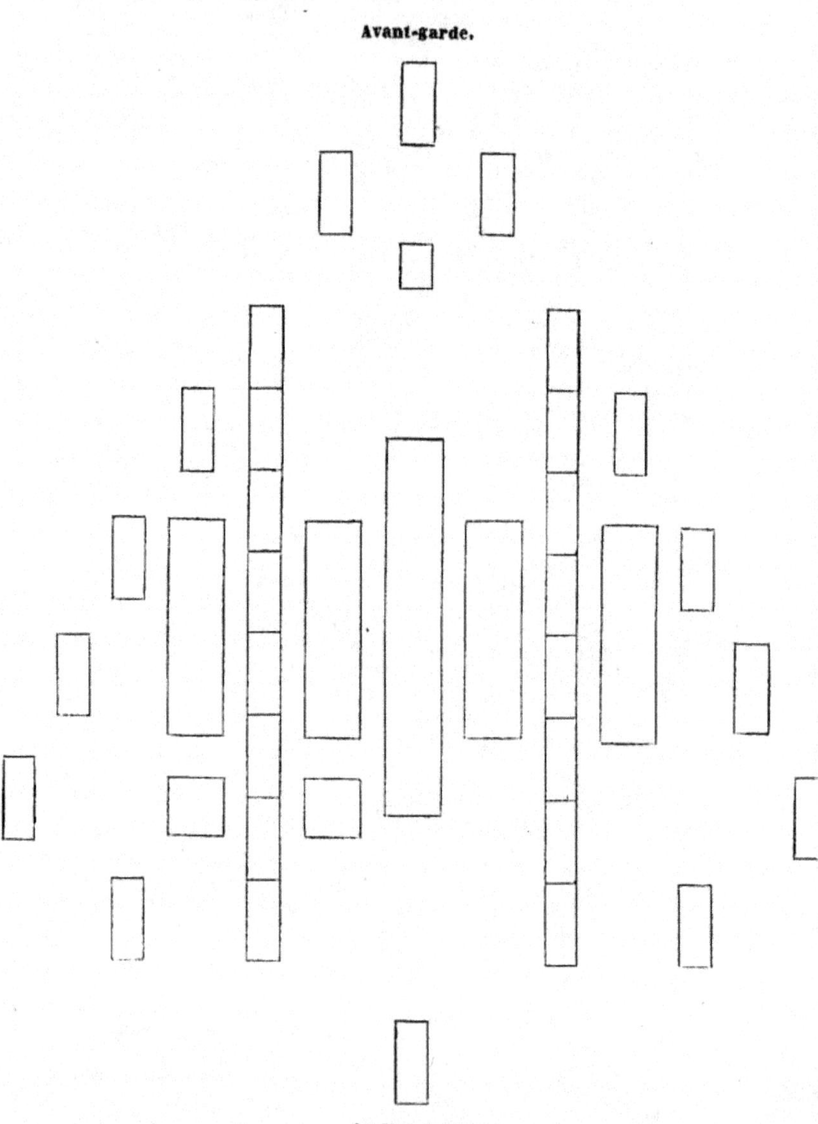

La largeur totale de cet ordre de bataille était de 700 mètres. Grâce à la bravoure des soldats et à l'habileté stratégique du chef, un petit corps de 8,500 hommes d'infanterie, de 1,400 chevaux réguliers, de 400 irréguliers et de 16 bouches à feu, parvint à mettre complétement en déroute une armée nombreuse, qui comptait dans ses rangs 25 ou 30,000 chevaux et 10,000 fantassins, appuyés par 11 bouches à feu.

Pour conserver à cette mémorable journée tout son caractère, nous laisserons parler ici M. Bugeaud lui-même : « Nous descendîmes sur les gués au simple pas accéléré et au son des instruments. De nombreux cavaliers défendaient le passage; ils furent repoussés par mes tirailleurs d'infanterie, avec quelques pertes des deux côtés, et j'atteignis bientôt le plateau immédiatement inférieur à la butte la plus élevée où se trouvait le fils de l'empereur. J'y dirigeai le feu de mes quatre pièces de campagne, et à l'instant le plus grand trouble s'y manifesta. Dans ce moment, des masses énormes de cavalerie sortirent des deux côtés de derrière les collines, et assaillirent à la fois mes deux flancs et ma queue. J'eus besoin de toute la solidité de mon infanterie; pas un homme ne se montra faible. Nos tirailleurs, qui n'étaient qu'à cinquante pas des carrés, attendirent de pied ferme ces multitudes, sans faire un pas en arrière : ils avaient ordre de se coucher par terre si la charge arrivait jusqu'à eux, afin de ne pas gêner le feu des carrés. Sur la ligne des angles des bataillons, l'artillerie vomissait la mitraille. Les masses ennemies furent arrêtées, et se mirent à tourbillonner. J'accélérai leur retraite, et j'augmentai leur désordre en retournant sur elles mes quatre pièces de campagne qui marchaient en tête du système. Dès que je vis que les efforts de l'ennemi sur mes flancs étaient brisés, je continuai ma marche en avant. La grande butte fut enlevée, et la conversion sur les camps s'opéra.

« La cavalerie de l'ennemi se trouvant divisée par ses propres mouvements et par ma marche, qui la coupait en deux, je crus le moment venu de faire sortir la mienne sur le point capital, qui, selon moi, était le camp, que je supposais défendu par l'infanterie et l'artillerie. Je donnai l'ordre au colonel Tartas d'échelonner ses dix-neuf escadrons par la gauche, de manière à ce que son dernier échelon fût appuyé à la rive droite de l'Isli.

« Le colonel Yousouf commandait le premier échelon, qui se composait de six escadrons de spahis, soutenus de très-près en arrière par trois escadrons du 4ᵉ chasseurs. Ayant sabré bon nombre de cavaliers, le colonel Yousouf aborda cet immense camp, après avoir reçu plusieurs décharges de l'artillerie. Il le trouva rempli de cavaliers et de fantassins qui disputèrent le terrain pied à pied. La réserve des trois escadrons du 4ᵉ chasseurs arriva : une nouvelle impulsion fut donnée, l'artillerie fut prise et le camp fut enlevé. Il était couvert de cadavres d'hommes et de chevaux. Toute l'artillerie, toutes les provisions de guerre et de bouche, les tentes du fils de l'empereur, les tentes de tous les chefs, les boutiques des nombreux marchands qui accompagnaient l'armée, tout, en un mot, resta en notre pouvoir. Mais ce bel épisode de la campagne nous avait coûté cher : quatre officiers de spahis (MM. les lieutenants Damotte et Ditter et les sous-lieutenants Rozetti et Bou-chakor), et une quinzaine de spahis et de chasseurs y avaient perdu la vie; plusieurs autres étaient blessés.

« Pendant ce temps, le colonel Morris, qui commandait les 2ᵉ et 3ᵉ échelons, voyant une grosse masse de cavalerie qui se précipitait de nouveau sur mon aile droite, passa l'Isli pour briser cette charge, en attaquant l'ennemi par son flanc droit. L'attaque contre notre infanterie échoua comme les autres; mais alors le colonel Morris eut à soutenir le combat le plus inégal. Ne pouvant se retirer sans s'exposer à une défaite, il résolut de combattre énergiquement, jusqu'à ce qu'il lui arrivât du secours. Cette lutte dura plus d'une demi-heure; ses six escadrons furent successivement engagés et à plusieurs reprises. Nos chasseurs firent des prodiges de valeur; trois cents cavaliers, Berbères ou Abids-Bokhari, tombèrent sous leurs coups. Enfin le général Bedeau, commandant l'aile droite, ayant vu l'immense danger que courait le 2e chasseurs, détacha le bataillon de zouaves, un bataillon du 15e léger et le 9e bataillon de chasseurs d'Orléans pour attaquer l'ennemi du côté des montagnes; ce mouvement détermina sa retraite. Le colonel Morris reprit alors l'offensive, et exécuta plusieurs charges heureuses dans la gorge par où il se retirait. Cet épisode est un des plus vigoureux de la journée : 550 chasseurs du 2e combattirent 6,000 cavaliers ennemis. Chaque chasseur rapporta un trophée de cet engagement, celui-ci un drapeau, celui-là un cheval, celui-là une armure, tel autre un harnachement.

« A midi je fis cesser la poursuite, et je ramenai toutes les troupes dans le camp du sultan. Le colonel Yousouf m'avait fait réserver la tente du fils de l'empereur; on y avait réuni les drapeaux pris sur l'ennemi, au nombre de 18, les 11 pièces d'artillerie, le parasol de commandement du fils de l'empereur et une foule d'autres trophées de la journée.

« Les Marocains ont laissé sur le champ de bataille au moins 800 morts, presque tous de cavalerie : l'infanterie, qui était peu nombreuse, nous échappa en très-grande partie à la faveur des ravins. Cette armée a perdu en outre tout son matériel; elle a dû avoir de 1,500 à 2,000 blessés.

« Notre perte a été de 4 officiers tués, 10 autres blessés; de 23 sous-officiers ou soldats tués, et 86 blessés.

« La bataille d'Isli est, dans l'opinion de toute l'armée, la consécration de notre conquête de l'Algérie : elle ne peut manquer aussi d'accélérer de beaucoup la conclusion de nos différends avec l'empire de Maroc.

« Je ne saurais trop louer la conduite de toutes les armes dans cette action, qui prouve une fois de plus la puissance de l'organisation et de la tactique sur les masses qui n'ont que l'avantage du nombre. Sur toutes les faces de la grande losange formée de carrés par bataillon, l'infanterie a montré un sang-froid imperturbable; les bataillons des quatre angles ont été tour à tour assaillis par 3 ou 4,000 chevaux à la fois, et rien n'a été ébranlé un seul instant; l'artillerie sortait en avant des carrés, pour lancer la mitraille de plus près; la cavalerie, quand le moment a été venu, est sortie avec une impétuosité irrésistible, et a renversé tout ce qui se trouvait devant elle. »

Cette brillante victoire, qui a coûté si peu de sang à l'armée française, est une preuve de plus que la guerre n'est pas toujours un jeu du hasard, et qu'il importe d'y faire entrer en ligne de compte la bravoure du soldat, secondée par la science stratégique du chef.

Les trophées conquis sur l'ennemi furent apportés à Paris et déposés à l'hôtel des Invalides, au milieu de tant d'autres trophées, dont la France peut s'enorgueillir (1).

(1) Les principaux trophées conquis à la bataille d'Isli sont : la tente du fils de l'empereur du Maroc, le parasol, signe du commandement, et un grand nombre de drapeaux. La tente impériale, en toile d'un blanc sale, avec ornements arabesques de toile bleue appliqués de distance en distance sur les coutures extérieures, a la forme ronde d'un pavillon. Elle est doublée à l'intérieur en drap rouge. Au-dessus de la première tente, s'en élève une seconde, beaucoup plus grande et ainsi superposée pour garantir celle de dessous des rayons du soleil. Un espace libre, ménagé entre les deux, au moyen de planches carrées placées l'une au-dessus de l'autre et peintes en bleu, rouge et jaune, permet à l'air de circuler, et entretient la fraîcheur dans la tente inférieure. Les deux tentes sont surmontées d'une boule en cuivre doré assez grosse, qu'on apercevait de toutes les parties du camp. La poutre qui les supporte est peinte en bleu, et les arêtes en rouge. Elle peut se briser en deux parties, pour la commodité du transport. A l'entrée de la tente, et sur l'un des côtés, étaient pratiquées une demi-douzaine d'arceaux, ou plutôt des niches dans lesquelles se tenaient assis ou couchés les *chaouchs*, véritables gardes de la porte. A l'entour de la tente, et à distance de quelques mètres, était une espèce de mur, de deux mètres de hauteur, également en toile blanche. Cette espèce de corridor empêchait que du dehors on vît ou entendît rien de ce qui se passait dans l'enceinte centrale. L'intérieur de la tente était garni de tapis à dessins, de gros coussins ronds en maroquin rouge et de coussins longs en drap de même couleur. En face du rideau formant porte, doublé également de drap rouge, était le lit du prince, protégé par un

Mouley-Abd-er-Rhaman avait montré par de longues hésitations qu'il était personnellement peu disposé à la guerre; mais qu'il avait été poussé à cette extrémité par ses principaux officiers, tous fanatisés par l'ascendant d'Abd-el-Kader (1). La défaite de son armée devait

moustiquaire d'indienne à dessins grossiers; il se composait de deux matelas, l'un bleu, l'autre rouge. Rien n'avait été oublié dans ce palais d'étoffe : entre le mur et la tente impériale se trouvaient deux petites tentes : l'une destinée à l'un des officiers du prince; l'autre, en étoffe jaune et verte, était un de ces cabinets indispensables que les indigènes appellent *chechmat* ou *kenif*. Les cuisines étaient à une vingtaine de pas de distance, et également enveloppées d'un mur de toile. La longueur du diamètre des deux tentes est de 14 mètres. Le diamètre de celle de l'intérieur n'est que de 7 mètres; la hauteur jusqu'à la boule est d'environ 6 mètres 50 centimètres, et celle de la petite tente, de 5 mètres; car elle n'arrive pas jusqu'au faîte de la grande. Les murs sont droits; ils ont 1 mètre 50 centimètres d'élévation, du sol à la naissance du dôme, qui est coupé au milieu par une banderole circulaire à petites franges. Cette tenture, de 33 centimètres de largeur, a la forme d'un baldaquin tombant perpendiculairement; elle est rouge à l'intérieur, comme la tente, et verte en dehors.

Le parasol (*el-d'alala*), qui était placé devant l'entrée de la tente impériale, ressemble aux grands parapluies de nos halles : il est rond et supporté par une forte hampe en bois de sapin, de la grosseur au moins de celle d'un drapeau, et de 2 mètres 38 centimètres de longueur. Il est très-vieux et en partie usé. Le dessus est en soie amaranthe, avec broderies en argent doré, entremêlées de grenat d'un rouge foncé. Ces broderies, admirables d'élégance, figurent des arabesques et des fleurs d'une légèreté de dessin remarquable. L'intérieur est doublé en soie verte, à fleurs brochées en or; une crépine d'or, haute d'environ 34 centimètres et semée de douze torsades entre chaque rayon, en orne le tour, comme nos dais d'église. Les branches, au nombre de dix, sont en bois argenté : une clef en fer argenté destinée à être placée dans un œillet pour les arrêter, est suspendue à une grosse torsade en soie amaranthe et verte. Les rayons ont 4 mètres 32 centimètres de circonférence. Le parasol est surmonté d'une boule d'argent doré, de 19 centimètres de hauteur, semblable à la pomme d'une canne de tambour-major, et dont le pied est aussi entouré d'une frange d'or. Il faut un homme vigoureux pour le porter à cheval; son poids est de près de 7 kilogrammes.

Les drapeaux sont au nombre de dix-huit; ils sont de différentes grandeurs, rouges, bleus, bariolés ou à ramages. La pièce la plus importante est un petit guidon de 88 centimètres carrés, en cotonnade blanche d'un côté, en indienne imprimée de l'autre. C'est le drapeau sacré (*sandjak djehadi*); il est orné d'un encadrement en ruban de laine rouge. Sur la surface blanche se trouvent tracés, également en laine rouge et en caractères d'un décimètre de haut, ces mots sacramentels : *La Allah billa-Allah, Mohamed-raçoul-Allah; beniat el djehad in cha Allah* (Il n'y a de Dieu que Dieu; Mohamed est son prophète : à la guerre sainte, si Dieu le veut).

(1) Abd-er-Rhaman a toujours été animé par des sentiments pacifiques; il n'a nullement les instincts guerriers. A en juger par l'apparence, c'est un homme d'environ soixante ans, assez corpulent, d'une taille de cinq pieds neuf pouces; sa physionomie est naturellement douce et agréable; malheureusement une tache qu'il a sur l'œil gauche en gâte l'expression, en faisant croire qu'il louche. Sa barbe est courte, grisonnante, et touffue. Il est le seul homme de son empire qui la laisse croître; car la crainte de voir se renouveler des accidents semblables à ceux dont plusieurs sultans ont été victimes ne permet à aucun rasoir d'approcher de la gorge royale.

Voici comment le capitaine Beauclerk, compagnon de voyage du docteur Brown, nous raconte l'emploi que le sultan fait de son temps.

« La journée de Mouley-Abd-er-Rhaman est ainsi réglée : le matin il se lève avant le jour; et, après avoir dit ses prières, il se promène seul, à pied, dans ses jardins, donnant des ordres à ses ouvriers. A huit heures il monte à cheval, et il galope pendant deux ou trois heures, escorté de tous ses grands kaïds et capitaines. La maladie (les hémorrhoïdes) pour laquelle il avait désiré consulter le docteur Brown était considérablement aggravée par cet exercice quotidien; mais son médecin lui conseilla vainement de prendre un peu de repos. « Me prescrire de « ne pas me promener tous les jours à cheval avec mes kaïds, répliquait-il invariablement, c'est m'ordonner d'abdiquer. Le « cheval est le trône des empereurs de Maroc. » Cet exercice terminé, il se retire dans les

donc l'irriter vivement, non pas contre les Français, qui n'avaient pas été les agresseurs, mais contre Abd-el-Kader, qui avait été l'instigateur de ce conflit malencontreux.

Après la bataille d'Isli, il y avait deux partis à prendre : ou de profiter de la victoire en forçant immédiatement l'empereur à livrer Abd-el-Kader, ou de laisser ce soin aux événements, faciles à prévoir. On crut devoir adopter ce dernier parti.

Pour juger sainement de l'état des choses, il faut se mettre un moment à la place des hommes mêmes qui étaient en jeu : Abd-er-Rhaman et Abd-el-Kader devaient avoir au fond du cœur l'un pour l'autre des sentiments de haine, de crainte ou de défiance. Sans doute la religion impose à tous les musulmans de combattre pour la loi du prophète, qui veut l'extermination des chrétiens; mais l'un et l'autre n'avaient pas du tout les mêmes intérêts à se constituer les champions de l'islamisme : Abd-er-Rhaman avait un empire à conserver, tandis qu'Abd-el-Kader en avait un à conquérir. Et supposons que l'empereur du Maroc se fût sincèrement joint à l'émir pour guerroyer contre les infidèles : qui des deux en aurait recueilli la gloire? En toute occasion, les troupes marocaines se seraient empressées d'accourir à la voix du chef dévot, si habile à combattre les chrétiens; les montagnards berbères, dont la fidélité envers l'empereur est loin d'être inébranlable, se seraient les premiers rangés sous l'étendard du nouveau chérif; car Abd-el-Kader a aussi la prétention de descendre de la famille du prophète. Enfin, sur un signe de l'émir, l'ancienne dynastie des chérifs aurait disparu absolument de la même façon que toutes les autres dynasties du Maroc dont nous avons tracé l'histoire.

Il serait inutile d'entrer ici dans les détails des événements dont toute les feuilles publiques viennent de retentir. Abd-el-Kader, depuis qu'il avait été refoulé dans le Maroc avec les débris des tribus qui avaient suivi sa fortune, était placé dans l'alternative ou de détrôner Abd-er-Rhaman ou d'abdiquer toute action sur les affaires de l'Algérie. Il tenta, d'abord par les intrigues, puis par la force, une de ces révolutions si fréquentes dans les annales de l'islamisme. Il n'a point réussi. C'est le résultat que le massacre des Beni-Amer et des Beni-Hassen devait lui faire entrevoir. Dès lors, sans ressources et sans appui, au milieu de populations irritées par des exécutions sanglantes, en lutte avec le chef reconnu de sa religion, errant, comme un lièvre traqué par des chasseurs, dans les environs de la Malouia, réduit à l'impossibilité de nourrir et de défendre ses partisans, découragés ou séduits, il dut d'abord songer à sauver sa tête.

Dans le mois de novembre 1847, étant campé à Zalin dans le Rif, l'émir envoya auprès de l'empereur son califat (lieutenant) Bou-Hamedi, pour lui faire des propositions d'accommodement. Inquiet de ne pas recevoir des nouvelles de Bou-Hamedi, et présumant qu'il allait être obligé d'en venir aux mains avec les Marocains, il quitta la position de Zalin, et vint camper, en descendant la Malouia, par la rive gauche, dans un endroit appelé Enerma. Appuyée d'un côté à la rivière, de l'autre aux montagnes de Kebdana, dont les habitants voulaient rester neutres, sa déira se trouvait dans une position facile à défendre avec peu de monde. Dans la journée du 9 décembre, deux cavaliers de l'empereur, accompagnés d'un serviteur de Bou-Hamedi, lui apportèrent une lettre de Mouley-Abd-er-Rhaman et une autre de son califat.

L'empereur lui disait en substance qu'il ne pouvait écouter de lui aucune proposition tant qu'il resterait dans le pays qu'il occupait, que s'il voulait venir à Fez il serait traité aussi bien qu'il pourrait le désirer; que ses cavaliers et ses fantassins seraient admis dans les troupes marocaines; que la population de la déira recevrait des terres, etc.; que s'il refusait ces propositions le

appartements de ses femmes, où il reste jusqu'à quatre heures du soir, goûtant les plaisirs du bain et toutes les autres jouissances physiques que peuvent lui procurer les innombrables beautés de son harem. A quatre heures, il se rend à la mosquée pour y faire ses prières du soir; puis il emploie le reste de la soirée, soit à se promener à cheval, soit à régler quelques affaires d'État. »

chemin du désert était libre, et qu'il pouvait le prendre s'il n'acceptait aucun de ces deux partis.

Abd-el-Kader prit immédiatement sa résolution : il renvoya les cavaliers marocains sans réponse, et réunit toute la population de la déira ainsi que ses réguliers. Il leur expose quelle était sa situation, sans rien dissimuler; leur dit qu'il était résolu à tenter la fortune; qu'il allait essayer de prendre un des fils de l'empereur, pour se faire rendre son califat; que s'il était vainqueur il continuerait sa marche vers l'ouest, où la déira aurait à le réjoindre; que s'il était vaincu la déira serait probablement pillée, mais qu'il serait toujours temps d'aller demander un asile aux Français.

Voici maintenant quel était son plan d'opération : il fit partir son infanterie dans la direction d'un camp marocain, qui était, suivant les uns, à Aïoun-Keart; suivant d'autres, à Aïn-Tigaout. Les camps marocains, d'après les mêmes renseignements, paraissaient s'être concentrés vers l'un ou l'autre de ces deux points, sans s'être complétement réunis, pour n'en former qu'un seul. Abd-el-Kader rejoignit son infanterie le 10 décembre, au soir; il avait avec lui mille à douze cents chevaux et de huit cents à mille hommes à pied; il avait laissé ses canons à la déira. Son intention était de surprendre les Marocains par une attaque de nuit. Pour la faciliter il inventa le stratagème suivant : quatre chevaux, entièrement enduits de goudron, furent chargés d'herbes sèches, broyées avec les mains et réduites en étoupe. Ce chargement fut aussi enduit de goudron. Quatre fantassins, qui reçurent chacun cent douros à l'avance, conduisaient ces animaux : ils devaient, en arrivant près du camp marocain, mettre le feu aux matières inflammables dont ils étaient revêtus.

Grâce à ce stratagème, aussi hardi qu'ingénieux, l'emir surprit, dans la nuit du 11 au 12, les camps marocains. Cette attaque soudaine causa de grandes pertes au maghzen de l'empereur : Abd-el-Kader avait affaire à un ennemi si nombreux, qu'il dut s'arrêter devant une masse compacte plutôt que devant une défense à peu près nulle. Il rallia donc sa déira, et concentra tout son monde vers l'embouchure de la Malouia, entre la rive gauche de cette rivière et la mer. Les camps marocains continuèrent de resserrer le cercle qui enveloppait l'ennemi. Acculé au bord de la rivière et dans l'impossibilité de résister à la supériorité du nombre, l'émir résolut de faire passer les bagages, les femmes et les enfants de ses compagnons d'armes dans la plaine de la Triffa.

Le commencement du passage de la rivière fut le signal du combat que les Kabyles marocains, excités par l'appât du butin, engagèrent avec furie; mais les fantassins et les cavaliers de l'émir soutinrent jusqu'au bout leur vieille réputation. Ils résistèrent tout le jour; pas un mulet, pas un bagage ne fut enlevé. Le soir, ils perdirent la moitié des leurs; le reste se dispersa, après que la déira tout entière eut gagné le territoire français.

Après avoir ainsi mis sa déira à l'abri du pillage des Marocains, l'émir la quitta, et, suivi d'un petit nombre des siens, se retira chez une fraction des Beni-Snassen, qui était restée fidèle à sa cause. C'est par là qu'il espérait gagner le sud. Mais la vigilance du général Lamoricière prévint l'exécution de ce projet.

« J'avais été prévenu, dit ce général dans son rapport (1), que l'émir devait avoir gagné le pays des Beni-Snassen; mais il s'agissait d'en sortir. Or, la seule fraction la mieux disposée pour lui est précisément la plus rapprochée de notre territoire. Le col qui débouche dans la plaine par le pays de ces Beni-Snassen a son issue à une lieue et demie environ de la frontière. Je me décidai à garder ce passage; et ce qui me détermina, c'est que le frère du kaïd d'Ouchda nous avait écrit le soir même pour nous engager à surveiller cette direction, par laquelle l'émir devait sans doute passer. Mais il fallait prendre cette mesure sans donner l'éveil aux tribus qui sont campées sur la route.

« Dans ce but, deux détachements de vingt spahis choisis, revêtus de bournous blancs, commandés, le premier par le lieutenant Bou-Krauïa, l'autre

(1) *Moniteur* du 2 janvier 1848.

par le sous-lieutenant Brahim, furent chargés de cette mission.

« Le premier se rendit au col même, et le deuxième avait une position intermédiaire entre le point et notre camp. La cavalerie sella ses chevaux, et le reste de la colonne se tint aussi prêt à partir au premier ordre.

« Enfin, pour être préparé à tout événement, après avoir calculé la marche probable de l'émir, je fis prendre les armes à deux heures du matin pour porter ma colonne sur la frontière.

« J'avais à peine fait une lieue et demie, que des cavaliers renvoyés par le lieutenant Bou-Krauïa, me prévinrent qu'il était en présence d'Abd-el-Kader, et qu'il était engagé. Le deuxième détachement s'était porté à son secours, et je fis de même aussi vite que possible avec toute la cavalerie. Il était environ trois heures du matin.

« Chemin faisant, je reçus les députés de la déira qui venaient se soumettre, et auxquels j'ai donné l'aman au grand trot, en les envoyant à mon camp pour y chercher des lettres.

« Enfin, quelques instants après, je rencontrai le lieutenant Bou-Krauïa luimême, qui revenait avec deux hommes des plus dévoués de l'émir, et qui étaient chargés de me dire qu'Abd-el-Kader, voyant qu'il ne pouvait déboucher dans la plaine et suivre son projet, demandait à se soumettre. Bou-Krauïa avait causé lui-même avec l'émir, qui lui avait remis une feuille de papier sur laquelle il avait apposé son cachet, et sur laquelle le vent, la pluie et la nuit l'avaient empêché de rien écrire. Il me demandait une lettre d'aman pour lui et ceux qui l'accompagnaient.

« Il m'était impossible d'écrire, par la même raison qui s'était opposée à ce que l'émir pût le faire, et, de plus, je n'avais point mon cachet. Les hommes voulaient absolument quelque chose qui prouvât qu'ils m'avaient parlé. Je leur remis mon sabre et le cachet du commandant Bazaine, en leur donnant verbalement la promesse d'aman la plus solennelle. Les deux envoyés de l'émir me demandèrent de les faire accompagner par Bou-Krauïa, que je fis partir avec quatre spahis.

« Tout cela se fit en marchant; car je voulais néanmoins arriver avant le jour au point de notre frontière le plus rapproché du col de Kerbous.

« Parvenu à ce point, vers cinq heures et demie, j'y restai jusqu'à onze heures et demie. Je ne recevais aucune réponse, mais j'étais bien convaincu que la présence de ma cavalerie avait fait renoncer l'émir à traverser la plaine. A ce moment, j'ai dû prendre des dispositions différentes. Nos coureurs avaient rencontré et m'avaient amené plusieurs cavaliers réguliers, qui erraient à l'aventure dans le pays, peut-être dans le dessein de rejoindre Abd-el-Kader. Je sus par eux que la déira, qui m'avait envoyé l'aman, mais qui ne l'avait pas encore reçu, était fort inquiète chez les Msirdas, qui avaient commencé à la troubler par des brigandages pendant la nuit précédente et qui se disposaient à continuer.

« J'envoyai alors le colonel Montauban avec cinq cents chevaux bivouaquer près de la déira. Je fis partir le colonel Mac-Mahon pour aller camper sur les puits de Sidi-Bou-Djenan, avec les zouaves et un bataillon du neuvième de ligne; et, après être resté encore près de deux heures en observation j'ai regagné mon camp avec le reste de mes troupes.

« La venue de tous les hommes avec lesquels j'ai causé ce soir me montrait l'abandon dans lequel était l'émir, et m'indiquait encore l'embarras très-réel dans lequel l'avaient mis nos quelques coups de fusil de cette nuit. J'étais sous cette impression lorsque me sont revenus Bou-Krauïa et les deux émissaires d'Ab-del-Kader. Il me rapportait mon sabre et le cachet du commandant Bazaine, et, en outre, une lettre de l'émir, qui est de l'écriture de Mustapha-ben-Thami..... Bou-Krauïa et ses deux compagnons sont repartis ce soir; les quatre spahis étaient restés avec l'émir, qui avait été bien aise de garder ce renfort pour la sûreté de sa famille chez les Beni-Snassen. J'ai donné à Bou-Krauïa quatre autres spahis choisis, et avec ces huit hommes il sera aussi fort que toute l'escorte de celui contre lequel l'empire de Maroc se ruait avant-hier avec trente-huit mille hommes. »

Tel est le récit détaillé du général qui a pris une part si active à la reddition d'Abd-el-Kader. Dans la journée du 23 décembre l'émir vint lui-même se confier avec sa famille à la générosité de la France. En habile politique, il avait eu soin de stipuler pour condition de sa soumission d'être transporté à Alexandrie ou à Saint-Jean d'Acre.

Mais tout le monde comprend que cette soumission n'était pas tout à fait volontaire : il était bien difficile à l'ex-sultan des Arabes d'échapper au cordon de troupes françaises qui garnissait la frontière. De part et d'autre, il n'y avait donc point de condition à dicter ni à accepter. D'ailleurs, permettre à Abd-el-Kader de fixer son séjour à Saint-Jean d'Acre ou à Alexandrie, ce serait à coup sûr s'exposer à recommencer une guerre longue et désastreuse.

Abd-el-Kader fut, aussitôt après sa soumission, embarqué à bord de la frégate à vapeur *l'Asmodée;* il arriva à Toulon le 29 décembre, et fut provisoirement installé au Lazaret avec ses compagnons d'infortune, dont les principaux sont : Mustapha-ben-Thami, califat de Mascara, son beau-frère; Abd-el-Kader-bou-Klika, kaïd de Sandempt; Caddour-ben-Allal, neveu de Sidi-Embarak. Abd-el-Kader avec sa suite, qui se compose d'environ cent personnes, tant hommes que femmes, fut, quelques jours après, transporté au fort Lamalgue, à Toulon, où il se trouve encore actuellement.

Le sort du célèbre prisonnier ne tardera pas à être bientôt définitivement connu. La République française, qui vient d'inaugurer une ère nouvelle, saura, nous n'en doutons pas, parfaitement concilier l'intérêt d'une colonie naissante avec le respect dû au courage malheureux.

FIN DE L'EMPIRE DE MAROC.

AFRIQUE AUSTRALE ET CENTRALE.

APPENDICE.

I. *Additions à l'histoire naturelle de Port-Natal. — Langue des Zoulous.*

Notre travail sur l'Afrique australe était déjà imprimé quand parut l'ouvrage si remarquable de M. Delegorgue, dont nous allons extraire quelques courtes notices (1).

La plupart des espèces d'antilopes habitent le continent africain. M. Delegorgue nous donne des renseignements précieux sur une espèce encore peu connue, qui habite le littoral de Natal.

Le *cephalopus natalensis* (rooyabook) n'habite que les bois d'une certaine étendue. Il est le plus commun de ceux que l'on trouve à Natal. Gracieux et léger comme toutes les gazelles, il est très-sauvage ; le sens de l'ouïe paraît plus développé chez lui que chez les autres. Il est difficile de l'apercevoir dans l'épaisseur des forêts, parce que sans cesse aux écoutes, il ne se laisse guère surprendre; en revanche, souvent on l'entend partir, tant par le bruit de ses bonds que par le bris des broussailles qu'il heurte en passant, mais surtout par son singulier sifflement des naseaux. Ces sifflements, que possède aussi le *c. cærulea,* semblent appartenir surtout à ce genre ; c'est un signe certain que l'animal fuit ou est prêt à fuir. S'il arrive au chasseur de le découvrir le premier à une courte distance, il faut saisir le moment opportun; car, après le premier bond, l'instinct porte ces animaux, comme beaucoup d'autres, à mettre tout de suite un obstacle entre eux et leur adversaire. Lorsqu'un coup de fusil bien adressé ne l'a point abattu, il bondit à une dizaine de pas, s'arrête, fixant le chasseur comme s'il ne se rendait pas compte de ce bruit ni de ses blessures. Blessé à mort, il cherche à se défendre de ses cornes, petites mais aiguës. Quand il se sent mourir il pousse des sons plaintifs, qui ressemblent à des cris de grâce; d'autres diraient qu'il pleure. Il est rare que ses deux cornes soient entières; fréquemment l'une est brisée, souvent même toutes les deux. Cette rupture arrive lorsqu'il se sauve avec trop de précipitation dans les bois enlacés ; les deux sexes en portent également. La femelle n'a jamais qu'un petit à la fois; elle est apte à produire chaque année. Ces animaux vivent isolément; leur couleur est d'un roux ardent; le poil brille chez l'adulte, et chez le jeune il est plus foncé de couleur. La peau est d'une grande épaisseur ; la chair, blanche, est délicieuse (1).

L'Afrique australe possède plusieurs espèces d'ibis. Cet oiseau, jadis si commun en Égypte, semble avoir déserté l'Afrique boréale. Des trois espèces d'ibis que M. Delegorgue a rencontrées dans la baie de Natal (l'addidas, le sacré, le chauve), chacune est à peu près égale à l'autre par la taille et le poids.

L'ibis appelé *addidas,* à cause de son cri, est fort commun dans la baie de Natal. Il se repaît d'insectes, et particulièrement d'une espèce de grosse iule qui a la forme du cloporte et se roule en boule. Dans le beau temps il vole assez haut ; la tempête le contraint à baisser son vol. La tête, le cou, le ventre, sont d'un gris sale assez uniforme ; le dos, d'un vert olive changeant ou vert cuivré, les pennes des ailes et de la queue bleuâtres; les couvertures des ailes sont un

(1) *Voyage dans l'Afrique australe, notamment dans le territoire de Natal, dans celui des Cafres Amazoulous et Makatisses, et jusqu'au tropique du Capricorne*, exécuté durant les années 1838, 1839, 1840, 1841, 1842, 1843 et 1844 ; accompagné de dessins et cartes. Paris, 1847 (René et compagnie, rue de Seine 32).

(1) *Ibid.*, tome I, p. 262.

mélange de vert et de pourpre à reflets métalliques, imitant le cuivre rosette; les pieds sont d'un rouge fondu de noir; le bec noir, l'arête rouge. M. Delegorgue n'a pas vu le nid de cet ibis. « Il est du reste bien rare, ajoute-t-il, que l'on découvre les nids des oiseaux les plus intéressants; les seuls que l'on rencontre et que l'on aperçoive partout, ce sont ceux, si vastes, des oiseaux de proie vocifères, bateleurs, etc.; celui de l'ombrette, *ardea ombretta*, énorme pour un si petit oiseau, et si remarquable par son ouverture de forme carrée, située sur une des larges parois; puis encore tous ceux des passereaux, *oryx, ignicolor*, etc. (1). »

M. Delegorgue eût l'occasion d'observer, aux environs de Natal, une espèce d'alouette jusqu'à présent inconnue aux zoologistes. Il l'appelle *alauda hamgazy* (2), et en donne la description suivante :

« La longueur totale est de sept pouces sept lignes; son envergure de onze pouces six lignes. Tout le dessus du corps ressemble à celui de l'alouette sentinelle. Les deux pennes externes de la queue sont totalement blanches; les deux pénultièmes sont rares jusqu'à plus de la moitié de leur longueur; elles se terminent par du blanc; les autres sont noires, plus ou moins largement bordées d'une garniture qui tire sur le blanc et le fauve. Les pennes des ailes sont bordées de la même manière. Comme chez l'alouette sentinelle, le cou de celle-ci est décoré, sur la devanture, d'une belle teinte, qui en diffère cependant, parce qu'elle est plutôt rose. Entre ce rabat et la poitrine existent des plumes variées de noir brunâtre et de fauve. En descendant plus bas, nous retrouvons encore, sur toute la poitrine et l'abdomen, cette même couleur rose de rabat. Un peu de blanc se remarque aux petites couvertures des ailes. Le pli de l'aile, tant intérieurement qu'extérieurement, présente également du rose, colorant les barbes très-fines qui terminent chaque petite plume. L'œil est brun; la mandibule supérieure est plus brune, et l'inférieure plus pâle. Cette alouette est assez rare à Port-Natal. »

M. Delegorgue décrit (tome II, p. 615) deux nouvelles espèces de gallinacées; l'une appartient au genre *columba* (*C. Delegorguei*), l'autre au genre *coturnix* (*C. Delegorguei*). Cette dernière espèce (*caille d'Oury*) ne dépasse guère le 25° latitude australe dans ses migrations du nord vers le sud. Elle est très-abondante dans les herbes touffues qui tapissent les bords de la rivière Oury. C'est au mois de février qu'elle s'y rencontre surtout. D'une longueur de quinze centimètres de l'extrémité du bec à celle de la queue, ce coturnix présente un dos semblable à celui de la caille vulgaire. Mais le mâle se distingue par une ancre noire garnissant sa gorge sur un fond blanc, et par une devanture toute noire, laquelle s'étend en taches spatulées sur l'abdomen, qui est d'un roux fauve. Son bec est noir, ses pieds d'un brun jaunâtre.

L'entomologie fut longtemps une lacune regrettable dans l'histoire naturelle de l'Afrique australe. M. Delegorgue vient de la combler. Ce voyageur distingué a donné une liste étendue des lépidoptères et des coléoptères qu'il a collectés à Port-Natal, au pays des Amazoulous et dans la contrée de Massilicatzi.

A la fin du tome II se trouve un vocabulaire zoulou, le plus complet qu'on ait publié jusqu'à présent. L'auteur l'a fait précéder de la note suivante, qui n'est pas sans importance pour la linguistique comparée. « Il est très-difficile, dit-il, de bien saisir, dans la prononciation de la langue zoulouse, beaucoup de voyelles terminales, comme aussi un certain nombre de voyelles initiales. Ainsi, pour le mot *impoff*, qui veut dire jaune, et qui tout à la fois désigne l'*antilope canna*, c'est *impoff*, *impoffo*, *ompoff*, *ompoffo*, *umpoff*, *umpoffo*. Certains mots également sont présentés sous un grand nombre de formes. Ainsi, celui qui signifie une rivière est tour à tour *om-phlène*, *omfalène*, *om-philos*, *um-filos*, *om-volos*, *folos* ou *volos*, et *volosie* ou *om-pholosie* (1). »

(1) Ouvrage cité., p. 116.

(2) *Hamgazy* est le nom que les Zoulous donnent à cet oiseau.

(1) Cette remarque explique le peu d'ac-

II. *Sur les sources thermo-minérales de l'Afrique australe* (1).

Les eaux thermo-minérales sont plus rares en Afrique que dans aucune autre partie du globe. On nous saura donc gré de dire un mot de celles qu'on y trouve.

Toutes les sources thermales de la colonie du Cap, à l'exception de celle de l'Olifants-Rivier occidental (source de Brandvalley), sont situées au pied des Grooten-Zwarte-Berge. Cette chaîne de montagnes, de formation neptunienne, traverse la colonie de l'ouest à l'est, depuis le Breede-Rivier jusqu'au Camtous-Rivier; c'est des fentes du grès bigarré que les eaux viennent sourdre. On ne trouve aux environs aucune trace de formation volcanique. Le sédiment noir de quelques eaux thermales, et que plusieurs voyageurs ont pris pour des produits de volcans éteints, n'est qu'un dépôt d'oxyde ferroso-ferrique.

Jusqu'à présent on n'a découvert de sources thermales ni sur la côte orientale dans le pays des Cafres, ni sur la côte occidentale dans le pays des Hottentots indépendants, bien que ces contrées présentent à peu près les mêmes caractères géologiques. La végétation qui y domine consiste en peupliers, myricées, térébinthacées, composées et graminées; il y a souvent des conferves dans ces eaux minérales.

La source de Brandvalley, dans le voisinage de l'Olifants-Rivier occidental et près du chef-lieu de Worcester, est tout à la fois la plus forte et la plus chaude. Elle forme un bassin de cinquante pieds de diamètre; dès sa sortie de ce bassin le courant est assez puissant pour faire tourner des moulins. La température est, selon Lichtenstein, de 82°,5 C., et d'après Burchell, de 62° C. L'eau est limpide, sans saveur et inodore. Le gaz qui s'en dégage est de l'acide carbonique sensiblement pur; on n'y remarque pas de dépôt ferrugineux. La source doit donc ses propriétés médicinales presque exclusivement à sa température élevée; on en vante l'efficacité dans le traitement des maladies cutanées.

Parmi les sources de Caledon, il n'y en a que deux de remarquables; elles sont à une petite distance l'une de l'autre, et seules utilisées. L'eau est inodore et a une faible saveur ferrugineuse. La supérieure a 47°,5 C., l'inférieure 46° C. L'eau se trouble à l'air, parce que le carbonate ferreux, perdant une partie de son acide carbonique, se dépose à l'état d'hydrate ferrique. Ce dépôt, d'un brun clair, diminue à mesure qu'on s'éloigne de l'origine de la source; l'eau devient parfaitement limpide, et perd peu à peu sa saveur ferrugineuse. Outre le carbonate ferreux, elle renferme des traces de chlorure de magnésium, du sulfate sodique et de l'acide carbonique libre. Suivant Jameson (*Edinburgh cabinet Library*), elle contient aussi du soufre; mais M. Krauss n'en a constaté aucune trace.

A trente lieues environ des bains de Caledon se trouvent les sources thermales de Kokmanns-Kloof. Leur température est de 44° C. L'eau est insipide, inodore, et n'offre pas de traces de dépôt ferrugineux. Comme à Caledon, il y a ici des sources froides dans le voisinage des sources chaudes.

Près de l'Olifants-Rivier oriental, dans le district Georges, existe la source thermale de *Keure-fontein*. L'eau chaude jaillit, avec de courtes intermittences, d'un réservoir de six pieds de diamètre; elle est traversée par de nombreuses bulles de gaz acide carbonique, et sa température est de 45° C. Cette eau est inodore, légèrement trouble et douée d'une saveur ferrugineuse. Conformément aux résultats d'une analyse quantitative, elle renferme du cabonate ferreux, des traces de carbonate calcique, de chlorure alcalin et de sulfates. La végétation est luxuriante dans le voisinage; la terre est noire, et fertile en vignes et en plantes potagères. On s'oppose à l'écoulement de l'eau par une digue, et on s'en sert pour les usages de l'économie domestique. Elle dépose, comme l'eau des sources de Caledon, beaucoup d'hydrate ferrique. Ce dépôt, dans un rayon de cent pas,

cord qui règne parmi les voyageurs relativement à l'orthographe des noms propres de ces pays.

(1) *Voy.* Krauss, dans *Iahrbücher für Mineralogie;* etc., von Leonhardt und Bronn; Stuttgart, année 1843.

a jusqu'à vingt pieds de profondeur ; il est tapissé d'une espèce de *mesembryanthemum* à grosses fleurs.

Les sources thermo-minérales les plus intéressantes sont situées sur la rive occidentale du Koega-Rivier, à sept lieues de l'embouchure et à quatre lieues d'*Uitenhage*. Elles naissent au pied d'une colline, à deux cents pieds environ au-dessus du niveau de la mer. La plus grande est la source inférieure, qui forme un bassin en entonnoir, de six à sept pieds de profondeur sur cinq de largeur. L'eau jaillit d'une ouverture cylindrique de ce bassin, avec tant de violence qu'elle soulève un homme comme un bouchon de liége; elle entraîne une grande quantité de sable ferrugineux. Sa température est de 31° C., celle de l'air ambiant étant de 21° C. Cette eau est parfaitement inodore et ne rougit pas la teinture de tournesol ; sa saveur est franchement ferrugineuse; sa couleur est d'un jaune verdâtre sale. Exposée au repos, elle dépose de l'hydrate ferrique ; la formation de ce dépôt est hâtée par l'ébullition. Le sol des environs est humide, argileux, noirâtre.

A quelques pas de là se trouve une autre source, avec un entonnoir tout aussi profond; mais elle jaillit avec moins de force. Son eau, limpide et de saveur ferrugineuse, a une température de 26° C. Dans le voisinage sont quelques autres sources, dont la température est de 24°,5. Partout la surface du sol est noire; et dans les couches inférieures on rencontre souvent du phosphate de fer bleu. Toute la colline se compose de conglomérats de grès ferrugineux. Les rives du Koega-Rivier sont couvertes de sable vert, dont les couches supérieures, près du Zwartkop-Rivier, sont riches en fossiles.

Aucune des sources dont nous venons de parler n'a encore été soumise à des analyses quantitatives précises. Les colons préconisent l'efficacité de ces eaux thermo-minérales dans le traitement des rhumatismes, de la goutte, des paralysies et des maladies de la peau.

III. *Distribution géographique des édentés.*

Les édentés forment une des familles les plus curieuses des mammifères (1). Ces animaux doivent leur nom, comme on sait, à ce que leurs mâchoires manquent de dents, en partie ou en totalité. La plupart des espèces (les *Bradypus*, les *Dasypus*, les *Myrmecophaga*, les *Chlamyphorus*) vivent dans l'Amérique méridionale. Les *Bradypus* ou *paresseux*, exclusivement herbivores (*B. didactylus*, paresseux à deux doigts ; *B. tridactylus*, paresseux à trois doigts ; *B. torquatus*, paresseux à collier noir ; *B. infuscatus*, à poils brun noisette), sont tous dépourvus de dents incisives, mais munis de dents canines (une de chaque côté des mâchoires) et de molaires cylindriques (quatre en haut et trois en bas); ils habitent les forêts vierges du Brésil et de la Guyane, où ils se tiennent constamment sur les arbres. On n'en rencontre point sur la côte occidentale de l'Amérique, au Pérou et au Mexique; ils ne franchissent pas le 9e degré de latitude boréale et le 24e degré de latitude australe. Les *Dasypus* ou *tatous* (*D. sexcinctus*, *D. novemcinctus*, *D. tricinctus*, *D. hybridus*, *D. gymnurus*, *D. villosus*, *D. minutus*, *D. gigas*), pourvus seulement de molaires et caractérisés par des plaques osseuses, régulières de l'épiderme (qui forment des espèces de ceintures autour du corps de l'animal), habitent le Brésil, le Paraguay, la Guyane, et les plaines au sud de Buenos-Ayres. Les *myrmécophages* ou *fourmiliers* (*M. jubata*, *M. tamandua*, *M. didactyla*), dépourvus de dents, munis d'une langue protractile, très-longue, vermiforme et garnie de piquants, habitent les mêmes contrées; ils sont renfermés entre le 8e degré de latitude nord et le 36e latitude sud. Le *Chlamyphorus truncatus*, muni de dix dents de chaque côté de la mâchoire, appartient

(1) M. le professeur Rapp, un des zoologistes les plus célèbres de notre époque, a le premier fait connaître, d'une manière exacte, l'organisation de ces animaux, dans une monographie fort intéressante : *Anatomische Untersuchungen über die Edentaten*, von Wilhelm v. Rapp; Tubingue, 1843, in-4°.

au Chili. Tous ces animaux (tatous, fourmiliers et chlamyphores) se nourrissent d'insectes, particulièrement de fourmis et de termites; ils sont remarquables par leur museau allongé et leurs forts ongles, instruments propres à fouiller dans le sol et à y chercher les aliments convenables. C'est ce qui les distingue des paresseux, qui ont la tête presque ronde, la langue courte et un estomac complexe comme celui des ruminants.

L'Afrique et l'Asie réunies ne possèdent que les genres *Manis* et *Orycteropus*, fort peu nombreux en espèces. L'Europe ne possède pas un seul représentant de la famille des édentés.

Les *Manis crassicaudata* (*Phattages* d'Élien?) et *M. Javanica*, génériquement caractérisés par de grandes écailles osseuses, imbriquées, recouvrant le corps, les extrémités et la queue, habitent l'Hindoustan, les îles de Bornéo, Java et Sumatra.

Le *Manis longicaudata* appartient à l'Afrique (Guinée et Sénégal), ainsi que le *Manis Temminckii* (intérieur de la colonie du Cap). Ces animaux, qui semblent tenir le milieu entre les fourmiliers et les tatous de l'Amérique, vivent également de termites. Ils se creusent des trous dans le sol, et ont la faculté de se rouler en boule comme les hérissons.

Enfin, les *Orycteropus*, dont on ne connaît jusqu'à présent avec certitude qu'une seule espèce, l'*O. Capensis*, appartiennent à l'Afrique australe (cap de Bonne-Espérance), et, suivant M. Lesson, au Sénégal. L'*O. Capensis* a des poils rudes, les oreilles grandes et dressées, la queue très-épaisse à sa racine; quatre doigts aux pieds de devant, et cinq à ceux de derrière. La longueur du corps est un peu plus d'un mètre. Il vit dans des terriers et est extrêmement craintif. Il semble former le passage des édentés proprement dits aux monotrèmes et particulièrement au kangourou de la Nouvelle-Hollande, qui, chose remarquable, ne possède aucun des genres d'édentés que nous venons de nommer.

La famille des édentés fournit un nombreux contingent aux fossiles antédiluviens. Le *Magatherium*, le *Mylodon* et le *Glyptodon*, ont beaucoup d'analogie avec les tatous et les paresseux; le *Mégalonyx* paraît être intermédiaire entre les fourmiliers et les oryctéropes. L'existence de ces fossiles ne pourrait-elle pas expliquer pourquoi les édentés sont aujourd'hui si rares dans l'ancien monde?

IV. *Itinéraire de Tafilelt à Tombouctou* (1).

De Tafilelt on se rend en cinq jours de marche, en tirant vers l'ouest, à Datz. On sait que Tafilelt est un lieu d'exil pour tous les descendants de la famille régnante à Maroc. Les enfants de Molla Ismael, tant blancs que noirs, qui y furent relégués, montaient à onze cents. De leur race, et de ceux qui ensuite ont eu le même sort, est née une population immense, qu'on évalue à plus de vingt mille âmes. Elle est divisée en quarante villages, qu'on nomme Al-Coussour, c'est-à-dire les palais. Chaque chef de famille a ses terres et ses maisons; et tous les chérifs sont dans l'aisance. L'empereur de Maroc a aussi un palais à Tafilelt, où il va quelquefois. Il fait surveiller les exilés par un kaïd et des troupes.

Tafilelt est entrecoupé par plusieurs rivières. Les pluies y sont rares. C'est le pays où le dattier réussit le mieux; il y en a, à ce qu'on prétend, soixante et dix espèces. Par le moyen de l'arrosage, on fait venir du blé, de l'orge, du maïs, du riz, de l'indigo. L'arbre du henné y vient très-bien, et sa feuille, pilée, est un objet de commerce important. Il y a aussi à Tafilelt beaucoup de fruits, à l'exception du raisin, des pommes, des figues et des poires. Datz est le nom d'une rivière qui arrose une grande plaine entourée de montagnes. Les montagnes sont occupées par les Schelloks, et les plaines par les Berbères, habitant sous des tentes à la manière des Arabes. Ces Schelloks et ces Berbères vivent dans l'indépendance, et ne sont soumis qu'à leur cheiks.

L'habillement des Berbères consiste, pour les hommes, en une culotte de toile, une grande chemise de toile blanche et une ceinture. Les cheiks portent,

(1) *Grammaire et Dictionnaire abrégés de la langue berbère*, par Venture de Paradis; Paris, 1844, in-4°, p. 217.

de plus, un caftan de soie; de toile, ou de drap.

La coiffure est un turban de soie ou de mousseline, sous une calotte rouge de Fès. Les enfants ont les cheveux pendants, et un cordon de soie autour de la tête. Les enfants mâles portent une pendeloque.

Les femmes berbères ont un *izar* de toile blanche, c'est-à-dire une espèce de drap de lit un peu plus long que large, qui leur entoure le corps, et qui est arrêté par une ceinture. Elles ont trois pendants à chaque oreille, plusieurs bracelets et des khalkhal.

Elles ont leurs cheveux pendants, et portent sur la tête un *habrouk* de soie, qui est un voile de diverses couleurs; elles marchent à visage découvert, et sont chargées de tous les détails du ménage, soit sous la tente, soit au dehors.

Le pays de Datz, tant la plaine que les montagnes, peut renfermer une soixantaine de villages ou douars. On y cultive du blé, de l'orge, des vignes, des figuiers, des amandiers, des grenadiers, et le pays est riche en bestiaux.

A Datz commence le royaume de Sous, qui n'est plus aujourd'hui qu'une province de l'empire marocain; mais, en général, tous les montagnards ne reconnaissent point l'autorité du sultan.

En sortant de Datz, et allant vers le midi, on entre dans un pays montagneux, qu'on nomme Werzazat.

Werzazat est couvert de villages habités par les Schelloks. Le chef-lieu de cette contrée est Tighram, résidence du cheik marabout, Sidi-Mohamed ben Abd-er-Rahman. Il commande à tout ce pays et il ne paye rien au roi de Maroc.

Au midi de Werzazat est une contrée montagneuse qu'on nomme Ait-Ougianif. Elle a une étendue de six à sept jours de marche, où on rencontre beaucoup de villages. Le chef-lieu se nomme Taznarth, et le cheik schellok qui y réside se nomme cheik Mohamed Gianif. Le pays est riche.

En quittant Ait-Ougianif, et en allant vers le sud-ouest, on arrive à Zenagha, contrée montagneuse remplie de villages et commandée par le cheik schellok Ibrahim-el-Zenagha. Elle ne paye aucun tribut au roi de Maroc.

De Zenagha on se rend, en tirant vers le sud-ouest, à Seghtana, pays où on recueille beaucoup de safran, et où il y a une très-belle race de moutons noirs, ayant une toison très-fine. Le chef-lieu de cette contrée montagneuse se nomme Hamkirra, et le cheik qui y réside, et qui commande à tout le pays, se nomme Sidi-Mohamed-Abd-el-Kerine. Il est gendre du feu Molla Idris, cousin de l'empereur défunt; il paye tribut. La contrée de Seghtana peut avoir quarante lieues de long.

Le pays est riche en blé, orge et légumes.

De Seghtana, en allant toujours vers le sud-ouest, à travers les montagnes, on se rend à Zaghmouzun. Zaghmouzun est une rivière qui donne son nom à toute la contrée, dont le chef-lieu est Nighilnougou. Le cheik qui y commande se nomme cheik Ibrahim-Nighilnougou. Il est Schellok, et paye tribut à l'empereur.

Au sud de Zaghmouzun est un district considérable, nommé Targha-Mimoun, d'après le nom de sa ville capitale. Targha-Mimoun signifie, en berbère, la rivière bénite, et cette rivière traverse la ville. Le cheik qui y commande s'appelle cheik Mohamed-ben-Ali-Targha-Mimoun. Il est Schellok et paye tribut au sultan.

Cette partie de la contrée de Zaghmouzun est très-riche en blé, en orge, en dattes, en figues, en raisin, en safran et en bestiaux.

De Zaghmouzun, en tirant vers l'ouest, on se rend en trois jours à la contrée qu'on nomme Gharb-el-Sous, c'est-à-dire la partie occidentale du royaume de Sous. Elle est arrosée par un grand fleuve qu'on nomme Ras-el-Ouad.

Elle est couverte de villes et de villages. On y rencontre des plaines et des vallons plantés d'oliviers, qui fournissent une quantité d'huile considérable.

Gharb-el-Sous, ou autrement Ras-el-Ouad, est divisé en quatre districts. Le premier a pour chef-lieu Tinzert; le second, Limhara; le troisième, Irazan; et le quatrième, Adredour. Ce pays est soumis au sultan, auquel il donne annuellement, pour tribut, deux cent mille ducats, plus quatre cents nègres, mâles et femelles; deux cents chameaux, deux cents chevaux, deux cents mulets et deux cents vaches; et, indépendamment de ce tribut réglé, il y a aussi le prix des babouches (les épingles ou le pot de vin), qui monte à une somme très-considérable au renouvellement annuel du bail. Le sultan, le gouverneur de la province et leurs principaux officiers, en ont leur part.

Du fleuve Ras-el-Ouad, en tirant vers le sud-ouest, on se rend, en trois jours de marche, à la contrée dite Mizighina.

Mizighina est un pays de plaine habité par des Schelloks; il est du royaume de Sous, qu'on nomme dans le pays Ouad-Sous. Le cheik qui commande à cette contrée est soumis au sultan, et paye tribut; ses enfants et ceux des particuliers riches sont au service de l'empereur en qualité de cavaliers casernés, qu'on nomme *mukhazenié*, ou *has-shah*.

De Mizighina on se rend, en allant vers le sud-ouest, en cinq heures, à Taroudant, grande ville où il y a un kaïd installé de la part du sultan. Taroudant est une des sept villes impériales bâties par les sultans connus sous le nom de Mulouk-al-Sa-Advé. Les terres de Taroudant sont très-fertiles; cinquante livres de dattes ne valent pas plus d'un sou de notre monnaie. Ce pays est rempli de citronniers et d'orangers.

De Taroudant, en tirant vers le sud-ouest, on se rend, en cinq heures de marche, à Ouwara. Ouwara est le nom d'une plaine peuplée d'Arabes campant sous des tentes. Ils ont deux chefs principaux : l'un nommé cheik Sa-Ayd-el Coumairi, et l'autre cheik Mohamed-el-Muhein. Ils payent tribut au sultan.

De Ouwara, en vingt-cinq heures de marche, en tirant vers le sud, on se rend à Ait-Wedrim. Ait-Wedrim signifie mine d'argent. C'est une ville considérable, bâtie sur la montagne, et habitée par des Schelloks soumis et payant tribut. Les terres de cette contrée sont très-fertiles : on y recueille du blé, de l'orge, de l'huile. Les jardins donnent des amandes, des figues, des raisins. On n'y vend rien à la balance, mais tout à la mesure.

De Ait-Wedrim, on se rend en trois jours, en allant vers le sud, à Toucribt, capitale d'un très-vaste district montagneux, occupé par des Schelloks dépendants et payant tribut : il y a plus de cent cinquante villages dans ce district.

On y recueille des amandes, des noix, du miel et de la cire. On y rencontre des forêts d'amandiers et de noyers.

De Toucribt on se rend, en quinze heures de marche, en tirant vers le sud, à Ait-Brahim. Ait-Brahim est une ville de deux mille âmes de population, bâtie sur la montagne, et ayant juridiction sur une trentaine de villages. Ce pays, fertile en blé, orge, huile, amandes, cire et miel, paye tribut à l'empereur. Le cheik schellok qui y commande envoie ce tribut, et, ainsi que la plupart des cheiks schelloks dépendants, se dispense de le porter lui-même à Maroc.

De Ait-Brahim, en cinq heures de marche, on se rend, en tirant vers le sud, à Stouka, nom d'une contrée considérable, dont le chef-lieu se nomme Ait-Loughann. Cette ville a une population de sept à huit mille âmes, et elle a une juridiction sur plus de cent cinquante villages. Ce pays montagneux est habité par des Schelloks payant tribut. Les terres y sont fertiles. On y sème du blé, de l'orge, du mil blanc. Il y a des vignes et des arbres fruitiers.

De Ait-Loughann on se rend en dix heures, en tirant vers le sud, à Ait-Belfa, ville de trois ou quatre mille âmes. Ait-Belfa est du district de Stouka. Le cheik schellok qui y commande paye tribut.

De Ait-Belfa, en dix heures de marche, on se rend, en tirant vers le sud-ouest, à Ait-Semlal, ville bâtie sur la montagne, et habitée par des Schelloks payant tribut; elle est aussi de la dépendance de Stouka. C'est le dernier des lieux montagneux, dans cette partie méridionale du Sahara qui paye redevance à l'empereur de Maroc.

De Ait-Semlal, en dix heures de marche, vers le sud-ouest, on se rend dans une contrée très-considérable et fort montagneuse, qu'on nomme Ait-Hamd. La capitale de cette contrée est Mirlat. Le grand cheik de ce pays se nomme cheik Mohamed ou el-Hasan; le pouvoir suprême est héréditaire dans sa famille. Le pays d'Ait-Hamd est traversé par un fleuve qu'on nomme Ouad-Oualghay. Mirlat est sur la rive occidentale de ce fleuve, et Tabident, autre ville assez considérable, est sur la rive méridionale. Elles sont habitées par des nègres; les blancs n'y peuvent vivre, à cause du mauvais air. Le cheik habite sur la montagne, ainsi que les Schelloks. La population de cette contrée est estimée à trente mille âmes.

De Tabident, en cinq heures de marche vers le sud, on se rend à Taghzut, nom d'une ville bâtie sur la montagne et habitée par les Schelloks. Ce district est de la dépendance d'Ait-Hamd.

De Taghzut, en trois heures de marche vers le sud-ouest, on se rend à Temsitt, ville qui a un district considérable, et qui est aussi de la dépendance d'Ait-Hamd. Son territoire produit des grains, des olives, des figues, du raisin et des dattes.

De Temsitt, en dix heures de marche vers le sud, on se rend à une vaste contrée montagneuse qu'on nomme Daoultit; sa ville capitale est Tillinn. La population de cette ville schelloke est estimée à dix mille âmes en y comprenant les juifs. Dans tout l'Atlas il n'y a que deux villes où on voie des juifs établis. Tillinn en est une, et Illigh, dans le royaume de Sous, est la seconde. Ils y vivent tranquilles, sous la protection des cheiks, qui les regardent comme des esclaves utiles.

De Tillinn, en quinze heures de marche vers le sud, on se rend à Tehala, grande ville de la dépendance de Daoultit.

De Tehala, en douze heures de marche vers le sud, on se rend à Ida-Oughar-Sumought, qui, en berbère, signifie les *possesseurs de la poudre fatale*. C'est une autre ville considérable de la dépendance de Daoultit.

De Ida-Oughar-Sumought, en un jour de marche vers le sud, on se rend à Aughighit, grande ville de dix mille âmes de population et de la dépendance de Daoultit. Les montagnes enclavées dans la contrée de Daoultit sont très-escarpées et d'un difficile accès. Cependant les habitants tirent un bon parti de tout ce qui peut être cultivé; ils ont beaucoup de bestiaux. Ces montagnes, qui font partie du royaume de Sous, ont des mines de fer; on le travaille et on y fait des fusils, des sabres et des poignards. Les gens d'Aughighit passent pour méchants et voleurs. Les Schelloks partout sont industrieux, cultivateurs et amis du travail. Les Berbères, au contraire, sont généralement paresseux, et n'aiment point à travailler la terre.

De Aughighit, en dix heures de marche vers le sud, on se rend à Ait-Souab, ville bâtie sur une montagne escarpée remplie de panthères. Elle est aussi de la dépendance de Daoultit. Cette ville a plusieurs villages sous sa juridiction. On y récolte des grains et des fruits.

De Ait-Souab, en deux jours et demi de marche vers le sud, on entre dans un district nommé Ait-Mousa-Oubcou. Oubcou signifie, en langue berbère, un homme dont les jambes sont faibles et tremblantes : c'est une indisposition commune dans cette montagne, et on prétend qu'elle est occasionnée par un légume ressemblant au pois chiche, qui vient de lui-même sans être semé. On le nomme *ikiker;* il a la vertu d'exciter au coït, et l'usage immodéré que les gens de cette contrée font du plaisir conjugal leur affaiblit les jambes. Les femmes ne sont point sujettes à cette incommodité.

Le chef-lieu d'Atit Mousa-Oubcou se nomme Azizel. C'est une grande ville habitée par des Schelloks; elle est encore de la dépendance de Daoultit.

D'Azizel, en trois jours de marche vers le sud, on se rend à Ait-Oumanoudy, ville qui donne son nom à la montagne sur laquelle elle est bâtie, et où depuis une quinzaine d'années on exploite une mine de cuivre. Le cuivre qu'on en tire est supérieur à celui de Tezaghalt, dont nous parlerons ci-après. Cette montagne est fertile dans les vallons; le dattier y réussit. Elle est encore de la dépendance de Daoultit.

De Ait-Oumanoudy, en deux jours de marche vers le sud-ouest, on se rend à Tezaghalt, grande ville commerçante et peuplée par les Schelloks. C'est une espèce de république, gouvernée par quarante chefs, qu'on élit tous les ans et qu'on appelle Ait-Erbayn. Cette ville paye à tous les cheiks de Daoultit une redevance annuelle de deux cent mille ducats pour être protégée et tranquille. Dans les environs de cette ville il y a quatre mines de cuivre, que les officiers municipaux font exploiter pour le compte de la ville. Le cuivre qu'on en retire et que l'on vend n'est pas assez épuré, et il faut le refondre. Les habitants de Tezaghalt s'occupent à faire des marmites et toutes sortes d'ustensiles de ménage; ils battent aussi des *fuls* (monnaie de cuivre) au titre de l'empereur de Maroc; aussi payent-ils une redevance annuelle au sultan, sous le nom de présent. Cette redevance consiste en soixante quintaux de fuls. Les gens de Tezaghalt sont faibles et maladifs, à cause de l'exploitation des mines et du travail du cuivre; ils mangent beaucoup d'opium, qu'on leur apporte d'Europe.

De Tezaghalt, en quatre jours de marche vers le sud-ouest, on se rend à Ibzighaghin, grande ville bâtie sur la montagne, habitée par les chérifs descendants de Sidi-Ahmed-ben-Mousa, qui était roi de tout le royaume de Sous et de Maroc. Un de ses descendants nommé Sidi-Yayah commande en souverain dans toute cette contrée, et il retire la dîme de tous les habitants. Le gouverneur de Sous lui paye aussi une redevance annuelle pour la sûreté des routes. Les habitants de cette contrée sont Schelloks, et ils ne parlent que la langue berbère.

De Ibzighaghin, en huit heures de marche vers l'ouest, on se rend à Iligh, capitale de la contrée nommée les Pays de Sidi-Ahmed ou Mousa. C'est à Iligh que le marabout souverain fait sa résidence. Cette ville est dans une vaste plaine, entourée de montagnes, et traversée par une rivière qu'on nomme Iligh, du nom de la ville.

De Iligh, en dix heures de marche vers l'ouest, on se rend à Wizzan, ville considérable, où réside un cheik soumis à Sidi-Yayah, qui règne dans toute la province de Daoultit. Daoultit est comprise dans le royaume de Sous, qui est presque tout indépendant, quoiqu'il fasse la plus grande partie de l'empire de Maroc. C'est aussi ce qui fait dire en proverbe : « Si l'on comparait l'empire d'Occident à un bernous, Sous en serait le manteau, et le restant le capuchon. »

De Wizzan on se rend, en cinq heures de marche vers l'ouest, et en s'approchant de la mer, à Asaka-Oubbagh, qui signifie, en berbère, le pays du bien. C'est le nom d'une ville habitée par les Schelloks, sous la protection de Sidi-Yayah, souverain de la province de Daoultit : elle domine sur une contrée montagneuse, qui produit cependant beaucoup de grains et de fruits.

De Asaka-Oubbagh, en vingt heures de marche vers l'ouest, on se rend à Tiznint, ville sur le bord de la mer Océane, habitée par les Schelloks, sous la protection de Sidi-Yayah; elle est de la province de Daoultit. Vis-à-vis de cette ville est une île inhabitée et assez grande. Faute de bateaux, les habitants de Tiznint ne la fréquentent pas. Tiznint, en berbère, signifie une île.

De Tiznint, en dix heures de marche vers le sud, on se rend à Messa, grande ville, bâtie sur une montagne qui domine la mer et habitée par les Schelloks. Vis-à-vis d'elle, et à peu de distance, il y a aussi une grande île inhabitée. Le pays est fertile en grains et rempli d'oliviers et d'arbres fruitiers. La rivière d'Iligh vient se jeter dans l'Océan, près de Messa. Cette rivière est fort poissonneuse, et les gens de Messa se nourrissent du poisson qu'elle fournit. Messa est de la province de Daoultit.

De Messa, en deux jours et demi de marche vers le sud, on arrive à Ida-Oubakil, ville sur une montagne habitée par des Schelloks, sous la protection de Sidi-Yayah; elle est aussi de la province de Daoultit. Ida-Oubakil signifie, en berbère, les gens sages.

De Ida-Oubakil, en trois jours de marche vers le sud, on se rend à Ighram, ville qui donne son nom à une contrée montagneuse assez vaste de la province de Daoultit.

De Ighram, en trois jours de marche vers le sud, on se rend à Oufran, ville habitée par des nègres, et la dernière ville de la province de Daoultit. On estime la population d'Oufran à plus de vingt mille âmes, sans compter trois ou quatre mille juifs. Son gouvernement est républicain; elle est régie par quarante personnes élues, qu'on nomme Ait-Erba'in. Elle paye une redevance à Sidi-Yayah. Pour donner une idée de la fertilité de son territoire, on dit qu'une carotte y pèse vingt à trente livres, et un navet jusqu'à cinquante livres. Ce qu'il y a de certain, c'est que les carottes et les navets sont d'une grosseur excessive et d'un goût excellent; on les conserve toute l'année. Deux courges y font la charge d'un chameau, et les melons d'eau pèsent cinquante à soixante livres. On y récolte du blé et de l'orge. Quant aux dattes, elles sont en si grande abondance, que trente livres valent à peine une blanquille, qui vaut trois sous de France. Les Arabes du Sahara viennent y faire journellement des emplettes. Ce pays est aussi très-riche en troupeaux et en chevaux. Les Arabes payent les provisions qu'ils achètent avec de la poudre d'or et des moutons. Les juifs d'Oufran jouissent de la plus grande tranquillité, sous la protection spéciale de Sidi-Yayah. Il y en a parmi eux de très-riches.

De Oufran, en deux jours de marche vers le sud, on se rend à Témanert, ville habitée par des nègres comme Oufran, et gouvernée aussi par quarante personnes. La richesse du pays consiste en dattes. Elle ne paye aucun tribut. Ces nègres sont musulmans, et ils ont des marabouts nègres comme eux. A Temanert, ainsi qu'à Oufran, on ne parle que le berbère.

De Temanert, en un jour de marche vers le sud, on se rend à Akka, ville nègre, de la dépendance de Temanert. On n'y parle également que le berbère. Ce pays est extraordinairement chaud, et ses principales richesses sont les dattes et l'indigo. Sa population est de quatre à cinq mille âmes.

De Akka, en deux jours de marche vers le sud, on se rend à Wilt, ville nègre de la dépendance de Temanert. On n'y parle que le berbère. Les richesses des habitants consistent principalement en dattes, que les Arabes viennent y acheter. Ce pays est également très-chaud.

De Temanert à Tombouctou il n'y a que quinze jours de route, en droite ligne; mais les caravanes aiment mieux se détourner, parce qu'il leur faudrait traverser des terres habitées par des Arabes qui passent pour méchants et traîtres. De Temanert elles se rendent ordinairement à Wilt, qui est la dernière montagne de ce côté-là. De Wilt on descend dans le Sahara; et la première horde d'Arabes que l'on rencontre se nomme Arib-Ida ou Belal. Ils occupent, tantôt d'un côté, tantôt de l'autre, une étendue de pays de près de huit jours de marche. Ces Arabes ne passent pas pour des gens auxquels on puisse se fier.

En sortant des terres de leur domination on entre sur celles qui sont occupées par une autre horde d'Arabes qu'on nomme Tezakent. Ils ne sont ni si nombreux ni si puissants que leurs voisins; mais ils passent pour bons musulmans et rigides observateurs de la loi. Ils se mêlent de commerce, et les caravanes sont en toute sûreté parmi eux. L'étendue de leur pays va jusqu'au territoire de Tombouctou.

V. *Route de Tombouctou à Ouad-Noun* (1).

La route de Tombouctou à Ouad-Noun est une des plus fréquentées par les marchands maures qui font le commerce du Soudan. De Tombouctou, en quarante jours de marche, on se rend à Wédan. Wédan est une ville dont la richesse consiste en mines de sel. Ce sont des Arabes Oudayas qui en sont les habitants. La population est estimée de trois à quatre mille âmes. Dans la route de Tombouctou à Wédan on trouve très-peu d'arbres, et aussi très-peu d'eau. On ne rencontre de l'eau que tous les trois ou quatre jours.

De Wédan on se rend en sept jours à Boustana, nom d'une rivière qui traverse le Sahara, et qui va se jeter dans l'Océan vers Daukhailé. Toutes ces contrées appartiennent aux Arabes Oudayas. Sur les bords de la Boutana naissent les arbres qui produisent la gomme arabique. C'est un arbre de haute futaie, très-épineux; les chameaux en mangent les feuilles. Il y vient aussi un arbre qu'on nomme en arabe *el-betam*; il produit une graine comme celle du café, mais de couleur bleuâtre; on la mange après l'avoir fait torréfier : ce fruit se nomme *habb-el-betam*. Dans toutes les contrées du Sahara on trouve l'arbre qui donne la gomme arabique et le betam.

Il y a aussi dans le Sahara une autre espèce de graine, qui est d'une grande ressource pour les Arabes. L'arbrisseau qui la produit se nomme *el-durou* : c'est

(1) *Grammaire et Dictionnaire abrégés de*

le lentisque, *pistachia lentiscus* (Linn.). Sa graine est d'abord verte, ensuite elle devient rouge ; et quand elle est mûre elle prend la couleur de l'olive noire ; les Arabes la mangent torréfiée. Ils en retirent aussi de l'huile, après l'avoir pilée dans un mortier et l'avoir fait bouillir dans l'eau. L'huile surnage, et ils la ramassent. Cette graine est fort chaude, et on prétend qu'elle augmente les forces maritales.

Du fleuve Boutana on se rend, en trois jours, se dirigeant vers l'est, à Seghi-el-Hamra. Seghi-el-Hamra est un grand fleuve, qui va se jeter dans l'Océan, près de la contrée nommée Khaili ; les rivières de Wad-Dra-a, d'Ouasil, et une branche de la Boutana, viennent se jeter dans son lit. Les bords de Seghi-el-Hamra sont remplis d'arbres gommifères, de betam et de lentisques. La plupart des Arabes y établissent leurs camps.

De Seghi-el-Hamra on se rend en sept jours, en se dirigeant vers l'est, à Ouad-Noun. Cette rivière donne son nom à toute la contrée, qui est renfermée par quatre montagnes fort peu hautes, et habitées par des Maures et des Schelloks.

la langue berbère, composés par Venture de Paradis, etc.; Paris, 1844, in-4°, p. 229.

Il serait honteux, parmi les montagnards de l'Atlas, de verser une larme sur la mort de celui qui meurt en combattant. La manière de s'avouer vaincu, parmi eux, est d'égorger un animal en l'honneur du vainqueur : c'est la plus grande marque d'ignominie, et ils préfèrent acheter la paix par des présents et de l'argent. Lorsque les Schelloks sont en guerre, ils décident le jour du combat, qu'on nomme Nihar-el-Tarad, et il n'y a aucun acte d'hostilité jusqu'au jour convenu.

De Ait el-Hasan on se rend, en tirant vers l'ouest, en deux jours, à Ait-Harbil, contrée montagneuse, habitée par des Schelloks qui payent la dîme au sultan de Maroc, par les mains du cheik qui les commande. Ait-Harbil est un pays riche en céréales.

De Ait-Harbil on se rend en trois jours, en allant vers l'ouest, à Aghadir, que les Européens ont nommé Sainte-Croix. C'est un pays montagneux ; et les Arabes qui campent aux environs d'Aghadir, du côté du midi, se nomment Sebanat et Oughsimé. Aghadir est régie par un kaïd, qui a sous ses ordres des soldats nègres. C'est une grande ville, qui a été abandonnée en conséquence des ordres du sultan.

FIN DE L'APPENDICE

CONGO,

LOANGO, ANGOLA ET BENGUELLA;

PAR M. FERD. HOEFER.

APERÇU HISTORIQUE.

Les Portugais découvrirent le Congo en 1484; mais les riches conquêtes des Indes Orientales et Occidentales leur firent bientôt oublier ou négliger cette côte de l'Afrique : ils ne songèrent à y fonder des établissements que vers 1560.

Marmol raconte de la manière la plus détaillée les premières relations des Portugais avec ce pays (1). Il indique à l'est du Congo le lac Zambère (Zambèze). « Ce lac, dit-il, contient des îles habitées par les Azingues et les Mondequites; il confine aux Pangelinguos, Cuylas, Condongos, Sonnos et Bancares, dont les pays sont traversés par des rivières qui se jettent dans le Zaïre, et portent le même nom que ces peuples. Le Zaïre prend sa source dans le lac Zambère. Au midi sont les montagnes de la Lune, qui séparent cette contrée de la haute Éthiopie, du pays des Abyssins et des Cafres, et qui obéit au Benomotapa, qui possède aussi Sofala, et que les Portugais nomment l'empereur d'or. Au nord du Congo est le royaume de Benii (Benin). Ambas est la capitale du Congo, et Songo (Sogno) le premier pays que l'on rencontre. » Voilà tout ce que Marmol rapporte sur le Congo.

Avant la relation de Lopez, rédigée par Pigafetta (2), les Portugais eux-mêmes ne savaient pas grande chose sur le Congo. Livio Sanuto (3) y consacre à peine une demi-page, et ne donne que des notions vagues sur le fleuve Zaïre.

Feo Cardozo a publié, en 1825, un ouvrage fort intéressant sur l'histoire d'une partie des colonies portugaises de la côte occidentale de l'Afrique. C'est à cet ouvrage que nous emprunterons la plupart des détails qui vont suivre (1).

C'est à l'instigation d'un des chefs de cette côte que Paul Diaz de Novaès, neveu du célèbre Bartholomé Diaz, y fut envoyé à la tête d'une expédition. Paul Diaz partit de Lisbonne, en septembre 1559, avec trois caravelles, quelques hommes de guerre et un présent pour le roi d'Angola. Ses instructions étaient d'ouvrir avec ce roi des relations commerciales et de le convertir au christianisme. Diaz arriva à l'embouchure de la Couenza en mai 1560. Le roi d'Angola, qui avait envoyé des ambassadeurs en Portugal, était mort; mais son fils, qui lui avait succédé, montra les mêmes dispositions bienveillantes que son père. Paul Diaz débarqua avec vingt hommes, et ordonna à ceux qu'il laissa à bord des bâtiments de faire voile vers le Portugal si après un temps déterminé il n'était pas de retour. Il se rendit ensuite à la résidence du roi

(1) Les deux premiers volumes de Marmol sur l'Afrique parurent à Grenade en 1573; mais le dernier, où il est question du Congo, ne fut publié qu'en 1599, à Malaga.

(2) *Relazione di Congo;* Rome, 1591.

(3) *Geographia*, in-folio; 1588, p. 90.

(1) Feo Cardozo, *Memorias contendo a biografia do vice almirante Luis da Motta Feo e Torres; a historia dos governadores e capitaens generaes de Angola, desde* 1575 *atè* 1825, *descripçao geografica e politica dos reinos de Angola e de Benguella.* Paris, 1825, in-8°. Feo Cardozo était aide de camp de son père, gouverneur général du royaume d'Angola et de Benguella. Il était donc parfaitement bien placé pour se procurer tous les documents nécessaires à la publication de son ouvrage.

d'Angola, où il fut accueilli avec de grandes démonstrations de joie. Au bout de quelques jours, il voulut retourner vers ses vaisseaux; mais le roi le retint, sous prétexte qu'il avait besoin de son aide pour les guerres où il se trouvait engagé; la nouvelle qu'il reçut ensuite de la révolte d'un de ses plus puissants vassaux, le sôva Quiloango Quiacango, le détermina à renvoyer Paul Diaz en Portugal, afin de demander des secours plus efficaces.

Paul Diaz, de retour en Portugal, fit au roi Sébastien le récit des heureux succès de son expédition. Il lui dit que ces peuples étaient déjà préparés à recevoir la religion chrétienne, et qu'il avait remarqué entre leurs mains des missels, des pierres d'autel et d'autres ornements, indices certains que déjà des prêtres missionnaires avaient pénétré parmi eux, et y avaient jeté les germes de la foi.

Le roi Sébastien renvoya de nouveau Paul Diaz à Angola, avec le titre de conquérant et de gouverneur; il lui donna en même temps les pouvoirs les plus étendus pour fonder une colonie dans ce pays.

Paul Diaz partit de Lisbonne le 23 octobre 1574, avec sept bâtiments montés par sept cents hommes de guerre. Après trois mois de navigation, il aborda à l'île de Loanda, un peu au nord de l'embouchure de la Couenza. Là il débarqua avec son équipage, marqua l'emplacement de l'église qu'il se proposait de construire, y fit dire messe sur un autel portatif, et prit possession du pays au nom du roi de Portugal. Un grand nombre de nègres, sujets du roi de Congo, furent présents à cette cérémonie. Paul Diaz fit part de son arrivée et de ses projets au roi d'Angola, en lui envoyant des présents. Le monarque nègre le fit complimenter par des ambassadeurs, qui lui remirent de sa part des bestiaux et des esclaves, pour son usage et celui de sa troupe, ainsi que du bois rouge et des bracelets d'argent et de cuivre, destinés au roi de Portugal. Paul Diaz, voyant que l'île de Loanda ne réunissait pas les avantages convenables, transporta son nouvel établissement sur le continent, et jeta les fondements de la nouvelle ville dans l'endroit où est actuellement la forteresse de San-Miguel: il la nomma *Saint-Paul de Loanda*. Il secourut ensuite le roi d'Angola contre le sôva de Quiloango, son vassal, et conclut avec le monarque nègre un traité qui assura aux Portugais la liberté du commerce. Paul Diaz fréquenta souvent sa cour, et vécut avec lui dans la plus grande intimité et la plus parfaite union pendant l'espace de six ans; mais au bout de ce temps, le roi d'Angola, par le conseil de ses macottes et d'un transfuge portugais, fit massacrer tous les esclaves nègres convertis au christianisme, au nombre de mille, ainsi que tous les Portugais qui sur la foi des traités s'étaient aventurés dans l'intérieur pour affaires de commerce. Dès que Paul Diaz fut instruit de cet acte de perfidie, il s'avança dans les États du roi d'Angola, accompagné de cent cinquante hommes et de quelques pièces d'artillerie, contraignit le roi à se soumettre, et fit aussitôt périr tous les macottes qui lui avaient conseillé le massacre des Portugais.

Paul Diaz, ayant reçu de nouveaux renforts du Portugal, entreprit de nouvelles conquêtes. En 1580 il soumit les sôvas de Quissama, qui s'étaient opposés à son passage dans la rivière de Couenza, et l'année suivante le sôva Ilonga, ainsi que toute cette province. L'année suivante, en 1581, il triompha pour la seconde fois du roi d'Angola dans le Mucambe et le Quissama. Dans ces deux dernières batailles, les sôvas de Muxima, de Quitangombe et de Quizua étaient les alliés de Paul Diaz et combattaient avec lui. Il expulsa ensuite de ses États le puissant sôva d'Illamba, nommé Angola Quitaxo, et donna sa place à un autre. Cette même année un de ses officiers, Louis Serrão, défit plusieurs petits souverains qui avaient suivi le parti du roi; et ce même officier fit la conquête d'une grande partie de l'Illamba, et d'une portion du Quissama. Le peu de soldats portugais dont Diaz pouvait disposer fut la seule cause qui l'empêcha de s'emparer de toutes ces provinces. Il résolut cependant de se rendre maître des mines d'argent qu'il croyait exister dans les environs de Cambambe. Il traversa les États du sôva Bamba-Tango, et s'arrêta à Tacandongo, à peu de distance des mines, où il se fortifia. Il y fut attaqué par le roi d'Angola, et remporta sur lui une troisième victoire, le 2 février 1583. Il fit couper le nez à tous les prisonniers nègres qui avaient échappé au massacre, et les envoya à Saint-Paul de Loanda, afin que leur vue inspirât la terreur à tous ceux qui entreprendraient de lui résister. Paul Diaz, persuadé qu'il n'avait vaincu que par la protection de la sainte Vierge, célébra son triomphe par une fête à Massangano. Il fonda ensuite dans ce lieu le premier préside de l'intérieur, sous l'invocation de Notre-Dame de la victoire.

Cependant le roi d'Angola, désespéré de sa défaite, voulut encore, avec des forces plus nombreuses, tenter le sort des combats. Il fut de nouveau défait; les Portugais, animés par leurs succès et la présence de leur vaillant gouverneur, soumirent cinquante autres sôvas, et pénétrèrent dans l'intérieur jusqu'à la rivière de Lubala, où ils trouvèrent une nouvelle armée du roi d'Angola, qu'ils mirent en déroute.

En 1584 Paul Diaz reçut de Portugal un nouveau secours de deux cents soldats; en 1586 on lui en envoya quatre-vingt-dix; enfin, en 1587, deux cents autres; mais ceux-ci étaient des habitants des Pays-Bas, moins propres que les Portugais à supporter les inconvénients d'un climat brûlant. Aussi presque tous périrent des fièvres putrides.

Cependant la ville de Saint-Paul, nouvellement fondée, augmentait en population et en richesses; ses habitants s'adonnaient en toute sûreté à des spéculations commerciales. Ils commençaient à se porter sur la côte du sud, et y envoyaient leurs bâtiments, qui en revenaient chargés d'esclaves, d'ivoire, de cuivre, de troupeaux, et de toutes sortes de provisions. Pour étendre encore le commerce et lui donner plus de stabilité, Paul Diaz envoya à Benguella Antonio Lopez Peixoto son cousin, avec soixante-dix soldats, afin d'y former un établissement. Peixoto, bâtit un fort en bois à Morro de Benguella; mais, s'étant laissé surprendre par les indigènes, il fut massacré avec toute sa troupe. Deux soldats seulement se sauvèrent de ce désastre, et vinrent en apprendre la nouvelle au gouverneur.

Paul Diaz ne put supporter ce revers, le seul qu'il eût éprouvé après quatorze ans de succès et de glorieux travaux. Il mourut à Massangano, à la fin du mois d'octobre de l'année 1588. On l'ensevelit dans l'église de Notre-Dame de la Victoire, qu'il avait fondée. Depuis, en l'année 1609, ses cendres furent transportées dans la ville de Loanda, où elles reposent encore dans l'église qui a appartenu aux jésuites.

Paul Diaz est le véritable fondateur de la puissance des Portugais au Congo: il y était resté quatorze ans; mais ses successeurs, lors même qu'ils auraient eu son génie et son courage, n'ont pas eu assez de temps pour accomplir d'aussi grandes choses.

Selon la méthode constante des rois d'Espagne et de Portugal, pour le gouvernement des colonies, les gouverneurs d'Angola étaient changés tous les trois ou quatre ans, et quelquefois plus souvent. On les envoyait ensuite, avec le même grade, au Brésil, où l'on choisissait les gouverneurs du Brésil pour les envoyer à Angola. Les jésuites s'introduisirent dans l'Angola dès la première année de sa conquête. L'esprit dominateur qui caractérise leur institution se fit sentir dans cette colonie avec plus de force que dans toute autre. Ils s'arrogèrent une part très-active dans l'administration. Quand on leur résistait ils excommuniaient les gouverneurs, qui se virent fréquemment contraints de partager avec eux l'autorité. Enfin ils troublèrent souvent, par des luttes intempestives, la tranquillité de la colonie.

En 1589, Jérôme d'Almeida, élu gouverneur par intérim, entreprit de faire la conquête des mines d'argent de Cambambe; mais trois sôvas, dont la soumission pour la réussite de son projet était indispensable, bravèrent tous les efforts de ses armes. Ils se retirèrent avec leurs sujets dans des bois épais et inaccessibles. Jérôme d'Almeida prit alors le parti d'établir un préside et de construire un fort dans le voisinage des mines de sel. Il y trouva le double avantage de se faire un point d'appui pour pousser ses conquêtes plus avant et de se rendre maître de l'exploitation du sel, substance précieuse qui servait de monnaie dans ce pays. Chaque pierre d'une dimension donnée valait une macoute ou cinquante réaux.

Jérôme d'Almeida continua sa marche par le Quissama, avec l'intention de soumettre le sôva de Cafuxe Cambare, voisin des mines d'argent; mais Almeida tomba malade, et revint à Saint-Paul de Loanda. Le lieutenant auquel il avait confié la suite de son expédition se laissa battre par les Nègres, le 2 avril 1589. Deux cent six Portugais et un grand nombre de Nègres, leurs alliés, restèrent sur le champ de bataille. Jérôme d'Almeida se disposait à partir de Massangano avec une nouvelle armée, pour réparer cette défaite, et en tirer vengeance, lorsqu'il apprit, le 1er août 1595, l'arrivée de son successeur, Jean Furtado de Mendoça, qui débarqua à Saint-Paul de Loanda avec quatre cents hommes de guerre et douze femmes blanches, les premières qui eussent encore paru dans la colonie, où elles se marièrent toutes.

Jean Furtado marcha aussitôt contre les sôvas qui s'étaient révoltés. Son armée eut beaucoup à souffrir des maladies causées par l'abondance excessive des pluies et la disette. Cependant il réussit dans son entreprise, et parvint à dégager le préside de Massangano, qui était menacé par les rebelles. Un détachement de l'armée portugaise descendit la Couenza pour soumettre les sôvas de la province de Quissama, qui s'étaient soustraits à l'obéissance des Portugais; et, afin de prévenir de nouveaux soulèvements, Furtado construisit le préside de Muxima, dans la province de ce nom; et nonobstant l'opposition du sôva, on avait déjà abandonné l'ancien préside que Jérôme d'Almeida avait fait construire près des mines de sel.

C'est sous le gouvernement de Furtado, qui se termina en 1602, qu'il est fait mention pour la première fois des inquiétudes que donnaient aux Portugais les incursions des Français dans ces parages. Quatre vaisseaux français abordèrent au port de Pinda, et ravagèrent tous les environs. Les Portugais les forcèrent à s'éloigner; mais pour protéger le pays contre de semblables attaques on fortifia, par des tranchées et des palissades, le mont San-Miguel.

Jean Rodrigues Coutinho, qui succéda à Furtado, avait reçu du roi Philippe II l'ordre de conquérir les mines d'argent de Cambambe. Il s'avança dans l'intérieur avec une armée plus nombreuse et plus forte qu'aucune de celles qu'avaient commandées ses prédécesseurs; mais la mort le surprit dans un lieu nommé Cacullo Quiaquimone. Ses soldats accompagnèrent son corps jusqu'à Muxima, où on lui rendit les honneurs funèbres. Un de ses capitaines, nommé Manuel Cerveira Pereira, fut, par les vœux unanimes de tous les chefs de l'armée, choisi pour lui succéder. A peine eut-il été reconnu comme gouverneur, qu'il se mit à la tête de ses troupes pour achever la conquête que son prédécesseur n'avait pu même commencer.

Cerveira battit le sôva de Cafuxe, sur le même champ de bataille où les Portugais avaient été précédemment défaits. La soumission de cette province ouvrit au gouverneur une route facile jusqu'aux montagnes de Cambambe, objet de la guerre. C'est en vain que le sôva de ce pays voulut lui résister; l'armée de ce prince fut détruite, ses villages anéantis, et toute la population massacrée, ou réduite en esclavage. Cerveira construisit dans ce lieu un fort ou préside, qu'il plaça sous l'invocation de Notre-Dame du Rosaire, et il y laissa garnison. Il retourna ensuite à Loanda, qu'il enrichit de plusieurs édifices.

Il venait de dompter et de châtier sévèrement le sôva d'Axilambanza, gendre du roi d'Angola, qui voulait soulever toute la province de Mossique, lorsqu'une intrigue de cour lui fit perdre le commandement. On envoya à sa place, en 1606, dom Manuel Pereira Forjaz. Le nouveau gouverneur tenta de signaler son administration par un voyage de découvertes dans l'intérieur, et il envoya un Aragonais, nommé Balthazar Rebello, pour traverser l'Afrique dans la direction de l'est, et atteindre la rivière de Senna dans le Mosambique. Mais cette entreprise n'eut aucun succès, et Balthazar revint au fort de Cambambe, après avoir fait, à ce qu'il paraît, beaucoup de chemin dans l'intérieur. Il en fut de même d'une autre expédition tentée par Forjaz pour s'emparer des mines de cuivre qu'on disait être dans le royaume de Benguella. Ce gouverneur fut plus heureux dans ses tentatives contre les Hollandais, qui s'étaient établis au port de Pinda pour le commerce des esclaves : il parvint à les expulser et à les obliger de se rembarquer. Il fit aussi changer le fort de Muxima, et en construisit un nouveau dans l'emplacement où se trouve celui qui existe aujourd'hui. Il assujettit les sôvas, soumis aux Portugais, à un tribut annuel de quinze mille cruzades, et mourut après quatre ans de gouvernement. Son successeur, Bento Benha Cardozo, remporta en 1611 une victoire complète sur le roi d'Angola ; il fit prisonnier et ensuite décapiter le sôva de Quilonga, son allié. Il battit également le sôva de la province de Quissama et celui de la province de Naboangango, et il construisit un nouveau fort dans le district d'Ambacca, sur les bords de la rivière Lucala, à huit lieues de Massangano. Après cela il revint en Portugal.

Il n'avait pas été difficile à Manuel Cerveira Pereira de se justifier auprès de Philippe II des accusations dirigées contre lui, et de faire connaître les services qu'il avait rendus à la colonie d'Angola. Il y fut renvoyé de nouveau avec le titre de gouverneur d'Angola, de conquérant et de fondateur des colonies dans le royaume de Benguella. Par des lettres patentes en date du 14 février 1615 le roi sépara, l'Angola et le Benguella en deux gouvernements distincts, et en donna le commandement à un seul. Cerveira aborda à Loanda, et resta un an et demi dans le royaume d'Angola. Après avoir, par diverses victoires, consolidé la puissance portugaise de ce pays, il s'embarqua avec cent cinquante hommes, des armes, des munitions et des vivres, pour se rendre dans le Benguella, le 11 avril 1617 ; il construisit un fort à l'endroit de son débarquement, à la baie Saint-Antonio. Il essaya ensuite de pénétrer dans l'intérieur du pays, afin de se rendre maître des mines de cuivre, dont on vantait la richesse. Mais après avoir triomphé de plusieurs sôvas de Jagas, ses officiers, fatigués des dangers auxquels il les exposait, conspirèrent contre lui, le dépouillèrent de tous ses vêtements, le mirent dans un bateau pourri, et le lancèrent à la mer, espérant bien qu'il n'échapperait pas à une mort certaine. Par bonheur une tonne d'eau et quelques provisions avaient été oubliées dans ce frêle esquif, et Cerveira parvint à atteindre Loanda, où le roi lui avait envoyé un successeur sept mois après son départ. Deux ans après, Cerveira consentit encore à entreprendre une nouvelle expédition dans l'intérieur de Benguella ; mais il succomba à la fièvre dans les déserts de ce pays, avant d'avoir pu atteindre les mines qu'il cherchait.

Ce fut sous le gouvernement de son successeur, Louis Mendès, que les Portugais eurent à combattre Sala Bandi, ce féroce roi d'Angola, qui, pour écarter tous ses compétiteurs du trône, avait assassiné le fils de sa sœur, depuis si célèbre sous le nom de la reine Zingha. Après avoir battu deux fois le roi d'Angola, et avoir fait avec lui la paix aux conditions auxquelles il lui plut de le soumettre, Louis Mendès marcha contre le roi de Dongo, dispersa son armée, et lui imposa un tribut de cent esclaves par an.

Pour éviter toutes les vexations que les Portugais se permettaient envers les sôvas tributaires, Mendès interdit, sous les peines les plus sévères, l'entrée de l'intérieur du pays aux marchands blancs ou mulâtres qui s'y rendaient pour acquérir des esclaves ; il ne permit qu'aux seuls trafiquants nègres désignés par le nom de *pumbeiros* de voyager librement dans l'intérieur pour affaires de commerce.

Ce fut vers son successeur, Jean Corréa de Souza, que Sala Bandi envoya sa sœur, Zingha, pour négocier un traité de paix. Féo rapporte aussi la conversion de cette princesse à la religion chrétienne, à l'âge de quarante ans, ainsi que la solennité de son baptême, qui eut lieu au milieu d'un grand concours de peuple, dans l'église cathédrale, en l'année 1622 : le nom de Anna de Souza lui fut donné par le gouverneur, son parrain. Barbot dit qu'elle entretenait pour ses plaisirs cinquante jeunes gens, qu'elle habillait en femmes, tandis qu'elle-même était vêtue en homme.

Après la mort de Sala Bandi, qui fut

empoisonné par sa sœur, Souza eut à lutter contre le Jaga Cassangé, qui dépouillait les pumbeiros ou les courtiers des négociants portugais. Souza en triompha facilement; mais il n'en fut pas de même des jésuites, dont il s'était attiré la haine, et contre lesquels il avait procédé avec violence. Leurs intrigues le forcèrent de retourner en Portugal; et les chagrins qu'ils lui suscitèrent à son retour causèrent sa mort. Le gouvernement de son successeur ne dura que cinq mois, et fut suivi de celui de l'évêque Simão Mascarenhas, qui eut à s'opposer à la fois aux tentatives des Hollandais pour se procurer des esclaves à Benguella, et aux révoltes des Jagas de Zenze Angumbe et de Bengo, et aux attaques du sôva de Cafuxe. Il triompha successivement de tous ces ennemis.

Fernand de Souza, qui succéda à Mascarenhas, en 1627, s'est rendu célèbre par la victoire qu'il remporta sur la reine Ginga (Zingha). Cette héroïne, après la mort de son frère, avait été proclamée reine d'Angola et de Matemba; et dès lors abjurant, pour plaire aux féroces Jagas, la religion chrétienne, elle sembla vouer une haine mortelle aux Portugais. Elle n'osa pas d'abord les attaquer ouvertement; mais elle livra la guerre aux sôvas du Dongo et de Lucala, qui leur étaient soumis. Souza fit marcher contre elle une armée, sous le commandement de Paio de Arauyo; une bataille sanglante fut livrée à Quilombo, sur les terres du sôva de Matemmo. La reine Ginga éprouva une défaite complète; ses deux sœurs et presque tous ses macottes, ou principaux officiers, furent faits prisonniers. Elle-même n'échappa qu'avec peine et à la faveur de l'épaisseur des bois à ceux qui la poursuivaient. Elle se réfugia dans le pays de Songo. Le gouverneur portugais traita ses sœurs avec beaucoup d'égards, et les convertit à la religion chrétienne.

Cependant les Hollandais, maîtres du Brésil, continuaient toujours à fréquenter les côtes du Congo et d'Angola pour l'achat des esclaves. Ils envoyèrent une escadre de huit vaisseaux pour s'emparer de Loanda; mais Souza parvint, après trois mois de résistance, à faire échouer leurs projets, et à les forcer de s'éloigner.

Sous son successeur Manuel Pereira Coutinho, les sôvas de Quigilo, de Sambangone, de Calumbo, de Moulondo et d'Acamahoto se liguèrent, et rassemblèrent toutes leurs forces pour se soustraire à l'obéissance des Portugais. Pereira Coutinho, par une prompte défaite, les força de rentrer dans la soumission. Il en fut de même des sôvas d'Angombe-Acabonda et de Quigoanga, qui avaient aussi profité de cette circonstance pour se révolter, et auxquels il imposa de nouveaux tributs.

Encouragé par ses succès, Pereira Coutinho envoya une armée, sous le commandement de Saint-Antonio Britto, pour soumettre le souverain d'Ambuiladua, qui, régnant dans un pays en apparence impénétrable, avait toujours défié la puissance des Portugais.

Antonio Britto surmonta tous les obstacles qui semblaient devoir l'arrêter dans sa marche; il parvint, après des fatigues inouïes, à atteindre le monarque nègre dans les inaccessibles retraites où il s'était réfugié, et le força d'accepter la paix aux mêmes conditions que les autres. Le succès de cette entreprise répandit une grande terreur parmi les souverains nègres, et affermit la puissance des Portugais dans ces contrées. Manuel Pereira ne fut pas moins heureux dans les efforts qu'il fit pour repousser les attaques des Hollandais, et il parvint à s'emparer de deux de leurs bâtiments qui furent conduits à Loanda. Vasconcellos da Cunha, qui prit après lui le commandement, fut plus pacifique, et, par la seule voie des négociations, il fit consentir la reine Ginga à ouvrir ses États au commerce des Portugais, et à conclure la paix avec le sôva Caboco.

Cependant les Hollandais, s'apercevant qu'ils ne pouvaient tirer parti de leurs possessions d'Amérique que par le moyen des esclaves africains, se décidèrent à équiper une flotte nombreuse, pour aller attaquer en Afrique les Portugais, qui s'opposaient à leur commerce avec les souverains du pays. Vingt navires hollandais, chargés de troupes et de munitions, abordèrent à Loanda le 24 août 1641. Pierre César de Menezès, qui était alors gouverneur d'Angola et de ses dépendances, n'ayant pas le nombre suffisant d'hommes pour résister à une attaque aussi soudaine, se retira à Bembem, dans le Bengo ; et, toujours poursuivi par les ennemis, il s'enferma avec toutes ses forces dans la forteresse de Massangano. Là il eut beaucoup à souffrir de l'influence du climat ; la contagion se mit parmi ses soldats, et lui en enleva la plus grande partie. Les sôvas, profitant de l'affaiblissement des Portugais, se révoltèrent contre eux, et reprirent leur indépendance. César de Menezès, quoique convalescent, marcha contre quelques-uns, qu'il força de se soumettre ; mais la résistance vigoureuse que firent les sôvas de Camucambo et Naboangono l'obligea de s'arrêter ; il ne put empêcher que la reine Ginga ne fît alliance avec les Hollandais et n'entraînât dans sa défection plusieurs petits souverains qu'elle rendit ses tributaires. Cependant on apprit que la paix était faite entre la Hollande et le Portugal ; et d'après ces nouvelles Menezès crut pouvoir se fier à une suspension d'armes qu'il conclut avec les Hollandais. Mais ceux-ci, ayant su, par un de leurs directeurs récemment débarqué, que plusieurs de leurs compatriotes, retenus prisonniers à l'île de Saint-Thomas, y étaient indignement traités, voulurent en tirer vengeance. Ils tombèrent à l'improviste sur César de Menezès ; ils lui tuèrent cent quatre-vingts soldats, et le firent prisonnier avec plusieurs de ses officiers. Miranda prit alors le commandement de ce qui restait de forces aux Portugais. César de Menezès, étant parvenu à s'échapper des mains des Hollandais, se réfugia à Massangano. Depuis lors, les Hollandais se montrant disposés à respecter la trêve qu'on avait renouvelée, César de Menezès en profita pour faire la guerre aux Jagas, et détruire leurs camps ou quilembos. Il soumit plus de trente sôvas rebelles, et fit rentrer dans l'obéissance tous ceux de la province de Libolo. Après ces derniers exploits, Menezès mourut. Francisco de Santomaior, gouverneur de Rio-Janeiro, fut appelé en Afrique pour prendre le gouvernement d'Angola. Il obéit, et débarqua à Quicombo, le 26 juillet 1645. Il parvint à se rendre, avec des troupes et quelques pièces d'artillerie, à Massangano, par des routes détournées, sans que les Hollandais, qui l'auraient traversé dans sa marche, en eussent la moindre connaissance. La reine Zingha, fortement influencée par les Hollandais, réunit ses forces pour s'emparer des différents présides ou forts qui appartenaient aux Portugais. Le gouverneur fit marcher contre elle son armée, et lui enleva la victoire. Deux mille Nègres restèrent sur le champ de bataille, et parmi eux on trouva cinq Hollandais ; mais dans le nombre des prisonniers faits par les Portugais était dona Barbara, la propre sœur de la reine, qui déjà avait été prise par Fernand de Souza ; de sorte qu'on pourrait presque soupçonner que cette princesse nègre aimait à tomber entre les mains des blancs, dont elle fut toujours, au reste, parfaitement traitée. Peu de jours après cette victoire, les Hollandais, sans égard pour la trêve qui avait été conclue, s'emparèrent d'une gabare portugaise. François de Santomaior, outré d'une telle perfidie, leur déclara la guerre, et se préparait à marcher contre eux, lorsqu'il fut saisi de la fièvre et mourut. Les Hollandais, maîtres de la navigation de la Couenza, voulurent profiter de cette circonstance pour s'emparer du fort de Muxima ; mais ils furent repoussés, et trois capitaines, qui avaient pris le commandement de la colonie pendant l'intérim, parvinrent à secourir le fort de Muxima, et à y faire entrer de nouvelles troupes. Ils firent, en outre, réparer le fort de Massangano, et ils maintinrent la puissance portugaise en Afrique jusqu'à l'arrivée de Salvador Corréa de Sà e Benavides, qui quitta le gouvernement de Rio-Janeiro pour venir prendre celui d'Angola.

Ce célèbre gouverneur, dont le nom est encore aujourd'hui vénéré à Angola, aborda dans la baie de Quicombo dans le mois de mai 1648, avec neuf cents hommes de guerre.

Aussitôt après son débarquement il marcha droit sur l'ennemi, qui se réfugia dans le fort San-Miguel ; il le força de capituler. Il rentra ainsi en possession de la capitale d'Angola, dont il changea le nom en celui de Saint-Paul de l'Assomption de Loanda, parce qu'il avait remporté cette victoire le 15 août, jour de l'Assomption. Il fit poursuivre ensuite par deux vaisseaux les Hollandais, qui s'étaient dirigés du côté de Benguella; il les força à s'éloigner des côtes d'Afrique; il fit raser en même temps les factoreries qu'ils avaient à Pinda, à l'embouchure du Zaïre et dans le Loango. Il fit châtier ceux des souverains du pays qui avaient pris parti contre les Portugais. Le roi de Congo fut contraint de lui céder, pour obtenir la paix, la propriété de l'île de Loanda. La reine Ginga, redoutant les Portugais, qu'elle avait trahis, se retira dans l'impénétrable profondeur des forêts de ses États; elle implora ensuite son pardon par d'humbles prières, et elle l'obtint. Quatorze sôvas, traîtres ou rebelles, furent décapités par les ordres du gouverneur. Salvador Corréa fit soumettre ensuite, par ses lieutenants, les provinces de Lumbo, d'Illamba, d'Ambolla, de Libolo, et le pays des Quissamas, qui avaient pris le parti des Hollandais. Ribeiro de Aguiar, qui fut envoyé dans la province de Libolo, combattit pendant onze mois contre cinq chefs Jagas. Quatre d'entre eux furent à la fin faits prisonniers et décapités.

Salvador Corréa s'appliqua ensuite à réparer les malheurs inséparables de la guerre par les mesures qu'il prit pour faire fleurir le commerce et l'agriculture. Il distribua des terres à cultiver, le long des bords de la Zanza, de la Dande et de la Couenza, à ceux qui s'étaient distingués par leur bravoure. Ces concessions, dans le pays, portent le nom d'*arimos*. Pour protéger la navigation de la Couenza contre les pirateries des Quissamas, il fit construire quatre petites galères, qui étaient continuellement occupées à descendre et à remonter le cours de cette rivière, et qui s'emparaient de tous les canots montés par des Quissamas. Ce fut aussi pendant le gouvernement de Salvador Corréa que les missionnaires capucins passèrent du Congo à Loanda, firent des missions et fondèrent des couvents dans l'intérieur du royaume d'Angola.

En 1655 les Portugais pénétrèrent jusqu'au Rio-Luge, sur les terres des sôvas Quimbay-Ivala et Bembe, qu'ils ravagèrent; et ils forcèrent ainsi le roi de Congo à se soumettre. Ils se portèrent ensuite dans les provinces d'Ambacca et de Quissama, et assujettirent de nouveau quelques sôvas rebelles de ces deux provinces. Une expédition qui coûta plus de peine, et était accompagnée de plus de dangers, fut celle que l'on se vit obligé d'entreprendre contre le roi de Dongo ou des Pierres (*das Pedras*), qui s'était aussi tourné contre les Portugais. On pénétra enfin, par des fatigues inouïes, jusque dans les retraites fortifiées par une ceinture d'inaccessibles rochers, où le roi de Dongo semblait vouloir défier et braver impunément l'habileté et la valeur des Portugais. On le contraignit, pour conserver sa couronne, de se soumettre aux conditions qu'il plut au vainqueur de lui imposer. Ce fut sous le gouvernement de Louis-Martin de Souza que la reine Ginga, autrement connue sous le nom de donna Anna de Souza, revint une seconde fois à la religion chrétienne, qu'elle avait abjurée depuis longtemps. Les capucins missionnaires italiens eurent tout l'honneur de cette conversion. On contracta avec elle une nouvelle alliance, et on lui rendit sa sœur, qui était toujours restée prisonnière entre les mains des Portugais.

Louis-Martin de Souza mourut des suites des blessures qu'il reçut dans un combat contre les Hollandais, en se rendant d'Angola au Brésil; et il eut pour successeur, en 1658, Jean Fernandez Vieira, qui, comme gouverneur de Fernambouc, s'était distingué dans les guerres qu'il venait de livrer à ces mêmes Hollandais dans le Brésil. Pendant son gouvernement d'Angola il repoussa un vaisseau anglais qui voulait s'emparer de Benguella; il termina la forteresse de Santo-Amaro; il contribua à l'établissement des carmes déchaussés, qui vinrent à Angola dans le mois de septembre 1659, et qui fondèrent un couvent à Emgombota. Il eut aussi quelques démêlés avec les jésuites.

Fernandez Vieira eut pour successeur un de ses compagnons d'armes dans la guerre d'Amérique, le brave André Vidal de Negreiros. Le roi de Congo avait, par le traité de paix que lui avait imposé Salvador Corréa de Sà, non-seulement cédé aux Portugais l'île de Loanda, mais encore le droit d'exploiter les mines d'or de son royaume. André Vidal voulut user de ce droit; mais le roi de Congo s'y opposa ouvertement, et leva aussitôt une puissante armée, qu'on porte à cent mille Nègres pourvus d'arcs et de flèches, sans compter deux mille autres, ayant des boucliers, et quelques-uns munis de fusils. L'armée des Portugais ne se composait que de trois cent soixante blancs, soldats armés et disciplinés à l'européenne, et de six mille archers nègres; mais elle était commandée par Louis Lopez de Sequeira, natif d'Angola, qui, par la victoire qu'il remporta dans cette occasion, rendit son nom célèbre, et se plaça au rang des grands capitaines. Cette victoire, obtenue avec si peu de forces contre une si grande multitude, après un combat acharné et sanglant, qui dura six heures, parut si miraculeuse, que selon la tradition on avait vu dans l'air une belle femme, qui n'était autre que la sainte Vierge, étendant ses bras protecteurs sur les bataillons portugais. C'est sur les terres du dembo d'Ambuilla, sujet des Portugais, que cette mémorable bataille fut livrée. Le roi de Congo y fut tué, et sa tête, portée au bout d'une pique, ne contribua pas peu au désastre complet de sa nombreuse armée. La soumission du Congo fut la suite naturelle de cet événement; mais il ne paraît pas qu'elle eût aucun résultat pour l'exploitation des mines d'or, dont l'emplacement n'est pas exactement indiqué.

Tristan da Cunha, qui succéda à André Vidal, se fit tellement abhorrer par sa tyrannie, qu'au bout de cinq mois d'exercice ses propres officiers, aidés des soldats et des principaux habitants, se révoltèrent contre lui, et le renvoyèrent au Brésil. On choisit ensuite cinq des principaux habitants ou fonctionnaires, auxquels on conféra l'autorité d'un gouverneur. Le roi de Portugal, par ses lettres patentes du 9 juillet 1667, approuva le parti qu'on avait pris et le choix qu'on avait fait. Le sénat des cinq ratifia le traité qui avait été précédemment conclu avec le roi de Congo; et pour l'exécution de la clause qui donnait aux Portugais la faculté d'exploiter les mines d'or, le sénat des cinq envoya le capitaine Louis Ferreira de Macedo à la cour de Congo, avec ordre de se rendre ensuite dans le district d'Ambuilos pour prendre possession de ces mines et en faire l'examen. Le roi de Congo reçut Macedo avec beaucoup d'égards; mais ce ne fut qu'au bout de quarante jours de négociations qu'il lui permit de se rendre au lieu de sa destination; il lui donna même son interprète pour le conduire; mais après deux jours de marche Macedo trouva sur sa route les grands et les principaux chefs de la cour de Congo, qui s'opposèrent à la continuation de son voyage, et qui se montrèrent résolus de désobéir à cet égard aux ordres de leur souverain. Le roi de Congo, pour témoigner sa bonne volonté envers les Portugais, envoya prendre plusieurs paniers de la terre des prétendues mines, et les fit remettre au sénat des cinq, qui se contenta de cette satisfaction. On fit analyser la terre envoyée par le roi de Congo, et on n'y trouva pas le moindre indice d'or. Depuis l'on ne fit plus de nouvelles tentatives.

Le 26 août 1669 le sénat des cinq remit le gouvernement entre les mains de Francisco de Tavora, envoyé comme gouverneur par le roi de Portugal. Tavora n'avait alors que vingt-trois ans, et l'on redoutait son inexpérience; mais il administra avec tant d'habileté et de sagesse, qu'il reçut du peuple le surnom de petit garçon prudent (*menino prudente*).

Le naufrage de César de Menezès, nommé pour remplacer Tavora, produisit encore un intérim de deux ans; et le nouveau gouverneur de Ayres de Saldanha n'aborda en Afrique que le 28 août 1676. Il eut à réduire les sôvas de Libollo, qui s'étaient révoltés, et il entretint constamment sur la rivière de Couenza un assez grand nombre de canots, nommés dans le pays *quilombos*, pour maintenir les sôvas de Quissama dans la soumission, et pour assurer la navigation du fleuve. Ce gouverneur chercha aussi à se frayer une communication par terre entre l'établissement portugais du Congo et ceux qu'ils possèdent sur la côte opposée, ou la Mozambique. Un capitaine nommé Joseph de Rosa, habitué à faire des voyages à l'intérieur, s'offrit. Il partit à cet effet de Massangano, pour se rendre à Senna : mais il échoua dans son entreprise;

il revint sur ses pas, quoiqu'il eût, dit-il, parcouru une grande partie du chemin : plusieurs sôvas qui commandaient à des peuples féroces l'avaient, selon son récit, empêché de passer.

Ce fut sous le gouvernement de Jean Silva de Souza, qui succéda à de Ayres de Saldanha en 1680, que la célèbre reine Ginga ou donna Anna de Souza, succomba enfin à son grand âge. Les Ambondas choisirent après sa mort François Gutterres, jeune et vaillant guerrier, qui attaqua le Jaga Cassange, vassal des Portugais. Ceux-ci livrèrent la guerre à Gutterres, le défirent, et le tuèrent dans une bataille, livrée dans un lieu nommé Catallé, situé à trois journées de marche de la banza ou capitale des États de la reine Ginga. La sœur de Gutterres lui succéda, et renouvela avec les Portugais l'alliance jurée par la reine Ginga.

Silva de Souza construisit un fort à Caconda, dans l'État de Benguella, afin de protéger le commerce des Portugais, qui tiraient de ce seul district presque tous les esclaves achetés dans ce royaume. Mais sous le règne du gouverneur qui succéda à Jean de Silva le sôva de Caconda, qui avait consenti à la construction du fort, s'en empara par trahison, massacra le commandant et la garnison, et rasa toutes les forteresses. On fit marcher des troupes contre ce sôva, qui était de la race des Jagas; on le chassa de ses États, et on en prit possession; on poursuivit enfin sa personne jusque sur les terres de Golla Gimbo, un des sôvas les plus puissants, et un des plus implacables ennemis des Portugais; on le força à se soumettre, ainsi que celui auquel il avait donné retraite, et l'on rebâtit un nouveau fort à Caconda.

Les Portugais eurent ensuite à combattre le chef ou dembo d'Ambuila, qui se révolta en 1691. On s'empara de sa capitale, on en rasa toutes les fortifications, et on le contraignit à faire la paix. Il en fut de même des dembos de Quibuca, de Cabonda et d'autres districts qui s'étaient pareillement révoltés : on détruisit leur *quipacas*, c'est-à-dire leurs fortifications de bois; on leur brûla plus de cent cinquante *libattes* ou villages, et ils consentirent à subir toutes les conditions qu'il plut au vainqueur de leur imposer.

Ce fut en 1694 que le gouverneur Henri-Jacques de Magellan (Magalhaens) introduisit pour la première fois la monnaie de cuivre à Angola. Auparavant tous les payements se faisaient en petites pagnes ou étoffes de paille, ou d'écorce du pays, nommées *libongos*. Les nouveaux règlements que la nouvelle monnaie nécessitait occasionnèrent parmi les troupes une mutinerie qui ne fût pas facilement apaisée. Henri-Jacques de Magellan eut à combattre les petits souverains des bords de la Couenza, les sôvas de Catata, d'Anguela et de Dambe; il en vint aisément à bout. Celui de Songo lui donna plus de peine. Le même gouverneur fit construire à la pointe de l'île du cap, sur la colline de Cassandâma, une forteresse à laquelle il donna le nom de Notre-Dame de la Rose, et qui, croisant son feu avec les batteries de Saint-Pierre de Barra, défendait l'entrée du port. Sous son successeur, Louis César de Menezès, le sôva de Hiemba, vassal des Portugais, se révolta, et tenta de s'emparer du Caconda; mais il fut repoussé, et poursuivi jusque dans sa propre libatte, et ensuite complétement battu, malgré l'assistance du sôva de Xalungango, son allié, qui s'était empressé de lui porter secours.

Dom Juan Manuel de Noronha, qui prit le commandement d'Angola en février 1713, fut obligé de combattre le sôva de Gando, dans le district de Caconda; un de ses alliés, le sôva de Canhacuto, se joignit à lui, et tous deux se retranchèrent derrière l'Amène, rivière large et profonde; les Portugais la franchirent, mirent en déroute les deux souverains nègres, et s'emparèrent de leur banza ou capitale; ils y mirent le feu, et firent un grand nombre de prisonniers, qui furent ensuite vendus comme esclaves. Dom Manuel eut, comme plusieurs de ses prédécesseurs, à lutter contre les jésuites, dont l'ambition, toujours envahissante, cherchait à dominer l'administration, et en entravait les ressorts.

Les Nègres du Congo, qui n'ont jamais pu supporter la domination des blancs, soit à cause de leur caractère indomptable, soit parce que cette domination n'était qu'une continuelle et insupportable oppression, crurent avoir trouvé une occasion favorable de s'y soustraire, lorsqu'en juin 1717 on envoya pour gouverneur d'Angola Henri de Figueiredo de Alcarção. Tous les juges et les sôvas de la province de Caconda et d'une partie de Benguella se coalisèrent dans le dessein d'exterminer les Portugais. Ils choisirent à cet effet pour chef le Jaga Quiambolla. Celui-ci parut tout à coup avec une armée formidable, et menaça également le fort de Benguella et celui de Caconda. Ce dernier se trouvait dans ce moment dépourvu de munitions et de troupes. Joseph de Nobrega, qui y commandait, fondit à l'improviste sur les positions du chef de Lungariaêbo, dans le district des Mahungos; il s'empara de sa capitale et de sa personne, lui fit trancher la tête, et recueillit dans ses États une grande quantité de provisions, qu'il fit transporter dans le fort. Il livra ensuite bataille à l'armée des Nègres, qu'il mit en déroute. Manuel Simoens, qui commandait dans Benguella, repoussa de son côté l'ennemi, et le força de se retirer dans la province des Quilengues. Il marcha contre le chef de Lungariaêbo, et le força dans son quilombo ou camp fortifié. Il mit pareillement en déroute les sôvas de Quiendagongo, de Ianjara et de Mucuinalas. La plupart des chefs nègres périrent dans ces combats, ou furent décapités par les Portugais; quelques-uns cependant se réfugièrent dans d'impénétrables forêts.

Ces victoires n'empêchèrent pas que Manuel Simoens se vît forcé, sous le gouverneur suivant, de porter encore la guerre chez les Quilengues, et de livrer bataille à plusieurs chefs, qui succombèrent dans le combat. Dans ce nombre se trouvait celui de Giracul. Le prince Quiambolla s'enfuit dans la province de Bembem, qui est une des plus vastes de l'intérieur; mais, ne s'y trouvant pas en sûreté, il se réfugia dans celle de Nano, située au delà de la rivière de Catumbella; et toujours poursuivi il se rendit enfin à discrétion, et promit de ne jamais porter les armes contre les Portugais.

Il y eut ensuite un intervalle de paix assez long, durant lequel cependant les Portugais furent obligés d'envoyer des troupes qu'on tira du district de Golungo pour châtier les Quissamas, qui recommençaient sans cesse leurs pirateries. En 1738, sous le gouvernement de Jean-Jacques de Magellan (Magalhaens), une nouvelle guerre se ralluma contre la reine Ginga, différente de la fameuse reine de ce nom, mais qui gouvernait le même État. La paix subsistait depuis trente ans entre cet État et les Portugais, lorsque Ginga fit massacrer et dépouiller plusieurs commerçants ou pumbeiros, qui, se fiant à la foi des traités, se livraient tranquillement à leurs spéculations dans les pays soumis à la domination de cette reine. On tira des troupes des districts d'Icolo, de Golungo et de Dande; on les réunit sur le territoire d'Ambacca, et ensuite on entra sur les terres de la reine Ginga. On la força de fuir et d'abandonner sa capitale. Elle se soumit enfin, et obtint la paix, sous la condition de restituer les marchandises qu'elle avait enlevées aux négociants portugais, et de payer un tribut annuel pour les frais de la guerre. L'armée à son retour passa par Quissama, pour châtier quelques sôvas de cette province.

La tranquillité dont les Portugais jouirent après cette expédition fut mise à profit pour achever des constructions utiles à leur défense ou à leur existence dans le pays; mais en 1753, sous le gouvernement d'Antoine Alvarès da Cunha, ils se virent obligés de prendre de nouveau les armes contre les sôvas de Benguella, qui avaient pillé leurs négociants. Les Portugais, réunis aux sôvas, qui leur étaient alliés, rassemblèrent des forces suffisantes pour battre les sôvas de Muxinda, de Zamba Calembo et Cabundaz. Cette guerre dura huit mois. On poursuivit les ennemis jusque dans les provinces de Bambe et de Galange, où ils s'étaient réfugiés; on leur fit un grand nombre de prisonniers, et on leur prit une quantité prodigieuse de bétail.

Ce succès détermina Antoine de Vasconcellos, qui succéda à Alvarès da Cunha, à s'emparer, en 1758, de Pedra-Encoge ou rocher d'Encoge, forteresse située entre les États des dembos d'Ambuila et d'Ambuela, et utile pour l'introduction des marchandises dans l'intérieur. Le dembo d'Ambuila et celui d'Ambuela, non-seulement ne s'opposèrent point à cette conquête, mais firent alliance avec les Portugais contre leurs ennemis communs.

C'est à Antoine Vasconcellos que les gouverneurs portugais en Afrique ont l'obligation d'être logés dans un palais commode, au lieu d'une petite et vieille maison qu'ils habitaient auparavant. Le gouvernement de Vasconcellos dura cinq ans et sept mois; ce qui lui permit non-seulement d'achever cette construction, mais de rebâtir entièrement en pierres la citadelle de Saint-Paul de Loanda, que le gouverneur Manuel de Noronha n'avait construite qu'en terre.

Cependant le fort ou préside que Vasconcellos avait établi dans l'intérieur pour maintenir dans la soumission la province d'Encoge fut inquiété sous son successeur. Plusieurs milliers de Mussoens et de Maungos, associés aux rebelles d'Ambuela, embarrassaient les travailleurs, rançonnaient les cultivateurs, et massacraient les soldats qu'ils trouvaient isolés ou désarmés. Souza de Coutinho, qui était entré en fonctions en 1764, fit marcher contre ces hordes ennemies une armée, qui les battit dans plusieurs rencontres; on dévasta leur pays; on s'empara de neuf de leurs quissacas, ou places fortes, et on les mit pendant longtemps dans l'impuissance de troubler la tranquillité des provinces d'Encoge et d'Ambacca. Il fallut aussi, sous le même gouverneur, châtier les habitants de Caconda, qui avaient recommencé à dépouiller ou à tuer les commerçants portugais ou leurs agents.

Souza de Coutinho fut informé que les navires étrangers qui se rendaient à Loango touchaient dans des ports plus méridionaux, et sur les côtes appartenant aux Portugais, et qu'ils trouvaient ainsi les moyens de faire la contrebande. Pour empêcher de telles usurpations, et prévenir le dommage qui en résultait pour le Portugal, Souza de Coutinho établit un préside, et fit construire un fort entre les ports de Benguella et du vieux Benguella, dans un lieu nommé Zenza-Caballo. Ce nouveau préside reçut le nom de Novo-Redondo, et a toujours subsisté depuis.

Ce fut en 1783, sous le gouvernement de l'évêque Louis de l'Annonciation, que les Portugais tentèrent d'exclure les étrangers du commerce de Cabende, et à cet effet ils y construisirent un fort; mais les Français réclamèrent, et envoyèrent une escadre qui força les Portugais à abattre ce fort, et à laisser libre le commerce de Cabende, comme il l'avait toujours été.

Ce fut en septembre 1784 que Mossamèdes prit possession du gouvernement d'Angola. Il eut avec l'évêque de Malacca, qu'on avait envoyé en Afrique, de longs et fâcheux démêlés, parce que cet ecclésiastique, au mépris de l'autorité du gouverneur, se permettait d'en agir d'une manière cruelle et injuste envers les nègres et les mulâtres de l'un et l'autre sexe qui, retombant dans leurs anciennes coutumes, célébraient le *lembamento* ou *quicumbi*, et le *tambe* ou *mutambe*.

Le lembamento ou quicumbi est une cérémonie qui ressemble beaucoup à celle du *casar*, ou du mariage des nègres de Sénégambie. Elle a lieu lorsqu'on veut se procurer une jeune fille, au moyen de quelque argent qu'on donne au père, à la mère, ou à ses maîtres. Avant d'être livrée à son amant, il faut qu'elle aille passer huit jours dans une maison séparée, qu'on nomme maison de l'usage ou de la coutume. Là un prêtre-fétiche vient journellement la visiter à des heures déterminées; il la fait mettre toute nue, et l'oint dans diverses parties du corps, prononçant en même temps certaines prières adressées à l'*itique*, ou l'idole, pour que la jeune fille puisse plaire à son amant, pour que jamais il ne l'abandonne ni n'en prenne une autre, et pour qu'elle ait de lui un grand nombre de fils. Après les huit jours écoulés, la jeune fille passe dans une autre maison, où elle est revêtue de pagnes les plus riches, et parée de bijoux qui lui entourent le cou, les bras et la tête. Si les père et mère de la jeune fille n'ont pas pour cette parure les ornements nécessaires, ils sont tenus de se les procurer, ou de les emprunter; et ce serait un acte irréligieux que de refuser de les leur prêter dans une telle circonstance. On élève ensuite dans la chambre où se trouve la jeune fille une estrade, sur laquelle on la place; puis on exprime devant elle, par des chants, des danses et des pantomimes obscènes, toutes les jouissances qu'on désire, et qu'on espère devoir être son partage. On lui adresse mille félicitations, auxquelles on ajoute le titre de *quicumbe,* qui signifie reine, et trois jours entiers se passent ainsi dans les fêtes, les réjouissances et la débauche, auxquelles prennent part un grand concours de personnes. Ensuite on termine la cérémonie en remettant la jeune fille à son amant.

Le *tambe* ou mutambe est la cérémonie des funérailles. On y fait l'éloge des actions les plus honteuses du défunt ou de la défunte. On dit le nombre de ses concubines, si c'est un homme, et de ses amants, si c'est une femme. On n'oublie pas de dire, dans le premier cas, qu'il a été circoncis, et qu'il avait soin d'adorer l'*itique,* c'est-à-dire l'idole. On fait des festins, et l'on s'enivre. Le corps est placé dans une petite cabane, construite exprès dans un jardin ou dans un champ, et on met au pied du défunt un plat, une calebasse et une pipe brisée. On fait pendant huit jours différents actes de dévotion autour de cette cabane, et dans cet intervalle on mange un porc, dont on va ensuite, en procession, jeter le squelette à la mer, ou dans la rivière la plus prochaine. Par cet acte essentiel, et qui a toujours lieu dans ces sortes de cérémonies, ils croient que l'âme (*zumbi*) du défunt entre dans un repos éternel. Après cette action, ils disent que le tambe est converti en mutambe; et tout se trouve terminé.

L'existence et la pratique de ces cérémonies superstitieuses, même parmi les nègres qui s'étaient fait baptiser, prouve combien peu l'intelligence et le véritable esprit de la religion chrétienne avaient fait de progrès parmi eux. L'évêque de Malacca voulait assujettir les sôvas d'Ibamba, de Dande, de Barra, et d'autres, à remettre aux ecclésiastiques les prémices des productions de la terre, et à des amendes pour ceux qui se livraient aux pratiques du lembamento et du mutambe, ainsi qu'au culte des *milongos* ou fétiches. Le gouverneur s'opposait avec raison à de telles innovations, qui tendaient à mécontenter les peuples, et à produire des révoltes. Après des débats qui durèrent longtemps, l'évêque fut obligé de céder, et s'embarqua en 1788 pour retourner en Portugal.

Vers cette époque le gouverneur eut à soutenir une guerre opiniâtre avec le marquis de Mossoul, qui avait attaqué le couvent des missionnaires italiens dans le Bengo. Ceux-ci, à l'aide du grand nombre d'esclaves qu'ils possédaient, opposèrent une résistance efficace, et arrêtèrent l'armée ennemie jusqu'à ce qu'on fût venu à leur secours. Quoique les Portugais eussent mis sur pied une armée de dix-huit mille hommes, cette guerre se prolongea encore sous le gouverneur suivant, frère de celui qui l'avait commencée.

Mossamèdes fit sortir une expédition du port de Pinda, pour aller former au cap Négro un établissement, qui cependant n'eut pas lieu. Par son ordre, on fit aussi quelques voyages de découvertes dans l'intérieur du pays, vers le sud. Après avoir gouverné six ans avec succès, Mossamèdes retourna en Portugal. Il ne se passa ensuite rien qui mérite d'être rappelé, jusqu'à l'arrivée du gouverneur Antoine Saldanha de Gama, en 1807.

Ce gouverneur entreprit d'établir des communications suivies et directes avec la nation des Mollouas, et par leur moyen de s'ouvrir un passage jusqu'à Mozambique, sur la côte opposée du continent africain. Pour accomplir ce projet deux expéditions devaient partir en même temps des deux côtes opposées, et se rencontrer dans l'intérieur. Le naturaliste Lacerda fut nommé chef de l'expédition de Mozambique, et partit en effet de la rivière Senna; mais il ne parvint que jusqu'au lieu nommé Cazembe, où il succomba à l'insalubrité du climat, laissant après lui un journal de son voyage. Saldanha nomma pour chef de l'expédition qui devait partir d'Angola François Honoré da Costa, qui vivait auparavant retiré dans le préside de Pungoandongo. On le fit directeur de la foire de Cassange, qui se tenait sur les terres du Jaga de ce nom, et qui est le dernier souverain vers l'orient soumis aux Portugais.

On apprit que les États de ce chef étaient limitrophes d'un souverain plus puissant que lui, nommé Muata Yambo, qu'il empêchait, par divers artifices, de communiquer avec les Portugais. François Honoré da Costa réussit à envoyer plusieurs de ses pumbeiros ou courtiers au banza où résidait Muata. Ils y furent très-bien accueillis, et désabusèrent Muata de toutes les craintes et de toutes les fausses idées que le Jaga Cassange lui avait suggérées sur les Portugais et sur le Mouane-Pouto, nom par lequel les nègres désignent spécialement le souverain du Portugal, et par extension le gouverneur d'Angola. Muata envoya à ce gouverneur deux ambassadeurs, qu'accompagnaient les agents de François Honoré da Costa. Sur le refus du Jaga Cassange de livrer passage sur ses terres, les deux ambassadeurs traversèrent les États du sôva de Bamba. Ils se rendirent à Ambacca; de là on les conduisit à Loanda, où ils arrivèrent en janvier 1808. Ils furent reçus avec beaucoup de pompe par le gouverneur; et dans l'audience qu'il leur accorda ils lui remirent les présents du roi leur maître, qui consistaient en esclaves, en une peau de zèbre, et en plusieurs peaux de macaques; de plus, en une natte et quelques paniers en paille curieusement travaillés, en deux barres de cuivre, et en un échantillon de sel de Cazembe. Ces ambassadeurs avaient la barbe longue, la tête ornée d'un turban de plumes de perroquet grises et rouges, les bras et les jambes entourés d'anneaux de cuivre, de fer et de laiton; à leur côté pendait, à un baudrier formé d'une peau roulée de macaque, un large couteau; de la main gauche ils tenaient une hache ou sagaie, et de la droite une queue de cheval en signe de leur dignité. Ils avaient le milieu du corps entouré d'une pagne rayée, recouverte à sa partie supérieure d'une peau de macaque. Ce costume leur donnait un aspect guerrier, et plaisait aux yeux par sa variété et sa singularité sauvage.

Selon les récits des pumbeiros, ou agents commerciaux de François Honoré da Costa, la nation des Molouas avait un commencement de civilisation. Dans le banza ou ville capitale de Muata, on arrosait pendant l'été régulièrement les rues, afin de tempérer les chaleurs excessives et d'abattre la poussière. L'épouse de Muata vivait, à trente ou quarante lieues de lui, dans un État particulier, qu'elle gouvernait en souveraine, et elle ne se réunissait à lui qu'à certains jours de l'année. Dans le banza ou ville capitale de cette reine on mettait à mort huit, dix, et jusqu'à quinze individus par jour; et on ajoutait que probablement les exécutions n'étaient pas en nombre moindre dans le banza de Muata, son mari. On attribuait à la barbarie des lois, à l'ignorance, et au défaut de commerce et des communications avec d'autres peuples, cette extrême férocité et ce grand nombre de supplices.

On apprit encore par les pumbeiros que la nation de Cazembe, sur le territoire de laquelle mourut le naturaliste Lacerda, était feudataire de Muata Yambo, et lui payait un tribut de sel marin, qui provenait de la côte orientale. La possibilité d'une communication entre la côte occidentale et la côte orientale se trouva donc ainsi démontrée; et le gouverneur Saldanha donna les ordres et fournit les provisions nécessaires pour que les agents ou pumbeiros qui étaient venus avec les ambassadeurs retournassent par la même route, et qu'après avoir atteint le terme de leur premier voyage ils continuassent toujours vers l'orient, jusqu'à ce qu'ils eussent rencontré des blancs.

Féo assure que le résultat de tant de travaux était réservé au général qui succéda au gouverneur Saldanha; et cependant il ne nous fait connaître nulle part ces résultats, et ne parle plus de voyages tentés dans l'intérieur de l'Afrique.

Lorsque le gouverneur Saldanha eut, le 3 avril 1808, appris la résolution du prince régent de Portugal, de transférer au Brésil le siége du gouvernement, il se hâta d'envoyer à ce prince un navire chargé de nègres, avec dix-huit quintaux de fer extrait des mines du district de Golungo, cinquante-cinq barres de cuivre transportées de l'intérieur, de la gomme résine, appelée mococoto, du cardamome, et d'autres productions indigènes. Peu de temps après, il fit encore à la cour portugaise du Brésil un second envoi de même genre, qui se composait d'ivoire, de cuivre et de pétrole, extrait des mines de Dande. Saldanha fit procéder à l'exploitation des mines de soufre du Benguella, qui sont tellement riches, dit-on, qu'elles pourraient seules suffire à la consommation de tout le Portugal Aussi actif qu'éclairé, Saldanha s'efforça d'introduire la vaccine à Angola; mais, soit qu'on doive l'attribuer au climat, à la constitution physique des nègres, ou à toute autre cause, toutes ses tentatives à cet égard furent sans résultat.

Dom Joseph de Oliveira de Barboza, qui lui succéda en 1810, entreprit de faire un canal pour conduire à Loanda de Saint-Paul les eaux de la rivière de Couenza, sur une longueur de quatorze lieues d'étendue, à partir du lieu nommé Calumbo, au-dessous de l'église de Saint-Joseph. Il y fit travailler plus de trois mille ouvriers pendant trois ans consécutifs sans pouvoir parvenir (à cause des pluies, qui détruisaient les travaux, et de la désertion des ouvriers) à terminer cette grande entreprise. On n'en pouvait pas concevoir de plus utile; car ce qui manque surtout à Loanda, c'est l'eau. Pendant la sécheresse de 1817 un bateau d'eau pour le chargement d'un navire coûtait 12,800 réaux, ou plus de 80 francs.

Louis de Motta Feo e Torrez, le père Feo Cardozo, arriva à Loanda le 29 juin 1816, pour remplacer Oliveira, et prit possession du gouvernement le 3 juillet suivant. Ce gouverneur fit beaucoup de constructions nouvelles à Loanda, et d'embellissements dans la ville, ainsi que plusieurs améliorations dans l'administration intérieure, que son fils a longuement détaillées. Feo e Torrez ordonna aussi trois petites expéditions guerrières pendant la durée de son gouvernement; l'une au mois de juin 1817, dans le royaume de Benguella, pour secourir les Mondombes, Nègres employés par les Portugais dans la fabrication du charbon, dont les sôvas Quitata, Calumquembe, Huambo, Quiquete, Quiaca, Quibonga, Galengue, Quinpuo et Marna, dévastaient les champs, et enlevaient les troupeaux. La seconde expédition sortit du préside des Rochers (das Pedras) de Pungoandongo en janvier 1818, pour châtier le sôva rebelle Quicano, qui avait fait irruption sur le territoire du sôva de Haco, allié des Portugais. Enfin la troisième expédition eut lieu dans le préside de Novo-Redondo, contre quelques sôvas qui menaçaient cet établissement, et refusaient de payer aux Portugais le tribut convenu.

De 1819 à 1829 il y eut quatre gouverneurs : Tovor de Albuquerque, Ignacio de Lima, Avelino Dias et Abreu Castellobranco. A partir de cette époque, au milieu des révolutions politiques de la mère patrie, l'histoire de ces colonies n'offre que fort peu d'intérêt.

Tableau historique des voyages entrepris dans les régions comprises entre l'équateur et le 15e degré latitude australe.

L'Afrique équinoxiale, surtout dans la partie située entre 0° et 15° latitude sud, était mieux connue aux seizième et dix-septième siècles, qu'elle ne l'est aujourd'hui. Cela tient principalement à ce que le Portugal, la métropole de ces colonies africaines, n'était pas alors entièrement déchue de sa splendeur; actuellement elles partagent le triste sort de la mère-patrie. L'état d'ignorance où nous sommes relativement à ces contrées continuera tant qu'une puissance forte et sage ne songera point à s'en emparer au profit de la civilisation et des sciences naturelles.

En 1578, Édouard Lopez, natif de Benevento, sur les bords du Tage, mit à la voile pour se rendre à Loanda, port du Congo. Après quelques années de séjour, il fut chargé par le roi de ce pays d'une mission auprès de Philippe II, relativement à l'envoi des missionnaires et à la liberté du commerce. Son ambassade échoua auprès du roi d'Espagne, dont l'attention était alors absorbée par l'équipement de la grande flotte qui devait conquérir l'Angleterre; entreprise dont la reine Élisabeth signala la vanité par une médaille sur laquelle on lit ces mots mémorables : *Afflavit Deus, et dissipati sunt.* — Lopez, dégoûté de la vie, prit l'habit de moine, et se rendit à Rome; mais il ne réussit pas davantage à intéresser le pape Sixte Quint aux affaires du Congo. C'est pendant son séjour à Rome qu'il communiqua ses observations à Pigafetta, qui les publia en italien, sous le titre de : *Relazione del realme di Congo e delle circonvicine contràde, tratta degli scritti e ragionamenti di Odoardo Lopez Portogheze*, per Filippo Pigafetta; Roma, in-4° (82 pages) (1).

En quittant Rome, Lopez retourna en Afrique, où il paraît avoir péri; car depuis on n'a plus entendu parler de lui. C'est le premier voyageur qui ait donné quelques détails sur le Congo et les pays circonvoisins.

L'Anglais André Battel était contemporain de Lopez. Il sortit de la Tamise le 20 avril 1589; arrivé sur la côte du Brésil, il tomba entre les mains des Portugais, et fut ensuite conduit au Congo, où il vécut pendant plusieurs années dans la condition d'un prisonnier ou d'un esclave aux ordres du gouverneur. Il servit les Portugais dans plusieurs expéditions contre les indigènes, et obtint le grade de sergent. Battel ne nous apprend pas comment il trouva l'occasion de retourner en Angleterre, où il publia le récit de ses aventures sous le titre : *The strange Adventures of Andrew Battel, of Leigh, in Essex; sent by the Portuguese, prisoner to Angola, who lived there, and in the adjoining regions, near eighteen years*. Cette relation est insérée dans Purchas, *Pilgrimage*, tome II, liv. VII (Lond., 1626, in-fol., p. 765). On y trouve la description des provinces d'Engoy, de Loango, de Bengo, de Calongo, de Mayombo, de Manikesocke et de Matemba. Battel, après son retour d'Afrique, se retira à Leigh, sa ville natale, et y passa tranquillement le reste de ses jours.

Samuel Braun, chirurgien de Bâle, visita à différentes reprises (1611-1616) les côtes de l'Afrique occidentale, particulièrement les contrées qui nous occupent. Les cinq voyages, qui renferment des détails climatologiques intéressants, ont été publiés dans différentes collections (1).

Les voyages d'Angelo et de Carli, cordeliers et missionnaires au Congo, n'offrent de l'intérêt que pour l'histoire des missions (2). Ces religieux n'enseignaient guère aux nègres que les pratiques extérieures de la religion, et s'imaginaient en avoir fait d'excellents chrétiens. Ils s'extasiaient du zèle de leurs néophytes, qui sans doute ne voyaient dans les cérémonies religieuses que des pratiques de sorcellerie. C'est ce qui pouvait expliquer le zèle des nouveaux convertis.

J. G. Cavazzi, capucin et ardent missionnaire, partit d'Italie le 9 février 1654, et arriva au Congo la même année. Il y resta douze ans, et parcourut, pour exercer son ministère, les différentes provinces du Congo proprement dit, de Matamba et d'Angola. De retour à Rome, en 1668, il rendit compte au pape et à la congrégation de la Propagande de l'état du christianisme dans ces vastes contrées. On fut tellement satisfait de ses récits, qu'on lui donna l'ordre d'écrire l'histoire de la mission dont il avait fait partie, et de toutes celles qui l'avaient précédée. Lorsqu'il eut exécuté cette tâche, on le nomma préfet de toutes les missions du Congo, avec la permission de choisir tel nombre de missionnaires qu'il jugerait nécessaire pour l'assister. Il partit pour un second voyage en 1670, et arriva avec sa troupe de zélateurs à Loanda dans

(1) Le titre est sans date; mais l'épître dédicatoire est du 7 août 1591. — Cassiodore Reinius publia ce voyage en latin, sous le titre : *Regnum Congo, hoc est vera descriptio regni Africani tam ab incolis quam Lusitanis Congus appellatum*; Francofurti, 1598, in-8°.

(1) *Navigationes quinque; appendix regni Congo in collectione itinerariorum* de Bry, opera Sam. Brauno; Francofurti, 1625, in-fol. — Purchas's *Pilgrimage*, vol. II; Pinkerton, tom. XVI, p. 335.

(2) Les relations de ces deux missionnaires parurent en 1672, à Reggio, sous le titre : *Il Moro trasportato in Venezia, ovvero racconto de' costumi e religione de' popoli dell' Africa, America, Asia ed Europa*. Cet ouvrage a été réimprimé, en français, dans l'*Éthiopie occidentale* du P. Labat; Paris, 1732, tome V, p. 91, 268. Il se trouve, en outre, dans Churchill's *Collection*, 1732, in-fol., tome I, p. 555; dans le recueil d'Astley, *New general Collection of voyages and travels*, 1746, in-4°; et dans Pinkerton's *Collection of voyages and travels*, 1814, in-4°, tome XVI, p. 148.

la même année. On n'a aucune relation de ce second voyage.

Le grand ouvrage que Cavazzi avait composé, par ordre de ses supérieurs, parut à Boulogne, en 1687, revu et corrigé par Fortuné Alamandini, célèbre prédicateur de l'ordre des capucins (1). Cet ouvrage est divisé en sept livres ; les cinq derniers renferment l'histoire des missions, et les deux premiers la description géographique du pays. C'est celle de Lopez, telle que Pigafetta l'a donnée, sauf quelques remarques de Cavazzi. L'ouvrage de Cavazzi fut traduit par le père Labat, et publié à Paris en 1732, 5 vol. in-12 (*Relation de l'Éthiopie occidentale*). Cette traduction est enrichie de notes et de deux cartes du célèbre d'Anville, qui sont encore aujourd'hui consultées comme une autorité.

Il résulte de la relation de Cavazzi que les Portugais avaient encore dans la dernière moitié du dix-septième siècle une très-grande puissance au Congo. On doit en grande partie attribuer leur anéantissement presque complet au zèle aveugle et cruel des gouverneurs et des missionnaires.

Le voyage de Jérôme *Merolla*, capucin italien, et attaché à la mission du Congo, date de 1682 ; son ouvrage renferme quelques détails intéressants d'histoire naturelle. Il est encore aujourd'hui consulté avec fruit (2).

L'insalubrité du pays, la férocité des indigènes et le soleil brûlant de la zône torride furent précisément les motifs qui déterminèrent Antoine *Zucchelli* de Gradisca, en Styrie, prédicateur capucin, à solliciter de ses supérieurs la permission de se rendre au Congo comme missionnaire. Après avoir parcouru une partie de l'Italie, de l'Espagne et du Portugal, il s'embarqua à Lisbonne, le 1er février 1698, pour le Congo. Comme tous les navigateurs d'alors, il toucha d'abord à la baie de San-Salvador, au Brésil, pour regagner, après ce trajet la côte occidentale de l'Afrique. Il arriva le 9 novembre 1698 à la ville de Loanda. Il revint en Europe après un séjour d'environ quatre ans (1).

Zucchelli clot la liste des relations des missionnaires capucins, italiens ou portugais. Ces relations sont toutes écrites dans le même esprit d'intolérance religieuse, et s'expliquent les unes par les autres.

Vers 1704 Jacques *Barbot* le jeune et Jean *Caseneuve* visitèrent une partie du Congo et Cabinde. Leurs relations ont été insérées dans la collection de Churchill, tome V.

L'histoire des missionnaires français dans le Loango et le Cacongo, de 1766 à 1776, fut rédigée par l'abbé Proyart, qui avait obtenu des préfets apostoliques la communication des mémoires de la mission française (2). On y trouve, au milieu de quelques exagérations évidentes, des renseignements utiles sur les mœurs, le gouvernement et les facultés morales des habitants de cette partie de l'Afrique.

L. Degrandpré, officier de la marine française, parcourut pendant plusieurs années les mers d'Afrique, depuis le cap Vert jusqu'à Zéila en Abyssinie, pour se livrer au commerce des esclaves, qui occupait alors un grand nombre de capitaines marchands. Dès 1777 il se trouvait sur la côte d'Angola, où le commerce français avait établi une concurrence telle que les Anglais et les Hollandais s'étaient vus forcés d'abandonner ces parages. C'est au retour de ses nombreuses expéditions qu'il rédigea son livre, qui contient des observations fort remarquables sur la côte d'Angola (3).

(1) Titre de l'ouvrage de Cavazzi : *Istoria de' tre regni Congo, Matamba e Angola, situati nell' Etiopia interiore occidentale, e delle missioni apostoliche esercitatevi da religiosi capuccini*, accuratamente compilate dal P. G. Cavazzi da Montecuccolo, etc.; Bologna, 1687, in-fol. (934 pages).

(2) L'ouvrage est intitulé : *Angelo Ricardo de Napoli, Relazione fatta del padre Merolla da Sorrento, nel regno di Congo ;* Napoli, 1692, in-4°. On le trouve, en anglais, dans les collections de Churchill et Pinkerton; et, en allemand, dans *Allgemeine historie der Reisen*, tome IV, § 572.

(1) Son ouvrage a pour titre : *Relazione di viaggio e missione di Congo nell' Etiopia inferiore occidentale*, etc. ; Venezia, 1712, in-4°.

(2) *Histoire de Loango et Cakongo, et autres royaumes d'Afrique ;* Paris, 1776, in-12.

(3) *Voyage à la côte occidentale d'Afri-*

L'expédition de *Tuckey*, en 1816, avait été entreprise pour résoudre certains points de géographie alors fort controversés. On se rappelle que Mungo-Park, dont les voyages avaient été encouragés par la Société africaine de Londres, avait le premier constaté que le Niger est un fleuve parfaitement distinct du Sénégal, et qu'à partir de sa source il se dirige de l'ouest à l'est; mais il n'avait pu obtenir aucun renseignement certain sur les contrées que ce fleuve traverse dans son cours moyen ni sur le lieu où il se termine. Dans un mémoire inséré à la suite du voyage de Mungo-Park, le major Rennell essaya d'établir que le Niger se perdait à l'est dans un immense marais nommé Ouangara (lac Tchad?), qui à l'époque des pluies communiquait avec les sources du Nil. Cette opinion ne fut pas généralement adoptée, et les géographes imaginèrent différentes hypothèses, appuyées sur des arguments plus ou moins plausibles. Reichard, entre autres, supposa que ce grand fleuve de l'Afrique, après avoir coulé d'abord vers l'orient, se dirige ensuite au sud et à l'ouest, pour se jeter dans le golfe du Bénin. Cette hypothèse (qui fut plus tard confirmée) une fois admise, il n'en coûtait pas beaucoup plus de faire descendre le Niger plus au sud, afin de le conduire dans l'Océan par l'embouchure la plus large de cette côte, et par conséquent la plus digne de le recevoir, celle du Zaïre. George Maxwell, négociant anglais, embrassa ce système, et le fit adopter par Mungo-Park. Mais cet intrépide voyageur ayant échoué dans sa tentative de suivre le cours du Niger depuis sa source, on résolut de la renouveler en commençant par son embouchure supposée. Ce fut là le but de l'expédition du capitaine Tuckey, qui s'adjoignit l'hydrographe Fitz Maurice, le botaniste Smith et le zoologiste Cranch. Cette expédition, qui promettait de si beaux succès, eut les résultats les plus malheureux. Tuckey, Smith, le lieutenant Hawkey, trois employés, dix hommes de l'équipage, en tout dix-huit personnes moururent dans l'espace de trois mois sur le fleuve Zaïre. Ceux qui restaient se hâtèrent de revenir en Angleterre; ils étaient seulement parvenus avec beaucoup de peine à remonter le fleuve sur une longueur d'environ quatre-vingts lieues marines, en comptant les détours, qui sont considérables.

Tuckey et Smith avaient consigné, jour par jour, les résultats de leurs observations. Ce sont ces deux journaux que l'on a textuellement publiés, avec les remarques détachées de quelques autres membres de l'expédition (1).

J. B. Douville publia, en 1832, un *Voyage au Congo*, fait dans les années 1828, 1829 et 1830. Ce voyage obtint le grand prix de la Société de Géographie de Paris. Douville raconte qu'il a visité en détail toutes les provinces qui composent le royaume d'Angola et de Benguella, et qu'il a de là pénétré dans les pays habités par les nègres indépendants. Le point le plus méridional auquel il ait atteint est à 13° 27′ de latitude; il est allé dans la direction opposée, jusqu'au delà du 3ᵉ degré au nord de l'équateur; il s'est avancé dans l'est jusqu'au 25° 4′.

On a soulevé bien des objections contre l'authenticité de ce voyage. L'une des plus graves est que Douville, suivant la manière dont il voyageait, aurait dû dépenser une somme d'argent considérable, que l'auteur lui même fixe (en réponse à un article du *Foreing Quarterley Review*), à 240,000 francs. C'est beaucoup pour un particulier qui d'ailleurs n'était pas très-riche. Une autre objection, peut-être plus grave encore, est puisée dans l'histoire naturelle. Ainsi, l'auteur décrit, entre autres, un animal semblable à un épervier, muni d'une corne sur la tête et servant à crever les yeux aux singes. Cet animal doit être rangé à côté du phénix et de l'hippogryphe. Quoi qu'il en soit, Douville paraît avoir visité une partie du Congo, sinon la totalité des contrées qu'il indique. Quelques-uns prétendent, mais

que, fait dans les années 1786 *et* 1787, etc., suivi d'un voyage au cap de Bonne-Espérance; 2 vol. in-8°, ornés de gravures, faites sur les dessins de Degrandpré; Paris, 1801.

(1) *Narrative of an expedition to explore the river Zaïre, usually called the Congo, in south Africa, in* 1816, *under the direction of captain* J. K. Tuckey; London, 1818, in-4°. — Traduction française par Defauconpret, 2 vol. in-8°, avec un atlas in-4°.

sans pouvoir fournir des preuves positives, que Douville, qui s'était établi au Brésil, faisait partie d'une compagnie de négriers. Un fait certain c'est que la relation offre plusieurs ressemblances frappantes avec les récits des anciens missionnaires, et particulièrement de Cavazzi.

HISTOIRE NATURELLE.

I. *Animaux.*

Battel, Merolla, Degrandpré et Tuckey sont à peu près les seuls voyageurs qui nous aient donné quelques notions précises sur l'histoire naturelle du Loango, du Congo, de l'Angola et du Benguella. Parmi les mammifères, on remarque quelques espèces de singes dont Degrandpré raconte plusieurs traits d'intelligence. Une petite mone, à longue queue et à face bleue, aimait passionnément l'anisette. Il se servit de cette liqueur pour mettre l'animal à l épreuve : Il fixa au milieu de sa chambre une bouteille qui en était remplie ; après avoir fait de vains efforts pour renverser la bouteille ou pour passer la main dans le goulot, l'animal s'avisa d'y jeter du sable, qui se substituant au liquide le fit déborder ; l'ivresse la plus complète l'empêcha d'achever son opération.

Dans la forêt de Mayomba, au Loango, on rencontre le pongo, qui a beaucoup de ressemblance avec l'orang-outang de l'Archipel indien. Battel en fit la première description. « Les pongos, dit-il, ont les mains, les joues et les oreilles sans poils, à l'exception des sourcils, qui sont fort longs. Quoiqu'ils aient le reste du corps assez velu, le poil n'en est pas fort épais, et sa couleur est brune. Enfin, la seule partie qui les distingue de l'homme, est la jambe, qu'ils ont sans mollet. Ils marchent droit, en se tenant de la main le poil du cou. Leur retraite est dans les bois. Ils couchent sur les arbres, et se font une espèce de toit qui les met à couvert de la pluie. Leurs aliments sont des fruits ou des noix sauvages ; jamais ils ne mangent de chair. L'usage des nègres qui traversent les forêts est d'y allumer des feux pendant la nuit. Ils remarquent que le matin, à leur départ, les pongos prennent place autour du feu et ne se retirent qu'après qu'il est éteint ; car, avec beaucoup d'adresse, ils n'ont pas assez de sens pour l'entretenir en y apportant du bois. Ils marchent quelquefois en troupes, et tuent les nègres qui traversent les forêts. Ils tombent même sur les éléphants qui viennent paître dans les lieux qu'ils habitent, et les incommodent si fort à coups de poing ou de bâton, qu'ils les forcent de prendre la fuite en poussant des cris. On ne prend jamais de pongos en vie, parce qu'ils sont si robustes, que dix hommes ne suffiraient pas pour les arrêter (1). »

Cranch, naturaliste de l'expédition de Tuckey, avait trouvé sur les bords du Zaïre des troupes nombreuses de callitriches ou singes verts (*simia sabæa*, Linn.). Le même naturaliste avait reçu de la part des indigènes trois jeunes lionceaux ; ces animaux moururent au bout de trois jours, probablement parce que Cranch ne put les nourrir qu'avec du pain trempé dans de l'eau.

Suivant Cavazzi, c'est au Congo que l'on trouve le plus de lions d'une grandeur démesurée ; mais ces animaux n'y portent pas de crinière. L'absence de crinière est d'ailleurs un des caractères les plus saillants du lion (*felis leo*) de l'Afrique occidentale et centrale. Cependant, le lion de l'Afrique septentrionale (Maroc, Algérie, Tunis) se fait remarquer par la longueur de sa crinière, qui s'étend sur la poitrine et le ventre jusqu'à l'ombilic ; elle est beaucoup plus courte chez le lion d'Asie. Le lion du midi de l'Afrique a le pelage plus foncé que celui du nord et de l'ouest ; sa crinière paraît être très-peu développée. D'après les observations d'Owen, le crâne du lion de l'Inde a le trou sous-orbitaire partagé en deux moitiés par une lamelle osseuse : ce caractère manque chez les lions africains (2). Il est cer-

(1) Pinkerton's *Collection of Voyages*, tome XVI, p. 332-333. — Purchas's *Pilgrimage*, tome II, p. 982.

(2) Les lions de l'Asie se distinguent de ceux de l'Afrique surtout par leur couleur, qui est d'un fauve très-clair. Les lions de Guzurate sont très-petits, et ont la crinière extrêmement courte ; mais leur touffe à l'extrémité de la queue est comparativement très-garnie de poils. On sait que le mâle seul est

tain que les lions étaient autrefois plus répandus que de nos jours. Ils abondaient jadis, non-seulement sur la côte occidentale de l'Afrique, mais encore à l'est : ils s'étaient propagés jusque dans la Syrie, l'Asie Mineure et même la Grèce, s'il faut en croire Hérodote (lib. VII, c. 126) (1).

Le tigre proprement dit (*felis tigris*) n'appartient qu'à l'Asie. C'est la panthère (*felis panthera*) et le léopard (*f. leopardus*) qui sont indigènes dans l'Afrique équatoriale; ces deux animaux, qui se trouvent aussi en Asie, paraissent être deux variétés de la même espèce : la panthère est plus grande que le léopard.

Le guépard (*felis guttata*, Herm.; *f. jubata*, Cuv.) forme une division particulière du genre *felis*. Il se distingue des espèces précédentes par un corps allongé, des jambes élevées, une queue extrêmement longue et une tête proportionnellement petite. Le fond des poils est orange, et d'un jaune pur sur les côtés. Le bout de la queue est blanc; il est, au contraire, noir dans le guépard d'Asie (*f. jubata*, Schreb.), qui a les taches latérales plus rapprochées.

Dapper, Merolla, Zuchelli et Cavazzi mentionnent plusieurs espèces de ruminants appartenant, selon toute apparence, au genre *antilope*. Mais, d'après la description qu'ils en donnent, il n'est guère possible d'en déterminer exactement les espèces.

L'éléphant n'est pas rare dans les forêts du Congo et d'Angola (2); et l'hippopotame se rencontre fréquemment dans le Zaïre. Ce dernier est un des animaux les plus caractéristiques de l'Afrique (1).

pourvu de la crinière, qui commence à se développer à l'âge de quatre ans. La lionne porte pendant cent huit jours, et ne met ordinairement bas que trois petits. Déjà Aristote savait que l'extrémité de la queue, au point où est la touffe caudale, renferme un os claviforme, conique, d'environ deux lignes de long.

(1) A l'époque antédiluvienne il existait dans l'Europe centrale (France, Allemagne, etc.) une espèce de *felis*, très-voisine du lion, dont on a trouvé les ossements à côté d'éléphants, de rhinocéros et d'hyènes fossiles; ce qui tend à prouver qu'anciennement l'Europe centrale jouissait à peu près des mêmes conditions climatériques que le bassin méditerranéen.

(2) L'éléphant (de la famille des pachydermes) est un des animaux les plus caractéristiques de l'hémisphère oriental : il est absolument exclu de l'hémisphère occidental (nouveau monde); l'Afrique et l'Asie seules s'en partagent la possession. L'éléphant de l'Asie et celui de l'Afrique étaient autrefois réunis en une seule espèce; G. Cuvier en a fait deux espèces distinctes, après que Camper en eut déjà constaté les différences les plus saillantes. L'*elephas africanus* est d'une taille plus petite; sa tête est plus arrondie, le front plus bombé, la trompe plus longue, marquée d'anneaux plus marqués; le dos plus déclive; couleur brunâtre; oreilles très-larges, couvrant tout le col; quatre ongles seulement aux pieds de devant et de derrière; les dents molaires sont plus petites, mais épaisses, à couronne rhomboïdale; il est moins docile et moins intelligent que son frère d'Asie, qu'il redoute et fuit. C'est pourquoi il a été impossible de dresser des éléphants africains pour combattre ceux de l'Inde. C'est l'éléphant de l'Inde qui fournit de préférence l'ivoire. — L'*elephas indicus* a cinq ongles aux pieds de devant, et quatre à ceux de derrière; ses dents diffèrent entièrement de celles de l'espèce précédente. — Les ossements fossiles de l'éléphant antédiluvien (*elephas primigenitus*) ont été trouvés particulièrement dans l'Asie septentrionale. Il ressemble le plus à l'éléphant indien; mais il se distingue de toutes les espèces vivantes par une sorte de pelage à poils soyeux qui parait en avoir couvert la surface du corps.

Une chose remarquable c'est que la famille des pachydermes, si peu nombreuse en genres et en espèces, fournit le plus grand nombre de ces ossements fossiles à dimensions gigantesques. L'Europe n'a d'autre représentant de cette famille que le cochon; l'Asie et l'Afrique possèdent l'hippopotame et l'Amérique (méridionale) le tapir.

(1) Les caractères principaux de l'hippopotame sont : quatre doigts presque égaux, courtement ongulés, à chaque pied; six molaires à chaque côté des mâchoires supérieure et inférieure, dont les trois antérieures sont coniques; quatre incisives à chaque mâchoire : les supérieures courtes, coniques, courbées en arrière, les inférieures longues, cylindriques, pointues et infléchies en avant; deux canines à chaque mâchoire : la supérieure droite, l'inférieure très-épaisse, recourbée. Corps massif, sans poils; jambes très-courtes; tête énorme, à museau enflé, couvrant les dents antérieures; queue courte; oreilles et

Qu'il nous soit permis de communiquer à cet égard quelques notions historiques. Déjà Strabon (lib. XV), s'appuyant sur les témoignages de Néarque et d'Ératosthène, nia l'existence de l'hippopotame dans l'Inde. Mais Onésicrite et Philostrate soutenaient le contraire. La question de savoir si l'hippopotame appartient ou non exclusivement au continent africain était fort controversée chez les anciens, sans avoir reçu de solution définitive. D'ailleurs, les descriptions qu'ils ont données de ce quadrupède amphibie sont peu concordantes et souvent erronées. Ainsi, suivant Aristote (*Hist. Animal.*, II, 7), il a la taille de l'âne, la crinière et la voix du cheval, le pied fendu comme celui du bœuf; les dents saillantes, la queue d'un porc. Hérodote (lib. II, 71) le décrit à peu près de la même manière; seulement il se trompe moins en disant que l'hippopotame a la taille d'un très-grand bœuf; mais ce qui ferait voir qu'il ne l'a pas vu, c'est qu'il lui attribue une queue semblable à celle d'un cheval. Pline reproduit à peu près la description d'Aristote, tout en y ajoutant une nouvelle erreur : il dit (lib. XIX, 12) que l'hippopotame est couvert de poils comme le phoque. Cependant Pline aurait dû en avoir une connaissance plus exacte; car on avait fait voir à Rome plusieurs de ces animaux à différentes époques. Ainsi, au rapport de Dion, Auguste, triomphant de Cléopatre, amena avec lui un hippopotame. L'empereur Commode en montra cinq à Rome, et en tua un de sa propre main. On en vit aussi à Rome sous les règnes d'Héliogabale et de Gordien. — Hérodote, Aristote, et Diodore (ce dernier en donne seul une description exacte), s'accordent à considérer l'hippopotame comme appartenant à l'Égypte, et vivant dans le Nil; de là le nom de Ποτάμιος ἵππος, *cheval du fleuve*. Abdullatif, médecin arabe du douzième siècle, est, après Diodore, celui qui a le mieux décrit l'hippopotame (1). On avait pendant longtemps représenté ce pachyderme avec des dents latérales saillantes hors de la bouche. Cette erreur provenait de ce qu'on n'avait observé que des individus morts : toutes les dents sont recouvertes par les lèvres chez les individus vivants. — Dans ces derniers temps, on a de nouveau agité la question de savoir s'il y avait des hippopotames en Asie, et particulièrement dans les fleuves de l'Inde, de Java et de Sumatra; mais toutes les recherches ont donné jusqu'à présent des résultats négatifs. Ces animaux doivent donc être considérés comme appartenant exclusivement à l'Afrique; ils sont aujourd'hui aussi rares qu'ils étaient jadis fréquents en Égypte; leur domicile habituel est maintenant dans les fleuves et lacs de l'Abyssinie, du Sénégal, du Congo, et de l'Afrique Australe.

Combien y a-t-il d'espèces d'hippopotames? Buffon, Linné et Cuvier n'en admettent qu'une seule espèce, en lui donnant le nom de *hippopotamus amphibius*. Desmoulins en a établi deux espèces : *h. capensis* et *h. senegalensis* (1). Il paraît résulter des travaux les plus récents, et surtout des savantes recherches de M. Duvernoy, que les deux espèces établies par Desmoulins existent réellement. On pourrait en tirer cette conclusion importante, qu'il n'existe pas de communication continentale directe, pas plus pour les animaux que pour les hommes, entre les régions australes de l'Afrique et les régions situées au nord de l'équateur, tandis que cette communication existe entre la côte orientale et la côte occidentale, à travers le Soudan. Rüppel, Rochet et Delegorgue ont donné tout récemment les détails les plus complets sur les mœurs et la chasse des hippopotames de l'Afrique. On en utilise les dents, la peau, la

yeux petits; l'estomac est divisé en plusieurs sacs; il est allongé, et ressemble à une portion de l'intestin chez le fœtus.

(1) *Relation de l'Égypte*, trad. par Sylv. de Sacy; Paris, 1810, in-4°.

(1) Voici la caractéristique donnée par Desmoulins : *H. capensis :* Dentium primorum inferiorum lateralibus valde arcuatis, intermediis admodum procumbentibus; laniariis minoribus; crista sagittali partem certe quintam distantiæ cristæ occipitalis ab apice ossium nasalium æquante. — *H. senegalensis :* Dentium primorum inferiorum lateralibus minus arcuatis, intermediis minus procumbentibus; laniariis majoribus; crista sagittali partem vix sextam distantiæ cristæ occipitalis ab apice ossium nasalium adæquante.

graisse et la chair. Cette dernière a, dit-on, le goût du meilleur bœuf.

La plupart des oiseaux de l'Europe se retrouvent au Congo. Mais il y en a aussi un grand nombre qu'on ne rencontre que dans cette région de l'Afrique. Cranch décrit plusieurs espèces nouvelles, parmi lesquelles une hirondelle et une perdrix (*hirundo Smithii* : couleur noire, nuancée de bleu d'acier, blanche au-dessous de la queue, partie supérieure de la tête d'un blond châtain; *perdrix Cranchii*, gris cendré, col nu).

Parmi les oiseaux de la côte d'Angola, Degrandpré décrit le pélican et les perroquets gris (1). Celui-ci attaque les oiseaux en vie, les combat et les déchire. Il est bien différent dans l'état de captivité où nous le voyons en Europe de ce qu'il est dans les forêts de l'Afrique : il perd en cage sa force, son agilité et son audace; la nourriture à laquelle on l'habitue achève de lui changer complétement le caractère. Les Nègres prennent ses petits avec un long bâton, garni de bourre par un bout. L'oiseau, pour se défendre, présente la serre et s'empêtre dans cette filasse, au moyen de laquelle on le retire de son trou.

Parmi les reptiles du Congo, Cranch cite la tortue du Nil (*trionyx ægyptiacus*, Geoff.), et deux espèces nouvelles d'ophidiens : *coluber palmarum* et *coluber Smithii*. Suivant Cavazzi, le crocodile du Congo a sous les aisselles des tumeurs ou bourses remplies d'une matière brune, qui répand, lorsqu'elle est desséchée, une odeur agréable de musc.

L'expédition de Tuckey a fait connaître plusieurs espèces nouvelles de poissons : le *silurus congensis*, qui ressemble beaucoup à un poisson du Nil, décrit par Geoffroy Saint-Hilaire sous le nom de *silurus mystus;* le *primelodus Cranchii*, et l'*oxyrynchus deliciosus*, qu'on croit être le véritable *oxyrynchus* d'Athénée. On observa sur les poissons qu'on prit un grand nombre d'entomostracées du genre *caligus* de Müller.

Parmi les mollusques rapportés par l'expédition de Tuckey se trouvaient cinq ou six espèces nouvelles de céphalopodes. Cranch observa près des côtes d'Afrique et dans le golfe de Guinée une espèce de polype, auquel Leach a donné le nom d'*ocythoe*, et dont la coquille est une petite espèce du genre argonaute. Comme on a trouvé plusieurs de ces coquilles avec l'animal, il reste prouvé que les ocythoés connus, ou l'ocythoé de Rafinesque, sont les animaux des coquilles connues sous les noms de nautile papyracé, ou *argonaute argo*, et n'en sont point les parasites (1).

Parmi les autres mollusques de l'expédition de Tuckey il ne se trouvait qu'un seul ptéropode, le *hyalæa tridentata*, et un seul gastéropode, le *ianthina fragilis*. — Au rapport de Degrandpré, on trouve sur la côte d'Angola une quantité effrayante de scorpions, de scolopendres et d'autres myriapodes. Le scorpion se glisse dans les maisons, et paraît avoir un goût particulier pour le papier. Lorsqu'on ouvre un livre dont on n'a pas fait usage depuis quelque temps, il est prudent de le faire avec précaution, et de le secouer pour éviter la piqûre de cet animal.

II. *Végétaux.*

La plupart des plantes de l'Afrique équinoxiale, principalement sur les côtes

(1) Le pélican, oiseau aquatique, de la famille des stéganopodes, est l'*onocrotalus* de Pline, ainsi nommé à cause de son cri. Il est caractérisé par la large fente de la mandibule inférieure, entre les branches de laquelle est située une espèce de sac, formé par la peau du col. Le Céla, Κήλα, d'Élien (XVI, 4), n'est pas le pélican, mais la cicogne marabout de l'Inde (*ciconia marabou*, Tem.), comme cela résulte de la comparaison de son gésier avec un sac pointu (χώρυχος), sa couleur grise ardoise, et ses pattes longues. On en distingue particulièrement trois espèces : le *pelecanus minor*, Rüpp., appartenant à l'Afrique australe et occidentale jusqu'au Sénégal; le *p. onocrotalus*, habitant l'Asie méridionale et la partie orientale du bassin méditerranéen, et le *p. crispus*, dans la partie occidentale du bassin méditerranéen. Ces trois espèces se trouvent réunies dans la Basse-Égypte. Les pélicans habitent les embouchures des grandes rivières; ils vivent de la pêche; ils remplissent leur sac de poissons, et vont les manger et les digérer tranquillement sur le rivage.

(1) *Ocythoe Cranchii* : Corpore purpureo-punctato; brachiis subtus cærulescente-griseis; superioribus membrana spongiosa pallida maculata.

du Congo et d'Angola, appartiennent aux familles suivantes : fougères, graminées, cypéracées, convolvulacées, rubiacées, composées, malvacées, légumineuses et euphorbiacées. Une remarque qui n'a pas échappé aux voyageurs attentifs, c'est que beaucoup de plantes cultivées dans ces régions se retrouvent au Brésil, ce qui peut s'expliquer par le commerce des Portugais.

Le professeur Smith, botaniste de l'expédition de Tuckey, rapporta des rives du Zaïre plus de six cents espèces de plantes, dont deux cent cinquante absolument nouvelles. Soixante-dix espèces environ sont communes aux autres contrées situées entre les tropiques. La collection de Smith, mise en ordre par Robert Brown, renferme trente-deux genres inédits. Il n'y a aucune famille qui soit particulière à l'Afrique équinoxiale. On y remarque cent soixante dicotylédonées, cent treize monocotylédonées, et trente-trois acotylédonées, y compris les fougères. D'après la comparaison de cet herbier de Smith avec d'autres recueillis en Afrique et dans la Nouvelle-Hollande, R. Brown conclut que, du moins dans ces deux continents, le plus grand nombre d'espèces dans une étendue de pays donnée ne se trouve pas entre les tropiques, mais sous le parallèle du cap de Bonne-Espérance, c'est-à-dire sous le trente-quatrième degré de latitude australe. Cette observation s'applique aussi en grande partie à l'hémisphère boréal. On pourrait donc établir en principe que la zône la plus riche en espèces végétales se trouve aux environs du trente-quatrième degré de latitude tant boréale qu'australe. C'est là, qu'on nous permette l'expression, la *ligne équatoriale du règne végétal.*

Dans son esquisse sur la botanique de la Nouvelle-Hollande, R. Brown appela le premier l'attention des botanistes sur la répartition des classes fondamentales des plantes, proportionnellement aux climats. Il établit que depuis l'équateur jusqu'au 30° latitude boréale les dicotylédonées sont aux monocotylédonées dans le rapport de 5 à 1 ; que dans les latitudes plus élevées les dicotylédonées diminuent de quantité, et qu'enfin vers 60° latitude nord et 55° latitude sud, leur nombre est à peine la moitié de ce qu'il était dans les contrées intertropicales. Cette donnée fut plus tard confirmée par Alex. de Humboldt. Le rapport indiqué paraît être très-exact pour la flore des côtes ; mais il se modifie un peu par l'étendue et la hauteur des plateaux des régions continentales : il peut alors s'élever, comme pour l'Amérique, de 6 : 1 ou de 11 : 2. Les acotylédonées ou cryptogames de l'herbier de Smith sont aux phanérogames comme 1 à 18.

Dix-huit espèces de malvacées ont été observées sur les bords du Zaïre, et elles forment la trente-quatrième partie des plantes phanérogames de la collection de Smith. Cette proportion est celle que donne pour l'Inde la *Flora Indica* de Roxburg ; mais elle est beaucoup plus grande que celle que Al. de Humboldt a établie pour les contrées équinoxiales. Il y a quatre-vingt-seize espèces de légumineuses, c'est-à-dire à peu près le sixième de la collection entière. R. Brown pense que cette famille forme le huitième des plantes phanérogames sur les bords du Congo. Dans l'Inde et dans la partie équinoxiale de la Nouvelle-Hollande la proportion paraît être d'un neuvième.

Les térébinthacées ne sont représentées que par une seule espèce dans l'herbier de Smith ; elle est du genre *rhus*, et se rapproche, par son extérieur, de deux espèces inédites du même genre, reconnues au cap de Bonne-Espérance. Il n'y a qu'une seule espèce de *rhizophora* (manglier) qui se plaît, comme les *avicennia,* sur toute la côte intertropicale. Cette espèce diffère essentiellement du manglier de l'Amérique et de l'Inde (*rhizophora mangle*, L.). Les euphorbiacées (vingt espèces) forment le vingt-huitième des plantes phanérogames de tout l'herbier; les rubiacées (cinquante-trois espèces) en forment le quatorzième.

Parmi les monocotylédonées, la famille la plus intéressante est celle des palmiers. L'*elæis guineensis* y occupe le premier rang. C'est le palmier à huile des indigènes (1). L'huile se tire

(1) Ce palmier a été pour la première fois décrit vers le milieu du quinzième siècle, par

de l'écorce ou de la chair du fruit. On la fait bouillir pour la conserver. Par sa couleur et sa consistance, elle ressemble au beurre, excepté qu'elle est un peu verdâtre; elle sert à tous les usages de notre beurre et de notre huile; son odeur est agréable. Les nègres l'emploient aussi à se frotter le corps. Cette huile de palmier, qui renferme 31 parties de stéarine et 69 d'oléine, ne fut d'abord importée qu'en petite quantité en Europe; mais en 1817 un fabricant de Londres eut l'idée de l'employer pour faire du savon parfumé; dès lors cette huile devint une branche importante du commerce : son importation en Angleterre, qui en 1817 n'était que de 145,000 livres, s'éleva, en 1836, à 64 millions de livres. En France ce commerce occupe environ une dizaine de navires. — L'*elæis guineensis* paraît avoir pour patrie les côtes occidentales de l'Afrique, d'où il a été transplanté sur les côtes du Brésil (1). Cette espèce de palmier est aussi caractéristique pour l'Afrique que le *cocos indica* l'est pour l'Asie.

Cinq espèces de palmiers ont été observées sur les bords du Zaïre, et jusqu'à ce jour toute l'Afrique, en comptant les espèces du Congo, n'en a offert que treize espèces. Elles appartiennent toutes à des genres qui sont particuliers à ce continent et aux îles qui en dépendent ou à l'Inde. Aucune n'a été observée en Amérique, si ce n'est peut-être l'*élæis occidentalis,* sur les montagnes de la Jamaïque.

Le *cyperus papyrus* a été trouvé en grande quantité à l'embouchure du Zaïre; il paraît différer légèrement du papyrus de l'Égypte et de la Sicile. Les *cyperus articulatus* et *c. ligularis* sont communs à l'Amérique et à l'Afrique. La famille des graminées y a de nombreux représentants. Brown divise cette grande famille en deux tribus principales, les panicées, qui atteignent le maximum de leur nombre dans les contrées situées hors des tropiques, et les poacées, qui parviennent à ce maximum dans les contrées renfermées entre les tropiques. Cette proportion est constante, et se vérifie au Congo, où plus de la moitié des herbes sont des panicées.

Différentes des autres cryptogames, les fougères atteignent le maximum en nombre près des tropiques ou un peu au delà, ou même entre les tropiques. Mais, comme pour croître il faut à ces plantes une atmosphère humide et un terrain abrité contre les rayons directs du soleil, elles n'atteignent leur plus grand développement que lorsque toutes ces conditions se trouvent réunies. Aussi c'est dans les îles équinoxiales, très-boisées, qu'on rencontre les plus grandes fougères, et leur proportion avec les plantes phanérogames diffère beaucoup dans les contrées continentales. Cette proportion est de vingt-six pour le Congo, ce qui se rapproche de celle qu'on a trouvée pour l'Arabie, la Nouvelle-Hollande et l'Inde. En Égypte on n'a remarqué qu'une seule espèce de cette classe. Russel, dans son catalogue des plantes d'Alep, n'en compte que deux espèces; et Desfontaines, dans sa *Flore atlantique*, seize espèces; de sorte que leur proportion à celle des plantes phanérogames est comme 1 à 100. A la Jamaïque cette proportion est comme 1 à 10; aux îles de France et de Bourbon, comme 1 à 8; dans la Nouvelle-Zélande, comme 1 à 6; à Otahiti, dans les îles de la Société, comme 1 à 4; dans les îles de Norfolk et de Sainte-Hélène elles excèdent 1 à 2; enfin dans l'île de Tristan d'Acunha, elles sont comme 2 à 3. Profitant des documents recueillis par Banks, Smith et d'autres voyageurs, R. Brown établit une comparaison entre la végétation des bords du Zaïre et celle des diverses parties de l'Afrique et des îles voisines; il compare d'abord la végétation du Congo avec celle des autres divisions de l'Afrique occidentale. Il établit à cet égard un fait important, c'est la grande uniformité qui règne dans la végétation de toute la

Cadamosto, dans sa relation du Sénégal. *Voy.* Ramusio, tom. I, p. 104.

(1) Comme ce végétal a été très-incomplétement décrit par les voyageurs, nous en donnons ici les principaux caractères : tige haute de sept à dix mètres, sur un mètre de circonférence; feuilles pennées, acuminées; fleurs dioïques; calice et corolle à trois folioles; anthères linéaires; trois styles, souvent réunis; fruit capsulaire, monosperme, à enveloppe fibreuse et huileuse.

côte occidentale d'Afrique, depuis le fleuve du Sénégal, à 16° latitude nord, jusqu'au Congo, à 6° latitude sud.

Les arbres les plus communs sur toute cette côte sont, outre les palmiers : l'*adansonia baobab* (1), le *bombax ceiba*, le *pandanus candelabrum*, le *sterculia acuminata* (2), l'arbre ordéal, qu'on a fait entrer dans le genre *bassia*, et l'arbre à suif (*croton sebiferum* d'Afzélius), l'arbre à beurre (*bassia butyracea*), le tamarin velouté (*codarium acutifolium*), et le poivrier d'Éthiopie (*anona æthiopica*). Plusieurs apocynées donnent des fruits lactescents, sucrés, très-bons pour étancher la soif, bien que presque toutes les plantes de cette famille renferment des sucs vénéneux. L'*anona senegalensis* a été observé au-dessus d'Embomma, sur les rives du Zaïre, et paraît fort répandu sur toute la côte. Suivant Lokhart, jardinier de l'expédition de Tuckey, son fruit est plus petit que dans l'espèce cultivée; mais il a plus de saveur. Le *chrysobalanus icaco*, ou une espèce très-voisine, qui est également commune au Sénégal et au Congo, a été trouvé en abondance à l'embouchure du Zaïre.

Les plantes alimentaires sont aussi à peu près les mêmes sur toute la côte. Celles qui forment la base de la nourriture des habitants sont : le maïs (*zea maïs*), la cassave ou manioc (*jatropha manihot*) (1), l'igname (*dioscorea alata*), une espèce de *holcus* arborescent, la

(1) Adanson avait attribué à cet arbre une longévité énorme (plus de six mille ans). Mais en examinant les cercles annuels du bois et des branches d'un jeune *adansonia* on peut se convaincre de la fausseté de cette opinion. D'ailleurs, sa substance spongieuse et pleine de suc prouve suffisamment que ce n'est pas un arbre d'une longue durée.

(2) Cet arbre produit la célèbre noix de *cola*, sur laquelle Mérolla, Pigafetta et Zucchelli ont donné les premiers renseignements. Le cola n'est pas moins gros que le fruit du pain; il renferme sous son écorce un fruit qui ressemble à la châtaigne, et dont la pulpe rose se divise en quatre loges. Il est très-abondant et d'un usage fort commun dans le pays. On lui attribue, entre autres, la propriété de rendre l'eau corrompue sapide, et de guérir les maladies du foie. Les Portugais font tant de cas de cette espèce de noix, que s'ils rencontrent une dame dans les rues leur première politesse consiste à lui offrir du cola. Dapper a compté jusqu'à dix ou douze noix dans une même gousse. Il ajoute que ce fruit ne vient qu'une fois l'année, et que si l'on en mange le soir il trouble le sommeil.

(1) Dapper raconte que dans le royaume d'Angola le pain se fait de la racine de manioc. « Cette racine, dit-il, est fort commune aux environs de Loanda, par la double raison que le terroir lui est propre et que la vente en est considérable. On en distingue plusieurs sortes, qui se ressemblent de loin, quoique la qualité et la couleur même en soient différentes. Les feuilles de la plante sont d'un vert foncé, comme celles du chêne, avec quantité de veines et de petites pointes. La tige s'élève de dix à douze pieds, et se divise en plusieurs branches; mais elle est aussi faible que le saule. Ses fleurs sont fort petites, et sa semence assez semblable à celle du palma-christi, sans aucune propriété connue. La méthode des nègres pour la cultiver ne demande pas beaucoup d'art. Après avoir préparé la terre, en la remuant et la divisant en monticules, ils y enfoncent, à sept ou huit pouces de profondeur, de petits rejetons de la longueur d'un pied, et d'un pouce de grosseur, deux ou trois sur chaque monticule; de sorte qu'ils ne s'élèvent pas plus de quatre ou cinq pouces au-dessus de la terre. Ils y prennent racine presque aussitôt, et dans l'espace de neuf ou dix mois ils deviennent hauts de douze pieds, avec un tronc de la grosseur d'une cuisse, qui se charge d'un grand nombre de branches. Ensuite, pour faire grossir la racine, on nettoie fort soigneusement la terre aux environs; et lorsqu'on croit la plante à sa maturité, on coupe le tronc, qui n'est propre qu'au feu, en réservant les petites branches pour la plantation suivante. On déterre alors la racine, et l'ayant dépouillée de son écorce on la réduit en farine dans un moulin qui ressemble à la roue d'un fourgon. Cette opération emploie plusieurs esclaves, les uns pour jeter la racine dans le moulin et veiller au mouvement de la roue, d'autres pour tirer la farine, enfin d'autres pour la faire sécher sur le feu, dans des chaudrons ou des poêles de cuivre. On bâtit pour ce travail des appentis longs de cent pieds, et larges de trente ou quarante, avec dix fourneaux de chaque côté, et trois mobiles qui peuvent se transporter suivant le besoin. Chacun a la liberté de cultiver autant de manioc et d'en faire autant de farine qu'il le juge à propos. Un appentis de vingt fourneaux demande ordinairement cinquante ou soixante esclaves. Un alquer

pistache de terre (*arachis hypogæa*), une espèce de *phaseolus*, non déterminée, le *cytisus cadjan*, Linn., le *glycine subterranea*. La batate douce (*convolvulus batatas*, L.), indiquée par les missionnaires portugais, n'a point été observée sur les rives du Zaïre. Les fruits les plus estimés sont les bananes (*musa sapientium*), les limons (*citrus medica*), les orangers (*citrus aurantium*), les ananas (*bromelia ananas*), le papayer (*carica papaya*), la courge (*cucurbita pepo*), le tamarin (*tamarindus indica*), la canne à sucre, et le *safu* ou *zaffo*, fruit de la grosseur d'une petite prune, et qu'on n'a pas observé à l'état de maturité (1).

Il est à remarquer que la plupart de ces plantes alimentaires ne sont point indigènes, mais qu'elles ont été importées d'autres parties du monde en Afrique. On peut du moins avancer avec certitude que le maïs, la cassave, l'ananas, ont été apportés de l'Amérique; tandis que la banane, le citron, l'orange, le tamarinier et la canne à sucre ont une origine asiatique.

R. Brown a établi en principe que l'on doit en général considérer une espèce végétale comme originaire du pays où toutes les autres espèces du même genre sont indigènes; et d'après ce principe il pense que toutes les prétendues espèces de bananes, par exemple, qui ne produisent point de graines fécondes sont de simples variétés; puis, les réduisant à une seule espèce, qui est indigène dans l'Inde, où elle produit des graines fécondes, il cherche à établir que les bananes qu'on trouve en Amérique y ont été transportées du Congo; quoique Garcilassão de la Vega et d'autres écrivains prétendent que cet arbre était cultivé au Pérou, au Mexique et dans l'isthme de Panama, avant l'arrivée des Portugais. D'après les même règles, le papayer doit être considéré comme d'origine américaine, puisque aucune autre espèce du genre, excepté celle qui est cultivée, ne se trouve ni en Afrique ni en Asie; de plus, cette plante n'a point de nom en sanscrit; et Rumphius affirme que dans les îles Malaises les habitants disent que ce végétal y a été apporté par les Portugais. Le même principe doit s'appliquer à beaucoup d'autres plantes, telles que les *capsicum* et les *nicotiana*. Mais il ne doit pas être absolu. Ainsi, le palmier qui donne la noix de coco, originaire des rivages et îles de l'Asie équatoriale, a des espèces primitivement communes à l'Asie et à l'Amérique.

Le *cytisus cadjan* peut être regardé comme venant de l'Inde. Il est cultivé en grand sur les bords du Zaïre; c'est sans doute l'*ouando* de Mérolla, qui en donne la description suivante : « L'*ouando*, espèce de grain qui ressemble au riz, croît sur un arbrisseau, et produit tous les six mois sans culture; il se conserve deux ou trois ans. »

L'*arachis hypogæa* (pistachier de terre) est sur toute la côte un grand objet de culture. Suivant Loureiro, le pistachier de terre est aussi cultivé en Chine et dans la Cochinchine; de là il aura passé dans l'Inde et en Afrique, et de l'Afrique dans les diverses parties de l'Amérique équinoxiale. C'est à tort, selon R. Brown, que Sprengel (*Historia rei herbariæ*, I, p. 98) l'indique, sur le témoignage de Théophraste, comme une des plantes cultivées en Égypte. Rien ne prouve que notre *arachis* soit la plante dont parle Théophraste : il y a tout lieu de croire que si elle eût été cultivée en Égypte, elle le serait encore, et cependant on ne la retrouve ni dans le catalogue de Forskal ni dans la *Flore* de Delile.

La *glycine subterranea* est extrêmement répandue en Afrique, à Madagascar,

de farine, ou deux arrobes, se vend quelquefois à Loanda jusqu'à deux cent cinquante ou trois cents réaux. Les habitants du comté de Sogno n'emploient point la racine de manioc à faire du pain. Après l'avoir brisée en petites parties, de la grosseur du riz, ils la mangent crue ou trempée dans l'eau chaude. Mérolla nous apprend même que les Portugais font plus d'usage du manioc que les Nègres, soit parce qu'ils apportent plus d'art à le planter, soit parce qu'ils en font des provisions qui durent plusieurs années. »

(1) Le safu est ordinairement planté à l'entour des villages depuis Embomma en remontant le fleuve. Les propriétaires apportent le plus grand soin à le défendre contre les attaques des oiseaux. Son importance est grande, parce que le fruit mûrit au mois d'octobre, époque à laquelle les vivres sont rares.

et dans plusieurs contrées de l'Amérique équatoriale ; elle est probablement d'origine africaine. Du moins Marcgraf et Piso disent que le Brésil l'avait reçue d'Angola et du Congo. Le *holcus* dont parle Tuckey peut être considéré comme indigène. Brown pense qu'il était autrefois plus cultivé qu'aujourd'hui, et qu'il a cédé la place au maïs.

La famille des légumineuses, toutes les espèces de *cæsalpinia*, d'*hæmatoxylum*, les ptérocarpées, les *erythrina*, les *dalbergia* et les *ecastophyllum*, fournissent des matières tinctoriales rouges. Le bois de cam (*cam-wood*) est l'objet d'un grand commerce. C'est sous les tropiques qu'on trouve presque tous ces bois de teinture rouge. Leurs tissus présentent des fibres peu parallèles, ou s'entremêlent irrégulièrement avec des veines plus ou moins colorées. La saveur de ces bois est tantôt douceâtre, tantôt un peu astringente.

En résumé, il reste encore beaucoup de découvertes à faire pour compléter la flore du Congo, de l'Angola et du Benguela. Les palmiers surtout de la côte occidentale d'Afrique, comme de l'Afrique en général, sont encore très-imparfaitement connus. Il faudrait exécuter ici un travail analogue à celui de Martius sur les palmiers du Brésil. Enfin, on aura fait faire un immense pas à la géographie des plantes lorsqu'on aura mieux étudié la flore de l'Afrique équinoxiale (1).

Agriculture. Le sol produit chaque année deux moissons régulières. On

(1) Qu'il me soit permis d'émettre ici quelques réflexions au sujet de la géographie botanique, qui est la partie tout à la fois la plus attrayante et la moins avancée peut-être des sciences naturelles.

On connaît aujourd'hui environ cent mille espèces de plantes. Exiger d'un botaniste de savoir par cœur les caractères de chacune de ces espèces, ce serait aussi absurde que de demander à un général en chef commandant cent mille hommes de connaître le nom et la physionomie de chacun de ses soldats. Leur répartition et leur emploi, voilà ce qui doit surtout nous occuper. On peut, dans ce cas, admettre deux limites extrêmes, les pôles et l'équateur. Les pôles représentent le zéro de la végétation, dont toute l'exubérance se manifeste sous la zone équatoriale. Entre les pôles et la zone équatoriale se trouvent les nombres intermédiaires. Dans les régions qui avoisinent les cercles polaires la distribution des plantes est aussi uniforme et régulière que dans les contrées plates qui avoisinent l'équateur. A quoi tient ce singulier résultat? Évidemment au défaut d'amplitude des variations de température. Dans nos climats toute la nature vivante est péniblement affectée de ces oscillations, qui nous plongent alternativement d'un milieu froid dans un milieu chaud, et qui, semblables au mouvement du pendule, vont souvent jusqu'à 20 degrés au-dessus ou au-dessous de la température moyenne du mois ou de l'année. Il en est tout autrement sous les tropiques et dans les régions polaires. Là ces oscillations sont presque nulles, comparativement à celles de nos climats : rarement elles dépassent de 3 à 4° la température moyenne du mois. Les lignes iso-géo-thermes elles-mêmes s'y rapprochent sensiblement de la température moyenne de l'air. Ainsi, le sol et l'atmosphère, c'est-à-dire les principales conditions d'existence des êtres vivants, y sont presque constamment pénétrés de la même quantité de chaleur. Dans les pays compris entre les cercles polaires et les tropiques la scène change. La température de l'air et du sol y est aussi mobile que les espèces végétales sont variables. C'est dans la zone tempérée que se trouvent réunies les plantes des patries les plus différentes ; leur culture est subordonnée à la température soit de l'hiver, soit de l'été.

Les eaux de l'Océan ayant, à une certaine profondeur, une température à peu près constante, les plantes marines sont bien moins variées en espèces que les plantes terrestres. Les algues et les naïades forment toute la végétation des mers. Mais, pour le continent comme pour l'Océan, les géants du règne végétal se trouvent sous les zones équatoriale et tropicale. Ainsi aux environs des îles Canaries on voit une espèce de fucus (*fucus vitifolius*, Humb.) dont les racines sont à 64 mètres de profondeur dans la mer. Le *fucus pyriferus*, dans les eaux de l'Amérique et de l'Afrique australe, atteint une longueur de 100 mètres. Les *sargassum vulgare* et *s. bacciferum*, Agardh, forment, au midi des îles Açores, la mer de Sargasse, d'une étendue de plus de 4,000 milles carrés.

La *zone équatoriale* est comprise entre 0° et 15° latitude nord et sud ; la température moyenne annuelle y est de 20° à 23° R. Cette zône se fait remarquer par ses forêts primitives, couvertes d'énormes lianes et de plantes parasites, variées à l'infini pour la couleur, la forme et l'odeur. La végétation change ici ré-

sème au mois de janvier, pour récolter au mois d'avril. L'hiver arrive ensuite; mais il ressemble au printemps ou à l'automne d'Italie. La chaleur recommence au mois de septembre, et rend les terres propres à recevoir de nouvelles semences, qui offrent une moisson abondante au mois de décembre.

La terre, suivant l'expression de Carli, est noire et féconde comme les femmes qui la cultivent (1). Celles-ci n'emploient ni la charrue ni la bêche. Aussitôt que le ciel annonce la moindre pluie elles disposent le terrain en arrachant d'abord les herbes et les racines, qu'elles ramassent en tas, pour les brûler dans le même lieu. Ensuite, à la première pluie elles remuent la terre avec une espèce de truelle fort légère, qui est soutenue par un manche d'un pied de long. A mesure qu'elles ouvrent le sillon d'une main, elles y répandent de l'autre les semences, qu'elles portent dans un sac à leur côté. Pendant cet exercice, elles sont obligées de porter leurs enfants sur leur dos, pour les garantir d'une multitude d'insectes qui sortent de la terre comme par enchantement. A cet effet, elles se servent d'une espèce de hamac qu'elles ont autour des épaules : l'enfant s'y tient assis, et embrasse de ses petites jambes la ceinture de sa mère.

gulièrement avec la hauteur, et présente ainsi jusqu'à huit étages ou régions superposées : 1° *région des palmiers et des bananiers*, qui s'élève jusqu'à 600 mètres au-dessus du niveau de la mer; 2° *région des fougères et des figuiers*, située entre 600 et 1,250 mètres; 3° *région des myrtées et des lauriers*, entre 1,250 et 1,900 mètres; 4° *région des bois toujours verts*, entre 1,900 et 2,500 mètres; 5° *région des bois dont les feuilles tombent périodiquement*, entre 2,500 et 3,200 mètres; 6° *région des conifères* (pin et sapin), entre 3,200 et 3,500 mètres; 7° *région des arbustes alpins*, entre 3,500 et 4,200 mètres; 8° *région des herbes alpines*, entre 4,200 et 5,100 mètres. Toutes ces especes végétales, qui forment sur les montagnes tropicales autant de gradins distincts et très-rapprochés, peuplent tout le continent depuis l'équateur jusqu'aux pôles. C'est ce qui avait fait dire à M. de Mirbel qu'on pouvait considérer les deux hémisphères, boréal et austral, comme deux montagnes soudées par leur base.

(1) Churchill's *Collection*, tom. I, p. 570.

Lorsque le temps de la moisson est arrivé les femmes font différents tas de chaque espèce de grains. On commence d'abord par donner au chef ce qui est nécessaire pour sa subsistance; ensuite on met à part ce qu'on destine à l'ensemencement des terres pour la saison suivante; le reste se divise entre les habitants, suivant le nombre qui se trouve dans chaque cabane.

L'herbe est toujours verte dans ces contrées. Si on la brûle, sans l'arracher, elle repousse aussitôt. Les territoires de Batta et de Pemba passent pour les plus gras et les plus riches en pâturages.

On cultive au Congo et dans l'Angola plusieurs espèces de céréales. Le froment d'Europe y vient très-bien en paille et en épis très-longs, mais vides. Les pailles sont si hautes, dit Cavazzi, qu'elles cachent un homme à cheval. On a remarqué le même résultat en Amérique.

Une remarque générale, sur laquelle on n'a pas suffisamment insisté, c'est que nos céréales ordinaires, qui toutes sont des plantes annuelles, ont sous les tropiques une grande tendance à devenir bisannuelles et vivaces.

Les habitants n'estiment pas beaucoup le riz, qu'ils nomment *manpunni* (1). Il y est en si grande abondance, qu'on ne lui donne presque pas de valeur. On sait que le riz donne par la fermentation une liqueur spiritueuse, l'*arak*. Les anciens connaissaient déjà cette liqueur, que les Grecs appelaient *vin de riz*, οἶνος ὀρύζης (Aristot., *Hist. Animal.*, VIII, 25).

On cultive aussi au Congo différentes espèces de *holcus* et de *panicum*, encore mal déterminées. On y voit aussi une variété de mil blanc, nommé *mazza di Congo* ou blé du Congo, ainsi que du maïs qu'on appelle *mazza manputo*

(1) Le riz (*oryza sativa*, L.) est, selon toute apparence, originaire de l'Hindoustan. Sa culture est fort ancienne dans le midi de l'Asie et en Afrique (Égypte). Aristote (*Histor. Anim.*, VIII, 25) et Dioscoride (*Mat. med.*, II, 117) en parlent sous le nom d'ὄρυζα. Théophraste (*Hist. Plant.*, IV, 5) l'appelle ὄρυζον. — Les *o. montana*, Lour, et *o. subulata*, Sello, ne sont probablement que des variétés dégénérées du riz cultivé.

ou blé portugais. Cette céréale est si commune au Congo, qu'elle sert, suivant le témoignage de Lopez, à la nourriture des porcs.

CLIMAT; MALADIES.

On sait que dans toutes les terres comprises entre l'équateur et les tropiques on divise l'année en deux saisons principales, celle des pluies et celle de la sécheresse. Entre l'équateur et le tropique du capricorne, la saison des petites pluies commence en octobre et finit dans le mois de novembre; il pleut de temps en temps et peu à la fois. Mais vers la fin de février commencent les grandes pluies, qui durent jusqu'à la fin d'avril. Alors des nuages électriques troublent l'atmosphère, le tonnerre ne cesse de gronder, et l'horizon est comme embrasé. La pluie tombe à grosses gouttes et par torrents; tous les fleuves débordent, les rivières dont le lit était à sec s'enflent, et la terre, qui pendant plus de six mois avait été échauffée par les rayons brûlants du soleil, exhale des vapeurs malsaines, en grande partie cause de ces fièvres putrides auxquelles succombent la plupart des Européens. Les pluies les plus fortes ont lieu dans les mois de mars et d'avril; c'est aussi pendant ce temps que l'air est le plus chaud et le plus suffocant.

Ce qui distingue profondément les régions équinoxiales des régions tempérées c'est que dans les premières les phénomènes météorologiques ont une marche infiniment plus régulière et plus uniforme que dans les dernières. Le soleil, sauf quelques légères différences, y reste douze heures au-dessus et douze heures au-dessous de l'horizon; la quantité de chaleur que la terre reçoit pendant le jour est donc égale à celle qu'elle perd pendant la nuit par suite du rayonnement (1). Il en résulte que les températures moyennes de la journée, du mois et de l'année sont à peu près toutes égales entre elles. C'est ainsi qu'à Quito, ville exactement située sous l'équateur, la température de l'hiver est de 15°,6 et celle de l'été également de 15°,6, bien que cette ville soit située à une hauteur considérable au-dessus du niveau de la mer. A Candy (île de Ceylan) la température moyenne hibernale est de 22°,1, la température moyenne estivale de 22°,9, et la température moyenne annuelle de 22°, 8.

Dans les contrées tropicales, les lignes isothermes sont donc sensiblement parallèles aux lignes de latitude. Cette régularité existe aussi pour les lignes iso-géo-thermes. La couche invariable du sol s'y trouve, suivant Boussingault, à environ un pied de profondeur. La température moyenne est de 27°,5, qui est aussi celle de l'air sous la zone torride. Ainsi, la température de l'air y est aussi peu variable que celle du sol. A cette constance du climat on peut ajouter la régularité des variations diurnes barométriques. Si l'on observe le baromètre pendant un ou plusieurs jours, d'heure en heure, on remarquera des oscillations régulières, c'est-à-dire que le mercure baissera à certaines heures pour s'élever à d'autres. Sous l'équateur ces oscillations ont assez d'amplitude (environ 3 millimètres), et sont si régulières que le baromètre y pourrait servir de montre; c'est pourquoi M. de Humboldt leur a donné le nom d'*heures tropiques*. Il y a deux *minima* et deux *maxima* dans l'espace de vingt-quatre heures. Le premier *minimum* est à quatre heures après midi, le premier *maximum* à onze heures du soir; le deuxième *minimum* à quatre heures du matin, et le deuxième *maximum* à dix heures du matin. Cette régularité diminue avec la latitude.

Il est facile de comprendre que les variations thermométriques diurnes (dont le *minimum* a lieu un peu avant le lever du soleil, et le *maximum* vers deux heures après midi) doivent être bien plus régulières dans ces contrées que dans nos climats. Il en est probablement de même des variations électriques diurnes, bien que les observa-

(1) Ceci est vrai lorsque le ciel est parfaitement serein, c'est-à-dire pendant la saison de la sécheresse. Mais lorsque le ciel est couvert, la chaleur ne pouvant pas librement rayonner vers l'espace, le gain l'emporte un peu sur la perte; c'est ce qui explique ces chaleurs étouffantes pendant la saison des pluies; elles seraient intolérables si elles n'étaient pas un peu tempérées par l'évaporation de l'eau.

tions directes nous manquent ici. Enfin, tout y est régulier, jusqu'aux vents (vents alisés), dont la direction constante est du nord-est dans l'hémisphère boréal, et du sud-est dans l'hémisphère austral; leur direction change de plus en plus à mesure qu'ils s'éloignent des tropiques.

Les Nègres du Congo divisent l'année en douze mois, à compter du mois de septembre, c'est-à-dire de l'équinoxe d'automne. Leurs mois sont lunaires, et, à l'aide de certaines intercalations, ils se rencontrent assez juste avec l'année solaire. Ils nomment le mois de septembre *begi camochi,* premier mois, ou *begi cambanda*, mois voisin des pluies. Ils partagent leurs mois en semaines, composées de quatre jours chacune; ils les appellent *suone*. Les trois premiers jours sont toujours ouvrables; le quatrième est consacré au culte des idoles. Les douze mois de l'année se partagent en trois saisons, appelées *massanza, nsasu, eccendi.*

Plus d'un Européen a succombé à l'insalubrité du climat de ces contrées. Les effets de ce climat meurtrier se font surtout sentir sur le sol bas et marécageux des îles de l'embouchure du Zaïre. C'est ce qu'avaient déjà constaté les missionnaires. Ces religieux affirment que tous ceux d'entre eux qui se transportaient dans les îles du Zaïre, pour y prêcher l'Évangile, étaient certains d'y laisser la vie. Quand ils allaient depuis en mission dans ces contrées, ils avaient soin de s'arrêter dans la *banza* ou ville la plus proche des rives du Zaïre : au lieu de se rendre dans les îles, ils faisaient venir vers eux les Nègres qui y habitaient.

Dans quelques baies de la côte l'eau a une teinte rouge, comme si elle était mêlée de sang; cette teinte paraît être due à la présence d'innombrables animalcules microscopiques, qui par leur putréfaction empestent l'atmosphère.

Les fièvres intermittentes et continues pernicieuses, si communes dans ces pays, sont généralement traitées par l'empirisme le plus routinier. Les mêmes écorces, les mêmes racines et les mêmes huiles sont indifféremment appliquées au traitement de toutes les maladies. A ces remèdes il faut joindre les amulettes et les cérémonies des sorciers, qui sont les médecins du pays.

La syphilis est une des affections les plus invétérées chez les Nègres du Congo. Selon Cavazzi, ce sont les Portugais ou les Espagnols qui l'ont transportée d'Amérique en Afrique. Ses effets sont terribles sous le ciel brûlant des tropiques. L'incontinence continuelle des habitants, leur imprévoyance et leur ignorance en médecine en augmentent encore les ravages. « C'est un spectacle digne de pitié, dit Cavazzi, de voir la quantité de gens qui sont atteints de cette douloureuse maladie. Leur état de nudité laisse à découvert les ulcères affreux dont ils sont rongés. On en voit quelques-uns sans nez, sans lèvres, sans oreilles; d'autres dont les chairs des épaules, des bras, des jambes et des cuisses sont entièrement consommées; d'autres enfin, couverts de maux infectes comme les lépreux, ou brûlés d'un feu interne qui les dévore. A ces maux ils ne savent apporter que des remèdes qui aggravent les souffrances du malade, sans en détruire la cause. Les caustiques violents, les scarifications et les boutons de feu, et quelquefois le chicongo ou bois de sandal gris, sont les seuls moyens curatifs que leur fournisse leur science médicale. »

Les Nègres du Congo sont aussi sujets à des diarrhées pernicieuses, qui n'épargnent pas les Européens et qui causent souvent la mort. Le remède le plus ordinaire qu'ils appliquent à ce mal est de lier fortement le corps du malade sur le nombril avec une ceinture, et de l'oindre d'huile de monamoni (*ricinus palma Christi*). Pendant l'application de ce remède ils nourrissent le malade de fruits de nicoffo et de chirico, bouillis dans l'eau, ou cuits sous la cendre. Ces fruits sont acerbes et astringents. — La petite vérole y paraît être aujourd'hui moins violente qu'autrefois. — Une infirmité assez commune est une tumeur qui se forme au bas du ventre. Ce mal est si douloureux, que le malade est saisi de convulsions tétaniques, et tombe dans une espèce de rage. Il attaque principalement les habitants du littoral et les navigateurs que les calmes arrêtent longtemps sous la ligne.

Les indigènes d'Angola sont quelquefois affligés d'une maladie qu'ils appellent *bitios*, dont les symptômes sont une grande prostration, avec des maux de tête et des faiblesses de jambes, accompagnés de vives douleurs. Elle leur fait aussi enfler les yeux, qui semblent sortir de leurs orbites. Leur remède favori est de se laver soigneusement l'anus, et d'y mettre un suppositoire de citron, qu'ils gardent aussi longtemps qu'ils peuvent le supporter. Si l'application de ce remède est assez prompte ils n'ont pas besoin d'autre secours. Mais si on a laissé au mal le temps de se fortifier, ce qui se reconnaît aisément à l'enflure du rectum, on fait tremper pendant deux heures des feuilles de tabac dans un mélange de sel et de vinaigre, on les pile dans un mortier, et on les applique au fondement. L'effet de ce remède est si violent que deux hommes suffisent à peine pour tenir le malade pendant l'opération.

Le *bitios* a de l'analogie avec une autre maladie décrite par Braun : elle consiste dans la présence de petits vers, qui ne sont pas plus gros que les vers du fromage ; ils s'engendrent sous les ongles et à l'orifice du rectum. Dans un espace de trois à quatre jours ces vers parviennent à ronger les chairs de manière à produire à l'anus une ouverture où l'on pourrait fourrer le poing. Au bout de neuf jours cette maladie cause la mort. Le meilleur remède est d'introduire dans l'anus un citron coupé par moitié : l'acide du citron tue ces dangereux animalcules. Cette maladie est d'autant plus à craindre, qu'on ne s'aperçoit souvent de son invasion que lorsqu'il n'est plus temps d'y porter remède.

Les Nègres d'Angola sont quelquefois atteints d'une affection qui leur affaiblit la vue au point de les aveugler. Ils sont aussi sujets à des maux de jambes, qui deviennent presque incurables. Ils ne le sont pas moins à la maladie que les Indiens appellent *berlberi*, sorte de paralysie des membres.

Le *boasi* est une espèce de gangrène du nez, des mains, des pieds, des oreilles, et qui se propage d'articulation en articulation, avec d'atroces douleurs.

L'*embasser* est un autre mal, fort commun dans l'Angola ; il est accompagné de l'endurcissement de la rate ; il rend le teint jaune et le corps pesant. Les Nègres le guérissent par des bouillons composés de la racine d'un arbre qu'ils nomment *embotta*.

C'est parmi les Nègres du Loango qu'on rencontre cette variété bâtarde d'hommes connue sous le nom d'*Albinos* (*Leucæthiopes*, *Kakerlacks*). Ces *Albinos*, ainsi que leur nom l'indique, se font remarquer par la couleur blanche de leur peau et de leurs cheveux, et par leurs yeux rouges, dont la prunelle, dépourvue du pigment noir, laisse voir les ramifications déliées des vaisseaux sanguins. C'est au défaut de ce pigment qu'est due sans doute la sensibilité excessive de leurs yeux à la lumière : l'iris offre sans cesse de petites contractions convulsives, qui aux moindres variations de la lumière resserrent ou dilatent l'ouverture de la pupille. Dans quelques cas la vue est plus forte à la clarté de la lune que pendant le jour.

On sait que les enfants des Nègres naissent avec la peau blanche, qui ne commence à se colorer qu'au bout de quelques jours. On peut donc considérer l'albinisme comme un arrêt de développement, dû à des causes encore inconnues. Quelques naturalistes ont prétendu que la blancheur des albinos est un effet de l'imagination des mères. Vossius s'est imaginé que ce sont des lépreux. « On en voit, dit-il, assez communément parmi les Maures qui habitent des lieux chauds et secs, et à force d'onctions les Nègres empêchent que leur maladie ne se déclare plus visiblement par des taches. »

Les Nègres blancs du royaume de Loango s'appellent *doudos* ; ils sont, dit Battel, élevés dans les pratiques de la sorcellerie, et servent de sorciers au roi, qu'ils accompagnent sans cesse. Ils sont respectés de tout le monde. S'ils vont au marché, ils peuvent prendre tout ce qui leur convient. Battel en vit quatre à la cour de Loango.

L'albinisme n'existe pas seulement parmi les Nègres : on le retrouve chez tous les peuples du globe, et même chez les Européens. Mais il paraît avoir été observé plus fréquemment que partout ailleurs chez les Américains de l'isthme de Panama (1), et parmi les Nègres du Loango et de Biafara (2).

TOPOGRAPHIE ET ETHNOGRAPHIE DU CONGO, DE L'ANGOLA, DU BENGUELLA ET DES CONTRÉES CIRCONVOISINES.

Nous n'avons sur ces pays que des renseignements fort incomplets, tronqués et souvent contradictoires. Ces renseignements sont la plupart déjà anciens, et ont été donnés par des voyageurs dépourvus de connaissances spéciales suffisantes. Il reste donc encore là une immense lacune à combler.

Limites. D'après les géographes du dix-septième siècle, le Congo comprenait toute la vaste étendue de la côte occidentale de l'Afrique comprise entre l'équateur et le dix-huitième degré de latitude australe. Ses bornes au nord étaient les contrées de Gabon et de Pongo; à l'est, le royaume de Mococo ou d'Anzico, celui de Matamba et le territoire des Jagas Cassanges; au sud, le même territoire, le pays de Muzumbo, Acalunga et celui de Mataman, dans la région des Cafres; à l'ouest, l'océan Atlantique. Le royaume de Congo comprenait donc alors tout cet arc de côtes dont les deux extrémités sont au sud le cap Négro, et au nord le cap Lopez-Gonzalvo.

Cette vaste région a été elle-même subdivisée en quatre parties principales, qui sont : 1° le Loango, 2° le Congo proprement dit, 3° l'Angola, 4° le Benguella.

LOANGO.

Selon Lopez, le royaume de Loango est compris entre l'équateur et les rives du Zaïre; il s'étend de la côte dans l'intérieur des terres l'espace de deux cents milles, en comprenant dans ses bornes le golfe de Lopez-Gonzalvo. Ce pays est peu connu des Européens, à l'exception de quelques places du littoral, parmi lesquelles on remarque surtout Mayómba, Cilongo ou Calengo et Loango, qui a donné son nom à la contrée.

La ville de *Mayomba* est située sur la rive droite de la rivière Banna de Mayomba. Cette rivière est médiocre à son embouchure, et n'a pas plus de trois à quatre pieds de profondeur. Plus loin dans les terres elle est beaucoup plus large, et, chose remarquable, plus profonde; elle abonde en huîtres, que les femmes ouvrent et font sécher à la fumée : méthode simple, qui les conserve pendant plusieurs mois. La ville consiste dans une longue rue, si proche de la mer, que les flots forcent quelquefois les habitants à quitter leurs maisons. La baie où se jette la rivière est grande et sablonneuse; elle est sans barre en hiver, parce que les vents y rendent la mer fort houleuse; mais lorsque le soleil est au sud de la ligne les pluies y apportent un calme qui permet aux chaloupes d'y entrer. La longueur de la baie est d'environ deux milles; la côte est basse, couverte d'arbres (1). La ville a donné son nom à une province dont elle est le chef-lieu.

La province de Mayomba est si couverte de bois, qu'on peut y voyager sans être incommodé par la chaleur du soleil. Ces bois sont remplis de grands perroquets et de différentes espèces de singes, parmi lesquelles on remarque le pongo. Le sol ne produit pas de grain; mais, en revanche, il est riche en palmiers et bananiers. Les Portugais y venaient autrefois charger du bois de teinture. Le commerce de l'ivoire y est aujourd'hui presque nul.

Les habitants des deux sexes vont presque nus : ils ne couvrent que les parties génitales. Ils sont doux et plus intelligents que ceux des contrées voi-

(1) Lionel Wafer, *New Voyage and description of the Isthmus of America*; Lond., 1699.

(2) Lacroix, *Relation universelle de l'Afrique ancienne et moderne*; Lyon, 1688, tom. III.

(1) Suivant Degrandpré, on reconnaît cette baie, en venant de l'équateur, à une terre ronde et assez haute tombant brusquement pour en former l'entrée. On doit naviguer avec précaution dès qu'on arrive par dix brasses. Droit dans le nord-est de l'entrée il y a un rocher sur lequel on ne trouve que deux brasses d'eau. C'est le seul écueil que l'on rencontre depuis le cap Lopez jusqu'à Loango. La baie de Mayomba est sûre et le mouillage bon.

sines. Ils connaissent le gommier, dont ils récoltent et vendent quelquefois le produit. Ils ne cultivent point la terre, et se nourrissent de la racine de cassave, qui croît spontanément dans les forêts, et y acquiert une grosseur extraordinaire. Ils chassent une espèce d'antilope, et en tuent un grand nombre avec leurs sagaies, qu'ils lancent avec dextérité.

Battel vit dans leur ville une idole appelée *Maramba*. « Cette idole, dit-il, est placée dans un grand panier de la forme d'une ruche, au milieu d'une grande maison qui sert de temple. Elle sert à découvrir les vols et les meurtres. Au moindre sujet de soupçon, les habitants ont recours à leurs sortiléges, et ils sont si persuadés de la vertu de leurs pratiques, que si quelqu'un meurt tous les voisins sont obligés de jurer par le Maramba qu'ils n'ont point eu de part à sa mort. S'il s'agit d'une personne distinguée, toute la ville fait le même serment. A cet effet, ils se mettent à genoux, prennent l'idole entre leurs bras et prononcent ces mots : *Emeno cyge bembes, ô Maramba*, qui signifient : « Je viens m'exposer à l'épreuve, ô Maramba ! » Les coupables tombent morts sur-le-champ, quand il y aurait trente ans que le crime eût été commis. »

Battel assure qu'ayant passé une année entière dans le pays, il vit six ou sept coupables périr dans cette épreuve. La même superstition règne depuis Matamba jusqu'au cap Lopez. On consacre au culte de Maramba des hommes, des femmes et des enfants de douze ans. Le chef des prêtres (*gangas*) enferme les novices dans une chambre obscure, où il les fait jeûner longtemps ; ensuite il les en laisse sortir avec ordre de garder le silence pendant quelques jours, malgré tout ce qu'on entreprend pour les faire parler. Cette initiation les expose à toutes sortes de souffrances. Enfin, le prêtre les conduit devant l'idole, et, leur ayant fait sur les épaules des marques en forme de croissant, il les fait jurer, par le sang qui coule de ces incisions, qu'ils seront fidèles à Maramba. Il leur défend l'usage de certaines viandes, et leur impose des devoirs auxquels ils sont attachés scrupuleusement. La marque de leur initiation est une petite boîte qu'ils portent suspendue au cou, et qui contient quelques reliques de Maramba. Le chef du pays ne marche jamais sans être précédé d'une grande statue qui représente l'idole. S'il boit du vin de palmier la première coupe est répandue aux pieds de cette statue, que les habitants nomment *mokisso*, et les Portugais *fetisso*, d'où le nom de *fétiche*.

Suivant Dapper, le territoire de *Sette* est situé à cinquante-cinq milles au nord de la rivière de Mayomba, et s'étend jusqu'à Gobbi. Il est arrosé par une rivière du même nom, et produit beaucoup de bois de teinture.

Le pays de *Gobbi* est situé entre Sette et le cap Lopez-Gonzalvo. Il est entrecoupé de rivières, de marais et de lacs remplis d'hippopotames et de poissons monstrueux. La capitale est éloignée d'une journée de la mer. La terre est infectée d'animaux féroces. Les indigènes sont presque toujours en guerre avec leurs voisins de *Comma*, qui habitent entre Gobbi et le cap Lopez. Leur langue a beaucoup de ressemblance avec celle de Loango (1). Dans la petite baie de Sainte-Catherine on trouve un misérable village, dont le chef est sous la souveraineté du roi de Loango. Ce port n'offre, selon Degrandpré, aucune ressource pour le commerce. On peut y faire de l'eau ; mais il serait imprudent de se fier tout de suite à ses habitants, qui ont la réputation d'être perfides et méchants.

Au sud de Mayomba est la province de *Calongo* ou *Cilongo*, avec la ville du même nom. Les terres y sont fertiles, surtout en blé ; on y recueille un prodigieuse quantité de miel. Au sud, le Cilongo est séparé du Loango par la rivière de Quille ou Quilongue. L'approche n'en est pas facile : la mer deferle avec fureur sur la barre, et le débarquement y est si dangereux qu'un tiers des piroques chavire dans le passage. C'est cependant à l'aide de ces frêles embarcations que se fait le commerce des Européens avec les indigènes. Les bâtiments restent en dehors de la barre, et les Nègres viennent trafiquer à bord.

(1) Dapper, *Description de l'Afrique*, p. 323.

La province de *Loango* proprement dite est située au sud de Cilongo. C'est un pays de plaine, fertile et abondant en toutes sortes de fruits et de productions utiles. La principale ville porte le même nom, et sert de résidence au roi du pays. Elle est à trois milles de la mer, dans une vaste plaine. Les palmiers et les platanes, sous lesquels les maisons sont bâties, y entretiennent une fraîcheur continuelle. Les rues sont longues et larges. Le palais du roi occupe le côté de l'ouest, et sa porte donne sur une belle place, où le prince tient les conseils de guerre et célèbre les fêtes publiques. Une grande rue qui part de cette place rassemble tous les jours, à dix heures du matin, quantité de marchands, soit de la ville, soit des lieux voisins; ils y exposent en vente des étoffes de palmier, de la volaille, du poisson, du vin, du blé et de l'huile. On y voit une fameuse idole, le mokisso de Loango. Toutes les maisons de la ville sont, dit Dapper, à peu près de la même grandeur, et leurs distances ne sont pas moins égales. Chacune est composée de deux ou trois chambres. Celles des grands sont environnées d'une haie de branches de palmiers et de roseaux, qui renferme sept ou huit bâtiments dans le même enclos. Les meubles de la plupart des habitants consistent dans quelques pots et calebasses, des nattes pour la nuit, avec un bloc qui sert de chevet. Selon Braun, le roi de Loango a trois cent soixante concubines; mais il a une seule femme principale, qui est la reine. Le fils aîné de celle-ci hérite du trône; les autres fils ont le gouvernement des provinces; les fils des concubines obtiennent des grades dans l'armée, et ils portent tous le titre de *manna*, monseigneur. Si la reine n'a point d'enfant mâle, c'est le fils de la sœur du roi qui succède à la couronne.

La baie de Loango se reconnaît à ses falaises rouges, qui dès le matin sont frappées des rayons du soleil, qu'elles réfléchissent de manière à ressembler à des flammes. L'entrée de la baie est dangereuse, et barrée d'un banc de rochers qui part de la pointe du sud et s'avance jusqu'au delà du centre de la baie. Le bouquet de palmiers appelé bois de Maquimbe se distingue sur une montagne au fond de la baie, et n'est éloigné que d'un quart de lieue du bord de la mer. On trouve entre le rivage et la terre un lac, appelé *Barachouas*, qui communique avec la mer aux époques des marées. Il y a beaucoup d'autres lacs semblables sur cette côte.

A seize lieues au sud de Loango on rencontre *Malemba*. C'est une rade que rien n'indique, et qu'il faut, selon Degrandpré, connaître pour y venir mouiller. L'approche en est cependant marquée par les montagnes de *Cacongo*, qui dominent une baie de médiocre grandeur, dans laquelle se décharge une petite rivière du même nom. On laisse cette baie de Cacongo au nord, et l'on vient mouiller vis-à-vis de la montagne de Malemba, à une lieue et demie du rivage, par sept brasses d'eau, fond de sable. La montagne de Malemba est, suivant Degrandpré, élevée de plus de soixante-dix toises au-dessus du niveau de la mer; mais du large elle ne se présente que comme une très-haute terre, de niveau avec toutes celles qui l'avoisinent; elle est presque coupée à angle droit sur le bord de la mer, et son sommet offre une plaine qui s'étend dans l'intérieur par une pente insensible. Degrandpré suppose que cette partie de la côte s'avançait autrefois jusqu'aux rochers qui forment aujourd'hui la barre et défendent le débarquement. On trouve quatre mètres d'eau à la base de ces rochers, qui sont de formation volcanique. La mer, en gagnant sur la côte, aurait formé la petite crique appelée le Paradis, ou Port aux canots, et l'anse nommée Port aux chaloupes, et se serait avancée successivement jusqu'au pied de la montagne de Malemba, dont elle bat aujourd'hui les flancs escarpés. Les comptoirs européens de la traite étaient établis sur le sommet de cette montagne, autour d'une grande place carrée qu'on y avait pratiquée.

Malemba abonde en fruits, en légumes, en bétail et gibier. Le lac de Loanguilly, situé à peu près à une lieue et demie au sud-est, fournit d'excellent poisson d'eau douce. Il a environ une lieue de diamètre. Plus loin, on voit de profondes crevasses, formées sans doute par des torrents, dont les traces se présentent à chaque pas. Ces crevasses sont autant de précipices qui ont paru à Degrandpré atteindre un niveau inférieur à la surface de la mer. Dans ces précipices on trouve encore de petits ruisseaux peu rapides, restes épuisés des flots qui ont creusé leurs lits. Près de là est le village du *mamboue*, ou prince de la contrée, dans une position admirable. Le logement du mamboue est à l'européenne, parfaitement garni de siéges, lits, canapés, tapis; presque tous ces meubles sont de velours.

A cinq petites lieues au sud de Malemba est la petite baie de *Cabinde*, avec la ville du même nom (à 5° 36′ latitude australe). « Cet endroit, dit Degrandpré, est nommé le Paradis de la Côte, et il mérite bien ce nom, par sa position délicieuse, son beau site et sa grande fertilité; c'est le paysage le plus riant de tous les environs : la mer y est constamment belle, par conséquent le débarquement facile; on échoue les bateaux dans les lames sur le rivage, et l'on saute à terre à pied sec. » On reconnaît Cabinde à une haute montagne isolée, en forme de pain de sucre, et couverte de bois; elle paraît être d'origine volcanique. En approchant de la baie on distingue au sud une pointe longue et basse, couverte de palmiers; cette pointe ferme la baie, et repose sur un fond de rochers granitiques. Une petite rivière se jette dans la mer au fond de la baie; cette rivière est si faible, qu'à peine peut-elle recevoir dans son embouchure les chaloupes qui vont faire l'eau; on la remonte à une portée de fusil, et à cette distance l'eau est douce, particularité qu'il faut attribuer au peu de flux et de reflux qui se fait sentir sur cette côte.

La ville de Cabinde est située au fond de la baie, et regarde l'ouest. Elle se compose de quelques huttes de roseaux, les unes rondes, les autres carrées. Le pays est peu cultivé autour de la rade; mais il serait assez fertile si l'indolence des habitants ne leur faisait négliger l'agriculture. On n'y voit point d'autres bestiaux qu'un petit nombre de porcs. La volaille y est plus commune. Les perroquets et les singes y sont en abondance.

Les Portugais ont essayé, à diverses reprises, de s'établir à Cabinde; ils avaient depuis longtemps construit un fort au milieu de la baie, qui fut depuis abattu; on n'en voyait plus aucune trace avant la guerre de 1778. La traite y était autrefois très-active; elle se composait de Nègres du Congo, du Sogno et de Mondongues ou Mandongos, qui ont la coutume de s'inciser le visage de larges cicatrices, et de se limer les dents, pour les rendre aiguës.

Habitants du Loango.

Les peuples qui habitent le royaume de Loango portent le nom de Bramas. Ils ont beaucoup de ressemblance avec les Nègres du Congo. Ils sont vigoureux, de haute taille, libertins, passionnés pour le vin de palmier, mais susceptibles de sentiments généreux. Ils sont soumis à la pratique de la circoncision. Les hommes portent de longues pagnes, qui chez les riches tombent jusqu'aux pieds, et le bas est ordinairement bordé d'une frange. Les ceintures ordinaires sont de feuilles de matomba. Les ornements du cou sont ou des colliers, ou des chaînes triangulaires qui pendent sur la poitrine, ou diverses sortes de coquilles et de pièces d'ivoire. Aux bras et aux jambes ils mettent des cercles de cuivre ou de fer, de la grosseur d'un tuyau de plume, parsemés de grains de verre noirs et blancs. Il ont sur les épaules un sac long de trois quarts d'aune, avec une petite ouverture pour y faire entrer le bras. Sur la tête ils portent un bonnet serré, et dans les mains un grand couteau, leur arc ou leur épée; car ils ne paraissent jamais sans armes. Les pagnes des femmes descendent un peu au-dessous du genou. Elles ont quelquefois par-dessus une pièce de toile ou quelque belle étoffe d'Europe, mais sans ceinture. Toutes les parties supérieures et la tête demeurent nues, ou n'ont d'autres ornements que des colliers, des bijoux, etc. Les jambes sont ornées de la même parure. L'usage général, pour les deux sexes, est de se peindre le corps avec le suc d'un bois nommé *tacoel*, qu'on broie facilement entre deux pierres.

Les Nègres du Loango n'ont d'autre nourriture que du poisson frais ou fumé, surtout des sardines, qu'ils font bouillir avec différentes herbes et du poivre du Brésil, nommé *akki*. Les personnes riches mangent leur poisson avec du *missanga* ou petit millet, broyé dans un mortier et cuit à l'eau. Le plus agréable de leurs mets est un composé de poisson fumé, de sel et d'akki; mais le plus commun est le *fondi*, qui n'est que de la farine de millet délayée dans de l'eau. Les femmes sont chargées de tous les ouvrages serviles. Pendant que les maris prennent leurs repas, elles se tiennent à l'écart, et mangent ensuite les restes. Leur soumission va si loin, qu'elles ne leur parlent qu'à genoux, et qu'à leur arrivée elles se prosternent pour les recevoir. L'aîné d'une famille en est l'unique héritier; mais il est obligé d'élever ses frères et ses sœurs jusqu'à l'âge où l'on suppose qu'ils peuvent se pourvoir eux-mêmes.

Les Nègres sont très-superstitieux et fort attachés au culte de leurs fétiches, ou *mokissos*. Les attributs de ces divinités rappellent la mythologie grecque et romaine : les unes ont l'empire des vents et du tonnerre; les autres président aux poissons de la mer; d'autres à ceux des rivières, aux bestiaux, à la santé, à la bonne fortune, à la clarté des yeux, à la fermeté des jambes; enfin chaque idole jouit du pouvoir qui lui est propre, et dans les limites d'un certain lieu. Les mokissos sont des statues ou images informes; quelques-unes représentent des figures humaines; d'autres ne sont que des bâtons garnis de fer par le bout ou décorés d'une sculpture grossière; des roseaux qui se portent autour des bras et du cou; des cordes ornées de petites plumes et de deux ou trois petites cornes, qui servent de ceinture; des pots remplis de terre blanche; des cornes de buffle, revêtues de la même terre, et garnies d'un anneau de fer au bout. Une de ces divinités les plus bizarres est représentée par un pot rond, sans pieds et dont l'extérieur est peint de diverses couleurs. Ils attribuent à ces mokissos les mêmes passions qu'aux hommes : ils recommandent de leur rendre à tous les mêmes adorations, afin de ne point exciter de jalousie. Les prêtres ou *gangas*, chargés de la construction et de l'entretien des mokissos, pratiquent des cérémonies superstitieuses, accompagnées de convulsions et de grimaces burlesques. Chaque localité a son mokisso; et il y en a qui jouissent d'une grande réputation dans le pays.

Les Nègres ne voyagent pas sans porter sur eux un sac de reliques, qui pèse quelquefois jusqu'à dix ou douze livres. Quoique ce poids, joint à leur charge, soit capable d'épuiser leurs forces, ils ne veulent pas convenir qu'ils en ressentent la moindre fatigue; au contraire, ils assurent que ce précieux fardeau sert à rendre l'autre beaucoup plus léger.

Leurs dévotions publiques commencent toujours par l'exposition d'un sac de bijoux sacrés; ensuite le *ganga* s'assied sur une natte, se bat les genoux avec une petite bourse de cuir, en faisant sonner quelques grelots de fer, qu'il porte toujours entre les doigts; puis il frappe sur sa poitrine, se peint successivement les paupières, le visage et d'autres parties du corps, de blanc et de rouge, avec des mouvements et des grimaces étranges, tantôt levant, tantôt baissant la voix, et répétant par intervalles le mot *mariomena*, auquel toute l'assemblée répond par le mot *ka*. Après cette cérémonie, qui dure assez longtemps, le ganga paraît hors de lui-même; on est obligé de lui tenir les bras, pour arrêter ses transports; mais, par l'aspersion d'une eau fort acide qu'on exprime de quelques plantes, cette extase cesse. Enfin il déclare qu'il vient d'apprendre le *bosibatta*, c'est-à-dire la réponse qui convient aux demandes de l'adorateur.

Le pays est gouverné par des chefs ou rois absolus, qui presque tous se sont enrichis en vendant leurs sujets comme esclaves.

CONGO.

Partie topographique. Le Congo a pour limites au nord le fleuve Zaïre, et au sud le fleuve Dande, qui le sépare du royaume d'Angola ou Dongo. Il est compris entre les 6° et 9° de latitude australe. A l'ouest il est borné par l'océan Atlantique, et à l'est par des régions à peu près inconnues. Labat cite ici les royaumes de Fungeno, de Matamba, les

Vue générale de Maroc

montagnes du Soleil ou montagnes Brûlées et la rivière de Loango. La capitale ou *banza* du Congo s'appelle *San-Salvador ;* ce nom lui a été donné depuis que les Portugais y ont introduit le christianisme. Elle est située sur une montagne très-haute et escarpée, à cinquante lieues de la mer, au sud-est du Zaïre et à une assez petite distance de la rivière de Lelunda. Nous n'avons sur cette ville d'autres renseignements que ceux que nous ont laissés les voyageurs des seizième et dix-septième siècles. Ainsi, Pigafetta nous apprend qu'elle est entourée d'une forte muraille, et que tout le sommet de la montagne est rempli de villages et de palais, qui forment comme autant de villes, ou plutôt qui n'en font qu'une seule, d'une très-grande étendue. Suivant Carli, San-Salvador a l'avantage de n'être point infesté, comme le reste du royaume, par les mosquites, les puces et d'autres insectes incommodes. Les rues sont fort bien distribuées; la plupart des édifices sont régulièrement construits, grands, et en bon ordre, mais couverts de chaume, à l'exception d'un petit nombre de maisons portugaises. Le palais du roi est fort spacieux. Outre le grand mur, il y en a quatre autres, dont celui qui regarde la ville portugaise est de pierre et de chaux. Les autres sont de roseaux, mais fort bien travaillés. Les appartements, les salles, les galeries, sont revêtus de belles nattes ou tapisseries à la manière de l'Europe. Dans l'intervalle du mur le plus intérieur on a pratiqué des jardins, qui sont remplis de toutes sortes de légumes et plantés de différentes espèces d'arbres. On y a construit des pavillons assez élégants. Carli donne une lieue de circonférence au palais du roi. Il ajoute que c'était autrefois le seul édifice du pays qui fût de pierre et de bois ; mais que depuis l'établissement des Portugais tous les grands ont appris d'eux à mettre plus d'ordre et de goût dans leurs bâtiments et dans leurs meubles. Dapper compte dix ou onze églises à San-Salvador. L'établissement des jésuites est très-vaste. Au rapport de Merolla, on trouve hors de la ville un grand marché, nommé Pombo, anciennement bâti par les Jagas, où l'on vendait la chair humaine, comme celle de bœuf et de mouton. Les marchands portugais refusèrent d'acheter la chair des esclaves morts; mais ayant proposé à ces barbares de l'acheter en vie, ils firent avec eux un traité qu'ils regardèrent depuis comme le fondement de leur privilége exclusif pour la traite des Nègres.

Les Portugais divisèrent le Congo en six grandes provinces, sous les noms de duchés, de comtés et de marquisats. Ces six provinces sont : Bamba, Sogno, Sundi, Pango, Batta et Pemba.

Bamba est la plus grande et la plus riche province du Congo ; elle est comprise entre la rivière Ambriz et le fleuve Loze. Elle est gouvernée par un *mani*, qui a beaucoup d'autres chefs ou *sôvas* sous sa dépendance. La principale ville et le séjour du mani est située dans une belle plaine, entre les rivières de Loze et d'Ambrize ; elle se nomme Panza selon Lopez, et Panga selon Dapper; son éloignement de la mer est d'environ cent milles. Ses rues et ses édifices sont dispersés comme à Loango. Bamba est le rempart du royaume de Congo par le courage et le nombre de ses habitants.

La province ou comté de *Sogno* s'étend, comme le Bamba, le long de la côte. Elle est bornée au nord par le Zaïre, au sud par l'Ambriz, et à l'est par les territoires de Pango et de Sundi. Banza-Sogno en est la capitale; elle est située à trois lieues du cap Padron, et à une lieue et demie de Pinda, placée sur un bras du Zaïre. C'est dans cette dernière ville que les missionnaires capucins trouvèrent, en 1645, une église, dont la fondation remontait, dit-on, jusqu'à la conquête du pays par les Portugais. La ville de Sogno ou Sonho se compose, suivant Merolla, d'environ quatre cents maisons, très-espacées, et couvertes de chaume ; les murs sont formés de branches et de feuilles de palmier, très-bien entrelacées. L'intérieur est revêtu de nattes de diverses couleurs. Le plancher est de terre bien battue et d'une dureté à toute épreuve. Les voûtes et les plafonds sont de roseaux. — Le sol du Sogno est sec et sablonneux, mais très-propre à la culture des palmiers. Le principal revenu du pays vient du commerce du sel, qui est très-abondant sur les côtes. C'est par cette province que la religion a commencé à s'introduire dans le Congo. Elle avait pour tributaire le marquisat de Chiova, dont les habitants portaient anciennement les noms de *Mombalassi* ou *Mombalasingi*.

Le duché de *Sundi* forme la troisième province du Congo. Il commence, selon Cavazzi, à treize lieues environ au nord-est de San-Salvador ; au nord, il s'étend sur l'autre rive du Zaïre; au sud-ouest il est borné par les territoires de Batta et de Pango ; au nord-est, par le royaume de Miccoco et les rochers de cristal, au pied desquels la rivière Bancari se perd dans le Zaïre. La capitale, qui porte aussi le nom de Sundi, est à six lieues de la grande cascade du Bancari. Le sol du Sundi est arrosé d'un grand nombre de rivières, qui le fertilisent. Ses montagnes abondent en métaux précieux, qu'une loi du pays défend d'exploiter, à l'exception des mines de cuivre, situées dans le voisinage de la grande cascade.

Le marquisat de *Pango*, quatrième province du Congo, s'appelait autrefois Pangalungos. Son territoire est borné au nord-est par Sundi, au sud par Batta, et à l'ouest par Congo. Banza-Pongo, sa capitale, est située sur les bord du Zaïre. Cette province formait autrefois un royaume indépendant. Elle fut conquise par les rois du Congo, qui y ont introduit par degrés les usages de la langue du Sundi. Dapper place un peu plus à l'est le territoire de Conde, dont les habitants assurent qu'au delà du fleuve Couenza on trouve une nation blanche, aux cheveux longs, mais un peu moins blanche que les Européens. Seraient-ce les Arabes qui, de temps immémorial, entretiennent des relations de commerce avec les habitants de la côte orientale de l'Afrique ?

Batta, cinquième province du Congo, portait autrefois le nom d'Anguirima ou d'Aghirimba. Son territoire est, selon Cavazzi, borné au sud par les montagnes Brûlées, le comté d'Ambuilla et les montagnes du Salpêtre, à l'ouest par le marquisat de Pemba, et au nord par le duché de Sundi. Dapper représente le district qui sépare Batta de Pango comme un des plus fertiles terrains de l'Afrique. Il produit, dit-il, toutes sortes de provisions. Depuis San-Salvador jusqu'à Batta le pays est si peuplé, qu'il offre continuellement des maisons et des villages. La capitale porte le même nom que la province; la ville de Batta est située au nord de San-Salvador, sur les rives d'un des confluents du Zaïre. Les indigènes se nomment Monsobos; leur langue diffère peu de celle des Mosicongos. Ils passent pour cruels et féroces.

La sixième province, nommée *Pemba*, est bornée au nord par le Sundi, à l'est par le Batta, au sud par le Bamba, à l'ouest par le Sogno. Le chef-lieu, qui s'appelle également Pemba, est situé au pied d'une montagne. La rivière de Lelunda traverse cette province de l'est à l'ouest, et contribue, avec les eaux du Kai, de l'Ambriz, et de quelques autres rivières, à répandre la fertilité dans les contrées environnantes. Carli divise la province de Pemba en deux parties, dont il nomme l'une marquisat de Pemba, et l'autre province de San-Salvador, du nom de la capitale du Congo, où les rois font leur résidence.

Les principales rivières du Congo sont le Zaïre, la Lelunda, l'Ambriz, la Loze, l'Onzo, la Dauda, la Zemza ou Bengo, la Couenza, la Moreno ou Longa, la Catombelle, le Bancari ou Bancare, la Vambre ou Vumba, la Barbela et beaucoup d'autres moins connues.

Le Zaïre, qu'on appelle aussi le *Congo* ou *Couango*, est un des plus grands fleuves de l'Afrique. Selon Mérolla, il doit son nom à l'ignorance des premiers Européens. En arrivant ils demandèrent aux habitants comment se nommaient le pays et la rivière. Ces derniers, qui ne les entendaient pas, répondirent dans leur langue : *Zevoco*, qui signifie « Je ne comprend pas » ; d'où les Portugais ont fait le nom de *Zaïre ;* ils plantèrent sur une des pointes de son embouchure une belle croix de marbre, qui fut ensuite abattue par les Hollandais. Barbot donne une étymologie plus naturelle : il fait venir le nom Zaïre de celui d'une ville située à dix-huit ou vingt lieues de l'embouchure du fleuve.

Les grands problèmes, encore non résolus, de la géographie d'Afrique viennent en quelque sorte se grouper autour des sources mystérieuses des principales artères de ce continent : le

Nil, le Niger, le Zaïre, l'Orange et le Zambère.

Nous n'avons sur les sources et les affluents du Zaïre que les renseignements très-vagues que nous ont fournis les anciens voyageurs. Depuis plus d'un siècle on n'y a rien ajouté de nouveau. Suivant Lopez, le Zaïre tire ses eaux de trois lacs : « l'un est le grand lac d'où sort le Nil, le second est le petit lac, et le troisième est un grand lac, formé ou traversé par le Nil (1). » Le plus grand de ces trois lacs est celui que les géographes des seizième et dix-septième siècles appellent Zambre ou Zambère, et d'où ils font sortir toutes les grandes rivières qui arrosent l'Afrique. Mérolla rapporte, sur le témoignage des Nègres, que le Zaïre sort d'un vaste marais ou lac dans le royaume de Matamba, où commandait la reine Zingha, et que la même source produit le Nil. Il ajoute qu'on voit dans ce grand lac plusieurs espèces de monstres, parmi lesquels il s'en trouve un de figure humaine. Le père François de Pavie, missionnaire capucin, qui résidait dans le pays de Matamba, rejetait toutes ces histoires de monstres comme autant de fictions des Nègres; mais la reine Zingha, informée de ses doutes, l'invita un jour à la pêche. A peine eut-on jeté les filets, qu'on découvrit sur la surface de l'eau treize de ces poissons monstrueux. Il fut impossible d'en prendre plus d'un ; c'était une femelle. La couleur de sa peau était noire; ses cheveux longs et de la même couleur ; ses ongles d'une longueur singulière. Elle ne vécut que vingt-quatre heures hors de l'eau, et dans cet intervalle elle refusa toute sorte de nourriture. — Serait-ce une espèce particulière de phoque? Dans tous les cas, la faune de l'intérieur de l'Afrique est encore un profond mystère.

D'après Labat, le Zaïre est formé par l'union des rivières Bancari, de Vambre, de Coango et de Barbela : cette dernière sort du lac de Chilande ou d'Aquelunda (lac Couffoua). « Ce lac, dit-il, a environ vingt lieues de longueur, du nord au sud, et dix à douze de largeur de l'est à l'ouest; il renferme plusieurs îles d'un terrain gras, fertile et bien cultivé. Ses eaux sont alimentées par plusieurs sources et par les pluies. »

(1) Pigafetta, *Relazione da Congo*, p. 12.

Le cours moyen du Zaïre est presque aussi peu connu que son origine; on n'en connaît guère bien, grâce à l'expédition du capitaine Tuckey, que son embouchure et une partie de son cours inférieur.

Le Zaïre, que les indigènes appellent *Moienzi-enzaddy*, c'est-à-dire *le grand fleuve*, ne répond pas, à certains égards, à l'idée magnifique que l'on s'était faite de la partie la plus voisine de son embouchure. Sa grande rapidité, par exemple, son état de débordement continuel, et sa résistance effective à la marée, sont des exagérations; mais, quant à la profondeur de son embouchure, elle s'est trouvée au-dessus de l'estimation la plus haute qu'on en eût donnée. Ainsi, la sonde indiqua une profondeur de cent treize brasses, point auquel le plomb n'avait pas encore touché le fond. La vitesse du courant est en moyenne de quatre à cinq nœuds par heure. — Le Zaïre est soumis, comme tous les fleuves des tropiques, à des débordements périodiques; mais la différence entre la crue et l'abaissement de ses eaux paraît être moindre que celle d'aucun autre fleuve de même grandeur : elle ne paraît pas excéder onze pieds anglais. Le commencement de la crue fut observé par Tuckey, le 1er septembre, au-dessus d'Yellala, où elle n'était que de trois pouces; et le 17 du même mois, près de l'embouchure du fleuve, elle était de sept pieds, sans que la rapidité du courant fût sensiblement augmentée. On a voulu conclure de ce fait que toutes les sources du Zaïre ne se trouvaient pas au sud de l'équateur, mais qu'il en avait aussi au nord de la Ligne. D'après un rapport recueilli par Bowdich, le Zaïre reçoit un de ses affluents de l'Ogouaï, fleuve qui lui-même communique avec le Niger et se jette dans la mer près du cap Lopez-Gonzalvo. Toutes ces questions sont encore à éclaircir.

La péninsule du cap Padron, qui forme le côté méridional de la fausse embouchure du Zaïre, a été formée des alluvions de la mer et du fleuve : la rive extérieure appartenant à la mer est composée de sable, et présente une forme escarpée, tandis que la rive intérieure, appartenant au fleuve, est un dépôt vaseux, couvert de mangliers. Les deux bords, vers la véritable embouchure, ont eu la même origine; ils sont coupés d'un grand nombre de criques qui semblent former autant d'îles, et dans lesquelles l'eau est stagnante. Les terres d'alluvion, couvertes de mangliers, s'étendent à gauche et à droite sur le continent, à la distance d'environ sept à huit milles, où se trouve le sol primitif et élevé qu'on aperçoit quelquefois du fleuve, à l'extrémité des criques ou à travers les percées qui ont été faites en mettant le feu aux mangliers. L'espace occupé par ces arbres, qui croissent dans l'eau, est tout à fait impénétrable, excepté dans quelques endroits, où le terrain est sablonneux. Le courant détache des rives de petites îles que le fleuve entraîne dans la saison des pluies, et qui deviennent alors des îles flottantes. Les mangliers et les palmiers (*hyphènes*) qui garnissent les rives, sont habités par d'immenses troupes de perroquets gris. Ces oiseaux rompent seuls le silence qui règne dans les bois au coucher du soleil. Ils traversent tous les jours le fleuve : le matin ils quittent la rive du nord pour aller dévaster les plantations de maïs de la rive méridionale, et ils y retournent le soir.

Les voyageurs des seizième et dix-septième siècles indiquent, à l'embouchure du Zaïre, plusieurs îles (île aux Hippopotames, île Quintalla, île de Bomma, île de Zariacacongo), qui ne portent plus aujourd'hui les mêmes noms. Ainsi, Maxwell dit que l'entrée d'une des criques les plus considérables du fleuve à son embouchure est fermée par trois îles, qu'il appelle les îles du Bonnet, de Knox et d'Alcyon. La forme d'un bouquet d'arbres a fait donner son nom à la première, que les indigènes appellent *Zounga-Casaquïsa*. Un peu plus haut sont situées les îles que les indigènes appellent *Monpanga*, c'est-à-dire îles du Guet. Tuckey les trouva couvertes de hérons blancs et d'autres oiseaux aquatiques. L'une de ces îles, où Smith ne recueillit pas moins de trente nouvelles espèces de plantes, est formée par un vaste banc de sable, et touche presque au continent du côté du nord. Le Zounga Kampenzay ou île du Singe est également formé par un banc de sable. Les indigènes pêchent autour de cette île une quantité considérable de mollusques (*mya vulsella*). Ces animaux, embrochés comme les grenouilles en France, et à moitié desséchés, deviennent un objet de commerce. Leur état de demi-putréfaction flatte beaucoup le goût des Nègres; ils ne sont pas mangeables crus, car ils ne ressemblent pas aux huîtres, avec lesquelles on les a pourtant confondus. Après avoir passé l'île du Singe, Tuckey côtoya l'extrémité méridionale d'une autre île, que les indigènes appellent *Zounga Chinganga*. Quelques autres îles se trouvent à l'est. Ici les forêts de palmiers disparaissent, et le sol devient argileux, coupé, sur le bord du fleuve, par de petites vallées taillées à pic, et couvertes d'herbes et de roseaux, avec quelques palmiers épars çà et là. Un peu plus loin, à mesure que la hauteur du niveau augmente, les mangliers disparaissent à leur tour; des buissons d'hibiscus et quelques arbres solitaires les remplacent sur le bord de l'eau. Au lieu des paysages pittoresques, formés par les forêts de palmiers, de mangliers et de baobabs, on ne voit plus que des plaines couvertes de hautes herbes, parmi lesquelles on remarque les tiges élevées et vacillantes du *cyperus papyrus*. Dans le lointain on aperçoit encore quelques *hyphènes* épars. Ces deux plantes donnent à toute la contrée un air qui rappelait à Smith les paysages de l'Égypte.

A la hauteur du canal ou rivière de Mamballa est l'île de Farquhar. C'est dans cet endroit qu'on rencontre les premières plantations de maïs et de tabac. Les irrégularités qu'on remarque ici dans la profondeur du fleuve proviennent, selon les indigènes, des trous que les hippopotames creusent dans son lit, lorsqu'ils se rassemblent en troupes nombreuses. A quelques milles en avant du fleuve, on voit le rocher du fétiche, au sud-ouest. C'est une masse de granit, s'avançant perpendiculairement sur le fleuve, entièrement isolé et adossé à une plaine couverte de joncs et de plantations de maïs. Ce rocher est d'un accès difficile; sa partie inférieure, couverte d'arbres de différentes espèces, ses pics nombreux, les formes nouvelles de la végétation qui orne ses plans, et son aspect général composent un des plus beaux paysages. C'est le dernier point d'une suite de terres élevées contiguës aux montagnes bleues, que l'on voit se prolonger dans l'intérieur, où elles se divisent en deux ou trois chaînes, placées en amphithéâtre à la suite l'une de l'autre. Au delà des grandes îles sablonneuses ou couvertes d'herbes, on aperçoit à l'horizon des palmiers épars qui semblent sortir des eaux. Les rives élevées du fleuve offriraient aussi des sites agréables, si le sol n'y était pas absolument nu. Les indigènes redoutent beaucoup les tournants qu'ils supposent être dans le voisinage du rocher du fétiche.

A la hauteur d'Embomma on rencontre l'île de Bouka-Embomma, qui est presque entièrement schisteuse. Cette île serait, dit Tuckey, l'endroit le plus convenable pour former un établissement dans ces parages. Le fleuve coule entre des montagnes dont la cime est entièrement nue, mais dont la base est couverte de la plus riche végétation. Cette partie des rives présente un mélange varié de plaines, de profondes vallées et de collines se terminant en pic ou affectant les formes les plus grotesques. On voit de distance en distance des groupes de *mimosa spinosa* et quelques champs cultivés. A partir de là le fleuve n'est plus divisé en différents bras, et il ne contient plus d'îles jusqu'à une distance considérable. En continuant à le remonter on voit son lit se resserrer de plus en plus par des rochers d'ardoise micacée qui s'avancent fort loin dans l'eau. Ces rochers sont à leurs flancs hérissés de saillies nombreuses, revêtues d'une tapisserie verte de plantes grimpantes. Des récifs, contre lesquels le courant se brise avec assez de violence, sont dans quelques parties couverts de limon, et forment de petites langues de terre où croissent des roseaux et même du maïs. Outre ces langues de terre, on remarque, entre les rochers, plusieurs petites vallées, dont la plus considérable est appelée *Vinda le Zally*, et occupe l'espace de deux milles le long du rivage. On cultive dans ces espaces fertiles du maïs et du manioc, et les palmiers hyphène y croissent en abondance. Sur la rive septentrionale, presque en face de ces rochers, est une pointe fort escarpée, auquel Tuckey donne le nom de *Saut de l'Amant*, parce que c'est de là que l'on précipite dans le fleuve les épouses adultères du roi de Bomma. Près de là sont les îles de Gomba, souvent visitées par les hippopotames; ce sont de simples rochers schisteux, garnis de bouquets d'arbres.

Par la nature et la forme des montagnes qui avoisinent le Zaïre on juge qu'elles n'absorbent aucune partie des eaux qui tombent dans la saison des pluies, mais que ces eaux sont directement portées au fleuve par les ravins dont ces montagnes sont coupées, et où l'on trouve la plus belle végétation. Les traces restées sur les rochers indiquent que l'eau s'élève dans la saison pluvieuse d'environ huit à neuf pieds anglais au-dessus du niveau ordinaire du fleuve.

En quittant la banza de Coulou on aperçoit la fameuse cataracte d'Yellala, à la distance d'un mille et demi. C'est une chute d'eau d'environ cent mètres; Tuckey la compare à un ruisseau bouillonnant sur un lit rocailleux. Les Nègres en font des récits fort exagérés, et n'en parlent qu'avec frayeur. Les rochers des deux côtés du fleuve sont taillés à pic; le mica et l'ardoise y forment de légères ondulations, et sont mêlés de veines de quartz et de feldspath compactes. Au milieu de la cataracte se trouve un îlot de cinq mètres d'élévation, à un jet de pierre du rivage, qui la divise en deux canaux dans la saison sèche, mais qui se trouve presque couvert dans la saison des pluies.

Au delà d'Yellala le Zaïre fait un coude entre deux pointes saillantes, et prend sa direction au nord. Sur ses deux rives, des montagnes rocheuses, coupées par des ravins, se voient à la distance de deux milles.

C'est à quelques milles au-dessus de la banza d'Inga que s'arrêta l'expédition de Tuckey. On ne put obtenir que de vagues renseignements sur les pays situés au-dessus du fleuve. Selon le récit des indigènes, on arrive, après une navigation de dix jours en canot, au bord d'une grande île de sable qui divise le Zaïre en deux branches, l'une au nord-ouest, et l'autre au nord-est. Dans cette dernière on trouve une chute d'eau, mais que peuvent surmonter les canots. En vingt autres journées, à partir de cette île, on atteint la source du fleuve, qui sort d'un grand lac de vase par une multitude de petits ruisseaux.

Un mot maintenant sur la malheureuse expédition à laquelle nous devons les documents que nous venons de communiquer. Tuckey entra le 6 juillet (1816) dans l'embouchure du Zaïre, sur le bâtiment appelé *le Congo*. Le 17 septembre la maladie dont il devint lui-même la victime le força d'effectuer sa retraite : « *Terrible march*, dit-il; *worse to us than the retreat from Moscow* (1). » Cette maladie, du type rémittent, avait quelque analogie avec la fièvre jaune (2). Elle était évidemment occasionnée par les conditions atmosphériques et les circonstances locales dans lesquelles se trouvaient les malheureux voyageurs, habitués à des climats tout différents. Ce n'était pas précisément de la chaleur dont ils avaient à se plaindre, mais plutôt des exhalaisons des flaques d'eau stagnante. L'air à l'embouchure du Zaïre, et à la hauteur où était parvenu Tuckey, présentait les deux extrêmes de l'échelle hygrométrique. Cette transition de l'extrême humidité à l'extrême sécheresse, coïncidant nécessairement avec des variations considérables de l'électricité atmosphérique, devait également exercer une influence nuisible sur la santé de l'équipage. « La sécheresse de l'air (à quelques milles au-dessus de la cataracte de Yellala) était, dit Tuckey, si grande, que la viande suspendue perdait en peu d'heures tous ses sucs, et ressemblait à la viande boucanée de l'Amérique du Sud. Les plantes de M. Smith séchaient en un jour, tandis qu'il lui fallait une semaine entière pour arriver au même résultat à l'embouchure du fleuve. L'oxydation du fer n'avait plus lieu à cette hauteur, et le thermomètre, au lever du soleil, marquait ordinairement cinquante degrés, et à deux heures après midi soixante-dix degrés à l'ombre. »

Peut-être si l'expédition avait été commencée vers la mi-mai (c'est-à-dire à l'époque même où les pluies cessent) la mortalité aurait-elle été moins effrayante, et on aurait eu le temps de remonter le Zaïre jusqu'à sa source et de revenir avant que le soleil ne repasse la ligne, c'est-à-dire avant le commencement de la saison des pluies. Dans tous les cas, il y aurait une nouvelle expédition à tenter.

Habitants des rives du Zaïre.

Les habitants des rives du Zaïre ressemblent par leurs traits généraux aux autres Nègres de la côte. Ils s'en distinguent cependant par leur peau, qui n'est

(1) *Captain Tuckey's Narrative*, p. 222.

(2) Voici la description qu'en donne Kerrow, chirurgien du navire *le Congo* : « La fièvre s'annonçait généralement par des frissons et la sensation d'un froid glacial; à ces symptômes succédaient des maux de tête violents, limités particulièrement aux tempes et au front; dans quelques cas les malades se plaignaient de douleurs dans le dos et les extrémités inférieures, d'une grande oppression à la région épigastrique; il y avait aussi des vomissements de bile qui amenaient le plus souvent une terminaison fatale; en général, quand les céphalalgies étaient très-violentes les symptômes gastriques étaient moins graves, et *vice versa*. Anxiété extrême; prostration des forces; yeux humides; conjonctive d'un lustre nacré; langue tremblotante, d'abord blanche, devenant ensuite jaunâtre, brune, et se couvrant, dans le dernier période, d'une croûte noire; face généralement pâle; traits altérés; peau sèche, d'une chaleur mordicante (*the skin dry and pungent*); pouls dur et fréquent; suffusion jaune de la peau, vers le sixième ou septième jour, quelques taches livides aux articulations des coudes; délire assez peu prononcé; hoquet. La maladie se terminait d'une manière fatale, quelquefois vers le troisième ou quatrième jour; dans d'autres cas les malades se traînaient jusqu'au vingtième jour de l'invasion du mal. »

Le traitement employé par Kerrow était le calomel à haute dose, panacée des médecins anglais, et les purgatifs. Ce traitement nous paraît très-peu propre à combattre une affection qui, selon nous, consiste, comme la plupart des fièvres pernicieuses, dans une altération profonde du sang. Il aurait fallu la traiter par de larges saignées employées dès le début, et par l'usage des acides végétaux, du quinquina et des antiputrides les plus énergiques.

pas aussi noire; leur physionomie est non-seulement plus agréable, mais elle porte en même temps un caractère d'innocence et de simplicité. Des os brûlés et des crânes humains suspendus à des arbres auraient pu inspirer des soupçons injurieux, et faire présumer qu'ils mangeaient de la chair humaine, si des informations positives n'avaient pas appris que ce n'étaient que les restes des coupables mis à mort pour leurs crimes.

Les naturels du Zaïre nous sont dépeints comme un peuple gai et insouciant, plein d'hospitalité envers les étrangers, et toujours prêts à partager avec le voyageur leur chétif repas. Les femmes sont réduites au dernier avilissement; elles sont offertes aux Européens, comme on offre chez nous des prises de tabac. Les hommes ne les regardent que comme des êtres utiles à leurs plaisirs et propres à leur éviter la fatigue du travail. Rien de plus commun que de voir de malheureuses Négresses, chargées de leurs enfants et de paniers de provisions, se livrer aux pénibles travaux des champs. Quelques chenous des rives du Zaïre n'ont pas moins de cinquante femmes; les mafoucs en entretiennent de dix à vingt. Ces chefs ne se montrent pas moins disposés que les Nègres du commun à céder leurs femmes et leurs filles aux blancs. Il paraît, toutefois, que ce commerce licencieux n'est permis qu'à l'égard des Européens; car les indigènes reconnaissent des lois qui punissent l'adultère. Une intrigue avec l'épouse d'un autre homme entraîne l'esclavage des deux coupables; l'épouse du chenou est livrée dans le même cas à la vengeance du mari; l'amant adultère est mis à mort. Fitz-Maurice, contre-maître du navire *le Congo*, fut témoin d'une de ces exécutions à Embomma. On offrit d'abord le coupable à un marchand d'esclaves; mais celui-ci l'ayant refusé, ceux qui l'avaient amené lui lièrent les pieds et les mains, et sans autre cérémonie le jetèrent dans le fleuve.

Les hommes et les femmes se lèvent dès la pointe du jour. Après s'être lavé le corps, ils se frottent avec de l'huile de palmier qui rend la peau douce, mais lui donne une odeur très-désagréable. Les deux sexes se coupent les cheveux suivant leur fantaisie. Les jeunes fiancées sont rasées avant d'être présentées à leurs maris. Cette opération est faite par une vieille femme. Les Négresses du Zaïre semblent regarder comme un agrément d'avoir les mamelles pendantes; dès que les jeunes filles commencent à se former, elles les serrent fortement contre le corps avec des bandages, de manière à les faire descendre jusqu'au ventre. A l'exemple des hommes, elles s'arrachent aussi quelquefois les deux dents de devant, et se font des cicatrices sur la peau. Avant de conduire une jeune mariée à son époux on l'enduit d'ocre rouge de la tête aux pieds. Les hommes se font aussi des marques sur le front et sur les bras avec de l'argile rouge et blanche.

Les maladies les plus communes parmi les Nègres du Zaïre sont les affections cutanées, surtout la gale, les scrofules, la lèpre et l'éléphantiasis. Les seuls remèdes qu'ils emploient sont des infusions de plantes. Ils mâchent aussi la racine d'une espèce de *dioscorea*, très-amère, qu'ils croient d'une grande efficacité contre les hémorroïdes. Mais c'est au ganga et aux fétiches qu'on a le plus souvent recours; et lorsque le ganga, qui est revêtu du triple caractère de prêtre, d'accusateur public et de médecin, voit que le cas est désespéré, il abandonne le malade à Zamba M'lounga ou au démon.

L'industrie des Nègres du Zaïre est encore à l'état d'enfance. Des paniers tissés avec des fibres de palmiers, des calebasses, des vases décorés d'adansonia, des pots de terre et des cuillers de bois sont leurs ustensiles de ménage. Une natte d'herbe, jetée sur un tas de feuilles de palmier, leur sert de lit. Leur habillement n'est pas moins simple. Le peuple ne porte qu'un petit tablier de natte, noué derrière le dos. Ils font aussi avec des herbes des bonnets dont le travail est très-curieux, et le tissu si serré qu'on peut s'en servir pour puiser de l'eau. Des cercles de fer ou de cuivre, ou des bracelets de dents d'éléphant, ornent leurs bras et leurs jambes. Les femmes en général cherchent à se procurer des colliers de verroterie, qu'elles placent autour du cou, de leurs bras et de leurs jambes; à défaut de ces colliers elles en mettent de coquilles de cauris ou de graines de différentes plantes. Les hommes n'ont pas d'autres armes que des couteaux et quelques fusils, pas d'autres balles que de petits cailloux ronds. Un morceau de quartz leur sert de pierre.

Leurs canots sont creusés dans le tronc d'un bambou ou d'une espèce de ficus. La grandeur ordinaire de ces embarcations est de vingt-quatre pieds de longueur, sur dix-huit à vingt pouces de largeur. Les rameurs se tiennent debout pour agiter les longues sagaies qui font mouvoir les canots. Les indigènes ne connaissent pas l'usage des voiles, ou du moins ils ne s'en servent pas.

Une barre de fer grossièrement travaillée et adaptée à un manche de bois est leur seul instrument d'agriculture; mais le climat est si favorable qu'il suffit de remuer un peu la surface de la terre pour avoir une moisson abondante. La manière de préparer les terres dans la partie supérieure du Zaïre est d'abord de couper les longues herbes, de les réunir par petits tas, et d'y mettre le feu. Dans les endroits où les cendres se sont amassées on plante les pois et le maïs, et le manioc dans les intervalles. Ces cendres sont la seule espèce d'engrais dont on fasse usage. On ne brûle jamais les herbes avant qu'elles aient jeté leur semence; de sorte qu'aux premières pluies, elles repoussent plus fortes et plus hautes que jamais. Les herbes, qui ont jusqu'à quatre mètres de hauteur, fleurissent de bonne heure.

Les seuls instruments de musique que Tuckey remarqua chez les Nègres du Zaïre étaient un grand tambour et une espèce de guittare ou de lyre. Il avait fallu beaucoup de peine pour rassembler les matériaux nécessaires à la construction de cet instrument. Le corps était d'un bois beaucoup plus léger que le sapin; le chevalet et les onzes barres qui le supportaient étaient de fer. Ces barres étaient assujetties par une baguette de bambou, attachée au corps de l'instrument par des courroies de cuir, et reposaient aussi sur un morceau de peau. L'ornement circulaire était une partie du cadre de cuivre d'une gravure ou d'un miroir, et les figures rondes des boutons de cuivre français à l'effigie de Louis XVI. Les sons que les naturels tirent de cet instrument sont doux et assez harmonieux (1).

Plus on remonte le Zaïre moins on trouve d'objets de fabrique européenne entre les mains des indigènes. Une touffe d'herbes, travaillée dans le pays, formait le seul vêtement de la masse du peuple, et les gourdes remplacent les bouteilles de verre et les pots de terre. Les femmes sont presque dans un état complet de nudité; un petit tablier de la largeur de la main et de dix-huit pouces de longueur les couvre par devant et par derrière de manière à laisser les hanches à découvert. De tous les villages près desquels on passait, les femmes accouraient en foule pour voir des hommes blancs; elles venaient leur prendre la main, sans montrer la moindre timidité. Le prix que paye un naturel pour épouser une femme de la première classe, la fille du chenou par exemple, est quatre pièces de baftas, une pièce de toile de Guinée, et une certaine quantité de vin de palmier. Depuis Embomma, Tuckey ne vit plus d'hommes venir offrir leurs femmes; les Nègres de Bomma qui étaient à bord attribuaient cette réserve au peu de commerce que ceux du haut du fleuve ont avec les Européens, et assuraient que tous se regarderaient comme fort honorés de prêter leur femme ou leur fille à un blanc.

Les fétiches ne sont pas seulement vénérés comme des divinités protectrices, on invoque aussi leur concours dans des cas litigieux de justice criminelle. A cet égard on cite plusieurs faits qui montrent que les prêtres ou gangas emploient souvent les empoisonnements pour soutenir leurs impostures. Pendant que Fitz-Maurice était à la banza de Coulou, il fut témoin d'un fait de ce genre. On avait volé à une femme quelques racines de manioc; celle-ci s'adressa à un ganga pour avoir un fétiche qui forçât le voleur à les lui rendre. Voici en quoi consiste cette cérémonie. On expose le fétiche sur quelque place publique. Les habitants du village dansent autour de l'idole, et le conjurent par des hurlements d'indiquer le voleur, ou d'ordonner qu'avant tant de jours il dépose les

(1) *Tuckey's Narrative*, p. 123.

objets volés dans un lieu désigné ; ils supplient en même temps cette divinité nouvellement créée de le faire périr, lui et ses proches, s'il ne se conforme pas à cet ordre. Malgré toutes ces conjurations, le voleur ne fit point de restitution, et, au jour fixé, on retira le fétiche. Le lendemain, Fitz-Maurice entendit des cris perçants dans le village. Il envoya l'interprète pour en connaître la cause. Le Nègre revint lui dire que le fétiche avait tué le voleur, et que le bruit qu'on entendait étaient les cris des parents qui pleuraient autour de son corps. « Le défunt, ajoute Fitz-Maurice, était un indigène que j'avais eu plusieurs fois l'occasion d'employer. C'était un jeune homme d'une figure prévenante, qui pouvait avoir vingt-quatre ans. Je l'avais vu la veille en très-bonne santé, et cette circonstance, jointe à ce que j'appris qu'il était mort dans de cruelles convulsions, me porte à croire que plutôt que de laisser le moindre doute sur le pouvoir du fétiche, le ganga avait choisi ce malheureux pour être la victime de son imposture et l'avait empoisonné. »

Chaque village a son grand fétiche, appelé *Mevouga*. C'est une espèce de statue grossièrement sculptée, dont le corps est couvert de morceaux de fer, de plumes, de vieux chiffons, et que Tuckey compare aux épouvantails qu'on place dans les jardins pour effrayer les oiseaux. Chaque maison a ses dieux pénates mâles et femelles qu'on invoque en toute occasion. Le *ficus religiosa* est planté au milieu de toutes les places publiques, et, de même qu'en Orient, il est regardé comme sacré.

L'idée que les Nègres ont d'un état futur ne semble admettre ni punitions ni récompenses pour leur conduite sur la terre. Bons et méchants, tous après leur mort vont également dans le ciel, où ils jouissent d'une sorte de paradis mahométan. La justice est entre les mains des prêtres. Le meurtrier souffre la peine du talion, ou est vendu comme esclave. Il en est de même du voleur, à moins qu'il ne restitue l'objet volé. Le ganga et son kissey sont le grand jury qui prononce l'arrêt; mais les accusés subissent l'épreuve devant les principaux chefs. Cette épreuve consiste à mâcher l'écorce vénéneuse d'un arbre nommé *casa*. Si l'accusé est coupable le poison reste dans son estomac, et lui donne la mort; s'il est innocent il le rejette, et il est absous. Ainsi, la condamnation et la justification d'un homme dépendent du plus ou moins de force de son estomac.

Les banzas ou villes situées sur les rives du Zaïre, et que Tuckey a jugées dignes d'une mention particulière, sont *Lombi, Embomma, Coulou* et *Inga*.

En remontant le fleuve, on rencontre d'abord Lombi, résidence du *fouca* ou *mafouc*, qui signifie marchand du roi. C'est un village d'environ cent cases; c'est là que se tient le marché où s'arrêtent tous les navires marchands. Ce marché est mal approvisionné; le sel constitue sa principale branche de commerce.

Embomma est une banza royale ou la résidence d'un chenou. Elle est située dans une petite plaine sur le sommet d'une colline, et renferme environ trente habitations, composées chacune de deux ou trois cases, et entourées d'un enclos de roseaux entrelacés. Les maisons sont aussi construites avec les mêmes matériaux; elles peuvent être bâties en quelques minutes; le prix d'une de ces maisons n'excède pas celui de quatre volailles. On y entre par une porte carrée, ouverte dans un des côtés, et tout juste assez large pour qu'on puisse y passer en faisant des efforts; en face de cette porte est une fenêtre; ces deux ouvertures sont fermées la nuit par des espèces de volets en roseaux. L'habitation du chenou ne diffère des autres qu'en ce qu'elle contient une grande salle un peu mieux aérée et éclairée, formant une suite de cours intérieures et extérieures. Auprès de la principale entrée de la première cour on trouve un monceau de pierres communes, consacrées au culte; une multitude d'idoles en bois et en pierre grossièrement sculptées ornent tous les coins de l'édifice. L'une d'elles ressemblait, selon Tuckey, exactement aux images que l'on voit en Angleterre, représentant Bacchus assis sur un tonneau; seulement l'artiste lui avait mis une longue pipe dans la bouche et une lance sur l'épaule.

La banza Coulou ne contient pas

plus de trois cents âmes, non compris un petit nombre de pêcheurs, qui demeurent sur les rochers voisins du fleuve. La terre y est cependant assez fertile pour fournir avec très-peu d'industrie aux besoins d'un accroissement considérable de population; car on ne met pas en valeur la centième partie du sol susceptible de culture.

La banza d'Inga est située sur un plateau entouré de palmiers et d'adansonias. L'arbre safou, qui produit un excellent fruit, croît ici en abondance; les naturels l'appellent *koullou m'galo*. Les habitants d'Inga n'avaient jamais vu d'hommes blancs, et les seules marchandises européennes que l'on aperçût chez eux étaient une petite cruche de grès et quelques chiffons. Leur langue est un dialecte de celle d'Embomma, mais avec des différences considérables.

Habitants du Congo en général.

Les renseignements que les anciens voyageurs nous ont donnés sur les habitants du Congo en général s'accordent, sous beaucoup de rapports, avec les détails de Tuckey relatifs aux indigènes des bords du Zaïre. Cependant il y a quelques différences, dont nous allons indiquer les plus saillantes.

Suivant Lopez, les habitants du Congo se donnent le nom de *Mosiconges;* ils sont communément noirs, quoiqu'il s'en trouve un grand nombre dont la couleur tire sur l'olivâtre. Braun rapporte qu'ils tuent leurs prisonniers de guerre et les mangent; ce fait n'a pas été confirmé par les relations modernes. Ils regardent comme un signe de bravoure d'avoir coupé un grand nombre de membres virils à des ennemis vaincus; aussi ont-ils grand soin de recueillir et de conserver tous ceux qu'ils ont ainsi coupés, de les attacher ensemble au moyen d'une ficelle, et de suspendre à leur cou, dans de certaines occasions, ce singulier trophée de leurs exploits (1).

Les rois de Congo et leurs courtisans avaient autrefois pour habits des pagnes d'étoffe de palmier, qui leur tombaient depuis la ceinture jusqu'au dessous des genoux. Ils y suspendaient, en forme de tablier, des peaux de léopards ou de martres. Ils avaient sur les épaules, autour du cou, une sorte de capuchon, dont ils pouvaient se couvrir la tête. Le corps était couvert d'une espèce de surplis, appelé *inkutlo*, tressé de très-belles feuilles de palmier et bordé d'une frange; ce surplis se relevait sur l'épaule droite, pour laisser le bras en liberté, et sur la même épaule ils portaient une queue de zèbre flottante. Sur la tête ils avaient un petit bonnet carré, qui, ne pouvant les défendre de la pluie et du soleil, ne servait que pour l'ornement. La plupart marchaient pieds nus, à l'exception du roi et de quelques-uns des principaux seigneurs, qui portaient des sandales de bois de palmier, assez semblables à celles des anciens Romains. Le peuple n'avait qu'une pagne d'étoffe grossière, qui couvrait la partie inférieure du corps; tout le reste était nu. Les femmes esclaves et celles du dernier ordre étaient nues depuis la ceinture jusqu'à la tête.

Tel était le costume des habitants du Congo avant l'arrivée des Portugais; mais aussitôt que le roi et les principaux seigneurs eurent embrassé le christianisme ils ne tardèrent pas à se régler sur l'exemple de leurs maîtres. Ils prirent les manteaux à l'espagnole, le chapeau, la veste de soie, les mules de velours ou de maroquin et les bottines à la portugaise, avec des épées aussi longues qu'on en ait jamais porté dans la Castille. La nécessité réduit encore les pauvres à leurs anciens habits; mais les femmes de distinction imitent les usages des femmes de Lisbonne : elles ont la tête couverte d'un voile, par-dessus lequel la plupart mettent un bonnet de velours, orné de joyaux précieux; autour du cou elles portent des chaînes d'or.

Les indigènes ont été plus fidèles aux usages de leurs ancêtres pour ce qui concerne les aliments. Le maïs et le manioc forment encore la base de leur nourriture. Quand un habitant peut y joindre quelques petits lézards ou quelques rats, il se croit fort à l'aise. Deux espèces d'herbes, nommées *missanda* et *bredi*, bouillies dans l'eau, se prennent comme en Europe le thé ou le café.

(1) La même coutume existe chez quelques peuplades du royaume de Choa.

Jusqu'à l'arrivée des Portugais les Nègres du Congo n'avaient pas connu l'art de l'écriture. La date des principaux faits était la mort de quelque personne remarquable. « Cela est arrivé, disaient-ils, avant ou depuis la mort d'un tel. »

Parmi les instruments de musique les plus curieux nous en signalerons deux. L'un, qui sert dans les grandes fêtes et les réjouissances du peuple, ressemble au luth par le corps et le manche, mais le ventre est d'une peau fort mince; les cordes sont des poils de la queue d'un éléphant ou des fils de palmier, étendus d'un bout de l'instrument jusqu'à l'autre, et tenant à plusieurs anneaux fixés en différents points. A ces anneaux sont suspendues de petites plaques de fer et d'argent de différentes grandeurs et de différents sons. En pinçant les cordes, on remue les anneaux, qui font mouvoir aussi les plaques; et de tous ces sons il résulte une harmonie confuse qui n'est pas sans agrément.

L'autre instrument, dont on fait un grand usage, est ainsi décrit par Carli : « On prend une planche de bois, qu'on tend et qu'on bande comme un arc; on y suspend quinze calebasses, longues et sèches, de différentes tailles, percées chacune au sommet, avec un trou de moindre dimension à quatre doigts au-dessous. Le trou d'en bas est à demi bouché, et celui d'en haut est couvert d'une petite planche fort mince à quelque distance au-dessus. Le joueur attache aux deux bouts de l'instrument une petite corde, qu'il passe autour du cou pour le soutenir, et de deux petites baguettes, dont le bout est couvert d'étoffe, il frappe sur la planche, dont le retentissement se communique aux calebasses, et forme une harmonie très-agréable, surtout lorsque plusieurs personnes jouent ensemble. »

Pour former un concert les Nègres emploient cinq instruments, dont le premier décrit est le principal; ils y joignent quelquefois le *cassuto,* qui est une pièce de bois creux d'environ un mètre de long, couverte d'une planche taillée en manière d'échelle, c'est-à-dire avec de petites tranches disposées par intervalles; on râcle dessus avec un bâton. Cet instrument passe pour le tenor. La basse du concert est le *quilando,* qui est composé d'une fort grande calebasse, large par le fond et fort étroite au sommet, de la forme à peu près de nos bouteilles; on s'en sert comme du cassuto. Un bâton garni de petits grelots fait l'office du chapeau chinois dans notre musique militaire. L'*embouchi* est l'instrument du roi et des princes : c'est une espèce de trompette d'ivoire, composée de plusieurs pièces bien percées, qui s'emboîtent l'une dans l'autre, et qui sont ensemble de la longueur du bras; l'extrémité inférieure est de la grandeur de la main : on y applique les doigts, et le son se modifie suivant le resserrement ou l'allongement du tube. Cet instrument n'a point de trous latéraux, comme nos flûtes et nos hautbois. Le *longa* est composé de deux sonnettes de fer, liées par un fil d'archal, en forme d'arc; on bat dessus avec des baguettes. Les tambours sont construits avec des pièces de bois creusées et recouvertes d'une peau d'animal.

Dans l'intérieur du Congo on ne voyage que par caravane, et, comme il n'y a pas de chevaux, on se fait porter couché dans des hamacs ou assis dans une espèce de fauteuil, abrité sous des parasols. Quelques voyageurs se font porter sur les épaules de leurs propres esclaves, ou par des porteurs de louage, qui se trouvent prêts à se relever sur la route. Ceux qui sont obligés de faire beaucoup de diligence prennent avec eux un grand nombre d'esclaves qui, se relayant au moindre signe de lassitude, n'avancent pas moins que le meilleur cheval au trot.

Les missionnaires ne sont pas parvenus à faire abandonner aux indigènes leurs anciennes coutumes relatives au mariage; ainsi les habitants du Sogno sont dans l'usage de vivre quelque temps avec leurs femmes avant de s'engager dans l'alliance matrimoniale, pour apprendre à se connaître mutuellement par cette épreuve. La méthode chrétienne leur paraît contraire au bien de la société, parce qu'elle ne permet point qu'on s'assure auparavant de la fécondité d'une femme, ni des autres qualités convenables à l'état conjugal. Ce contrat est fort simple : les parents d'un jeune homme envoient à ceux d'une jeune fille pour laquelle il prend de l'inclination un présent, qui passe pour le douaire, et leur font proposer leur alliance. Ce présent est accompagné d'un grand flacon de vin de palmier. Ce vin doit être bu par les parents de la fille avant que le présent soit accepté; condition si nécessaire, que la conduite du père et de la mère passerait autrement pour un outrage. Ensuite le père fait la réponse. S'il retient le présent, il n'a pas besoin d'autres explications pour marquer son consentement. Le jeune homme et tous ses amis se rendent aussitôt à sa maison, et reçoivent sa fille de ses propres mains. Mais si quelques semaines d'épreuves et d'observation font connaître au mari qu'il s'est trompé dans son choix, il renvoie sa femme, et se fait restituer son présent. Si les sujets de mécontentement viennent de lui, il perd son droit à la restitution. Mais de quelque côté que puisse venir le tort, la jeune femme n'est pas regardée avec plus de mépris, et ne trouve pas moins l'occasion de subir bientôt une nouvelle épreuve.

Les femmes ont aussi le droit de mettre leurs maris à l'essai, et on a reconnu qu'elles sont plus inconstantes et plus opiniâtres que les hommes; car on les voit profiter plus souvent de la liberté qu'elles ont de se retirer avant la célébration du mariage, quoique leurs maris n'épargnent rien pour les retenir. Merolla raconte qu'ayant été appelé pour confesser une mère dont la fille était dans l'état d'épreuve, il lui déclara qu'il ne pouvait lui donner l'absolution si elle n'obligeait sa fille à se marier. Elle répondit : « Mon père, je ne donnerai point à ma fille un juste sujet de me maudire après ma mort, en la forçant de prendre un mari pour lequel elle n'ait pas d'inclination. » — Il faut avouer qu'il y a à cet égard souvent moins de bon sens en Europe qu'au Congo.

L'usage de la polygamie autorisant les Nègres du Congo à prendre autant de femmes qu'ils en peuvent nourrir, celles-ci deviennent les esclaves de leur époux, avec cette restriction qu'un Nègre qui épouse la fille d'un seigneur suzerain, ou d'un homme quelconque son égal, ne peut la vendre. Le mari, ou plutôt le maître, vit indistinctement avec toutes ses femmes, et leur distribue ses faveurs suivant sa fantaisie; chaque femme vit avec sa famille dans une case séparée. Une seule cour est commune à toutes ces cases. Assez ordinairement les femmes se réunissent ensemble auprès de leur mari, surtout à l'heure à laquelle on boit le vin de palmier. Aux époques de leur menstruation, elles sont exclues de ces assemblées; la femme est alors réputée impure, et se dérobe à tous les yeux; elle doit rester enfermée pendant six jours, sans être aperçue par aucun être vivant : si, par mégarde ou autrement, elle se laisse voir, les six jours de retraite recommencent. Ses compagnes lui apportent les aliments à la porte de sa case, où elle les prend après qu'on s'est éloigné. Après la cessation des menstrues, la femme s'enduit de terre rouge depuis la tête jusqu'aux pieds; puis elle va se baigner. Les femmes ne sont pas d'ailleurs les seules qui fassent usage de terre rouge pour se nettoyer : les hommes l'emploient aussi; ils laissent un petit cercle de cette couleur autour des ongles de leurs pieds et de leurs mains, pour attester leur propreté (1).

Les princes et les princesses ont le droit de prendre des maris et des épouses partout et quand il leur plaît. Cependant, pour prévenir le libertinage des princesses et assurer leur fécondité, la coutume exige qu'elles n'aient qu'un mari à la fois. L'homme choisi par une princesse ne peut avoir aucune autre femme, sous peine de la vie; il ne doit ni en voir ni en être vu; aussi toutes les fois qu'il sort est-il précédé d'une espèce de cloche de muletier, que l'on appelle *gongon*. Le porteur de cet instrument annonce à haute voix son passage; à ce signal toutes les femmes se retournent et mettent la main sur leurs yeux, ou s'écartent du chemin jusqu'à ce qu'il soit passé. Pour adoucir cet état de servitude, le mari d'une princesse jouit du titre et des priviléges de prince tant que sa femme vit avec lui. S'il est répudié il rentre dans son premier état; mais si son épouse meurt avant de s'en

(1) Degrandpré, tome I, p. 103.

être séparée, il retient toute sa vie le titre et les honneurs de son rang; on le nomme alors *nouni'm foumou*, mari de princesse. Il arrive souvent que pour conserver son rang le mari se hâte de rendre mère la princesse, et de l'empoisonner après l'accouchement; ensuite il se purge par l'épreuve, et en sort acquitté, moyennant des présents. Il fixe ainsi son sort, en retenant chez lui son enfant prince né, qu'il élève avec soin, et dont il est protégé.

Dans les grandes assemblées, à l'occasion de quelque solennité, on se livre aux plaisirs de la danse, de la musique et des pantomimes voluptueuses; on y boit surtout beaucoup d'eau-de-vie. Degrandpré fut témoin d'une de ces fêtes, en 1787, à la mort du roi. Le corps du défunt fut exposé suivant l'usage, et tous les princes vassaux vinrent lui rendre hommage, chacun selon le rang de sa naissance. Ils arrivèrent à la tête de leurs serfs, rangés en bataillons et marchant en assez bon ordre. Chaque bande, en entrant dans la plaine qu'on avait défrichée à dessein, allait occuper la place qui lui était destinée. La totalité des troupes était disposée dans la forme d'un grand cercle autour du mort. La pantomime fut exécutée par plusieurs personnages vêtus d'une espèce de sac, couvert de plumes blanches bizarrement cousues. Leur tête était surmontée d'un capuchon semblable à un casque, et leur figure était masquée par le bec et la moitié d'un pélican. Ils portaient avec fierté un priape énorme, qu'ils agitaient par un ressort, accompagnant ce mouvement d'attitudes et de gestes de la plus dégoûtante indécence. Cette cérémonie paraissait plaire infiniment aux spectateurs, et surtout aux femmes du défunt, qui étaient au nombre de sept, avec quatre enfants rangés autour du corps. La fête fut du reste semblable aux autres : on y dansa beaucoup, on y hurla, on y fit des fétiches, et l'on tira force coups de fusil en l'air; enfin on défila autour du cadavre, après avoir fait le *sanga*.

Le sanga est tout à la fois une chanson de guerre, une imprécation, un défi, un signe de réjouissance. Il exige beaucoup de souplesse dans l'individu qui joue le principal rôle. C'est une pantomime passionnée et bizarre, accompagnée de courses rapides, de culbutes et de gambades. Pendant sa durée les spectateurs font continuellement le *saquilla*, sorte de salut qui consiste à remuer les doigts en montrant la main à la personne à laquelle on le destine ou à allonger les deux bras vers elle, en joignant les deux mains et les frappant l'une contre l'autre. Lorsque ce salut se fait d'égal à égal on reste debout; mais lorsque c'est à un prince que l'on rend hommage il faut se mettre à genoux.

Voici les détails que Degrandpré donne sur les cérémonies funèbres chez les indigènes du Congo. Dès qu'un habitant est mort on le revêt de ses vêtements les plus précieux, et on l'expose sous un hangar, où ses amis viennent le pleurer deux fois par jour. Le lendemain on bâtit derrière le hangar une autre case pour le cadavre, et on lui substitue un simulacre auquel on continue de rendre les mêmes honneurs funèbres. Le cadavre est lavé avec une forte décoction de manioc, qui a la propriété de dessécher la peau et de la blanchir comme la chaux. On le pose ensuite dans l'attitude prescrite par le fétiche : il a la face tournée vers le couchant, les genoux pliés légèrement, le pied gauche relevé en arrière, le bras droit tombant allongé, la main droite fermée, tournée vers l'orient, le bras gauche levé, la main gauche ouverte, les doigts écartés et crochus, tournés vers le couchant, comme un homme qui voudrait saisir une mouche au vol. Lorsque le cadavre est ainsi assujetti, à l'aide d'un feu continuel, mais léger, que l'on entretient au-dessous, on commence à vider les intestins et à le sécher comme du parchemin. Dès qu'il est suffisamment blanchi, on l'enduit d'une couche épaisse de terre rouge; et quand tout est sec, on commence à le couvrir d'étoffes; c'est ce que les Nègres appellent *paquer*. Cette opération consiste à envelopper le corps de macoutes cousues ensemble, jusqu'à ce qu'il ne présente plus qu'une masse d'étoffes. Plus le défunt est riche, plus le paquet est gros; bientôt la maison est trop petite, on en construit une nouvelle; et la masse augmentant tous les jours, on est obligé d'en faire une plus grande, jusqu'à ce que l'héritier trouve enfin son parent assez gros; alors on cesse de l'entourer de macoutes, et on leur substitue des étoffes d'Europe, des toiles bleues, des indiennes, du drap et des soieries. Au jour fixé, on traîne cette masse informe à la fosse, dans laquelle on a élevé une maison sans toit, assez grande pour contenir le mort; on lui sert à manger et à boire pour un certain temps; on remet le toit, et l'on couvre le tout de terre, laissant quelques pierres pour indiquer le lieu de la sépulture.

Les cérémonies funèbres se modifient sous quelques rapports, suivant le rang des personnages et la différence des provinces.

Cavazzi donne les renseignements suivants sur les funérailles des habitants de Matamba : Lorsqu'un Nègre vient à mourir, ses esclaves, ses parents et ses amis se rasent entièrement la tête en signe de deuil; et, après se l'être frottée d'huile ainsi que le visage, ils se couvrent de poudres de différentes couleurs, mêlées de plumes et de feuilles sèches pilées. Cette cérémonie n'est observée qu'à la mort des simples particuliers; après le décès d'un prince ou d'un gouverneur on se rase seulement le dessus de la tête, et on la ceint d'une lisière de toile ou d'écorce d'arbre, comme on le pratique dans les maladies; on s'enferme ensuite pendant huit jours, sans sortir de sa case pour quelque raison que ce puisse être. Quelques-uns joignent à cette retraite un jeûne austère de trois jours, pendant la durée duquel ils se condamnent à un silence absolu. Si quelque nécessité les oblige de répondre à quelques demandes, ils le font par signes, à l'aide d'un petit roseau qu'ils portent à la main.

Dans quelques contrées, les veuves croient que les âmes de leurs maris viennent, après la mort, se reposer sur elles, surtout lorsqu'elles ont vécu avec eux dans une parfaite union. Cette croyance les jette dans des terreurs continuelles, dont elles ne se délivrent que par le secours d'un prêtre qui les plonge plusieurs fois dans l'eau, et leur persuade que ces ablutions chassent l'objet de leur frayeur. Après cette cérémonie elles peuvent se remarier, sans craindre les reproches et les mauvais traitements de leurs maris défunts.

Cavazzi assure que les Nègres du Congo croient que l'homme quitte en mourant une vie misérable, pleine de traverses et de peines, pour entrer dans une autre remplie de félicités et de plaisirs. C'est sur cette opinion qu'ils s'appuient pour justifier les mauvais traitements qu'ils infligent aux malades pour hâter leur mort. Cavazzi a vu plus d'une fois les parents d'un Nègre à l'agonie lui tirer le nez et les oreilles de toutes leurs forces, lui donner des coups de poing sur le visage, lui agiter les bras et les jambes avec violence, et lui fermer la bouche pour l'étouffer plus promptement; d'autres le prenaient par les pieds et par la tête et le laissaient tomber après l'avoir élevé le plus haut qu'il leur était possible; d'autres se mettant à genoux sur sa poitrine, la foulaient de manière à la rompre. Ces malheureux s'imaginaient devoir agir ainsi par compassion, pour éviter au malade les douleurs d'une longue agonie, et le délivrer plus promptement des peines de la vie terrestre.

Le gouvernement des différents États du Congo est despotique. A Cabinda, à Malemba, à Sogno, à Mayomba et Sainte-Catherine, le trône est héréditaire. Le royaume de Loango seul est électif. Le roi de Loango exerce une sorte de droit de suzeraineté sur tous les autres États de cette côte, qui lui payent un tribut de quelques femmes à des époques assez éloignées, et surtout à son avénement. Dans les interrègnes l'État est gouverné par un conseil de régence, composé des principaux officiers de la couronne, qui sont le mafoue, le maquimbe, le monibanze, le monibèle et le soldat-roi. Le roi, que les naturels appellent *foumou mnéné*, le grand prince, est le maître absolu : il nomme et destitue ses officiers suivant son bon plaisir, dispose de la vie et de la liberté de tous ses sujets, les princesnés exceptés. L'impôt porte particulièrement sur le luxe et sur les richesses.

Le code judiciaire du Congo est très-simple et très-court. Un crime est-il commis, le premier soin est de saisir le coupable. Lorsqu'il est pris les juges s'assemblent; l'accusé est amené devant le tribunal et se défend. La loi est précise : a-t-il tué, il est mis à mort; a-t-il blessé au sang, il faut qu'il paye un esclave ou qu'il le devienne lui-même; a-t-il volé, il faut qu'il paye une amende; a-t-il commis un adultère, il doit la valeur d'un esclave au mari; a-t-il vendu un Nègre qui n'était pas à lui, il est mis à mort, ou fournit un vassal à sa place. Le jugement est rendu séance tenante, et exécuté à l'instant : si l'accusé est condamné à mort, il est déchiré par lambeaux sur-le-champ. Quand le crime n'est pas complétement prouvé les prêtres interviennent, et on a recours aux epreuves.

ANGOLA.

L'Angola ou Dongo s'appelait autrefois *Ambonde,* et ses habitants se nomment encore *Ambondos*. Cette contrée, selon Dapper, est bornée au nord par le Congo, dont elle est séparée par la rivière de Danda; à l'est, par le pays de Matamba; au sud, par le Benguella; à l'ouest, par l'Océan.

Sa situation est entre 8 et 11 degrés de latitude australe. On lui donne environ cinq cent dix milles de longueur de l'est à l'ouest, sur cent quatre-vingt-dix de largeur du nord au sud.

La *Couenza* ou *Coanza* est le principal fleuve du pays. On n'en connaît pas encore la source, quoiqu'on ait prétendu qu'elle la tirait (comme les autres grands fleuves de l'Afrique) du lac Zambère. D'après les renseignements, fort vagues d'ailleurs, que Douville a obtenus d'un indigène, la Couenza sort du mont Hélé, dans le pays des Mumbos, entre le 12ᵉ et le 13ᵉ degré de latitude australe, et entre les 25ᵉ et 26ᵉ degrés de longit. est. Ce mont paraît être très-élevé et couvert de neiges perpétuelles. Au rapport du même indigène, le Zaïre prend sa source dans une ramification du mont Hélé (1). La Couenza a, selon Dapper, beaucoup de ressemblance avec la rivière de San-Lucar en Espagne. Sa largeur, à l'embouchure est d'environ une lieue; sa plus grande profondeur est du côté du nord. L'embouchure est à six lieues au sud de la rade des Dormeurs, à vingt du cap Palmarinho, et à sept du cap Ledo au nord. Dans la haute marée son canal a douze pieds d'eau, qui se réduisent à quatre après le reflux.

Ce fleuve ne manque point d'eau dans l'intérieur; mais il est obstrué par de grandes cataractes qui ne permettent pas de remonter au delà de Cambambe, village à cent quatre-vingts milles de la mer. Il descend de l'est à l'ouest, par d'innombrables détours, qui font compter trente lieues par eau depuis son embouchure jusqu'à l'île de Mochiama, pendant qu'en ligne droite, par le chemin de terre, il n'y en a pas plus de vingt. Il n'est pas aisé de reconnaître la Couenza du côté de la mer, parce qu'elle présente une île couverte de bois, qui la cache presque entièrement. Elle forme dans son cours plusieurs autres îles, dont quelques-unes sont assez considérables. L'île de Massandar ou Massandra, qui est à trente lieues de l'embouchure, n'a pas moins de quatorze milles de long sur deux de large; elle produit beaucoup d'espèces de végétaux utiles, surtout du manioc d'une épaisseur extraordinaire, du millet qui donne trois moissons chaque année, des palmiers et des goyaves. A environ trente-six milles plus haut on trouve une autre île, nommée Mochiama ou Muchima, longue de dix milles et large de deux. Le sol en est bas, à l'exception de deux montagnes, dont les pâturages nourrissent un grand nombre de chèvres, de moutons, de porcs et de volaille. Le lit du fleuve est étroit et pierreux, son courant rapide et profond; mais il ne présente aucun danger. Deux forts construits par les Portugais sur ses rives servent à leur en assurer la navigation ainsi qu'à leurs alliés.

Suivant Feo Cardozo (1), le climat d'Angola n'est pas malsain. Les fortes chaleurs qu'on y éprouve sont toujours tempérées par des vents de mer. Cependant les Européens ont besoin de prendre des précautions pour éviter des fièvres souvent mortelles, et pour se

(1) Douville, *Voyage au Congo*, tome II, p. 370.

(1) C'est à Feo Cardozo (*a Historia dos governadores,* etc.; Paris, 1825) qu'on doit les renseignements les plus précis sur l'Angola.

garantir des autres maux qui assiègent les indigènes.

La ville de Loanda (Saint-Paul de Loanda) est la capitale où réside le gouverneur général portugais. Elle se divise en haute et basse ville, et offre un coup d'œil admirable, disposée en amphithéâtre. Elle est défendue par trois forteresses et deux petits forts. La garnison consiste en deux cent cinquante ou trois cents soldats de troupes de ligne, et environ deux cents hommes de milice. La forteresse de Saint-Michel est sur une hauteur, et domine la ville basse; celle de Penedo est sur le bord de la mer, et ses batteries sont à fleur d'eau; elle sert de magasin à poudre. La forteresse de Saint-Pierre croise ses feux avec ceux du petit fort à la pointe de l'île. La ville a la forme d'un fer à cheval, et paraît beaucoup plus considérable qu'elle ne l'est réellement. Elle est bien bâtie, ses rues sont bien alignées et larges; quelques maisons sont en pierre, la plupart sont en briques; l'extérieur est blanchi à la chaux, ce qui éblouit la vue, par un soleil éclatant. Le sol des rez-de-chaussées et les trottoirs sont couverts de coquillages incrustés dans la chaux. Les négociants habitent toujours le premier étage : le rez-de-chaussée sert de magasin pour le vin, l'eau-de-vie, et pour tous les objets qui n'attirent pas l'humidité. Les marchands et les cabaretiers occupent aussi cette partie de la maison. Les églises sont bien construites et nombreuses. Le palais du gouverneur est vaste, et offre toutes les commodités désirables. Il y a une boucherie, mais elle est mal fournie. Le pauvre peut à peine se procurer un peu de viande une fois en quinze jours. Les autorités, qui sont toujours les premières servies, n'en manquent jamais, et elles ne s'occupent pas des besoins du peuple. Le poisson est très-abondant sur la côte. Le Nègre va très-loin au large dans un frêle canot, afin de se procurer une capture plus variée, et d'obtenir la préférence au marché. L'hôpital de Loanda est assez bien tenu. Tout individu malade peut s'y faire porter et y être traité dans une chambre particulière : il y trouve tous les soins nécessaires, qu'il ne pourrait pas se procurer chez lui, parce qu'il n'y a que deux chirurgiens dans toute la ville, nombre très-insuffisant (1).

Loanda reçoit directement du Portugal de l'eau-de-vie, du vin, de la farine et diverses provisions, du poisson sec, des confitures et quelques produits manufacturés; mais le commerce le plus important se fait avec le Brésil, qui expédie les mêmes objets que le Portugal, et de plus du sucre et du tafia. Le vin et les liqueurs spiritueuses payent des droits d'entrée à peu près insignifiants; les autres marchandises en sont exemptes. La ville de Loanda est l'entrepôt d'un commerce assez considérable avec l'intérieur. Lorsque la traite était licite les négociants y faisaient de rapides et brillantes fortunes. Le négoce de détail est entièrement entre les mains des Quitanderas. Ce sont des Négresses aisées, et même riches. Elles s'habillent de pièces d'indiennes, qu'elles drapent avec beaucoup de goût; elles sont couvertes de chaînes et d'anneaux d'or, car les Noirs se plaisent à faire étalage de leurs parures. Elles élèvent dans les rues principales de petites cabanes avec quatre bâtons plantés dans le sable, et couvertes d'une toile; elles s'y asseyent au milieu de toutes leurs marchandises. Elles vont aussi dans les maisons, suivies d'esclaves qui portent ce qu'elles ont à vendre.

La ville de Loanda n'a d'autre eau potable que celle que l'on y fait venir du Bengo, et qui est insalubre : le lit de ce fleuve est vaseux; les habitants y jettent toutes sortes d'immondices; les feuilles des arbres, et les arbres même que les torrents y entraînent, y pourrissent; ce qui, avec les cadavres des crocodiles, remplit son eau de miasmes délétères. Les filtres ne peuvent lui enlever toutes ses parties malfaisantes.

La population de Loanda, y compris les esclaves domestiques, s'élevait en 1828 à cinq mille cent cinquante-deux individus. Depuis que la traite des noirs est interdite, le négociant n'a plus d'autre ressource que le trafic de la cire et de l'huile, ce qui est d'une très-mince importance. Les revenus consistent dans l'impôt sur les maisons, sur

(1) Douville, *Voyage au Congo*, tome I, p. 44.

la pêche et sur la viande; les dépenses pour les militaires, les employés civils, les courriers, les pensions, le clergé et autres objets, dépassent beaucoup la recette. Si le Portugal se trouve ainsi réduit à la triste alternative d'envoyer de l'argent dans ses colonies d'Afrique pour subvenir aux frais qu'elles exigent ou de les abandonner, c'est un résultat de ses anciennes habitudes et d'un système vicieux, qui consiste à vouloir tirer du profit d'un pays où l'agriculture est complétement négligée. Les récoltes que le sol offrait jadis spontanément ont cessé, et aujourd'hui il faut semer pour recueillir. Si le gouvernement de Lisbonne eût encouragé le commerce, s'il eût favorisé les communications de ses établissements avec l'intérieur de l'Afrique, en ouvrant des routes, et en construisant des ponts sur les rivières et les ruisseaux, qui interceptent le passage dans le temps des pluies; s'il eût favorisé l'agriculture; s'il eût donné des récompenses aux négociants qui auraient fondé des manufactures de sucre et d'eau-de-vie; s'il eût accordé des primes aux planteurs pour l'exportation du café qui croît naturellement dans le pays; en un mot, s'il eût fait ce qu'on est en droit d'attendre d'une administration sage et prévoyante, il verrait aujourd'hui ses possessions florissantes, malgré l'abolition de la traite des Nègres.

L'île de Loanda, à quelques centaines de mètres de la côte, est située presque en face de la ville du même nom. Elle abonde en excellentes eaux douces. Il suffit de creuser dans le sable un trou d'un pied de profondeur pour y trouver une eau limpide et de bon goût, qui remplit toujours la fosse aussi promptement qu'on y puise. Mais ce qui est remarquable, c'est que dans l'intervalle de vingt-quatre heures l'eau qui reste exposée à l'air dans la fosse devient salée, de sorte qu'il faut creuser un nouveau trou. Les habitants prétendent que c'est l'eau de la mer qui devient douce en filtrant à travers le sable. S'il en était ainsi, elle ne serait pas douce sur les bords mêmes, à deux pieds de la mer, parce que là elle n'aurait pas eu le temps de perdre sa salure; d'ailleurs, on en trouve au milieu de l'île, qui est très-élevée au-dessus du niveau de l'Océan. Probablement cette eau appartient à quelque grand réservoir d'une source qui vient du continent, et qui jaillit dans cet endroit. Il est à remarquer que l'eau y est maintenant beaucoup plus abondante qu'autrefois, surtout depuis que les eaux de la Couenza ont, à l'embouchure de ce fleuve, amassé entre l'île et la côte, au sud de la ville, une quantité si grande de sable, que les vaisseaux ne peuvent plus entrer par cette passe, qui est entièrement comblée. Les eaux filtrent à travers ces bancs de sable, et parviennent ainsi dans l'île, qui n'est elle-même qu'un banc très-élevé.

Le terrain aux environs de la ville est peu boisé, les végétaux y sont rares; ce qui contribue beaucoup aux maladies qui tous les ans causent des ravages parmi les habitants et les étrangers. Les pluies, très-rares dans les autres saisons, sont très-abondantes dans les mois de mars et d'avril; le Bengo inonde alors toute la campagne qui entoure la ville; et lorsqu'il rentre dans son lit il laisse les lieux bas et les marais remplis d'eaux qui croupissent et exhalent, en séchant, des vapeurs pestilentielles.

Une des principales causes de l'insalubrité de Loanda est l'entassement de nombreux esclaves dans l'intérieur de chaque maison; les règles les plus simples de l'hygiène ne sauraient être observées au milieu de cette foule d'hommes, et les germes des maladies se développent rapidement. Une autre cause de mortalité non moins puissante est la débauche à laquelle se livrent les habitants. Il n'existe à Loanda aucun divertissement public, mais on se dédommage de cette privation par les excès de la table. Chez les gens riches ce sont chaque jour des festins. Les mets sont assaisonnés de beaucoup de piment, et tout se mange très-chaud. Les meilleurs vins de Porto et de Lisbonne coulent à grands flots. Les femmes ne sont pas plus sobres que les hommes; elles participent volontiers à toutes les fêtes, qui se terminent toujours par des scènes blessant la pudeur. Elles sortent rarement, mais elles saisissent toutes les occasions d'apporter quelque changement à leur existence monotone; c'est surtout dans l'île de

Loanda qu'elles vont le plus volontiers chercher les distractions qui leur plaisent. Les négociants y ont des maisons entourées d'arbres; ils y invitent leurs amis, et y donnent des rendez-vous.

Le Nègre est passionné pour la danse : son corps se met en mouvement au moindre son du tamtam ou batouke. Voici comment s'exécute la danse la plus ordinaire : les danseurs forment un cercle; un homme s'avance au milieu, fait beaucoup de contorsions et pirouette longtemps seul; ensuite il court vers une femme, dont il frappe le ventre avec le sien; la femme, qui le voit venir, tient le sien si tendu que le choc des deux corps retentit plus haut que le son de la musique, qui cependant est étourdissante. La femme ainsi provoquée quitte sa place, s'avance à son tour au milieu du cercle, pirouette aussi longtemps qu'il lui plaît, et finit par s'adresser à un homme de la même manière qu'elle a été invitée; la danse continue ainsi jusqu'à ce que les musiciennes soient fatiguées. Quelquefois, pour animer davantage le divertissement, les danseurs ou danseuses feignent de provoquer quelqu'un, et au moment de le toucher ils se reculent et vont donner à un autre le coup de ventre désiré. Que l'on se peigne l'obscénité de cette danse dans un pays où la chaleur suffit pour tenir les sens dans un état fébrile permanent, état qui ne peut être qu'augmenté par la boisson, les attouchements, la nudité presque complète, les paroles et les chansons les plus libres.

Les hauteurs qui dominent la côte, entre Loanda et Benguella, sont formées par des couches inclinées du sud au nord; elles ne s'élèvent en général qu'à cent ou cent vingt-cinq pieds au-dessus du niveau de l'Océan. Le reste du terrain est uni et presque à fleur d'eau. En plusieurs endroits les couches n'offrent que des agglomérations de coquillages, de sable et de galets. Rien n'y est régulier, c'est l'image du chaos. Les pentes offrent des crevasses escarpées où l'on distingue des dendroïtes curieux sur de grand coquillages. Dans les lieux moins élevés on aperçoit diverses couches de coquilles marines et des ossements fossiles. Les couches sont en général rompues et déplacées; elles sont dirigées vers le nord : l'inclinaison varie de sept à vingt degrés. « Je n'ai vu nulle part, dit Douville, un si grand mélange d'objets différents, et si confusément rassemblés. Il faut beaucoup d'attention pour suivre les caprices ou plutôt les effets de la convulsion de la nature. » (1)

Feo évalue à trois cent mille âmes la population soumise aux Portugais dans le royaume d'Angola et ses dépendances. On peut diviser cette population en trois classes : les Européens, les indigènes et la classe qui résulte du mélange des deux autres, c'est-à-dire la blanche, la noire et la brune. La première classe se compose d'employés civils et militaires venus du Portugal, d'insulaires ou d'habitants des îles Açores et des condamnés qui servent, lorsqu'ils se conduisent bien, à recruter les troupes, ou qui sont employés à des travaux publics. Cette classe est la moins nombreuse; le peu de séjour que font dans le pays plusieurs de ceux qui la composent et la grande mortalité qu'elle éprouve, par suite du climat, sont les causes toujours renaissantes qui s'opposent constamment à son augmentation. La classe des indigènes est la plus nombreuse; elle est, en général, laborieuse, patiente, intelligente, et montre une aptitude particulière aux arts mécaniques. La classe mixte des gens de couleur est moins vigoureuse, moins apte à des travaux variés que celle des indigènes; d'ailleurs elle est peu nombreuse, parce que le mélange continuel des classes extrêmes efface à la longue les nuances qui les séparent. Quoiqu'il y ait une importation continuelle d'Européens, cependant la population d'Angola et de ses dépendances diminue progressivement. Les états de mortalité et des naissances ne laissent aucun doute sur cette triste vérité.

La plupart des habitations sont en bois et en paille; on en voit peu en pierres et en briques, si ce n'est dans les villes. La nourriture ordinaire des habitants consiste en manioc, en millet et en une espèce de fève nommée *maïdona*, qui sert aussi à nourrir les pauvres et à engraisser les porcs quand on veut donner à leur chair un excellent

(1) *Voyez* Douville, tome I, p. 60.

goût. La chasse et la pêche suppléent occasionnellement aux moyens de subsistance que donne l'agriculture. Les poissons se trouvent dans les fleuves et dans la mer en si grande abondance, que les habitants en tirent une huile très-bonne, et ce qu'ils ne consomment pas ils l'exportent.

Le fer est si commun dans le pays d'Angola, que les Nègres l'extraient, le travaillent sans machine, et qu'ils en envoient régulièrement un certain nombre de barres au trésor de la colonie. Avec le cuivre qu'ils retirent des mines d'Encoge et de Novo-Redondo, ils fabriquent des bracelets, des colliers, des ornements de toute espèce et la plupart des armes dont ils se servent. Quant aux mines de métaux précieux, pour lesquelles les Portugais ont entrepris tant de guerres, leur existence dans ce pays est au moins douteuse. Il y a des mines de sel commun près de la capitale, dans un lieu nommé Cacuaco, et près de Benguella la Neuve. Mais rien n'égale l'abondance des mines de soufre qui existent dans le royaume de Benguella. Au rapport de ceux qui les ont vues, le soufre s'y trouve sans mélange; la gangue est très-vaste, s'étend à une grande profondeur, et commence à la superficie du sol; de sorte qu'on extrait cette substance uniquement par excavations, avec peu de travail, et sans aucune préparation. Il y a en outre pres de Dande une source de pétrole ou bitume, qui s'écoule en si grande abondance des fentes d'une montagne, qu'on l'emploie dans le pays comme du goudron. On recueille aussi beaucoup de cire, et on en obtiendrait une plus grande quantité si les Nègres n'avaient pas la coutume barbare de tuer les essaims d'abeilles pour s'emparer des ruches.

La plupart de ces productions sont consommées par les habitants; cependant quelques-unes s'exportent. Des farines, des légumes, du bétail, des volailles, des viandes séchées ou salées, l'huile, sont livrées au commerce pour l'approvisionnement des vaisseaux. Le commerce de l'ivoire est un monopole réservé au gouvernement. Les dents se divisent en trois classes : celles qui ne pèsent pas plus de seize arratels ou livres de Portugal, sont l'ivoire qu'on appelle menu; celles qui pèsent de seize à trente-deux livres se nomment ivoire moyen; et celles qui pèsent plus de trente-deux livres et au-dessus forment l'ivoire légal. Pour la première sorte d'ivoire on ne paye pas 40 réaux l'arratel; 160 réaux pour la seconde sorte, et pour la troisième 320 réaux. Il résulte de ce tarif que les Nègres abandonnent dans les bois les très-grosses dents, ou toutes celles qui pèsent beaucoup plus de trente-deux livres; parce que, quoique plus lourdes à transporter, elles ne leur sont pas payées davantage. Les commerçants exportent aussi une certaine quantité de cire, qui serait beaucoup plus considérable si l'on instruisait les Nègres à ne pas détruire les essaims. On exporte encore pour les autres colonies portugaises une certaine quantité de faïence et de poterie de terre, des briques et des tuiles. Mais, pour la honte de la civilisation, la branche la plus importante du commerce de ce pays était autrefois la traite des noirs. Le nombre de ceux qu'on a transportés d'Angola au Brésil, depuis 1816 jusqu'en 1819, a été de cinquante trois mille quatre cent vingt-sept individus; il en est, en outre, sorti quatre cent vingt-huit de Benguella dans une seule de ces années. Enfin, Feo affirme que la quantité d'esclaves expédiée officiellement par les douanes a excédé vingt-deux mille par an. Si à ce nombre on ajoute tous ceux qui sont sortis en fraude des autres ports de la côte, on aura une idée de la dépopulation que ce commerce a causé à l'Afrique occidentale, et du nombre considérable de bras qu'on a enlevés à sa culture, à la pêche et à l'exploitation de ses mines.

Les importations dans le royaume d'Angola consistent en riz, sucre, eau-de-vie, vin, vinaigre, beurre, huile, graisse, baïettes, qui est une sorte de flanelle, indiennes, toiles de coton peintes, nankins, mouchoirs, bonnets, bas de toutes sortes de qualités; et enfin en poudre à canon, en armes à feu, en tabac préparé et en rouleau.

Le gouvernement civil et militaire de toutes ces possessions est confié à un seul homme, qui a le titre de gouverneur et capitaine général du royaume d'Angola et dépendances, et qui, comme dans toutes les autres colonies portugaises, a le commandement général de la force armée, nomme à un grand nombre d'emplois, présente au roi pour les autres, fait la paix et la guerre, administre la justice et les finances, a le droit de grâce, et est responsable de tout. Il n'y a d'autre digue à un aussi grand pouvoir que l'obligation de ne rien décider d'important sans avoir entendu son conseil. Ce conseil se compose de trois officiers militaires, du secrétaire du gouvernement, de l'auditeur, du juge, et de quelques négociants. Les autorités secondaires qui commandent dans les présides et dans les districts sont tous des officiers militaires, qui ont les titres de capitaines-majors ou de régents; tous sont nommés par le capitaine général : cependant pour quelques-uns les choix du capitaine général doivent être soumis à l'approbation du roi.

Le gouvernement ecclésiastique est confié à un évêque, nommé évêque d'Angola, et qui est en même temps évêque titulaire du Congo. Il a dans la capitale son siége épiscopal, et un chapitre composé de cinq dignitaires, deux chanoines et un petit nombre de prêtres, qui, en y comprenant les religieux des couvents, sont loin d'être en nombre suffisant pour desservir les paroisses.

D'après les comptes de finance rendus en 1819, le revenu de l'année a été, pour l'Angola, de 175,202,419 réaux; pour le Benguella, de 37,287,160 réaux : total, 212,489,579 réaux, ou environ 1,427,000 fr. monnaie de France. Les dépenses furent de 141,836,000 réaux, ou environ 920,000 fr., sans compter les remises qui furent faites au profit du trésor royal en ivoire et en argent; de sorte que le revenu net pour le Portugal pouvait se monter à 6 ou 700,000 francs annuellement. Ce revenu a beaucoup diminué depuis l'abolition de la traite.

Les recettes consistent principalement en droits de douanes, en dîmes payées par les présides, par les districts et les terres des sôvas feudataires du Portugal; en octrois des villes; en droits sur les passages de quelques rivières; en droits sur les ventes, sur les lettres; en monopole sur le sel; et enfin en d'autres menus droits, qu'on nomme droits réunis. Plusieurs se rachètent de la dîme en fournissant des fourrages aux troupeaux du gouvernement, ou en travaillant aux mines de fer qu'il possède. Le matériel de la défense pour les royaumes d'Angola et de Benguella consiste en trois forteresses dans la ville de Loanda; savoir : San-Miguel, San-Francisco do Penêdo, et San-Pedro da Barra; en deux petits forts, l'un appelé de la Conception, l'autre Cacuaco, tous deux situés à peu de distance de la capitale; en une forteresse dans la ville de Benguella; en dix-huit fortifications diverses faites dans les présides; en un fort nommé le fort du Nord, qui est sur la route directe de la Couenza, près de son embouchure. Quelques-unes de ces constructions sont en pierre et à ciment; d'autres sont en briques; d'autres enfin sont simplement en bois. Deux cent sept pièces d'artillerie en bronze et en fer, de divers calibres, depuis un jusqu'à vingt-quatre, servent à la défense de ces fortifications.

La force militaire se compose de troupes de première ligne, de milices, de troupes d'ordonnance, et d'*empacasséiros :* ces derniers forment ce qu'on appelle la guerre noire. Ces empacasséiros sont les Nègres libres que les sôvas vassaux du Portugal sont obligés de lui fournir en temps de guerre ou pour la défense du territoire. Les Portugais les emploient principalement pour former les garnisons des forts, et les préfèrent aussi comme courriers et pour d'autres emplois; ils sont armés d'espingoles, organisés en compagnies comme des troupes régulières; leur vêtement consiste en une pagne (tanga), ou une peau d'animal dont ils s'entourent le corps. Leur tête est ornée d'une touffe de plumes ayant au-devant un carré de carton, dans le milieu duquel est peinte la lettre R.

En 1819 la force armée d'Angola se composait de vingt-six mille cinq cent vingt-trois hommes. Dans ce nombre on comptait vingt mille empacasséiros, mille trois cent cinquante-neuf hommes d'ordonnance ou troupes de troisième ligne, trois mille trois hommes de milices ou troupes de seconde ligne, mille neuf cent quatre-vingt-onze troupes de première ligne. C'est dans cette dernière troupe seulement qu'on comptait trois cent quinze artilleurs et quatre-vingt-cinq cavaliers. Tout le reste de l'armée se composait de fantassins.

La solde des troupes est payée de deux manières, en argent et en marchandises. La garnison de Loanda est toujours payée en argent. Les garnisons des présides, y compris celui de Benguella, sont payées en marchandises négociables, auxquelles pour cet emploi on donne le nom de ration.

Les présides qui dépendent du royaume d'Angola sont :

1° Muxima, le plus rapproché de la capitale, bâti sur la rive gauche de la Coanza sur les terres du sôva Muxima, dans la province du Quissama. Son fort est défendu par huit pièces d'artillerie. La population était en 1819 de six mille deux cent quatre-vingts habitants, en y comprenant six cent trente esclaves. Le nombre des maisons n'était cependant que de quatre cent cinquante-deux, dont deux seulement étaient en pierres. Ce préside a huit sôvas sous sa juridiction. Ses productions consistent en manioc, en millet, en légumes, en huile de palmier et un peu de coton; il abonde en porcs, en chèvres et en moutons. Les communications avec la capitale sont fréquentes, et on s'y rend en quatre jours.

2° Massangano, situé plus à l'est sur la rive droite de la Coanza, et au confluent de cette rivière avec la Lucala. Ce préside est borné au nord et à l'ouest par Golungo, à l'est par Cambambe, et au sud par la rivière Coanza. La forteresse est défendue par douze pièces de canon. La population de ce préside était en 1819 de dix mille neuf cent dix individus, y compris neuf cents cinquante esclaves. Cette population se trouve répartie dans six cents cases ou maisons, dont deux seulement sont en pierres. Les principales productions de ce préside sont des bestiaux de toutes espèces, de la cire, de l'ivoire, du bois de charpente et du fer. Du temps du gouverneur D. Francisco de Souza Coutinho, des Suédois se transportèrent dans ce pays pour y établir des hauts fourneaux et des forges; mais ils succombèrent tous à l'insalubrité du climat : les fourneaux et les forges qu'on avait construits à grands frais furent abandonnés.

3° Cambambe, situé à l'est du précédent, sur la rive droite de la Couenza, est borné au nord par les terres des sôvas, à l'ouest par les terres qui sont sous la juridiction de Massangano, à l'est par le district des Pierres ou Roches de Pungoandongo, et au sud par la Couenza. Il est défendu par une redoute qui a quatre pièces de canon. Il a sous sa juridiction vingt-cinq sôvas. La population en 1819 était de dix mille trois cent vingt habitants, y compris neuf cents esclaves, répartis dans cinq cent vingt cases en roseaux, et quatre maisons bâties en pierres. Les productions consistent en troupeaux, maïs d'espèces différentes des autres. Il transporte, en outre, dans la capitale des bambous et des bois de construction. Le voyage se fait en huit jours.

4° Les Pierres ou Roches de Pungoandongo, qu'on nomme simplement les Pierres ou les Roches (*las Pedras*), sont un préside situé de même sur la droite de la Couenza, mais à une lieue au nord de sa rive. Il est limité au nord par Ambacca, à l'est par les terres des sôvas, le royaume de Matamba, et autres possessions de la reine Ginga, qui confinent avec les provinces portugaises, au sud par la Couenza, et à l'ouest par Cambambe. Il a une redoute qui n'a que deux pièces de canon. Il n'existait pas en 1819 d'état statistique de ce préside; mais Feo présume qu'on en peut estimer la population à dix mille âmes, et le nombre des maisons à cinq cent cinquante. Ce lieu sert d'entrepôt pour le commerce de l'intérieur, entre Benguella et Caconda, et divers districts du royaume d'Angola. Le trajet depuis la capitale de ce dernier royaume est de quatre-vingts lieues. En partant de Loanda on passe par Cacuaco, Quitandongo, Quilunda ou Icolo, dans le district de Zenza; à Trombeta, dans le district de Golungo, à Diogo Andre, Santo-Antão, Cahia, et Pomba, où l'on passe la rivière Lucala; enfin à Ambacca; et après on arrive aux Roches (las Pedras). Ceux qui ne veulent point traverser la juridiction d'Ambacca prennent leur route par le territoire de Calumguembo, celui de Massangano et l'extrémité de Cambambe, continuant dans cette direction jusqu'aux Roches. Les blancs mettent ordinairement huit et dix jours à faire ce trajet; mais un soldat nègre ou un empacasséiro le fait quelquefois en six jours.

5° Ambacca, à douze lieues au nord des Roches, ou de das Pedras, sur la rive droite et septentrionale de la rivière Lucala. Ce préside est défendu par une redoute fortifiée, armée de huit pièces de canon. Le nombre de ses habitants est de trente-sept mille cinq cent cinquante, y compris cinq mille quatre cent soixante esclaves. Il a cent dix-huit sôvas sous sa juridiction, qui se subdivise en huit cantons, savoir : le préside d'Ambacca, Dondo, Hary, Piré, Zenga, Lucala, Samba, et Lucamba. Quelques-uns de ces cantons sont gouvernés par leurs propres chefs; d'autres ont des chefs choisis par le capitaine major ou le capitaine général, et la nomination de quelques-uns doit être confirmée par le roi. Tous les cantons renferment des marchands forains qui portent leurs marchandises à de grandes distances à l'est et au nord, et qui fréquentent les foires de Moucari, Zinga (Zingha), Ohholo, Dondo, Cassange, et d'autres qui ont lieu dans les terres des Nègres idolâtres. Souvent ils passent la Couenza, entrent dans la province de Libollo, pénètrent dans le royaume de Benguella, et fréquentent les foires des districts de Baïlundo, Bihé, Huila et Quilengues. Il y a dans ce préside un couvent de missionnaires capucins établis à Cahenda.

Outre les productions communes aux présides déjà mentionnés, celui d'Ambacca nourrit un grand nombre d'excellents chevaux. On leur fait un trou dans la lèvre supérieure et on y passe une corde qui sert de bride, au moyen de laquelle on les conduit avec une grande facilité. Le voyage de Loanda à Ambacca en droite ligne est de sept à huit jours; on en met neuf et dix en passant par les Roches.

6° San-Joze de Encoge, situé au nord d'Ambacca, est défendu par un fort bâti en pierres, armé de neuf pièces de canon. Ce préside a huit sôvas dans sa dépendance. La population est de quinze mille sept cent quatre-vingt-dix habitants, y compris mille cinq cent cinquante esclaves. Il a aussi deux couvents de missionnaires capucins. Il nourrit un grand nombre de bestiaux. Il facilite par sa position les communications avec le royaume de Congo, et spécialement avec les chefs ou dembos; Quitexe, Damby, Ambuila, Dala-Malundo, Quina, et les autres princes de Congo, alliés à la couronne de Portugal, avec lesquels les négociants portugais font un commerce régulier d'ivoire et de cette race d'esclaves qu'on nomme les Muxicongos ou Mucicongos, qu'on tire de Ohholo. On met dix à douze jours pour se rendre de Saint-Paul de Loanda à San-Joze de Encoge, en traversant les terres des naturels idolâtres par Golungo et Ambacca. Ce chemin est le plus court, mais il est le plus périlleux, et par cette raison le moins fréquenté. Ordinairement, en partant de Saint-Paul de Loanda, on se rend à Barra de Bengo; quand on a traversé la rivière de ce nom, on entre dans Cassede, et l'on voyage dans le district de Dande jusqu'à Quibulonga, puis à Ana-Paço, Quileo, Mutamba, et les terres de différents sôvas jusqu'à Cana-Sala, premier village du dembo-Naboango. On passe ensuite sur les terres du Quingengo, le grand senzalla de Gamga Lucungo, chef des nègres Moubires; de là on arrive à Quingemba, qui appartient au dembo Ambuila, et on parvient enfin au préside de San-Joze de Encoge. Un Nègre empacasséiro fait ce voyage en six à sept jours, attendu que le trajet n'est pas beaucoup plus long que par Ambacca.

7° Novo-Redondo; ce préside, placé sous l'administration immédiate d'Angola, appartient cependant géographiquement au royaume de Benguella, puisqu'il est situé sur la côte de ce dernier royaume par 11° 10′ de latitude, et par conséquent plus rapproché de Saint-Philippe, capitale de Benguella, que de Saint-Paul de Loanda, capitale d'Angola. Douze pièces de canon défendent l'embouchure de la petite rivière nommée Gunza, qui forme son port, très-fréquenté par les navires trafiquant sur cette côte. On ne connaît qu'approximativement la population de ce préside, qu'on estime être de huit mille âmes. La communication la plus sûre et la plus régulière entre ce préside et Saint-Paul de Loanda est par mer; mais plusieurs négociants s'y rendent aussi par terre, en allant d'abord à Massangano, Cambambe, et même jusqu'aux Roches

(Pedras). De là on traverse les terres des Quissamas. On rencontre sur cette route les salines célèbres qui produisent cette belle espèce de sel qu'on vend par petites briques ou morceaux ; ils ont cours de monnaie dans toutes ces contrées.

Tels sont tous les présides d'Angola. Nommons actuellement les districts qui dépendent de sa juridiction. Ils sont tous situés entre la Lifune et la Couenza, et les plus éloignés de la capitale ne sont pas à une distance de plus de trois journées.

En commençant par ceux qui sont le plus rapprochés, on rencontre d'abord le petit district de Barra de Bengo, c'est-à-dire bouche ou embouchure du Bengo sur la rivière de ce nom, qui fournit l'eau qu'on conduit dans la capitale, sur des petites barques nommées *dongos :* cette rivière sert aussi au transport des farines, du millet et des légumes et autres productions qu'on tire des districts d'Icolo, de Galungo, de Zenza et de Quilengues. Barra de Bengo est gouverné par un officier, qui est en même temps chef du port. Il en est de même du district nommé Barra de Dande, ou bouche de Dande, qui est à quatre lieues au nord de Bengo et à sept de Loanda, sur les bords de la rivière de même nom. Ce district fournit beaucoup de bois de construction pour les vaisseaux et de charbon pour le Libongo, qui est plus au nord. Le district nommé Barra de Calumbo, ou bouche de Calumbo, est situé à dix ou douze lieues au sud de Loanda, sur la rive droite de la Couenza : il est gouverné comme les précédents par un officier qui réside au cap Régent, un peu au-dessus de l'embouchure de la rivière. On s'y rend ordinairement par mer, parce que par la route de terre on manque d'eau et de vivres ; cependant les Nègres empacasseiros font facilement ce trajet en une seule nuit. La population réunie de ces trois petits districts peut être évaluée à environ dix-huit mille âmes.

Cinq autres districts dépendent encore d'Angola, savoir : Icolo et Bengo, Dande, Golungo, Zenza et Quilengues, les Dembos. Icolo et Bengo, situé sur les bords de la rivière Bengo, est borné par Dande, Golungo et les terres des sovas ; ce district a huit sovas dans sa dépendance ; sa population était en 1819 de dix-neuf mille sept cent trente habitants, y compris deux mille neuf cents esclaves. Il y a, outre l'église paroissiale, deux chapelles et un couvent de missionnaires italiens. Ce district est gouverné par un capitaine-major qui réside à Quilanda, à cinq lieues au moins d'une journée de chemin de Loanda. Le district de Dande, au nord-est du précédent, renferme treize mille deux cents habitants, répartis dans quatre mille sept cent douze cases ou habitations construites en roseaux. Ce district possède une mine de pétrole. On compte huit lieues d'Ingamba, lieu de la résidence du capitaine-major de ce district, à Loanda, et on emploie deux jours à faire ce trajet.

Le pays appelé Golungo ne formait autrefois qu'un seul district, qui comprenait tout ce qui se trouvait renfermé dans les limites d'Angola à l'est, d'Icolo et de Dande ; mais, pour la facilité de l'administration, on a subdivisé Golungo en trois districts indépendants : le district de Golungo proprement dit, le district de Zenza et Quilengues, et le district des Dembos. Le capitaine-major du district de Golungo réside à Trombeta, qui est à treize lieues de distance, ou à trois journées de route de Loanda. Ce district renferme cent-quarante sovas, généralement très-soumis. La population était en 1819 de cinquante-neuf mille soixante-cinq habitants, répartis en dix-neuf mille cent dix cases ou habitations. Indépendamment des productions communes à tous les autres districts, le Golungo renferme une grande quantité de menu bétail et d'excellents chevaux. Comme il existe dans ce district une mine de fer, le peuple y est exempté de la dîme, sous la condition de fournir des travailleurs pour exploiter la mine et fabriquer le fer, qu'on réduit en barres, qui sont ensuite employées à divers usages pour le service de l'État. Il y a aussi dans ce district un couvent de carmes, établi à Bangoa-Quitamba ; ces religieux s'occupent des missions. Le district de Zenza et Quilengues est situé entre le district précédent et Icolo-Zenza, où réside son régent ; il est à huit lieues de distance de Loanda, et on fait ce trajet en deux jours. Ce district a soixante-onze sôvas dans sa dépendance. Il ne comprend que sept mille cent dix-sept habitants, répartis dans sept cent quarante et une cases ou habitations. La province des Dembos, qui forme le troisième district du pays de Golungo, renferme les domaines de cinq chefs ou dembos, toujours disposés à la guerre, et qui payent aux Portugais la dîme, et fournissent des nègres porteurs pour le transport des marchandises aux foires. La population de ce petit district n'est évaluée qu'à quatre mille âmes, réparties dans mille cabanes. Ce district, imparfaitement connu, est à dix-huit lieues de Loanda, et à cinq de Golungo.

BENGUELLA.

Le royaume de Benguella, au sud de l'Angola, comprend tout le littoral entre l'embouchure de la Couenza et le cap Negro, depuis le 8° jusqu'au 15° latitude australe. Ce pays est habité par de petites nations indépendantes les unes des autres, vassales, alliées ou ennemies des Portugais. Elles sont régies par des chefs qui ont emprunté des Européens les titres de princes, ducs, marquis et comtes, mais qui sont plus connus sous ceux de dembos et sôvas.

Le gouverneur de Benguella est nommé par le cabinet de Lisbonne; il correspond directement avec les ministres; mais du reste il est entièrement subordonné au capitaine général ou gouverneur d'Angola, auquel il propose des candidats pour tous les emplois vacants, et dont il reçoit des ordres pour tout ce qui concerne son administration.

La capitale de ce royaume, Saint-Philippe de Benguella, est située à 12° 32′ 30″ latitude australe et à 11° 3′ 30″ longitude orientale de Paris, sur la côte de l'Océan et à l'embouchure de la petite rivière de Cavaco. La mer forme en cet endroit une baie qui a un bon mouillage, mais où le débarquement s'effectue avec peine à cause du violent ressac produit par les vagues. Cette baie est cependant très-fréquentée par les vaisseaux de Loanda et du Brésil, qui y viennent chercher de la cire et de l'ivoire. La ville est protégée par un fort, bâti en briques durcies au soleil. La population était en 1819 de deux mille trois cent quatre-vingt-dix-sept habitants (1). La ville a une étendue assez considérable relativement au petit nombre d'habitants qu'elle renferme; les maisons ne consistent qu'en un rez-de-chaussée, à l'exception de cinq, qui ont un premier étage. Elles sont bâties en roseaux et en briques séchées au soleil. On en voit un assez grand nombre en ruines; elles avaient appartenu à des négociants qui, après avoir fait fortune, ont quitté le pays sans avoir pu les vendre. Les rues sont très-larges, mal alignées et non pavées. L'herbe qu'on y trouve annonce qu'il n'y règne pas beaucoup d'activité.

La ville manque d'eau potable. Pour s'en procurer on creuse un trou dans le lit de la petite rivière de Cavaco, qui est presque toujours à sec. A un pied de profondeur on trouve une eau limpide, qui n'a aucun goût désagréable; cette eau est rare dans la ville, à cause de la distance qu'il faut parcourir pour l'obtenir. C'est pourquoi l'habitant donne toujours de l'eau de puits aux étrangers; elle leur occasionne les premiers dérangements de santé, qui les conduisent bientôt au tombeau. Il y a dans la ville un hôpital, dont la dotation est d'environ 13,000 francs. Dans les environs on trouve des mines de soufre et une source d'eau minérale.

Le montant des sommes que l'État perçoit à Benguella est, selon Feo, de 37 à 38 millions de réaux, ou environ 250,000 francs de notre monnaie, dont une petite portion seulement est envoyée à Lisbonne, et dont la plus forte part reste en Afrique pour servir aux dépenses du gouvernement.

La communication entre Loanda et Benguella a lieu principalement par mer. Cependant les marchands forains s'y rendent aussi par terre, en prenant différentes directions. Les gens aisés se font porter en *tipoi*. C'est un filet suspendu par les deux bouts à un bambou, et garni de rideaux; deux Nègres le chargent sur leurs épaules. On peut ainsi voyager en dormant, sans être incommodé par le soleil. La route la plus fré-

(1) Suivant Douville, la population de Benguella était en 1828 de soixante-huit habitants blancs et de deux mille dix nègres.

quentée est par les Roches (das Pedras) de Pungoandongo.

Le climat de Benguella est malsain, quoique la chaleur n'y soit pas excessive. C'est dans la saison des pluies que les maladies exercent leurs ravages. Pendant les grandes pluies (de mars en mai) les indigènes sont très-sujets aux fièvres intermittentes, et les étrangers aux fièvres putrides.

La vigne donne deux récoltes par an. Le raisin est de bonne qualité, et l'on pourrait en tirer d'excellent vin. La canne à sucre y croît avec vigueur, mais on ne l'utilise guère. L'oranger, le citronnier et beaucoup d'arbres fruitiers ne produisent pas beaucoup, parce que la culture en est peu soignée.

L'administration de la justice est confiée à un juge suprême et à deux juges inférieurs; ils ont le pouvoir de prononcer la peine capitale. La ville de Benguella et sa banlieue sont sous la direction du gouverneur; ordinairement cet officier s'enrichit par le commerce, et s'occupe plus de ses intérêts particuliers que de ceux du public. Les sovas ou chefs nègres soumis au roi de Portugal obéissent aux ordres du gouverneur, qui les fait arrêter et punir s'ils manquent à les exécuter. Les sovas fournissent des soldats en temps de guerre, et font des corvées en temps de paix. Ils vont souvent se promener à Benguella avec leur état-major, dont les officiers n'ont pour tout vêtement qu'un morceau d'étoffe autour des reins; mais le sova est toujours couvert d'une ou de plusieurs pièces d'étoffes, qu'il jette sur les épaules et laisse flotter jusqu'à terre en forme de robe. Ces Nègres ont la tête rasée, à l'exception d'une bande de cheveux qu'ils gardent, au milieu et une sur chaque oreille.

Le sova de Catumbela est le plus puissant chef soumis au gouvernement portugais dans les environs de Benguella; il peut mettre six mille hommes armés sur pied dans l'espace de trois heures, et trois mille de plus en douze heures. Lorsque ces chefs nègres vont en campagne ils sont toujours suivis d'une cour assez nombreuse. Parmi les officiers de leur maison les uns ôtent les cailloux des sentiers, d'autres coupent les branches des arbres qui pourraient le gêner dans sa marche; ceux-ci portent son siége, ceux-là les insignes distinctifs de son rang. Une coutume singulière règne chez les princes nègres des environs de la côte : c'est celle d'offrir leurs filles aux étrangers qui leur font une visite, si ceux-ci leur sont égaux en rang, ou si ce sont des blancs. Ils en usent de même envers tout individu dont ils espèrent tirer quelque avantage; mais il faut bien se garder de toucher à ces femmes avant d'avoir informé le chef des présents dont on a l'intention de le gratifier, si on ne veut pas encourir la peine du crime de séduction. Ils le nomment *kitouche*, mot qui désigne toute espèce de délit; l'amende est toujours évaluée au moins à la valeur de cinq esclaves pour la fille d'un chef.

Les Nègres qui vivent à une certaine distance au sud de la ville ne se coupent jamais les cheveux; les femmes les teignent en rouge et les ornent de grains de verroterie, de corail et de petits morceaux d'étoffe. Ces peuples reconnaissent le soleil et la lune comme deux divinités suprêmes, sans cependant les honorer par aucune cérémonie religieuse; mais ils ont des temples pour leurs dieux pénates. Ils ont aussi des lois orales, qui sont fidèlement exécutées. L'esclavage ou une amende, qui est toujours au profit de la partie lésée, sont les seules punitions qu'elles prononcent : rien n'entrave leur action, qui est constamment prompte.

Le royaume de Benguella n'a qu'un seul préside : c'est Caconda, situé dans la province du même nom, en ligne directe, à soixante-dix lieues au sud-est de la capitale, à cent lieues au sud de Pungoandongo, et sur les terres du sova Quitata. La position de Caconda est importante, parce qu'elle protège celles de Pedras de Pungoandongo et des Pedras de Encoge, ainsi que la circulation dans l'intérieur. La redoute qui défend Caconda est armée de huit pièces de canon. Ce préside contenait en 1819 une population de quatorze mille cinq cent soixante habitants, et avait huit sovas dans sa dépendance. Son territoire passe pour un des plus sains, et produit du froment. On met quinze jours à se rendre de Pungoandongo à Caconda, en traversant les terres de Nègres idolâtres, mais qui n'inquiètent pas les voyageurs, si ceux-ci ne cherchent pas à leur nuire.

Le district de Baïlundo est le plus rapproché des Roches de Pungoandongo dans la direction de Caconda; il est situé sur les terres du sova de Baïlundo, guerrier qui fait de fréquentes excursions chez les sovas ses voisins, afin de se procurer des prisonniers qu'il vend aux foires de l'intérieur, ou qu'il envoie à Loanda et à Benguella. La ville de Baïlundo est bâtie sur une hauteur formée de rochers ferrugineux. Les maisons, comme celles de toutes les villes de ces contrées, sont construites solidement en pieux, recrépies avec de la terre, et garnies en dedans avec des roseaux. Elles sont couvertes en paille, et ont une forme pyramidale. Le feu est allumé au milieu de la case, et la fumée s'échappe à travers la toiture. Dans le fond il y a un châlit fait en roseaux. Le Nègre y étend sa natte pour dormir.

On trouve dans le district de Baïlundo beaucoup de mines de fer. Les habitants savent tirer partie de cette richesse métallurgique : ils font des balles de fusil, qui leur servent pour commercer avec les pays voisins. Ils fabriquent aussi des haches et des houes qu'ils exportent au loin. Les denrées sont abondantes dans le Baïlundo. Le bœuf, le mouton, la chèvre paissent aux environs de tous les lieux habités. Les basses-cours sont remplies de volaille de toute espèce. Le sanglier, le chevreau, le cerf et l'éléphant seraient bien plus nombreux dans les forêts, si le lion et la panthère ne leur faisaient pas une guerre continuelle.

Ganza-Zumba est le fétiche que ce peuple honore le plus. On le représente sous la forme d'un vieillard dans l'action de copulation avec un jeune homme (1). Le prêtre de ce dieu est un homme âgé, qui ne peut avoir de femme, et qui vit avec un adolescent. Il rend des oracles. Comme les prédictions des prêtres et des prêtresses sont quelquefois confirmées par l'événement, le peuple y a une confiance si grande, qu'il croit que son bonheur dépend entièrement de la stricte et rigoureuse obéissance aux oracles.

(1) Douville, tome II, p. 114.

A l'entrée de chaque maison il y a une petite chapelle, nommée la maison des maladies; on y place les images des dieux et de petits vases avec les médicaments employés pour les guérir (1).

A vingt-cinq lieues environ au nord de Bailundo, sur la rive droite d'un des affluents de la Couenza, est situé *Tamba* (à 10° 43' latitude sud, et 15° 42' longitude est), chef-lieu du district de même nom. Le Tamba est un pays très-montueux. Les forêts qui le couvrent sont vastes et touffues. On y trouve beaucoup de ruches d'abeilles. Pour les dépouiller, les Nègres se servent du moyen suivant: Ils allument avec du bois vert du feu au pied de l'arbre; la fumée qui en résulte force ces insectes à abandonner leur habitation. Le miel a un goût de fumée très-désagréable. On en fait du *migundo*, boisson spiritueuse assez agréable. On la prépare en mettant dans un vase une quantité égale d'eau et de miel; on expose ensuite ce mélange au soleil pendant huit ou dix heures, pour que la fermentation s'établisse. On voit par-là que le *migundo* n'est autre chose que de l'hydromel. — Les habitants de Tamba sont grands, robustes et très-superstitieux.

Haco, chef-lieu du district de même nom, est situé à vingt lieues environ au nord-est de Tamba, sur les limites qui séparent le Benguella de l'Angola. Les Nègres du Haco sont des cultivateurs, d'un caractère doux et paisible. Leurs villages sont entourés d'une palissade de gros pieux de trois à quatre mètres de haut, enfoncés dans la terre, serrés les uns contre les autres, et consolidés avec des arcs-boutants appuyés contre de fortes traverses. Les maisons du sova, de ses femmes et de ses filles, les magasins de l'État et la poudrière sont au centre, et l'enceinte qui les contient est également entourée d'un rang de pieux. Ces villages sont toujours placés près d'une forêt, et ordinairement sur le bord d'une rivière qu'un pont donne la facilité de passer pour s'assurer une retraite dans les bois si l'attaque de l'ennemi réussit. La ville principale du Haco jouit de ce double avantage : le Gango la défend d'un côté,

(1) Douville, tome II, p. 114.

et une petite île de l'autre; enfin une forêt sur la rive opposée présente un asile certain. Aussi prudents que les blancs, les Nègres détruisent toujours les ponts derrière eux, quand ils se retirent devant un ennemi. Ils évitent ainsi d'être poursuivis.

La banza (capitale) du Bihé (vers 13° latitude australe et 17° 25' longitude orientale) est un des deux grands marchés aux esclaves de ces contrées; l'autre est à Cassange. Voici les détails que nous donne Douville sur cet ignoble trafic de chair humaine qu'entretiennent les chefs nègres. « L'homme, dit-il, qui amène des captifs qu'il veut vendre doit s'adresser d'abord au sova pour obtenir la permission de trafiquer. Ensuite il va au marché, qui est situé en dehors de la banza, et consiste en une centaine au moins de maisons éparses à diverses distances de la palissade d'enceinte de la capitale. Ces maisons ont été bâties par les mulâtres qui viennent au Bihé faire la traite pour le compte des négociants portugais; elles sont entourées de magasins pour y déposer les marchandises; de cabanes pour y loger les esclaves achetés; d'un jardin, où des plantes potagères sont cultivées, et d'une cour où les affaires se terminent. La réunion des bâtiments et des dépendances de chaque maison porte le nom de *pombo*.

« Le prix commun du plus bel esclave est de 80 pannos, équivalant à peu près à 80 francs. Le panno est une mesure de longueur qui correspond à 30 pouces français; elle varie suivant les lieux. La valeur de l'esclave au Bihé est exprimée par 80 pannos de toile de coton; mais le payement ne s'effectue pas seulement par cette sorte de marchandise : l'acheteur forme un assortiment, dans lequel entrent ordinairement un fusil pour 10 pannos, un flacon de poudre pour 6, du tafia pour 10 à 15, suivant la volonté de l'acheteur; de la baïette, espèce de drap léger, pour 16; enfin, de la toile de coton pour le reste. Toujours le vendeur reçoit en cadeau de l'acheteur une quantité d'aiguilles et de fil proportionnée au nombre des esclaves qu'il livre; un ami de ce dernier, qui a servi d'entremetteur pour conclure le marché, a pour sa peine un bonnet de laine rouge. Quelquefois du gros plomb, des couteaux, de la verroterie, plusieurs feuilles de papier, un gilet ou une casaque de baïette entrent dans le marché pour un certain nombre de pannos, qui alors sont déduits de la quantité de baïettes ou de toile de coton.

« Ces dernières sont ou blanches, bleues, rayées, ou à carreaux de différentes couleurs. Leur largeur est de 36 pouces; elles viennent d'Angleterre, où on les fabrique exprès, d'après un modèle que l'on suit avec une exactitude rigoureuse; car le Nègre, qui examine chaque pièce séparément et très-attentivement, rejetterait celle qui présenterait une ligne de différence dans la laisse. Il porte toujours avec lui une mesure consistant en un bout de corde, qu'il promène tout le long de l'étoffe qu'on lui propose.

« Il ne manque pas de demander quelques pannos d'indienne à fleurs, ou des mouchoirs : ordinairement, on lui en accorde quatre. L'indienne est l'espèce de toile qu'ils préfèrent; cependant elle est moins large que les autres. Les baïettes sont, ou bleues, ou rouges, ou jaunes, toujours unies.

« Voici la manière d'entamer et de terminer le marché d'un esclave, n'importe son sexe. Le vendeur n'en offre jamais qu'une à la fois, à moins que ce ne soit une mère avec ses enfants en bas âge. Il arrive au *pombo*, accompagné de son ami ou entremetteur : l'un ou l'autre présente un captif, sans vanter sa marchandise, à moins que ce ne soit une jeune fille vierge. Dans ce cas, il fait valoir cette particularité au mulâtre, pour exiger un prix plus élevé. Celui-ci commence par verser aux deux Nègres une ample rasade de son meilleur tafia; c'est le préliminaire indispensable de la négociation; parfois elle dure très-longtemps, et même une demi-journée. Quand on est d'accord sur le prix et sur l'assortiment des objets qui le représentent et qui sont inspectés, le mulâtre scelle le marché en donnant une bouteille de tafia, qui est encore du meilleur; elle est vidée à l'instant. Le mulâtre profite de l'ivresse des deux Nègres pour glisser dans ce qu'il leur livre des marchandises de qualité inférieure; et s'il est convenu de donner du tafia, il le mélange de moitié d'eau au moins.

« Pendant que le marché est en débat, le mulâtre a la faculté d'examiner aussi minutieusement qu'il le désire l'esclave qu'on lui offre; mais ce n'est qu'au moment où la livraison des objets donnés en échange est achevée, que le captif quitte les côtés du vendeur pour passer dans la possession de l'acheteur; cependant celui-ci n'a pas le droit de délier la corde qui garrotte les mains de l'esclave, sous peine de le voir devenir de nouveau la propriété du vendeur : c'est ce dernier qui doit faire cette opération. Alors l'esclave passe dans les magasins du mulâtre.

« La quantité des captifs amenés annuellement au marché du Bihé est environ de six mille, dans la proportion de trois femmes contre deux hommes. On y compte toujours au moins une cinquantaine de mulâtres qui restent là pour les acheter. Ils les expédient pour Angola ou Benguella, en troupes plus ou moins nombreuses, sous la conduite de pombéiros accompagnés d'une escorte de quelques Nègres, qui se recrutent en chemin. On a vu des bandes de ces malheureux se révolter contre ceux qui les menaient, et recouvrer leur liberté en leur donnant la mort. »

Le Bihé est environné des districts de Quilengues e Sambos et de Quilengues e Huila. Leur sol surpasse en fertilité tous les autres : ils produisent en abondance du manioc, du millet, des fèves, du bétail et de la volaille. On y cultive un peu de blé et de coton; la vigne y rapporte deux fois par an. C'est de ces districts que la capitale du Benguella tire toutes les provisions et les denrées dont elle a besoin pour sa consommation ainsi que pour ses exportations. On met deux à quatre jours à se rendre de Benguella dans ces districts. Mais on met onze à douze jours en partant de Pungoandongo (1).

On sait que l'Afrique est un des continents les plus pauvres en volcans. C'est ce qui donne tant d'intérêt à la description que Douville fait du *Moulondou-Zambi*, ou Mont des Esprits, situé à quelque distance de Haco et de la Couenza. Les habitants regardent ce volcan comme la demeure de l'esprit malin. Ils croient que le mauvais génie prend dans cette montagne la foudre qu'il lance sur les hommes; c'est de là qu'il tire tous les maux qu'il leur envoie; c'est de là que sortent les armes qui servent aux blancs contre les Nègres. D'après le témoignage des habitants du voisinage, ce volcan n'a pas eu récemment d'éruptions. Ainsi, la lave que l'on rencontre dans les environs doit être très-ancienne.

« En montant sur cette montagne, dit Douville (1), j'excitai l'admiration des Nègres; mais il n'en fut pas de même de ceux de ma suite, qui devinrent pour ces hommes grossiers un objet de scandale, pour oser troubler la demeure de leurs aïeux. Un blanc était à leurs yeux un être d'une nature différente et bien supérieure à eux; sa visite ne pouvait en conséquence que faire un grand plaisir aux esprits.

« Quand je commençai à gravir sur le Zambi, je reconnus bientôt que les couches qui en formaient la base n'étaient pas de formation primitive, et ne se composaient pas toutes de matières volcaniques; cependant beaucoup de morceaux de laves épars renfermaient des roches qui avaient été entraînées par des courants de matières fondues; plusieurs fragments n'avaient subi que faiblement l'action du feu; d'autres, au contraire, en étaient tellement altérés, que l'on ne pouvait reconnaître leur nature primitive.

« Sur la première terrasse la végétation n'était pas aussi belle qu'à la base, quoique le climat fût plus tempéré; mais cette particularité tenait à la nature du terrain. Les arbres étaient plus petits, la surface du sol était fort remarquable, par des tertres pyramidaux qui s'élevaient partout.

« Sur la seconde terrasse la végétation diminuait encore. A la troisième on ne trouvait plus que des broussailles; une petite mousse jaune et comme flétrie tapissait la terre. Je ramassai sur la seconde terrasse des morceaux de pierres calcaires, un marbre composé de lave grisâtre à grains très-fins, et de petits fragments de schorl blanc. Je distinguai aussi, dans une cavité assez

(1) Féo Cardozo, p. 370.

(1) *Voyage au Congo*, tome II, p. 230.

profonde, du granit avec des cristaux rhomboïdaux, du feldspath, et, au-dessus, des roches à demi décomposées.

« Parvenu à la troisième terrasse, le sommet du Moulondou-Zambi me présenta un pic si difficile à gravir, que je me déterminai à ne pas aller plus loin. Aucun de mes Nègres ne m'avait suivi jusque-là. Indépendamment de mes instruments, j'avais été forcé d'y porter des provisions de bouche; elles étaient presque épuisées. Deux jours au moins m'auraient encore été nécessaires pour grimper sur le pic. Je bornai donc mon excursion à cette troisième terrasse. Suivant mes observations, elle est à 1,780 toises au-dessus du niveau de l'Océan. La température était froide; le thermomètre ne marquait que 4° à dix heures du matin.

« Les ramifications du Moulondou-Zambi vont joindre celles qui partent du mont Muria. Les deux montagnes me parurent être deux points culminants dans la chaîne qui se dirige du sud-est vers l'ouest, et dont les nombreux rameaux s'abaissent en approchant de la côte.

« Aucun ruisseau ne coule du Moulondou-Zambi, qui devient fort aride à mesure qu'on s'avance vers la troisième terrasse, où il n'y a plus de terre végétale; ce n'est qu'un sable de lave qui est même assez dur; cependant il se sépare facilement en petits grains aussitôt qu'on frappe un coup de marteau sur un fragment de la roche.

« Sur un des flancs de cette montagne, on croit apercevoir le lit d'un torrent; mais, en l'examinant avec attention, et en le suivant jusqu'en bas où se trouve une grande quantité de pierres volcaniques, on reconnaît qu'elles ont pu creuser ce ravin en se précipitant du haut de la cime. La pouzzolane est abondante dans une partie du Zambi. On sent, en enfonçant la main dans des crevasses de la troisième terrasse, que le feu souterrain ne doit pas être bien éloigné de la croûte extérieure.

« Quelques coquillages marins mêlés à des substances volcaniques font voir que, dans ses éruptions, ce volcan avait vomi des matières marines.

« Étant à la troisième terrasse, je remarquai que les petits nuages blanchâtres qui couronnent sans cesse le Moulondou-Zambi sont formés par la fumée qui s'échappe de la bouche de ce volcan. Je jugeai que la cime du pic pouvait être à sept ou huit cents toises au-dessus du point où je me trouvais. »

La côte, au sud du Benguella, comprise entre le 15° latitude australe et le tropique du Capricorne, n'a été guère fréquentée par les Européens. Elle est presque aussi peu connue que l'intérieur même de l'Afrique.

Au sud de Benguella, entre la ville de ce nom et le cap Negro, il existe, vers 15° de latitude, un port à l'embouchure du rio dos Mortos, ou rivière des Morts, qu'on nomme port de Mossamedès. Les Portugais en réclament la possession exclusive; mais ils n'y entretiennent aucune force ni aucune autorité militaire.

TENTATIVES DE VOYAGES DANS L'INTÉRIEUR DE L'AFRIQUE. — VOIES DE COMMUNICATION ENTRE LES DEUX CÔTES OPPOSÉES DE L'AFRIQUE AUSTRALE.

Si le Congo et le Mozambique, au lieu d'être entre les mains des Portugais, avaient appartenu aux Anglais ou aux Français, la géographie de l'Afrique ne serait probablement pas aussi arriérée qu'elle l'est encore aujourd'hui. Aussi les Portugais, se sentant eux-mêmes coupables de négligence, essayèrent-ils de faire accréditer le bruit que les pays situés à l'est du Congo, de l'Angola et du Benguella, leur étaient parfaitement connus, et qu'il existait depuis longtemps des voies de communication régulières entre les possessions occidentales et les provinces orientales des deux côtes. Ils ajoutaient que s'ils ne mettaient pas au grand jour les importantes découvertes de leurs voyageurs; que s'ils ne faisaient pas connaître les contrées, riches en mines et en productions de tout genre, où ils étaient établis, c'était par la crainte que quelque puissance plus forte et plus ambitieuse ne s'en emparât. Leurs savants comme leurs hommes d'État entretenaient l'Europe dans cette croyance, lorsque Salt entreprit, en 1811, son voyage sur la côte orientale de l'Afrique, dont nous avons eu l'occasion de parler. Après avoir pris les informations les plus exactes, il fut convaincu que la communication entre les deux côtes par le moyen des caravanes n'existait pas; que cette communication n'avait jamais existé; que jamais aucun voyageur portugais n'avait fait cette traversée, et que les Portugais étaient dans la plus complète ignorance sur les contrées situées au delà des limites de leurs anciens établissements.

En réponse à cette assertion de Salt, plusieurs savants de Lisbonne affirmèrent que, dans ces derniers temps, les Portugais avaient plus d'une fois traversé l'Afrique, de la côte d'Angola à celle de Mozambique, et qu'il existait des relations détaillées, mais manuscrites, de ces voyages. Mais comme on ne pouvait citer ni les noms de ces voyageurs ni ceux des contrées qu'ils avaient explorees, M. Walkenaer exprima le premier des doutes à cet égard (1). Les objections qu'on voulait faire valoir ne firent que confirmer l'opinion de ce savant. Il reste donc établi, jusqu'à preuve du contraire, que jamais les Portugais ni aucun Européen n'ont traversé cette partie de l'Afrique, et que ce trajet n'a été fait que par des Nègres ou des naturels du pays.

Feo Cardozo et Bowdich (2) nous ont fait connaître les résultats de quelques-unes des tentatives faites par les Européens pour traverser l'Afrique australe. Vers 1606, sous le gouvernement de Manuel Pereira Forjas, un Aragonais, nommé Balthazar Rebello, avait entrepris de se rendre d'Angola sur la côte de Mozambique; mais il n'avait pu réussir. Quatre-vingts ans plus tard, en 1686, un capitaine portugais, nommé José da Roza, renouvela cette même tentative : elle fut également infructueuse. Un siècle entier s'écoula sans de nouveaux efforts. Mais après ce long laps de temps, le gouverneur Mossamedès fit explorer par terre la côte au sud de Benguella, et fit en même temps entreprendre dans l'intérieur un voyage de découvertes. On ne dit point jusqu'où cette expédition pénétra; mais de ce silence même on peut inférer qu'elle n'eut pas plus de succès que les autres. Enfin, en 1807, un gouverneur zélé pour les progrès de la géographie, Saldanha de Gama, résolut de ne rien épargner pour venir à bout de cette entreprise; mais tous ses efforts n'aboutirent qu'à se procurer quelques renseignements dont nous allons reproduire ici les points les plus saillants.

Un marchand portugais, nommé Da Costa, fut chargé, par Saldanha, d'envoyer un mulâtre avec des guides et des interprètes dans le pays de Mouloua, qui n'était connu alors des Européens que par les récits qu'on avait faits de sa population et de son pouvoir. Ce mulâtre portugais partit du marché le plus méridional du pays de Cassange, et, après un voyage de deux mois, atteignit la capitale du Mouloua, où il fut bien reçu par le roi (muata) Ianvo. Ce souverain réside à une grande distance de sa femme, qui règne sur un État indépendant de son mari; ils ne se réunissent qu'à certains jours de l'année. La ville des Moulouas a des marchés réguliers, et ses rues sont arrosées avec soin; mais l'horrible coutume de sacrifier chaque jour quinze ou vingt nègres est établie à la cour du muata et à celle de sa femme. Ils reçoivent un tribut de sel marin des peuplades du sud-est qui les avoisinent. On parla à l'envoyé de Costa d'une autre contrée indépendante, où un officier portugais venait, disait-on, de pénétrer et de mourir. Ce voyageur était le colonel du génie Lacerda, qui avait été chargé par son gouvernement de se rendre dans l'intérieur des terres en partant de la côte orientale. Linharez, ambassadeur de la cour de Lisbonne à Turin, communiqua à Bowdich la dernière dépêche de Lacerda, écrite du fort de Teté dans le mois de mars 1798. Ce voyageur devait partir pour son expédition dans le mois de mai suivant; il se plaignait du gouverneur de Mozambique, qui lui avait refusé toute espèce de secours pour son entre-

(1) Voyez *Collection des Voyages en Afrique*, tome XV, p. 5.

(2) *An account of the discoveries of the Portuguese in the interior of Angola and Mozambique, from original manuscripts*, by T. E. Bowdich; London, 1824, un vol. in-8°.

prise. Ces détails sont les seuls que Bowdich ait recueillis sur le voyage de Lacerda.

Le roi des Moulouas ne permit point au mulâtre de s'avancer plus à l'est avant d'avoir formé alliance avec Saldanha. Deux ambassades, chargées des présents du muata et de sa femme, furent en conséquence envoyées au gouverneur. Les naturels qui en faisaient partie étaient vêtus d'étoffes européennes, achetées dans les comptoirs de Mozambique. Le comte de Saldanha a remarqué que ces Africains étaient d'une race plus belle, moins grossière, et plus intelligente que les Nègres de la côte. Ils furent très-satisfaits de la réception qu'on leur fit, et très-étonnés des établissements militaires de Saint-Paul de Loando; mais la petitesse de la ville, qu'ils avaient d'abord crue beaucoup plus grande que leur capitale, leur causa une surprise d'un tout autre genre. Ils sollicitèrent l'établissement d'une foire ou un marché portugais dans leur ville, semblable à ceux du pays des Cassanges. Saldanha se préparait à profiter de ces heureuses dispositions pour envoyer une nouvelle expédition, chargée de pénétrer par terre jusqu'à Mozambique, et de retourner par mer à Loando. Mais ce gouverneur éclairé et entreprenant fut rappelé par son gouvernement, et nommé ambassadeur en Russie. Ses projets furent abandonnés par la négligence de son successeur et par les entraves que mirent les Cassanges aux communications commerciales des Portugais avec les Moulouas.

Le savant missionnaire Cannecattim, qui a publié une grammaire et un dictionnaire de la langue bonda, apprit, dans le cours de sa mission à Mahonga, où il convertit le roi et toute sa famille, qu'il existe dans le district de Mouloua plusieurs grands lacs, et des rivières profondes sur lesquelles naviguent les peuples qui habitent le nord-est de cette contrée. On lui dit aussi que la ville de Mousol ou Monsol, capitale du Makoko ou Micocco, appelée quelquefois Ansico, du nom de son roi, est située à environ trois cents lieues de la côte. Le même auteur compte cent quatre-vingts lieues de Saint-Paul à Cahenda, l'établissement religieux des Portugais le plus éloigné dans l'intérieur des terres, et situé sur les limites méridionales de Mahonga. Le père Cannecattim ajoute que les Portugais ont un comptoir, ou une foire dans le Cassange, à cinq cents lieues de Cahenda. Il rapporte aussi, comme un bruit généralement accrédité dans le pays, la fuite de deux soldats portugais, qui auraient déserté de la garnison de Benguella, et se seraient rendus, par l'intérieur, sur la côte de Mozambique.

Déjà avant le gouvernement de Saldanha, Grégoire Mendès avait été mis à la tête d'une expédition chargée de faire des découvertes dans l'intérieur des pays d'Angola et de Benguella (1). L'expédition, composée d'environ trente Européens et de mille Nègres indigènes, partit de Benguella le 30 de septembre 1785, et se dirigea au sud-sud-est jusqu'à Quipapa, où l'on trouve une source chaude et sulfureuse. Le lendemain on continua à marcher au sud-est, et après avoir côtoyé le pied d'une chaîne de montagnes, on alla camper dans un lieu appelé Dombo de Quinzamba, et traversé par la rivière de Copororo, au delà de laquelle le sol s'élève d'une manière sensible. Après plusieurs journées on arriva au pied d'une montagne ayant la forme d'une vaste forteresse, et battue par les flots de la mer à l'endroit appelé Mezaz ou les Tables. Tout près de cette montagne on trouva une immense forêt qui s'étend très-avant dans l'intérieur, et que traverse une rivière alors desséchée. Cette rivière communique par un grand nombre de canaux avec plusieurs lacs d'eau douce et d'eau salée. Le sol paraît fertile dans cet endroit; les grands arbres qui le couvrent de leur feuillage épais varient agréablement le paysage, et servent de retraite à une grande abondance d'oiseaux d'espèces diverses, que les Nègres Moumbi du Quilenga venaient autrefois vendre aux Portugais de Benguella. On détermina la position de ce lieu, appelé Sinhe Tenh Bari, à quatorze degrés de latitude méridionale. Les Nègres de ce

(1) Mendès donne des détails intéressants sur le pays, si peu connu, situé au sud du Benguella.

district vivent aussi au milieu des montagnes, divisés en petites tribus; mais une tradition conservée parmi eux apprend que leurs pères ont autrefois été soumis à un gouvernement régulier. A l'époque du voyage de Mendès ces peuplades étaient occupées à se donner un roi, et voulaient se réunir sous le pouvoir d'un des descendants de leurs anciens chefs. Les Portugais trouvèrent au nord un hameau d'une vingtaine de cases, où l'on prit quatorze Nègres, que l'on renvoya après les avoir habillés et leur avoir donné quelques notions d'agriculture, des instruments aratoires, et des graines pour semer. Ces hordes n'ont aucune idée du commerce; leurs aliments se composent de lait, de fruits sauvages et de poisson; elles paraissent surtout aimer avec passion une racine qui a plutôt la propriété d'apaiser la soif que celle de calmer la faim. On remarqua qu'un des naturels avait dans sa chevelure une boucle de jarretière attachée avec une corde, et qu'il disait avoir reçue de ses voisins du sud. La caravane s'arrêta deux jours et demi dans ce hameau, pour explorer la forêt et les bords de la rivière. On s'établit sur le rivage de la mer, où l'on construisit un radeau pour pêcher du poisson. Des difficultés nouvelles se présentaient encore pour continuer le voyage le long de la côte : on se détermina en conséquence à traverser la baie de Lapa, d'où l'on pouvait apercevoir la forêt de Dingue-Vare. L'expédition séjourna deux autres jours dans cet endroit, pour compléter ses provisions de poisson. Le 26 octobre on s'avança à deux lieues dans l'intérieur, pour éviter les collines qui bordent la côte, et l'on tourna ensuite vers un lac situé au sud de Mezaz, dont les rives sont couvertes d'herbes et de bois touffus. Ce petit lac et la rivière qui s'y perd sont appelés par les natifs Monay-aïgandou, c'est-à-dire le Fils du lézard.

Le 27, après cinq lieues de marche, on atteignit une rivière qui se jette dans le lac de Quissa. L'eau de cette rivière est quelquefois salée vers son embouchure; mais elle est excellente dans sa partie supérieure et dans les puits qu'on a creusés sur ses bords. Le sol de ce district est bien boisé; mais le débarquement y est très-difficile. La mer se brise avec violence contre une petite île placée à l'opposite du rivage. On ne trouva aucun habitant dans cette contrée; mais divers objets laissés après eux indiquaient que plusieurs l'avaient quittée récemment pour se réfugier dans les montagnes. Une observation douteuse donna la latitude de quatorze degrés dix minutes.

En traversant les montagnes on apercevait dans les vallées, entièrement dépourvues d'eau, quelques cabanes abandonnées par les naturels. Toutes les tentatives qu'on fit pour entrer en relation avec les Nègres furent complétement inutiles.

Le 1er de novembre on continua à parcourir cette contrée montagneuse, jusqu'au lit d'une rivière desséchée, où l'on perdit l'officier de marine Miguel Pinhero, qui s'était offert de lui-même pour faire partie de cette expédition. Le lendemain on s'arrêta près d'un lac desséché, où l'on put se procurer de l'eau douce en creusant des puits. La principale souffrance de la caravane pendant les marches précédentes venait de l'obligation où elle se trouva de boire continuellement des eaux saumâtres. Le 3 novembre on traversa une contrée moins inégale, dont le sol semblait avoir été brûlé, et qui prenait dans quelques endroits une couleur rouge très-vive. Un ruisseau qui se détache d'une plus grande rivière se perd, à quelque distance de là, dans un lac situé entre deux montagnes. Une vieille Négresse aveugle apprit aux Portugais que le rivage n'était qu'à une lieue de distance, et que les naturels y avaient récemment mis à mort plusieurs hommes blancs. En effet, après avoir fait environ une lieue, la caravane arriva près d'un port auquel on donna le nom de Porto-Novo de Mossamèdes, en l'honneur du capitaine général d'Angola. Ce port est situé au milieu de la baie du Nègre. Près du campement de l'expédition on trouva un petit ruisseau qui se jette dans la mer. A une lieue au nord de la baie du Nègre il y a une autre rivière, très-remarquable par son étendue et par ses communications avec les lacs voisins. Un de ces lacs, situé au sud, a une demi-lieue de circonférence, et est soumis aux variations de la marée. Les environs de la rivière sont humides et propres à la culture; et, suivant le rapport de Mendès, ce pays pourrait fournir assez de bois et de pierres de construction pour élever l'établissement qu'on avait le dessein de former dans ce lieu, sous le nom de fort de Mossamèdes. La rivière produit beaucoup de poisson. Les Nègres qui en habitent les rives s'étaient enfuis dans l'intérieur des terres, à l'approche de l'expédition, craignant que les Portugais ne fussent envoyés pour venger la mort de l'équipage d'un vaisseau que les indigènes avaient récemment massacré, et dont on trouva encore quelques dépouilles dans le village voisin.

Mendès fit partir deux détachements pour explorer la rivière de Rio das Mortes, qui se jette dans la baie Négro. Un de ces détachements s'empara d'un vieux Nègre infirme, qui leur apprit que les peuplades qui habitent ces parages sont soumises à des chefs, qu'elles sont peu considérables, possèdent de grands troupeaux de moutons, mais très-peu de gros bétail. Le vieux Nègre avoua aussi que ses compatriotes vivent principalement de pillage, et que dans sa jeunesse il avait été lui-même un habile maraudeur. L'autre détachement s'approcha très-près d'une horde de naturels; mais ceux-ci abandonnèrent avec adresse deux cents de leurs moutons, pour occuper l'attention de leurs ennemis, et s'enfuirent rapidement avec le reste de leur bétail. Après quatre jours de halte, la caravane se remit en route, le 8 novembre. Le vieux Nègre lui servait de guide. On marcha trois jours sur un sol sablonneux pour faire onze lieues. Le Rio das Mortes est engorgé à deux lieues de la côte par une quantité considérable de troncs d'arbres amoncelés par les inondations. A la distance de huit lieues, deux chaînes de montagnes s'élèvent uniformément en forme de pyramides, et ne présentent aucun défilé ni passage. Dans la vaste plaine de sable qui est à leur pied on trouve en tout temps une grande abondance d'eau de pluie, conservée dans des citernes naturelles qui s'épanchent sur le sol. Ces montagnes, revêtues d'une végétation riche et variée, se terminent au pays de Cobale, frontière du Oimba, qui est limitrophe des provinces d'Humbe et de Chaungro, situées sur la rive occidentale de la rivière de Cuneni. C'est de l'immense forêt qui couvre cette partie du Cobale que sont arrachés les arbres que le Rio das Mortes charrie dans ses débordements.

Le vieux Nègre était presque inutile, à cause de son grand âge, et il devenait urgent de se procurer de nouveaux guides pour continuer le voyage. Le caporal Manuel da Guerré réussit à s'emparer de plusieurs naturels, d'un grand nombre de moutons et de quelques vaches. Les prisonniers servirent de guides, et l'expédition reprit son voyage sur le bord de la rivière qui communique avec le Rio das Mortes. Cette dernière rivière finit, dit-on, dans le Cobale.

Les indigènes de cette partie de l'Afrique, appelés Memuaschagnes, se nourrissent de bœuf, de mouton, de gibier, de beurre et de fruits; leurs cabanes sont construites en paille, et revêtues d'un mélange de terre et de bouse de vache, qui résiste à la pluie lorsqu'il est durci par les rayons du soleil.

Le 22, la caravane se dirigea vers le pays de Bumbo, qui borde en partie le district de Jan et en partie ceux de Canina ou de Gonga. On traversa une rivière qui coule vers le Rio das Mortes, et l'on suivit pendant deux jours son lit, où l'on trouva parmi le sable des croûtes de nitre cristallisé. L'eau de cette rivière est saumâtre; mais ses bords nourrissent le plus beau bétail du monde. On en détermina la latitude à quatorze degrés quarante minutes sud. On demanda aux prisonniers s'ils avaient quelque souvenir traditionnel que leurs ancêtres eussent eu commerce avec des hommes blancs. Ces Nègres répondirent qu'ils n'avaient aucune tradition sur un semblable événement; et en effet ils paraissaient ne connaître d'autres vêtements que les peaux de leurs vaches et de leurs moutons. Les indigènes de cette contrée sont remarquables par la symétrie et la belle proportion de leurs membres. Ils portent dans les cheveux des ornements de peau de mouton taillés en figures singulières, et présentant la laine en dessus. Leurs femmes sont très-fécondes. — On renvoya le vieux Nègre dans cet endroit, après l'avoir habillé. Il affirma encore, avant de partir, qu'il voyait pour la première fois des hommes blancs, et qu'il n'avait jamais entendu parler de semblables hommes par ses compatriotes. L'idiôme de cette contrée est très-facile à entendre pour ceux qui connaissent la langue bunda ou d'Angola.

Mendès fait observer que de toute la partie occidentale d'Afrique connue des Portugais la contrée de Bumbo est la plus belle par son climat, sa fertilité, son heureuse position et la beauté de ses paysages. Elle comprend une chaîne de montagnes demi-circulaire, qui s'étend considérablement entre le nord-est et le sud-est, et est habitée par une population nombreuse et guerrière. Une rivière s'épanche du sommet de ces montagnes vers leur base, et se divise par des saignées artificielles en mille canaux, qui vont fertiliser d'immenses champs de millet, de maïs, de blé, de fèves, et de tabac; les naturels préparent cette plante en en pressant les feuilles entre deux pierres. Ils savent aussi fumer leur sol, naturellement léger, avec la cendre des mauvaises herbes. « L'art de diviser artificiellement les eaux, ajoute Mendès, dans lequel les Égyptiens furent nos premiers maîtres, a été suggéré aux nègres de ce pays par la disposition analogue de leur sol; mais c'est le seul exemple d'une semblable industrie que j'ai vu pendant ma longue résidence en Afrique. » Les produits de la terre répondent aux soins qu'on leur donne; on sème immédiatement après la moisson, et on supplée au manque de pluie en arrosant les champs avec les eaux des réservoirs. Malgré l'abondance des arbres dans cette contrée, les habitants ont soin de ne couper que les plus petits pour servir aux usages journaliers, et de réduire les plus gros en planches, qui servent à les abriter des rayons du soleil. La caravane eût trouvé plus de provisions dans ce district s'il n'eût été récemment ravagé par les habitants d'un pays voisin, nommé Catalla, soutenus dans leurs excursions par le sova d'Ohila. Le district du Pumbo, qui est sans contredit la position la plus avantageuse pour l'établissement d'un comptoir, est situé à vingt-huit lieues au nord du pord de Mossamèdes, par quinze degrés de latitude méridionale.

Le 4 décembre, on continua à marcher le long de la même chaîne de montagnes; les Nègres qui l'habitent sont actifs et courageux, mais tous enclins au vol, quoique leur pays soit très-peuplé et abondamment pourvu de provisions. On remarqua dans cette marche une grande quantité de fruits sauvages et d'arbres gigantesques sur lesquels Mendès grava quelques inscriptions. Cette province, nommée Otomba (Tamba?), est située par quatorze degrés de latitude, à la distance de trente-six lieues de la mer. On y trouve d'excellente eau. Enfin, l'expédition atteignit Dombé da Quinzamba, où se terminèrent ses travaux d'exploration; elle revint dans la ville de Benguella le 29 décembre 1785.

Quant aux expéditions faites sur la côte orientale, on peut rappeler celle de Baretto en 1570, celle de Silva à la cour de Quitevo, en 1571, et enfin celle du colonel Lacerda qui, comme nous venons de voir, mourut au commencement de son voyage. Lacerda transmit seulement la déposition d'un marchand, nommé Gonsalvo Pereira, natif de Goa. Celui-ci, engagé longtemps dans le commerce de l'or, prétendit s'être avancé, en 1796, assez avant dans l'intérieur, et pouvoir nommer les lieux par où il avait passé; mais il est incontestable qu'il n'a point effectué le passage d'une côte à l'autre.

Douville, si son voyage est authentique, paraît avoir jusqu'à présent pénétré le plus loin dans l'intérieur de l'Afrique australe. Il a rempli en partie l'espace blanc qu'on voit sur les anciennes cartes, au centre de l'Afrique, entre l'équateur et le 5e degré latitude sud. Parti de Benguella, il s'était proposé de revenir en Europe par l'Egypte, après avoir parcouru toute la partie la moins connue de l'intérieur de l'Afrique. Il nous donne des notions fort curieuses sur le lac Couffoua et les habitants des environs (vers les 4° latitude sud et les 25° longitude orientale de Paris).

Les habitants de Cahui et de Baka, au sud-ouest du lac Couffoua, sont de courte taille, gros et robustes; ils ont les yeux petits, mais très-vifs, la bouche très-fendue, le front bas et des cheveux presque sur le cou, les oreilles très-petites, la partie inférieure du visage allongée comme chez les singes. Ces Nègres adorent le soleil, qu'ils considèrent comme l'auteur de tout ce qui existe. Ils regardent la lune comme son premier ministre, qui gouverne en son absence dans les lieux où il a passé. Ils n'ont point de temple. Lorsque le soleil paraît ils lui adressent leurs hommages, et lorsqu'il est sur le point de se cacher à l'horizon, ils le prient de revenir bientôt. Si un temps nébuleux l'empêche de se montrer, ils pensent qu'il est irrité contre les hommes, qui ne lui rendent pas les honneurs dus. Lorsque la lune devient entièrement invisible ils disent que le soleil change de ministre, et qu'il en choisit un nouveau, et ne lui donne sa confiance que peu à peu. Le moment de la pleine lune est celui de toute la puissance de ce ministre, qui semble vouloir égaler son maître; celui-ci commence alors à lui retirer sa faveur. Ils expliquent les éclipses de soleil en disant que ce sont des moments de dispute entre le dieu et son premier ministre qui cherche à s'emparer du pouvoir. Quant aux éclipses de lune, c'est l'époque où le dieu retire brusquement son amitié à son premier ministre, et qu'il lui rend un moment après, lorsqu'il le reconnaît innocent. — A la naissance d'un enfant on plante un arbre, et à chaque nouvelle lune on fait une entaille sur l'écorce. C'est ainsi qu'on compte l'âge par lunes.

Depuis Cassange jusqu'à Baka le terrain s'élève insensiblement. Ce n'est qu'aux environs de la banza du chef de Baka que l'on commence à rencontrer des collines; elles forment l'extrémité des chaînes de montagnes que l'on voit vers le sud. Ces collines sont de grès jaunâtre; ensuite on trouve des grès schisteux de même couleur et renfermant des particules de mica.

Les habitants de Baka, dans le voisinage de la rive gauche du Zaïre, sacrifient des victimes humaines pour apaiser les dieux malfaisants. Mais cela n'a lieu que lorsque l'ennemi vient ravager le territoire, ou à l'invasion d'une épidémie. Dans le premier cas, on égorge un prisonnier de guerre. Dans le second, on va saisir une victime dans un canton voisin, et on l'immole sans pitié. Les prêtres distribuent au peuple de petits morceaux de sa chair, que l'on mange, en guise de pain bénit, pour se préserver de la contagion ou de l'attaque des ennemis. On ne touche pas à la peau; ceux qui ont le bonheur de s'en procurer un lambeau, le renferment dans des coquilles d'escargots, et les portent suspendues au cou comme une marque de la protection des dieux.

Les habitants du Humé sont anthropophages. « Ils mettent, dit Douville(1), leurs prisonniers à la broche en entier, et se contentent de leur ôter les intestins. » Les Humés sont très-puissants; ils combattent leurs ennemis avec un acharnement aveugle; ils honorent les hommes qui, en revenant de la guerre, rapportent le plus de têtes humaines. On n'élit pour souverain que celui qui présente un bonnet couvert de deux cents dents d'ennemis qu'il a tués ou faits prisonniers; il en pare sa tête dans les jours de fête ou quand il va à la guerre. Le chef de ce peuple féroce se sert d'un crâne humain pour boire. Les ossements de ceux qu'il a tués ornent son palais. — Les États de Humé s'étendent, d'après les renseignements recueillis par Douville, à l'est, jusque chez les Ruegas; le Couango prend sa source dans ce pays; la montagne d'où il sort est toujours blanche, et se perd dans les mers, ce qui fait donner à ce fleuve le nom qu'il porte, de *Coua*, ciel, et *Ngo*, eau. Les Ruegas sont ennemis jurés du Humé et toujours en guerre avec lui. Il vient quelquefois chez eux un peuple du sud, qui est, non pas noir, mais cuivré. Ils le nomment *Biri*. Serait-ce les Arabes établis sur la côte de Zanguébar?

Quant au lac Couffoua, dont Douville fait une description détaillée, nous ne discuterons pas pour savoir si c'est le même que le lac Maravi. Si cette description est véridique, ce lac a la plus grande analogie avec la mer Morte (2). Voici le récit de Douville: « N'étant pas très-éloi-

(1) *Voyage au Congo*, etc., tome III, p. 14.

(2) *Couffoua*, dans la langue du pays, signifie, *mort*.

gné du lac Couffoua, dont on m'avait raconté tant de merveilles, dit-il, j'éprouvai naturellement le désir de l'examiner. Je ne voulus pas mener toute ma caravane avec moi, afin de lui épargner une fatigue inutile, surtout en traversant un pays où je savais que je ne rencontrerais personne : il n'était pas prudent non plus de la laisser à Cuzuila, où elle aurait été exposée aux incursions des brigands du Humé ; en conséquence, je la fis partir pour la banza Muria, située à six lieues au nord de Cuzuila. Je donnai ordre à mon premier pombéiro de l'y attendre. Quand elle se fut mise en route je restai avec cinquante hommes ; alors je marchai à l'est, en remontant le long du Cuzuila. On m'avait dit que cette rivière sort du lac Couffoua : elle coule, à l'est et au sud, entre les États de Humé et ceux de Mucangama à l'ouest et au nord. Pendant trois jours je voyageai dans une forêt, qui probablement était la continuation de celle que j'avais parcourue précédemment. Le quatrième je remarquai que la végétation diminuait considérablement ; le soir nous fîmes halte sur les bords du Cuzuila, dans une plaine aride. L'élévation du sol avait augmenté d'une manière rapide depuis le village de Cuzuila. La différence entre ce lieu et celui où je me trouvais était de cent cinquante et une toises. La température pendant ce jour baissait sensiblement.

« Nous longeâmes encore pendant deux jours la rivière : dans la forêt elle avait conservé une largeur d'une centaine de pieds, qui ensuite diminua graduellement. Le terrain brûlé où nous entrâmes au sortir des bois n'offrait plus qu'une végétation chétive, qui cessa entièrement à une distance d'environ deux lieues du lac. La surface du pays était très-raboteuse, parsemée de rochers isolés de différentes dimensions, les uns tenant au sol, les autres apportés. Quoique la pente du terrain ne fût pas très-abrupte, elle l'était cependant plus que dans la forêt. Le cours du Cuzuila était très-tortueux ; son lit, réduit à une largeur d'une cinquantaine de pieds entre les deux bords, n'était pas très-encaissé. On ne voyait plus qu'un filet d'eau d'une douzaine de pieds entre les bergers.

« Nous avancions toujours vers l'est, lorsqu'un terrain inondé ou marais, d'où je voyais sortir le Cuzuila, nous obligea de dévier à gauche ou vers le nord, parce que le terrain formait de ce côté une butte haute d'une cinquantaine de pieds. Nous allâmes bivouaquer sur son sommet, qui n'était que légèrement bombé. Ce tertre était composé d'un conglomérat de matières volcaniques. Le point où nous campâmes était à peu près à une lieue du lac.

« Sur toute notre route nous n'avions rencontré aucun village. Des bêtes sauvages peuplent la forêt ; mais au delà nous ne vîmes plus aucun animal vivant.

« Des guides de Cuzuila, qui nous avaient accompagnés jusqu'à l'endroit où nous devions passer la nuit, tremblaient déjà de se trouver si près du lac ; néanmoins je commandai qu'on se tînt prêt pour partir le lendemain de très-bonne heure.

« Comme il faisait encore grand jour, j'allai examiner la butte dont nous occupions le commencement de la pente méridionale. A l'est d'énormes rochers s'élevaient à plus de cent pieds au-dessus du plateau où nous campions, et dont ils couvraient toute la partie orientale, de sorte qu'ils m'empêchaient d'apercevoir le lac, et j'ignorais à quelle distance j'en étais. Je marchai au nord, parce que je découvris de ce côté une nappe d'eau. Je descendis sur ses bords, et je reconnus que c'était un marais inondé, semblable à celui qui était au sud de la butte, mais beaucoup plus large, et borné au nord par des montagnes qui me parurent très-élevées. J'observai que, dans le nord-ouest, plusieurs filets d'eau sortaient de ce marais et prolongeaient leur cours à perte de vue. Je revins à mon camp ; j'avais déjà remarqué que les montagnes au sud du marais du Cuzuila étaient très-hautes.

« Mes nègres, à qui on avait raconté sur le lac Couffoua beaucoup de choses étranges dont ils ne m'avaient point parlé, vinrent dans ma tente sur les huit heures du soir ; c'était le moment où les vapeurs qui s'élèvent pendant le jour sont condensées par la fraîcheur de la nuit. La respiration commençait à être gênée. Ils me répétèrent ce qu'ils avaient entendu, ajoutant qu'ils n'avaient pas voulu le croire, mais que certainement on ne les avait pas trompés, puisqu'ils commençaient à respirer moins librement. Je les écoutai tranquillement, et j'essayai de les rassurer; alors les guides me déclarèrent qu'ils n'iraient pas plus loin. Sans avoir l'air d'être contrarié de cette résolution, je leur dis qu'ils pouvaient rester, si cela leur convenait; mais que, comme j'avais les montagnes devant moi, et qu'elles étaient assez grosses, j'arriverais facilement. J'ajoutai que puisque, selon eux, les esprits entraînaient les vivants dans le lac, nous serions sûrs de le trouver, puisqu'ils nous y conduiraient, sans être obligés de payer des guides.

« Ce discours leur causa de la surprise, qui augmenta encore quand j'annonçai que le lendemain je précéderais mes gens, qui pourraient s'enfuir s'ils voyaient les esprits me saisir; ensuite je les engageai à aller dormir. La nuit se passa fort tranquillement; mais nous avions la respiration gênée. Le matin je fus le premier debout. Mon interprète m'apprit que les guides étaient convenus de m'accompagner si je voulais marcher le premier. Le soleil était déjà levé : il éclairait le sommet des montagnes que j'allais parcourir.

« Une vapeur claire qui s'en élevait me parut d'abord produite par l'action des premiers rayons du soleil sur une terre humide de rosée; mais je découvris bientôt que c'étaient des émanations qui s'échappaient des fentes des rochers; les guides m'assurèrent qu'on en voyait continuellement pendant le jour.

« Nous marchâmes à l'est; je m'avançais à la tête de ma troupe. Le terrain de la butte, ainsi que je l'ai dit précédemment, s'élevait continuellement. Nous en suivîmes le pied. Tout à coup les guides s'arrêtent en me criant de ne pas aller plus loin, parce que le bruit souterrain que l'on entendait annonçait l'approche des esprits. Persuadé que la peur seule leur faisait tenir ce langage, je leur dis de se taire, ou de retourner sur leurs pas.

« Après une marche fatigante à travers un terrain aride et sablonneux, le long du marais, je parvins au bord du Couffoua, et je m'assis sur un rocher élevé au plus d'une douzaine de pieds au-dessus de ce lac, que jusque-là je n'avais pu apercevoir. Quand mes gens me virent tranquillement assis, ils prirent courage, et me rejoignirent. Ils étaient tout tremblants; cependant, ils ne balancèrent pas à m'approcher. Quelques moments après ils se familiarisèrent tellement avec l'idée du prétendu danger, qu'ils accusèrent les Nègres de Cuzuila de poltronnerie. Ils allèrent même jusqu'à prendre de l'eau et à leur en jeter; mais ils ne purent s'empêcher de remarquer qu'elle différait de celle des rivières, étant couverte d'une croûte épaisse dont ils ne connaissaient pas la nature. Il n'était pas encore midi. Nous nous trouvions au pied des roches de l'extrémité orientale de la butte, dont la hauteur en cet endroit était à peu près de trois cents pieds; un espace à surface très-raboteuse, élevé à plus d'une toise au-dessus du Couffoua, et dont l'étendue était environ de trois cents pieds en tous sens, nous offrait un lieu commode pour nous y arrêter.

« Mes nègres construisirent, comme la nuit précédente, des espèces de cabanes avec leurs *moutetés* ou paniers; ils les couvrirent de leurs pagnes. Quoique rassurés, ils n'étaient pas entièrement tranquilles; leur imagination leur rappelait les idées les plus effrayantes. D'ailleurs, la gêne que nous éprouvions en respirant aurait suffi pour tourmenter un cerveau moins faible.

« Aussitôt après mon arrivée je fis les observations nécessaires pour déterminer la position de notre campement. Il était par 4° 18′ de latitude sud, et 24° 42′ de longitude est, et à neuf cent onze toises au-dessus de la mer. Le marais qui bornait au sud la butte rocailleuse dont nous occupions l'extrémité orientale ne s'étend pas jusqu'à ce point. L'espace compris entre ce lieu et les montagnes qui s'élèvent au sud offre une ouverture, large de vingt pieds au plus, par laquelle s'écoule l'eau du Couffoua, et qui s'élargit assez brusquement à une distance d'environ trois cents pieds du lac. L'eau, chargée de naphthe et d'autres substances, entre dans le marais dont j'ai déjà parlé, et qui doit probablement sa naissance à tous ces débris qui ont rempli l'intervalle borné au nord et au sud par des rochers.

« L'étendue du marais dans ce sens est d'une demi-lieue.

« J'apercevais dans l'est, à l'horizon, une ligne blanchâtre; je présumai que c'étaient les montagnes de la rive opposée. J'attribuai la couleur qu'elles présentaient aux vapeurs qui s'élevaient de leurs flancs. La surface du lac était tranquille. Aucun bruit, aucun cri ne troublait la triste solitude qui nous environnait; c'était réellement le silence du néant. La lune éclairait alors ces lieux; mais sa lumière, qui ne pouvait être réfléchie par les eaux du Couffoua enveloppées de leur croûte épaisse, ajoutait au caractère lugubre de tout ce qui m'entourait.

« Aussitôt que le jour parut, je m'empressai d'examiner le lac. La croûte qui le couvre partout est formée par un bitume épais, dont une partie découle des montagnes, et l'autre s'élève du fond. En plongeant la main dans ses eaux, je les trouvai très-froides. Le thermomètre marquait 18° à l'ombre. Je le posai sur la surface du lac; il descendit à 13° sept douzièmes. Ensuite je pris un roseau, au bout duquel j'attachai une corde longue de dix pieds, dont l'extrémité soutenait le thermomètre, muni en bas d'une balle de plomb. Je l'enfonçai dans l'eau; je l'en retirai avec promptitude un quart d'heure après : il n'indiquait plus que 10° dix douzièmes.

« La croûte répandue à la surface de l'eau est si épaisse, que les rayons du soleil ne peuvent la percer. Ayant observé dans quelques endroits un bouillonnement qui semblait être produit par l'action d'un courant de bas en haut poussant l'eau avec violence, je plongeai mon thermomètre dans un de ces tournants. Alors le mercure descendit à 9°, ce qui me donna lieu de croire qu'une source souterraine jaillissait dans ce lieu.

« Ayant fait écarter la croûte sur quelques points, un filet fut jeté dans cette ouverture; il ne ramena aucun poisson, ce qui ne m'étonna pas, l'eau ayant une saveur fort désagréable, annonçant qu'elle ne pouvait être le séjour d'êtres organisés (1). »

(1) Douville, tome III, p. 18-25.

Douville examina ensuite les montagnes qui bordent le lac de Couffoua. La hauteur de ces montagnes est d'environ cent cinquante toises au-dessus du lac, et à neuf cents toises au-dessus du niveau de l'Océan. Leur pente est assez rapide du côté méridional. Quelques roches escarpées s'avancent dans le lac et en barrent le passage. Trois rivières s'échappent par les trois principales ouvertures : l'une à l'est et les deux autres à l'ouest; leur eau est très-froide, et leur lit à fond de gravier. La longueur du lac, alimenté par un courant d'eau ascendant, est de presque vingt lieues, et sa plus grande largeur d'environ dix. Il est plus étroit dans sa partie septentrionale que dans la méridionale, la première se resserrant toujours à mesure qu'il avance vers le nord. Les montagnes qui l'entourent ont la pente extérieure plus prolongée que celle de l'intérieur. Leur largeur à la base est d'environ une lieue. Celle du sommet est au plus d'un tiers de lieue : il est partagé dans toute son étendue par une déchirure qui n'a jamais plus de huit toises de profondeur. Ces montagnes s'abaissent sur différents points. Leurs flancs offraient çà et là des crevasses profondes : il s'exhale de quelques-unes des vapeurs sulfureuses suffocantes. La naphthe découle abondamment et sans interruption d'un grand nombre de petites fissures, dont l'élévation au-dessus de l'eau ne va pas à plus d'une toise. Des fragments de lave, de pierre ponce, d'obsidienne prouvent que ces montagnes sont d'origine volcanique. Le lac lui-même s'est probablement formé par l'affaissement d'un immense volcan. Les cavités d'où s'exhalent des vapeurs suffocantes sont tapissées de soufre. C'est de là qu'est venu le nom de *montagnes puantes* ou de *Moulounda gia caiba risoumba*.

En quittant le lac Couffoua, Douville nous apprend qu'il s'avança au nord jusqu'à Yanvo, jusque sous la ligne, en passant par Mucangama et Tandi-Avoua.

La banza (ville capitale) de Mucangama est située dans une île que forme le Rambigé, à 2° 50′ latitude sud, et 23° 9′ longitude est. Elle est grande et bien bâtie; les rues sont larges et assez bien alignées; les maisons sont, en partie, en briques séchées au soleil; les places publiques sont vastes, et entourées d'arbres hauts et touffus. Au milieu du marché aux esclaves est une élévation, sur laquelle on exécute des criminels et où on sacrifie des victimes dans les jours de cérémonie. Les environs sont très-insalubres : dès que le soleil est couché des exhalaisons infectes sortent de la terre. Les différences très-grandes de température qui se font sentir, souvent dans l'espace de quelques heures, suffisent pour détruire les tempéraments les plus robustes.

La ville de Tandi-Avoua, capitale des Molouas, est située dans une île formée par deux bras de l'Agattu. Elle est vaste et très-régulièrement bâtie. Douville avoue n'avoir point encore vu chez les Nègres de ville aussi belle ni aussi grande. Elle est divisée en quartiers, séparés par des avenues plantées d'arbres touffus; les rues sont larges et même arrosées, pour éviter la poussière et rafraîchir l'atmosphère. On se sert pour cela d'énormes calebasses, contenant chacune plus de cent bouteilles d'eau. Plusieurs ruisseaux traversent la ville en tous sens. Ils sont très-bien entretenus : on n'y jette aucune immondice. Au lever et au coucher du soleil il n'est permis à personne de mettre les pieds dans ces ruisseaux, parce que c'est l'heure à laquelle chaque famille fait sa provision d'eau. Sans cette mesure, on serait exposé à boire l'eau dans laquelle d'autres se sont lavé le corps. — La population de Tandi-Avoua peut s'élever à quinze mille individus, dont les deux tiers sont des femmes. L'air y est assez tempéré.

Les Molouas sont bien faits, grands et robustes, d'un noir foncé; ils ont les yeux vifs, et sont très-actifs. Ils fabriquent avec le cuivre, dont les mines sont abondantes dans leur pays, les mêmes objets que les habitants de Mucangama avec le plomb; ils taillent aussi des pierres fines, telles que des cornalines, des agates et du jaspe. Ils ont beaucoup de goût pour la menuiserie, et fabriquent des tables et des tabourets qui sont très-bien façonnés; leurs seuls outils sont le couteau et le ciseau, qui diffèrent des nôtres. Ils sont très-patients, et passent des journées et même des semaines entières à faire des ornements sur les pieds d'une table ou d'un tabouret. Ils emploient une espèce de tour pour percer les pierres dures dont ils font des colliers et des pendants d'oreille. Chacun a dans sa chapelle une table sur laquelle une plaque en pierre fine est destinée à recevoir les prémices de la moisson. — Ces Nègres vont presque nus; les femmes ne se couvrent les parties sexuelles que lorsqu'elles ont leurs infirmités périodiques; les jeunes filles sont nues dans tous les temps; les hommes et les garçons portent souvent des peaux d'animaux, non par décence, mais pour montrer qu'ils ont été adroits à la chasse. Ils ont des toiles de coton d'Europe, qui leur viennent en échange d'esclaves; mais ils ne s'en servent habituellement que pour se couvrir les épaules, et pour se parer les jours de fête et dans la saison des pluies; alors ils sont habillés ou plutôt enveloppés de pièces de cotonnade; ils préfèrent le tafia, la poudre et les fusils à ces toiles; ils en tissent eux-mêmes avec de la filasse qu'ils savent extraire de plusieurs plantes. Les nobles sont vêtus d'étoffes d'Europe quand ils sont de service auprès de la reine; cette princesse a un jupon fait d'étoffe du pays, qui lui tombe presque jusqu'au genou, et qui est attaché autour des reins avec une bande d'un tissu rouge, mais de manière à laisser une des cuisses entièrement découverte pour qu'on aperçoive la forme du corps; elle porte de plus, sur les épaules, un long morceau d'étoffe, noué sous le menton et laissant voir le sein. Les femmes de Tandi-Avoua n'ont pas, comme celles de plusieurs autres pays de l'Afrique, le sein pendant; elles aiment au contraire qu'il soit ferme et représente bien deux demi-globes. Celles qui ont allaité leurs enfants ont soin de le relever avec des ceintures (1).

Tandi-Avoua est défendu par une citadelle, dont le double mur, de deux mètres de large, est renforcé par une palissade de gros pieux, qui forme en dedans un talus sur lequel se tiennent les soldats, sans être exposés aux flèches de l'ennemi; un fossé de quatre mètres de largeur sépare le premier mur du se-

(1) Douville, III, p. 65.

cond; un autre, large et profond, entoure la forteresse en dehors; le pont sur lequel on les traverse peut être rompu en un instant. Les murs sont surmontés de parapets crénelés. L'arsenal renferme quatre cent quinze fusils et treize barils de poudre. Les Molouas se sont procuré tout cela en vendant des esclaves au jaga de Cassange, et à divers peuples qui commercent avec les blancs (1).

Yanvo, au nord de Tandi-Avoua, est presque situé sous la ligne. C'est une ville d'environ sept lieues de tour, bâtie dans trois îles formées par les bras du Rigi; les îles du sud et du nord sont les plus grandes; celle du milieu est très-petite et comprise entre les deux autres. Dans l'île méridionale se trouvent : vers le milieu, le temple de Lamba-Lianquita; à l'est, le fort principal; au sud, le Cubitabita ou la grande place; à l'est de celle-ci, le marché aux esclaves. Les rues sont larges et plantées d'arbres de chaque côté. Plus d'un tiers de la ville est bâti en briques séchées au soleil; le reste est en pieux recrépis avec du mortier. La population est d'environ quarante mille habitants, y compris les esclaves, qui en forment à peu près la moitié. Les esclaves sont amenés à Yanvo de toutes les parties de l'intérieur. C'est le marché central où vient un très-grand nombre de marchands, qui vont ensuite conduire ces malheureux de divers côtés. Le mouata ou chef prélève un droit sur la vente de ceux qui sont expédiés pour l'étranger, et les prêtres sur ceux qui restent dans l'intérieur.

Yanvo fut le terme du voyage de Douville. En quittant cette ville il revint sur ses pas, après avoir recueilli quelques notions très-vagues sur le royaume de Bomba. Le 27 juin 1830 il fit voile d'Ambiz, sur la côte, pour gagner le Brésil, qu'il quitta bientôt pour retourner en France, où il publia son voyage au Congo et dans l'intérieur de l'Afrique équinoxiale.

A la fin de cet ouvrage, Douville donne une notice fort intéressante sur les difficultés de voyager dans l'intérieur de l'Afrique.

« Plusieurs causes, dit-il, s'opposeront encore longtemps à ce que cette région soit connue : d'abord les fatigues qu'il faut endurer. Mais, indépendamment des obstacles qui résultent du climat et des fatigues, d'autres difficultés ne sont pas aisées à surmonter. Un voyage de ce genre exige des frais considérables. Quiconque veut l'entreprendre doit s'être convaincu qu'il lui sera impossible de faire un pas sans une forte dépense, qui ne se peut bien concevoir que lorsqu'on en a fait l'expérience. Chaque jour on parcourt à pied environ six lieues sous un climat brûlant, dont la température moyenne au soleil est de 36°; et si l'on veut voyager avec fruit pour la science, il faut, au lieu de se reposer après cette marche, consacrer son temps à examiner la nature du sol, à recueillir des minéraux, des plantes, des animaux, à prendre des notes, à faire des observations astronomiques, et à dresser des cartes.

« Pour voyager avec sûreté dans des contrées où les lois et les usages diffèrent totalement de ce qui existe dans les pays civilisés, et où la force seule peut se faire respecter, il faut absolument se présenter avec une suite assez nombreuse pour imposer aux chefs, et leur ôter toute envie d'essayer des actes de violence. Or, si un Européen est entouré, pour sa sûreté, de quatre à cinq cents Nègres qu'il salarie, ne doit-il pas être doué d'un certain degré de fermeté pour tenir dans leur devoir un si grand nombre d'hommes indisciplinables, et qui font leur possible pour l'irriter, afin de profiter de ses mouvements de colère pour lui ôter la vie et le dépouiller? D'ailleurs, dans ces régions sauvages, où l'on ne trouve pour toute nourriture que des haricots, la racine du manioc et la chair des éléphants, des panthères, des zèbres et d'autres animaux que l'on tue à la chasse, on est contraint de porter les vivres dont on prévoit que l'on aura besoin. Mais comme il n'y a point de bêtes de somme, on est obligé d'employer des hommes; et comme chacun ne porte qu'une bien petite quantité d'objets, il en faut prendre un grand nombre. Ensuite le transport des marchandises n'en exige guère moins; car celles-ci sont nécessaires pour payer ces Nègres, qui ne travaillent qu'à raison d'un beiramé, environ 1 fr. 25 c., par jour de marche.

(1) Douville, tome III, p. 73.

« L'eau-de-vie et le sel, qui sont les deux principaux objets d'échange pour des vivres, ne sont pas d'un transport facile; ce qui multiplie le nombre des hommes à prendre à sa suite.

« On ne peut entrer, sous peine de mort, sur les terres d'un souverain de ces contrées du milieu de l'Afrique méridionale sans avoir acheté, à force de présents, la permission de les traverser. Les négociations préliminaires pour obtenir cette faculté coûtent au moins autant que les présents qu'il faut faire à ce chef. Ce n'est pas tout encore : on ne doit pas négliger de gagner la bienveillance des prêtres ou sorciers pour éviter qu'ils ne rendent des oracles demandant la mort du voyageur. Dans ce dernier cas, la perte de celui-ci serait inévitable.

« Ces Nègres ne peuvent fournir d'autres vivres que ceux qui ont été nommés précédemment; mais ils n'en ont pas en surabondance, puisqu'ils ne cultivent absolument que ce qui est nécessaire pour leur subsistance. Cependant il y a beaucoup de poules dans toutes les parties de l'Afrique. C'est la seule nourriture saine. Enfin le manque d'eau est à redouter quand on parcourt des terrains arides, si communs dans l'intérieur des terres. Il est donc indispensable d'en porter toujours une provision pour deux ou trois, quelquefois même pour cinq et six jours.

« Si un voyageur, cédant aux sollicitations des femmes, se livre à la débauche, en peu de temps ses excès l'affaiblissent et le conduisent au tombeau.

« Du reste, on peut se faire une idée, par un fait avéré, de la difficulté extrême de voyager dans les régions intérieures de la partie de l'Afrique où j'ai porté mes pas. Les commis des négociants qui vont d'Angola faire des échanges aux marchés sur les confins des pays indépendants, en reviennent toujours avec des cheveux gris. Il est passé en proverbe que trois mois de courses parmi les Nègres suffisent pour blanchir la chevelure et détruire la santé d'un blanc ou d'un mulâtre (1). »

(1) Douville, tome III, p. 248-250.

Sur les Jagas.

Lopez, Battel, Cavazzi, Merolla nous dépeignent les Jagas comme une nation anthropophage, fort cruelle, du centre de l'Afrique, et qui aurait étendu ses conquêtes sur une grande partie de ce continent, depuis les côtes orientales jusqu'en Abyssinie. Ils parlent surtout des actes de cruauté de la reine Temban-Dumba, qui faisait un onguent merveilleux avec des jeunes enfants pilés dans un mortier, etc., etc. Douville affirme que ces récits sont autant de fables, et que le nom de *jaga* signifie chef militaire, payant un tribut au *mouata* ou roi, de même que *ngana* ou *sóva* signifie chef ou prince. « Il y a, dit-il, des *Jagas* dans toute la partie de l'Afrique méridionale que j'ai parcourue; mais il n'y existe pas de nation de ce nom (1). » Ces chefs, généralement indépendants les uns des autres, gouvernent tous en maîtres chez eux; ils ne se réunissent que dans le cas d'attaque d'un ennemi commun, selon l'alliance qu'ils font entre eux.

La bravoure de plusieurs de ces chefs militaires ou jagas devint bientôt célèbre, et dut naturellement donner lieu à des récits exagérés. Quant à leur férocité, elle est encore la même si on la juge par les sacrifices humains qu'ils font. Cependant leur caractère est assez doux, et ces sacrifices sont plutôt dus à un usage superstitieux qu'à la férocité de leur penchant. Ce n'est que pendant certains jours de cérémonie qu'ils mangent de la chair humaine; et, pris dans ce sens, le nom d'anthropophages peut, en effet, s'appliquer aux Jagas.

Sur les idiomes de l'Afrique occidentale, depuis 0° jusqu'au 15° de latitude australe.

On commettrait une grande erreur si l'on croyait que les langues parlées

(1) Douville remarque ici que le mot *cabaso*, pucelage, retentit souvent à l'oreille de quiconque pénètre dans ces contrées; les nègres l'appliquent à toutes les villes ou villages où l'on se divertit bien avec les femmes. C'est pourquoi on trouve ce mot, dans les relations des voyageurs, appliqué à beaucoup d'endroits. On l'écrit indifféremment *cabaso*, *cabasa* et *cabasso*.

dans les pays que nous venons de décrire sont à peu près identiques entre elles. Il arrive même que dans des districts très-peu distants l'un de l'autre on parle des dialectes fort différents. Ainsi, ceux qui habitent l'embouchure du Zaïre ne comprennent guère le langage des habitants d'Embonna, ville située à trente lieues environ plus loin, sur la rive de ce même fleuve; et à mesure qu'on pénètre davantage dans l'intérieur du continent, on ne peut plus se servir des interprètes qui ne savent que les idiomes de la côte.

Quoi qu'il en soit, les renseignements, très-incomplets d'ailleurs, que donnent les voyageurs nous permettent d'établir trois idiomes principaux, le *loango*, le *congo* et le *bonda* (abunda).

Idiome du loango.

La langue du Loango et des autres petits États voisins diffère essentiellement de celle du Congo. Plusieurs articles semblables et un grand nombre de racines communes semblent cependant indiquer une même origine; mais on ignore laquelle des deux est la langue mère. On n'a trouvé chez les indigènes aucune trace d'écriture, aucun vestige de signes qui pourraient en tenir lieu. La prononciation de leur langue est douce et facile. Ils excluent l'*h* aspirée et l'*r* qu'ils changent en *ch* et en *l*. Presque tous les mots sont monosyllabiques ou bisyllabiques. Quelques-uns commencent par un *m* ou un *n;* comme *m-fouka*, *n-goio;* mais ces lettres se prononcent si faiblement, qu'on croirait entendre les mots *fouka*, *goio*. Les lettres *a* et *o* y sont très-fréquemment employées, et terminent un grand nombre de syllabes.

La langue du Loango et du Cacongo n'a ni genres, ni nombres, ni cas. Pour exprimer la différence des genres dans les objets animés on ajoute les mots *bakala*, mâle, ou *kento*, femelle. Ainsi, *n-sousou bakala* signifie un coq; *n-sousou kento*, une poule. Les cas sont indiqués par des affixes ou prépositions, comme en arabe et en hébreu. L'une des plus grandes difficultés consiste dans l'emploi des articles ou affixes. Il y en a treize, sept pour le singulier et six pour le pluriel. Ceux du singulier sont *i*, *bou*, *li*, *kou*, *ki*, *ou*, *lou;* et ceux du pluriel : *i*, *ba*, *bi*, *ma*, *tou*, *zi*. Plusieurs de ces articles suivent des règles particulières; l'article *li*, par exemple, ne précède son substantif que lorsqu'il est régime direct; il le suit dans d'autres circonstances. L'article *ma* ne convient qu'au génitif pluriel, et il précède toujours le substantif : il est d'un grand usage dans la langue. Outre son emploi ordinaire, il sert encore à désigner les titres de roi, prince, gouverneur et chef de village, selon qu'il précède un nom de royaume, de principauté, de gouvernement ou de village. Ainsi, *ma-Loango* signifie roi de Loango; *ma-Kaia*, prince de Kaïa; *ma-Singa*, gouverneur de Singa; *ma-Kibota*, seigneur de Kibota.

Les pronoms possessifs s'expriment par des adverbes; ainsi, mon, ma, mes, se rendent tous par *amé;* ton, ta, tes, par *akou*; son, sa, ses, par *andi*. Exemples : mon mouton, *li-mêmé li-amé*; tes ciseaux, *tou-ziolo tou-akou;* ses nattes, *n'teva bi-andi*. C'est comme si l'on disait *le mouton à moi*, *les ciseaux à toi*, *les nattes à lui*. Les pronoms personnels du verbe : je, tu, il, nous, vous, ils, se rendent par *i*, *ou*, *ka*, *tou*, *lou*, *ba*, lorsqu'on parle d'hommes ou de femmes; et par les articles propres des noms, lorsqu'on parle de bêtes ou de choses inanimées.

On peut réduire les verbes à trois classes : la première comprend les verbes communs, qui ne varient que dans leurs terminaisons, et c'est la plus nombreuse; la seconde, des verbes qui commencent par *kou*, et qui perdent cette syllabe dans plusieurs circonstances; enfin la troisième comprend les verbes qui commencent par *l* et *v*, et qui changent dans certains temps, l'*l* en *d*, et le *v* en *p*. Ces trois classes de verbes ont des règles communes pour les variations des terminaisons. Ils ont tous les temps de la langue française, et plusieurs encore que celle-ci n'a pas. *I-lia*, par exemple, signifie, *j'ai mangé*, dans un temps indéterminé; *i-lili*, *j'ai mangé* il y a peu de temps; *ia-lili*, *j'ai mangé* il y a longtemps; *ia-lia*, *j'ai mangé* il y a très-longtemps. — Il est à remarquer que cette langue d'un peuple que nous traitons de sauvage présente, sous ce dernier rapport, la plus grande analogie avec la langue du peuple le plus civilisé de l'antiquité, avec celle des Grecs, qui expriment aussi les différentes nuances du passé par plusieurs prétérits, tels que l'imparfait, les deux aoristes, le parfait, et le plus-que-parfait.

Outre cette multiplication des temps, qui sert infiniment à la précision du discours, et qui supplée aux adverbes, il y a dans la langue du Loango beaucoup de verbes qui simplifient singulièrement les expressions. Chaque verbe simple a plusieurs modes que nous ne pouvons rendre que par des verbes auxiliaires ou par des périphrases. Par exemple : *Sala* veut dire travailler ; *salila*, faciliter le travail ; *salisia*, travailler avec quelqu'un ; *salisla*, faire travailler au profit de quelqu'un ; *sazia*, aider quelqu'un à travailler ; *salunga*, être dans l'habitude de travailler ; *salisiana* travailler les uns pour les autres ; *salungana*, être propre au travail (1). Ces modifications nombreuses s'obtiennent, comme on voit, au moyen de certains *affixes* ou *suffixes*, placés au commencement ou à la fin de la racine du verbe. Il y a quelque chose d'analogue en hébreu, dans les significations différentes que donnent au verbe actif les modes désignés par *hiphil*, *niphal*, *piël*, *hophal*, *hithpael*.

Au milieu de cette profusion de verbes, on s'est étonné de n'en point trouver qui réponde à celui de *vivre*, verbe qui se rend par des périphrases. L'étonnement est moindre quand on songe que l'hébreu, comme la plupart des langues sémitiques, manquent des verbes *être* et *avoir*.

Les Nègres du Loango, comme les autres peuples, comptent en commençant par un, deux, trois, jusqu'à dix ; mais, au lieu de dire dix, ils continuent à compter : dizaine-une, dizaine-deux jusqu'à vingt ; alors ils disent deux dizaines, puis deux dizaines-un, deux dizaines-deux, etc. ; ils comptent ainsi jusqu'à neuf dizaines neuf ; ils disent alors : centaine-un, centaine-deux, etc, jusqu'à mille, et ils continuent ainsi à l'infini. Le fondement du système décimal se retrouve, comme on voit, chez tous les peuples, tant anciens que modernes, civilisés ou sauvages. Évidemment ce n'est point là un système d'emprunt ; il ressort de la nature même des choses : les dix doigts des mains sont le premier *abacus* des hommes.

(1) Proyart, *Histoire du Loango*, p. 179 et suiv. — Walkenaer, *Collection des Voyages*, tome XIV, p. 378.

Idiome du Congo.

Marsden avait admis une langue générale au milieu d'un grand nombre de dialectes particuliers dans cette immense contrée qui s'étend sur les deux rives du Zaïre. En comparant la langue de Mozambique avec le vocabulaire cafre recueilli par Sparmann, et surtout avec la langue du Congo, il avait été étonné de trouver des analogies aussi frappantes que celles que l'on rencontre dans le tableau suivant :

Français.	*Congo.*	*Mozambiquois.*	*Cafre.*
Trois.	Tatou.	Atatou.	
Quatre.	Coumi.	Coumir.	
Dix.	Me-Sana.		Sanu.
Homme.	Momtou.	Muntu.	
Femme.	Makaintu.	Muke.	
Pied.	Coulou.	Moguru.	
Jour.	Roubou.	Riubu.	
Mort.	Coufoy.	Coufoa.	
Eau.	Maza.	Madje.	Maazi.

La même ressemblance ne s'observe pas quand on compare les idiomes des noirs de l'Afrique boréale. Ces derniers ne paraissent avoir rien de commun avec ceux de l'Afrique australe.

Le capitaine Tuckey avait recueilli un grand nombre de mots appartenant aux dialectes du Congo qu'on parle sur les rives du Zaïre. D'après un examen comparatif de ce vocabulaire, Marsden fut conduit à admettre un rapport intime entre les races de peuples qui habitent les côtes du Congo et de Mozambique, quoique sous ce parallèle la largeur du continent africain ne soit guère moins de trente degrés de longitude.

Idiome bonda.

La langue bonda (1) se parle généralement dans l'Angola et le Benguella. Elle est bien plus répandue dans l'intérieur du pays que sur la côte. C'est la langue dont

(1) Le mot *bonda* ou *abonda* signifie *conquérant* dans le dialecte du Congo et de l'Angola.

la connaissance est indispensable à ceux qui voudraient tenter de traverser l'Afrique australe d'une côte à l'autre. Le missionnaire Cannecattim a publié en portugais une grammaire de la langue bonda, à laquelle il a joint un dictionnaire de *sonho*, dialecte de la langue du Congo (1).

Le bonda a beaucoup de points de ressemblance avec le congo, surtout avec le dialecte qui appartient au district de Sonho. En voici une preuve :

Français.	*Sonho.*	*Bonda.*
Un.	Mochi.	Mochi.
Deux.	Solé.	Yari.
Trois.	Tatou.	Tatou.
Quatre.	Maia.	Ouana.
Cinq.	Samou.	Sanou.
Six.	Samanou.	Samanou.
Sept.	Samboari.	Sambouari.
Huit.	Nane.	Naqui.
Neuf.	Eõua.	Ivoua.
Dix.	Cumi.	Cougni.

Le caractère distinctif du bonda réside dans la multitude d'affixes qui remplacent les déclinaisons et les conjugaisons des langues indo-germaniques. C'est sous ce rapport surtout que les idiomes des Nègres se rapprochent des langues sémitiques.

Les diminutifs se forment en ajoutant *ca* devant le nom. Exemples : *caconga*, un petit royaume ; *camona*, un petit fils. Les superlatifs se forment en redoublant la dernière syllabe de l'adjectif. Exemples : *riata quine-ne*, un grand homme ; *riata quine-nene*, un très-grand homme. Quelquefois on exprime la supériorité par l'adjectif *muene*, le même. Exemple : *riata muene*, il est le même homme. — L'article varie en nombre et en cas, mais non en genre. Exemples : *o riata*, les hommes ; *rio rata*, des hommes ; *co mala*, les hommes ; *quia mala*, des hommes ; *ria mugatta*, des femmes ; *co agatta*, les femmes. Les substantifs ont six cas, et les pronoms démonstratifs cinq, qui sont tous distingués par des articles.

Les verbes ont une signification active et passive, trois conjugaisons, quatre modes, un gérondif et un participe déclinable. L'indicatif se modifie en trois temps : le présent, le parfait et le futur ; le subjonctif admet ces trois temps, et de plus un second futur. La langue bonda est riche en prépositions, en adverbes et en conjonctions.

Nous terminerons cet aperçu des langues du Congo, de l'Angola et du Benguella, par le tableau comparatif suivant :

Français.	*Loango.* (idiome d'Angoy).	*Congo.*	*Bonda.*
Un.	Mose.	Mochi.	Mochi.
Deux.	Ouale.	Solé.	Yari.
Trois.	Taton.	Tatou.	Taton.
Quatre.	Quina.	Maia.	Ouana.
Cinq.	Tano.	Tanou.	Sanou.
Six.	Sambano.	Samanou.	Samanou.
Sept.	Sambuale.	Samboari.	Sambouari.
Huit.	Innana.	Nane.	Naqui.
Neuf.	Evoua.	Coua.	Ivoua.
Dix.	Coumi.	Cougni.	Cougni.
Père.		Esse.	Esse.
Mère.	Inguinte.	Eguanda.	
Enfant.	Mouleche.	Muana.	
Soleil.		Tubia.	
Terre.		Toto.	Jichi.
Ciel.		Lou.	
Lune.		Gonde.	Riegi.
Étoiles.		Botèle.	
Eau.	Nova.	Masa	Megna.
Oui.		Inga.	
Non.		Bucanaco (1).	

(1) *Observaçoes grammaticaes sobre a lingua bunda ou angolense ;* Lisboa, 1805, 218 pages. — *Diccionario da lingua bunda ou angolense*, par Fr. Cannecattim, prefeito das missoes de Angola e Congo ; Lisboa, 1804.

(1) On pourra comparer ce tableau avec celui qui se trouve plus haut, p. 161.

FIN.

TABLE DES MATIÈRES

CONTENUES

DANS LE VOLUME DE L'AFRIQUE.

A

Abd-Allah-ebn-Abbas, compagnon de Mahomet, 318 a.

Abd-Allah-ebn-ez-Zobéir, général d'Othman, 317 b, 318 a, b, 319 a.

Abd-Allah-ebn-Saad, gouverneur de l'Égypte sous le règne d'Othman, 316 b, 317 b, 318 a, 319 a.

Abd-el-Aziz, oncle du kalife el-Wélid, 324 b, 325 a.

Abd-el-Kader, 378 b-381 b, 382 b, 387 b-391 a, b.

Abd-el-Mélik, lieutenant de *Khodaidj*, 320 a, 323 b, 324, a, b.

Abou'lféda, cité p. 303 a, 305 a, 307 a, 309 a, 312 b, 314 a, b, 315 b, 334 b.

Abou'l-Haçan, cité p. 333 a, b.

Aboutona ou *Boutona* (Le royaume d') : appellation de son chef, 168 a; monuments extraordinaires d'origine inconnue, 168 a, b; situation, 168 b; commerce, 168 b, 169 a.

Abrilius Fidalcus, amiral portugais, 163 b.

Abyla (Le mont), l'une des *colonnes d'Hercule*, 309 b.

Acba (La ville d'), dans le royaume de Yarriba, 248 a.

Adel ou *des Adels* (Pays d'); son aspect désolé, 188 a; villes et villages, végétation, commerce, gouvernement, 188 b; population, mœurs et coutumes, 189 a; lacs d'eau salée, 189 b; règne animal et règne végétal, 190 a.

Africanir, célèbre chef sauvage, 99 b.

Afrique (Revue des chefs qui gouvernèrent *la province d'*), depuis Mouça, le conquérant de l'Espagne, jusqu'à l'établissement des Aghlabites, 328 a-331 a, b.

Agadir ou *Santa-Cruz* (Le port de), 315 a, b.

Aghadir (La ville de), ou de Sainte-Croix, 403 b.

Aghlabites (Dynastie des), 330 a-331 b.

Agyzymba (L') de Ptolémée, 168 b.

Ait-Belfa (La ville de), 399 b.

Ait-Brahim (La ville de), 399 b.

Ait-Hamet (La contrée de), 399 b-400 a.

Ait-Harbil (La contrée de), 405 b.

Ait-Loughann, chef de la contrée de Stouka, 399 b.

Ait-Semlal (La ville de), 399 b.

Ait-Wedrim (La ville de), 399 a.

Ajan (Pays d'), 187 a-188 a.

Akka (La ville nègre de), 402 a.

Albany (District), 14 a-15 b, 53 b.

Alberti, cité p. 105 a, 112 b, 113 a, 116 b, 118 a, 123 a, b, 129 b, 130 a, 133 b 138 b.

Alboccari (Garde particulière des), 361 a.

Alcassar ou *Alcazar* (La ville de). Voy. *El-Kaçar-Kébir*.

Alexander (Ed.), voyageur anglais, cité p. 11 a, 18 a, 29 b, 30 a, 31 a, 59 b, 62 b, 96 a, 154 a, b, 155 a.

Aleyou-Amba (La ville d'), dans la province d'Éfate, 192 a.

Algoa (La baie d') (Algoa-Bay), 53 b.

Ali-Bey, cité p. 270 a, b, 275 a, 280 a, 303 a, b, 304 b, 305 a, 306 a, b, 308 a, 311 b.

Almeida (*François d'*), vice-roi de l'Inde, 1 b.

Almeida (Jérôme), gouverneur d'Angola, 407 b-408 a.

Almohades (Dynastie des), 346 a-349 a.

Almoravides (Généalogie des), 345 b.

Almoravides. Voy. *Molathénides*.

Alorie, ville immense dans le royaume de Yarriba, 247 b.

Amapondas (Les). Voyez *Bonne-Espérance* (Colonie du cap de).

Amazizis (Les). Voyez *Bonne-Espérance* (Colonie du cap de).

Amazirgues (Les). Voy. *Berbères*.

Ambabo (Hameau d'), 188 b.

Ambas, capitale du Congo, 405 a.

Ambella, province du Congo, 412 a.

Ambuilla (Bataille d'), gagnée par Louis Lopez de Sequeira, 413 a.

Ambuilos (District d'), 413 a.
Amène, rivière large et profonde, 414 b.
Andersmaken (Fête de l') ou de la convalescence, 77 b.
Angola ou *Dongo* (Royaume d'), 445 a.
Angolola, résidence royale du royaume de Choa, 192 b.
Ansars (Clides) (Les), 321 b.
Arabes (Les) du Maroc; leur histoire, 264 a, b.
Arlett (M.), cité p. 297 b, 310 b.
Arzille (Acéla) (La ville d'), le *Zilia* des Carthaginois et la *Julia traducta* des Romains, 310 a.
Asaka-Oubbagh (La ville de), 401 b.
Asfi (Safi, Assafi) (La ville de), 314 a, b.
Ataquas ou *Attaquas* (Les), aborigènes hottentots, 87 a.
Atlas (Les montagnards de l'), 298 b, 299 a.
Augustin (M. le baron d'), cité p. 277 a, 278 a, 312 b, 313 a.
AUSTRALE ET CENTRALE (AFRIQUE). — I. Additions à l'histoire naturelle du Port-Natal. Langue des Zoulous, 393 a, b. — II. Sur les sources thermo-minérales de l'Afrique Australe, 395 a-396 a. — III. Distribution géographique des édentés, 396 b-397 b. — IV. Itinéraire de Tafilelt à Tombouctou, 397 b-402 b. — V. Route de Tombouctou à Ouad-Noun, 402 b-403 b.
Auvray (Le colonel), 378 a.
Avezac (M. d'), cité p. 260 a, 316 a.
Aydalmylad (La fête d'), 281 a.

B

Bachapins (Les) ou *Matchapis*. Voyez *Bonne-Espérance* (Colonie du cap de).
Bahr-el-Abiad (Fleuve blanc ou Nil blanc), dans le Kordofan, 203 a, b.
Bahr-el-Asrek (Fleuve bleu et Nil bleu), dans le Kordofan, 203 b, 204 a.
Baie-Fausse (La) (*False-Bay*), 23 a.
Baïlundo (District de), 446 a.
Bain (M.), cité p. 141 b.
Baleya (Le pays de), au sud de Sangara, 242 b, 243 a.
Bamba, la plus grande et riche province du Congo, 441 b.
Bambarra (Le pays de), dans le Soudan; villes principales, 240 b-241 b; situation, gouvernement, vêtements, mœurs et coutumes, 241 b; idiomes, industrie, pénalité, 242 a.
Bambe (Province de), 415 b.
Bammakou (La ville de), dans le Bambarra, 241 a.
Barbara (Dona), sœur de la reine Zingha, est faite prisonnière par les Portugais, 411 b.
Barolongs (Les), 150 a.
Barreto (F.), cité p. 168 a.
Barros (F. de), cité p. 164 b, 167 b-168 b, 177 a, 211 b, 234 b.
Barrow, cité p. 66 a, b, 68 a-69 b, 91 b, 106 a, 121 b, 123 a, b, 158 b.
Batta, province du Congo, 442 a.
Battel (André), cité p. 165 a, 168 b.
Beaufort (Nouveau district et ville de), 16 a.
Bedeau (Le général), 379 a.
Ben-Aïssa, amiral de l'empereur du Maroc, ambassadeur en France, sous Louis XIV, 283 a, b, 285 b.
Benguella (Royaume de), 464 a.
Berbereh ou *Barbara* (La ville de), 190 a, b.
Berbères (Les), autochthones du nord de l'Afrique; leur origine, 259 b-260 b; leur division en *Schelloks* et *Amazirgues*; leurs dénominations diverses, 260 b; position, mœurs, coutumes, gouvernement, etc., des *Amazirgues*, 261 a, b; langue, mœurs, coutumes, position, gouvernement des Schelloks, 261 b, 262 a. Voy. aussi 327 b.
Bernousi, cité p. 333 b.
Bertat (*Dar-El-Bertat*) (Contrée de), au sud-est du Kordofan, 205 b-206 b.
Berzelius, cité p. 19 b.
Betjouanas (Les). Voyez *Bonne-Espérance* (Colonie du cap de).
Beurwha (La ville de), au bord du lac Tchad, 220 b.
Bilma, capitale des Tibbous, 219 b.
Birmi, ancienne capitale du Bornou, 221 b, 222 a.
Bir-Télig, ville située au centre du Sahra; 252 b.
BONNE-ESPÉRANCE (COLONIE DU CAP DE) — I. *Aperçu historique*, 1 a-5 a; II. *Districts et limites de la colonie du Cap*, 5 a-17 a; III. *Aperçu orographique, hydrographique et géognostique de la colonie du cap de Bonne-Espérance*, 17 a-26 a; IV. *Notices zoologiques et botaniques sur le Cap et les pays environnants*, 26 a-43 b; V. *Productions naturelles de la colonie du Cap*, 43 b-48 b; VI. *Histoire politique de la colonie du Cap*, 48 b-50 a; VII. ÉTAT ACTUEL DE LA COLONIE DU CAP, 50 a-64 a; *administration politique*, 50 a-54 b; *Finances de la colonie*, 54 b-57 b; *commerce*, 57 b-60 a; *Fermiers ou colons du Cap*, 60 a-64 a. POPULATIONS INDIGÈNES DE L'AFRIQUE AUSTRALE, 64 a-157 b; *Hottentots*, 64 a-89 a; habits, aliments, maisons, meubles des Hottentots, 67 a-71 a; réjouissances publiques, amusements et musique, 71 a-76 b; maladies, remèdes et funérailles des Hottentots, 76 b-80 b; religion et gouvernement des Hotten-

tots, 80 b-89 a. TRIBUS DE RACE HOTTENTOTE, 89 a-103 b; *Boschjesmans*, 89 a-95 b; *Namaquas. Pays des grands et petits Namaquas*, 95 b-99 b; *Korannas ou Koras*, 99 b-103 a; *Griquas*, 103 a, b. TRIBUS DE RACE CAFRE, 103 b-157 a; *Kousas ou Cafres proprement dits*, 104 a-106 a; origine et caractères physiques des Cafres, 106 a-107 b; nourriture des Cafres, 107 b-109 a; force physique, habillement, 109 a-113 a; éducation des enfants, circoncision chez les Cafres, 113 a-116 a; maladies, remèdes, durée vraisemblable de la vie des Cafres, 116 a-118 b; religion, sortiléges, souillure morale, 118 b-121 a; occupations domestiques, agriculture, 121 a-122 b; conditions et mœurs des femmes chez les Cafres, 122 b-124 a; mariage chez les Cafres, 124 a-127 a; penchant pour la chasse et manière de chasser, 127 a-130 b; forme de gouvernement, impôts, 130 b-132 a; manière de rendre la justice chez les Cafres, 132 a-135 b; cérémonies funèbres, 135 b-137 b; rapports de la colonie avec les Cafres, 137 b-139 b. *Tamboukkis, Amapondas, horde d'origine européenne, Amazizis, Mantatis*, 139 b-142 b. *Betjouanas;* les diverses tribus de cette nation et les contrées qu'elles habitent, 142 b-143 a; *Bachapins* ou *Matchapis*, ville de Littakou, 143 a-148 b; les *Nuak-Ketsies*, 148 b, 149 a; les *Maroutzis*, 149 a, b; les *Machdous*, 149 b, 150 a; les *Mokarraquas*, les *Tammaquas*, les *Barolongs*, les *Gohas*, les *Mampours*, 150 a; les *Kallikarris*, 150 b-151 b; *colonie de Natal* (*Port-Natal*), 151 b-153 a; *habitants de la baie de Lagoa*, 153 a-154 a; *Damaras*, 154 a-155 a; *Zoulas* (*Zoulous*), 155 a-157 a; histoire des rois des Zoulas, 157 a. SUR LES LANGUES DE L'AFRIQUE AUSTRALE, 157 a-161 b; I. *Langue des Hottentots*, 157 b-158 b; II. *Langue des Cafres*, 158 b-161 b.

Borgou ou *Niki* (Le royaume de), dans le Soudan : énumération, description des différents États qui le composent, 246 a, b.

Bornou (Royaume de), dans le Soudan : situation, 221 a; villes principales, 221 a; 222 a; climat, saisons, cultures, maladies; 222 a; dialectes, divisions territoriales, contingent militaire, signes caractéristiques, mœurs et coutumes, vêtements, nourriture, 222 b; productions du sol, richesse commerciale, religion, parure des femmes, tatouage, supplices, époque du mariage, 223 b; animaux domestiques et sauvages, 223 b-224 b; lois, 224 a, b; construction générale des villes, 224 b; gouvernement, 224 b-225 b; condition morale et matérielle de la population, 225 b, 226 a.

Boschjesmans (Les). Voyez 53 a, et aux mots : *Bonne-Espérance* (Colonie du cap de).

Boussa (Ville et territoire de), dans le royaume de Yaourie, 244 b, 245 a.

Boustana (La rivière de la), 402 b.

Bowdich, cité p. 241 a.

Breede Rivier (la rivière large), 22 b.

Brink, voyageur, cité p. 98 a-99 a.

Brown (G.), cité p. 195 b, 202 a.

Brown (R.), cité p. 31 b, 207 a, 208 a, 209 a, 210 b, 249 b, 250 b.

Brownlee, missionnaire cité p. 105 a, 106 b, 107 a, 138 b.

Bruce, cité p. 163 b, 183 a, 195 b.

Brüe, cité p. 211 b.

Buffa (J.), cité p. 371 b, 372 a.

Bugeaud (Le maréchal), 379 a, b. 380 a, 381 a, b, 382 b, 383 a, 385 a-386 b.

Buoy (État de), 246 b.

Burchell, voyageur anglais, cité p. 10 a, 14 a, 15 b, 33 b, 34 a, b, 35 b, 36 a-37 a, 38 a, b, 40 a-43 a, 65 b, 67 a, 70 a, 91 a, 92 b, 93 a, 143 a-144 a, 146 b, 147 b, 149 a, b, 160 a, 395 a.

Bürgersenat (sénat bourgeois), ou conseil municipal de la ville du Cap, 54 a, b.

Burne (Michel), navigateur anglais, cité p. 3 b.

C

Cabès (La ville de), probablement la *Tucape* des anciens, 316 b, 324 b.

Cabra (La ville de), dans le Tombouctou, 238 b.

Caconda, district dans l'État de Benguella, 414 a.

Cafrerie, étymologie de cette dénomination, 1 a. Ses habitants, 87 a.

Caillaud, cité p. 195 b.

Caillé (R.), cité p. 211 a, 213 b, 214 a, 233 b, 234 b-238 b, 240 a, 242 a, 243 a, 249 a, 251 a.

Caillé, cité p. 302 a, 303 b, 305 b, 306 a.

Caire (Le), 336 a.

Caïrouan, Voy. Kaïrewan.

Caledon (District et ville de), 10 a.

Cambambe (Mines d'argent de), 408 b.

Campbell, voyageur, cité p. 94 b, 102 a, b, 103 b, 143 a, 149 a, 150 b, 154 a.

Camtoos (La rivière de), 20 b.

Cango (Les célèbres cavernes du) sur les flancs du Zwarteberg, 21 b-22 b.

Cape-Town (ville du Cap), chef-lieu du district de la péninsule du Cap, 5 a; sa description, 6 a-8 b; sa reddition aux Anglais, en 1796, 49 a, b; son retour momentané à la

Hollande suivi de sa reprise par les Anglais, en 1805, 49 b-50 a.

Cardonne, cité p. 333 a, 336 a, 338 a, 339 a, b, 340 b-341 b, 344 a, 345 a, 351 b.

Carthage (La ville de), 324 a.

Cassini, cité p. 283 b-284 b.

Castration partielle, en usage chez les Hottentots, 75 b-76 a.

Cephalopus natalensis (La) (Rooyabook), 393 a, b.

Cerveira Pereira (Manuel), choisi par les vœux unanimes de l'armée pour succéder à Jean Rodrigues Coutinho, 408 b-409 b.

César, cité p. 262 a.

Ceuta (Septa) (La ville de), 309 b-310 a, 363 a.

Chaka, chef habile des Zoulas, 155 a, 156 a-157 a.

Chameau (Le), notice historique et descriptive, 250 b-251 b.

Chamtouers (Les), aborigènes hottentots, 87 a.

Château-Renaud (Le chevalier de), chef d'escadre français, 361 a, b.

Chénier, consul français dans le Maroc, cité p. 290 a, 291 a, b, 293 b, 294 a, 295 a, 296 b, 314 a, b, 332 a, 358 b, 361 a, 364 a, 367 b, 370 b-371 a.

Chérif (Le nom de), 357 a.

Chicowa (*La plaine d'argent de*), 165 a.

Chirigriquas (Les), aborigènes hottentots, 86 a.

Choa (Royaume de) : situation, 191 a; magnifique aspect, 191 b; monnaie curieuse, 192 a; religion et population religieuse, 193 b-194 a; administration et population, 194 a; édifices chrétiens sur le sommet du Kathafo-Gallas, et sur le bord de la rivière Gallèna, 194 b-195 a; constitution géologique, règnes végétal et animal, 195 b.

Circoncision (De la) chez les Cafres, 114 a-115 b.

Clanwilliam (District et ville de), 10 b, 11 a.

Clapperton, cité p. 211 a, 215 b, 218 b-219 b, 229 a, 232 a, 233 a, 243 a, 248 b, 249 a.

Clausel (Le général), 378 a.

Clénard (Nicolas), voyageur et grammairien, cité p. 270 b, 303 a-304 a, 352 b.

Cobbé ou *Kôbeïh* (La ville de), capitale du Darfour, 209 a, b.

Cochelet (Charles), cité p. 370 a, 373 b, 376 a.

Commando-tax (Le), 55 b.

CONGO. — Aperçu historique, 405 a-419 b. *Tableau historique des voyages entrepris dans les régions comprises entre l'équateur et le 15e degré de latitude australe*, 419 b-423 a. Histoire naturelle. I. *Animaux*, 423 a-426 b. II. *Végétaux*, 426 b-431 b. *Agriculture* 431 b-433 a. *Climat, maladies*, 433 a-436 a. Topographie et ethnographie du Congo, de l'Angola, du Benguella et des contrées circonvoisines, 436 a-469 b. *Habitants du Loango*, 439 b-440 b. *Partie topographique du Congo*, 440 b-446 b. *Habitants des rives du Zaïre*, 446 b-450 a. *Habitants du Congo en général*, 450 a-454 b. Tentatives de voyages dans l'intérieur de l'Afrique. Voies de communication entre les deux côtés opposées de l'Afrique australe, 469 b-481 b. *Sur les Jagas*, 481 b. *Sur les idiomes de l'Afrique occidentale, depuis 0° jusqu'au 15° de latitude australe*, 481 b-482 a. *Idiome du Loango*, 482 a-483 b. *Idiome du Congo*, 483 a. *Idiome bonda*, 483 b.

Constance (Vin de), 44 b-46 a.

Cooley (M.), cité p. 169 a.

Cornelius de Jong, cité p. 5 b, 9 a.

Cornut, ingénieur français, cité p. 369 a.

Correa de Souza (Jean), gouverneur d'Angola, 409 b, 410 a.

Coubcabia (La ville de), dans le Darfour, 209 b.

Cowie (M.), cité p. 141 b.

Cowper Rose, cité p. 12 a.

Cradock (Nouveau district et ville de), 16 a.

Crom-el-Hadji (Le montagnard), usurpateur de la puissance des chérifs, 356 b-357 a, 358 a.

Cuivre (Mines de), 289 b-290 a.

Cumbriens (Les), espèce de parias, 245 a, b.

D

Damaquas (Les), aborigènes hottentots, 87 a.

Damaras (Les). Voyez *Bonne-Espérance* (Colonie du cap de).

D'Anville, cité p. 164 b, 211 b.

Daoultit (Contrée de), 400 a, b.

Dapper, cité p. 98 a.

Darfour (Le pays de) : situation, circonscription politique, gouvernement, 207 a; histoire abrégée de ses principaux souverains, 207 b; histoire politique, population, 208 a; mœurs et coutumes, traités caractéristiques, langue, 208 b; religion, commerce, 208 b, 209 a; villes principales, 209 a, b; sol, climat, culture, richesse minérale, 210 a, b.

Datz (Le pays de), 398 a.

Davidson (M.), cité p. 292 b-293 a, 315 b.

Degrandpré (M.), cité p. 47 a.

Delaporte (M.), cité p. 305 a.
Delegorgue (M.), cité p. 393 a, b, 394 a, b.
Delisle, cité p. 211 b.
Dénémali (La ville de), 192 a.
Denham, cité p. 211 a, 218 b-219 b, 225 a, 228 b.
Desvergers (Noël), cité p. 183 b, 260 a, 319 b, 320 b, 321 b, 326 b, 331 b.
Dias (Paul), 405 b-407 b.
Diaz (Barthélemy), amiral portugais, 1 a.
Didier (Charles), cité p. 262 b, 263 a, 264 b-266 b, 275 b, 282 a, 309 a, b, 311 b.
Dinar-abou'l-Mohadjir (L'affranchi), lieutenant de Moslema dans la province d'Afrique, 321 b, 322 a, 323 b.
Dingaan, successeur de Chaka, chef des Zoulas, 155 a-156 a, 157 a.
Diodore de Sicile, cité p. 186 b.
Djebel Tarik (La montagne de) ou Gibraltar, 325 b, 326 a.
Djeisch-el-Abadila (L'armée des Abdallah), 316 a.
Djeloula, l'Usila des anciens, 319 b, 320 a.
Djenaha, successeur de Grégoire, gouverneur de Sobéitala, 319 a, b.
Djenné ou *Djennie* (La ville de), dans le Tombouctou, 238 b-240 a.
Dombay, cité p. 333 b, 334 b, 335 a, 338 b, 345 b, 347 a, 348 b.
Doro (La fête du) chez les Korannas, 101 a.
Drummond Hay (M.), cité p. 263 b, 264 a, 272 b, 273 b-274 b, 275 b, 276 a, 277 a, 292 b, 296 b, 310 b, 381 a.
Dunquas (Les), aborigènes hottentots, 86 b-87 a.
Duvernoy (M.), cité p. 195 b.

E

Ebn-el-Athir, cité p. 325 a-326 b.
Ebn-Khaldoun, cité p. 260 a, 262 a, 319 b, 320 a, 321 b, 322 a-323 a, 324 a, 331 b, 332 a, 333 a.
Ebn-Khallikan, cité p. 320 b.
Ebn-Khalliwan, cité p. 320 b.
Ebn-Saïd, cité p. 303 a.
Édris (Généalogie d'), chef de la dynastie des Édrissites, 333 b.
Édrisi, géographe arabe, cité p. 204 b, 211 b, 319 b, 322 a, 324 a, 330 a, 334 a.
Edrissites (Dynastie des). Voy. *Maroc* (Empire du).
Eichthal (*Gustave d'*), cité p. 249 a.
El-Araiche (Larache), c'est-à-dire *Jardin des fleurs*, 310 b, 361 b.
El-Arouan, ville du grand désert, 252 a.
El-Asnan (Célèbre bataille d') ou (des idoles), gagnée par les Arabes sur les Berbères, 328 b, 329 a.
El-Bekri, cité p. 329 b.
El-Drah (Le district de l'), 300 a.
El-Gharb (El R'rab) (La province d'), 299 b.
El-Harib (Le district d'), dans l'El-Drah, 300 b-301 b.
El-Hedjâzi, cité p. 303 a.
El Kaçar-Kébir (Le grand palais) (La ville d') ordinairement appelée *Alcassar* ou Alcazar, 310 a, b.
El-Kahina (La devineresse), reine des Berbères, 324 a, b.
El-Orta (Le camp de), dans le Kordofan, 196 b.
El-Wélid (Le calife), fils et successeur d'Ab-el-Mélik, 324 b, 325 b, 326 b.
Empoli (*Jean de*), navigateur portugais, 2 a.
Espagne (Invasion des musulmans en), 325 a-326 b.
Eyriès (M.), cité p. 219 a.
Ez-Zohri, cité p. 316 b.

F

Fellatahs (Les), 247 a-249 a.
Feo Cardosso, cité p. 405 b-418 b.
Feo e Torrez, gouverneur d'Angola, 419 a.
Ferreira de Macedo (Louis) est envoyé à la cour de Congo, avec ordre de se rendre dans le district d'Ambuilos, pour exploiter les mines d'or, 413 a.
Fez (Tableau de la dynastie des *Edrissites* qui ont successivement occupé le trône de), 334 b.
Fez ou *Fés* (La ville de), 303 a-307 a, 359 b, 369 a.
Figueiredo de Alcarcão (Henri de), gouverneur d'Angola, 415 a.
Flourens (M.), cité p. 3 a.
Fondacs (Les), ou hôtelleries de Fez, 306 a.
Forster, cité p. 24 b.
Furtado de Mendoça (Jean) succède à Almeida Jérôme, à Angola, 408 a.

G

Galange (Province de), 415 b.
Gallas (Les) : leur contrée, 182 b ; leurs émigrations, leurs incursions, incertitude de leur origine, 183 a ; mœurs et coutumes, 183 b ; caractéristique de ces peuplades, 184 a-185 b. *Voyez* aussi, 194 b.
Gardiner (F.), missionnaire, cité p. 155 b, 156 b, 161 a.
Gariépins (Les monts), 18 b-19 a.

Gauros ou *Gauriquas* (Les), aborigènes hottentots, 87 a.
George (District et ville de), 11 b, 53 b-54 a.
Gharb-el-Sous (La contrée de), 398 b.
Goha, dieu mâle des Boschjesmans, 94 b.
Gohas (Les), 150 a.
Golungo (District de), 418 b.
Gomgom (Le), instrument de musique chez les Hottentots, 71 a, b.
Gonaquois (Les), race de transition entre les Cafres et les Hottentots, 87 a-88 a.
Gorah (Le), instrument de musique chez les Boschjesmans, 93 b.
Gossiquas ou *Gheyssiquois* (Les), aborigènes hottentots, 88 b.
Gougou (Le), chef de kraal chez les Korannas, 100 b.
Gounja (Le), ou *Gounja ticquoa*, le dieu des Hottentots, 81 a.
Graaff-Reynett ou *Graaf-Reinet* (District et ville de), 12 b-14 a, 53 a.
Graberg de Hemso (M.), cité p. 310 b, 376 a.
Graham's-Town (Ville de Graham), chef-lieu du district Albany, 14 a, b.
Grammaye (J. B.), cité p. 340 b, 343 b, 345 b.
Green (M.), cité p. 141 b.
Grégoire, chef des Grecs, pour Héraclius, sous Othman, 316 a, b, 318 a, 319 b.
Grey (James), cité p. 259 a.
Griquas (Les). Voyez *Bonne-Espérance* (Colonie du cap de).
Guano (Notice sur les gisements du) d'Afrique, 47 b-48 b.
Guardafui (Le cap), 187 a.
Guillain (M.), cité p. 179 a.
Gungemans ou *Gouiemans* (Les), aborigènes hottentots, 85 b.
Gungo (L'île de), sur le Niger, 218 a.

H

Haçan-ebn-Omar, général arabe, 324-325 a.
Hachiche (Le), 210 b.
Hadji-Edris, ambassadeur marocain, cité p. 373 a, b.
Hafoun (Le cap d'), ou d'Orfui, 187 b.
Haha (La province centrale de), 299 b.
Hamdoucha ou *Jemdoucha* (Les), secte religieuse, 272 b, 273 a.
Haoussa (Le pays de): situation, division, gouvernement, langue, 229 a; description de la ville de Kano, capitale de la province du même nom, la plus importante par la fertilité de ses environs et son commerce, 229 a-232 a; mœurs et coutumes, cécité fréquente, 232 a.
Harrar ou *Hurrur* (Ville et principauté d'), 190 b, -191 a.
Harris, cité p. 14 a, 28 b, 191 a, 194 a.
Heemraden (Les), 51 a, b.
Hendric (Jean), instituteur griqua, explorateur du grand Sahara méridional, 150 b-151 a.
Hérodote, cité p. 201 b, 211 b, 251 b, 253 b.
Hessaquas ou *Hassiquas* (Les), aborigènes hottentots, 86 b.
Hesse (Fr.), cité p. 24 b.
Heykoms (Les), aborigènes hottentots, 87 a.
Hirtius Pansa, cité p. 251 b.
Hodgson (M.), cité p. 249 a.
Hoefer (M.), cité p. 47 b.
Horneman, cité p. 211 a, 233 b, 249 b, 250 b.
Hottentots (Les). Voyez *Bonne-Espérance* (Colonie du cap de).
Hottentots-Basters ou Hottentots-Bâtards, 85 a.
Houghton (Le major), cité p. 212 a, b.
Houteniquas ou *Outeniquas* (Les), aborigènes hottentots, 87 a.
Houzouanas (Les), aborigènes hottentots, 88 b.

I

Ibn-Batouta, cité p. 249 b.
Ibzighaghin (La ville de), 401 a.
Ida-Oubakil (La ville de), 401 b.
Ighram (La ville de), 401 b.
Ilighb (La ville de), 401 a.
Illamba, province du Congo, 412 a.
Imbert (Paul), cité p. 234 b.
Isli (Bataille de l'), 383 a-386 b; énumération des objets pris sur l'ennemi dans cette mémorable circonstance, 386 b-387 b.
Itique, adoration de l'idole, 417 a.

J

Jackson, cité p. 259 a, 280 a, 291 a, 293 a, 294 a-295 a, 296 b, 311 a, b, 315 a, 374 a.
Jameson, cité p. 395 b.
Jean Armand, dit *Mustapha*, turc de nation converti, ambassadeur français dans le Maroc, sous le cardinal de Richelieu, 283 a.
Johnson (*Robert*), cité p. 249 b.
Johnston (Ch.), cité p. 191 a.
Joinville (Le prince de), 379 a, b, 380 b, 381 a.
Jomard (M.), cité p. 209 a, 210 a.
Juan de Infante, amiral portugais, 1 a, b.
Juifs (Les) du Maroc; leur portrait historique 264 b-266 b.

K

Kaïrewan ou *Caïrouan*, première ville musulmane fondée en Afrique, 320 b - 322 a, 323 b.

Kalli Karris (Les). Voyez *Bonne-Espérance* (Colonie du cap de).

Kakunda (État et capitale de), dans le Soudan, 248 a, b.

Kamtky (Le) ou *Groote-Visch-Rivier* (Grande rivière des Poissons), 20 a, b.

Kankan (La ville de), dans le Bambarra, 241 b.

Kardofan (Région du) : situation, 195 b ; division, gouvernement, vicissitudes politiques, 196 a ; habitations, boissons, nourriture, impôts, commerce, 196 b ; population, esclaves, vêtements, mœurs et coutumes, industrie, monnaie, 197 a ; habitants du Kordofan, 197 b - 201 b ; climat et maladies du Kordofan, 201 b - 203 a.

Karrou (Le désert de), 32 a - 33 a.

Kashna (La ville de), dans le pays d'Haoussa, 233 b.

Katagoum (La province de), dans le Soudan : situation, contingent militaire, monnaie, 226 b.

Katagoum, capitale de la province du même nom, 226 b, 227 a.

Katungo, capitale du Yarriba, 247 a, b.

Kay, cité p. 16 a, b, 143 a, 159 b.

Kernok, capitale du Loggoun, 227 a.

Kesa (Le mont), au milieu du Niger ; tradition romanesque qui s'y rattache, 216 b, 217 a.

Keureboom (La rivière de), 33 b.

Kharidjites (Les), 327 a, b.

Khilat (Le), ou vêtement d'honneur, 329 a, b.

Khirasch, historien arabe, cité p. 330 b.

Khodaïdj, successeur de Djenaha, 319 b, 320 a.

Khothba (La), 304 a.

Kibla (La), 321 a.

Kirri (Le), arme défensive des Hottentots, 67 b, 84 b.

Klaproth, cité p. 34 b, 145 b.

Klip-Gift (Le) ou poison de pierre, chez les Boschjesmans, 92 b.

Ko, dieu femelle des Boschjesmans, 94 b - 95 a.

Kokoquas ou *Kohaquas* (Les), aborigènes hottentots, 85 b - 86 a.

Kolbe (P.), cité p. 5 a, b, 6 b, 10 a, 37 b, 65 a, 69 a, 73 a, b, 75 b, 77 b, 79 b, 81 a, 85 b, 86 a, 98 a.

Koopmans (Les), aborigènes hottentots, 86 a, b.

Korannas ou *Koras* (Les). Voyez *Bonne-Espérance* (Colonie du cap de).

Korokou (État de), 246 a.

Koseila (Kaeila), chef des Berbères, sous *Moawia*, 323 a - 324 a.

Kouka, capitale moderne du Bornou, 221 a, b.

Kouque (Le), chef de tribu hottentot, 82 b.

Kourban-Beïran (La fête du), 282 a.

Kourma (La ville marchande de), dans le Darfour, 209 b.

Kousas, ou Cafres proprement dits. Voyez *Bonne-Espérance* (Colonie du cap de).

Kraal (Description d'un) ou village hottentot, 70 b - 71 a.

Krapf, cité p. 191 a.

Krauss (F.), cité p. 10 b, 44 b - 46 a, 152 a, 153 a, 395 b.

Krosse ou *Kaross*, vêtement des Hottentots, 67 a.

Kut-Krosse, espèce de tablier chez les Hottentots, 68 a.

L

La Caille, cité p. 6 a, 81 a, b.

Lacroix (L.) (M.), cité p. 316 a.

Lagoa (Habitants de la baie de). Voyez *Bonne-Espérance* (Colonie du cap de).

Laing (Le major), cité p. 211 a, 213 b, 242 b, 252 b.

Laird (M.), cité p. 243 a, 249 a, b.

Lamoricière (Le général de), 379 b, 383 a ; cité par extrait, 389 b - 390 b.

Lamou (Ville de), 181 a.

Lancastre (Jacques), navigateur anglais, 3 b.

Landdrots (Les), 51 a, b.

Lander (J.), cité p. 211 a, 215 b, 216 a, 217 - 218 a, 243 b - 244 b, 245 b, 246 - 247 b, 249 a.

Lander (R.), 243 a - 244 b, 245 b, 246 b, 247 b.

Larenaudière (De), cité p. 219 a.

Lari (La ville de), au bord du lac Tchad, 220 a, b.

Lefèbre, cité p. 191 a.

Lemprière, cité p. 371 a.

Leonhardt, cité p. 202 a.

Léon l'Africain, cité p. 213 a, 213 b, 233 b, 259 a, 261 b, 290 b - 292 a, 298 a, b, 303 a, 305 b, 306 a, 307 a, 310 a, b, 311 b - 312 b, 314 a.

Le Vaillant, cité p. 87 a, b, 88 b, 99 a, 157 b.

Libolo, province du Congo, 412 a.

Lichtenstein, cité p. 32 a, 34 b, 35 b, 36 b, 40 a, 49 b, 60 a, 105 b a - 107 a, 116 b, 120 b, 133 a, 143 b, 145 b, 158 b.

Lichtenstein, cité p. 395 a.
Limites, 436 a.
Lion (La montagne du) dans la péninsule du Cap, 6 a.
Littakou (La ville de), chef-lieu du pays des Bachapins, 147 b-148 b.
Livio Sanuto, célèbre géographe du seizième siècle, cité p. 2 a.
Lixus (La ville romaine de), 311 a.
Llanos de Tolosa (Plaine de Toulouse), (Combat de), 347 b.
Loango (Royaume de), 436 a.
Lobo, cité p. 189 a.
Loggoun (Le pays de), dans le Soudan : situation, idiome, monnaie, 227 a; qualités physiques et morales des habitants, industrie, politique, fertilité, salubrité, fléau des essaims, 227 b, 228 a.
Lopez (E.), cité par extrait, p. 2 b-3 a.
Louis de l'Annonciation, évêque, gouverneur d'Angola, 416 b.
Ludolf, cité p. 183 a, 204 b.
Lumbo, province du Congo, 412 a.
Lune (*Montagnes de la*), 204 a-205 b.

M

Macgregor Laird, cité p. 215 b, 249 a.
Macháous (Les), Voyez *Bonne-Espérance* (Colonie du cap de).
Macrisi, cité p. 204, 250 b.
Má-el-Férès (Eau du cheval) (Lieu dit), 323 a.
Magadoxo ou *Mugdasho* (Ville de), 181 a.
Magellan (Henri-Jacques de), gouverneur d'Angola, introduisit pour la première fois la monnaie de cuivre, 414 b.
Maghreb (Ile du), ou île de l'Occident, 297 b.
Maghreb (Province du), 319 b, 320 a.
Maghreb (Tableau de la dynastie des *Fatimites* dans le), 336 b.
Mahommed-ben-Achmet (Le chérif), 352 a-353 a.
Makanna dit le Lynx, chef cafre, 139 a.
Makouas (Les) : situation, constitution physique, 175 a; mœurs belliqueuses, gouvernement, 175 b; leur difformité, leur costume, leurs qualités à l'état de domesticité, 176 a; leurs instruments de musique, 176 a, b.
Malédiction de la mère (Le rocher de la), 272 a, b.
Malte-Brun, cité p. 178 a.
Mampours (Les). 150 a.
Mandara (Le pays de), dans le Soudan : situation, gouvernement, force militaire, 228 a; population, 228 a, b; nature et aspect du sol, 228 b; industrie, 228 b, 229 a; caractéristique, 229 a.
Manika, marché à l'or, dans l'intérieur des terres, 166 b.
Mantatis (Les). Voyez *Bonne-Espérance* (Colonie du cap de).
Maravi (La), ou *N'Yassi*, grand lac intérieur, 169 a, b.
Marmol (Le voyageur), cité p. 234 b, 405 a.
MAROC (Empire du). — I. Situation, délimitation, division ancienne et moderne, 257 a-259 a; populations diverses, 259 a-267 a; religion, état de l'enseignement, 267 a-270 b; sectes religieuses, croyances superstitieuses, 271 a-275 a; tribunaux, code pénal, 275 b, 276 a; forces militaires, discipline, 276 b-279 a; marine, 279 a; cour de l'empereur, 279 a-280 a; revenus, 280 a, b; monnaies, mesures, 280 b; caravanes, 280 b-282 b; relations commerciales avec les diverses puissances européennes, 282 b-290 a; climat, état sanitaire, produits naturels, 290 a-296 b; topographie, 296 b-303 a; description des principales villes du Maroc, 303 a-315 b. — II. Partie historique, 316 a-331 b; dynastie des Édrissites, 331 b-334 b; dynastie des Fatimites, 335 a-336 b; dynastie des Zéirites, 336 b-339 b; dynastie des Molathénides, 338 b-345 b; énumération des événements naturels arrivés au Maroc depuis 979 jusqu'en 1069, 340 b-341 b; dynastie des Almohades, 346 a-349 a; dynastie des Mérinis, des Abou-Hafs et des Béni-Zian, 349 a-352 a; histoire abrégée des divers chérifs qui se succédèrent sur le trône de Maroc après avoir détrôné les Mérinis jusqu'à la maison régnante actuelle, 352 a-357 a; chérifs de la maison régnante du Maroc, 357 b.
Maroc (Marrokesch) (La ville de), 307 a-308 a, 358 b.
Maroutzis (Les). Voyez *Bonne-Espérance* (Colonie du cap de).
Matouca (Le pays de), 168 a.
Maures (Les). Origine, langue, 262 a, b; vices de caractère, 262 b-263 a; physionomie, mœurs et coutumes, 263 a, b; costume, constitution physique, 263 b, 264 a; croyances superstitieuses, 264 a.
Mayomba (Province), 436 a.
Méhémet Gragne, conquérant africain, 194 b.
Mélilla (Mlila) (La ville de), 311 b.
Mendès (Louis), gouverneur d'Angola, 409 b.
Menezès (Pierre-César de), gouverneur d'Angola, 410 b-411 a.
Méquinez (Mekness) (La ville de), 312 b-313 a.

Mérinis (Dynastie des), 349 a - 351 b.
Messa (La ville de), 401 b.
Métatite (La montagne de), dans la province d'Éfate, 192 a.
Mihrab (Le), 321 a.
Millon (M.), cité p. 47 b.
Mimcina (La ville de), dans l'El-Drah, 300 b.
Mizighina (La contrée de), 399 a.
Moawia (Le calife), successeur d'Othman; événements de son règne, 320 a - 322 a.
Mogador (La ville moderne de), 314 b - 315 a, 368 a, assiégée et prise en 1846 par les Français, 381 b, 382 a.
Mohammed ben - Omar - el - Tousny (Le cheik), réviseur en chef de l'école de médecine du Caire, cité p. 209 a.
Mohammed-ebn-Yézid, gouverneur de l'Afrique, successeur de Mouça, 326 b.
Mokarraquas (Les), 150 a.
Molathénides ou *Morabéthoun* (Dynastie des), fondée par *Aboubekr-ben-Omar*, 338 b, 339 a, 340 a - 345 b.
Mollien (M.), cité p. 243 a.
Mombas ou *Mombaza* (La ville de), son histoire politique, 180 b - 181 a.
Monjous (Les), 176 b - 177 a.
Monomotapa (Le pays de): situation, gouvernement, mœurs, coutumes, productions naturelles, délimitations, 167 b, 168 a.
Mordtmann, cité p. 277 a, 280 a, b, 289 b, 297 a.
Moslema-ebn-Mokhalled-el-Ansari, gouverneur de la province d'Afrique, successeur d'Okba, 321 b.
Mossamèdes, gouverneur d'Angola, 416 b - 417 b.
Mossel (La baie de) (Mossel-Bay), 22 b.
Mouça-ebn-Noçaïr, gouverneur de l'Afrique, successeur de Haçan, 325 a - 326 a, b.
Mouley-Abd-Allah (Le chérif), successeur de Mahommed, 353 a.
Mouley-Abdallah, frère et successeur de Sidan, 354 b - 356 a.
Mouley-Abd-Allah (Le chérif), frère et successeur de Achmet-Deby, 365 a - 367 b.
Mouley-Abd-el-Mélek, oncle et successeur de Mouley-Mohammed, 353 b - 354 b.
Mouley-abd-el-Mélek, fils et successeur de Sidan ou Zeydan, 356 b, 364 a.
Mouley-Abd-er-Rhaman, empereur actuel du Maroc, 377 a - 391 b.
Mouley-Achmet, frère et successeur d'Abd-el-Mélek, 354 b.
Mouley-Achmet-Cheik, fils de *Mouley-Sidan*, successeur de Walid, 356 b - 357 a.
Mouley-Achmet-Deby (Le chérif), successeur de Mouley-Ismael, 364 a - 365 a.
Mouley-Ali (Histoire du chérif), 357 a.
Mouley-Archid (Le chérif), successeur de Mahomet, 357 b - 358 b.
Mouley-el-Walid, frère et successeur d'Abd-el-Mélek, fils de Sidan, 356 b.
Mouley-Ibrahim, fils aîné de Mouley-Yézid, 373 a, 374 b, 375 a, 376 a.
Mouley-Ismael, empereur du Maroc, 285 b - 286 b, 358 b - 364 b.
Mouley-Mahomet (Le chérif), fils et successeur de Ali, 357 b.
Mouley-Mohammed, fils et successeur de Mouley-Abd-Allah, 353 a, b.
Mouley-Sidan (Zeydan), fils et successeur d'Achmet, 354 b, 356 b, 363 b.
Mouley-Soliman (Le chérif), frère et successeur de Yézid, 372 a - 377 a.
Mouley-Yézid (Le chérif), fils et successeur de Sidi-Mahomet, 369 a, 371 a - 372 a.
Moumbos (Les), tribu anthropophage, 165 b.
Moutons du Cap, 3 b.
Mouzimbas (Les), tribu anthropophage, 165 b.
Mozambique. — I. Aperçu historique, 169 b - 171 b; — II. État actuel de Mozambique, 171 b - 175 a; — III. Population indigène de Mozambique, 175 a - 177 a.
Mungo-Park, cité p. 211 a, 212 a - 213 a, 215 b, 233 b, 240 b, 241 a.
Musulman (Culte), 267 a - 269 b.

N

Namaquas (Les). Voyez *Bonne-Espérance* (Colonie du cap de).
Natal (Colonie de) (*Port-Natal*). Voyez *Bonne-Espérance* (Colonie du cap de).
Nathaniel Isaac, missionnaire, cité page 155 b.
Navigation (Curieux moyens de) sur le Niger, 214 a - 215 b.
Nicéphore, général grec, 319 b.
Niger (Le fleuve); description de son cours, 211 b - 221 a.
Nigritie. Voyez *Soudan*.
Niki (État de), 246 a.
Nion (M. de), consul général de France au Maroc, 379 b, 380 b.
Noronha (Dom Juan Manuel de) prend le commandement d'Angola en 1713, 414 b.
Nowaïri, cité p. 316 a - 320 a, 321 b, 322 b, 323 a, 325 a, 328 b, 330 b.
Nuakketsies (Les). Voyez *Bonne-Espérance* (Colonie du cap de).
Nyffé (Royaume du), dans le Soudan, 248 b.

O

Oasis (Les), 250 a, b.
Obeid (La ville d'), capitale du Kordofan, 196 a.
Ohsson (D'), cité p. 319 a.
Okba-Ebn-Nafi, gouverneur de la province d'Afrique, sous Moawia, 320 b-324 a.
Oldfield (M.), cité p. 243 a, 249 a, b.
Oliveira de Barboza (Dom Joseph), gouverneur d'Angola, 418 a.
Ondiquas ou *Odiquas* (Les), aborigènes hottentots, 86 a.
Orange (Le fleuve ou rivière d'), remarquable par la beauté de ses sites, 18 a, 19 a.
Othman (Le calife), successeur d'Omar; histoire de son règne, 316 a-319 b.
Ouad-Noun (Le pays d'), 302 b, 303 a.
Ouad-Noun (La rivière de), 403 a.
Ouassolo (Le pays de), dans le Bambarra, 241 b.
Oudney, cité p. 211 a, 219 a, b, 227 a.
Oufran (La ville nègre de), 401 b, 402 a.
Oulhanga (Souverain) ou *Utiko* (très-beau), dieu des Cafres, 118 b.
Ouwara (La plaine de), 399 b.
Owen (Le capitaine), cité p. 142 a, 179-180 b, 183 b, 184 a, 187 b.

P

Palo, chef suprême des Cafres, 137 b; sa descendance, 138 a; leur histoire, 138 a-139 b.
Pango, province du Congo, 442 a.
Patashie (L'île de), sur le Niger, 216 b.
Patta ou *Patté* (Ville de), 181 a.
Patterson, cité p. 31 b.
Pedro Alvarez, amiral portugais, 163 b.
Pemba (L'île de), 180 a, b.
Pemba, province du Congo, 442 a.
Péninsule du Cap (District de la), 5 a-9 a; climat, aspect du ciel, saisons, 8 b; température, maladies, race, mœurs et coutumes, 9 a, b.
Pereira (Manuel), gouverneur d'Angola, 410 b.
Perron (Le docteur), cité p. 209 a.
Peste (Le fléau de la), 360 a.
Petit, cité p. 191 a.
Pierre du Saut (La), 271 b.
Pigafetta, cité p. 2 a.
Pingouins (Ile des), 3 b, 4 a.
Playfair, cité p. 25 a.
Plettenberg (La baie de), 21 a.
Pline, cité p. 249 a, 251 b.
Poison (Composition du) employé par les Boschjesmans, 90 b.
Pommier (M.), médecin de marine, cité p. 181 b.
Portugais (Caverne des), 1 b.
Portugais (Colonies des) sur la côte orientale de l'Afrique, 163 a.
Prevost, cité p. 4 a.
Pritchard (M.), cité p. 249 a.
Procope, cité p. 319 b, 324 a.
Ptolémée, cité p. 204 a, 249 a.
Pundi (État de), 246 b.

Q

Quatremère (Étienne), cité p. 177 b.
Quilimanie (La petite ville de), sur le Zambèze, 166 a.
Quiloa (Ville et port de), 180 b.
Quincube, titre de reine, 417 a.
Quint (Le), 319 a.

R

Rabat (Rbat) (La ville de), 314 a.
Raka (La ville de), 247 b, 248 a.
Rakkum (Le), instrument de chasse des Hottentots, 67 b, 84 b.
Ramadan (Le), 268 b-269 b.
Rapp (M.), cité p. 396 b.
Reiset (M.), cité p. 47 b.
Rennell (Le major), cité p. 213 a, 248 b.
Renou (M.), cité p. 259 a, 290 a, b, 299 a, b, 303 a, 305 a.
Richard (M.), cité p. 213 a.
Riebeek, premier fondateur de la colonie du Cap, 48 b.
Rif (Le) (*Er-Rif*), 299 a, b.
Ril (La ville de), dans le Darfour, 209 b
Riley, cité p. 373 b.
Ritter, cité p. 165 b, 167 b, 204 a, b, 251 b.
Riz (Le) *des Bochjesmans*, 89 b.
Rochet d'Héricourt (M.), cité p. 189 a-193 a, 194 a-195 b.
Rodrigues Coutinho (Jean), succède à Jean Furtado dans le gouvernement d'Angola, 408 a.
Roland Fréjus, cité p. 283 a.
Rovigo (M. le duc de), 378 a, b.
Ruppel, cité p. 195 b, 196 a, 201 a-202 a, 204 a, 209 b; 210 a.
Russegger (M.), cité p. 202 a-203 b, 204 b, 205 b, 206 a.

S

Sacy (S. de), cité p. 333 b.
Sagaie (La), arme des Hottentots, 84 b.
Sahara ou *Sahra* (Grand désert de), surnommé par les Arabes, *Bahar billa ma* (mer sans eau) : situation, étendue, 249 b; analo-

gie de son aspect avec celui de la mer; les oasis; nature du sol, 250 a; puits, sources; végétation, faune, population, 250 b; le chameau, 250 b-251 b; villes principales, 252 a, b.

Sahara méridional (Désert du *Grand*) 150 b-151 a.

Sahlé-Salassi, roi de Choa, 192 b-194 b.

Sainte-Hélène (Baie de), 23 b-24 a.

Saint-Olon, cité p. 284 b-285 b, 362 a, b.

Sala Bandi, roi d'Angola, 409 b.

Saldanha (Baie de), 23 b.

Saldanha de Gama (Antoine), gouverneur d'Angola, 417 b-419 a.

Salé (Slâa) (La ville de), 313 b-314 a, 361 a.

Salt, cité par extrait, p. 164 a, b, 165 b-167 a, 169 b, 182 b, 183 a, 188 a.

Sangara (Contrée du), sur les confins de la Guinée et du Soudan, 242 a, b.

San-Sanding (La ville de), dans le Bambarra, 240 b.

Santomaior, gouverneur de Rio-Janeiro, appelé en Afrique pour prendre le gouvernement d'Angola, 411 a.

Santons (Les), 271 a.

Santos (J. *dos*), cité p. 165 a, 167 b, 168 b, 169 a.

Sarhaoun (Zaraou) (La ville de), 313 a.

Saugnier (M.), cité p. 369 b, 370 a, 373 b.

Sauterelles (Nuées de), 292 a, b, 296 a, b.

Schellocks (Les). Voy. *Berbères*.

Schiites (Secte des), 337 b.

Schjoo, espèce de mouchoir, chez les Hottentots, 67 b.

Schousboe, cité p. 294 a.

Seghi-el-Hamra (Le fleuve de), 403 a.

Seghtana (Le pays de), 398 b.

Sego, capitale du Bambarra, 240 a, b.

Seguelmesse (Sedjelmâsah) (La ville de), 312 b.

Sena (Bourgade de), sur le Zambèse, 166 a, b.

Sibilo (Poudre tinctoriale de), employée par les indigènes du Cap, 42 a.

Sidi-Hecham (L'État de), 302 b.

Sidi-Mahomet (Le chérif), fils et successeur de Mouley-Abd-Allah, frère de Deby, 367 b-371 a.

Sidi-Mohammed-ebn-Taïeb (Le marabout), 377 b.

Sidna Aïser (Secte religieuse de), ou les *Aïsaoua*, 273 a-275 a.

Silva de Souza (Jean). Ce fut sous son gouvernement d'Angola que Ginga ou Anna de Souza mourut, 414 a.

Simon'Sberg (Le pic du), 23 a.

Simounn (Le) (*El-Kabli*), ou vent du désert, 292 b-293 a.

Slane (M. de), cité p. 316 a, 320 b, 330 b.

Sneenwberger (Montagnes neigeuses), moutons extraordinaires élevés dans leurs plaines, 20 a.

Sobeïtala, l'ancienne *Sufétala*, dans la Byzacène, assiégée par les Arabes, 317 b-319 a.

Soccatou (La ville de), dans le pays d'Haoussa, 232 a-233 a.

Sofala (Zaphal) (Pays, rivière et village de), 163 b-165 a.

Sogno, province ou comté du Congo, 441 b.

Soliman-ebn-Abd-el-Mélik (Le calife), successeur d'El-Wélid, 326 b, 327 a.

Solvet (Ch.), cité p. 314 b, 315 b.

Somanlis (Les), ou *Sowhylis*, 182 a, b, 187 b, 189 a, 190 b, 194 b.

Somerset (Nouveau district et ville de), 16 a, 53 b.

Sonquas (Les), aborigènes hottentots, 86 b.

SOUDAN (Le), 210 b-221 a; le royaume de Bornou, 221 a-226 b; la province de Katagoum, 226 b, 227 a; le pays de Loggoun, 227 a-228 a; les pays de Mandara et de Karowa, 228 a-229 a; le pays de Haoussa, 229 a-233 b; le pays de Tombouctou, 233 b-240 a; le pays de Bambarra, 240 a-242 a; le Sangara, 242 a, b; le Baleya, 242 b, 243 a; le royaume de Yaourie, 243 b-246 a; le royaume de Borgou ou Niki, 246 a, b; le royaume de Yarriba, 246 b-248 a; le royaume de Kakunda, 248 a, b; le royaume de Nyffé, 248 b; voyez aussi, 249 a.

Sourdeau (M.), consul français, 375 b.

Sous (La province de), 299 b.

Soussiquas ou *Soussaquas* (Les), aborigènes hottentots, 86 a.

Souza de Coutinho, gouverneur d'Angola, 416 a.

Sowanlis (Les) (Sowhylese), 180 b, 182 b 184 a.

Sparrmann, naturaliste suédois, cité p. 31 b, 65 b, 69 a.

Spartel (Le cap), l'*Ampelusium* des anciens, 309 b.

Spirito-Santo (Le fleuve), 165 a.

Stellenbosch (District et ville de), 9 b, 10 a.

Strabon, cité p. 251 b.

Sumbel (Le Marseillais Samuel), 369 b.

Sundi, province du Congo, 442 a.

Sunnites (Secte des), 337 b.

Suri, prêtre ou maître des cérémonies chez les Hottentots, 82 a.

Sweini (La ville de), dans le Darfour, 209 b.

T

Tabelbât (La ville de), dans l'El-Drah, 300 b.
Table (La montagne de la) (Tafelberg), dans la péninsule du Cap, 5 b-6 a.
Tafilelt (Le pays du), 301 b-302 b, 377 b.
Tafilelt, lieu d'exil pour tous les descendants de la famille régnante à Maroc, 397 b.
Taghzut (La ville de), 400 a.
Tambe (Le) ou *Mutambe*, cérémonie des funérailles, 417 a.
Tamboukkis (Les). Voyez *Bonne-Espérance* (Colonie du cap de).
Tamniakas (Les), 150 a.
Tanger (Tandja) (La ville de), 308 a-309 b; assiégée par le prince de Joinville, 380 b, 381 a.
Tarik-ebn-Ziad, gouverneur de Tanger sous le calife El-Wélid, 325 a-326 b.
Tarka (District de), 15 b-16 a.
Taroudant (La ville de), 315 b, 399 a.
Tavora (Francisco de), envoyé à Angola comme gouverneur, 413 b.
Tchad (Le lac), espèce de mer caspienne située dans l'intérieur de l'Afrique, 218 b, 249 a.
Tchadda (La rivière de), affluent du Niger, 218 a, 249 a.
Témanert (La ville nègre de), 402 a.
Temsitt (La ville de), 400 a.
Ten Rhyne, voyageur ancien, cité, p. 64 b-65 a.
Teté (Village et fort de), sur le Zambèse, 167 a.
Tétouan (Titâouân) (La ville de), 311 a, b.
Téza (Taza) (La ville de), 311 b-312 a.
Tezaghalt (La ville de), 400 b-401 a.
Tezakent (La horde de), 402 b.
Thomassy (M.), cité p. 281 b, 282 b, 284 b, 286 b, 298 a, 313 b, 370 a, b, 376 a, 377 a.
Thompson (Q.), cité p. 11 b, 21 b-22 b, 60 a, b, 61 b, 90 b, 93 b, 101 b, 103 a, 105 a, 106 a, 138 b, 140 a, 141 b, 143 a, 154 a, 161 b, 249 b.
Thunberg, cité p. 31 b, 66 a, 85 b, 87 a, 157 b.
Tiah (L'île de), sur le Niger, 216 b.
Tibbous (Le pays des), 219 b, 220 a, 252 a; mœurs et coutumes des habitants, 253 b-256 b.
Timbo (La ville de), au nord du Sangara, 243 a.
Tite-Live, cité p. 360 a.
Tombouctou (La ville de), capitale du royaume du même nom; sa description, 233 b-234, 238 b.
Tombouctou (Le pays de): situation, commerce, population, mœurs et coutumes, etc., 233 a-240 a.
Touaricks (Les), tribu nomade du désert du Sahara, 252 a-253 b.
Toucribt (District de), 399 b.
Toujourra (Le village de), 188 b.
Traité (Extrait du) de 1845 entre la France et le Maroc, concernant les limites orientales de cet empire, 257 b-258 b.
Traité de paix, sous Louis XV, 287 a, b.
Tristan da Cunha, gouverneur d'Angola, succède à André Vidal, 413 a, b.
Tulbagh ou *Tulbach* (District et ville de), 10 a, b.

U

Uitenhaye (District et ville de), 11 b-12 b; 53 b.
Urine (Institution de l'*Ordre de l'*), chez les Hottentots, 73 a, b.
Utiko. Voyez *Oulhanga*.

V

Valentia (Lord), cité p. 182 b.
Van-der-Kemp (Le missionnaire), 120 b.
Van-Riebeek (Le colonisateur), chirurgien hollandais, 4 a, b.
Vasconcellos (Antoine de), gouverneur d'Angola, 416 a.
Veldcornets (Les), 51 b.
Vent ou du Diable (La montagne du), dans la péninsule du Cap, 6 a.
Venture de Paradis, cité p. 260 b, 397 b, 403 a.
Vidal de Negreiros (André), 412-413 a; succède à
Vieira (Fernandez), gouverneur d'Angola, 412 a; de 1819 à 1829 il y eut quatre gouverneurs : *Tovor de Albuquerque*, *Ignacio de Lima*, *Avelino Dias* et *Abreu Castello-branco*, 419 b.

W

Wadi-Naghélé (Le bourg de), dans le Kordofan, 196 a; mosquée de ce nom, 196 b.
Wadi-Safi (Le village de), dans le Kordofan, 196 b.
Walckenaer (M.), cité p. 2 b-3 a, 13 a, 66 a, 86 a.
Warnier (Le docteur), 382 a.
Washington (M.), cité p. 297 b.
Waterhouse (M.), cité p. 30 a, b.

Wédan (La ville de), 402 b.
Werzazat (Le pays de), 398 a.
Wilshire (M.), vice-consul anglais, 382 a.
Wilt (La ville nègre de), 402 a.
Wizzan (La ville de), 401 a.

Y

Yacoba (Le pays de), dans le Soudan, 227 a.
Yamina (La ville d'), dans le Bambarra, 241 a.
Yanoski (J.) (M.), cité p. 316 a.
Yaourie (Le royaume de), dans l'Afrique centrale : situation, gouvernement, industrie, culture, animaux domestiques, vêtements, coutumes, constructions, 244 a ; végétation, 244 b.
Yaourie, capitale du royaume de ce nom, 243 b.
Yarriba (Le royaume de), dans le Soudan ; situation, 246 b ; population, mœurs et coutumes, 246 b, 247 a.

Z

Zaghmouzun (La contrée de), 398 b.
Zaire (Fleuve), 405 a.
Zambère (Lac), 405 a.
Zambèse (Le fleuve), ou *Zambère*, 165 a, b ; littoral de ce fleuve, 165 b-167 a.
Zambo, principal marché de l'intérieur, factorerie portugaise, 167 a.
Zambre ou *Zambèze* (Le lac), 164 b.
Zangoshie (L'île de), sur le Niger, 217 b, 218 a.
Zanguebar (Côte de) : situation, dénomination ancienne, destination ; aperçu sur l'histoire civile, politique et religieuse de cette contrée, 177 a ; commerce, manufactures, gouvernement, mœurs et coutumes, mélange des races, 177 b ; langue 177 b, 178 a ; domination portugaise, 178 a, b ; trafic des Noirs, 178 b ; entreprises commerciales infructueusement tentées par les Américains et les Anglais dans ces parages, 179 a, b ; énumération des points principaux de cette côte, 180 a-181 a ; insalubrité du climat et maladies propres à cette contrée, 181 b, 182 a ; langue, 185 b, 186 a ; météorologie, 186 a-187 a.
Zanzibar (Ile et ville de), chef-lieu des colonies de la côte orientale d'Afrique, 178 b, 179 a, 180 a, 181 b.
Zaoûat (La ville de), dans l'El-Drah, 300 a, b.
Zaoüiat ou sanctuaire de Mouley-Abd-Selam, objet d'un pèlerinage célèbre, 271 a, b.
Zéirites (Dynastie des), 339 b.
Zenagha (La contrée de), 398 a, b.
Zeyla (Ville et port de), 188 b-189 a.
Zingha, sœur de Sala Bandi, roi d'Angola, 409 b.
Zohéir-ebn-Kéis, chef arabe, 323 b, 324 a.
Zondag-Rivier (Rivière de Dimanche), 20 a.
Zoulas (Les) ou *Zoulous*. Voyez *Bonne-Espérance* (Colonie du cap de).
Zwellendam (District et ville de) 11 a, b.

PLACEMENT DES GRAVURES.

C'est par erreur qu'on a placé dans ce volume les planches 5, 6, 7, 8, portant en tête les indications suivantes : Planche 5, AFRIQUE, *Sénégambie*. — Planche 6, AFRIQUE, *Achantis*. — Planche 7, AFRIQUE, *Achantis*. — Planche 8, AFRIQUE, *Achantis*.

Ces planches doivent être placées dans le tome III, AFRIQUE, SÉNÉGAMBIE. La planche 5 à la page 3; la planche 6 à la page 247; la planche 7 à la page 248; la planche 8 à la page 249.

Cependant les personnes qui auraient déjà fait relier ce volume III de l'Afrique pourront placer ces quatre planches à la fin du présent volume.

Les planches 9, 10, 11 et 12, portant en tête l'indication BARBARIE, devront être conservées pour faire partie du volume qui contiendra *Tunis*, *Tripoli* et *Alger*.

Planches.		Pages.
1 et 2.	Carte de l'Afrique (Partie sud)	1
3.	Vue générale du Maroc	307
4.	Mosquée à Maroc	*ibid.*
5.	Citadelle de Tanger	308
6.	Vestibule de la trésorerie à la citadelle de Tanger	*ibid.*
7.	Porte de la citadelle de Tanger	*ibid.*
8.	Tétouan	311
9.	Peuples du Congo (État de servitude au Brésil)	458
10.	Peuples : 1° de Benguela; 2° d'Angola (État de servitude au Brésil)	465
11.	Vue du Cap; la montagne de la Table	5
12.	Plantes du Cap : 1° *Viscum capense;* 2° *Protea argentea*	38
13.	Plantes du pays des Bachapins. (*Vangueria infausta*, etc.)	147-148
14.	Boschjesman jouant de la gorah	93
15.	Koranna Boschjesman	100
15.	Village de Boschjesmans	92
17.	Bachapin. Armes des Bachapins	143
18.	Ustensiles de ménage des Bachapins	146
19.	Peuples de Mozambique	175

www.ingramcontent.com/pod-product-compliance
Lightning Source LLC
LaVergne TN
LVHW010522100826
845148LV00001B/70

* 9 7 8 2 0 1 2 5 8 4 3 6 5 *